제 8 판

단 한 권으로 끝장내는 객관식 시험 수험서!

감정평가사 · 관세사 · 보험계리사 · 공무원 등 시험대비

K-IFRS 회계학

재무회계 + 원가회계

이론과 문제

공인회계사 김 영 호 편저

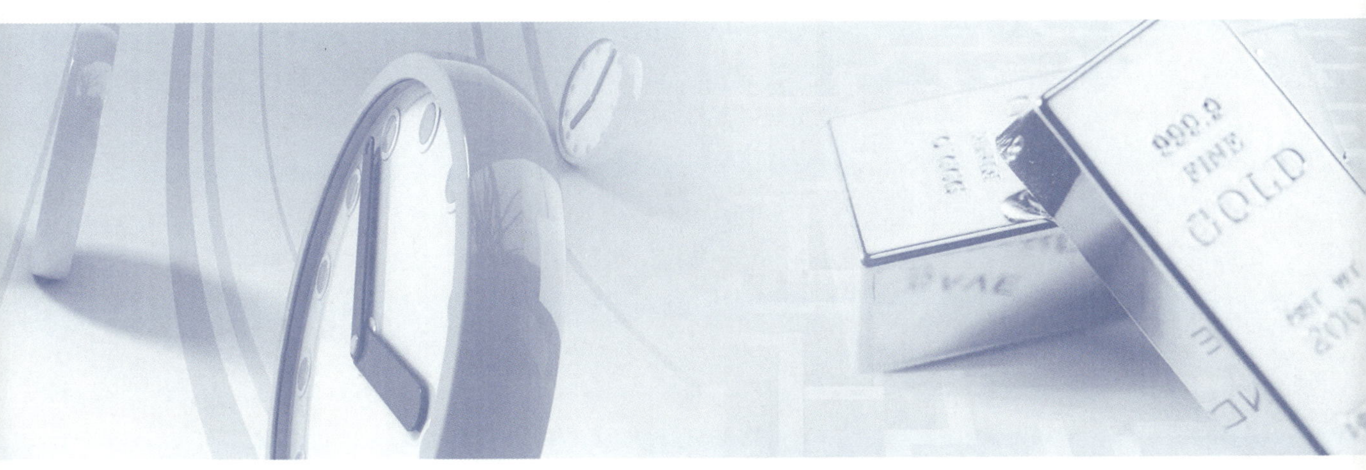

동영상 강의 lawspa.eduspa.com

法 文 社

제 8 판 머리말

한국채택국제회계기준이 크게 개정되지는 않았으나 7판이 나온지 벌써 3년이 다 되었으며 내용적으로 약간 수정 · 보완할 필요가 있었고, 특히 그 동안 기본개념을 이해하는데 도움이 되는 좋은 문제들이 많이 쏟아져 나와 수험생들에게 좀 더 도움이 되는 책을 만들고자 개정판을 출간하게 되었다.

8판 회계학의 특징은 다음과 같다.

첫째, 이 책은 여러 가지 시험에 도움이 될 수 있으나 특히 감정평가사, 관세사 및 보험계리사 시험을 준비하는 수험생을 대상으로 교재를 구성하였다.

둘째, 7판에 반영하지 못했던 2013년부터 2015년 까지 3년 동안의 회계사, 세무사, 감정평가사 및 관세사 문제들 중 좋은 문제들을 발췌하여 많이 보완하였다.

셋째, 문제들을 보완하면서 그 동안 다소 어렵다고 느껴졌던 문제들과 구석에서 출제되어 출제가능성이 낮은 문제들을 과감히 삭제하여 책의 분량을 줄이는데 많은 노력을 하였다.

넷째, 내용적으로 비슷하거나 중복되는 문제들을 통합하여 가장 대표적인 문제들만을 남겨놓아 산만하지 않도록 간결하게 정리하였다.

다섯째, 기본개념을 좀 더 충실히 이해할 수 있도록 전 장에 걸쳐 예제문제를 좀 더 쉬운 문제로 보완하였고 어려운 예제문제들은 과감히 삭제하였다.

여섯째, 객관식문제 중에서 가장 기본적이고 중요하다고 판단되는 문제에 별(☆)표시를 하였다. 별표시는 최소한으로 하였다. 하지만 8판에 실린 문제들은 어려운 문제들과 중복된 문제들을 많이 삭제하거나 통합했기 때문에 기본적으로 필요 없는 문제는 없다고 하겠다. 별표시를 하지 않은 문제 중에서도 좋은 문제들이 많이 있기 때문에 별표시에 너무 얽매일 필요는 없겠다. 이론문제는 시간이 걸리지 않을 뿐만 아니라 또 모두 알아야 할 내용이기 때문에 별표시를 별도로 하지 않았다. 저자로서 꼭 강조하고 싶은 것은 가장 필요하고 중요한 별표시는 자기가 공부하면서 직접 표시하는 것이라는 것을 꼭 밝혀두는 바이다.

나름대로 시험에 중요하다고 판단되는 내용과 문제를 수정 · 보완하였으나 바삐 반영하다보니 부족한 면이 많이 있다고 생각한다. 또한 책의 두께를 최대한 줄이려고 많은 노력을 기울였으나 여전히 두꺼운 듯하여 미안한 맘 금할 길 없다.

촉박한 일정에도 책을 일정에 맞게 출간하도록 도와주신 법문사의 사장님과 편집을 담당한 최문용차장님과 영업부 유진걸씨, 성지이디피 엄해정씨에게도 감사를 드린다.

2015년 8월

김 영 호

제 7 판 머리말

그 동안 개정판을 낼 필요성을 크게 느끼지 않았으나 6판이 출간된지 벌써 3년이 되었고 그 사이 각 종 자격시험에서 좋은 문제들이 쏟아져 나온데다 한국채택기업회계기준의 내용이 일부 개정되었기에 수험생에게 좀 더 도움이 되는 책을 만들고자 제7판을 내게 되었다.

제7판 회계학의 특징은 다음과 같다.

첫째, 이 책은 여러 가지 시험에 도움이 될 수 있으나 특히 감정평가사와 관세사 시험을 준비하는 수험생을 대상으로 교재를 구성하였다.

둘째, 그 동안 개정되어 6판에 반영되지 않았던 재무회계개념체계의 내용을 반영하였으며, 중요성이 적다고 판단하여 생략했던 종업원급여, 생물자산의 수익인식, 고객충성제도 등의 내용을 보완하였다. 특히 최근에 많이 출제되고 있는 유형자산(자산재평가 등)에 대한 내용을 많이 보완하였다.

셋째, 기본개념을 좀 더 충실히 이해할 수 있도록 전 장에 걸쳐서 기본예제와 예제문제를 많이 보완하였으며, 좀 더 폭넓은 이해를 위해서 필요하다고 판단되는 경우에는 보충설명을 활용하였다.

넷째, 제6판에 반영하지 않았던 2010년부터 2012년까지의 회계사, 세무사 및 감정평가사의 기출문제중 감정평가사시험에 필요하다고 판단되는 문제를 새로 반영하였고, 동시에 오래된 문제 또는 중복된 문제를 삭제하였다. 또한 관세사 시험도 감정평가사 시험과 난이도가 비슷하여 2012년 관세사 기출문제도 반영하였다.

다섯째, 객관식문제 중에서 중요한 문제를 체크해달라는 수험생이 많이 있어 가장 기본적이고 중요하다고 판단되는 계산문제에 별(☆)표시를 하였다. 하지만 7판에 실린 객관식문제는 너무 어려운 문제, 출제빈도가 극히 낮은 구석에서 나온 문제 또는 고급회계에 해당되는 문제는 애초에 발췌하지 않았기 때문에 기본적으로 필요 없는 문제는 없다고 하겠다. 별표시를 하지 않은 문제중에서도 좋은 문제가 많이 있기 때문에 별 표시에 너무 얽매일 필요는 없다고 생각한다. 이론문제는 기본적으로 시간이 걸리지 않을 뿐만 아니라 공부를 해야할 문제가 대부분이기 때문에 별표시를 별도로 하지 않았으므로 참고하기 바란다.

참고로 별표시를 할 때 고려한 요소는 남아 있는 문제중에서도 내용이 중복된 문제, 기본개념에서 응용된 문제 및 수험생의 공부수준에 따라 다소 어려울 수도 있는 문제는 별표시를 하지 않았다. 저자로서 꼭 강조하고 싶은 것은 가장 필요하고 중요한 별표시는 자기가 공부하면서 직접 표시하는 것이라는 것을 꼭 밝혀두는 바이다. 이것이 그 동안 별표시를 별도로 하지 않은 이유이기도 하다.

나름 대로 시험에 중요하다고 생각되는 내용과 문제를 발췌하여 바삐 반영하다보니 욕심이 너무 앞서 책이 다소 두꺼워져서 수험생에게 부담이 되는 것은 아닌가 하는 걱정이 앞선다.

촉박한 일정에도 불구하고 책을 일정에 맞게 출간하도록 도와주신 법문사의 이재필 상무님, 김영훈부장님, 그리고 최문용차장님과 성지이디피 김선화씨에게도 감사를 드린다.

2012년 10월
김 영 호

제 6 판 머리말

상장회사의 경우 2011년부터 시행되는 한국채택국제회계기준(K-IFRS; Korean International Financial Reporting Standards)이 2010년에 치러지는 시험부터 반영되어 출제됨에 따라 부득이하게 개정판(제 6 판)을 내게 되었다.

제 6 판의 특징을 열거하면 다음과 같다.

첫째, 2010년도부터 시험에 출제되는 한국채택국제회계기준의 내용 중 나름대로 시험에 필요하다고 생각되는 부분을 최대한 요약 · 정리하여 반영하였다.

둘째, 제 5 판에 반영되지 않은 2007년부터 2009년 까지의 회계사, 세무사, 감정평가사 기출문제중 중요하다고 판단되는 문제를 발췌하여 새로 반영하였고, 동시에 오래된 문제 또는 중복된 문제를 삭제하였다.

셋째, 기존에 있었던 문제뿐만 아니라 새로 추가된 문제(2007년~2009년의 기출문제)를 한국채택국제회계기준을 반영하여 문제를 수정하거나 답을 재구성하였다.

넷째, 원가계산의 본문은 제 5 판을 수정없이 그대로 재구성하였으며 객관식문제만 2007년부터 2009년 까지의 회계사, 세무사, 감정평가사 기출문제중 중요하다고 판단되는 문제를 발췌하여 새로 반영하였다.

나름대로 한국채택국제회계기준중 시험에 중요하다고 판단되는 내용을 반영하도록 노력을 하였으나 능력의 부족으로 뭔가 부족한 듯 하여 아쉬움이 많이 남는다. 부족한 부분은 앞으로 기회가 있을 때마다 수정 · 보완하기로 하고 수험생 여러분께도 아낌없는 조언을 구하는 바이다.

언제나 그렇듯이 촉박한 일정에도 불구하고 책을 일정에 맞게 출간하도록 도와주신 배효선 사장님, 최복현 전무님, 정현성 부장님 그리고 최문용 차장님과 성지이디피 한은경씨에게도 감사를 드린다.

끝으로 이번에도 역시 바쁜 일정때문에 아침 일찍 출근 했다가 저녁 늦게 들어와도 불평한마디 없었던 사랑하는 아내와 벌써 입시준비하느라 놀 틈없이 공부하는 큰 아들 찬우와 이 세상에서 가장 놀기 좋아하는 철없는 둘째 아들 찬엽에게도 이 책으로 사랑을 대신하고 싶다.

2009년 10월

김 영 호

제 5 판 머리말

될 수 있으면 개정판을 내지 않는 것이 나의 지론이자 수험생에게도 경제적 부담을 덜어주는 일이겠지만, 회계학시험은 자꾸 어려워지고, 공부해야 할 범위는 더 늘어나고, 기업회계기준은 계속 개정되고 있어 회계학이란 과목이 수험생에게 점점 더 큰 부담을 주는 과목이 되고 있기 때문에 이런 문제점을 해결하고자 어쩔 수 없이 개정판(제 5 판)을 내게 되었다.

제 5 판의 특징을 열거하면 다음과 같다.

첫째, 그 동안 제 4 판에 반영하지 못하고 추록으로 냈던 기업회계기준서 제19호(리스회계)와 올해 제정 · 공표된 제21호(재무제표작성과 표시1), 제22호(주식기준보상거래), 제23호(주당이익)의 내용 중 시험에 꼭 필요하다고 생각되는 부분만을 요약 정리하여 반영하였다.

둘째, 본문이나 객관식 문제 중에서 시험에 꼭 필요하지 않은 내용, 중요성이 떨어진 문제, 어려운 문제, 개념이 중복된 문제를 삭제하여 개정판을 낼 때마다 점점 늘어나는 책의 두께를 줄이려고 노력하였다.

셋째, 2005년과 2006년에 출제되었던 회계사, 세무사, 감정평가사 문제 중 중요하다고 생각되는 문제를 발췌하여 문제를 보완하였다.

이 책 한 권이 수험생 여러분의 합격에 도움이 되길 바라는 마음으로 최선을 다했으나 늘 그렇듯이 아쉬움이 많이 남는다. 수험생 여러분에게 합격의 영광이 있기를 기원하며 아울러 많은 조언을 바라는 바이다.

언제나 원고를 늦게 갖고 와서 빨리 책을 출간해 달라고 떼쓰는 데도 불평 한 마디 없이 매번 성심성의껏 애써주신 법문사 배효선 사장님, 최복현 전무님, 정현성 부장님 그리고 최문용 과장님과 성지사 한은경씨에게도 깊은 감사를 드린다.

끝으로 명절 때에도 원고 정리한다고 사무실에 가서 일만하여 가족에게 미안했었는데, 이제 사랑스런 아내와 두 아들 찬우, 찬엽이와 출간의 기쁨을 함께 나누고 싶다.

2006년 10월

김 영 호

제 4 판 머리말

기업회계기준이 계속 개정됨에 따라 부득이하게 제 4 판을 출간하게 되었다. 새로 판을 낼 때마다 수험생들에게 부담을 주는 것 같아 한 없이 미안한 마음 뿐이다. 앞으로 또 어떤 내용이 개정될지 알 수 없지만 현재까지 개정이 확정되어 2005년부터 시행되는 내용만을 가지고 제 4 판을 출간하게 되었다. 올해안으로 또 다른 내용이 개정된다면 그 때는 추록을 발행할 예정이다. 제 4 판의 특징을 설명하면 다음과 같다.

첫째, 지금까지 개정된 내용중 제 3 판에 반영되지 않은 기업회계기준 제14호(중소기업회계처리특례), 제15호(지분법), 제16호(법인세회계) 내용중 시험에 필요하다고 생각되는 부분을 반영하였다.

둘째, 제 3 판에서 내용이 부족하다고 생각되었던 부분 즉, 재고자산, 채권채무조정, 수익의 인식, 최신원가관리회계(목표원가, 균형잡힌 성과표, 품질원가 등) 등을 보완하였다.

셋째, 2003년과 2004년의 회계사, 세무사, 감정평가사 문제중 중요하다고 생각되는 부분을 많이 보완하였다. 동시에 개념이 중복된 문제, 중요성이 떨어진 문제, 어려운 문제 등을 많이 삭제하였다.

넷째, 기업결합회계는 연 평균 1문제 정도 나올 수 있는 분야이지만 효익보다 비용이 더 크다고 판단되어 그 내용을 미련없이 삭제하였다.

아무쪼록 보잘 것 없는 이 책 한권이 수험생 여러분의 합격에 많은 도움이 되기를 바라며 촉박한 일정에도 불구하고 성심성의껏 애써주신 법문사 배효선 사장님, 최복현 전무님, 정현성 부장님, 그리고 최문용 과장에게 심심한 감사를 드린다.

끝으로 언제나 사랑스런 내 아내와 두 아들 찬우, 찬엽이에게 이 책으로 사랑을 전하고 싶다.

2004년 11월
김 영 호

제 3 판 머리말

회계학을 어떻게 공부하면 보다 능률적으로 할 수 있을까? 솔직하게 말하자면, 어떤 요령으로 공부하면 많은 시간과 노력을 투입하지 않고도 합격의 영광을 안을 수 있을까 고심하는 수험생들에게 명쾌한 대답을 주기는 커녕 더 두꺼운 책으로 제 3 판을 내게 되어 독자 여러분에게 미안하고 죄송할 따름이다. 원래 공부에는 왕도가 없는 법, 좋은 교재를 선택하여 스스로 적성에 맞는 방법을 개발하는 것이 최선이다. 단지 한 말씀 더 드린다면 이 책을 통해 '회계학적 사고'를 터득했으면 하는 바램이다. 얼른 이해가 안될지 모르지만 회계학을 공부하는데 회계학적 사고를 통해 공부하는 것과 그렇지 않은 것과는 능률면에서 엄청난 차이가 있다.

2001년 제 2 판에 이어 이번에 다시 제 3 판을 내게 된 동기는 한국회계연구원 회계기준위원회에서 발표한 기업회계기준서 제 1 호부터 제 9 호까지의 내용을 반영하고자 한 것이다. 제 3 판의 특징을 열거하면 다음과 같다.

첫째, 기업회계기준서 제 1 호 ~ 제 9 호까지 내용 중에서 공부하는데 부담이 되지 않도록 시험에 꼭 필요한 내용만을 최소한으로 반영하도록 노력하였다.

둘째, 차제에 그동안 각종 시험에서 출제된 내용 중에서 좋은 문제를 엄선하여 수정보완하는 데 진력하였다.

셋째, 제 2 판의 ★표시한 문제는 어려워서 실제 시험과 관계 없다고 판단되어 모두 삭제하였고, 기본내용 중에서 다소 미흡했던 부분(금융비용자본화, 주식매입선택권, JIT System 등)을 보완하였다.

아무쪼록 수험생 여러분 모두에게 만족할 만한 결과가 있기를 기원하며 미흡한 부분에 대해서는 앞으로도 계속해서 수정·보완할 것을 약속드리며 독자제현의 아낌없는 조언을 구하는 바이다.

끝으로 작년에 이어 금년에도 본서의 출간을 도와주신 법문사 배효선 사장님, 최복현 전무님, 정현성 차장님 그리고 최문용 씨에게 심심한 감사를 드린다. 그리고 언제나 사랑으로 내조해 준 아내와 두 아들과 함께 이 출간의 기쁨을 나누고 싶다.

2002년 10월

김 영 호

제 2 판 머리말

1999년에 초판을 발행하였는데 이제 다시 제 2 판을 출간하게 되었다.

제 2 판을 내게된 동기는 그 동안 강의하면서 부족하다고 느낀 부분을 보완하기 위해서이다. 전체적으로 기본적인 틀은 그대로 유지하였으나, 우리나라 재무회계 개념체계와 기업결합회계 부분은 새롭게 보완 · 추가하였고, 특히 객관식 문제는 많이 보완하였다. 또한 2000년에 발표된 해석의 일부도 반영하였다.

아무쪼록 수험생 여러분 모두에게 만족할 만한 결과가 있기를 기원하며 미흡한 부분에 대해서는 앞으로도 계속해서 수정 · 보완할 것을 약속드리며 독자제현의 아낌없는 조언을 구하는 바이다.

끝으로 촉박한 일정에도 불구하고 본서를 출간하기까지 물심양면으로 애써주신 법문사 배효선 사장님, 최복현 상무님, 정현성 차장님 그리고 송병량 과장님께 심심한 감사를 드린다. 또한 본서의 집필 관계로 소홀했던 사무실을 성심을 다해 돌봐준 최창규 사무장과 직원 여러분께도 다시 한번 감사의 마음을 전한다. 그리고 이 세상에서 나에게 가장 소중한 사람인 아내와 두 아들에게 끝없는 사랑을 이 책으로 전하고 싶다.

2001년 1월

김 영 호

머 리 말

고시란 새로운 것을 창조하는 것이 아니라 기존의 지식을 이해하고 암기해서 시험을 치르는 것이다. 따라서 열심히 공부하면 누구나 다 합격할 수 있는 것이다. 다만 차이가 있다면 얼마나 더 능률적으로 공부하느냐의 차이일 뿐이다.

이러한 점을 감안하여 공부 경험과 다년간의 강의 경험을 바탕으로 시험에 꼭 필요한 내용을 알기 쉽고 상세하게 설명하는 데 역점을 두었다.

이 책의 특징을 살펴보면 다음과 같다.

첫째, 1998년 12월 12일 개정된 기업회계기준 및 1999년 6월 29일에 개정된 기준해석을 반영하여 시험공부하는 데 차질이 없도록 하였으며 CPA, 세무사 및 감정평가사의 과거의 기출문제를 개정기업회계기준에 맞추어 문제를 새로 재구성하였다.

둘째, 책의 구성내용을 3단계 형식으로 하여 먼저 기본예제를 통해서 기초적인 개념을 익힐 수 있도록 하고, 예제를 통해 좀더 핵심적인 내용을 요약 · 정리할 수 있도록 하였으며, 마지막으로 객관식 문제를 통해서 출제경향에 대한 파악과 응용력을 키우도록 하였다.

셋째, 기출문제라 하더라도 개념적으로 주요한 내용없이 단순히 내용만 어려운 문제는 과감히 생략하였으며 중복된 문제는 간소화하여 능률적으로 공부할 수 있도록 최대한 노력하였다.

넷째, 1차시험에 대비하여 기본서를 따로 볼 필요 없이 필요한 내용을 한 권으로 정리할 수 있도록 이론 및 문제를 충실히 수록하였다.

다섯째, 기업결합회계는 개정이 확정되는 대로 추후 보완할 것이다.

여섯째, 감정평가사를 공부하는 수험생은 ★표시한 문제는 다소 어려운 내용이므로 볼 필요가 없겠다.

바쁜 가운데서도 합격에 도움이 될 수 있도록 최선의 노력을 다하였으나 많은 아쉬움이 남는다. 부족한 점은 차차 보충하기로 하고 대신 수험생으로서 명심해야 할 몇 가지 경험을 소개하는 것으로 마음을 달래겠다.

"1차시험 최대의 적은 방심이다."
"공부할 때는 비관적으로 공부하고 발표는 낙관적으로 기대하라."
"고시공부는 공격형으로 하는 것이 아니라 수비형으로 하는 것이다."

“100점을 받기 위해 공부한다면 과락을 면하기 어렵지만 80점을 받기 위해 공부한다면 80점 이상을 기대할 수 있다.

“마지막 정리는 모아가면서 하는 것이 아니라 버리면서 하는 것이다.”

끝으로 수험생 여러분 모두의 합격을 기원하면서 이 책을 출판하기까지 애써주신 법문사 배효선 사장님, 최복현 상무님, 정현성 차장님 그리고 송병량 과장님께 진심으로 감사를 드린다. 또한 본서의 집필을 핑계로 소홀히 했던 사무실을 최선을 다해 돌봐준 최창규 사무장과 직원 여러분에게도 깊은 고마움을 전한다. 그리고 이 세상에서 가장 소중한 아내와 두 아들에 대한 끊임없는 나의 사랑을 이 책으로 전하고 싶다.

1999년 3월

김 영 호

CONTENTS

회 / 계 / 학

Part 1 재무회계

chapter 1 재무보고를 위한 개념체계

chapter 2 회계의순환과정 및 재무제표

chapter 8
부 채

Part 2 원가회계

chapter 15 원가계산의 기초, 원가추정 및 학습곡선

제 1 부

재무회계

CHAPTER 01

재무보고를 위한 개념체계

제1절 회계의 의의

1. 의 의

회계란 "기업실체의 경제적 활동과 관련된 거래나 사건을 화폐액으로 측정 · 기록 · 분류 · 요약하고 그것을 해석하는 기술이다."라는 회계정보의 생산측면과 "투자자 · 채권자 등의 회계정보 이용자들이 자원배분에 관한 합리적인 의사결정을 할 수 있도록 경제적 실체에 관한 유용한 정보를 제공하는 것이다."라고 하는 회계정보의 이용측면을 동시에 의미한다.

2. 재무회계와 관리회계

회계는 회계보고서의 목적 또는 대상에 따라 재무회계와 관리회계로 분류된다.

재무회계는 외부정보이용자(주주, 채권자 등)의 경제적 의사결정에 유용한 정보를 제공하는 것이 목적이며, 관리회계는 내부정보이용자(경영자 등)의 관리적 의사결정에 유용한 정보를 제공하는 것이 목적이다.

제2절 일반적으로 인정된 회계원칙 (GAAP, Generally Accepted Accounting Principles)

1. 의 의

일반적으로 인정된 회계원칙이란 회계실무를 행할 때 준수해야 할 행위의 지침으로서 기업실무를 이끌어가는 지도원리가 된다.

회계원칙을 제정하는 이유는 재무제표에 기재된 회계정보의 신뢰성을 제고시키기 위해서 필요하다. 일반적으로 인정된 회계원칙은 다음과 같은 특징을 갖는다.

2. 특 징

① **회계행위의 지침** GAAP은 회계실무에서 준수해야 할 행위의 지침이 되며 회계실무를 이끌어 가는 지도원리가 된다.

② **일반적 수용성** 대부분의 사람들의 지지를 얻고 또 받아 들여져야 한다. 즉, 모든 기업에 적용가능하고 다수 일반인에 의해 수용되고 지지를 받는 보편타당성을 갖는다.

③ **다수의 전문가에 의한 지지** 다수 권위 있는 전문가의 합의에 의해서 지지된다.

④ **정치적과정** 회계원칙은 제정시 많은 이해관계자들이 영향력을 행사하게 되므로 정치적과정의 산물이라 할 수 있다.

⑤ **가변성** 경제환경에 따라 진보하고 변화한다.

3. 우리나라의 일반적으로 인정된 회계원칙

① 한국채택국제회계기준(K-IFRS)

② 일반기업회계기준 등

제3절 재무보고를 위한 개념체계

1. 서 론

(1) 목 적

이 '개념체계'는 외부이용자를 위한 재무제표의 작성과 표시에 있어 기초가 되는 개념을 정립한다. '개념체계'의 목적은 다음과 같다.

① **한국회계기준위원회**

한국회계기준위원회(이하 '회계기준위원회'라 한다)가 향후 새로운 한국채택국제회계기준을 제정하고 기존의 한국채택국제회계기준의 개정을 검토할 때에 도움을 준다.

한국채택국제회계기준에서 허용하고 있는 대체적인 회계처리방법의 수를 축소하기 위한 근거를 제공하여 회계기준위원회가 재무제표의 표시와 관련되는 법규, 회계기준 및 절차의 조화를 촉진시킬 수 있도록 도움을 준다.

② 재무제표작성자

재무제표의 작성자가 한국채택국제회계기준을 적용하고 한국채택국제회계기준이 미비한 주제에 대한 회계처리를 하는 데 도움을 준다.

③ 감사인

재무제표가 한국채택국제회계기준을 따르고 있는지에 대해 감사인이 의견을 형성하는 데 도움을 준다.

④ 재무제표이용자

한국채택국제회계기준에 따라 작성된 재무제표에 포함된 정보를 재무제표의 이용자가 해석하는 데 도움을 준다.

⑤ 이해관계자

회계기준위원회의 업무활동에 관심 있는 이해관계자에게 한국채택국제회계기준을 제정하는 데 사용한 접근방법에 대한 정보를 제공한다.

(2) 위 상

① 이 '개념체계'는 한국채택국제회계기준이 아니므로 특정한 측정과 공시 문제에 관한 기준을 정하지 아니한다. 따라서 이 '개념체계'는 어떤 경우에도 특정 한국채택국제회계기준에 우선하지 아니한다.

② 회계기준위원회는 몇 가지의 경우로 한정되기는 하지만 이 '개념체계'와 한국채택국제회계기준이 상충될 수 있다는 것을 알고 있다. 그러한 경우에는 한국채택국제회계기준이 '개념체계'보다 우선한다. 그러나 회계기준위원회가 향후 한국채택국제회계기준을 제정하고 기존의 한국채택국제회계기준을 검토할 때 '개념체계'가 지침이 될 것이므로 양자 간에 상충되는 사항들은 점차 감소할 것이다.

(3) 적용범위

이 개념체계의 구조는 다음과 같다.

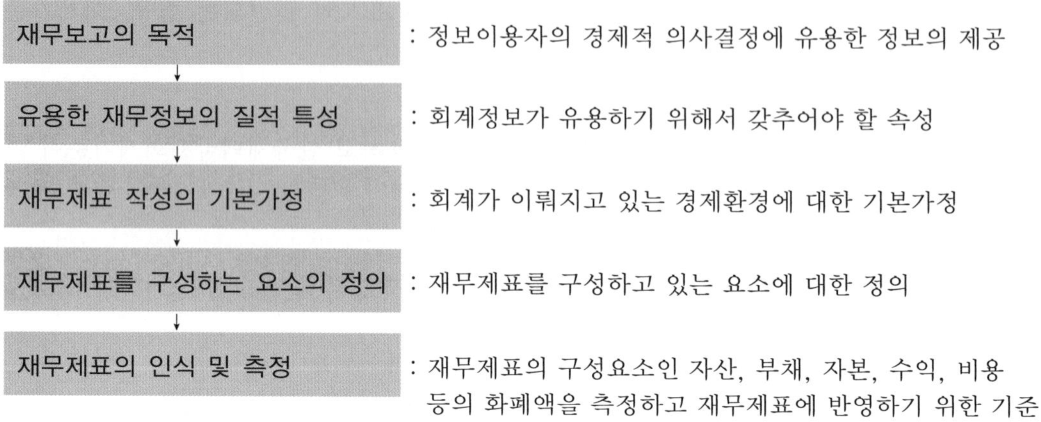

2. 일반목적재무보고의 목적 및 한계

(1) 정보이용자의 경제적 의사결정에 유용한 정보의 제공

일반목적재무보고의 목적은 현재 및 잠재적 투자자, 대여자 및 기타 채권자가 기업에 자원을 제공하는 것에 대한 의사결정을 할 때 유용한 보고기업 재무정보를 제공하는 것이다. 그 의사결정은 지분상품 및 채무상품을 매수, 매도 또는 보유하는 것과 대여 및 기타 형태의 신용을 제공 또는 결제하는 것을 포함한다.

(2) 미래 순현금유입에 대한 전망을 평가하는 데 유용한 정보의 제공

지분상품 및 채무상품을 매수, 매도 또는 보유하는 것에 대한 현재 및 잠재적 투자자의 의사결정은 그 금융상품 투자에서 그들이 기대하는 수익, 예를 들어, 배당, 원금 및 이자의 지급 또는 시장가격의 상승에 의존한다. 마찬가지로 대여 및 기타 형태의 신용을 제공 또는 결제하는 것에 대한 현재 및 잠재적 대여자 및 기타 채권자의 의사결정은 그들이 기대하는 원금 및 이자의 지급이나 그 밖의 수익에 의존한다. 투자자, 대여자 및 기타 채권자의 수익에 대한 기대는 기업에 유입될 미래 순현금유입의 금액, 시기 및 불확실성 (전망)에 대한 그들의 평가에 달려 있다. 따라서 현재 및 잠재적 투자자, 대여자 및 기타 채권자는 기업에 유입될 미래 순현금유입에 대한 전망을 평가하는 데 도움을 주는 정보를 필요로 한다.

(3) 보고기업의 경제적 자원, 청구권 그리고 자원 및 청구권의 변동에 관한 정보

일반목적재무보고서는 보고기업의 재무상태에 관한 정보, 즉 기업의 경제적 자원과 보고기업에 대한 청구권에 관한 정보를 제공한다. 재무보고서는 보고기업의 경제적 자원과 청구권을 변동시키는 거래와 그 밖의 사건의 영향에 대한 정보도 제공한다. 이 두 유형의 정보는 기업에 대한 자원 제공 관련 의사결정에 유용한 투입요소를 제공한다.

① 경제적 자원과 청구권(재무상태표)

보고기업의 경제적 자원과 청구권의 성격 및 금액에 대한 정보는 정보이용자가 보고기업의 재무적 강점과 약점을 식별하는 데 도움을 줄 수 있다. 그 정보는 정보이용자가 보고기업의 유동성과 지급능력, 추가적인 자금 조달의 필요성 및 그 자금 조달이 얼마나 성공적일지를 평가하는 데 도움을 줄 수 있다. 현재 청구권의 우선순위와 지급 요구사항에 대한 정보는 정보이용자가 보고기업에 청구권이 있는 자들 간에 미래 현금흐름이 어떻게 분배될 것인지를 예상하는 데 도움이 된다.

다른 유형의 경제적 자원은 미래 현금흐름에 대한 보고기업의 전망에 관한 정보이용자의 평가에 다르게 영향을 미친다. 어떤 미래 현금흐름은 수취채권과 같은 현재의 경제적 자원에서 직접적으로 발생한다. 다른 현금흐름은 재화 또는 용역을 생산하고 고객에게 판매하기 위해 몇 가지 자원을 결합하여 사용하는 데에서 발생한다. 비록 그 현금흐름을 개별적인 경제적 자원 (또는 청구권)과 관련지을 수는 없을지라도 재무보고서의 이용자는 보고기업의 영업에 이용가능한 자원의 성격과 금액을 알 필요가 있다.

② 경제적 자원 및 청구권의 변동

보고기업의 경제적 자원과 청구권의 변동은 그 기업의 재무성과 그리고 채무상품 또는 지분상품의 발행과 같은 그 밖의 사건 또는 거래에서 발생한다. 보고기업의 미래 현금흐름에 대한 전망을 올바르게 평가하기 위하여 정보이용자는 이 두 변동을 구별할 수 있는 능력이 필요하다. 보고기업의 재무성과에 대한 정보는 그 기업의 경제적 자원에서 해당 기업이 창출한 수익을 정보이용자가 이해하는 데 도움을 준다. 기업이 창출한 수익에 대한 정보는 경영진이 보고기업의 자원을 효율적이고 효과적으로 사용해야 하는 책임을 얼마나 잘 이행하였는지를 보여준다. 특히 미래 현금흐름의 불확실성을 평가하는 데 있어서는 그 수익의 변동성 및 구성요소에 대한 정보도 역시 중요하다. 보고기업의 과거 재무성과와 그 경영진이 책임을 어떻게 이행했는지에 대한 정보는 기업의 경제적 자원에서 발생하는 미래 수익을 예측하는 데 일반적으로 도움이 된다.

㉠ 발생기준 회계가 반영된 재무성과(포괄손익계산서)

발생기준 회계는 거래와 그 밖의 사건 및 상황이 보고기업의 경제적 자원과 청구권에 미치는 영향을, 비록 그 결과로 발생하는 현금의 수취와 지급이 다른 기간에 이루어지더라도, 그 영향이 발생한 기간에 보여준다. 이것이 중요한 이유는, 보고기업의 경제적 자원과 청구권 그리고 기간 중 그 변동에 관한 정보는 그 기간 동안의 현금 수취와 지급만의 정보보다 기업의 과거 및 미래 성과를 평가하는 데 더 나은 근거를 제공하기 때문이다.

투자자와 채권자에게서 직접 추가적인 자원을 획득한 것이 아닌 경제적 자원과 청구권의 변동이 반영된, 한 기간의 보고기업의 재무성과에 대한 정보는 기업의 과거 및 미래 순현금유입 창출 능력을 평가하는 데 유용하다. 그 정보는 보고기업이 이용가능한 경제적 자원을 증가시켜온 정도, 그리고 그 결과로 투자자와 채권자에게서 직접 추가적인 자원을 획득하지 않고 영업을 통하여 순현금유입을 창출할 수 있는 능력을 증가시켜온 정도를 보여준다.

어느 한 기간의 보고기업의 재무성과에 대한 정보는 시장가격 또는 이자율의 변동과 같은 사건이 기업의 경제적 자원과 청구권을 증가시키거나 감소시켜 기업의 순현금유입 창출 능력에 영향을 미친 정도도 보여줄 수 있다.

ⓛ 과거 현금흐름이 반영된 재무성과 (현금흐름표)

어느 한 기간의 보고기업의 현금흐름에 대한 정보도 정보이용자가 기업의 미래 순현금유입 창출 능력을 평가하는 데에 도움이 된다. 이는, 채무의 차입과 상환, 현금 배당 등 투자자에 대한 현금 분배 그리고 기업의 유동성이나 지급능력에 영향을 미치는 그 밖의 요인에 대한 정보를 포함하여, 보고기업이 어떻게 현금을 획득하고 사용하는지 보여준다. 현금흐름에 대한 정보는 정보이용자가 보고기업의 영업을 이해하고, 재무활동과 투자활동을 평가하며, 유동성이나 지급능력을 평가하고, 재무성과에 대한 그 밖의 정보를 해석하는 데 도움이 된다.

ⓒ 재무성과에 기인하지 않은 경제적 자원 및 청구권의 변동(자본변동표)

보고기업의 경제적 자원과 청구권은 추가적인 소유지분 발행과 같이 재무성과 외의 사유로도 변동될 수 있다. 이러한 유형의 변동에 관한 정보는 보고기업의 경제적 자원과 청구권이 변동된 이유와 그 변동이 미래 재무성과에 주는 의미를 정보이용자가 완전히 이해하는 데 필요하다.

(4) 경영자의 수탁책임을 평가하기 위한 유용한 정보의 제공

현재 및 잠재적 투자자, 대여자 및 기타 채권자는 미래 순현금유입에 대한 기업의 전망을 평가하기 위하여 기업의 자원, 기업에 대한 청구권, 그리고 기업의 경영진 및 이사회가 기업의 자원을 사용하는 그들의 책임을 얼마나 효율적이고 효과적으로 이행해 왔는지에 대한 정보를 필요로 한다. 그러한 책임의 예로는 가격 변동이나 기술적 변화와 같은 경제적 요인의 불리한 영향으로부터 기업의 자원을 보호하는 것과 해당 법, 규정 및 계약 조항을 기업이 반드시 준수하도록 하는 것이 있다. 경영진의 책임 이행에 대한 정보는 경영진의 행동에 대해 의결권을 가지거나 다른 방법으로 영향력을 행사하는 현재 투자자, 대여자 및 기타 채권자의 의사결정에도 유용하다.

(5) 한계점

많은 현재 및 잠재적 투자자, 대여자 및 기타 채권자는 그들에게 직접 정보를 제공하도록 보고기업에 요구할 수 없고, 그들이 필요로 하는 재무정보의 많은 부분을 일반목적재무보고서에 의존해야만 한다. 따라서 그들은 일반목적재무고서가 대상으로 하는 주요 이용자이다.

그러나 일반목적재무보고서는 현재 및 잠재적 투자자, 대여자 및 기타 채권자가 필요로 하는 모든 정보를 제공하지는 않으며 제공할 수도 없다. 그 정보이용자들은, 예를 들어, 일반 경제적 상황 및 기대, 정치적 사건과 정치 풍토, 산업 및 기업 전망과 같은 다른 원천에서 입수한 관련 정보를 고려할 필요가 있다.

일반목적재무보고서는 보고기업의 가치를 보여주기 위해 고안된 것이 아니다. 그러나 그것은 현재 및 잠재적 투자자, 대여자 및 기타 채권자가 보고기업의 가치를 추정하는 데 도움이 되는 정보를 제공한다.

각 주요 이용자들의 정보 수요 및 욕구는 다르고 상충되기도 한다. 회계기준위원회는 재무보고기준을 제정할 때 주요 이용자 최대 다수의 수요를 충족하는 정보를 제공하기 위해 노력할 것이다. 그러나 공통된 정보 수요에 초점을 맞춘다고 해서 보고기업으로 하여금 주요 이용자의 특정한 일부에게 가장 유용한 추가적인 정보를 포함하지 못하게 하는 것은 아니다.

일반목적재무보고의 목적

(1) 현재 및 잠재적 재무제표 이용자의 경제적 의사결정에 유용한 정보의 제공
(2) 미래 순현금유입에 대한 전망을 평가하기 위한 유용한 정보의 제공
(3) 경제적 자원과 청구권, 경제적 자원과 청구권의 변동에 대한 정보의 제공
　① 경제적 자원과 청구권; 재무상태표
　② 경제적 자원과 청구권의 변동
　　㉠ 발생기준회계가 반영된 재무성과; 포괄손익계산서
　　㉡ 과거 현금흐름이 반영된 재무성과; 현금흐름표
　　㉢ 재무성과에 기인하지 않은 경제적 자원 및 청구권의 변동; 자본변동표
(4) 경영자의 수탁책임

재무회계개념체계 및 재무보고의 목적

다음은 재무보고의 목적 등에 관한 설명이다. 틀린 문장을 고르시오.

(1) 재무회계는 외부정보이용자의 경제적 의사결정에 유용한 정보를 제공하는 것이며, 관리회계는 내부정보이용자의 관리적 의사결정에 유용한 정보를 제공하는 것이다.

(2) 한국채택국제회계기준은 규칙주의에 따른다.

(3) 재무회계개념체계는 재무제표 작성과 표시에 있어 기초가 되는 개념을 정립하는 것이므로 한국채택국제회계기준에 우선한다.

(4) 일반목적재무보고의 목적은 현재 및 잠재적 투자자, 대여자 및 기타 채권자가 기업에 자원을 제공하는 것에 대한 의사결정을 할 때 유용한 보고기업 재무정보를 제공하는 것이다.

(5) 일반목적재무보고서는 현재 및 잠재적 투자자, 대여자 및 기타채권자가 필요로 하는 모든 정보를 제공한다.

(6) 일반목적재무보고서는 보고기업의 가치를 보여주기 위해 고안된 것이다.

풀이

(1) 옳다.
(2) 한국채택국제회계기준은 원칙주의에 따른다.
(3) 한국채택국제회계기준이 재무회계개념체계에 우선한다.
(4) 옳다.
(5) 일반목적재무보고서는 현재 및 잠재적 투자자, 대여자 및 기타채권자가 필요로 하는 모든 정보를 제공하지도 않으며 제공할 수도 없다.
(6) 일반목적재무보고서는 보고기업의 가치를 보여주기 위해 고안된 것이 아니다. 그러나 그것은 정보이용자가 보고기업의 가치를 추정하는데 도움이 되는 정보를 제공한다.

보고기업의 경영진도 해당 기업에 대한 재무정보에 관심이 있다. 그러나 경영진은 그들이 필요로 하는 재무정보를 내부에서 구할 수 있기 때문에 일반목적재무보고서에 의존할 필요가 없다.

3. 유용한 재무정보의 질적 특성

유용한 재무정보의 질적 특성은 재무보고서에 포함된 정보(재무정보)에 근거하여 보고기업에 대한 의사결정을 할 때 현재 및 잠재적 투자자, 대여자 및 기타 채권자에게 가장 유용할 정보의 유형을 식별하는 것이다.

재무정보가 유용하기 위해서는 목적적합해야 하고 나타내고자 하는 바를 충실하게 표현해야 한다. 재무정보가 비교가능하고, 검증가능하며, 적시성 있고, 이해가능한 경우 그 재무정보의 유용성은 보강된다.

(1) 근본적 질적 특성

근본적 질적 특성은 목적적합성과 충실한 표현이다.

① 목적적합성

㉠ 예측가치와 확인가치

ⓐ 목적적합한 재무정보는 정보이용자의 의사결정에 차이가 나도록 할 수 있다. 정보는 일부 정보이용자가 이를 이용하지 않기로 선택하거나 다른 원천을 통하여 이미 이를 알고 있다고 할지라도 의사결정에 차이가 나도록 할 수 있다.

ⓑ 재무정보에 예측가치, 확인가치 또는 이 둘 모두가 있다면 그 재무정보는 의사결정에 차이가 나도록 할 수 있다.

ⓒ 정보이용자들이 미래 결과를 예측하기 위해 사용하는 절차의 투입요소로 재무정보가 사용될 수 있다면, 그 재무정보는 예측가치를 갖는다. 재무정보가 예측가치를 갖기 위해서 그 자체가 예측치 또는 예상치일 필요는 없다. 예측가치를 갖는 재무정보는 정보이용자 자신이 예측하는 데 사용된다.

ⓓ 재무정보가 과거 평가에 대해 피드백을 제공한다면 (과거 평가를 확인하거나 변경시킨다면) 확인가치를 갖는다.

ⓔ 재무정보의 예측가치와 확인가치는 상호 연관되어 있다. 예측가치를 갖는 정

표 1-1 유용한 재무정보의 질적특성

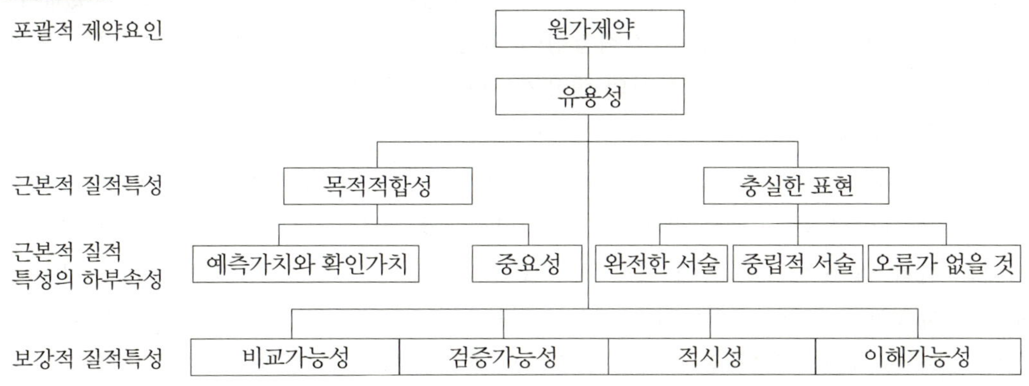

보는 확인가치도 갖는 경우가 많다. 예를 들어, 미래 연도 수익의 예측 근거로 사용할 수 있는 당해 연도 수익 정보를 과거 연도에 행한 당해 연도 수익 예측치와 비교할 수 있다. 그 비교 결과는 정보이용자가 그 과거 예측에 사용한 절차를 수정하고 개선하는 데 도움을 줄 수 있다.

㉡ 중요성

정보가 누락되거나 잘못 기재된 경우 특정 보고기업의 재무정보에 근거한 정보이용자의 의사결정에 영향을 줄 수 있다면 그 정보는 중요한 것이다. 즉, 중요성은 개별 기업 재무보고서 관점에서 해당 정보와 관련된 항목의 성격이나 규모 또는 이 둘 모두에 근거하여 해당 기업에 특유한 측면의 목적적합성을 의미한다. 따라서 회계기준위원회는 중요성에 대한 획일적인 계량 임계치를 정하거나 특정한 상황에서 무엇이 중요한 것인지를 미리 결정할 수 없다.

② 충실한 표현

재무보고서는 경제적 현상을 글과 숫자로 나타내는 것이다. 재무정보가 유용하기 위해서는 목적적합한 현상을 표현하는 것뿐만 아니라 나타내고자 하는 현상을 충실하게 표현해야 한다. 완벽하게 충실한 표현을 하기 위해서는 서술에 세 가지의 특성이 있어야 할 것이다. 서술은 완전하고, 중립적이며, 오류가 없어야 할 것이다. 물론 완벽함은 달성하기 어렵다. 회계기준위원회의 목적은 가능한 정도까지 그 특성을 극대화하는 것이다.

충실한 표현 그 자체가 반드시 유용한 정보를 만들어 내는 것은 아니다. 예를 들어, 보고기업은 정부보조금으로 유형자산을 받을 수 있다. 기업이 아무런 대가 없이 자산을 취득했다고 보고한다면 그 원가를 충실히 표현한 것은 분명하지만 그 정보는 아마도 매우 유용하지는 않을 것이다. 좀 더 미묘한 사례는 자산의 장부금액이 자산 가치의 손상을 반영하여 조정되어야 하는 금액의 추정치인 경우이다. 보고기업이 적절한 절차를 올바르게 적용하였고, 추정치를 올바로 기술했으며, 추정치에 유의적으로 영향을 미칠 수 있는 불확실성을 기술하였다면, 그 추정치는 충실한 표현이 될 수 있다. 그러나 그러한 추정치에 불확실성의 수준이 충분히 크다면, 그 추정치가 별로 유용하지는 못할 것이다. 즉, 충실히 표현된 자산이라도 목적적합성이 의문스럽다는 것이다. 더 충실한 다른 표현을 할 수 없다면, 그 추정치가 최선의 이용가능한 정보를 제공하는 것일 수는 있다.

㉠ 완전한 서술

완전한 서술은 필요한 기술과 설명을 포함하여 정보이용자가 서술되는 현상을 이해하는 데 필요한 모든 정보를 포함하는 것이다. 예를 들어, 자산 집합의 완전한 서술은 적어도 집합 내 자산의 특성에 대한 기술과 집합 내 모든 자산의 수량적 서술, 그러한 수량적 서술이 표현하고 있는 기술 내용(예: 최초 원가, 조정 원가 또는 공정가치)을 포함한다. 일부 항목의 경우 완전한 서술은 항목의 질 및 성격, 그 항목의 질 및 성격에 영향을 줄 수 있는 요인과 상황, 그리고 수량적 서술을 결정하는 데 사용된 절차에 대한 유의적인 사실의 설명을 수반할 수도 있다.

㉡ 중립적 서술

중립적 서술은 재무정보의 선택이나 표시에 편의가 없는 것이다. 중립적 서술은, 정보이용자가 재무정보를 유리하게 또는 불리하게 받아들일 가능성을 높이기 위해 편파적이 되거나, 편중되거나, 강조되거나, 경시되거나 그 밖의 방식으로 조작되지 않는다. 중립적 정보는 목적이 없거나 행동에 대한 영향력이 없는 정보를 의미하지 않는다. 오히려 목적적합한 재무정보는 정의상 정보이용자의 의사결정에 차이가 나도록 할 수 있는 정보이다.

㉢ 오류가 없을 것

충실한 표현은 모든 면에서 정확한 것을 의미하지는 않는다. 오류가 없다는 것은 현상의 기술에 오류나 누락이 없고, 보고 정보를 생산하는 데 사용되는 절차의 선택과 적용 시 절차 상 오류가 없음을 의미한다. 이 맥락에서 오류가 없다는 것은 모든 면에서 완벽하게 정확하다는 것을 의미하지는 않는다. 예를 들어, 관측가능하지 않은 가격이나 가치의 추정치는 정확한지 또는 부정확한지 결정할 수 없다. 그러나 추정치로서 금액을 명확하고 정확하게 기술하고, 추정 절차의 성격과 한계를 설명하며, 그 추정치를 도출하기 위한 적절한 절차를 선택하고 적용하는 데 오류가 없다면 그 추정치의 표현은 충실하다고 할 수 있다.

③ 근본적 질적 특성의 적용

㉠ 정보가 유용하기 위해서는 목적적합하고 충실하게 표현되어야 한다. 목적적합하지 않은 현상에 대한 충실한 표현과 목적적합한 현상에 대한 충실하지 못한 표현 모두 정보이용자가 좋은 결정을 내리는 데 도움이 되지 않는다.

㉡ 근본적 질적 특성을 적용하기 위한 가장 효율적이고 효과적인 절차는 일반적으로 다음과 같다.

첫째, 보고기업의 재무정보 이용자에게 유용할 수 있는 경제적 현상을 식별한다.

둘째, 이용가능하고 충실히 표현될 수 있다면 가장 목적적합하게 될, 그 현상에 대한 정보의 유형을 식별한다.

셋째, 그 정보가 이용가능하고 충실하게 표현될 수 있는지 결정한다.

만약 그러하다면, 근본적 질적 특성의 충족 절차는 그 시점에 끝난다. 만약 그러하지 않다면, 차선의 목적적합한 유형의 정보에 대해 그 절차를 반복한다.

재무정보의 질적 특성 1

다음은 재무정보의 질적특성에 대한 설명이다. 틀린 문장을 고르시오.

(1) 근본적 질적특성은 목적적합성과 충실한 표현이다. 재무정보가 유용하기 위해서는 목적적합해야 하고 나타내고자 하는 바를 충실하게 표현해야 한다.

(2) 목적적합한 재무정보는 정보이용자의 의사결정에 차이가 나도록 할 수 있다. 정보는 일부 정보이용자가 이를 이용하지 않기로 선택하거나 다른 원천을 통하여 이미 이를 알고 있다고 할지라도 의사결정에 차이가 나도록 할 수 있다.

(3) 재무정보가 예측가치를 갖기 위해서 그 자체가 예측치이어야 유용성이 있다.

(4) 구분표시는 예측가치와 관련이 없다.

(5) 예측가치와 확인가치는 상호 연관되어 있지는 않다.

(6) 중요성은 개별 기업 재무보고서 관점에서 해당 정보와 관련된 항목의 성격이나 규모 또는 이 둘 모두에 근거하여 해당 기업에 특유한 측면의 목적적합성을 의미한다.

(7) 회계기준위원회는 중요성에 대한 획일적인 계량 임계치를 정하거나 특정한 상황에서 무엇이 중요한 것인지를 미리 결정할 수 있다.

(8) 완벽하게 충실한 표현을 하기 위해서는 서술에 세 가지의 특성이 있어야 할 것이다. 서술은 완전하고, 중립적이며, 오류가 없어야 할 것이다.

(9) 완전한 서술은 필요한 기술과 설명을 포함하여 정보이용자가 서술되는 현상을 이해하는 데 필요한 모든 정보를 포함하는 것은 아니다.

(10) 중립적 서술은 재무정보의 선택이나 표시에 편의가 없는 것이다. 중립적 정보는 목적이 없거나 행동에 대한 영향력이 없는 정보를 의미한다

(11) 충실한 표현은 모든 면에서 정확한 것을 의미하지는 않는다. 오류가 없다는 것은 현상의 기술에 오류나 누락이 없고, 보고 정보를 생산하는 데 사용되는 절차의 선택과 적용 시 절차상 오류가 없음을 의미한다.

풀이

(1) 옳다.
(2) 옳다.
(3) 재무정보가 예측가치를 갖기 위해서 그 자체가 예측치 또는 예상치일 필요는 없다.
(4) 구분표시는 예측가치를 높인다.
(5) 예측가치와 확인가치는 상호 연관되어 있다.
(6) 옳다.
(7) 회계기준위원회는 중요성에 대한 획일적인 계량 임계치를 정하거나 특정한 상황에서 무엇이 중요한 것인지를 미리 결정할 수 없다.
(8) 옳다.
(9) 완전한 서술은 필요한 기술과 설명을 포함하여 정보이용자가 서술되는 현상을 이해하는 데 필요한 모든 정보를 포함하는 것이다.
(10) 중립적 서술은 재무정보의 선택이나 표시에 편의가 없는 것이다. 중립적 정보는 목적이 없거나 행동에 대한 영향력이 없는 정보를 의미하지는 않는다
(11) 옳다.

(2) 보강적 질적 특성

비교가능성, 검증가능성, 적시성 및 이해가능성은 목적적합하고 충실하게 표현된 정보의 유용성을 보강시키는 질적 특성이다. 보강적 질적 특성은 만일 어떤 두 가지 방법이 현상을 동일하게 목적적합하고 충실하게 표현하는 것이라면 이 두 가지 방법 가운데 어느 방법을 현상의 서술에 사용해야 할지를 결정하는 데에도 도움을 줄 수 있다.

① 비교가능성

㉠ 정보이용자의 의사결정은, 예를 들어, 투자자산을 매도할지 또는 보유할지, 어느 보고기업에 투자할지를 선택하는 것과 같이 대안들 중에서 선택을 하는 것이다. 따라서 보고기업에 대한 정보는 다른 기업에 대한 유사한 정보 및 해당 기업에 대한 다른 기간이나 다른 일자의 유사한 정보와 비교할 수 있다면 더욱 유용하다.

㉡ 비교가능성은 정보이용자가 항목 간의 유사점과 차이점을 식별하고 이해할 수 있게 하는 질적 특성이다. 다른 질적 특성과 달리 비교가능성은 단 하나의 항목에 관련된 것이 아니다. 비교하려면 최소한 두 항목이 필요하다.

㉢ 일관성은 비교가능성과 관련은 되어 있지만 동일하지는 않다. 일관성은 한 보고기업 내에서 기간 간 또는 같은 기간 동안에 기업 간, 동일한 항목에 대해 동일한 방법을 적용하는 것을 말한다. 비교가능성은 목표이고 일관성은 그 목표를 달성하는 데 도움을 준다.

㉣ 비교가능성은 통일성이 아니다. 정보가 비교가능하기 위해서는 비슷한 것은 비슷하게 보여야 하고 다른 것은 다르게 보여야 한다. 재무정보의 비교가능성은 비슷한 것을

달리 보이게 하여 보강되지 않는 것처럼, 비슷하지 않은 것을 비슷하게 보이게 한다고 해서 보강되지 않는다.

ⓜ 근본적 질적 특성을 충족하면 어느 정도의 비교가능성은 달성될 수 있을 것이다. 목적적합한 경제적 현상에 대한 충실한 표현은 다른 보고기업의 유사한 목적적합한 경제적 현상에 대한 충실한 표현과 어느 정도의 비교가능성을 자연히 가져야 한다.

ⓑ 단 하나의 경제적 현상을 충실하게 표현하는 데 여러 방법이 있을 수 있으나 동일한 경제적 현상에 대해 대체적인 회계처리방법을 허용하면 비교가능성이 감소한다.

② 검증가능성

㉠ 검증가능성은 정보가 나타내고자 하는 경제적 현상을 충실히 표현하는지를 정보이용자가 확인하는 데 도움을 준다. 검증가능성은 합리적인 판단력이 있고 독립적인 서로 다른 관찰자가 어떤 서술이 충실한 표현이라는 데, 비록 반드시 완전히 일치하지는 못하더라도, 의견이 일치할 수 있다는 것을 의미한다. 계량화된 정보가 검증가능하기 위해서 단일 점추정치이어야 할 필요는 없다. 가능한 금액의 범위 및 관련된 확률도 검증될 수 있다.

㉡ 검증은 직접적 또는 간접적으로 이루어질 수 있다. 직접 검증은, 예를 들어, 현금을 세는 것과 같이, 직접적인 관찰을 통하여 금액이나 그 밖의 표현을 검증하는 것을 의미한다. 간접 검증은 모형, 공식 또는 그 밖의 기법에의 투입요소를 확인하고 같은 방법을 사용하여 그 결과를 재계산하는 것을 의미한다. 예를 들어, 투입요소(수량과 원가)를 확인하고 같은 원가흐름가정을 사용(예: 선입선출법 사용)하여 기말 재고자산을 재계산하여 재고자산의 장부금액을 검증하는 것이다.

③ 적시성

적시성은 의사결정에 영향을 미칠 수 있도록 의사결정자가 정보를 제때에 이용가능하게 하는 것을 의미한다. 일반적으로 정보는 오래될수록 유용성이 낮아진다. 그러나 일부 정보는 보고기간 말 후에도 오랫동안 적시성이 있을 수 있다. 예를 들어, 일부 정보이용자는 추세를 식별하고 평가할 필요가 있을 수 있기 때문이다.

④ 이해가능성

㉠ 정보를 명확하고 간결하게 분류하고, 특징지으며, 표시하면 이해가능하게 된다.

㉡ 일부 현상은 본질적으로 복잡하여 이해하기 쉽게 할 수 없다. 그 현상에 대한 정보를 재무보고서에서 제외하면 그 재무보고서의 정보를 더 이해하기 쉽게 할 수 있다. 그러나 그 보고서는 불완전하여 잠재적으로 오도할 수 있다.

㉢ 재무보고서는 사업활동과 경제활동에 대해 합리적인 지식이 있고, 부지런히 정보를 검토하고 분석하는 정보이용자를 위해 작성된다. 때로는 박식하고 부지런한 정보이용자도 복잡한 경제적 현상에 대한 정보를 이해하기 위해 자문가의 도움을 받는 것이 필

요할 수 있다.

⑤ 보강적 질적 특성의 적용

㉠ 보강적 질적 특성은 가능한 한 극대화되어야 한다. 그러나 보강적 질적 특성은, 정보가 목적적합하지 않거나 충실하게 표현되지 않으면, 개별적으로든 집단적으로든 그 정보를 유용하게 할 수 없다.

㉡ 보강적 질적 특성을 적용하는 것은 어떤 규정된 순서를 따르지 않는 반복적인 과정이다. 때로는 하나의 보강적 질적 특성이 다른 질적 특성의 극대화를 위해 감소되어야 할 수도 있다. 예를 들어, 새로운 재무보고기준의 전진 적용으로 인한 비교가능성의 일시적 감소는 장기적으로 목적적합성이나 충실한 표현을 향상시키기 위해 감수할 수도 있다. 적절한 공시는 비교가능성의 미비를 부분적으로 보완할 수 있다.

(3) 유용한 재무보고에 대한 원가제약

① 원가는 재무보고로 제공될 수 있는 정보에 대한 포괄적 제약요인이다. 재무정보의 보고에는 원가가 소요되고, 해당 정보 보고의 효익이 그 원가를 정당화한다는 것이 중요하다.

② 목적적합하고 나타내고자 하는 바가 충실하게 표현된 재무정보를 보고하는 것은 정보이용자가 더 확신을 가지고 의사결정하는 데 도움이 된다. 이것은 자본시장이 더 효율적으로 기능하도록 하고, 경제 전반적으로 자본비용을 감소시킨다. 개별 투자자, 대여자 및 기타 채권자도 더 많은 정보에 근거한 의사결정을 함으로써 효익을 얻는다. 그러나 정보이용자 각자가 목적적합하다고 보는 모든 정보를 일반목적재무보고서에서 제공하는 것은 가능하지 않다.

재무정보의 질적 특성 2

다음은 재무정보의 질적특성에 대한 설명이다. 틀린 문장을 고르시오.

(1) 비교가능성, 검증가능성, 적시성 및 이해가능성은 목적적합하고 충실하게 표현된 정보의 유용성을 보강시키는 질적 특성이다.

(2) 일관성은 비교가능성과 관련은 되어 있지만 동일하지는 않다. 일관성은 목표이고 비교가능성은 그 목표를 달성하는데 도움을 준다.

(3) 비교가능성은 통일성이 아니다. 정보가 비교가능하기 위해서는 비슷한 것을 다르게 보여야 한다.

(4) 검증가능성은 합리적인 판단력이 있고 독립적인 서로 다른 관찰자가 어떤 서술이 충실한 표현이라는 데, 반드시 완전히 일치하여야 한다.
(5) 계량화된 정보가 검증가능하기 위해서 단일 점추정치이어야 한다.
(6) 일반적으로 정보는 오래될수록 유용성이 낮아진다. 그러나 일부 정보는 보고기간 말 후에도 오랫동안 적시성이 있을 수 있다.
(7) 재무보고서는 사업활동과 경제활동에 대해 합리적인 지식이 있고, 부지런히 정보를 검토하고 분석하는 정보이용자를 위해 작성되지는 않는다.
(8) 때로는 박식하고 부지런한 정보이용자도 복잡한 경제적 현상에 대한 정보를 이해하기 위해 자문가의 도움을 받는 것이 필요할 수 있다.
(9) 때로는 하나의 보강적 질적특성이 다른 질적특정의 극대화를 위해 감소되어야 할 수도 있다. 예를 들어 새로운 재무보고기준의 전진적용으로 인한 비교가능성의 일시적 감소는 장기적으로 목적적합성이나 충실한 표현을 향상시키기 위해 감소할 수도 있다.

풀이

(1) 옳다.
(2) 일관성은 비교가능성과 관련은 되어 있지만 동일하지는 않다. 비교가능성은 목표이고 일관성은 그 목표를 달성하는데 도움을 준다.
(3) 비교가능성은 통일성이 아니다. 정보가 비교가능하기 위해서는 비슷한 것은 비슷하게 보여야 하고 다른 것은 다르게 보여야 한다.
(4) 검증가능성은 합리적인 판단력이 있고 독립적인 서로 다른 관찰자가 어떤 서술이 충실한 표현이라는 데, 비록 반드시 완전히 일치하지는 못하더라도, 의견이 일치할 수 있다는 것을 의미한다.
(5) 계량화된 정보가 검증가능하기 위해서 단일 점추정치이어야 할 필요는 없다.
(6) 옳다.
(7) 재무보고서는 사업활동과 경제활동에 대해 합리적인 지식이 있고, 부지런히 정보를 검토하고 분석하는 정보이용자를 위해 작성된다.
(8) 옳다.
(9) 옳다.

제4절 재무제표의 작성과 표시를 위한 개념체계

1. 기본가정

계속기업

재무제표는 일반적으로 기업이 계속기업이며 예상가능한 기간 동안 영업을 계속할 것이라는 가정 하에 작성된다. 따라서 기업은 그 경영활동을 청산하거나 중요하게 축소할 의도나 필요성을 갖고 있지 않다는 가정을 적용하며, 만약 이러한 의도나 필요성이 있다면 재무제표는 계속기업을 가정한 기준과는 다른 기준을 적용하여 작성하는 것이 타당할 수 있으며 이때 적용한 기준은 별도로 공시하여야 한다.

이 가정에 의하여 역사적 원가에 의한 평가가 정당화 되며, 감가상각을 통한 원가배분의 과정도 정당화 된다.

2. 재무제표의 요소

재무상태표에서 재무상태의 측정과 직접 관련된 요소는 자산, 부채 및 자본이다. 그리고 포괄손익계산서에서 성과의 측정과 직접 관련된 요소는 수익과 비용이다.

(1) 재무상태

① 정 의

재무상태의 측정에 직접 관련되는 요소는 자산, 부채 및 자본이다. 이러한 요소의 정의는 다음과 같다.

㉠ 자산은 과거 사건의 결과로 기업이 통제하고 있고 미래경제적효익이 기업에 유입될 것으로 기대되는 자원이다.

㉡ 부채는 과거 사건에 의하여 발생하였으며 경제적효익을 갖는 자원이 기업으로부터 유출됨으로써 이행될 것으로 기대되는 현재의무이다.

㉢ 자본은 기업의 자산에서 모든 부채를 차감한 후의 잔여지분이다.

특정 항목이 자산, 부채 또는 자본의 정의를 충족하는지를 판단할 때에 단순한 법률적 형식이 아닌 거래의 실질과 경제적 현실을 고려하여야 한다. 예를 들어, 금융리스 거래의 실질과 경제적 현실은 리스이용자가 리스자산의 공정가치 상당액과 관련 금융비용을 지급하는 의무를 부담하는 대가로서 내용연수의 대부분 기간 동안 리스자산의 사용에 따른 경제적효익을 향유하는 것이다. 따라서 금융리스는 자산과 부채의 정의를 충족하는 항목을 발생시키며 리스이용자의 재무상태표에 관련 자산과 부채로 인식된다.

② 자산

㉠ 자산이 갖는 미래경제적효익이란 직접으로 또는 간접으로 미래 현금 및 현금성자산의 기업에의 유입에 기여하게 될 잠재력을 말한다. 이 잠재력은 기업의 영업활동의 일부인 생산과 관련될 수 있다. 또한, 현금이나 현금성자산으로의 전환 능력의 형태이거나 대체적인 제조과정의 도입으로 생산원가가 절감되는 경우와 같이 현금유출을 감소시키는 능력일 수도 있다.

㉡ 기업은 일반적으로 고객의 요구를 충족시킬 수 있는 재화나 용역의 생산에 자산을 이용한다. 고객은 재화나 용역의 제공에 따른 요구충족의 대가를 지불할 것이므로 이로 인해 기업의 현금흐름이 창출된다. 현금은 그 밖의 자원에 대한 구매력을 가지므로 그 자체로 기업에 효익을 제공한다.

㉢ 자산이 갖는 미래경제적효익은 다양한 형태로 기업에 유입될 수 있다. 예를 들어, 다음과 같다.

ⓐ 자산은 기업이 판매하는 재화나 용역의 생산에 개별적으로 또는 그 밖의 자산과 복합적으로 사용된다.

ⓑ 자산은 다른 자산과 교환된다.

ⓒ 자산은 부채를 상환하는 데 사용된다.

ⓓ 자산은 기업의 소유주에게 배분된다.

㉣ 부채는 과거의 거래나 그 밖의 사건에서 발생한다. 예를 들어, 재화를 구입하거나 용역을 제공받는 경우 매입채무가 발생하며(선급 또는 인도와 동시에 지급이 이루어지지 아니한 경우), 은행대출을 받은 경우에는 상환의무가 발생한다. 또한 기업이 고객의 연간 매입액에 따라 미래에 지급할 환불액을 부채로 인식할 경우 고객에 대한 과거의 매출이 부채를 발생시키는 거래가 된다.

㉤ 일부 부채는 상당한 정도의 추정을 해야만 측정이 가능할 수 있다. 이러한 부채는 충당부채라고도 한다. 일부 국가에서는 이러한 충당부채를 부채에서 제외하는데, 이는 부채를 추정의 필요 없이 확정할 수 있는 금액만 포함되도록 협의의 개념으로 정의하기 때문이다. 재무제표 작성과 표시를 위한 개념체계에서의 부채 정의는 광의의 접근법에 따른 것이다. 따라서 어떤 충당부채가 현재의무를 수반하며 부채의 나머지 정의를 충족한다면 금액을 추정해야 하더라도 부채이다. 그러한 예로는 제품보증에 따른 충당부채와 연금지급의무에 대한 충당부채가 있다.

㉥ 기업의 자산은 과거의 거래나 그 밖의 사건에서 창출된다. 기업은 일반적으로 구매나 생산을 통하여 자산을 획득하지만 다른 거래나 사건도 자산을 창출할 수 있다. 그

러한 예로는 지역의 경제성장을 장려하기 위한 정부의 프로그램에 따라 증여받은 자산이나 매장된 광물의 발견 등이 포함된다. 미래에 발생할 것으로 예상되는 거래나 사건 자체만으로는 자산이 창출되지 아니한다. 예를 들어, 재고자산을 구입하고자 하는 의도 그 자체는 자산의 정의를 충족하지 못한다.

ⓢ 일반적으로 지출의 발생과 자산의 취득은 밀접하게 관련되어 있으나 양자가 반드시 일치하는 것은 아니다. 따라서 기업이 지출을 한 경우 이는 미래경제적효익을 추구했다는 증거가 될 수는 있지만 자산의 정의를 충족시키는 어떤 항목을 취득했다는 확정적인 증거는 될 수 없다. 마찬가지로 관련된 지출이 없더라도 특정 항목이 자산의 정의를 충족할 경우 재무상태표의 인식대상이 되는 것을 배제하지는 못한다. 예를 들어, 증여받은 재화는 자산의 정의를 충족할 수 있다.

③ 부 채

㉠ 부채의 본질적 특성은 기업이 현재의무를 갖고 있다는 것이다. 의무란 특정 방법으로 실행하거나 수행할 책무 또는 책임을 말한다. 의무는 구속력 있는 계약이나 법규에 따라 법률적 강제력이 있을 수 있다. 제공받은 재화와 용역에 대한 미지급채무가 일반적인 예이다. 의무는 정상적인 거래실무, 관행 또는 원활한 거래관계를 유지하거나 공평한 거래를 하려는 의도에서 발생할 수도 있다. 만일 어떤 기업이 보증기간이 명백히 경과한 후에 발생하는 제품하자에 대해서도 수리해 주기로 방침을 정한 경우에 이미 판매된 제품과 관련하여 지출될 것으로 예상되는 금액은 부채이다.

㉡ 현재의무와 미래의 약속은 구별되어야 한다. 미래에 특정 자산을 취득하겠다는 경영진의 의사결정 그 자체만으로는 현재의무가 발생하지 아니한다. 의무는 일반적으로 그 자산이 인도되는 때 또는 기업이 자산획득을 위한 취소불능약정을 체결하는 때 발생한다. 후자의 경우에 속하는 취소불능약정은 예를 들어, 의무불이행의 결과에 따른 상당한 위약금 때문에 거래상대방에 대한 자원의 유출을 회피할 여지가 거의 없는 약정을 말한다.

㉢ 기업이 거래상대방의 요구에 따라 현재의무를 이행하기 위해서는 일반적으로 미래경제적효익을 갖는 자원을 희생하게 된다. 현재의무는 다양한 방법으로 이행될 수 있는 데 그 예는 다음과 같다.

ⓐ 현금 지급
ⓑ 다른 자산의 이전
ⓒ 용역의 제공
ⓓ 다른 의무로 대체
ⓔ 부채의 자본 전환

의무는 채권자의 권리포기나 권리상실 등 다른 방법에 의해서 소멸되기도 한다.

㉣ 일부 부채는 상당한 정도의 추정을 해야만 측정이 가능할 수 있다. 이러한 부채는

충당부채라고도 한다. 일부 국가에서는 이러한 충당부채를 부채에서 제외하는데, 이는 부채를 추정의 필요 없이 확정할 수 있는 금액만 포함되도록 협의의 개념으로 정의하기 때문이다. 재무제표 작성과 표시를 위한 개념체계에서의 부채 정의는 광의의 접근법에 따른 것이다. 따라서 어떤 충당부채가 현재의무를 수반하며 부채의 나머지 정의를 충족한다면 금액을 추정해야 하더라도 부채이다. 그러한 예로는 제품보증에 따른 충당부채와 연금지급의무에 대한 충당부채가 있다.

③ 자 본

㉠ 자본은 잔여지분으로 정의되었지만 재무상태표에는 소분류하여 표시할 수 있다. 예를 들어, 주식회사의 경우 소유주가 출연한 자본, 이익잉여금, 이익잉여금 처분에 의한 적립금, 자본유지조정을 나타내는 적립금 등으로 구분하여 표시할 수 있다.

㉡ 재무상태표에 표시되는 자본의 금액은 자산과 부채 금액의 측정에 따라 결정된다. 일반적으로 자본총액은 그 기업이 발행한 주식의 시가총액, 또는 순자산을 나누어서 처분하거나 계속기업을 전제로 기업전체를 처분할 때 받을 수 있는 총액과 우연한 경우에만 일치한다.

(2) 경영성과

① 정 의

㉠ 이익은 흔히 성과의 측정치로 사용되거나 투자수익률이나 주당이익과 같은 측정치의 기초로 사용된다. 이익의 측정과 직접 관련된 요소는 수익과 비용이다. 수익과 비용의 인식과 측정, 그리고 그에 따른 이익은 부분적으로는 기업의 재무제표 작성에 적용된 자본 및 자본유지개념에 의존한다.

㉡ 수익과 비용은 다음과 같이 정의한다.

ⓐ 수익은 자산의 유입이나 증가 또는 부채의 감소에 따라 자본의 증가를 초래하는 특정 회계기간 동안에 발생한 경제적효익의 증가로서, 지분참여자에 의한 출연과 관련된 것은 제외한다.

ⓑ 비용은 자산의 유출이나 소멸 또는 부채의 증가에 따라 자본의 감소를 초래하는 특정 회계기간 동안에 발생한 경제적효익의 감소로서, 지분참여자에 대한 분배와 관련된 것은 제외한다.

② 수 익

㉠ 광의의 수익의 정의에는 수익과 차익이 모두 포함된다. 수익은 기업의 정상영업활동의 일환으로 발생하며 매출액, 수수료수익, 이자수익, 배당수익, 로열티수익 및 임대료수익 등 다양한 명칭으로 구분된다.

㉡ 차익은 광의의 수익의 정의를 충족하는 그 밖의 항목으로 기업의 정상영업활동의

일환이나 그 이외의 활동에서 발생할 수 있다. 차익도 경제적효익의 증가를 나타내므로 본질적으로 수익과 차이가 없다. 따라서 이 개념체계에서는 차익을 별개의 요소로 보지 아니한다.

㉢ 예를 들어, 차익은 비유동자산의 처분에서 발생한다. 또한 광의의 수익의 정의는 시장성있는 유가증권의 재평가나 장기성 자산의 장부금액 증가로 인한 미실현이익을 포함한다. 차익을 포괄손익계산서에 표시하는 경우 일반적으로 구분 표시하는 데 의사결정자가 이를 알면 경제적 의사결정에 도움이 되기 때문이다. 차익은 흔히 관련 비용을 차감한 금액으로 보고된다.

③ 비 용

㉠ 광의의 비용의 정의에는 기업의 정상영업활동의 일환으로 발생하는 비용뿐만 아니라 차손도 포함된다. 기업의 정상영업활동의 일환으로 발생하는 비용은 예를 들어, 매출원가, 급여 및 감가상각비 등이다. 비용은 일반적으로 현금 및 현금성자산, 재고자산 또는 유형자산과 같은 자산의 유출이나 소모의 형태로 나타난다.

㉡ 차손은 비용의 정의를 충족하는 그 밖의 항목으로 기업의 정상영업활동의 일환이나 그 이외의 활동에서 발생할 수 있다. 차손도 경제적효익의 감소를 나타내므로 본질적으로 다른 비용과 차이가 없다. 따라서 이 개념체계에서는 차손을 별개의 요소로 보지 아니한다.

㉢ 예를 들어, 차손은 화재나 홍수와 같은 자연재해 또는 비유동자산의 처분에서 발생한다. 또한 비용의 정의는 미실현손실도 포함하는데, 예를 들어 기업의 외화차입금에 관련된 환율상승의 영향으로 발생하는 미실현손실이다. 차손을 포괄손익계산서에 표시하는 경우 일반적으로 구분 표시하는데 의사결정자가 이를 알면 경제적 의사결정에 도움이 되기 때문이다. 차손은 흔히 관련 수익을 차감한 금액으로 보고된다.

④ 자본유지조정

자산과 부채에 대한 재평가 또는 재작성은 자본의 증가나 감소를 초래한다. 이와 같은 자본의 증가 또는 감소는 수익과 비용의 정의에는 부합하지만, 이 항목들은 특정 자본유지개념에 따라 포괄손익계산서에는 포함하지 아니한다. 그 대신 자본유지조정 또는 재평가적립금으로 자본에 포함한다.

3. 재무제표 요소의 인식

(1) 일반적인 인식기준

① 의의 및 인식기준

㉠ 인식은 재무제표 요소의 정의에 부합하고 인식기준을 충족하는 항목을 재무상태

재무제표의 요소

다음은 재무제표의 요소에 대한 설명이다. 틀린 문장을 고르시오.

(1) 역사적 원가주의를 정당화시켜주는 가정은 발생주의 가정이다.

(2) 기업은 현금흐름표(현금주의)를 제외하고는 발생기준 회계를 사용하여 재무제표를 작성한다.

(3) 회계기말에 발생과 이연에 대한 수정분개(미수수익, 미지급비용, 선급비용, 선수수익)를 하는 주요 근거는 현금기준이다.

(4) 특정항목이 자산, 부채 또는 자본의 정의를 충족하는지를 판단할 때 단순한 법률적 형식이 아닌 거래의 실질과 경제적 현실을 고려하여야 한다.

(5) 유형자산을 포함한 많은 종류의 자산은 물리적 형태를 가지고 있다. 그러나 자산의 존재를 판단하기 위해서 물리적 형태가 필수적인 것은 아니다.

(6) 수취채권과 부동산을 포함한 많은 종류의 자산은 소유권 등 법률적 권리와 관련되어 있다. 따라서 소유권이 자산의 존재를 판단함에 있어 필수적이다.

(7) 기업의 자산은 과거의 거래나 그밖의 사건에서 창출된다. 따라서 증여받은 자산이나 매장된 광물의 발견 등은 자산의 정의를 충족하지 못한다.

(8) 지출의 발생과 자산의 취득은 밀접하게 관련되어 있으며 양자가 일치한다. 따라서 증여받은 재화는 자산의 정의를 충족할 수 없다.

(9) 일부부채는 상당한 정도의 추정을 해야만 측정이 가능하다. 이러한 부채를 충당부채라고도 한다.

(10) 일반적으로 자본총액은 그 기업이 발행한 주식의 시가총액, 또는 순자산을 나누어서 처분하거나 계속기업을 전제로 기업전체를 처분할 때 받을 수 있는 총액과 일반적으로 일치한다.

(11) 광의의 수익의 정의에서는 수익과 차익을 별개로 본다.

풀이

(1) 역사적 원가주의를 정당화시켜주는 가정은 계속기업의 가정이다.

(2) 옳다.

(3) 회계기말에 발생과 이연에 대한 수정분개를 하는 주요 근거는 발생기준이다.

(4) 옳다.
(5) 옳다.
(6) 소유권이 자산의 존재를 판단함에 있어 필수적인 것은 아니다.
(7) 기업의 자산은 과거의 거래나 그밖의 사건에서 창출된다. 기업은 일반적으로 구매나 생산을 통하여 자산을 획득하지만 다른 거래나 사건도 자산을 창출할 수 있다. 그러한 예로 증여받은 자산이나 매장된 광물의 발견 등이 포함된다. 그러나 미래에 발생할 것으로 예상되는 거래나 사건 자체만으로는 자산이 창출되지 않는다.
(8) 지출의 발생과 자산의 취득은 밀접하게 관련되어 있으나 양자가 반드시 일치하지 않는다. 증여받은 재화는 자산의 정의를 충족할 수 있다.
(9) 옳다.
(10) 일반적으로 자본총액은 그 기업이 발행한 주식의 시가총액, 또는 순자산을 나누어서 처분하거나 계속기업을 전제로 기업전체를 처분할 때 받을 수 있는 총액과 우연한 경우에만 일치한다.
(11) 광의의 수익의 정의에는 수익과 차익이 모두 포함된다. 따라서 이 개념체계에서는 차익을 별개의 요소로 보지 않는다. 또한 광의의 비용의 정의에서도 비용뿐만 아니라 차손도 포함된다.

표나 포괄손익계산서에 반영하는 과정을 말한다. 이 과정은 해당 항목을 서술하는 계정명칭과 화폐금액으로 기술하고 그 금액을 재무상태표 또는 포괄손익계산서 총계에 산입하는 것을 포함한다. 인식기준을 충족하는 항목은 재무상태표나 포괄손익계산서에 인식되어야 한다. 관련된 회계정책의 공시, 주석 또는 설명 자료만으로는 그러한 항목의 인식누락을 정당화할 수 없다.

ⓛ 재무제표 요소의 정의에 부합하는 항목이 다음 기준을 모두 충족한다면 재무제표에 인식되어야 한다.

ⓐ 그 항목과 관련된 미래경제적효익이 기업에 유입되거나 기업으로부터 유출될 가능성이 높다.

ⓑ 그 항목의 원가 또는 가치를 신뢰성 있게 측정할 수 있다.

② 미래경제적효익의 발생가능성

인식기준에는 특정 항목과 관련된 미래경제적효익이 기업에 유입되거나 기업에서 유출될 불확실성의 정도를 의미하는 발생가능성의 개념이 사용된다. 미래경제적효익의 유입과 유출에 대한 불확실성 정도의 평가는 재무제표를 작성할 때 이용가능한 증거에 기초하여야 한다. 예를 들어, 기업이 보유하는 특정 매출채권과 관련하여 대손가능성에 대한 증거가 없고 회수가능성이 높다면 해당 매출채권을 자산으로 인식하는 것이 정당화된다. 그러나 다수의 매출거래처가 존재한다면 어느 정도 대손이 발생할 가능성이 높은 것이 일반적이므로 예상되는 경제적효익의 감소를 나타내는 비용을 인식하여야 한다.

③ 측정의 신뢰성

㉠ 어떤 항목의 인식을 위한 두 번째 기준은 신뢰성 있는 측정이 가능한 원가 또는 가치를 갖고 있어야 한다는 것이다. 많은 경우에 원가 또는 가치가 추정되어야 하는데 이 경우 재무제표를 작성할 때 합리적인 추정을 사용해야 하며 합리적 추정이 신뢰성을 훼손하지는 않는다. 그러나 합리적인 추정을 할 수 없는 경우 해당 항목은 재무상태표나 포괄손익계산서에 인식될 수 없다. 예를 들어, 소송으로부터 예상되는 배상금이 자산과 수익의 정의에 부합하고 인식을 위한 발생가능성 기준을 충족한다 하더라도 그 금액을 신뢰성 있게 측정할 수 없는 경우에는 이를 자산이나 수익으로 인식할 수 없다.

㉡ 특정 시점에서는 인식기준을 충족하지 못하는 항목이더라도 그 후에 후속 상황이나 사건의 결과에 따라 인식기준을 충족할 수도 있다.

(2) 자산의 인식

① 자산은 미래경제적효익이 기업에 유입될 가능성이 높고 해당 항목의 원가 또는 가치를 신뢰성 있게 측정할 수 있을 때 재무상태표에 인식한다.

② 지출이 발생하였으나 당해 회계기간 후에는 관련된 경제적효익이 기업에 유입될 가능성이 높지 않다고 판단되는 경우에는 재무상태표에 자산으로 인식하지 아니한다. 대신에 그러한 거래는 포괄손익계산서에 비용으로 인식한다.

(3) 부채의 인식

부채는 현재 의무의 이행에 따라 경제적효익을 갖는 자원의 유출 가능성이 높고 결제 될 금액에 대해 신뢰성 있게 측정할 수 있을 때 재무상태표에 인식한다. 실무에서는 주문 후 아직 인도되지 않은 재고자산에 대한 부채와 같이 동일한 비율로 미이행된 계약상의 의무는 일반적으로 재무제표에 부채로 인식하지 아니한다.

(4) 수익의 인식(실현주의)

① 수익은 자산의 증가나 부채의 감소와 관련하여 미래경제적효익이 증가하고 이를 신뢰성 있게 측정할 수 있을 때 포괄손익계산서에 인식한다. 이는 실제로 수익의 인식이 자산의 증가나 부채의 감소에 대한 인식과 동시에 이루어짐을 의미한다. 예를 들어, 재화나 용역의 매출에 따라 자산의 순증가가 인식되며 미지급채무의 면제에 따라 부채의 감소가 인식된다.

② 실무에서 일반적으로 사용하는 수익인식의 절차, 예를 들어, 수익이 가득되어야 한다는 요건은 이 개념체계에서 제시하는 인식기준을 적용한 것이다. 그러한 절차는 일반적으로 신뢰성 있는 측정이 가능하고 충분히 확실한 항목들만을 한정하여 수익을 인식하기 위한 것이다.

(5) 비용의 인식(수익 · 비용대응의 원칙)

① 비용은 자산의 감소나 부채의 증가와 관련하여 미래경제적효익이 감소하고 이를 신뢰성 있게 측정할 수 있을 때 포괄손익계산서에 인식한다. 이는 실제로 비용의 인식이 부채의 증가나 자산의 감소에 대한 인식과 동시에 이루어짐을 의미한다. 예를 들어, 종업원급여의 발생에 따라 부채의 증가가 인식되며 설비의 감가상각에 따라 자산의 감소가 인식된다.

② 직접대응과 기간대응

비용은 발생된 원가와 특정 수익항목의 가득 간에 존재하는 직접적인 관련성을 기준으로 포괄손익계산서에 인식한다. 수익에 원가를 대응시키는 과정에는 동일한 거래나 그 밖의 사건에 따라 직접 그리고 공통으로 발생하는 수익과 비용을 동시에 또는 통합하여 인식하는 것이 포함된다. 재화의 판매에 따라 수익이 발생됨과 동시에 매출원가를 구성하는 다양한 비용요소가 인식되는 것이 그 예이다. 그러나 이 개념체계 하에서 대응개념을 적용한다 하더라도 자산이나 부채의 정의를 충족하지 못하는 항목을 재무상태표에 인식하는 것은 허용되지 아니한다.

③ 원가의 배분

경제적효익이 여러 회계기간에 걸쳐 발생할 것으로 기대되고 수익과의 관련성이 단지 포괄적으로 또는 간접적으로만 결정될 수 있는 경우 비용은 체계적이고 합리적인 배분절차를 기준으로 포괄손익계산서에 인식된다. 이러한 비용 인식 절차는 유형자산, 영업권, 특허권과 상표권 같은 자산의 사용과 관련된 비용을 인식하기 위하여 자주 필요하다. 이러한 경우에 관련된 비용은 감가상각비 또는 상각비로 표시된다. 이 배분절차는 해당 항목과 관련된 경제적효익이 소비되거나 소멸되는 회계기간에 비용을 인식하는 것을 목적으로 한다.

④ 즉시인식

미래경제적효익이 기대되지 않는 지출이거나, 미래경제적효익이 기대되더라도 재무상태표에 자산으로 인식되기 위한 조건을 원래 충족하지 못하거나 더 이상 충족하지 못하는 부분은 즉시 포괄손익계산서에 비용으로 인식되어야 한다.

⑤ 제품보증에 따라 부채가 발생하는 경우와 같이 자산의 인식을 수반하지 않는 부채가 발생하는 경우에는 포괄손익계산서에 비용을 동시에 인식한다.

4. 재무제표 요소의 측정

(1) 측정의 의의

측정은 재무상태표와 포괄손익계산서에 인식되고 평가되어야 할 재무제표 요소의

수익 · 비용대응의 원칙

수익 · 비용대응의 원칙에는 직접대응과 기간대응(또는 간접대응)이 있으며 기간대응에는 원가의 배분과 즉시인식이 있다.

(1) 직접대응

직접대응이란 수익을 얻기 위해 희생된 직접적인 인과관계가 있는 비용을 수익에 대응시키는 것이다. 이 경우 수익에 비례해서 비용이 발생한다.

예) 매출액과 매출원가, 매출액과 판매보증비, 매출액과 포장비 등

(2) 기간대응

당기에 수익창출에 공헌하였으나 그 관련 정도를 개별적으로 식별하기 곤란한 것을 말한다. 따라서 일정기간 동안 발생한 수익총액에서 비용총액을 기간적으로 대응시킨다. 기간대응에는 원가의 배분과 즉시인식이 있다.

① 원가의 배분

수익과 적극적인 인과관계를 관련시킬 수 없는 경우 일정기간동안 수익창출활동에 기여한 것으로 보고 자산을 합리적이고 체계적인 절차에 따라 특정회계기간에 대응될 비용(소멸원가)과 그 회계기간 이후에 대응될 원가(미소멸원가; 자산)로 나누는 절차를 말한다.

예) 유형자산 및 무형자산의 감가상각비 등

② 즉시인식

미래경제적 효익이 기대되지 않는 지출이거나, 미래경제적효익이 기대되더라도 재무상태표에 자산으로 인식되기 위한 조건을 원래 충족하지 못하거나 더 이상 충족하지 못하는 부분은 즉시 비용으로 인식한다.

예) 급여, 광고선전비, 창업비 등 대부분의 비용

화폐금액을 결정하는 과정이다. 측정은 특정 측정기준의 선택과정을 포함한다.

(2) 여러 가지 측정기준

재무제표를 작성하기 위해서는 다수의 측정기준이 다양한 방법으로 결합되어 사용된다. 그러한 측정기준의 예는 다음과 같다.

① 역사적 원가

자산은 취득의 대가로 취득 당시에 지급한 현금 또는 현금성자산이나 그 밖의 대가의 공정가치로 기록한다. 부채는 부담하는 의무의 대가로 수취한 금액으로 기록한다. 어떤 경우(예: 법인세)에는 정상적인 영업과정에서 그 부채를 이행하기 위해 지급할 것으로 기대되는 현금이나 현금성자산의 금액으로 기록할 수도 있다.

② 현행원가

자산은 동일하거나 또는 동등한 자산을 현재시점에서 취득할 경우에 그 대가로 지불하여야 할 현금이나 현금성자산의 금액으로 평가한다. 부채는 현재시점에서 그 의무를 이행하는 데 필요한 현금이나 현금성자산의 할인하지 아니한 금액으로 평가한다.

③ 실현가능(이행)가치

자산은 정상적으로 처분하는 경우 수취할 것으로 예상되는 현금이나 현금성자산의 금액으로 평가한다. 부채는 이행가치로 평가하는 데 이는 정상적인 영업과정에서 부채를 상환하기 위해 지급될 것으로 예상되는 현금이나 현금성자산의 할인하지 아니한 금액으로 평가한다.

④ 현재가치

자산은 정상적인 영업과정에서 그 자산이 창출할 것으로 기대되는 미래 순현금유입액의 현재할인가치로 평가한다. 부채는 정상적인 영업과정에서 그 부채를 상환할 때 필요할 것으로 예상되는 미래 순현금유출액의 현재할인가치로 평가한다.

(3) 보편적으로 채택하고 있는 측정기준

재무제표를 작성할 때 기업이 가장 보편적으로 채택하고 있는 측정기준은 역사적 원가이다. 역사적 원가는 일반적으로 다른 측정 기준과 함께 사용된다. 예를 들어, 재고자산은 통상 역사적 원가와 순실현가능가치를 비교하여 저가로 평가되고, 시장성 있는 유가증권은 시가로 평가되기도 하며 연금부채는 현재가치로 평가된다. 일부 기업은 비화폐성자산에 대한 가격변동효과를 반영하지 못하는 역사적 원가 모형에 대한 대응책으로 현행원가기준을 사용하기도 한다.

재무제표 요소의 인식과 측정

다음은 재무제표 요소의 인식과 측정에 대한 설명이다. 틀린 문장을 고르시오.

(1) 인식이란 재무제표 요소의 정의에 부합하고 인식기준을 충족하는 항목을 재무상태표나 포괄손익계산서에 반영하는 과정을 말한다.

(2) 재무제표 요소의 정의에 부합하는 항목이 다음 기준을 모두 충족하면 제무제표에 인식되어야 한다.

① 그 항목과 관련된 미래경제적효익이 기업에 유입되거나 유출될 가능성이 높다.

② 그 항목의 원가 또는 가치를 신뢰성있게 측정할 수 있다.

(3) 수익은 자산의 증가나 부채의 감소와 관련하여 미래경제적효익이 증가하거나 감소하고 이를 신뢰성 있게 측정할 수 있을 때 포괄손익계산서에 인식한다.

(4) 비용은 자산의 증가나 부채의 감소와 관련하여 미래경제적효익이 감소하고 이를 신뢰성 있게 측정할 수 있을 때 포괄손익계산서에 인식한다.

(5) 측정은 재무상태표와 포괄손익계산서에 인식되고 평가되어야 할 재무제표 요소의 화폐금액을 결정하는 과정이다.

(6) 재무제표를 작성할 때 기업이 가장 보편적으로 채택하고 있는 측정기준은 현행원가이다.

(7) 역사적원가로 자산과 부채를 측정할 때, 자산은 취득의 대가로 취득당시에 지급한 현금 또는 현금성자산이나 그 밖의 대가의 공정가치로 기록한다.

(8) 현행원가로 자산과 부채를 측정할 때, 부채는 현재시점에서 그 의무를 이행하는데 필요한 현금이나 현금성자산의 할인한 금액으로 평가한다.

(9) 실현가능(이행)가치로 자산과 부채를 측정할 때, 부채는 이행가치로 평가하는데 정상적인 영업과정에서 부채를 상환하기 위해 지급될 것으로 예상되는 현금이나 현금성자산의 할인한 금액으로 평가한다.

(10) 현재가치로 자산과 부채를 측정할 때, 부채는 정상적인 영업과정에서 그 부채를 상환할 때 필요할 것으로 예상되는 미래 순현금유출액의 명목가치로 평가한다.

풀이

(1) 옳다.
(2) 옳다.
(3) 수익은 자산의 증가나 부채의 감소와 관련하여 미래경제적효익이 증가하고 이를 신뢰성 있게 측정할 수 있을 때 포괄손익계산서에 인식한다.
(4) 비용은 자산의 감소나 부채의 증가와 관련하여 미래경제적효익이 감소하고 이를 신뢰성 있게 측정할 수 있을 때 포괄손익계산서에 인식한다.
(5) 옳다.
(6) 가장 보편적으로 채택하고 있는 측정기준은 역사적 원가이다.
(7) 옳다.
(8) 현금이나 현금성자산의 할인하지 아니한 금액으로 평가한다.
(9) 현금이나 현금성자산의 할인하지 아니한 금액으로 평가한다.
(10) 예상되는 미래 순현금유출액의 현재할인가치로 평가한다.

5. 자본 및 자본유지의 개념

(1) 자본의 개념

① 대부분의 기업은 자본의 재무적 개념에 기초하여 재무제표를 작성한다. 자본을 투자된 화폐액 또는 투자된 구매력으로 보는 재무적 개념 하에서 자본은 기업의 순자산이나 지분과 동의어로 사용된다. 자본을 조업능력으로 보는 자본의 실물적 개념 하에서는 자본은 예를 들어, 1일 생산수량과 같은 기업의 생산능력으로 간주된다.

② 기업은 재무제표이용자의 정보요구에 기초하여 적절한 자본개념을 선택하여야 한다. 따라서 재무제표의 이용자가 주로 명목상의 투하자본이나 투하자본의 구매력 유지에 관심이 있다면 재무적 개념의 자본을 채택하여야 한다. 그러나 이용자의 주된 관심이 기업의 조업능력 유지에 있다면 실물적 개념의 자본을 사용하여야 한다. 비록 자본개념을 실무적으로 적용하는 데는 측정의 어려움이 있을 수 있지만 선택된 자본개념에 따라 이익의 결정 목표가 무엇인지 알 수 있게 된다.

(2) 자본유지개념과 이익의 결정

① 자본유지개념이 필요한 이유

자본유지개념은 기업이 유지하려고 하는 자본을 어떻게 정의하는지와 관련된다. 자본유지개념은 이익이 측정되는 준거기준을 제공함으로써 자본개념과 이익개념 사이의 연결고리를 제공한다. 자본유지개념은 기업의 자본에 대한 투자수익과 투자회수를 구분하기 위한 필수요건이다. 자본유지를 위해 필요한 금액을 초과하는 자산의 유입액만이 이익으로 간주될 수 있고 결과적으로 자본의 투자수익이 된다. 따라서 이익은 수익에서 비용(필요한 경우 자본유지조정액을 포함)을 차감한 후의 잔여액이다. 만일 비용이 수익을 초과한다면 그 초과액은 손실이다.

② 자본개념에 따른 여러가지 자본유지개념

㉠ 재무자본유지

재무자본유지 개념 하에서 이익은 해당 기간 동안 소유주에게 배분하거나 소유주가 출연한 부분을 제외하고 기말 순자산의 재무적 측정금액(화폐금액)이 기초 순자산의 재무적 측정금액(화폐금액)을 초과하는 경우에만 발생한다. 재무자본유지는 명목화폐단위 또는 불변구매력단위를 이용하여 측정할 수 있다.

ⓐ 명목화폐단위

자본을 명목화폐단위로 정의한 재무자본유지개념 하에서 이익은 해당 기간 중 명목화폐자본의 증가액을 의미한다. 따라서 기간 중 보유한 자산가격의 증가 부분, 즉 보유이익은 개념적으로 이익에 속한다. 그러나 보유이익은 자산이 교환거래에 따라 처분되기 전에는 이익으로 인식되지 않을 것이다.

ⓑ 불변구매력단위

만일 재무자본유지개념이 불변구매력 단위로 정의된다면 이익은 해당 기간 중 투자된 구매력의 증가를 의미하게 된다. 따라서 일반물가수준에 따른 가격상승을 초과하는 자산가격의 증가 부분만이 이익으로 간주되며, 그 이외의 가격증가 부분은 자본의 일부인 자본유지조정으로 처리된다.

㉡ 실물자본유지

실물자본유지개념 하에서 이익은 해당 기간 동안 소유주에게 배분하거나 소유주가 출연한 부분을 제외하고 기업의 기말 실물생산능력이나 조업능력(또는 그러한 생산능력을 갖추기 위해 필요한 자원이나 기금)이 기초 실물생산능력을 초과하는 경우에만 발생한다.

자본을 실물생산능력으로 정의한 실물자본유지개념 하에서 이익은 해당 기간 중 실물생산능력의 증가를 의미한다. 기업의 자산과 부채에 영향을 미치는 모든 가격변동은 해당 기업의 실물생산능력에 대한 측정치의 변동으로 간주되어 이익이 아니라 자본의 일부인 자본유지조정으로 처리된다.

㉢ 재무자본유지개념과 실물자본유지개념의 주된 차이

재무자본유지개념과 실물자본유지개념의 주된 차이는 기업의 자산과 부채에 대한 가격변동 영향의 처리방법에 있다. 일반적으로 기초에 가지고 있던 자본만큼을 기말에도 가지고 있다면 이 기업의 자본은 유지된 것이며, 기초 자본을 유지하기 위해 필요한 부분을 초과하는 금액이 이익이다.

③ 자본유지개념에서 사용된 측정기준

실물자본유지개념을 사용하기 위해서는 현행원가기준에 따라 측정해야 한다. 그러나 재무자본유지개념은 특정한 측정기준의 적용을 요구하지 아니한다. 재무자본유지개념 하에서 측정기준의 선택은 기업이 유지하려는 재무자본의 유형과 관련이 있다.

자본과 자본유지 개념

다음은 자본유지개념에 대한 설명이다. 틀린 문장을 고르시오.

(1) 기업은 재무제표이용자의 정보요구에 기초하여 적절한 자본개념을 선택하여야 하는데, 만약 재무제표의 이용자가 주로 명목상 투하자본이나 투하자본의 구매력 유지에 관심이 있다면 재무적 개념의 자본을 채택하여야 한다.

(2) 자본유지개념은 기업의 자본에 대한 투자수익과 투자회수를 구분하기 위한 필수요건이다.

(3) 재무자본유지개념이 명목화폐단위로 정의된다면 기간 중 보유한 자산가격의 증가된 부분은 개념적으로 이익에 속하지 않는다. 따라서 보유이익은 자산이 교환거래에 따라서 처분하기 전에는 이익으로 인식되지 않을 것이다.

(4) 만약 재무자본유지개념이 불변구매력 단위로 정의된다면 이익은 해당기간 중 투자된 구매력의 증가를 의미하게 된다.

(5) 실물자본유지개념하에서 기업의 자산과 부채에 영향을 미치는 모든 가격변동은 해당 기업의 실물생산능력에 대한 측정치의 변동으로 간주되어 이익에 해당된다.

(6) 실물자본유지개념을 사용하기 위해서는 현행원가기준에 따라 측정해야 하는 반면 재무자본유지개념은 역사적원가기준에 따라 측정해야 한다.

풀이

(1) 옳다.
(2) 옳다.
(3) 개념적으로 이익에 속한다.
(4) 옳다.
(5) 이익이 아니라 자본의 일부인 자본유지조정으로 처리된다.
(6) 재무자본유지개념은 특정한 측정기준의 적용을 요구하지 아니한다.

>>> 객 · 관 · 식 · 문 · 제

1 다음 중 한국채택국제회계기준에 대한 설명으로 타당하지 않은 것은? 【'10. CPA】

① 국제적으로 통용되는 회계기준을 채택함으로써 회계정보의 신뢰성을 향상시키고, 다른 나라로부터의 자금조달이 용이해지며 차입원가를 절감할 수도 있다.

② 한국채택국제회계기준은 회계처리에 대하여 구체적인 회계처리방법을 제시하기보다는 전문가적 판단을 중시하는 접근법을 따르고 있다.

③ 한국채택국제회계기준의 연결범위에는 「주식회사의 외부감사에 관한 법률」에 의한 외부감사대상이 아닌 소규모회사는 포함되지 않는다.

④ 한국채택국제회계기준은 2011년부터 모든 주권상장법인이 의무적으로 적용하되 원하는 기업은 2009년부터 조기 적용하고 있다.

⑤ 한국채택국제회계기준은 국제회계기준위원회에서 공표한 국제회계기준을 기초로 한국회계기준위원회에서 제정하고 금융위원회에 보고 후 공표된 것이다.

풀이 ③ 포함되지 않는다 → 포함된다.
② 옳다. 이를 원칙주의라고 한다.

2 기업과 관련된 회계를 정보이용자를 기준으로 분류할 경우 가장 적절한 분류는?

① 재무회계와 기업회계 ② 관리회계와 정부회계
③ 공공회계와 사기업회계 ④ 재무회계와 관리회계
⑤ 원가회계와 관리회계

풀이

	재무회계	관리회계
목 적	외부정보이용자의 경제적 의사결정에 유용한 정보의 제공	경영자의 내부의사결정목적에 유용한 정보의 제공
정보이용자	외부정보이용자(투자자, 채권자 등 이해관계자)	내부정보이용자(경영자)

3 다음은 재무회계개념체계에 대한 설명이다. 옳지 않은 것은? 【'00. 세무사, 감평사】

① 한국회계기준위원회가 향후 새로운 "한국채택국제회계기준"을 제정하거나 기존의 한국채택국제회계기준의 개정을 검토할 때에 도움을 제공한다.

② 재무제표작성자가 한국채택국제회계기준을 적용하거나 한국채택국제회계기준이 미비한 거래에 대한 회계처리를 하는 데 도움을 제공한다.

③ 감사인이 재무제표가 한국채택국제회계기준을 따르고 있는지에 대한 의견을 형성하는데 도움을 제공한다.

④ 재무회계개념체계가 한국채택국제회계기준과 상충되는 경우에는 재무회계개념체계가 한국채택국제회계기준에 우선한다.

⑤ 재무제표이용자가 한국채택국제회계기준에 따라 작성된 재무제표에 포함된 정보를 해석하는데 도움을 제공한다.

풀이 한국채택국제회계기준이 재무회계개념체계에 우선한다.

4 재무보고를 위한 개념체계상 유용한 정보의 질적특성에 관한 설명으로 옳지 않은 것은? 【'14. 감평사】

① 충실한 표현은 모든 면에서 정확한 것을 의미하지는 않는다.

② 중요성은 개별 기업 재무보고서 관점에서 해당 정보와 관련된 항목의 성격이나 규모 또는 이 둘 모두에 근거하여 해당 기업에 특유한 측면의 목적적합성을 의미한다.

③ 완전한 서술은 필요한 기술과 설명을 포함하여 정보이용자가 서술되는 현상을 이해하는데 필요한 모든 정보를 포함하는 것이다.

④ 중립적 정보는 목적이 없거나 행동에 대한 영향력이 없는 정보를 의미하지는 않는다.

⑤ 재무정보의 비교가능성은 정보이용자가 항목간의 차이점을 식별하고 이해할 수 있게 하는 질적 특정으로 비슷한 것을 달리 보이게 함으로써 보강된다.

풀이 비교가능성은 통일성이 아니다. 정보가 비교가능하기 위해서는 비슷한 것은 비슷하게 보여야 하고 다른 것은 다르게 보여야 한다. 재무정보의 비교가능성은 비슷한 것을 달리 보이게 하여 보강되지 않는 것처럼, 비슷하지 않는 것을 비슷하게 보이게 한다고 해서 보강되지 않는다.

해답 3. ④ 4. ⑤

5 재무보고를 위한 개념체계에 대한 다음 설명 중 옳지 않은 것은? 【'15. CPA】

① 일반목적 재무보고서는 보고기업의 가치를 보여주기 위해 고안된 것이 아니다. 그러나 일반목적 재무보고서는 현재 및 잠재적 투자자, 대여자 및 기타 채권자가 보고기업의 가치를 추정하는데 도움이 되는 정보를 제공한다.

② 보강적 질적 특성은 가능한 한 극대화 되어야 한다. 그러나 보강적 질적 특성은 정보가 목적적합하지 않거나 충실하게 표현되지 않으면, 개별적으로든 집단적으로든 그 정보를 유용하게 할 수 없다.

③ 재무정보의 예측가치와 확인가치는 상호 연관되어 있어, 예측가치를 갖는 정보는 확인가치도 갖는 경우가 많다.

④ 재무보고서는 사업활동과 경제활동에 대해 합리적인 지식이 있고, 부지런히 정보를 검토하고 분석하는 정보이용자를 위해 작성된다.

⑤ 통일성은 한 보고기업 내에서 기간 간 또는 같은 기간 동안에 기업 간, 동일한 항목에 대해 동일한 방법을 적용하는 것을 말한다.

풀이 일관성에 대한 설명이다.

6 재무보고를 위한 개념체계 내용 중 재무정보의 질적 특성에 관한 설명으로 옳은 것은? 【'13. 세무사】

① 개념체계는 유용한 정보가 되기 위한 근본적 질적 특성을 적용하는데 있어서 가장 효율적이고 효과적인 일반적 절차를 제시하고 있지는 않다.

② 일관성은 비교가능성과 관련은 되어 있지만 동일하지는 않다. 즉 일관성은 목표이고, 비교가능성은 그 목표를 달성하는 데 도움을 준다고 할 수 있다.

③ 오류가 없다는 것은 현상의 기술에 오류나 누락이 없고, 보고 정보를 생산하는데 사용되는 절차의 선택과 적용 시 절차 상 오류가 없음을 의미하는 것이므로 충실한 표현이란 모든 측면에서 정확함을 의미한다.

④ 중요성은 개별 기업 재무보고서 관점에서 해당 정보와 관련된 항목의 성격이나 규모 또는 이 둘 모두에 근거하여 해당기업에 특유한 측면의 목적적합성을 의미한다.

⑤ 재무보고서는 사업활동과 경제활동에 대해 박식하고, 정보를 검토하고 분석하는데 부지런한 정보이용자보다는 모든 수준의 정보이용자들이 자력으로 이해할 수 있도록 작성되어야 한다.

해답 5. ⑤ 6. ④

풀이 ① 제시하고 있다.
② 비교가능성은 목표이고, 일관성은 그 목표를 달성하는데 도움을 준다.
③ 충실한 표현이란 모든 면에서 정확한 것을 의미하지는 않는다.
④ 옳다.
⑤ 재무보고서는 사업활동과 경제활동에 대해 박식하고, 정보를 검토하고 분석하는데 부지런한 정보이용자를 위해 작성된다.

7 재무보고를 위한 개념체계에 관한 설명으로 옳지 않은 것은? 【'15. 세무사】

① 중요성은 개별 기업 재무보고서 관점에서 해당 정보와 관련된 항목의 성격이나 규모 또는 이 둘 모두에 근거하여 해당 기업에 특유한 측면의 목적적합성을 의미한다.
② 재무보고를 위한 개념체계는 외부 이용자를 위한 재무보고의 기초가 되는 개념으로 한국채택국제회계기준이다.
③ 일반목적재무보고서는 보고기업의 가치를 보여주기 위해 고안된 것이 아니다. 그러나 그것은 현재 및 잠재적 투자자, 대여자 및 기타 채권자가 보고기업의 가치를 추정하는데 도움이 되는 정보를 제공한다.
④ 목적적합한 재무정보는 정보이용자의 의사결정에 차이가 나도록 할 수 있다.
⑤ 충실한 표현은 모든 면에서 정확한 것을 의미하지는 않는다.

풀이 개념체계는 한국채택국제회계기준이 아니므로 특정한 측정과 공시문제에 관한 기준을 정하지 아니한다. 따라서 이 개념체계는 어떤 경우에도 특정 한국채택국제회계기준에 우선하지 아니한다.

8 다음 중 재무제표의 작성과 표시를 위한 개념체계에 대한 설명으로 타당하지 않은 것은 어느 것인가 【'11. CPA 수정】

① 측정은 재무상태표와 포괄손익계산서에 인식되고 평가되어야 할 재무제표 요소의 화폐금액을 결정하는 과정으로 재무제표를 작성하기 위해서는 다수의 측정기준이 다양한 방법으로 결합되어 사용된다.
② 한국채택국제회계기준 개념체계는 발생기준과 계속기업을 기본가정으로 하고 있다. 따라서 재무제표는 일반적으로 기업이 계속기업이며 예상가능한 기간 동안 영업을 계속할 것이라는 가정 하에 작성된다.
③ 재무보고서는 경제적 현상을 글과 숫자로 나타내는 것이다. 재무정보가 유용하

해답 7. ② 8. ②

기 위해서는 목적적합한 현상을 표현하는 것뿐만 아니라 나타내고자 하는 현상을 충실하게 표현해야 한다. 완벽하게 충실한 것뿐만 아니라 나타내고자 하는 현상을 충실하게 표현해야 한다. 완벽하게 충실한 표현을 하기 위해서는 서술에 세 가지 특성이 있어야 할 것이다. 서술은 완전하고, 중립적이며, 오류가 없어야 할 것이다.

④ 중립적 서술은 재무정보의 선택이나 표시에 편의가 없는 것이다. 중립적 서술은, 정보이용자가 재무정보를 유리하게 또는 불리하게 받아들일 가능성을 높이기 위해 편파적이 되거나, 편중되거나, 강조되거나, 경시되거나 그 밖의 방식으로 조작되지 않는다.

⑤ 충실한 표현은 모든 면에서 정확한 것을 의미하지도 않는다. 오류가 없다는 것은 현상의 기술에 오류나 누락이 없고, 보고 정보를 생산하는데 사용되는 절차의 선택과 적용 시 절차상 오류가 없음을 의미한다.

풀이 개념체계는 계속기업을 기본가정으로 하고 있으며, 발생기준은 해당되지 않는다.

9 "재무제표의 작성과 표시를 위한 개념체계"에 관한 설명으로 옳지 않은 것은?

【'11. 세무사 수정】

① 일반목적재무보고의 목적은 현재 및 잠재적 투자자, 대여자 및 기타 채권자가 기업에 자원을 제공하는 것에 대한 의사결정을 할 때 유용한 보고기업 재무정보를 제공하는 것이다.

② 수익이나 비용의 비경상적, 비정상적 그리고 비반복적인 항목이 구분 표시되는 경우 포괄손익계산서의 예측가치는 제고된다.

③ 재무제표를 작성할 때 기업이 가장 보편적으로 채택하고 있는 측정기준은 공정가치이다, 재고자산을 시가로 평가하는 것이 이에 대한 적절한 예가 될 수 있다.

④ 현금흐름에 대한 정보는 정보이용자가 보고기업의 영업을 이해하고, 재무활동과 투자활동을 평가하며, 유동성이나 지급능력을 평가하고, 재무성과에 대한 그 밖의 정보를 해석하는데 도움이 된다.

⑤ 측정기준으로 현행원가에 의할 때 부채는 현재시점에서 그 의무를 이행하는데 필요한 현금이나 현금성자산의 할인하지 아니한 금액으로 평가한다.

풀이 재무제표를 작성할 때 기업이 가장 보편적으로 채택하고 있는 측정기준은 취득원가이다. 재고자산을 저가로 평가하는 것이 이에 대한 적절한 예가 될 수 있다.

해답 9. ③

10 회계정보의 질적 특성에 대한 다음 설명 중 옳지 않은 것은? 【'07. CPA】

① 중간재무제표는 회계정보의 적시성 제고를 위한 필수적인 수단이지만 작성대상기간이 단기이기 때문에 거래의 인식과 측정과정에 배분이나 추정이 많이 개재되어 충실하게 표현되지 않을 수 있다.

② 중단사업과 계속사업을 구분하여 보고하는 목적은 투자 및 영업계획 등의 기초가 되는 미래의 손익을 예측하는데 유용한 회계정보를 제공하기 위함에 있다.

③ 갑회사가 채택하고 있는 회계처리방법은 동종 산업에 속한 다기업의 방법과 동일하다. 이때 갑회사의 경영자는 자사의 재무상태와 경영성과를 보다 적절히 나타내 줄 수 있는 대체적 회계처리방법이 있다고 판단하면 타기업과의 비교가능성이 침해된다 하더라도 회계정책변경을 고려하여야 한다.

④ 특정 회사의 투자자가 그 회사의 당해 연도 이익실적치를 분석하고 그 다음 연도에 대한 자신의 당초 이익예측치를 확인한 후 종전의 예측치를 수정없이 그대로 유지하기로 결정하였다면 회사의 당해 연도 이익실적치는 피드백가치를 갖지 않는다.

⑤ 기업이 보유하는 매출채권이 사실상 회수불가능 함에도 불구하고 이에 대하여 대손충당금을 적절하게 설정하지 않는 경우에는 매출채권 측정치는 충실하게 표현되어 있지 않다.

풀이 ④ 피이드백가치(확인가치)를 갖는다.

11 다음 중 재무정보의 질적 특성에 대한 설명으로 타당하지 않은 것은? 【'10. CPA 수정】

① 목적적합한 재무정보는 정보이용자의 의사결정에 차이가 나도록 할 수 있다. 정보는 일부 정보이용자가 이를 이용하지 않기로 선택하거나 다른 원천을 통하여 이미 이를 알고 있다고 할지라도 의사결정에 차이가 나도록 할 수 있다.

② 재무정보에 예측가치, 확인가치 또는 이 둘 모두가 있다면 그 재무정보는 의사결정에 차이가 나도록 할 수 있다.

③ 완벽하게 충실한 표현을 하기 위해서는 서술에 세 가지의 특성이 있어야 할 것이다. 서술은 완전하고, 중립적이며, 오류가 없어야 할 것이다. 충실한 표현 그 자체가 반드시 유용한 정보를 만들어 내는 것은 아니다.

④ 비교가능성은 정보이용자가 항목 간의 유사점과 차이점을 식별하고 이해할 수 있게 하는 질적 특성이다. 다른 질적 특성과 달리 비교가능성은 단 하나의 항목에 관련된 것이 아니다. 비교하려면 최소한 두 항목이 필요하다. 즉, 통일성을

해답 10. ④ 11. ④

의미한다.

⑤ 적시성은 의사결정에 영향을 미칠 수 있도록 의사결정자가 정보를 제때에 이용가능하게 하는 것을 의미한다. 일반적으로 정보는 오래될수록 유용성이 낮아진다. 그러나 일부 정보는 보고기간 말 후에도 오랫동안 적시성이 있을 수 있다.

풀이 비교가능성은 통일성이 아니다. 정보가 비교가능하기 위해서는 비슷한 것은 비슷하게 보여야 하고 다른 것은 다르게 보여야 한다. 재무정보의 비교가능성은 비슷한 것을 달리 보이게 하여 보강되지 않는 것처럼, 비슷하지 않은 것을 비슷하게 보이게 한다고 해서 보강되지 않는다.

12 재무정보의 질적특성과 개념체계에 관한 설명으로 옳지 않은 것은? 【'11. 세무사 수정】

① 비교가능성, 검증가능성, 완전성 및 이해가능성은 목적적합하고 충실하게 표현된 정보의 유용성을 보강시키는 질적 특성이다.

② 재무제표는 주로 과거 사건의 재무적 영향을 표시하는 것을 목적으로 하며 비재무적인 정보까지는 제공하지 못하므로, 정보이용자의 경제적 의사결정을 위해 필요할 수 있는 모든 정보를 제공하지는 못한다.

③ 정보가 누락되거나 잘못 기재된 경우 특정 보고기업의 재무정보에 근거한 정보이용자의 의사결정에 영향을 줄 수 있다면 그 정보는 중요한 것이다. 따라서 회계기준위원회는 중요성에 대한 획일적인 계량 임계치를 정하거나 특정한 상황에서 무엇이 중요한 것인지를 미리 결정할 수 없다.

④ 정보를 명확하고 간결하게 분류하고, 특정지으며, 표시하면 이해가능하게 된다.

⑤ 보강적 질적 특성은 가능한 한 극대화되어야 한다. 그러나 보강적 질적 특성은, 정보가 목적적합하지 않거나 충실하게 표현되지 않으면, 개별적으로든 집단적으로든 그 정보를 유용하게 할 수 없다.

풀이 비교가능성, 검증가능성, 적시성 및 이해가능성은 목적적합하고 충실하게 표현된 정보의 유용성을 보강시키는 질적 특성이다.

13 '재무보고를 위한 개념체계'는 재무정보가 유용하기 위한 질적 특성으로 크게 근본적 질적 특성과 보강적 질적 특성 등을 제시하고 있다. 다음 중 목적적합하고 충실하게 표현된 정보의 유용성을 보강시키는 질적 특성에 해당되지 않는 것은? 【'12. 관세사】

① 중요성 ② 검증가능성 ③ 적시성
④ 비교가능성 ⑤ 이해가능성

풀이 보강적 질적특성에는 비교가능성, 검증가능성, 적시성 및 이해가능성이 있다.

해답 12. ① 13. ①

14 재무보고를 위한 개념체계에 관한 설명으로 옳지 않은 것은? 【'12. 세무사】

① 목적적합하고 충실하게 표현된 정보의 유용성을 보강시키는 질적 특성으로는 비교가능성, 검증가능성, 중립성 및 이해가능성이 있다.

② 새로운 재무보고기준의 전진 적용으로 인한 비교가능성의 일시적 감소는 장기적으로 목적적합성이나 충실한 표현을 향상시키기 위해 감수할 수도 있다.

③ 재무정보가 유용하기 위해서는 목적적합해야 하고 나타내고자 하는 바를 충실하게 표현해야 한다. 따라서 목적적합성과 충실한 표현은 근본적 질적 특성이다.

④ 검증가능성은 합리적인 판단력이 있고 독립적인 서로 다른 관찰자가 어떤 서술이 충실한 표현이라는 데, 비록 반드시 완전히 일치하지는 못하더라도, 의견이 일치할 수 있다는 것을 의미한다.

⑤ 충실한 표현은 모든 면에서 정확한 것을 의미하지는 않는다. 오류가 없다는 것은 현상의 기술에 오류나 누락이 없고, 보고 정보를 생산하는 데 사용되는 절차의 선택과 적용 시 절차 상 오류가 없음을 의미한다.

풀이 보강시키는 질적 특성으로는 비교가능성, 검증가능성, 적시성 및 이해가능성이 있다.

15 재무보고를 위한 개념체계의 "유용한 재무정보의 질적특성"에 관한 설명으로 옳지 않은 것은? 【'12. 감평사】

① 보강적 질적특성은 정보가 목적적합하지 않거나 충실하게 표현되지 않으면, 개별적으로든 집단적으로든 그 정보를 유용하게 할 수 없다.

② 재무정보가 예측가치를 갖기 위해서 그 자체가 예측치 또는 예상치일 필요는 없다.

③ 보강적 질적특성을 적용하는 것은 어떤 규정된 순서를 따르지 않는 반복적인 과정으로, 때로는 하나의 보강적 질적특성이 다른 질적특성의 극대화를 위해 감소되어야 할 수도 있다.

④ 중요성은 개별 기업 재무보고서 관점에서 해당 정보와 관련된 항목의 성격이나 규모 또는 이 둘 모두에 근거하여 해당 기업에 특유한 측면의 목적적합성을 의미한다.

⑤ 보강적 질적특성에는 비교가능성, 검증가능성, 적시성 및 충실한 표현이 있다.

풀이 보강적 질적특성에는 비교가능성, 검증가능성, 적시성 및 이해가능성이 있다.

해답 14. ① 15. ⑤

16 다음 중 차량운반구의 취득원가를 기준으로 감가상각하는 회계처리를 정당화시키는 개념과 가장 관련이 깊은 것은 어느 것인가? 【'04. 감평사 수정】

① 중요성의 원칙 ② 발생주의 ③ 계속기업의 가정
④ 보수주의 ⑤ 실현주의

풀이 취득원가주의를 정당화시켜주는 것은 계속기업의 가정이다.

17 재무제표 요소에 대한 다음의 설명 중 옳은 것을 모두 열거한 것은? 【'13. CPA】

(가) 소유권은 자산의 존재를 판단함에 있어 필수적이다.
(나) 자산은 과거의 거래나 그 밖의 사건에서 창출된다.
(다) 자산과 부채에 대한 재평가 또는 재작성은 자본의 증가나 감소를 초래하나, 수익과 비용의 정의에는 부합하지 않는다.
(라) 경제적효익이 여러 회계기간에 걸쳐 발생할 것으로 기대되고 수익과의 관련성이 단지 포괄적으로 또는 간접적으로만 결정될 수 있는 경우, 비용은 체계적이고 합리적인 배분절차를 기준으로 포괄손익계산서에 인식된다.

① (나), (다) ② (나), (라) ③ (가), (나), (라)
④ (가), (다), (라) ⑤ (나), (다), (라)

풀이 (가) 필수적이지 않다.
(나) 옳다.
(다) 부합한다.
(라) 옳다.

18 재무보고를 위한 개념체계 상 재무제표 구성요소 및 인식에 관한 설명으로 옳지 않은 것은? 【'13. 감평사】

① 자산은 과거 사건의 결과로 기업이 통제하고 있고 미래경제적효익이 기업에 유입될 것으로 기대되는 자원이다.
② 부채는 현재의무의 이행에 따라 경제적 효익을 갖는 자원의 유출 가능성이 높고 결제될 금액에 대해 신뢰성 있게 측정할 수 있을 때 재무상태표에 인식한다.
③ 비용은 자산의 감소나 부채의 증가와 관련하여 미래경제적효익이 감소하고 이를 신뢰성 있게 측정할 수 있을 때 포괄손익계산서에 인식한다.
④ 수익은 자산의 증가나 부채의 감소와 관련하여 미래경제적효익이 증가하고 이

해답 16. ③ 17. ② 18. ⑤

를 신뢰성 있게 측정할 수 있을 때 포괄손익계산서에 인식한다.

⑤ 자본은 소유주 지분의 공정가치로 측정하여 재무상태표에 인식한다.

풀이 재무상태표에 표시되는 자본의 금액은 자산과 부채의 측정에 따라 결정된다.

19 다음 중 재무제표의 작성과 표시를 위한 개념체계에 대한 설명으로 옳지 않은 것은? 【'12. CPA】

① 어떤 항목이 재무제표 요소에 부합하는 본질적 성격을 가지고 있으나 인식기준을 충족하지 못하는 경우에도 해당 항목은 주석, 설명자료 또는 부속명세서에 공시될 수 있다.

② 지출이 발생하였으나 당해 회계기간 후에는 관련된 경제적효익이 기업에 유입될 가능성이 높지 않다고 판단되는 경우에도 재무상태표에 자산으로 인식할 수 있다.

③ 경제적효익이 여러 회계기간에 걸쳐 발생할 것으로 기대되고 수익과의 관련성이 단지 포괄적으로 또는 간접적으로만 결정될 수 있는 경우 비용은 체계적이고 합리적인 배분절차를 기준으로 포괄손익계산서에 인식된다.

④ 미래경제적효익이 기대되지 않는 지출이거나, 미래경제적효익이 기대되더라도 재무상태표에 자산으로 인식되기 위한 조건을 원래 충족하지 못하거나 더 이상 충족하지 못하는 부분은 즉시 포괄손익계산서에 비용으로 인식되어야 한다.

⑤ 제품보증에 따라 부채가 발생하는 경우와 같이 자산의 인식을 수반하지 않는 부채가 발생하는 경우에는 포괄손익계산서에 비용을 동시에 인식한다.

풀이 자산으로 인식할 수 없다.

20 다음은 재무제표의 작성과 표시를 위한 개념체계 상의 자산과 관련된 설명이다. 타당하지 않은 것은? 【'10. CPA】

① 수취채권과 부동산을 포함한 많은 종류의 자산은 소유권 등 법률적 권리와 관련되어 있다. 그런데 자산을 인식함에 있어서 소유권을 가지고 있는가의 여부가 필수적인 것은 아니다.

② 기업이 개발활동에서 습득한 핵심지식을 독점적으로 보유하고 그로부터 미래에 유입될 것으로 기대되는 효익을 통제한다면 자산의 정의를 충족할 수 있다.

③ 일반적으로 지출의 발생과 자산의 취득은 밀접하게 관련되어 있다. 따라서 무

해답 19. ② 20. ③

상으로 증여받은 자산은 자산의 정의를 충족할 수 없다.

④ 자산은 과거의 거래나 그 밖의 사건에서 창출된다. 미래에 발생할 것으로 예상되는 거래나 사건 자체만으로는 자산이 창출되지 않는다.

⑤ 자산에 내재된 미래경제적효익이란 미래 현금 및 현금성자산이 기업에 유입되도록 기여하게 될 잠재력을 말한다. 기업의 현금유출을 감소시키는 능력, 예를 들어 대체적인 제조과정의 도입으로 생산원가가 절감되는 경우도 이 잠재력에 포함될 수 있다.

풀이 기업은 일반적으로 구매나 생산을 통하여 자산을 획득하지만 다른 거래나 사건도 자산을 창출할 수 있다. 그러한 예로는 지역의 경제성장을 장려하기 위한 정부의 프로그램에 따라 증여받은 자산이나 매장된 광물의 발견 등이 포함된다.

21 재무제표 요소의 측정속성에 관한 설명으로 옳지 않은 것은? 【'12. 세무사】

① 부채의 이행가치는 정상적인 영업과정에서 부채를 상환하기 위해 지급될 것으로 예상되는 현금이나 현금성자산의 할인하지 않은 금액으로 평가한다.

② 자산의 역사적원가는 자산을 취득하였을 때 지급한 현금 또는 현금성자산이나 그 밖의 대가의 공정가치를 말한다.

③ 자산의 현행원가는 동일하거나 또는 동등한 자산을 현재시점에서 취득할 경우에 그 대가로 지불하여야 할 현금이나 현금성자산의 금액으로 평가한 것을 말한다.

④ 재무제표를 작성하기 위해서는 다수의 측정기준이 다양한 방법으로 결합되어 사용된다.

⑤ 자산의 실현가능가치는 정상적으로 처분하는 경우, 수취할 것으로 예상되는 현금이나 현금성자산을 현재가치로 환산한 가액을 말한다.

풀이 자산의 실현가능가치는 정상적으로 처분하는 경우, 수취할 것으로 예상되는 현금이나 현금성자산을 말하며 현재가치로 할인하지 않은 금액이다.

22 재무제표의 작성과 표시를 위한 개념체계에 관한 내용으로 옳지 않은 것은?

【'10. 세무사 수정】

① 한국채택국제회계기준과 개념체계가 상충되는 경우 한국채택국제회계기준이 개념체계보다 우선한다.

② 재무제표를 통해 제공되는 정보가 이용자에게 유용하기 위해 갖추어야 할 속성

해답 21. ⑤ 22. ④

을 질적 특성이라 하는데 개념체계에서 제시하는 근본적 질적 특성은 목적적합성과 충실한 표현이다.

③ 수익은 기업의 정상영업활동의 일환으로 발생하는 반면, 차익은 기업의 정상영업활동의 일환이나 그 이외의 활동에서 발생할 수 있다. 그러나 개념체계에서는 차익을 수익과 별개의 요소로 보지 않는다.

④ 자산의 취득은 지출의 발생과 밀접한 관련이 있으므로 취득시 지출이 발생하지 않은 증여받은 재화는 자산의 정의를 충족하지 않는다.

⑤ 재무상태표와 포괄손익계산서에 인식되고 평가되어야 할 재무제표 요소의 화폐금액을 결정하는 과정을 측정이라 한다.

풀이 기업은 일반적으로 구매나 생산을 통하여 자산을 획득하지만 다른 거래나 사건도 자산을 창출할 수 있다. 그러한 예로는 지역의 경제성장을 장려하기 위한 정부의 프로그램에 따라 증여받은 자산이나 매장된 광물의 발견 등이 포함된다.

23 재무제표 요소의 측정과 자본유지의 개념에 대한 다음의 설명 중 옳지 않은 것은?

【'13. CPA】

① 부채의 현행원가는 현재시점에서 그 의무를 이행하는 데 필요한 현금이나 현금성자산의 할인한 금액으로 평가한다.

② 부채의 이행가치는 정상적인 영업과정에서 부채를 상환하기 위해 지급될 것으로 예상되는 현금이나 현금성자산의 할인하지 아니한 금액으로 평가한다.

③ 실물자본유지개념을 사용하기 위해서는 자산과 부채를 현행원가기준에 따라 측정해야 한다.

④ 재무자본유지개념과 실물자본유지개념의 주된 차이는 기업의 자산과 부채에 대한 가격변동 영향의 처리방법에 있다.

⑤ 재무자본유지개념이 불변구매력단위로 정의된다면 일반물가수준에 따른 가격상승을 초과하는 자산가격의 증가 부분만이 이익으로 간주되며, 그 이외의 가격증가 부분은 자본의 일부인 자본유지조정으로 처리된다.

풀이 할인하지 아니한 금액으로 평가한다.

24 다음 중 재무제표의 작성과 표시를 위한 개념체계에서의 자본과 자본유지개념에 대한 설명으로 옳지 않은 것은 어느 것인가? 【'11. CPA】

① 기업은 재무제표이용자의 정보요구에 기초하여 적절한 자본개념을 선택하여야

해답 23. ① 24. ②

하는데, 만약 재무제표의 이용자가 주로 투하자본의 구매력 유지에 관심이 있다면 재무적 개념의 자본을 채택하여야 한다.

② 실물자본유지개념을 사용하기 위해서는 현행원가기준에 따라 측정해야 하는 반면 재무자본유지개념을 사용하기 위해서는 역사적 원가기준에 따라 측정해야 한다.

③ 실물자본유지개념하에서 기업의 자산과 부채에 영향을 미치는 모든 가격변동은 자본의 일부인 자본유지조정으로 처리된다.

④ 자본유지개념은 이익이 측정되는 준거기준을 제공함으로써 자본개념과 이익개념사이의 연결고리를 제공한다. 자본유지개념은 기업의 자본에 대한 투자수익과 투자회수를 구분하기 위한 필수요건이다.

⑤ 재무자본유지개념이 명목화폐단위로 정의된다면 기간 중 보유한 자산가격의 증가된 부분은 개념적으로 이익에 속한다.

풀이 재무자본유지개념은 특정한 측정기준의 적용을 요구하지 않는다.

CHAPTER 02

회계의 순환과정 및 재무제표

제1절 회계의 순환과정의 의의

1. 의 의

회계의 순환과정이란 거래의 발생으로부터 재무제표가 작성되기까지의 반복적인 과정을 말한다. 다시 말하면, 회계는 거래를 기록 · 분류 · 요약하여 그것을 정보이용자에게 전달하는 것을 의미하므로 회계의 순환과정이란 경영자(작성자)와 정보이용자 사이의 정보전달의 순환과정을 의미한다.

제2절 거 래

1. 거래의 의의

회계상 거래란 자산 · 부채 · 자본에 화폐금액상의 증감변화를 일으키는 모든 사항을 말한다. 회계상의 거래와 일상적인 거래는 대부분 일치하지만 서로 일치하지 않는 경우도 있다. 즉, 화재발생으로 인해 건물이 소실되었으면 일상적으로는 거래라고 하지 않지만 자산을 감소시켜 자산 · 부채 · 자본에 화폐금액상의 증감변화를 일으켰기 때문에 회계상으로는 거래라 한다. 또한 부동산매매계약은 일상적인 거래에 해당하나 계약만으로는 자산 · 부채 · 자본에 화폐금액상의 증감변화를 일으키지 않기 때문에 회계상으로 거래라 하지 않는다.

표 2-1 **회계상의 거래**

회계상 거래이나 일상적인 거래 아닌 것 → 자산 · 부채 · 자본에 화폐금액상의 증감변화가 있다.	일상적인 거래이나 회계상 거래가 아닌 것 → 자산 · 부채 · 자본에 화폐금액상의 증감변화가 없다.
• 화재발생에 의한 손실 • 건물, 비품 등 사용에 의한 가치감소 • 채권에 대한 대손발생 • 도난, 분실 등	• 부동산매매계약 • 부동산임대차계약 • 상품의 주문 • 종업원고용계약 등

제3절 시 산 표

1. 시산표의 의의

복식부기의 기본원리인 거래의 이중성에 의하여 모든 거래가 분개장을 통하여 총계정원장의 각 계정계좌에 바르게 전기되었으면, 모든 계정의 차변합계와 대변합계는 반드시 일치하게 된다 이를 대차평균의 원리라고 한다. 이와 같이 분개장으로부터 원장의 각 계정계좌에의 전기가 정확한가를 검증하기 위하여 작성하는 계정집계표를 시산표(trial balance: T/B)라고 한다.

2. 시산표를 작성하는 목적

① 차변합계와 대변합계가 일치되는지를 확인함으로써 오류를 검증한다(복식부기의 자기검증기능).

② 결산을 용이하게 한다.

③ 결산 전에 재무상태와 경영성과의 개요를 알 수 있다.

3. 시산표에서 발견되지 않는 오류

시산표상의 차변합계와 대변합계가 틀렸을 때 오류를 발견할 수 있는데 차변합계와 대변합계가 일치되면서 잘못된 오류는 시산표에서 발견할 수 없다. 즉,

① 어느 한 거래를 누락시키거나, 한 개의 거래를 이중으로 분개한 경우

② 금액은 정확한데 계정과목명이 잘못된 경우
③ 분개장에서 전기할 때 차변과 대변을 서로 반대로 전기한 경우
④ 오류가 대변과 차변에서 우연히 서로 상쇄된 경우 등

제4절 결 산

1. 결산의 정의

기업은 매일 발생하는 거래를 분개장과 원장에 기입하고 있다. 그러나 이것만으로서는 기업의 재무상태와 경영성과를 명확히 파악하기가 곤란하다. 따라서 기업에서는 일정한 기간을 단위로 하여 회계연도를 정하고, 회계연도 말에 각종의 장부를 정리, 마감한다. 이로부터 회계연도말의 재무상태와 회계연도의 경영성과를 명확하게 파악하게 된다. 이와 같이 일정 기간을 단위로 하여 재무상태와 경영성과를 파악하기 위해 장부를 정리, 마감하는 절차를 결산(closing)이라 한다.

2. 결산절차

결산절차를 ① 결산예비절차, ② 결산본절차, ③ 결산보고서의 작성의 순서를 거친다.

(1) 결산예비절차

① **시산표의 작성** 분개장에서 원장으로의 전기를 검증
② **재고조사표의 작성** 원장상 각 계정의 현재액을 조사하는 표(결산정리분개)
③ **정산표의 작성**(선택적)

(2) 결산본절차

① 집합손익계정의 설정
② 수익 · 비용계정의 마감 : 집합손익계정으로의 대체(결산분개)
③ 집합손익계정에서 계산된 당기순손익을 자본금계정에 대체(주식회사인 경우에는 미처분이익잉여금계정에 대체)
④ 자산 · 부채 · 자본계정의 마감

⑤ 주요부와 보조부의 마감
⑥ 이월시산표 작성(선택적)

(3) 결산보고서 작성

① 포괄손익계산서 작성
② 재무상태표 작성
③ 자본변동표 작성
④ 현금흐름표 작성

표 2-2 **회계의 순환**

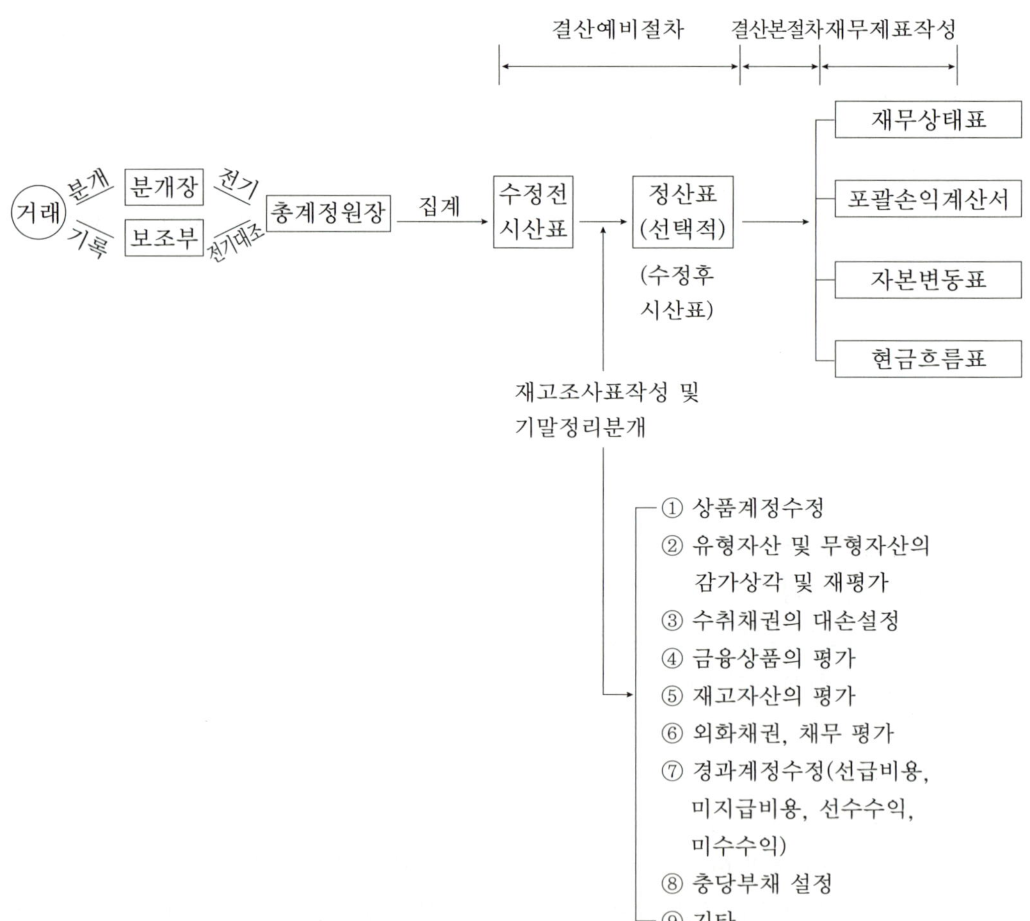

(4) 재수정분개(역분개)

회계의 순환

다음의 자료를 이용하여 기중거래분개, 총계정원장에의 전기, 시산표작성, 기말정리분개, 정산표작성, 결산분개, 재무제표작성을 해보시오(단, 상품계정은 3분법에 의한다).

(자료 1) 기초재무상태표

20×1 1/1 재무상태표

현 금	2,000	차입금	1,100
상 품	100 *	자본금	1,000
	2,100		2,100

(*) 10개×₩10=₩100

(자료 2) 기중거래(20×1. 1/1~12/31)

① 6/1 상품 ₩1,200(120개×₩10)을 현금매입하다.
② 10/30 상품 ₩1,500(100개×₩15)을 현금매출하다.
③ 12/30 급여 ₩100 현금지급하다.
④ 12/30 은행에서 ₩300 현금차입하다.

(자료 3) 기말정리사항

① 상품기말재고액은 ₩300(30개×₩10)이다.

풀이

1. 기중거래분개

① 6/1	(차) 매 입	1,200	(대) 현 금	1,200
② 10/30	(차) 현 금	1,500	(대) 매 출	1,500
③ 12/30	(차) 급 여	100	(대) 현 금	100
④ 12/30	(차) 현 금	300	(대) 차입금	300

2. 총계정원장에의 전기

현 금

차변	대변
전기이월 2,000	① 6/1 매입 1,200
② 10/30 매 출 1,500	③ 12/30 급여 100
④ 12/30 차 입 금 300	

상 품

차변	대변
전기이월 100	

차입금

차변	대변
	전기이월 1,100
	④ 12/30 현금 300

자본금

차변	대변
	전기이월 1,000

매 입

차변	대변
① 6/1 현금 1,200	

급 여

차변	대변
① 12/30 현금 100	

매 출

	① 10/30 현금 1,500

3. 수정전 시산표 작성(합계잔액시산표)

잔 액	합 계	계정과목	합 계	잔 액
2,500	3,800	현 금	1,300	
100	100	상 품		
		차입금	1,400	1,400
		자본금	1,000	1,000
1,200	1,200	매 입		
100	100	급 여		
		매 출	1,500	1,500
3,900	5,200		5,200	3,900

(주) 총계정원장 차변합계와 대변합계를 집계하여 시산표를 작성한다. 이 경우에 시산표상의 차변합계와 대변합계는(또는 차변잔액과 대변잔액) 반드시 일치해야 하는데 이를 대차평균의 원리라고 한다.

4. 기말정리분개

㉠ (차) 매출원가	100	(대) (이월)상품	100
㉡ (차) 매출원가	1,200	(대) 매 입	1,200
㉢ (차) (이월)상품	300	(대) 매출원가	300

(주) 기초상품과 당기매입을 매출원가계정에 대체하고, 다시 매출원가계정 합계액에서 기말상품을 차감하여 상품계정에 대체한다. 그리고 상품계정을 사용해도 되고 이월상품계정을 사용할 수도 있다.

5. 정산표작성(10위식 정산표)

계정과목	수정전시산표		기말정리사항		수정후 시산표		손익계산서		재무상태표	
	차	대	차	대	차	대	차	대	차	대
현 금	2,500				2,500				2,500	
상 품	100		㉢300	㉠100	300				300	
차입금		1,400				1,400				1,400
자본금		1,000				1,000				1,000
매 입	1,200			㉡1,200						
급 여	100				100		100			
매 출		1,500				1,500		1,500		
매출원가			㉡1,200 ㉠100	㉢300	1,000		1,000			
계	3,900	3,900								
당기순이익							400			400
			1,600	1,600	3,900	3,900	1,500	1,500	2,800	2,800

(주) 수정후 시산표란을 작성하지 않으면 8위식 정산표이며 기말정리사항이 없으면 기말정리사항란과 수정후 시산표란을 작성할 필요가 없으므로 이 때는 6위식 정산표가 된다.

6. 결산분개(수익과 비용계정을 집합손익계정에 대체)

ⓐ (차) 매 출	1,500	(대) 집합손익	1,500
ⓑ (차) 집합손익	1,000	(대) 매출원가	1,000
ⓒ (차) 집합손익	100	(대) 급 여	100
ⓓ (차) 집합손익	400	(대) 자본금	400(주)

집합손익

차변		대변	
ⓑ 매출원가	1,000	ⓐ 매 출	1,500
ⓒ 급 여	100		
ⓓ 자본금	400(주)		
	1,500		1,500

(주) 당기순이익을 개인기업인 경우에는 자본금계정에 대체하고 주식회사인 경우에는 미처분이익잉여금계정에 대체한다.

7. 자산, 부채, 자본, 수익, 비용계정 마감

현 금

차변		대변	
전기이월	2,000	① 매 입	1,200
② 매 출	1,500	③ 급 여	100
④ 차입금	300	차기이월	2,500
	3,800		3,800

상 품

차변		대변	
전기이월	100	㉠ 매출원가	100
㉡ 매출원가	300	차기이월	300
	400		400

차입금

차변		대변	
		전기이월	1,100
차기이월	1,400	④ 현 금	300
	1,400		1,400

자본금

차변		대변	
		전기이월	1,000
차기이월	1,400	ⓓ 집합손익	400
	1,400		1,400

매 입

차변		대변	
① 현 금	1,200	㉡ 매출원가	1,200
	1,200		1,200

급 여

차변		대변	
③ 현 금	100	ⓒ 집합손익	100
	100		100

매 출

차변		대변	
ⓐ 집합손익	1,500	② 현 금	1,500
	1,500		1,500

매출원가

차변		대변	
㉠ 상 품	100	㉢ 상 품	300
㉡ 매 입	1,200	ⓑ 집합손익	1,000
	1,300		1,300

(주) 재무상태표계정은 잔액이 차기이월되면서 마감되며 당기손익계정은 집합손익계정에 대체되면서 마감된다.

8. **이월시산표작성**(재무상태표계정과목 중 차기이월을 집계한 표)

이월시산표

차 변	계정과목	대 변
2,500	현 금	
300	상 품	
	차입금	1,400
	자본금	1,400
2,800		2,800

9. **재무제표작성**(이월시산표에서 재무상태표가 작성되며, 손익계정에서 포괄손익계산서가 작성된다.)

(1) 재무상태표작성(계정식작성)

20×1. 12/31 현재 **재무상태표**

현 금	2,500	차 입 금	1,400
상 품	300	자 본 금	1,000
		당기순이익	400
	2,800		2,800

(2) 포괄손익계산서작성(보고식작성)

(20×1년 1/1－12/31) 포괄손익계산서

I. 매출액		1,500
II. 매출원가		
기초상품재고액	100	
당기매입액	1,200	
계	1,300	
기말상품재고액	300	1,000
III. 매출총이익		500
IV. 판매비와 관리비		
1. 급여	100	100
V. 법인세비용차감전순이익		400
VI. 법인세비용		0
VII. 당기순이익		400

제5절 재무제표의 표시

1. 재무제표의 목적

재무제표는 기업의 재무상태와 경영성과를 체계적으로 표현한 것이다. 재무제표의 목적은 광범위한 정보이용자의 경제적 의사결정에 유용한 기업의 재무상태, 경영성과와 재무상태변동에 관한 정보를 제공하는 것이다. 또한 재무제표는 위탁받은 자원에 대한 경영진의 수탁책임 결과도 보여준다. 이러한 목적을 충족하기 위하여 재무제표는 다음과 같은 기업 정보를 제공한다.

(1) 자산
(2) 부채
(3) 자본
(4) 차익과 차손을 포함한 광의의 수익과 비용
(5) 소유주로서의 자격을 행사하는 소유주에 의한 출자와 소유주에 대한 배분
(6) 현금흐름

이러한 정보는 주석에서 제공되는 정보와 함께 재무제표이용자가 기업의 미래현금흐름, 특히 그 시기와 확실성을 예측하는 데 도움을 준다.

2. 전체 재무제표

(1) 전체 재무제표는 다음을 모두 포함하여야 한다.

① 기말 재무상태표
② 기간 손익과기타포괄손익계산서
③ 기간 자본변동표
④ 기간 현금흐름표
⑤ 주석(유의적인 회계정책의 요약 및 그 밖의 설명으로 구성)
⑥ 회계정책을 소급하여 적용하거나, 재무제표의 항목을 소급하여 재작성 또는 재분류하는 경우 가장 이른 비교기간의 기초 재무상태표

⑵ 다른 명칭 사용 가능

이 기준서에서 사용하는 재무제표의 명칭이 아닌 다른 명칭을 사용할 수 있다.

⑶ 동등한 비중

각각의 재무제표는 전체 재무제표에서 동등한 비중으로 표시한다.

⑷ 당기순손익의 표시 방법

당기순손익의 구성요소를 단일 포괄손익계산서의 일부로 표시하거나 별개의 손익계산서에 표시할 수 있다. 손익계산서를 표시하는 경우 그 손익계산서는 전체 재무제표의 일부이며 포괄손익계산서의 바로 앞에 표시한다.

⑸ 기준의 적용범위에 해당하지 않은 경우

환경보고서나 부가가치보고서와 같은 재무제표 이외의 보고서는 한국채택국제회계기준의 적용범위에 해당하지 않는다.

3. 일반사항

(1) 공정한 표시와 한국채택국제회계기준의 준수

① 재무제표는 기업의 재무상태, 경영성과 및 현금흐름을 공정하게 표시해야 한다. 공정한 표시를 위해서는 '개념체계'에서 정한 자산, 부채, 수익 및 비용에 대한 정의와 인식요건에 따라 거래, 그 밖의 사건과 상황의 효과를 충실하게 표현해야 한다. 한국채택국제회계기준에 따라 작성된 재무제표(필요에 따라 추가공시한 경우 포함)는 공정하게 표시된 재무제표로 본다.

② 한국채택국제회계기준을 준수한 기업은 그러한 준수 사실을 주석에 명시적이고 제한없이 기재하고, 국제회계기준을 준수하여 작성된 재무제표임을 주석으로 공시할 수 있다. 재무제표가 한국채택국제회계기준의 요구사항을 모두 충족한 경우가 아니라면 한국채택국제회계기준을 준수하여 작성되었다고 기재하여서는 아니 된다.

(2) 계속기업

① 경영진은 재무제표를 작성할 때 계속기업으로서의 존속가능성을 평가해야 한다. 경영진이 기업을 청산하거나 경영활동을 중단할 의도를 가지고 있지 않거나, 청산 또는 경영활동의 중단 외에 다른 현실적 대안이 없는 경우가 아니면 계속기업을 전제로 재무제표를 작성한다.

② 계속기업으로서의 존속능력에 유의적인 의문이 제기될 수 있는 사건이나 상황과 관련된 중요한 불확실성을 알게 된 경우, 경영진은 그러한 불확실성을 공시하여야 한다.

③ 재무제표가 계속기업의 기준하에 작성되지 않는 경우에는 그 사실과 함께 재무제표가 작성된 기준 및 그 기업을 계속기업으로 보지 않는 이유를 공시하여야 한다.

④ 계속기업의 가정이 적절한지의 여부를 평가할 때 경영진은 적어도 보고기간말로부터 향후 12개월 기간에 대하여 이용가능한 모든 정보를 고려한다.

(3) 발생기준 회계

① 기업은 현금흐름 정보를 제외하고는 발생기준 회계를 사용하여 재무제표를 작성한다.

② 발생기준 회계를 사용하는 경우, 각 항목이 '개념체계'의 정의와 인식요건을 충족할 때 자산, 부채, 자본, 광의의 수익 및 비용(재무제표의 요소)으로 인식한다.

(4) 중요성과 구분 및 통합표시

유사한 항목은 중요성 분류에 따라 재무제표에 구분하여 표시한다. 상이한 성격이나 기능을 가진 항목은 구분하여 표시한다. 다만 중요하지 않은 항목은 성격이나 기능이 유사한 항목과 통합하여 표시할 수 있다.

(5) 상 계

① 상계금지

한국채택국제회계기준에서 요구하거나 허용하지 않는 한 자산과 부채 그리고 수익과 비용은 상계하지 아니한다.

② 구분표시

자산과 부채, 그리고 수익과 비용은 구분하여 표시한다. 상계표시로 거래나 그 밖의 사건의 실질이 반영되는 경우를 제외하고는, 포괄손익계산서, 재무상태표, 별개의 손익계산서(표시하는 경우)에서의 상계표시는 발생한 거래, 그 밖의 사건과 상황을 이해하고 기업의 미래현금흐름을 분석할 수 있는 재무제표이용자의 능력을 저해한다.

③ 상계에 해당되지 않은 경우

㉠ 재고자산에 대한 재고자산평가충당금과 매출채권에 대한 대손충당금과 같은 평가충당금을 차감하여 관련 자산을 순액으로 측정하는 것은 상계표시에 해당하지 아니한다.

㉡ 기업회계기준서 제1018호 '수익'에서는 수익을 정의하고 있으며, 기업이 제공하는 매매할인이나 수량할증을 고려하여 받거나 받을 대가의 공정가치로 수익을 측정한다고 규정하고 있다. 기업은 정상적인 영업활동 과정에서 수익을 창출하지는 않지만 주요

수익 창출 활동에 부수적인 그 밖의 거래를 할 수 있다. 동일 거래에서 발생하는 수익과 관련비용의 상계표시가 거래나 그 밖의 사건의 실질을 반영한다면 그러한 거래의 결과는 상계하여 표시한다. 예를 들면 다음과 같다.

ⓐ 투자자산 및 영업용자산을 포함한 비유동자산의 처분손익은 처분대금에서 그 자산의 장부금액과 관련처분비용을 차감하여 표시한다.

ⓑ 기업회계기준서 제1037호 '충당부채, 우발부채 및 우발자산'에 따라 인식한 충당부채와 관련된 지출을 제 3 자와의 계약관계(예 : 공급자의 보증약정)에 따라 보전 받는 경우, 당해 지출과 보전받는 금액은 상계하여 표시할 수 있다.

㉢ 외환손익 또는 단기매매 금융상품에서 발생하는 손익과 같이 유사한 거래의 집합에서 발생하는 차익과 차손은 순액으로 표시한다. 그러나 그러한 차익과 차손이 중요한 경우에는 구분하여 표시한다.

(6) 보고빈도

전체 재무제표(비교정보를 포함)는 적어도 1년마다 작성한다. 그러나 실무적인 이유로 어떤 기업은 예를 들어 52주의 보고기간을 선호한다.

(7) 비교정보

① 한국채택국제회계기준이 달리 허용하거나 요구하는 경우를 제외하고는 당기 재무제표에 보고되는 모든 금액에 대해 전기 비교정보를 공시한다. 정보의 기간별 비교가능성이 제고되면 특히 예측을 위한 재무정보 추세분석이 가능하여 재무제표이용자의 경제적 의사결정에 도움을 준다.

② 당기 재무제표를 이해하는 데 목적적합하다면 서술형 정보의 경우에도 비교정보를 포함한다. 예를 들어, 법률 분쟁의 결과가 직전기 보고기간말 현재 불확실하였고 당기에도 아직 해결되지 않은 경우에는 그 상세한 내용을 당기에 공시한다. 재무제표이용자에게 직전기 보고기간말 현재 불확실성이 존재하였다는 사실과 당기에 그러한 불확실성을 해소하기 위하여 취한 절차에 대한 정보는 유용하다.

③ 비교정보를 공시하는 기업은 적어도 두 개의 재무상태표와 두 개씩의 그 밖의 재무제표 및 관련 주석을 표시해야 한다. 회계정책을 소급하여 적용하거나 재무제표의 항목을 소급하여 재작성 또는 재분류하는 경우에는 적어도 세 개의 재무상태표, 두 개씩의 그 밖의 재무제표 및 관련 주석을 표시해야 한다. 재무상태표는 다음 시점을 기준으로 표시한다.

㉠ 당기말

㉡ 전기말(당기초와 동일)

㉢ 가장 이른 비교기간의 기초

④ 재무제표 항목의 표시나 분류를 변경하는 경우 실무적으로 적용할 수 없는 것이 아니라면 비교금액도 재분류해야 한다.

(8) 표시의 계속성

재무제표 항목의 표시와 분류는 다음의 경우를 제외하고는 매기 동일하여야 한다.

① 사업내용의 유의적인 변화나 재무제표를 검토한 결과 다른 표시나 분류방법이 더 적절한 것이 명백한 경우.

② 한국채택국제회계기준에서 표시방법의 변경을 요구하는 경우

재무제표 표시의 일반사항

다음은 재무제표 표시의 일반사항에 대한 설명이다. 틀린 문장을 고르시오.

(1) 한국채택국제회계기준에서 요구하거나 허용하지 않는 경우 자산과 부채 그리고 수익과 비용은 상계하지 않는다. 따라서 재고자산평가충당금을 차감하여 재고자산을 순액으로 표시할 수 없다.

(2) 비유동자산의 처분손익을 처분대금에서 그 자산의 장부금액과 관련 처분비용을 차감하여 표시하는 것은 총액주의에 위배되므로 허용하지 아니한다.

(3) 외환손익 또는 단기매매금융상품에서 발생하는 손익과 같이 유사한 거래의 집합에서 발생하는 차익과 차손은 구분하여 표시한다. 그러나 그러한 차익과 차손이 중요한 경우에는 순액으로 표시한다.

(4) 당기 재무제표를 이해하는데 목적적합하더라도 서술형 정보의 경우에는 비교정보를 포함하지 않는다.

(5) 비교정보를 공시하는 기업은 적어도 두 개의 재무상태표와 두 개씩의 그 밖의 재무제표 및 관련 주석을 표시해야 한다. 재무제표의 항목을 소급하여 재작성하는 경우에는 적어도 세 개의 재무상태표(당기 말, 전기 말, 가장 이른 비교기간의 기초), 두개씩의 그 밖의 재무제표 및 관련 주석을 표시해야 한다.

풀이

(1) 재고자산에 대한 재고자산평가충당금과 매출채권에 대한 대손충당금과 같은 평가충당금을 차감하여 관련 자산을 순액으로 측정하는 것은 상계표시에 해당하지 아니한다.

(2) 비유동자산의 처분손익은 처분대금에서 그 자산의 장부금액과 관련처분비용을 차감하여 표시한다.
(3) 외환손익 또는 단기매매금융상품에서 발생하는 손익과 같이 유사한 거래의 집합에서 발생하는 차익과 차손은 순액으로 표시한다. 그러나 그러한 차익과 차손이 중요한 경우에는 구분하여 표시한다.
(4) 당기 재무제표를 이해하는데 목적적합하다면 서술형 정보의 경우에도 비교정보를 포함한다.
(5) 옳다.

4. 재무상태표(Statement of financial Position)

(1) 재무상태표의 목적

재무상태표는 일정시점 현재 기업이 보유하고 있는 경제적 자원인 자산과 경제적의무인 부채, 그리고 자본에 대한 정보를 제공하는 재무보고서로서, 정보이용자들이 기업의 유동성, 재무적탄력성, 수익성과 위험 등을 평가하는데 유용한 정보를 제공한다.

(2) 재무상태표에 표시되는 정보

① 재무상태표에 반드시 표시해야 할 항목

재무상태표에는 적어도 다음에 해당하는 금액을 나타내는 항목을 표시한다.

- 유형자산
- 투자부동산
- 무형자산
- 금융자산
- 지분법에 따라 회계처리하는 투자자산
- 생물자산
- 재고자산
- 매출채권 및 기타 채권
- 현금및현금성자산
- 매각예정으로 분류된 자산과 매각예정으로 분류된 처분자산집단에 포함된 자산의 총계
- 매입채무 및 기타채무
- 충당부채
- 금융부채
- 당기 법인세와 관련한 부채와 자산

표 2-3 유동과 비유동의 구분

(1) 원칙: 유동성 · 비유동성법 사용 (2) 예외: 신뢰성있고 더 목적적합한 정보를 제공하는 경우에는 유동성순서에 따른 방법 또는 혼합표시 방법을 사용할 수 있다.

- 이연법인세부채 및 이연법인세자산
- 매각예정으로 분류된 처분자산집단에 포함된 부채
- 자본에 표시된 비지배지분
- 지배기업의 소유주에게 귀속되는 납입자본과 적립금

② 중간합계 추가표시 가능

기업의 재무상태를 이해하는 데 목적적합한 경우 재무상태표에 항목, 제목 및 중간합계를 추가하여 표시한다.

③ 이연법인세자산(부채)의 분류

기업이 재무상태표에 유동자산과 비유동자산, 그리고 유동부채와 비유동부채로 구분하여 표시하는 경우, 이연법인세자산(부채)은 유동자산(부채)으로 분류하지 아니한다.

④ 별도의 항목으로 구분표시해야 하는 경우

상이하게 분류된 자산에 대해 상이한 측정기준을 사용하는 것은 그 자산의 성격이나 기능이 상이하여 별도 항목으로 구분하여 표시해야 함을 의미한다. 예를 들어, 상이하게 분류된 유형자산에 대해서는 기업회계기준서 제1016호(유형자산)에 따라 원가 또는 재평가금액을 장부금액으로 할 수 있다.

(3) 유동과 비유동의 구분

① 유동성 순서에 따른 표시방법이 신뢰성 있고 더욱 목적적합한 정보를 제공하는 경우를 제외하고는 유동자산과 비유동자산, 유동부채와 비유동부채로 재무상태표에 구분하여 표시한다. 유동성 순서에 따른 표시방법을 적용할 경우 모든 자산과 부채는 유동성의 순서에 따라 표시한다.

② 신뢰성 있고 더욱 목적적합한 정보를 제공한다면 자산과 부채의 일부는 유동성/비유동성 구분법으로, 나머지는 유동성 순서에 따른 표시방법으로 표시하는 것이 허용된다. 이러한 혼합표시방법은 기업이 다양한 사업을 영위하는 경우에 필요할 수 있다.

(4) 유동자산

① 유동자산으로 분류하는 경우

자산은 다음의 경우에 유동자산으로 분류한다. 그 밖의 모든 자산은 비유동자산으로 분류한다.

㉠ 기업의 정상영업주기 내에 실현될 것으로 예상하거나, 정상영업주기 내에 판매하거나 소비할 의도가 있다.

㉡ 주로 단기매매 목적으로 보유하고 있다.

㉢ 보고기간 후 12개월 이내에 실현될 것으로 예상한다.

㉣ 현금이나 현금성자산으로서, 교환이나 부채 상환 목적으로의 사용에 대한 제한 기간이 보고기간 후 12개월 이상이 아니다.

② 정상영업주기에 의한 분류

영업주기는 영업활동을 위한 자산의 취득시점부터 그 자산이 현금이나 현금성자산으로 실현되는 시점까지 소요되는 기간이다. 정상영업주기를 명확히 식별할 수 없는 경우에는 그 기간이 12개월인 것으로 가정한다. 유동자산은 보고기간 후 12개월 이내에 실현될 것으로 예상되지 않는 경우에도 재고자산 및 매출채권과 같이 정상영업주기의 일부로서 판매, 소비 또는 실현되는 자산을 포함한다. 또한 유동자산은 주로 단기매매목적으로 보유하고 있는 자산과 비유동금융자산의 유동성 대체 부분을 포함한다.

(5) 유동부채

① 유동부채로 분류하는 경우

부채는 다음의 경우에 유동부채로 분류한다. 그 밖의 모든 부채는 비유동부채로 분류한다.

㉠ 정상영업주기 내에 결제될 것으로 예상하고 있다.

㉡ 주로 단기매매 목적으로 보유하고 있다.

㉢ 보고기간 후 12개월 이내에 결제하기로 되어 있다.

㉣ 보고기간 후 12개월 이상 부채의 결제를 연기할 수 있는 무조건의 권리를 가지고 있지 않다.

② 정상영업주기에 의한 분류

매입채무 그리고 종업원 및 그 밖의 영업원가에 대한 미지급비용과 같은 유동부채는 기업의 정상영업주기 내에 사용되는 운전자본의 일부이다. 이러한 항목은 보고기간 후 12개월 후에 결제일이 도래한다 하더라도 유동부채로 분류한다. 동일한 정상영업주기가 기업의 자산과 부채의 분류에 적용된다. 기업의 정상영업주기가 명확하게 식별되지 않는 경우 그 주기는 12개월인 것으로 가정한다.

③ 기타유동부채

기타 유동부채는 정상영업주기 이내에 결제되지는 않지만 보고기간 후 12개월 이내에 결제일이 도래하거나 주로 단기매매목적으로 보유한다. 이에 대한 예로는 단기매매항목으로 분류된 일부 금융부채, 당좌차월, 비유동금융부채의 유동성 대체 부분, 미지급 배당금, 법인세 및 기타 지급채무 등이 있다.

④ 보고기간 후 12개월 이내에 결제일이 도래하는 경우

다음 모두에 해당하는 경우라 하더라도 금융부채가 보고기간 후 12개월 이내에 결제일이 도래하면 이를 유동부채로 분류한다.

㉠ 원래의 결제기간이 12개월을 초과하는 경우

㉡ 보고기간 후 재무제표 발행승인일 전에 장기로 차환하는 약정 또는 지급기일을 장기로 재조정하는 약정이 체결된 경우

⑤ 비유동부채로 분류하는 사례

기업이 기존의 대출계약조건에 따라 보고기간 후 적어도 12개월 이상 부채를 차환하거나 연장할 것으로 기대하고 있고, 그런 재량권이 있다면, 보고기간 후 12개월 이내에 만기가 도래한다 하더라도 비유동부채로 분류한다. 그러나 기업에게 부채의 차환이나 연장에 대한 재량권이 없다면(예를 들어, 차환약정이 없는 경우), 차환가능성을 고려하지 않고 유동부채로 분류한다.

⑥ 유동부채로 분류하는 사례

보고기간말 이전에 장기차입약정을 위반했을 때 대여자가 즉시 상환을 요구할 수 있는 채무는 보고기간 후 재무제표 발행승인일 전에 채권자가 약정위반을 이유로 상환을 요구하지 않기로 합의하더라도 유동부채로 분류한다. 그 이유는 기업이 보고기간말 현재 그 시점으로부터 적어도 12개월 이상 결제를 연기할 수 있는 무조건적 권리를 가지고 있지 않기 때문이다. 그러나 대여자가 보고기간말 이전에 보고기간 후 적어도 12개월 이상의 유예기간을 주는 데 합의하여 그 유예기간 내에 기업이 위반사항을 해소할 수 있고, 또 그 유예기간 동안에는 대여자가 즉시 상환을 요구할 수 없다면 그 부채는 비유동부채로 분류한다.

재무상태표

다음은 재무제표 표시에서 설명하고 있는 재무상태표에 대한 내용이다. 틀린 문장을 고르시오.

(1) 유동성 순서에 따라 표시하는 것이 원칙이다.

(2) 기업이 재무상태표에 유동자산과 비유동자산, 그리고 유동부채와 비유동부채로 구분하여 표시하는 경우, 이연법인세자산(부채)은 유동자산(부채)으로 분류한다.

(3) 정상영업주기는 영업활동을 위한 자산의 취득시점부터 그 자산이 현금이나 현금성자산으로 실현되는 시점까지 소요되는 기간이다.

(4) 유동자산은 보고기간 후 12개월 이내에 실현될 것으로 예상되지 않는 경우에도 재고자산 및 매출채권과 같이 정상영업주기의 일부로서 판매, 소비 또는 실현되는 자산을 포함한다.

(5) 유동자산은 주로 단기매매목적으로 보유하고 있는 자산을 포함하며, 비유동금융자산의 유동성대체 부분을 제외한다.

(6) 보고기간말 이전에 장기차입약정을 위반했을 때 대여자가 즉시 상환을 요구할 수 있는 채무는 보고기간 후 재무제표 발행승인일 전에 채권자가 약정위반을 이유로 상환을 요구하지 않기로 합의한다면 비유동부채로 분류한다.

(7) 기업이 기존의 대출계약조건에 따라 보고기간 후 적어도 12개월 이상 부채를 차환하거나 연장할 것으로 기대하고 있고, 그런 재량권이 있더라도, 보고기간 후 12개월 이내에 만기가 도래한다면 유동부채로 분류한다.

풀이

(1) 유동성 순서에 따른 표시방법이 신뢰성 있고 더욱 목적적합한 정보를 제공하는 경우를 제외하고는 유동자산과 비유동자산, 유동부채와 비유동부채로 재무상태표에 구분하여 표시한다.

(2) 이연법인세자산(부채)은 유동자산(부채)으로 분류하지 아니한다.

(3) 옳다.

(4) 옳다.

(5) 유동성대체 부분을 포함한다.

(6) 합의하더라도 유동부채로 분류한다.

(7) 기업이 기존의 대출계약조건에 따라 보고기간 후 적어도 12개월 이상 부채를 차환하거나 연장할 것으로 기대하고 있고, 그런 재량권이 있다면, 보고기간 후 12개월 이내에 만기가 도래한다 하더라도 비유동부채로 분류한다.

재무상태표

제2기 20×2년 12월 31일 현재

제1기 20×1년 12월 31일 현재

곡천주식회사 (단위; ₩)

	20×2년	20×1년
자산		
유동자산		

현금및현금성자산	×××	×××
단기매매금융자산	×××	×××
대여금및수취채권	×××	×××
선급금	×××	×××
선급비용	×××	×××
재고자산	×××	×××
기타유동자산	×××	×××
유동자산총계	×××	×××
비유동자산		
매도가능금융자산	×××	×××
관계기업투자주식	×××	×××
유형자산	×××	×××
무형자산	×××	×××
투자부동산	×××	×××
매각예정비유동자산	×××	×××
비유동자산계	×××	×××
자산총계	×××	×××
부채 및 자본		
유동부채		
매입채무	×××	×××
단기차입금	×××	×××
선수금	×××	×××
선수수익	×××	×××
단기충당부채	×××	×××
미지급법인세	×××	×××
유동성장기부채	×××	×××
유동부채총계	×××	×××
비유동부채		
장기차입금	×××	×××
사채	×××	×××
장기충당부채	×××	×××
이연법인세부채	×××	×××
순확정급여부채	×××	×××
비유동부채총계	×××	×××
부채총계	×××	×××
자본		
자본금	×××	×××
자본잉여금	×××	×××
이익잉여금	×××	×××
기타포괄손익누계액	×××	×××
자본총계	×××	×××
부채및자본총계	×××	×××

5. 포괄손익계산서(Statement of comprehensive income)

(1) 포괄손익의 의의

① 기타포괄손익

기타포괄손익은 거래나 그 밖의 사건으로 인한 기간 중 자본의 변동(소유주로서의 자격을 행사하는 소유주와의 거래로 인한 자본의 변동 제외)중 당기손익으로 인식하지 않은 수익과 비용항목(재분류조정 포함)을 말한다.

② 총포괄손익

총포괄손익은 거래나 그 밖의 사건으로 인한 기간 중 자본의 변동(소유주로서의 자격을 행사하는 소유주와의 거래로 인한 자본의 변동 제외)을 말한다.

(2) 포괄손익계산서에 표시되는 정보

포괄손익계산서에는 당기손익 부분과 기타포괄손익 부분에 추가하여 다음을 표시한다.

① 당기순손익

② 총기타포괄손익

③ 당기손익과 기타포괄손익을 합한 당기포괄손익

별개의 손익계산서를 표시하는 경우, 포괄손익을 표시하는 보고서에는 당기손익 부분을 표시하지 않는다.

(3) 포괄손익계산서 표시 방법

① 해당 기간에 인식한 모든 수익과 비용 항목은 다음 중 한 가지 방법으로 표시한다.

㉠ 단일 포괄손익계산서

㉡ 두 개의 보고서 … 당기순손익의 구성요소를 표시하는 보고서(별개의 손익계산서)와 당기순손익에서 시작하여 기타포괄손익의 구성요소를 표시하는 보고서(포괄손익계산서)

② 두 가지 방법의 양식

㉠ 단일 포괄손익계산서

포괄손익계산서

수 익	×××
비 용	×××
당기순이익	×××
기타포괄손익	×××
총포괄손익	×××

㉡ 두 개의 보고서

손익계산서

수　　익	×××
비　　용	×××
당기순손익	×××

포괄손익계산서

당기순손익	×××
기타포괄손익	×××
총포괄손익	×××

③ 당기손익 부분 또는 손익계산서에 표시되는 정보

당기손익 부분이나 손익계산서에는 다른 한국채택국제회계기준서가 요구하는 항목에 추가하여 당해 기간의 다음 금액을 표시하는 항목을 포함한다.

㉠ 수익

㉡ 금융원가

㉢ 지분법 적용대상인 관계기업과 조인트벤처의 당기순손익에 대한 지분

㉣ 법인세비용

㉤ 중단영업의 합계를 포괄손익계산서에 단일금액으로 표시한다.
즉, 다음의 합계를 포괄손익계산서에 단일금액으로 표시한다.

ⓐ 세후 중단영업손익

ⓑ 중단영업에 포함된 자산이나 처분자산집단을 순공정가치로 측정하거나 처분함에 따른 세후 손익

④ 기타포괄손익의 구분표시

기타포괄손익 부분에는 당해 기간의 기타포괄손익의 금액을 표시하는 항목을 성격별로 분류(지분법 적용대상 관계기업과 조인트벤처의 기타포괄손익에 대한 지분 포함)하고, 다음의 집단으로 묶어 구분하여 표시한다.

㉠ 후속적으로 당기손익으로 재분류되지 않는 항목

㉡ 특정 조건을 충족하는 때에 후속적으로 당기손익으로 재분류되는 항목

⑤ 당기손익과 당기기타포괄손익의 배분

당기손익 부분과 기타포괄손익 부분에 추가하여 다음을 당기손익과 당기기타포괄손익의 배분 항목으로서 표시한다.

㉠ 다음에 귀속되는 당기순손익

ⓐ 비지배지분

ⓑ 지배기업의 소유주

㉡ 다음에 귀속되는 당기포괄손익

ⓐ 비지배지분

ⓑ 지배기업의 소유주

당기순손익을 별개의 보고서에 표시하는 경우, 위 ㉠을 그 보고서에 표시한다.

⑥ 중간합계 추가표시 가능

기업의 경영성과를 이해하는 데 목적적합한 경우에는 포괄손익계산서와 별개의 손익계산서(표시하는 경우)에 항목, 제목 및 중간합계를 추가하여 표시한다.

⑦ 특별항목의 표시불가

수익과 비용의 어느 항목도 포괄손익계산서, 별개의 손익계산서(표시하는 경우) 또는 주석에 특별손익 항목으로 표시할 수 없다.

(4) 당기순손익

한 기간에 인식되는 모든 수익과 비용 항목은 한국채택국제회계기준이 달리 정하지 않는 한 당기손익으로 인식한다.

(5) 기타포괄손익

① 기타포괄손익과 관련된 법인세비용 표시 방법

기타포괄손익의 구성요소(재분류조정 포함)와 관련한 법인세비용 금액은 포괄손익계산서나 주석에 공시한다. 기타포괄손익의 구성요소는 다음 중 한 가지 방법으로 표시할 수 있다.

㉠ 관련 법인세 효과를 차감한 순액으로 표시

㉡ 기타포괄손익의 구성요소와 관련된 법인세 효과 반영 전 금액으로 표시하고, 각 항목들에 관련된 법인세 효과는 단일 금액으로 합산하여 표시

② 기타포괄손익의 구성요소와 관련된 재분류조정

㉠ 재분류조정이 발생한 경우…한국채택국제회계기준서는 과거기간에 기타포괄손익으로 인식한 금액을 당기손익으로 재분류할지 여부와 그 시기에 대하여 규정하고 있다. 그러한 재분류를 이 기준서에서는 재분류조정으로 규정하고 있다.

재분류조정은 해외사업장을 매각할 때, 매도가능금융자산을 제거할 때, 위험회피예

표 2-4 기타포괄손익의 재분류조정 여부

(1) 재분류조정이 발생한 경우
① 매도가능금융자산평가손익~매도가능금융자산을 제거할 때 당기손익에 반영
② 해외사업환산손익~해외사업장을 매각할 때 당기손익에 반영
③ 현금흐름 위험회피파생상품평가손익~위험회피예상거래가 당기손익에 영향을 미칠 때 당기손익에 반영
(2) 재분류조정이 발생하지 않은 경우
① 재평가잉여금 ~ 자산이 사용되는 후속기간 또는 제거될 때 이익잉여금으로 직접 대체할 수 있다.
② 확정급여제도의 재측정요소 ~ 당기손익으로 재분류되지 않으며, 자본내에서 대체할 수 있다.

상거래가 당기손익에 영향을 미칠 때 발생한다.

재분류조정은 그 조정액이 당기손익으로 재분류되는 기간의 기타포괄손익의 관련구성요소에 포함된다.

예를 들어, 매도가능금융자산의 처분으로 실현된 이익은 당기손익에 포함된다. 이러한 금액은 당기나 과거기간에 미실현이익으로 기타포괄손익에 인식되었을 수도 있다. 이러한 미실현이익은 총포괄손익에 이중으로 포함되지 않도록 미실현이익이 실현되어 당기손익으로 재분류되는 기간의 기타포괄손익에서 차감되어야 한다.

재분류조정은 포괄손익계산서나 주석에 표시할 수 있다. 재분류조정을 주석에 표시하는 경우에는 관련 재분류조정을 반영한 후에 기타포괄손익의 구성요소를 표시한다.

㉡ 재분류조정이 발생하지 않은 경우 …재분류조정은 재평가잉여금의 변동이나 기업회계기준서 확정급여제도의 재측정요소에 의해서는 발생하지 않는다. 이러한 구성요소는 기타포괄손익으로 인식하고 후속 기간에 당기손익으로 재분류하지 않는다. 재평가잉여금의 변동은 자산이 사용되는 후속 기간 또는 자산이 제거될 때 이익잉여금으로 직접 대체할 수 있다. 확정급여제도의 재측정요소는 자본 내에서 대체할 수 있다.

포괄손익계산서 1

다음은 기타포괄손익에 대한 내용이다. 틀린 문장을 고르시오.

(1) 포괄손익계산서는 당기손익을 구성하는 요소와 기타포괄손익을 구성하는 요소로 구분표시하여 반드시 하나의 보고서로 작성해야 한다.

(2) 포괄손익은 일정기간 주주와의 자본거래를 포함한 모든 거래나 사건에서 인식한 자본의 변동을 말한다.

(3) 기타포괄손익은 주주와의 자본거래를 제외한 거래나 사건으로 인하여 회계기간동안 발생한 자본의 변동을 말한다.

(4) 포괄손익에 영향을 주는 순자산의 변동은 포괄손익계산서에 표시되고 동시에 재무상태표 자본의 별도구성항목으로 표시된다.

(5) 비지배지분이 있는 경우에 회계기간의 기타포괄손익은 비지배지분과 지배기업의 소유주의 귀속되는 몫으로 배분하여 포괄손익계산서에 공시한다.

(6) 기타포괄손익의 항목은 세후금액으로 표시할 수 없으며, 관련된 법인세 효과 반영전 금액으로 표시하고 각 항목들에 관련된 법인세 효과는 단일 금액으로 합산하여 표기한다.

(7) 후속적으로 당기손익으로 재분류되지 않은 항목에는 매도가능금융자산평가손익, 재평가잉여금, 확정급여제도의 재측정요소가 있다.

풀이

(1) 단일포괄손익계산서 또는 두 개의 보고서 모두 가능하다.

(2) 포괄손익은 일정기간 주주와의 자본거래를 제외한 모든 거래나 사건에서 인식한 자본의 변동을 말한다.

(3) 기타포괄손익은 주주와의 자본거래를 제외한 거래나 사건으로 인하여 회계기간동안 발생한 자본의 변동 중 당기손익에 포함되지 않은 손익항목이다.

(4) 옳다.

(5) 옳다.

(6) 기타포괄손익의 항목은 이와 관련된 법인세효과 반영 전 금액으로 표시하고 각 항목들에 관련된 법인세효과는 단일금액으로 합산하여 표시할 수도 있으며, 관련 법인세효과를 차감한 순액으로 표시할 수도 있다.

(7) 매도가능금융자산평가손익은 후속적으로 당기손익으로 재분류되는 항목에 포함한다.

(6) 비용의 분류방법

기업은 비용의 성격별 또는 기능별 분류방법 중에서 신뢰성 있고 더욱 목적적합한 정보를 제공할 수 있는 방법을 적용하여 당기손익으로 인식한 비용의 분석내용을 표시한다.

① **성격별 분류** … 분석의 첫 번째 형태는 성격별 분류이다. 당기손익에 포함된 비용은 그 성격(예 : 감가상각비, 원재료의 구입, 운송비, 종업원급여와 광고비)별로 통합하며, 기능별로 재배분하지 않는다. 비용을 기능별 분류로 배분할 필요가 없기 때문에 적용이 간단할 수 있다. 비용의 성격별 분류의 예는 다음과 같다.

성격별 분류

수 익		×××
기타수익		×××
제품과 재공품의 변동	×××	
원재료와 소모품의 사용액	×××	
종업원급여비용	×××	
감가상각비와 기타 상각비	×××	
기타 비용	×××	
총 비용		(×××)
법인세비용차감전순이익		×××

② **기능별 분류** … 분석의 두 번째 형태는 기능별 분류법 또는 '매출원가' 법으로서, 비용을 매출원가, 그리고 물류원가와 관리활동원가 등과 같이 기능별로 분류한다. 이 방법에서는 적어도 매출원가를 다른 비용과 분리하여 공시한다. 이 방법은 성격별 분류보다 재무제표이용자에게 더욱 목적적합한 정보를 제공할 수 있지만 비용을 기능별로 배분하는데 자의적인 배분과 상당한 정도의 판단이 개입될 수 있다. 비용을 기능별로 분류하는 기업은 감가상각비, 기타 상각비와 종업원급여비용을 포함하여 비용의 성격에 대한 추가 정보를 공시한다. 비용의 기능별 분류의 예는 다음과 같다.

기능별 분류

수 익	×××
매출원가	(×××)
매출총이익	×××
기타 수익	×××
물류 원가	(×××)
관리비	(×××)
기타 비용	(×××)
법인세비용차감전순이익	×××

6. 주석공시

(1) 이익잉여금처분계산서

상법 등 관련 법규에서 이익잉여금처분계산서(또는 결손금처리계산서)의 작성을 요구하는 경우에는 재무상태표의 이익잉여금(또는 결손금)에 대한 보충정보로서 이익잉여금처분계산서(또는 결손금처리계산서)를 주석으로 공시한다.

(2) 영업손익

① 기업은 수익에서 매출원가 및 판매비와관리비(물류원가 등을 포함)를 차감한 영업이익(또는 영업손실)을 포괄손익계산서에 구분하여 표시한다. 다만 영업의 특수성을 고려할 필요가 있는 경우(예: 매출원가를 구분하기 어려운 경우)나 비용을 성격별로 분류하는 경우 영업수익에서 영업비용을 차감한 영업이익(또는 영업손실)을 포괄손익계산서에 구분하여 표시할 수 있다.

② 영업이익(또는 영업손실) 산출에 포함된 주요항목과 그 금액을 포괄손익계산서 본문에 표시하거나 주석으로 공시한다.

③ 영업이익(또는 영업손실)에 포함되지 않은 항목 중 기업의 영업성과를 반영하는 그 밖의 수익 또는 비용 항목이 있다면 이러한 항목을 추가하여 조정영업이익(또는 조정영업손실)등의 명칭을 사용하여 주석으로 공시할 수 있으며, 이 경우 다음 내용을 포함한다.

㉠ 추가한 주요항목과 그 금액

㉡ 이러한 조정영업이익(또는 조정영업손실) 등은 해당 기업이 자체 분류한 영업이익(또는 영업손실)이라는 사실

포괄손익계산서 2

다음은 포괄손익계산서에 대한 내용이다. 틀린 문장을 고르시오.

(1) 기업은 재무성과를 설명하는 데 필요하다면 특별항목을 비롯하여 추가항목을 포괄손익계산서에 재량적으로 포함할 수 있다.

(2) 비용을 성격별로 분류하는 경우에는 비용의 기능에 대한 추가 정보를 공시한다.

(3) 이익잉여금처분계산서는 상법 등 관련법규에서 이익잉여금처분계산서의 작성을 요구하는 경우에는 주석으로 공시한다.

(4) 한국채택국제회계기준은 영업이익을 주석으로 표시하도록 요구하고 있다.

(5) 영업이익에는 포함되지 않았지만, 기업의 영업성과를 반영하는 그 밖의 수익 또는 비용항목이 있다면 영업이익에 이러한 항목을 가감한 금액을 조정영업이익 등의 명칭을 사용하여 주석으로 공시할 수 있다.

풀이

(1) 수익과 비용의 어느 항목도 포괄손익계산서, 별개의 손익계산서(표시하는 경우) 또는 주석에 특별손익 항목으로 표시할 수 없다.

(2) 비용을 기능별로 분류하는 경우에는 감가상각비, 기타상각비와 종업원급여비용을 포함하여 비용의 성격에 대한 추가 정보를 공시한다. 성격별로 분류하는 경우에는 기능별 분류에 대한 추가 공시가 필요없다.

(3) 옳다.

(4) 한국채택국제회계기준은 포괄손익계산서의 본문에 영업이익을 구분하여 표시하도록 요구하고 있다.

(5) 옳다.

포괄손익계산서*

제2기 20×2년 1월 1일 현재 20×2년 12월 31일 까지

제1기 20×1년 1월 1일 현재 20×1년 12월 31일 까지

곡천주식회사 (단위; ₩)

	20×2년	20×1년
매출	×××	×××
매출원가	(×××)	(×××)
매출총이익	×××	×××
판매비관리비		
관리비	(×××)	(×××)
물류비	(×××)	(×××)
기타비용	(×××)	(×××)
영업이익	×××	×××
기타수익	×××	×××
지분법이익	×××	×××
금융비용	(×××)	(×××)
기타비용	(×××)	(×××)
법인세비용차감전순이익	×××	×××
법인세비용	(×××)	(×××)

계속영업이익	×××	×××
중단사업손실	(×××)	(×××)
당기순이익	×××	×××
기타포괄이익		
당기손익으로 재분류 되는 항목		
매도가능금융자산평가이익	×××	×××
해외사업환산이익	×××	×××
기타포괄손익관련 법인세	(×××)	(×××)
당기손익으로 재분류 되지 않는 항목		
재평가잉여금	×××	×××
재측정요소	×××	×××
기타포괄손익관련 법인세	(×××)	(×××)
법인세비용차감후기타포괄손익	×××	×××
총포괄이익	×××	×××
주당손익		
기본주당이익	×××	×××
희석주당이익	×××	×××

*기능별 포괄손익계산서 양식

7. 당기순손익의 측정방법

순손익을 측정하는 방법에는 재산법과 손익법이 있다.

(1) 재 산 법

재산법은 순손익을 기말자본(기말순자산)과 기초자본(기초순자산)을 비교하여 계산하는 방법이다.

순이익＝기말자본－기초자본
＝기말자산－기말부채－기초자본

만약에, 기중에 당기손익에 영향을 미치지 않고 자본의 변동이 생기는 경우는 이를 고려하여 구한다. 즉, 추가출자(유상증자)를 하였거나 자본환급(현금배당)이 있는 경우, 기타자본의 변동(예를 들어, 기타포괄손익의 변동 등)에 변동이 생기는 경우에는 기말자본에서 수정하거나 기초자본에서 수정해준다. 본 교재에서는 기초자본에서 수정한다. 즉,

순이익＝기말자산－기말부채－(기초자본＋유상증자－현금배당＋기타포괄이익－기타포괄손실＋기타자본항목증가－기타자본항목감소)

(2) 손 익 법

손익법은 순손익을 일정기간 동안에 발생한 수익총액과 비용총액을 비교하여 계산하는 방법이다.

순이익 = 수익 − 비용

순이익 계산

1. 손익법; 순이익=수익−비용
2. 재산법; 순이익=기말자본−기초자본
   =기말자산−기말부채−기초자본
   =기말자산−기말부채−(기초자본+유상증자−현금배당+기타자본항목의 증가−기타자본항목의 감소)

(1) 기초자본에 가산할 항목

유상증자처럼 자본은 증가했으나 순이익에 영향을 미치지 않는 항목은 기초자본에 가산하거나 또는 기말자본에서 차감해준다. 편의상 본 교재에서는 기초자본에서 가감한다.

예) 유상증자, 기타포괄이익, 전기오류수정이익, 자기주식처분, 회계정책의 변경의 누적효과(+), 전환사채의 전환 등

(2) 기초자본에서 차감할 항목

현금배당처럼 자본은 감소했으나 순이익에 영향을 미치지 않은 항목은 기초자본에서 차감하거나 기말자본에 가산해준다. 예를 들면,

예) 현금배당, 기타포괄손실, 전기오류수정손실, 자기주식취득, 회계정책의 변경의 누적효과(−) 등

(3) 기초자본에서 조정하지 않은 항목

주식배당이나 무상주처럼 자본의 변동이 생기지 않은 경우에는 기초자본이나 기말 자본에서 조정하지 않는다.

예) 주식배당, 무상주, 주식병합, 주식분할 등

(3) 재산법과 손익법과의 관계

재산법에 의해 계산된 순손익과 손익법에 의해서 계산된 순손익은 반드시 일치한다. 즉, 재무상태표에 표시된 순손익과 손익계산서에 표시된 순손익과 일치한다. 수정후 시산표를 작성해보면 다음과 같다.

수정후 시산표

기말자산	기말부채
	기초자본
	소유주와의 거래로 인한 자본변동
	기타포괄이익[2]
	당기순이익
비 용	수 익
×××	×××

(기타포괄이익 + 당기순이익: 총포괄이익[3])

(소유주와의 거래로 인한 자본변동 + 총포괄이익: 총자본변동[1])

(기초자본 + 총자본변동: 기말자본)

※ 1) 자본의 변동의 원인은 크게 3가지 형태로 나눌 수 있다.

- 당기순손익의 증감으로 인한 자본변동
- 기타포괄손익의 증감으로 인한 자본변동
- 소유주와의 거래로 인한 자본변동

여기서는 당기에 자본이 증가한 것을 전제로 시산표를 작성하였다.

2) 기타포괄손익은 거래나 그 밖의 사건으로 인한 자본변동 중 소유주와의 거래로 인한 자본의 변동은 제외하고 당기손익으로 인식되지 않은 수익과 비용항목을 말한다.

3) 총포괄손익은 거래나 그 밖의 사건으로 인한 자본의 변동 중 소유주와의 거래로 인한 자본의 변동은 제외한 것을 말함

당기순이익 및 총포괄손익 계산

다음은 ㈜찬엽의 20×1년도 발생한 자료이다. 물음에 답하시오

(1) 20×1년도 기초자본은 ₩30,000이고, 기말자본은 ₩40,000이다.

(2) 20×1년 중에 유상증자 ₩3,000과 ₩2,000의 현금배당을 실시하였다.

(3) 20×1년도 기타포괄이익으로 ₩4,000을 보고하였다.

㈜찬엽이 20×1년도 포괄손익계산서에 인식한 당기순손익과 총포괄손익은 얼마인가? (단, 20×1년 중 유상증자 및 현금배당 이외 자본거래(주주자격을 행사하는 주주와의 거래)는 없었다.)

풀이

회사의 자본의 변동은 크게 3가지 경우이다.
① 당기순손익의 발생으로 인한 자본의 변동이다.
② 기타포괄손익의 발생으로 인한 자본의 변동,
③ 소유주와의 거래로 인한 자본의 변동(①과 ②를 제외한 기타자본요소의 변동)

여기서 재산법으로 당기순손익 또는 총포괄손익을 구할 때 기초자본에 ②와 ③를 가감하면 당기순손익이 산출되며, ③만을 가감하면 총포괄손익이 산출된다. 즉,

당기순이익=기말자본-(기초자본+유상증자-현금배당+기타포괄이익)
=₩40,000-(30,000+3,000-2,000+4,000)=₩5,000
※ 기초자본에 소유주와의 거래로 인한 자본의 변동(유상증자 및 현금배당)과 기타포괄손익을 가감하면 당기순이익이 산출된다.

총포괄이익=기말자본-(기초자본+유상증자-현금배당)
=₩40,000-(30,000+3,000-2,000)=₩9,000
※ 기초자본에 소유주와의 거래로 인한 자본의 변동(유상증자 및 현금배당)은 가감하고, 기타포괄손익을 가감하지 않으면 총포괄손익을 바로 구한다.

물론 당기순이익과 기타포괄손익을 구한 다음 총포괄손익을 구할 수도 있다.
총포괄이익=당기순이익+기타포괄이익=₩5,000+4,000=₩9,000

제6절 재무비율 분석

1. 의 의

재무비율분석은 재무제표에서 경제적 의미와 이론적인 관계성이 분명한 어느 두 항목의 상대적 비율을 구하여 기업의 재무상태나 경영성과를 분석, 판단하는 기법을 말한다.

2. 재무비율의 종류

(1) 유동성 비율

① 유동비율 유동비율은 유동자산을 유동부채로 나눈 비율로서 단기채무에 충당할 수 있는 유동성 자산이 몇배나 되는가를 평가하여 단기채무상환능력을 판단하는 비

율이다.

$$\text{유동비율} = \frac{\text{유동자산}}{\text{유동부채}}$$

② **당좌비율** 유동자산 중에서 현금화되는 속도가 늦고, 현금화되는 과정에서 불확실성이 높은 재고자산을 차감한 당좌자산을 유동부채로 나눈 비율을 말한다. 단기채무에 대한 지급능력을 평가하는데 더 효과적일 때가 있다. 이를 산성비율(acid test ratio)이라고도 한다.

$$\text{당좌비율} = \frac{\text{당좌자산(유동자산} - \text{재고자산)}}{\text{유동부채}}$$

(2) 안전성 비율(레버리지 비율)

① **부채비율** 부채비율은 부채를 자기자본으로 나눈 비율로서 채권자들의 위험부담의 정도를 평가하는 기초정보가 된다.

$$\text{부채비율} = \frac{\text{총부채}}{\text{자기자본}}$$

② **고정장기적합률** 일반적으로 비유동자산에 대한 투자는 자기자본의 범위내에서 이루어지는 것이 안정적이나, 실제로 거액의 설비투자를 필요로 하는 기간산업에 있어서는 소요자금을 자기자본으로 충당하는 데 어려움이 있으므로 자기자본과 비유동부채의 합의 범위내에서 하게 되면 안전성이 있다고 볼 수 있다. 이러한 취지에서 비유동자산을 자기자본과 비유동부채의 합으로 나눈 비율이다.

$$\text{고정장기적합률} = \frac{\text{비유동자산}}{\text{자기자본} + \text{비유동부채}}$$

③ **자기자본비율** 총자본 중에서 자기자본이 차지하고 있는 비중을 표시하는 비율로서 기업의 안전성을 측정 · 판단하는 비율로 사용된다.

$$\text{자기자본비율} = \frac{\text{자기자본}}{\text{총자본}}$$

(3) 활동성 비율

① **매출채권회전율** 매출액을 평균 매출채권(외상매출금과 받을어음)으로 나눈 비

율로서 매출채권의 현금화되는 속도 또는 매출채권에 대한 자산투자의 효율성을 측정하는 데 이용된다.

㉠ 매출채권회전율 $= \dfrac{\text{매출액}}{\text{평균매출채권*}}$

* (기초매출채권 + 기말매출채권) $\times \dfrac{1}{2}$

㉡ 매출채권평균회수기간 $= \dfrac{365}{\text{매출채권회전율}}$

② **재고자산회전율** 매출원가를 평균재고자산으로 나눈 비율로서 재고자산이 연간 몇회전하였는지를 나타낸다. 회전율이 낮으면 재고자산에 과대투자되고 있고, 높으면 재고관리가 효율적임을 뜻한다. 분모의 재고자산이 원가이므로 분자도 매출액보다는 매출원가를 기준으로 재고자산회전율을 구하는 것이 더 합리적이다.

㉠ 재고자산회전율 $= \dfrac{\text{매출원가}}{\text{평균재고자산*}}$

* (기초재고자산 + 기말재고자산) $\times \dfrac{1}{2}$

㉡ 재고자산평균회전(보유)기간 $= \dfrac{365}{\text{재고자산회전율}}$

③ **총자산회전율** 매출액을 총자산으로 나누어 구하는 비율로서 기업이 보유하는 전체 자산이용의 효율성을 측정하는 비율이다.

총자산회전율 $= \dfrac{\text{매출액}}{\text{평균총자산}}$

(4) 수익성 비율

① **매출액이익률** 이익을 매출액으로 나눈 비율로서 어떤 이익을 사용하느냐에 따라 매출총이익률, 매출액영업이익률, 매출액순이익률 등으로 구분할 수 있다.

㉠ 매출총이익률 $= \dfrac{\text{매출총이익}}{\text{매출액}}$

㉡ 매출액영업이익률 $= \dfrac{\text{영업이익}}{\text{매출액}}$

㉢ 매출액순이익률 $= \dfrac{\text{순이익}}{\text{매출액}}$

② **자본이익률** 당기순이익을 총자산(=총자본), 자기자본으로 나눈 비율을 말한다. 기업에 투자한 자본이 얼마나 효율적으로 운용되고 있는가를 나타내는 비율이다.

㉠ 총자산(총자본)이익률 $= \dfrac{\text{당기순이익}}{\text{평균총자본(=평균총자산)}}$

㉡ 자기자본이익률 $= \dfrac{\text{당기순이익}}{\text{평균자기자본}}$

>>> 예 · 제 · 문 · 제 · 정 · 해

예제 1 | 재산법, 손익법

어느 연도말 동덕상점의 장부를 조사하여 다음과 같은 자료를 얻었다.

자산총액	₩1,500,000	부채총액	₩800,000
1년간 수익총액	3,000,000	1년간 비용총액	2,800,000
기중 유상증자액	100,000	기중현금배당	50,000
매도가능금융자산평가이익	80,000	중요한 전기오류수정손실	20,000

그 연도 초에 자산총액이 ₩700,000이었다면 연도 초의 부채총액은 얼마인가?

① 290,000 ② 310,000 ③ 330,000
④ 380,000 ⑤ 410,000

풀이 재산법: 당기순이익 = 기말자본 − 기초자본
= (기말자산 − 기말부채) − (기초자본 + 추가출자 − 자본의 환급)

손익법: 당기순이익 = 수익 − 비용

재산법에 의한 당기순이익과 손익법에 의한 당기순이익은 같으므로

(기말자산 − 기말부채) − (기초자본 + 유상증자 − 현금배당+매도가능금융자산평가이익−전기오류수정손실) = 수익 − 비용이 된다.

따라서,

(1,500,000 − 800,000) − (기초자본 + 100,000 − 50,000 + 80,000−20,000) = 3,000,000 − 2,800,000

∴ 기초자본 = 390,000

그리고 기초자산 − 기초부채 = 기초자본 이므로

700,000 − 기초부채 = 390,000

∴ 기초부채 = 310,000

해답: ②

예제 2 | 비율분석

찬우상사는 상품을 외상매입하였다. 이 거래의 결과로서 다음 중 맞는 것은?

(기존의 유동비율 > 1이다.)

① 순운전자본과 유동비율이 모두 감소된다.

② 순운전자본에는 영향이 없고, 유동비율만 감소된다,

③ 유동비율에는 영향이 없고, 운전자본만 감소된다.

④ 유동비율과 순운전자본에 아무 영향이 없다.

⑤ 유동비율과 운전자본을 모두 증가시킨다.

풀이

기존의 유동비율 \ 상 황	유동자산과 유동부채가 동시에 증가하는 경우 즉, (차) 유동자산 ××× (대) 유동부채 ×××	유동자산과 유동부채가 동시에 감소하는 경우 즉, (차) 유동부채 ××× (대) 유동자산 ×××
유동비율>1인 경우	유동비율 감소	유동비율 증가
유동비율=1인 경우	유동비율 불변	유동비율 불변
유동비율<1인 경우	유동비율 증가	유동비율 감소

이 문제에서는 유동자산(재고자산)과 유동부채(외상매입금)가 동시에 증가하는 경우에 해당되므로 순운전자본에는 영향이 없고, 유동비율은 감소된다.

※ ① 유동비율 $= \frac{\text{유동자산}}{\text{유동부채}}$

② 순운전자본 = 유동자산 − 유동부채

해답: ②

예제 3 | 영업주기

상품매매기업인 (주)찬엽물산의 영업주기는 상품의 매입시점부터 판매 후 대금의 회수시점까지의 기간으로 정의된다. (주)찬엽물산의 연 매출이 ₩120,000, 이에 대한 매출원가가 ₩75,000, 연평균 외상매출금 잔액이 ₩20,000, 그리고 연평균 재고자산 가액이 ₩25,000이라면 (주)찬엽물산의 평균 영업주기는? (매출은 전액 외상매출이라고 가정한다. 계산의 편의상 1년은 360일로 간주한다.) 【'02, '04. CPA】

① 120일 ② 135일
③ 156일 ④ 171일
⑤ 180일

풀이 (1) 재고자산평균회전기간

재고자산회전율 $= \frac{75{,}000}{25{,}000} = 3$

재고자산평균회전기간 $= \frac{360}{3} = 120$일

(2) 매출채권평균회수기간

매출채권회전율 $= \frac{\text{매 출}}{\text{매출채권}} = \frac{120{,}000}{20{,}000} = 6$

매출채권평균회수기간 $= \frac{360}{\text{매출채권회전율}} = \frac{360}{6} = 60$일

(3) 평균영업주기

평균영업주기 = 재고자산평균회전기간 + 매출채권평균회수기간

= 120 + 60 = 180일

해답: ⑤

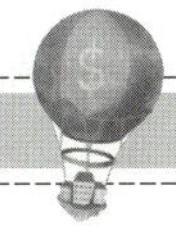

>>> 객 · 관 · 식 · 문 · 제

– 회계의 순환과정 및 재무제표 –

1 다음 중 회계상 거래에 속하지 않는 것은? 【'91. 감평사】

① 원료 ₩1,000,000을 구입하고 어음을 발행하다.

② 차입금에 대한 이자 ₩500,000을 수표로 지급하다.

③ 급여를 지급하지 못하다.

④ 월 ₩200,000의 임차료로 건물을 임차하기로 계약하다.

⑤ 보관중인 상품이 화재로 소실되다.

2 다음은 ㈜한국의 기초 및 기말 재무제표 자료 중 일부이다.

	기초	기말
자산총계	₩11,000,000	₩15,000,000
부채총계	₩5,000,000	₩6,000,000

당기 중 무상증자 ₩1,000,000이 있었으며, 현금배당 ₩500,000 및 주식배당 ₩300,000이 결의 및 지급되고 토지평가이익 ₩100,000이 있었다면, 당기순이익은? (단, 토지재평가는 당기에 처음으로 실시하였다.) 【'08, '09, '12. 감평사, '15. 세무사】

① ₩2,400,000 ② ₩2,800,000 ③ ₩3,000,000

④ ₩3,400,000 ⑤ ₩3,600,000

풀이 당기순이익=기말자본−(기초자본−현금배당+토지재평가이익)
=₩9,000,000−(6,000,000−500,000+100,000)=₩3,400,000

3 (주)희망은 20×1년도 말 장부마감 후 다음과 같은 주요 재무상태 변동이 20×1년 중에 발생하였음을 알게 되었다.

• 자산 ₩576,000(증가)
• 부채 ₩178,000(증가)

(주)희망의 자본은 자본금과 이익잉여금만으로 구성되어 있으며, 주당 액면가액은 ₩10이다. 만일 20×1년 중 회사가 ₩100,000의 신주를 액면으로 발행하였고, 현금

해답 1. ④ 2. ④ 3. ⑤

배당 없이 5%의 주식배당만을 하였다면 20×1년도 회사의 순이익은 얼마인가?

【'01. 세무사】

① ₩398,000
② ₩654,000
③ ₩798,000
④ ₩254,000
⑤ ₩298,000

풀이 순이익＝기말자본－(기초자본＋유상증자)
＝(기말자본－기초자본)－유상증자
＝자본증가－유상증자
＝(자산증가－부채증가)－유상증자
＝(₩576,000－178,000)－100,000
＝₩298,000

4 ㈜한국의 재무상태표에 나타난 20×9년 말 자산과 부채는 20×9년 초보다 각각 ₩7,000,000과 ₩5,000,000이 증가하였다. 다음의 사건들을 고려하면, ㈜한국이 20×9년도 중에 지급한 현금배당액은 얼마인가? (단, 기초 미지급배당금은 없으며, 현금배당액은 20×9년도 중에 모두 지급되었다고 가정함)

【'05, '10. 감평사】

- 20×9년도 당기순이익은 ₩1,250,000이며, 동 기간 중 보통주 200주를 주당 ₩5,000에 유상증자하였다. 단, 유상증자한 보통주의 액면가는 ₩100이다.
- 20×9년도 주식배당액은 ₩10,000이다.
- 20×5년의 중요한 전기오류로 인하여 20×9년에 재작성된 전기오류수정이익은 ₩10,000이다.

① ₩240,000
② ₩250,000
③ ₩260,000
④ ₩365,000
⑤ ₩395,000

풀이 기말자본－(기초자본＋유상증자－현금배당＋전기오류수정이익)＝순이익
(₩7,000,000－5,000,000)*－1,000,000＋현금배당－10,000＝₩1,250,000
∴ 현금배당＝₩260,000
*자산증가－부채증가＝자본증가

5 ㈜한국의 20×0년 초 자산총계와 부채총계는 각각 ₩40,000과 ₩10,000이고, 20×0년 말 자산총계와 부채총계는 각각 ₩60,000과 ₩20,000이다. 한편, ㈜한국은 20×0년 중에

해답 4. ③ 5. ⑤

₩2,000의 현금배당을 실시하였으며, 20×0년도 당기순이익으로 ₩5,000을 보고하였다. ㈜한국이 20×0년도 포괄손익계산서에 인식한 기타포괄손익과 총포괄손익은 얼마인가? (단, 20×0년 중 현금배당 이외 자본거래(주주자격을 행사하는 주주와의 거래)는 없었다고 가정함)
【'15. 관세사, '10. 감평사】

① 기타포괄이익 ₩3,000 총포괄이익 ₩7,000
② 기타포괄이익 ₩5,000 총포괄이익 ₩7,000
③ 기타포괄이익 ₩5,000 총포괄이익 ₩12,000
④ 기타포괄이익 ₩7,000 총포괄이익 ₩10,000
⑤ 기타포괄이익 ₩7,000 총포괄이익 ₩12,000

풀이 기말자본-(기초자본 +유상증자-현금배당+기타포괄이익)=당기순이익
₩40,000-(30,000+0-2,000+기타포괄이익)=₩5,000 ∴ 기타포괄이익=₩7,000
따라서, 총포괄이익=당기순이익+기타포괄손익=₩5,000+7,000=₩12,000

6 다음은 ㈜코리아의 20×1년 기초 및 기말 재무상태표에서 추출한 자산과 부채의 자료이다.

구 분	20×1년 기초	20×1년 기말
자산총계	₩6,000,000	₩20,000,000
부채총계	₩2,800,000	₩10,000,000

㈜코리아는 20×1년 중에 유상증자로 ₩1,000,000의 자금을 조달하였고 ₩200,000의 무상증자를 실시하였다. 이익처분으로 현금배당 ₩600,000과 주식배당 ₩800,000을 지급하였고 법정적립금으로 ₩100,000의 이익준비금을 적립하였다. 20×1년도 당기에 재평가잉여금은 ₩500,000만큼 증가했고, 매도가능금융자산평가이익은 ₩800,000이 증가하였다. ㈜코리아의 20×1년 포괄손익계산서에 표시될 총포괄이익은 얼마인가? 단, ㈜코리아의 자본은 납입자본과 이익잉여금 및 기타자본요소로 구성되어 있다. 【'15. CPA】

① ₩4,200,000 ② ₩5,000,000 ③ ₩4,300,000
④ ₩5,100,000 ⑤ ₩6,400,000

풀이 순이익=기말자본-(기초자본+기중 자본증가액-기중 자본감소액)
순이익=기말자본-(기초자본+유상증자-현금배당+재평가잉여금+매도가능금융자산평가이익)
순이익=₩10,000,000-(3,200,000+1,000,000-600,000+500,000+800,000)=₩5,100,000
∴ 총포괄이익=당기순이익+기타포괄손익=₩5,100,000+500,000+800,000=₩6,400,000

또는 직접구하면,

해답 6. ⑤

총포괄이익=기말자본-(기초자본+유상증자-현금배당)

총포괄이익=₩10,000,000-(3,200,000+1,000,000-600,000)=₩6,400,000

7 다음 중 마감분개 종료 후에 잔액이 남아 있다면 오류가 발생한 것으로 볼 수 있는 계정은 어느 것인가? 【'02. 감평사】

① 대손충당금 ② 선수임대료
③ 매입 ④ 자본금
⑤ 선급보험료

풀이 매입은 손익계정에 해당되며 손익계정은 명목계정으로서 재무상태표계정(자산, 부채, 자본)처럼 잔액이 없다. 따라서 결산시 재무상태표 항목은 잔액을 차기이월시키지만 손익항목은 결산분개시 집합손익계정에 대체되면서 없어진다.

8 수정분개 전 당기순이익이 ₩500,000이고 기말수정사항이 다음과 같을 때 수정분개 후 정확한 당기순이익은? 【'04. 감평사】

차입금이자미지급액	₩30,000	수 수 료 선 수 액	₩20,000
보 험 료 선 급 액	₩45,000	대여금 이자미수액	₩50,000

① ₩455,000 ② ₩505,000
③ ₩545,000 ④ ₩595,000
⑤ ₩605,000

풀이 수정후순이익=수정전순이익+선급비용증가+미수수익증가-미지급비용증가-선수수익증가
∴ 수정후순이익=₩500,000-30,000+45,000-20,000+50,000=₩545,000

9 상도(주)의 20×4년 포괄손익계산서에는 이자비용이 ₩1,700,000계상되어 있고, 현금흐름표에는 이자에 대한 현금지출액이 ₩1,360,000으로 계상되어 있다. 상도(주)는 20×4년 동안 선급이자비용은 없고, 자본화 이자비용도 없다. 20×3년 12월 31일의 미지급이자비용의 잔액은 ₩300,000이다. 20×4년 12월 31일 미지급이자비용의 잔액은 얼마인가? 【'07. 세무사】

① ₩40,000 ② ₩300,000
③ ₩340,000 ④ ₩400,000
⑤ ₩640,000

해답 7. ③ 8. ③ 9. ⑤

풀이 ₩1,700,000 = 1,360,000 − 300,000 + 당기미지급비용 ∴ 당기미지급비용 = ₩640,000

10 다음은 ㈜감평의 20×1년도 재무제표 자료의 일부이다.

(1) 기초 및 기말 계정잔액

	20×1. 1.1	20×1. 12.31
선급보험료	₩2,500	₩2,000
선수임대료	4,000	5,000

(2) 포괄손익계산서에 계상되어 있는 보험료비용은 ₩4,000, 임대료수익은 ₩5,000이다.

20×1년도에 보험료 및 임대료와 관련하여 발생한 순현금흐름(유입−유출)은?

【'14. 감평사】

① ₩500 ② ₩1,000
③ ₩1,500 ④ ₩2,000
⑤ ₩2,500

풀이 보험료비용=현금지출액−당기선급보험료+전기선급보험료
₩4,000=현금지출액−2,000+2,500 ∴ 현금지출액=₩3,500
임대료수익=현금수취액−당기선수임대료+전기선수임대료
₩5,000=현금수취액−5,000+4,000 ∴ 현금수취액=₩6,000
따라서, 순현금흐름=현금유입액−현금유출액=₩6,000−3,500=₩2,500

11 회계순환과정에서 나타나는 다음과 같은 다섯 가지의 절차를 순서대로 맞게 배열한 것은 어느 것인가? 【'99. 세무사】

㉠ 수정후 시산표 ㉡ 수정분개 ㉢ 역분개 ㉣ 이월시산표 ㉤ 결산분개

① ㉡−㉠−㉢−㉤−㉣ ② ㉡−㉠−㉤−㉣−㉢
③ ㉠−㉡−㉣−㉢−㉤ ④ ㉠−㉤−㉡−㉣−㉢
⑤ ㉠−㉡−㉢−㉣−㉤

해답 10. ⑤ 11. ②

12 다음 여러 분개 가운데 회계연도말에 행하는 결산수정분개가 아닌 것은? 【'02. 세무사】

① (차) 급여	(대) 미지급급여
② (차) 재고자산감모손실	(대) 재고자산
③ (차) 대손충당금	(대) 매출채권
④ (차) 선수수익	(대) 수익
⑤ (차) 미수이자	(대) 이자수익

풀이 ③항은 기중에 회수불능채권이 발생했을 때의 회계처리이다.

13 재무제표 표시의 일반사항에 관한 설명으로 옳지 않은 것은? 【'15. 감평사】

① 당해 기간의 기타포괄손익금액을 기능별로 분류해야 하며, 다른 한국채택국제회계기준서에 따라 후속적으로 당기손익으로 재분류되지 않는 항목과 재분류되는 항목을 각각 집단으로 묶어 표시한다.

② 경영진이 기업을 청산하거나 경영활동을 중단할 의도를 가지고 있지 않거나, 청산 또는 경영활동의 중단 외에 다른 현실적 대안이 없는 경우가 아니면 계속기업을 전제로 재무제표를 작성한다.

③ 재무제표는 기업의 재무상태, 재무성과 및 현금흐름을 공정하게 표시해야 하며, 이를 위해서 '개념체계'에서 정한 자산, 부채, 수익 및 비용에 대한 정의와 인식요건에 따라 거래, 그 밖의 사건과 상황의 효과를 충실하게 표현해야 한다.

④ 사업내용의 유의적인 변화나 재무제표를 검토한 결과 다른 표시나 분류방법이 더 적절한 것이 명백한 경우, 한국채택국제회계기준에서 표시방법의 변경을 요구하는 경우가 아니면 재무제표항목의 표시와 분류는 매기 동일하여야 한다.

⑤ 전체 재무제표는 적어도 1년마다 작성하되, 보고기간종료일의 변경으로 보고기간이 1년을 초과하거나 미달하게 되는 경우는 그렇지 않다.

풀이 ① 기능별 → 성격별

14 재무제표 표시에 관한 설명으로 옳은 것은? 【'14. 감평사】

① 부적절한 회계정책은 이에 대하여 공시나 주석 또는 보충자료를 통해 설명함으로써 정당화 될 수 있다.

② 비유동자산의 처분손익을 처분대금에서 그 자산의 장부금액과 관련처분비용을 차감하여 표시하는 것은 총액주의에 위배되므로 허용하지 아니한다.

해답 12. ③ 13. ① 14. ⑤

③ 재무제표 항목의 표시와 분류는 한국채택국제회계기준에서 표시방법의 변경을 요구하는 경우 이외에는 매기 동일해야 한다.

④ 기업이 기존의 대출계약조건에 따라 보고기간 후 적어도 12개월 이상 부채를 차환하거나 연장할 것으로 기대하고 있고, 그런 재량권이 있다하더라도 보고기간 후 12개월 이내에 만기가 도래한다면 유동부채로 분류한다.

⑤ 단기매매금융상품에서 발생하는 손익과 같이 유사한 거래의 집합에서 발생하는 차익과 차손은 순액으로 표시한다. 그러나 그러한 차익과 차손이 중요한 경우에는 구분하여 표시한다.

풀이 ① 부적절한 회계정책은 이에 대하여 공시나 주석 또는 보충 자료를 통해 설명하더라도 정당화될 수 없다. (기업회계기준서 1001호, 문단 18)

② 처분대금에서 그 자산의 장부금액과 관련처분비용을 차감하여 표시한다.

③ 재무제표 항목의 표시와 분류는 다음의 경우를 제외하고는 매기 동일하여야 한다.

- 사업내용의 유의적인 변화나 재무제표를 검토한 결과 다른 표시나 분류방법이 더 적절한 경우
- 한국채택국제회계기준에서 표시방법의 변경을 요구하는 경우

④ 기업이 기존의 대출계약조건에 따라 보고기간 후 적어도 12개월 이상 부채를 차환하거나 연장할 것으로 기대하고 있고, 그런 재량권이 있다면 보고기간 후 12개월 이내에 만기가 도래한다하더라도 이를 비유동부채로 분류한다.

⑤ 옳다.

15 재무제표에 관한 설명으로 옳지 않은 것은? 【'11. 감평사】

① 기업이 경영활동을 청산 또는 중단할 의도가 있거나, 경영활동을 계속할 수 없는 상황에 처한 경우를 제외하고는 계속기업을 가정하여 재무제표를 작성해야 한다.

② 상이한 성격이나 기능을 가진 항목은 구분하여 표시하되 중요하지 않은 항목은 성격이나 기능이 유사한 항목과 통합하여 표시할 수 있다.

③ 일반적으로 재무제표는 일관성 있게 1년 단위로 작성하여야 하나, 실무적인 이유로 52주의 보고기간을 적용할 수도 있다.

④ 재무제표의 기간별 비교가능성을 제고하기 위하여 재무보고를 할 때 전기와 당기를 비교하는 형식으로 보고해야 한다.

⑤ 계속기업의 가정이 적절한지의 여부를 평가할 때 경영진은 적어도 보고기간말로부터 향후 6개월 기간에 대하여 이용가능한 모든 정보를 고려해야 한다.

풀이 6개월 → 12개월

해답 15. ⑤

16 다음은 당기손익 부분이나 손익계산서에 다른 한국채택국제회계기준서가 요구하는 항목에 추가하여 당해 기간에 표시해야 할 항목이다. 아닌 것은? 【'11. 감평사】

① 금융원가

② 법인세비용

③ 감가상각비용

④ 중단영업의 합계를 표시하는 단일금액

⑤ 지분법 적용대상인 관계기업의 당기순손익에 대한 지분

풀이 감가상각비는 해당되지 않는다.

17 다음 기타포괄손익항목 중 제거될 때 당기손익에 영향을 미치지 않는 것을 모두 고른 것은? 【'15. 관세사】

> ㄱ. 매도가능금융자산평가이익
> ㄴ. 재무제표 환산과정에서 발생하는 외환차이
> ㄷ. 유형자산의 재평가잉여금
> ㄹ. 확정급여제도의 재측정요소
> ㅁ. 현금흐름위험회피 파생상품평가손익 중 위험회피에 효과적인 부분

① ㄱ, ㅁ ② ㄴ, ㄹ ③ ㄴ, ㅁ

④ ㄷ, ㄹ ⑤ ㄷ, ㅁ

풀이 ㄱ, ㄴ, ㅁ: 재분류조정이 발생한 경우
ㄷ, ㄹ: 재분류조정이 발생하지 않는 경우

18 기타포괄손익에 관한 설명으로 옳지 않은 것은? 【'12. 관세사】

① 재평가잉여금의 변동은 기타포괄손익으로 인식된 후, 자산이 사용되는 후속기간에 당기손익으로 재분류한다.

② 비지배지분이 있는 경우에 회계기간의 기타포괄손익은 비지배지분과 지배기업의 소유주에 귀속되는 몫으로 배분하여 포괄손익계산서에 공시한다.

③ 기타포괄손익의 구성요소는 법인세효과를 차감한 순액으로 표시할 수 있다.

④ 매도가능금융자산의 미실현손익으로 기타포괄손익에 인식되었던 금액은 매도가능금융자산의 처분 시에 기타포괄손익에서 차감되어야 한다.

해답 16. ③ 17. ④ 18. ①

⑤ 기타포괄손익은 주주와의 자본거래를 제외한 거래나 사건으로 인하여 회계기간동안 발생한 자본의 변동 중 당기손익에 포함하지 않은 손익항목이다.

풀이 자산이 사용되는 후속기간 또는 자산이 제거될 때 이익잉여금으로 직접 대체할 수 있다.

19 재무제표 표시에 대한 다음의 설명 중 옳지 않은 것은? 【'13. CPA】

① 한국채택국제회계기준에서 요구하거나 허용하지 않는 경우 자산과 부채 그리고 수익과 비용은 상계하지 않는다. 따라서 재고자산평가충당금을 차감하여 재고자산을 순액으로 표시할 수 없다.

② 기타포괄손익의 항목은 이와 관련된 법인세효과 반영 전 금액으로 표시하고 각 항목들에 관련된 법인세효과는 단일금액으로 합산하여 표시할 수 있다.

③ 회계정책을 적용하는 과정에서 추정에 관련된 공시와는 별도로, 재무제표에 인식되는 금액에 유의적인 영향을 미친 경영진이 내린 판단을 유의적인 회계정책의 요약 또는 기타 주석 사항으로 공시한다.

④ 영업손익을 포괄손익계산서 본문에 구분하여 표시하여야 한다. 이 경우 영업손익은 영업의 특수성을 고려할 필요가 있는 경우나 비용을 성격별로 분류하는 경우를 제외하고는 수익에서 매출원가 및 판매비와관리비를 차감하여 산출한다.

⑤ 수익과 비용의 어떠한 항목도 포괄손익계산서, 별개의 손익계산서(표시하는 경우) 또는 주석에 특별손익 항목으로 표시할 수 없다.

풀이 ① 한국채택국제회계기준에서 요구하거나 허용하지 않는 경우 자산과 부채 그리고 수익과 비용은 상계하지 않는다. 재고자산평가충당금을 차감하여 재고자산을 순액으로 표시할 수 있다.

20 포괄손익계산서에 관한 설명으로 옳은 것은? 【'13. 감평사】

① 기업은 예외적인 경우를 제외하고 수익에서 매출원가 및 판매비와관리비(물류원가 등을 포함)를 차감한 영업이익(또는 영업손실)을 포괄손익계산서에 구분하여 표시한다.

② 비용을 성격별로 분류하는 기업은 매출원가, 감가상각비, 기타 상각비와 종업원급여비용을 포함하여 비용의 기능에 대한 추가 정보를 공시한다.

③ 재분류조정은 당기나 과거 기간에 기타포괄손익으로 인식되었다가 당기에 자본잉여금으로 재분류된 금액을 의미한다.

④ 기타포괄손익의 항목은 세후금액으로 표시할 수 없으며, 관련된 법인세 효과

해답 19. ① 20. ①

반영 전 금액으로 표시하고 각 항목들에 관련된 법인세 효과는 단일 금액으로 합산하여 표기한다.

⑤ 기업은 재무성과를 설명하는 데 필요하다면 특별항목을 비롯하여 추가항목을 포괄손익계산서에 재량적으로 포함할 수 있으며, 사용된 용어와 항목의 배열도 필요하면 수정할 수 있다.

풀이 ② 성격별로 분류하는 경우에는 기능에 대한 추가정보를 공시할 필요가 없다.
③ 자본잉여금 → 당기순이익
④ 기타포괄손익은 세후금액으로 표시할 수도 있다.
⑤ 포괄손익계산서에 특별항목으로 표시할 수 없으며 주석으로도 공시할 수 없다.

21 영업이익 공시에 관한 설명으로 옳지 않은 것은? 【'13. 세무사】

① 한국채택국제회계기준은 포괄손익계산서의 본문에 영업이익을 구분하여 표시하도록 요구하고 있다.

② 비용을 기능별로 분류하는 기업은 수익에서 매출원가 및 판매비와 관리비(물류원가 등을 포함)를 차감하여 영업이익을 측정한다.

③ 금융회사와 같이 영업의 특수성으로 인해 매출원가를 구분하기 어려운 경우 영업수익에서 영업비용을 차감하는 방식으로 영업이익을 측정할 수 있다.

④ 영업이익에는 포함되지 않았지만, 기업의 영업성과를 반영하는 그 밖의 수익 또는 비용 항목이 있다면 영업이익에 이러한 항목을 가감한 금액을 조정영업이익 등의 명칭으로 포괄손익계산서 본문에 보고한다.

⑤ 영업이익 산출에 포함된 주요항목과 그 금액을 포괄손익계산서 본문에 표시하거나 주석으로 공시한다.

풀이 조정영업이익 등의 명칭으로 포괄손익계산서 본문에 보고한다.
→ 조정영업이익 등의 명칭을 사용하여 주석으로 공시할 수 있다.

22 다음 중 재무제표의 표시와 작성에 대한 설명으로 옳은 것은? 【'10. CPA】

① 재무상태표에 표시되는 자산과 부채는 반드시 유동자산과 비유동자산, 유동부채와 비유동부채로 구분하여 표시해야 한다.

② 자본의 구성요소인 기타포괄손익누계액과 자본잉여금은 포괄손익계산서와 재무상태표를 연결시키는 역할을 한다.

③ 손익계산서는 당기손익을 구성하는 요소와 기타포괄손익을 구성하는 요소로

해답 21. ④ 22. ⑤

구분 표시하여 반드시 하나의 보고서로 작성해야 한다.

④ 기타포괄손익은 관련 자산과 부채의 미실현평가손익을 당기손익에 반영하지 않고 자본에 별도의 항목으로 잠정적으로 분류했다가 나중에 전부 이익잉여금에 직접 반영될 예정인 항목이다.

⑤ 재분류조정(reclassification adjustments)은 당기나 과거 기간에 인식한 기타포괄손익을 당기의 손익으로 재분류하는 회계처리이다.

풀이 ① 유동성순서에 따른 표시방법이 신뢰성있고 더욱 목적적합한 경우를 제외하고는 유동자산과 비유동자산, 유동부채와 비유동부채로 구분하여 표시한다.

② 자본잉여금 → 당기순이익(이익잉여금)

③ 반드시 하나의 보고서로 작성해야 한다 → 두 가지 중 하나의 방법을 선택하여 보고할 수 있다.

④ 매도가능금융자산평가손익, 해외사업환산손익. 현금흐름 위험회피 파생상품평가손익은 재분류조정에 의하여 당기순이익으로 대체되며 그 이후 연도에 이익잉여금에 포함하게 된다. 그리고 재평가잉여금은 사용되는 후속기간 또는 제거될 때 이익잉여금으로 직접 대체할 수 있으며, 확정급여제도의 재측정요소는 자본 내에서 대체할 수 있다.

⑤ 옳다.

23 기업은 비용을 분류하는 방식에 따라 성격별 포괄손익계산서와 기능별 포괄손익계산서를 선택할 수 있다. 다음 항목 중 성격별 포괄손익계산서와 기능별 포괄손익계산서에 공통으로 나타나지 않는 것은? 【'10. 세무사】

① 매출원가

② 수익

③ 금융원가

④ 지분법 적용대상인 관계기업과 조인트벤처의 당기순손익에 대한 지분

⑤ 법인세비용

풀이 매출원가는 기능별분류에서는 나타나지만 성격별분류에서는 나타나지 않는다.

24 "재무제표 표시"에 관한 내용으로 옳지 않은 것은? 【'11. 세무사】

① 한국채택국제회계기준을 준수하여 작성된 재무제표는 국제회계기준을 준수하여 작성된 재무제표임을 주석으로 공시할 수 있다.

② 보고기간말 이전에 장기차입약정을 위반했을 때 대여자가 즉시 상환을 요구할 수 있는 채무는 보고기간 후 재무제표 발행승인일 전에 채권자가 약정위반을

해답 23. ① 24. ②

이유로 상환을 요구하지 않기로 합의한다면 비유동부채로 분류한다.

③ 비용을 기능별로 분류하는 기업은 감가상각비, 기타 상각비와 종업원급여비용을 포함하여 비용의 성격에 대한 추가 정보를 공시한다.

④ 정상영업주기 내에 사용되는 운전자본의 일부인 매입채무 그리고 종업원 및 그 밖의 영업원가에 대한 미지급비용은 보고기간 후 12개월 후에 결제일이 도래한다 하더라도 유동부채로 분류한다.

⑤ 재고자산에 대한 재고자산평가충당금과 매출채권에 대한 대손충당금과 같은 평가충당금을 차감하여 관련 자산을 순액으로 측정하는 것은 상계표시에 해당하지 아니한다.

풀이 합의하더라도 유동부채로 분류한다.

25 ㈜한국은 20×1년 12월 31일에 3개의 사업부 중 사업부 A를 매각하기로 결정하였다. ㈜한국과 사업부 A의 20×1년 12월 31일 자산과 부채의 장부금액 및 20×1년의 수익과 비용 발생금액은 다음과 같다. 사업부 A의 자산은 모두 비유동자산으로 순공정가치가 ₩1,800이며, 부채의 순공정가치는 장부금액과 동일하다.

구 분	㈜한국	사업부 A
자 산	10,000	2,000
부 채	6,000	1,500
자 본	4,000	–
수 익	8,000	1,000
비 용	6,000	700

㈜한국의 20×1년 포괄손익계산서에 표시될 계속영업손익과 중단영업손익은?

【'12. 감평사】

① 계속영업이익 ₩2,000 중단영업이익 ₩100
② 계속영업이익 ₩1,700 중단영업이익 ₩100
③ 계속영업이익 ₩1,800 중단영업이익 ₩100
④ 계속영업이익 ₩1,700 중단영업이익 ₩300
⑤ 계속영업이익 ₩2,000 중단영업이익 ₩300

풀이 계속영업이익＝₩8,000－6,000－(1,000－700)[1)]＝₩1,700
1) 이익을 계속영업이익과 중단영업이익으로 구분하여 보고한다.
중단영업이익＝₩1,000－700－200[2)]＝₩100

해답 25. ②

2) 중단영업에 포함된 자산을 순공정가치로 측정하거나 처분함에 따른 손익을 중단영업손에 포함한다. 중단영업자산 손상차손=2,000−1,800=200

참고로, 포괄손익계산서를 작성하면 다음과 같다.

포괄손익계산서	
수익	7,000[1]
비용	△5,300[1]
세전이익	1,700
법인세	△0
계속영업이익	1,700
세후중단영업이익	100[2]
당기순이익	1,800

1) 수익=₩8,000−1,000=₩7,000
비용=₩6,000−700=₩5,300
2) ₩1,000−1,700−(2,000−1,800)=₩100

- 재무비율 분석 -

26 (주)대한의 현재 유동비율은 200%, 부채비율(=$\frac{부채}{자본}$×100)은 100%이다. 다음 거래 중 (주)대한의 유동비율과 부채비율을 동시에 감소시키는 경우는? 【'11, '13. 감평사】

① 매출채권의 현금회수 ② 선급보험료의 1년분 납부
③ 매입채무의 현금지급 ④ 장기차입금의 현금상환
⑤ 상품의 외상매입

풀이 ① 유동비율 불변, 부채비율은 불변
② 유동비율 불변, 부채비율은 불변
③ 유동비율 증가, 부채비율은 감소
④ 유동비율 감소, 부채비율은 감소
⑤ 유동비율 감소, 부채비율은 증가

분개하면 다음과 같다.

① (차) 현 금 ××× (대) 매출채권 ×××
② (차) 선급보험료 ××× (대) 현 금 ×××
③ (차) 매 입 채 무 ××× (대) 현 금 ×××
④ (차) 장기차입금 ××× (대) 현 금 ×××
⑤ (차) 재 고 자 산 ××× (대) 매입채무 ×××

해답 26. ④

27 현재 (주)관세의 유동자산이 유동부채보다 크다고 할 때, 다음 거래로 인하여 유동비율을 감소시키는 경우를 모두 고른 것은? 【'15. 관세사】

ㄱ. 상품을 실사한 결과 감모손실이 발생하였다.
ㄴ. 장기차입금의 상환기일이 결산일 현재 1년 이내로 도래하였다.
ㄷ. 매입채무를 현금으로 지급하였으나, 착오로 회계처리를 누락하였다.
ㄹ. 매출채권을 담보로 은행에서 단기로 차입하였다.
ㅁ. 장기성 지급어음을 발행하여 기계장치를 취득하였다.

① ㄱ, ㄷ　② ㄷ, ㄹ　③ ㄱ, ㄴ, ㄹ
④ ㄴ, ㄷ, ㅁ　⑤ ㄴ, ㄷ, ㄹ, ㅁ

풀이 ㄱ, ㄴ, ㄹ: 유동비율 감소
ㄷ: 유동비율 증가
ㅁ: 유동비율 불변

28 매출채권회수가 유동비율과 순운전자본에 각각 미치는 영향은? 【'99, '93. 감평사】

	유동비율	순운전자본		유동비율	순운전자본
①	영향이 없다.	증 가	②	증 가	증 가
③	증 가	영향이 없다.	④	영향이 없다.	영향이 없다.
⑤	감 소	영향이 없다.			

풀이 거래를 분개하면 다음과 같다.
(차) 현금(유동자산) ×××　(대) 외상매출금(유동자산) ×××
따라서 유동자산 및 유동부채의 변동이 없으므로 유동비율에 미치는 영향은 없다. 그리고 순운전자본＝유동자산－유동부채 이므로 순운전자본에 미치는 영향도 없다.

29 회사의 유동비율은 200%이다. 회사가 외상매입금을 현금으로 지불하였다면, 유동비율과 자산회전율에 미치는 영향은? 【'03. 감평사】

	유동비율	자산회전율
①	증가한다	증가한다
②	증가한다	감소한다
③	감소한다	증가한다
④	감소한다	감소한다

해답 27. ③ 28. ④ 29. ①

⑤ 변동없다 변동없다

풀이 (1) 유동비율
기존의 유동비율이 1보다 크고 유동자산과 유동부채가 동시에 감소하였으므로 유동비율은 증가한다.
(2) 자산회전율
자산회전율 = $\frac{\text{매출}}{\text{평균총자산}}$ 이고, 자산이 감소(현금감소)하였으므로 자산회전율은 증가한다.

30 (주)찬우는 20×1년 중 만기가 20×3년 6월 30일인 사채를 현금으로 상환하였다. 이 거래가 20×1년 말 총자산회전율과 당좌비율에 미치는 영향은? 【'15. 관세사】

	총자산회전율	당좌비율
①	감소	감소
②	감소	증가
③	증가	감소
④	증가	증가
⑤	불변	불변

풀이 총자산회전율= $\frac{\text{매출}}{\text{총자산}}$ 에서 매출은 불변인데 자산(현금)이 감소하므로 총자산회잔율은 증가한다. 당좌비율= $\frac{\text{당좌자산}}{\text{유동부채}}$ 에서 유동부채는 불변인데 당좌자산(현금)이 감소하므로 당좌비율은 감소한다.

31 (주)한강은 2003년 12월 31일을 배당기준일로 하여 3%의 현금배당을 2004년 4월 1일에 지급하기로 주주총회에서 이미 의결(이 회사의 결산일은 12월 31일)하였다. 이러한 배당의 선언이 유동비율 및 부채비율에 미치는 영향은 어느 것인가? 【'04. 감평사】

	유동비율	부채비율
①	감소	감소
②	감소	불변
③	증가	불변
④	감소	증가
⑤	증가	증가

풀이 (1) 배당선언일(배당결의일)의 회계처리

(차) 미처분이익잉여금	×××	(대) 미지급배당금	×××
(자본감소)		(유동부채증가)	

해답 30. ③ 31. ④

(2) 유동비율 $= \frac{\text{유동자산}}{\text{유동부채}\uparrow} = \downarrow$ (감소)

(3) 부채비율 $= \frac{\text{부채}\uparrow}{\text{자본}\downarrow} = \uparrow$ (증가)

32 1999년도 중 남대문회사는 1,920,000의 재고자산을 매입하였다. 1999년도의 매출원가는 ₩1,800,000이고 1999년 12월 31일 현재의 재고는 ₩360,000이었다. 1999년의 재고자산의 회전율은 얼마인가? 【'2000. 감평사】

① 5.0　　② 5.3　　③ 6.0

④ 6.4　　⑤ 7.0

풀이 재고자산회전율 $= \frac{\text{매출원가}}{\text{평균재고자산}} = \frac{1,800,000}{300,000^{*}} = 6$회

*

재고자산

기초	240,000	매출원가	1,800,000
매입	1,920,000	기　말	360,000
	2,160,000		2,160,000

따라서 평균재고자산 = (기초재고액 + 기말재고액) ÷ 2
= (240,000 + 360,000) ÷ 2 = 300,000

33 다음은 ㈜강남의 20×1년도 재무비율과 관련된 정보이다.

유동비율	250%
당좌비율	100%
자본대비 부채비율	200%
재고자산회전율	5회
유동부채	₩2,000
비유동부채	₩3,000

위 자료를 이용할 때 20×1년도 ㈜강남의 매출원가와 자본은? (단, 유동자산은 당좌자산과 재고자산만으로 구성되며, 재고자산의 기초와 기말 금액은 동일함) 【'01, '14. 감평사】

	매출원가	자 본
①	₩15,000	₩2,500
②	₩15,000	₩10,000

해답 32.③ 33. ①

③ ₩25,000 ₩2,500

④ ₩25,000 ₩10,000

⑤ ₩10,000 ₩2,500

풀이 유동비율$=\frac{유동자산}{유동부채}$

$=\frac{유동자산}{2,000}=250\%$ ∴ 유동자산=₩5,000

당좌비율$=\frac{당좌자산}{유동부채}$

$=\frac{당좌자산}{2,000}=100\%$ ∴ 당좌자산=₩2,000

따라서, 기말재고자산=유동자산−당좌자산=₩5,000−2,000=₩3,000

재고자산회전율$=\frac{매출원가}{평균재고자산}$

$=\frac{매출원가}{3,000^{*}}=5$ ∴ 매출원가=₩15,000

*기초재고자산과 기말재고자산은 동일하므로 평균재고자산은 ₩3,000이다

부채비율$=\frac{부채}{자본}$

$=\frac{(2,000+3,000)}{자본}=200\%$

∴ 자본=₩2,500

34 상품매매기업인 (주)감평의 정상영업주기는 상품매입시점부터 판매대금 회수시점까지 기간으로 정의된다. 20×1년 정상영업주기는 42일이며, 매출이 ₩1,000,000, 평균매출채권이 ₩50,000, 평균재고자산이 ₩40,000이라면 (주)감평의 20×1년 매출원가는? (단, 매출은 전액 외상매출이고, 1년은 360일로 가정한다.) 【'15. 감평사】

① ₩520,000 ② ₩540,000 ③ ₩560,000

④ ₩580,000 ⑤ ₩600,000

풀이 (1) 매출채권평균회수기간 계산

매출채권회전율$=\frac{1,000,000}{50,000}=20$

∴ 매출채권평균회수기간$=\frac{360}{20}=18$일

(2) 재고자산평균보유기간 계산

1영업주기=재고자산평균보유기간+매출채권평균회수기간 이므로

∴ 재고자산평균보유기간=42−18=24일

(3) 매출원가 계산

재고자산평균보유기간$=\frac{360}{재고자산회전율}$에서

재고자산회전율$=\frac{360}{재고자산평균보유기간}=\frac{360}{24}=15$

해답 34. ⑤

따라서, 재고자산회전율$=\frac{\text{매출원가}}{\text{평균재고자산}}$

∴ 매출원가=15×₩40,000=₩600,000

35 (주)OK의 당기 재무자료를 활용하여 당기 총배당액을 구하면 얼마인가?

【'05. 감평사】

매출액 순이익률	12%
배당성향	14%
매출채권 회전율	4.5회
매출채권 기초잔액	₩5,500,000
매출채권 기말잔액	₩6,000,000

① ₩413,100 ② ₩427,500 ③ ₩433,300
④ ₩434,700 ⑤ ₩441,100

풀이 매출채권회전율$=\frac{\text{매출}}{\text{평균매출채권}}=\frac{\text{매출}}{(5,500,000+6,000,000)\div 2}=4.5\text{회}$ ∴매출=₩25,875,000

매출액순이익률$=\frac{\text{당기순이익}}{\text{매출}}=\frac{\text{당기순이익}}{25,875,000}=12\%$ ∴당기순이익=₩3,105,000

배당성향$=\frac{\text{총현금배당}}{\text{당기순이익}}=\frac{\text{총현금배당}}{3,105,000}=14\%$

∴총현금배당=₩434,700

36 (주)찬엽의 20×1년도 재무자료는 다음과 같다. 다음 설명 중 옳은 것은? 【'15. 관세사】

(1) 매출액	₩50,000,000	(2) 당기순이익	₩2,500,000
(3) 기말유동자산	₩2,000,000	(4) 기말유동부채	₩1,500,000
(5) 기말재고자산	₩500,000	(6) 주당순이익	₩10,000
(7) 현금배당	주당 ₩5,000	(8) 주식의 기말 시가	주당 ₩25,000

① 주가이익비율은 250%이다.
② 배당수익률은 500%이다.
③ 당좌비율은 133%이다.
④ 매출액순이익률은 2,000%이다.

해답 35. ④ 36. ①

⑤ 배당성향은 200%이다.

풀이 ① 주가이익비율 $= \frac{\text{주가}}{\text{주당순이익}} = \frac{25,000}{10,000} = 250\%$

② 배당수익률 $= \frac{\text{현금배당}}{\text{주가}} = \frac{5,000}{25,000} = 20\%$

③ 당좌비율 $= \frac{\text{당좌자산}}{\text{유동부채}} = \frac{(2,000,000-500,000)}{1,5000,000} = 100\%$

④ 매출액순이익률 $= \frac{2,500,000}{50,000,000} = 5\%$

⑤ 배당성향 $= \frac{\text{총현금배당}}{\text{당기순이익}} = \frac{250^{*} \times 5,000}{2,500,000} = 50\%$

* 주당순이익 $= \frac{\text{당기순이익}}{\text{발행주식수}} = \frac{2,500,000}{\text{발행주식수}} = 10,000$

∴ 발행주식수 = 250주

37 다음은 (주)OK의 20×1년 12월 31일로 종료되는 회계연도의 재무자료 중 일부이다. 이를 참고로 하여 이자보상비율을 구하면 얼마인가? 【'05. 세무사】

영업이익	₩11,000,000
이자비용	(2,000,000)
법인세차감전 순이익	₩9,000,000
법인세이용	(2,500,000)
당기순이익	₩6,500,000
우선주배당금	(1,000,000)
보통주지분 순이익	₩5,500,000

① 4.25배 ② 4.50배 ③ 5.00배
④ 5.50배 ⑤ 5.25배

풀이 이자보상비율은 채권자에게 지급해야 할 고정비용인 이자비용에 대한 안전도를 나타내는데 이 비율이 높을수록 안전도가 높다고 본다. 즉,

이자보상비율 $= \frac{\text{영업이익(이자 및 법인세 비용 차감전)}}{\text{이자비용}} = \frac{11,000,000}{2,000,000} = 5.5\text{배}$

해답 37. ④

38 다음 자료를 이용하여 계산한 ㈜한국의 20×1년 매출액순이익률은? 【'12. 감평사】

(1) 자산총액	₩900억
(2) 자기자본순이익률 (당기순이익/자본)	15%
(3) 총자산회전율	0.5회
(4) 부채비율 (부채/자본)	200%
(5) 기초자산과 기말자산 금액은 동일 기초자본과 기말자본 금액은 동일	

① 2% ② 4% ③ 6%
④ 8% ⑤ 10%

풀이 (1) 자본 계산

자산이 ₩900억이고

부채비율$=\frac{\text{부채}}{\text{자본}}=200\%$이므로

부채는 ₩600억, 자본은 ₩300억이 된다.

(2) 순이익 계산

자기자본순이익률$=\frac{\text{순이익}}{\text{자본}}=15\%$에서

$\frac{\text{순이익}}{300\text{억}}=0.15$ ∴ 순이익=₩45억

(3) 매출액 계산

총자산회전율$=\frac{\text{매출}}{\text{총자산}}=0.5$회에서

$\frac{\text{매출}}{900}=0.5$ ∴ 매출=₩450억

∴ 매출액순이익률$=\frac{\text{순이익}}{\text{매출}}=\frac{45}{450}=0.1$

해답 38. ⑤

CHAPTER 03

금융상품(I)

제1절 현금및현금성자산 등

1. 현금및현금성자산

(1) 의 의

현금및현금성자산은 기업의 유동성 판단에 중요한 정보이므로 별도 항목으로 구분하여 표시한다.

현금및현금성자산은 통화 및 타인발행수표 등 통화대용증권과 당좌예금, 보통예금 및 현금성자산을 말한다.

현금성자산이란 유동성이 매우 높은 단기투자자산으로서 확정된 금액의 현금으로 전환이 용이하고 가치변동의 위험이 경미한 자산으로서 만기일이 단기에 도래하는 경우(예 : 취득일로부터 만기일이 3개월이내인 경우)에만 현금성자산으로 분류된다.

지분상품은 현금성자산에서 제외한다. 다만, 취득일로부터 상환일까지 기간이 단기이며 상환일이 정해져 있는 우선주는 현금성자산으로 본다.

(2) 현금의 종류

현 금 ┌ 통 화: 지폐, 주화
　　　└ 통화대용증권: 타인발행수표, 자기앞수표, 송금수표, 여행자수표, 가계수표, 우편환, 전신환증서, 만기가 도래된 공사채의 이자표, 배당금지급통지표, 만기가 도래한 약속어음 · 환어음, 일람출급어음 등

(주) 당좌차월계약에 의하여 당좌예금잔액을 초과하여 지급한 당좌차월은 단기차입금계정으로 처리한다.

(3) 현금성자산의 종류

① 취득 당시 만기가 3개월 이내에 도래하는 채권
② 취득 당시 상환일까지의 기간이 3개월 이내인 상환우선주
③ 3개월 이내의 환매조건인 환매채
④ 취득당시 만기가 3개월이내인 양도성예금증서(CD), 어음관리구좌(CMA), 신종기업어음(CP)
⑤ 기타: 취득당시 만기일(상환일)이 3개월이내인 금융상품

(4) 현금및현금성자산

① 통화
② 통화대용증권
③ 요구불예금(보통예금+당좌예금)
④ 현금성자산

현금및현금성자산

동덕회사는 20×1년 결산기말 다음과 같은 자산이 있었다. 재무상태표에 보고될 현금및현금성자산은 얼마인가?

(1) 통 화	₩90,000	(2) 종업원가불금	₩6,500
(3) 자기앞수표	₩3,000	(4) 배당금지급통지표	₩1,000
(5) 수입인지	₩2,500	(6) 당좌개설보증금	₩9,500
(7) 당좌차월	₩6,000	(8) 선일자수표	₩5,000
(9) 선화증권	₩3,500	(10) 환매채(90일 환매조건)	₩7,000
(11) 받을어음	₩7,500	(12) 국세환급통지서	₩9,000
(13) 일람출급어음	₩8,000	(14) 대전지점 전도금	₩4,000
(15) CD(취득; 20×1년 12월 초, 만기; 20×2년 2월 말)			₩2,000

풀이

현금및현금성자산=₩90,000+3,000+1,000+7,000+9,000+8,000+4,000+2,000=₩124,000
(2) 종업원가불금~대여금
(5) 수입인지, 엽서, 우표~소모품
(6) 당좌개설보증금~장기금융상품(비유동자산)

(7) 당좌차월~단기차입금
(8) 선일자수표~매출채권
(9) 선화증권~미착상품(재고자산)
(11) 받을어음~매출채권,
단, 만기가 도래한 받을어음과 환어음은 현금및현금성자산에 해당

2. 은행계정조정표

은행계정조정표(bank reconciliation statement)는 회사장부상 예금잔액과 은행장부상 예금잔액 사이에 차이가 발생한 경우, 그 불일치 원인을 밝혀내고 정확한 잔액을 파악하기 위하여 작성하는 표이다.

양측의 잔액이 일치하지 않는 원인은 다음과 같다.

(1) 회사에서는 입금기입을 하였으나 은행에서는 기입하지 않은 경우

회사는 장부상 입금기입을 하고 은행에 예입하였으나, 은행에서는 마감후 예입으로 처리하여 다음 날짜로 입금기입을 한 경우 → 은행미기입예금 등

(2) 회사에서는 출금기입을 하였으나 은행에서는 기입하지 않은 경우

회사는 수표를 발행하여 출금기입을 하였으나, 수표소지인이 은행에 제시하지 않아 은행에서는 결제되지 않은 경우 → 기발행미지급(결제)수표 또는 기발행미인출수표

(3) 은행에서는 입금기입을 하였으나 회사에서는 기입하지 않은 경우

거래처가 당사에 통지를 하지 않고 당사의 당좌예금계정에 직접 입금한 경우 등
→ 미통지예금, 어음추심액 등

(4) 은행에서는 출금기입을 하였으나 회사에서는 기입하지 않은 경우

은행은 당좌차월에 대한 이자를 차감하였으나, 회사에서는 통지를 받지 않아 이에 대한 기입을 하지 않은 경우
→ 부도어음(수표), 이자비용 등

(5) 회사나 은행에서 오기 또는 부정 · 오류가 있는 경우

회사가 장부에 ₩96,000을 ₩69,000으로 기입한 경우 등

표 3-1 은행계정조정표 작성

	회사측		은행측
조정전 잔액	×××	≠	×××
은행측미기입예금	−		×××
기발행미인출수표	−		△×××
미통지예금(외상매출금회수)	×××		−
어음추심액	×××		−
부도어음(수표)	△×××		−
이자비용	△×××		−
회사측 오류	±×××		−
은행측 오류	−		±×××
정확한 잔액	×××	=	×××

은행계정조정표 작성

12월말 결산법인인 찬우상사의 20×1년 12월말 현재 은행측 당좌예금 잔액은 ₩2,850,000이며 회사측 잔액은 ₩1,993,000이다. 은행계정조정표 작성과정에 나타난 다음 자료를 활용하여 20×1년 12월 31일 현재 재무상태표에 계상하여야 할 정확한 당좌예금잔액은 얼마인가? 【'06. 세무사】

(1) 거래처에 지급한 수표 중 2장(수표번호 133: ₩320,000, 수표번호 134: ₩440,000)이 은행에서 아직까지 결제되지 않고 있다.

(2) 매출처인 부산상사에서 외상대금 ₩330,000을 은행에 입금하였으나, 찬우상사에는 아직 통보하지 않았다.

(3) 다른 회사의 당좌차월이자 ₩17,000을 은행의 오류로 찬우상사의 당좌예금구좌에서 차감하였으나, 찬우상사에는 이 사실이 아직 통보되지 않았다.

(4) 찬우상사의 정기예금에 대한 이자 ₩24,000이 당좌예금구좌에 입금되었으나, 찬우상사에는 아직 통보되지 않았다.

(5) 거래처로부터 받은 당좌수표 ₩700,000을 회사장부에 입금으로 기록하였으나, 은행업무 마감으로 다음 연도 초에 은행에서 입금처리되었다.

(6) 추심의뢰한 받을어음 ₩550,000이 추심되어 당좌예금구좌로 예금되었으나, 찬우상사에 아직 통보되지 않았다.

(7) 현금 ₩450,000을 은행의 당좌예금구좌로 입금하면서 회사 장부상에는 ₩540,000이 입금된 것으로 잘못 기재하였다.

풀이

	회사측잔액	은행측
조정전 잔액	₩1,993,000	₩2,850,000
(1) 기발행미지급수표	–	△320,000
		△440,000
(2) 외상매출금회수	+330,000	–
(3) 은행측 기장오류	–	+17,000
(4) 이자수익	+24,000	–
(5) 미기입예금	–	+700,000
(6) 받을어음추심액	+550,000	–
(7) 회사측 기장오류	△90,000	–
정확한 잔액	₩2,807,000	₩2,807,000

수정분개하면 다음과 같다.

(2) (차) 당좌예금	330,000	(대) 외상매출금	330,000
(4) (차) 당좌예금	24,000	(대) 이자수익	24,000
(6) (차) 당좌예금	550,000	(대) 받을어음	550,000
(2) (차) 현　　금	90,000	(대) 당좌예금	90,000

제2절 대여금 및 수취채권

1. 정　　의

(1) 대여금 및 수취채권이란 지급금액이 확정되었거나 확정될 수 있으며 활성거래시장에서 가격이 공시되지 않는 비파생금융자산을 말한다.

(2) 지급금액이 확정되었거나 확정이 가능한 금융자산(예: 대출자산, 매출채권, 채무상품 및 은행 예치금)은 대여금 및 수취채권의 정의를 충족할 수 있다. 그러나 공시가격이 있는 채무상품과 같이 활성거래시장에서 가격이 공시되는 금융자산은 대여금 및 수취채권으로 분류하는 요건을 충족하지 못한다. 대여금 및 수취채권의 정의를 충족하지 아니하는 금융자산이 만기보유금융자산의 정의를 충족하는 경우에는 당해 금융자산을 만기보유금융자산으로 분류할 수 있다.

(3) 대여금 및 수취채권은 유효이자율법을 사용하여 상각후원가로 측정한다.

대여금 및 수취채권으로 분류되는 금융상품은 만기까지 보유할 의도와 관계없이 상각후원가로 측정한다. 단, 단기인 경우에는 유효이자율법을 적용하지 아니한다.

2. 수취채권의 분류

(1) 수취채권

수취채권에는 상품판매 등 일반적 상거래에서 발생한 매출채권과 기타활동에서 발생한 기타채권이 있다.

수취채권
- 매출채권 : 일반적 상거래에서 발생한 채권으로서 외상매출금과 받을어음
- 기타채권 : 일반적 상거래 이외의 기타 거래에서 발생한 채권으로서 대여금, 미수금 등

(2) 지급채무

지급채무에는 상품매입 등 일반적 상거래에서 발생한 매입채무와 기타 활동에서 발생한 기타채무가 있다.

지급채무
- 매입채무 : 외상매입금과 지급어음
- 기타채무 : 차입금, 미지급금 등

3. 매출채권 및 매입채무의 측정

(1) 매입에누리와 환출 및 매출에누리와 환입

매입에누리와 환출은 매입 후에 파손 등의 이유로 상품을 반품하거나, 또는 대금을 할인받는 것으로서, 반품 등이 발생한 기간에 매입채무를 감소시키고 매입 a/c에서 차감한다. 이 경우에 판매자의 입장에서는 매출에누리와 환입이 되며 매출채권을 감소시키고 매출 a/c에서 차감한다.

매입에누리 및 환출
- 총매입액에서 차감한다. 즉,
- 총매입액－매입에누리 및 환출－매입할인＝순매입액

매출에누리 및 환입
- 총매출액에서 차감한다. 즉,
- 총매출액－매출에누리 및 환입－매출할인＝순매출액

(2) 매입할인 및 매출할인

매입할인은 구매자가 외상매입대금을 조기에 상환할 경우 판매자로부터 제공받는 것으로서 매입할인액을 차감한 후의 외상매입금을 상환하면 된다. 이 경우에 매입할인은 매입액에서 차감한다. 매출할인은 판매자의 입장에서 외상매출금을 조기에 회수함에 따라 할인해 주는 금액으로서 매출액에서 차감한다.

매입할인 및 매출할인

CW회사는 YH회사로부터 ₩10,000의 상품을 "2/10, n/30"의 조건으로 매입하였다.

CW회사는 그 중 60%는 할인기한 내에 상환하고 40%는 할인기한 경과 후에 상환하였다.

(주) "2/10, n/30"의 조건이란 30일 내에 상환해야 하는 신용판매로써 10일내(기한내)에 상환하면 2%의 할인혜택을 주는 판매조건이다.

풀이

	CW회사	YH회사
매입시	(차) 매 입 10,000 (대) 외상매입금 10,000	(차) 외상매출금 10,000 (대) 매 출 10,000
기한내 상환	(차) 외상매입금 6,000 (대) { 현 금 5,880 매 입 120 * * 10,000×60%×2%=120	(차) { 현 금 5,880 매 출 120 (대) 외상매출금 6,000
기한경과후 상환	(차) 외상매입금 4,000 (대) 현 금 4,000	(차) 현 금 4,000 (대) 외상매출금 4,000

4. 대손(손상차손)회계

대손(손상차손)이란 거래처의 파산 등의 경우와 같이 객관적인 근거로 채권의 회수가 불가능하게 되어 이를 비용으로 인식하는 것을 말한다.

(1) 객관적인 근거가 있는 경우

① 금융자산(수취채권)의 손상 발생에 대한 객관적인 증거가 있는지를 매 보고기간 말에 평가하고, 그러한 증거가 있는 경우 손상차손을 인식한다.

② 최초 인식 후 하나 이상의 사건(이하 '손상사건' 이라 한다)이 발생한 결과 손상되었다는 객관적인 증거가 있으며, 그 손상사건이 신뢰성 있게 추정할 수 있는 금융자산의 추정미래현금흐름에 영향을 미친 경우에만, 당해 금융자산은 손상된 것이며 손상차손이 발생한 것이다.

③ 금융자산이 손상되었다는 객관적인 증거에는 당해 금융자산 보유자의 주의를 끄는 다음의 손상사건에 대한 관측가능한 자료가 포함된다.

㉠ 차입자의 파산이나 기타 재무구조조정의 가능성이 높은 상태가 됨

㉡ 재무적 어려움으로 당해 금융자산에 대한 활성거래시장의 소멸 등

④ 개별적으로 중요한 금융자산의 경우 우선적으로 손상발생의 객관적인 증거가 있는지를 개별적으로 검토하며, 개별적으로 중요하지 않은 금융자산의 경우 개별적으로 또는 집합적으로 검토한다.

⑤ 미래 사건의 결과로 예상되는 손상차손은 아무리 발생가능성이 높다 하더라도 인식하지 아니한다.

(2) 추정미래현금흐름 계산

① 상각후원가를 장부금액으로 하는 대여금 및 수취채권에서 손상이 발생하였다는 객관적 증거가 있는 경우, 손상차손은 당해 자산의 장부금액과 최초의 유효이자율(최초 인식시점에 계산된 유효이자율)로 할인한 추정미래현금흐름의 현재가치의 차이로 측정한다. 최초의 유효이자율로 할인한 이유는 현행이자율로 할인하게 되면 공정가치로 평가하는 결과를 가져오기 때문이다.

② 단기수취채권인 경우에는 현재가치로 할인하지 않은 추정미래현금흐름으로 측정한다.

③ 아직 발생하지 아니한 미래의 대손은 추정미래현금흐름에 포함하지 아니한다.

(3) 대손(손상차손)회계처리 방법

① 대손회계처리 방법

대손(손상차손)은 당해 자산의 장부금액에서 직접 차감하거나 충당금계정을 사용하여 차감하고 당기손익으로 인식한다.

대손회계처리방법 ┬ 장부금액에서 직접차감하는 방법
　　　　　　　　 └ 충당금설정법

② 손상차손의 회복

후속기간 중 손상차손의 금액이 감소하고 그 감소가 손상을 인식한 후에 발생한 사건과 객관적으로 관련된 경우(예 : 채무자의 신용등급 향상)에는 이미 인식한 손상차손을 직접 환입하거나 충당금을 조정하여 환입한다. 회복 후 장부금액은 당초 손상을 인식하지 않았다면 회복일 현재 인식하였을 상각후원가를 초과하지 않도록 한다. 환입한 금액은 당기손익으로 인식한다.

(4) 충당금설정법의 회계처리

① 결 산 시

금융자산(수취채권)의 손상 발생에 대한 객관적인 증거가 있는지를 매 보고기간 말에 평가하고, 그러한 증거가 있는 경우 손상차손을 인식한다.

객관적 증거가 있는 손상차손추정액을 수정전 시산표상 남아있는 대손충당금잔액과 비교하여 대손충당금이 부족하면(즉, 손상차손추정액 > 대손충당금잔액) 대손충당금을 추가설정하고 대손 충당금이 남으면(즉, 손상차손추정액 < 대손충당금잔액) 대손충당금을 환입한다.

㉠ 추가설정시

(차) 대손상각비	×××	(대) 대손충담금	×××

㉡ 환 입 시

(차) 대손충당금	×××	(대) 대손충당금환입	×××

손상차손추정액 *	×××
수정전시산표상 대손충당금 잔액	△×××
추가설정 또는 환입	×××

* 객관적 증거가 있는 손상차손추정액 = 장부가액 − 추정미래현금흐름

결산시 회계처리(충당금설정법)

다음 자료에 의하여 회계처리 하시오.

(1) 20×1년 말 매출채권 장부금액은 ₩2,000,000이다. 객관적인 증거가 있는 추정미래현금흐름은 ₩1,960,000이다. 따라서 손상차손추정액은 ₩40,000이다.
단, 대손충당금 잔액은 없다.

(2) 20×2년 말 매출채권 장부금액은 ₩3,000,000이다. 객관적인 증거가 있는 추정미래현금흐름은 ₩2,940,000이다. 따라서 손상차손추정액은 ₩60,000이다.
단, 대손충당금 잔액이 ₩40,000이 있다.

(3) 20×3년 말 매출채권 장부금액은 ₩2,500,000이다. 객관적인 증거가 있는 추정미래현금흐름은 ₩2,450,000이다. 따라서 손상차손추정액은 ₩50,000이다.
단, 대손충당금 잔액이 ₩60,000이 있다.

풀이

(1) 20×1년 말

(차) 대손상각비	40,000 [1]	(대) 대손충당금	40,000

1) 대손충당금 잔액이 없으므로 손상차손추정액을 대손상각비로 인식하고, 대손충당금을 설정하여 매출채권에서 차감하는 형식으로 보고한다.

(2) 20×2년 말

(차) 대손상각비	20,000 [2]	(대) 대손충당금	20,000

2) 손상차손추정액	60,000
수정전 시산표상 대손충당금 잔액	△40,000
추가설정액	20,000

손상차손추정액보다 대손충당금잔액이 부족하므로 대손충당금을 추가로 설정한다.

(3) 20×3년 말

(차) 대손충당금	10,000	(대) 대손충당금환입	10,000 [3]

3) 손상차손추정액	50,000
수정전 시산표상 대손충당금 잔액	△60,000
환입액	10,000

손상차손추정액보다 대손충당금잔액이 더 많으므로 대손충당금을 환입하여 당기이익으로 인식한다.

② 손상차손 발생시

당기에 회수불능채권이 발생한 경우에는 우선 대손충당금계정과 상계처리하고 대손충당금이 부족한 경우에는 비용(대손상각비)으로 처리한다.

㉠ 대손충당금이 충분한 경우

(차) 대손충당금	×××	(대) 수취채권	×××

㉡ 대손충당금이 부족한 경우

(차) 대손충당금	×××	(대) 수취채권	×××
대손상각비	×××		

손상차손 발생시 회계처리(충당금설정법)

다음 자료에 의하여 회계처리 하시오.
20×1년 중에 매출채권 ₩50,000이 회수불능으로 판명되었다.
(1) 대손충당금잔액이 ₩50,000 이상인 경우
(2) 대손충당금잔액이 ₩30,000인 경우
(3) 대손충당금잔액이 없을 때

풀이

(1) 대손충당금 잔액이 ₩50,000이상 일 때

(차) 대손충당금	50,000 1)	(대) 매출채권	50,000

1) 대손충당금 잔액이 충분하므로 대손충당금과 상계처리한다.

(2) 대손충당금 잔액이 ₩30,000일 때

(차) 대손충당금	30,000	(대) 매출채권	50,000
대손상각비	20,000 2)		

2) 대손충당금 잔액이 부족하므로 우선 대손충당금잔액과 상계처리하고 부족분은 대손상각비로 처리한다.

(3) 대손충당금 잔액이 없을 때

(차) 대손상각비	50,000 3)	(대) 매출채권	50,000

3) 대손충당금 잔액이 없으므로 회수불능채권을 모두 대손상각비로 인식한다.

③ 손상차손 회복시

후속기간 중 손상차손의 금액이 감소하고 그 감소가 손상을 인식한 후에 발생한 사

건과 객관적으로 관련된 경우에는 이미 인식한 손상차손을 직접 환입하거나 충당금을 조정하여 환입한다. 즉,

(차) 현 금 ××× (대) 대손충당금 ×××

손상차손 회복시 회계처리(충당금설정법)

다음 각각의 자료에 의하여 손상차손 회복시 회계처리 하시오.

(1) 전기에 손상차손으로 인식했던 채권 ₩50,000을 당기에 다시 회수하였다.

(2) 당기에 손상차손으로 인식했던 채권 ₩50,000을 당기에 다시 회수하였다.

① 당기에 손상차손인식시 대손충당금이 충분하여 대손충당금과 상계하여 회계처리한 경우

② 당기에 손상차손인식시 대손충당금이 부족하여 ₩30,000만 대손충당금과 상계하고 ₩20,000은 대손상각비로 회계처리한 경우

풀이

(1) 전기에 손상차손으로 인식하고, 당기에 다시 회수한 경우

(차) 현 금 50,000 [1)] (대) 대손충당금 50,000

1) 이미 인식한 손상차손을 대손충당금을 조정하여 환입한다.

(2) 당기에 손상차손으로 인식했던 채권을 당기에 다시 회수한 경우

① 당기에 대손충당금과 상계하여 회계처리한 경우

(차) 현 금 50,000 [2)] (대) 대손충당금 50,000

2) 당기에 대손처리하고 당기에 회수한 경우에는 당기에 회계처리한 내용을 취소하고, 당기에 채권을 회수하는 회계처리를 하면 된다. 즉,

취소분개 : (차) 매출채권 50,000 (대) 대손충당금 50,000

회수분개 : (차) 현 금 50,000 (대) 매출채권 50,000

결국, 매출채권은 서로 상계되므로 위의 수정분개가 된다.

② 일부는 대손충당금과 상계하고, 일부는 대손상각비로 회계처리한 경우

(차) 현 금 [3)] 50,000 (대) 대손충당금 30,000
　　　　　　　　　　　　　　　대손상각비 20,000

3) 당기에 대손처리하고 당기에 회수한 경우에는 당기에 회계처리한 내용을 취소하고, 당기에 채권을 회수하는 회계처리를 하면 된다. 즉,

취소분개 : (차) 매출채권 50,000 (대) 대손충당금 30,000
　　　　　　　　　　　　　　　　　　대손상각비 20,000

회수분개 : (차) 현 금 50,000 (대) 매출채권 50,000

결국, 매출채권은 서로 상계되므로 위의 수정분개가 된다.

대손회계(충당금설정법)

다음은 (주)찬엽의 매출채권에 대한 자료이다. 이 자료에 의할 때 20×1년도 대손(손상차손)과 관련하여 아래 질문에 답하시오.

(1) 20×1년 1/1일의 대손충당금 잔액은 ₩12,000이다.

(2) 20×1년 6월에 전기 말에 손상차손으로 인식했던 ₩5,000이 회수불가능하다고 판명되었다.

(3) 20×1년 9월에 전기에 손상차손으로 인식했던 매출채권 ₩3,000을 당기에 회수하였다.

(4) 20×1년 말 나머지 매출채권잔액에 대하여 추정미래현금흐름을 평가한 결과 객관적 증거가 있는 손상차손추정액은 ₩15,000으로 판명되었다.

충당금설정법에 따라 회계처리 하시오.

풀이

1. 충당금설정법

(1) 전기 말 결산시(20×0년 말)

(차) 대손상각비	12,000 1)	(대) 대손충당금	12,000

1) 전기말 손상차손추정액을 비용으로 인식하고, 대변에 대손충당금을 설정하여 매출채권에서 차감하는 형식으로 보고한다.

(2) 20×1년 6월(대손발생시)

(차) 대손충당금	5,000 2)	(대) 매출채권	5,000

2) 대손충당금이 충분하므로 대손충당금과 상계처리한다.

(3) 20×1년 9월(손상차손환입시)

(차) 현 금	3,000	(대) 대손충당금	3,000 3)

3) 손상차손으로 인식했던 매출채권을 다시 회수한 경우에는 대손충당금을 조정하여 환입한다.

(4) 20×1년 말(결산시)

(차) 대손상각비	5,000 4)	(대) 대손충당금	5,000

4) 손상차손추정액 * ₩15,000
수정전 시산표상 대손충당금 잔액(12,000−5,000+3,000)=10,000
추가설정액 ₩5,000

* 손상차손추정액=장부가액−추정미래현금흐름

5. 매출채권을 통한 자금조달방법

(1) 외상매출금의 양도(factoring)

회사가 자금을 조달할 목적으로 외상매출금을 판매하는 경우가 있는데 이를 팩토링이라 한다. 외상매출금의 양도는 상환청구가능이전과 상환청구불능이전이 있다.

팩토링
- 상환청구가능이전 – 판매자가 회수불능위험을 부담하고 있는 경우
- 상환청구불능이전 – 판매자가 회수불능위험을 부담하고 있지 않은 경우

상환청구불능이전의 경우에는 매출채권으로 인한 위험과 보상을 모두 이전했다고 볼 수 있으므로 매출채권을 제거하고, 상환청구가능이전의 경우에는 매출채권으로 인한 위험과 보상을 모두 이전했다고 볼 수 없으므로 매출채권을 제거하지 않고 차입금을 계상하여야 한다.

팩토링

찬우상회는 20×1년 12월 10일에 ₩500,000의 외상매출금을 금융기관에 처분하였다. 금융기관은 외상매출금의 3%에 해당하는 금액을 금융비용으로 부과하고 5%에 해당하는 금액은 매출에누리와 환입 및 매출할인에 대비하여 유보하기로 하였다.

20×1년 12월 25일에 매출에누리와 환입 ₩5,000, 매출할인 ₩3,000이 발생하였으며 20×1년 12월 30일에 외상매출금 ₩500,000 중 ₩10,000의 대손이 발생하였다. 아래와 같이 가정할 때 분개하시오.

(1) 상환청구불능이전의 경우

(2) 상환청구가능이전의 경우

풀이

(1) 상환청구불능이전의 경우

① 외상매출금 양도시 분개(20×1년 12월 10일)

(차)	현 금	460,000	(대) 매출채권	500,000
	팩 토 링 미 수 금	25,000		
	매출채권처분손실	15,000		

② 매출에누리와 환입 등에 관한 분개(20×1년 12월 25일)

(차)	매출에누리와환입	5,000	(대) 팩토링미수금	25,000
	매 출 할 인	3,000		
	현 금	17,000		

(2) 상환청구가능이전의 경우

① 외상매출금 양도시 분개(20×1년 12월 10일)

(차)		(대)	
현 금	460,000	차입금	500,000
팩 토 링 미 수 금	25,000		
이 자 비 용	15,000		

② 매출에누리와 환입등에 관한 분개(20×1년 12월 25일)

(차)		(대)	
매출에누리와 환입	5,000	팩 토 링 미 수 금	25,000
매 출 할 인	3,000		
현 금	17,000		

③ 매출채권 회수 및 대손에 대한 분개(20×1년 12월 30일)

(차)		(대)	
차입금	500,000	매출채권	490,000
		현 금	10,000

(2) 받을어음의 할인

어음의 소지인은 보유하고 있는 어음을 만기 이전에 할인하여 자금을 융통할 수가 있는데 이를 어음의 할인이라고 한다. 이 경우에 받게되는 현금액은 다음과 같이 계산한다.

만 기 금 액[1]	×××
할 인 액[2]	△×××
현금수취액	×××

1) 만기금액 = 액면가액 + 만기까지의 액면이자

2) 할 인 액 = 만기금액 × 할인율 × 할인기간

여기서, 할인기간은 금융기관의 어음보유기간을 말한다.

받을어음의 할인

20×9년 9/1에 매출거래대금으로 90일 만기의 이자부어음(연이자율 10%, 액면가액 ₩100,000)을 받아 보유하던 중, 20×9년 11/1에 운전자금이 필요하여 거래은행에서 할인하였다(연할인율 12%). 이 받을어음 할인은 제거조건을 충족한다. 현금수취액과 매출채권처분손실은 얼마인가?(단, 1개월은 30일, 1년은 360일로 간주한다.)

풀이

① 경과이자에 대한 분개(9/1-11/1)

(차)		(대)	
미수이자	1,667	이자수익	1,667[1]

1) $₩100,000 \times 10\% \times \frac{60}{360} = ₩1,667$

② 11/1 할인시의 분개

(차)		(대)	
현 금	101,475 [2)]	매출채권	100,000 [4)]
매출채권처분손실 [4)]	192 [3)]	미수이자	1,667

2) 만기금액: $₩100,000 + 100,000 \times 10\% \times \frac{90}{360} = ₩102,500$

할 인 액: $₩102,500 \times 12\% \times \frac{30}{360}$ = 1,025

현금수취액 ₩101,475

3) 액면가액 및 미수이자 ₩101,667

현금수취액 101,475

매출채권처분손실 ₩192

4) 제거조건을 충족하므로 매각거래에 해당하며 만약에 매각거래가 아니고 차입거래라면 매출채권을 차감하지 않고 단기차입금을 인식하며 매출채권처분손실 대신에 이자비용으로 처리한다.

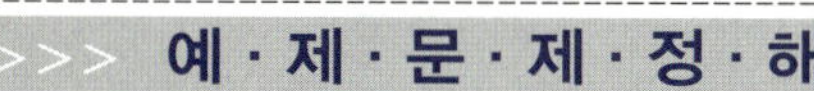

예제 1 | 현금및현금성자산의 종류

(주)대전의 20×1년 말 재무상태표 상의 현금및현금성자산 금액은 ₩7,000이다. 다음 자료를 이용할 때 20×1년 말 (주)대전의 당좌예금 잔액은 얼마인가? (단, 자료에 제시되지 않은 현금및현금성자산 항목은 없으며, 20×1년 말 기준환율은 €1=1,500, $1=1,000이다.) 【'13. 관세사】

① 국내통화 ₩100　② 외국환 통화 €2　③ 외국환 통화 $1
④ 보통예금 ₩200　⑤ 수입인지 ₩300　⑥ 우편환 ₩400
⑦ 양도성예금증서(취득 : 20×1년 12월 1일, 만기 20×2년 1월 31일) ₩500
⑧ 당좌예금 (　?　)

① ₩1,800　② ₩2,200　③ ₩2,300
④ ₩2,700　⑤ ₩4,800

풀이 당좌예금잔액=₩7,000−(₩100+€2×₩1,500+$1×₩1,000+₩200+₩400+₩500)=₩1,800

해답: ①

예제 2 | 은행계정조정표 작성

(주)찬엽은 20×0년 7월 말 당좌예금잔액을 은행에 조회한 결과, ₩4,325,000이라는 회신을 받았다. 한편, (주)찬엽의 정확한 당좌예금 잔액을 산출하기 위한 관련 자료는 아래와 같다. 아래에 대한 차이 조정 전 20×0년 7월 말 (주)찬엽의 장부상 당좌예금잔액은 얼마인가? 【'10. 감평사】

(1) (주)찬엽이 20×0년 7월 10일에 입금한 ₩760,000이 입금 처리되지 않았다.
(2) (주)찬엽이 20×0년 7월 15일에 발행한 수표 ₩830,000이 아직 인출되지 않았다.
(3) 은행이 20×0년 7월 20일에 (주)국세의 당좌거래 수수료 ₩15,000을 잘못하여 (주)찬엽에 부과하고, 이를 (주)찬엽의 당좌예금에서 차감하였다.
(4) 은행이 20×0년 7월 25일에 (주)공인에 귀속시켜야 할 이자수익 ₩30,000을 잘못하여 (주)찬엽의 당좌예금에 입금처리하였다.
(5) 20×0년 7월 말 은행이 보내온 예금증명서에 포함되어 있는 금액 중 (주)찬엽의 장부에 반영되지 않은 것은 다음과 같다.

㉠ 추심의뢰한 받을어음 ₩450,000이 (주)찬엽의 당좌예금에 입금됨
㉡ (주)찬엽의 거래처가 (주)찬엽에 대한 외상매입을 갚기 위하여 ₩340,000을 은행에 직접 송금함
㉢ (주)찬엽이 거래처로부터 받은 수표 ₩127,000을 당좌예금에 입금하였으나, 은행에서는 이를 최종부도 처리함

① 3,450,000 ② 3,517,000 ③ 3,577,000
④ 4,180,000 ⑤ 4,240,000

풀이

	회사측	은행측
조정전 잔액	x	₩4,325,000
(1)	–	+760,000
(2)	–	△830,000
(3)	–	+15,000
(4)	–	△30,000
㉠	+450,000	–
㉡	+340,000	–
㉢	△127,000	–
정확한 잔액	₩4,240,000	₩4,240,000

x(조정전 은행측잔액)=₩3,577,000

해답: ③

예제 3 | 장기채권에 대한 대손설정

㈜대경은 20×1년 1월 1일에 상품을 ₩4,000,000에 판매하고 대금은 20×1년부터 매년 12월 31일에 ₩1,000,000씩 4회에 분할수령하기로 하였다. 장기할부판매대금의 명목가액과 현재가치의 차이는 중요하고 유효이자율은 연 10%이다. 할부판매로 인하여 발생한 장기매출채권에 대하여 20×2년말 현재 대손추산액은 ₩300,000이다. 장기매출채권의 20×2년말 현재 장부금액(순액)은 얼마인가? 계산과정에서 소수점 이하는 첫째자리에서 반올림한다. 그러나 계산방식에 따라 단수차이로 인해 오차가 있는 경우, 가장 근사치를 선택한다. 또한 유동성대체는 하지 않는다. 【'14. CPA】

할인율	단일금액 ₩1의 현재가치				정상연금 ₩1의 현재가치			
	1년	2년	3년	4년	1년	2년	3년	4년
10%	0.9091	0.8265	0.7513	0.6830	0.9091	1.7355	2.4869	3.1699

① ₩1,435,579 ② ₩1,735,580
③ ₩2,086,857 ④ ₩2,869,900
⑤ ₩3,535,579

풀이 장기매출채권의 현재가치(판매당시 장부금액)=₩1,000,000×3.1699=₩3,169,900
1차말 장부금액=₩3,169,900×1.1−1,000,000=₩2,486,890
2차말 장부금액=₩2,486,890×1.1−1,000,000=₩1,735,579
∴ 대손추산액 반영후 2차말 장부금액=₩1,735,579−300,000=₩1,435,579 **해답: ①**

>>> 객 · 관 · 식 · 문 · 제

1 다음은 (주)OK의 2006년 회계연도 말의 자료이다.

(1) 당좌예금	₩40,000	(2) 환매채(120일 환매조건)	₩80,000
(3) 선일자수표	5,000	(4) 배당금지급통지표	30,000
(5) 울산지점 전도금	15,000	(6) 국세환급통지서	35,000
(7) 수입인지	25,000	(8) 우편환증서	40,000
(9) 당좌차월	70,000	(10) 양도성예금증서(120일 만기)	5,000
(11) 만기가 2개월 이내인 채권(2006년 12월 1일 취득)			130,000
(12) 정기적금(2년후 만기 도래)			400,000

기말재무상태표에 보고될 현금및현금성자산은 얼마인가? 【'01, '06, '12. 감평사】

① ₩285,000 ② ₩290,000
③ ₩245,000 ④ ₩160,000
⑤ ₩270,000

풀이 현금및현금성자산＝₩40,000＋30,000＋15,000＋35,000＋40,000＋130,000＝₩290,000

2 다음은 서울회사의 2003년 12월 31일 결산일 현재의 현금 및 예금 등의 내역이다. 이 자료를 이용하여 현금및현금성자산으로 보고해야 할 금액을 구하시오. 【'03. 세무사】

(1) 지폐와 동전	₩30,000	(2) 당좌차월	₩50,000
(3) 수입인지	10,000	(4) 타인발행수표	30,000
(5) 당좌개설보증금	80,000	(6) 배당금지급통지표	20,000
(7) 만기가 2개월 이내인 채권(2003년 12월 1일 취득)			150,000
(8) 양도성 예금증서(120일만기)			500,000
(9) 기일이 도래한 공채이자표			10,000
(10) 일반적 상거래상의 선일자수표			200,000
(11) 환매채(2003년 11월 1일 취득한 90일 환매조건)			300,000
(12) 정기적금(2년후 만기도래)			400,000
(13) 정기적금(1년 이내 만기도래)			300,000

① ₩540,000 ② ₩550,000

해답 1. ② 2. ①

③ ₩740,000　　④ ₩750,000
⑤ ₩1,240,000

풀이 현금및현금성자산 = ₩30,000 + 30,000 + 20,000 + 150,000 + 10,000 + 300,000 = ₩540,000
단기금융자산 = ₩500,000 + 300,000 = ₩800,000
장기금융자산 = ₩80,000 + 400,000 = ₩480,000
소모품 = ₩10,000
단기차입금 = ₩50,000
매출채권 = ₩200,000

3 다음은 K회사가 작성한 1999년 말 현금계정명세서이다. 1999년 말 현재, 기업회계기준서에 따라 K회사가 현금및현금성자산 계정에 기록해야 할 금액은 얼마인가?
【'99. 감평사】

현금계정명세서(K회사, 1999. 12. 31)

(1) 지폐 및 주화	105,000
(2) S회사 발행 수표	200,000
(3) 1990년 초에 구입하여 보유중인 우표	150,000
(4) 양도성예금증서(만기 2000. 8. 1)	800,000
(5) 수익증권(만기 2000. 1. 20)	700,000
(6) T회사가 발행한 신종기업어음(만기 2000. 6. 10)	400,000
합 계	2,355,000

① 1,955,000　　② 2,355,000
③ 1,005,000　　④ 1,155,000
⑤ 2,205,000

풀이 현금및현금성자산 = (1) + (2) + (5) = ₩1,005,000
단기금융자산 = (4) + (6) = ₩800,000 + 400,000 = ₩1,200,000
(3)은 소모품계정으로 처리한다.
참고로 (5)는 취득 당시의 시점이 주어져 있지 않기 때문에 현금성자산으로 볼 수도 있고 단기매매금융자산으로 볼 수도 있는데 현금성자산으로 해야 맞는 문항이 있다.
수익증권은 단기적인 가격변동으로부터의 수익획득을 목적으로 보유한 경우에는 단기매매금융자산으로 분류하고 계약기간이 3개월 이하인 초단기수익증권은 현금성자산으로 분류한다.

해답 3. ③

4 20×1년 1월 1일 (주)한국은 이자부 받을어음 ₩1,000,000(만기 9개월, 표시이자율 연 10%)을 거래처로부터 수취하였다. 20×1년 7월 1일 (주)대한은행에서 연 12%로 할인하였다. 동 할인이 제거요건을 충족하는 경우, 매출채권처분손실은? (단, 이자는 월할계산한다.) 【'15. 관세사, '01, '07, '09, '13. 감평사】

① ₩1,875 ② ₩5,000 ③ ₩7,250
④ ₩17,250 ⑤ ₩32,250

풀이 만기금액=₩1,000,000+1,000,000×10%×$\frac{9}{12}$=₩1,075,000

할인액=1,075,000×12%×$\frac{3}{12}$=	△32,250
현금수취액	1,042,750
장부금액(액면가액과 미수이자)	△1,050,000*
매출채권처분손실	₩7,250

*₩1,000,000+1,000,000×10%×$\frac{6}{12}$=₩1,050,000

5 (주)한국은 20×2년 10월 1일 ㈜세종에 상품을 매출하고 동일자에 액면금액 ₩1,000,000, 표시이자율 연 6%, 만기일 20×3년 1월 31일인 받을어음을 수취하였다. ㈜한국은 동 받을어음을 20×2년 11월 1일에 대한은행에서 연 8%로 할인하는 차입거래로 자금을 조달하였다. ㈜한국이 20×2년 11월 1일에 수령할 현금수취액과 이 거래로 20×2년에 이자비용(할인료)으로 인식할 금액은? (단, 이자는 월할계산한다.) 【'14. 감평사】

	현금수취액	이자비용
①	₩984,600	₩15,400
②	₩999,600	₩5,400
③	₩999,600	₩15,400
④	₩1,000,000	₩15,000
⑤	₩1,000,000	₩20,000

풀이 (1) 현금수취액 계산

만기액: ₩1,000,000+1,000,000×6%×$\frac{4}{12}$=₩1,020,000

할인액: ₩1,020,000×8%×$\frac{3}{12}$=	△20,400
현금수취액	₩999,600

(2) 차입거래시 이자비용(할인료)

해답 4. ③ 5. ②

액면금액 및 경과이자 ₩1,000,000+1,000,000×6%×$\frac{1}{12}$=₩1,005,000

처분액	△999,600
이자비용*	₩5,400

* 매각거래인 경우에는 매출채권처분손실로 인식한다.

6 대한기업은 2001년 10월 1일에 총 ₩20,000,000의 매출채권을 금융기관에 팩토링하였는데, 모든 매출채권의 만기일은 2001년 12월 31일이고 채권에 따르는 권리와 의무를 전부 이전하는 조건으로 이루어졌다. 그러나 매출할인 · 에누리 · 환입에 대한 책임은 대한기업이 부담하기로 하여, 매출채권가액의 5%를 차후에 정산하기로 하였다. 금융기관은 1년 미만의 팩토링거래에 대해서는 연 12%의 수수료를 부과하면서, 수수료의 계산은 월할계산 방식을 채택하고 있다.

매출할인: ₩400,000, 대손발생: ₩1,500,000, 매출에누리: ₩200,000

실제로 만기일에 이르기까지 다음과 같은 사상이 발생하였다면, 대한기업이 상기의 팩토링거래로 인하여 금융기관으로부터 수취하는 총현금액은 얼마나 되겠는가?

【'01. 세무사】

① ₩17,300,000 ② ₩17,900,000
③ ₩18,500,000 ④ ₩18,800,000
⑤ ₩19,400,000

풀이

(1) 채 권 금 액	₩20,000,000
(2) 매출채권처분손실[1]	△ 600,000
(3) 매출에누리및할인	△ 600,000
(4) 대 손 발 생 액[2]	0
현 금 수 취 액	₩18,800,000

1) ₩20,000,000×12%×$\frac{3}{12}$=₩600,000

2) 상환청구권이 있는 경우에는 대손발생액을 차감해야 한다. 이 문제의 경우는 상환청구권이 없는 경우이므로 차감하지 않는다.

7 주)광화문은 20×3년 12월 24일 자금담당 직원이 은행에서 회사자금을 인출하여 횡령하고 잠적한 사건이 발생하였다. 12월 24일 현재 회사 장부상 당좌예금계정 잔액을 검토한 결과 ₩76,000으로 확인되었다. 그리고 동 일자의 은행 예금잔액 증명서상 금액은 ₩40,000으로 확인되었다. 회사측 잔액과 은행측 잔액이 차이가 나는 이유를 조사한 결과는 다음과

해답 6. ④ 7. ③

같았다. 아래의 자료 이외에는 차이가 날 이유가 없다면 자금담당 직원이 횡령한 것으로 의심되는 금액은 얼마인가? 【'12. 세무사, '13. 관세사】

(1) (주)광화문이 ₩50,000을 입금하였으나 예금잔액증명서에는 반영되지 않았다.
(2) 은행에서 수수료 ₩10,000을 인출하였으나 (주)광화문에서는 이를 반영하지 못하고 있었다.
(3) (주)광화문에서 당좌수표 ₩40,000을 발행하였으나 아직 은행에 제시되지 않았다.
(4) 매출거래처는 통보하지 않고 (주)광화문의 당좌예금계좌에 외상대금 ₩16,000을 송금하였다.
(5) 은행은 (주)을지로의 발행수표 ₩12,000을 실수로 (주)광화문의 당좌예금 계좌에서 인출하여 지급하였다.

① ₩4,000
② ₩8,000
③ ₩20,000
④ ₩36,000
⑤ ₩42,000

풀이

	회 사	은 행
조정전	₩76,000	₩40,000
(1)	–	50,000
(2)	△10,000	–
(3)	–	△40,000
(4)	16,000	–
(5)	–	12,000
	₩82,000	₩62,000

∴ 횡령액=₩82,000−62,000=₩20,000

8 (주)OK의 다음 2005년 12월 31일 은행계정조정표에서 기발행미인출수표 금액은 얼마인가? 【'06. CPA】

(1) 은행예금잔액증명서의 잔액	₩28,500
(주)OK의 장부상 잔액	32,000
(2) 은행의 예금잔액증명서에는 반영되어 있으나 (주)OK의 장부에 반영되지 않은 금액	
예금이자	2,000
부도수표	14,000
(3) (주)OK에 통보되지 않은 매출채권 추심액	7,500
(4) (주)OK가 2005년 12월 31일 입금했으나	

해답 8. ①

은행에서는 2006년 1월 2일 입금처리된 금액	15,000
(5) 나머지 잔액차이는 모두 기발행미인출수표에 의한 것으로 확인됨	

① ₩16,000　② ₩23,500
③ ₩14,000　④ ₩18,000
⑤ ₩31,000

풀이

	회 사	은 행
(1)	₩32,000	₩28,500
(2)	2,000	–
(3)	△14,000	–
(4)	7,500	–
(5)	–	15,000
(4)	–	△x
	₩27,500	₩27,500

∴ 기발행미인출수표(x) = ₩16,000

9 1998년 12월 31일 SSY회사의 장부상 당좌예금잔액은 ₩5,075,000이며, 아래와 같은 조정사항이 있을 때 조정전 은행측 당좌예금잔액은 얼마인가?

【'94. CPA, '05, '92, '97. 감평사】

㉠ 어음추심액(액면과 이자)	₩308,000
㉡ 은행수수료	10,500
㉢ 은행측 미기입예금	140,000
㉣ 거래처 온라인입금(회사에 미통지)	100,000
㉤ 은행기입착오(Y상회 입금액을 SSY회사계좌에 입금)	200,000
㉥ 기발행 미인출수표	300,000

① ₩5,372,500　② ₩5,383,000
③ ₩5,432,500　④ ₩5,832,500
⑤ ₩6,072,500

풀이

	SSY 잔액	은행측 잔액
조정전 잔액	₩5,075,000	₩x
㉠	308,000	–
㉡	△10,500	–

해답 9. ④

㉢	–	140,000
㉣	100,000	–
㉤	–	△200,000
㉥	–	△300,000
조정후 잔액	₩5,472,500	₩5,472,500

∴ ₩x+140,000−200,000−300,000=₩5,472,500

따라서 x=₩5,832,500

10 (주)한국은 결산을 앞두고 당좌예금의 계정 잔액을 조정하기 위해 은행에 잔액을 조회한 결과 20×1년 12월 31일 잔액은 ₩125,400이라는 회신을 받았다. (주)한국의 당좌예금 장부상의 수정전 잔액은 ₩149,400이다. (주)한국의 내부감사인은 차이의 원인에 대해 분석하였고, 다음과 같은 사실을 확인하였다.

(1) (주)한국이 20×1년 12월 31일에 입금한 ₩50,000이 은행에서는 20×2년 1월 4일자로 입금 처리되었다.
(2) (주)한국이 발행한 수표 중에서 20×1년 12월 3일에 발행한 수표(NO. 164) ₩20,000이 아직 인출되지 않았다.
(3) (주)한국이 발행한 수표(NO. 173)의 발행액은 ₩21,000이었으나 회계담당자가 이를 ₩12,000으로 잘못 기록하였다.
(4) (주)한국이 발행한 수표(NO. 182) ₩15,000을 은행의 착오로 다른 기업의 계좌에서 출금처리하였다.

위 자료를 이용할 때 20×1년 말 ㈜한국의 수정후 당좌예금 잔액은? 【'14. 감평사】

① ₩134,400　② ₩140,400
③ ₩158,400　④ ₩168,400
⑤ ₩171,400

풀이

	회사측	은행측
수정전 잔액	₩149,400	₩125,400
(1)	–	+50,000
(2)	–	△20,000
(3)	△9,000	–
(4)	–	△15,000
수정후 잔액	₩140,400	₩140,400

해답 10. ②

11 다음은 (주)한국의 20×8년 말 재무상태표에 보고된 매출채권에 대한 대손충당금과 20×9년 중 거래내용이다. 아래 자료를 이용하여 회계처리 할 경우 20×9년도의 당기순이익은 얼마나 감소하는가? 【'10. 감평사】

- 20×8년 말 매출채권은 ₩15,500,000이고, 매출채권에 대한 대손충당금 ₩372,000이다.
- 20×9년 1월 중 매출채권 ₩325,000이 회수불능으로 판명되어 해당 매출채권을 제거하였다.
- 20×8년 중 회수불능채권으로 처리한 매출채권 중 ₩85,000을 20×9년 3월에 현금으로 회수하였다.
- 20×9년 말 매출채권 잔액은 ₩12,790,000이고, 이 잔액에 대한 대손충당금은 ₩255,800으로 추정되었다.

① ₩123,800 ② ₩208,800
③ ₩210,000 ④ ₩255,800
⑤ ₩325,000

풀이

20×9년 1월 중;	(차) 대손충당금	325,000	(대) 외상매출금	325,000
20×9년 3월 중;	(차) 현 금	85,000	(대) 대손충당금	85,000
20×9년 12월 말;	(차) 대손상각비	123,800	(대) 대손충당금	123,800

손상차손추정액	₩255,800
수정전시산표상 대손충당금잔액	△132,000*
추가설정액	₩123,800

* ₩372,000−325,000+85,000=₩132,000

∴ 당기순이익에 미치는 영향=₩123,800 감소

12 (주)찬엽의 20×7년 12월 31일 재무상태표상의 매출채권 및 대손충당금계정의 잔액은 ₩25,200,000과 ₩504,000이었다. 한편 20×8년 중의 관련자료는 다음과 같다. 【'99. 감평사 수정】

(1) 20×8년 6월 중 매출채권 ₩548,000이 회수불능으로 판명됨
(2) 20×6년에 회수불능으로 처리된 매출채권 ₩360,000을 현금으로 회수함
(3) 20×8년 12월 31일 매출채권 잔액 ₩23,000,000 중 ₩257,000이 회수불능으로 판명됨
(4) 20×8년말 매출채권 잔액의 추정미래현금을 평가한 결과 객관적 증거가 있는 손상차손추정액은 ₩568,575이다.

한국채택국제회계기준에 의해 회계처리할 경우 (주)찬엽의 20×8년 당기순이익은 얼

해답 11. ① 12. ②

마나 감소하는가?

① ₩465,575 ② ₩509,575
③ ₩605,300 ④ ₩862,300
⑤ ₩875,600

풀이 분개하면

(1) (차) 대손충당금	504,000	(대) 외상매출금	548,000
대손상각비	44,000		
(2) (차) 현 금	360,000	(대) 대손충당금	360,000
(3) (차) 대손충당금	257,000	(대) 외상매출금	257,000
(4) (차) 대손상각비 *	465,575 *	(대) 대손충당금	465,575

* 손상차손추정액 =₩568,575
시산표상 잔액(360,000−257,000) = 103,000
추가설정액 ₩465,575
따라서, 대손상각비=₩44,000+465,575
=₩509,575
∴ 당기순이익=₩509,575 감소

13 20×3년초 서울회사는 상품을 매년말 4회에 걸쳐 ₩1,000씩 회수하는 조건으로 장기할부매출하였다. 내재이자율은 8%이고, 정상연금 ₩1의 현가계수(8%, 4년)는 3.30이다. 한편, 20×3년 장기할부매출채권의 객관적인 증거에 의한 손상차손추정액은 ₩100이다. 20×3년 12월 31일 장기할부매출채권의 장부가액을 구하시오.

【'03. 세무사, 05. 감평사】

① ₩3,000 ② ₩2,900
③ ₩2,636 ④ ₩2,464
⑤ ₩2,200

풀이 (1) 20×3년초 장기매출채권=₩1,000×3.3=₩3,300
(2) 20×3년말 대손충당금 차감전 장부가액

연 도	지급액	이자(8%)	원금상환	기말장부
20×3년초				3,300
20×3년말	1,000	264	736	2,564
⋮	⋮	⋮	⋮	⋮

∴ 20×3년말 장기매출채권 장부가액=₩2,564−100=₩2,464

해답 13. ④

14 (주)한국의 20×7년과 20×8년 말 현재 재무상태표상 매출채권 및 대손충당금계정의 잔액은 다음과 같다.

	20×7년	20×8년
매출채권	₩2,000,000	₩2,100,000
대손충당금	100,000	110,000

20×8년의 외상매출은 ₩20,000,000이었으며 매출채권 중 ₩19,830,000이 현금으로 회수되었다면, 20×8년 포괄손익계산서에 계상된 대손상각비는 얼마인가?

【'93, '08. 감평사】

① ₩10,000 ② ₩70,000 ③ ₩80,000
④ ₩100,000 ⑤ ₩110,000

풀이

외상매출금

차변	금액	대변	금액
기 초	2,000,000	현 금	19,830,000
매 출	20,000,000	대손충당금	70,000
		기 말	2,100,000
	22,000,000		22,000,000

대손충당금

차변	금액	대변	금액
외상매출금	70,000	기 초	100,000
기 말	110,000	대손상각비	80,000
	180,000		180,000

15 (주)초목은 제조업을 영위하고 있다. 모든 매출은 외상으로 이루어진다. 다음의 자료를 이용하여 2004년 매출로부터의 현금유입액을 계산하라(선수금에 의한 매출, 매출에누리와환입, 매출할인 등 다른 경우는 없다고 가정한다). 【'04. CPA】

(1) 재무상태표 자료

	2004. 1. 1.	2004. 12. 31.
매출채권	₩10,000	₩20,000
대손충당금(매출채권)	₩300	₩470

(2) 포괄손익계산서(2004. 1. 1－2004. 12. 31) 자료

매출액	₩560,000
대손상각비(매출채권)	₩600

해답 14. ③ 15. ④

① ₩569,570 ② ₩549,400
③ ₩550,000 ④ ₩549,570
⑤ ₩550,170

풀이

매출채권

기 초	10,000	현 금	549,570
매 출	560,000	대손충당금	430
		기 말	20,000
	570,000		570,000

대손충당금

매출채권	430	기 초	300
기 말	470	대손상각비	600
	900		900

16 (주)감평은 향후 6개월의 월별 매출액을 다음과 같이 추정하였다

월	매출액
1월	₩350,000
2월	300,000
3월	320,000
4월	400,000
5월	450,000
6월	470,000

(주)감평의 모든 매출은 외상거래이다. 외상매출 중 70%는 판매한 달에, 25%는 판매한 다음 달에 현금회수될 것으로 예상되고, 나머지 5%는 회수가 불가능한 것으로 예상된다. (주)감평은 당월 매출액 중 당월에 현금회수된 부분에 대해 2%를 할인해주는 방침을 가지고 있다. (주)감평이 예상하는 4월의 현금유입액은? 【'15. 감평사】

① ₩294,400 ② ₩300,400
③ ₩354,400 ④ ₩380,400
⑤ ₩406,400

풀이 3월분 매출액 중 회수액=₩320,000×25%= ₩80,000
4월분 매출액 중 회수액=400,000×70%×98%=274,400
4월분 현금유입액 ₩354,400

해답 16. ③

CHAPTER 04

재고자산

제1절 재고자산의 본질

1. 재고자산의 의의

재고자산이란 기업의 정상적인 영업활동과정에서 판매를 목적으로 보유하거나 판매할 제품의 생산을 위하여 사용되거나 소모될 자산을 의미한다.

① 정상적인 영업활동과정에서 판매를 목적으로 보유하고 있는 자산(상품, 제품)
② 판매를 위해 현재 생산중에 있는 자산(재공품)
③ 생산이나 용역제공에 사용될 원재료나 소모품

2. 재고자산의 중요성

재고자산은 대부분의 기업에서 그 영업활동의 중심이 되는 자산이며, 재무상태표에서 보고되는 유동자산 중에서도 중요한 부분을 차지하고 있다. 동시에 재고자산의 당기매입액과 기초 및 기말재고액은 포괄손익계산서에 보고되어 매출원가를 계산하는 데 필요한 기초자료가 되고 그 매출원가는 또 이익을 결정하기 위하여 수익에 대응시킬 비용중에서도 가장 중요한 비용이 된다. 그러므로 재고자산회계와 보고에서 가장 중요한 과제는 그 자산의 관리와 통제를 위한 회계절차는 물론 그 자산의 stock(기말재고)와 flow(매출원가)를 적절히 평가함으로써 재무상태와 경영성과가 유용하게 보고되도록 하는 문제인 것이다.

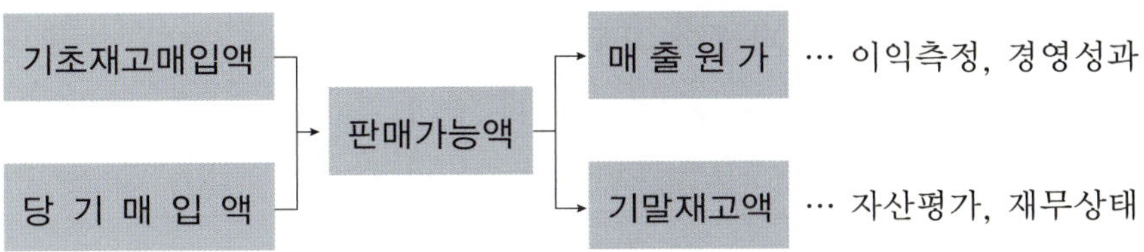

3. 재고자산의 분류

① **상　　품**　판매를 목적으로 구입한 상품, 미착상품, 적송품 등으로서 업종에 따라서 재고자산의 성격은 달라진다.

㉠ 부동산매매업인 경우 … 토지와 건물 등은 일반업종인 경우에는 사용할 목적으로 보유하므로 유형자산에 포함되지만 부동산매매업인 경우에는 사용할 목적이 아니라 판매할 목적으로 보유하기 때문에 재고자산에 포함된다.

㉡ 차량판매회사 … 차량운반구는 일반업종인 경우에는 사용할 목적으로 보유하므로 유형자산에 포함되지만 차량판매주식회사는 차량판매를 주업으로 하기 때문에 재고자산에 포함된다.

② **제　　품**　판매를 목적으로 제조한 생산품, 부산물, 작업폐물 등

③ **반 제 품**　자가제조한 중간제품과 부분품 등

④ **재 공 품**　제품 또는 반제품의 제조를 위해 가공과정에 있는 것

⑤ **원 재 료**　원료, 재료, 매입부분품, 미착원재료 등

⑥ **저 장 품**　소모공구기구비품, 수선용부분품 및 기타 저장품

참고로 토지 · 건물의 경우에는 업종에 따라 다음과 같은 자산으로 분류된다.

토지 · 건물
- 부동산매매업
  - 판매목적으로 보유 ~ 상품 a/c(재고자산)
  - 사용목적으로 보유 ~ 토지 · 건물 a/c(유형자산)
- 부동산매매업 이외의 경우
  - 사용목적 ~ 토지 · 건물 a/c(유형자산)
  - 임대수익 또는 시세차익목적 ~ 투자부동산 a/c

제2절 재고자산의 취득원가

재고자산의 취득원가는 매입원가, 전환원가 및 재고자산을 현재의 장소에 현재의 상태로 이르게 하는 데 발생한 기타 원가 모두를 포함한다.

1. 매입원가

재고자산의 매입원가는 매입가격에 수입관세와 제세금(과세당국으로부터 추후 환급받을 수 있는 금액은 제외), 매입운임, 하역료 그리고 완제품, 원재료 및 용역의 취득과정에 직접 관련된 기타 원가를 가산한 금액이다. 매입할인, 리베이트 및 기타 유사한 항목은 매입원가를 결정할 때 차감한다.

2. 기타 원가

(1) 재고자산을 현재의 장소에 현재의 상태로 이르게 하는 데 발생한 원가

기타 원가는 재고자산을 현재의 장소에 현재의 상태로 이르게 하는 데 발생한 범위 내에서만 취득원가에 포함된다. 예를 들어 특정한 고객을 위한 비제조 간접원가 또는 제품 디자인원가를 재고자산의 원가에 포함하는 것이 적절할 수도 있다.

(2) 발생한 기간에 비용으로 인식하는 경우

재고자산의 취득원가에 포함할 수 없으며 발생기간의 비용으로 인식하여야 하는 원가의 예는 다음과 같다.

① 재료원가, 노무원가 및 기타 제조원가 중 비정상적으로 낭비된 부분

② 후속 생산단계에 투입하기 전에 보관이 필요한 경우 이외의 보관원가

③ 재고자산을 현재의 장소에 현재의 상태로 이르게 하는데 기여하지 않은 관리간접원가

④ 판매원가

(3) 후불조건으로 취득하는 경우

재고자산을 후불조건으로 취득할 수도 있다. 계약이 실질적으로 금융요소를 포함하고 있다면, 해당 금융요소(예 : 정상신용조건의 매입가격과 실제 지급액 간의 차이)는 금융이 이루어지는 기간 동안 이자비용으로 인식한다.

3. 용역제공기업의 재고자산 취득원가

용역제공기업이 재고자산을 가지고 있다면, 이를 제조원가로 측정한다. 이러한 원가는 주로 감독자를 포함한 용역제공에 직접 관여된 인력에 대한 노무원가 및 기타원가와

관련된 간접원가로 구성된다. 판매와 일반관리 인력과 관련된 노무원가 및 기타원가는 재고자산의 취득원가에 포함하지 않고 발생한 기간의 비용으로 인식한다. 일반적으로 용역제공기업이 가격을 산정할 때 고려하는 이윤이나 용역과 직접 관련이 없는 간접원가는 재고자산의 취득원가에 포함하지 아니한다.

취득원가의 결정

다음 중 재고자산 매입원가에 포함할 항목은 어느 것인가?

(1) 하역료 및 보험료 등 재고자산 취득과정에 직접 관련된 원가
(2) 재료원가, 노무원가 및 기타제조원가 중 비정상적으로 낭비된 부분
(3) 매입할인, 리베이트 및 기타 유사한 항목
(4) 관세환급금
(5) 재고자산을 현재의 장소에 현재의 상태로 이르게 하는 데 발생한 원가
(6) 특정 고객을 위한 비제조간접원가 또는 제품 디자인원가를 재고자산의 원가에 포함
(7) 후속 생산단계에 투입하기 전에 보관이 필요한 경우 이외의 보관원가
(8) 재고자산을 후불조건으로 취득할 경우에는 해당 금융요소
(9) 일반적으로 용역제공기업이 가격을 산정할 때 이윤이나 용역과 직접 관련이 없는 간접원가

풀이

(1), (5) 및 (6); 매입원가에 포함
(2) 기간비용으로 인식한다.
(3) 매입원가에 차감
(4) 관세납부금은 매입원가에 가산하고, 관세납부금은 매출원가에서 차감한다.
(7) 기간비용으로 인식한다.
(8) 해당 금융요소는 금융이 이루어지는 기간에 이자비용으로 인식한다.
(9) 일반적으로 용역제공기업이 가격을 산정할 때 이윤이나 용역과 직접 관련이 없는 간접원가는 재고자산 취득원가에 포함하지 않는다.

4. 생물자산에서 수확한 농림어업 수확물의 취득원가

생물자산에서 수확한 농림어업 수확물로 구성된 재고자산은 공정가치에서 예상되는 판매비용을 차감한 금액(=순공정가치)으로 측정하여 수확시점에 최초로 인식한다. 당해

그 금액이 최초인식시점에 이 기준서에 따른 해당 재고자산의 취득원가이다.

5. 원가측정방법

(1) 표준원가법

표준원가법이나 소매재고법 등의 원가측정방법은 그러한 방법으로 평가한 결과가 실제 원가와 유사한 경우에 편의상 사용할 수 있다. 표준원가는 정상적인 재료원가, 소모품원가, 노무원가 및 효율성과 생산능력 활용도를 반영한다. 표준원가는 정기적으로 검토하여야 하며 필요한 경우 현재 상황에 맞게 조정하여야 한다.

(2) 소매재고법

소매재고법은 이익률이 유사하고 품종변화가 심한 다품종 상품을 취급하는 유통업에서 실무적으로 다른 원가측정법을 사용할 수 없는 경우에 흔히 사용한다. 소매재고법에서 재고자산의 원가는 재고자산의 판매가격을 적절한 총이익률을 반영하여 환원하는 방법으로 결정한다. 이때 적용되는 이익률은 최초판매가격 이하로 가격이 인하된 재고자산을 고려하여 계산하는데, 일반적으로 판매부문별 평균이익률을 사용한다.

제3절 재고자산의 원가배분

1. 재고자산의 수량결정방법

(1) 실지재고조사법(=실사법)

실사법이란 재고자산 수불부에 매입수량에 대한 기록만 하고 판매수량에 대한 기록은 하지 않는 방법이다. 그리고 판매수량은 결산시에 당기판매가능수량(기초수량+당기매입수량)에서 실사에 의해 파악된 기말재고수량을 차감하여 구한다. 즉,

(기초재고수량+당기매입수량)−기말재고수량=당기판매수량

재고자산

기초수량	×××	판매수량	××× ← 추정
매입수량	×××	기말수량	××× ← 먼저 결정
	×××		×××

결국 실사법의 경우에는 결산시 실사에 의해서 기말재고수량이 확정되어야 당기판매량을 알 수 있게 되므로 실제로 언제 판매되었는지 따지지 않고 결산일 현재 일시에 모두 판매되었다는 가정하에 수량을 파악하는 방법이다.

따라서 실지재고조사법을 적용하는 경우에는 결산시에 매출원가를 구하기 위한 결산정리분개가 필요하다.

(2) 계속기록법

계속기록법은 재고자산 수불부에 기중에 매입한 수량과 판매한 수량을 모두 기록하는 방법으로서 결산시에 실사하지 않고 장부상 기말재고수량을 재고자산으로 결정하는 방법이다. 즉,

(기초재고수량＋당기매입수량)－판매된 수량＝기말재고수량

재고수량

기초수량	×××	판매수량	×××	← 먼저 결정
매입수량	×××	기말수량	×××	← 추정
	×××		×××	

따라서 계속기록법에서는 판매시마다 매출원가를 기록하므로 결산시에 매출원가를 구하기 위한 결산정리분개가 필요없다.

(3) 한국채택국제회계기준

한국채택국제회계기준에서는 재고자산감모손실이 발생한 경우에 발생한 기간에 비용으로 처리하도록 규정하고 있다. 따라서 재고자산감모손실을 파악하기 위해서는 두 가지 방법을 병행해서 실시해야 한다.

제4절 단위원가 결정방법

재고자산의 매입가격은 구입시마다 계속 변하고, 각각 다른 시점에서 구입한 재고자산들이 같이 합산되어 있는 경우에는 각 재고자산의 취득원가를 개별적으로 관리하는

것은 거의 불가능하다. 또한 각 재고자산을 판매할 때 어느 단가의 상품이 판매되었는지 파악하기란 더욱 어렵다. 따라서 실제 판매된 물량의 흐름과는 상관없이 장부상으로만 일정한 가정을 통하여 기말재고자산과 매출원가를 배분하게 되는데 이를 원가흐름에 대한 가정이라 한다.

어떤 원가흐름의 가정을 하느냐에 따라서 기말재고자산과 매출원가의 금액이 달라진다. 한국채택국제회계기준에는 다음과 같이 규정하고 있다.

통상적으로 상호 교환될 수 없는 재고자산항목의 원가와 특정 프로젝트별로 생산되고 분리되는 재화 또는 용역의 원가는 개별법을 사용하여 결정한다.

개별법은 식별되는 재고자산별로 특정한 원가를 부과하는 방법이다. 이 방법은 외부매입이나 자가제조를 불문하고, 특정 프로젝트를 위해 분리된 항목에 적절한 방법이다. 그러나 통상적으로 상호교환 가능한 대량의 재고자산 항목에 개별법을 적용하는 것은 적절하지 아니하다. 그러한 경우에는 기말 재고로 남아있는 항목을 선택하는 방식을 이용하여 손익을 자의적으로 조정할 수도 있기 때문이다.

개별법이 적용되지 않는 재고자산의 단위원가는 선입선출법이나 가중평균법을 사용하여 결정한다.

성격과 용도 면에서 유사한 재고자산에는 동일한 단위원가 결정방법을 적용하여야 하며, 성격이나 용도 면에서 차이가 있는 재고자산에는 서로 다른 단위원가 결정방법을 적용할 수 있다. 그러나 지역별 위치나 과세방식이 다르다는 이유만으로 동일한 재고자산에 다른 단가결정방법을 적용하는 것이 정당화될 수는 없다.

1. 개 별 법

개별법은 재고자산을 매입원가별로 개별적으로 식별하여 실제로 판매된 것과 재고로 남은 것을 구별하여 재고자산가액을 결정하는 방법이다. 이 방법은 거래의 빈도수가 많지 않고 고가품을 소량으로 취급할 때 한하여 적용가능하다(귀금속, 모피, 승용차 등).

(1) 장 점

① 실제물량흐름과 일치하여 가장 이상적인 방법이다.

② 수익 · 비용대응이 이상적으로 이루어진다.

(2) 단 점

① 거래가 빈번하고 많은 경우에는 적용하기가 불가능하다.

② 동일한 상품을 다른 가격으로 구입한 경우 의도적으로 필요한 상품을 판매함으로

써 이익을 조작할 가능성이 있다.

2. 선입선출법

선입선출법(first-in first-out: FIFO)이란 실제물량흐름과는 상관없이 장부상 먼저 매입 또는 생산된 재고자산이 먼저 판매되고 결과적으로 기말에 재고로 남아있는 항목은 가장 최근에 매입 또는 생산된 항목이라고 가정하는 방법이다. 즉, 포괄손익계산서상의 수익 · 비용대응의 원칙보다는 재무상태표상에 재고자산을 현행가치로 표시하는 것에 더 초점을 두는 방법으로서 포괄손익계산서보다는 재무상태표에 더 충실한 방법이다. 이 방법을 취할 경우 수량결정방법을 실사법에 의하든 계속기록법에 의하든 기말재고액과 매출원가는 항상 같게 표시된다.

(1) 장 점

① 가정이 현실적이다.
② 재무상태표상 재고자산가액은 현행가치(시가)를 잘 표시한다.

(2) 단 점

① 인플레시에 재고자산이 과대평가되고 매출원가가 과소계상된다. 즉, 가공이익이 발생된다.
② 수익 · 비용대응원칙이 잘 지켜지지 못한다.

3. 후입선출법

후입선출법(last-in first-out: LIFO)이란 실제물량흐름과는 상관없이 장부상 나중에 매입한 상품이 먼저 판매된 것으로 가정하여 매출원가와 기말재고액으로 구분하는 방법으로 매출원가는 최근에 구입한 상품의 원가로 구성되며, 기말재고액은 과거에 구입한 상품의 원가가 된다. 즉, 재무상태표상의 재고자산의 현행가치표시보다는 포괄손익계산서상의 수익 · 비용대응의 원칙에 더 초점을 두는 방법으로서 재무상태표보다는 포괄손익계산서에 더 충실한 방법이다. 이 방법에 의할 경우 기말재고액과 매출원가로 배분되는 금액이 계속기록법과 실지재고조사법에 의한 결과가 서로 다르게 표시된다.

한국채택국제회계기준에서는 후입선출법을 인정하지 않는다.

(1) 장 점

① 인플레시 기말재고자산이 과소계상되어 이익이 적게 날 것이므로 법인세를 미래로 이연시키는 효과가 있다. 즉, 인플레시 가공이익이 발생하지 않는다.

② 현행원가가 매출에 대응되므로 수익 · 비용대응의 원칙이 잘 지켜진다.

(2) 단 점

① 기본가정이 비현실적이다.

② 기말재고자산이 과소평가된다. 즉, 재무상태표에 현행가치(시가)를 잘 표시하지 못한다. 따라서 순운전자본이나 유동비율(지급능력)이 과소평가 된다.

③ 회계기말에 쓸데 없이 상품을 구매하거나 또는 일부러 구매하지 않음으로써 이익을 조작할 염려가 있다. 즉, 일부러 구매하는 경우는 이익이 적게 표시되며 구매하지 않은 경우에는 기초재고가 팔리게 되므로 이익이 커진다.

④ 기말재고수량이 기초재고수량보다 더 적은 경우에는 한꺼번에 이익이 크게 계상되므로 비자발적 청산문제에 직면할 수 있다.

4. 가중평균법

가중평균법은 기초재고자산과 회계기간중에 매입 또는 생산된 재고자산의 원가를 가중평균하여 재고항목의 단위원가를 결정하는 방법이다. 이 경우 평균은 기업의 상황에 따라 주기적으로 계산하거나(총평균법) 매입 또는 생산할 때마다(이동평균법) 계산할 수 있다.

(1) 총평균법

총평균법이란 회계기말에 한 회계기간 동안 발생한 판매가능상품(기초+당기매입) 총액을 판매가능상품수량으로 나눈 단가로 매출원가와 재고자산을 구하는 것으로서 실지재고조사법에만 사용가능한 방법이다. 이 방법은 결산시에 한 번만 단가를 계산하기 때문에 간편하고, 객관적이며 이익조작가능성이 없다는 장점이 있으나, 기초의 원가가 기말의 원가에 영향을 미친다는 단점이 있다.

(2) 이동평균법

이동평균법이란 한 회계기간 중에 구입이 이루어질 때마다 가중평균단가를 구하고 그것으로 매출원가와 재고자산의 원가를 구하는 것으로서 계속기록법에만 사용가능한 방법이다. 물가의 변동을 단가에 신속하게 반영시킨다는 장점이 있으나, 거래가 빈번할 경우 구입시마다 단가를 계산해야 하므로 복잡하다는 단점이 있다.

〈수량결정방법과 단가결정방법과의 관계〉

단가결정방법 \ 수량결정방법	계속기록법	실지재고조사법
• 개별법	○	○
• FIFO	○	○
• LIFO[3]	○	○
• 평균법 ┌ 단순[3]	×[2]	○
└ 가중 ┌ 이동평균법	○	×[1]
└ 총평균법	×[2]	○
• 소매재고조사법	×[2]	○

1) 이동평균법은 판매시마다 매출원가를 구해야 하기 때문에 실지재고조법에서는 사용할 수 없다.

2) 단순평균법이나 총평균법은 결산시에만 단가를 알 수 있기 때문에 계속기록법에서는 사용할 수 없다. 또한 소매재고조사법도 결산시에만 매출원가를 파악할 수 있다.

3) 후입선출법과 단순평균법은 K-IFRS에서는 인정되지 않는다.

각 방법에 의한 기말재고액 결정

다음의 내용을 가지고 실지재고조사법과 계속기록법을 적용할 때 각 단가결정방법에 의한 기말재고액을 구하시오.

일 자	내 용	수 량	단 가
1/1	입고	100개	₩100
1/10	출고	50	
3/15	입고	200	₩150
4/25	출고	150	
12/20	입고	50	₩200
12/31	출고	30	
기말재고수량		120개	

풀이

(1) 계속기록법

① 선입선출법

판매시마다 입고물량 중 입고날짜가 가장 빠른 물량이 가장 먼저 판매되었다고 가정하고 매출원가를 산정하는 방법이다.

일 시	입 고	출고(매출원가)	입고 또는 출고 후 잔액
기 초	100×₩100		100×₩100
1월 10일		50×₩100	50×₩100
3월 15일	200×₩150		50×₩100 200×₩150
4월 25일		50×₩100 100×₩150	100×₩150
12월 20일	50×₩200		100×₩150 50×₩200
12월 31일		30×₩100	70×₩150 50×₩200
계	₩50,000	₩29,500	₩20,500

∴ 기말재고액=70×150+50×200=₩20,500

② 후입선출법

판매시마다 입고물량 중 입고날짜가 가장 늦은 물량이 가장 먼저 판매되었다고 가정하고 매출원가를 산정하는 방법이다.

일 시	입 고	출고(매출원가)	입고 또는 출고 후 잔액
기 초	100×₩100		100×₩100
1월 10일		50×₩100	50×₩100
3월 15일	200×₩150		50×₩100 200×₩150
4월 25일		150×₩150	50×₩100 50×₩150
12월 20일	50×₩200		50×₩100 50×₩150 50×₩200
12월 31일		30×₩200	50×₩100 50×₩150 20×₩200
계	₩50,000	₩33,500	₩16,500

∴ 기말재고액=50×₩100+50×₩150+20×₩200=₩16,500

③ 이동평균법

입고시마다 단가를 가중평균한 다음 판매할 때 그 가중평균단가로 매출원가를 산정하는 방법이다.

일 시	입 고	출고(매출원가)	입고 또는 출고 후 잔액
기 초	100×₩100		100×₩100
1월 10일		50×₩100	50×₩100
3월 15일	200×₩150		250×₩140 1)
4월 25일		150×₩140	100×₩140
12월 20일	50×₩200		150×₩160 2)
12월 31일		30×₩160	120×₩160
계	₩50,000	₩30,800	₩19,200

1) (50×₩100+200×₩150)÷250=₩140

2) (100×₩140+50×₩200)÷150=₩160

∴ 기말재고액=120×₩160=₩19,200

④ 총평균법

총평균법에 가중평균단가는 기말이 되어야 계산할 수 있고, 계속기록법은 판매시마다 매출원가를 기록해야 하기 때문에 계속기록법에서는 총평균법을 적용할 수 없다.

(2) 실지재고조사법

실지재고조사법에서는 당기 판매량이 결산시에 모두 일시에 판매되었다는 가정하에서 매출원가를 기말에 산출한다.

① 선입선출법

선입선출법의 경우에 당기판매량 230개가 출고는 무시하고 입고날짜가 가장 빠른 물량부터 12월 31일에 모두 판매되었다고 가정하는 방법이다.

일 시	입 고	출고(매출원가)	입고 또는 출고 후 잔액
기 초	100×₩100		100×₩100
3월 15일	200×₩150		200×₩150
12월 20일	50×₩200		50×₩200
12월 31일 (결산일)		100×₩100 130×₩150	70×₩150 50×₩200
계	₩50,000	₩29,500	₩20,500

∴ 기말재고액=70×₩150+50×₩200=₩20,500

② 후입선출법

후입선출법의 경우에는 당기판매량 230개가 출고는 무시하고 입고날짜가 가장 늦은 물량부터 먼저 판매되었다고 가정하는 방법이다.

일 시	입 고	출고(매출원가)	입고 또는 출고 후 잔액
기 초	100×₩100		100×₩100
3월 15일	200×₩150		200×₩150
12월 20일	50×₩200		50×₩200
12월 31일 (결산일)		50×₩200 180×₩150	100×₩100 20×₩150
계	₩50,000	₩37,000	₩13,000

∴ 기말재고액=100×₩100+20×₩150=₩13,000

③ 총평균법

당기에 매입한 총 입고물량을 기준으로 기말 결산시에 총평균단가를 구한 다음, 당기 판매량 모두 총평균단가로 기말 결산시에 일시에 판매되었다고 가정하는 방법이다.

일 시	입 고	출고(매출원가)	입고 또는 출고 후 잔액
기 초	100×₩100		100×₩100
3월 15일	200×₩150		200×₩150
12월 20일	50×₩200		50×₩200
12월 31일 (결산일)		230×₩142.857[3)]	120×₩142.857
계	₩50,000	₩32,857	₩17,143

3) (100×₩100+200×₩150+50×₩200)÷350=₩142.857

∴ 기말재고액=120×₩142.857=₩17,142

④ 이동평균법

이동평균법은 판매시마다 매출원가를 기록해야 하는데, 실지재고조사법은 당기 판매량 모두 결산시에 일시에 판매되었다고 가정하기 때문에 실지재고조사법에서는 이동평균법을 적용할 수 없다.

(3) 각 방법의 매출원가와 기말재고액의 비교표

방법 / 배분	계속기록법			실지재고조사법		
	FIFO	이동평균법	LIFO	FIFO	총평균법	LIFO
매출원가	29,500	30,800	33,500	29,500	32,857	37,000
기말재고액	20,500	19,200	16,500	20,500	17,143	13,000
계	50,000	50,000	50,000	50,000	50,000	50,000

(4) 각 방법의 순이익의 크기 비교

① 물가가 상승하고 재고수량이 증가(기말수량>기초수량)하는 경우

㉠ 순이익을 크게 표시하는 순서는 다음과 같다.

선입선출법 > 가중평균법 > 후입선출법

- 가중평균법중에서는 이동평균법이 총평균법보다 크다.
- 후입선출법 중에서는 계속기록법에 의한 후입선출법이 실지재고조사법에 의한 후입선출법보다 더 크다
- 선입선출법은 계속기록법과 실지재고조사법이 서로 같다.

㉡ 매출원가의 크기

FIFO < 가중평균법 < LIFO

㉢ 법인세 비용의 크기

FIFO > 가중평균법 > LIFO

㉣ 현금흐름의 크기

FIFO < 가중평균법 < LIFO

매입 · 매출로 인한 현금흐름의 변동은 각 방법이 똑같으나, 순이익의 크기가 클수록 법인세비용이 커지므로 순이익의 크기가 큰 방법일수록 현금흐름의 크기는 더 작다. 즉, 현금흐름의 크기는 순이익의 크기에 반비례한다.

② 물가가 하락하고 재고수량이 증가(기말수량 > 기초수량)하는 경우
①의 경우와 정반대가 된다.

5. 매출가격환원법(소매재고조사법)

백화점이나 슈퍼마켓 등 값싸고 다양한 제품을 대량으로 취급하는 경우에 사용할 수 있는 방법으로서 매출가격환원법은 실제원가가 아닌 추정에 의한 원가결정방법이므로 원칙적으로 많은 종류의 상품을 취급하여 실제원가에 기초한 원가결정방법의 사용이 곤란한 유통업종에서 흔히 사용된다. 매출가격환원법은 이익률이 유사한 동질적인 상품군별로 적용하며, 당기매가기말재고액에 원가율을 곱하여 원가기말재고액을 추정하는 방법이다. 즉,

매가기말재고액 × 원가율 = 원가기말재고액

여기서 매가기말재고액은 어느 방법에 의하든 똑같이 산정되며, 원가율을 어떻게 구하느냐에 따라서 원가법(평균법, FIFO)과 저가법(평균법, FIFO)으로 나뉜다.

(1) 매가기말재고액계산

매가기말재고액＝매가기초재고액＋당기매입매가＋순인상액－순인하액
－정상공손－비정상공손－(매출액＋종업원할인
－매출에누리및환입－매출할인)

(2) 원가율

① 원가법

㉠ 평균법 … $원가율 = \dfrac{원가 : 기초재고 + 당기매입}{매가 : 기초재고 + 당기매입 + 순인상액 - 순인하액}$

㉡ 선입선출법 … 기말재고자산은 당기매입분으로만 구성되어 있으므로 원가율 산정시 기초재고자산은 고려하지 않는다.

$$원가율 = \dfrac{원가 : 당기매입}{매가 : 당기매입 + 순인상액 - 순인하액}$$

② 저가법(전통적 소매재고조사법) … 기말재고자산을 저가로 평가하는 경우에는 원가율 산정시 순인하액(가격인하액－가격인하취소액)을 분모에서 제외시킴으로써 원가율을 낮게 계상하여 기말재고(원가)가 낮게 평가되도록 한다. 다른 내용은 원가법의 경우와 같다.

매출가격환원법

다음 자료에 의하여 소매재고법의 여러 가지 방법에 의한 기말재고액을 계산하시오.

과 목	취득원가	매 가
전월이월(기초)	40,000	₩60,000
매 입 액	140,000	200,000
매가인상액		25,000
매가인상취소액		10,000
매가인하액		26,000
매가인하취소액		10,000
매 출 액		190,000

풀이

* 풀이순서
① 시가에 의한 기말재고액 계산
② 원가율 계산
③ 기말재고액평가(즉, ①×②)

① 매가에 의한 기말재고액
=기초매가+당기매입매가+순인상액−순인하액−정상파손−비정상파손−(매출+종업원할인−매출에누리 및 환입−매출할인)
$=60,000+200,000+(25,000-10,000)-(26,000-10,000)-190,000=69,000$

② 원가율 계산
㉠ 원가법
ⓐ FIFO [1] $= \frac{\text{당기매입원가}}{(\text{당기매입매가}+\text{순인상액}-\text{순인하액})}$

$= \frac{140,000}{(200,000+15,000-16,000)} = 0.7$

1) 원가율계산식에서 기초재고자산을 고려하지 않는다.

ⓑ 평균법 [2] $= \frac{(\text{기초재고원가}+\text{당기매입원가})}{(\text{기초재고매가}+\text{당기매입매가}+\text{순인상액}-\text{순인하액})}$

$= \frac{(40,000+140,000)}{(60,000+200,000+15,000-16,000)} = 0.695$

2) 원가율계산식에서 기초재고자산을 고려하여 계산한다.

㉡ 저가법
ⓐ FIFO [3] $= \frac{\text{당기매입원가}}{(\text{당기매입매가}+\text{순인상액})}$

$= \frac{140,000}{(200,000+15,000)} = 0.651$

3) 원가율계산식에서 기초재고자산과 순인하액을 고려하지 않는다.

ⓑ 평균법 [4] $= \frac{(\text{기초매입원가}+\text{당기매입원가})}{(\text{기초재고매가}+\text{당기매입매가}+\text{순인상액})}$

$= \frac{(40,000+140,000)}{(60,000+200,000+15,000)} = 0.655$

4) 원가율계산식에서 기초재고자산은 고려하고 순인하액은 고려하지 않는다.

③ 기말재고액 평가액
㉠ 원가법
ⓐ FIFO = ₩69,000 × 0.7 = ₩48,300
ⓑ 평균법 = ₩69,000 × 0.695 = ₩47,955
㉡ 저가법
ⓐ FIFO = ₩69,000 × 0.651 = ₩44,919
ⓑ 평균법 = ₩69,000 × 0.655 = ₩45,195

매출가격환원법

다음 자료에 의하여 평균법에 의한 소매재고조사법을 사용하여 원가기말재고액을 구하시오.

구 분	원 가	매 가
기초재고액	₩22,000	₩26,000
당기총매입액	114,000	150,000
매입에누리	4,700	
매 입 할 인	5,000	
매 입 환 출	12,000	14,000
순 인 상 액		11,000
순 인 하 액		9,000
정 상 파 손		6,000
종업원할인		4,000
비정상파손	3,000	5,000
당기총매출액		120,000
매출에누리		2,000
매 출 환 입		3,000
매 출 할 인		4,000

풀이

① 매가기말재고액 = ₩26,000 + 150,000 − 14,000 + 11,000 − 9,000 − 6,000 − 5,000
− (120,000 + 4,000 − 2,000 − 3,000 − 4,000) = ₩38,000

② 원가율계산

$$원가율 = \frac{원가:\ 기초재고액 + 당기총매입액 - 매입에누리 - 매입할인 - 매입환출 - 비정상파손}{매가:\ 기초재고액 + 당기총매입액 + 순인상액 - 순인하액 - 매입환출 - 비정상파손}$$

$$= \frac{₩22,000 + 114,000 - 4,700 - 5,000 - 12,000 - 3,000}{₩26,000 + 150,000 + 11,000 - 9,000 - 14,000 - 5,000} = 0.7$$

③ 원가기말재고액 = 매가기말재고액 × 원가율
= ₩38,000 × 0.7 = ₩26,600

① 매입할인과 매출할인은 매입액과 매출액 조정항목이다. 따라서 매입할인은 매입에누리와 마찬가지로 매입원가에서 차감하며 매출할인은 매출에누리와 마찬가지로 매출액에서 차감한다.

② 정상공손은 매가기말재고액을 계산할 때는 고려하지만 원가율 계산시에는 고려하지 않는다. 왜냐하면 정상공손이란 사전에 예측이 가능한 공손이므로 구입 시점에서 매가결정시에 이미 고려하였기 때문에 원가율 계산할 때에 또 고려하면 안 된다는 의미이다.

③ 종업원할인은 종업원에게 판매가의 하락 때문이 아니라 특별대우로서 판매가에서 할인해 준다는 의미이다. 이 경우에 매출액만 그만큼 감소하게 되며 원가율 산정에 영향을 미치지 않는다. 따라서 매가기말재고액 계산시에는 매출액을 증가시키며 원가율 계산시에는 고려하지 않는다. 예를 들어, 기초재고액은 없고 매입매가 ₩1,000(매입원가: ₩600) 중에서 ₩800(원가는 ₩480)을 종업원에게 ₩700에 할인판매했을 때 종업원할인은 ₩800－700＝₩100이 된다.

이 때 매가기말재고액＝매입매가－정상매출＝매입매가－(매출＋종업원할인)

$$=₩1,000-(700+100)=₩200\text{이고, 원가율}=\frac{600}{1,000}=0.6\text{이 된다.}$$

따라서 원가기말재고액＝₩200×0.6＝₩120이 계산된다.

④ 매입환출과 비정상파손은 매가기말재고액 계산시에도 차감하며 원가율 계산시에도 분모(매가를), 분자(원가를)에서 각각 차감해 준다. 왜냐하면 매입환출은 반품한 것이기 때문에 원가율 계산에 반영되면 안 되며, 비정상파손은 사전에 예측이 불가능한 것으로서(재해손실 등) 비정상적으로 발생한 것이기 때문에 원가율 계산에서 반영되면 안 되기 때문이다.

⑤ 계산식

㉠ 매가기말재고액=기초매가+당기매입매가−매입환출+순인상액−순인하액−정상파손−비정상파손−(총매출액+종업원할인−매출에누리−매출할인−매출환입)
T계정으로 표시하면 다음과 같다.

(매가기준) 재고자산

기초매가	×××	순매출 2)	×××
		정상파손	×××
		비정상파손	×××
조정후 순매입매가 1)	×××	기말매가	×××
	×××		×××

1) 조정후 순매입매가 = 매입매가 − 매입환출 + 순인상 − 순인하
2) 순매출 = 매출 + 종업원할인 − 매출에누리 − 매출할인 − 매출환입

㉡ $원가율 = \frac{원가}{매가} = \frac{기초원가+매입원가-매입에누리및할인-매입환출(원가)-비정상파손(원가)}{기초매가+매입매가+순인상액-순인하액-매입환출(매가)-비정상파손(매가)}$

- 원가율 계산식에서 정상파손과 종업원할인은 고려하지 않는다.
- 매입환출과 비정상파손은 분모(매가를), 분자(원가를)에서 각각 차감해준다.
- 위 식은 평균법을 가정한 것이며, 위 식에서 분모와 분자에서 기초매가와 기초원가를 고려하지 않으면 선입선출법이 된다.
- 위 식에서 분모에서 순인하액을 고려하지 않으면 저가법이 된다.

6. 매출총이익률법

매출총이익률법이란 과거의 평균매출총이익률을 이용하여 매출원가를 추정하고 매출원가를 총판매가능상품(기초재고액 + 당기매입액)에서 차감하여 기말재고액을 추정하는 방법이다.

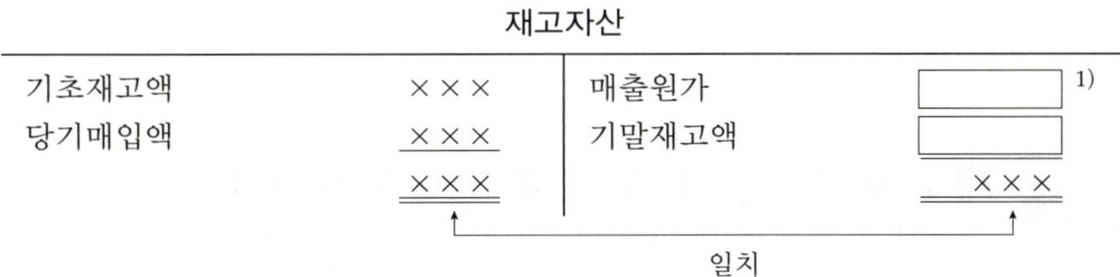

1) ① 매출총이익률이 주어진 경우
매출원가 = 매출액 × (1 − 매출총이익률)
② 매출원가이익률이 주어진 경우
$매출원가 = \frac{매출액}{(1 + 원가이익률)}$

매출총이익률법

기초재고액이 ₩10,000이고 당기매입액은 ₩110,000이다. 결산시점에서 화재가 발생하여 상품이 모두 소실되었다. 당기매출액은 ₩120,000이었다. 다음 물음에 답하시오.

(1) 매출총이익률이 20% 일 때 재고자산 화재손실액은?

(2) 원가에 20% 이익을 가산하여 판매하고 있을 때 재고자산 화재손실액은?

풀이

(1) 매출총이익률이 20%일 경우

재고자산

기 초	10,000	매출원가	96,000*
매 입	110,000	기 말	24,000 ← 추정액
	120,000		120,000

* ₩120,000 × (1 − 0.2) = ₩96,000

(2) 원가이익률이 20%일 경우

재고자산

기 초	10,000	매출원가	100,000*
매 입	110,000	기 말	20,000 ← 추정액
	120,000		120,000

* $\frac{₩120,000}{(1+0.2)}$ = ₩100,000

제5절 재고자산감모손실 · 재고자산평가손실
((GAAP, Generally Accepted Accounting Principles)

1. 재고자산감모손실

(1) 의 의

재고자산감모손실은 재고자산의 도난, 분실, 파손 등에 의해 수량부족으로 발생한 손실로서, 장부상 재고수량에 비하여 실제 재고수량이 부족한 경우에 발생하는 손실이다.

재고자산감모손실 = (장부수량 − 실제수량) × 단위당 원가

(2) 회계처리

재고자산감모손실이 발생하면 발생한 기간에 비용으로 처리한다. 회계처리는 다음과 같다.

(차) 재고자산감모손실 ××× (대) 이월상품 ×××
(재고자산)

2. 재고자산평가손실(저가법 평가)

(1) 재고자산평가손실의 의의

재고자산평가손실이란 재고자산의 가치하락으로 인하여 발생한 손실로서, 재고자산의 순실현가능가치가 취득원가보다 하락한 경우에 발생하며, 재고자산을 순실현가능가치로 감액한 평가손실은 발생한 기간에 비용으로 인식한다. 순실현가능가치의 상승으로 인한 재고자산 평가손실의 환입은 환입이 발생한 기간의 비용으로 인식된 재고자산 금액의 차감액으로 인식한다.

(2) 재고자산의 가치가 하락한 경우

다음의 경우에는 재고자산의 원가를 회수하기 어려울 수 있다.

① 물리적으로 손상된 경우

② 완전히 또는 부분적으로 진부화 된 경우

③ 판매가격이 하락한 경우

④ 완성하거나 판매하는 데 필요한 원가가 상승한 경우

재고자산을 취득원가 이하의 순실현가능가치로 감액하는 저가법은 자산의 장부금액이 판매나 사용으로부터 실현될 것으로 기대되는 금액을 초과하여서는 아니 된다는 견해와 일관성이 있다.

(3) 저가법의 항목별, 조별 적용

재고자산을 순실현가능가치로 감액하는 저가법은 항목별로 적용한다. 그러나 경우에 따라서는 서로 유사하거나 관련있는 항목들을 통합하여 적용하는 것이 적절할 수 있다. 이러한 경우로는 재고자산 항목이 유사한 목적 또는 용도를 갖는 동일한 제품군과 관련되고, 동일한 지역에서 생산되어 판매되며, 실무적으로 동일한 제품군에 속하는 다른 항목과 구분하여 평가할 수 없는 경우를 들 수 있다. 그러나 예를 들어 완제품 또는 특정 산업이나 특정 지역의 영업부문에 속하는 모든 재고자산과 같은 분류에 기초하여 저가법을 적용하는 것은 적절하지 아니하다. 용역제공기업은 일반적으로 용역대가가 청구되는 용역별로 원가를 집계한다. 그러므로 그러한 각 용역은 별도의 항목으로 취급되어야 한다. 즉 저가법은 종목별(항목별), 조별은 가능하나 총계기준은 적용할 수 없다.

저가법 평가

1. 다음은 20×1년도 ㈜찬업의 기말재고자산 현황이다.

① A조

품 목	원 가	순실현가능가치	차 이
상품 A′	2,000	1,900	△100
상품 A″	1,000	1,200	+200
A조 계	3,000	3,100	+100

② B조

품 목	원 가	순실현가능가치	차 이
상품 B′	3,000	2,700	△300
상품 B″	4,000	4,100	+100
B조 계	7,000	6,800	△200
총계(A+B)	10,000	9,900	△100

2. 다음 질문에 답하시오.

(1) 항목별(품목별) 저가법을 적용한 경우의 재고자산평가손실은 얼마인가?

(2) 조별 저가법을 적용한 경우의 재고자산평가손실은 얼마인가?

(3) 총계기준 저가법을 적용한 경우의 재고자산평가손실은 얼마인가?

풀이

(1) 항목별기준 저가법

재고자산평가손실=상품 A′의 평가손실+상품 B′의 평가손실

∴ 재고자산평가손실=₩100+300=₩400

(2) 조별기준 저가법

재고자산평가손실=상품 A조의 평가손실+상품 B조의 평가손실

∴ 재고자산평가손실=₩0+₩200=₩200이다.

(3) 총계기준 저가법

취득원가 총계(A+B) ₩10,000과 순실현가능가치 총계(A+B) ₩9,900을 비교하여 저가법으로 평가한다.

∴ 재고자산평가손실=₩100이다.

* 참고로, 한국채택국제회계기준에서는 총계기준은 인정되지 않는다.

(4) 순실현가능가치의 추정

① 원재료 이외의 상품, 제품 등의 경우

㉠ 순실현가능가치는 정상적인 영업과정의 예상 판매가격에서 예상되는 추가 완성원가와 판매비용을 차감한 금액을 말한다.

㉡ 순실현가능가치를 추정할 때에는 재고자산으로부터 실현가능한 금액에 대하여 추정일 현재 사용가능한 가장 신뢰성 있는 증거에 기초하여야 한다.

㉢ 또한 보고기간 후 사건이 보고기간말 존재하는 상황에 대하여 확인하여주는 경우에는, 그 사건과 직접 관련된 가격이나 원가의 변동을 고려하여 추정하여야 한다.

㉣ 순실현가능가치를 추정할 때 재고자산의 보유 목적도 고려하여야 한다. 예를 들어 확정판매계약 또는 용역계약을 이행하기 위하여 보유하는 재고자산의 순실현가능가치는 계약가격에 기초한다. 만일 보유하고 있는 재고자산의 수량이 확정판매계약의 이행에 필요한 수량을 초과하는 경우에는 그 초과 수량의 순실현가능가치는 일반 판매가격에 기초한다.

재고자산평가손실(확정판매계약이 있는 경우)

다음의 자료를 이용하여 물음에 답하시오

(1) ㈜찬우의 20×1년 12월 31일 현재 재고자산(상품)에 대한 자료는 다음과 같다.

수 량	장부상 단가	단위당 예상판매가격	단위당 예상판매비용
1,000단위	₩1,000	₩1,100	₩200

(2) ㈜찬우가 20×1년 말 보유하고 있는 재고자산 중 400단위는 20×2년 1월 1일에 ㈜찬엽에게 단위당 ₩1,200에 판매하기로 확정계약되어 있다.

(3) ㈜찬우가 20×1년도 포괄손익계산서에 인식할 재고자산평가손실은 얼마인가?

풀이

400단위는 ₩1,200으로 확정판매계약이 되어 있으므로 취득원가보다 크다.
따라서 400단위에 대해서는 평가손실이 발생하지 않는다.
그리고 600단위는 순실현가능가치 ₩900(₩1,100−200)이 취득원가 ₩1,000보다 작으므로 평가손실을 인식해야 한다.

∴ 재고자산평가손실=600×(₩1,000−900)=₩60,000

② 원재료의 경우

㉠ 완성될 제품이 원가 이상으로 판매될 것으로 예상하는 경우에는 그 생산에 투입하기 위해 보유하는 원재료 및 기타 소모품을 감액하지 아니한다.

㉡ 그러나 원재료 가격이 하락하여 제품의 원가가 순실현가능가치를 초과할 것으로 예상된다면 해당 원재료를 순실현가능가치로 감액한다. 이 경우 원재료의 현행대체원가는 순실현가능가치에 대한 최선의 이용가능한 측정치가 될 수 있다.

재고자산평가손실(원재료가 있는 경우)

다음의 자료를 이용하여 물음에 답하시오

(1) ㈜찬우의 20×1년도 기말재고자산 현황은 다음과 같다.

품 목	취득원가	순실현가능가치
원재료A	₩100,000	₩80,000
제품 A	130,000	120,000
원재료B	80,000	70,000
제품 B	110,000	120,000

(2) 원재료 A를 투입하여 제품 A가 생산되고, 원재료 B를 투입하여 제품 B가 생산된다.

(3) 품목별(항목별) 저가법을 적용할 경우

① 20×1년도 포괄손익계산서상의 재고자산평가손실은 얼마인가?

② 20×1년도 재무상태표상의 기말재고자산은 얼마인가? 【'14. 관세사】

풀이

(1) 재고자산평가손실 계산

제품 B의 순실현가치(₩120,000)가 제품원가(₩110,000)보다 크므로 제품 B와 원재료 B의 평가손실은 인식하지 않으며 따라서 제품 B와 원재료 B의 기말재고자산은 취득원가로 표시해야 한다.

그리고 제품 A의 순실현가능가치(₩120,000)는 제품원가(₩130,000)보다 작으므로 제품 A의 평가손실뿐만 아니라 원재료 A의 평가손실도 인식해야 한다.

따라서 제품 A와 원재료 A의 기말재고자산은 순실현가능가치로 표시해야 한다.

∴ 원재료 A의 재고자산평가손실=₩100,000−80,000=₩20,000

제품 A의 재고자산평가손실 =₩130,000−120,000= 10,000

계 ₩30,000

(2) 기말재고자산 계산

원재료 A와 제품 A는 재무상태표상에 순실현가능가치로 보고되고, 원재료 B와 제품 B는 취득원가로 보고된다.

∴ 기말재고자산=₩80,000+120,000+80,000+110,000=₩390,000

(5) 순실현가능가치의 회복

매 후속기간에 순실현가능가치를 재평가 한다. 재고자산의 감액을 초래했던 상황이 해소되거나 경제상황의 변동으로 순실현가능가치가 상승한 명백한 증거가 있는 경우에는 최초의 장부금액을 초과하지 않는 범위 내에서 평가손실을 환입한다. 그 결과 새로운 장부금액은 취득원가와 수정된 순실현가능가치 중 작은 금액이 된다. 판매가격의 하락 때문에 순실현가능가치로 감액한 재고항목을 후속기간에 계속 보유하던 중 판매가격이 상승한 경우가 이에 해당한다.

(6) 재고자산 평가손실의 회계처리

① 평가손실이 발생한 경우의 회계처리

(차) 매출원가[1)] ××× (대) 재고자산평가충당금[2)] ×××

1) 재고자산평가손실이 발생한 기간의 비용으로 인식한다. 여기서는 매출원가에 포함시키는 경우의 회계처리를 하였다.

2) 재고자산에서 직접 차감할 수도 있고, 재고자산평가충당금계정을 사용할 수도 있다.

재무상태표

상 품	×××		
재고자산평가충당금	△×××	×××	

② 시가가 회복된 경우의 회계처리

(차) 재고자산평가충당금 ××× (대) 매출원가 ×××[3)]

3) 순실현가치가 상승한 명백한 증거가 있는 경우에는 최초의 장부금액을 초과하지 않는 범위내에서 평가손실을 환입하며 환입이 발생한 기간의 비용으로 인식된 재고자산금액(일반적으로 매출원가를 의미)의 차감액으로 인식한다.

평가손실환입의 경우

다음의 자료에 의하여 물음에 답하시오

(1) 20×1년도 말 A 상품의 기말재고자산 현황은 다음과 같다.

수 량	개당 취득원가	개당 순실현가능가치
100개	₩500	₩400

(2) 20×2년도 말 기말재고자산 현황은 전년도와 변동이 없으며, 다만 개당 순실현가능가치는 ₩550이 되었다.

(3) 20×1년도 재고자산평가손실과 20×2년도 재고자산평가손실환입액은 얼마인가? (단, 재고자산평가손실은 매출원가에 가산한다.)

풀이

(1) 20×1년도 재고자산평가손실 계산

순실현가능가치가 원가보다 하락하였으므로 평가손실은 인식한다.

∴ 재고자산평가손실=100개×(₩400−500)=₩10,000

분개하면,

(차) 매출원가 10,000 (대) 재고자산평가충당금 10,000
(재고자산평가손실)

(2) 20×2년도 재고자산평가손실환입액

순실현가능가치가 회복되었으므로 최초의 장부금액(₩500)을 한도로 하여 평가손실을 환입한다.

∴ 평가손실 환입=100개×(₩500−400)=₩10,000

분개하면,

(차) 재고자산평가충당금 10,000 (대) 매출원가 10,000

* 환입액은 환입이 발생한 기간의 비용으로 인식된 재고자산금액(매출원가)의 차감액으로 인식한다.

재고자산감모손실 · 재고자산평가손실

다음의 자료에 따라 물음에 답하시오.

(1) 기초재고액: ₩10,000(100개×₩100)
(2) 장부상 기말재고액: ₩20,000(200개×₩100)
(3) 실지재고수량: 180개(60%는 원가성이 있으며, 40%는 원가성이 없다.)
(4) 재고자산 순실현가능액: ₩15,300(180개×₩85)
(5) 당기매입액: ₩90,000
(6) 당기매출액: ₩110,000
(7) 재고자산평가손실과 원가성이 있는 감모손실은 매출원가에 가산하고 원가성이 없는 감모손실은 영업외비용으로 처리한다.

(1) 결산수정분개를 하시오.
(2) 포괄손익계산서(기능별)를 작성하시오.
(3) 당기총비용은 얼마인가?

풀이

(1) 결산수정분개

	차변	금액	대변	금액
①	(차) 매출원가	10,000	(대) 이월상품	10,000
②	(차) 매출원가	90,000	(대) 매　　입	90,000
③	(차) 이월상품	20,000	(대) 매출원가	20,000
④	(차) 매출원가	1,200 1)	(대) 이월상품	2,000
	재고자산감모손실	800		

1) (200－180)×₩100＝₩2,000 ┌매출원가: ₩2,000×0.6＝₩1,200
└영업외비용: ₩2,000×0.4＝₩800

	차변	금액	대변	금액
②	(차) 매출원가	2,700 2)	(대) 재고자산평가충당금	2,700

2) 180개×(₩100－85)＝₩2,700

(2) 포괄손익계산서 작성

포괄손익계산서

Ⅰ. 매출액		110,000
Ⅱ. 매출원가		
1. 기초재고액	10,000	
2. 매　　입	90,000	
계	100,000	
3. 기말재고액	△15,300	

4. 매출이외의감소액	△ 800	83,900
Ⅲ. 매출총이익		26,100
Ⅳ. 재고자산감모손실		△ 800
Ⅴ. 당기순이익		25,300

참고로, 재고자산감모손실과 평가손실이 없는 경우와 있는 경우에 T계정을 작성하면 다음과 같다.

재고자산(없는 경우)

차변		대변	
기초재고	10,000	매출원가	80,000
매 입	90,000	기말재고	20,000
	100,000		100,000

⇒

재고자산(있는 경우)

차변		대변	
기초재고	10,000	매출원가	83,900 3)
		재고자산감모손실	800 4)
매 입	90,000	기말재고	15,300 5)
	100,000		100,000

3) ₩80,000 + 1,200 + 2,700 = ₩83,900

4) ₩800

5) ₩20,000 − 3,900 − 800 = ₩15,300

(3) 총비용계산

총비용=매출원가+재고자산감모손실=₩83,900+800=₩84,700, 바로 구하면,

총비용=기초재고액+당기매입액−재무상태표상 기말재고액* =₩10,000+90,000−180×₩85=₩84,700

* 감모손실 및 평가손실은 반영한 기말재고액

=실제수량×저가(원가와 순실현가능가치 중 작은 금액)=180개×₩85=₩15,300

순실현가능가치와 순공정가치의 차이

(1) 의 미

순실현가능가치는 정상적인 영업과정의 예상 판매가격에서 예상되는 추가 완성원가와 판매비용을 차감한 금액을 말한다. 즉, 정상적인 영업과정에서 재고자산의 판매를 통해 실현할 것으로 기대되는 순매각금액을 말한다.

∴ 순실현가능가치=예상판매가격−추가완성원가 및 판매비용

순공정가치는 공정가치에서 매각부대원가를 차감한 금액이다. 여기서 공정가치는 측정일에 시장참여자 사이의 정상거래에서 자산을 매도하면서 수취하거나 부채를 이전하면서 지급하게 될 가격을 말한다.

∴ 순공정가치=공정가치−매각부대원가

(2) 차이점

순실현가능가치는 기업특유가치(기업입장에서의 주관적가치)이지만 순공정가치는 시장에서 형성되는 객관적가치이다. 따라서 재고자산의 순실현가능가치는 순공정가치와 일치하지 않을 수 있다.

>>> 예·제·문·제·정·해

예제 1 | 재고자산의 회계처리

다음 중 재고자산 회계처리에 대한 설명으로 옳지 않은 것은 어느 것인가?

【'11. CPA】

① 사가건설한 유형자산의 구성요소로 사용되는 재고자산처럼 재고자산의 원가를 다른 자산계정에 배분하는 경우에는 다른 자산에 배분된 재고자산 원가는 해당 자산의 내용연수 동안 비용으로 인식한다.

② 재고자산을 순실현가능가치로 감액한 평가손실과 모든 감모손실은 감액이나 감모가 발생한 기간에 비용으로 인식한다. 순실현가능가치의 상승으로 인한 재고자산평가손실의 환입은 환입이 발생한 기간의 비용으로 인식된 재고자산 금액의 차감액으로 인식한다.

③ 생물자산에서 수확한 농림어업수확물로 구성된 재고자산은 순공정가치로 측정하여 수확시점에 최초로 인식한다.

④ 순실현가능가치를 추정할 때에는 재고자산으로부터 실현가능한 금액에 대하여 추정일 현재 사용가능한 가장 신뢰성 있는 증거에 기초하여야 한다. 또한 보고기간 후 사건이 보고기간말 존재하는 상황에 대하여 확인하여 주는 경우에는, 그 사건과 직접 관련된 가격이나 원가의 변동을 고려하여 추정하여야 한다.

⑤ 완성될 제품이 원가 이상으로 판매될 것으로 예상하는 경우에는 그 생산에 투입하기 위해 보유하는 원재료 및 기타 소모품을 감액하지 아니한다. 따라서 원재료 가격이 하락하여 제품의 원가가 순실현가능가치를 초과할 것으로 예상되더라도 해당 원재료를 순실현가능가치로 감액하지 않는다.

풀이 제품의 원가가 순실현가능가치를 초과할 것으로 예상되면 해당 원재료를 순실현가능가치로 감액한다. ①, ②, ③, ④항은 옳다.

해답: ⑤

예제 2 | 기말재고자산에 포함될 항목

다음은 2007년 1월 1일부터 12월 31까지 (주)서울의 재고자산과 관련된 자료를 요약한 것이다. 【'07. CPA】

항 목	금 액 (취득원가기준)	비 고
기초재고자산	₩100,000	
당기 매입액	500,000	
기말재고자산실사액	50,000	창고 보유분
미착상품	30,000	도착지인도조건으로 현재 운송 중
적송품	100,000	60% 판매 완료
시송품	30,000	고객이 매입의사표시를 한 금액: ₩10,000
재구매조건부판매	40,000	재구매일: 2008. 1. 10 재구매가격: ₩45,000
저당상품	20,000	차입금에 대하여 담보로 제공되어 있고, 기말재고자산실사액에는 포함되어 있지 않음
반품가능판매	35,000	반품액의 합리적인 추정 불가

위의 자료를 이용하여 (주)서울의 매출원가를 계산하면 얼마인가?

① ₩365,000 ② ₩395,000 ③ ₩435,000
④ ₩455,000 ⑤ ₩490,000

풀이 기말재고액 = ₩50,000 + 100,000 × 40% + (30,000 − 10,000) + 40,000* + 20,000 + 35,000* = ₩205,000
매출원가 = 기초재고 + 당기매입액 − 기말재고액 = ₩100,000 + 500,000 − 205,000 = ₩395,000
* 재구매조건부판매는 판매거래가 아니라 금융거래의 성격이며, 반품가능판매는 반품액의 합리적인 추정이 불가능하므로 구매자가 재화의 인수를 공식적으로 수락한 시점 또는 재화가 인도된 후 반품기간이 종료된 시점에 수익으로 인식한다. 따라서, 두 가지 경우 모두 판매가 아니므로 기말재고자산에 포함해야 한다.

해답: ②

예제 3 | 매출가격환원법

다음 자료에 의하여 FIFO과 저가법에 의한 FIFO을 적용할 경우 기말재고자산 평가액은?

	원 가	매 가
기초재고자산	₩1,500,000	₩1,800,000
당 기 매 입 액	8,240,000	9,500,000
매 가 인 상		350,000
매가인상취소		150,000
순 매 가 인 하		220,000
매가인하취소		80,000
정 상 파 손	150,000	200,000
비 정 상 파 손	250,000	300,000
매 출		9,230,000
매 출 할 인		130,000

	FIFO	저가법 FIFO
①	₩1,428,000	₩1,461,600
②	1,461,600	1,521,600
③	1,461,600	1,428,000
④	1,521,600	1,428,000
⑤	1,461,600	1,445,000

풀이 (1) **매가기말재고액** [1)]= ₩1,800,000 + 9,500,000 + 350,000 − 150,000 − 220,000 − 200,000 − 300,000 − (9,230,000 − 130,000) = ₩1,680,000

1) 순매가인하는 매가인하에서 매가인하취소를 차감한 금액이므로 매가인하취소는 고려하지 않는다.

(2) **원가율 계산** [2)]

① FIFO 경우

$$원가율 = \frac{8,240,000 - 250,000}{9,500,000 + 350,000 - 150,000 - 220,000 - 300,000} = 0.87$$

∴ 기말재고액 = ₩1,680,000 × 0.87 = ₩1,461,600

② 저가법 FIFO [3)]

$$원가율 = \frac{8,240,000 - 250,000}{9,500,000 + 350,000 - 150,000 - 300,000} = 0.85$$

∴ 기말재고액 = ₩1,680,000 × 0.85 = ₩1,428,000

2) 원가율 계산시 정상공손은 매가결정시 이미 고려되었기 때문에 고려하지 않으며 비정상파손은 원가율 계산에 영향을 미치면 안 되므로 분모(매가를), 분자(원가를)에서 각각 차감해준다.

3) 저가법은 보수주의 평가방법으로서 원가기말재고액을 적게 평가하는 방법이다. 원가율 계산시에 순인하액을 고려하지 않는다.

(3) **매출원가 계산**

FIFO의 경우 정상파손을 매출원가에 포함한다면 매출원가는 다음과 같다.

재고자산

기 초	1,500,000	매출원가	8,028,400
매 입	8,240,000	비정상파손	250,000
		기 말	1,461,600
	9,740,000		9,740,000

해답: ③

예제 4 | 재고자산감모손실 · 재고자산평가손실

(주)대한의 20×1년도 재고자산(상품 A)과 관련된 자료가 다음과 같을 때, 20×1년도 매출원가, 감모손실, 평가손실로 인식할 비용의 합계액은? 【'13. 세무사】

(1) 기초재고; ₩700,000 (재고자산평가충당금 ₩0)
(2) 매입액 ; ₩6,000,000
(3) 매출액 ; ₩8,000,000
(4) 기말재고: 장부수량 3,000개, 개당 취득원가 ₩200
실사수량 2,500개, 개당 순실현가능가치 ₩240
재고자산 감모 분 중 50%는 정상적인 것으로 판단되었다.

① ₩6,000,000 ② ₩6,050,000 ③ ₩6,100,000
④ ₩6,150,000 ⑤ ₩6,200,000

풀이 총비용(매출원가+감모손실)=기초재고액+당기매입액−기말재고액
∴ ₩700,000+6,000,000−500,000*=₩6,200,000
* 재무상태표상의 기말재고액=실제수량×저가(즉, 원가와 순실현가치 중 작은 금액)
이 문제의 경우에는 원가가 순실현가치보다 더 작으므로 원가로 평가한다.
따라서 재고자산평가손실은 없다.
∴ 기말재고자산=실제수량×원가=2,500×₩200=₩500,000

해답: ⑤

예제 5 | 재고자산평가손실(확정판매계약이 있는 경우)

상품매매업을 하는 (주)한국은 확정판매계약(취소불능계약)에 따른 판매와 시장을 통한 판매를 동시에 실시하고 있다. 다음은 (주)한국의 20×1년 말 보유 중인 재고내역이다.

종목	실사수량	당위당 취득원가	단위당 정상판매가격
상품 A	100개	₩150	₩160
상품 B	200개	200	230
상품 C	300개	250	260

(주)한국의 경우 확정판매계약에 따른 판매의 경우에는 판매비용이 발생하지 않으나, 시장을 통해 판매하는 경우에는 상품의 종목과 관계없이 단위당 ₩20의 판매비용이 발생한다. 재고자산 중 상품 B의 50%와 상품 C의 50%는 확정판매계약을 이행하기 위하여 보유하고 있는 재고자산이다. 상품 B의 단위당 확정판매계약가격은 ₩190이며, 상품 C의 단위당 확정판매계약가격은 ₩230이다. 재고자산 평가와 관련한 20×1년도 당기손익은? (단, 재고자산의 감모는 발생하지 않았다.)

【'15. 세무사】

① ₩5,000 ② ₩5,500 ③ ₩6,500
④ ₩7,500 ⑤ ₩8,000

풀이 상품 A 평가손실=100개×(₩150−140)= ₩1,000
상품 B 평가손실=200개×50%×(₩200−190)=₩1,000
상품 C 평가손실=300개×50%×(₩250−230)=₩3,000
300개×50%×(₩250−240)=₩1,500
재고자산평가손실 ₩6,500

해답: ③

예제 6 | 재고자산의 추정

다음은 봉봉(주)의 20×1년도 회계자료의 일부이다. 봉봉(주)의 20×1년도의 매출과 매입은 모두 외상으로 거래되었다.

① 기초외상매출금	₩500,000	② 기말외상매출금	₩900,000
③ 기초외상매입금	350,000	④ 기말외상매입금	480,000
⑤ 매출환입 및 에누리	10,000	⑥ 매입환출 및 에누리	5,000
⑦ 매입할인	8,000	⑧ 매출할인	7,000
⑨ 외상매출금 현금회수액	1,300,000	⑩ 외상매입금 현금지급액	1,100,000
⑪ 기초재고액	180,000	⑫ 기말재고액	250,000

봉봉(주)의 20×1년도 포괄손익계산서에 보고될 매출총이익은? 【'96. CPA】

① ₩544,000 ② ₩543,000 ③ ₩538,000
④ ₩540,000 ⑤ ₩539,000

풀이

외상매출금

기 초	500,000	현금회수	1,300,000
1) 순매출	1,700,000	기 말	900,000
	2,200,000		2,200,000

1) 대변항목에서 매출환입 및 에누리와 매출할인을 고려하면 총매출이 산출되는데 다시 순매출을 구하기 위해서는 총매출에서 매출환입 및 에누리와 매출할인을 또 차감해서 구해야 하므로 처음부터 대변항목에서 고려하지 않으면 바로 순매출이 산출된다.

재고자산

기 초	180,000	매출원가	1,160,000
순매입	1,230,000	기 말	250,000
	1,410,000		1,410,000

외상매입금

현금지급	1,100,000	기 초	350,000
기 말	480,000	순매입	1,230,000 2)
	1,580,000		1,580,000

2) 차변항목에서 매입환출 및 에누리와 매입할인을 고려하면 총매입이 산출되는데 다시 순매입을 구하기 위해서는 총매입에서 매입환출 및 에누리와 매입할인을 또 차감해서 구해야 하므로 처음부터 차변항목에서 고려하지 않으면 바로 순매입이 산출된다.

따라서, 매출총이익은 ₩1,700,000 − 1,160,000 = ₩540,000 **해답: ④**

참고로 위 자료로 포괄손익계산서를 작성해 보면 아래와 같다.

포괄손익계산서

Ⅰ. 매출액		1,700,000
Ⅱ. 매출원가		
1. 기초재고액	180,000	
2. 매 입 액	1,230,000	
계	1,410,000	
3. 기말재고액	△ 250,000	1,160,000
Ⅲ. 매출총이익(당기순이익)		540,000

>>> 객·관·식·문·제

1 재고자산에 관한 설명으로 옳은 것은? 【'14. 감평사】

① 후속 생산단계에 투입하기 전에 보관이 필요한 경우 이외의 보관원가는 재고자산의 취득원가에 포함 할 수 있다.

② 확정판매계약을 이행하기 위하여 보유하는 재고자산의 순실현가능가치는 계약가격에 기초하며, 확정판매계약의 이행에 필요한 수량을 초과하는 경우에는 일반 판매가격에 의존한다.

③ 재고자산의 지역별 위치나 과세방식이 다른 경우 동일한 재고자산에 다른 단위원가 결정방법을 적용할 수 있다.

④ 가중평균법의 경우 재고자산 원가의 평균은 기업의 상황에 따라 주기적으로 계산하거나 매입 또는 생산할 때마다 계산하여서는 아니된다.

⑤ 완성될 제품이 원가 이상으로 판매될 것으로 예상하는 경우에는 해당 원재료를 순실현가능가치로 감액한다.

풀이 ① 발생한 기간에 비용으로 인식한다.
② 옳다.
③ 지역별 위치나 과세방식이 다르다는 이유로 동일한 재고자산에 다른 단위원가 결정방법을 사용할 수 없다.
④ 가중평균법의 경우 재고자산 원가의 평균은 기업의 상황에 따라 주기적으로 계산하거나 매입 또는 생산할 때마다 계산할 수 있다.
즉, 총평균법뿐만 아니라 이동평균법도 가능하다.
⑤ 완성될 제품이 원가 이상으로 판매될 것으로 예상하는 경우에는 해당 원재료를 감액하지 아니한다.

2 재고자산의 측정에 관한 설명으로 옳지 않은 것은? 【'13. 감평사】

① 표준원가법으로 평가한 결과가 실제원가와 유사하지 않은 경우에는 편의상 표준원가법을 사용할 수 있다.

② 개별법은 통상적으로 상호 교환될 수 없는 항목이나 특정 프로젝트별로 생산되고 분리되는 재화 또는 용역에 적용하는 방법이다.

③ 생물자산에서 수확한 농림어업 수확물로 구성된 재고자산은 순공정가치로 측정하여 수확시점에 최초로 인식한다.

해답 1. ② 2. ①

④ 소매재고법은 이익률이 유사하고 품종변화가 심한 다품종 상품을 취급하는 유통업에서 실무적으로 다른 원가측정법을 사용할 수 없는 경우에 흔히 사용한다.

⑤ 후입선출법은 대부분의 경우 실제물량흐름과 반대라는 점, 재고층의 청산 시 수익-비용대응구조의 왜곡 등 여러 가지 비판으로 한국채택국제회계기준에서는 인정되지 않고 있다.

풀이 유사하지 않은 경우에는 → 유사한 경우에는

3 재고자산과 관련된 다음의 설명 중 옳지 않은 것은? 【'14. CPA】

① 회사가 실지재고조사법만을 사용하더라도 재고자산평가손실을 파악할 수 있다.

② 물가가 지속적으로 상승하는 경우 선입선출법 하의 기말재고자산금액은 평균법 하의 기말재고자산금액보다 작지 않다.

③ 선입선출 소매재고법을 사용할 경우 매출원가는 판매가능재고자산의 원가와 판매가를 이용하여 산출한 원가율을 매출액에 곱하여 결정한다.

④ 보유하고 있는 재고자산의 순실현가능가치 총합계액이 취득원가 총합계액을 초과하더라도 재고자산평가손실은 계상될 수 있다.

⑤ 보유하고 있는 재고자산이 확정판매계약의 이행을 위한 것이라면 동 재고자산의 순실현가능가치는 그 계약가격을 기초로 한다.

풀이 ① 평가손실은 실제수량을 기준으로 평가하므로 실지재고조사법인 경우에는 재고자산평가손실을 파악할 수 있다.
③ 선입선출법인 경우에는 원가율산정시 기초재고는 제외하고 구한다. 여기서 판매가능재고자산이란 기초재고액과 당기매입액을 합한 금액을 말한다.
④ 항목별로 저가법을 적용하므로 평가손실이 발생할 수 있다.

4 재고자산의 회계처리에 관한 설명으로 옳지 않은 것은? 【'10. 세무사】

① 재고자산의 단위원가 결정방법으로 후입선출법은 허용되지 않는다.

② 재고자산에 대한 단위원가 결정방법의 적용은 동일한 용도나 성격을 지닌 재고자산에 대해서는 동일하게 적용해야 하나, 지역별로 분포된 사업장이나 과세방식이 다른 사업장간에는 동일한 재고자산이라도 원칙적으로 다른 방법을 적용한다.

③ 재고자산은 서로 유사하거나 관련 있는 항목들을 통합하여 적용하는 것이 적절하지 않는 한 항목별로 순실현가능가치로 감액하는 저가법을 적용한다.

해답 3. ③ 4. ②

④ 완성될 제품이 원가이상으로 판매될 것으로 예상하는 경우에는 그 제품의 생산에 투입하기 위해 보유하는 원재료는 감액하지 아니한다.

⑤ 재고자산의 감액을 초래했던 상황이 해소되거나 경제상황의 변동으로 순실현가능가치가 상승한 명백한 증거가 있는 경우에는 최초의 장부금액을 초과하지 않는 범위내에서 평가손실을 환입한다.

풀이 지역별 위치나 과세방식이 다르다는 이유만으로 동일한 재고자산에 다른 단가결정방법을 사용할 수 없다.

5 재고자산의 측정에 관한 설명으로 옳지 않은 것은? 【'12. 관세사】

① 재고자산은 취득원가와 순실현가능가치 중 낮은 금액으로 측정한다.

② 재고자산의 취득원가는 매입원가, 전환원가 및 재고자산을 현재의 장소에 현재의 상태로 이르게 하는 데 발생한 기타 원가 모두를 포함한다.

③ 재료원가, 노무원가 및 기타제조원가 중 비정상적으로 낭비된 부분은 재고자산의 취득원가에 포함할 수 없다.

④ 소매재고법은 이익률이 유사하고 품종변화가 심한 다품종 상품을 취급하는 유통업에서 실무적으로 다른 원가측정법을 사용할 수 없는 경우에 흔히 사용된다.

⑤ 동일한 재고자산이라도 지역별 위치나 과세방식이 다른 경우에는 다른 단위원가 결정방법을 적용한다.

풀이 지역별 위치나 과세방식이 다르다는 이유만으로 동일한 재고자산에 다른 단가결정방법을 사용할 수 없다.

6 재고자산의 원가흐름 가정에 대한 다음의 설명 중 옳지 않은 것은? 【'06. '07. 감평사】

① 재고자산의 매입가격이 상승할 때 후입선출법을 적용하면 선입선출법보다 항상 매출원가가 더 많이 계상된다.

② 후입선출법을 사용하면 경영자의 불건전한 구매습관을 조장할 수 있다.

③ 개별법을 적용하면 경영자가 이익조작을 할 수 있다.

④ 선입선출법을 적용하면 재고감모가 없을 때 계속기록법과 실지재고조사법의 기말상품가액이 동일하게 산출된다.

⑤ 재고자산의 매입가격이 상승할 때 선입선출법을 사용하면 수익과 비용이 적정하게 대응되기 곤란하다.

풀이 물가가 상승하고 재고수량이 증가해야 한다.

해답 5. ⑤ 6. ①

7 한국채택국제회계기준은 재고자산 원가배분방법으로 후입선출법(LIFO)의 사용을 금지하였다. 그 이유는 후입선출법에 대한 여러 가지의 비판 때문일 것이다. 다음의 후입선출법에 대한 비판 중 타당하지 않은 것은? 【'10. CPA】

① 물가가 지속적으로 상승하는 경제하에서 재무상태표의 재고자산금액이 재고자산의 공정가치와 큰 차이가 있을 수 있어서 재무제표이용자의 의사결정을 오도할 수 있다.

② 물가가 지속적으로 상승하는 경제하에서 오래전에 구입한 재고자산의 재고층(inventory layer)이 청산되면 수익비용대응 구조가 왜곡된다.

③ 물가가 지속적으로 상승하는 경제하에서 경영진이 재고자산의 매입을 중단하거나 연기하는 방법으로 당기순이익을 증가시키는 등 이익조정의 가능성이 높다.

④ 물가가 지속적으로 상승하는 경제하에서 후입선출법하에서의 당기순이익이 선입선출법하에서의 당기순이익보다 적어지는데, 이는 후입선출법이 수익비용의 대응을 왜곡하는 일례이다.

⑤ 일반적인 기업의 경영활동에서 실제물량흐름이 후입선출일 가능성은 크지 않다.

풀이 ④항에서 언급된 수익 · 비용대응의 원칙은 비판이 아니라 장점에 해당된다.

8 재고수량이 증가하고 물가상승시를 가정하는 경우 다음중 맞는 것은?

【'98. CPA, '01, '03, '09. 감평사, '13. 관세사】

① 당기순이익: 후입선출법 > 평균법 > 선입선출법

② 기말재고: 후입선출법 > 평균법 > 선입선출법

③ 매출원가: 선입선출법 > 평균법 > 후입선출법

④ 현금흐름의 크기: 후입선출법 > 선입선출법 > 평균법

⑤ 법인세비용: 선입선출법 > 평균법 > 후입선출법

풀이 물가가 상승하고 재고자산이 증가하는 경우에는 당기순이익을 크게 표시하는 순서는 다음과 같다.

FIFO > 이동평균법 > 총평균법 > LIFO

따라서 당기순이익을 크게 표시한다는 의미는 기말재고를 크게 표시하여 매출원가를 작게 표시하게 하며 결국 당기순이익을 크게 표시하게 한다. 그리고 순이익이 커지면 법인세비용도 커진다. 법인세비용이 커지면 현금이 더 많이 유출되므로 다른 조건이 같다면 이익이 클수록 현금흐름의 크기는 더 작다.

해답 7. ④ 8. ⑤

9 재고자산 회계에 관한 다음의 내용 중에서 가장 맞는 것은? 【'01. 세무사】

① 선입선출법을 사용하면, 계속기록법 하에서 보다 실지재고조사법 하에서의 매출원가가 더 작게 계상된다.

② 만일 재고자산의 매입단가가 변동이 없다면, 원가흐름에 관한 어떠한 가정도 매출원가에 영향을 주지 못하지만, 기말재고의 원가에는 영향을 준다.

③ 만일 재고수준이 매 회계연도 말이 0(零)이 된다면, 선입선출법 하의 매출원가가 가장 낮게 계상된다.

④ 재고자산의 매입단가가 꾸준히 상승하는 경우 재고자산이 증가하는 한 후입선출법에 의한 매출원가는 계속기록법보다는 실지재고조사법하에서 항상 더 크다.

⑤ 재고자산의 매입단가가 꾸준히 상승하는 기간에 후입선출법을 사용하면 다른 방법보다 재고자산이 과대하게 계상되도록 한다.

풀이 ① 같다.
② 기말재고액에도 영향이 없다.
③ 모두 같다.
④ 옳다.
⑤ 재고자산이 과소계상된다.

10 다음은 상품매입과 매출에 대한 회계처리방법인 계속기록법과 실지재고조사법에 관한 설명들이다. 옳지 않은 것은? 【'98. 세무사】

① 계속기록법에서는 상품관련계정의 결산정리분개가 요구된다.

② 계속기록법에서는 판매가 이루어질 때마다 당해 판매로 인한 매출원가를 계산하여야 한다.

③ 계속기록법은 기중에도 상품계정의 잔액을 구하며 재고상품의 금액을 파악할 수 있다.

④ 실지재고조사법에서는 기말에 실제로 남아있는 재고금액을 조사하여 매출원가를 기말에 산출한다.

⑤ 계속기록법을 사용하더라도 기말의 정확한 재고를 파악하기 위하여 실지재고조사법을 병행하여 사용할 수 있다.

풀이 계속기록법에서는 판매시에 매출원가에 대한 기록을 하기 때문에 결산정리분개가 필요없다.

해답 9. ④ 10. ①

11 기말재고조사법으로 회계처리하는 회사가 연말에 상품외상구입에 대한 기록을 하지 않았다. 이 상품이 기말재고실사시 누락되었다고 할 때 기말의 자산, 부채, 자본과 당회계연도의 순이익에 미치는 영향은? 【'01, '02. 감평사】

	자 산	부 채	자 본	당기순이익
①	영향 없음	과소 계상	과대 계상	과대 계상
②	영향 없음	과대 계상	과소 계상	과소 계상
③	과소 계상	과소 계상	영향 없음	영향 없음
④	과소 계상	영향 없음	과소 계상	과소 계상

풀이 생략된 분개를 표시하면 다음과 같다.

① 외상매입기록 누락: (차) 매 입 ××× (대) 외상매입금 ×××

② 기말재고실사 누락: (차) 이월상품 ××× (대) 매 입 ×××
(재고자산)

따라서 당기순이익 및 자본에 미치는 영향은 없으며 재고자산과 유동부채가 과소표시된다.

12 다음은 (주)서울의 20×9년 단일상품거래와 관련한 자료이다.

• 기초재고	₩120,000	• 당기매입	₩500,000
• 매입운임	15,000	• 보험료	2,000
• 하역료	3,000	• 매입할인	2,000
• 재고자산평가손실	1,000	• 매입에누리	13,000
• 관세납부금	7,000	• 관세환급금	5,000
• 정상감모손실	3,000	• 비정상감모손실	2,000
• 저가기준평가 및 감모손실 조정 후 기말재고			75,000

(단, 정상감모손실과 재고자산평가손실은 매출원가에 포함한다.)

상기 자료에 의한 (주)서울의 20×9년 매출원가는 얼마인가? 【'09. CPA 수정】

① ₩547,000 ② ₩550,000 ③ ₩552,000
④ ₩555,000 ⑤ ₩557,000

풀이 순매입 = ₩500,000 + 15,000 + 2,000 + 3,000 − 2,000 − 13,000 + 7,000* = ₩512,000

매출원가 = 기초원가 + 순매입 − 영업외비용 − 관세환급금* − 기말재고
= ₩120,000 + 512,000 − 2,000 − 5,000 − 75,000 = ₩550,000

* 관세납부금은 재고자산원가에 포함하고 관세환급금은 매출원가에서 차감한다.

해답 11. ③ 12. ②

13 (주)영주의 20×1년 초의 기초재고액은 ₩200,000, 당기매입액은 ₩500,000이며, 기말 실사 결과 창고에 보유중인 재고자산은 ₩50,000이다. 당기 말 현재 재고자산 관련 추가자료는 다음과 같다.

항 목	원 가	비 고
미착상품	₩30,000	선적지 인도조건의 매입상품이 현재 운송중이다.
적송품	100,000	해당 금액 중 수탁자가 40%를 판매완료한 상태이다.
시용품	30,000	해당 금액 중 고객이 매입의사표시를 한 금액은 ₩10,000이다.
재구매조건부 판매	40,000	
저당상품	20,000	기말재고자산 실사에 포함되었다.
반품가능판매	60,000	반품액의 합리적으로 추정이 불가능하다.

위의 자료를 이용하여 (주)영주의 매출원가를 계산하면 얼마인가?

【'10, '12, '14. 감평사】

① ₩400,000　　② ₩420,000
③ ₩440,000　　④ ₩460,000
⑤ ₩500,000

풀이 기말재고액=₩50,000+30,000+100,000×60%+20,000+40,000+60,000=₩260,000
∴ 매출원가=₩200,000+500,000−260,000=₩440,000

14 (주)감평은 20×1년 12월 말 현재 창고에 보관중인 상품재고를 실사한 결과, 금액이 ₩2,000,000임을 확인하였다. 다음 자료를 반영하여 계산한 기말상품재고액은?

【'15. 감평사】

(1) 거래처에 FOB 도착지 인도조건으로 발송한 상품(원가 ₩400,000)이 20×1년 말 현재 운송 중에 있다.
(2) 20×1년 12월 28일에 고객에게 발송한 시송품(원가 ₩200,000) 가운데 20×1년 말까지 매입의사표시를 해 온 금액이 ₩120,000이다.
(3) 20×1년 12월 15일에 거래처에 반품가능판매 조건으로 상품(원가 ₩500,000)을 판매하였다. 12월 말까지 반품된 상품은 없으며, 반품률은 10%로 신뢰성 있게 추정된다.

해답 13. ③ 14. ②

① ₩2,130,000 ② ₩2,480,000
③ ₩2,530,000 ④ ₩2,980,000
⑤ ₩3,100,000

풀이 기말재고자산=₩2,000,000+400,000+(200,000−120,000)=₩2,480,000
참고로, 판품가능판매조건인 경우에 반품가능성을 신뢰성 있게 추정할 수 있으므로 수익으로 인식한다. 따라서 기말재고자산에 포함시키지 않는다.

15 (주)대한이 실지재고조사법으로 재고자산을 실사한 결과 20×1년말 현재 창고에 보관하고 있는 재고자산의 실사금액은 ₩5,000,000으로 집계되었다. 추가자료는 다음과 같다.

(1) 20×1년 10월 1일 ㈜대한은 ㈜서울에 원가 ₩500,000의 상품을 인도하고, 판매대금은 10월말부터 매월 말일에 ₩200,000씩 4개월에 걸쳐 할부로 수령하기로 하였다.
(2) ㈜대한은 20×1년 11월 1일에 ㈜충청과 위탁판매계약을 맺고 원가 ₩2,000,000의 상품을 적송하였다. ㈜충청은 20×1년말까지 이 중 60%만을 판매완료하였다.
(3) 20×1년말 ㈜대한은 ㈜경기에 원가 ₩1,200,000의 상품을 ₩1,600,000에 판매 즉시 인도하면서, ㈜경기가 ㈜대한에게 동 상품을 ₩1,800,000에 재매입하도록 요구할 수 있는 풋옵션을 부여하는 약정을 체결하였다.
(4) 20×1년 12월 1일에 ㈜대한은 제품재고가 없어 생산중인 제품에 대한 주문을 ㈜강원으로부터 받아 이를 수락하고 동 제품에 대한 판매대금 ₩1,500,000을 전부 수령하였다. 20×1년말 현재 동 제품은 생산이 완료되었으며 ㈜대한은 이를 20×2년 1월 5일에 ㈜강원에 인도하였다. 동 제품의 제조원가는 ₩1,000,000이고 실사금액에 포함되어 있다.

추가자료의 내용을 반영하면 ㈜대한의 20×1년 말 재무상태표에 보고될 재고자산은 얼마인가? 【'15. CPA】

① ₩4,800,000 ② ₩5,200,000 ③ ₩6,000,000
④ ₩6,200,000 ⑤ ₩7,000,000

풀이 기말재고액=₩5,000,000+2,000,000×40%+1,200,000=₩7,000,000
※ (4)의 경우→ 생산중인 재화나 제3자가 고객에게 직접 인도하는 재화의 경우 고객에게 재화를 인도하는 시점에 수익을 인식한다. 따라서 20×1년도에 판매한 것이 아니므로 ₩1,000,000을 당기말 기말재고액에 포함해야 한다.

해답 15. ⑤

16 다음은 (주)대한의 20×8년도 매입과 매출에 관한 자료이며, 재고자산의 평가방법으로 평균법을 적용하고 있다. 실지재고조사법 또는 계속기록법을 적용한다고 가정할 경우 20×8년의 매출원가는 각각 얼마인가? (단, 장부상 재고와 실지재고는 일치한다.)

【'15. 관세사, '09. 세무사】

일 자	적 요	수 량	매입단가	금 액
1월 1일	기초재고	100개	₩50	₩ 5,000
3월 1일	매 입	200개	65	13,000
5월 1일	매 출	(200개)		
7월 1일	매 입	200개	75	15,000
9월 1일	매 출	(100개)		
10월 1일	매 입	50개	77	3,850

	실지재고조사법	계속기록법
①	₩16,750	₩17,850
②	₩16,750	₩19,000
③	₩19,000	₩20,100
④	₩20,100	₩17,850
⑤	₩20,100	₩19,000

풀이 (1) 기말재고액 계산

총평균법 = 250개 × ₩67* = 16,750

* (5,000 + 31,850)/550개 = ₩67

이동평균법 = 250개 × ₩71.4* = 17,850

* (200 × 70 + 50 × 77)/250개 = ₩71.4

(2) 매출원가 계산

총평균법 = 기초재고 + 순매입액 − 기말재고 = 5,000 + 31,850 − 16,750 = 20,100

이동평균법 = 기초재고 + 순매입액 − 기말재고 = 5,000 + 31,850 − 17,850 = 19,000

또는 매출원가를 직접 구하면,

총평균법 = 300개 × ₩67 = 20,100

이동평균법 = 200 × {(5,000 + 13,000) ÷ 300} + 100 × {(100 × 60 + 200 × 75) ÷ 300} = 19,000

17 (주)서울은 재고자산에 대한 평균원가법을 적용하고 있다. 실지재고조사법 또는 계속기록법을 적용하였다고 가정할 경우, 다음 자료를 이용한 2월의 매출원가는 각각 얼마인가?

【'01. CPA】

해답 16. ⑤ 17. ①

〈자 료〉

날 짜	적 요	수 량	단 가	금 액
2월 1일	기초재고	1,000개	₩10	₩10,000
2월 10일	매 입	2,000개	11	22,000
2월 20일	매 출	(2,000개)		0
2월 25일	매 입	1,000개	12	12,000
2월 28일	기말재고	2,000개		

	실지재고조사법	계속기록법
①	₩22,000	₩21,333
②	21,000	21,000
③	21,000	22,000
④	26,000	21,333
⑤	22,000	22,000

풀이 실사법에서의 평균법은 총평균법을 의미하며 계속기록법에서의 평균법은 이동평균법을 의미한다.

(1) 총평균법

매출원가 = 2,000 × ₩11 [1] = ₩22,000

1) 총평균단가 = 44,000 ÷ 4,000개 = ₩11

(2) 이동평균법

매출원가 = 2,000 × ₩10.667 [2] = ₩21,333

2) 2/10 이동평균단가 = (1,000 × 10 + 2,000 × 11) ÷ 3,000 = ₩10.667

18 (주)한국은 재고자산에 대해 실지재고조사법을 적용하고 있다. 20×9년 7월중 상품거래 자료가 다음과 같을 때 7월의 선입선출법과 평균법에 의한 매출원가 차액은 얼마인가? (단, 장부상의 재고와 실지재고는 일치하며, 재고자산평가손실은 없다.)

【'93, '07, '09. 감평사】

일 자	적 요	수 량	매입단가	금 액
7월 1일	월초재고	200개	₩100	₩20,000
7월 10일	매 입	300개	110	33,000
7월 15일	매 출	400개	–	–
7월 20일	매 입	200개	120	24,000
7월 25일	매 출	200개	–	–

해답 18. ③

① ₩0 ② ₩500 ③ ₩1,000
④ ₩1,500 ⑤ ₩2,000

풀이 (1) 총평균법단가 = ₩77,000 ÷ 700 = ₩110
∴ 기말재고액 = 100 × ₩110 = ₩11,000
(2) 선입선출법 기말재고액 = 100 × ₩120 = ₩12,000
∴ 기말재고액의 차이 = ₩12,000 − 11,000 = ₩1,000
따라서, 기초재고액이 같고 기말재고액이 총평균법이 ₩1,000 더 작으므로 매출원가는 ₩1,000 더 크다.
참고로, 기말재고액을 구하지 않고 매출원가를 직접계산해도 결과는 마찬가지이다.
총평균법에 의한 매출원가 = 600 × ₩110 = ₩66,000
선입선출법에 의한 매출원가 = 200 × ₩100 + 200 × ₩110 + 100 × ₩110 + 100 × ₩120 = ₩65,000

19 다음은 CY백화점의 1993년 11월 1일부터 1993년 11월 30일까지 재고자산과 관련된 자료이다.

항 목	원 가	소매가
기초재고액(1993.11.1)	₩8,000	₩13,000
매 입	90,000	138,000
매입운임	4,500	−
매 출	−	120,000
매출환입	−	7,000
종업원 할인	−	800
정상적인 파손	−	1,600
매입할인	400	−
순 인 상	−	650
순 인 하	−	2,000
재해손실(비정상적)	4,218	5,800
매입환출	1,000	1,250

CY백화점은 원가흐름가정으로 평균법을 채택하고 저가에 의해 평가하고 있다. 소매재고법에 의해 1993년 11월 30일의 재고자산 원가를 추정하면 얼마가 되겠는가?

【'89, '09. CPA】

① ₩18,224 ② ₩19,682
③ ₩19,848 ④ ₩20,012
⑤ ₩20,172

해답 19. ①

풀이 매가기말재고액 = ₩13,000 + 138,000 − 1,600 + 650 − 2,000 − 5,800 − 1,250 − (120,000 − 7,000 + 800) = ₩27,200

$$원가율 = \frac{₩8,000 + 90,000 + 4,500 - 400 - 4,218 - 1,000}{₩13,000 + 138,000 + 650 - 5,800 - 1,250} = \frac{96,882}{144,600} = 67\%$$

∴ 원가기말재고액 = ₩27,200 × 0.67 = ₩18,224

참고로 매입할인은 매입액조정항목이므로 매입에누리처럼 원가율 계산시에 매입액에서 차감한다.

20 (주)현대백화점은 선입선출법에 의한 저가기준 소매재고법을 이용하여 재고자산을 평가하고 있으며, 재고자산 관련자료는 다음과 같다. 【'96, '06, '10. 감평사, '13. CPA】

	원 가	소 매 가
기초재고액	₩2,000,,000	₩3,000,000
당기총매입액	6,000,000	9,600,000
매입운반비	100,000	
매입할인	318,000	
당기매출액		10,000,000
종업원할인		500,000
순인상액		200,000
순인하액		300,000

(주)현대백화점이 20×1년도 포괄손익계산서에 인식할 매출원가는 얼마인가?

① ₩6,502,000 ② ₩6,562,000

③ ₩6,582,000 ④ ₩6,602,000

⑤ ₩6,642,000

풀이 (1) 매가기말재고액 계산

매가기말재고액=₩3,000,000+9,600,000+200,000−300,000−(10,000,000+500,000)
=₩2,000,000

(2) 원가율 계산

$$원가율 = \frac{₩6,000,000 + 100,000 - 318,000}{₩9,600,000 + 200,000} = 0.59$$

(3) 매출원가 계산

원가기말재고액=₩2,000,000 × 0.59=₩1,180,000

∴ 매출원가=₩2,000,000+6,000,000+100,000−318,000−1,180,000=₩6,602,000

해답 20. ④

21 현대백화점은 매출가격환원법에 의하여 기말재고자산을 평가하고 있으며, 다음은 재고자산에 관한 자료이다.

	원 가	판매가
기초재고	₩250,000	₩300,000
매 입	₩1,500,000	₩1,700,000
매입환출	₩100,000	₩100,000
매입할인	₩23,000	
매입운임	₩50,000	
순인상액		₩200,000
순인하액		₩4,000
총 매 출		₩1,800,000
매출환입		₩300,000
종업원할인		₩90,000
정상적감모손실	₩1,400	₩5,000
비정상적감모손실	₩8,200	₩10,000

원가흐름가정을 평균법으로 하여 계산한 기말재고자산의 원가는 얼마인가?

【'02. CPA, '08, '05. 감평사】

① ₩228,000 ② ₩307,500
③ ₩392,800 ④ ₩432,000
⑤ ₩491,000

풀이 매가기말재고액 = ₩300,000 + 1,700,000 − 100,000 + 200,000 − 4,000 − 5,000 − 10,000 − (1,800,000 + 90,000 − 300,000)
= ₩491,000

$$\text{원가율} = \frac{₩250,000 + 1,500,000 - 100,000 - 23,000 + 50,000 - 8,200}{₩300,000 + 1,700,000 - 100,000 + 200,000 - 4,000 - 10,000} = 80\%$$

∴ 원가기말재고액 = ₩491,000 × 80% = ₩392,800

22 (주)한국의 20×1년 상품과 관련된 내용은 다음과 같다.

구 분	기초재고	당기매입
원 가	₩14,000	₩51,000
판매가	15,000	85,000

해답 21. ③ 22. ③

20×1년도 매출(판매가)은 ₩74,000이고, 20×1년 말 상품의 순실현가능가치는 16,000이다. (주)한국은 상품의 원가측정 방법으로 소매재고법을 선택하였다. 원가흐름에 대한 가정으로 평균법을 적용하는 경우와 선입선출법을 적용하는 경우 각각의 평가방법에 따른 상품평가손실액의 차이는? (단, 평가손실충당금의 기초잔액은 없는 것으로 한다.) 【'13. 감평사】

① ₩400 ② ₩600

③ ₩900 ④ ₩1,000

⑤ ₩1,300

풀이 (1) 매가기말재고액=₩15,000+85,000−74,000=₩26,000

(2) 원가율계산

① 평균법 ; 원가율= $\frac{₩14,000+51,000}{₩15,000+85,000}$ =0.65

② 선입선출법; 원가율= $\frac{₩51,000}{₩85,000}$ =0.6

(3) 원가기말재고액

① 평균법 ; ₩26,000×0.65=₩16,900

② 선입선출법; ₩26,000×0.6= ₩15,600

(4) 평가손실계산

① 평균법 ; 원가 ₩16,900
순실현가치 16,000
평가손실 ₩900

① 선입선출법 ; 원가 15,600
순실현가치 ₩16,000
평가손실 ₩0

※ 선입선출법에서는 순실현가치가 원가보다 크므로 평가손실이 발생하지 않는다.

∴ 두 방법간의 평가손실의 차이는 ₩900이다.

23 (주)대한은 소매재고법으로 재고자산을 평가하고 있으며, 원가흐름에 대한 가정으로 가중평균(평균원가)법을 사용하여 원가율을 산정한다. 20×1년에 (주)대한의 재고자산 관련 자료는 다음과 같다.

	원 가	소매가
기초재고액	?	₩120,000
당기매입액	₩650,000	800,000

해답 23. ①

당기매출액	700,000
순인상액	80,000

당기 중 매입할인 ₩20,000과 종업원할인 ₩50,000이 있으며, 이 외에 (주)대한의 매입 및 매출에 영향을 주는 항목은 없다. 20×1년 (주)대한의 포괄손익계산서상 매출원가가 ₩525,000일 때 기초재고액은 얼마인가? 【'15. CPA】

① ₩70,000 ② ₩80,000

③ ₩85,000 ④ ₩90,000

⑤ ₩105,000

풀이 (1) 매가 기말재고액 계산

₩120,000+800,000+80,000−(700,000+50,000)=₩250,000

(2) 원가율

기초재고액(원가)을 x라고 하면,

$$\text{원가율} = \frac{x + ₩650,000 - 20,000}{₩120,000 + 800,000 + 80,000} = \frac{x + ₩630,000}{₩1,000,000}$$

(3) 원가기말재고액 계산

$$\text{원가기말재고액} = \text{매가기말재고액} \times \text{원가율} = ₩250,000 \times \frac{x + ₩630,000}{₩1,000,000}$$

$$= 0.25 \times (x + 630,000)$$

(4) 원가 기초재고액 계산

기초재고액+순매입액=매출원가+기말재고액 이므로,

$x+(650,000-20,000)=525,000+0.25\times(x+630,000)$

∴ x(기초재고액)=₩70,000

24 (주)한국은 현재 사용 중인 재고자산 평가방법의 변경을 검토하고 있다. 다음 자료는 (주)한국이 각각의 재고자산 평가방법을 적용하였을 경우의 당기 재고자산과 관련된 자료이다. 보고되는 당기 매출총이익이 큰 순서로 재고자산 평가방법을 배열한 것은? (단, 재고자산 평가방법의 변경은 정당한 회계정책의 변경으로 소급적용할 수 있다.) 【'12. 관세사】

	기초재고	기말재고
• 총평균법	₩100,000	₩120,000
• 이동평균법	₩109,000	₩133,000
• 선입선출법	₩115,000	₩140,000
• 개별법	₩98,000	₩117,000

해답 24. ③

① 총평균법 > 이동평균법 > 선입선출법 > 개별법
② 이동평균법 > 총평균법 > 선입선출법 > 개별법
③ 선입선출법 > 이동평균법 > 총평균법 > 개별법
④ 개별법 > 총평균법 > 이동평균법 > 선입선출법
⑤ 총평균법 > 이동평균법 > 개별법 > 선입선출법

풀이 기말재고액 > 기초재고액이므로
(기말재고액-기초재고액)의 차이가 클수록 이익은 커진다.
따라서, 다음의 순서대로 이익이 크다.
선입선출법＝₩140,000－115,000＝₩25,000
이동평균법＝₩133,000－109,000＝₩24,000
총평균법＝₩120,000－100,000＝₩20,000
개별법＝₩117,000－98,000＝₩19,000

25 (주)대한은 선입선출법을 적용하여 재고자산을 평가하고 있다. 20×1년 기초재고자산은 ₩30,000이며 기말재고자산은 ₩45,000이다. 만일 평균법을 적용하였다면 기초재고자산은 ₩25,000 기말재고는 ₩38,000이다. 선입선출법 적용시 (주)대한의 20×1년 매출총이익이 ₩55,000이라면 평균법 적용 시 (주)대한의 20×1년 매출총이익은?

【'91, '00, '09, '13. 감평사】

① ₩43,000 ② ₩53,000
③ ₩55,000 ④ ₩57,000
⑤ ₩67,000

풀이 선입선출법; ₩45,000−30,000=₩15,000
평균법 ; ₩38,000−25,000= 13,000
매출총이익의 차이 ₩2,000
따라서, 선입선출법이 평균법보다 매출총이익이 ₩2,000 더 크다.
∴ 평균법 매출총이익=₩55,000−2,000=₩53,000

26 (주)한국은 재고자산 수량결정과 관련하여 계속기록법을 채택하고 있다. 다음은 계속기록법으로 작성한 (주)한국의 20×0년의 매출원가와 관련된 자료이다.

	수량	단가	합계
20×0년 초 재고자산	100개	₩300	₩30,000
20×0년 매입액	200개	300	60,000
20×0년 말 재고자산	150개	300	45,000

해답 25. ② 26. ③

(주)한국이 20×0년 말 재고자산을 실사한 결과 재고자산감모수량이 30개(재고자산감모손실 ₩9,000)발생하였다. 또한, (주)한국은 20×0년 말 재고자산의 단위당 순실현가능가치가 ₩200으로 하락하여 재고자산평가손실을 인식하여야 한다. (주)한국이 20×0년도에 인식할 재고자산평가손실은 얼마인가? (단, 재고자산감모손실을 먼저 인식한 후 재고자산평가손실을 산출함을 가정하고, 기초재고자산에 대한 평가충당금은 없었음)

【'98, '04, '10. 감평사】

① ₩6,000　② ₩9,000　③ ₩12,000
④ ₩15,000　⑤ ₩18,000

풀이 재고자산감모손실＝30개×₩300＝₩9,000
재고자산평가손실＝120개×(₩300－₩200)＝₩12,000

27 영업 첫 해인 20×1년 말 현재 (주)대한이 보유하고 있는 재고자산에 관한 자료는 다음과 같다. 【'13. 감평사】

구분	수량	단위당 원가	단위당 현행대체원가 혹은 순실현가능가치
원재료	1,000 단위	₩500	₩350
제 품	2,000 단위	2,700	3,000
상 품	1,500 단위	2,500	2,350

(주)대한은 원재료를 사용하여 제품을 직접 생산-판매하며, 상품의 경우 다른 제조업자로부터 취급하여 적절한 이윤을 덧붙여 판매하고 있다. 20×1년도 (주)대한이 인식해야 할 재고자산평가손실은?

① ₩0　② ₩225,000
③ ₩275,000　④ ₩325,000
⑤ ₩375,000

풀이 재고자산평가손실(상품)=1,500×(₩2,500−2,350)=₩225,000
여기서, 제품의 경우에는 순실현가능가치가 원가보다 크므로 평가손실이 발생하지 않으며, 원재료의 경우에도 현행대체원가가 원가보다 작아서 평가손실이 발생하고는 있으나 제품의 원가보다 순실현가능가치가 더 커서 이익을 내고 있으므로 평가손실을 인식하지 않는다.

해답 27. ②

28 20×1년 초에 설립한 (주)대한은 20×1년 말 다음과 같이 성격과 용도가 다른 세 종목의 상품을 보유하고 있다.

구분	수량	단위당 원가	단위당 예상판매가격	단위당 예상판매비용
A상품	1,800개	₩1,000	₩1,100	₩50
B상품	1,000개	950	950	50
C상품	500개	1,200	1,150	100

(주)대한의 기말재고에는 확정판매계약(단위당 계약가격: ₩950)을 이행하기 위하여 보유한 A상품 1,300개가 포함되어 있으며, 확정판매계약 이행을 위한 판매비용은 발생하지 않는다. (주)대한이 20×1년도 포괄손익계산서에 반영할 재고자산평가손실은?

【'14. 관세사, '13. 세무사】

① ₩65,000 ② ₩75,000
③ ₩115,000 ④ ₩125,000
⑤ ₩190,000

풀이 성격과 용도가 다르므로 항목별로 평가한다.

구분	원 가	순실현가치	평가손실
A	1,300,000*	1,235,000*	65,000
B	950,000	900,000	50,000
C	600,000	525,000	75,000

∴ 재고자산평가손실=₩65,000+ 50,000+ 75,000=₩190,000

* A상품의 경우에는 1,300개에 대해서는 확정판매계약이므로 ₩950으로 평가하며, 나머지 500개에 대해서는 순실현가치보다 원가가 더 작으므로 평가손실이 발생하지 않는다.

∴ 순실현가능가치=1,300개×₩950=₩1,235,000

원가=1,300개×₩1,000=₩1,300,000

참고로,

기말재고액=1,300개×₩950+500×1,000+900,000+525,000=₩3,160,000

29 (주)OK의 기말상품과 관련한 정보는 다음과 같다.

상품명	취득원가	판매가	판매처분시까지의 소요비용
A	₩25,000	₩28,000	₩2,000
B	₩25,000	₩24,000	₩2,000

해답 28. ⑤ 29. ②

C	₩25,000	₩23,000	₩2,000
기초상품재고액 ₩70,000			
당기상품매입액 ₩700,000			

이 회사가 재고자산 평가를 종목별 기준을 적용한 저가법에 의할 경우 매출원가는 얼마인가? (단, 평가손실은 매출원가에 포함한다.) 【'05. 감평사】

① ₩695,000 ② ₩702,000 ③ ₩705,000
④ ₩710,000 ⑤ ₩713,000

풀이

재고자산

기 초	70,000	매출원가	702,000
순매입액	700,000	기 말	68,000 *
	770,000		770,000

* 재고자산은 저가법평가이므로 원가와 순실현가치중 더 적은 금액으로 평가한다.

상품명	원 가	순실현가치
A	₩25,000	₩26,000
B	25,000	22,000
C	25,000	21,000

∴ 기말재고액 = ₩25,000 + 22,000 + 21,000 = ₩68,000

30 (주)OK의 상품에 관련된 다음 자료를 활용할 때 재무상태표상 기말재고와 손익계산서상 매출원가로 계상될 금액은 각각 얼마인가? 【'06. 세무사】

(1) 기초 재고	₩78,000
(2) 당기매입액	150,000
(3) 취득원가로 파악한 기말재고액	43,500
(4) 수량감소를 조정한 후 순실현가능가액	39,000
(5) 정상감모손실	2,000
(6) 비정상감모손실	1,000
(7) 재고자산평가손실	1,500
(8) 재고자산평가손실과 정상감모손실은 매출원가에 포함한다.	

	기말재고	매출원가
①	₩39,000	₩185,500
②	40,000	188,000

해답 30. ③

③	39,000	188,000
④	40,000	185,000
⑤	39,000	184,500

풀이

재고자산

기 초	78,000	매출원가	188,000
순매입액	150,000	비정상감모손실	1,000 1)
		기 말	39,000 2)
	228,000		228,000

1) 비정상감모손실은 영업외비용으로 분류한다.
2) 순실현가능가치는 재무상태표상의 기말재고액이 된다.

31 CY회사는 5년 전에 영업을 시작하였다. 1994년 7월 5일 창고에 화재가 발생하여 모든 재고자산이 불에 타고 대부분의 회계기록이 없어졌다. 파악 가능한 관계자료는 다음과 같다. CY회사의 당기 매입과 매출은 모두 외상으로 이루어졌다.【'12, '94. 감평사】

	1994년 1월 1일	1994년 7월 5일
(1) 재고자산	₩100,000	?
(2) 외상매출금	130,000	₩110,000
(3) 외상매입금	80,000	120,000
(4) 1월1일~7월5일까지 외상매출금 회수액		680,000
(5) 1월1일~7월5일까지 외상매입금 지급액		500,000
(6) 1994년 7월 5일 현재위탁상품원가		50,000

단, CY회사의 과거 3년간 평균 매출총이익률은 40%이었다. CY회사의 화재로 인한 손실액은 얼마인가?

① ₩326,000 ② ₩244,000 ③ ₩224,000
④ ₩194,000 ⑤ ₩174,000

풀이

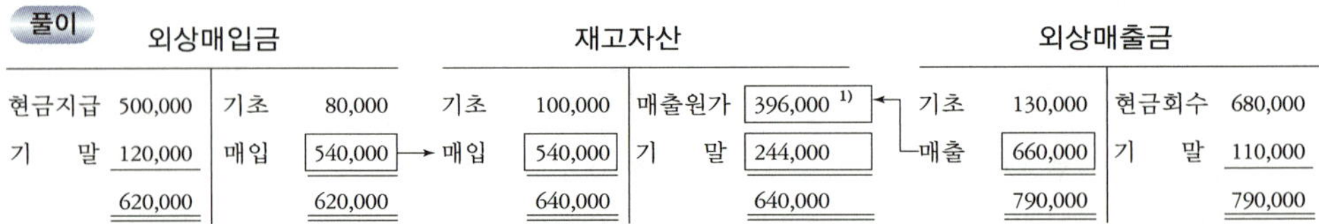

외상매입금

현금지급	500,000	기초	80,000
기 말	120,000	매입	540,000
	620,000		620,000

재고자산

기초	100,000	매출원가	396,000 1)
매입	540,000	기 말	244,000
	640,000		640,000

외상매출금

기초	130,000	현금회수	680,000
매출	660,000	기 말	110,000
	790,000		790,000

1) ₩660,000 × (1 − 0.4) = ₩396,000

따라서 장부상 기말재고액은 ₩244,000인데 이중에서 수탁자가 보관하고 있는 상품이 ₩50,000이 있으므로 화재손실액은 ₩244,000 − 50,000 = ₩194,000이다.

32 다음은 (주)국제의 재무상태표상 외상매출자료이다. 【'07, '08. 감평사】

	20×1년	20×2년
매출채권	₩1,000,000	₩1,300,000
대손충당금	80,000	50,000
재고자산	300,000	400,000
매입채무	400,000	200,000

(주)국제는 재고자산을 모두 외상매입하고 있으며, 20×2년 중에 매입채무 ₩1,700,000을 현금으로 지급하였다. 20×2년 결산기말에 대손상각비 ₩40,000을 설정하였으며, 기중 대손상각비 인식액은 없다. 전산시스템상 분석에 의하면 20×2년 매출총이익률은 30%이고, 매출은 전액 외상매출이다. (주)국제가 20×2년 현금으로 회수한 외상매출금은 얼마인가?

① ₩1,400,000　　② ₩1,430,000

③ ₩1,630,000　　④ ₩1,800,000

⑤ ₩2,000,000

풀이

외상매출금

기　초	1,000,000	현　금	1,630,000
순 매 출	2,000,000 *	대손충당금	70,000 [2)]
		기　말	1,300,000
계	3,000,000	계	3,000,000

* ₩1,400,000 [1)] ÷ (1 − 30%) = ₩2,000,000

1) 재고자산계정에서 구한다.

2) 대손충당금계정에서 구한다.

대손충당금

외상매출금	70,000	기　초	80,000
기　말	50,000	대손상각비	40,000
계	120,000	계	120,000

해답 32. ③

재고자산

기 초	300,000	매출원가	1,400,000
순 매 입	1,500,000 [3]	기 말	400,000
계	1,800,000	계	1,800,000

3) 외상매입금계정에서 구한다.

외상매입금

현 금	1,700,000	기 초	400,000
기 말	200,000	순 매 입	1,500,000
계	1,900,000	계	1,900,000

33 1990년 4월 30일에 CY회사에 화재가 발생하여 보유하고 있던 상품 재고가 모두 소실되었다. 이와 관련된 자료는 다음과 같다. 【'90. 감평사】

(1) 매출액(1990.1.1~1990.4.30) ₩360,000
(2) 매입액(1990.1.1~1990.4.30) ₩330,000
(3) 기초재고(1990.1.1) ₩80,000
단, 기초재고는 조사결과 ₩10,000만큼 과대계상되어 있는 수치이다.
(4) 위의 매입금액 중에는 F.O.B선적지 기준으로 선적된 상품 ₩40,000이 포함되어 있는 수치이다.
(5) 원가에 대한 이익률: 20%

화재로 인한 소실된 재고는 얼마인가?

① ₩70,000 ② ₩60,000
③ ₩110,000 ④ ₩100,000
⑤ ₩72,000

풀이

재고자산

기 초	70,000	매출원가	300,000 [1]
매 입	330,000	기 말	100,000
	400,000		400,000

1) ₩360,000 $\times \frac{1}{1.2}$ = ₩300,000

따라서, 장부상 기말재고액은 ₩100,000인데 이 중에 미착상품이 ₩40,000 포함되어 있으므로 화재손실액은 ₩100,000 − 40,000 = ₩60,000이다.

참고로, 화재손실액계산시에는 다음의 금액은 제외한다.

① 화재를 면한 재고 ② 파손품평가액 ③ 적송품 ④ 미착상품 ⑤ 시송품 등

해답 33. ②

→ 즉 기말재고자산에는 포함하나 창고에 없는 재고는 제외한다.

34 (주)관세는 20×1년 8월 21일 발생한 홍수로 인하여 보유하고 있던 재고자산이 손상되었다. (주)관세의 20×1년 회계자료 중 일부는 다음과 같다. 홍수로 인한 재고자산의 손실추정액은 얼마인가? 【'00. CPA, '06. 감평사, '15. 관세사】

(1) 재고자산: 1월 1일	₩500,000	8월 21일	?
(2) 매출채권: 1월 1일	₩2,000,000	8월 21일	₩2,400,000

(3) 1월 1일부터 8월 21일까지 발생한 거래

매출채권 현금회수액	₩7,000,000
매출할인	₩10,000
매입액	₩6,300,000

(4) 8월 21일 현재 F.O.B. 선적지 인도조건으로 매입하여 운송중인 상품 ₩10,000이 있다.
(5) 홍수로 손상된 재고자산의 처분가치 ₩200,000
(6) 모든 판매와 구매는 외상으로 하고 있다.
(7) 추정매출총이익률은 20%이다.

① ₩662,000　② ₩670,000　③ ₩672,000
④ ₩680,000　⑤ ₩682,000

풀이

매출채권

기 초	2,000,000	현 금	7,000,000
순매출	7,400,000	기 말	2,400,000
	9,400,000		9,400,000

재고자산

기 초	500,000	매출원가	5,920,000*
순매입	6,300,000	기 말	880,000
	6,800,000		6,800,000

* 매출원가=순매출×매출총이익률=₩7,400,000×80%=₩5,920,000

∴ 홍수로 인한 손실추정액=₩880,000−200,000−10,000=₩670,000

35 (주)광주는 기말재고자산을 실사하기 직전 화재로 인하여 대부분의 재고자산이 소실되었다. (주)광주가 입수가능한 회계자료는 다음과 같다.

해답 34. ②　35. ⑤

기초재고자산	₩85,000	매　　　출	₩386,000
당 기 매 입 액	₩328,000	매 출 환 입	₩10,000
매 입 환 출	₩12,000	매출총이익률	20%

손상되지 않고 남아있는 재고자산의 매가는 ₩15,000이며, 손상된 재고자산의 순실현가능가치는 ₩2,000이다. (주)광주가 화재발생으로 인하여 인식할 손실액은 얼마인가? (단, (주)광주는 어떠한 보험에도 가입하고 있지 않다.) 【'08, '01. 감평사】

① ₩82,200　② ₩83,200
③ ₩84,200　④ ₩85,200
⑤ ₩86,200

풀이

재고자산

기　초	85,000	매출원가	300,800 [2)]
순매입	316,000 [1)]	기　말	100,200
	401,000		401,000

∴ 화재손실액 = ₩100,200 − (15,000 × 80% + 2,000) = ₩86,200
1) ₩328,000 − 12,000 = ₩316,000
2) (₩386,000 − 10,000) × (1 − 20%) = ₩300,800

36 다음은 광교회사의 회계기록의 일부분이다.

(1) 1999년 1월 1일 현재의 상품재고	₩500,000
(2) 1999년도 매입액	₩2,500,000
(3) 1999년도 매출액	₩3,200,000

1999년 12월 31일 재고조사에 의한 상품계정 금액은 ₩575,000이다. 회사의 매출총이익률은 25%로 고정적이다. 회사는 새로 고용된 종업원이 상품의 일부를 개인적인 용도로 사용하였다고 의심하고 있다. 1999년 12월 31일 현재 종업원이 1999년도 중에 개인적인 용도로 사용한 상품의 원가는 얼마로 추정 가능한가? 【'01, '00. 감평사】

① ₩225,000　② ₩175,000
③ ₩100,000　④ ₩75,000
⑤ ₩25,000

해답 36. ⑤

풀이

재고자산

기 초	500,000	매출원가	2,400,000 *
순매입	2,500,000	기 말	600,000
	3,000,000		3,000,000

* ₩3,200,000 × (1 − 0.25) = ₩2,400,000

따라서 개인적인 용도로 사용한 상품원가 = ₩600,000 − 575,000 = ₩25,000

37 도매업종인 (주)청명의 구매담당자가 회계연도 말 잠적하였다. 회사는 상품구매시 전액 현금결제하고 있다. 장부상 당기매입액은 ₩85,000으로 계상되어 있다. 다음의 자료로부터 구매담당자가 횡령한 금액은 얼마로 추정되는가? 【'04. 감평사】

(1) 기초재고자산	₩15,000
(2) 기말재고자산	₩20,000
(3) 평균매출채권	₩24,000
(4) 매출채권회전율	4회
(5) 매출총이익률	20%

① ₩3,200 ② ₩8,200 ③ ₩14,200
④ ₩15,000 ⑤ ₩16,000

풀이

재고자산

기 초	15,000	매출원가	76,800 [1)]
순 매 입	81,800	기 말	20,000
	96,800		96,800

1) 매출채권회전율 = $\frac{\text{매출}}{\text{평균매출채권}} = \frac{\text{매출}}{24,000}$ = 4회에서

∴ 매출 = ₩96,000 ∴ 매출원가 = ₩96,000 × 80% = ₩76,800

따라서 횡령액 = ₩85,000 − 81,800 = ₩3,200

38 (주)부산의 20×1 회계연도의 영업활동에 관한 정보는 다음과 같다.

(1) 1월 1일 매출채권 잔액	₩10,000	(2) 당기 매출채권회수액	₩28,000
(3) 현금매출액	₩7,000	(4) 1월 1일 재고자산 잔액	₩14,000
(5) 12월 31일 재고자산 잔액	₩13,000	(6) 재고자산 당기매입액	₩22,000
(7) 매출총이익	₩9,000		

해답 37. ① 38. ④

(주)부산의 20×1년 12월 31일 매출채권 잔액은 얼마인가? (단, 대손상각은 고려하지 않는다.) 【'85. CPA, '04, '09. 감평사, '10. 세무사】

① ₩17,000　　② ₩10,000
③ ₩14,000　　④ ₩7,000
⑤ ₩4,000

풀이

재고자산

기 초	14,000	매출원가	23,000*
순매입	22,000	기 말	13,000
	36,000		36,000

매출채권

기 초	10,000	현 금	28,000
매 출	25,000*	기 말	7,000
	35,000		35,000

* 매출＝매출원가＋매출총이익
＝₩23,000＋9,000＝₩32,000
따라서, 매출액 ₩32,000 중 현금매출이 ₩7,000이므로 외상매출액은 ₩25,000이다.

39 (주)아침은 상품매매업을 영위하고 있으며, 20×7년 1/4분기 월별 매출계획은 다음과 같다.

	1월	2월	3월
판매량	1,000개	2,000개	3,000개

판매가격은 단위당 ₩10이다. 매출액 중 40%는 현금으로, 나머지는 외상판매될 것이다. 또한 외상판매대금 중 50%는 당월에, 나머지 50%는 익월에 회수될 것이다. 20×7년 2월의 현금회수추정액은 얼마인가? 【'08. 감평사】

① ₩9,000　　② ₩11,000
③ ₩14,000　　④ ₩17,000
⑤ ₩18,000

풀이 2월 현금회수＝2월 현금매출; ₩2,000×10×40%＝₩8,000

1월분 외상매출액 중 현금회수액	3,000 [1)]
2월분 외상매출액 중 현금회수액	6,000 [2)]
계	₩17,000

1) 1월분 외상매출액중 2월 현금회수액; ₩1,000×10×60%×50%＝₩3,000
2) 2월분 외상매출액중 2월 현금회수액; ₩2,000×10×60%×50%＝₩6,000

해답 39. ④

40 (주)감평은 단일 종류의 상품을 구입하여 판매하고 있다. 20×1년 4월과 5월의 매출액은 각각 ₩6,000과 ₩8,000으로 예상된다. 20×1년 중 매출원가는 매출액의 70%이다. 매월 말의 적정재고금액은 다음 달 매출원가의 10%이다. 4월 중 예상되는 상품구입액은? 【'14. 감평사】

① ₩4,340 ② ₩4,760
③ ₩4,920 ④ ₩5,240
⑤ ₩5,600

풀이

4월 상품

기초상품	420 [3]	매출원가	4,200 [1]
매 입 액	4,340	기말상품	560 [2]
	4,760		4,760

1) 매출원가=₩6,000×70%=₩4,200
2) 기말제품=다음달 매출원가×10%=₩8,000×70%×10%=₩560
3) 기초제품=다음달 매출원가×10%=₩6,000×70%×10%=₩420

따라서, 기초재고액+매입액=매출원가+기말재고액에서
∴ 매입액=₩4,200+560−420=₩4,340

41 다음은 도매업을 영위하는 (주)OK의 제10기 중 상품의 구매 및 판매와 관련된 자료이다. 상품의 구매와 판매는 모두 외상거래로 이루어진다. 기초상품재고액은 ₩250,000이었으며, 매출액은 ₩960,000이었다. 또한 매입환출이 ₩60,000 있었다. 외상매입금계정의 기초잔액은 ₩200,000, 기말잔액은 ₩100,000이었다. 회사는 매출원가에 20%를 가산한 금액을 판매가격으로 하고 있다. 제10기 말 화재가 발생하여 모든 상품이 소실되었으며, 손실액은 ₩90,000으로 평가되었다. 제10기 중 외상매입금의 지급액은 얼마인가? 【'06. 감평사】

① ₩840,000 ② ₩740,000 ③ ₩720,000
④ ₩700,000 ⑤ ₩640,000

풀이

외상매입금

현금지급	740,000	기 초	200,000
기 말	100,000	순매입	640,000
	840,000		840,000

(순매입 640,000 ← 순매입)

재고자산

기 초	250,000	매출원가	800,000 [1]
순매입	640,000	기 말	90,000 [2]
	890,000		890,000

1) 매출원가×(1+20%)=₩960,000

∴ 매출원가 = ₩800,000

2) 모두 소실되고 손실액이 ₩90,000이므로 장부상기말재고는 ₩90,000이다.

42 다음 자료를 이용하여 20×0년도 (주)한국이 재고자산 공급자에게 지급한 현금유출액을 구하면 얼마인가? (단, 아래 자료에서 제시된 재고자산감모손실은 비정상적인 것으로 매출원가에는 포함되어 있지 않으며, 재고자산매입은 모두 외상으로 이루어짐) 【'11, '10. 감평사】

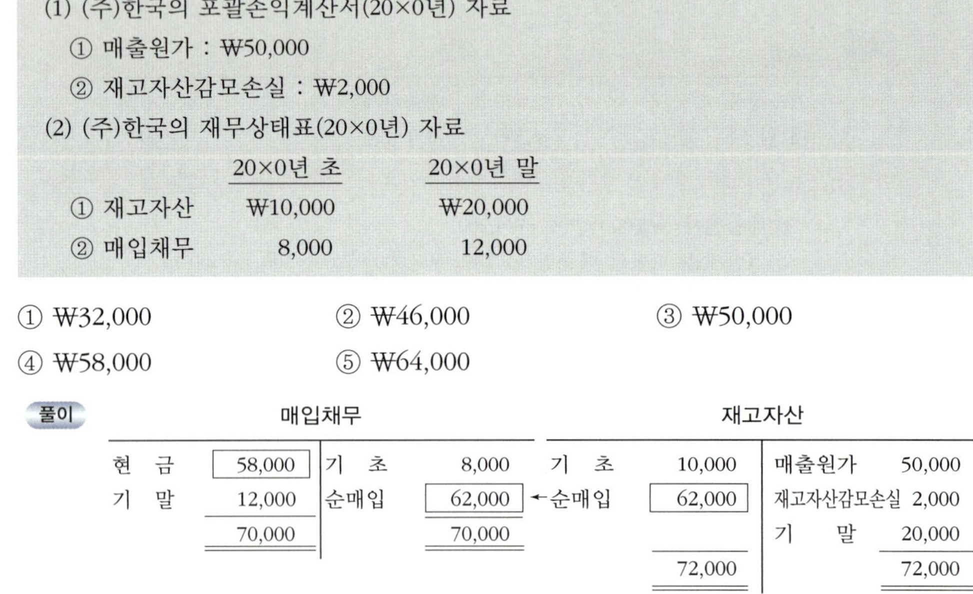

(1) (주)한국의 포괄손익계산서(20×0년) 자료

① 매출원가 : ₩50,000

② 재고자산감모손실 : ₩2,000

(2) (주)한국의 재무상태표(20×0년) 자료

	20×0년 초	20×0년 말
① 재고자산	₩10,000	₩20,000
② 매입채무	8,000	12,000

① ₩32,000　② ₩46,000　③ ₩50,000

④ ₩58,000　⑤ ₩64,000

풀이

매입채무

차변		대변	
현 금	58,000	기 초	8,000
기 말	12,000	순매입	62,000
	70,000		70,000

재고자산

차변		대변	
기 초	10,000	매출원가	50,000
← 순매입	62,000	재고자산감모손실	2,000
		기 말	20,000
	72,000		72,000

43 다음은 (주)OK의 제15기 중 매출관련 자료들이다.

기초상품재고액: ₩600,000	총매출액: ₩900,000
기말상품재고액: ₩570,000	총매입액: ₩730,000
매 입 환 출: ₩ 80,000	매출할인: ₩ 30,000
매 출 운 임: ₩ 40,000	매출환입: ?

순매출액을 기준으로 한 매출원가율이 80%라면, 제15기 중 매출환입은 얼마인가?

【'04, '06. 감평사】

① ₩60,000　② ₩50,000　③ ₩40,000

④ ₩30,000　⑤ ₩20,000

해답 42. ④　43. ⑤

풀이

재고자산

기 초	600,000	매출원가	[680,000]
순 매 입	650,000 *	기 말	570,000
	1,250,000		1,250,000

* ₩730,000 − 80,000 = ₩650,000

$\therefore$ 매출원가율 = $\frac{\text{매출원가}}{\text{순매출}} = \frac{₩680,000}{(₩900,000 - 30,000 - \text{매출환입})} = 80\%$

$\therefore$ 매출환입 = ₩20,000

참고로, 매출운임은 판매비와 관리비에 해당된다.

44 (주)영주는 20×1년 6월말 재고자산을 보관중인 창고에 화재가 발생해 모든 재고자산과 재고자산에 관한 장부를 소실하였다. 회사는 실지재고조사법을 사용하고 있다. 화재이후 20×1년 12월말까지 회사는 정상적인 영업활동을 수행하였다. 다음은 재고자산과 관련한 자료이다.

(1) 20×0년말 재무상태표에 따르면 재고자산은 ₩450,000이며, 매출채권은 ₩200,000, 매입채무는 ₩150,000이다.
(2) 20×0년도 포괄손익계산서의 매출액 및 매출원가는 각각 ₩8,000,000과 ₩6,400,000이다.
(3) 20×1년 6월말 현재 매출채권보조원장 차변 합계액은 ₩3,000,000이고, 매입채무보조원장 대변 합계액은 ₩2,300,000이다. 회사는 모두 신용거래만을 하고 있다.

(주)영주의 20×1년 6월의 재고자산화재손실 금액은 각각 얼마인가? 단, 20×1년 6월말까지의 매출원가는 20×0년도의 매출총이익률을 사용하여 추정한 금액을 활용한다.

【'14. CPA 수정】

① ₩200,000　② ₩250,000
③ ₩300,000　④ ₩350,000
⑤ ₩360,000

풀이 (1) 화재손실액 계산

6월 말　재고자산

기초재고	450,000	매출원가	2,240,000 1)
순매입	2,150,000 2)	기말재고	[360,000]
	2,600,000		2,600,000

1) 6월말 현재 매출채권보조원장의 차변합계액 ₩3,000,000이란 기초매출채권과 6월말까지의 신용순매출액의 합계액을 의미하므로 여기서 기초매출채권을 차감하면 6월말까지의

해답 44. ⑤

순매출액이 계산된다.

순매출액=₩3,000,000−200,000=₩2,800,000

∴ 매출원가=₩2,800,000×0.8*=₩2,240,000

$$* \ 매출원가율=\frac{₩6,400,000}{₩8,000,000}=0.8$$

2) 6월말 현재 매입채무보조원장의 대변합계액이 ₩2,300,000이란 기초매입채무와 6월말까지의 순매입액의 합계액을 의미하므로 여기서 기초매입채무를 차감하면 6월말까지의 신용순매입이 계산된다.

∴ 순매입=₩2,300,000−150,000=₩2,150,000

∴ 화재손실액=₩450,000+2,150,000−2,240,000=₩360,000

CHAPTER 05

유형자산

제1절 의 의

1. 의 의

유형자산은 재화나 용역의 생산이나 제공, 타인에 대한 임대 또는 관리활동에 사용할 목적으로 보유하는 물리적 형태가 있는 자산으로서 한 회계기간을 초과하여 사용할 것이 예상되는 자산을 말한다. 유형자산의 종류에는 토지, 건물, 구축물, 기계장치, 차량운반구, 비품, 건설중인자산 등이 있다.

2. 인 식

(1) 유형자산으로 인식되기 위해서는 다음의 인식기준을 모두 충족하여야 한다.

① 자산으로부터 발생하는 미래경제적효익이 기업에 유입될 가능성이 높다.

② 자산의 원가를 신뢰성 있게 측정할 수 있다.

(2) 예비부품과 수선용구는 대부분의 경우 재고자산으로 분류하고 사용되는 시점에 당기손익으로 인식한다. 그러나 중요한 예비부품과 대기성 장비로서 한 회계기간 이상 사용할 것으로 예상되는 경우에는 이를 유형자산으로 분류한다. 이와 유사하게, 예비부품과 수선용구가 특정 유형자산에만 연계되어 사용될 수 있다면 유형자산으로 분류한다.

3. 최초 원가

안전 또는 환경상의 이유로 취득하는 유형자산은 그 자체로는 직접적인 미래경제적효익을 얻을 수 없지만, 다른 자산에서 미래경제적효익을 얻기 위하여 필요할 수 있다. 이러한 유형자산은 당해 유형자산을 취득하지 않았을 경우보다 관련 자산으로부터 미래경제적효익을 더 많이 얻을 수 있게 해주기 때문에 자산으로 인식할 수 있다.

예를 들면, 화학제품 제조업체가 위험한 화학물질의 생산과 저장에 관한 환경규제요건을 충족하기 위하여 새로운 화학처리공정설비를 설치하는 경우가 있다. 이 때 이러한 설비 없이는 화학제품을 제조 및 판매할 수 없기 때문에 관련증설원가를 자산으로 인식한다.

제2절 최초 인식하는 시점의 측정

1. 최초의 취득원가

인식하는 유형자산은 원가로 측정한다. 여기서 원가란 자산을 취득하기 위하여 자산의 취득시점이나 건설시점에서 지급한 현금 또는 현금성자산이나 제공한 기타 대가의 공정가치를 말한다.

2. 원가 구성요소

(1) 원가는 다음과 같이 구성된다.

① 관세 및 환급불가능한 취득 관련 세금을 가산하고 매입할인과 리베이트 등을 차감한 구입가격

② 경영진이 의도하는 방식으로 자산을 가동하는 데 필요한 장소와 상태에 이르게 하는 데 직접 관련되는 원가

③ 자산을 해체, 제거하거나 부지를 복구하는 데 소요될 것으로 최초에 추정되는 원가. 회사가 자산을 해체, 제거하거나 부지를 복구할 의무는 해당 유형자산을 취득한 시점에 또는 해당 유형자산을 특정기간 동안 재고자산 생산 이외의 목적으로 사용한 결과로서 발생한다.

(2) 자산을 가동하는데 필요한 장소와 상태에 이르게 하는데 직접 관련된 원가

경영진이 의도하는 방식으로 자산을 가동하는 데 필요한 장소와 상태에 이르게 하는 데 직접 관련되는 원가의 예는 다음과 같다.

① 유형자산의 매입 또는 건설과 직접적으로 관련되어 발생한 종업원급여

② 설치장소 준비 원가

③ 최초의 운송 및 취급 관련 원가

④ 설치원가 및 조립원가

⑤ 유형자산이 정상적으로 작동되는지 여부를 시험하는 과정에서 발생하는 원가. 단, 시험과정에서 생산된 재화(예 : 장비의 시험과정에서 생산된 시제품)의 순매각금액은 당해 원가에서 차감한다.

⑥ 전문가에게 지급하는 수수료

(3) 취득원가에 포함되지 않는 경우

유형자산이 경영진이 의도하는 방식으로 가동될 수 있는 장소와 상태에 이른 후에는 원가를 더 이상 인식하지 않는다. 따라서 유형자산을 사용하거나 이전하는 과정에서 발생하는 원가는 당해 유형자산의 장부금액에 포함하여 인식하지 아니한다.

예를 들어 다음과 같은 원가는 유형자산의 장부금액에 포함하지 아니한다.

① 유형자산이 경영진이 의도하는 방식으로 가동될 수 있으나 아직 실제로 사용되지는 않고 있는 경우 또는 가동수준이 완전조업도 수준에 미치지 못하는 경우에 발생하는 원가

② 유형자산과 관련된 산출물에 대한 수요가 형성되는 과정에서 발생하는 가동손실과 같은 초기 가동손실

③ 기업의 영업 전부 또는 일부를 재배치하거나 재편성하는 과정에서 발생하는 원가

(4) 부수적인 영업활동

유형자산을 경영진이 의도하는 방식으로 가동하는 데 필요한 장소와 상태에 이르게 하기 위해 필요한 활동은 아니지만, 유형자산의 건설 또는 개발과 관련하여 영업활동이 이루어질 수 있다. 이러한 부수적인 영업활동은 건설이나 개발이 진행되는 동안 또는 그 이전단계에서 이루어질 수 있다. 예를 들어 건설이 시작되기 전에 건설용지를 주차장 용도로 사용함에 따라 수익이 획득될 수 있다. 부수적인 영업은 유형자산을 경영진이 의도하는 방식으로 가동하는 데 필요한 장소와 상태에 이르게 하기 위해 필요한 활동이 아니므로 그러한 수익과 관련 비용은 당기손익으로 인식하고 각각 수익과 비용항목으로 구분하여 표시한다.

제3절 유형별 취득원가의 결정

1. 구입의 경우

(1) 일반적인 구입의 경우

당해자산의 매입가액에 취득부대비용을 가산한 금액으로 한다.

즉, 취득원가=매입가액+부대비용

취득시 부대비용에는 취득세, 관세, 중개수수료 등이 포함된다.

단, 유지비용에 해당되는 재산세, 종합부동산세 등은 취득원가에 포함되지 않는다.

그 밖의 특수한 경우에는 유형자산의 종류에 따라 다음과 같다.

① 토지의 경우

㉠ 건물을 신축할 목적으로 구건물이 있는 토지를 취득하는 경우 … 지급대가를 모두 토지원가에 포함한다.

㉡ ㉠의 경우 구건물철거비용에서 수거된 잔존물 중 처분가치가 있는 것은 그 잔존가치를 차감한 잔액을 토지원가에 포함한다. 즉 (구건물철거비용－잔존물처분가치)를 토지취득원가에 가산한다.

그러나 건물을 신축하기 위하여 사용중인 기존 건물을 철거하는 경우 그 건물의 장부가액은 제거하여 처분손실로 반영하고, 철거비용은 전액 당기비용으로 처리한다.

㉢ 도로개설비

ⓐ 유지책임이 국가 등에 있는 경우 : 토지원가에 포함

ⓑ 유지책임이 회사에 있는 경우 : 구축물원가에 포함시키고 감가상각해야 한다.

㉣ 개발이익 환수에 관한 법률에 의해 부담하는 개발부담금: 토지원가

㉤ 하수종말처리장 설치 부담금: 토지원가

㉥ 배수로 공사비용: 토지원가

㉦ 조경공사비 { 영구적인 성격: 토지원가 / 그 이외의 경우: 구축물 }

㉧ 주차장: 구축물

② 건물의 경우

㉠ 건물신축시 땅굴착비용 … 건물원가에 포함

㉡ 건물신축시 산재보험료 … 건물원가에 포함

㉢ 건물신축시 가건물 … 건물원가에 포함

③ 기계장치

㉠ 운반비, 설치비, 시운전비 … 기계장치원가에 포함

취득원가의 결정

(주)OK전자는 당년도 초에 설립된 후 영업활동을 위하여 유형자산(설비자산)과 관련하여 다음과 같은 항목을 지출하였다. 이 자료를 이용하여 기말재무상태표에 계상할 토지와 건물의 취득원가를 계산할 경우 각각 얼마인가? 단, 건물은 당기중에 완공되었다. 【'05. CPA】

(1) 낡은 건물이 있는 토지의 구입대금	₩1,000,000
(2) 토지 취득 중개수수료	50,000
(3) 토지의 취득 및 등록세	80,000
(4) 공장 건축허가비	5,000
(5) 신축공장건물 설계비	63,000
(6) 기존건물 철거비	150,000
(7) 기존건물의 철거과정에서 수거한 건자재 판매대금	30,000
(8) 토지의 정지 및 측량비	35,000
(9) 건물 신축을 위한 토지굴착비용	45,000
(10) 건물공사원가(재료원가, 노무원가, 제조간접원가)	2,875,000
(11) 건물 완공후 조경공사비(내용연수－영구적)	25,000
(12) 배수시설 공사비(내용연수－영구적)	12,000
(13) 진입도로 포장공사비와 상하수도 공사비 *	28,000
(14) 울타리와 주차장 공사비(내용연수－제한적)	14,000
(15) 건물 신축용 차입금의 지급이자	20,000

* 이들 공사비용은 처음에는 회사가 부담하였으나 사후 유지 · 관리비는 지방자치단체가 부담하기로 함.

풀이

토지＝₩1,000,000＋50,000＋80,000＋150,000－30,000＋35,000＋25,000＋12,000＋28,000
＝₩1,350,000

건물＝₩5,000＋63,000＋45,000＋2,875,000＋20,000＝₩3,008,000

(2) 일괄구입

일괄구입이란 여러 종류의 자산을 단일가격으로 일시에 취득하는 것을 말한다. 이 경우의 개별자산의 취득원가는 상대적 공정가치를 기준으로 배분하여 결정한다.

일괄구입

CW회사는 20×1년 세 종류의 자산을 일괄구입하고 ₩80,000을 지급하였다. 각 자산의 공정시가는 다음과 같다. 각 자산의 취득원가는?

종 류	공정시가
토 지	₩55,000
건 물	30,000
기계장치	15,000
계	₩100,000

풀이

토　　지: $₩80,000 \times \frac{55,000}{100,000} = ₩44,000$

건　　물: $₩80,000 \times \frac{30,000}{100,000} = ₩24,000$

기계장치: $₩80,000 \times \frac{15,000}{100,000} = ₩12,000$

(3) 이연지급계약에 의한 구입(연불구입)

유형자산을 장기후불조건으로 구입하거나, 대금지급기간이 일반적인 신용기간보다 긴 경우 취득원가는 취득시점의 현금가격상당액으로 한다. 현금가격상당액과 실제 총지급액과의 차액은 다른 기업회계기준서에 따른 금융비용의 자본화대상이 아닌 한 만기까지의 기간에 걸쳐 이자비용으로 인식한다.

연불구입

20×1년 초에 차량을 구입하고 매년 말 ₩100,000씩 3년동안 지급하기로 하다. 시장이자율 10%이고, 기간 3년, 시장이자율 10%일 때의 연금현가계수는 2.48685이다. 취득시 및 1차년도말 분개를 하시오. 감가상각비 계산은 생략한다.

풀이

명목금액 ₩300,000
현재가치(현금가격상당액) 248,685
이자비용 ₩ 51,315(유효이자율법 적용)

회계처리하면 다음과 같다.

(1) 20×1년 초(취득시)

(차)	차 량 운 반 구	248,685 [1]	(대) 장 기 미 지 급 금	300,000
	현재가치할인차금	51,315		

1) ₩100,000×2.48685=₩248,685

(2) 20×1년 12/31

(차)	장 기 미 지 급 금	100,000	(대) 현 금	100,000
	이 자 비 용	24,869	현재가치할인차금	24,869

(3) 20×2년 12/31

(차)	장 기 미 지 급 금	100,000	(대) 현 금	100,000
	이 자 비 용	17,355	현재가치할인차금	17,355

(4) 20×3년 12/31

(차)	장 기 미 지 급 금	100,000	(대) 현 금	100,000
	이 자 비 용	9,091	현재가치할인차금	9,091

〈상 각 표〉

일 자	지급액	이자(10%)	원금상환액	기말장부가액
20×1년 초				248,685
20×1년 12/31	100,000	24,869	75,131	173,554
20×2년 12/31	100,000	17,355	82,645	90,909
20×3년 12/31	100,000	9,091	90,909	0
	300,000	51,315	248,685	

2. 자가건설의 경우

자가건설한 유형자산의 원가는 외부에서 구입한 유형자산에 적용하는 것과 같은 기준을 적용하여 결정한다. 어떤 기업이 유사한 자산을 정상적인 영업활동과정에서 판매를 위해 만든다면, 일반적으로 자가건설한 유형자산의 원가는 판매목적으로 건설하는 자산의 원가와 동일하다. 따라서 자가건설에 따른 내부이익과 자가건설 과정에서 원재료, 인력 및 기타 자원의 낭비로 인한 비정상적인 원가는 자산의 원가에 포함하지 않는다. 자가건설한 유형자산의 장부금액에 포함되는 이자에 대해서는 '차입원가'의 인식기준을 적용한다.

• 원가발생시

(차) 건설중인자산 (유형자산)	×××	(대) 현 금 등 (재료비, 노무비, 경비)	×××

• 완성시

(차) 건 물 등	×××	(대) 건설중인자산	×××

3. 주식을 발행하여 자산을 취득하는 경우(현물출자)

현금대신에 주식을 발행하고 자산을 취득하는 경우의 취득원가의 결정은 이론적으로는 취득한 자산의 공정한 평가액과 주식의 시가 중 좀 더 명확히 측정할 수 있는 것으로 해야 한다. 일반적으로 주식의 시가가 가장 명확한 공정가치가 될 것이므로 주식의 시가를 유형자산의 취득원가로 한다.

주식발행에 의한 자산취득

CW회사는 YH회사로부터 기계장치를 구입하고 보통주 1,000주를 발행교부하였다. 1주당 액면가액은 ₩5,000이고, 1주당 시가는 ₩8,000이다. CW회사의 구입시 분개는?

풀이

(차) 기계장치	8,000,000	(대) 자 본 금	5,000,000
		주식발행초과금	3,000,000 *

* 1,000주 × (₩8,000 − 5,000) = ₩3,000,000

4. 교환의 경우

(1) 공정가치를 취득원가로 하는 경우

① 하나 이상의 비화폐성자산 또는 화폐성자산과 비화폐성자산이 결합된 대가와 교환하여 하나 이상의 유형자산을 취득하는 경우가 있다. 그러한 유형자산의 원가는 다음 중 하나에 해당하는 경우를 제외하고는 공정가치로 측정한다.

㉠ 교환거래에 상업적 실질이 결여된 경우

㉡ 취득한 자산과 제공한 자산 모두의 공정가치를 신뢰성 있게 측정할 수 없는 경우

② 자산의 공정가치는 다음 중 하나에 해당하는 경우에 신뢰성있게 측정할 수 있다.

㉠ 합리적인 공정가치 측정치 범위의 편차가 자산가치에 비하여 유의적이지 않다.

㉡ 그 범위 내의 다양한 추정치의 발생확률을 합리적으로 평가할 수 있고 공정가치를 측정할 때 사용할 수 있다.

③ 취득한 자산이나 제공한 자산의 공정가치를 신뢰성 있게 측정할 수 있다면, 취득한 자산의 공정가치가 더 명백한 경우를 제외하고는 취득한 자산의 원가를 제공한 자산의 공정가치로 측정한다.

(2) 장부금액을 취득원가로 하는 경우

취득한 자산을 공정가치로 측정하지 않는 경우에 제공한 자산의 장부금액으로 원가를 측정한다. 즉 다음의 경우에 제공자산의 장부금액을 취득자산의 취득원가로 한다.

㉠ 교환거래에 상업적 실질이 결여된 경우

㉡ 취득한 자산과 제공한 자산 모두의 공정가치를 신뢰성 있게 측정할 수 없는 경우

표 5-1 공정가치기준 및 장부금액기준 결정

교환의 경우는 취득자산의 취득원가를 결정할 때 제일 먼저 공정가치를 기준으로 할 것인지 장부금액을 기준으로 할 것인지를 결정하여야 하는데, 그 기준은 다음과 같다.

(1) **공정가치기준**[1] ~ 상업적 실질이 있는 경우

(2) **장부금액기준**[2] ~ ① 상업적 실질이 결여된 경우

② 제공자산 및 취득자산의 공정가치를 둘 다 알 수 없는 경우

1) 공정가치를 기준으로 취득자산의 취득원가를 결정할 경우에는 제공자산의 공정가치를 기준으로 취득원가를 결정한다. 단, 취득자산의 공정가치가 더 명백한 경우에는 취득자산의 공정가치를 기준으로 취득원가를 결정한다.

2) 장부금액을 기준으로 취득자산의 취득원가를 결정할 경우에는 제공자산의 장부금액을 기준으로 취득원가를 결정한다.

표 5-2 교환시 취득자산의 취득원가의 결정

방법 \ 경우	맞교환시	현금지급시	현금수취시
장부금액기준	제공자산의 장부가액(=A)	A+현금지급액	A−현금수취액
공정가치기준	제공자산의 공정가액(=B)	B+현금지급액	B−현금수취액

(1) 공정가치를 기준으로 할 때 처분손익계산

교환으로 인한 이익과 손실을 인식한다는 것은 공정가치를 취득원가로 결정한다는 의미이며, 이익과 손실을 인식하지 않는다는 것은 장부금액을 취득원가로 결정한다는 의미이다. 처분손익은 다음과 같이 구한다.

제공자산(구자산)의 공정가치 − 제공자산의 장부금액 = 처분손익

(2) 상업적 실질의 의미

교환거래의 결과 미래현금흐름이 얼마나 변동될 것인지를 고려하여 해당 교환거래에 상업적 실질이 있는지를 결정한다. 다음 ① 또는 ②에 해당하면서 ③을 충족하는 경우에 교환거래는 상업적 실질이 있다.

① 취득한 자산과 관련된 현금흐름의 구성(위험, 유출입시기, 금액)이 제공한 자산과 관련된 현금흐름의 구성과 다르다.

② 교환거래의 영향을 받는 영업 부분의 기업특유가치가 교환거래의 결과로 변동한다. 이 경우 기업특유가치는 세후현금흐름을 반영하여야 한다.

③ 위 ①이나 ②의 차이가 교환된 자산의 공정가치에 비하여 유의적이다.

교환의 경우

다음의 각 사례에 따라 취득자산의 취득원가와 유형자산처분손익을 구하시오.

(사례 1) 갑회사는 사용중이던 기계 A(취득원가 ₩100,000, 감가상각누계액 ₩30,000)를 을회사의 토지 B와 교환하였다. 기계 A의 공정가액은 ₩90,000이다. 이 교환거래는 상업적실질이 있다.

(사례 2) 갑회사는 사용중이던 기계 A(취득원가 ₩100,000, 감가상각누계액 ₩30,000)를 을회사의 기계 B와 교환하였다. 기계 A의 공정가액은 ₩90,000이다. 그러나 상업적실질이 결여되 있다.

(사례 3) (사례 2)와 같다. 다만, 기계 A의 공정가액과 기계 B의 공정가액은 알 수 없다.

(사례 4) (사례 2)와 같다. 다만, 기계 A의 공정가액은 ₩60,000이고, 기계 B의 공정가액은 ₩90,000이다. 그 차이 ₩30,000을 현금지급하였다.

이 교환거래는 상업적실질이 있다.

(사례 5) (사례 2)와 같다. 다만, 기계 B의 공정가액은 ₩65,000이고, ₩35,000을 현금으로 받다. 취득자산의 공정가액이 더 명백하다. 이 교환거래는 상업적실질이 있다.

풀이

(사례 1) 상업적 실질이 있고, 현금수수가 없는 경우

(차)		(대)	
감가상각누계액	30,000	기 계 A	100,000
토 지 B	90,000 [1)]	유형자산처분이익	20,000 [1)]

1) 제공자산의 공정가액을 알 수 있으므로 제공자산의 공정가치를 취득원가로 한다. 따라서 토지 B의 취득원가는 공정가액인 ₩90,000이 되며, 이 때의 처분손익은 장부가액과의 차이인 ₩20,000이 된다. 즉,
(제공자산의 공정가치 − 제공자산의 장부가액) = 유형자산처분손익
{₩90,000 − (100,000 − 30,000)} = ₩20,000 이익

(사례 2) 상업적실질이 결여된 경우

(차)		(대)	
감가상각누계액	30,000	기 계 A	100,000
기 계 B	70,000 [2)]		

2) 상업적실질이 결여되어 있으므로 제공자산의 장부가액을 취득원가로 결정하게 된다.

(사례 3) 제공자산과 취득자산의 공정가액을 알 수 없는 경우

(차)		(대)	
감가상각누계액	30,000	기 계 A	100,000
기 계 B	70,000 [3)]		

3) 제공자산과 취득자산의 공정가액을 알 수 없으므로 제공자산의 장부금액을 취득원가로 한다.

(사례 4) 상업적 실질이 있고, 현금을 지급한 경우

(차)		(대)	
감가상각누계액	30,000	기 계 A	100,000
기 계 B	90,000	현 금	30,000
유형자산처분손실	10,000 [4)]		

4) 상업적 실질이 있으므로 제공자산의 공정가액을 기준으로 취득원가를 결정한다. 즉
₩60,000 + 30,000 = ₩90,000
그리고 교환으로 인한 처분손익은 다음과 같다.
{₩60,000 − (100,000 − 30,000)} = ₩10,000 처분손실

(사례 5) 상업적 실질이 있고 취득자산의 공정가액이 더 명백한 경우

(차)		(대)	
감가상각누계액	30,000	기 계 A	100,000
현 금	35,000	유형자산처분이익	30,000 [5)]
기 계 B	65,000 [5)]		

5) 상업적 실질이 있고 취득자산의 공정가액이 더 명백하므로 취득자산의 공정가액을 취득원가로 결정한다.
따라서 {₩100,000 − (100,000 − 30,000)} = ₩30,000 처분이익

5. 무상취득의 경우

증여 및 기타 무상으로 자산을 취득한 경우에 공정한 평가액을 자산의 취득원가로 한다. 상대계정과목은 자산수증이익(당기수익)으로 처리한다.

6. 유형자산 취득시 채권을 불가피하게 매입하는 경우

유형자산 취득과 관련하여 국·공채 등을 불가피하게 매입하는 경우에는 매입가액과 현재가치와의 차액을 당해 유형자산의 취득원가에 산입한다.

유형자산 취득시 채권을 불가피하게 매입하는 경우

찬우(주)는 20×1년 1월 1일에 내용연수 10년의 건물(잔존가치 없음, 정액법) 1동을 ₩80,000,000에 구입하면서 액면가액 ₩20,000,000의 정부발행 채권을 함께 매입하였다. 이 채권은 당해 유형자산의 구입시에 의무적으로 취득하여야 하는 것으로서 만기보유목적으로 보유하고자 한다. 채권의 조건이 다음과 같을 때, 찬우(주)가 20×1년 12월 31일에 인식하여야 할 건물의 감가상각비와 채권의 이자수익은 각각 얼마이며, 당기순이익에 미치는 영향은 얼마인가? 【2000. 세무사】

(1) 상환기간 : 5년(일시상환)　　(2) 이자조건: 액면가액의 1%(연)
(3) 시장이자율: 연 8%　　(4) 액면가액: ₩20,000,000
(5) 취득가액 : ₩20,000,000
(6) 8%, 5년 ₩1의 현재가치: 0.68, 연금 ₩1의 현재가치는 3.99

풀이

(1) 감가상각비 및 이자수익계산

분개하면 다음과 같다.

① 취득시

(차)	건　물	85,602,000 [2]	(대) 현　금	100,000,000
	만기보유금융자산	14,398,000 [1]		

1) 채권의 현재가치계산

₩20,000,000×0.68 =	₩13,600,000
₩20,000,000×1%×3.99 =	798,000
	₩14,398,000

2) 유형자산 취득시 불가피하게 매입하는 채권의 경우에 매입가액과 현재가치와의 차이는 취득원가에 포함한다.
즉, ₩80,000,000 + (20,000,000 − 14,398,000) = ₩85,602,000

② 결산시

(차) 감가상각비	8,560,200 [3]	(대) 감가상각누계액	8,560,200

3) ₩85,602,000 ÷ 10년 = ₩8,560,200

(차) 현 금	200,000 [5]	(대) 이자수익	1,151,840 [4]
만기보유금융자산	951,840		

4) ₩14,398,000 × 8% = ₩1,151,840
5) ₩20,000,000 × 1% = ₩200,000

〈상 각 표〉

일 자	유효이자(8%)	액면이자(1%)	상각액	기말장부금액
1차 초				14,398,000
1차 말	1,151,840	200,000	951,840	15,349,840
2차 말	1,227,987	200,000	1,027,987	16,377,827
3차 말	1,310,226	200,000	1,110,226	17,488,053
4차 말	1,399,044	200,000	1,199,044	18,687,097
5차 말	1,512,903	200,000	1,312,903	20,000,000
	6,602,000	1,000,000	5,602,000	

(2) 당기순이익에 미치는 영향

감가상각비(비용)	₩△8,560,200
이자수익(수익)	1,151,840
당기순이익 감소	₩7,408,360

7. 복구비용

토양, 수질, 대기 방사능 오염 등을 유발할 가능성이 있는 시설물, 예를들면, 원자력 발전소, 해상구조물, 쓰레기매립장, 저유설비 등의 유형자산에 대해서는 경제적 사용이 종료된 후에 환경보전을 위하여 반드시 원상을 회복시켜야 한다. 이와 같이 원상회복을 위하여 유형자산으로 계상된 자산을 제거, 해체하거나 또는 부지를 복구하는데 소요될 것으로 추정되는 원가가 충당부채의 인식요건을 충족하는 경우에는 그 지출의 현재가치를 취득원가에 포함한다. 이러한 복구비용은 다음의 경우에 발생한다.

① 제거하거나 부지를 복구할 의무는 해당 유형자산을 취득한 시점에 발생한다.

② 해당 유형자산을 특정기간 동안 재고자산 생산 이외의 목적으로 사용한 결과로서 발생한다.

복구비용

다음의 자료에 의하여 물음에 답하시오.

1. CW회사는 2×01년 1월 1일에 해양구조물을 ₩400,000에 취득하였으며 내용연수는 10년, 잔존가액 ₩10,000, 정액법으로 상각한다.
2. 해양구조물 철거시에 ₩440,619의 복구비용이 발생할 것으로 예상되며 8.5%의 할인율을 적용하여 산출한 복구충당부채는 ₩194,879이다.
3. 내용연수가 종료된 후 복구공사에 실제로 소요된 비용은 다음과 같다.
   ① ₩500,000일 때
   ② ₩400,000일 때

(1) 취득시점의 회계처리를 하시오.
(2) 1차연도말 감가상각비와 복구충당부채전입액(차입원가)를 구하시오.
(3) 복구공사시점의 회계처리를 하시오.
(4) 1차연도 당기순이익에 미치는 영향은 얼마인가?

풀이

(1) 취득시점의 회계처리(2×01년, 1/1)

(차) 구축물	594,879	(대)	현 금	400,000
			복구충당부채	194,879 1)

1) 철거시에 예상되는 복구비용의 현재가치를 구축물원가와 복구충당부채로 각각 인식한다.

(2) 결산시(2×01년, 12/31)

(차) 감가상각비	58,488 2)	(대) 감가상각누계액	58,488
(차) 복구충당부채전입액 (이자비용)	16,565 3)	(대) 복 구 충 당 부 채	16,565

2) $(₩594,879-10,000)\times\frac{1}{10}=₩58,488$

3) ₩194,879×8.5%=₩16,565
복구충당부채전입액은 기간비용으로 인식하고 이를 복구충당부채에 가산한다.

(3) 복구공사시점의 회계처리(2×10년, 12/31)

① 소요된 비용이 ₩500,000인 경우

(차) 복구충당부채	440,619	(대) 현 금	500,000
복구공사손실	59,381 4)		

4) 복구충당부채보다 더 많이 지급된 경우에는 그 차이를 당기비용(복구공사손실)으로 인식한다.

② 소요된 비용이 ₩400,000인 경우

(차) 복구충당부채	440,619	(대) 현 금	400,000
		복구공사이익	40,619 5)

5) 복구충당부채보다 더 적게 지급된 경우에는 그 차이를 당기이익(복구공사이익)으로 인식한다.

참고로, 유효이자율법을 적용하여 산출된 복구충당부채전입액 계산은 다음과 같다.

연 도	복구충당부채전입액	기말복구충당부채
2×01, 1/1		194,879
2×01, 12/31	194,879×8.5%=16,565	211,444
2×02, 12/31	211,444×8.5%=17,973	229,417
⋮	⋮	⋮
2×10, 12/31	406,100×8.5%=34,519	440,619

(4) 1차연도 당기순이익에 미치는 영향

감가상각비(비용)	₩58,488
복구충당부채전입액(비용)	16,565
당기순이익 감소	₩75,053

제4절 정부보조금

1. 의의 및 인식

(1) 의 의

기업의 영업활동과 관련하여 과거나 미래에 일정한 조건을 충족하였거나 충족할 경우 기업에게 자원을 이전하는 형식의 정부지원. 합리적으로 가치를 산정할 수 없는 정부지원과 기업의 정상적인 거래와 구분할 수 없는 정부와의 거래는 제외한다.

(2) 인 식

정부보조금(공정가치로 측정되는 비화폐성 보조금 포함)은 다음 모두에 대한 합리적인 확신이 있을 때까지 인식하지 아니한다.

① 정부보조금에 부수되는 조건의 준수

② 보조금의 수취

정부보조금에 부수되는 조건의 준수와 보조금 수취에 대한 합리적인 확신이 있을 경우에만 정부보조금을 인식한다.

2. 정부보조금의 회계처리

정부보조금의 회계처리는 자본접근법과 수익접근법의 두 가지 접근방법이 있다.

한국채택국제회계기준에서는 정부보조금은 주주지분에 직접 인식하지 아니한다고 규정하고 있어 수익접근법으로 처리하도록 하고 있다.

(1) 자본접근법

자본접근법은 보조금을 당기손익 이외의 항목으로 인식한다

(2) 수익접근법

수익접근법은 보조금을 하나 이상의 회계기간에 걸쳐 당기손익으로 인식한다.

(1) 자본접근법을 지지하는 논거는 다음과 같다.

① 정부보조금은 하나의 금융수단이므로 관련된 비용항목과 상계하기 위해 당기손익으로 인식하지 않고 재무상태표에 자금조달로 처리하여야 한다. 상환이 예상되지 않기 때문에 그러한 정부보조금은 당기손익 이외의 항목으로 인식한다.

② 정부보조금은 수익을 창출한 것이 아니라 관련원가 없이 정부에게서 받은 장려금이기 때문에 정부보조금을 당기손익으로 인식하는 것은 적절하지 않다.

(2) 수익접근법을 지지하는 논거는 다음과 같다.

① 정부보조금은 주주 이외의 원천으로부터 수취하기 때문에 자본으로 직접 인식할 수 없으며 적절한 기간에 당기손익으로 인식한다.

② 정부보조금은 무상으로 지급되는 경우가 거의 없다. 정부보조금은 조건을 준수하고 부여된 의무를 충족함으로 얻는다. 따라서 정부보조금으로 보전하려고 하는 관련원가를 비용으로 인식하는 기간에 걸쳐 당기손익으로 인식하여야 한다.

③ 법인세와 그 밖의 세금은 비용이기 때문에 재정정책의 일환인 정부보조금도 당기손익에 표시하는 것이 논리적이다.

3. 수익접근법의 회계처리

(1) 발생기준회계의 가정

수익접근법에서는 정부보조금으로 보전하려 하는 관련원가를 비용으로 인식하는 기간에 걸쳐 체계적인 기준에 따라 정부보조금을 당기손익으로 인식해야 하는 것이 중요하다. 수취기준에 따라 정부보조금을 당기손익으로 인식하는 것은 발생기준회계의 가정에 따른 것이 아니며 정부보조금을 수취한 회계기간 이외의 회계기간에 보조금을 배분하는 기준이 존재하지 않는 경우에만 인정될 수 있다.

(2) 상각자산과 관련된 정부보조금

대부분의 경우 정부보조금과 관련된 원가나 비용을 인식하는 기간은 쉽게 확정할 수 있으므로 특정 비용을 인식하는 기간에 보조금을 당기손익으로 인식한다. 이와 유사하게 감가상각자산과 관련된 정부보조금은 일반적으로 이러한 자산의 감가상각비가 인식되는 비율에 따라 인식기간에 걸쳐 당기손익으로 인식한다.

(3) 비상각자산과 관련된 정부보조금

비상각자산과 관련된 정부보조금이 일정한 의무의 이행도 요구한다면 그 의무를 충족시키기 위한 원가를 부담하는 기간에 그 정부보조금을 당기손익으로 인식한다. 예를 들어 건물을 건설하는 조건으로 토지를 보조금으로 받은 경우 건물의 내용연수동안 보조금을 당기손익으로 인식하는 것이 적절할 수 있다.

(4) 이미 발생한 비용이나 손실에 대한 보전 또는 향후의 관련원가 없이 기업에 제공되는 즉각적인 금융지원으로 수취하는 정부보조금은 정부보조금을 수취할 권리가 발생하는 기간에 당기손익으로 인식한다.

4. 수익접근법에 의한 정부보조금의 표시

(1) 자산관련보조금

자산관련보조금은 정부지원의 요건을 충족하는 기업이 장기성 자산을 매입, 건설하거나 다른 방법으로 취득하여야 하는 일차적 조건이 있는 정부보조금을 말한다.

자산관련정부보조금은 재무상태표에 이연수익으로 표시(이연수익법)하거나, 자산의 장부금액을 결정할 때 차감(원가차감법)하여 표시한다. 두 가지 방법이 모두 인정된다.

① 이연수익법

보조금을 이연수익으로 인식하여 자산의 내용연수에 걸쳐 체계적인 기준으로 당기손익에 인식하는 방법이다.

② 원가차감법

자산의 장부금액을 계산할 때 보조금을 차감하는 방법이다. 보조금은 감가상각자산의 내용연수에 걸쳐 감가상각비를 감소시키는 방식으로 당기손익으로 인식한다.

(2) 수익관련보조금

수익관련보조금은 자산관련보조금 이외의 정부보조금을 말한다. 다음 두 가지 방법의 표시방법이 있으며 두 가지 모두 수익관련보조금의 표시방법으로 인정된다.

① 수익관련보조금은 당기손익의 일부로 별도의 계정이나 '기타수익'과 같은 일반계정으로 표시한다.

② 관련비용에서 보조금을 차감한다.

(3) 시장이자율보다 낮은 이자율의 정부대여금

시장이자율보다 낮은 이자율의 정부대여금의 효익은 정부보조금으로 처리한다.

시장이자율보다 낮은 이자율의 효익은 기업회계기준서 제1039호에 따라 결정되는 정부대여금의 최초 장부금액(미래현금흐름의 현재가치)과 수취한 대가의 차이로 측정한다. 그 효익(정부보조금)은 이 기준서에 따라 회계처리한다.

5. 비화폐성 정부보조금

정부보조금은 토지나 그 밖의 자원과 같은 비화폐성자산을 기업이 사용하도록 이전하는 형식을 취할 수 있다. 이러한 상황에서는 일반적으로 비화폐성자산의 공정가치를 평가하여 보조금과 자산 모두를 그 공정가치로 회계처리한다. 경우에 따라서 대체적인 방법으로 자산과 보조금을 명목금액으로 기록하기도 한다.

6. 정부보조금의 상환

상환의무가 발생하게 된 정부보조금은 회계추정의 변경으로 회계처리한다. 자산관련보조금의 상환의무가 발생하게 되는 경우 자산의 새로운 장부금액에 손상 가능성이 있는지를 고려할 필요가 있다.

7. 자산관련보조금의 구체적인 회계처리

자산관련보조금의 회계처리는 정부보조금을 유형자산에서 차감하는 방법과 이연수익으로 처리하는 방법을 모두 인정하고 있다. 이에 대한 구체적인 회계처리를 설명하면 다음과 같다.

(1) 공시방법

① 원가(자산)차감법

취득시

재무상태표			
설비자산	×××		
정부보조금	△ ×××	×××	

② 이연수익법

정부보조금으로 유형자산을 취득하게 되면 이연수익(부채계정)으로 인식한다.

취득시

재무상태표			
비유동 자산		비유동부채	
설비자산	×××	정부보조금 (이연수익)	×××

(2) 정부보조금의 회계처리

① 원가차감법

감가상각을 하게 되면 감가상각비와 상계처리한다. 이 경우에 비용이 정보보조금과 상계되므로 그 만큼 비용(감가상각비)이 적게 계상되어 이익이 크게 표시된다.

취 득 시	: (차) 설비자산	×××	(대) 정부보조금 (자산차감계정)	×××
감각상각비	: (차) 감각상각비	×××	(대) 감각상각누계액	×××
상계처리	: (차) 정부보조금	×××[1]	(대) 감각상각비	×××[1]

1) 상계할 정부보조금 = 감가상각비 × $\frac{\text{정부보조금}}{\text{감가대상금액*}}$
(= 상계할 감가상각비)

* 감가대상금액 = (취득원가 − 잔존가치)

② 이연수익법

보조금을 이연수익(부채)으로 인식하여 자산의 내용연수에 걸쳐 체계적이고 합리적인 기준으로 수익을 인식하는 방법이다.

취 득 시	: (차) 설비자산	×××	(대) 정부보조금 (부채계정)	×××
감각상각비	: (차) 감각상각비	×××	(대) 감가상각누계액	×××
이연수익 인식	: (차) 정부보조금	×××[2)]	(대) 정부보조금수익 (당기수익)	×××[2)]

2) 수익으로 인식할 정부보조금은 원가차감법에서의 상계할 정부보조금과 같다.

(3) 정부보조금으로 취득한 자산을 처분한 경우

정부보조금으로 취득한 자산을 처분한 경우의 유형자산처분손익은 두 방법이 서로 같다.

① 원가차감법

취득한 자산을 처분하면 정부보조금 미상각잔액을 처분손익에 차감 또는 부가한다. 처분이익을 가정하고 처분시 회계처리하면 다음과 같다.

(차) 현 금	×××	(대) 설비자산	×××
감가상각누계액	×××	유형자산처분이익	×××
정부보조금*	×××		

* 정부보조금이 있는 경우에는 그 금액만큼 처분이익이 커진다.

② 이연수익법

취득한 자산을 처분하면 이연수익으로 표시된 정부보조금 미환입잔액을 처분손익에 차감 또는 부가한다. 처분이익을 가정하고 처분시 회계처리하면 다음과 같다.

(차) 현 금	×××	(대) 설비자산	×××
감가상각누계액	×××	유형자산처분이익	×××
정부보조금*	×××		

* 정부보조금이 있는 경우에는 그 금액만큼 처분이익이 커진다.

거래의 8요소와의 관계

(1) 자산관련 보조금

	원가차감법		이연수익법	
취득시	(차) 유형자산 ××× (자산의 증가)	(대) 정부보조금 ××× → 자산의 차감계정 (자산의 감소)	(차) 유형자산 ××× (자산의 증가)	(대) 정부보조금 ××× → 이연수익(부채)계정 (부채의 증가)
결산시	(차) 감가상각비 ××× (차) 정부보조금 ××× (자산의 증가)	(대) 감가상각누계액 ××× (대) 감가상각비 ××× (비용의 소멸)	(차) 감가상각비 ××× (차) 정부보조금 ××× (부채의 감소)	(대) 감가상각누계액 ××× (대) 정부보조금수익 ××× (수익의 발생)

(2) 수익관련 보조금

	기타수익 등 수익인식법		관련비용 차감법	
수취시	(차) 현 금 ××× (자산의 증가)	(대) 기타수익 ××× → 기타수익 등 수익으로 인식 (수익의 발생)	(차) 현 금 ××× (자산의 증가)	(대) 비 용 ××× → 관련비용에서 차감 (비용의 소멸)

정부보조금의 회계처리(일부가 정부보조금인 경우)

다음의 자료에 의하여 두 가지 방법에 따라 아래 질문에 답하시오.

(1) CW회사는 20×1년 1/1에 정부로부터 ₩300,000을 지원받아 기계를 ₩900,000 에 취득하였다.

(2) 기계장치의 내용연수는 3년, 잔존가치 0년, 정액법으로 상각한다. (단, 결산일은 12/31일이다.)

1. 20×1～20×3년 말까지 분개를 하시오.
2. 20×3년 초에 기계 장치를 ₩350,000에 처분했다면 처분손익은?
3. 만약 잔존가치가 ₩90,000이라면 1차말 장부금액은?

풀이

1. 20×1년~20×3년도의 연도별 회계처리

(1) 원가차감법

① 20×1년 1/1 자산 취득시 회계처리

(차) 현 금	300,000	(대) 정부보조금	300,000
(차) 기 계 장 치	900,000	(대) 현 금	900,000

20×1년 1/1 재무상태표

기계장치	900,000		
정부보조금	△ 300,000	600,000	

② 20×1년 말~20×3년 말의 회계처리

(차) 감가상각비	300,000 1)	(대) 감가상각누계액	300,000
(차) 정부보조금	100,000 2)	(대) 감가상각비	100,000

1) (₩900,000－0)÷3＝₩300,000

2) ₩300,000 × $\frac{300,000}{(900,000-0)}$ ＝₩100,000

20×1년 말 재무상태표

기계장치	900,000		
감가상각누계액	△ 300,000		
정부보조금	△ 200,000	400,000	

20×2년 말 재무상태표

기계장치	900,000		
감가상각누계액	△ 600,000		
정부보조금	△ 100,000	200,000	

20×3년 말 재무상태표

기계장치	900,000		
감가상각누계액	△ 900,000		
정부보조금	△ 0	0	

(2) 이연수익법

① 20×1년 1/1 자산 취득시 회계처리

(차) 현 금	300,000	(대) 정부보조금	300,000
(차) 기계장치	900,000	(대) 현 금	900,000

20×1년 말	재무상태표		
기계장치	900,000	정부보조금	300,000

② 20×1년 말~ 20×3년 말의 회계처리

(차) 감가상각비 300,000 [3] (대) 감가상각누계액 300,000

(차) 정부보조금 100,000 [4] (대) 정부보조금수익 100,000

3) (₩900,000－0)÷3＝₩300,000

4) $₩30,000 \times \frac{300,000}{(900,000-0)} = ₩100,000$

20×1년 말	재무상태표			
기계장치	900,000			
감가상각누계액	△ 300,000	600,000	정부보조금	200,000

20×2년 말	재무상태표			
기계장치	900,000			
감가상각누계액	△ 600,000	300,000	정부보조금	100,000

20×3년 말	재무상태표			
기계장치	900,000			
감가상각누계액	△ 900,000	0	정부보조금	0

2. 20×3년 초 처분시 회계처리

(1) 원가차감법

(차)		(대)	
현 금	350,000	기계장치	900,000
감가상각누계액	600,000	유형자산처분이익	150,000 [5]
정부보조금	100,000 [6]		

5) 처분손익＝₩350.000－200,000＝₩150,000이익

6) 취득한 자산을 처분한 경우에는 정부보조금 미상각 잔액을 유형자산처분손익에 가감처리한다.

(2) 이연수익법

(차)		(대)	
현 금	350,000	기계장치	900,000
감가상각누계액	600,000	유형자산처분이익	150,000
정부보조금	100,000 [7]		

7) 이연부채로 남아있는 정부보조금 미환입잔액을 처분손익에 가감한다,

참고로, 처분손익을 계산할 때 두 방법 간의 처분손익의 결과는 같다.

3. 20×1년 말 장부금액 계산(잔존가치가 ₩90,000인 경우)

(1) 원가차감법

① 회계처리

(차) 감가상각비	270,000 [8)]	(대) 감가상각누계액	270,000
(차) 정부보조금	100,000 [9)]	(대) 감각상각비	100,000

8) 감가상각비=(₩900,000−90,000)÷3=₩270,000

9) 상계할 정부보조금=₩270,000×$\frac{300,000}{(900,000-90,000)}$=₩100,000

∴ 당기말 감가상각비=₩270,000−100,000=₩170,000

② 20×1년 말 장부금액

20×1년 말 재무상태표

설비자산	900,000		
감가상각누계액	△ 270,000		
정부보조금	△ 200,000 [12)]	430,000	

참고로, 원가차감법에 따를 때 감가상각비, 장부금액 및 처분손익은 취득원가 총액을 기준으로 계산할 경우의 결과와 자기부담분만을 가지고 계산할 경우의 결과는 같다.
연도별 감가상각비를 자기부담분(₩600,000)만으로 계산하면 다음과 같으며, 결과는 취득원가 총액을 기준으로 계산할 경우와 같다. 자기부담분만을 가지고 감가상각비를 구할 때는 잔존가치를 모두 자기부담분에서 고려하여 구한다. 즉,

20×1년도 감가상각비=(₩600,000−90,000)×$\frac{1}{3}$=₩170,000

∴ 장부금액=₩600,000−170,000=₩430,000

20×2년도 감가상각비=(₩600,000−90,000)×$\frac{1}{3}$=₩170,000

∴ 장부금액=₩600,000−(170,000+170,000)=₩260,000

20×3년도 감가상각비=(₩600,000−90,000)×$\frac{1}{3}$=₩170,000

∴ 장부금액=600,000−(170,000+170,000+170,000)=₩90,000

(2) 이연수익법

① 회계처리

(차) 감가상각비	270,000 [10)]	(대) 감가상각누계액	270,000
(차) 정부보조금	100,000 [11)]	(대) 정부보조금수익	100,000

10) 감가상각비=(₩900,000−90,000)÷3=₩270,000

11) 수익으로 인식할 정부보조금=₩270,000×$\frac{300,000}{(900,000-90,000)}$=₩100,000

② 20×1년 말 장부가액

20×1년 말 재무상태표

기계장치	900,000				
감가상각누계액	△ 270,000	630.000		정부보조금	200,000 [12)]

12) 정부보조금 잔액 = ₩300,000 − 100,000 = ₩200,000

참고로 이연수익법의 감가상각비와 장부금액은 정부보조금을 무시하고 취득원가총액을 기준으로 계산하면 된다.

시장이자율보다 낮은 이자율의 정부대여금(정부보조금)

다음의 자료에 의하여 정부보조금을 계산하시오.

(1) ㈜찬우는 20×1년 1월 1일 지방자치단체로부터 자금을 전액 차입하여 기계장치를 ₩100,000에 구입하였다.

(2) 지방자치단체로부터 수령한 차입금은 20×3년 12월 31일에 상환해야 하며, 매년 말에 액면이자율 연 5%를 지급하는 조건이다.

(3) 기간 3, 이자율 10%일 경우의 1원의 현재가치는 0.7513, 연금현재가치 2.4868이다.)

풀이

(1) 정부보조금 계산

수취한 대가	₩100,000
정부대여금의 최초 장부금액; 100,000 × 0.7513 + 5,000 × 2.4868 =	87,564
정부보조금(시장이자율보다 낮은 이자율의 정부대여금의 효익)	₩12,436

(2) 회계처리

(차) 기계장치	100,000	(대)	정부차입금	87,564
			정부보조금	12,436 *

* 정보보조금은 유효이자율법을 적용하는 것이 아니라 정부보조금의 회계처리 방법에 따라 원가차감법이나 이연수익법을 적용하여 회계처리한다.

1. 원가차감법과 이연수익법의 비교

원가차감법과 이연수익법의 경우에 매년 장부금액 및 감가상각비는 서로 다르지만, 유형자산처분시 처분손익, 순자산 및 당기순이익은 두 방법이 서로 같다.

(1) 유형자산의 장부금액	원가차감법 ≠ 이연수익법
(2) 매년 감가상각비	원가차감법 ≠ 이연수익법
(3) 유형자산처분손익	원가차감법 = 이연수익법
(4) 순자산(자산－부채)	원가차감법 = 이연수익법
(5) 당기순이익	원가차감법 = 이연수익법

2. 두 방법간의 구체적인 차이 내용

(1) 유형자산의 장부금액

원가차감법: 장부금액＝취득원가－감가상각누계액－정부보조금잔액

이연수익법: 장부금액＝취득원가 － 감가상각누계액

→ 따라서 두 방법간의 장부금액은 정부보조금잔액만큼 차이가 난다.

(2) 매년 감가상각비

원가차감법: 총 감가상각비에서 감가상각대상금액에서 정부보조금의 비율만큼 상계된 잔액이 포괄손익계산서에 감가상각비로 표시된다.

이연수익법: 정부보조금이 부채로 표시되므로 총감가상각비가 포괄손익계산서에 감가상각비로 표시된다.

→ 따라서 두 방법간의 포괄손익계산서상의 감가상각비가 다르다.

(3) 유형자산처분손익

원가차감법: 처분손익＝처분액－장부금액

＝처분액－(취득원가－감가상각누계액－정부보조금잔액)

＝처분액－(취득원가－감가상각누계액)＋정부보조금잔액

이연수익법: 처분손익＝처분액－장부금액(취득원가－감가상각누계액)＋정부보조금잔액

＝처분액－(취득원가－감가상각누계액)＋정부보조금잔액

→ 따라서 두 방법간의 처분손익은 서로 같다.

(4) 순자산＝자산－부채

원가차감법: 순자산＝취득원가－감가상각누계액－정부보조금잔액(자산차감항목)

이연수익법: 순자산＝(취득원가－감가상각누계액)－정부보조금잔액(부채)

→ 따라서 같은 금액을 자산에서 차감하든 부채로 표시하든

두 방법간의 순자산은 서로 같다.

(5) 당기순이익

원가차감법: 순이익=감가상각비-상계할 정부보조금(감가상각비와 상계)

이연수익법: 순이익=감가상각비-수익으로 인식할 정부보조금(수익항목)

→ 따라서 상계할 정부보조금과 수익으로 인식할 정부보조금은 서로 같은 금액이므로 당기순이익은 같다.

제5절 차입원가의 자본화

1. 인 식

적격자산의 취득, 건설 또는 제조와 직접 관련된 차입원가는 당해 자산 원가의 일부로 자본화하여야 한다. 기타 차입원가는 발생기간에 비용으로 인식하여야 한다.

적격자산의 취득, 건설 또는 제조와 직접 관련된 차입원가는 당해 자산 원가를 구성한다. 이러한 차입원가는 미래경제적효익의 발생가능성이 높고 신뢰성 있게 측정가능할 경우에 자산 원가의 일부로 자본화한다.

2. 적격자산

적격자산이란 의도된 용도로 사용하거나 판매가능한 상태에 이르게 하는 데 상당한 기간을 필요로 하는 자산을 말한다.

(1) 적격자산이 되는 경우

다음 자산은 경우에 따라 적격자산이 될 수 있다.

① 재고자산

② 제조설비자산

③ 전력생산설비

④ 무형자산

⑤ 투자부동산

(2) 적격자산에 해당되지 않은 경우

① 금융자산, 그리고 단기간 내에 생산되거나 제조되는 재고자산은 적격자산에 해당하지 아니한다.

② 취득시점에 의도된 용도로 사용할 수 있거나 판매가능한 상태에 있는 자산인 경우에도 적격자산에 해당하지 아니한다.

3. 차입원가

차입원가는 다음과 같은 항목을 포함할 수 있다.

(1) 당좌차월과 장 · 단기차입금에 대한 이자

(2) 차입과 관련된 할인 · 할증차금의 상각(환입)액

(3) 차입약정과 관련하여 발생하는 부대원가의 상각액

(4) 금융리스 관련 금융비용

(5) 외화차입금과 관련되는 외환차이 중 이자원가의 조정으로 볼 수 있는 부분

자본(부채로 분류되지 않는 우선주자본금 포함)의 실제원가 또는 내재원가는 이 기준서의 적용범위에 해당되지 아니한다.

4. 자본화가능 차입원가 산정

적격자산의 취득, 건설 또는 생산과 직접 관련된 차입원가는 당해 적격자산과 관련된 지출이 발생하지 아니하였다면 부담하지 않았을 차입원가이다.

(1) 차입금의 종류 및 적용순서

자본화할 수 있는 금융비용의 자본화대상자산을 취득할 목적으로 직접 차입한 자금(이하 "특정차입금"이라 한다)에 대한 금융비용과 일반적인 목적으로 차입한 자금 중 자본화대상자산의 취득에 소요되었다고 볼 수 있는 자금(이하 "일반차입금"이라 한다)에 대한 금융비용으로 나누어 산정한다.

그리고 특정차입금이 있는 경우에는 특정차입금에 대한 금융비용을 먼저 자본화한 후에 일반차입금에 대한 금융비용을 산정하여 자본화한다.

(2) 특정차입금

① 적격자산의 취득, 건설 또는 제조와 직접 관련된 차입원가는 당해 적격자산과 관련된 지출이 발생하지 아니하였다면 부담하지 않았을 차입원가이다.

② 적격자산을 취득하기 위한 목적으로 특정하여 차입한 자금에 한하여, 회계기간동안 그 차입금으로부터 실제 발생한 차입원가에서 당해 차입금의 일시적 운용에서 생긴 투자수익을 차감한 금액을 자본화가능차입원가로 결정한다.

∴ 자본화할 차입원가＝특정차입금 차입원가－특정차입금의 일시적 운용수익

(3) 일반차입금

① 일반적인 목적으로 자금을 차입하고 이를 적격자산의 취득을 위해 사용하는 경우에 한하여 당해 자산 관련 지출액에 자본화이자율을 적용하는 방식으로 자본화가능차입원가를 결정한다. 자본화이자율은 회계기간동안 차입한 자금(적격자산을 취득하기 위해 특정 목적으로 차입한 자금 제외)으로부터 발생된 차입원가를 가중평균하여 산정한다.

② 회계기간동안 자본화한 차입원가는 당해 기간동안 실제 발생한 차입원가를 초과할 수 없다.

③ 일반차입금에서 발생한 차입금의 일시적 운용으로부터 발생한 이자수익은 차감하지 아니한다.

∴ 자본화활 차입원가＝(적격자산 연평균지출액 1)－특정차입금 연평균지출액 2))
×자본화 이자율 3)

단, 일반차입금에서 발생한 당기 발생 이자비용을 한도로 자본화한다.

1) 연평균지출액은 적격자산에서 연중 사용된 자금을 가중평균한 것을 말한다.
2) 연평균지출액 중 특정차입금으로 사용된 지출액만큼 차감하며 그 나머지 부분을 일반차입금으로 사용된 지출액으로 본다.
3) 자본화이자율은 회계기간 동안 상환되었거나 미상환된 일반차입금들에 대하여 당기에 발생한 차입원가를 가중평균하여 산정한다.

④ 적격자산에 대한 지출액은 현금의 지급, 다른 자산의 제공, 차입원가를 부담하는 부채의 발생 등에 따른 지출액을 의미한다.

5. 자본화 개시

차입원가는 자본화 개시일에 적격자산 원가로 처리한다. 자본화 개시일은 최초로 다음 조건을 모두 충족시키는 날이다.

(1) 적격자산에 대하여 지출하고 있다.
(2) 차입원가를 발생시키고 있다.

(3) 적격자산을 의도된 용도로 사용하거나 판매가능한 상태에 이르게 하는 데 필요한 활동을 수행하고 있다.

적격자산과 관련하여 수취하는 정부보조금과 건설 등의 진행에 따라 수취하는 금액은 적격자산에 대한 지출액에서 차감한다.

6. 자본화의 중단

(1) 적격자산에 대한 적극적인 개발활동을 중단한 기간에는 차입원가의 자본화를 중단한다.

(2) 자산을 의도된 용도로 사용하거나 판매가능한 상태에 이르게 하는 데 필요한 활동을 중단한 기간에도 차입원가는 발생할 수 있으나, 이러한 차입원가는 미완성된 자산을 보유함에 따라 발생하는 비용으로서 자본화조건을 충족하지 못한다.

7. 자본화의 종료

적격자산을 의도된 용도로 사용하거나 판매가능한 상태에 이르게 하는 데 필요한 거의 모든 활동이 완료된 시점에 차입원가의 자본화를 종료한다.

(1) 자금의 사용순위

유형자산을 자가건설하는 데 자금이 사용된 경우에는 어떤 자금을 먼저 사용했는지 알 수가 없다. 따라서 다음과 같은 순서로 자금이 사용되었다고 가정하고 자본화할 금융비용을 산정한다. 특정차입금이 있는 경우에는 특정차입금에 대한 이자를 먼저 계산하여 자본화한 다음 일반차입금에 대한 이자를 계산하여 자본화한다.

1순위 : 특정차입금
2순위 : 일반차입금
3순위 : 자기 자금

여기서 특정차입금과 일반차입금에서 발생한 이자는 실제로 회사가 지급한 금액이므로 자본화하지만 자기자금에 대해서는 이자지급여부와 관계없이 자본화하지 않는다.

(2) 자금의 일시적 운용에서 생긴 일시 투자수익

특정차입금~산정된 자본화할 금융비용에서 특정차입금 중 미사용된 자금의 일시적운용에서 생긴 투자수익은 차감한다.

일반차입금~산정된 자본화할 금융비용에서 일반차입금 중 자금의 일시적 운용에서 생긴 투자수익은 차감하지 않는다.

(3) 자본화할 차입원가 계산절차

첫째, 당기에 적격자산에 대한 연평균지출액을 먼저 구한다.

이 경우 당기 지출액을 가중평균하여 연평균지출액을 구하며, 적격자산과 관련하여 수취한 정부보조금은 연평균지출액에서 차감한다.

둘째, 특정차입금을 기준으로 자본화할 차입원가를 구한다.

이 경우에 회계기간 동안 발생한 특정차입금 차입원가에서 특정차입금의 일시적 운용으로부터 획득한 모든 투자수익은 차감하여 자본화할 차입원가를 결정한다.

∴ 자본화할 차입원가=특정차입금에서 발생한 차입원가-특정차입금의 일시적 운용에서 생긴 투자수익

셋째, 마지막으로 일반차입금에서 발생한 자본화할 차입원가를 구한다.

연평균지출액에서 연평균특정차입금을 차감한 금액에 가중평균이자율을 고려하여 일반차입금에서 발생한 자본화할 차입원가를 구한다. 단, 당기에 일반차입금에서 실제로 발생한 차입원가를 초과할 수 없다.

왜냐하면 일반차입금에서 실제로 발생한 차입원가를 초과한 금액은 자기자본에 대한 이자를 계산한 것이기 때문이다.

∴ 자본화할 차입원가=(연평균지출액-연평균특정차입금)×가중평균자본화이자율
(한도: 당기에 일반차입금에서 실제로 발생한 차입원가)

연평균지출액계산(정부보조금이 있는 경우)

1. 아래의 자료에 의하여 자본화할 금융비용을 구하시오.

(1) CY회사는 20×1년 초에 건물을 신축하였으며 20×3년 말 준공예정이다.

(2) 건물신축과 관련하여 다음과 같은 지출이 발생하였다.

20×1, 1/1	₩500,000 지출
20×1, 7/1	300,000 지출
계	800,000

(3) 20×1년 7/1일에 지출한 금액 중 ₩100,000은 동일자로 건물 신축과 관련하여 상환의무없이 정부로부터 보조받은 금액이다.

(4) 20×1년도 차입금현황은 다음과 같다.

차입금	차입일	상환일	차입금액	이자율
A(특정차입금)	20×1, 1/1	20×1, 10/31	300,000	10%
B(일반차입금)	20×1, 1/1	20×2, 12/31	1,000,000	12%

차입금 A는 건물신축과 관련하여 개별적으로(특정차입금) 차입되었으며, 차입금 B는 일반목적(일반차입금)으로 차입되었다.

2. 위 내용의 차입금현황이 다음과 같을 때 자본화할 금융비용을 구하시오.

차입금	차입일	상환일	차입금액	이자율
A(특정차입금)	20×1, 1/1	20×1, 10/31	300,000	10%
B(일반차입금)	20×1, 1/1	20×2, 12/31	200,000	12%

풀이

1. 자본화할 금융비용 계산

(1) 연평균지출액 계산

건물을 신축하는데 발생한 연평균지출액은 다음과 같다.

(₩500,000×12+300,000×6−100,000*×6)× $\frac{1}{12}$ =₩600,000 [1)]

1) 건물을 신축하는데 발생한 지출액을 다음의 순서로 자금을 사용했다고 본다.
① 특정차입금
② 일반차입금
③ 자기자금(자기자금에 대해서는 이자를 계산하지 않는다.)

* 정부보조금에서는 이자가 발생하지 않으므로 연평균지출액에서 차감한다.

(2) 특정차입금 관련 금융비용

① 연평균 특정차입금 계산

건물을 신축하는데 우선적으로 사용했다고 보는 특정차입금의 연평균 지출액은 다음과 같다.

₩300,000×10× $\frac{1}{12}$ =₩250,000

② 특정차입금에서 자본화할 금융비용
=(특정차입금에서 발생한 금융비용−특정차입금의 일시적 자금운용 이자수익)
=(₩250,000×10%−0)=₩25,000

(3) 일반차입금 관련 금융비용

① 일반차입금의 평균지출액 계산

일반차입금 연평균지출액=(자본화대상 연평균지출액 [2)]−특정차입금 연평균지출액)
=(₩600,000−250,000)=₩350,000

2) 건물을 신축하는데 발생한 연평균지출액 중에서 특정차입금을 가장 먼저 사용했다고 보며, 그 나머지 지출액은 일반차입금에서 사용했다고 본다. 만약 일반차입금이 없다면 자기자금을 사용한 것이다.

② 일반차입금에서 자본화할 금융비용

자본화금융비용=일반차입금연평균지출액×자본화이자율 [3)]
=₩350,000×12%=₩42,000 [4)](한도 : ₩120,000)

3) 일반차입금이 여러 종류일 때는 이자율을 가중평균해야 하며 이 문제에서는 한 종류이기 때문에 가중평균하지 않는다.

4) 일반차입금에서 당기에 발생한 이자가 ₩1,000,000×12%=₩120,000이므로 한도를 초과

하지 않는다. 따라서 전액을 자본화한다.

(4) 회계처리

① 특정차입금

이자발생의 경우 :	(차) 이자비용	25,000	(대) 현 금	25,000
자본화 할 경우 :	(차) 건설중인자산	25,000 [5]	(대) 이자비용	25,000

5) 특정차입금은 당기발생 이자비용을 모두 자본화한다.

② 일반차입금

이자발생의 경우 :	(차) 이자비용	120,000	(대) 현 금	120,000
자본화 할 경우 :	(차) 건설중인자산	42,000 [6]	(대) 이자비용	42,000

6) 당기에 일반차입금에서 이자비용이 ₩120,000발생했으나 그 중 건물을 신축하는데 사용되었다고 보는 차입금에 대한 이자만 자본화한다. 따라서 당기에 발생한 ₩120,000중에서 ₩42,000만 자본화하고 나머지 ₩120,000－42,000＝₩78,000은 포괄손익계산서상의 이자비용으로 나타난다.

2. 자본화할 금융비용 계산

(1) 연평균지출액 계산

건물을 신축하는데 발생한 연평균지출액은 다음과 같다.

$$(₩500,000\times12+300,000\times6-100,000\times6)\times\frac{1}{12}=₩600,000$$

(2) 특정차입금 관련 금융비용

① 연평균 특정차입금 계산

건물을 신축하는데 우선적으로 사용했다고 보는 특정차입금의 연평균 지출액은 다음과 같다.

$$₩300,000\times10\times\frac{1}{12}=₩250,000$$

② 특정차입금에서 자본화할 금융비용

＝(특정차입금에서 발생한 금융비용－특정차입금의 일시적 자금운용 이자수익)

＝(₩250,000×10%－0)＝₩25,000

(3) 일반차입금 관련 금융비용

자본화할 금융비용＝일반차입금연평균지출액×자본화이자율

＝(₩600,000－350,000)×12%＝₩42,000 [7](한도 : ₩24,000)

7) 일반차입금에서 당기에 발생한 이자비용이 ₩200,000×12%＝₩24,000이므로 ₩24,000까지만 자본화한다. 한도를 초과한 부분은 자기자금에 대한 이자를 계산한 것이므로 자본화하면 안된다.

(4) 회계처리

① 특정차입금

이자발생의 경우 :	(차) 이자비용	25,000	(대) 현 금	25,000
자본화 할 경우 :	(차) 건설중인자산	25,000	(대) 이자비용	25,000

② 일반차입금

이자발생의 경우 :	(차) 이자비용	24,000	(대) 현 금	24,000
자본화 할 경우 :	(차) 건설중인자산	24,000 [8]	(대) 이자비용	24,000

8) 당기에 일반차입금에서 발생한 이자비용이 ₩24,000이므로 ₩24,000까지만 자본화한다. 이 금액을 초과해서 자본화하게 되면 자기자금에 대한 이자를 자본화하게 된다.

자본화할 금융비용(가중평균이자율 계산)

아래의 자료에 의하여 20×1년도의 자본화할 금융비용을 계산하시오.

(1) CY회사는 20×1년초에 건물을 신축하였으며 20×3년말 준공예정이다.

(2) 건물신축과 관련하여 다음과 같은 지출이 발생하였다.

20×1, 1/1	₩500,000	지출
20×1, 7/1	300,000	지출
20×1, 10/1	200,000	지출
계	1,000,000	

(3) 20×1년도 차입금현황은 다음과 같다.

차입금	차입일	상환일	차입금액	이자율
A	20×1, 1/1	20×1, 8/31	300,000	10%
B	20×1, 1/1	20×2, 12/31	1,000,000	12%
C	20×0, 1/1	20×1, 9/30	500,000	14%

차입금 A는 건물신축과 관련하여 개별적으로(특정차입금) 차입되었으며 차입금 B, C는 일반목적(일반차입금)으로 차입되었다.

풀이

(1) 연평균지출액 계산

건물을 신축하는데 발생한 연평균지출액은 다음과 같다.

$(₩500,000\times12+300,000\times6+200,000\times3)\times\frac{1}{12}=₩700,000$ [1)]

1) 기업회계기준서에서는 건물을 신축하는데 발생한 지출액을 다음의 순서로 자금을 사용했다고 본다.

① 특정차입금

② 일반차입금

③ 자기자금

(2) 특정차입금 관련 금융비용

① 연평균 특정차입금 계산

건물을 신축하는데 우선적으로 사용했다고 보는 특정차입금의 연평균 지출액은 다음과 같다.

$₩300,000\times8\times\frac{1}{12}=₩200,000$

② 특정차입금에서 자본화할 금융비용

=(특정차입금에서 발생한 금융비용－특정차입금에서 발생한 일시예금이자수익)

=(₩200,000×10%－0)=₩20,000 [2)]

2) 특정차입금에서 발생한 금융비용에서 특정차입금의 일시적 운용에서 발생한 이자수익을 차감한 잔액을 한도없이 모두 자본화한다.

(3) 일반차입금 관련 금융비용

① 일반차입금의 평균지출액 계산

일반차입금연평균지출액 [3] = (자본화대상연평균지출액 − 특정차입금연평균지출액)

= (₩700,000 − 200,000) = ₩500,000

3) 건물을 신축하는데 발생한 연평균지출액중에서 특정차입금을 가장 먼저 사용했다고 보며 그 나머지 지출액은 일반차입금에서 사용했다고 본다. 만약 일반차입금이 없다면 자기자금을 사용한 것이다.

② 일반차입금에서 자본화할 금융비용

자본화할금융비용 = 일반차입금연평균지출액 × 자본화이자율 [4]

= ₩500,000 × 12.55% [4] = ₩62,750 [5]

4) 일반차입금의 종류가 2종류 이상일 경우에는 어떤 차입금을 먼저 사용했는지 알 수 없으므로 이자율을 가중평균하여 산정한다.

차입금	일반차입금의 연평균차입금	이자율	당기발생금융비용
B	$1,000,000 \times 12 \times \frac{1}{12} = 1,000,000$	12%	120,000
C	$500,000 \times 9 \times \frac{1}{12} = 375,000$	14%	52,500
계	1,375,000		172,500

$$\therefore \text{자본화이자율} = \frac{\text{금융비용}}{\text{연평균일반차입금}} = \frac{172,500}{1,375,000} = 12.55\%$$

5) 일반차입금에서 자본화할 금융비용은 당기에 일반차입금에서 발생한 금융비용 ₩172,500을 초과할 수 없다. 그 이유는 당기에 발생한 금융비용 중에서 건물을 신축하지 않았다면 회피할 수 있었던 금융비용을 자본화하는 것이므로 당기발생금융비용을 초과할 수 없다.

따라서 ₩62,750은 한도(₩172,500) 내에 있으므로 전액을 자본화한다. 만약 계산된 금융비용이 당기발생금융비용(₩172,500)을 초과했다면 초과한 이자부분은 자기자금에 대한 이자에 해당된다.

자기자금에 대한 이자는 자본화하지 않는다.

이 경우에는 한도인 당기발생금융비용 ₩172,500을 자본화한다.

(4) 20×1년도 자본화할 금융비용

총자본화할 금융비용 = 특정차입금에서 자본화할 금융비용

\+ 일반차입금에서 자본화할 금융비용

= ₩20,000 + 62,750 = ₩82,750

자본화할 금융비용(특정차입금에서 일시적 운용 투자수익이 발생한 경우)

아래의 자료에 의하여 20×1년도의 자본화할 금융비용을 계산하시오.

(1) CW회사는 20×1년초에 건물을 신축하였으며 20×3년말 준공예정이다.

(2) 건물신축과 관련하여 다음과 같은 지출이 발생하였다.

20×1년, 1/1	₩1,000,000
20×1년, 5/1	2,000,000
20×1년, 9/1	2,000,000
	₩5,000,000

(3) 20×1년도 차입금현황은 다음과 같다.

차입금	차입일	상환일	차입금액	이자율
A	20×1, 1/1	20×2, 12/31	₩500,000	10%
B	20×1, 1/1	20×2, 12/31	800,000	12%
C	20×0, 1/1	20×3, 12/31	700,000	14%

차입금 A는 건물신축과 관련하여 개별적으로(특정차입금) 차입되었으며 이중 ₩200,000은 20×1년 1/1부터 20×1년 6/30일까지 연리 8%의 이자지급 조건의 정기예금에 예치하였다. 차입금 B, C는 일반목적으로 차입된 것이다.

풀이

(1) 연평균지출액 계산

$(₩1,000,000 \times 12 + 2,000,000 \times 8 + 2,000,000 \times 4) \times \frac{1}{12} = ₩3,000,000$

(2) 특정차입금 관련 금융비용

① 연평균특정차입금 계산

$(₩500,000 \times 12 \times \frac{1}{12} - 200,000 \times 6 \times \frac{1}{12}$ [1]$) = ₩400,000$

1) 일시예금기간동안은 건물신축하는데 지출된 것이 아니므로 차감해준다.

② 특정차입금에서 자본화할 금융비용

=(특정차입금에서 발생한 금융비용 − 일시예금이자수익)

$= (₩500,000 \times 10\% - 200,000 \times \frac{6}{12} \times 8\%) = ₩42,000$

(3) 일반차입금에서 자본화할 금융비용

=(연평균지출액 − 특정차입금연평균지출액) × 자본화이자율

$= (₩3,000,000 - 400,000) \times 12.93\%$ [2] $= ₩336,180$

따라서, 계산된 금융비용 ₩336,180이 당기 발생한 금융비용 ₩194,000을 초과하므로 ₩194,000이 자본화할 금융비용이다.

2)

차입금	일반차입금의 연평균차입금	이자율	당기발생금융비용
B	$800,000 \times 12 \times \frac{1}{12} = 800,000$	12%	96,000
C	$700,000 \times 12 \times \frac{1}{12} = 700,000$	14%	98,000
계	1,500,000		194,000

$\therefore$ 자본화이자율 $= \frac{194,000}{1,500,000} = 12.93\%$

(4) 20×1년도에 자본화할 금융비용 계산

총자본화할 금융비용 = 특정차입금관련금융비용 + 일반차입금관련금융비용
= ₩42,000 + 194,000 = ₩236,000

제6절 후속원가

1. 자본적 지출

(1) 의 의

자본적 지출이란 유형자산의 취득 또는 완성후의 지출이 가장 최근에 평가된 성능수준을 초과하여 미래경제적효익을 증가시키는 지출 등을 말한다. 이 지출은 자산의 인식기준을 충족시키면 자산의 취득원가에 포함시킨다. 일반적으로 그 지출로 인해서 다음과 같은 효과를 발생시키면 그 자산의 실질가치를 증가시키는 지출이므로 자본적 지출에 해당된다.

① 내용연수의 증가
② 생산가능량의 증가
③ 제품의 질 향상
④ 운영비(또는 원가)의 절감
⑤ 기타 미래용역잠재력의 향상 등

(2) 자본적 지출의 예시

① 증설(피난시설, 엘리베이터, 냉방 · 난방장치의 설치 등)
② 개량 및 대체

③ 용도변경 · 개조
④ 증축 · 개축 등

(3) 정기적인 교체

일부 유형자산의 경우 주요 부품이나 구성요소의 정기적 교체가 필요할 수 있다. 예를 들면, 용광로의 경우 일정시간 사용 후에 내화벽돌의 교체가 필요할 수 있으며, 항공기의 경우에도 좌석과 취사실 등의 내부설비를 항공기 동체의 내용연수 동안 여러 번 교체할 필요가 있을 수 있다. 또한 유형자산이 취득된 후 반복적이지만 비교적 적은 빈도로 대체(예 : 건물 인테리어 벽 대체)되거나 비반복적으로 대체되는 경우도 있다. 유형자산의 인식원칙하에서, 유형자산의 일부를 대체할 때 발생하는 원가가 인식기준을 충족하는 경우에는 이를 해당 유형자산의 장부금액에 포함하여 인식한다. 대체되는 부분의 장부금액은 제거한다.

(4) 정기적인 종합검사과정에서 발생하는 원가

항공기와 같은 유형자산을 계속적으로 가동하기 위해서는 당해 유형자산의 일부가 대체되는지 여부와 관계없이 결함에 대한 정기적인 종합검사가 필요할 수 있다. 정기적인 종합검사과정에서 발생하는 원가가 인식기준을 충족하는 경우에는 유형자산의 일부가 대체되는 것으로 보아 해당 유형자산의 장부금액에 포함하여 인식한다. 이 경우 직전에 이루어진 종합검사에서의 원가와 관련되어 남아 있는 장부금액(물리적 부분의 장부금액과는 구별됨)을 제거한다.

2. 수익적 지출

(1) 의　　의

유형자산의 현재의 용역수준을 유지시키는 원상회복적 지출을 말한다. 이 지출은 수선유지비로서 당기비용으로 처리한다.

(2) 수익적 지출의 예시

① 경상적 수선유지비
② 도장
③ 파손된 유리의 대체
④ 소모성부속품 대체
⑤ 벨트 대체, 타이어 대체

⑥ 재배치 및 이전

⑦ 기타 원상회복이나 능률유지를 위한 지출

(3) 수선유지비

유형자산의 인식원칙에 따르면, 일상적인 수선 · 유지와 관련하여 발생하는 원가는 해당 유형자산의 장부금액에 포함하여 인식하지 아니한다. 이러한 원가는 발생시점에 당기손익으로 인식한다. 일상적인 수선 · 유지과정에서 발생하는 원가는 주로 노무비와 소모품비로 구성되며 사소한 부품원가가 포함될 수도 있다. 이러한 지출의 목적은 보통 유형자산의 '수선과 유지'로 설명된다.

제7절 유형자산 재평가

1. 재평가모형의 의의

(1) 의 의

기업회계기준서에서는 유형자산을 원가모형이나 재평가모형 중 하나를 회계정책으로 선택하여 유형자산 분류별로 동일하게 적용하도록 규정하고 있다.

재평가모형이란 최초 인식 후에 공정가치를 신뢰성 있게 측정할 수 있는 유형자산은 재평가일의 공정가치에서 이후의 감가상각누계액과 손상차손누계액을 차감한 재평가금액을 장부금액으로 한다. 재평가는 보고기간말에 자산의 장부금액이 공정가치와 중요하게 차이가 나지 않도록 주기적으로 수행한다.

(2) 공정가치 측정

① 일반적으로 토지와 건물의 공정가치는 공인된 감정평가인의 감정에 의하고 시장에 근거한 증거로 결정된다. 일반적으로 설비장치와 기계장치의 공정가치는 감정에 의한 시장가치이다.

② 해당 유형자산의 특수성 때문에 공정가치에 대해 시장에 근거한 증거가 없고, 해당 자산이 계속 사업의 일부로서 거래되는 경우를 제외하고는 거의 거래되지 않는다면, 이익접근법이나 상각후대체원가법을 사용해서 공정가치를 측정할 필요가 있을 것이다.

2. 재평가의 빈도 및 수정방법

(1) 재평가 빈도

재평가의 빈도는 재평가되는 유형자산의 공정가치 변동에 따라 달라진다. 재평가된 자산의 공정가치가 장부금액과 중요하게 차이가 나는 경우에는 추가적인 재평가가 필요하다. 중요하고 급격한 공정가치의 변동 때문에 매년 재평가가 필요한 유형자산이 있는 반면에 공정가치의 변동이 중요하지 않아 빈번한 재평가가 필요하지 않은 유형자산도 있다. 즉, 매 3년이나 5년마다 재평가하는 것으로 충분한 유형자산도 있다.

(2) 수정방법

유형자산을 재평가할 때, 재평가 시점의 감가상각누계액은 다음 중 하나의 방법으로 회계처리한다.

① **총장부금액조정법** 자산 장부금액의 재평가와 일치하는 방식으로 자산의 총장부금액을 조정한다. 예를 들어, 총장부금액은 관측가능한 시장 자료를 기초로 수정하거나 장부금액의 변동에 비례하여 수정할 수 있다. 재평가일의 감가상각누계액은 손상차손누계액을 고려한 후 총장부금액과 장부금액의 차이와 같아지도록 조정한다.

② **감가상각누계액을 제거하는 방법** 총장부금액에서 기존의 감가상각누계액을 제거하여 자산의 순장부금액이 재평가금액이 되도록 수정하는 방법. 이 방법은 건물을 재평가할 때 흔히 사용된다.

기본예제 13 재평가시 수정방법

주식회사 CW는 20×1년 말 현재 당기 감가상각을 반영한 장부금액 ₩60,000(취득원가 ₩100,000, 감가상각누계액 ₩40,000)인 건물을 ₩120,000으로 재평가하였다. 두 가지 방법에 따라 재평가와 관련된 당기 말 회계처리를 하시오.

풀이

1. 감가상각누계액 수정법

(1) 20×1년 말 회계처리

(차)	감가상각누계액	40,000	(대) 재 평 가 잉 여 금	60,000 [1]
	건 물	20,000		

1) 유형자산을 재평가할 때 재평가 시점의 총장부가액에서 기존의 감가누계액을 제거하고 자산의 순장부금액이 재평가금액이 되도록 수정한다.

(2) 20×1년 말 공시

20×1년 말(재평가 전)		재무상태표
건　　물	100,000	
감가상각누계액	△ 40,000	60,000

20×1년 말(재평가 후)		재무상태표
건　　물		120,000

2. 총장부금액조정법

(1) 20×1년 말 회계처리

(차) 건　　물　60,000 [2]　(대) 재평가잉여금　60,000 [2]

2) 감가상각누계액은 그대로 두고 총장부금액 ₩100,000을 ₩160,000으로 조정한다.

(2) 20×1년 말 공시

20×1년 말(재평가 전)		재무상태표
건　　물	100,000	
감가상각누계액	△ 40,000	60,000

20×1년 말(재평가 후)		재무상태표
건　　물	160,000	
감가상각누계액	△ 40,000	120,000

3. 유형자산의 분류

특정 유형자산을 재평가할 때, 해당 자산이 포함되는 유형자산 분류 전체를 재평가한다. 유형자산은 영업상 유사한 성격과 용도로 분류한다. 다음은 개별 분류의 예이다.

(1) 토　　지

(2) 토지와 건물

(3) 기계장치

(4) 선　　박

(5) 항공기

(6) 차량운반구

(7) 집　　기

(8) 사무용비품

유형자산별로 선택적 재평가를 하거나 서로 다른 기준일의 평가금액이 혼재된 재무보고를 하는 것을 방지하기 위하여 동일한 분류 내의 유형자산은 동시에 재평가한다. 그러나 재평가가 단기간에 수행되며 계속적으로 갱신된다면, 동일한 분류에 속하는 자산을 순차적으로 재평가할 수 있다.

4. 재평가와 관련된 회계처리

(1) 자산의 장부금액이 재평가로 인하여 증가된 경우

자산의 장부금액이 재평가로 인하여 증가된 경우에 그 증가액은 기타포괄손익으로 인식하고 재평가잉여금의 과목으로 자본에 가산한다. 그러나, 동일한 자산에 대하여 이전에 당기손익으로 인식한 재평가감소액이 있다면 그 금액을 한도로 재평가증가액만큼 당기손익으로 인식한다.

(2) 자산의 장부금액이 재평가로 인하여 감소된 경우

자산의 장부금액이 재평가로 인하여 감소된 경우에 그 감소액은 당기손익으로 인식한다. 그러나 그 자산에 대한 재평가잉여금의 잔액이 있다면 그 금액을 한도로 재평가감소액을 기타포괄손익으로 인식한다. 재평가감소액을 기타포괄손익으로 인식하는 경우 재평가잉여금의 과목으로 자본에 누계한 금액을 감소시킨다.

토지의 재평가

재평가 모형을 선택한 찬우기업이 20×1년 중에 ₩100원에 취득한 토지의 공정가액이 각 연도 말 연도별로 다음과 같이 변동한 경우, 연도별 회계처리는? (단, 연도별 증감액은 중요한 변동이고, 세율은 무시한다.)

20×1년 말 : ₩150,　　20×2년 말 : ₩50,　　20×3년 말 : ₩170

풀이

연도별 회계처리는 다음과 같다.

(1) 20×1년도 취득시 회계처리

(차) 토 지	100	(대) 현 금	100

(2) 20×1년도 말 회계처리

(차) 토 지	50	(대) 재평가잉여금 (기타포괄손익)	50 1)

1) 재평가시 재평가잉여금은 기타포괄손익으로 분류한다.

(3) 20×2년도 말 회계처리

(차) 재평가잉여금	50	(대) 토 지	100
재평가손실 (당기손실)	50 2)		

2) 유형자산의 장부금액이 재평가로 인하여 감소된 경우에는 그 감소액은 당기손익으로 인식한다. 그러나 그 유형자산의 재평가로 인해 인식한 재평가잉여금의 잔액이 있다면 그 금액을 한도로 재평가감소액을 기타포괄손익에서 차감한다.

(4) 20×3년도 말 회계처리

(차) 토 지	120	(대)	재 평 가 이 익 (당기이익)	50[3)]
			재 평 가 잉 여 금 (기타포괄손익)	70[4)]

3) 재평가액이 증가한 경우 동일한 유형자산에 대하여 이전에 당기손익으로 인식한 재평가 감소액이 있다면 그 금액을 한도로 재평가증가액만큼 당기손익으로 인식한다.

(3) 재평가잉여금의 이익잉여금대체 가능

어떤 유형자산 항목과 관련하여 자본에 계상된 재평가잉여금은 그 자산이 제거될 때 이익잉여금으로 직접 대체할 수 있다. 자산이 폐기되거나 처분될 때에 재평가잉여금 전부를 이익잉여금으로 대체하는 것이 그러한 경우에 해당될 수 있다.

기업이 그 자산을 사용함에 따라 재평가잉여금의 일부를 대체할 수도 있다. 이러한 경우 재평가된 금액에 근거한 감가상각액과 최초원가에 근거한 감가상각액의 차이가 사용하는 기간동안 매년 이익잉여금으로 대체되는 금액이 될 것이다. 즉

이익잉여금 대체액＝재평가액기준 감가상각비－최초원가에 근거한 감가상각비

재평가잉여금 대체시에는 당기손익으로 인식하지 않는다.

토지의 재평가(처분의 경우)

다음의 자료에 의하여 물음에 답하시오. 【'12. 감평사】

1. (주)찬엽은 20×1년 초에 토지를 ₩10,000에 취득하여 사용하기 시작하였다.
2. 20×1년 말과 20×2년 말 현재 동 토지의 공정가치는 각각 ₩11,000과 ₩9,500이다.
3. (주)찬엽은 매기간 말에 토지를 공정가치로 평가하는 재평가모형을 적용한다.
4. 재평가잉여금은 제거시에 이익잉여금으로 대체한다.

(1) 20×1년 말과 20×2년 말 재평가잉여금의 잔액과 당기손익은 얼마인가?

(2) 만약 (주)찬엽이 20×2년 초에 동 토지를 모두 ₩12,000에 처분하였다면 토지처분이익은 얼마인가?

(3) 만약 (주)찬엽이 20×3년 초에 동 토지를 모두 ₩9,600에 처분하였다면 토지처분이익은 얼마인가?

풀이

(1) 각 연도의 재평가잉여금 잔액 및 당기손익 계산

① 20×1년도 재평가시 회계처리

(차) 토 지 1,000 (대) 재평가잉여금 1,000 1)

1) 재평가잉여금＝₩11,000－10,000＝₩1,000

∴ 20×1년도 재평가잉여금 잔액＝₩1,000, 당기순이익＝₩0

② 20×2년도 재평가시 회계처리

(차) 재평가잉여금 1,000 / 재평가손실(당기손실) 500 2) (대) 토 지 1,500

2) 재평가손실＝₩9,500－11,000＝₩1,500

재평가손실은 재평가잉여금과 우선 상계하고 잔액은 당기손익에 반영한다.

∴ 20×2년도 재평가잉여금 잔액＝₩0, 재평가손실(당기손실)＝₩1,500－1,000＝₩500

(2) 20×2년 초 토지 처분시 회계처리

(차) 현 금 12,000 (대) 토 지 11,000 / 토지처분이익 1,000 3)

(차) 재평가잉여금 1,000 3) (대) 이 익 잉 여 금 1,000

3) 처분액과 장부금액을 비교하여 토지처분손익을 구하고, 재평가잉여금은 처분시에 당기손익으로 재분류하지 않고 이익잉여금으로 대체한다.

(3) 20×3년 초 토지 처분시 회계처리

(차) 현 금 9,600 (대) 토 지 9,500 / 토지처분이익 100 4)

4) 처분액과 장부금액을 비교하여 토지처분손익을 구하고, 재평가잉여금은 20×2년 말 재평가손실과 상계되어 잔액이 없으므로 이익잉여금으로 대체하지 않는다.

자산을 사용하면서 재평가잉여금을 이익잉여금으로 대체하는 경우

다음의 자료를 가지고 자산재평가와 관련된 회계처리를 하시오. (단, 감가상각누계액을 전액 제거하는 방법에 따르며, 사용시 재평가잉여금을 이익잉여금으로 대체한다.)

(1) 주식회사 CW는 20×1년 초에 건물을 ₩100,000에 취득하였다.

(2) 정액법, 내용연수 5년, 잔존가치는 없다.

(3) 20×1년 말에 감가상각을 반영한 장부금액을 ₩120,000으로 재평가 하였다.

(4) 20×2년 말에 감가상각을 반영한 장부금액을 ₩150,000으로 재평가 하였다.

풀이

각 회계연도의 회계처리는 다음과 같다.

(1) 20×1년 초 취득시

(차) 건　　물	100,000	(대) 현　　금	100,000

(2) 20×1년 말

(차) 감가상각비	20,000	(대) 감가상각누계액	20,000
(차) 건　　물	20,000	(대) 재평가잉여금	40,000 [1]
감가상각누계액	20,000		

1) ₩120,000−(100,000−20,000)=₩40,000

(3) 20×2년 말

(차) 감가상각비	30,000 [2]	(대) 감가상각누계액	30,000
(차) 재평가잉여금	10,000	(대) 이익잉여금	10,000 [3]

2) (₩120,000−0)÷4=₩30,000

3) 재평가액기준 감가상각비=(₩120,000−0)÷4=₩30,000
취득원가기준 감가상각비=(₩100,000−0)÷5= 20,000
이익잉여금 대체액 ₩10,000

(차) 건　　물	30,000	(대) 재평가잉여금	60,000 [4]
감가상각누계액	30,000		

4) ₩150,000−(120,000−30,000)=₩60,000

(4) 20×3년 말 ~ 20×5년 말

(차) 감가상각비	50,000 [5]	(대) 감가상각누계액	50,000
(차) 재평가잉여금	30,000	(대) 이익잉여금	30,000 [6]

5) (₩150,000−0)÷3=₩50,000

6) 재평가액기준 감가상각비=(₩150,000−0)÷3=₩50,000
취득원가기준 감가상각비=(₩100,000−0)÷5= 20,000
이익잉여금 대체액 ₩30,000

제8절 감가상각

1. 감가상각의 의의

(1) 의 의

유형자산의 감가상각이란 감가대상금액을 그 자산의 내용연수 동안 체계적으로 배분하는 과정으로서, 유형자산취득원가를 당기수익에 대응되는 원가(소멸원가)와 차기 이후년도의 수익에 대응될 원가(미소멸원가)로 나누는 절차를 말한다. 따라서, 감가상각은 수익 · 비용대응의 원칙으로서 기간대응에 해당된다.

(2) 감가상각의 본질론

① **원가배분과정설**　감가상각이란 유형자산의 취득원가를 추정내용연수에 따라 합리적이고 체계적인 절차에 의해 비용을 수익에 대응시키는 원가배분과정이라고 보는 설이다. 일반적으로 인정된 회계원칙에 해당된다.

② **자산평가과정설**　감가상각을 유형자산의 일정 기간 동안 발생한 가치의 감소분으로 보는 견해이다. 일반적으로 인정된 회계원칙으로 받아들여지지 않는다.

(3) 감가상각

① 별도로 구분하여 감가상각하는 경우

㉠ 유형자산을 구성하는 일부의 원가가 당해 유형자산의 전체원가에 비교하여 유의적이라면, 해당 유형자산을 감가상각할 때 그 부분은 별도로 구분하여 감가상각한다.

㉡ 유형자산의 원가는 그 유형자산을 구성하고 있는 유의적인 부분에 배분하여 각 부분별로 감가상각한다. 예를 들면, 항공기를 소유하고 있는지 금융리스하고 있는지에 관계없이, 항공기 동체와 엔진을 별도로 구분하여 감가상각하는 것이 적절할 수 있다.

㉢ 유형자산을 구성하고 있는 유의적인 부분에 해당 유형자산의 다른 유의적인 부분과 동일한 내용연수 및 감가상각방법을 적용하는 수가 있다. 이러한 경우에는 감가상각액을 결정할 때 하나의 집단으로 통합할 수 있다.

㉣ 유형자산의 일부를 별도로 구분하여 감가상각하는 경우에는 동일한 유형자산을 구성하고 있는 나머지 부분도 별도로 구분하여 감가상각한다. 나머지 부분은 개별적으로 유의적이지 않은 부분들로 구성된다. 이러한 나머지 부분에 대해 다양한 기대치가 존

재한다면 각 부분들의 소비형태나 내용연수를 충실하게 반영하는 방법으로 근사치를 이용하여 감가상각할 필요가 있을 것이다.

ⓜ 유형자산의 전체원가에 비교하여 해당 원가가 유의적이지 않은 부분도 별도로 분리하여 감가상각할 수 있다.

② 감가상각비의 당기손익 인식

㉠ 각 기간의 감가상각액은 다른 자산의 장부금액에 포함되는 경우가 아니라면 당기손익으로 인식한다.

㉡ 각 기간의 감가상각액은 일반적으로 당기손익으로 인식한다. 그러나 유형자산에 내재된 미래경제적효익이 다른 자산을 생산하는 데 사용되는 경우도 있다. 이 경우 유형자산의 감가상각액은 해당 자산의 원가의 일부가 된다. 예를 들어 제조설비의 감가상각액은 재고자산의 가공원가로서 제조원가를 구성하고, 개발활동에 사용되는 유형자산의 감가상각액은 해당 무형자산의 원가에 포함될 수 있다.

(4) 감가상각대상금액 및 감가상각기간

① 감가상각대상금액

㉠ 유형자산의 감가상각대상금액은 내용연수에 걸쳐 체계적인 방법으로 배분한다.

㉡ 유형자산의 잔존가치와 내용연수는 적어도 매 회계연도말에 재검토한다. 재검토 결과 추정치가 종전 추정치와 다르다면, 그 차이는 '회계정책, 회계추정의 변경 및 오류'에 따라 회계추정의 변경으로 회계처리한다.

㉢ 유형자산의 공정가치가 장부금액을 초과하더라도 잔존가치가 장부금액을 초과하지 않는 한 감가상각액을 계속 인식한다. 유형자산을 수선하고 유지하는 활동을 하더라도 감가상각의 필요성이 부인되는 것은 아니다.

㉣ 감가상각대상금액은 유형자산의 원가에서 잔존가치를 차감한 금액이다. 실무적으로 잔존가치는 경미한 경우가 많으므로 감가상각대상금액을 계산할 때 중요하게 다루어지지 않는다.

② 잔존가치가 장부금액보다 같거나 큰 경우

유형자산의 잔존가치는 해당 자산의 장부금액과 같거나 큰 금액으로 증가할 수도 있다. 이 경우에는 자산의 잔존가치가 장부금액보다 작은 금액으로 감소될 때까지는 유형자산의 감가상각액은 영(0)이 된다.

예를 들어, 장부금액이 ₩10,000이고 잔존가치(공정가치)가 ₩15,000이라면 감가상각액은 영(0)이 된다.

③ 감가상각기간

㉠ 감가상각의 시작

유형자산의 감가상각은 자산이 사용가능한 때부터 시작한다. 즉, 경영진이 의도하는 방식으로 자산을 가동하는데 필요한 장소와 상태에 이른 때부터 시작한다.

㉡ 감가상각의 중지

감가상각은 자산이 매각 예정자산으로 분류되는 날과 자산이 제거되는 날 중 이른 날에 중지한다.

④ 매각예정으로 분류되는 자산

매각예정으로 분류되는 경우에는 순공정가치와 장부금액 중 작은 금액으로 표시하고 감가상각은 하지 아니한다.

⑤ 운휴중인 자산

정액법이나 체감잔액법을 사용하는 유형자산이 운휴 중이거나 적극적인 사용상태가 아니어도, 감가상각이 완전히 이루어지기 전까지는 감가상각을 중단하지 않는다. 그러나 생산량비례법처럼 유형자산의 사용정도에 따라 감가상각을 하는 경우에는 생산활동이 이루어지지 않을 때 감가상각액을 인식하지 않을 수 있다.

⑥ 토지와 건물을 동시에 취득하는 경우

토지와 건물을 동시에 취득하는 경우에도 이들은 분리가능한 자산이므로 별개의 자산으로 회계처리한다. 채석장이나 매립지 등을 제외하고는 토지는 내용연수가 무한하므로 감가상각하지 아니한다. 그러나 건물은 내용연수가 유한하므로 감가상각대상자산이다. 건물이 위치한 토지의 가치가 증가하더라도 건물의 감가상각대상금액에는 영향을 미치지 않는다.

⑦ 토지의 원가에 해체, 제거 및 복구원가가 포함된 경우

토지의 원가에 해체, 제거 및 복구원가가 포함된 경우에는 그러한 원가를 관련 경제적효익이 유입되는 기간에 감가상각한다.

경우에 따라서는 토지의 내용연수가 한정될 수 있다. 이 경우에는 관련 경제적효익이 유입되는 형태를 반영하는 방법으로 토지를 감가상각한다.

2. 감가상각방법

(1) 감가상각방법의 선택

유형자산의 감가상각방법은 자산의 미래경제적효익이 소비될 것으로 예상되는 형태를 반영한다.

(2) 감가상각방법의 변경

유형자산의 감가상각방법은 적어도 매 회계연도말에 재검토한다. 재검토결과 자산

에 내재된 미래경제효익의 예상되는 소비형태에 유의적인 변동이 있다면, 변동된 소비형태를 반영하기 위하여 감가상각방법을 변경한다. 그러한 변경은 회계추정의 변경으로 회계처리한다.

(3) 감가상각의 체계적인 배부방법

유형자산의 감가상각대상금액을 내용연수 동안 체계적으로 배부하기 위해 다양한 방법을 사용할 수 있다. 이러한 감가상각방법에는 정액법, 체감잔액법 및 생산량비례법이 있다. 정액법은 잔존가치가 변동하지 않는다고 가정할 때 자산의 내용연수 동안 매 기간 일정액의 감가상각액을 계상하는 방법이다. 체감잔액법은 자산의 내용연수 동안 감가상각액이 매 기간 감소하는 방법이다. 생산량비례법은 자산의 예상조업도 또는 예상생산량에 근거하여 감가상각액을 계상하는 방법이다. 감각상각방법은 예상 소비형태가 변하지 않는 한 매 회계기간에 일관성 있게 적용한다.

3. 감가상각방법의 구체적인 회계처리

(1) 정액법(직선법)

매기 일정한 금액의 감가상각비를 계산하는 방법으로 수선유지비가 매기 동일하게 발생한다고 가정하며 또한 사용보다는 시간의 경과에 의해 발생하고 있다고 가정하는 방법이다.

$$감가상각비 = \frac{(취득원가 - 잔존가치)}{내용연수}$$

(2) 체감잔액법

가속상각법은 시간의 경과에 따라 수선유지비는 증가하고 그 자산으로 인한 수익(유형자산사용으로 인한 현금수입액)은 감소한다는 가정하에 감가상각비를 상각대상 기간의 초기에 많이 인식하고 후반기에 적게 인식하는 방법이다. 유형자산의 초기에는 능률이 높아 그 자산의 사용으로 인한 현금유입액이 증가하고 후기로 갈수록 현금유입액이 감소한다. 따라서 초기에 효익창출능률이 크므로 감가상각비를 많이 계상하고 후기로 갈수록 효익창출능력은 감소하게 되므로 감가상각비도 적게 계상함으로써 수익 · 비용대응의 원칙에 부합된다는 이론적인 장점이 있다. 체감잔액법은 초기에 감가상각비가 크고 갈수록 작아진다하여 가속상각법이라고도 하며 정률법, 이중체감법, 연수합계법이 있다.

① 정률법

유형자산의 미상각잔액(장부가액)에 일정한 상각률을 적용하여 감가상각비를 계산하는 방법이다.

$$감가상각비=(취득원가-감가상각누계액)\times 정률^{*}(\%)$$
$$=장부가액\times 정률$$
$$=미상각잔액\times 정률$$

$$^{*}\ 정률=1-\sqrt[n]{\frac{잔존가액}{취득원가}}\quad (n은\ 감가상각계산의\ 횟수)$$

② 이중체감법(정액법의 배법)

이중체감법의 감가상각비 계산방법은 정률법의 경우와 같고 단지 상각률을 계산할 때 정액법에 의한 상각률의 두 배를 적용하는 방법이다.

$$매감가상각비=장부가액\times 상각률^{*}$$

$$^{*}\ 상각률=\left(\frac{1}{내용연수}\right)\times 2$$

이중체감법은 상각률 계산시에 잔존가액을 고려하지 않았기 때문에 내용연수 마지막연도의 감가상각비는 미상각잔액에서 잔존가치를 차감하여 계산한다.

③ 연수합계법(급수법)

연수합계법은 감가상각대상금액(취득원가－잔존가치)에 상각률을 곱하여 매기 감가상각액을 구하되 상각률의 분모는 내용연수합계를, 분자는 잔여내용연수를 표시하여 일정하게 감가상각비가 체감해 가도록 하는 방법이다.

$$매기상각액=(취득원가-잔존가치)\times \frac{잔여내용연수}{내용연수의\ 합계^{*}}$$

$$^{*}\ 내용연수의\ 합계=\frac{n(n+1)}{2}\quad (n:\ 내용연수)$$

감가상각비계산

기계장치의 취득원가	₩100,000(20×1년 1/1 취득)
잔존가치	10%
내용연수	5년

위 자료로 정액법, 정률법(정률 0.369), 이중체감법, 연수합계법에 의한 매년 말 감가상각비를 계산하시오.

풀이

① 정액법

1차년도 감가상각비: $(100{,}000-10{,}000)\times\frac{1}{5}=18{,}000$

2차년도 감가상각비: $(100{,}000-10{,}000)\times\frac{1}{5}=18{,}000$

3차년도 감가상각비: $(100{,}000-10{,}000)\times\frac{1}{5}=18{,}000$

4차년도 감가상각비: $(100{,}000-10{,}000)\times\frac{1}{5}=18{,}000$

5차년도 감가상각비: $(100{,}000-10{,}000)\times\frac{1}{5}=\underline{18{,}000}$

계 $\underline{\underline{90{,}000}}$

② 정률법

1차년도 감가상각비: $100{,}000\times0.369=36{,}900$

2차년도 감가상각비: $(100{,}000-36{,}900)\times0.369=23{,}284$

3차년도 감가상각비: $\{100{,}000-(36{,}900+23{,}284)\}\times0.369=14{,}692$

4차년도 감가상각비: $\{100{,}000-(36{,}900+23{,}284+14{,}692)\}\times0.369=9{,}271$

5차년도 감가상각비: $\{100{,}000-(36{,}900+23{,}284+14{,}692+9{,}271)\}\times0.369=\underline{5{,}853}$ *

계 $\underline{\underline{90{,}000}}$

* 계산금액과 차이가 나는 것은 단수조정 때문에 차이가 나는 것이며 감가대상금액이 ₩90,000이므로 단수조정하여 5년 동안 총감가상각비를 이 금액과 일치시킨 것이다.

③ 이중체감법(정액법의 배법)

상각률 = 정액법상각률 × 2배 = $\frac{1}{5}$ × 2배 = 0.4

1차년도 감가상각비: $100{,}000\times0.4=40{,}000$

2차년도 감가상각비: $(100{,}000-40{,}000)\times0.4=24{,}000$

3차년도 감가상각비: $\{100{,}000-(40{,}000+24{,}000)\}\times0.4=14{,}400$

4차년도 감가상각비: $\{100{,}000-(400{,}000+24{,}000+14{,}400)\}\times0.4=8{,}640$

5차년도 감가상각비: $\{100{,}000-(40{,}000+24{,}000+14{,}400+8{,}640)\}-10{,}000$ * $=\underline{2{,}960}$

계 $\underline{\underline{90{,}000}}$

* 이중체감법은 상각률을 구할 때 정률법처럼 잔존가치를 고려하지 않았기 때문에 마지막 연도에는 잔존가치가 ₩10,000이 되도록 감가상각이 계산되어지지 않는다. 따라서 마지막 연도에는 장부가액에서 잔존가치 ₩10,000을 차감한 잔액을 모두 상각한다.

④ **연수합계법**(급수법)

1차년도 감가상각비: $(100,000-10,000)\times\frac{5}{15}$ * $=30,000$

2차년도 감가상각비: $(100,000-10,000)\times\frac{4}{15}=24,000$

3차년도 감가상각비: $(100,000-10,000)\times\frac{3}{15}=18,000$

4차년도 감가상각비: $(100,000-10,000)\times\frac{2}{15}=12,000$

5차년도 감가상각비: $(100,000-10,000)\times\frac{1}{15}=\ \ 6,000$

계 90,000

* $\frac{n(n+1)}{2}=\frac{5\times6}{2}=15$

감가상각비계산(중도취득의 경우)

[기본예제 17]에서 20×1년 10월 1일에 취득했을 때 각 방법의 감가상각비를 계산하시오. 단, 중도취득시에는 월할상각한다. 결산일은 12월 31일이다.

풀이

① 정액법

1차년도(20×1년 10/1~12/31): $(100,000-10,000)\times\frac{1}{5}\times\frac{3}{12}=4,500$

2차년도(20×2년): $(100,000-10,000)\times\frac{1}{5}=18,000$

3차년도(20×3년): $(100,000-10,000)\times\frac{1}{5}=18,000$

4차년도(20×4년): $(100,000-10,000)\times\frac{1}{5}=18,000$

5차년도(20×5년): $(100,000-10,000)\times\frac{1}{5}=18,000$

6차년도(20×6년 1/1~9/30): $(100,000-10,000)\times\frac{1}{5}\times\frac{9}{12}=13,500$

계 =90,000

② 정률법

㉠ 연초에 취득한 경우의 감가상각비

1차년도 : 36,900
2차년도 : 23,284
3차년도 : 14,692
4차년도 : 9,271
5차년도 : 5,853

㉡ 기중에 취득한 경우의 감가상각비(10/1에 취득)

1차년도(20×1년 10/1～12/31): $36{,}900 \times \frac{3}{12} = 9{,}225$

2차년도 : $36{,}900 \times \frac{9}{12} + 23{,}284 \times \frac{3}{12} = 33{,}496$

3차년도 : $23{,}284 \times \frac{9}{12} + 14{,}692 \times \frac{3}{12} = 21{,}136$

4차년도 : $14{,}692 \times \frac{9}{12} + 9{,}271 \times \frac{3}{12} = 13{,}337$

5차년도 : $9{,}271 \times \frac{9}{12} + 5{,}853 \times \frac{3}{12} = 8{,}417$

6차년도(20×6년 1/1～9/30) : $5{,}853 \times \frac{9}{12} = 4{,}389$

계 90,000

(별해)

1차: $36{,}900 \times \frac{3}{12} =$ 9,225
2차: $(100{,}000 - 9{,}225) \times 0.369 =$ 33,496
3차: $\{100{,}000 - (9{,}225 + 33{,}496)\} \times 0.369 =$ 21,136
4차: $\{100{,}000 - (9{,}225 + 33{,}496 + 21{,}136)\} \times 0.369 =$ 13,337
5차: $\{100{,}000 - (9{,}225 + 33{,}496 + 21{,}136 + 13{,}337)\} \times 0.369 =$ 8,417
6차: $\{100{,}000 - (9{,}225 + 33{,}496 + 21{,}136 + 13{,}337 + 8{,}417)\} - 10{,}000 =$ 4,389
90,000

③ 이중체감법

정률법과 계산요령이 같다.

④ 연수합계법

㉠ 연초에 취득한 경우의 감가상각비

1차년도 : 30,000
2차년도 : 24,000
3차년도 : 18,000
4차년도 : 12,000
5차년도 : 6,000

㉡ 기중에 취득한 경우의 감가상각비(10/1 취득)

1차년도(20×1년 10/1～12/31): $30{,}000 \times \frac{3}{12} = 7{,}500$

2차년도 : $30{,}000 \times \frac{9}{12} + 24{,}000 \times \frac{3}{12} = 28{,}500$

3차년도 : $24{,}000 \times \frac{9}{12} + 18{,}000 \times \frac{3}{12} = 22{,}500$

4차년도 : $18,000 \times \frac{9}{12} + 12,000 \times \frac{3}{12} = 16,500$

5차년도 : $12,000 \times \frac{9}{12} + 6,000 \times \frac{3}{12} = 10,500$

6차년도(20×6년 1/1~9/30) : $6,000 \times \frac{9}{12} = 4,500$

계 90,000

(3) 비례법

감가의 원인이 기능적 원인이나 시간에 의해서가 아니라 물리적인 원인에 의해서 발생한다고 보는 것으로서 사용된 자산의 조업도를 기준으로 감가상각을 계산하는 방법이다. 작업시간비례법과 생산량비례법 등이 있다.

① 작업시간비례법

$$매기상각액 = (취득원가 - 잔존가치) \times \frac{당기사용시간}{총가능사용시간}$$

② 생산량비례법

$$매기상각액 = (취득원가 - 잔존가치) \times \frac{당기생산량}{총가능생산량}$$

생산량비례법

20×1년에 CW회사는 광산을 ₩1,000,000에 구입했는데, 광물을 모두 캐내고 난 뒤의 토지의 잔존가치는 ₩100,000으로 평가된다. 지질학적 조사에 의하면 20,000,000톤의 광물이 매장되어 있다고 한다.

20×1년 중에 1,500,000톤을 캐내어 그 중 200,000톤을 팔았다.

(1) 20×1년 광업권 상각액은 얼마인가?

(2) 매출원가에 포함되는 상각액은 얼마인가?

풀이

(1) $(취득원가 - 잔존가치) \times \frac{당기생산량}{총가능생산량} = (₩1,000,000 - 100,000) \times \frac{1,500,000}{20,000,000} = ₩67,500$

(2) $₩67,500 \times \frac{200,000}{1,500,000} = ₩9,000$

4. 특수한 경우의 감가상각비 계산

(1) 회계변경과 감가상각비 계산

① 유형자산의 잔존가치와 내용연수는 적어도 매 회계연도 말에 재검토한다. 재검토 결과 추정치가 종전 추정치와 다르다면 그 차이는 회계추정의 변경으로 회계처리한다.

② 유형자산의 감가상각방법은 적어도 매 회계연도말에 재검토한다. 재검토결과 자산에 내재된 미래경제적효익의 예상되는 소비형태에 중요한 변동이 있다면, 변동된 소비형태를 반영하기 위하여 감가상각방법을 변경한다. 그러한 변경은 회계추정의 변경으로 회계처리한다. 회계추정의 변경은 전진적으로 회계처리한다.

회계변경과 감가상각

찬우회사는 20×1년 초에 취득원가 ₩100,000, 내용연수 5년, 잔존가치 ₩10,000인 기계장치를 취득하였다. 2년간 사용한 후 정당한 사유로 정액법에서 연수합계법으로 회계정책을 변경하였고, 잔존가치는 14,000, 내용연수는 6년으로 추정의 변경을 하였다. 20×3년 말 감가상각비와 장부금액은 얼마인가?

풀이

(1) 회계추정의 변경전까지의 감가상각누계액 계산

$(₩100,000-10,000) \times \frac{1}{5} \times 2년 = ₩36,000$

(2) 20×3년 말 감가상각비와 장부금액 계산

① 감가상각방법의 변경은 회계추정의 변경에 해당하며 소급수정하지 않고 전진법으로 회계처리한다.

$\therefore$ 20×3년 말 감가상각비 $= \{(₩100,000-36,000)-14,000\} \times \frac{4}{10} = ₩20,000$

분개하면,

(차) 감가상각비	20,000	(대) 감가상각누계액	20,000

② 20×3년 말 장부금액 $= (₩100,000-36,000-20,000) = ₩44,000$

20×3년 말 재무상태표

기계장치	100,000		
감가상각누계액	56,000	44,000	

(2) 자본적 지출과 감가상각비 계산

자본적 지출은 지출의 효익이 여러 해 기간에 미치게 되므로 자산의 인식기준을 충족한다면 취득원가에 포함시켜 감가상각해야 한다.

이 경우에 이 지출로 인해서 내용연수와 잔존가치의 변동이 생기면 자본적 지출 전 장부가액에 자본적 지출을 가산하여 새로운 내용연수와 잔존가치에 의해서 감가상각비를 계산해야 한다.

자본적 지출과 감가상각

다음 자료를 이용하여 20×1년과 20×2년도의 감가상각비와 20×2년도 말 감가상각누계액 및 장부금액을 계산하라.

(1) 20×1년 1월 1일 기계장치구입(취득원가 ₩1,500,000)
(2) 이 기계의 잔존가치 ₩150,000, 내용연수 5년, 정액법 상각
(3) 20×2년 1월 1일 기계의 성능을 향상시켜 제품의 질을 높이기 위해 개량비로 ₩500,000 지출하였다.
(4) 개량비 지출로 인하여 내용연수가 7년으로 증가하였으며, 잔존가치는 ₩200,000으로 증가하였다.

풀이

① 20×1년도 감가상각비

$(₩1,500,000-150,000)\times\frac{1}{5}=₩270,000$

② 20×2년도 감가상각비 계산

자본적 지출 전 장부가액 : (₩1,500,000 − 270,000) =	₩1,230,000
자본적 지출	500,000
자본적 지출 후 장부가액	₩1,730,000

$\therefore$ 20×2년 감가상각비 : $(₩1,730,000-200,000)\times\frac{1}{(7-1)}=₩255,000$

③ 20×2년 말 감가상각누계액

₩270,000 + 255,000 = ₩525,000

④ 20×2년 말 장부금액

₩1,500,000 + 500,000 − 525,000 = ₩1,475,000

또는 ₩1,730,000 − 255,000 = ₩1,475,000

제9절 손상차손

1. 개별자산 손상검토와 손상차손인식

(1) 손상차손 검토

① 매 보고기간 말마다 자산손상을 시사하는 징후가 있는지를 검토한다. 만약 그러한 징후가 있다면 당해 자산의 회수가능액을 추정한다.

㉠ 회수가능액 … 자산 또는 현금창출단위의 순공정가치와 사용가치 중 큰 금액

㉡ 순공정가치 … 측정일에 시장참여자 사이의 정상거래에서 자산을 매도하면서 수취하거나 부채를 이전하면서 지급하게 될 가격에서 처분부대원가를 차감한 금액

㉢ 사용가치 … 자산이나 현금창출단위에서 창출될 것으로 기대되는 미래현금흐름의 현재가치

② 다음의 경우에는 자산손상을 시사하는 징후가 있는지에 관계없이 회수가능액을 추정하고 장부금액과 비교하여 손상검사를 한다.

㉠ 내용연수가 비한정인 무형자산 또는 아직 사용할 수 없는 무형자산에 대해서는 매년 손상검사를 한다.

㉡ 사업결합으로 취득한 영업권에 대해서는 매년 손상검사를 한다.

③ 자산손상을 시사하는 징후가 있는지를 검토할 때는 외부정보와 내부정보를 고려한다.

(2) 손상차손 인식

자산의 회수가능액이 장부금액에 미달하는 경우 자산의 장부금액을 회수가능액으로 감소시킨다. 이때 당해 감소금액은 손상차손에 해당한다. 손상차손은 자산평가모형에 따라 다음과 같이 처리한다.

① 원가모형

재평가되지 않는 자산의 손상차손은 당기손익으로 인식한다. 즉, 회계처리하면 다음과 같다.

(차) 유형자산손상차손 (당기손익)	×××	(대) 손상차손누계액	×××

② 재평가모형

재평가되는 자산의 손상차손은 당해 자산에서 발생한 재평가잉여금에 해당하는 금액까지는 기타포괄손익으로 인식한다. 재평가되는 자산의 손상차손을 기타포괄손익으로 인식하는 경우 그 자산의 재평가잉여금을 감소시킨다. 즉, 회계처리하면 다음과 같다.

(차) 재평가잉여금	×××	(대) 손상차손누계액	×××
유형자산손상차손	×××		

2. 손상차손 환입

(1) 손상차손 환입의 검토

① 매 보고기간말마다 영업권을 제외한 자산에 대해 과거에 인식한 손상차손이 더 이상 존재하지 않거나 감소된 것을 시사하는 징후가 있는지를 검토한다. 징후가 있는 경우 당해 자산의 회수가능액을 추정한다.

② 영업권을 제외한 자산에 대하여 과거기간에 인식한 손상차손은 직전 손상차손의 인식시점 이후 회수가능액을 결정하는 데 사용된 추정치에 변화가 있는 경우에만 환입한다. 손상차손이 환입되는 경우에는 일정한 제약조건을 고려하여 자산의 장부금액을 회수가능액으로 증가시킨다.

③ 영업권에 대해 인식한 손상차손은 후속기간에 환입할 수 없다.

(2) 손상차손환입의 회계처리

영업권을 제외한 자산의 손상차손환입은 즉시 당기손익으로 인식한다. 회계처리하면 다음과 같다. 단, 손상차손환입으로 증가된 장부금액은 과거에 손상차손을 인식하기 전 장부금액의 감가상각 또는 상각 후 잔액을 초과할 수 없다.

(차) 손상차손누계액	×××	(대) 손상차손환입 *	×××

* 손상차손을 인식하기 전 장부금액의 감가상각 또는 상각 후 잔액을 초과할 수 없다.

유형자산의 손상차손(원가모형)

CW회사는 20×1년 초에 기계장치를 ₩1,000,000에 구입하였다. 내용연수는 5년이고 잔존가치는 없으며 정액법으로 상각한다. 20×2년 말에 기계장치의 진부화로 인하여 회수가능액이 ₩150,000으로 하락하였고, 20×3년 말 회수가능액이 ₩200,000(또는 ₩500,000)으로 증가하였다. 원가모형에 따른다.

(1) 20×2년 말 손상차손인식에 대한 회계처리를 하시오.
(2) 20×3년 말 회수가능액이 ₩200,000으로 회복되었을 때 손상차손환입액은?
(3) 20×3년 말 회수가능액이 ₩500,000으로 회복되었을 때 손상차손환입액은?

풀이

(1) 20×2년 말 손상차손 인식

① 20×1년 초 취득시

(차) 기 계 장 치	1,000,000	(대) 현 금	1,000,000

② 20×1년 말 감가상각비

(차) 감가상각비	200,000	(대) 감가상각누계액	200,000

③ 20×2년 말 손상차손 인식

(차) 감가상각비	200,000	(대) 감가상각누계액	200,000
(차) 유형자산손상차손	450,000 [1]	(대) 손상차손누계액	450,000

1) 20×2년 말 장부금액(₩1,000,000 − 400,000) = ₩600,000
회수가능액 150,000
손상차손(감액손실) ₩450,000

(2) 20×3년 말 손상차손환입(회수가능액이 ₩200,000일 경우)

① 20×3년 말 감가상각비

(차) 감 가 상 각 비	50,000 [2]	(대) 감가상각누계액	50,000

2) $(₩1,000,000 - 200,000 - 200,000 - 450,000) \times \frac{1}{(5-2)} = ₩50,000$

② 20×3년 말 손상차손 환입

(차) 손상차손누계액	100,000	(대) 유형자산손상차손환입 (당기수익)	100,000 [3]

3) 회수가능액 ₩200,000
장부금액(₩1,000,000 − 200,000 − 200,000 − 450,000 − 50,000) = 100,000
손상차손환입 ₩100,000

(3) 20×3년 말 손상차손환입(회수가능액이 ₩500,000일 경우)

① 20×3년 말 감가상각비

(차) 감 가 상 각 비	50,000	(대) 감가상각누계액	50,000

② 20×3년 말 손상차손 환입

(차) 손상차손누계액	300,000	(대) 유형자산손상차손환입	300,000 [4]

4) 회수가능액 ₩400,000 [5]
장부금액(₩1,000,000 − 200,000 − 450,000 − 50,000) = 100,000
손상차손환입 ₩300,000

5) 회수가능액이 회복된 경우에는 당초부터 손상차손을 인식하지 않고 정상적으로 감가상각했을 경우의 장부금액을 한도로 환입한다. 즉,

장부금액=(취득원가−3년 동안의 감가상각누계액)

$=(₩1,000,000-600,000*)=₩400,000$

$*(₩1,000,000-0)\times\frac{1}{5}\times3=₩600,000$

재고자산과 유형자산의 환입시 한도액 비교

(1) 한도액 계산 관련 규정

① 재고자산평가손실의 경우~평가손실을 인식한 후 시가가 다시 회복된 경우에는 최초의 장부금액(취득원가에 해당)을 한도로 환입한다.

② 유형자산손상차손의 경우~손상차손을 인식한 후 회수가능액이 회복된 경우에는 당초에 손상차손을 인식하지 않고 정상적으로 감가상각을 했을 경우의 장부금액을 한도로 환입한다.

(2) 한도액이 있는 이유

① 회복액 전액을 환입하지 않고 한도액이 있는 이유는 두 경우 모두 시가법을 적용하지 않기 때문이다.

② 한도액이 서로 다른 이유는 유형자산은 감가성 자산이기 때문에 정상적으로 감가상각한 후의 장부금액이 한도액이 되며, 재고자산은 감가성 자산이 아니기 때문에 최초의 장부금액이 한도액이 된다.

제10절 유형자산의 제거

1. 처분손익의 인식

(1) 유형자산의 장부금액은 다음과 같은 때에 제거한다.

① 처분하는 때

② 사용이나 처분을 통하여 미래경제적효익이 기대되지 않을 때

(2) 유형자산의 제거로 인하여 발생하는 손익은 자산을 제거할 때 당기손익으로 인식한다

2. 처분손익계산

(1) 유형자산의 제거로 인하여 발생하는 손익은 순매각금액과 장부금액의 차이로 결정한다. 즉, 처분손익 = 순매각금액 − 장부금액(취득원가−감가상각누계액)

(2) 유형자산의 처분대가는 최초에 공정가치로 인식한다. 유형자산에 대한 지급이 지연되면, 처분대가는 최초에 현금가격상당액으로 인식한다. 처분대가의 명목금액과 현금가격상당액의 차이는 유효이자율을 반영하여 이자수익으로 인식한다.

유형자산처분손익

20×1년 10/1일에 현금 ₩500,000을 주고 기계장치를 취득하였다. 기계장치의 내용연수는 5년이고, 잔존가치는 10%이다. 20×2년 말에 이 기계장치를 ₩300,000에 처분하였다. 정률법에 의할 때 20×2년 말 감가상각비와 유형자산처분손익은?(결산일은 12/31일이고, 상각률은 0.369이다.)

풀이

월할상각하기 전 매년 감가상각비는 다음과 같다.
1차년도 감가상각비: ₩500,000 × 0.369 = ₩184,500
2차년도 감가상각비: (₩500,000 − 184,500) × 0.369 = ₩116,420
따라서

20×1년 감가상각비(20×1년 10/1∼12/31): ₩184,500 × $\frac{3}{12}$ = ₩46,125

20×2년 감가상각비 : ₩184,500 × $\frac{9}{12}$ + 116,420 × $\frac{3}{12}$ = ₩167,480

감가상각누계액 ₩213,605

처분가액 ₩300,000
장부금액(₩500,000 − 213,605) = 286,395
유형자산처분이익 ₩13,605

분개하면 다음과 같다.

(차) 감가상각비	167,480	(대) 감가상각누계액	167,480
(차) 감가상각누계액	213,605	(대) 기계장치	500,000
현 금	300,000	유형자산처분이익	13,605

별해에 의하면

20×1년 감가상각비: ₩500,000 × 0.369 × $\frac{3}{12}$ = ₩46,125
20×2년 감가상각비: (₩500,000 − 46,125) × 0.369 = 167,480
감가상각누계액 ₩213,605

기본예제 24 이연지급계액에 의한 처분

아래의 자료에 의하여 처분시 처분손익에 대한 분개를 하시오.

(1) 20×1년 초에 차량을 처분하고 매년 말 ₩100,000씩 3년 동안 받기로 했다.

(2) 이 자산의 처분시 장부금액은 ₩200,000(취득원가 ₩600,000, 감가상각누계액 ₩400,000)이다.

(3) 시장이자율 10%이고, 기간 3년, 시장이자율 10%일 때의 연금현가계수는 2.48685이다.

풀이

(1) 20×1년 초(처분시)

(차)	장기미수금	300,000	(대)	차량운반구	600,000
	감가상각누계액	400,000		유형자산처분이익	48,685 1)
				현재가치할인차금	51,315

1) 최초의 공정가치(현금가격상당액) = ₩100,000 × 2.48685 = ₩248,685

∴ 처분이익 = 최초공정가치 − 장부금액 = ₩248,685 − (600,000 − 400,000) = ₩48,685

(2) 20×1년 12/31

(차)	현　　금	100,000	(대)	장기미수금	100,000
	현재가치할인차금	24,869		이자수익	24,869 2)

2) 명목금액과 현금상당액과의 차이를 유효이자율법에 따라 이자수익으로 인식한다.

(3) 20×2년 12/31

(차)	현　　금	100,000	(대)	장기미수금	100,000
	현재가치할인차금	17,355		이자수익	17,355

(4) 20×1년 12/31

(차)	현　　금	100,000	(대)	장기미수금	100,000
	현재가치할인차금	9,091		이자수익	9,091

〈상 각 표〉

일 자	지급액	이자(10%)	원금상환액	기말장부가액
20×1년 초				248,685
20×1년 말	100,000	24,869	75,131	173,554
20×2년 말	100,000	17,355	82,645	90,909
20×3년 말	100,000	9,091	90,909	0
	300,000	51,315	248,685	

>>> 예 · 제 · 문 · 제 · 정 · 해

예제 1 | 교환의 경우

(주)찬엽은 20×1년 초에 기계장치(취득원가 ₩100,000, 감가상각누계액 ₩20,000)를 다음과 같은 조건(ㄱ, ㄴ, ㄷ) 가운데 하나로 (주)한국의 유형자산과 교환하였다. (주)찬엽의 입장에서 유형자산처분이익이 높은 순서로 배열된 것은? (단, 각 거래는 독립적인 상황으로 가정함) 【'11. 감평사】

ㄱ. (주)찬엽의 기계장치 공정가치는 ₩85,000이며, (주)한국의 건물과 교환하였다. (주)찬엽은 교환시 현금 ₩15,000을 지급하였다. 단, 이 거래는 상업적 실질이 존재하는 거래이다.

ㄴ. (주)찬엽의 기계장치 공정가치는 ₩90,000이며, (주)한국의 토지와 교환하였다. (주)찬엽은 교환시 현금 ₩20,000을 수령하였다. 단, 이 거래는 상업적 실질이 존재하는 거래이다.

ㄷ. (주)찬엽의 기계장치 공정가치는 ₩90,000이며, (주)한국의 동종 기계장치와 교환하였다. (주)찬엽은 교환시 현금 ₩25,000을 수령하였다. 단, 이 거래는 상업적 실질이 존재하지 않는 거래이다.

① ㄱ > ㄴ > ㄷ　　② ㄱ > ㄷ > ㄴ　　③ ㄴ > ㄱ > ㄷ
④ ㄴ > ㄷ > ㄱ　　⑤ ㄷ > ㄴ > ㄱ

풀이 (1) ㄱ의 경우(상업적 실질이 있고, 현금을 지급한 경우)

① 취득자산의 취득원가＝제공자산의 공정가치+현금지급액
＝₩85,000+15,000＝₩100,000

② 유형자산처분손익＝제공자산의 공정가치－제공자산의 장부금액
＝₩85,000－(100,000－20,000)＝₩5,000 처분이익

③ 회계처리

차)		대)	
건　　물	100,000	기계장치	100,000
감가상각누계액	20,000	현　　금	15,000
		유형자산처분이익	5,000

(2) ㄴ의 경우(상업적 실질이 있고, 현금을 수취한 경우)

① 취득자산의 취득원가＝제공자산의 공정가치－현금수취액
＝₩90,000－20,000＝₩70,000

② 유형자산처분손익＝제공자산의 공정가치－제공자산의 장부금액
＝₩90,000－(100,000－20,000)＝₩10,000 처분이익

③ 회계처리

차)		대)	
토　　지	70,000	기계장치	100,000
감가상각누계액	20,000	유형자산처분이익	10,000
현　　금	20,000		

(3) ㄷ의 경우(상업적 실질이 없고, 현금을 수취한 경우)

① 취득자산의 취득원가=제공자산의 장부금액-현금수취액=₩80,000-25,000=₩55,000

② 상업적 실질이 없으므로 처분손익은 없다.

③ 회계처리

차)	기계장치(신자산)	55,000	대) 기계장치(구자산)	100,000
	감가상각누계액	20,000		
	현금	25,000		

∴ 유형자산처분이익의 크기는 ㄴ > ㄱ > ㄷ 이다. **해답: ③**

예제 2 | 복구충당부채

(1) (주)찬엽은 20×3년 초 해양구조물을 ₩974,607에 취득하여 20×5년 말까지 사용한다. (주)찬엽은 관련 법률에 따라 사용 종료시점에 해양구조물을 철거 및 원상복구하여야 한다.

(2) 20×5년 말 철거 및 원상복구 시점에서 ₩300,000이 지출될 것이다. (주)찬엽의 신용위험 등을 고려하여 산출된 할인율은 10%이며, (주)찬엽은 해양구조물을 정액법(내용연수 3년, 잔존가치 ₩0)으로 감가상각한다.

(3) (주)찬엽은 20×5년 말에 이 해양구조물을 철거하였으며, 총 ₩314,000의 철거 및 원상복구비용이 발생되었다.

(주)찬엽이 해양구조물과 관련한 비용을 자본화하지 않는다고 할 때, 20×5년도 포괄손익계산서에 계상할 비용총액은 얼마인가? (단, 10%의 단일금액 현가계수(3년)는 0.75131이다. 계산금액은 소수점 첫째 자리에서 반올림하며, 이 경우 단수차이로 인해 약간의 오차가 있으면 가장 근사치를 선택한다.) 【'11. 세무사】

① ₩300,275 ② ₩314,275 ③ ₩418,275
④ ₩427,275 ⑤ ₩441,275

풀이 (1) 20×5년말 감가상각비=(취득원가-잔존가치)÷내용연수

$$=(₩974,607+300,000\times0.75131-0)\times\frac{1}{3}=₩400,000$$

(2) 20×5년말 복구충당부채전입액(차입원가)=20×4년말 장부금액×이자율=₩272,725×10%=₩27,275

(3) 20×5년말 복구공사손실=실제발생액-복구충당부채=₩314,000-300,000=₩14,000

∴ 20×5년 총비용=감가상각비+복구충당부채전입액+복구공사손실
=₩400,000+27,275+14,000=₩441,275

상 각 표

일 자	복구충당부채전입액	기말장부금액
20×3년 초		225,393
20×3년 말	22,539	247,932
20×4년 말	24,793	272,725

20×5년 말	27,275	300,000
	74,607	

해답: ⑤

예제 3 | 정부보조금

(1) (주)찬우전자는 정부의 전략산업육성지점에 따라 기계장치 구입자금의 일부를 정부로부터 보조받았다. (주)찬우전자는 국고보조금 ₩20,000,000을 이용하여 20×1년 1월 1일에 취득원가 ₩100,000,000의 기계장치를 구입하였다.

(2) 정부보조금에 부수되는 조건은 이미 충족되었고 상환의무가 없으며 국고보조금은 기계장치 구입 당일에 수취하였다. 동 기계장치의 잔존가치는 없으며, 내용연수는 10년, 감가상각방법은 정액법으로 결정되었다.

(3) (주)찬우전자는 동 기계장치를 20×5년 12월 31일에 ₩35,000,000에 처분하였다.

다음 중 동 기계장치와 관련된 기록을 설명한 것으로 맞는 것은 어느 것인가? (단, 법인세 효과는 고려하지 않는다.) 【'11. CPA】

① 자산관련정부보조금은 재무상태표에 이연수익으로 표시(이연수익법)하거나 자산의 장부금액을 결정할 때 차감하여 표시(원가차감법)하는 방법이 있는데 한국채택국제회계기준에서는 이연수익법을 허용하지 않고 있다.

② 이연수익법을 적용하면 20×1년 12월 31일 현재 재무상태표에 보고되는 유형자산의 순장부금액이 ₩90,000,000으로 원가차감법을 적용했을 때의 ₩72,000,000보다 크다.

③ 이연수익법과 원가차감법 모두 20×1년도 포괄손익계산서상 정부보조금수익은 ₩2,000,000이다.

④ 이연수익법을 적용하면 20×5년도 포괄손익계산서상 유형자산처분이익 ₩5,000,000이 당기손익에 반영되지만, 원가차감법을 적용하면 유형자산처분손실 ₩5,000,000이 당기손익에 반영된다.

⑤ 이연수익법과 원가차감법 모두 20×1년 12월 31일 현재 재무상태표에 동 거래와 관련하여 부채가 보고되지 않는다.

풀이 ① 둘 다 인정하고 있다.

② 옳다. 장부금액은 정부보조금잔액만큼 이연수익법이 더 크다.
즉, ₩20,000,000−2,000,000=₩18,000,000

③ 이연수익법은 정부보조금수익이 ₩2,000,000이다. 그러나 원가차감법은 정부보조금을 감가상각비와 상계하기 때문에 정부보조금수익을 인식하지 않는다.

④ 유형자산처분손익은 두 방법 모두 같다. 따라서 모두 처분손실이 ₩5,000,000이다.

⑤ 이연수익법은 정부보조금잔액을 부채로 보고하지만 원가차감법은 정부보조금잔액을 관련 유형자산에서 차감하기 때문에 부채를 인식하지 않는다.

분개하면 다음과 같다.

(1) 원가차감법

① 취득시

차변	금액	대변	금액
차) 기계장치	100,000,000	대) 정부보조금	20,000,000
		현 금	80,000,000

② 20×1년 말부터~20×5년 말까지 매년 감가상각비

차변	금액	대변	금액
차) 감가상각비	10,000,000 [1)]	대) 감가상각누계액	10,000,000
정부보조금	2,000,000 [2)]	감가상각비	2,000,000

1) $(₩100,000,000-0)\times\frac{1}{10}=₩10,000,000$

2) $\text{상계할 정부보조금}=\text{감가상각비}\times\frac{\text{정부보조금}}{\text{감가상각대상금액}}$

$=₩10,000,000\times\frac{2,000,000}{100,000,000}=₩2,000,000$

③ 20×1년 말 장부금액

20×1년 말 재무상태표

기계장치	100,000,000		
감가상각누계액	△10,000,000		
정부보조금	△18,000,000	72,000,000	

④ 20×5년 12월 31일 처분시

차변	금액	대변	금액
차) 감가상각누계액	50,000,000	대) 기계장치	100,000,000
정부보조금	10,000,000 [3)]		
현 금	35,000,000		
유형자산처분손실	5,000,000		

3) $₩20,000,000-2,000,000\times5=₩10,000,000$

20×5년 말 처분직전 재무상태표

기계장치	100,000,000		
감가상각누계액	△50,000,000		
정부보조금	△10,000,000	40,000,000	

(2) 이연수익법

① 취득시

차변	금액	대변	금액
차) 기계장치	100,000,000	대) 정부보조금	20,000,000
		현 금	80,000,000

② 20×1년 말부터 ~ 20×5년 말까지 매년 감가상각비

차변	금액	대변	금액
차) 감가상각비	10,000,000 [4)]	대) 감가상각누계액	10,000,000
정부보조금	2,000,000 [5)]	정부보조금수익	2,000,000

4) $(₩100,000,000-0)\times\frac{1}{10}=₩10,000,000$

5) 수익으로 인식할 정부보조금 = 감가상각비 × $\frac{\text{정부보조금}}{\text{감가상각대상금액}}$

$$= 10,000,000 \times \frac{2,000,000}{100,000,000} = 2,000,000$$

③ 20×1년 말 장부금액

20×1년 말 재무상태표

기계장치	100,000,000			
감가상각누계액	△10,000,000	90,000,000	정부보조금	18,000,000

④ 20×5년 12월 31일 처분시

차)		대)	
감가상각누계액	50,000,000	기계장치	100,000,000
정부보조금	10,000,000 [6]		
현 금	35,000,000		
유형자산처분손실	5,000,000		

6) ₩20,000,000 − 2,000,000 × 5 = ₩10,000,000

20×5년 말 처분직전 재무상태표

기계장치	100,000,000			
감가상각누계액	△50,000,000	50,000,000	정부보조금	10,000,000

해답: ②

예제 5 | 시장이자율보다 낮은 이자율의 정부대여금(정부보조금)

(1) (주)찬우는 20×1년 1월 1일 지방자치단체로부터 자금을 전액 차입하여 기계장치를 ₩200,000에 구입하였다. 지방자치단체로부터 수령한 차입금은 20×5년 12월 31일에 상환해야 하며, 매년 말에 액면이자율 연 2%를 지급하는 조건이다.

(2) ㈜찬우가 구입한 기계장치의 추정내용연수는 5년이고, 잔존가치는 ₩0이며 정액법으로 감가상각한다.

(3) 20×1년 1월 1일 구입당시의 시장이자율은 연 10%이며, 10%의 현가계수는 아래의 표와 같다.

기간	단일금액 ₩1의 현가	정상연금 ₩1의 현가
4	0.6830	3.1699
5	0.6209	3.7908

(4) 정부보조금은 전액 기계장치 구입에만 사용하여야 하며, 자산의 취득원가에서 차감하는 원가(자산)차감법을 사용하여 표시한다. 단, 소수점 첫째자리에서 반올림하며, 계산결과 단수차이로 인한 약간의 오차가 있으면 가장 근사치를 선택

한다.

20×1년 1월 1일에 (주)찬우가 지방자치단체로부터 수령한 차입금 중 정부보조금으로 인식할 금액과 20×1년 12월 31일 현재 기계장치의 장부금액은 각각 얼마인가? 【'15. CPA】

	정부보조금	기계장치의 장부금액
①	₩50,720	₩99,343
②	₩50,720	₩123,605
③	₩60,657	₩134,474
④	₩60,657	₩124,474
⑤	₩60,657	₩111,474

풀이 1. 정부보조금 계산

현금수령액	₩200,000
차입금의 현재가치; ₩4,000×3.7908+200,000×0.6209=	139,343
정부보조금	₩60,657

2. 연도별 회계처리

(1) 원가(자산)차감법

① 20×1년 1월 1일 취득시

차) 기계장치	200,000	대) 정부차입금	139,343
		정부보조금 (자산차감계정)	60,657

취득시 부분재무상태표

기계	200,000		정부차입금	139,343
정부보조금	△60,657	139,343		

② 20×1년 말 결산시

차) 감가상각비	40,000	대) 감가상각누계액	40,000
차) 정부보조금	12,131 [1]	대) 감가상각비	12,131

1) 상계할 정부보조금 $= ₩40,000 \times \frac{60,657}{200,000} = ₩12,131$

차) 이자비용	13,934 [2]	대) 현 금	4,000
		정부차입금	9,934

20×1년 말 부분재무상태표

기계	200,000		정부차입금	149,277
감가상각누계액	△40,000			
정부보조금	△48,526	111,474		

상각표

일 자	유효이자	액면이자	상각액	기말장부금액
				139,343
1차 말	13,934	4,000	9,934	149,277
	⋮	⋮	⋮	⋮

참고로, 20×1년 말 장부금액을 자기부담분으로 간단히 구하면,

취득원가(자기부담분)	₩139,343
감가상각비 $= 139{,}343 - (139{,}343 - 0) \times \frac{1}{5} =$	△27,869
1차말 장부금액	₩111,474

(2) 이연수익법

① 20×1년 1월 1일 취득시

차) 기계장치	200,000	대)	정부차입금	139,343
			정부보조금	60,657
			(이연수익;부채계정)	

취득시 부분재무상태표

기계	200,000	정부차입금	139,343
		정부보조금	60,657

② 20×1년 말 결산시

차) 감가상각비	40,000	대) 감가상각누계액	40,000
차) 정부보조금	12,131 [1]	대) 정부보조금수익	12,131
(부채감소)		(수익의 발생)	

1) 수익으로 인식할 정부보조금 $= ₩40{,}000 \times \frac{60{,}657}{200{,}000} = ₩12{,}131$

차) 이자비용	13,934 [2]	대)	현 금	4,000
			정부차입금	9,934

20×1년 말 부분재무상태표

기계	200,000		정부차입금	149,277
감가상각누계액	△40,000	160,000	정부보조금	48,526

참고로,

이연수익법에 따라 회계처리할 때 1차말 장부금액은 ₩200,000－40,000＝₩160,000이다.

해답: ⑤

예제 5 | 자본화할 금융비용

(1) 12월 결산법인인 찬우상사는 사옥을 건설하기 위하여 20×1년 1월 1일 한국건설회사와 공사도급계약을 체결하였다. 찬우상사는 사옥건설을 위해 다음과 같이 지출하고, 20×2년 12월 31일 준공하였다.

20×1. 1. 1.	₩180,000
20×2. 1. 1.	70,000
합 계	₩250,000

(2) 찬우상사의 20×1년도의 차입금 중 차입금 A는 특정차입금, 차입금 B, C는 일반차입금이며, 20×2년도에 신규로 조달된 차입금은 없다.

차 입 금	차 입 일	차입금액	상 환 일	이 자 율
A	20×1. 1. 1.	₩50,000	20×2. 6. 30.	연 12%(단리)
B	20×0. 1. 1.	₩60,000	20×2. 12. 31.	연 8%(단리)
C	20×0. 1. 1.	₩80,000	20×3. 12. 31.	연 11.5%(단리)

찬우상사는 유형자산의 취득과 관련된 금융비용을 취득원가에 가산하고 있으며, 사옥의 건설과 관련하여 20×1회계연도에 자본화한 금융비용이 ₩19,000이라고 할 때, 사옥의 준공시점에 계상될 건물의 취득원가는? (단, 전기이전에 자본화한 차입원가는 연평균지출액 계산시 포함하지 아니한다.) 【'02. 세무사】

① ₩267,000 ② ₩273,500 ③ ₩254,500
④ ₩286,000 ⑤ ₩250,000

풀이 (1) 20×2년도 연평균지출액 계산

$$\{(₩180,000 \times 12 + 70,000 \times 12)\} \times \frac{1}{12} = ₩250,000$$

(2) 특정차입금관련 금융비용

① 연평균특정차입금 $= ₩50,000 \times 6 \times \frac{1}{12} = ₩25,000$

② 자본화할 금융비용 $= ₩25,000 \times 12\% = ₩3,000$

(3) 일반차입금 관련비용

① 자본화 이자율 계산

차입금	연평균차입금	금융비용
B	$60,000 \times 12 \times \frac{1}{12} = 60,000$	4,800
C	$80,000 \times 12 \times \frac{1}{12} = 80,000$	9,200
계	140,000	14,000

$$\therefore \text{자본화이자율} = \frac{\text{총금융비용}}{\text{연평균차입금총액}} = \frac{14,000}{140,000} = 10\%$$

② 자본화할 금융비용

(₩250,000 − 25,000) × 10% = ₩22,500 (한도: ₩14,000)

∴ 자본화할 금융비용 = ₩14,000

(4) 20×2년도 자본화할 금융비용

₩3,000 + 14,000 = ₩17,000

(5) 건물의 취득원가

① 도급공사비지출액	₩250,000
② 20×1년도 자본화된 금융비용	19,000
③ 20×2년도 자본화된 금융비용	17,000
계	₩286,000

참고로, 20×1년도에 자본화된 금융비용 ₩19,000은 다음과 같이 계산되었다.

(1) 20×1년도 연평균지출액

$$₩180,000 \times 12 \times \frac{1}{12} = ₩180,000$$

(2) 특정차입금 관련 비용

① 연평균 특정차입금 $= ₩50,000 \times 12 \times \frac{1}{12} = ₩50,000$

② 자본화할 금융비용 = ₩50,000 × 12% = ₩6,000

(3) 일반차입금 관련비용

① 자본화이자율은 차입금의 내용이 변동이 없으므로 20×2년도와 같다.

② 자본화할 금융비용

(₩180,000 − 50,000) × 10% = ₩13,000

(4) 20×1년도 자본화할 금융비용

₩6,000 + 13,000 = ₩19,000

해답: ④

예제 6 | 토지의 자산재평가

다음은 (주)주봉이 20×1년 초에 취득한 토지에 관한 자료이다. (주)주봉은 토지 취득 후에 재평가모형에 의해서 토지에 대한 회계처리를 한다. 토지의 취득원가와 각 회계기간 말 현재 토지의 공정가치는 아래와 같다.

구분	취득원가	각 회계기간 말 공정가치		
	20×1년 초	20×1년	20×2년	20×3년
토지	₩3,000	₩3,500	₩3,200	₩2,900

토지의 재평가와 관련하여 (주)주봉이 20×3년도에 인식할 당기손실과 총포괄손실은 각각 얼마인가? (단, 법인세효과는 고려하지 않는다.)

【'10. 감평사, '15. 관세사, '10. CPA】

	당기손실	총포괄손실
①	₩300	₩300
②	₩0	₩300
③	₩200	₩500
④	₩100	₩200
⑤	₩100	₩300

풀이 회계처리하면 다음과 같다.

① 20×1년 초 취득시

차) 토 지	3,000	대) 현 금	3,000

② 20×1년 말 재평가

차) 토 지	500	대) 재평가잉여금	500

③ 20×2년 말 재평가

차) 재평가잉여금	300	대) 토 지	300

④ 20×3년 말 재평가

차) 재평가잉여금	200	대) 토 지	300
재평가손실	100		

위 분개에 따라,

∴ 20×3년도 당기손실=₩100(재평가손실)

20×3년도 총포괄손실=당기순손실+기타포괄손실=₩100+200=₩300

해답: ⑤

예제 7 재평가잉여금을 이익잉여금으로 대체하지 않은 경우

(주)찬엽은 20×5년 1월 1일에 기계장치 1대를 ₩300,000에 취득하여 생산에 사용하였다. 동 기계장치의 내용연수는 5년, 잔존가치는 ₩0이며, 정액법으로 감가상각한다. ㈜찬엽은 동 기계장치에 대하여 재평가모형을 적용하여 매년말 감가상각 후 주기적으로 재평가하고 있다. 동 기계장치의 각 회계연도 말 공정가치는 다음과 같다.

구 분	20X5년말	20X6년말	20X7년말
공정가치	₩250,000	₩150,000	₩130,000

(주)찬엽이 위 거래와 관련하여 20×6년도에 인식할 재평가손실과 20×7년도에 인식할 재평가잉여금은 각각 얼마인가? 단, 손상차손은 고려하지 않으며, 재평가잉여금을 이익잉여금으로 대체하지 않는다. 또한 기존의 감가상각누계액 전부를 제거하는 방법을 적용한다. 【'03, '13, '15. CPA】

	20×6년도 재평가손실	20×7년도 재평가잉여금
①	₩10,000	₩2,500
②	₩27,500	₩2,500
③	₩27,500	₩10,000
④	₩37,500	₩2,500
⑤	₩37,500	₩10,000

풀이 (1) '05년 말 분개

차) 감가상각비 60,000 대) 감가상각누계액 60,000

$(₩300,000 - 0) \times \frac{1}{5} = ₩60,000$

차) 감가상각누계액 60,000 대) 기계장치 50,000
재평가잉여금 10,000 1)

1) '05말 재평가액 ₩250,000
'05말 장부금액; $300,000-(300,000-0) \times \frac{1}{5} =$ 240,000
재평가잉여금 ₩10,000

(2) '06년 말 분개

차) 감가상각비 62,500 대) 감가상각누계액 62,500

$(₩250,000 - 0) \times \frac{1}{4} = ₩62,500$

차) 감가상각누계액 62,500 대) 기계장치 100,000
재평가잉여금 10,000 2)
재평가손실 27,500 2)

2) '06말 재평가액 ₩150,000
'06말 장부금액; $₩250,000-(250,000-0) \times \frac{1}{4} =$ 187,500
재평가손실 ₩37,500

(3) '07년 말 분개

차) 감가상각비 50,000 3) 대) 감가상각누계액 50,000

3) $(₩150,000 - 0) \times \frac{1}{3} = ₩50,000$

차) 감가상각누계액 50,000 대) 기계장치 20,000
재평가이익 27,500 4)
재평가잉여금 2,500 4)

4) '07말 재평가액 ₩130,000
'07말 장부금액; $₩150,000 - (150,000 - 0) \times \frac{1}{3} =$ 100,000
재평가잉여금 ₩30,000

참고로,
20×7년도 당기순이익＝재평가이익－감가상각비＝₩2,500－50,000＝₩47,500감소

해답: ②

예제 8 | 손상차손인식 및 환입

(주)찬엽은 20×1년 1월 1일 내용연수 10년, 잔존가치 ₩0인 건물을 ₩20,000,000에 취득하여 정액법으로 상각하고 있다. 원가모형을 적용하는 건물의 20×2년 12월 31일 회수가능액은 ₩12,800,000이고, (주)찬엽은 이에 대한 손상차손을 인식하였다. 20×3년 12월 31일에는 회수가능액이 ₩16,000,000으로 회복되는 경우, 건물과 관련된 회계처리가 (주)찬엽의 20×3년 당기순이익에 미치는 영향은? 【'10, '11, '12, '13. 감평사】

① ₩1,200,000 증가
② ₩1,200,000 감소
③ ₩3,200,000 증가
④ ₩3,200,000 감소
⑤ ₩4,200,000 증가

풀이 (1) 20×1년도 회계처리

차) 감가상각비	2,000,000	대) 감가상각누계액	2,000,000

$(₩20,000,000-0)\times\frac{1}{10}=₩2,000,000$

(2) 20×2년도 회계처리

차) 감가상각비	2,000,000	대) 감가상각누계액	2,000,000

$(₩20,000,000-0)\times\frac{1}{10}=₩2,000,000$

차) 손상차손	3,200,000	대) 손상차손누계액	3,200,000

손상차손＝장부금액－회수가능액＝(₩20,000,000－4,000,000)－12,800,000＝₩3,200,000

(3) 20×3년도 회계처리

차) 감가상각비	1,600,000	대) 감가상각누계액	1,600,000

$(₩12,800,000-0)\times\frac{1}{8}=₩1,600,000$

차) 손상차손누계액	2,800,000	대) 손상차손환입	2,800,000

손상차손환입＝회수가능액－장부금액＝₩14,000,000*－(12,800,000－1,600,000)=₩2,800,000

* 한도액; ₩20,000,000－6,000,000＝₩14,000,000

∴ 20×3년도 순이익 미치는 영향＝손상차손환입－감가상각비
＝₩2,800,000－1,600,000＝₩1,200,000 증가

해답: ①

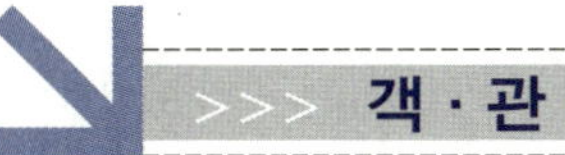

1 유형자산의 장부금액에 가산하지 않는 항목을 모두 고른 것은? 【'15. 감평사】

> ㄱ. 시험과정에서 생산된 재화의 순매각금액
> ㄴ. 유형자산의 매입 또는 건설과 직접적으로 관련되어 발생한 종업원급여
> ㄷ. 기업의 영업 전부 또는 일부를 재배치하거나 재편성하는 과정에서 발생하는 원가
> ㄹ. 설치장소 준비 원가
> ㅁ. 정기적인 종합검사과정에서 발생하는 원가가 인식기준을 충족하는 경우

① ㄱ ② ㄱ, ㄷ ③ ㄴ, ㄹ
④ ㄴ, ㄷ, ㅁ ⑤ ㄷ, ㄹ, ㅁ

풀이 ㄴ, ㄹ, ㅁ; 정부금액(취득원가) 가산항묵
ㄱ ; 당해 원가에서 차감
ㄷ ; 당기비용으로 처리한다.

2 유형자산에 관한 설명으로 옳은 것은? 【'14. 감평사】

① 유형자산은 다른 자산의 미래 경제적효익을 얻기 위해 필요하더라도, 그 자체로의 직접적인 미래경제적 효익을 얻을 수 없다면 인식할 수 없다.
② 유형자산이 경영진이 의도하는 방식으로 가동될 수 있으나 가동수준이 완전 조업도수준에 미치지 못하는 경우에 발생하는 원가는 유형자산 원가에 포함한다.
③ 유형자산의 원가는 경영진이 의도하는 방식으로 자산을 가동하는데 필요한 장소와 상태에 이르게 하는 데 직접 관련되는 원가를 포함하며, 해당 자산의 시험과정에서 생산된 시제품의 순매각금액은 차감한다.
④ 건설이 시작되기 전에 건설용지를 주차장 용도로 사용함에 따라 획득한 수익은 유형자산의 원가에서 차감한다.
⑤ 교환거래에 상업적 실질이 있는지 여부를 결정할 때 교환거래의 영향을 받는 영업부분의 기업특유가치는 세전현금흐름을 반영하여야 한다.

풀이 ① 안전 또는 환경상의 이유로 취득하는 유형자산은 그 자체로는 직접적인 미래경제적효익을 얻을 수 없지만, 다른 자산에서 미래경제적효익을 얻기 위하여 필요할 수 있다. 이러한 경우에는 자산으로 인식할 수 있다.
② 유형자산 원가에 포함하지 아니한다.

해답 1. ② 2. ③

③ 옳다.
④ 수익과 관련비용은 당기손익으로 인식하고 각각 수익과 비용항목으로 구분하여 표시한다.
⑤ 세전현금흐름 → 세후현금흐름

3 유형자산의 원가와 관련된 회계처리 중 옳은 것은? 【'15. 세무사】

① 안전 또는 환경상의 이유로 취득하는 유형자산은 당해 유형자산을 취득하지 않았을 경우보다 관련 자산으로부터 미래경제적효익을 더 많이 얻을 수 있게 해주기 때문에 자산으로 인식할 수 있다.
② 특정기간 동안 재고자산을 생산하기 위해 유형자산을 사용한 결과로 동 기간에 발생한 그 유형자산을 해체, 제거하거나 부지를 복구할 의무의 원가는 유형자산의 원가에 포함한다.
③ 유형자산을 사용하거나 이전하는 과정에서 발생하는 원가는 당해 유형자산의 장부금액에 포함하여 인식한다.
④ 자가건설에 따른 내부이익과 자가건설 과정에서 원재료, 인력 및 기타 자원의 낭비로 인한 비정상적인 원가는 자산의 원가에 포함한다.
⑤ 대금지급이 일반적인 신용기간을 초과하여 이연되는 경우, 현금가격상당액과 실제 총지급액과의 차액은 자본화하지 않아도 유형자산의 원가에 포함한다.

풀이 ① 안전 또는 환경상의 이유로 취득하는 유형자산은 그 자체로는 직접적인 미래경제적효익을 얻을 수 없지만 다른 자산에서 미래경제적효익을 얻기 위하여 필요하기 때문에 자산으로 인식할 수 있다.
② 해당 유형자산을 특정기간동안 재고자산 생산 이외의 목적으로 사용한 결과로서 발생한 복구비용은 취득원가로 한다.
③ 유형자산을 사용하거나 이전하는 과정에서 발생하는 원가는 당해 유형자산의 장부금액에 포함하여 인식하지 아니한다.
④ 자가건설에 따른 내부이익과 자가건설 과정에서 원재료, 인력 및 기타 자원의 낭비로 인한 비정상적인 원가는 자산의 원가에 포함하지 아니한다.
⑤ 대금지급이 일반적인 신용기간을 초과하여 이연되는 경우, 현금가격상당액과 실제 총지급액과의 차액은 금융비용의 자본화대상이 아닌 한 만기까지의 기간에 걸쳐 이자비용으로 인식한다.

4 유형자산의 취득원가에 포함되지 않는 것은? 【'12. 감평사】

① 유형자산과 관련된 산출물에 대한 수요가 형성되는 과정에서 발생하는 가동손실과 같은 초기 가동손실
② 설치장소 준비원가

해답 3. ① 4. ①

③ 유형자산이 정상적으로 작동되는지 여부를 시험하는 과정에서 발생하는 원가
④ 최초의 운송 및 취급관련원가
⑤ 설치원가 및 조립원가

풀이 유형자산이 경영진이 의도하는 방식으로 가동될 수 있는 장소와 상태에 이른 후에는 원가를 더 이상 인식하지 않는다. 따라서 기간비용으로 처리한다.

5 다음 중 유형자산에 관한 기업회계기준서의 설명으로 적절하지 않은 것은?

【'03, '08. 감평사】

① 유형자산을 장기후불조건으로 구입하거나, 대금지급기간이 일반적인 신용기간보다 긴 경우 취득원가는 취득시점의 현금가격상당액으로 한다.
② 유형자산의 취득, 건설, 개발에 따른 복구비용에 대한 충당부채는 유형자산을 취득하는 시점에서 해당 유형자산의 취득원가에 반영한다.
③ 유형자산을 자기회사가 직접 건설한 경우 유형자산의 취득원가는 자가건설에 투입된 직접재료원가, 직접노무원가, 제조간접원가, 자가건설로 인한 생산감소에서 비롯되는 기회비용을 포함한다.
④ 장기연불조건으로 매입한 유형자산의 취득원가는 자산취득으로 인해 생긴 부채의 명목가액과 현재가치의 차이가 중요한(material)경우에는 현재가치로 평가한다.
⑤ 시운전이나 본격적인 가동준비를 위한 지출이라도 유형자산을 사용가능한 상태로 만드는 과정과 직접적인 관련이 없다면 취득원가에 포함하지 않는다.

풀이 기회비용을 포함한다. → 기회비용은 제외한다.

6 다음 중 유형자산의 취득원가에 대한 회계처리의 내용으로 옳지 않은 것은?

【'09. 감평사】

① 해당 유형자산을 특정기간 동안 재고자산 생산 이외의 목적으로 사용한 결과로서 발생한 복구비용은 취득원가로 한다.
② 유형자산을 취득 또는 사용가능한 상태로 준비하는 과정과 직접 관련이 없는 일반관리비나 경비 등은 유형자산의 취득원가에 포함하지 않는다.
③ 유형자산을 취득하는 과정에서 매입할인이 있는 경우에는 이를 차감하여 취득원가를 산출한다.
④ 유형자산을 장기후불 조건으로 구입하거나, 대금지급기간이 일반적인 신용기

해답 5. ③ 6. ⑤

간보다 긴 경우 취득원가는 취득시점의 현금가격상당액으로 한다.

⑤ 자가건설에 따른 내부이익과 자가건설 과정에서 원재료, 인력 및 기타 자원의 낭비로 인한 비정상적인 원가도 자가건설한 유형자산의 취득원가에 포함한다.

풀이 자가건설에 따른 내부이익과 자원의 낭비로 인한 비정상적인 원가는 취득원가에 포함하지 않는다.

7 유형자산의 취득원가 결정에 관한 내용 중 기업회계기준서에서 규정한 내용과 일치하지 않는 것은 어느 것인가? 【'05. 감평사 수정】

① 관세 및 환급불가능한 취득관련 세금을 취득원가에 가산하고 매입할인과 리베이트 등을 차감한다.

② 장기후불조건으로 구입하거나 대금지급기간이 일반적인 신용기간보다 긴 경우 취득시점의 현금가격상당액으로 한다.

③ 건물을 신축하기 위해 사용 중인 기존 건물을 철거하는 경우 그 건물의 장부가액은 제거하여 처분손실로 반영하고 철거비용은 전액 당기비용으로 처리한다.

④ 자산의 취득, 건설, 또는 개발에 따른 복구비용에 대한 충당부채는 유형자산의 취득원가에 반영하지 않는다.

⑤ 시운전이나 본격적인 가동준비를 위한 지출이라도 유형자산을 사용가능한 상태로 만드는 과정과 직접 관련이 없다면 취득원가에 포함하지 않는다.

풀이 ④ 취득원가에 산입한다.

8 유형자산 관련 용어의 정의로 옳지 않은 것은? 【'15. 관세사】

① 회수가능액은 자산의 공정가치와 사용가치 중 작은 금액이다.

② 잔존가치는 자산이 이미 오래되어 내용연수 종료시점에 도달하였다는 가정하에 자산의 처분으로부터 현재 획득할 금액에서 추정 처분부대원가를 차감한 금액의 추정이다.

③ 내용연수는 기업에서 자산이 사용가능할 것으로 기대되는 기간 또는 자산에서 얻을 것으로 기대되는 생산량이나 이와 유사한 단위 수량이다.

④ 장부금액은 감가상각누계액과 손상차손누계액을 차감한 후 인식되는 자산금액이다.

⑤ 기업특유가치는 자산의 계속적 사용으로부터 그리고 내용연수 종료시점에 처분으로부터 발생할 것으로 기대되는 현금흐름의 현재가치이다.

해답 7. ④ 8. ①

풀이 회수가능액은 자산의 순공정가치와 사용가치 중 큰 금액이다.

9 내용연수가 유한한 무형자산과 유형자산의 감가상각에 대한 설명으로 옳지 않은 것은? 【'13. 세무사】

① 내용연수가 유한한 무형자산과 유형자산의 잔존가치는 해당자산의 장부금액보다 큰 금액으로 증가할 수 없다.

② 내용연수가 유한한 무형자산과 유형자산의 감가상각방법은 변경될 수 있으며, 이러한 변경은 회계추정의 변경으로 회계처리한다.

③ 내용연수가 유한한 무형자산과 유형자산의 감가상각방법에는 정액법, 체감잔액법 및 생산량비례법이 있다.

④ 내용연수가 유한한 무형자산과 유형자산의 감가상각방법은 자산의 미래경제적 효익이 소비되는 형태를 반영한다.

⑤ 내용연수가 유한한 무형자산과 유형자산의 감가상각방법은 적어도 매 회계연도 말에 재검토한다.

풀이 내용연수가 유한한 무형자산과 유형자산의 잔존가치는 해당자산의 장부금액보다 큰 금액으로 증가할 수 있다.

10 유형자산의 감가상각에 관한 설명으로 옳지 않은 것은? 【'12. 감평사】

① 유형자산을 구성하는 일부의 원가가 당해 유형자산의 전체원가에 비교하여 유의적이라면 해당 유형자산을 감가상각할 때 그 부분은 별도로 구분하여 감가상각한다.

② 유형자산의 전체원가에 비교하여 해당 원가가 유의적이지 않은 부분도 별도로 분리하여 감가상각할 수 있다.

③ 각 기간의 감가상각액은 다른 자산의 장부금액에 포함되는 경우가 아니라면 당기손익으로 인식한다.

④ 유형자산의 잔존가치와 내용연수는 적어도 매 회계연도말에 재검토한다.

⑤ 감가상각방법은 해당 자산의 공정가치 감소형태에 따라 선택한다.

풀이 유형자산의 감가상각방법은 자산의 미래경제적효익이 소비되는 형태를 반영한다. 유형자산의 감가상각방법은 적어도 매 회계연도말에 재검토한다. 재검토결과 자산에 내재된 미래경제적효익의 예상되는 소비형태에 중요한 변동이 있다면, 변동된 소비형태를 반영하기 위하여 감가상각방법을 변경한다. 그러한 변경은 회계추정의 변경으로 회계처리한다.

해답 9. ① 10. ⑤

11 유형자산의 감가상각에 관한 설명으로 옳지 않은 것은? 【'10. 세무사】

① 유형자산의 감가상각방법은 자산의 미래경제적효익이 소비되는 형태를 반영한다.

② 유형자산의 감가상각은 자산이 사용가능한 때부터 시작한다.

③ 유형자산에 내재된 미래경제적효익이 다른 자산을 생산하는 데 사용되는 경우 유형자산의 감가상각액은 해당자산 원가의 일부가 된다.

④ 정액법으로 감가상각하는 경우, 감가상각이 완전히 이루어지기 전이라도 유형자산이 가동되지 않거나 유휴상태가 되면 감가상각을 중단해야 한다.

⑤ 매 회계연도말 재검토 결과 자산에 내재된 미래경제적효익의 예상되는 소비형태에 유의적인 변동이 있다면, 변동된 소비형태를 반영하기 위하여 감가상각방법을 변경한다.

풀이 유형자산이 가동되지 않거나 유휴상태가 되더라도 감가상각이 완전히 이뤄지기 전까지는 감가상각을 중단하지 않는다.

12 정부보조금의 회계처리에 관한 설명으로 옳지 않은 것은? 【'15. 감평사】

① 정부보조금은 정부보조금에 부수되는 조건의 준수와 보조금 수취에 대한 합리적인 확신이 있을 경우에만 정부보조금을 인식한다.

② 정부보조금으로 보전하려 하는 관련원가를 비용으로 인식하는 기간에 걸쳐 체계적인 기준에 따라 정부보조금을 당기손익으로 인식한다.

③ 이미 발생한 비용이나 손실에 대한 보전 또는 향후의 관련원가 없이 기업에 제공되는 즉각적인 금융지원으로 수취하는 정부보조금은 정부보조금을 수취할 권리가 발생하는 기간에 당기손익으로 인식한다.

④ 정부보조금은 비화폐성자산을 기업이 사용하도록 이전하는 형식을 취할 수 있다. 이러한 상황에서는 비화폐성자산을 공정가치로 회계처리할 수 없다.

⑤ 자산관련 정부보조금은 재무상태표에 이연수익으로 표시하거나 자산의 장부금액을 결정할 때 차감하여 표시한다.

풀이 정부보조금은 토지나 그 밖의 자원과 같은 비화폐성자산을 기업이 사용하도록 이전하는 형식을 취할 수 있다. 이러한 상황에서는 일반적으로 비화폐성자산의 공정가치를 평가하여 보조금과 자산 모두를 그 공정가치로 회계처리한다.

13 금융비용의 자본화에 대한 설명으로 타당한 것은 무엇인가? 【'03. 감평사 수정】

① 단기간 대량, 반복적으로 생산되거나 경상적으로 제조되는 재고자산에 대한 금

해답 11. ④ 12. ④ 13. ②

융비용은 자본화하여야 한다.

② 적격자산은 취득에 1년 이상 소요되는 재고자산과 제조설비자산, 무형자산 및 투자부동산이 될 수 있다.

③ 금융자산도 적격자산이 될 수 있다.

④ 이미 수익창출활동에 공헌하고 있는 사용중인 자산에 관련된 금융비용도 자본화대상이 된다.

⑤ 일반차입금의 자본화 이자율은 특정차입금의 이자율과 일치시키기 위하여 특정차입금 이자율로 자본화할 금융비용을 산정한다.

풀이 ① 건설에 단기간이 소요된 재고자산에서 발생한 차입금이자는 기간비용으로 처리하며 자본화할 수 없다.
② 옳다.
③ 금융자산, 그리고 단기간내에 제조되는 재고자산은 적격자산에 해당하지 아니한다.
④ 수익창출활동에 공헌하고 있는 사용중인 자산과 관련된 금융비용은 기간비용으로 처리한다.

14 자본화대상 차입원가에 산입할 수 있는 항목으로 적절하지 않은 것은?【'03. 세무사】

① 사채발행차금상각액

② 사채발행비

③ 차입약정과 관련하여 발생하는 부대원가 상각액

④ 리스이용자의 운용리스비용

⑤ 당좌차월에 대한 이자

풀이 운용리스비용, 자본의 실제원가 및 내재원가는 취득원가에 산입할 수 있는 항목에 해당되지 않는다.

15 유형자산의 재평가 회계처리에 관한 설명으로 옳은 것은?【'14. 감평사】

① 재평가는 자산의 장부금액이 공정가치와 중요하게 차이가 나지 않도록 매 보고기간 말에 수행한다.

② 특정 유형자산을 재평가할 때, 해당 자산이 포함되는 유형자산 분류 전체를 재평가 할 필요는 없으며 개별 유형자산별로 재평가모형을 선택하는 것이 가능하다.

③ 자산의 장부금액이 재평가로 인하여 증가된 경우에 그 증가액은 동일한 자산에 대하여 이전에 당기손익으로 인식한 재평가감소액이 있다 하더라도 기타포괄손익으로 인식하고 재평가잉여금의 과목으로 자본에 가산한다.

④ 자산의 장부금액이 재평가로 인하여 감소된 경우에 그 감소액은 당기손익으로

해답 14. ④ 15. ④

인식한다. 그러나 그 자산에 대한 재평가잉여금의 잔액이 있다면 그 금액을 한도로 재평가감소액을 기타포괄손익으로 인식한다.

⑤ 자본에 계상된 재평가잉여금은 그 자산이 제거될 때 이익잉여금으로 대체하여야 한다.

풀이 ① 재평가는 중요하고 급격한 공정가치의 변동 때문에 매년 재평가가 필요한 유형자산이 있는 반면에 공정가치의 변동이 중요하지 않아 빈번한 재평가가 필요하지 않은 유형자산은 매 3년이나 또는 5년마다 재평가하는 것으로 충분한 자산도 있다.

② 특정 유형자산을 재평가할 때, 해당 자산이 포함되는 유형자산 분류 전체를 재평가한다.

③ 자산의 장부금액이 재평가로 인하여 증가된 경우에 그 증가액은 기타포괄손익으로 인식하고 재평가잉여금의 과목으로 자본에 가산한다. 그러나 동일한 자산에 대하여 이전에 당기손익으로 인식한 재평가감소액이 있다면 그 금액을 한도로 재평가증가액만큼 당기손익으로 인식한다.

④ 옳다.

⑤ 자본에 계상된 재평가잉여금은 그 자산이 제거될 때 이익잉여금으로 직접 대체할 수 있다. 그 자산을 사용함에 따라 재평가잉여금의 일부를 대체할 수도 있다. (임의 규정)

– 취득원가의 결정 –

16 (주)국제는 당해 연도 초에 설립한 후 유형자산과 관련하여 다음과 같은 지출을 하였다.

(1) 건물이 있는 토지 구입대금	₩2,000,000
(2) 토지취득 중개수수료	80,000
(3) 토지 취득세	160,000
(4) 공장건축허가비	10,000
(5) 신축공장건물 설계비	50,000
(6) 기존건물 철거비	150,000
(7) 기존건물 철거 중 수거한 폐건축자재 판매대금	100,000
(8) 토지 정지비	30,000
(9) 건물신축을 위한 토지굴착비용	50,000
(10) 건물 신축원가	3,000,000
(11) 건물 신축용 차입금의 차입원가(전액 자본화기간에 발생)	10,000

위 자료를 이용할 때 토지와 건물 각각의 취득원가는? (단, 건물은 당기 중 완성되었다.) 【'09. 세무사, '92, '04, '11, '12, '13, '14. 감평사】

해답 16. ③

	토지	건물
①	₩2,220,000	₩3,020,000
②	2,320,000	3,110,000
③	2,320,000	3,120,000
④	2,420,000	3,120,000
⑤	2,420,000	3,220,000

풀이 토지 = ₩2,000,000 + 80,000 + 160,000 + 150,000 − 100,000 + 30,000 = ₩2,320,000
건물 = ₩10,000 + 50,000 + 50,000 + 3,000,000 + 10,000 = ₩3,120,000

17 (주)한국은 20×7년 초에 본사 사옥을 신축하기 위해서 낡은 구건물과 정원수가 있는 토지를 ₩2,000,000에 현금 취득하였다. 20×7년부터 20×9년 말 사옥이 완공되었을 때까지 다음의 추가적인 현금지출과 수입이 발생하였다.

• 토지 등기수수료	₩10,000
• 토지 취득세	₩20,000
• 낡은 구건물 철거비	₩40,000
• 낡은 구건물 철거로부터 발생한 골재 매각 순이익	₩10,000
• 신사옥에 대한 설계비	₩15,000
• 신사옥에 대한 공사대금 기지급액	₩2,000,000
• 토지위에 있는 정원수 처분으로 인한 순이익	₩270,000

20×9년 말 공사비 미지급액으로 ₩300,000이 남아 있으며, 이 중에서 ₩50,000은 공사가 지체되었기 때문에 감액하기로 합의하였다. 이 경우에 토지와 건물의 취득원가는 각각 얼마인가? 【'09. 감평사】

	토 지	건 물		토 지	건 물
①	₩2,060,000	₩1,995,000	②	₩1,790,000	₩2,415,000
③	₩1,800,000	₩1,995,000	④	₩2,060,000	₩2,302,000
⑤	₩1,790,000	₩2,265,000			

풀이 토지원가 = ₩2,000,000 + 10,000 + 20,000 + 40,000 − 10,000 − 270,000 = ₩1,790,000
건물원가 = ₩15,000 + 2,000,000 + (300,000 − 50,000) = ₩2,265,000

해답 17. ⑤

18 (1) 갑회사는 1999년 초에 다음과 같은 유형자산을 보유하고 있다.

토 지	₩11,000,000
구축물	₩9,000,000
건 물	₩20,000,000

(2) 또한 1999년 중에 갑회사에서 발생한 고정자산 거래 내역은 다음과 같다.

① 미래에 건물부지로 사용하기 위한 토지를 ₩1,500,000에 취득하였다.

② K회사로부터 토지와 건물을 일괄취득하면서 보통주식 1,000주를 발행해 주었다. 발행일 현재 갑회사 보통주식의 1주당 액면가액과 시가는 각각 ₩5,000과 ₩21,000이었고, K회사의 장부에 기록된 토지와 건물의 장부가액은 각각 ₩8,000,000과 ₩12,000,000이었으며, 이들의 감정가액은 각각 ₩12,000,000과 ₩24,000,000이었다.

③ 갑회사는 ₩7,500,000을 투입하여 부산공장에 새 주차장 및 보도를 설치하였다. 이 시설의 내용연수는 15년이다.

1999년 말 현재 갑회사의 토지계정의 잔액은 얼마인가? 【'99. 감평사】

① ₩28,400,000 ② ₩20,900,000 ③ ₩27,000,000
④ ₩20,500,000 ⑤ ₩19,500,000

풀이 토 지=₩11,000,000+1,500,000+7,000,000 * =₩19,500,000
건 물=₩20,000,000+14,000,000=₩34,000,000
구축물=₩9,000,000+7,500,000=₩16,500,000

* 토지: $(1,000주\times ₩21,000)\times\frac{12,000,000}{12,000,000+24,000,000}=₩7,000,000$
건물: $(1,000주\times ₩21,000)\times\frac{24,000,000}{12,000,000+24,000,000}=₩14,000,000$

19 CY회사는 1999년 1월 4일 공장부지를 구입하여, 그 토지에 있던 구건물을 철거하고 동년 8월 1일 새건물을 완공하여 생산을 개시하였다. 토지와 구건물 구입대금으로 CY회사는 현금 ₩2,000,000과 주당 액면가액 ₩5,000(주당 공정시가 ₩8,400)의 자사 보통주 500주를 교부하였다. 취득이후 1999년 중 발생한 원가는 다음과 같다.

(1) 2월 29일 구건물의 철거비용	₩850,000
(2) 3월 10일 폐자재 판매로 인한 잡수익	200,000
(3) 4월 1일 토지등기비와 토지취득세	55,000
(4) 4월 30일 새건물취득과 관련된 법률비용	40,000
(5) 5월 1일 보험료	360,000

해답 18. ⑤ 19. ④

(6) 5월 1일 새건물 공사비 중도금 지급	1,800,000
(7) 7월 30일 인건비	300,000
(8) 8월 1일 새건물 공사비 잔금지급	1,800,000
	₩10,320,000

보험료는 공장건물에 대한 1999년 5월 1일부터 2002년 4월 30일까지의 3년간의 보험료를 선급한 것이며, 인건비는 새공장건물 건설과 관련된 업무담당자의 인건비이다. 토지와 건물의 원가는 각각 얼마로 기록되어야 하는가? 【'08. 감평사, '97. CPA】

	토 지	건 물		토 지	건 물
①	₩5,405,000	₩3,640,000	②	₩5,405,000	₩3,970,000
③	₩6,905,000	₩3,640,000	④	₩6,905,000	₩3,970,000

⑤ 정답 없음

풀이

	토 지	건 물
토지구입대금(현금)	₩2,000,000	−
토지구입대금(주식)	4,200,000 1)	−
(1)	850,000	−
(2)	△200,000	−
(3)	55,000	−
(4)	−	₩40,000
(5)	−	30,000 2)
(6)	−	1,800,000
(7)	−	300,000
(8)	−	1,800,000
취득원가	₩6,905,000	₩3,970,000

1) 500 × ₩8,400 = ₩4,200,000

2) ₩360,000 × $\frac{3}{36}$(5/1~7/31) = ₩30,000(건설기간중에 발생한 보험료는 건물의 취득원가에 포함한다.)

− 교 환 −

20 (주)대한은 자사가 소유하고 있는 기계장치를 (주)세종이 소유하고 있는 차량운반구와 교환하였다. 두 기업의 유형자산에 관한 정보와 세부 거래 내용은 다음과 같다. 이 거래와 관련한 설명 중 옳은 것은? 【'04, '07, '08, '10, '12, '14. 감평사】

해답 20. ④

(1) 이 교환은 상업적 실질이 있는 거래이다
(2) (주)대한의 기계장치 공정가치가 더 명백한다.
(3) (주)세종은 (주)대한에게 공정가치의 차이인 ₩5,000을 지급하였다.

	(주)대한 기계장치	(주)세종 차량운반구
취득원가	₩50,000	₩50,000
감가상각누계액	30,000	20,000
공정가치	30,000	25,000
현금지급액	0	5,000
현금수취액	5,000	0

① (주)대한은 이 교환거래와 관련하여 유형자산처분이익 ₩5,000을 인식해야 한다.
② (주)대한이 새로 취득한 차량운반구의 취득원가는 ₩30,000이다.
③ (주)세종은 이 교환거래와 관련하여 유형자산처분이익 ₩5,000을 인식해야 한다.
④ (주)세종이 새로 취득한 기계장치의 취득원가는 ₩30,000이다.
⑤ (주)대한과 (주)세종 모두 유형자산처분손익을 인식하지 않는다.

풀이 ① 처분이익 ₩5,000 → 처분이익 ₩10,000
② 취득원가 ₩30,000 → 취득원가 ₩25,000
③ 처분이익 ₩5,000 → 처분손실 ₩5,000
④ 옳다.
⑤ 모두 유형자산처분손익을 인식한다.
회계처리하면 다음과 같다.
(1) (주)대한의 회계처리

차)		대)	
차량운반구	25,000	기계장치	50,000
감가상각누계액	30,000	유형자산처분이익	10,000 [1)]
현　금	5,000		

1) 유형자산처분이익 = 제공자산의 공정가치 − 제공자산의 장부금액
= ₩30,000 − (50,000 − 30,000) = ₩10,000

(2) (주)세종의 회계처리

차)		대)	
기계장치	30,000	차량운반구	50,000
감가상각누계액	20,000	현　금	5,000
유형자산처분손실	5,000 [2)]		

2) 유형자산처분손실 = 제공자산의 공정가치 − 제공자산의 장부금액
= ₩25,000 − (50,000 − 20,000) = ₩5,000

21 (주)감평은 보유중인 유형자산을 (주)대한의 유형자산과 교환하면서 공정가치 차액에

해답 21. ②

해당하는 현금 ₩300,000을 지급하였다. 교환일 현재 보유중인 유형자산의 취득원가는 ₩2,100,000, 감가상각누계액은 ₩500,000, 공정가치는 ₩1,700,000이다. (주)감평이 교환과정에서 인식할 유형자산의 취득원가와 유형자산처분손익은? (단, 동 교환거래는 상업적 실질이 있다고 가정한다.) 【'15. 감평사】

	취득원가	유형자산처분손익
①	₩2,000,000	₩0
②	₩2,000,000	₩100,000 이익
③	₩1,900,000	₩100,000 손실
④	₩1,900,000	₩100,000 이익
⑤	₩1,900,000	₩0

풀이 취득원가＝제공자산의 공정가치+현금지급액＝₩1,700,000+300,000＝₩2,000,000
유형자산처분이익＝제공자산의 공정가치－제공자산의 장부금액
＝₩1,700,000－(2,100,000－500,000)＝₩100,000

분개하면,

차)		대)	
신자산	2,000,000	구자산	2,100,000
감가상각누계액	500,000	현 금	300,000
		유형자산처분이익	100,000

22 (주)한국은 2년 전에 취득하여 사용하던 차량을 동종의 신형 차량과 교환 취득하였다. 사용하던 차량의 취득원가는 ₩5,000,000, 감가상각누계액은 ₩2,000,000이며, 공정가치는 ₩2,500,000이다. (주)한국은 사용하던 차량의 가치를 ₩3,500,000으로 인정받고, 현금 ₩4,000,000을 지급하여 신형 차량을 취득하였다. 상기 교환거래가 상업적 실질이 있다고 할 때 취득하는 신형 차량의 취득원가는 얼마인가?

【'00. '09. 감평사】

① ₩8,000,000 ② ₩7,500,000
③ ₩7,000,000 ④ ₩6,900,000
⑤ ₩6,500,000

풀이 상업적실질이 있으므로 공정가치법으로 취득원가를 결정하며, 제공자산의 공정가치를 알 수 있으므로 제공자산의 공정가치를 기준으로 취득원가를 결정한다. 분개하면 다음과 같다.

(차)		(대)	
감가상각누계액	2,000,000	구 자 산	5,000,000
신 차 량	6,500,000 [1)]	현 금	4,000,000
유형자산처분손실	500,000 [2)]		

1) 제공자산의 공정가치＋현금지급액＝₩2,500,000＋4,000,000＝₩6,5000,000

해답 22. ⑤

2) 제공자산의 공정가치 − 제공자산의 장부금액 = ₩2,500,000 − (5,000,000 − 2,000,000)
= ₩500,000손실

23 ㈜관세는 20×1년에 표시가격 ₩50,000, 현금가격 ₩45,000인 기계장치 A를 취득하였다. 기계장치 A의 취득대가로 현금 ₩8,400과 사용중인 기계장치 B(취득원가 ₩75,000, 감가상각누계액 ₩38,000)를 제공하였다. 두 기계장치가 서로 다른 제품을 생산하는 기계장치로서 이 교환거래가 상업적 실질이 있다면 ㈜관세가 교환거래와 관련하여 인식해야 할 손익은 얼마인가? 【'93. 감평사, '15. 관세사】

① 손실 ₩300 ② 이익 ₩3000
③ 손실 ₩400 ④ 이익 ₩400
⑤ 이익 ₩500

풀이 취득자산의 공정가치가 더 명백하므로 취득자산의 취득원가는 취득자산의 공정가치로 측정한다.
분개하면,

(차) 기계장치 A	45,000	(대) 기계장치 B	75,000
감가상각누계액	38,000	현 금	8,400
유형자산처분손실	400[1)]		

1) 유형자산처분손실 = 제공자산의 공정가치 − 제공자산의 장부금액
= (₩45,000 − 8,400) − (75,000 − 38,000) = ₩400

– 복구비용 –

24 (주)한국은 20×1년 3월 1일 폐기물처리장을 신축하기 위하여 토지를 ₩2,000,000에 취득하였으며, 토지 등기비용으로 ₩30,000이 발생하였다. 20×1년 7월 1일 폐기물처리장 신축을 완료하고, 그 신축공사로 ₩1,000,000을 지급하였다. 폐기물처리장의 잔존가치는 없으며 내용연수는 5년으로 추정되고 원가모형을 적용하여 정액법으로 감가상각을 한다. 폐기물처리장은 내용연수 종료시점에 원상복구의무가 있으며, 내용연수 종료시점의 복구비용은 ₩200,000으로 예상된다. 이상의 거래와 관련하여 20×1년도 포괄손익계산서에 계상되는 폐기물처리장의 복구충당부채 이자비용(전입액)은? (단, 이자는 월할계산하며, 복구충당부채에 적용할 할인율은 연 10%이고, 현가계수(10%, 5년)는 0.6209이다.) 【'15. 세무사】

① ₩0 ② ₩6,209
③ ₩10,000 ④ ₩12,418

해답 23. ③ 24. ②

⑤ ₩20,000

풀이 (1) 구축물(폐기물처리장) 원가계산

토지원가 = ₩2,000,000 + 30,000 = ₩2,030,000

구축물(폐기물처리장)원가 = ₩1,000,000 + 124,180* = ₩1,124,180

* 복구충당부채 = ₩200,000 × 0.6209 = ₩124,180

(2) 복구충당부채전입액(이자비용) 계산

∴ 20×1년도 복구충당부채 이자비용(전입액) = ₩124,180 × 10% × $\frac{6}{12}$ = ₩6,209

(3) 구축물의 회계처리

① 20×1년 7월 1일

차) 구축물	1,124,180	대) 현 금	1,000,000
		복구충당부채	124,180

② 20×1년 12월 31일

차) 감가상각비	112,418 1)	대) 감가상각누계액	112,418
복구충당부채전입액	6,209 2)	복구충당부채	6,209

1) 감가상각비 = (₩1,124,180 − 0) ÷ 5 × $\frac{6}{12}$ = ₩112,418

2) 복구충당부채 이자비용(전입액) = ₩124,180 × 10% × $\frac{6}{12}$ = ₩6,209

25 (주)대한은 내용연수가 종료되면 원상복구를 해야하는 구축물을 20×1년 1월 1일에 취득하였다. 구축물의 취득원가는 ₩4,000,000이고, 감가상각은 정액법(내용연수는 5년, 잔존가치는 ₩200,000)을 사용하기로 하였다. 복구원가와 관련된 예상현금흐름의 현재가치는 ₩376,000(할인률 8%)으로 추정되었다. 복구공사시점인 20×6년 1월 1일에 실제복구비가 ₩600,000으로 소요된 경우 복구공사손실은?(단, 계산금액은 소수점 첫째 자리에서 반올림한다. 기간말 단일금액의 미래가치계수(5기간, 8%)는 1.4693이다.)

【'12. 감평사】

① 30,080 ② 47,543 ③ 150,400
④ 224,000 ⑤ 552,456

풀이 (1) 20×1년 1월 1일 취득시

(차) 구축물	4,376,000 1)	(대) 현 금	4,000,000
		복구충당부채	376,000

1) ₩4,000,000+376,000=₩4,376,000

(2) 20×1년 12월 31일 결산시

(차) 감가상각비	835,200 2)	(대) 감가상각누계액	835,200
복구충당부채전입액	30,080 3)	복구충당부채	30,080

2) 감가상각비=(₩4,376,000−200,000) × $\frac{1}{5}$ =₩835,200

해답 25. ②

3) 복구충당부채전입액(차입원가)=₩376,000×8%=₩30,080

(3) 20×6년 1월 1일 실제 복구시

(차)	복구충당부채	552,457 4)	(대) 현 금	600,000
	복구공사손실	47,543 4)		

4) 내용연도 말 복구공사시점의 복구충당부채=₩376,000×1.4693=₩552,457

실제소요비용 △ 600,000

복구공사손실 ₩47,543

26 20×0년 초 (주)감평은 조류발전을 목적으로 발전설비를 ₩240,000 현금으로 구입하여 설치완료하고 운영을 시작하였다. 이 발전설비는 내용연수 종료 후 원상복구의무가 있으며, 동 복구의무는 발전설비 설치시점부터 충당부채의 인식요건을 충족시킨다. 내용연수 종료시점에 예상되는 복구비용은 ₩30,000으로 복구비용 산정시 할인율은 연 10%이다. 발전설비는 정액법(내용연수 4년, 잔존가치 ₩0)으로 감가상각한다. 동 발전설비 및 충당부채와 관련하여 ㈜감평이 20×0년도에 인식할 감가상각비와 차입원가는 각각 얼마인가? (단, 10%, 4기간의 ₩1에 대한 현가계수는 0.68301이며 할인율은 변동이 없고, 가장 근사치를 선택할 것) 【'06, '10. 감평사】

① 감가상각비 ₩60,000 차입원가₩2,049

② 감가상각비 ₩60,000 차입원가₩2,798

③ 감가상각비 ₩60,000 차입원가₩7,500

④ 감가상각비 ₩65,123 차입원가₩2,049

⑤ 감가상각비 ₩65,123 차입원가₩2,798

풀이 (1) 취득원가 결정

지급액 : ₩240,000

복구비용의 현재가치: 30,000×0.6831= 20,493

20×0년 초 취득원가 ₩260,493

(2) 20×0년도 말 결산시

20×0년도 말 감가상각비=(₩260,493−0)÷4=₩65,123

20×0년도 말 차입원가(=복구충당부채전입액)=₩20,493×10%=₩2,049

– 정부보조금 –

27 ㈜남부는 20×1년 1월 1일 설비자산을 ₩2,000,000에 취득하면서 구입자금의 일부인 ₩600,000을 정부로부터 보조받았다. 설비자산의 내용연수는 5년, 잔존가치는 없으며, 감가상각방법은 정액법으로 한다. 정부보조금에 부수되는 조건은 이미 충족되었

고 상환의무는 없다. ㈜남부가 정부보조금을 이연수익법으로 처리하는 경우 20×3년 12월 31일 재무상태표에 보고할 정부보조금과 관련된 이연수익은? 【'12. 감평사】

① ₩120,000 ② ₩220,000
③ ₩240,000 ④ ₩360,000
⑤ ₩440,000

풀이 재무상태표에 보고할 정부보조금은 수익으로 인식하고 남은 정부보조금잔액이 된다.

∴ 20×3년 12월 31일 정부보조금 잔액=₩600,000−120,000* ×3년=₩240,000

* 매년 감가상각비=(₩2,000,000−0)× $\frac{1}{5}$ =₩400,000

∴ 매년 수익으로 인식할 정부보조금=감가상각비× $\frac{\text{정부보조금}}{\text{감가상각대상금액}}$

=₩400,000× $\frac{600,000}{(2,000,000-0)}$ =₩120,000

간단히 구하면, 정부보조금× $\frac{1}{\text{내용연수}}$ = ₩600,000× $\frac{1}{5}$ =₩120,000

28 다음은 (주)관세의 유형자산 취득 관련 자료이다. 20×2년 12월 31일의 정부보조금 잔액(A)과 20×1년과 20×2년의 2년간 감가상각비 합계액(B)은 각각 얼마인가? (단, 정부보조금에 부수되는 조건의 준수에 대한 합리적인 확신이 있다고 가정한다.) 【'14. 관세사】

> (1) (주)관세는 20×1년 1월 1일에 전기자동차 생산용 최신설비를 ₩250,000,000(내용연수 5년, 잔존가치 ₩0, 정액법 상각)에 취득하고 정부로부터 ₩50,000,000을 지원받았다.
> (2) 정부보조금은 자산에서 차감하는 형식으로 회계처리한다.

	(A)	(B)
①	₩30,000,000	₩50,000,000
②	30,000,000	100,000,000
③	30,000,000	80,000,000
④	50,000,000	80,000,000
⑤	50,000,000	100,000,000

풀이

정부보조금	₩50,000,000
상계할 정부보조금=(50,000,000−0)× $\frac{1}{5}$ ×2년=	△20,000,000
정부보조금 잔액	₩30,000,000

해답 28. ③

총감가상각비 = $(₩250,000,000 - 0) \times \frac{1}{5} \times 2$년 = ₩100,000,000
상계할 감가상각비 △20,000,000
2년간 감가상각비 합계 ₩80,000,000
또는 2년간 감가상각비 합계를 자기부담분만으로 직접 구하면,
$(₩200,000,000 - 0) \times \frac{1}{5} \times 2$년 = ₩80,000,000

29 20×1년 7월 1일 (주)한국은 취득원가 ₩1,000,000의 설비자산을 취득하고, 내용연수와 잔존가치를 각각 4년과 ₩200,000으로 추정하고 감가상각방법은 연수합계법(월할상각)을 적용한다. 동 자산의 취득과 관련하여 20×1년 7월 1일 정부로부터 보조금 ₩200,000을 수령하여 전액 설비자산의 취득에만 사용하였다. 동 자산과 관련하여 20×2년도에 인식할 당기손익은? 【'15. 세무사】

① ₩140,000 이익 ② ₩160,000 이익
③ ₩180,000 손실 ④ ₩210,000 손실
⑤ ₩280,000 손실

풀이 당기손익에 미치는 영향은 원가차감법으로 구하든 이연수익법으로 구하든 결과는 같다.
따라서 원가차감법의 경우에 당기손익에 영향을 미치는 원인은 감가상각비가 된다.
자기부담분으로 감가상각비를 직접구하면,

20×1년: $(₩800,000 - 200,000) \times \frac{4}{10} \times \frac{6}{12} = ₩120,000$

20×2년: $(₩800,000 - 200,000) \times \frac{4}{10} \times \frac{6}{12} + (₩800,000 - 200,000) \times \frac{3}{10} \times \frac{6}{12}$
$= ₩210,000$

30 (주)ABC는 방위산업 회사로서 20×1년 6월 30일 방위산업설비에 필요한 기계장치를 ₩500,000에 취득하면서 정부로부터 ₩50,000을 현금으로 보조 받았다. 정부보조금은 기계장치를 1년 이상 사용한다면 정부에 상환할 의무가 없다. 취득한 기계장치의 추정내용연수는 10년이고 추정잔존가치는 없으며, 감가상각은 정액법을 사용한다. (주)ABC는 기계장치를 취득한 후 만 3년 후인 20×4년 7월 1일에 동 기계장치를 ₩300,000에 처분하였다. 기계장치의 처분과 관련하여 유형자산처분손익은 얼마인가? 단, 기계장치의 장부금액을 결정할 때 취득원가에서 정부보조금을 차감하는 원가차감법을 사용한다. 【'01, '02, '09, '11. 감평사, '14. CPA】

① 처분손실 ₩10,000 ② 처분이익 ₩10,000
③ 처분손실 ₩15,000 ④ 처분이익 ₩15,000

해답 29. ④ 30. ③

⑤ 처분손실 ₩20,000

풀이 자기부담분 ₩450,000으로 직접 구하면 다음과 같다.

자기부담분 원가:	₩450,000
감가상각누계액: $(450{,}000-0)\times\frac{1}{10}\times 3$년 $=$	135,000
장부금액	₩315,000
∴ 유형자산처분손실 = ₩300,000 − 315,000 =	₩15,000

31 (주)대한은 20×1년 초 정부보조금 ₩3,000,000을 지원받아 기계장치(내용연수 3년, 잔존가치 ₩1,000,000)를 ₩10,000,000에 취득하였다. (주)대한은 기계장치에 대해 원가모형을 적용하며, 연수합계법으로 감가상각한다. (주) 대한이 정부보조금을 기계장치의 차감항목으로 회계처리 하였다면, 20×2년 말 기계장치의 장부금액은?

【'09. CPA, '13. 관세사, '05, '06, '13. 감평사】

① ₩1,000,000　　② ₩1,500,000
③ ₩2,000,000　　④ ₩2,500,000
⑤ ₩3,000,000

풀이 자기부담분만으로 직접구하면 다음과 같다.

자기부담분	₩7,000,000
$(₩7{,}000{,}000-1{,}000{,}000)\times\frac{(3+2)}{6}=$	△5,000,000
20×2년 말 기계장치의 장부금액	₩2,000,000

참고로, 이연수익법으로 장부금액을 구하면,

취득원가	₩10,000,000
$(₩10{,}000{,}000-1{,}000{,}000)\times\frac{(3+2)}{6}=$	△7,500,000
20×2년 말 기계장치의 장부금액	₩2,500,000

- 불가피하게 채권을 매입한 경우 -

32 ㈜찬엽은 20×1년 1월 1일 건물(매입가격 ₩10,000,000, 매입부대비용 ₩150,000)을 취득하는 과정에서 공채(액면금액 ₩100,000, 이자율 7%, 만기 매년말 이자지급 조건)를 불가피하게 액면금액으로 인수하였다. 공채 취득시점의 ㈜찬엽에 적용될 시장이자율은 10%였고, 건물대금과 공채대금은 모두 현금으로 지급하였다. 취득한 공채는 만기보유금융자산으로 분류되었고, 건물은 정액법으로 감가상각(내용연수 5년, 잔존가치 없음)한다. 이의 회계처리에 관한 설명으로 옳은 것은?(단, 계상금액은 소수점 첫째자

해답 31. ③ 32. ④

리에서 반올림한다. 기간말 단일금액의 현가계수(3기간, 10%)는 0.7513, 정상연금의 현가계수(3기간, 10%)는 2.4868이다) 【'06. 세무사, '12. 감평사】

① 20×1년 12월 31일 인식할 건물의 감가상각비는 ₩2,030,000이다.
② 20×1년 1월 1일 만기보유금융자산의 장부금액은 ₩93,500이다.
③ 20×1년 12월 31일 인식할 이자수익은 ₩7,000이다
④ 20×1년 1월 1일 건물의 취득원가는 ₩10,157,462
⑤ 20×1년 12월 31일 만기보유금융자산의 장부금액은 ₩95,000이다

풀이 건물의 취득원가=₩10,000,000+150,000+(100,000−92,538)=₩10,157,462
① 20×1년 12월 31일 감가상각비=(₩10,157,462−0)÷5=₩2,031,492
② 20×1년 1월 1일 만기보유금융자산의 장부금액
₩100,000×0.7513 =₩75,130
100,000×7%×2.4868 = 17,408
₩92,538
③ 20×1년 12월 31일 인식할 이자수익=₩92,538×10%=₩9,254
④ 옳다.
⑤ 20×1년 12월 31일 만기보유금융자산의 장부금액=₩92,538×1.1−7,000=₩94,792

– 차입원가 자본화 –

33 (주)강남은 사옥을 건설하기 위하여 20×2년 1월 1일에 (주)대한과 건설계약을 체결하였다. (주)강남의 사옥은 20×3년 6월 30일에 준공될 예정이고, (주)강남은 사옥건설을 위해 다음과 같이 지출하였다.

일자	20×2. 1.1	20×2. 7.1	20×2. 10.1	20×3. 1.1
금액	₩50,000	₩50,000	₩60,000	₩70,000

(주)강남의 차입금은 다음과 같다.

은행	차입일	차입금액	상환일	이자율	이자지급조건
K은행	20×2. 1.1	₩50,000	20×3. 6.30	12%	단리/매년말 지급
A은행	20×1. 1.1	₩30,000	20×3. 6.30	10%	단리/매년말 지급
B은행	20×1. 1.1	₩50,000	20×4. 12.31	12%	단리/매년말 지급

이들 차입금 중 K은행에서의 차입금은 (주)강남의 사옥건설을 위한 특정차입금이며, A은행 차입금과 B은행 차입금은 일반차입금이다. (주)강남의 건설중인 사옥은 차입원

해답 33. ④

가 자본화의 적격자산에 해당된다, 이에 대하여 (주)강남이 20×2년 자본화할 차입원가의 금액은? (단, 평균지출액과 이자는 월할계산한다.)

【'01. '12. 감평사, '11. CPA, '12. 세무사】

① ₩4,500 ② ₩6,000 ③ ₩9,000
④ ₩10,500 ⑤ ₩13,500

풀이 (1) 연평균지출액

$(₩50,000\times12+50,000\times6+60,000\times3)\times\frac{1}{12}=₩90,000$

(2) 특정차입금

자본화할 차입원가＝₩50,000×12%＝₩6,000

(3) 일반차입금

자본화할 차입원가＝(₩90,000－50,000)×11.25%*＝₩4,500(한도: ₩9,000)

* 가중평균이자율 계산

차입금	연평균차입금	이자율	금융비용
A은행	$30,000\times12\times(\frac{1}{12})=30,000$	10%	3,000
B은행	$50,000\times12\times(\frac{1}{12})=50,000$	12%	6,000
계	80,000		9,000

∴ 가중평균이자율$=\frac{9,000}{80,000}=11.25\%$

∴ 자본화할 차입원가＝₩6,000+4,500＝₩10,500

34 (주)한국은 20×1년 1월 1일 사옥건설을 시작하였으며, 20×2년 9월 30일에 완공하였다. 다음은 사옥건설과 관련된 세부내역이다.

(1) 지출액

20×1년 1월 1일: ₩200,000

20×2년 1월 1일: ₩300,000

(2) 차입금 내역

차입금	차입일	차입금액	상환일	이자율
A	20×1년 1월 1일	₩100,000	20×2년 6월 30일	연 5%
B	20×1년 1월 1일	₩200,000	20×2년 12월 31일	연 10%

차입금 A는 사옥건설 목적을 위하여 개별적으로 차입(특정차입금)하였으며 차입금 B는 일반목적차입금이다.

해답 34. ③

20×2년 사옥의 취득원가로 인식할 금액은? (단, 이자는 월할계산하며, 전기이전에 자본화한 차입원가는 연평균지출액 계산시 포함하지 아니한다.) 【'13, '15. 세무사】

① ₩500,000 ② ₩522,500
③ ₩537,500 ④ ₩545,000
⑤ ₩550,000

풀이 (1) 20×2년도에 자본활 차입원가 계산

① 연평균지출액

$(₩200,000 \times 9 + 300,000 \times 9) \times \frac{1}{12} = ₩375,000$

② 특정차입금

연평균특정차입금 $= ₩100,000 \times 6 \times \frac{1}{12} = ₩50,000$

자본화할 차입원가 $= ₩50,000 \times 5\% = ₩2,500$

③ 일반차입금

자본화할 차입원가 $= (₩375,000 - 50,000) \times 10\% = ₩32,500$(한도: ₩20,000)

∴ 20×2년도에 자본활 차입원가 $= ₩2,500 + 20,000 = ₩22,500$

(2) 20×1년도에 자본화할 차입원가

① 연평균지출액 $= ₩200,000 \times 12 \times \frac{1}{12} = ₩100,000$

② 특정차입금에서 자본화할 차입원가 $= ₩100,000 \times 5\% = ₩5,000$

③ 일반차입금에서 자본화할 차입원가 $= (₩200,000 - 100,000) \times 10\% = ₩10,000$

∴ 20×1년도에 자본화할 차입원가 $= ₩5,000 + 10,000 = ₩15,000$

(3) 취득원가 계산

사옥취득원가 = 20×1년도 지출액 + 20×2년도 지출액 + 20×1년도 자본화한 차입원가 + 20×2년도에 자본화한 차입원가

$= ₩200,000 + 300,000 + 15,000 + 22,500 = ₩537,500$

35 (주)세관은 20×1년 3월 1일 사옥 건물을 착공하였다. 동 건물은 20×3년 9월 1일에 완공되었으며, 차입원가 자본화의 적격자산에 해당한다. 다음 자료를 이용하여 ㈜세관이 20×1년에 자본화할 차입원가를 계산하면 얼마인가? (단, 이자는 월할계산한다.) 【'12, '14. 관세사】

(1) 20×1년 중에 사옥건설을 위한 연평균지출액은 ₩25,000,000이다.
(2) 특정차입금의 연평균차입액은 ₩8,000,000이고, 이와 관련된 차입원가 ₩450,000, 단기운용을 통한 이자수익 ₩130,000이 발생하였다.
(3) 일반차입금 현황은 다음과 같다.

해답 35. ④

차입금	차입일	차입금액	상환일	이자율
A	20×1년 3월1일	₩6,000,000	20×4년 2월28일	연 7%
B	20×1년 9월1일	₩9,000,000	20×3년 8월31일	연 10%

① ₩320,000 ② ₩450,000
③ ₩650,000 ④ ₩970,000
⑤ ₩1,100,000

풀이 (1) 연평균지출액＝₩25,000,000

(2) 특정차입금

연평균특정차입금＝₩8,000,000

특정차입금에서 자본화할 차입원가＝₩450,000－130,000＝₩320,000

(3) 일반차입금

(25,000,000－8,000,000)×8.125%*＝₩1,381,250(한도: ₩650,000)

*가중평균이자율계산

차입금	연평균차입금	이자율	금융비용
A	$6,000,000 \times \frac{10}{12} = 5,000,000$	7%	350,000
B	$9,000,000 \times \frac{4}{12} = 3,000,000$	10%	300,000
계	8,000,000		650,000

$\therefore$ 가중평균이자율＝$\frac{₩650,000}{8,000,000}$＝8.125%

(4) 자본화할 차입원가＝₩320,000＋650,000＝₩970,000

37 (주)갑은 20×1년 초에 기계장치 제작을 개시하였으며, 동 기계장치는 차입원가를 자본화하는 적격자산이다. 기계장치는 20×2년말에 완성될 예정이다. (주)갑은 기계장치 제작을 위해 20×1년 초에 ₩60,000과 20×1년 7월 1일에 ₩40,000을 각각 지출하였다. (주)갑의 차입금 내역은 다음과 같다.

차입금	차입일	차입금액	상환일	이자율	이자지급조건
A	20×1. 1.1	₩40,000	20×1. 12.31	8%	단리/매년말 지급
B	20×1. 1.1	₩10,000	20×1. 12.31	12%	단리/매년말 지급
C	20×1. 7.1	₩30,000	20×2. 6.30	10%	단리/매년말 지급

이들 차입금 중에서 차입금 A는 기계장치 제작을 위한 특정차입금이다. 차입금 B와

C는 일반목적 차입금이다. 한편 (주)갑은 20×1년 1월 1일에 ₩10,000의 정부보조금을 수령하여 이를 기계장치 제작에 사용하였다. 제작중인 동 기계장치에 대하여 20×1년에 자본화할 차입원가는 얼마인가? 단, 정부보조금은 원가차감법으로 회계처리한다. 【'11. 세무사, '11. '12. CPA】

① ₩5,600 ② ₩5,700 ③ ₩5,900
④ ₩6,440 ⑤ ₩7,400

풀이 (1) 연평균지출액

(₩60,000×12+40,000×6−10,000 1)×12)÷12=₩70,000

1) 정부보조금은 이자가 발생하지 않으므로 연평균지출액에서 차감한다.

(2) 연평균특정차입금

$₩40,000 \times 12 \times \frac{1}{12} = ₩40,000$ ∴ ₩40,000×8%=₩3,200

(3) 일반차입금

(₩70,000−40,000)×10.8% 2)=₩3,240(한도: ₩2,700)

2) 가중평균이자율 계산

연평균일반차입금	이자율	이자비용
B; $10,000 \times 12 \times \frac{1}{12} = 10,000$	12%	1,200
C; $30,000 \times 6 \times \frac{1}{12} = 15,000$	10%	1,500
25,000		2,700

∴ 가중평균이자율 $= \frac{2,700}{25,000} = 10.8\%$

(4) 자본화할 차입원가=₩3,200+2,700=₩5,900

37 (주)한국은 20×1년 7월 1일 사옥신축을 위하여 (주)민국과 건설계약을 체결하였다. 사옥의 건설기간은 20×1년 7월 1일부터 20×2년 12월 31일까지 이다. (주)한국은 동 사옥건설과 관련하여 20×1년 7월 1일과 10월 1일에 각각 ₩3,000,000과 ₩6,000,000을 지출하였다 건설기간동안 (주)한국의 차입금과 관련된 내용은 다음과 같다.

차입금	A	B	C
차입금액	₩2,000,000	₩2,000,000	?
차입일	20×0. 9. 1	20×1. 1. 1	20×1. 7. 1
상환일	20×3. 8. 31	20×2. 12. 31	20×3. 6. 30
연이자율	10%	8%	10%
이자지급조건	매년말 후급		

해답 37. ⑤

차입금 A와 차입금 B는 일반차입금이며, 차입금 C는 동 사옥건설을 위하여 차입한 특정차입금으로 (주)한국은 차입과 동시에 사옥건설을 위하여 전액 지출하였다. (주)한국이 동 사옥건설과 관련하여 20×1년도에 자본화한 일반차입금의 차입원가가 ₩135,000이라면, (주)한국이 금융기관으로부터 차입한 차입금 C는? (단, 이자는 월할 계산 한다.) 【'13. 감평사】

① ₩750,000 ② ₩1,000,000 ③ ₩2,000,000
④ ₩2,500,000 ⑤ ₩3,000,000

풀이 (1) 연평균지출

$(₩3,000,000 \times 6 + 6,000,000 \times 3) \times \frac{1}{12} = ₩3,000,000$

(2) 특정차입금(C)

연평균특정차입금 $= ₩C \times 6 \times \frac{1}{12} = ₩0.5C$

(3) 일반차입금

$(₩3,000,000 - 0.5C) \times 9\%^* = ₩135,000$

∴ C(특정차입금) = ₩3,000,000

*가중평균이자율계산

차입금	연평균차입금	이자율	금융비용
A	$2,000,000 \times \frac{12}{12} = 2,000,000$	10%	200,000
B	$2,000,000 \times \frac{12}{12} = 2,000,000$	8%	160,000
계	4,000,000		360,000

∴ 가중평균이자율 = ₩360,000 ÷ 4,000,000 = 9%

(4) 자본화할 차입원가 = 일반차입금이자 + 특정차입금이자

$= ₩135,000 + 0.5 \times C \times 10\% = 135,000 + 0.5 \times 3,000,000 \times 10\% = ₩285,000$

38 (주)한국은 사옥건설을 위하여 20×1년 1월 1일에 (주)동산건설과 건설기간 3년의 계약을 체결하였다. (주)한국은 동 사옥건설과 관련하여 20×1년 1월 1일에 ₩950,000을 지출했다. 한편, (주)한국은 20×1년 1월 1일 사옥건설을 위하여 은행으로부터 개별적으로 ₩600,000(특정차입금)을 차입했으며, 동 차입금에 대한 20×1년도의 차입원가는 ₩60,000이다. (주)한국은 사옥건설과 관련하여 20×1년도 차입원가로 ₩102,000을 자본화했다. 20×1년도 일반목적으로 차입한 자금(일반차입금)에 대한 자본화할 차입원가를 계산하기 위하여 적용한 자본화이자율(%)은? (단, (주)한국의 20×1년 일반목적으로 차입한 자금에서 실제로 발생한 차입원가는 ₩54,000이다.)

【'08. 감평사, '10. CPA】

해답 38. ④

① 6% ② 8% ③ 10%
④ 12% ⑤ 14%

풀이 (1)연평균지출액
₩950,000 × 12 × $\frac{1}{12}$ = ₩950,000
(2) 특정차입금
연평균특정차입금 = ₩600,000 × 12 × $\frac{1}{12}$ = ₩600,000
그리고, 특정차입금에서 자본화할 금융비용 = ₩60,000(문제에서 주어짐)
(3) 일반차입금
일반차입금에서 자본화할 금융비용 = (950,000 − 600,000) × r%
= 102,000 − 60,000 = ₩42,000(한도; ₩54,000)
따라서, (950,000 − 600,000) × r% = ₩42,000
∴ r(일반차입금 자본화이자율) = 12%

– 자산재평가 –

39 (주)감평은 20×3년 초 토지를 ₩1,500,000에 취득하고 매년 말 공정가치로 평가하는 재평가모형을 적용한다. 또한 재평가잉여금을 자산의 처분시점에 이익잉여금으로 직접 대체하기로 하였다. 동 토지의 매년 말 공정가치는 다음과 같다.

20×3년 말	20×4년 말
₩1,200,000	₩1,600,000

(주)감평이 20×5년 말에 동 토지를 ₩1,100,000에 처분했을 때, 토지의 보유 및 처분과 관련하여 다음에 설명 중 옳지 않은 것은? 【'15. 감평사】

① 20×3년 초부터 20×5년 말까지 이익잉여금이 총 ₩400,000 감소한다.
② 20×3년 당기순이익이 ₩300,000 감소한다.
③ 20×4년 당기순이익이 ₩200,000 증가한다.
④ 20×4년 기타포괄이익이 ₩100,000 증가한다.
⑤ 20×5년 유형자산처분손실이 ₩500,000 인식된다.

풀이 ③ ₩200,000 → ₩300,000
회계처리하면 다음과 같다.
(1) 20×3년도

취득시;	차) 토 지	1,500,000	대) 현 금	1,500,000
결산시;	차) 재평가손실	300,000 1)	대) 토 지	300,000

1) 재평가감소액 = ₩1,200,000 − 1,500,000 = ₩300,000

해답 39. ③

재평가감소액은 재평가손실(당기손실)로 인식한다.

(2) 20×4년도

결산시; 차) 토　지　400,000　대) 재평가이익　300,000 [2)] / 재평가잉여금　100,000 [2)]

2) 재평가증가액＝₩1,600,000－1,200,000＝₩400,000
재평가로 인하여 증가된 경우에 그 증가액은 재평가잉여금으로 한다. 그러나 동일한 자산에 대하여 이전에 당기손익으로 인식한 재평가감소액이 있다면 그 금액을 한도로 재평가이익(당기이익)으로 인식한다. 따라서 재평가차액 중 ₩300,000은 재평가이익으로 인식하고, 나머지 ₩100,000은 재평가잉여금으로 인식한다.

(3) 20×5년도

처분시; 차) 현　금　1,100,000 / 토지처분손실　500,000 [3)]　대) 토　지　1,600,000

차) 재평가잉여금　100,000　대) 이익잉여금　100,000 [3)]

3) 토지처분손실＝처분액－토지장부금액＝₩1,100,000－1,600,000＝₩500,000
그리고 재평가잉여금잔액은 처분시에 이익잉여금으로 직접 대체한다.

40 (주)감평은 20×1년 1월 1일 영업활동에 사용할 목적으로 다음과 같은 건물을 취득하였다. 다음 자료를 이용하여 (주)감평이 20×2년 인식해야 할 재평가손실(당기손실)은? 【'13. 감평사】

(1) 취득원가: ₩1,000,000, 내용연수: 5년, 잔존가치: ₩0
(2) 감가상각방법: 정액법
(3) 재평가모형 적용: 매년 말 감가상각 후 재평가
(4) 장부금액 수정방법: 기존의 감가상각누계액 전액 제거
(5) 재평가잉여금의 처리: 당해 자산 제거시 일괄적으로 이익잉여금으로 대체
(6) 손상차손은 고려하지 않음
(7) 공정가치: 20×1년 말 ₩900,000
　　　　　　20×2년 말 ₩500,000

① ₩75,000　② ₩100,000
③ ₩175,000　④ ₩200,000
⑤ ₩275,000

풀이 (1) 1차 말 회계처리

차) 감가상각비　200,000 [1)]　대) 감가상각누계액　200,000

1) 감가상각비＝(₩1,000,000－0)×$\frac{1}{5}$＝₩200,000

차) 감가상각누계액　200,000　대) 건　물　100,000 / 재평가잉여금　100,000 [2)]

해답 40. ①

2) 재평가잉여금 = 재평가액 − 장부금액 = ₩900,000 − (1,000,000 − 200,000) = ₩100,000

(2) 2차 말 회계처리

차) 감가상각비	225,000 [3]	대) 감가상각누계액	225,000

3) (₩900,000 − 0) × $\frac{1}{4}$ = ₩225,000

차) 감가상각누계액	225,000	대) 건　물	400,000
재평가잉여금	100,000		
재평가손실	75,000 [4]		

4) 재평가손실이 발생한 경우에는 감가상각누계액 전액을 우선 제거한다.
재평가손실 = 재평가액 − 장부금액 = ₩500,000 − (900,000 − 225,000) = ₩175,000
재평가손실액중 재평가잉여금잔액과 상계하고 남은 잔액을 재평가손실(당기손실)로 인식한다.

41 재평가모형을 적용하고 있는 (주)한국은 20×1년 1월 1일 건물을 ₩10,000,000에 구입하였는데, 내용연수는 5년, 잔존가치는 ₩2,000,000이고 정액법으로 감가상각하고 있다. (주)한국은 20×1년 말과 20×2년 말 재평가한 결과, 건물의 공정가치는 각각 ₩7,000,000과 ₩6,000,000으로 판단되었다. 한편 20×2년 1월 1일 건물을 점검한 결과 연수합계법이 보다 체계적이고 합리적인 것으로 추정되어 감가상각방법을 변경하였고, 잔존가치는 ₩0으로 추정되었다. 20×2년 말 재평가와 관련하여 재무제표에 인식되는 내용으로 옳은 것은? (단, 매년 말 감가상각 후 재평가 한다.) 【'13. 감평사】

① 재평가이익(당기이익) ₩1,800,000
② 재평가잉여금(기타포괄이익) ₩1,800,000
③ 재평가이익(당기이익) ₩800,000
　재평가잉여금(기타포괄이익) ₩1,000,000
④ 재평가이익(당기이익) ₩1,400,000
　재평가잉여금(기타포괄이익) ₩400,000
⑤ 재평가손실(당기손실) ₩1,800,000

풀이 (1) 20×1년도 회계처리

차) 감가상각비	1,600,000 [1]	대) 감가상각누계액	1,600,000

1) (₩10,000,000 − 2,000,000) × $\frac{1}{5}$ = ₩1,600,000

차) 감가상각누계액	1,600,000	대) 건　물	3,000,000
재평가손실	1,400,000 [2]		

2) 재평가손실 = 재평가액 − 장부금액 = ₩7,000,000 − (10,000,000 − 1,600,000) = ₩1,400,000

(2) 20×2년도 회계처리

차) 감가상각비	2,800,000 [3]	대) 감가상각누계액	2,800,000

3) 감가상각방법 및 잔존가치의 변경은 전진법으로 처리한다.

해답 41. ④

$\therefore$ (₩7,000,000 − 0) × $\frac{4}{10}$ = ₩2,800,000

차) 감가상각누계액	2,800,000	대) 건 물	1,000,000
		재평가이익	1,400,000 [4]
		재평가잉여금	400,000 [4]

4) 재평가잉여금 = 재평가액 − 장부금액
= ₩6,000,000 − (7,000,000 − 2,800,000) = ₩1,800,000

재평가잉여금 중 동일한 자산에 대하여 이전에 당기손익으로 인식한 재평가감소액이 있다면 그 금액을 한도로 재평가증가액만큼 당기손익(재평가이익)으로 인식한다.

42 (주)국세는 20×1년 1월 1일에 영업용 차량운반구(내용연수 5년, 잔존가치 ₩0, 정액법 상각)를 ₩200,000에 취득하여 사용하고 있으며, 재평가모형을 적용하고 있다. (주)국세는 재평가모형 적용 시 기존의 감가상각누계액을 전부 제거하는 방법을 사용하며, 차량운반구를 사용함에 따라 재평가잉여금의 일부를 이익잉여금으로 대체하는 회계처리방법을 채택하고 있다. 20×1년 말과 20×2년 말 차량운반구의 공정가치는 각각 ₩180,000과 ₩60,000이었다. (주)국세가 20×2년도 포괄손익계산서에 비용으로 인식할 금액은 얼마인가? 【'11, '12. 세무사】

① ₩55,000 ② ₩60,000 ③ ₩75,000
④ ₩105,000 ⑤ ₩120,000

풀이 회계처리하면 다음과 같다.

(1) 20×1년도

차) 감가상각비	40,000 [1]	대) 감가상각누계액	40,000
차) 감가상각누계액	40,000	대) 차량운반구	20,000
		재평가잉여금	20,000 [2]

1) 감가상각비 = (₩200,000 − 0) ÷ 5 = ₩40,000
2) 공정가치 ₩180,000
장부금액 = ₩200,000 − 40,000 = △160,000
재평가잉여금 ₩20,000

(2) 20×2년도

차) 감가상각비	45,000 [3]	대) 감가상각누계액	45,000
차) 재평가잉여금	5,000	대) 이익잉여금	5,000 [3]

3) 재평가액기준 감가상각비 = (₩180,000 − 0) ÷ 4 = ₩ 45,000
취득원가기준 감가상각비 = (₩200,000 − 0) ÷ 5 = 40,000
이익잉여금 대체액 ₩5,000

차) 감가상각누계액	45,000	대) 차량운반구	120,000
재평가잉여금	15,000 [4]		
재평가손실	60,000 [4]		

해답 42. ④

4) 공정가치 ₩60,000

장부금액 ₩180,000−(180,000−0)÷4=△135,000

재평가손실 ₩75,000

재평가잉여금잔액을 상계한 잔액을 재평가손실로 인식한다. 즉,

₩75,000−(20,000−5,000)=₩60,000

(3) 20×2년도 총비용 계산

감가상각비	₩45,000
재평가손실	60,000
총비용	₩105,000

43 (주)한국은 20×1년 초 사용 중인 기계장치(장부금액 ₩4,000,000, 공정가치 ₩3,000,000)를 제공하고 영업용 차량운반구(장부금액 ₩4,500,000)를 취득하였다. (주)한국은 동 자산의 내용연수와 잔존가치를 각각 4년과 ₩500,000으로 추정하고, 정액법으로 감가상각하며 재평가모형을 적용한다. 동 자산의 교환은 상업적 실질이 있다. 동 자산의 20×1년 말과 20×2년 말의 공정가치는 모두 ₩3,800,000으로 동일하였다. 동 자산과 관련한 20×2년도 자본의 증감액은? (단, (주)한국은 동 자산의 사용기간 중에 재평가잉여금을 이익잉여금으로 대체하지 않는다.) 【'15. 세무사】

① ₩0　② ₩875,000 감소

③ ₩625,000 감소　④ ₩1,100,000 증가

⑤ ₩1,425,000 증가

풀이 (1) 20×1년도 취득시 및 결산시 회계처리

① 교환취득시

차)	차량운반구	3,000,000	대) 기계장치	4,000,000
	유형자산처분손실	1,000,000		

유형자산처분손실=제공자산의 공정가치−제공자산의 장부금액

=₩3,000,000−4,000,000=₩1,000,000

② 20×1년도 결산시

차)	감가상각비	625,000	대) 감가상각누계액	625,000

(₩3,000,000−500,000)÷4=₩625,000

차)	감가상각누계액	625,000	대) 재평가잉여금	1,425,000
	차량운반구	800,000		

재평가액	₩3,800,000
장부금액: (₩3,000,000−625,000)=	△2,375,000
재평가잉여금	₩1,425,000

(2) 20×2년도 결산시 회계처리

해답 43. ①

차) 감가상각비 1,100,000 대) 감가상각누계액 1,100,000
(₩3,800,000 − 500,000) ÷ 3 = ₩1,100,000
차) 감가상각누계액 1,100,000 대) 재평가잉여금 1,100,000

재평가액	₩3,800,000
장부금액;(₩3,800,000 − 1,100,000) =	△2,700,000
재평가잉여금	₩1,100,000

∴ 20×2년도 자본증가 = 당기순손익 + 기타포괄손익
= 감가상각비 + 재평가잉여금 = ₩△1,100,000 + 1,100,000 = ₩0
참고로 재평가모형시 전기말 공정가치와 당기말 공정가치가 같다면 감가상각비 만큼 재평가잉여금이 발생하기때문에 당기말 총포괄손익(자본)은 변동없다.

44 (주)서울은 투자부동산에 대하여는 공정가치모형을, 유형자산에 대하여는 재평가모형을 사용하여 후속측정을 하고 있다. 다음의 자료에 의하여 20×2년에 후속측정과 관련하여 당기손익과 기타포괄손익으로 계상할 금액은? 【'11. 감평사】

구분	20×1년 초 취득원가	20×1년 말 공정가치	20×2년 말 공정가치
건물(투자부동산)	₩1,000,000	₩1,200,000	₩1,100,000
토지(유형자산)	5,000,000	4,750,000	5,050,000

	당기손익	기타포괄손익
①	₩50,000 손실	₩0
②	₩150,000 이익	₩50,000 손실
③	₩150,000 이익	₩50,000 이익
④	₩200,000 이익	₩0
⑤	₩100,000 이익	₩50,000 손실

풀이 (1) 토지의 경우
20×2년도에 ₩5,050,000−4,750,000=₩300,000의 평가이익이 발생했으나
전기에 인식한 재평가손실이 ₩250,000이 있으므로 ₩250,000까지는 당기손익에 반영하고 ₩50,000만 기타포괄이익으로 인식한다.
회계처리하면 다음과 같다.
① 20×1년 말
차) 재평가손실 250,000 [1)] 대) 토 지 250,000
(당기손실)
1) 재평가손실=₩500,000−4,750,000=₩250,000
② 20×2년 말

해답 44. ③

차) 토 지 300,000 대) 재평가이익 250,000[2]
(당기이익)
재평가잉여금 50,000
(기타포괄이익)

2) 재평가잉여금이 발생한 경우에 이전에 당기손실로 인식한 재평가감소액이 있다면 그 금액을 한도(₩250,000)로 재평가증가액만큼 당기이익으로 인식한다.

(2) 투자부동산의 경우

투자부동산에 대하여 공정가치모형을 사용한 경우에는 평가손익을 당기손익에 반영한다.

∴ 20×2년 당기손실＝₩1,100,000－1,200,000＝₩100,000

회계처리하면 다음과 같다.

① 20×1년 말

차) 투자부동산 200,000 대) 투자부동산평가이익 200,000[3]
(당기이익)

3) 평가이익(당기이익)＝₩1,200,000－1,000,000＝₩200,000

② 20×2년 말

차) 투자부동산평가손실 100,000[4] 대) 투자부동산 100,000
(당기손실)

4) 평가손실(당기손실)＝₩1,200,000－1,100,000＝₩100,000

(3) 20×2년 당기손익 및 기타포괄손익

20×2년 당기순이익＝₩250,000－100,000＝₩150,000

20×2년 기타포괄이익＝₩50,000

– 감가상각 및 처분 –

45 20×1년 7월 1일 (주)운송은 항공기 A를 해외로부터 취득 후 즉시 영업활동에 사용하였다. (주)운송이 항공기 A에 대해 원가모형을 적용하면, 항공기 A의 20×2년 말 장부금액은 얼마인가? (단, 손상은 발생하지 않았으며, 감가상각은 월할계산한다.)

【'13. 관세사】

(1) 내용연수 3년
(2) 매입대금 ₩150,000
(3) 잔존가치 ₩0
(4) 관세 ₩10,000
(5) 당기 재산세 ₩10,000
(6) 취득 직후 해당 항공기의 성능개선을 위한 지출 ₩50,000
(7) 감가상각방법: 연수합계법

해답 45. ①

① ₩70,000　　② ₩87,500
③ ₩122,500　　④ ₩140,000
⑤ ₩157,500

풀이 1차년도 감가상각비 = (₩210,000 * − 0) × $\frac{3}{6}$ × $\frac{6}{12}$ = ₩52,500

2차년도 감가상각비 = (210,000 − 0) × $\frac{3}{6}$ × $\frac{6}{12}$ + (210,000 − 0) × $\frac{2}{6}$ × $\frac{6}{12}$ = 87,500

감가상각누계액 ₩140,000

* 취득원가 = 매입대금 + 관세 + 성능개선지출 = ₩150,000 + 10,000 + 50,000 = ₩210,000
재산세는 기간비용으로 처리한다.

∴ 장부금액 = ₩210,000 − 140,000 = ₩70,000

46 (주)부산은 20×1년 4월 1일 기계장치를 취득하였는데 취득원가는 ₩6,000,000이다. 기계의 내용연수는 8년, 잔존가액은 ₩400,000으로 추정된다. 위 기계장치의 총생산가능량은 500,000단위로 추정되는데 20×1년도 46,000단위, 20×2년도에 62,000단위를 생산하였다. (주)부산은 감가상각비를 월별로 계상하고 있다. (주)부산이 생산량비례법 또는 연수합계법에 의해 20×2년도의 감가상각비를 계상한다면 각각 감가상각비로 인식할 금액은 얼마인가? (단, (주)부산의 결산일은 12월 31일이다.)

【'99, '01, '09. 감평사】

	생산량비례법	연수합계법
①	₩515,200	₩ 933,333
②	₩694,400	₩1,127,778
③	₩694,400	₩1,244,444
④	₩682,200	₩1,127,778
⑤	₩692,200	₩1,244,444

풀이 (1) 생산량비례법

20×1년: (₩6,000,000 − 400,000) × $\frac{46,000}{500,000}$ = ₩515,200

20×2년: (₩6,000,000 − 400,000) × $\frac{62,000}{500,000}$ = ₩694,400

(2) 연수합계법

20×1년: (₩,000,000 − 400,000) × $\frac{8}{36}$ × $\frac{9}{12}$ = ₩933,333

20×2년: (₩6,000,000 − 400,000) × $\frac{8}{36}$ × $\frac{3}{12}$

+ (6,000,000 − 400,000) × $\frac{7}{36}$ × $\frac{9}{12}$ = ₩1,127,778

해답 46. ②

47 내용연수 8년, 잔존가치 "0"(단, 정률법의 경우 5%)인 유형자산을 감가상각할 경우 정액법에 의한 상각액이 정률법에 의한 상각액보다 더 커지는 연도는 언제인가?
(단, 정률법에 의한 상각률은 $1-\sqrt[8]{\frac{0.05}{1}} \fallingdotseq 0.312$ 이다.) 【2000. 감평사】

① 3차년도말 ② 4차년도말
③ 5차년도말 ④ 6차년도말
⑤ 7차년도말

풀이

매년감가비계산

방법 / 기간	정률법	정액법
1차	0.312	0.125
2차	(1−0.312)×0.312=0.2147	0.125
3차	(1−0.5267)×0.312=0.1477	0.125
4차	(1−0.6744)×0.312=0.1016	0.125

따라서 4차년도부터 정액법에 의한 감가상각비가 더 커진다. 즉 0.125 > 0.1016

48 강원(주)는 100,000톤의 석탄이 매장되어 있는 탄광을 3,000,000원에 구입하였으며 폐광후 잔존가치는 300,000원으로 추정되고 있다. 강원(주)는 석탄채굴을 위해 900,000원의 개발비용을 투입하였으며, 1997년 동안 50,000톤을 채굴하고, 이 중 30,000톤을 판매하였다. 1997년 강원(주)의 매출원가에 포함될 천연자원의 감모상각액은 얼마인가? 【'97. 감평사】

① ₩1,950,000 ② ₩1,500,000 ③ ₩1,170,000
④ ₩1,080,000 ⑤ ₩795,000

풀이 (1) 총감모상각액 = (₩3,000,000 − 300,000 + 900,000) × $\frac{50,000}{100,000}$ = ₩1,800,000

(2) 매출원가에 포함되는 감모상각액 = ₩1,800,000 × $\frac{30,000}{50,000}$ = ₩1,080,000

49 (주)대한은 20×1년 9월 1일 내용연수 5년의 기계장치를 취득하였다. 이 기계장치는 정률법을 사용하여 감가상각하며, 감가상각률은 36%이다. 20×2년도에 인식한 감가상각비는 ₩253,440이다. 20×3년도에 인식할 기계장치의 감가상각비는 얼마인가? 단, 계산 방식에 따라 단수차이로 인해 오차가 있는 경우, 가장 근사치를 선택한다. 【'10, '14. CPA】

해답 47. ② 48. ④ 49. ⑤

① ₩85,899　② ₩91,238　③ ₩102,005
④ ₩103,809　⑤ ₩162,202

풀이 취득원가를 a라 하면

1차 연도: $a \times 0.36 \times \frac{4}{12} = 0.12a$

2차 연도: $(a - 0.12a) \times 0.36 = 253,440$　$\therefore$ a(취득원가) = ₩800,000

3차 말 감가상각비 = [₩800,000 − (96,000 + 253,440)] × 0.36 = ₩162,202

50 (주)국세는 20×2년 1월 1일 기계장치를 ₩450,000에 구입하였으며, 설치 및 시험가동 등으로 ₩500,000을 지출하였다. 이로 인해 기계장치는 20×2년 4월 1일부터 사용가능하게 되었다. 동 기계장치의 내용연수는 5년, 잔존가치는 ₩500,000으로 추정되며, 이중체감법(상각률은 정액법의 2배)으로 감가상각을 한다. (주)국세는 매년 말 잔존가치를 재검토하고 있는데, 20×4년 말 현재 동 기계장치를 거래하는 시장이 활성화됨으로써 잔존가치가 ₩2,500,000으로 증가할 것으로 추정하였다. (주)국세가 20×4년도에 인식하여야 할 감가상각비는 얼마인가? (단, (주)국세는 동 기계장치에 대하여 원가모형을 적용하고, 감가상각은 월할계산하며, 손상차손 및 손상차손환입은 고려하지 않는다.) 【'12. 세무사】

① ₩0　② ₩420,000　③ ₩580,000
④ ₩840,000　⑤ ₩1,160,000

풀이 20×2년 감가상각비 = ₩5,000,000 × 0.4 × $\frac{9}{12}$ = ₩1,500,000

20×3년 감가상각비 = (₩5,000,000 − 1,500,000) × 0.4 = ₩1,400,000

$\therefore$ 20×3년 말 장부금액 = ₩5,000,000 − (1,500,000 + 1,400,000) = ₩2,100,000

이 경우에, 유형자산의 잔존가치 ₩2,500,000이 장부금액 ₩2,100,000보다 더 크므로 감가상각은 영(0)이 된다.

기업회계기준서에서는 다음과 같이 규정하고 있다.

"유형자산의 잔존가치가 해당 자산의 장부금액과 같거나 큰 금액으로 증가할 수도 있다. 이 경우에는 자산의 잔존가치가 장부금액보다 작은 금액으로 감소될 때까지는 유형자산의 감가상각은 영(0)이 된다."

51 (주)한국은 구 기계장치를 처분하고 새 기계장치를 20×6년 1월 1일에 ₩300,000을 지급하고 구입하였다. 새 기계장치에 대하여 운임 및 설치비가 ₩100,000 발생하였으며, 사용가능한 상태로 만들기 위한 시운전비용이 ₩30,000 발생하였다. 새 기계장치의 내용연수는 8년이며, 잔존가치는 ₩30,000이다. 새 기계장치는 정액법에 의해

해답 50. ① 51. ③

감가상각한다. 20×8년 1월 1일에 새기계장치에 취득원가 ₩60,000인 부속장치를 부착하였으며, 이 부속장치는 새 기계장치의 생산능력을 증대시켰다. 부속장치의 부착이 기계장치의 감가상각방법, 내용연수 및 잔존가치에 미치는 영향은 없다. 20×8년 4월 1일에 새 기계장치의 유지 · 보수를 위해 ₩30,000을 지출하였다. 20×8년 12월 31일 현재 이 기계장치의 장부금액은 얼마인가? (단, 감가상각은 월할 계산한다.)

【'12. 관세사, '07, '09. 감평사】

① ₩282,500　② ₩320,000　③ ₩330,000
④ ₩340,000　⑤ ₩350,000

풀이 (1) 기계장치의 취득원가＝₩300,000＋100,000＋30,000＝ ₩430,000

(2) 감가상각누계액 (20×6년 1/1∼20×7년 12/31)＝(430,000－30,000)×$\frac{1}{8}$×2년＝100,000

(3) 자본적지출전 장부금액 330,000

(4) 자본적지출액 60,000

자본적지출후 장부금액 ₩390,000

따라서 20×8년 감가상각비＝(₩390,000－30,000)×$\frac{1}{(8-2)}$＝₩60,000

∴ 20×8년 장부금액＝(₩430,000＋60,000)－(100,000＋60,000)＝₩330,000

참고로, 유지 · 보수를 위한 지출 ₩30,000은 수익적 지출에 해당된다.

52 (주)한국은 20×1년 1월 1일 내용연수 5년의 업무용 차량 A를 ₩1,000,000에 취득하여 잔존가치 없이 정액법으로 감가상각을 하였다. 20×4년 1월 1일 차량 A의 핵심부품을 교환하기 위해 추가로 지출하였다. 이로 인해 차량 A의 내용연수가 20×8년 12월 31일까지 연장되었으며, 감가상각방법은 연수합계법으로 변경되었다. 차량 A의 20×4년도 감가상각비가 ₩250,000이라면, 차량 A의 핵심부품을 교환하기 위해 지출한 금액은 얼마인가? (단, 차량 A에 대하여 원가모형을 적용하고 있으며, 손상은 발생하지 않았다.)

【'12. 관세사】

① ₩200,000　② ₩250,000　③ ₩300,000
④ ₩350,000　⑤ ₩400,000

풀이 취득원가 ₩1,000,000

감가상각누계액: (₩1,000,000−0)×$\frac{1}{5}$×3년＝600,000

20×4년 1/1장부금액 400,000

∴ 20×4년 말 감가상각비＝(₩400,000+x)×$\frac{5}{15}$＝₩250,000

∴ x(자본적지출)＝₩350,000

해답 52. ④

53 (주)봉봉은 1987년 1월 1일에 생산용 기계 1대를 ₩4,500에 구입하였다. 이 기계의 내용연수는 7년, 잔존가액은 ₩300으로 추정되었으며 정액법에 의하여 감가상각하고 있었다. 그런데 이 기계의 기능이 진부화하여 1992년 12월 31일 이후에는 경제적가치를 전혀 갖지 못하게 된다는 사실이 1991년 초에 밝혀졌다. 또한 1992년 12월 31일에 있어서의 예상처분가치는 ₩100으로 추정되었다. 1991년도에 계상할 이 기계에 대한 감가상각비는 얼마인가? 【'92. CPA】

① ₩600 ② ₩1,050 ③ ₩1,000
④ ₩2,100 ⑤ ₩2,400

풀이 회계추정의 변경이므로 전진법으로 회계처리한다.

취득원가	₩4,500
(1987.1/1~1990.12/31)의 감가상각비	2,400 [1)]
회계변경전 장부금액	₩2,100

∴ 1991년말 감가상각비 $= (₩2,100 - 100) \times \frac{1}{6-4} = ₩1,000$

1) $(₩4,500 - 300) \times \frac{1}{7} \times 4 = ₩2,400$

54 (주)한국은 2002년 1월 1일에 내용연수 6년 잔존가치 ₩30,000으로 추정되는 기계를 ₩330,000에 구입하였다. (주)한국은 2007년 1월 1일에 이 기계를 점검한 결과, 상태가 양호하여서 2010년 12월 31일까지는 경제적으로 사용가능하며 새로운 추정잔존가치는 ₩20,000이 될 것이라고 판단하였다. (주)한국이 이 기계를 정액법으로 상각하고 있다면, 2007년 12월 31일로 마감하는 포괄손익계산서에 보고할 감가상각비는 얼마인가? 【'05, '06, '08. 감평사】

① ₩2,500 ② ₩5,000 ③ ₩7,500
④ ₩15,000 ⑤ ₩20,000

풀이

취득원가	₩330,000
감가상각누계; $(₩330,000 - 30,000) \times \frac{5}{6} =$	250,000
회계변경전 장부금액	₩80,000

∴ '07년말 감가상각비 $= (₩80,000 - 20,000) \times \frac{1}{4} = ₩15,000$

55 (주)한국은 20×6년 1월 1일에 취득원가 ₩1,000,000의 기계장치를 구입하였다. (주)한국은 이 기계장치를 20×9년 1월 1일에 ₩200,000에 처분하였다. 기계장치의 내용

해답 53. ③ 54. ④ 55. ④

연수는 5년이다. 체감잔액법(상각률은 정액법 상각률의 2배)으로 감가상각 할 경우에 이 기계장치의 처분손익은 얼마인가? 【'09. 감평사】

① ₩20,000 처분손실 ② ₩18,000 처분손실
③ ₩22,000 처분손실 ④ ₩16,000 처분손실
⑤ ₩10,000 처분이익

풀이 1차 = ₩1,000,000 × 0.4 = ₩400,000
2차 = (1,000,000 − 400,000) × 0.4 = 240,000
3차 = (1,000,000 − (400,000 + 240,000)) × 0.4 = 144,000
감가상각누계액 ₩784,000
∴ 처분손실 = 처분액 − 장부금액 = ₩200,000 − (1,000,000 − 784,000) = ₩16,000

56 20×4년 초에 갑회사는 보유토지(장부가액 ₩1,000,000)을 을회사에게 ₩2,000,000에 매각하였다. 매각대금 중 ₩500,000은 20×4년 초에 수령하였으며 나머지 ₩1,500,000은 20×4년부터 매년 12월 31일에 ₩500,000씩 3회 분할 수령하기로 하였다. 20×4년 초 현재 유효이자율은 10%이며, 매각대금의 명목가액과 현재가치와의 차이는 중요하다. ₩1의 이자율 10%에 대한 현가계수와 연금현가계수는 다음과 같다.【'07. 감평사】

기간	현가계수	연금현가계수
1	0.91	0.91
2	0.83	1.74
3	0.75	2.49
4	0.68	3.17

갑회사가 토지 처분시 인식해야 할 유형자산처분이익과 갑회사의 20 × 4년말 토지매각대금 미수금의 장부가액은 각각 얼마인가?

	유형자산처분이익	토지매각대금 미수금 장부가액
①	₩415,000	₩1,570,500
②	₩500,000	₩1,070,500
③	₩640.000	₩1,369,500
④	₩255,000	₩ 875,500
⑤	₩745,000	₩ 869,500

풀이 처분액 ; ₩500,000 + 500,000 × 2.49 = ₩1,745,000
장부가액 ; 1,000,000

해답 56. ⑤

처분이익 ₩745,000

상각표

일자	지급액	유효이자(%)	원금상환	기말장부가액
1차 초				1,245,000
1차 말	500,000	124,500	375,500	869,500
⋮	⋮	⋮	⋮	⋮

– 손상차손 –

57 (주)감평은 20×1년 1월 1일에 기계장치를 ₩1,000,000에 취득했다.(잔존가치 ₩0, 내용연수 5년, 정액법 감가상각, 원가모형 적용) 20×3년 12월 31일에 동 기계장치의 순공정가치는 ₩300,000으로 하락하였으며, 사용가치는 ₩250,000으로 추정되어 손상차손을 인식하였다. 20×4년 12월 31일에 동 기계장치의 회수가능액이 ₩230,000으로 회복되고 손상차손환입 요건을 충족하는 경우, (주)감평이 20×4년 말에 계상할 손상차손환입액은 얼마인가? 【'15. 감평사】

① ₩30,000 ② ₩50,000 ③ ₩75,000
④ ₩80,000 ⑤ ₩105,000

풀이 연도별로 회계처리하면 다음과 같다.

(1) 20×3년도 손상차손 인식

장부금액 $= ₩1,000,000-(1,000,000-0)\times\frac{1}{5}\times 3년 = ₩400,000$

회수가능액 300,000

손상차손 ₩100,000

(2) 20×4년도 손상차손환입

장부금액 $= ₩300,000-(300,000-0)\times\frac{1}{2} = ₩150,000$

회수가능액 200,000 *

손상차손환입 ₩50,000

* 한도 $= ₩1,000,000-(1,000,000-0)\times\frac{1}{5}\times 4년 = ₩200,000$

58 (주)서울은 20×1년 1월 1일에 ₩10,000에 기계장비를 취득하였다. 이 기계장비의 내용연수는 10년이며, 잔존가치는 없으며, 정액법을 이용하여 감가상각하였다. 20×1년 말과 20×2년 말에 ㈜서울은 이 기계장치에 대한 손상 징후가 있다고 판단하여 손상검사를 실시하였는데, 이에 대한 정보는 아래와 같다.

해답 57. ② 58. ④

	20×1. 12. 31	20×2. 12. 31
순공정가치	₩7,200	₩7,750
사용가치	8,100	7,600

이 기간중 내용연수, 잔존가치 및 감가상각방법에 변화가 없었다면, 20×2년 포괄손익계산서에 인식할 내용은? 【'07, '10, '12, '14. 감평사】

① 손상차손 ₩350 ② 손상차손 ₩400
③ 손상차손 ₩500 ④ 손상차손환입 ₩550
⑤ 손상차손환입 ₩1,200

풀이

취득원가	₩10,000
20×1년 감가상각비: (₩10,000－0)÷10=	1,000
20×1년 말 장부금액	9,000
20×1년 말 회수가능액	8,100
손상차손	₩900

20×2년 말 장부금액: ₩8,100－(8,100÷9)=	₩7,200
20×2년 말 회수가능액	7,750*
손상차손환입	₩550

* 한도액=₩10,000－(10,000－0)÷10×2년=₩8,000
따라서 한도내이므로 ₩550 전액을 환입한다.

59 (주)관세는 보유 중인 유형자산에 대해 원가모형을 적용하고 있다. 20×1년 초 ₩100,000에 취득한 건물에 대해서 정액법(내용연수 10년, 잔존가치 ₩0)으로 감가상각하고 있다. 이 건물의 사용가치, 공정가치, 처분부대원가에 관한 자료가 다음과 같을 때, 건물에 대한 20×2년 감가상각비와 20×2년 말 장부금액은 각각 얼마인가? 【'15. 관세사】

구분	사용가치	공정가치	처분부대원가
20×1년 말	₩81,000	₩85,000	₩10,000
20×2년 말	₩64,000	₩75,000	₩3,000

	감가상각비	장부금액
①	₩10,000	₩72,000
②	₩10,000	₩80,000
③	₩9,000	₩64,000

해답 59. ④

④ ₩9,000 ₩72,000

⑤ ₩9,000 ₩81,000

풀이 (1) 20×1년

(차) 감가상각비	10,000	(대) 감가상각누계액	10,000
(₩100,000－0)÷10＝₩10,000			
(차) 유형자산손상차손	9,000	(대) 손상차손누계액	9,000
장부금액(₩100,000－10,000)＝₩90,000			
회수가능액	81,000		
손상차손	₩9,000		

(2) 20×2년

(차) 감가상각비	9,000	(대) 감가상각누계액	9,000

20×2년도 감가상각비＝(₩81,000－0)÷9＝₩9,000

∴ 20×2년도 장부금액(₩81,000－9,000＝₩72,000)과 회수가능액이 같으므로 장부금액은 ₩72,000이다.

– 기 타 –

60 CY회사의 1999년 당기순이익은 ₩20,000,000이었다. 5년 전에 ₩1,000,000에 구입한 차량(감가상각누계액 ₩600,000)을 1999년 중 ₩300,000에 처분하였다. 이 차량의 처분으로 인한 CY회사의 실질현금유입액은? 단, 1999년의 법인세율은 30%로 가정한다. 【'02. 감평사, '95. 세무사】

① ₩300,000 ② ₩400,000

③ ₩330,000 ④ ₩370,000

⑤ ₩600,000

풀이

(1) 차량처분으로 인한 현금유입액	₩300,000
(2) 유형자산처분손실의 계상으로 인한 법인세비용 절감액	30,000 [1)]
(3) 차량처분으로 인한 실질현금유입액	₩330,000

1) 처분액	₩300,000
장부가액(₩1,000,000－600,000)	400,000
처분손실	₩100,000

∴ 법인세비용 절감액＝₩100,000×0.3＝₩30,000

61 다음은 (주)강릉의 기계장치와 관련된 자료이다.

해답 60. ③ 61. ③

	20×2. 12. 31	20×1. 12. 31
기계장치	₩672,000	₩525,000
기계장치감가상각누계	252,000	214,200

20×2년도에 (주)강릉은 취득원가 ₩84,000인 기계장치를 ₩54,600에 처분하였으며 손익계산서에 ₩8,400의 처분손실을 보고하였다. 이외의 처분거래는 없었으며 추가로 기계장치를 구입하였다. (주)강릉이 20×2. 12. 31로 종료되는 회계연도의 감가상각비로 계상된 금액(A)과 20×2년도에 추가로 구입한 기계장치의 취득원가(B)는 각각 얼마인가? 【'02. 감평사】

	(A) 감가상각비	(B) 기계장치구입액
①	₩50,400	₩201,600
②	₩58,800	₩201,600
③	₩58,800	₩231,000
④	₩67,200	₩201,600
⑤	₩67,200	₩231,000

풀이 (1) 20×2년에 구입한 기계장치의 취득원가

₩525,000 − 84,000 + x = ₩672,000

∴ 취득원가(x) = ₩231,000

(2) 20×2년도의 감가상각비

장부금액 유형자산

기초장부	310,800 [1]	처분장부	63,000 [3]
당기취득원가	231,000	감가상각비	58,800
		기말장부	420,000 [2]
	541,800		541,800

1) (₩525,000 − 214,200) = ₩310,800

2) (₩672,000 − 252,000) = ₩420,000

3) (₩54,600 + 8,400) = ₩63,000

62 다음 자료를 이용하여 (주)OK가 당기에 매각한 건물의 취득원가를 계산하면 얼마인가? 【'05. CPA】

해답 62. ②

항목	금액
당기 건물취득액	₩216,000
당기 건물감가상각비	112,000
건물의 기초장부가액	132,000
건물의 기말장부가액	228,000
당기에 매각한 건물의 감가상각누계액	40,000

① ₩8,000 ② ₩48,000 ③ ₩96,000
④ ₩120,000 ⑤ ₩160,000

풀이

건물(장부가액)

기 초	132,000	처분장부금액	$(x-40,000)$
취득원가	216,000	감가상각비	112,000
		기 말	228,000
	348,000		348,000

$\therefore$ $(x-40,000)$ = ₩8,000
따라서, 매각한 건물의 취득원가(x) = ₩48,000

63 다음은 (주)국건의 재무상태표상 유형자산의 취득원가와 감가상각누계액 잔액이다.

	취득원가	감가상각누계액
20×1년	3,530,000	1,704,000
20×2년	3,940,000	1,830,000

20×2년 중 신규로 취득한 유형자산의 취득원가는 ₩1,870,000이었고, (주)국건은 모든 유형자산에 대한 감가상각비로 ₩716,000을 인식하였다. 20×2년 중 회사는 유형자산중 일부를 처분하여 처분이익 ₩60,000이 발생하였다. 유형자산의 처분금액은 얼마인가? (단, 이상에서 언급한 거래 이외의 다른 변동사항은 없다.) 【'08. 감평사】

① ₩590,000 ② ₩650,000
③ ₩870,000 ④ ₩930,000
⑤ ₩1,460,000

해답 63. ④

풀이

유형자산

기초장부금액	1,826,000 [1]	처분자산 장부금액	870,000
취득원가	1,870,000	감가상각비	716,000
		기말 장부금액	2,110,000 [2]
	3,696,000		3,696,000

따라서, 처분액 − 장부금액 = 처분이익

처분액 − ₩870,000 = ₩60,000

∴ 처분액 = ₩930,000

1) ₩3,530,000 − 1,704,000 = ₩1,826,000

2) ₩3,940,000 − 1,830,000 = ₩2,110,000

CHAPTER

06 무형자산 및 투자부동산

제1절 무형자산

1. 무형자산의 정의

무형자산은 물리적 실체는 없지만 식별가능하고, 기업이 통제하고 있으며, 미래경제적효익이 있는 비화폐성자산을 말한다.

(1) 식별가능성

① 영업권과의 구별

무형자산의 정의에서는 영업권과 구별하기 위하여 무형자산이 식별가능할 것을 요구한다. 사업결합으로 인식하는 영업권은 사업결합에서 획득하였지만 개별적으로 식별하여 별도로 인식하는 것이 불가능한 그 밖의 자산에서 발생하는 미래경제적효익을 나타내는 자산이다. 그 미래경제적효익은 취득한 식별가능한 자산 사이의 시너지효과나 개별적으로 재무제표 상 인식기준을 충족하지는 않는 자산으로부터 발생할 수 있다.

② 식별가능성에 해당하는 경우

자산은 다음 중 하나에 해당하는 경우에 식별가능하다.

㉠ 자산이 분리가능하다. 즉, 기업의 의도와는 무관하게 기업에서 분리하거나 분할할 수 있고, 개별적으로 또는 관련된 계약, 식별가능한 자산이나 부채와 함께 매각, 이전, 라이선스, 임대, 교환할 수 있다.

㉡ 자산이 계약상 권리 또는 기타 법적 권리로부터 발생한다. 이 경우 그러한 권리가 이전가능한지 여부 또는 기업이나 기타 권리와 의무에서 분리가능한지 여부는 고려하지 아니한다.

(2) 자원에 대한 통제

① 제3자의 접근 제한

기초가 되는 자원에서 유입되는 미래경제적효익을 확보할 수 있고 그 효익에 대한 제3자의 접근을 제한할 수 있다면 기업이 자산을 통제하고 있는 것이다. 무형자산의 미래경제적효익에 대한 통제능력은 일반적으로 법원에서 강제할 수 있는 법적 권리에서 나오며, 법적 권리가 없는 경우에는 통제를 제시하기 어렵다. 그러나 다른 방법으로도 미래경제적효익을 통제할 수 있기 때문에 권리의 법적 집행가능성이 통제의 필요조건은 아니다.

② 시장에 대한 지식과 기술적 지식이 법적 권리에 의하여 보호되는 경우

시장에 대한 지식과 기술적 지식에서도 미래경제적효익이 발생할 수 있다. 이러한 지식이 저작권, 계약상의 제약이나 법에 의한 종업원의 기밀유지의무 등과 같은 법적 권리에 의하여 보호된다면, 기업은 그러한 지식에서 얻을 수 있는 미래경제적효익을 통제하고 있는 것이다.

③ 숙련된 종업원이나 교육훈련으로부터 발생하는 미래경제적효익

기업은 숙련된 종업원으로 구성된 팀을 보유할 수 있고, 교육훈련을 통하여 습득된 미래경제적효익을 가져다 줄 수 있는 종업원의 기술 향상을 식별할 수 있다. 기업은 또한 그러한 숙련된 기술을 계속하여 이용할 수 있을 것으로 기대할 수 있다. 그러나 기업은 숙련된 종업원이나 교육훈련으로부터 발생하는 미래경제적효익에 대해서는 일반적으로 무형자산의 정의를 충족하기에는 충분한 통제를 가지고 있지 않다. 이와 유사한 이유로 특정 경영능력이나 기술적 재능도 그것을 사용하여 미래경제적효익을 확보하는 것이 법적 권리에 의하여 보호되지 않거나 무형자산 정의의 기타 요건을 충족하지 않는다면 일반적으로 무형자산의 정의를 충족할 수 없다.

④ 고객의 충성도

㉠ 고객관계나 고객충성도를 통제할 법적 권리나 기타 방법이 없는 경우

기업은 고객구성이나 시장점유율에 근거하여 고객관계와 고객충성도를 잘 유지함으로써 고객이 계속하여 거래할 것이라고 기대할 수 있다. 그러나 그러한 고객관계나 고객충성도를 지속할 수 있는 법적 권리나 그것을 통제할 기타 방법이 없다면 일반적으로 고객관계나 고객충성도에서 창출될 미래경제적효익에 대해서는 그러한 항목(예: 고객구성, 시장점유율, 고객관계와 고객충성도)이 무형자산의 정의를 충족하기에 기업이 충분한 통제를 가지고 있지 않다.

㉡ 비계약적 고객관계를 교환하는 거래

그러나 고객관계를 보호할 법적 권리가 없는 경우에도, 동일하거나 유사한, 비계약적 고객관계를 교환하는 거래(사업결합 과정에서 발생한 것이 아닌)는 고객관계로부터 기

대되는 미래경제적효익을 통제할 수 있다는 증거를 제공한다. 그러한 교환거래는 고객관계가 분리가능하다는 증거를 제공하므로 그러한 고객관계는 무형자산의 정의를 충족한다.

(3) 미래경제적효익

무형자산의 미래경제적효익은 제품의 매출, 용역수익, 원가절감 또는 자산의 사용에 따른 기타 효익의 형태로 발생할 수 있다. 예를 들면, 제조과정에서 지적재산을 사용하면 미래 수익을 증가시키기보다는 미래 제조원가를 감소시킬 수 있다.

(4) 무형자산의 종류

① 종류

기업은 경제적 자원을 사용하거나 부채를 부담하여 과학적 · 기술적 지식, 새로운 공정이나 시스템의 설계와 실행, 라이선스, 지적재산권, 시장에 대한 지식과 상표(브랜드명 및 출판표제 포함) 등의 무형자원을 취득, 개발, 유지하거나 개선한다. 이러한 예는 다음과 같다.

㉠ 산업재산권(특허권, 실용신안권, 디자인권, 상표권)
㉡ 개발비
㉢ 컴퓨터소프트웨어
㉣ 저작권
㉤ 영화필름
㉥ 고객목록
㉦ 모기지관리용역권
㉧ 어업권
㉨ 수입할당량
㉩ 프랜차이즈
㉪ 고객이나 공급자와의 관계
㉫ 고객충성도
㉬ 시장점유율과 판매권 등이 있다.

② 무형자산의 정의를 충족하지 않은 경우

위에서 예시된 모든 항목이 무형자산의 정의 즉, 식별가능성, 자원에 대한 통제와 미래경제적효익의 존재를 충족하는 것은 아니다. 이 기준서의 적용범위에 해당하는 항목이 무형자산의 정의를 충족하지 않는다면 그것을 취득하거나 내부적으로 창출하기 위하여 발생한 지출은 발생시점에 비용으로 인식한다. 그러나 이러한 항목을 사업결합으로 취득하는 경우에는 취득일에 인식하는 영업권의 일부를 구성한다.

2. 인식과 측정

(1) 인식

어떤 항목을 무형자산으로 인식하기 위해서는 그 항목이 다음의 조건(㉠과 ㉡)을 모두 충족한다는 사실을 기업이 제시하여야 한다.

① 무형자산의 정의에 해당되어야 한다.

② 다음의 인식기준(㉠와 ㉡)을 충족해야 한다.

㉠ 자산에서 발생하는 미래경제적효익이 기업에 유입될 가능성이 높다.

㉡ 자산의 원가를 신뢰성 있게 측정할 수 있다.

위의 조건은 무형자산을 취득하거나 내부적으로 창출하기 위하여 최초로 발생한 원가와, 취득이나 완성 후에 증가 · 대체 · 수선을 위하여 발생한 원가에 적용한다.

(2) 무형자산의 최초의 인식

무형자산을 최초로 인식할 때는 원가로 측정한다.

3. 유형별 무형자산의 취득원가

(1) 개별취득

① 개별취득의 경우의 인식기준의 충족

㉠ 미래경제적효익의 유입가능성

일반적으로 무형자산을 개별 취득하기 위하여 지급하는 가격은 그 자산이 갖는 기대미래경제적효익이 기업에 유입될 확률에 대한 기대를 반영할 것이다. 즉, 기업은 유입의 시기와 금액이 불확실하더라도 미래경제적효익의 유입이 있을 것으로 기대한다. 따라서 개별 취득하는 무형자산은 발생가능성 인식기준을 항상 충족하는 것으로 본다.

㉡ 측정의 신뢰성

개별 취득하는 무형자산의 원가는 일반적으로 신뢰성 있게 측정할 수 있다. 특히 현금이나 기타 화폐성자산으로 구입대가를 지급하는 경우에는 좀 더 신뢰성 있게 원가를 측정할 수 있다.

② 개별 취득하는 무형자산의 원가는 다음 항목으로 구성된다.

㉠ 구입가격(매입할인과 리베이트를 차감하고 수입관세와 환급받을 수 없는 제세금을 포함한다)

㉡ 자산을 의도한 목적에 사용할 수 있도록 준비하는 데 직접 관련되는 원가

직접 관련되는 원가의 예는 다음과 같다.

ⓐ 그 자산을 사용 가능한 상태로 만드는 데 직접적으로 발생하는 종업원급여

ⓑ 그 자산을 사용 가능한 상태로 만드는 데 직접적으로 발생하는 전문가 수수료

ⓒ 그 자산이 적절하게 기능을 발휘하는지 검사하는 데 발생하는 원가

③ 무형자산 원가에 포함하지 않는 지출의 예는 다음과 같다.

㉠ 새로운 제품이나 용역의 홍보원가(광고와 판매촉진활동 원가를 포함한다)

㉡ 새로운 지역에서 또는 새로운 계층의 고객을 대상으로 사업을 수행하는 데서 발생하는 원가(교육훈련비를 포함한다)

㉢ 관리원가와 기타 일반경비원가

④ 무형자산 원가의 인식을 중지하는 경우

무형자산 원가의 인식은 그 자산을 경영자가 의도하는 방식으로 운용될 수 있는 상태에 이르면 중지한다. 따라서 무형자산을 사용하거나 재배치하는 데 발생하는 원가는 자산의 장부금액에 포함하지 않는다. 예를 들면, 다음의 원가는 무형자산의 장부금액에 포함하지 아니한다.

㉠ 경영자가 의도하는 방식으로 운용될 수 있으나 아직 사용하지 않고 있는 기간에 발생한 원가

㉡ 자산의 산출물에 대한 수요가 확립되기 전까지 발생하는 손실과 같은 초기 영업손실

⑤ 부수적인 영업활동

유형자산에서 설명한다.

⑥ 이연지급계약인 경우

유형자산에서 설명한다.

(2) 사업결합으로 인한 취득

① 공정가치 측정

사업결합으로 취득하는 무형자산의 취득원가는 취득일 공정가치로 한다. 무형자산의 공정가치는 취득일에 그 자산이 갖는 미래경제적효익이 기업에 유입될 확률에 대한 시장참여자의 기대를 반영할 것이다. 즉, 기업은 유입의 시기와 금액이 불확실하더라도 미래경제적효익의 유입이 있을 것으로 기대한다. 따라서 사업결합으로 취득하는 무형자산은 발생가능성 인식기준을 항상 충족하는 것으로 본다.

② 무형자산과 분리하여 영업권 인식

사업결합 전에 그 자산을 피취득자가 인식하였는지 여부에 관계없이, 취득자는 취득

일에 피취득자의 무형자산을 영업권과 분리하여 인식한다. 이것은 피취득자가 진행하고 있는 연구 · 개발 프로젝트가 무형자산의 정의를 충족한다면 취득자가 영업권과 분리하여 별도의 자산으로 인식하는 것을 의미한다. 피취득자가 진행하고 있는 연구 · 개발 프로젝트는 다음의 조건을 모두 충족할 경우 무형자산의 정의를 충족한다.

㉠ 자산의 정의를 충족한다.

㉡ 식별가능하다. 즉, 분리가능하거나 계약상 또는 기타 법적 권리에서 발생한다.

(3) 정부보조에 의한 취득

유형자산에서 설명한다.

(4) 자산의 교환

유형자산에서 설명한다.

4. 내부적으로 창출한 무형자산

(1) 일반적인 인식기준

① 내부적으로 창출한 무형자산이 인식기준을 충족하는지를 평가하는 것은 다음과 같은 이유 때문에 용이하지 않다.

㉠ 기대 미래경제적효익을 창출할 식별가능한 자산이 있는지와 시점을 파악하기 어렵다.

㉡ 자산의 원가를 신뢰성 있게 결정하는 것이 어렵다. 어떤 경우에는 무형자산을 내부적으로 창출하기 위한 원가를 내부적으로 창출한 영업권을 유지 또는 향상시키는 원가나 일상적인 경영관리활동에서 발생하는 원가와 구별할 수 없다.

② 내부적으로 창출한 브랜드, 제호, 출판표제, 고객 목록과 이와 실질이 유사한 항목은 사업을 전체적으로 개발하는 데 발생한 원가와 구별할 수 없으므로 무형자산으로 인식하지 아니한다.

③ 내부적으로 창출한 무형자산에 대해 무형자산으로 인식하기 위해서는 무형자산의 인식과 최초 측정에 대한 일반적 규정과 함께 추가로 규정과 지침을 적용한다.

㉠ 내부적으로 창출한 무형자산이 인식기준을 충족하는지를 평가하기 위하여 무형자산의 창출과정을 연구단계와 개발단계로 구분한다.

㉡ 무형자산을 창출하기 위한 내부 프로젝트를 연구단계와 개발단계로 구분할 수 없는 경우에는 그 프로젝트에서 발생한 지출은 모두 연구단계에서 발생한 것으로 본다.

(2) 연구단계

① 발생시점에 비용으로 인식

연구 또는 내부 프로젝트의 연구단계에서는 미래경제적효익을 창출할 무형자산이 존재한다는 것을 제시할 수 없기 때문에, 연구 또는 내부 프로젝트의 연구단계에서 발생한 지출은 발생시점에 비용으로 인식한다.

② 연구활동의 예

연구활동의 예는 다음과 같다.

㉠ 새로운 지식을 얻고자 하는 활동

㉡ 연구결과나 기타 지식을 탐색, 평가, 최종 선택, 응용하는 활동

㉢ 재료, 장치, 제품, 공정, 시스템이나 용역에 대한 여러 가지 대체안을 탐색하는 활동

㉣ 새롭거나 개선된 재료, 장치, 제품, 공정, 시스템이나 용역에 대한 여러 가지 대체안을 제안, 설계, 평가, 최종 선택하는 활동

(3) 개발단계

① 추가 규정과 지침에 의하여 무형자산으로 인식

개발단계는 연구단계보다 훨씬 더 진전되어 있는 상태이기 때문에 어떤 경우에는 내부프로젝트의 개발단계에서는 무형자산을 식별할 수 있으며, 그 무형자산이 미래경제적효익을 창출할 것임을 제시할 수 있다.

다음 사항을 모두 제시할 수 있는 경우에만 개발활동(또는 내부 프로젝트의 개발단계)에서 발생한 무형자산을 인식한다.

㉠ 무형자산을 사용하거나 판매하기 위해 그 자산을 완성할 수 있는 기술적 실현가능성

㉡ 무형자산을 완성하여 사용하거나 판매하려는 기업의 의도

㉢ 무형자산을 사용하거나 판매할 수 있는 기업의 능력

㉣ 무형자산이 미래경제적효익을 창출하는 방법. 그 중에서도 특히 무형자산의 산출물이나 무형자산 자체를 거래하는 시장이 존재함을 제시할 수 있거나 또는 무형자산을 내부적으로 사용할 것이라면 그 유용성을 제시할 수 있다.

㉤ 무형자산의 개발을 완료하고 그것을 판매하거나 사용하는 데 필요한 기술적, 재정적자원 등의 입수가능성

㉥ 개발과정에서 발생한 무형자산 관련 지출을 신뢰성 있게 측정할 수 있는 기업의 능력

② 개발활동의 예

개발활동의 예는 다음과 같다.

㉠ 생산이나 사용 전의 시제품과 모형을 설계, 제작, 시험하는 활동
㉡ 새로운 기술과 관련된 공구, 지그, 주형, 금형 등을 설계하는 활동
㉢ 상업적 생산 목적으로 실현가능한 경제적 규모가 아닌 시험공장을 설계, 건설, 가동하는 활동
㉣ 신규 또는 개선된 재료, 장치, 제품, 공정, 시스템이나 용역에 대하여 최종적으로 선정된 안을 설계, 제작, 시험하는 활동

(4) 내부적으로 창출한 무형자산의 원가

① 무형자산의 원가

내부적으로 창출한 무형자산의 원가는 그 무형자산이 인식기준을 최초로 충족시킨 이후에 발생한 지출금액의 합으로 한다. 이미 비용으로 인식한 지출은 무형자산의 원가로 인식할 수 없다.

② 무형자산 원가에 포함되는 원가

내부적으로 창출한 무형자산의 원가는 그 자산의 창출, 제조 및 경영자가 의도하는 방식으로 운영될 수 있게 준비하는 데 필요한 직접 관련된 모든 원가를 포함한다. 직접 관련된 원가의 예는 다음과 같다.

㉠ 무형자산의 창출에 사용되었거나 소비된 재료원가, 용역원가 등
㉡ 무형자산의 창출을 위하여 발생한 종업원급여
㉢ 법적 권리를 등록하기 위한 수수료
㉣ 무형자산의 창출에 사용된 특허권과 라이선스의 상각비

③ 무형자산의 원가에 포함되지 않은 원가

다음 항목은 내부적으로 창출한 무형자산의 원가에 포함하지 아니한다.

㉠ 판매비, 관리비 및 기타 일반경비 지출. 다만, 자산을 의도한 용도로 사용할 수 있도록 준비하는 데 직접 관련된 경우는 제외한다.
㉡ 자산이 계획된 성과를 달성하기 전에 발생한 명백한 비효율로 인한 손실과 초기 영업손실
㉢ 자산을 운용하는 직원의 교육훈련과 관련된 지출

5. 비용의 인식

(1) 발생시점에 비용으로 인식하는 경우

다음 중 하나에 해당하지 않는 무형항목 관련 지출은 발생시점에 비용으로 인식한다.

① 인식기준을 충족하는 무형자산 원가의 일부가 되는 경우

② 사업결합에서 취득하였으나 무형자산으로 인식할 수 없는 경우. 이 경우에는 취득일의 영업권으로 인식한 금액의 일부가 된다.

(2) 발생시점에 비용으로 인식하는 지출의 다른 예

미래경제적효익을 얻기 위해 지출이 발생하더라도 인식할 수 있는 무형자산이나 다른 자산이 획득 또는 창출되지 않는다.

발생시점에 비용으로 인식하는 지출의 다른 예는 다음과 같다.

① 사업개시활동에 대한 지출(즉, 사업개시원가). 다만, 유형자산의 원가에 포함되는 지출은 제외한다. 사업개시원가는 다음의 원가가 포함된다.

㉠ 설립원가; 법적 실체를 설립하는 데 발생한 법적비용과 사무비용

㉡ 개업원가; 새로운 시설이나 사업을 개시하기 위하여 발생한 지출

㉢ 신규영업준비원가; 새로운 영업을 시작하거나 새로운 제품이나 공정을 시작하기 위하여 발생하는 지출

② 교육 훈련을 위한 지출

③ 광고 및 판매촉진 활동을 위한 지출(우편 주문 카탈로그 포함)

④ 기업의 전부나 일부의 이전 또는 조직 개편에 관련된 지출

(3) 자산으로 인식할 수 없는 과거 비용

최초에 비용으로 인식한 무형항목에 대한 지출은 그 이후에 무형자산의 원가로 인식할 수 없다.

6. 무형자산의 재평가

(1) 회계정책의 선택

무형자산의 회계정책으로 원가모형이나 재평가모형을 선택할 수 있다. 재평가모형을 적용하여 무형자산을 회계처리하는 경우에는, 같은 분류의 기타 모든 자산도 그에 대한 활성시장이 없는 경우를 제외하고는 동일한 방법을 적용하여 회계처리한다.

(2) 분류별 평가

무형자산은 영업상 유사한 성격과 용도로 분류한다. 자산을 선택적으로 재평가하거나 재무제표에서 서로 다른 기준일의 원가와 가치가 혼재된 금액을 보고하는 것을 방지하기 위하여 같은 분류 내의 무형자산 항목들은 동시에 재평가한다.

(3) 원가모형

최초 인식 후에 무형자산은 원가에서 상각누계액과 손상차손누계액을 차감한 금액을 장부금액으로 한다.

(4) 재평가모형

최초 인식 후에 무형자산은 재평가일의 공정가치에서 이후의 상각누계액과 손상차손누계액을 차감한 재평가금액을 장부금액으로 한다. 이 기준서의 재평가 목적상 공정가치는 활성시장을 기초로 하여 측정한다. 보고기간 말에 자산의 장부금액이 공정가치와 중요하게 차이가 나지 않도록 주기적으로 재평가를 실시한다.

7. 내용연수

(1) 무형자산의 내용연수의 유한과 비한정의 평가

무형자산의 내용연수가 유한한지 또는 비한정인지를 평가하고, 만약 내용연수가 유한하다면 자산의 내용연수 기간이나 내용연수를 구성하는 생산량이나 이와 유사한 단위를 평가한다. 관련된 모든 요소의 분석에 근거하여, 그 자산이 순현금유입을 창출할 것으로 기대되는 기간에 대하여 예측가능한 제한이 없을 경우, 무형자산의 내용연수가 비한정인 것으로 본다.

(2) 무형자산의 상각여부

무형자산의 회계처리는 내용연수에 따라 다르다. 내용연수가 유한한 무형자산은 상각하고, 내용연수가 비한정인 무형자산은 상각하지 아니한다.

(3) 비한정의 의미

① '비한정'이라는 용어는 '무한'을 의미하지 않는다. 무형자산의 내용연수는 자산의 내용연수를 추정하는 시점에 평가된 표준적인 성능수준을 유지하기 위한 미래 유지비용과 그 수준의 비용을 부담할 수 있는 기업의 능력과 의도만을 반영한다. 자산의 내용연수를 추정하는 시점에 평가된 표준적인 성능수준을 유지하기 위하여 필요한 지출을 초과하는 계획된 미래지출에 근거하여 무형자산의 내용연수가 비한정이라는 결론을 내려서는 안 된다.

② 컴퓨터소프트웨어와 기타 많은 무형자산은 기술상 빠른 변화가 있기 때문에 기술적 진부화의 영향을 받기 쉽다. 따라서 그러한 무형자산의 내용연수는 일반적으로 짧을 가능성이 높다.

(4) 내용연수의 신중한 추정

무형자산의 내용연수는 매우 길 수도 있고 경우에 따라서는 비한정일 수도 있다. 내용연수의 불확실성으로 인하여 무형자산의 내용연수를 신중하게 추정하는 것은 정당하지만, 비현실적으로 짧은 내용연수를 선택하는 것은 정당화되지 않는다.

(5) 계약상 권리 등으로부터 발생하는 무형자산의 내용연수

계약상 권리 또는 기타 법적 권리로부터 발생하는 무형자산의 내용연수는 그러한 계약상 권리 또는 기타 법적 권리의 기간을 초과할 수는 없지만, 자산의 예상사용기간에 따라 더 짧을 수는 있다. 만약 계약상 또는 기타 법적 권리가 갱신가능한 한정된 기간 동안 부여된다면, 유의적인 원가 없이 기업에 의해 갱신될 것이 명백한 경우에만 그 갱신기간을 무형자산의 내용연수에 포함한다.

(6) 무형자산의 내용연수에 영향을 미치는 경제적 요인과 법적 요인

무형자산의 내용연수는 경제적 요인과 법적 요인의 영향을 받는다. 경제적 요인은 자산의 미래경제적효익이 획득되는 기간을 결정하고, 법적 요인은 기업이 그 효익에 대한 접근을 통제할 수 있는 기간을 제한한다. 내용연수는 이러한 요인에 의해 결정된 기간 중 짧은 기간으로 한다.

8. 내용연수가 유한한 무형자산

(1) 상각기간과 상각방법

① 상각의 시작과 중지

내용연수가 유한한 무형자산의 상각대상금액은 내용연수동안 체계적인 방법으로 배분하여야 한다. 상각은 자산이 사용가능한 때부터 시작한다. 즉 자산이 경영자가 의도하는 방식으로 운영할 수 있는 위치와 상태에 이르렀을 때부터 시작한다. 상각은 자산이 매각예정으로 분류되는(또는 매각예정으로 분류되는 처분자산집단에 포함되는) 날과 자산이 재무상태표에서 제거되는 날 중 이른 날에 중지한다.

② 상각방법

무형자산의 상각방법은 자산의 경제적 효익이 소비되는 형태를 반영한 방법이어야 한다.

무형자산의 상각대상금액을 내용연수 동안 체계적으로 배분하기 위해 다양한 방법을 사용할 수 있다. 이러한 상각방법에는 정액법, 체감잔액법과 생산량비례법이 있다. 상각방법은 자산이 갖는 기대 미래경제적효익의 예상되는 소비형태를 반영하여 선택하고, 미래경제적효익의 예상되는 소비형태가 변동하지 않는다면 매 회계기간에 일관성 있게 적용한다. 다만, 소비되는 형태를 신뢰성 있게 결정할 수 없는 경우에는 정액법을 사용한다. 각 회계기간의 상각액은 이 기준서나 다른 한국채택국제회계기준서에서 다른 자산의 장부금액에 포함하도록 허용하거나 요구하는 경우를 제외하고는 당기손익으로 인식한다.

③ 무형자산의 상각액은 일반적으로 당기손익으로 인식

무형자산의 상각액은 일반적으로 당기손익으로 인식한다. 그러나 자산이 갖는 미래경제적효익이 다른 자산의 생산에 소모되는 경우, 그 자산의 상각액은 다른 자산의 원가를 구성하여 장부금액에 포함한다. 예를 들면, 제조과정에서 사용된 무형자산의 상각은 재고자산의 장부금액에 포함한다.

(2) 잔존가치

① 내용연수가 유한한 무형자산의 잔존가치

내용연수가 유한한 무형자산의 잔존가치는 ㉠과 ㉡중 하나에 해당하는 경우를 제외하고는 영(0)으로 본다.

㉠ 내용연수 종료 시점에 제3자가 자산을 구입하기로 한 약정이 있다.

㉡ 무형자산의 활성시장이 있고 다음을 모두 충족한다.

ⓐ 잔존가치를 그 활성시장에 기초하여 결정할 수 있다.

ⓑ 그러한 활성시장이 내용연수 종료 시점에 존재할 가능성이 높다.

② 상각대상금액

내용연수가 유한한 자산의 상각대상금액은 잔존가치를 차감하여 결정한다. 영(0)이 아닌 잔존가치는 경제적 내용연수 종료 시점 이전에 그 자산을 처분할 것이라는 기대를 나타낸다.

③ 잔존가치의 검토

잔존가치는 적어도 매 회계연도 말에는 검토한다. 잔존가치의 변동은 회계추정의 변경으로 처리한다.

④ 무형자산 상각액이 영(0)이 되는 경우

무형자산의 잔존가치는 해당 자산의 장부금액과 같거나 큰 금액으로 증가할 수도 있다. 이 경우에는 자산의 잔존가치가 이후에 장부금액보다 작은 금액으로 감소될 때까지는 무형자산의 상각액은 영(0)이 된다.

(3) 상각기간과 상각방법의 검토

내용연수가 유한한 무형자산의 상각기간과 상각방법은 적어도 매 회계연도 말에 검

표 6-1 유형자산, 무형자산 및 영업권의 상각방법의 비교

	유형자산	유한한 무형자산	비한정인 무형자산 및 영업권
상각방법	정액법, 체감잔액법 및 생산량비례법. 단서 조항 없음.	정액법, 체감잔액법 및 생산량비례법. 다만, 소비되는 형태를 신뢰성 있게 결정할 수 없는 경우에는 정액법을 사용한다.	상각하지 않는다.

토한다. 자산의 예상 내용연수가 과거의 추정치와 다르다면 상각기간을 이에 따라 변경한다. 자산이 갖는 미래경제적효익의 예상소비형태가 변동된다면, 변동된 소비형태를 반영하기 위하여 상각방법을 변경한다. 그러한 변경은 회계추정의 변경으로 회계처리한다.

(4) 상각중지 제한

내용연수가 유한한 무형자산은 그 자산을 더 이상 사용하지 않을 때도 상각을 중지하지 아니한다. 다만, 완전히 상각하거나 매각예정으로 분류되는(또는 매각예정으로 분류되는 처분자산집단에 포함되는) 경우에는 상각을 중지한다.

9. 내용연수가 비한정인 무형자산

(1) 상각여부

내용연수가 비한정인 무형자산은 상각하지 아니한다.

(2) 손상검토

다음의 각 경우에 회수가능액과 장부금액을 비교하여 내용연수가 비한정인 무형자산의 손상검사를 수행하여야 한다.

① 매년

② 무형자산의 손상을 시사하는 징후가 있을 때

(3) 내용연수 평가의 검토

상각하지 않는 무형자산에 대하여 사건과 상황이 그 자산의 내용연수가 비한정이라는 평가를 계속하여 정당화하는지를 매 회계기간에 검토한다. 사건과 상황이 그러한 평가를 정당화하지 않는 경우에 비한정 내용연수를 유한 내용연수로 변경하는 것은 회계추정의 변경으로 회계처리한다.

(4) 비한정 내용연수를 유한 내용연수로 재평가하는 경우

비한정 내용연수를 유한 내용연수로 재평가하는 것은 그 자산의 손상을 시사하는 하나의 징후가 된다. 따라서 회수가능액과 장부금액을 비교하여 그 자산에 대한 손상검사를 하고, 회수가능액을 초과하는 장부금액을 손상차손으로 인식한다.

제2절 영업권

(1) 의 의

영업권이란 유리한 입지조건, 우수한 경영진, 우수한 생산기술, 높은 사회적 신뢰도 등 동종산업의 다른 회사에 비해 특별히 유리한 사항들을 집합한 무형의 자원을 말한다.

(2) 내부적으로 창출한 영업권

① 내부적으로 창출한 영업권은 자산으로 인식하지 아니한다.

② 미래경제적효익을 창출하기 위하여 발생한 지출 중에는 이 기준서의 인식기준을 충족하는 무형자산을 창출하지 않는 경우가 있다. 그러한 지출은 대부분 내부적으로 창출한 영업권에 기여한다. 내부적으로 창출한 영업권은 원가를 신뢰성 있게 측정할 수 없고 기업이 통제하고 있는 식별가능한 자원이 아니기 때문에(즉, 분리가능하지 않고 계약상 또는 기타 법적 권리로부터 발생하지 않기 때문에) 자산으로 인식하지 아니한다.

(3) 영업권의 평가

영업권은 합병 · 영업양수 등의 경우에 유상으로 취득한 것만을 무형자산으로 인식할 수 있으며 내부적으로 창출한 영업권(자가창설영업권)은 무형자산으로 인식할 수 없다.

영업권의 이론적인 영업권 평가방법은 초과이익환원법, 순이익환원법, 종합평가계정으로 평가하는 방법, 연매법 등이 있으며 그 내용은 다음과 같다.

① **초과이익환원법** 초과이익환원법은 특정기업의 초과순이익이 무한히 계속 발생한다고 가정하고 그 초과순이익의 현재가치를 계산하여 영업권으로 보는 방법이다.

초과이익환원법에 의한 영업권의 계산식은 다음과 같다.

$$영업권^{*} = \frac{(평균순이익 - 순자산의\ 공정가치 \times 정상이익률)}{할인율}$$

* 위 식은 초과이익이 무한히 발생한다는 전제 하에 계산된 산식이다. 그리고 할인율은 초과이익률을 의미한다.

② **순이익환원법** 순이익환원법은 초과이익환원법을 적용하고자할 때 특정기업의 초과이익률을 모를 때 대신에 정상이익률을 적용하여 계산하는 방법으로서, 영업권의 계산식은 다음과 같다.

$$영업권 = \frac{평균순이익}{정상이익률} - 순자산의\ 공정가치$$

③ **연매법** 연매법은 특정기업의 초과이익이 일정 기간 동안만 지속한다고 보고 그 기간 동안의 초과이익을 단순히 합계하여 계산하는 방법으로서, 영업권의 계산식은 다음과 같다.

영업권＝매년의 초과이익*×초과순이익의 지속연수
* 초과이익＝평균순이익－(순자산의 공정가치×정상이익률)

④ **종합평가계정법** 기업전체의 평가액이 순자산(자산－부채)의 공정가치를 초과하는 금액을 영업권으로 보는 견해이다.

이 방법은 합병이나 영업양수시에 적용되는 평가방법이다.

합병대가 — 순자산의 공정가치＞0: 영업권(무형자산)
합병대가 — 순자산의 공정가치＜0: 염가매수차익(당기손익)

(3) 영업권 상각

사업결합으로 취득한 영업권은 상각하지 않는다. 다만, 매년 또는 추가로 손상이 발생했다고 판단할 만한 사건이나 기타 환경 등의 변화가 있을 경우에는 손상검사를 실시해야 한다. 이 경우 손상차손을 인식하되 손상차손환입은 인식하지 않는다.

영업권의 평가

(주)찬엽은 순자산의 공정가치가 ₩2,000,000인 자양(주)를 매입하고자 한다. 자양(주)의 매년 순이익에 대한 자료는 다음과 같다. 단, 동종기업의 정상이익률은 10%이다.

연 도	순이익
20×1년	₩300,000
20×2년	300,000
20×3년	350,000
20×4년	600,000 (중단사업이익 ₩100,000포함)
20×5년	450,000

위 자료에 의하여 다음 각 방법에 의하여 영업권을 평가하시오.

(1) 순이익환원법

(2) 초과이익환원법(할인율 12%)

(3) 연매법(초과이익 5년간 지속)

풀이

(1) 순이익환원법

$$\text{영업권평가액} = \frac{\text{평균순이익}^{1)}}{\text{정상이익률}} - \text{순자산의 공정가치}$$

$$= \frac{₩380,000}{0.1} - 2,000,000 = ₩1,800,000$$

1) 평균순이익 = {₩300,000 + 300,000 + 350,000 + 500,000* + 450,000} ÷ 5년 = ₩380,000

* 비경상적, 비반복적으로 발생한 손익(중단사업손익 등)은 연평균 순이익 계산시에 고려하지 않는다.

(2) 초과이익환원법

$$\text{영업권평가액} = \frac{\text{평균순이익} - \text{순자산의 공정가치} \times \text{정상이익률}}{\text{할인율}}$$

$$= \frac{₩380,000 - 2,000,000 \times 0.1}{0.12} = ₩1,500,000$$

(3) 연매법

영업권평가액 = 초과이익 × 지속연수

= (₩380,000 − 2,000,000 × 0.1) × 5년 = ₩900,000

종합평가계정법

다음의 자료에 의하여 물음에 답하시오.

(1) 20×1년 1월 1일에 ㈜서울은 ㈜부산의 발행주식 60%를 ₩180,000에 취득하여 지배권을 획득하였다.

(2) 주식취득시점에 현재 ㈜부산의 식별가능한 순자산의 장부금액과 공정가치는 다음과 같다.

	장부금액	공정가치
현금	₩90,000	₩90,000
재고자산	70,000	80,000
건물(순액)	100,000	130,000
특허권	0	20,000
차입금	50,000	50,000
자본금	100,000	
자본잉여금	50,000	
이익잉여금	60,000	

이 사업결합으로 인하여 ㈜서울이 인식할 영업권의 금액은? (단, 비지배지분의 요소는 공정가치로 측정하지 않는다.) 【'11, '14. 감평사】

풀이

순자산의 공정가치: ₩270,000* × 60% =	₩162,000
지급액	180,000
영업권	₩18,000

* (₩90,000+80,000+130,000+20,000−50,000)=₩270,000

제3절 투자부동산

1. 투자부동산의 의의 및 범위

(1) 투자부동산의 의의

투자부동산이란 임대수익이나 시세차익 또는 두 가지 모두를 얻기 위하여 소유자나 금융리스의 이용자가 보유하고 있는 부동산[토지, 건물(또는 건물의 일부분) 또는 두 가지 모두]을 말한다.

다만, 다음의 목적으로 보유하는 부동산은 제외한다.

① 재화의 생산이나 용역의 제공 또는 관리목적에 사용 → 유형자산으로 분류한다.

② 정상적인 영업과정에서의 판매 → 재고자산으로 분류한다.

(2) 자가사용부동산과의 구별

투자부동산은 임대수익이나 시세차익을 얻기 위하여 보유하는 부동산이다. 투자부동산은 기업이 보유하고 있는 다른 자산과 거의 독립적으로 현금흐름을 창출한다. 이러한 특성에 의하여 투자부동산과 자가사용부동산이 구별된다. 재화의 생산이나 용역의 제공(또는 관리목적에 부동산의 사용)에서 창출된 현금흐름은 당해 부동산에만 귀속되는 것이 아니라 생산이나 공급과정에서 사용된 다른 자산에도 귀속된다. 자가사용부동산에 대해서는 '유형자산'을 적용한다.

(3) 투자부동산에 해당되는 경우

다음은 투자부동산의 예이다.

① 장기 시세차익을 얻기 위하여 보유하고 있는 토지. 정상적인 영업과정에서 단기간에 판매하기 위하여 보유하는 토지는 제외한다.

② 장래 사용목적을 결정하지 못한 채로 보유하고 있는 토지. (만약 토지를 자가사용할지 또는 정상적인 영업과정에서 단기간에 판매할지를 결정하지 못한 경우 당해 토지는 시세차익을 얻기 위하여 보유하고 있는 것으로 본다.)

③ 직접 소유(또는 금융리스를 통해 보유)하고 운용리스로 제공하고 있는 건물

④ 운용리스로 제공하기 위하여 보유하고 있는 미사용 건물

⑤ 미래에 투자부동산으로 사용하기 위하여 건설 또는 개발중인 부동산

(4) 투자부동산에 해당되지 않은 경우

다음은 투자부동산이 아닌 항목의 예이며, 따라서 이 기준서를 적용하지 아니한다.

① 정상적인 영업과정에서 판매하기 위한 부동산이나 이를 위하여 건설 또는 개발 중인 부동산 → 재고자산

② 제3자를 위하여 건설 또는 개발 중인 부동산 → 건설계약

③ 자가사용부동산(기업회계기준서 제1016호 참조). 미래에 자가사용하기 위한 부동산, 미래에 개발 후 자가사용할 부동산, 종업원이 사용하고 있는 부동산(종업원이 시장가격으로 임차료를 지급하고 있는지 여부는 관계없음), 처분예정인 자가사용부동산을 포함한다. → 유형자산

④ 금융리스로 제공한 부동산 → 금융리스채권

(5) 운용리스에서 리스이용자가 보유하는 부동산에 대한 권리

운용리스에서 리스이용자가 보유하는 부동산에 대한 권리는, 해당 부동산이 투자부동산의 정의를 충족하고 리스이용자가 공정가치모형으로 평가하는 경우에만, 투자부동산으로 분류하고 회계처리 할 수 있다. 해당 부동산에 대한 권리를 투자부동산으로 인식할 것인지는 각 부동산 별로 결정할 수 있다. 만약, 그러한 부동산에 대한 권리 중 어느 하나라도 투자부동산으로 인식한다면 투자부동산으로 분류된 모든 부동산에 대하여 공정가치모형을 적용하여야 한다.

2. 투자부동산의 구별

(1) 일부는 임대 또는 시세차익목적, 일부는 재화생산 및 용역제공 목적인 경우

부동산 중 일부분은 임대수익이나 시세차익을 얻기 위하여 보유하고, 일부분은 재화의 생산이나 용역의 제공 또는 관리목적에 사용하기 위하여 보유할 수 있다. 부분별로 분리하여 매각(또는 금융리스로 제공)할 수 있으면 각 부분을 분리하여 회계처리한다. 부분별로 분리하여 매각할 수 없다면 재화나 용역의 생산이나 제공 또는 관리목적에 사용하기 위하여 보유하는 부분이 경미한 경우에만 당해 부동산을 투자부동산으로 분류한다.

(2) 부수적인 용역을 제공하는 경우

① 부수적인 용역의 비중이 경미한 경우

부동산 소유자가 부동산 사용자에게 부수적인 용역을 제공하는 경우가 있다. 전체 계약에서 그러한 용역의 비중이 경미하다면 부동산 소유자는 당해 부동산을 투자부동산

으로 분류한다. 예를 들면 사무실 건물의 소유자가 그 건물을 사용하는 리스이용자에게 보안과 관리용역을 제공하는 경우이다.

② 제공하는 용역이 유의적인 경우

부동산 소유자가 부동산 사용자에게 제공하는 용역이 유의적인 경우가 있다. 예를 들면 호텔을 소유하고 직접 경영하는 경우, 투숙객에게 제공하는 용역은 전체 계약에서 유의적인 비중을 차지한다. 그러므로 소유자가 직접 경영하는 호텔은 투자부동산이 아니며 자가사용부동산이다.

(3) 지배기업 또는 다른 종속기업에게 부동산을 리스하는 경우

지배기업 또는 다른 종속기업에게 부동산을 리스하는 경우가 있다. 이러한 부동산은 연결재무제표에 투자부동산으로 분류할 수 없다. 경제적 실체 관점에서 당해 부동산은 자가사용부동산이기 때문이다.

3. 인 식

(1) 투자부동산의 인식조건

투자부동산은 다음의 조건을 모두 충족할 때 자산으로 인식한다.

① 투자부동산에서 발생하는 미래경제적효익의 유입가능성이 높다.

② 투자부동산의 원가를 신뢰성 있게 측정할 수 있다.

(2) 인식시점에서의 측정

① 투자부동산은 최초 인식시점에 원가로 측정한다. 거래원가는 최초 측정에 포함한다.

② 구입한 투자부동산의 원가는 구입금액과 구입에 직접 관련이 있는 지출로 구성된다. 직접 관련이 있는 지출의 예를 들면 법률용역의 대가로 전문가에게 지급하는 수수료, 부동산 구입과 관련된 세금 및 그 밖의 거래원가 등이 있다.

(3) 투자부동산의 원가에 포함되지 않은 경우

다음의 항목은 투자부동산의 원가에 포함하지 아니한다.

① 경영진이 의도하는 방식으로 부동산을 운영하는 데 필요한 상태에 이르게 하는 데 직접 관련이 없는 초기원가

② 계획된 사용수준에 도달하기 전에 발생하는 부동산의 운영손실

③ 건설이나 개발 과정에서 발생한 비정상인 원재료, 인력 및 기타 자원의 낭비 금액

(4) 후불조건으로 취득하는 경우

투자부동산을 후불조건으로 취득하는 경우의 원가는 취득시점의 현금가격상당액으로 한다. 현금가격상당액과 실제 총지급액의 차액은 신용기간 동안의 이자비용으로 인식한다.

(5) 리스계약으로 인하여 투자부동산으로 분류하는 경우

리스계약으로 보유한 부동산에 대한 권리를 투자부동산으로 분류하는 경우, 당해 투자부동산의 최초 원가는 금융리스와 같이 동 자산의 공정가치와 최소리스료의 현재가치 중 작은 금액으로 인식한다. 동시에 동일한 금액을 부채로 인식한다.

4. 인식후의 측정

(1) 회계정책의 선택

공정가치모형과 원가모형 중 하나를 선택하여 모든 투자부동산에 적용한다.

(2) 공정가치모형

① 공정가치로 측정

투자부동산에 대하여 공정가치모형을 선택한 경우에는 최초 인식 후 모든 투자부동산을 공정가치로 측정한다. 단, 공정가치를 신뢰성 있게 측정하기 어려운 경우에는 제외한다.

② 운용리스에서 리스이용자가 보유하는 부동산에 대한 권리

운용리스에서 리스이용자가 보유하는 부동산에 대한 권리를 투자부동산으로 분류하는 경우, 평가방법은 선택할 수 없으며 공정가치모형만 적용한다.

③ 평가손익의 회계처리

투자부동산의 공정가치 변동으로 발생하는 손익은 발생한 기간의 당기손익에 반영한다.

감가상각의 실익이 없기 때문에 감가상각을 실시하지 않는다.

④ 투자부동산을 공정가치로 측정해 온 경우

투자부동산을 공정가치로 측정해 온 경우라면 비교할만한 시장의 거래가 줄어들거나 시장가격 정보를 쉽게 얻을 수 없게 되더라도, 당해 부동산을 처분할 때까지 또는 자가사용부동산으로 대체하거나 정상적인 영업과정에서 판매하기 위하여 개발을 시작하기 전까지는 계속하여 공정가치로 측정한다.

표 6-2 유형자산 및 무형자산과 투자부동산 평가방법의 비교

	시가법 적용시	평가손익의 처리	감가상각 실시여부
유형자산 및 무형자산	재평가모형	재평가잉여금(기타포괄손익)	실시한다.
투자부동산	공정가치모형	당기손익에 반영	실시하지 않는다.

(3) 원가모형

최초 인식 이후 투자부동산의 평가방법을 원가모형으로 선택한 경우에는 모든 투자부동산에 대하여 원가모형으로 측정하며, 투자부동산이 매각예정으로 분류되는 기준을 충족하는(또는 매각 예정으로 분류되는 처분자산집단에 포함되는) 경우에는 제외한다.

5. 계정대체 및 처분

(1) 계정대체

부동산의 사용목적 변경이 다음과 같은 사실로 입증되는 경우에만 투자부동산의 대체가 발생한다.

① 자가사용의 개시. 이 경우 투자부동산을 자가사용부동산으로 대체한다.

② 정상적인 영업과정에서 판매하기 위한 개발의 시작. 이 경우 투자부동산을 재고자산으로 대체한다.

③ 자가사용의 종료. 이 경우 자가사용부동산을 투자부동산으로 대체한다.

④ 제3자에게 운용리스 제공. 이 경우 재고자산을 투자부동산으로 대체한다.

(2) 처분

① 투자부동산을 처분하거나, 투자부동산의 사용을 영구히 중지하고 처분으로도 더 이상의 경제적효익을 기대할 수 없는 경우에는 제거(재무상태표에서 삭제)한다.

② 투자부동산의 폐기나 처분으로 발생하는 손익은 순처분금액과 장부금액의 차액이며 폐기나 처분이 발생한 기간에 당기손익으로 인식한다.

③ 투자부동산의 손상, 멸실 또는 포기로 제3자에게서 받는 보상은 받을 수 있게 되는 시점에 당기손익으로 인식한다.

>>> 예 · 제 · 문 · 제 · 정 · 해

예제 1 | 연구비와 개발비

다음은 제약회사인 ㈜찬우의 20×1년도 독감 치료용 신약을 위한 연구, 개발 및 생산과 관련된 자료이다.

(1) 독감의 원인이 되는 새로운 바이러스를 찾기 위한 지출	₩300,000
(2) 바이러스 규명에 필요한 동물실험을 위한 지출	₩10,000
(3) 상업용 신약 생산에 필요한 설비 취득을 위한 지출	₩400,000
(4) 신약을 개발하는 시험공장 건설을 위한 지출 (상업적 생산목적으로 실현가능한 경제적 규모가 아님)	₩500,000
(5) 신약의 상업화전 최종 임상실험을 위한 지출	₩60,000
(6) 신약 생산전 시제품을 시험하기 위한 지출	₩20,000
(7) 바이러스 동물실험결과의 평가를 위한 지출	₩30,000

㈜찬우가 20×1년에 당기손익으로 인식할 연구비와 자산으로 인식할 개발비는 각각 얼마인가? (단, 개발비로 분류되는 지출의 경우 20×1년말 시점에 개발비 자산 인식요건을 충족한다고 가정한다.) 【'10, 세무사, '12. CPA】

	연구비	개발비
①	₩340,000	₩580,000
②	₩340,000	₩980,000
③	₩740,000	₩580,000
④	₩74,000	₩80,000
⑤	₩840,000	₩80,000

풀이 (1) 연구비＝300,000+10,000+30,000＝340,000

(2) 개발비＝500,000+60,000+20,000＝580,000

* 참고로, 상업용 신약 생산에 필요한 설비 취득을 위한 지출 ₩400,000은 유형자산의 취득원가에 해당

해답: ①

예제 2 | 영업권 평가(초과이익환원법)

(주)찬엽의 재무상태는 다음과 같다.

자산의 장부가액	₩10,000,000(공정가치 ₩12,000,000)
부채의 장부가액	₩6,000,000(공정가치 ₩7,000,000)
자본금	₩30,000,000

(주)찬엽의 연평균순이익 ₩800,000이고 초과이익률이 12%라면 초과이익환원법에 의한 영업권평가액은?(단, 동종산업의 정상이익률은 10%이다.)

① ₩2,500,000 ② ₩3,000,000 ③ ₩3,333,333
④ ₩4,166,667 ⑤ ₩5,000,000

풀이

$$\text{초과이익환원법} = \frac{\text{연평균순이익} - \text{순자산의 공정가치} \times \text{정상이익률}}{\text{할인율}}$$

$$= \frac{800,000 - 5,000,000^{1)} \times 0.1}{0.12} = ₩2,500,000$$

1) 순자산의 공정가치 = 자산의 공정가치 − 부채의 공정가치
= ₩12,000,000 − 7,000,000 = ₩5,000,000

해답: ①

예제 3 | 사업결합으로 인한 취득

(주)주봉은 20×4년 1월 1일 (주)실촌을 흡수합병하였다. 합병관련 자료가 다음과 같을 때 합병시 영업권의 금액은? 【'15, 관세사, '09, '15, 감평사】

(1) 합병일 현재 (주)실촌의 재무상태표는 다음과 같다.

(1) 현금	₩2,000,000
(2) 매출채권	4,000,000
(3) 토지	4,000,000
(4) 건물	14,000,000
(5) 매입채무	2,000,000
(6) 장기차입금	4,000,000
(7) 자본금	12,000,000
(8) 이익잉여금	6,000,000

(2) 합병일 현재 토지와 건물의 공정가치는 각각 ₩10,000,000과 ₩20,000,000이며, 그외 자산과 부채의 공정가치는 장부금액과 동일하다.

(3) (주)주봉은 합병대가로 현금 ₩3,500,000과 보통주 100,000주(액면가

₩100, 발행가 ₩150, 시가 ₩300)를 발행하여 교부하였다.

① ₩1,550,000　② ₩2,500,000　③ ₩3,500,000
④ ₩4,500,000　⑤ ₩15,500,000

풀이

순자산의 공정가치	; (₩2,000,000+4,000,000+10,000,000+20,000,000) −(2,000,000+4,000,000)	=₩30,000,000
지급대가	; ₩3,500,000+100,000×₩300	= 33,500,000
영업권		₩3,500,000

해답: ③

>>> 객·관·식·문·제

1 다음은 ㈜한영의 당기 거래 내역이다. ㈜한영이 무형자산으로 보고할 수 있는 상황들로만 모두 고른 것은? 【'14. 감평사】

ㄱ. 경영진이 미래효익을 기대하고 있는 고객관계 개선 관련 프로젝트에 ₩3,000지출
ㄴ. ㈜부산의 장부에 자산으로 기록하지 않았던 품질향상 제조기법을 배타적 통제가능성과 함께 획득하고 ₩2,000지급
ㄷ. 기계를 ₩30,000에 구입하면서 기계제어 소프트웨어프로그램 구입을 위해 ₩3,000 추가지급
ㄹ. 신제품에 대한 광고비 ₩20,000지급
ㅁ. ㈜대한의 식별가능한 순자산의 공정가치는 ₩4,000인데, ㈜한영은 ㈜대한의 주식 전부를 인수하기 위해 ₩7,000지급
ㅂ. ㈜한영은 다른 회사로부터 실용신안권을 ₩5,000에 인수하였으며, 이 권리를 활용하여 얻은 수익 ₩10,000의 10%인 ₩1,000을 로열티로 지급하기로 약정
ㅅ. ㈜세종의 장부상 금액 ₩1,000인 디자인권을 ₩5,000에 구입

① ㄱ, ㄴ, ㄷ
② ㄴ, ㄷ, ㅅ
③ ㅁ, ㅂ, ㅅ
④ ㄴ, ㅁ, ㅂ, ㅅ
⑤ ㄱ, ㄴ, ㄷ, ㄹ, ㅁ, ㅂ, ㅅ

풀이 ㄱ: 법적권리나 충분한 통제가능성이 없으므로 무형자산이 아니다
ㄴ: 배타적 통제가능성이 있으므로 무형자산이다.
ㄷ: 유형자산으로 처리한다.

— (기준서 1038호 문단 4) —
"컴퓨터로 제어되는 기계장치가 특정 컴퓨터소프트웨어가 없으면 가동이 불가능한 경우에는 그 소프트웨어를 관련된 하드웨어의 일부로 보아 유형자산으로 처리한다. 컴퓨터의 운영시스템도 동일하게 적용한다. 관련된 하드웨어의 일부가 아닌 소프트웨어는 무형자산으로 회계처리한다."

ㄹ: 광고비는 비용으로 처리한다.
ㅁ: 순자산의 공정가치를 초과하는 지급한 금액은 영업권(무형자산)에 해당한다.
ㅂ: 취득한 실용신안권은 무형자산이다.

해답 1. ④

ㅅ: 취득한 디자인권은 무형자산이다.

2 무형자산에 관한 설명으로 옳지 않은 것은? 【'12. 감평사】

① 무형자산은 물리적 실체는 없지만, 식별가능한 비화폐성자산을 말하며, 식별가능성은 자산의 분리가능성 여부와 계약상 또는 법적 권리여부에 의해 판단할 수 있다.

② 무형자산으로 분류되기 위해서는, 식별가능해야 하고, 통제하고 있어야 하며, 그로부터 미래경제적효익이 창출되어야 한다.

③ 광물자원과 관련된 지출은 해당자산이 기술적 실현가능성과 상업화가능성이 있다고 판단되어 개발활동을 시작하면 이 단계부터의 지출을 탐사평가자산이 아닌 개발비로 인식한다.

④ 무형자산이 한정할 수 없는 기간동안 순현금유입을 창출할 수 있을 것으로 기대된다면 그 무형자산은 비한정내용연수를 가지며, 상각하지 아니한다.

⑤ 무형자산의 공정가치는 합리적인 공정가치 측정치의 범위의 편차가 자산가치에 비하여 유의적일 때 신뢰성 있게 측정할 수 있다.

풀이 무형자산의 공정가치는 합리적인 공정가치 추정치 범위의 변동가능성이 자산가치에 비하여 유의적이지 않을 때 신뢰성 있게 측정된다. (기준서 1038호 문단 47)
③항의 경우에 광물자원의 개발과 관련된 지출은 개발비로 처리한다.

3 내부적으로 창출한 무형자산의 취득원가에 포함되지 않는 것은? 【'12. 세무사】

① 법적권리를 등록하기 위한 수수료

② 무형자산의 창출에 사용된 특허권상각비

③ 무형자산의 창출을 위하여 발생한 종업원 급여

④ 연구결과를 최종선택, 응용하는 활동과 관련된 지출

⑤ 무형자산의 창출에 사용되었거나 소비된 재료원가, 용역원가

풀이 연구결과를 최종선택, 응용하는 활동과 관련된 지출은 연구비에 해당된다.

4 무형자산에 관한 설명으로 옳지 않은 것은? 【'10. 세무사】

① 사업결합으로 취득한 연구 · 개발프로젝트의 경우 사업결합 전에 그 자산을 피취득자가 인식하였는지 여부에 관계없이 취득일에 무형자산의 정의를 충족한

해답 2. ⑤ 3. ④ 4. ③

다면 취득자는 영업권과 분리하여 별도의 무형자산으로 인식한다.

② 내부적으로 창출한 브랜드, 제호, 출판표제, 고객 목록은 무형자산으로 인식하지 않는다.

③ 자산을 운영하는 직원의 교육훈련과 관련된 지출은 내부적으로 창출한 무형자산의 원가에 포함한다.

④ 무형자산을 창출하기 위한 내부프로젝트를 연구단계와 개발단계로 구분할 수 없는 경우에는 그 프로젝트에서 발생한 지출은 모두 연구단계에서 발생한 것으로 본다.

⑤ 교환거래(사업결합과정에서 발생한 것이 아닌)로 취득한 동일하거나 유사한, 비계약적 고객관계는 고객관계를 보호할 법적 권리가 없는 경우에도 무형자산의 정의를 충족한다.

풀이 교육훈련비는 기간비용에 해당된다.

5 무형자산의 인식 및 측정에 관한 설명으로 옳은 것은? 【'13. 세무사】

① 개별 취득하는 무형자산은 자산에서 발생하는 미래경제적효익이 기업에 유입될 가능성이 높다는 발생가능성 인식기준을 항상 충족하는 것으로 본다.

② 새로운 지역에서 또는 새로운 계층의 고객을 대상으로 사업을 수행하는 데서 발생하는 원가는 무형자산 원가에 포함된다.

③ 내부적으로 창출한 브랜드, 제호, 출판표제, 고객 목록은 개발하는 데 발생한 원가를 전체 사업과 구별할 수 없더라도 무형자산으로 인식한다.

④ 무형자산에 대한 대금지급기간이 일반적인 신용기간보다 긴 경우 무형자산의 원가는 실제 총 지급액이 된다.

⑤ 새롭거나 개선된 재료, 장치, 제품, 공정, 시스템이나 용역에 대한 여러 가지 대체안을 최종 선택하는 활동은 개발활동의 예로서 해당 지출은 무형자산으로 인식한다.

풀이 ② 무형자산의 원가에 포함되지 않는다. 즉 비용으로 처리한다.
③ 전체사업과 구별할 수 없으므로 무형자산으로 인식하지 않는다.
④ 현금가격상당액을 무형자산의 원가로 한다. 이 경우에 현금가격상당액과 실제총지급액과의 차이는 신용기간에 걸쳐 이자비용으로 인식한다.
⑤ 연구비에 해당되며 기간비용으로 처리한다.

해답 5. ①

6 무형자산과 관련된 다음의 설명 중 옳지 않은 것은? 【'14. CPA】

① 무형자산을 최초로 인식할 때에는 원가로 측정한다.

② 최초의 비용으로 인식한 무형자산에 대한 지출은 그 이후에 무형자산의 인식요건을 만족하게 된 경우에 한하여 무형자산의 원가로 다시 인식할 수 있다.

③ 무형자산을 창출하기 위한 내부 프로젝트를 연구단계와 개발단계로 구분할 수 없는 경우에는 그 프로젝트에서 발생한 지출은 모두 연구단계에서 발생한 것으로 본다.

④ 내부적으로 창출한 브랜드, 제호, 출판표제, 고객 목록과 이와 실질이 유사한 항목은 무형자산으로 인식하지 않는다.

⑤ 계약상 권리 또는 기타 법적 권리로부터 발생하는 무형자산의 내용연수는 그러한 계약상 권리 또는 기타 법적 권리의 기간을 초과할 수는 없지만, 자산의 예상사용기간에 따라 더 짧을 수는 있다.

풀이 최초의 비용으로 인식한 무형자산에 대한 지출은 무형자산의 원가로 다시 인식할 수 없다.

7 무형자산에 관한 설명으로 옳지 않은 것은? 【'04, '05, '13. 감평사】

① 무형자산을 최초로 인식할 때에는 공정가치로 추정한다.

② 최초에 비용으로 인식한 무형항목에 대한 지출은 그 이후에 무형자산의 원가로 인식할 수 없다.

③ 자산에서 발생하는 미래경제적효익이 기업에 유입될 가능성이 높고 자산의 원가를 신뢰성 있게 측정할 수 있을 때에만 무형자산을 인식한다.

④ 자산을 사용가능한 상태로 만드는데 직접적으로 발생하는 종업원 급여와 같은 직접 관련되는 원가는 무형자산의 원가에 포함된다.

⑤ 새로운 지역에서 또는 새로운 계층의 고객을 대상으로 사업을 수행하는데서 발생하는 원가 등은 무형자산 원가에 포함되지 않는다.

풀이 공정가치 → 원가

8 다음 중 무형자산의 회계처리에 대한 설명으로 타당하지 않은 것은? 【'10. CPA】

① 최초에 비용으로 인식한 무형항목에 대한 지출은 그 이후에 무형자산의 원가로 인식할 수 없다.

② 내용연수가 유한한 무형자산의 잔존가치는 해당 자산의 장부금액과 같을 수는

해답 6. ② 7. ① 8. ②

있으나, 장부금액보다 더 클 수는 없다.

③ 내부적으로 창출한 영업권은 무형자산으로 인식하지 않는다.

④ 내용연수가 비한정인 무형자산은 상각하지 아니하지만, 내용연수가 유한한 무형자산은 상각하고 상각기간과 상각방법은 적어도 매 보고기간 말에 검토한다.

⑤ 무형자산의 회계정책으로 원가모형이나 재평가모형을 선택할 수 있다.

풀이 내용연수가 유한한 무형자산의 잔존가치는 해당 자산의 장부금액과 같거나 더 큰 금액으로 증가할 수 있다.

9 무형자산의 상각 및 손상회계에 관한 설명으로 옳지 않은 것은? 【'12. 관세사】

① 내용연수가 비한정인 무형자산의 내용연수를 유한으로 변경하는 것은 회계추정의 변경으로 본다.

② 내용연수가 비한정인 무형자산은 상각하지 않으며, 자산손상을 시사하는 징후가 있을 때 한하여 손상검사를 수행한다.

③ 내용연수가 유한한 무형자산의 상각은 자산이 사용가능한 때 시작하며, 상각기간과 상각방법은 적어도 매 회계연도 말에 검토한다.

④ 무형자산의 잔존가치는 해당 자산의 장부금액과 같거나 큰 금액으로 증가할 수도 있다.

⑤ 계약상 권리 또는 기타 법적 권리로부터 발생하는 무형자산의 내용연수는 그러한 계약상 권리 또는 기타 법적 권리의 기간을 초과할 수 없지만, 자산의 예상사용기간에 따라 더 짧을 수는 있다.

풀이 비한정인 무형자산은 매년 또는 무형자산의 손상을 시사하는 징후가 있을 때 손상검사를 수행한다.

10 무형자산에 관한 설명으로 옳지 않은 것은? 【'15. 관세사】

① 내용연수가 비한정인 무형자산은 상각하지 아니한다.

② 내용연수가 유한한 무형자산의 상각대상금액은 내용연수동안 체계적인 방법으로 배분하여야 한다.

③ 무형자산의 종류로는 물리적 실체는 없지만 식별가능한 비화폐성자산과 사업결합으로 인해 발생하는 영업권이 있다.

④ 최초에 비용으로 인식한 무형자산에 대한 지출은 그 이후에 기업의 회계정책변경의 경우에 한하여 무형자산의 원가로 인식할 수 있다.

해답 9. ② 10. ④

⑤ 개별 취득하는 무형자산과 사업결합으로 취득하는 무형자산은 인식 조건 중 미래경제적 효익의 유입가능성은 항상 충족되는 것으로 본다.

풀이 최초에 비용으로 인식한 무형자산에 대한 지출은 그 이후에 무형자산의 원가로 인식할 수 없다.

11 다음은 (주)영주의 20×1년 연구 및 개발활동 지출에 관한 자료이다. (주)영주가 20×1년에 연구활동으로 분류해야 하는 금액은? 【'15. 감평사】

(1) 새로운 지식을 얻고자 하는 활동 : ₩100,000
(2) 연구결과나 기타 지식을 최종 선택하는 활동 : ₩200,000
(3) 생산이나 사용 전의 시제품과 모형을 제작하는 활동 : ₩350,000
(4) 상업적 생산 목적으로 실현가능한 경제적 규모가 아닌 시험공장을 건설하는 활동 : ₩400,000

① ₩300,000　② ₩450,000　③ ₩500,000
④ ₩550,000　⑤ ₩600,000

풀이 연구활동=₩100,000+200,000=₩300,000
개발활동=₩350,000+400,000=₩750,000

12 다음 중 개발활동과 관련된 지출에 해당하는 것은? 【'13. 관세사】

① 생산이나 사용 전의 시제품과 모형을 설계, 제작 및 시험하는 활동과 관련된 지출
② 새롭거나 개선된 재료, 장치, 제품, 공정, 시스템, 용역 등에 대한 여러 가지 대체안을 제안, 설계, 평가하는 활동과 관련된 지출
③ 새로운 지식을 얻고자 하는 활동과 지출
④ 재료, 장치, 제품, 공정, 시스템, 용역 등에 대한 여러 가지 대체안을 탐색하는 활동과 관련된 지출
⑤ 연구결과 또는 기타지식을 탐색, 평가하는 활동과 관련된 지출

풀이 ②, ③, ④항 및 ⑤항은 모두 연구활동에 해당한다.

13 (주)영주는 신기술 개발과 관련하여 20×8년과 20×9년에 각각 ₩120,000과 ₩60,000을 지출하였으며, 이 지출은 모두 무형자산 개발비의 인식조건을 충족한다. 당해 신기술은 20×9년 7월 1일부터 사용가능하게 되었다. 정액법으로 무형자산을 상각할 경우 20×9년 12

해답 11. ① 12. ① 13. ⑤

월 31일 현재 재무상태표에 표시될 개발비의 장부금액은 얼마인가? (단, 개발비의 내용연수는 5년, 잔존가치는 없으며, 월할상각한다.) 【'09. 감평사】

① ₩144,000 ② ₩149,750 ③ ₩150,000
④ ₩161,750 ⑤ ₩162,000

풀이 상각액$=$₩180,000$\times\frac{1}{5}\times\frac{6}{12}=$₩18,000
∴ 장부금액=₩180,000−18,000=₩162,000

14 찬우상사는 1995년 1월 곡천회사를 ₩5,000,000에 인수하기로 하였다. 곡천회사의 자산총계는 ₩3,550,000, 부채는 ₩550,000이었는데, 인수하기 위해 자산과 부채의 공정가치를 감정한 결과 곡천회사의 순자산의 공정가치는 ₩4,400,000이었다. 찬우상사는 동종산업의 정상이익률을 13%로, 곡천회사의 연간(추정)평균이익은 ₩658,250으로 평가하고, 곡천회사의 초과수익력은 무한히 계속될 것으로 보아 할인률은 11.5%로 결정하였다. 찬우상사가 초과이익의 자본화 방법을 이용하여 영업권을 평가할 경우 그것은 얼마인가? 【'96, '98. 감평사】

① ₩2,000,000 ② ₩1,450,000 ③ ₩1,150,000
④ ₩750,000 ⑤ ₩550,000

풀이 영업권평가액$=\frac{₩658,250-4,400,000\times13\%}{11.5\%}=$₩750,000

15 ㈜영주는 20×6년 초 ㈜서울을 매수하기로 하였다. 다음 자료를 이용하여 초과이익을 고려한 ㈜영주의 ㈜서울에 대한 매수금액은? 【'04, '12. 감평사】

(1) ㈜서울의 20×5년 말 자산의 공정가치 합계는 ₩1,500,000이고, 부채의 공정가치 합계는 ₩200,000이다.
(2) 과거 5년간 ㈜서울의 당기순이익은 아래와 같으며, 20×3년 당기순이익에는 중단사업이익 ₩200,000이 포함되어 있다.
- 20×1년 ₩150,000
- 20×2년 ₩100,000
- 20×3년 ₩300,000
- 20×4년 ₩240,000
- 20×5년 ₩120,000

(3) 정상이익률은 동일업종의 평균이익률인 10%이다.
(4) ㈜영주가 기대하는 투자수익률은 20%이다.
(5) 초과이익은 영구적이라고 가정한다.

해답 14. ④ 15. ④

① ₩710,000 ② ₩1,100,000
③ ₩1,148,000 ④ ₩1,360,000
⑤ ₩1,560,000

풀이 (1)연평균순이익＝{₩150,000+100,000+(300,000−200,000)+240,000+120,000}× $\frac{1}{5}$
＝₩142,000

(2) 영업권평가＝ $\frac{₩142,000-(1,500,000-200,000)\times 10\%}{20\%}$ ＝₩60,000

(3) 매수금액＝순자산의 공정가치+영업권평가액
＝₩1,500,000−200,000+60,000＝₩1,360,000

16 20×1년 초 (주)영주는 (주)서울의 지분 100%를 취득하여 흡수합병하였고, 그 이전대가로 ₩100,000의 현금을 지급하였다. 또한, 합병관련 컨설팅 수수료로 ₩10,000을 현금으로 지급하였다. 합병 당시 (주)서울의 재무상태표는 다음과 같다.

㈜서울 20×1년 1월 1일 현재 **재무상태표** (단위: 원)

매출채권	₩24,000	매입채무	₩48,000
상품	30,000	납입자본	40,000
토지	54,000	이익잉여금	20,000
자산총계	₩108,000	부채와 자본총계	₩108,000

20×1년 초 (주)영주가 (주)서울의 자산에 대해 공정가치를 측정한 결과, 매출채권은 장부금액과 동일하며 상품은 장부금액 대비 10% 높고 토지는 장부금액 대비 50% 높은 것으로 평가되었다. 한편, 부채의 공정가치는 장부금액과 동일하다. 20×1년 초 (주)영주가 영업권으로 계상할 금액은 얼마인가? 【'10. 감평사】

① ₩5,000 ② ₩10,000
③ ₩15,000 ④ ₩20,000
⑤ ₩23,000

풀이 순자산의 공정가치＝₩24,000+30,000×1.1+54,000×1.5−48,000＝₩90,000
지급액 100,000
영업권 ₩10,000
＊ 컨설팅 수수료는 비용으로 처리한다.(기준서 1103, 문단 53)

17 (주)대한은 20×1년 12월 31일에 현금 ₩120,000을 지불하고 (주)민국을 합병하였다. 취득일 현재 (주)민국의 식별가능한 순자산 장부금액과 공정가치는 다음과 같다.

해답 16. ② 17. ②

구분	장부금액	공정가치
기타자산	₩20,000	₩24,000
유형자산	₩60,000	₩108,000
부채	₩40,000	₩40,000
자본	₩40,000	

(주)민국은 자원유출가능성은 높지 않아 장부에 반영하지 않았던 우발부채가 있으며, 우발부채의 취득일 현재 신뢰성 있는 공정가치 측정치는 ₩8,000이었다. 취득일에 합병과 관련하여 (주)대한이 인식할 영업권은? 【'13. 감평사】

① ₩28,000 ② ₩36,000

③ ₩40,000 ④ ₩72,000

⑤ ₩80,000

풀이 순자산의 공정가치; ₩24,000+108,000−40,000−8,000*=₩84,000

지급액	120,000
영업권	₩36,000

* 공정가치를 신뢰성 있게 측정할 수 있다면 우발부채를 인식한다. (기준서 1103 문단23)

18 2005년 1월 1일 영주(주)는 공정가액으로 평가하여 자산 ₩900,000과 부채 ₩400,000을 보유한 성남(주)를 매수하였다. 영주(주)는 대가로 신주 400주(주당액면가액 ₩500, 시가 ₩600)를 발행하여 성남(주)의 1주(주당액면가액 ₩500, 시가 ₩700)에 대해 0.5주의 비율로 교부하였다. 이 밖에도 성남(주)의 주식 1주당 ₩200의 현금을 지급하였다. 영주(주)가 매수와 관련하여 계상할 영업권 또는 염가매수차익은 얼마인가? 【'01, '05. 감평사】

① 영업권 ₩100,000 ② 영업권 ₩180,000

③ 영업권 ₩260,000 ④ 염가매수차익 ₩100,000

⑤ 염가매수차익 ₩180,000

풀이

순자산의 공정가치:	₩500,000 1)
지급대가:	400,000 2)
염가매수차익	₩100,000

1) ₩900,000 − 400,000 = ₩500,000

2) 400 × ₩600 + 800 * × ₩200 = ₩400,000

* 성남발행주식수 = 400주 ÷ 0.5 = 800주

해답 18. ④

– 투자부동산 –

19 투자부동산에 해당되는 항목을 모두 고른 것은? 【'15. 감평사】

ㄱ. 장래 사용목적을 결정하지 못한 채로 보유하고 있는 토지
ㄴ. 직접 소유(또는 금융리스를 통해 보유)하고 운용리스로 제공하고 있는 건물
ㄷ. 제3자를 위하여 건설 또는 개발 중인 부동산
ㄹ. 자가사용부동산
ㅁ. 처분예정인 자가사용부동산
ㅂ. 금융리스로 제공한 부동산
ㅅ. 운용리스로 제공하기 위하여 보유하고 있는 미사용 건물
ㅇ. 미래에 투자부동산으로 사용하기 위하여 건설 또는 개발 중인 부동산

① ㄱ, ㄴ, ㅁ
② ㄱ, ㄴ, ㅅ, ㅇ
③ ㄱ, ㄷ, ㅁ, ㅂ
④ ㄴ, ㄷ, ㅂ, ㅇ
⑤ ㄱ, ㄴ, ㄷ, ㅁ, ㅅ, ㅇ

풀이 ㄱ, ㄴ, ㅅ, ㅇ : 투자부동산
ㄷ : 건설계약(재고자산)
ㄹ : 유형자산
ㅁ : 매각예정자산
ㅂ : 금융리스채권

20 투자부동산의 회계처리에 관한 설명으로 옳지 않은 것은? 【'10. 세무사】

① 부동산 중 일부는 시세차익을 얻기 위하여 보유하고, 일부분은 재화의 생산에 사용하기 위하여 보유하고 있으나, 이를 부분별로 나누어 매각할 수 없다면, 재화의 생산에 사용하기 위하여 보유하는 부분이 중요하다고 하더라도 전체 부동산을 투자부동산으로 분류한다.
② 금융리스를 통해 보유하게 된 건물을 운용리스로 제공하고 있다면 해당 건물은 투자부동산으로 분류한다.
③ 사무실 건물의 소유자가 그 건물을 사용하는 리스이용자에게 경미한 보안과 관리용역을 제공하는 경우 당해 부동산은 투자부동산으로 분류한다.
④ 운용리스로 제공하기 위하여 직접 소유하고 있는 미사용 건물은 투자부동산에 해당된다.
⑤ 지배기업이 보유하고 있는 건물을 종속기업에게 리스하여 종속기업의 본사 건

해답 19. ② 20. ①

물로 사용하는 경우 그 건물은 지배기업의 연결재무제표상에서 투자부동산으로 분류할 수 없다.

풀이 부동산 중 일부는 시세차익을 얻기 위하여 보유하고, 일부분은 재화의 생산에 사용하기 위하여 보유하고 있으나, 이를 부분별로 나누어 매각할 수 없다면, 재화의 생산에 사용하기 위하여 보유하는 부분이 중요하지 않은 경우에만 당해 부동산을 투자부동산으로 분류한다. 참고로, ⑤항은 옳은 문항으로서 투자부동산이 아니라 자가사용부동산에 해당된다.

21 한국채택국제회계기준에 의하면 재무상태표에 구분 표시해야 할 항목에 '투자부동산'이 포함된다. 다음 중 투자부동산의 예로 옳지 않은 것은? 【'10. 감평사】

① 제3자를 위하여 건설 또는 개발 중인 부동산
② 직접 소유하고 운용리스로 제공하고 있는 건물
③ 운용리스로 제공하기 위하여 보유하고 있는 미사용 건물
④ 장래 사용목적을 결정하지 못한 채로 보유하고 있는 토지
⑤ 미래에 투자부동산으로 사용하기 위하여 건설 또는 개발 중인 부동산

풀이 제3자를 위하여 건설 또는 개발 중인 부동산은"건설계약"의 회계처리에 따른다.

22 다음 중 투자부동산으로 분류되지 않는 것은 어느 것인가? 【'10. CPA】

① 금융리스로 제공한 부동산
② 장래 사용목적을 결정하지 못한 채로 보유하고 있는 토지
③ 직접 소유하고 운용리스로 제공하고 있는 건물
④ 운용리스로 제공하기 위하여 보유하고 있는 미사용 건물
⑤ 미래에 투자부동산으로 사용하기 위하여 건설 또는 개발 중인 부동산

풀이 금융리스로 제공한 부동산은 금융리스채권계정으로 대체한다.

23 투자부동산에 해당하지 않은 것은? 【'14. 감평사】

① 장기 시세차익을 얻기 위하여 보유하고 있는 토지(단, 정상적인 영업과정에서 단기간에 판매하기 위하여 보유하는 토지는 제외)
② 미래에 개발 후 자가사용할 부동산
③ 미래에 투자부동산으로 사용하기 위하여 건설 또는 개발중인 부동산
④ 직접 소유(또는 금융리스를 통해 보유)하고 운용리스로 제공하고 있는 건물
⑤ 장래 사용목적을 결정하지 못한 채로 보유하고 있는 토지

해답 21. ① 22. ① 23. ②

풀이 유형자산으로 분류한다.

24 다음 중 투자부동산에 해당되지 않는 것은? 【'13. 관세사】

① 운용리스로 제공하기 위하여 보유하고 있는 미사용 건물
② 장기 시세차익을 얻기 위하여 보유하고 있는 토지
③ 직접소유하고 운용리스로 제공하고 있는 건물
④ 처분예정인 자가사용부동산
⑤ 미래에 투자부동산으로 사용하기 위하여 건설 또는 개발 중인 부동산

풀이 처분예정인 자가사용부동산은 별도의 자산으로 분류하여 보고한다.

25 (주)찬우는 20×2년 1월 1일에 임대수익을 얻을 목적으로 건물 A를 ₩150,000,000에 취득하였다. 건물 A의 내용연수는 10년이고, 잔존가치는 없는 것으로 추정하였다. 20×2년 12월 31일 건물 A의 공정가치는 ₩140,000,000이다. (주)찬우가 건물 A에 대해 공정가치모형을 적용하는 경우 20×2년도에 평가손익으로 인식할 금액은 얼마인가? (단, ㈜찬우는 통상적으로 건물을 정액법으로 감가상각한다.) 【'12. 세무사】

① ₩0
② ₩5,000,000 평가이익
③ ₩5,000,000 평가손실
④ ₩10,000,000 평가이익
⑤ ₩10,000,000 평가손실

풀이 투자부동산의 공정가치; ₩140,000,000
투자부동산의 장부금액; ₩150,000,000
투자부동산평가손실 ₩10,000,000
투자부동산을 공정가치모형으로 평가하는 경우에는 감가상각을 실시하지 않으며 평가손익은 당기손익에 반영한다.

해답 24. ④ 25. ⑤

CHAPTER

07 금융상품(Ⅱ)

제1절 금융상품의 의의 및 분류

1. 의 의

(1) 금융상품은 거래당사자 일방에게 금융자산을 발생시키고 동시에 다른 거래상대방에게 금융부채나 지분상품을 발생시키는 모든 계약을 말한다.

(2) 화폐(현금)는 교환의 수단이므로 금융자산이며, 재무제표에 모든 거래를 인식하고 측정하는 기준이 된다. 은행이나 이와 유사한 금융회사에 대한 예치금은 당해 금융회사에서 현금을 인출하거나 금융부채를 지급하기 위하여 예치된 잔액에 대하여 채권자를 수취인으로 하여 수표 등을 발행할 수 있는 계약상 권리를 나타내므로 금융자산이다.

(3) 미래에 현금을 수취할 계약상 권리에 해당하는 금융자산과 이에 대응하여 미래에 현금을 지급할 계약상 의무에 해당하는 금융부채의 일반적인 예는 다음과 같다.

① 매출채권과 매입채무
② 받을어음과 지급어음
③ 대여금과 차입금
④ 투자사채와 사채

각각의 사례에서, 한 거래당사자가 현금을 수취(지급)할 계약상 권리(의무)는 다른 거래당사자가 지급(수취)할 계약상 의무(권리)에 대응한다.

(4) 실물자산(예: 재고자산, 유형자산), 리스자산과 무형자산(예: 특허권, 상표권)은 금융자산이 아니다. 이러한 실물자산이나 무형자산에 대한 통제는 현금 등 금융자산이 유입될 기회를 제공하지만, 현금 등 금융자산을 수취할 현재의 권리를 발생시키지 않는다.

(5) 미래경제적효익이 현금 등 금융자산을 수취할 권리가 아니라 재화나 용역의 수취인 자산(예: 선급비용)은 금융자산이 아니다. 마찬가지로 선수수익과 대부분의 품질보증의무와 같은 항목도 현금 등 금융자산을 지급할 계약상 의무가 아니라 재화나 용역의 인도를 통하여 당해 항목과 관련된 경제적효익이 유출될 것이므로 금융부채가 아니다.

표 7-1 금융상품과 비금융상품의 분류

비 교	자 산	부 채
금융상품	현금및현금성자산, 매출채권, 대여금, 미수금, 지분상품 및 채무상품 등	매입채무, 미지급금, 차입금, 사채 등
비금융상품	선급금, 선급비용, 재고자산, 유형자산, 무형자산, 투자부동산 등	선수금, 선수수익, 미지급법인세, 충당부채 등

2. 금융상품의 분류

(1) 금융상품의 분류

금융상품의 발행자는 계약의 실질과 금융부채, 금융자산 및 지분상품의 정의에 따라 최초인식시점에 금융상품이나 금융상품의 구성요소를 금융부채, 금융자산 또는 지분상품으로 분류하여야 한다.

(2) 금융자산

금융상품 중 금융자산은 회계상으로 다음과 같이 분류한다.

① 현금및현금성자산

② 대여금및수취채권

③ 당기손익인식금융자산

④ 만기보유금융자산

⑤ 매도가능금융자산

(3) 금융부채

금융상품 중 금융부채는 회계상으로 다음과 같이 분류한다.

① 미지급금

② 매입채무

③ 차입금

④ 사채 등

(4) 지분상품

지분상품이란 기업의 자산에서 모든 부채를 차감한 후의 잔여지분을 나타내는 모든 계약을 말한다.

제2절 당기손익인식금융자산

1. 정 의

당기손익인식금융자산이란 다음 중 하나의 조건을 충족하는 금융자산을 말한다.

(1) 단기매매항목

단기매매는 일반적으로 매입과 매도가 적극적이고 빈번하게 이루어지는 것을 말하며, 단기매매금융상품은 일반적으로 단기간 내의 매매차익을 얻기 위하여 취득한 금융상품을 말한다.

금융자산이나 금융부채는 다음 중 하나에 해당하면 단기매매항목으로 분류된다.

① 주로 단기간 내에 매각하거나 재매입할 목적으로 취득하거나 부담한다.

② 최근의 실제 운용형태가 단기적 이익획득 목적이라는 증거가 있으며, 그리고 공동으로 관리되는 특정 금융상품 포트폴리오의 일부이다.

③ 파생상품이다(다만, 금융보증계약인 파생상품이나 위험회피수단으로 지정되고 위험회피에 효과적인 파생상품은 제외한다).

(2) 당기손익인식지정금융자산

① 최초 인식시점에 당기손익인식항목으로 지정한다. 다음 중 하나 이상을 충족하여 더 목적적합한 정보를 제공하는 경우에만 당기손익인식항목으로 지정할 수 있다.

㉠ 당기손익인식항목으로 지정하면, 서로 다른 기준에 따라 자산이나 부채를 측정하거나 그에 따른 손익을 인식함으로써 발생할 수 있는 인식이나 측정상의 불일치('회계불일치' 라 불리기도 한다)가 제거되거나 상당히 감소된다.

㉡ 문서화된 위험관리나 투자전략에 따라, 금융상품집합(금융자산, 금융부채 또는 금융자산과 금융부채의 조합으로 구성된 집합)을 공정가치기준으로 관리하고 그 성과를 평가하며 그 정보를 이사회, 대표이사 등 주요경영진에게 공정가치기준에 근거하여 내부

적으로 제공한다.

② 보유한 지분상품이 활성거래시장에서 공시되는 시장가격이 없고 공정가치를 신뢰성 있게 측정할 수 없는 경우에는 당기손익인식항목으로 지정할 수 없다.

2. 최초 인식

(1) 인식시기

금융자산이나 금융부채는 금융상품의 계약당사자가 되는 때에만 재무상태표에 인식한다.

(2) 회계처리 방법

금융자산의 정형화된 매입이나 매도는 매매일 또는 결제일에 인식하거나 제거한다. 금융자산의 정형화된 매입이나 매도는 매매일 회계처리방법 또는 결제일 회계처리방법 중 하나를 사용하여 인식한다. 사용한 방법은 동일한 범주에 속하는 금융자산의 매입이나 매도 모두에 대하여 일관성 있게 적용한다.

3. 최초 측정

(1) 취득원가의 측정 및 거래원가

① 당기손익인식지정금융자산(또는 금융부채)는 최초 인식시 공정가치로 측정한다. 다만, 당해 금융자산(금융부채)의 취득(발행)과 직접 관련되는 거래원가는 당기비용으로 처리한다.

② 거래원가에는 대리인(판매대리인 역할을 하는 종업원을 포함), 고문, 중개인 및 판매자에게 지급하는 수수료와 중개수수료, 감독기관과 증권거래소의 부과금 및 양도세 등이 포함된다. 거래원가에는 채무할증액이나 채무할인액, 금융원가나 내부 관리 · 보유원가는 포함되지 아니한다.

취득의 경우

다음 자료에 의하여 취득시와 결산일의 회계처리 방법에 따라 분개하시오.

(1) 20×1년 10월 20일에 CY회사는 CW회사의 주식 100주를 주당 ₩10,000에 취득 하였다. 이와 관련하여 총거래원가가 ₩2,000이 발생하였다.

(2) 결산일인 12월 31의 공정가치는 주당 ₩11,500이다.

풀이

(1) **취득일**(20×1년 10월 20일)

(차) 당기손익인식금융자산	1,000,000	(대) 현 금	1,000,000
지급수수료 (당기비용)	2,000*	현 금	2,000

* 취득시 발생한 거래원가를 취득원가에 포함하는 것이 아니라 당기비용으로 처리한다.

(2) **결산일**(20×1년 12월 31일)

(차) 당기손익인식금융자산	150,000	(대) 당기손익인식금융자산평가이익 (당기손익)	150,000*

* 평가이익 = 100주 × (₩11,500 − 10,000) = ₩150,000
평가손익을 당기손익으로 처리한다.

(2) 채무증권의 경우의 취득 및 처분

사채나 국·공채와 같은 채무증권의 매매가 이자지급일 사이에 이루어지는 경우에 매매일 직전 이자지급일로부터 매매일까지의 경과일수에 해당하는 이자는 구입자의 경우에는 미수이자 계정으로 처리하고 처분한 자는 이자수익계정으로 처리하여 취득가액과 처분가액에 포함시키지 않는다. 이에 대한 회계처리는 다음과 같다.

① 이자지급일 사이에 채무증권을 구입하는 경우

(차) 당기손익인식금융자산	×××	(대) 현 금	×××
미 수 이 자*	×××		

* 직전 이자지급일로부터 구입일까지의 경과일수에 해당하는 이자

② 이자를 수취하는 경우

(차) 현 금	×××	(대) 미 수 이 자	×××
		이 자 수 익*	×××

* 구입일로부터 이자지급일까지의 경과일수에 해당하는 이자

③ 이자지급일 사이에 채무증권을 처분하는 경우(처분이익인 경우)

(차) 현 금	×××	(대) 당기손익인식금융자산	×××
		이 자 수 익	×××
		당기손익인식금융자산처분이익*	×××

* 직전 이자지급일로부터 처분일까지의 경과일수에 해당하는 이자

당기손익인식금융자산(단기매매금융자산)의 취득 및 처분 - 채무증권

(주)CY는 20×1년 5/1에 (주)자양이 발행한 채권을 ₩104,000(경과이자 포함)에 취득하였다. 동사채의 발행내역은 다음과 같다.

액 면 가 액: ₩100,000
발 행 일: 20×1년 1월 1일
만 기 일: 20×3년 12월 31일
이 자 율: 연 12%
이자지급일: 매년 6월 30일과 12월 31일

또한 (주)CY는 상기 당기손익인식금융자산을 20×1년 8월 31일에 경과이자를 포함하여 ₩105,000에 처분하였다.

(1) 사채취득시 및 이자수취시 분개를 하시오.

(2) 사채처분시의 분개를 하시오.

풀이

(1) 사채취득시 및 이자수취시 분개

① 5월 1일 분개

(차)			(대)	
당기손익인식금융자산	100,000		현 금	104,000
미 수 이 자	4,000 [1]			

1) $₩100,000 \times 12\% \times \frac{4}{12} = ₩4,000$(4개월 경과이자)

② 6월 30일 분개

(차)			(대)	
현 금	6,000		미수이자	4,000
			이자수익	2,000 [2]

2) $₩100,000 \times 12\% \times \frac{2}{12} = ₩2,000$

(2) 사채처분시의 분개

(차)			(대)	
현 금	105,000		당기손익인식금융자산	100,000
			이자수익	2,000 [3]
			당기손익인식금융자산처분이익	3,000 [4]

3) $₩100,000 \times 12\% \times \frac{2}{12} = ₩2,000$(2개월 경과이자)

4) ₩103,000 − 100,000 = ₩3,000

4. 후속 측정

(1) 평가방법

당기손익인식금융자산은 공정가치로 측정한다. 여기서 공정가치는 매도 등에서 발생할 수 있는 거래원가를 차감하지 않은 금액이다.

(2) 평가손익의 회계처리

당기손익인식금융자산(또는 당기손익인식금융부채)의 공정가치 변동에 따른 손익은 당기손익으로 인식한다.

당기손익인식금융자산(단기매매금융자산)의 평가 및 처분 - 지분증권

(1) 찬엽회사의 20×1년 12월 31일(결산일) 현재 당기손익인식금융자산의 원가와 시가에 대한 자료는 다음과 같다. 평가손익에 대한 분개를 하라.

종 목	주식수	원 가	시 가	차 이
A사 주식	1주	₩1,000	₩600	₩(400)
B사 주식	1주	2,000	2,500	500
C사 주식	1주	3,000	2,700	(300)
계		₩6,000	₩5,800	₩(200)

(2) 찬엽회사는 20×2년 5월 중에 B회사 주식을 ₩2,300에 처분하였다. 분개는?

(3) 찬엽회사는 20×2년 9월 중에 C회사 주식을 ₩2,800에 처분하였다. 분개는?

(4) 20×2년 12월 31일(결산일) 현재 A회사 주식의 시가는 ₩800이다. 평가손익에 대한 분개는?

풀이

(1) 20×1년 결산일의 평가손익 분개

(차) 당기손익인식금융자산평가손실	200	(대) 당기손익인식금융자산	200

(2) B회사주식의 처분손익 분개

(차) 현 금	2,300	(대) 당기손익인식금융자산	2,500*
당기손익인식금융자산처분손실	200		

* 시가법에 의해 평가하였기 때문에 당기손익인식금융자산의 장부가액은 (₩2,000+500)=₩2,500이고 그것을 ₩2,300에 처분하였으므로 처분손실이 발생한다.

(3) C회사주식의 처분손익 분개

(차) 현　　　　금 2,800　(대) 당기손익인식금융자산 2,700*
　　　　　　　　　　　　　　　당기손익인식금융자산처분이익 100

* C회사 주식의 취득원가는 ₩3,000이지만 전기말에 시가로 평가하여 장부가액이 (3,000－300)＝₩2,700이 되었고 그것을 ₩2,800에 처분하였으므로 처분이익이 발생한다.

(4) 20×2년 결산일의 평가손익 분개

종 목	장부금액	시 가	차 이
A	₩600	₩800	₩200

(차) 당기손익인식금융자산 200　(대) 당기손익인식금융자산평가이익 200*

* 한국채택국제회계기준에서는 공정가액법에 의해 평가하도록 하고 있기 때문에 평가이익도 인식한다.

제3절 만기보유금융자산

1. 정　　의

(1) 만기보유금융자산이란 만기가 고정되었고 지급금액이 확정되었거나 확정될 수 있는 비파생금융자산으로서 만기까지 보유할 적극적인 의도와 능력이 있는 경우의 금융자산을 말한다. 다만, 다음의 경우는 제외한다.

① 금융자산의 최초 인식시점에 당기손익인식항목으로 지정한 경우
② 금융자산을 매도가능금융자산으로 지정한 경우
③ 금융자산이 대여금 및 수취채권의 정의를 충족하는 경우

(2) 만기보유금융자산을 만기까지 보유할 적극적인 의도와 능력이 있는지는 당해 금융자산을 최초로 인식하는 시점뿐만 아니라 매 후속 보고기간 말에 평가한다.

2. 최초 인식과 측정

(1) 최초 인식

금융자산이나 금융부채는 금융상품의 계약당사자가 되는 때에만 재무상태표에 인식한다.

표 7-2 취득시 거래원가

① 당기손익인식금융자산 ~ 거래원가는 당기비용으로 인식
② 만기보유금융자산 및 매도가능금융자산 ~ 거래원가는 공정가치에 가산

(2) 최초 측정

① 금융자산이나 금융부채는 최초 인식시 공정가치로 측정한다. 다만, 당기손익인식금융자산이 아닌 경우 당해 금융자산의 취득과 직접 관련되는 거래원가는 최초 인식하는 공정가치에 가산하여 측정한다.

② 매매일과 결제일 사이의 만기보유금융자산의 공정가치 변동은 인식하지 아니한다. 다만, 손상차손은 인식한다.

3. 후속 측정

(1) 평가방법

최초 인식 후 만기보유금융자산은 유효이자율법을 사용하여 상각후원가로 측정한다. 상각후원가란 금융자산이나 금융부채의 최초인식시점의 측정금액에서 상환된 원금을 차감하고, 최초인식금액과 만기금액의 차액에 유효이자율법을 적용하여 계산된 상각누계액을 가감한 금액을 말한다. 이때 손상차손이나 대손상각을 인식(직접 차감하거나 충당금을 설정)한 경우에는 그 금액을 차감한 금액을 말한다.

(2) 당기손익으로 인식하는 경우

상각후원가를 장부금액으로 하는 금융자산과 금융부채의 손익은 당해 금융자산이나 금융부채가 제거되거나 손상되었을 때 당기손익으로 인식하거나, 상각과정을 거쳐 당기손익으로 인식한다.

만기보유금융자산의 평가

CW회사는 20×1년 초에 액면가액 ₩100,000, 액면이자율 8%(연 1회 지급), 만기 3년인 사채를 만기보유목적으로 ₩95,026(유효이자율 10%)에 취득하였다.

1. 상각표

일 자	유효이자(10%)	액면이자(8%)	상각액	기말장부금액
20×1년 초				95,026
20×1년 말	9,502	8,000	1,502	96,528
20×2년 말	9,653	8,000	1,653	98,181
20×3년 말	9,819	8,000	1,819	100,000
	28,974	24,000	4,974	

2. 회계처리

(1) (20×1년 초)

(차) 만기보유금융자산	95,026	(대) 현 금	95,026

(2) (20×1년 말)

(차) 현 금	8,000	(대) 이자수익	9,502
만기보유금융자산	1,502		

(3) (20×2년 말)

(차) 현 금	8,000	(대) 이자수익	9,653
만기보유금융자산	1,653		

(4) (20×3년 말)

(차) 현 금	8,000	(대) 이자수익	9,819
만기보유금융자산	1,819		
(차) 현 금	100,000	(대) 만기보유금융자산	100,000

제4절 매도가능금융자산

1. 정 의

매도가능금융자산이란 매도가능항목으로 지정한 비파생금융자산 또는 다음으로 분류되지 않는 비파생금융자산을 말한다.

(1) 대여금 및 수취채권

(2) 만기보유금융자산

(3) 당기손익인식금융자산

2. 최초인식과 측정

(1) 최초인식

금융자산이나 금융부채는 금융상품의 계약당사자가 되는 때에만 재무상태표에 인식한다.

(2) 최초 측정

① 매도가능금융자산은 최초 인식시 공정가치로 측정한다. 당해 금융자산의 취득과 직접 관련되는 거래원가는 최초 인식하는 공정가치에 가산하여 측정한다.

② 금융자산의 정형화된 매입이나 매도는 매매일 또는 결제일에 인식하거나 제거한다.

3. 후속측정

(1) 평가방법

최초 인식 후, 파생상품자산을 포함한 금융자산은 공정가치로 측정한다. 다만, 활성거래시장에서 공시되는 시장가격이 없고 공정가치를 신뢰성있게 측정할 수 없는 지분상품은 원가로 측정한다. 여기서 공정가치는 매도 등에서 발생할 수 있는 거래원가를 차감하지 않은 금액이다.

(2) 평가손익의 회계처리

위험회피회계의 대상이 아닌 금융자산과 금융부채의 공정가치 변동에 따른 손익은 다음과 같이 회계처리한다.

① 기타포괄손익의 인식 및 재분류조정

매도가능금융자산의 손익 중 손상차손과 외환손익을 제외한 금액은 기타포괄손익으로 인식하며, 당해 누적손익은 관련된 금융자산이 제거되는 시점에 재분류조정으로 자본에서 당기손익으로 재분류한다. 다만, 유효이자율법을 적용하여 계산한 이자수익은 당기손익으로 인식한다.

② 제거시(처분시) 회계처리(재분류조정)

㉠ 처분이익이 발생한 경우(잔액이 매도가능금융자산평가이익인 경우)

(차) 현 금	×××	대) 매도가능금융자산	×××
매도가능금융자산평가이익*	×××	매도가능금융자산처분이익*	×××

* 처분이익이 발생한 경우에는 자본항목(기타포괄손익)으로 분류된 매도가능금융자산평가이익을 처분시에 재분류조정에 의하여 처분이익(당기이익)에 가산한다.

만약에, 잔액이 매도가능금융자산평가손실인 경우에는 처분이익을 그 만큼 감소시킨다.

㉡ 처분손실이 발생한 경우(잔액이 매도가능금융자산평가이익인 경우)

(차) 현 금	×××	(대) 매도가능금융자산	×××
매도가능금융자산평가이익*	×××		
매도가능금융자산처분손실*	×××		

* 처분손실이 발생한 경우에는 자본항목(기타포괄손익)으로 분류된 매도가능금융자산평가이익을 처분시에 재분류조정에 의하여 처분손실(당기손실)을 감소시킨다.

만약에, 잔액이 매도가능금융자산평가손실인 경우에는 처분손실을 그 만큼 증가시킨다.

(3) 배당금의 인식

매도가능금융자산에서 발생한 배당금은 지급액을 받을 권리가 확정되는 시점에 당기손익으로 인식한다.

(1) 당기손익인식금융자산평가손익은 당기손익으로 인식한다.
(2) 매도가능금융자산평가손익은 기타포괄손익(자본)으로 분류하고, 처분시 또는 손상차손발생시에 당기손익으로 실현된다.

매도가능금융자산(지분증권의 경우)의 평가 및 처분

다음 자료에 의하여 기업회계기준서에 따라 분개하시오.

(1) CW회사는 20×1년 초에 장기투자목적으로 시장성이 있는 YH회사의 주식을 ₩1,000(지분율 5%, 유의적인 영향력이 없다)에 취득하였다.
(2) YH회사의 20×1년 말 공정가치는 ₩800이다.
(3) YH회사의 20×2년 말 공정가치는 ₩1,100이다.
(4) CW회사는 20×3년중에 YH회사의 주식을 ₩1,200에 처분하였다.

풀이

(1)	(차) 매도가능금융자산	1,000	(대) 현 금	1,000
(2)	(차) 매도가능금융자산평가손실 (기타포괄손익)	200	(대) 매도가능금융자산	200
(3)	(차) 매도가능금융자산	300 [1)]	(대) 매도가능금융자산평가손실	200
			매도가능금융자산평가이익	100

1) 매도가능금융자산평가손익(기타포괄손익)은 차기 이후에 발생하는 매도가능금융자산평가손익과 상계처리하고 처분시에 처분손익에 차감 또는 부가한다.

(4) (차) 현 금 1,200 (대) 매도가능금융자산 1,100
매도가능금융자산평가이익 100 매도가능금융자산처분이익 200 2)

2) 처분손익 = 처분가액 − (장부가액 − 매도가능금융자산평가이익)
= ₩1,200 − (1,100 − 100) = ₩200 처분이익

간단히 구하면,

처분손익 = 처분가액 − 취득원가 = ₩1,200 − 1,000 = ₩200 처분이익

매도가능금융자산(채무증권의 경우)의 평가 및 처분

(1) CW회사는 20×1년 초 액면가액 ₩100,000, 액면이자율 8%(연 1회 지급), 만기 5년인 사채를 장기투자목적으로 ₩92,428(유효이자율 10%)에 취득하였다.

(2) 20×1년 말 투자채권의 공정가치는 ₩96,000이었으며 20×2년 초에 이 투자채권을 ₩98,000에 처분하였다.

풀이

(1) 상각표

일 자	유효이자(10%)	액면이자	상각액	기말장부금액
20×1년 초				92,428
20×1년 12/31	9,243	8,000	1,243	93,671
20×2년 12/31	9,367	8,000	1,367	95,038
20×3년 12/31	9,504	8,000	1,504	96,542
20×4년 12/31	9,654	8,000	1,654	98,196
20×5년 12/31	9,804	8,000	1,804	100,000
	47,572	40,000	7,572	

(2) 회계처리

① (20×1년 초)

(차) 매도가능금융자산 92,428 (대) 현 금 92,428

② (20×1년 말)

(차) 현 금 8,000 (대) 이자수익 9,243
매도가능금융자산 1,243

(차) 매도가능금융자산 2,329 (대) 매도가능금융자산평가이익 2,329 1)

1) ₩96,000 − (92,428 + 1,243) = ₩2,329

③ (20×2년 초)

(차) 현 금 98,000 (대) 매도가능금융자산 96,000
매도가능금융자산평가이익 2,329 매도가능금융자산처분이익 4,329 2)

2) 처분손익 = 처분가액 − 장부가액 + 매도가능금융자산평가이익 − 매도가능금융자산평가손실
= 처분가액 − 상각후원가
= ₩98,000 − 96,000 + 2,329
= ₩98,000 − (96,000 − 2,329)
= ₩98,000 − 93,671
= ₩4,329

간단히 구하면,
처분손익 = 처분가액 − 상각후원가
= ₩98,000 − 93,671 = ₩4,329

표 7-3 증권의 계정과목의 분류 및 평가방법

1. 지분증권
 (1) 유의적인 영향력이 있는 경우~관계기업투자주식 → 지분법 → 평가손익(당기손익)
 (2) 유의적인 영향력이 없는 경우
  ① 주로 단기간내의 매매차익 목적~당기손익인식금융자산 → 공정가치법 → 평가손익(당기손익)
  ② ① 이외의 경우~매도가능금융자산
   ㉠ 시장성이 있는 경우~공정가치법 → 평가손익(기타포괄손익)
   ㉡ 시장성이 없는 경우
    ⓐ 공정가치를 신뢰성 있게 측정할 수 있는 경우~공정가치법 → 평가손익(기타포괄손익)
    ⓑ 공정가치를 신뢰성 있게 측정할 수 없는 경우 → 원가법(평가손익 없음)
2. 채무증권
 (1) 주로 단기간내의 매매차익 목적~당기손익인식금융자산 → 공정가치법 → 평가손익(당기손익)
 (2) 만기까지 보유할 목적~만기보유금융자산 → 상각후원가(유효이자율법)
 (3) (1) 및 (2)이외의 경우~매도가능금융자산 → 공정가치법 → 평가손익(기타포괄손익)

지분증권의 처분손익계산

다음 자료에 의하여 각 지분증권의 처분손익을 구하시오.

종류 / 구분	단기매매 금융자산	매도가능금융자산		관계기업 투자주식
		시장성이 있는 경우	시장성이 없는 경우	
① 취득원가	₩1,000	₩1,000	₩1,000	₩1,000
② 결산일 공정가치	1,200	1,200	−	1,200
③ 지분법적용후 장부금액	−	−	−	1,300
④ 처분가액	1,500	1,500	1,500	1,500

위의 모든 주식은 20×1년초에 취득하고 20×2년초에 처분하였다. 단, 결산일은 12/31일이다.

풀이

(1) 단기매매금융자산(당기손익인식금융자산)
처분손익 = 처분가액 − 장부금액
= 처분가액 − 직전기말공정가치
= ₩1,500 − 1,200 = ₩300 처분이익

(2) 매도가능금융자산
① 시장성이 있는 경우
처분손익 = 처분가액 − 장부금액 + 매도가능금융자산평가이익
− 매도가능금융자산평가손실
= ₩1,500 − 1,200 + (1,200 − 1,000) = ₩500 처분이익
간단히 구하면,
처분손익 = 처분가액 − 취득원가
= ₩1,500 − 1,000 = ₩500 처분이익
② 시장성이 없는 경우
처분손익 = 처분가액 − 장부금액
= 처분가액 − 취득원가
= ₩1,500 − 1,000 = ₩500 처분이익
시장성이 없는 경우에는 원가법으로 평가하기 때문에 취득원가가 곧 장부금액이 된다.

(3) 관계기업투자주식
처분손익 = 처분가액 − 지분법적용후의 장부금액
= ₩1,500 − 1,300 = ₩200 처분이익

채무증권의 처분손익계산

다음의 자료에 의하여 각 채무증권의 처분손익을 구하시오.

구 분 \ 종 류	단기매매금융자산	매도가능금융자산	만기보유금융자산
① 취득원가	₩1,000	₩1,000	₩1,000
② 상각후 원가	1,150	1,150	1,150
③ 결산일 공정가치	1,200	1,200	1,200
④ 처분가액	1,500	1,500	1,500

위의 모든 주식은 20×1년초에 취득하고 20×2년초에 처분하였다. 단, 결산일 및 이자지급일은 12/31일이다.

풀이

(1) 단기매매금융자산

처분손익 = 처분가액 − 장부금액

= 처분가액 − 직전기말공정가치

= ₩1,500 − 1,200 = ₩300 처분이익

(2) 매도가능금융자산

처분손익 = 처분가액 − 장부금액 + 매도가능증권평가이익 − 매도가능증권평가손실

= ₩1,500 − 1,200 + (1,200 − 1,150) = ₩350 처분이익

간단히 구하면,

처분손익 = 처분가액 − 상각후원가

= ₩1,500 − 1,150 = ₩350 처분이익

(3) 만기보유금융자산

처분손익 = 처분가액 − 장부금액

= 처분가액 − 상각후원가

= ₩1,500 − 1,150 = ₩350 처분이익

만기보유금융자산은 결산일에 공정가치로 평가하지 않기 때문에 상각후원가가 곧 장부금액이 된다.

채무증권의 계정과목별 평가 및 처분 비교

다음 자료에 따라 물음에 답하시오

1. CW회사는 20×1년 초에 액면가액 ₩100,000, 액면이자율 8%(연 1회, 매년 말 지급), 만기 3년인 사채를 ₩95,026(유효이자율 10%)에 취득하였다.
2. 20×1년 말 채권의 공정가치는 ₩97,000이었으며, 동 채권을 20×2년 초에 ₩98,000에 처분하였다.
3. 회사는 동 채권을 당기손익인식금융자산으로 분류할 것인지, 매도가능금융자산으로 분류할 것인지 아니면 만기보유금융자산으로 분류할 것인지를 결정하려고 한다. (단, 손상차손은 발생하지 않았다고 가정한다.)

(1) 20×1년 말 각 계정과목별 장부금액은 얼마인가?

(2) 20×1년 말 각 계정과목별 당기손익은 얼마인가?

(3) 20×1년 말 각 계정과목별 총포괄손익은 얼마인가?

(4) 20×2년 초 각 계정과목별 처분손익은 얼마인가?

풀이

(1) 20×1년 말 각 계정과목별 장부금액

① 당기손익인식금융자산

공정가치법으로 평가하므로 공정가치 ₩97,000이 기말장부금액이 된다.

② 매도가능금융자산
공정가치법으로 평가하므로 공정가치 ₩97,000이 기말장부금액이 된다.
③ 만기보유금융자산
유효이자율법으로 평가하므로 상각후원가 ₩96,528이 기말장부금액이 된다.

상각표

일 자	유효이자(10%)	액면이자(8%)	상각	기말장부금액
20×1년 초				95,026
20×1년 말	9,502	8,000	1,502	96,528
20×1년 말	9,653	8,000	1,653	98,181
20×1년 말	9,819	8,000	1,819	100,000
	28,974	24,000	4,974	

(2) 20×1년 말 각 계정과목별 당기손익 계산
① 당기손익인식금융자산
당기손익인식금융자산은 유효이자율법을 적용하지 않고 공정가치법으로 평가하므로 취득원가와 기말공정가치와의 차이인 평가손익을 당기손익으로 인식하고, 동시에 액면이자를 이자수익으로 인식한다. 즉,
∴ 당기손익＝평가손익+액면이자＝(₩97,000－95,026)+8,000＝₩9,974
② 매도가능금융자산
매도가능금융자산은 유효이자율법을 병행하면서 기말 공정가치로 평가한다. 따라서 유효이자를 당기손익으로 인식하고, 기말공정가치와 상각후원가와의 평가차익은 기타포괄손익으로 인식하고 당기손익에는 반영하지 않는다. 즉,
∴ 당기손익＝유효이자＝₩9,502
기타포괄이익(매도가능금융자산평가이익)＝₩97,000－96,528＝₩472
③ 만기보유금융자산
만기보유금융자산은 공정가치로 평가하지 않고 유효이자율법을 적용하므로 유효이자를 당기손익으로 인식한다.
∴ 당기이익＝₩9,502

(3) 20×1년 말 총포괄손익
① 당기손익인식금융자산
총포괄이익＝당기손익＋기타포괄손익＝₩9,974＋0＝₩9,974
② 매도가능금융자산
총포괄이익＝당기손익＋기타포괄손익＝₩9,502＋472＝₩9,974
③ 만기보유금융자산
총포괄이익＝당기손익＋기타포괄손익＝₩9,502＋0＝₩9,502

(4) 20×2년 초 각 계정과목별 처분손익 계산
① 당기손익인식금융자산
처분손익＝처분액－장부금액(직전기말 공정가치)＝₩98,000－97,000＝₩1,000
② 매도가능금융자산
처분손익＝처분액－장부금액±매도가능금융자산평가손익＝처분액－상각후원가

=₩98,000−97,000+472=₩98,000−(97,000−472)=₩98,000−96,528=₩1,472

③ 만기보유금융자산

처분손익=처분액−상각후원가=₩98,000−96,528=₩1,472

채무증권의 각 계정과목별 비교표

기말장부금액	당기손익인식금융자산=매도가능금융자산≠만기보유금융자산
당기손익	당기손익인식금융자산≠매도가능금융자산=만기보유금융자산
총포괄손익(자본)	당기손익인식금융자산=매도가능금융자산≠만기보유금융자산
처분손익	당기손익인식금융자산≠매도가능금융자산=만기보유금융자산

제5절 금융자산의 손상

1. 의 의

(1) 금융자산(또는 금융자산의 집합)의 손상 발생에 대한 객관적인 증거가 있는지를 매 보고기간 말에 평가하고, 그러한 증거가 있는 경우 상각후원가를 장부금액으로 하는 금융자산, 원가를 장부금액으로 하는 금융자산 및 매도가능금융자산은 손상차손을 인식한다.

손상차손은 당해 자산의 장부금액에서 직접 차감하거나 충당금계정을 사용하여 차감하고 당기손익으로 인식한다.

(2) 금융자산(또는 금융자산의 집합)이 손상되었다는 객관적인 증거에는 당해 금융자산의 보유자의 주의를 끄는 다음의 손상사건에 대한 관측가능한 자료가 포함된다. 그러나 미래 사건의 결과로 예상되는 손상차손은 아무리 발생가능성이 높다 하더라도 인식하지 아니한다.

① 금융자산의 발행자나 지급의무자의 중요한 재무적 어려움

② 이자지급이나 원금상환의 불이행이나 지연과 같은 계약 위반

③ 차입자의 재무적 어려움에 관련된 경제적 또는 법률적 이유로 인한 당초 차입조건의 불가피한 완화

④ 차입자의 파산이나 기타 재무구조조정의 가능성이 높은 상태가 됨

⑤ 재무적 어려움으로 당해 금융자산에 대한 활성거래시장의 소멸 등

(3) 금융상품이 더 이상 공개적으로 거래되지 않아 활성거래시장이 소멸하더라도 그것이 반드시 손상의 증거가 되는 것은 아니다.

2. 지분증권인 경우

(1) 원가법을 적용하는 매도가능금융자산

① 손상차손의 인식과 측정

공정가치를 신뢰성 있게 측정할 수 없어서 공정가치를 장부금액으로 하지 않는, 공시가격이 없는 지분상품에 대하여 손상발생의 객관적인 증거가 있다면, 손상차손은 유사한 금융자산의 현행 시장수익률로 할인한 추정미래현금흐름의 현재가치와 장부금액의 차이로 측정한다.

손상차손 = 장부금액 − 추정미래현금흐름의 현재가치*

* 유사한 금융자산의 현행 시장수익률로 할인한다.

② 손상차손환입

원가를 장부금액으로 하는 매도가능금융자산(지분상품)의 경우에는 회복된 금액을 환입하지 아니한다.

매도가능금융자산손상차손 및 환입(원가법)

다음 자료에 의하여 기업회계기준서에 따라 분개하시오.

(1) CW회사는 20×1년 초에 YH회사의 주식을 ₩100,000에 취득하였다.

(2) 20×1년 말의 YH회사의 추정미래현금흐름의 현재가치가 ₩60,000으로 하락하였으며 객관적인 증거가 있다.

(3) 20×2년 말 YH회사의 추정미래현금흐름의 현재가치가 ₩70,000으로 회복되었다. 이 회복은 손상차손을 인식한 기간 후에 발생한 사건과 객관적으로 관련되어 있다.

풀이

(1) (차) 매도가능금융자산	100,000	(대) 현 금	100,000
(2) (차) 매도가능금융자산손상차손	40,000 [1)]	(대) 매도가능금융자산	40,000

1) 시장성이 없는 지분증권은 원가법으로 하되 회수가능액이 하락하고 객관적인 증거가 있는 경우에는 손상차손으로 하여 당기손실로 한다.

(3) 회복이 객관적으로 관련되어 있다 하더라도 환입하지 않는다.

(2) 공정가치법을 적용하는 매도가능금융자산

① 손상차손 인식

공정가치 감소액을 기타포괄손익으로 인식하는 매도가능금융자산에 대하여 손상발생의 객관적인 증거가 있는 경우, 기타포괄손익으로 인식한 누적손실은 당해 자산이 제거되지 않더라도 재분류조정으로 자본에서 당기손익으로 재분류한다.

(차) 매도가능금융자산손상차손　×××　(대) 매도가능금융상품평가손실*　×××

* 객관적인 증거가 있는 경우 자본항목인 매도가능금융상품평가손실을 재분류조정에 의하여 손상차손(당기비용)으로 인식한다.

② 손상차손의 측정

자본(기타포괄손익)에서 당기손익으로 재분류하는 누적손실은 다음의 ①에서 ②를 차감한 금액이다.

① 공정가치가 취득원가에 미달하는 금액

② 이전 기간에 이미 당기손익으로 인식한 당해 금융자산의 손상차손

③ 손상차손의 환입

공정가치가 증가한 경우에는 지분상품인 매도가능금융자산인 경우에는 환입하여 당기손익으로 하지 않고, 기타포괄손익으로 인식한다.

매도가능금융자산손상차손 및 환입(공정가치법)

다음 자료에 의하여 기업회계기준서에 따라 분개하시오.

(1) CW회사는 20×1년 초에 장기투자목적으로 시장성이 있는 YH회사의 주식을 ₩1,000에 취득하였다.

(2) 20×1년 말 YH회사 주식의 공정가치는 ₩1,100이다.

(3) 20×2년 말 YH회사 주식의 공정가치는 ₩400으로 하락하였으며 객관적인 증거가 있다.

(4) 20×3년 말 YH회사 주식의 공정가치가 ₩1,200으로 회복되었다.

풀이

(1)	(차) 매도가능금융자산	1,000	(대) 현금	1,000
(2)	(차) 매도가능금융자산	100	(대) 매도가능금융자산평가이익	100

(3) (차) ⎧ 매도가능금융자산평가이익 100 (대) 매 도 가 능 금 융 자 산 700
⎩ 매도가능금융자산평가손실 600
(차) 매도가능금융자산손상차손 600 [1)] (대) 매도가능금융자산평가손실 600

1) 매도가능금융자산의 공정가치가 하락하고 객관적인 증거가 있는 경우에는 기타포괄손익으로 인식한 누적손실을 재분류조정으로 자본항목(기타포괄손익)에서 당기손익(손상차손)으로 인식한다.

(4) 공정가치가 ₩1,200원으로 회복된 경우
(차) 매도가능금융자산 800 (대) 매도가능금융자산평가이익 800 [2)]

2) 공정가치가 회복된 경우에는 당기이익으로 인식하지 않고 기타포괄손익으로 인식한다.

3. 채무증권인 경우

(1) 상각후원가로 평가하는 만기보유금융자산

① 손상차손의 인식

만기보유금융자산에서 손상이 발생하였다는 객관적 증거가 있는 경우, 손상차손은 당해 자산의 장부금액과 최초의 유효이자율(최초인식시점에 계산된 유효이자율)로 할인한 추정미래현금흐름의 현재가치의 차이로 측정한다. 그 이유는 현행 시장이자율로 할인하면 상각후원가로 측정해야 하는 금융자산을 실질적으로 공정가치로 측정하게 되기 때문이다.

손상차손 = 장부금액 − 추정미래현금흐름의 현재가치*

* 최초의 유효이자율 즉, 최초인식시점에 계산된 유효이자율로 할인한다.

② 손상차손환입

후속기간 중 손상차손의 금액이 감소하고 그 감소가 손상을 인식한 후에 발생한 사건과 객관적으로 관련된 경우(예: 채무자의 신용등급 향상)에는 이미 인식한 손상차손을 직접 환입하거나 충당금을 조정하여 환입한다. 회복 후 장부금액은 당초 손상을 인식하지 않았다면 회복일 현재 인식하였을 상각후원가를 초과하지 않도록 한다. 환입한 금액은 당기손익으로 인식한다.

만기보유금융자산의 손상차손 및 환입

(1) [기본예제 4]의 내용과 같다.

(2) 20×1년말 만기보유증권의 추정미래현금흐름의 현재가치(회수가능액)는 ₩37,223(액면가액 ₩40,000, 표시이자율 6%)으로 하락하였으며 객관적인 증거가 있다.

(3) 20×2년말에 회수가능액이 ₩77,092(액면가액 ₩80,000, 표시이자율 6%)으로 회복되었으며 이 회복은 손상차손을 인식한 기간 후에 발생한 사건과 객관적으로 관련되어 있다.

풀이

1. 상각표

[기본예제 4] 참조

2. 회계처리

(1) (20×1년 말)

(차) 현 금	8,000	(대) 이자수익	9,502
만기보유금융자산	1,502		
(차) 만기보유금융자산손상차손	59,305 1)	(대) 만기보유금융자산	59,305

1) 장부금액(₩95,026＋1,502) ₩96,528

회수가능액 37,223 2)

손상차손 ₩59,305

손상차손으로 인식하는 금액은 최초인식시점에 계산된 유효이자율로 할인한 추정미래현금흐름의 현재가치(회수가능액)와 장부금액의 차이금액이다.

2) 회수가능액은 다음과 같이 계산되었다.

₩40,000×0.82645 (10%, 2년)＝₩33,058

40,000×6%×1.7355 (10%, 2년)＝ 4,165

₩37,223

(2) (20×2년 말)

상각표

일 자	유효이자(10%)	액면이자(6%)	상각액	기말장부금액
20×2년 초				37,223
20×2년 말	3,722	2,400	1,322	38,545
20×3년 말	3,855	2,400	1,455	40,000
	7,577	4,800	2,777	

(차) 현 금	2,400	(대) 이자수익	3,722
만기보유금융자산	1,322		

손상차손을 인식한 이후의 이자수익은 추정미래현금흐름의 현재가치를 측정할 때 사용한 이자율을 적용하여 산출한다. 여기서는 10%가 된다.

(차) 만기보유금융자산 38,547 (대) 만기보유금융자산손상차손환입 38,547 [3)]

3) 장부금액(₩37,223 + 1,322) ₩38,545
회수가능액 77,092 [4)]
환 입 액 ₩38,547

손상차손을 인식한 이후 손상차손이 회복된 경우에는 손상차손을 인식한 기간 후에 발생한 사건과 객관적으로 관련된 경우에는 회복된 금액을 당기이익으로 인식하되 회복후 장부가액이 당초에 손상차손을 인식하지 않았다면 회복일 현재의 상각후원가가 되었을 금액(즉, 20×2년 말 상각후원가인 ₩98,181)을 초과하지 않도록 한다.

4) 회수가능액 계산
₩80,000 × 0.9091 (10%, 1년) = ₩72,728
80,000 × 6% × 0.9091 (10%, 1년) = 4,364
₩77,092

(3) (20×3년 말)
(차) 현 금 4,800 (대) 이자수익 7,708
만기보유금융자산 2,908 [5)]
5) ₩77,092 × 10% − 80,000 × 6% = ₩2,908
(차) 현 금 80,000 (대) 만기보유금융자산 80,000

(2) 공정가치로 평가하는 매도가능금융자산

① 손상차손 인식

㉠ 공정가치 감소액을 기타포괄손익으로 인식하는 매도가능금융자산에 대하여 손상발생의 객관적인 증거가 있는 경우, 기타포괄손익으로 인식한 누적손실은 당해 자산이 제거되지 않더라도 재분류조정으로 자본에서 당기손익으로 재분류한다.

(차) 매도가능금융자산손상차손 ××× (대) 매도가능금융자산평가손실* ×××

* 객관적인 증거가 있는 경우 자본항목인 매도가능금융자산평가손실(기타포괄손실)을 재분류조정에 의하여 손상차손(당기비용)으로 인식한다.

㉡ 손상차손 인식 후의 이자수익

금융자산이나 유사한 금융자산의 집합이 손상차손으로 감액되면, 그 후의 이자수익은 손상차손을 측정할 목적으로 미래현금흐름을 할인하는 데 사용한 이자율(현행시장이자율)을 사용하여 인식한다.

② 손상차손 측정

자본(기타포괄손익)에서 당기손익으로 재분류하는 누적손실은 다음의 ①에서 ②를 차감한 금액이다.

㉠ 공정가치가 상각후원가에 미달하는 금액
㉡ 이전 기간에 이미 당기손익으로 인식한 당해 금융자산의 손상차손

(3) 손상차손환입

후속기간에 매도가능채무상품의 공정가치가 증가하고 그 증가가 손상차손을 인식한 후에 발생한 사건과 객관적으로 관련된 경우에는 환입하여 당기손익으로 인식한다.

매도가능금융자산(채무증권의 경우)의 손상차손 및 환입

(1) [기본예제 6]의 내용과 같다.
단, 20×1년말 공정가치는 ₩96,000이다.
(2) 20×2년말 매도가능금융자산의 기대현금흐름의 현재가치(공정가치)는 ₩51,354 (액면가액 ₩60,000, 표시이자율 6%)으로 하락하였으며 객관적인 증거가 있다. 20×2년말 현행시장이자율은 12%이다.
(3) 20×3년말에 회수가능액은 ₩69,464(액면가액 ₩80,000, 표시이자율 6%)으로 회복되었다. 회복은 객관적으로 관련되어 있다. 20×3년말 현행시장이자율은 14%이다.

풀이

1. 상각표
[기본예제 6] 참조

2. 회계처리
(1) (20×1년 초)

(차) 매도가능금융자산	92,428	(대) 현금	92,428

(2) (20×1년 말)

(차) 현금	8,000	(대) 이자수익	9,243
매도가능금융자산	1,243		
(차) 매도가능금융자산	2,329	(대) 매도가능금융자산평가이익 (기타포괄손익)	2,329 [1]

1) ₩96,000－(92,428＋1,243)＝₩2,329

(3) (20×2년 말)

(차) 현금	8,000	(대) 이자수익	9,367
매도가능금융자산	1,367		
(차) 매도가능금융자산평가이익	2,329 [2]	(대) 매도가능금융자산	46,013 [4]
매도가능금융자산평가손실	43,684		
(차) 매도가능금융자산손상차손	43,684 [3]	(대) 매도가능금융자산평가손실	43,684

2) 공정가치가 하락하고 객관적인 증거가 있는 경우에는 기타포괄이익으로 인식한 평가이익 잔액이 있으면 우선 상계하고 남은 잔액은 재분류조정으로 당기손익(손상차손)으로 인식한다.

3) 상각후취득원가(₩92,428+1,243+1,367) ₩95,038

공정가치	51,354 [5]
손상차손	₩43,684

4) (₩96,000+1,367)−51,354=₩46,013

5) 공정가치는 다음과 같이 계산되었다.

₩60,000×0.7118	(12%, 3년)=	₩42,708
60,000×6%×2.4018	(12%, 3년)=	8,646
		₩51,354

(4) (20×3년 말)

(차)	현 금	3,600	(대) 이자수익	6,162
	매도가능금융자산	2,562 [6]		

6) ₩51,354×12%−60,000×6%=₩2,562

(차)	매도가능금융자산	15,548	(대) 매도가능금융자산손상차손환입 (당기이익)	15,548 [7]

7) 장부금액 (₩51,354+2,562) ₩53,916

공정가치	69,464 [8]
환입액	₩15,548

손상차손의 회복이 손상차손을 인식한 기간 후에 발생한 사건과 객관적으로 관련된 경우에는 회복된 금액을 당기이익으로 인식한다.

8) 공정가치계산

₩80,000×0.7695	(14%, 2년)=	₩61,560
80,000×6%×1.6467	(14%, 2년)=	7,904
		₩69,464

표 7-4 금융자산손상차손인식 후 환입의 경우

지분증권		채무증권	
시장성이 없는 경우	시장성이 있는 경우	만기보유금융자산	매도가능금융자산
당기이익으로 인식하지 않는다. 즉, 분개 없음	회복액을 당기이익으로 인식하지 않고 매도가능금융자산평가이익(기타포괄이익)으로 인식한다.	객관적으로 관련된 경우에 상각후원가를 한도로 하여 당기이익으로 인식한다.	객관적으로 관련된 경우에 회복액을 당기이익으로 인식한다.

제6절 금융자산의 분류변경

1. 당기손익인식금융자산

(1) 당기손익인식항목과 관련한 재분류

① 파생상품인 경우

파생상품은 보유기간 또는 발행 이후 기간 중 당기손익인식항목 범주로 재분류하거나, 당기손익인식항목 범주에서 다른 범주로 분류 변경할 수 없다.

② 당기손익인식지정금융자산인 경우

최초인식시점에 당기손익인식항목으로 지정된 금융상품은 당기손익인식항목 범주에서 다른 범주로 재분류할 수 없다.

③ 단기간 내에 매각할 목적으로 취득한 경우

금융자산을 더 이상 단기간 내에 매각할 목적이 아니며, 드문 상황의 경우에만 당기손익인식항목의 범주에서 다른 범주로 재분류할 수 있다.

(2) 재분류시 회계처리

금융자산을 당기손익인식항목의 범주에서 다른 범주로 재분류한다면, 재분류일의 공정가치로 재분류하여야 한다. 당기손익에 이미 인식된 손익이 있다면, 그 손익은 환입하지 않는다.

2. 지분증권인 경우의 재분류

(1) 원가법(매도가능금융자산)을 공정가치법(매도가능금융자산)으로 재분류하는 경우

① 재분류하는 경우

신뢰성 있게 측정할 수 있다면 공정가치로 측정하여야 하는 금융자산을 이전에는 신뢰성 있게 측정할 수 없었으나, 현재 신뢰성 있게 측정할 수 있게 된 경우 재분류한다.

② 재분류시 회계처리

당해 자산은 공정가치로 다시 측정하며 장부금액과 공정가치의 차이는 기타포괄손익 회계처리한다.

(2) 공정가치법(매도가능금융자산)을 원가법(매도가능금융자산)으로 재분류하는 경우

① 재분류하는 경우

보유 의도나 능력이 변경된 경우, 매우 예외적이기는 하지만 공정가치를 신뢰성 있게 측정할 수 없게 된 경우 등으로 금융자산을 공정가치로 측정하는 것보다 원가로 측정하는 것이 타당하다면 재분류한다.

② 재분류시 회계처리

발생일 현재 해당 금융자산의 공정가치인 장부금액이 새로운 원가가 된다. 재분류전에 인식한 기타포괄손익은 당해 자산을 매각하거나 처분하는 시점에 당기손익으로 인식한다. 금융자산이 후속적으로 손상되면 기타포괄손익으로 인식된 손익을 자본에서 당기손익으로 재분류한다.

3. 채무증권인 경우의 재분류

(1) 만기보유금융자산을 매도가능금융자산으로 재분류하는 경우

① 재분류하는 경우

보유 의도나 능력에 변화가 있어 더 이상 만기보유금융자산으로 분류하는 것이 적절하지 않다면, 만기보유금융자산은 매도가능금융자산으로 재분류한다.

② 재분류시 회계처리

공정가치로 다시 측정하며 그 장부금액과 공정가치의 차이는 기타포괄손익으로 회계처리한다.

만기보유금융자산의 분류변경

(1) CW회사는 20×1년 초에 액면가액 ₩100,000, 표시이자율 8%(연 1회 지급), 만기 3년인 사채를 만기보유목적으로 ₩95,026(유효이자율 10%)에 취득하였다.

(2) 20×1년 말 만기보유목적으로 취득한 사채를 매도가능금융자산으로 분류변경하였다. 현행시장이자율은 9%이며 공정가액은 ₩98,243이다.

풀이

1. (20×1년 초)

(차) 만기보유금융자산	95,026	(대) 현 금	95,026

2. (20×1년 말)

(차)	현 금	8,000	(대) 이자수익	9,502
	만기보유금융자산	1,502 [1]		

1) ₩95,026×10%−100,000×8%=₩1,502

(차)	매도가능금융자산	98,243	(대) 만기보유금융자산	96,528 [2]
			매도가능금융자산평가이익 (기타포괄손익)	1,715 [3]

2) ₩95,026+1,502=₩96,528

3) ₩98,243−96,528=₩1,715

공정가액과 장부금액의 차이 ₩1,715는 자본항목(기타포괄손익)으로 처리한다.

(2) 매도가능금융자산을 만기보유금융자산으로 재분류하는 경우

① 재분류하는 경우

보유 의도나 능력이 변경된 경우, 매우 예외적이기는 하지만 공정가치를 신뢰성 있게 측정할 수 없게 된 경우 등으로 금융자산을 공정가치로 측정하는 것보다 상각후원가로 측정하는 것이 타당하다면 재분류한다.

② 재분류시 회계처리

발생일 현재 해당 금융자산의 공정가치인 장부금액이 새로운 원가가 된다. 이때 재분류전에 기타포괄손익으로 인식된 해당 자산의 손익은 다음과 같이 회계처리한다.

㉠ 그 손익은 만기보유금융자산의 잔여기간에 걸쳐 유효이자율법으로 상각하여 당기손익으로 인식한다.

㉡ 만기금액과 새로운 상각후원가의 차이는 할인차금이나 할증차금의 상각과 마찬가지로 당해 금융자산의 잔여기간에 걸쳐 유효이자율법을 사용하여 상각한다.

㉢ 금융자산이 후속적으로 손상되면, 기타포괄손익으로 인식된 손익은 자본에서 당기손익으로 재분류한다.

매도가능금융자산의 분류변경

(1) [기본예제 14]의 사채를 중도매각목적으로 취득하였다.

(2) 20×1년말 중도매각목적으로 취득한 사채를 만기보유금융자산으로 분류변경하였다. 현행시장이자율은 9%이며 공정가치는 ₩98,243이다.

풀이

1. 상각표

일 자	유효이자(10%)	액면이자(8%)	상각액	기말장부금액	공정가치	차이
20×1년 초				95,026		
20×1년 말	9,502	8,000	1,502	96,528	98,243	1,715
20×2년 말	9,653	8,000	1,653	98,181		
20×3년 말	9,819	8,000	1,819	100,000		
	28,974	24,000	4,974			

2. 회계처리

(1) (20×1년 초)

(차) 매도가능금융자산 95,026 (대) 현 금 95,026

(2) (20×1년 말)

(차) 현 금 8,000 (대) 이자수익 9,502
매도가능금융자산 1,502

(차) 매도가능금융자산 1,715 (대) 매도가능금융자산평가이익1,715 1)

1) ₩98,243 − (95,026 + 1,502) = ₩1,715

(차) 만기보유금융자산 98,243 (대) 매도가능금융자산 98,243
매도가능금융자산평가이익 1,715 만기보유금융자산평가이익 1,715 2)
(기타포괄손익) (기타포괄손익)

2) 분류변경을 위한 평가시점까지 발생한 매도가능금융자산의 미실현보유손익(매도가능금융자산평가손익)잔액은 계속 자본항목(기타포괄손익)으로 처리하고 그 금액은 만기까지의 잔여기간에 걸쳐 유효이자율법을 적용하여 상각하고 각 기간의 이자수익에 가감한다. 즉,
₩96,528 × $(1+r)^2$ = ₩98,243 ∴ $r = 0.884\%$

(3) (20×2년 말)

(차) 현 금 8,000 (대) 이자수익 8,841 3)
만기보유금융자산 841

(차) 만기보유금융자산평가이익 854 (대) 이자수익 854 4)

3) 분류변경된 만기보유금융자산의 상각표

일 자	유효이자(9%)	액면이자(8%)	상각액	기말장부금액
20×1년 말				98,243
20×2년 말	8,841	8,000	841	99,084
20×3년 말	8,916	8,000	916	100,000
	17,757	16,000	1,757	

매도가능금융자산에서 분류변경된 만기보유금융자산의 액면가액과 분류변경일 현재의 공정가치(₩98,243)와의 차이는 잔여기간에 걸쳐서 유효이자율법에 의하여 이자수익에 가감한다.

4) 만기보유금융자산평가이익 상각표

일 자	유효이자(0.884%)	상각액	기말장부금액
20×1년 말			96,528
20×2년 말	854	854	97,382
20×3년 말	861	861	98,243
	1,715	1,715	

제7절 주식배당과 무상주

주식배당은 주식발행회사가 배당이 가능한 잉여금(미처분이익잉여금)을 자금이 부족하여 현금으로 배당하지 않고 주식을 발행하여 교부하는 것을 말한다. 무상증자란 배당이 불가능한 잉여금(자본잉여금과 이익잉여금 중에서 법정적립금인 이익준비금 및 기타 법정적립금)을 자본에 전입하고 기존주주에게 무상으로 신주를 발행해 주는 것을 말한다.

주식배당이든 무상증자이든 피투자회사의 자본이 감소하여 자본이 증가하는 경우(즉, 형식적인 증자)에 해당하므로 순자산의 변동이 없고 또한 기존주주들의 소유주식수에 비례해서 주식을 교부하므로 투자자의 소유주식비율의 변동이 생기지 않는다.

따라서, 주식배당을 받은 경우와 무상주를 교부받은 경우에는 이익으로 처리하지 않고 1주당 단가만 조정한다.

주식배당과 무상증자

CW회사는 20×1년 10월에 YH회사의 시장성이 없는 주식 100주(매도가능금융자산으로 분류)를 주당 ₩900(1주당 액면가액은 ₩500)에 취득하였다. 20×2년 초 주주총회의 결의로 주식배당 20주를 교부받았고, 또한 20×2년 중 이익준비금의 자본전입에 따른 무상주 30주를 교부받았다.

(1) 무상주 30주 및 주식배당 20주를 교부받았을 때의 분개는?

(2) 주식배당 및 무상주 교부 받은후 매도가능금융자산의 1주당 단가는?

(3) 무상주를 교부받은 직후에 YH회사의 주식 50주를 주당 ₩700에 처분하였다. 처분손익은?

풀이

(1) 분개 없음

(2) 매도가능금융자산의 1주당 단가

취득가액	100주×₩900	=₩90,000
주식배당 및 무상주	50주	= 0
계	150주	90,000
총주식수		÷ 150주
1주당단가		₩600

(3) (차) 현 금	35,000	(대)	매도가능금융자산	30,000*
			매도가능금융자산처분이익	5,000

* 50주 × ₩600 = ₩30,000

제8절 지분법

1. 의 의

(1) 지분법이란 투자자산을 최초에 원가로 인식하고, 취득시점 이후에 발생한 피투자자의 순자산 변동액 중 투자자의 지분을 해당 투자자산에 가감하여 보고하는 회계처리방법을 말한다.

(2) 한국채택국제회계기준 1028호에서는 관계기업이 되는 시점부터 지분법을 적용하여 회계처리하며 관계기업에 대하여 유의적인 영향력을 상실한 시점부터 지분법을 중단하도록 규정하고 있다.

(3) 관계기업이란 파트너십과 같이 법인격이 없는 실체를 포함한 기업으로 투자자가 당해 기업에 대하여 유의적인 영향력이 있는 기업을 말한다.

(4) 투자자가 직접으로 또는 간접(예 : 종속기업을 통하여)으로 피투자자에 대한 의결권의 20% 이상을 소유하고 있다면 유의적인 영향력이 있는 것으로 본다. 다만 유의적인 영향력이 없다는 사실을 명백하게 제시할 수 있는 경우는 제외한다. 반대로 투자자가 직접으로 또는 간접(예 : 종속 기업을 통하여)으로 피투자자에 대한 의결권의 20% 미만을 소유하고 있다면 유의적인 영향력이 없는 것으로 본다. 다만 유의적인 영향력이 있다는 사실을 명백하게 제시할 수 있는 경우는 제외한다.

(5) 투자자가 다음 중 하나 이상에 해당하는 경우 일반적으로 유의적인 영향력이 있다는 것이 입증된다.

① 피투자자의 이사회나 이에 준하는 의사결정기구에 참여

② 배당이나 다른 분배에 관한 의사결정에 참여하는 것을 포함하여 정책결정과정에 참여

③ 투자자와 피투자자 사이의 중요한 거래
④ 경영진의 상호 교류
⑤ 필수적 기술정보의 제공

2. 구체적인 회계처리

지분법에 대한 회계처리를 경우에 따라 정리하면 다음과 같다.

(1) 취득시

(차) 관계기업투자주식[1] ××× (대) 현 금 ×××

1) 취득시에는 취득원가로 표시한다.

(2) 피투자회사의 순이익(순손실) 보고시

① 순이익인 경우

(차) 관계기업투자주식 ××× (대) 지분법이익[2] (당기이익) ×××

2) 주식취득 후에 피투자회사가 순이익을 보고하면 지분율만큼 관계기업투자주식을 증가시키고 지분법이익을 인식한다. 즉,

지분법이익＝피투자회사의 순이익×지분율

② 순손실인 경우

(차) 지분법손실[3] (당기손실) ××× (대) 관계기업투자주식 ×××

3) 지분법손실＝피투자회사의 순손실×지분율

(3) 배당금 결의 및 수취시

① 배당금 결의시

(차) 미수배당금[4] ××× (대) 관계기업투자주식 ×××

4) 현금배당을 받게되면 순자산의 감소로 인하여 지분이 감소하게 되므로 관계기업투자주식을 지분율에 해당하는 만큼 배당금 결의시점에 감소시킨다. 배당금수령 시점보다 지급결의시점에 조정하는 이유는 결의시점이 발생기준에 더 부합되기 때문이다. 즉,

미수배당금＝결의한 배당금지급총액×지분율

② 배당금 수령시

(차) 현 금 ××× (대) 미수배당금 ×××

그리고, 주식배당이나 무상주 교부는 피투자회사의 순자산가액의 변동이 없으므로 회계처리하지 않는다.

(4) 영업권

영업권의 상각은 허용되지 않는다.

(5) 자산 과소평가분이 있는 경우

① 유형자산(감가성 자산)에서 과소평가분이 발생한 경우

(차) 지분법이익[5]	×××	(대) 관계기업투자주식	×××

5) 유형자산과소평가분이 있는 경우에는 과소평가분을 기준으로한 감가상각비를 계산하여 지분법이익과 관계기업투자주식을 감소시킨다.

② 감가성자산이외의 자산(재고자산 · 토지 등)에서 과소평가분이 발생한 경우

(차) 지분법이익[6]	×××	(대) 관계기업투자주식	×××

6) 당기에 처분한 경우에는 과소평가분 전액을 지분법이익과 관계기업투자주식을 감소시킨다. 당기에 처분하지 않은 경우에는 회계처리하지 않는다.

(6) 피투자회사의 기타포괄손익의 증감이 발생한 경우

① 증가한 경우

(차) 관계기업투자주식	×××	(대) 지분법자본변동[7] (기타포괄손익)	×××

7) 피투자회사의 순자산변동이 기타포괄손익의 증감으로 발생한 경우에는 기타포괄손익(지분법자본변동계정)으로 처리한다.

지분법자본변동 = 피투자회사의 기타포괄손익의 증가액 × 지분율

② 감소한 경우

(차) 지분법자본변동 (기타포괄손익)	×××	(대) 관계기업투자주식	×××

(7) 내부거래 미실현손익의 제거

투자회사 및 피투자회사간의 거래에서 발생한 손익에 투자회사의 지분율을 곱한 금액 중 재무상태표일 현재 보유자산(예를 들면, 재고자산 등)의 장부금액에 반영되어 있는 부분은 투자회사의 미실현손익으로 본다. 이 경우 미실현손익은 관계기업투자주식에서 차감하고 미실현손실은 관계기업투자주식에 가산한다.

미실현된 내부거래이익을 제거하는 이유는 투자회사는 피투자회사의 영업활동 등에

중대한 영향력을 행사할 수 있기 때문에 내부거래를 통하여 이익을 조작할 수 있다. 따라서 이익조작을 방지하기 위해서 내부거래로 인한 이익을 제거해야 한다.

① 당기 미실현이익 제거

(차) 지분법이익[8)	×××	(대) 관계기업투자주식	×××

8) 제거할 내부거래이익＝내부거래시 발생한 당기미실현이익×지분율

② 당기 실현이익 인식

(차) 관계기업투자주식	×××	(대) 지분법이익[9)]	×××

9) 당기에 인식할 실현이익＝내부거래시 발생한 당기실현이익×지분율

3. 지분법적용 중지

관계기업의 손실 중 투자자의 지분이 관계기업 투자지분과 같거나 초과하는 경우 투자자는 관계기업 투자지분 이상의 손실에 대하여 인식을 중지한다.

투자자의 지분이 '영(0)'으로 감소된 이후 추가 손실분에 대하여 투자자는 법적의무 또는 의제의무가 있거나 관계기업을 대신하여 지불하여야 하는 경우, 그 금액까지만 손실과 부채로 인식한다. 만약 관계기업이 추후에 이익을 보고할 경우 투자자는 투자자의 지분에 해당하는 이익의 인식을 재개하되, 인식하지 못한 손실을 초과한 금액만을 이익으로 인식한다.

지분법평가시 영업권 등 계산은 다음과 같다.

① 지분취득을 위한 지급액	×××	영업권에 해당 (①－②)
② 순자산의 공정가치×지분율 (자산의 공정가치－부채의 공정가치)	×××	유형자산등의 과소평가분에 해당 (②－③)
③ 순자산의 장부금액×지분율 (자산의 장부금액－부채의 장부금액)	×××	

원가법과 지분법

(1) CW회사는 20×3년 1월 1일 YH회사의 총발행주식 중 20%를 ₩400,000에 구입하였다. YH회사의 순자산장부금액은 ₩1,200,000이고 순자산의 공정가치는 ₩1,500,000이다. 장부금액과 공정가치의 차이는 건물과소평가분이고 5년간 정액법상각한다.
(2) YH회사는 20×3년 말에 ₩500,000의 순이익을 보고하였으며 ₩200,000의 현금배당을 결의 및 지급하였다.
(3) 20×3년 말에 YH회사의 매도가능금융자산평가이익이 ₩50,000증가하였다.

위 자료를 가지고 원가법과 지분법에 따라 분개하시오.

풀이

	원가법	지분법
① 취득시	(차) 매도가능금융자산400,000 (대) 현 금 400,000	(차) 관계기업투자주식 400,000 (대) 현 금 400,000
② 순이익보고시	분개 없음	(차) 관계기업투자주식 100,000 (대) 지분법이익 100,000[1] (당기이익) 1) ₩500,000×0.2=₩100,000
③ 배당금결의 및 수령시	(차) 현 금 40,000 (대) 배당금수익 40,000[2] (당기이익) 2) ₩200,000×0.2=₩40,000	(차) 현 금 40,000 (대) 관계기업투자주식 40,000
④ 영업권상각	분개 없음	분개 없음[3] 3) 영업권상각은 허용되지 않는다.
⑤ 유형자산과소평가분상각	분개 없음	(차) 지분법이익 12,000[4] (대) 관계기업투자주식 12,000 4) 순자산의 공정가치×지분율 =₩1,500,000×0.2=₩300,000 순자산의 장부가액×지분율 =₩1,200,000×0.2=240,000 과소평가분 ₩60,000 ∴ 과소평가분상각=₩60,000×$\frac{1}{5}$=₩12,000
⑥ 기타포괄손익증가	분개 없음	(차) 관계기업투자주식 10,000 (대) 지분법자본변동 10,000[5] (기타포괄손익) 5) ₩50,000×20%=₩10,000

표 7-5 배당금의 인식

종 류	현금배당 수취시
당기손익인식금융자산	차) 현금 ××× 대) 배당금수익(당기손익) ×××
매도가능금융자산(원가 및 공정가치법)	차) 현금 ××× 대) 배당금수익(당기손익) ×××
관계기업투자주식(지분법)	차) 현금 ××× 대) 관계기업투자주식 ×××

자산 과소평가분이 있는 경우

다음 자료는 OK회사와 KI회사간의 거래이다.

(1) 20×1년 1월 1일 OK회사는 KI회사의 발행주식 총수의 40%에 해당하는 400주를 ₩3,500,000에 취득하였다. 취득일 현재 KI회사의 장부상 순자산가액은 ₩8,000,000이었고, KI회사의 순자산가액과 공정가치가 일치하지 않는 항목은 다음과 같다. 【'03. 세무사】

	재고자산	토지	건물
공정가치	₩500,000	₩1,000,000	₩800,000
장부금액	300,000	800,000	500,000

(2) 재고자산은 모두 20×1년 중에 외부에 판매되었다.

(3) 토지는 20×1년 중에 ₩1,100,000의 가격으로 외부에 판매되었다.

(4) 20×1년초 건물의 잔존내용연수는 10년, 잔존가액 ₩0, 정액법으로 상각한다.

(5) 20×1년 12월 31일 KI회사는 ₩1,000,000의 당기순이익을 보고하였다.

위 자료에 의하여 OK회사가 20×1년 12월 31일에 보고해야 할 지분법손익(당기손익)과 관계기업투자주식 계정잔액을 구하시오.

풀이

(1) 분개하면 다음과 같다.

① 취득시

(차) 관계기업투자주식	3,500,000	(대) 현 금	3,500,000

② 순이익 보고시

(차) 관계기업투자주식	400,000	(대) 지분법이익	400,000

1) ₩1,000,000×40%=₩400,000

③ 영업권 상각

분개 없음

④ 과소평가분 상각

(차) 지분법이익	172,000	(대) 관계기업투자주식	172,000

3) 건　　물; (₩300,000×40%−0)÷10년 = ₩12,000
토　　지; 200,000×40% = 80,000
재고자산; 200,000×40% = 80,000
계 ₩172,000

즉, 건물은 과소평가분에 대한 감가상각비를 지분법이익에서 상계처리하며 토지와 재고자산은 당기에 모두 처분되었으므로 과소평가분 전액을 지분법이익에서 상계처리한다.

(2) 지분법손익 계산

분개의 내용을 간단히 정리하면 다음과 같다.

순이익×지분율	; ₩400,000
자산과소평가분 상각	; (−)172,000
지분법이익	₩228,000

(3) 관계기업투자주식 계산

분개의 내용을 간단히 정리하면 다음과 같다.

취득원가	;	₩3,500,000
순이익×지분율(1,000,000×40%)	;	400,000
현금배당×지분율	; (−)	0
과소평가분상각	; (−)	172,000
관계기업투자주식계정 잔액		₩3,728,000

내부거래가 있는 경우

1. 한강회사는 섬진강회사의 주식 20%를 소유하고 있다.
2. 섬진강회사는 20×1년 말에 재고자산 원가 ₩10,000을 한강회사에 ₩12,000에 판매하였다.
3. 한강회사는 이 재고자산을 20×1년에 판매하지 않았고, 20×2년 중에 외부에 ₩14,000에 판매하였다.

다음 물음에 답하시오

(1) 20×1년 내부거래 미실현이익에 대한 회계처리를 하시오.

(2) 20×2년 내부거래 실현이익에 대한 회계처리를 하시오.

풀이

(1) 20×1년 내부거래 미실현이익 제거

(차) 지분법이익	400	(대) 관계기업투자주식	400

1) 20×1년 중에 한강회사가 섬진강회사로부터 구입한 재고자산을 외부에 판매하지 않았기 때문에 재고자산에 포함된 이익만큼 실현되지 않았다. 따라서 지분율에 해당하는 미실현

이익을 제거해야 한다. 즉,

미실현이익 = (₩12,000 − 10,000) × 20% = ₩400

(2) 20×2년 내부거래 실현이익 인식

(차) 관계기업투자주식	400	(대) 지분법이익	400

2) 전기 미실현이익이 당기에 실현되었으므로 당기 실현이익으로 인식한다.

>>> 예·제·문·제·정·해

예제 1 | 지분증권의 평가 및 처분

(1) ㈜대한은 ㈜세종의 주식을 다음과 같이 취득 및 처분하였다.
(2) ㈜대한은 주식의 단가산정과 관련하여 이동평균법을 이용한다.
(3) 20×1년 3월 1일 이전에 보유하고 있는 ㈜세종의 주식은 없으며, 일자별 자료는 다음과 같다.

① 20×1. 3. 1; 주식 20주를 주당 ₩1,000에 취득, 수수료 ₩1,000을 지불
② 20×1. 5. 1; 주식 30주를 주당 ₩1,200에 취득, 수수료 ₩1,500을 지불
③ 20×1. 10. 1; 주식 10주를 주당 ₩1,500에 처분, 수수료 ₩1,500을 지불
④ 20×1. 12. 31; 기말 종가는 주당 ₩1,400이다.

(물음 1) ㈜대한은 ㈜세종의 주식을 단기매매금융자산으로 구분하였다. ㈜대한이 20×1년 포괄손익계산서에 인식할 단기매매금융자산평가손익은?【'13, '14. 감평사】

① 평가이익 ₩5,200 ② 평가이익 ₩11,200
③ 평가손실 ₩10,200 ④ 평가손실 ₩12,200
⑤ 평가손실 ₩15,200

(물음 2) ㈜대한은 ㈜세종의 주식을 매도가능금융자산으로 구분하였다. ㈜대한이 20×1년 포괄손익계산서에 인식할 매도가능금융자산평가손익은?

① 평가이익 ₩9,200 ② 평가손실 ₩9,200
③ 평가이익 ₩11,200 ④ 평가손실 ₩11,200
⑤ 평가이익 ₩12,200

풀이 (1) 단기매매금융자산평가손익

주당 단가=(20주×₩1,000+30주×1,200)÷50주=₩1,120

단기매매금융자산처분이익=10주×(₩1,500−1,120)−1,500=₩2,300(당기이익)

단기매매증권평가이익=40주×(₩1,400−1,120)=₩11,200(당기이익)

* 당기손익인식금융자산(단기매매금융자산); 취득시 발생한 거래원가는 당기비용으로 처리
매도가능금융자산 및 만기보유금융자산; 취득시 발생한 거래원가는 취득원가에 포함

해답 ②

(2) 매도가능금융자산평가손익

주당 단가=(20주×₩1,000+1,000+30주×1,200+1,500)÷50주=₩1,170

매도가능금융자산처분이익＝10주×(₩1,500－1,170)－1,500＝₩1,800(당기이익)
매도가능금융자산평가이익＝40주×(₩1,400－1,170)＝₩9,200(기타포괄이익)

해답 ①

예제 2 | 채무증권의 평가 및 처분

(1) 20×1년 1월 1일에 ㈜대한은 ㈜한국이 동 일자에 발행한 액면가액 ₩1,000,000, 표시이자율 연 8%(이자는 매년말 후급)의 3년 만기 사채를 ₩950,220에 취득하였다.
(2) 취득 당시 유효이자율은 연 10%이었다.
(3) 동 사채의 20×1년 말 공정가치는 ₩970,000이었으며, 20×2년 초에 ₩975,000에 처분하였다.

㈜대한의 동 사채에 대한 회계처리로서 <u>옳지 않은</u> 것은? 【'14. CPA】

① 단기매매금융자산으로 분류되었다면, 20×1년 당기순이익은 ₩99,780 증가한다.
② 매도가능금융자산으로 분류되었다면, 20×1년 당기순이익은 ₩95,022 증가한다.
③ 만기보유금융자산으로 분류되었다면, 20×1년 당기순이익은 ₩95,022 증가한다.
④ 매도가능금융자산으로 분류되었다면, 20×2년 당기순이익은 ₩5,000 증가한다.
⑤ 만기보유금융자산으로 분류되었다면, 20×2년 당기순이익은 ₩9,758 증가한다.

풀이 (1) 20×1년도 당기순이익
단기매매금융자산; 액면이자＋평가이익＝₩80,000+(970,000－950,220)＝₩99,780
매도가능금융자산; 유효이자＝₩950,220×10%＝₩95,022
만기보유금융자산; 유효이자＝₩950,220×10%＝₩95,022

(1) 20×2년도 당기순이익
단기매매금융자산; 처분이익＝₩975,000－970,000＝₩5,000
매도가능금융자산; 처분이익＝₩975,000－(970,000－4,758)＝₩9,758
만기보유금융자산; 처분이익＝₩975,000－965,242*＝₩9,758
* 1차 말 장부금액＝₩950,220×1.1－80,000＝₩965,242

해답 ④

예제 3 | 지분법 평가

(1) (주)대한은 20×1년 1월 1일에 (주)민국의 발행주식 총수의 40%에 해당하는 100주를 총 ₩5,000에 취득하여, 유의적인 영향력을 행사하게 되어 지분법을 적용하기로 하였다.
(2) 취득일 현재 (주)민국의 장부상 순자산가액은 ₩10,000이었고, (주)민국의 장부상 순자산가액과 공정가치가 일치하지 않는 이유는 재고자산과 건물의 공정가치가 장부금액보다 각각 ₩2,000과 ₩400이 많았기 때문이다.
(3) 그런데 재고자산은 모두 20×1년 중에 외부에 판매되었으며, 20×1년 1월 1일 기준 건물의 잔존내용연수는 4년이고 잔존가치는 ₩0이며, 정액법으로 상각한다.
(4) (주)민국은 20×1년도 당기순이익 ₩30,000과 기타포괄이익 ₩10,000을 보고하였으며, 주식 50주(주당 액면 ₩50)를 교부하는 주식배당과 ₩5,000의 현금배당을 결의하고 즉시 지급하였다.

(주)대한이 20×1년도 재무제표에 보고해야 할 관계기업투자주식과 지분법손익은? 【'07, '13. 세무사】

① 관계기업투자주식 ₩17,160 지분법이익 ₩11,160
② 관계기업투자주식 ₩17,160 지분법이익 ₩15,160
③ 관계기업투자주식 ₩18,160 지분법이익 ₩11,160
④ 관계기업투자주식 ₩18,160 지분법이익 ₩15,160
⑤ 관계기업투자주식 ₩20,160 지분법이익 ₩15,160

풀이 (1) 관계기업투자주식

취득원가	;	₩5,000
순이익 ; ₩30,000×40%	;	12,000
현금배당 ; ₩5,000×40%	;	△2,000
과소평가분 ; 재고자산 ; ₩2,000×40%	;	△800
건 물 ; (₩400×40%−0)÷4	;	△40
기타포괄이익 ; ₩10,000×40%	;	4,000
관계기업투자주식		₩18,160

(2) 지분법손익계산

순이익; ₩30,000×40%	;	₩12,000
과소평가분; 재고자산 ; ₩2,000×40%	;	△800
건 물 ; (₩400×40%−0)÷4	;	△40
지분법이익		₩11,160

해답: ③

>>> 객·관·식·문·제

1 금융상품의 해당하는 것을 모두 고른 것은? 【'15. 감평사】

ㄱ. 국공채를 기초자산으로 발행된 약속어음	
ㄴ. 대여금	ㄷ. 매출채권
ㄹ. 선급비용	ㅁ. 투자사채
ㅂ. 산업재산권	ㅅ. 선수수익
ㅇ. 미지급법인세	ㅈ. 충당부채

① ㄱ, ㄴ, ㄹ ② ㄱ, ㄴ, ㄷ, ㅁ
③ ㄱ, ㄷ, ㅁ, ㅅ ④ ㄴ, ㄷ, ㅁ, ㅇ
⑤ ㄴ, ㄹ, ㅂ, ㅇ, ㅅ

풀이 금융상품 : ㄱ, ㄴ, ㄷ, ㅁ
비금융상품 : ㄹ, ㅂ, ㅅ, ㅇ, ㅈ

2 금융상품의 정의에 따라 다음의 항목 중 금융상품으로만 구성되어 있는 것은? 【'10. 감평사】

ㄱ. 현금	ㄴ. 매출채권	ㄷ. 선급비용
ㄹ. 미지급법인세	ㅁ. 매입채무	ㅂ. 대여금
ㅅ. 투자사채	ㅇ. 제품보증수리충당부채	

① ㄱ, ㄴ, ㄷ ② ㄱ, ㅂ, ㅇ ③ ㄴ, ㄹ, ㅁ
④ ㄹ, ㅅ, ㅇ ⑤ ㅁ, ㅂ, ㅅ

풀이

구 분	계 정 과 목
금융상품	현금및현금성자산, 매출채권, 대여금, 미수금, 주식 및 채권, 매입채무, 차입금, 미지급금, 사채, 금융리스 등
비금융상품	선급금, 선급비용, 재고자산, 유형자산, 무형자산, 투자부동산, 선수금, 선수수익, 미지급법인세, 충당부채, 운용리스 등

3 금융자산의 범주에 관한 설명으로 옳지 않은 것은? 【'15. 관세사】

해답 1. ② 2. ⑤ 3. ④

① 당기손익인식금융자산은 단기매매금융자산과 당기손익인식지정금융자산으로 분류할 수 있다.

② 금융자산을 주로 단기간 내에 매각할 목적으로 취득하였다면 단기매매항목으로 분류한다.

③ 만기보유금융자산은 만기가 고정되었고 지급금액이 확정되었거나 결정가능한 비파생금융자산으로서 만기까지 보유할 적극적인 의도와 능력이 있는 경우의 금융자산이다.

④ 금융자산을 매도가능금융자산으로 지정한 경우에도 만기까지 보유할 적극적인 의도와 능력이 있는 경우에는 만기보유금융자산으로 분류한다.

⑤ 대여금 및 수취채권은 지급금액이 확정되었거나 결정가능하며 활성시장에서 가격이 공시되지 않은 비파생금융자산이다.

풀이 매도가능금융자산으로 지정한 경우에는 제외한다.

– 금융자산 평가 및 처분 –

4 ㈜한국은 20×1년 초에 ㈜세종이 발행한 주당 액면금액 ₩500인 보통주식 10주를 주당 ₩1,000에 취득하면서 수수료를 총 ₩100을 지불하였고, 매도가능금융자산으로 분류하였다. 이 주식의 20×1년 말 주당 공정가치는 ₩800이며, 20×2년 말 주당 공정가치는 ₩1,300이다. ㈜한국은 20×3년 4월 10일에 이 주식 전부를 주당 ₩1,100씩에 매각하였고, 처분시 부담한 수수료는 총 ₩600이다. ㈜한국이 20×3년 4월 10일 이 주식을 매각할 때 인식해야 할 매도가능금융자산처분손익은? 【'14 감평사】

① 처분이익 ₩300 ② 처분이익 ₩400

③ 처분손실 ₩2,000 ④ 처분손실 ₩2,500

⑤ 처분손실 ₩2,600

풀이 매도가능금융자산처분이익 = 처분액 − (장부금액 ± 매도가능금융자산평가손익) − 처분시부대비용
= 처분액 − 취득원가 − 처분시부대비용 *
= 10주 × ₩1,100 − (10주 × ₩1,000 + 100) − 600 = ₩300

* 투자자산 및 영업용자산을 포함한 비유동자산의 처분손익은 처분대금에서 그 자산의 장부금액과 관련처분비용을 차감하여 표시한다.

5 (주)자양철강은 3월 1일에 매년말 ₩120,000의 이자를 지급하는 사채(액면가액

해답 4. ① 5. ⑤

₩1,000,000, 표시이자율 12%)를 단기적 자금운용목적으로 취득하였다. 취득시 사채의 이전소유자에게 경과이자를 포함하여 ₩1,100,000을 지급하였으며 동년 12월 1일에 경과이자를 포함하여 ₩1,050,000을 현금으로 받고 사채를 매각하였다. (주)자양철강이 인식하여야 할 단기매매금융자산처분손실은 얼마인가? 【'91. 감평사, '98. 세무사 수정】

① ₩30,000　　② ₩50,000
③ ₩80,000　　④ ₩120,000
⑤ ₩140,000

풀이 ① 3/1 취득시

(차) 단기매매금융자산 1,080,000 / 미 수 수 익 20,000 1)　(대) 현 금 1,100,000

1) $₩1,000,000 \times 12\% \times \frac{2}{12} = ₩20,000$

② 12/1 처분시

(차) 현 금 1,050,000 / 단기매매금융자산처분손실 140,000 2)　(대) 단기매매금융자산 1,080,000 / 미 수 이 자 20,000 / 이 자 수 익 90,000 1)

1) 경과이자 $₩1,000,000 \times 12\% \times \frac{11}{12} = ₩110,000$

∴ 이자수익 ₩110,000 − 20,000 = ₩90,000

2) 처분가액 ₩1,050,000 − 110,000 = ₩940,000

장부금액 1,080,000

처분손실 ₩140,000

6 (주)한국은 여유자금을 이용하여 (주)서울이 발행한 주식을 20×3년 1월부터 취득하기 시작하였으며, 단기 매매를 목적으로 하고 있다. 다음은 20×3년 동안에 일어난 거래이다. 【'99. 감평사, '00. CPA 수정】

일 자	매입수량	매도수량	단위당 매입금액	단위당 매도금액
1월 8일	200		₩50,000	
2월 8일	100		₩60,000	
4월 5일	200		₩100,000	
8월 5일		300		₩110,000
10월 30일	200		₩120,000	

(주)한국의 결산일은 12월 31일이다. 기말에 유가증권의 시가가 주당 ₩100,000일 경

해답 6. ④

우 포괄손익계산서상의 단기매매금융자산평가손익과 처분손익은 얼마가 되는가? (단, 매도시의 단위당 원가는 이동평균법을 사용하여 계산한다.)

① 평가이익 6,000,000, 처분이익 7,000,000
② 평가이익 5,714,286, 처분이익 7,285,714
③ 평가이익 10,000,000, 처분이익 3,000,000
④ 평가이익 1,600,000, 처분이익 11,400,000
⑤ 평가손실 4,000,000, 처분이익 17,000,000

풀이 4/5 단가$=(200\times ₩50,000+100\times 60,000+200\times 100,000)\times \frac{1}{500}=₩72,000$

8/5 처분이익$=300\times(₩110,000-72,000)=₩11,400,000$

10/30 단가$=(200\times ₩72,000+200\times 120,000)\times \frac{1}{400}=₩96,000$

12/31 평가이익$=400\times(₩100,000-96,000)=₩1,600,000$

7 (주)해동상사가 보유하고 있는 단기매매차익목적의 시장성 있는 주식을 기업회계기준서에 따라 평가하는 경우 기말단기매매금융자산잔액은 얼마인가? 【'04. 감평사】

종 류	수 량	주당액면가	주당취득원가	주당시가
A사 주식	6,200	₩5,000	₩6,000	₩5,500
B사 주식	12,000	₩5,000	₩7,000	₩8,000
C사 주식	9,000	₩5,000	₩4,600	₩4,200
D사 주식	2,500	₩10,000	₩11,000	₩9,000

① ₩180,000,000 ② ₩190,400,000 ③ ₩200,400,000
④ ₩264,100,000 ⑤ ₩315,400,000

풀이 $6,200\times ₩5,500+12,000\times ₩8,000+9,000\times ₩4,200+2,500\times ₩9,000=₩190,400,000$

8 다음은 (주)한국이 20×8년과 20×9년 중 단기매매목적으로 거래한 사채와 관련된 내용이다.

- 20×8년 10월 1일에 (주)서울이 발행한 사채(액면금액 ₩1,000,000, 이자율 연 10%, 이자는 매년 말 후급, 20×8년 1월 1일 발행, 20×9년 12월 31일 원금일시상환)를 발생이자를 포함하여 ₩1,050,000에 취득하였다.

해답 7. ② 8. ③

- 20×8년 말에 현금이자를 수령하였으며 기말현재 상기 사채와 관련하여 형성된 시장 수익률은 연 10%이다.
- 20×9년 7월 1일에 상기 사채 전액을 발생이자를 포함하여 ₩1,020,000에 처분하였다.

위의 거래와 관련하여 (주)한국이 20×8년도에 인식할 단기매매금융자산평가손익과 20×9년도에 인식할 단기매매증권처분손익은 각각 얼마인가? 【'09. 감평사】

	단기매매금융자산평가손익	단기매매금융자산처분손익
①	₩50,000 손실	₩ 5,000 이익
②	₩25,000 이익	₩ 5,000 이익
③	₩25,000 이익	₩30,000 손실
④	₩50,000 손실	₩30,000 이익
⑤	₩50,000 손실	₩20,000 이익

풀이 (1) 경과이자 = ₩1,000,000 × 10% × $\frac{9}{12}$ = ₩75,000

∴ 취득원가 = ₩1,050,000 − 75,000 = ₩975,000

(2) 단기매매금융자산 평가이익 = ₩1,000,000 * − 975,000 = ₩25,000

* 20×8년 말 공정가치는 액면이자율과 시장이자율이 같기 때문에 액면가액이 곧 공정가치이다.

(3) 처분액 = ₩1,020,000 − 50,000 1) = ₩970,000

장부가액	1,000,000 2)
단기매매금융자산처분손실	₩30,000

1) 발생이자 = ₩1,000,000 × 10% × $\frac{6}{12}$ = ₩50,000

2) 전기말 공정가치가 장부가액이 된다.

9 ㈜서울은 20×1년 중에 ₩10,100을 지급하고 지분상품을 취득하였는데, 지급액 중 ₩100은 매매수수료이다. ㈜서울은 20×1년 말 현재 지분상품의 공정가치는 ₩11,000이며, ㈜서울은 20×2년 초에 지분상품 전체를 ₩11,200에 처분하였다. ㈜서울이 이 지분상품을 단기매매금융자산으로 인식할 경우 이에 대한 회계처리가 20×1년과 20×2년 당기순이익에 미치는 영향은? 【'01, '08, '12. 감평사】

① 20×1년 ₩100 감소, 20×2년 ₩1,200 증가

② 20×1년 ₩900 증가, 20×2년 ₩200 증가

③ 20×1년 ₩900 증가, 20×2년 ₩900 증가

④ 20×1년 ₩1,000 증가, 20×2년 ₩200 증가

⑤ 20×1년 ₩1,000 증가, 20×2년 ₩1,200 증가

해답 9. ②

풀이 (1) 20×1년도

단기매매금융자산평가이익	₩11,000－10,000＝₩1,000
지급수수료	△ 100
당기순이익	₩ 900

(2) 20×2년도

처분액	₩ 11,200
장부금액	△ 11,000
당기순이익(처분이익)	₩200

10 (주)감평은 20×5년 6월 2일에 주식 100주를 주당 ₩2,500에 취득하고, 취득과 직접적으로 관련된 수수료 ₩15,000을 지급하였다. 위 주식의 각 연도말 주당 공정가치는 다음과 같다.

20×5년 말	20×6년 말	20×7년 말
₩2,800	₩2,450	₩2,700

(주)감평이 20×8년 1월 2일에 동 주식 전부를 주당 ₩2,750에 처분하였다. (주)감평이 동 주식을 취득시점에서 단기매매금융자산으로 분류했을 경우와 매도금융자산으로 분류했을 경우로 구분하여 20×8년에 인식할 처분손익을 각각 계산하면 얼마인가?

【'15. 관세사, '00, '11, '15. 감평사】

	단기매매금융자산	매도가능금융자산
①	손실 ₩25,000	손실 ₩25,000
②	손실 ₩5,000	이익 ₩25,000
③	이익 ₩5,000	이익 ₩10,000
④	이익 ₩5,000	이익 ₩25,000
⑤	이익 ₩5,000	손실 ₩10,000

풀이 (1) 단기매매금융자산처분손익=처분액－직전기말 공정가치

∴ 처분이익＝100주×(₩2,750－2,700)＝₩5,000

* 거래원가는 기간비용으로 처리한다.

(2) 매도가능금융자산처분손익＝처분액－(장부금액±매도가능금융자산평가손익)

＝처분액－취득원가

∴ 처분이익＝100주×₩2,750－(100×₩2,500+15,000*)＝₩10,000

* 거래원가는 취득원가에 포함한다.

11 다음의 매도가능금융자산의 거래가 전부 동일한 회계기간중에 발생한 것이라면, 이로

해답 10. ③ 11. ②

인하여 손익계산에 미치는 영향은 얼마인가? 【'2000. 세무사, '06. 감평사】

> (1) 보유중인 장부가액 ₩6,600,000의 A주식(1,000주 @₩5,000)에 대하여 10%의 배당을 현금으로 수취하였다.
> (2) 상기의 A주식에 대하여 주식배당을 수취하였다. 수취한 주식수는 보유중인 A주식의 10%이며, 동 주식에 부여되는 모든 권리는 기존주식에 대한 것과 같다. 또한 주식배당 수취일의 A주식 시장가치는 ₩6,800이었다.
> (3) A주식의 $\frac{1}{2}$을 주당 ₩7,000에 현금처분하였다.

① ₩1,030,000 ② ₩1,050,000 ③ ₩1,190,000
④ ₩1,201,000 ⑤ ₩1,210,000

풀이 (1) 처분이익 계산

	주식수	총원가
장부가액	1,000주	₩6,600,000
주식배당	100주	−
	1,100주	₩6,600,000

∴ 1주당 장부가액=(₩6,600,000÷1,100주)=₩6,000
따라서, 처분이익=(₩7,000−6,000)×1,100주×50%=₩550,000

(2) 총이익 계산
총이익=배당금수익+처분이익=1,000주×₩5,000×10%+550,000=₩1,050,000

※다음의 자료를 이용하여 12번과 13번에 답하시오. 【'03. 감평사, '12. 세무사, '09. CPA】

(주)하늘은 (주)바다가 20×7년 1월 1일에 발행한 다음과 같은 조건의 사채를 발행일에 취득하였다.

> • 액면가액: ₩1,000,000
> • 표시이자율: 연 8%(매년 12월 31일 후급)
> • 만기상환일: 20×9년 12월 31일

사채발행일 현재 유효이자율은 연 10%(해당 사채의 취득원가인 현재가치는 ₩950,244가 됨)이며 해당 사채의 20×7년 말과 20×8년 말의 공정가치는 각각 ₩960,000, ₩990,000이다.

12 상기 사채가 만기보유금융자산 또는 매도가능금융자산으로 분류될 경우, 20×7년 말에 당해 금융자산과 관련하여 인식할 각각의 평가손실 금액은 얼마인가? 단, 법인세효과는 없는 것으로 가정한다. 또한 모든 계산금액은 소수점 첫째 자리에서 반올림하며, 이 경우 약간의 반올림 오차가 나타날 수 있다.

	만기보유금융자산	매도가능금융자산
①	₩ 0	₩ 0
②	₩ 0	₩5,268
③	₩ 0	₩8,268
④	₩5,268	₩5,268
⑤	₩5,268	₩8,268

풀이

상각표

일자	유효이자	액면이자	상각	기말장부	공정가치	평가손익잔액
'07. 초				950,244		
'07. 말	95,024	80,000	15,024	965,268	960,000	△5,268
'08. 말	96,527	80,000	16,527	981,795	990,000	8,205
⋮	⋮	⋮	⋮	⋮	⋮	⋮

* 만기보유금융자산은 상각후원가로 평가하므로 평가손익은 없다.

13 상기 사채가 취득시점부터 매도가능금융자산으로 분류될 경우, 20×8년 말 현재 재무상태표에 당해 금융자산과 관련하여 계상되어야할 평가이익 금액은 얼마인가? 단, 상기 금융자산과 관련하여 분류변경은 없으며, 법인세효과는 없는 것으로 가정한다. 또한 모든 계산금액은 소수점 첫째 자리에서 반올림하며, 이 경우 약간의 반올림 오차가 나타날 수 있다.

① ₩0
② ₩6,586
③ ₩8,205
④ ₩13,415
⑤ ₩13,473

풀이 (문제 12번) 풀이 참조

14 20×3년 1월 1일에 (주)원강은 매도가능금융자산으로 분류되는 액면가 ₩10,000(이자율 10%, 이자 매년말 지급)의 채무증권을 할인가액인 ₩9,400에 취득하였다. 20×3년 12월 31일(결산일)에 동채무증권에 대한 현금이자 ₩1,000을 수취하였으며 이자수익

해답 12. ② 13. ③ 14. ⑤

₩1,200을 인식하였다. 20×3년 12월 31일 현재 동 채무증권의 공정가치는 ₩8,700이었으며 손상차손이 발생하였다는 객관적인 증거는 없었다. (주)원강은 20×4년 1월 1일에 이 채무증권을 ₩9,000에 매각하였다. 동 채권에 20×3년 12월 31일의 평가시점에 인식해야 하는 매도가능금융자산평가손익과 20×4년 1월 1일의 처분시점에 인식해야 하는 매도가능금융자산처분손익은 각각 얼마인가? 【'04. CPA】

	매도가능금융자산평가손익	매도가능금융자산처분손익
①	₩0	₩400 손실
②	₩700 손실	₩300 이익
③	₩700 손실	₩400 손실
④	₩900 손실	₩300 이익
⑤	₩900 손실	₩600 손실

풀이 (1) 상각표 및 평가손익계산

일자	유효이자	액면이자	상각	기말장부	공정가치	평가손익잔액
'03년 초				9,400		
'03년 말	1,200	1,000	200	9,600	8,700	△900
⋮	⋮	⋮	⋮	⋮	⋮	⋮

(2) 매도가능금융자산처분손익계산

처분손익 = 처분가액 − 장부가액 + 매도가능금융자산평가이익 − 매도가능금융자산평가손실
= 처분가액 − 상각후원가
= ₩9,000 − 8,700 − 900 = 9,000 − (8,700 + 900)
= ₩9,000 − 9,600 = ₩600 처분손실

분개하면 다음과 같다.

(차)	현 금	9,000	(대)	매 도 가 능 금 융 자 산	8,700
	매도가능금융자산처분손실	600		매도가능금융자산평가손실	900

15 (주)감평은 20×1년 4월 1일에 다음과 같은 조건으로 발행된 채무증권을 취득하고 매도가능금융자산으로 분류하였다. 【'13. 감평사】

(1) 액면금액: ₩1,000,000
(2) 발 행 일: 20×1년 4월 1일
(3) 상 환 일: 20×4년 3월 31일
(4) 표시이자율: 연 8%
(5) 유효이자율: 연 10%
(6) 이자는 매년 3월 31일에 지급하고 월할계산한다.
(7) 20×1년 12월 31일 현재 공정가치(기간 경과이자 포함)는 ₩1,010,000이다.

해답 15. ⑤

20×1년 12월 31일에 (주)감평이 인식해야 할 매도가능금융자산평가손익은? (단, 현가계수는 아래의 표를 이용하며, 단수차이로 인한 오차가 있으면 가장 근사치를 선택한다.)

현가계수표

(3년기준)	8%	10%
단일금액 1의 현가계수	0.7938	0.7513
정상연금 1의 현가계수	2.5771	2.4868

① 이익 ₩9,091
② 이익 ₩48,488
③ 손실 ₩10,244
④ 손실 ₩11,268
⑤ 손실 ₩11,512

풀이 (결산일과 이자지급일이 다른 경우)

액면가액 = ₩1,000,000 × 0.7513 = ₩751,300
이자 = ₩1,000,000 × 8% × 2.4868 = 198,944
발행가액 ₩950,244

상각표

일자	유효이자(10%)	액면이자(8%)	상 각	기말장부금액	공정가치
'01. 4/1				950,244	
'01. 12/31	71,268[1)]	60,000[2)]	11,268	961,512	950,000[3)]
'02. 3/31	95,024	80,000	15,024	965,268	
⋮	⋮	⋮	⋮	⋮	⋮

1) ₩95,024 × $\frac{9}{12}$ = ₩71,268

2) ₩80,000 × $\frac{9}{12}$ = ₩60,000

3) 기말공정가치 = ₩1,010,000 − 1,000,000 × 8% × $\frac{9}{12}$ = ₩950,000

∴ 매도가능금융자산평가손실 = ₩950,000 − 961,512 = ₩11,512

16 다음은 (주)관세가 20×1년 말 현재 보유하고 있는 금융자산의 내역이다.

종 류	보유목적	평가전 장부금액	공정가치
A회사 사채	단기매매	₩970,000	₩950,000
B회사 보통주	장기투자	1,500,000	−
C회사 우선주	단기매매	560,000	590,000
D회사 보통주	장기투자	2,450,000	2,500,000

해답 16. ④

A회사 사채의 공정가치는 이자수익 인식 직후의 금액이며, B회사 주식은 시장성이 없기 때문에 공정가치를 측정할 수 없었다. 그리고 C회사와 D회사의 주식은 상장주식으로 공정가치는 12월 31일의 종가이다. 위 금융자산에 대한 기말평가가 (주)관세의 20×1년도 당기손익에 미치는 영향은 얼마인가? 【'12, 13, 관세사】

① ₩40,000 감소 ② ₩20,000 감소
③ 영향 없음 ④ ₩10,000 증가
⑤ ₩30,000 증가

풀이 A회사 사채; 단기매매금융자산평가손실＝₩950,000－970,000＝₩20,000
C회사 우선주; 단기매매금융자산평가이익＝590,000－560,000＝ 30,000
당기순이익 ₩10,000 증가

– 손상차손 및 분류변경 –

17 ㈜대한은 20×1년 중에 ㈜한국이 발행한 10주를 주당 ₩110,000에 취득하고 매도가능금융자산으로 분류하였다. 20×2년 중에 ㈜한국은 영업부진의 어려움으로 주식의 공정가치가 크게 하락하였는데, 손상차손을 인식해야하는 객관적인 증거가 있는 것으로 판단되었다. 20×3년에는 ㈜한국의 새로운 상품이 시장에서 폭발적인 인기를 얻게 되어 공정가치가 크게 회복되었다. ㈜한국 주식의 각 회계연도 말 주당 공정가치가 다음과 같다고 할 때, ㈜대한의 20×2년도와 20×3년도 당기순이익에 미치는 영향은? 【'12. 관세사, '14. CPA】

구 분	주식수	주당 취득원가	주당 공정가치		
			20×1년 말	20×2년 말	20×3년 말
㈜한국 주식	10주	₩110,000	₩100,000	₩60,000	₩120,000

	20×2년	20×3년
①	₩ 400,000 감소	₩ 0
②	₩ 400,000 감소	₩ 400,000 증가
③	₩ 400,000 감소	₩ 600,000 증가
④	₩ 500,000 감소	₩ 0
⑤	₩ 500,000 감소	₩ 400,000 증가

풀이 20×2년도 손상차손＝(₩110,000－60,000)×10주＝₩500,000(당기비용)
20×3년도 매도가능금융자산평가이익＝10주×(₩120,000－60,000)＝₩600,000

해답 17. ④

* 20×3년도에는 기타포괄이익은 ₩600,000증가하고 당기순이익에는 영향 없다.

18 (주)감평은 20×1년 초 액면금액 ₩100,000의 (주)한국의 사채를 ₩95,026에 취득하고, 취득 후 상각후원가로 측정한다. (주)한국 사채의 만기는 20×3년 말이고 취득당시 유효이자율은 연 10%, 표시이자율은 연 8%이며 이자지급일은 매년 말이다. 20×1년 말 이자는 정상적으로 수취되었다. 그러나 20×2년 초 (주)한국의 재무상태 악화로 액면금액은 만기에 회수할 수 있지만 추후 이자수취는 불가능한 것으로 판단하여 손상차손을 인식한다면, 그 손상차손은 얼마인가? (단, 가장 근사치를 선택할 것)

【'06, '10. 감평사】

기간	10%	
	₩1의 현재가치	연금 ₩1의 현재가치
1	0.90909	0.90909
2	0.82645	1.73554
3	0.75131	2.48685

① ₩12,381 ② ₩12,431 ③ ₩13,884
④ ₩13,914 ⑤ ₩14,015

풀이 20×1년 말 장부금액＝₩95,026×1.1−8,000＝₩96,529
회수가능액＝₩100,000×0.82645 ＝ 82,645
손상차손 ₩13,884

19 (주)감평은 20×1년 중에 단기매매목적으로 공정가치 ₩10,000,000의 주식을 취득하고, 20×2년 7월 1일에 예외적인 상황이 발생하여 단기매매금융자산을 매도가능금융자산으로 재분류하였다. 동 주식의 공정가치는 다음과 같다.

20×1년 말	20×2년 7월 1일	20×2년 말
₩14,000,000	₩13,000,000	₩11,000,000

동 주식과 관련하여 다음의 설명 중 옳지 않은 것은? 【'15. 감평사】

① 20×1년 순이익이 ₩4,000,000 증가한다.
② 20×2년 매도가능금융자산평가손실이 ₩2,000,000 인식된다.
③ 20×2년 단기매매금융자산평가손실이 ₩1,000,000 인식된다.

해답 18. ③ 19. ⑤

④ 20×2년 총자본이 ₩3,000,000 감소한다.

⑤ 20×2년 기타포괄손익누계액이 ₩3,000,000 감소한다.

풀이 ⑤ 기타포괄손익누계액 ₩2,000,000 감소한다.
①, ②, ③, ④ 모두 옳다.
회계처리하면 다음과 같다.
(1) 20×1년도 말
차) 단기매매금융자산 4,000,000 대) 단기매매금융자산평가이익 4,000,000 [1)]
1) 단기매매금융자산평가이익＝₩14,000,000－10,000,000＝₩4,000,000
(2) 20×2년 7월 1일재분류시
차) ⎛매도가능금융자산 13,000,000 대) 단기매매금융자산 14,000,000
⎝단기매매금융자산평가손실 1,000,000 [2)]
2) 재분류시에는 재분류일의 공정가치로 재분류하고 그 차이는 당기손익으로 인식한다.
단기매매금융자산평가손실＝₩13,000,000－14,000,000＝₩1,000,000
(3) 20×2년도 말
차) 매도가능금융자산평가손실 2,000,000 [3)] 대) 매도가능금융자산 2,000,000
(기타포괄손실)
3) 매도가능금융자산평가손실＝₩13,000,000－11,000,000＝₩2,000,000

– 지분법 –

20 (주)대한은 20×1년 1월 1일 (주)서울의 의결권주식 30%(300주)를 주당 ₩1,500에 취득함으로써 유의적인 영향력을 행사할 수 있게 되어 관계기업투자주식으로 분류하였다. 취득 당시 (주)서울의 순자산 장부금액은 ₩900,000 이었다. 취득 당시 (주)서울의 재고자산과 토지의 공정가치가 장부금액에 비해 각각 ₩100,000과 ₩200,000 더 높고 나머지 자산과 부채는 장부금액과 공정가치가 일치하였다. (주)서울의 재고자산은 20×1년에 모두 판매되었다. 20×1년도 (주)서울이 보고한 당기순이익은 ₩200,000이며 기타포괄이익은 ₩40,000 이었다. (주)서울은 20×1년 12월 31일에 ₩30,000의 현금배당을 실시하였다. (주)대한이 지분법을 적용할 경우 20×1년도 말 관계기업투자주식은? 【'00, '05, '07, '13.. 감평사】

① ₩423,000 ② ₩461,000 ③ ₩483,000

④ ₩513,000 ⑤ ₩522,000

풀이
지급액; 300주×₩1,500＝₩450,000
순이익; ₩200,000×30%＝ 60,000
기타포괄이익; ₩40,000×30%＝ 12,000
현금배당; ₩30,000×30%＝ △9,000

해답 20. ③

과소평가분(재고자산); ₩100,000×30%= △30,000
관계기업투자주식 ₩483,000

21 ㈜관세는 20×1년 1월 1일 ㈜무역의 의결권 주식중 30%를 ₩1,000,000에 취득하여 지분법으로 평가하고 있다. 취득 당시 ㈜무역의 순자산 장부금액은 ₩3,000,000이며, 유형자산(잔존내용연수 5년, 정액법 상각)의 공정가치가 장부금액에 비해 ₩210,000 높았고, 나머지 자산과 부채의 장부금액은 공정가치와 일치하였다. ㈜무역의 최근 2년간 당기순이익과 현금배당은 다음과 같다. ㈜관세가 20×2년 말 보유하고 있는 관계기업투자주식 장부금액은 얼마인가? (단, 손상차손은 고려하지 않는다.)

【'99.CPA, '14. 관세사】

항목	20×1년	20×2년
당기순이익 현금배당	₩200,000 40,000	₩100,000 20,000

① ₩1,014,000 ② ₩1,024,000
③ ₩1,034,000 ④ ₩1,046,800
⑤ ₩1,072,000

풀이 취득가액 ₩1,000,000
순이익 지분율; 300,000×30%= 90,000
현금배당 지분율; 60,000×30%= △18,000
과소평가분상각; △25,200*
관계기업투자주식 ₩1,046,800
* 과소평가분 상각=(₩210,000×30%−0)÷5×2년=₩25,200

22 한양회사는 20×3년 1월 1일에 P회사의 보통주 10,000주(발행주식의 25%)를 ₩72,000,000에 구입하였다. 구입당시 P회사의 장부상 순자산가액은 ₩264,000,000이었는데, 취득원가와 P회사의 순자산에 대한 지분액의 차이는 영업권 성격으로 확인되었다. 20×3년도에 P회사는 ₩24,000,000의 순이익을 보고하였으며, 20×3년 12월 31일에 ₩16,000,000의 현금배당을 실시하였다. 또한 20×4년 12월 31일에 P주식의 주당시가는 ₩8,000이었다. 만일 한양회사가 20×4년 1월 1일에 보유하고 있는 P주식의 $\frac{1}{5}$을 주당 ₩7,600에 처분하였다면, 그 시점에서 인식되는 투자주식처분손익은 얼마로 계산되는가? 한양회사는 결산일이 12월 31일이며, 지분비율에 근거하여

해답 21. ④ 22. ①

투자주식을 평가하고 있다. 【'01. 세무사】

① ₩400,000 (이익) ② ₩460,000 (이익)
③ ₩1,660,000 (이익) ④ ₩340,000 (손실)
⑤ ₩800,000 (손실)

풀이 취득원가: ₩72,000,000
순 이 익: (₩24,000,000 × 25%) 6,000,000
현금배당: (16,000,000 × 25%) △ 4,000,000
장부금액 ₩74,000,000
∴ 1주당 장부금액 = ₩74,000,000 ÷ 10,000주 = ₩7,400
따라서 처분이익 = 2,000 × (₩7,600 − 7,400)
= ₩400,000
* 영업권 = ₩72,000,000 − 264,000,000 × 25% = ₩6,000,000
영업권은 상각하지 않는다.

23 ㈜한국은 20×1년 초에 ㈜서울의 의결권 있는 주식 30%를 ₩40,000에 취득하여 유의적인 영향력을 갖게 되었다. ㈜한국은 ㈜서울의 투자주식에 대해서 지분법을 적용하기로 하였으며, 관련 자료는 다음과 같다.

> (1) 20¡¿1년 초 ㈜서울의 순자산의 장부금액은 ₩100,000이고, 공정가치는 ₩130,000인데, 건물(잔존내용연수 10년, 잔존가치 없이 정액법 상각)의 공정가치가 장부금액을 ₩30,000 초과한다.
> (2) 20¡¿1년 중에 ㈜한국이 ㈜서울에 상품매출을 하였는데, 20¡¿1년말 현재 ₩2,000의 내부거래이익이 미실현된 상태이다.
> (3) 20¡¿1년 중에 ㈜서울의 순자산의 장부금액이 ₩20,000 증가하였는데, 이 중 ₩15,000은 당기순이익이며, 나머지 ₩5,000은 기타포괄이익이다.

㈜한국이 20×1년말에 ㈜서울의 투자주식에 대해서 당기손익으로 인식할 지분법이익은 얼마인가? 【'10. 세무사, '13. CPA】

① ₩1,600 ② ₩2,900 ③ ₩3,000
④ ₩4,410 ⑤ ₩4,500

풀이 (1) 지분법손익 계산
당기순이익; 당기순이익 × 지분율 = ₩15,000 × 30% = ₩4,500
건물과소평가분 상각; (9,000 − 0) ÷ 10 = △900
내부미실현이익; 2,000 × 30% = △600
지분법이익 ₩3,000
(2) 관계기업투자주식 계산

해답 23. ③

지급액;	₩40,000
당기순이익 지분율=₩15,000×30%=	4,500
건물과소평가분 상각; (9,000−0)÷10=	△900
내부미실현이익; 2,000×30%=	△600
기타포괄이익 증가=5,000×30%=	1,500
관계기업투자주식	₩44,500

CHAPTER

08 부　채

제1절 부채의 본질 및 분류

1. 부채의 의의

부채는 과거의 거래나 사건의 결과로 현재 기업실체가 부담하고 있고 미래에 자원의 유출 또는 사용이 예상되는 의무이다.

부채는 기업실체가 현재 시점에서 부담하는 경제적 의무이다. 의무란 일정한 방법으로 실행하거나 수행할 책무 또는 책임을 말하는 것으로서 이에는 계약이나 법령에 의해 법적 강제력이 있는 의무와 상관습이나 관행 또는 거래상대방과의 원활한 관계를 유지하기 위한 정책 등으로 인해 발생하는 의무가 있다.

부채는 과거의 거래나 사건으로부터 발생한다. 신용으로 재화를 구입하였거나 용역을 제공받은 경우 매입채무가 발생하며 은행대출을 받은 경우에는 상환의무가 발생한다. 그러나, 미래에 발생이 예상되는 대규모 수선비의 경우와 같이 장래에 자원의 유출 또는 사용이 기대된다 하더라도 과거의 거래나 사건으로부터 기인하지 않은 의무는 부채의 정의를 충족하지 못한다.

2. 부채의 분류

부채는 유동성·비유동성법구분법에 따를 때 유동부채와 비유동부채로 분류된다.

(1) 유동부채

매입채무, 단기차입금(당좌차월 포함), 미지급법인세, 미지급비용, 기타(선수금, 미지급금, 유동성장기부채 등)

(2) 비유동 부채

사채, 신주인수권부사채, 전환사채, 장기차입금, 이연법인세부채, 기타

제2절 충당부채와 우발부채

1. 의 의

(1) 충당부채의 의의 및 종류

충당부채는 과거사건이나 거래의 결과에 의한 현재의무로서, 지출의 시기 또는 금액이 불확실하지만 그 의무를 이행하기 위하여 자원이 유출될 가능성이 높고 또한 당해 금액을 신뢰성있게 추정할 수 있는 의무를 말한다.

충당부채는 부채로 인식하며 그 종류로는 다음과 같은 것들이 있다.

㉠ 판매 후 품질 등을 보증하는 경우의 관련 부채

㉡ 판매촉진을 위하여 시행하는 환불정책, 경품, 포인트적립 등과 관련된 부채

㉢ 손실부담계약

㉣ 타인의 채무 등에 대한 보증

㉤ 계류중인 소송사건

㉥ 구조조정계획과 관련된 부채

㉦ 복구충당부채 등의 환경관련부채 등

(2) 우발부채

① 의의

우발부채는 다음과 같은 잠재적인 부채를 말한다.

㉠ 과거사건은 발생하였으나 기업이 전적으로 통제할 수 없는 하나 또는 그 이상의 불확실한 미래 사건의 발생 여부에 의해서만 그 존재여부가 확인되는 잠재적인 의무

㉡ 과거사건이나 거래의 결과로 발생한 현재의무이지만 그 의무를 이행하기 위하여 자원이 유출될 가능성이 높지가 않거나, 또는 그 가능성은 높으나 당해 의무를 이행하여야 할 금액을 신뢰성 있게 추정할 수 없는 경우

② 우발부채의 인식여부

우발부채는 부채로 인식하지 않고 의무를 이행하기 위하여 자원이 유출될 가능성이

아주 낮지 않는 한 주석에 기재한다.

③ 제3자와 연대하여 의무를 지는 경우

제3자와 연대하여 의무를 지는 경우에는 이행할 전체의무 중 제3자가 이행할 것으로 기대되는 부분을 우발부채로 처리한다. 신뢰성 있게 추정할 수 없는 극히 드문 경우를 제외하고는 당해 의무 중에서 경제적효익이 내재된 자원의 유출가능성이 높은 부분에 대하여 충당부채를 인식한다.

④ 우발부채의 지속적검토

우발부채는 당초에 예상하지 못한 상황에 따라 변화할 수 있으므로, 경제적효익이 내재된 자원의 유출가능성이 높아졌는지 여부를 결정하기 위하여 지속적으로 검토한다. 과거에 우발부채로 처리하였더라도 미래경제적효익의 유출가능성이 높아진 경우에는 그러한 가능성의 변화가 발생한 기간의 재무제표에 충당부채로 인식한다(신뢰성 있게 추정할 수 없는 극히 드문 경우는 제외).

(3) 우발자산

① 의의

우발자산이란 과거사건에 의하여 발생하였으나 기업이 전적으로 통제할 수 없는 하나 또는 그 이상의 불확실한 미래 사건의 발생 여부에 의해서만 그 존재여부가 확인되는 잠재적 자산을 말한다. 일반적으로 우발자산은 경제적효익의 유입가능성을 발생시키는, 사전에 계획되지 아니하였거나 기타 예기하지 못한 사건으로부터 발생한다. 그러한 예로는 기업이 제기하였으나 그 결과가 불확실한 소송을 들 수 있다.

② 우발자산의 인식여부

미래에 전혀 실현되지 아니할 수도 있는 수익을 인식하는 결과를 초래할 수 있기 때문에 우발자산은 재무제표에 인식하지 아니한다. 그러나 수익의 실현이 거의 확실시 된다면 관련자산은 더 이상 우발자산이 아니며, 따라서 당해 자산을 인식하는 것이 타당하다.

우발자산은 경제적효익이 유입가능성이 높은 경우에만 공시한다.

2. 충당부채의 인식조건

(1) 인식조건

충당부채는 다음의 요건을 모두 충족하는 경우에 인식한다.

① 과거사건의 결과로 현재의무(법적의무 또는 의제의무)가 존재한다.

② 당해 의무를 이행하기 위하여 경제적효익이 내재된 자원이 유출될 가능성이 높다.

③ 당해 의무의 이행에 소요되는 금액을 신뢰성 있게 추정할 수 있다.

위의 요건을 충족하지 못할 경우에는 어떠한 충당부채도 인식할 수 없다.

(2) 현재의무

① 현재의무의 존재여부가 불분명한 경우

과거사건이 현재의무를 발생시켰는지의 여부는 대부분의 경우 분명하다. 드문 경우이지만 소송이 진행 중인 경우와 같이 어떤 사건이 실제로 발생하였는지 혹은 당해 사건으로 현재의무가 발생하였는지의 여부가 분명하지 아니한 경우가 있다. 이러한 경우에는 모든 이용가능한 증거(예를 들어, 전문가의 의견을 포함)를 고려함으로써 보고기간말 현재 의무가 존재하는지를 결정한다. 고려해야 할 증거에는 보고기간후사건이 제공하는 추가적인 증거도 포함된다. 보고기간말에 현재의무가 존재할 가능성이 존재하지 아니할 가능성보다 높은 경우에는 과거사건이 현재의무를 발생시킨 것으로 간주한다.

② 현재의무의 존재여부에 따른 충당부채의 인식여부

㉠ 보고기간말에 현재의무가 존재할 가능성이 존재하지 않을 가능성보다 높고 인식기준을 충족하는 경우에는 충당부채를 인식한다.

㉡ 보고기간말에 현재의무가 존재하지 아니할 가능성이 높더라도 경제적효익을 갖는 자원의 유출가능성이 아주 낮지 않는 한 우발부채로 공시한다.

표 8-1 충당부채와 우발부채의 비교

금액의 추정가능성 / 자원유출가능성	신뢰성 있게 추정 가능	추정 불가능
가능성이 높음(주)	충당부채로 인식	우발부채로 주석공시
가능성이 어느 정도 있음	우발부채로 주석공시	우발부채로 주석공시
가능성이 거의 없음	공시하지 않음	공시하지 않음

(주) 가능성이 높다는 것은 확률적으로 발생확률이 50%를 초과하는 경우를 말한다.

(3) 과거사건

① 실질적인 대안이 없을 것

현재의무를 발생시키는 과거사건을 의무발생사건이라고 한다. 의무발생사건이 되기 위해서는 당해 사건으로부터 발생된 의무를 이행하는 것 외에는 실질적인 대안이 없어야 한다.

이러한 경우는 다음 ㉠ 또는 ㉡의 경우에만 해당한다.

㉠ 의무의 이행을 법적으로 강제할 수 있는 경우

㉡ 의제의무와 관련해서는 기업이 당해 의무를 이행할 것이라는 정당한 기대를 상대방이 가지게 되는 경우

② 미래영업을 위하여 발생하게 될 원가

재무제표는 미래 시점의 예상 재무상태가 아니라 보고기간말의 재무상태를 표시하는 것이므로, 미래영업을 위하여 발생하게 될 원가에 대하여는 충당부채를 인식하지 아니한다. 재무상태표에 인식되는 부채는 보고기간말에 존재하는 부채에 국한한다.

③ 미래행위와의 독립적 여부

㉠ 미래행위와 독립적인 경우

충당부채로 인식되기 위해서는 과거사건으로 인한 의무가 기업의 미래행위(즉, 미래사업행위)와 독립적이어야 한다. 예를 들어, 불법적인 환경오염으로 인한 범칙금이나 환경정화비용의 경우에는 기업의 미래행위에 관계없이 당해 의무의 이행에 경제적효익을 갖는 자원의 유출이 수반되므로 충당부채를 인식한다. 마찬가지로 유류설비 또는 원자력 발전소에 의하여 이미 발생한 피해에 대하여 기업의 복구의무가 있는 범위 내에서 유류설비 또는 원자력 발전소의 사후처리원가와 관련된 충당부채를 인식한다.

㉡ 미래행위와 독립적이 아닌 경우

법에서 정하는 환경기준을 충족시키기 위해서 또는 상업적 압력 때문에 공장에 특정 정화장치를 설치하기 위한 비용지출을 계획하고 있거나 그런 비용지출이 필요한 경우에는 공장운영방식을 바꾸는 등의 미래행위를 통하여 미래의 지출을 회피할 수 있으므로 당해 지출은 현재의무가 아니며 충당부채도 인식하지 아니한다.

④ 추후에 의무를 발생시키는 경우

어떤 사건은 발생 당시에는 현재의무를 발생시키지 아니하나 추후에 의무를 발생시킬 수 있다. 법규가 제 · 개정됨으로써 의무가 발생하거나 기업의 행위(예: 충분할 정도로 구체적인 대외공표)에 따라 추후에 의제의무가 발생하는 경우가 있기 때문이다. 예를 들어, 발생한 환경오염에 대하여 지금 당장 복구할 의무가 없는 경우에도 추후 새로운 법규가 그러한 환경오염을 복구하도록 강제하거나 기업이 그러한 복구의무를 의제의무로서 공식적으로 수용한다면, 당해 법규의 제 · 개정시점 또는 기업의 공식적인 수용시점에 그 환경오염은 의무발생사건이 된다.

⑤ 입법 예고된 법규의 세부사항이 아직 확정되지 않은 경우

입법 예고된 법규의 세부사항이 아직 확정되지 않은 경우에는 당해 법규안대로 제정될 것이 거의 확실한 때에만 의무가 발생한 것으로 본다. 이 기준서의 목적상 그러한 의무는 법적의무로 간주한다.

(4) 경제적효익을 갖는 자원의 유출가능성

부채로 인식하기 위해서는 현재의무가 존재하여야 할 뿐만 아니라 당해 의무의 이행을 위하여 경제적효익을 갖는 자원의 유출가능성이 높아야 한다. 이 기준서에서는 특정

사건이 발생할 가능성이 발생하지 아니할 가능성보다 높은 경우에 자원의 유출 또는 기타 사건의 가능성이 높다고 본다.

(5) 의무에 대한 신뢰성 있는 추정

추정치를 사용하는 것은 재무제표 작성의 필수적인 과정이며 재무제표의 신뢰성을 손상시키지 아니한다. 충당부채의 성격상 다른 재무상태표 항목에 비하여 불확실성이 더 크므로 그에 대한 추정치의 사용은 특히 필수적이다. 극히 드문 경우를 제외하고는 가능한 결과의 범위를 결정할 수 있으므로 충당부채를 인식할 때 충분히 신뢰성 있는 금액을 추정할 수 있다.

충당부채의 인식여부의 구체적인 사례

아래의 사례를 읽고, 충당부채의 인식여부를 판단하시오. 단, 기업의 회계연도 말은 12월 31일이고, 자원의 유출금액에 대하여 신뢰성 있는 추정이 가능하며, 자원의 유출가능성이 높다고 가정한다.

(1) 제품보증

(주)찬우는 판매시점부터 3년간 품질을 보증하는 조건으로 제품을 판매하였다. 판매일로부터 3년 이내에 제품의 결함이 발생하는 경우 수리 또는 교체해 주고 있다. 과거경험에 의하면, 이러한 보증판매에 따라 약간의 보증청구가 있을 가능성이 매우 높다. 충당부채는?

(2) 환불정책

(주)찬엽은 가방 도소매업이다. (주)찬엽은 법적의무가 없음에도 불구하고 제품에 대해 만족하지 못한 고객에게 환불해주는 정책을 펴고 있다. 이러한 사실은 고객에게 널리 알려져 있다. 충당부채는?

(3) 재산의 손실 또는 손상위험

(주)서울은 화재, 폭발, 또는 기타 재해에 의한 재산상의 손실이나 손상에 대비한 보험에 가입하고 있지 않다. 충당부채는?

(4) 단일보증

20×0년 10월, (주)남해는 (주)동해의 금전차입에 대해 보증을 제공하였지만 그 당시 (주)동해의 재무상태는 건전하였다. 그러나 다음연도인 20×1

년 중에 (주)동해의 재무상태가 악화되어 20×1년 6월 30일 법원에 화의를 신청하였다. 충당부채는?

(5) 법적소송

(주)서해는 예식장 부근에서 대형 음식점을 경영하고 있다. 20×0년의 어느 날에 결혼식 직후 음식물에 포함된 독극물 영향인지 확실하지 않으나 10명이 사망했다.(주)서해는 20×0년말 현재, 고객이 제소한 손해배상청구 소송의 피고로 재판을 받고 있으며 책임이 있는지의 여부에 대해 원고와 다투고 있다. 20×0년 12월 31일로 종료되는 회계연도의 재무제표가 승인되는 시점까지 법률고문은 회사가 법적의무를 지지 않을 가능성이 매우 높다고 조언하였다. 그러나 회사가 20×1년 12월 31일 재무제표를 작성할 때 법률고문은 소송이 불리하게 진행됨에 따라 회사가 법적의무를 부담할 가능성이 매우 높다고 조언하였다. 충당부채는?

(6) 법적의무가 있는(없는) 대수선의 경우

어떤 자산은 일상적 유지 외에도 수년에 한 번씩 대대적인 수리나 주요 부품을 교체하는 데 상당히 큰 금액의 지출을 필요로 한다. (예를 들면, 용광로의 내벽을 교체해야 하는 경우, 항공기에 대하여 수년마다 기체를 정비해야 하는 경우) 충당부채는?

풀이

(1) 제품의 보증판매에 따라 현재의무가 발생하였으며 자원의 유출가능성이 높으므로 재무상태표일 이전의 보증판매에 따른 하자보상비에 대한 최선의 추정치로 충당부채를 인식한다.

(2) 이 경우에는 기업의 행위에 따라 기업이 환불해줄 것이라는 기대를 고객이 가지게 되었기 때문에 현재의무(의제의무)가 있으며 자원의 유출가능성이 높으므로 환불비용에 대한 최선의 추정치로 충당부채를 인식한다.

(3) 이 경우에는 기업에 어떠한 의무도 없다. 화재 · 폭발 · 다른 유사한 사건은 재산상의 손실이나 손상의 원인이 되지만 그 발생을 예측할 수 없다. 보험에 가입하지 않았다는 사실 자체가 재무상태표일 현재의무를 발생시키지 않는다. 따라서 재무상태표일 현재 보험미가입으로 인하여 인식하여야 할 충당부채는 없다.

(4) ① 20×0년 12월 31일

보증을 제공하였기 때문에 법적의무는 발생하였으나 자원의 유출가능성이 높지가 않으므로 충당부채를 인식하지 않는다. 다만, 보증제공에 따른 자원의 유출가능성이 아주 낮지 않은 경우에는 그 내용을 주석으로 기재한다.

② 20×1년 12월 31일

법적의무가 있으며 자원의 유출가능성이 높으므로 의무이행 금액에 대한 최선의 추정치로 충당부채를 인식한다.

(5) ① 20×0년 12월 31일
재무제표가 승인되기까지 이용 가능한 증거를 바탕으로 판단할 때 과거사건의 결과로 인한 현재의무는 없으며 충당부채를 인식하지 않는다. 그리고 소송결과에 따른 자원의 유출가능성이 거의 없는 경우에도 그 내용을 주석으로 기재한다.
② 20×1년 12월 31일
이용 가능한 증거에 의하면 현재의무가 있고 자원의 유출가능성이 높으므로 의무를 이행하기 위한 금액에 대한 최선의 추정치로 충당부채를 인식한다.
(6) 과거사건의 결과에 의한 현재의무는 없으므로 법적의무가 있든 없든 충당부채를 인식하지 않으며, 이 경우에는 자본적지출로 처리하고 감가상각을 고려하여야 한다.

3. 충당부채의 측정

(1) 최선의 추정치

① 충당부채로 인식하는 금액은 현재의무를 보고기간말에 이행하기 위하여 소요되는 지출에 대한 최선의 추정치이어야 한다.

② 충당부채로 인식하여야 하는 금액과 관련된 불확실성은 상황에 따라 판단한다. 측정하고자 하는 충당부채가 다수의 항목과 관련되는 경우에 당해 의무는 모든 가능한 결과와 그와 관련된 확률을 가중평균하여 추정한다. 이러한 통계적 추정방법을 '기대가치' 라고 한다. 따라서 특정금액의 손실이 발생할 확률(예를 들어, 60% 또는 90%)에 따라 충당부채로 인식하는 금액은 다르게 된다. 가능한 결과가 연속적인 범위 내에 분포하고 각각의 발생확률이 동일할 경우에는 당해 범위의 중간 값을 사용한다.

최선의 추정치

구입 후 첫 6개월 이내에 제조상 결함으로 인하여 발생하는 수선비용을 보장하는 보증서와 함께 재화를 판매하는 기업이 있다. 판매한 모든 생산품에서 중요하지 아니한 결함이 발생할 경우에는 ₩1,000,000의 수선비용이 발생한다. 판매한 모든 생산품에서 중요한 결함이 발생할 경우에는 ₩4,000,000의 수선비용이 발생한다. 기업의 과거경험 및 미래예상에 따르면 내년도에 판매될 재화 중에서 75%는 전혀 결함이 발생하지 아니하는 반면, 20%는 중요하지 아니한 결함, 나머지 5%는 중요한 결함이 발생할 것으로 예상된다. 이럴 경우 기업이 인식할 충당부채의 최선의 추정치는 얼마인가?

풀이

충당부채의 기대가치는 다음과 같이 계산한다.

(75%×0) + (20%×1,000,000) + (5%×4,000,000) = ₩400,000

(2) 위험과 불확실성

① 충당부채에 대한 최선의 추정치를 구할 때에는 관련된 사건과 상황에 대한 불가피한 위험과 불확실성을 고려한다.

② 위험은 결과의 변동성을 의미한다. 위험조정으로 인하여 측정되는 부채금액은 증가할 수 있다. 불확실한 상황에서는 수익 또는 자산을 과대 계상하거나 비용 또는 부채를 과소 계상하지 않도록 주의하여야 한다. 그러나 불확실성을 이유로 과도한 충당부채를 계상하거나 부채를 고의적으로 과대표시하는 것은 정당화되지 아니한다.

(3) 현재가치

① 차이가 중요한 경우 현재가치 평가

화폐의 시간가치 효과가 중요한 경우 충당부채는 의무를 이행하기 위하여 예상되는 지출액의 현재가치로 평가한다.

② 현재가치 평가시 적용할 할인율

할인율은 부채의 특유위험과 화폐의 시간가치에 대한 현행 시장의 평가를 반영한 세전 이율이다. 이 할인율에 반영되는 위험에는 미래 현금흐름을 추정할 때 고려된 위험은 반영하지 아니한다.

(4) 미래사건

① 충분하고 객관적인 증거가 있는 경우

현재의무를 이행하기 위하여 소요되는 지출 금액에 영향을 미치는 미래사건이 발생할 것이라는 충분하고 객관적인 증거가 있는 경우에는 그러한 미래사건을 감안하여 충당부채 금액을 추정한다.

② 예상되는 미래사건에 대한 충당부채 측정

충당부채를 측정하는 데 있어서 예상되는 미래사건은 특히 중요할 수 있다. 예를 들어, 내용연수 종료 후에 부담하여야 하는 오염지역의 정화에 필요한 원가는 미래의 기술변화에 따라 감소할 수 있다. 이 경우 부채 인식금액은 정화시점에 이용할 수 있는 기술에 대한 모든 이용가능한 증거를 기초로 하여 자격을 갖춘 독립적인 전문가의 합리적인 예측을 반영한다. 예를 들어, 현재 기술의 적용시 축적된 경험과 관련된 예상되는 원가

감소나 과거에 수행된 것보다 광범위하고 복잡한 오염정화작업에 현재의 기술 적용시 예상되는 원가를 반영하는 것이 적절하다. 그러나 충분하고 객관적인 증거가 있지 아니하는 한 정화와 관련된 전혀 새로운 기술개발을 예상하여서는 아니 된다.

(5) 예상되는 자산처분

예상되는 자산처분이 충당부채를 발생시킨 사건과 밀접하게 관련되었더라도 당해 자산의 예상처분이익은 충당부채를 측정하는 데 고려하지 아니한다.

4. 충당부채의 변제

(1) 제3자가 보전하여 주거나, 기업이 지급할 금액을 제3자가 직접 지급하는 경우

① 기업이 전체 의무 금액에 대하여 책임이 있는 경우

기업이 의무이행을 위하여 지급한 금액을 보험약정이나 보증계약 등에 따라 제3자가 보전하여 주거나, 기업이 지급할 금액을 제3자가 직접 지급하는 경우가 있다.

대부분의 경우 기업은 전체 의무 금액에 대하여 책임이 있으므로 제3자가 변제할 수 없게 될 경우 당해 전체 금액을 이행해야 할 책임을 진다. 이 경우 전체 의무금액을 충당부채로 인식하고 기업이 의무를 이행한다면 변제를 받을 것이 거의 확실하게 되는 때에 한하여 당해 예상변제금액을 별도의 자산으로 인식한다. 다만, 자산으로 인식하는 금액은 관련 충당부채 금액을 초과할 수 없다.

② 기업이 당해 금액을 지급할 의무가 없는 경우

제3자가 지급하지 아니하더라도 기업이 당해 금액을 지급할 의무가 없는 경우에는 충당부채에 포함하지 아니한다.

(2) 상계표시

충당부채와 관련하여 포괄손익계산서에 인식된 비용은 제3자의 변제와 관련하여 인식한 금액과 상계하여 표시할 수 있다.

(3) 제3자와 연대의무를 지는 경우

어떤 의무에 대하여 제3자와 연대하여 의무를 지는 경우에 이행하여야 하는 전체의무 중에서 제3자가 이행할 것으로 기대되는 부분에 한하여 우발부채로 처리한다.

5. 충당부채의 변동 및 사용

(1) 충당부채의 변동

① 매 보고기간말마다 충당부채의 잔액을 검토하고, 보고기간말 현재 최선의 추정치를 반영하여 조정한다. 의무이행을 위하여 경제적효익을 갖는 자원이 유출될 가능성이 더 이상 높지 아니한 경우에는 관련 충당부채를 환입한다.

② 충당부채를 현재가치로 평가하여 표시하는 경우에는 장부금액을 기간 경과에 따라 증가시키고 해당 증가 금액은 차입원가로 인식한다.

(2) 충당부채의 사용

① 충당부채는 최초 인식과 관련있는 지출에만 사용한다.

② 당초 충당부채에 관련된 지출에 대해서만 그 충당부채를 사용한다. 당초에 다른 목적으로 인식된 충당부채를 어떤 지출에 대하여 사용하게 되면 다른 두 사건의 영향이 적절하게 표시되지 않는다.

6. 인식과 측정기준의 적용

(1) 미래의 예상 영업손실

① 미래의 예상 영업손실은 부채의 정의에 부합하지 아니할 뿐만 아니라 충당부채의 인식기준을 충족시키지 못하므로 충당부채를 인식하지 아니한다.

② 미래에 영업손실이 예상되는 경우에는 영업과 관련된 자산에 손상이 발생하였을 가능성이 있으므로 '자산손상' 에 따라 손상검사를 수행한다.

(2) 손실부담계약

① 정의

손실부담계약이란 계약상의 의무에 따라 발생하는 회피 불가능한 원가가 당해 계약에 의하여 얻을 것으로 기대되는 경제적효익을 초과하는 계약을 말한다.

② 회피 불가능한 원가

회피 불가능한 원가는 계약을 해지하기 위한 최소순원가로서 다음의 ㉠과 ㉡ 중에서 작은 금액을 말한다.

㉠ 계약을 이행하기 위하여 소요되는 원가

㉡ 계약을 이행하지 못하였을 때 지급하여야 할 보상금 또는 위약금

③ 충당부채의 인식여부

손실부담계약을 체결하고 있는 경우에는 관련된 현재의무를 충당부채로 인식하고 측정한다.

④ 손상차손

손실부담계약에 대한 충당부채를 인식하기 전에 당해 손실부담계약을 이행하기 위하여 사용하는 자산에서 발생한 손상차손을 먼저 인식한다.

7. 충당부채의 유형별 회계처리

(1) 제품(판매)보증충당부채

제품보증이란 제품 판매 후 제품에 결함이 있는 경우 판매일로부터 일정기간내에 수리 또는 교환을 약속하는 경우를 말한다. 제품보증의 경우에 충당부채의 인식조건을 충족하므로 충당부채를 인식해야 한다. 이 경우의 회계처리는 다음과 같다.

판매보증충당부채(판매보증비)

도깡주식회사는 20×1년 초에 컴퓨터 판매업을 시작하면서 2년간의 보증수리를 보장하고 있다. 과거의 경험으로 보아 판매한 해에는 매출액의 1%, 그 다음 해에는 3%의 보증비용이 발생할 것으로 추정된다. 20×1년과 20×2년의 매출액과 실제 발생한 보증수리비용은 다음과 같다.

연 도	매출액	실제보증비용
20×1년	₩90,000,000	₩1,400,000
20×2년	240,000,000	3,200,000

20×2년 말 현재의 판매보증충당부채계정의 잔액은 얼마인가?

풀이

(1) 분 개

① (20×1년)

㉠ (차) 판매보증비 3,600,000 (대) 판매보증충당부채 3,600,000 *

* ₩90,000,000×(1%+3%)=₩3,600,000

㉡ (차) 판매보증충당부채 1,400,000 (대) 현 금 1,400,000

② (20×2년)

㉠ (차) 판매보증비 9,600,000 (대) 판매보증충당부채 9,600,000

₩240,000,000×(1%+3%)=₩9,600,000

㉡ (차) 판매보증충당부채 3,200,000 (대) 현 금 3,200,000

(2) 재무상태표상 판매보증충당부채잔액

(₩90,000,000+240,000,000)×(1%+3%)−(1,400,000+3,200,000)=₩8,600,000

(2) 경품충당부채

기업은 제품판매를 촉진할 목적으로 경품을 지급하는 경우가 있는데, 이는 과거사건의 결과로 현재의무가 있으며 자원의 유출가능성이 높고 금액을 신뢰성 있게 측정할 수 있기 때문에 충당부채의 인식조건을 충족한다. 따라서 최선의 추정치를 충당부채로 인식해야 한다.

경품충당부채

20×1년 7월 1일에 CW회사는 판촉캠페인을 실시하였다. 판매되는 각 상품의 상자 안에 경품과 교환할 수 있는 쿠폰을 동봉하고 있다. 경품을 타기 위해서는 각 소비자가 5개의 쿠폰을 제시해야 한다. CW회사는 각 경품에 대하여는 소요되는 쿠폰의 60%가 상환될 것이라고 추정하고 있다. 20×1년 12월 31일로 종료되는 6개월의 회계기간 동안의 정보는 다음과 같다.

① 판매된 상품상자수	800,000개
② 경품구입	50,000개×₩2=₩100,000
③ 상환된 쿠폰수	200,000개

20×1년 12월 31일 현재 경품에 대한 경품충당부채잔액은 얼마인가?

풀이

(1) 분 개

① (차) 경 품 비	192,000	(대) 경품충당부채	192,000*
② (차) 경 품	100,000	(대) 현 금	100,000
③ (차) 경품충당부채	80,000	(대) 경 품	80,000

＊경품충당부채 = 상환이 예상되는 경품수×1개당 경품가격

$$=\left(800{,}000\times\frac{1}{5}\times 60\%\right)\times ₩2=₩192{,}000$$

③ $200{,}000\times\frac{1}{5}\times ₩2=₩80{,}000$

(2) 경품충당부채잔액

경품충당부채설정액 $\left(800{,}000\times\frac{1}{5}\times 60\%\right)\times ₩2=$	₩192,000
쿠폰이 상환되는 경우(경품교환시)	△ 80,000
20×1년 12월 31일 경품충당부채 잔액	₩112,000

제3절 사 채

1. 의 의

사채란 기업이 거액의 장기자금을 조달하기 위해서 기업의 채무임을 표시하는 사채권을 발행하여 일반 대중으로부터 차입하는 채무로, 일정 기간 후에 원금을 상환하고 정기적으로 이자를 지급하기로 약정한 것이다. 참고로 상환일이 1년 내에 도래하는 비유동부채는 유동성장기부채(유동부채)로 대체하여야 하나 본서에서는 그 회계처리를 생략한다.

2. 사채의 발행

사채의 발행에는 액면발행, 할인발행, 할증발행이 있으며 사채발행시에 발생하는 거래원가(사채발행비 등)는 최초 인식하는 공정가치에서 차감한다. 즉, 사채발행비는 사채의 발행가액에서 차감한다.

(1) 액면발행

사채가 액면가액대로 발행된 경우로 사채액면이자율과 유효이자율이 같다.

(2) 할인발행

사채가 액면가액보다 낮은 가액으로 발행된 경우로 이 경우 유효이자율이 사채액면이자율보다 높다.

"사채할인발행차금"이 나타난다.

(3) 할증발행

사채가 액면가액보다 높은 가격으로 발행된 경우로 이 경우 유효이자율이 사채액면이자율보다 낮다.

"사채할증발행차금"이 나타난다.

표 8-2 목적적합성과 신뢰성의 상충관계

발행유형	상 황	사채발행자의 이자비용
액면발행	유효이자율=액면이자율	사채기간동안의 총이자비용=현금이자비용
할인발행	유효이자율>액면이자율	사채기간동안의 총이자비용=현금이자비용+사채할인발행차금
할증발행	유효이자율<액면이자율	사채기간동안의 총이자비용=현금이자비용−사채할증발행차금

3. 할인액 및 할증액의 상각

사채가 액면발행되지 않고 할인 또는 할증발행된 경우에 사채만기시에는 액면금액을 상환하기 때문에 할인액과 할증액을 사채상환기간 동안 상각처리하여야 된다. 할인액상각액은 이자비용으로 인식하여야 하며, 할증액환입액은 현금으로 지급할 이자비용(액면이자)에서 차감시키는데 할인액과 할증액을 상각하는 방법으로 정액법과 유효이자율법이 있다. 기업회계기준서에서는 유효이자율법에 의하도록 규정하고 있다.

(1) 정 액 법

정액법(straight−line method)은 할인액 또는 할증액을 사채상환기간 동안 균등액씩 상각(환입)하는 방법이다.

(2) 유효이자율법

유효이자율법(effective interest method)은 유효이자액(장부가액×유효이자율)을 당기이자비용으로 인식하고 유효이자액과 액면이자액(현금지급액)과의 차액을 할인액 또는 할증액상각으로 처리하는 방법이다.

(3) 정액법과 유효이자율법의 비교

표 8-3 정액법과 유효이자율법의 비교

발행유형	사채의 장부금액	유효이자율법		정 액 법	
		할인(할증)액 상각	이자비용	할인(할증)액 상각	이자비용
할인발행	증가	증가	증가	일정	일정
할증발행	감소	증가	감소	일정	일정

사채할인발행

20×1년 1월 1일 CW회사는 20×3년 12월 31일 만기가 도래하는 사채(액면가액 ₩100,000, 액면이자율 10%)를 발행하였다. 유효이자율은 15%이며 이자는 매년 말 지급된다.

이자율 / 기 간	15%	
	현가계수	연금현가계수
3	0.65752	2.2832

(1) 20×1년 1월 1일 사채발행가액을 구하시오.
(2) 20×1년 1월 1일 사채발행시 분개를 하시오.
(3) 두 가지 방법(정액법과 유효이자율법)에 의한 할인액상각표를 작성하시오.
(4) 두 가지 방법에 의한 20×1년 12월 31일의 분개를 하시오.
(5) 두 가지 방법에 의한 20×1년 12월 31일의 재무상태표에 보고할 사채의 장부금액을 표시하시오.

풀이

(1) 사채액면가액의 현재가치 ₩100,000×0.65752 = ₩65,752
사채이자액의 현재가치 ₩100,000×10%×2.2832 = 22,832
사채의 발행가액 ₩88,584

(2) (차) 현 금 88,584 (대) 사 채 100,000
사채할인발행차금 11,416

20×1년 1월 1일 재무상태표

	사 채	100,000	
	사채할인발행차금	△11,416	88,584

(3) 상각표 작성
① 유효이자율법(주)

연 도	유효이자율	① 유효이자 (④×15%)	② 현금이자 (₩100,000×10%)	③ 할인액상각 (①－②)	④ 기말장부금액 ((③＋④))
20×1. 1/1					₩88,584
20×1. 12/31	15%	₩13,288	₩10,000	₩3,288	91,872
20×2. 12/31	15%	13,781	10,000	3,781	95,653
20×3. 12/31	15%	14,347	10,000	4,347	100,000
합계		41,416	30,000	11,416	

(주) 유효이자율법은 기초장부가액(전기말 장부가액)에 유효이자율을 곱하여 총이자비용(유효이자)을 결정한다. 따라서, 할인발행의 경우에는 기말장부금액이 점차 증가하므로 총사채이자비용도 점차 증가한다.

② 정액법(주)

연 도	① 현금이자 (₩100,000×10%)	② 할인액상각 (11,416÷3년)	③ 총이자비용 (①+②)	④ 기말장부금액 (③+④)
20×1. 1/1				₩88,584
20×1. 12/31	₩10,000	₩3,805	₩13,805	92,389
20×2. 12/31	10,000	3,805	13,805	96,194
20×3. 12/31	10,000	3,806	13,806	100,000
합 계	30,000	11,416	41,416	

(주) 정액법은 할인액총액을 사채기간 동안 균등액을 상각하는 방법이다. 따라서 할인발행의 경우에 기말장부금액이 점차 증가하나 이자비용은 매년 균등하다.

① 유효이자율법

(차) 이자비용	13,288*	(대) 현 금	10,000
		사채할인발행차금	3,288

② 정 액 법

(차) 이자비용	13,805	(대) 현 금	10,000
		사채할인발행차금	3,805

* 총이자비용(유효이자) = 현금이자비용 + 할인액상각

(5) ① 유효이자율법

20×1년 12월 31일 재무상태표

	사 채	100,000	
	사채할인발행차금	△8,128*	91,872

* (₩11,416 − 3,288) = ₩8,128

② 정 액 법

20×1년 12월 31일 재무상태표

	사 채	100,000	
	사채할인발행차금	△7,611*	92,389

* (₩11,416 − 3,805) = ₩7,611

사채할증발행

20×1년 1월 1일 CW회사는 사채(액면가액 ₩100,000, 표시이자율 12%)를 발행하였다. 이자는 매년 말 지급되며, 만기는 20×3년 12월 31일이다. 유효이자율은 10%이다.

이자율 / 기 간	10%	
	현가계수	연금현가계수
3	0.75131	2.48683

(1) 20×1년 1월 1일 사채발행가액을 구하시오.
(2) 20×1년 1월 1일 사채발행시 분개를 하시오.
(3) 두 가지 방법에 의한 할증액상각표를 작성하시오.
(4) 두 가지 방법에 의한 20×1년 12월 31일 분개를 하시오.
(5) 두 가지 방법에 의한 20×1년 12월 31일의 B/S에 보고할 사채의 장부가액을 표시하시오.

풀이

(1) 사채액면가액의 현재가치 ₩100,000×0.75131 = ₩75,131
사채이자액의 현재가치 ₩100,000×12%×2.48683 = 29,842
사채의 발행가액 ₩104,973

(2) (차) 현 금 104,973 (대) 사 채 100,000
사채할증발행차금 4,973

(3) 상각표 작성

20×1년 1월 1일 재무상태표

	사 채	100,000	
	사채할증발행차금	+4,973	104,973

① 유효이자율법(주)

연 도	유효이자율	① 유효이자 (④×10%)	② 현금이자 (₩100,000×12%)	③ 할증액환입 (②−①)	④ 기말장부금액 (④−③)
20×1. 1/1					₩104,973
20×1. 12/31	10%	₩10,497	₩12,000	₩1,503	103,470
20×2. 12/31	10%	10,347	12,000	1,653	101,817
20×3. 12/31	10%	10,183	12,000	1,817	100,000
합계		31,027	36,000	4,973	

(주) 할증발행시 기말장부금액이 점차 감소하므로 유효이자율법에서는 유효이자(이자비용)가 점차 감소한다.

② 정 액 법(주)

연 도	① 현금이자 (₩100,000×12%)	② 할증액환입 (4,973÷3)	③ 총사채이자 (①−②)	④ 기말장부금액 (④−②)
20×1 1/1				₩104,973
20×1 12/31	₩12,000	₩1,658	₩10,342	103,315
20×2 12/31	12,000	1,658	10,342	101,657
20×3 12/31	12,000	1,657	10,343	100,000
합 계	36,000	4,973	31,027	

(4) 20×1년 12월 31일 분개

① 유효이자율법

(차)	이 자 비 용	10,497*	(대) 현 금	12,000
	사채할증발행차금	1,503		

② 정 액 법

(차)	이 자 비 용	10,342*	(대) 현 금	12,000
	사채할증발행차금	1,658		

* 총이자비용 = 현금이자비용 − 할증액 환입

(5) ① 유효이자율법

20×1년 12월 31일 재무상태표

	사 채	100,000	
	사채할증발행차금	+3,470*	103,470

* (₩4,973 − 1,503) = ₩3,470

② 정 액 법

20×1년 12월 31일 재무상태표

	사 채	100,000	
	사채할증발행차금	+3,315*	103,315

* (₩4,973 − 1,658) = ₩3,315

사채의 발행(연 2회 이자를 지급하는 경우)

20×1년 1월 1일 CW회사는 사채(액면 ₩100,000, 표시이자율 8%)를 발행하였다. 이자는 매년 6/30, 12/31 연 2회 지급되며 만기는 20×2년 12월 31일이다. 유효이자율은 연 10%이다.

이자율 기 간	현가계수		연금현가	
	5%	10%	5%	10%
2	–	0.8264	–	1.7355
4	0.8227	–	3.5460	–

(1) 20×1년 1월 1일 사채의 발행가액을 구하시오.
(2) 20×1년 1월 1일 사채발행시 분개를 하시오.
(3) 유효이자율법에 의한 상각표를 작성하시오.
(4) 20×1년 이자지급시 분개를 하시오.

풀이

(1) 사채의 발행가액계산

액면가액의 현재가치	₩100,000×0.8227 =	₩82,270
액면이자의 현재가치	₩100,000×4%×3.5460 =	14,184
사채의 현재가치		₩96,454

(2) 발행시분개

(차)	현 금	96,454	(대) 사 채	100,000
	사채할인발행차금	3,546		

(3) 상각표작성(상각표는 이자지급일인 6개월 단위로 작성한다.)

일 자	유효이자(5%)	현금이자(4%)	상각액	기말장부금액
20×1년 1/1				96,454
20×1년 6/30	4,823	4,000	823	97,277
20×1년 12/31	4,864	4,000	864	98,141
20×2년 6/30	4,907	4,000	907	99,048
20×2년 12/31	4,952	4,000	952	100,000
계	19,546	16,000	3,546	

(4) 이자지급시 분개

① 20×1년 6/30일

(차) 이자비용	4,823	(대)	현 금	4,000
			사채할인발행차금	823

② 20×1년 12/31일

(차) 이자비용	4,864	(대) 현 금	4,000
		사채할인발행차금	864

4. 사채의 상환

사채의 상환유형별로 만기상환, 조기상환으로 구분하여 회계처리방법을 살펴보면 다음과 같다.

(1) 만기상환

사채는 만기의 유형에 따라 일시상환사채와 연속상환사채로 구분할 수 있다.

일시상환사채는 만기가 하나로 고정되어 있는 사채이며, 연속상환사채는 원금을 여러 번에 걸쳐 연속적으로 분할상환하는 사채를 말한다. 만기상환시에는 사채상환손익이 발생하지 않는다. 분개는 다음과 같다.

(차) 사채(액면가액)	100,000	(대) 현 금	100,000

(2) 조기상환

상환사채의 권리행사 또는 자기사채의 매입소각방법에 의하여 조기상환할 경우에는 사채상환일까지 발생한 사채이자를 기록한 후에, 이자를 제외한 사채의 상환가액과 사채의 장부금액을 기준으로 상환에 대한 분개를 하여야 한다. 이 경우에 사채상환손익이 발생할 수 있는데 발생이유는 시장이자율의 변동에 따라 사채의 시장가격이 변하여 장부가액과의 차이가 발생하기 때문이다. 즉, 시장이자율이 상승하면 사채가격이 하락하므로 사채상환이익이 발생하며, 시장이자율이 하락하면 사채가격이 상승하므로 사채상환손실이 발생한다.

① 매입상환액－사채의 장부금액* >0: 사채상환손실
② 매입상환액－사채의 장부금액* <0: 사채상환이익

* 사채의 액면가액	×××
미상각사채할증발행차금	+×××
미상각사채할인발행차금	△×××
사채의 장부금액	×××

사채상환손익계산

(주)찬엽은 20×0년 1월 2일에 이자지급일 매년 12월 31일, 만기 20×3년 12월 31일, 표시이자율 8%, 총액면가액 ₩1,000,000인 사채를 발행하였다. 발행당시의 시장이자율은 10%이다. (주)찬엽은 증자대금의 일부로 20×2년 7월 1일 액면가액 ₩600,000인 사채를 발생이자를 포함하여 ₩610,000에 상환하였다. (주)찬엽이 이 사채의 상환과 관련하여 20×2년에 인식할 사채상환손익은 얼마인가?(단, 사채발행차금은 유효이자율법에 의해 상각하며 현가요소는 다음과 같다.) 【'01, '12. 감평사, '13. 세무사】

	8%	9%	10%
1원의 현재가치(4년)	0.73503	0.70843	0.68301
정상연금 1원의 현재가치(4년)	3.31213	3.23972	3.16987

풀이

(1) 장부금액 ₩584,131[1)]
(2) 상환가액 586,000[2)]
(3) 상환손실 ₩1,869

1) 장부금액계산

일 자	유효이자(10%)	액면이자(8%)	상각액	기말장부
20×0. 1/1				936,600
20×0. 12/31	93,660	80,000	13,660	950,260
20×1. 12/3	95,026	80,000	15,026	965,286
20×2. 12/31	96,528	80,000	16,528	981,814
	⋮	⋮	⋮	⋮

∴ 장부가액 $= \left(₩965,286 + 16,528 \times \frac{6}{12}\right) \times 60\% = ₩584,131$

참고로 발행가액 ₩936,600은 다음과 같이 계산되었다.
이자의 현재가치: ₩1,000,000×8%×3.16987 = ₩253,590
액면가액의 현재가치: 1,000,000×0.68301 = 683,010
발행가액 ₩936,600

2) 상환가액계산

$₩610,000 - 600,000 \times 8\% \times \frac{6}{12} = ₩586,000$

참고로, 경과이자를 포함하여 상환손익을 직접 구할 수도 있다.

장부금액 $= \left(₩965,286 + 965,286 \times \frac{6}{12}\right) \times 60\% = ₩608,131$(경과이자 포함)

상환액 610,000(경과이자 포함)
상환손실 ₩1,869

5. 전환사채

(1) 전환사채의 의의

전환사채란 처음에는 사채로 발행되었으나 일정 기간 경과 후에 사채권자가 주식으로의 전환을 청구하면 보통주로 전환될 수 있는 권리가 부여된 사채를 말한다. 즉, 사채권자는 보통주의 주가상승이 예상되면 전환사채를 보통주로 전환하여 이익을 얻을 수 있고 주가하락이 예상되면 전환사채를 그대로 보유하고 있다가 만기에 액면가액을 상환받게 된다. 따라서 사채발행회사 입장에서는 사채권자에게 주식으로 전환할 수 있는 권리를 부여하기 때문에 일반 사채보다도 더 높게 발행하게 된다. 이 초과지급액은 주식으로 전환할 수 있는 권리에 대한 가치이며 이것을 전환권대가라 하는데 전환권대가는 전환사채의 발행가액에서 전환사채의 미래현금흐름의 현재가치를 차감하여 구한다. 이 경우 전환사채의 현재가치는 만기일까지 기대되는 미래현금흐름(상환할증금이 있는 경우에는 이를 포함)을 사채발행일 현재 발행회사의 전환권이 없는 일반사채의 유효이자율로 할인한 금액이다. 즉,

전환권대가＝전환사채의 발행가액－전환사채의 미래현금흐름의 현재가치*

* 전환권이 없는 일반사채의 유효이자율로 할인한 금액

전환권대가는 전환청구시에 주주가 될 투자자로부터 더 받은 금액이기 때문에 자본(기타자본잉여금)으로 분류하며 전환청구시에 주식발행초과금으로 대체될 수 있다.

전환권대가 계산

다음의 자료에 의하여 전환권대가를 구하시오.

1. 상환할증금이 없는 경우

(1) (주)찬엽은 20×1년 1월 1일에 전환사채 (액면가액 : ₩10,000,000 연이자율 : 8%, 이자지급일 : 12월 31일, 만기 3년)를 액면발행하였다.

(2) 전환사채 발행시 일반사채 시장수익률은 연 15%이다.

(3) 단, ₩1의 현가계수 (3년, 15%)와 ₩1의 정상연금 현가계수(3년, 15%)는

각각 0.657과 2.283이다.

2. 상환할증금이 있는 경우

(4) 동 전환사채의 만기일인 20×3년 12월 31에 액면가액의 110%를 지급하는 조건일 경우에 (주)찬엽이 전환사채 발행일에 인식해야 할 전환권대가는 얼마인가?

풀이

1. 상환할증금이 없는 경우

액면가액 : ₩10,000,000×0.657 =₩6,570,000
이자비용 : 10,000,000×8%×2.283= 1,826,400
미래현금흐름의 현재가치 ₩8,396,400
∴ 전환권대가=발행가액−미래현금흐름의 현재가치
=10,000,000−8,396,400=1,603,600

2. 상환할증금이 있는 경우

액면가액 : ₩11,000,000×0.657 =₩7,227,000
이자비용 : 10,000,000×8%×2.283= 1,826,400
미래현금흐름의 현재가치 ₩9,053,400
∴ 전환권대가=발행가액−미래현금흐름의 현재가치
=₩10,000,000−9,053,400=₩946,600

(2) 전환사채의 발행

① 상환할증조건인 경우

상환할증금은 전환사채 또는 신주인수권부사채의 소유자가 만기까지 전환권 또는 신주인수권을 행사하지 않아 만기상환하는 경우에 사채발행회사가 소유자에게 일정수준의 수익률을 보장하기 위하여 만기가액에 추가하여 지급하기로 약정한 금액을 말한다.

상환할증금은 다음과 같이 계산한다.

$$\text{액면가액} = \frac{\text{액면이자}}{(1+r)^1} + \frac{\text{액면이자}}{(1+r)^2} + \cdots + \frac{\text{액면이자}}{(1+r)^n} + \frac{\text{액면가액}}{(1+r)^n} + \frac{\text{상환할증금}}{(1+r)^n}$$

여기서 r은 보장수익률로서 보장수익률은 원금, 상환할증금, 총이자지급액의 현재가치를 당해 사채의 액면가액과 일치시키는 내부수익률을 말하며

위 식을 정리하면 다음과 같다.

$$\text{액면가액} = \text{액면가액} \times \text{액면이자율} \times \text{연금현재가치}^{*} + \text{액면가액} \times \text{현가계수}^{*} + \text{상환할증금} \times \text{현가계수}^{*}$$

* 보장수익률에 의한 현가계수와 연금현가계수를 말한다.

상환할증금은 다음과 같이 구할 수도 있다.

$$\text{상환할증금}^{1)} = \text{액면가액} \times (\text{보장수익률} - \text{액면이자율}) \times \text{연금미래가치}^{2)}$$

1) 상환할증금은 액면가액을 기준으로 한 보장수익률과 액면이자율의 차이인 이자비용의 미래현금흐름을 보장수익률로 계산한 만기시점의 미래가치이다.
2) 보장수익률에 의한 1원의 연금미래가치를 말한다.

상환할증금 계산

㈜찬우는 20×1년 1월 1일에 액면금액 ₩1,000,000 액면이자율 8%, 만기 3년, 매년 말 이자지급 조건으로 전환사채를 액면발행하였다. 보장수익률은 10%이다. 상환할증금과 상환할증률은 얼마인가? (단, 만기 3년, 10%일 경우의 연금미래가치는 3.31이다.)

풀이

회사가 매년 지급한 이자는 8%(즉, ₩80,000)이고 회사가 만기까지 전환청구를 하지 않을 경우에 보장해주는 수익률은 10%(즉, ₩100,000)이므로 회사가 만기까지 전환청구를 하지 않을 경우에는 매년 보장수익률보다 덜 지급한 ₩1,000,000×(10%−8%)=₩20,000씩을 3년 후에 복리로 계산하여 일시에 상환해야 하는데 이를 상환할증금이라 한다.

∴ 상환할증금=₩1,000,000×(10%−8%)×1원의 연금미래가치(보장수익률 10%)
=₩20,000×3.31=₩66,200

그리고, $\text{상환할증률} = \dfrac{\text{상환할증금}}{\text{액면가액}} = \dfrac{66,200}{1,000,000} = 6.62\%$

재무상태표

	부 채		
	전 환 사 채	×××	
	사채상환할증금	×××	
	전 환 권 조 정	△×××	×××
	자 본		
	기타자본잉여금		
	전 환 권 대 가		×××

㉠ 발행시 회계처리

발행시에 전환권대가는 전환권대가의 과목으로 하여 기타자본잉여금으로 분류하며 상환할증금은 사채상환할증금의 과목으로 하여 전환사채의 액면가액에 가산하는 형식으로 표시한다.

전환권조정은 전환사채의 액면가액에서 차감하는 형식으로 보고한다.

액면발행의 경우 회계처리하면 다음과 같다.

(차)			(대)		
	현 금	×××		전 환 사 채	×××
	전환권조정1)	×××		사채상환할증금	×××
				전 환 권 대 가	×××

1) 전환권조정＝사채상환할증금＋전환권대가

㉡ 결산일의 회계처리

(차)			(대)		
	이자비용	×××		현 금	×××
				전환권조정 2)	×××

2) 전환권조정은 사채상환할증금과 전환권대가의 합계금액이며, 유효이자율법에 의하여 상각하면서 이자비용으로 인식한다.

② 상환할증조건이 아닌 경우

상환할증조건이 아니므로 사채상환할증금의 과목은 나타나지 않는다. 따라서 전환권대가가 곧 전환권조정액이 된다.

㉠ 발행시 회계처리

액면발행의 경우의 회계처리는 다음과 같다.

(차)			(대)		
	현 금	×××		전 환 사 채	×××
	전환권조정 3)	×××		전환권대가	×××

3) 전환권조정＝전환권대가
상환할증조건이 아닌 경우에는 전환권조정금액과 전환권대가금액은 같다.

㉡ 결산일의 회계처리

(차)			(대)		
	이자비용	×××		현 금	×××
				전환권조정	×××

전환시 회계처리

CW회사는 20×1년 1월 1일 다음과 같은 조건으로 전환사채를 발행하였다. 단, 결산일은 12월 31일이다.

(1) 발행가액	: ₩100,000(액면발행)
(2) 표시이자율	: 연 7%(매년말 지급)
(3) 일반사채시장 이자율	: 연 15%
(4) 전환조건	: 전환사채액면가액 ₩10,000당 보통주 1주(액면가액 ₩5,000) 발행
(5) 만기(상환기일)	: 20×3년 12월 31일
(6) 상환할증조건인 경우	: 액면가액의 116.87%(보장수익률 12%)로 할증상환

위 자료에 의하여 다음의 물음에 답하시오.(단, 전환시에 전환권대가는 주식발행초과금으로 대체한다.)

(1) 상환할증조건인 경우

① 전환권대가 및 전환권조정은 얼마인가?

② 만기까지 전환청구를 하지 않은 경우의 회계처리를 하시오.

③ 20×3년 1월 1일에 ₩60,000(60%)의 전환청구를 한 경우의 회계처리를 하시오.

④ 60% 전환청구시 자본증가액은 얼마인가?

(2) 상환할증조건이 아닌 경우

① 만기까지 전환청구를 하지 않은 경우의 회계처리를 하시오.

② 20×3년 1월 1일에 ₩60,000의 전환청구를 한 경우의 회계처리를 하시오.

풀이

(1) 상환할증조건인 경우

① 전환권대가 및 전환권조정 계산

㉠ 전환권대가 계산

액면이자의 현재가치: ₩7,000×2.2832	=₩15,982
만기상환액의 현재가치: ₩116,870×0.65752	=76,844
미래현금흐름의 현재가치(상환할증금 포함)	₩92,826

∴ 전환권대가=전환사채발행가액－미래현금흐름의 현재가치

=₩100,000－92,826=₩7,174

㉡ 전환권조정 계산

전환권조정＝전환권대가+사채상환할증금＝₩7,174+16,870＝₩24,044

㉢ 상각표 작성

일 자	유효이자(15%)	액면이자(7%)	상각액	기말장부
20×1. 1/1				92,826
20×1. 12/31	13,924	7,000	6,924	99,750
20×2. 12/31	14,963	7,000	7,963	107,713
20×3. 12/31	16,157	7,000	9,157	116,870
	45,044	21,000	24,044	

② 만기까지 전환청구를 하지 않은 경우의 회계처리

ⓐ 20×1년초 발행시

(차)	현 금	100,000	(대)	전 환 사 채	100,000
	전환권조정	24,044 1)		사채상환할증금	16,870 2)
				전환권대가	7,174 3)

1) 전환권조정＝사채상환할증금＋전환권대가

＝₩16,870＋7,174＝₩24,044

전환권조정은 전환사채의 액면가액에서 차감하는 형식으로 보고하며 유효이자율법에 따라 상각하면서 이자비용으로 인식한다.

2) 사채상환할증금＝만기할증상환액－액면가액

＝₩116,870－100,000＝₩16,870

사채에 부가하는 항목으로 보고하며 전환시에 주식발행초과금으로 대체되며 미전환시에는 만기에 할증상환한다.

3) 전환권대가는 기타자본잉여금으로 분류하며 전환시에 주식발행초과금으로 대체될 수 있으며, 미전환시에는 기타자본잉여금으로 남게 된다.

재무상태표

	전 환 사 채	100,000	
	사채상환할증금	16,870	
	전 환 권 조 정	△24,044	92,826
	기타자본잉여금		
	전 환 권 대 가		7,174

ⓑ 20×1년 12/31

(차)	이자비용	13,924	(대)	현 금	7,000
				전환권조정	6,924

ⓒ 20×2년 12/31

(차)	이자비용	14,963	(대)	현 금	7,000
				전환권조정	7,963

ⓓ 20×3년 12/31(이자 및 상환분개)

(차)	이자비용	16,157	(대)	현 금	7,000
				전환권조정	9,157

(차) 전환사채	100,000	(대) 현 금	116,870
사채상환할증금	16,870 [4]		

4) 만기까지 전환하지 않았기 때문에 할증상환한다.

③ 20×3년 초에 ₩60,000의 전환청구를 한 경우의 회계처리

㉠ 20×2년 12/31까지는 만기상환시의 회계처리와 같다.

㉡ 20×3년 1/1 전환시 회계처리

(차) 전 환 권 대 가	4,304 [6]	(대) 주식발행초과금	4,304 [9]
(차) 전 환 사 채	60,000	(대) 전 환 권 조 정	5,494 [8]
사채상환할증금	10,122 [7]	자 본 금	30,000
		주식발행초과금	34,628 [9]

6) ₩7,174×60%=₩4,304
전환권대가는 전환시에 전환비율만큼 주식발행초과금에 대체될 수 있으며, 미전환시에는 기타자본잉여금으로 남게된다.

7) ₩16,870×60%=₩10,122
사채상환할증금은 전환시에 주식발행초과금으로 대체되며 미전환시에는 만기 할증상환한다. 즉

사채상환할증금 (전환시～주식발행초과금
미전환시～만기할증상환

8) (₩24,044－6,924－7,963)×60%=₩5,494

9) (전환사채의 장부가액×전환비율－발행주식수×1주당액면가액)
＋전환권대가×전환비율
=(₩107,713×60%－6주×5,000)＋7,174×60%
=₩34,628＋4,304=₩38,932

㉢ 20×3년 12/31(만기상환시)

(차) 이자비용	6,463	(대) 현 금	2,800 [10]
		전환권조정	3,663 [11]
(차) 전환사채	40,000	(대) 현 금	46,748
사채상환할증금	6,748 [12]		

10) ₩7,000×40%=₩2,800

11) ₩9,157×40%=₩3,663 또는, ₩24,044－6,924－7,963－5,494=₩3,663

12) ₩16,870×40%=₩6,748 또는, ₩16,870－10,122=₩6,748
전환되지 않은 부분에 대해서는 할증상환한다.

㉣ 참고로, 상환할증금은 다음과 같이 계산된다.

ⓐ 액면가액=액면이자×연금현가계수＋액면가액×현가계수
＋상환할증금×현가계수 (단, =보장수익률=12%)

₩100,000=100,000×7%×2.4018＋100,000×0.7118
＋상환할증금×0.7118

∴ 상환할증금=₩16,870

따라서, 상환할증률$=\frac{16,870}{100,000}\times 100\%=116.87\%$

ⓑ 또는 다음과 같이 구할 수도 있다.

상환할증금=액면가액×(보장수익률－액면이자율)×연금종가계수
=₩100,000×(12%－7%)×3.374
=₩16,870

④ 60% 전환청구시 자본증가액

자본증가액=전환당시장부금액×전환비율

=₩107,713×60%=₩64,628

(2) **상환할증조건이 아닌 경우**

① 만기까지 전환청구를 하지 않은 경우

㉠ 전환권대가 계산

액면이자의 현재가치: ₩7,000×2.2832	=₩15,982
만기상환액의 현재가치: 100,000×0.65752=	65,752
미래현금흐름의 현재가치	₩81,734

∴ 전환권대가=₩100,000−81,734=₩18,266

㉡ 상각표 작성

일 자	유효이자(15%)	액면이자(7%)	상각액	기말장부
20×1. 1/1				81,734
20×1. 12/31	12,260	7,000	5,260	86,994
20×2. 12/31	13,049	7,000	6,049	93,043
20×3. 12/31	13,957	7,000	6,957	100,000
	39,266	21,000	18,266	

㉢ 회계처리

ⓐ 20×1년 1/1

(차)	현 금	100,000	(대)	전 환 사 채	100,000
	전환권조정	18,266 [5)]		전환권대가	18,266 [5)]

5) 상환할증조건이 아닌 경우에는 전환권조정금액과 전환권대가의 금액은 일치한다.

ⓑ 20×1년 12/31

(차)	이자비용	12,260	(대)	현 금	7,000
				전환권조정	5,260

ⓒ 20×2년 12/31

(차)	이자비용	13,049	(대)	현 금	7,000
				전환권조정	6,049

ⓓ 20×3년 12/31(이자 및 상환분개)

(차)	이자비용	13,957	(대)	현 금	7,000
				전환권조정	6,957
(차)	전환사채	100,000	(대)	현 금	100,000

② 20×3년 초에 ₩60,000의 전환청구를 한 경우

㉠ 20×2년 12/31까지는 만기상환시의 회계처리와 같다.

㉡ 20×3년 1/1 전환시 회계처리

(차)	전환권대가	10,960 [13)]	(대)	주식발행초과금	10,960 [15)]
(차)	전 환 사 채	60,000	(대)	전 환 권 조 정	4,174 [14)]
				자 본 금	30,000
				주식발행초과금	25,826 [15)]

13) ₩18,266×60%=₩10,960

14) (₩18,266−5,260−6,049)×60%=₩4,174

15) (전환사채의 장부가액×전환비율−발행주식수×1주당액면가액)
+전환권대가×전환비율
=(₩93,043×60%−6주×5,000)+18,266×60%
=₩25,826+10,960=₩36,786

㉢ 20×3년 12/31(만기상환시)

(차) 이자비용	5,583	(대)	현 금	2,800 [16)]
			전환권조정	2,783 [17)]
(차) 전환사채	40,000	(대)	현 금	40,000

16) ₩7,000×40%=₩2,800

17) ₩6,957×40%=₩2,783 또는, ₩18,266−5,260−6,049−4,174=₩2,783

(3) 전환사채의 전환시 회계처리

전환사채의 전환에 대한 회계처리방법은 전환사채의 장부가액법, 발행가액법, 보통주 또는 전환사채의 시가법이 있다. 기업회계기준서는 장부가액법에 따라 회계처리 한다.

장부가액법은 전환 당시의 전환사채의 장부가액을 보통주의 발행가액(자본금+주식발행초과금)으로 하는 방법으로 전환시 전환으로 인한 손익을 인식하지 않는다.

① **상환할증금이 없는 경우** (액면발행의 경우)

(차) 전 환 사 채	×××	(대)	전 환 권 조 정	×××
			자 본 금 [1)]	×××
			주식발행초과금 [1)]	×××
(차) 전환권대가 [2)]	×××	(대)	주식발행초과금 [2)]	×××

1) 장부가액법에 따라 전환시에 전환사채의 장부가액(액면가액−전환권조정)을 자본금(발행주식수×1주당액면가액)과 주식발행초과금(장부가액−자본금)으로 대체한다. 따라서 전환으로 인한 손익을 인식하지 않는다.

2) 전환시에 기타자본잉여금으로 분류된 전환권대가는 주식발행초과금으로 대체될 수 있다.

② **상환할증금이 있는 경우** (액면발행의 경우)

(차) 전 환 사 채	×××	(대)	전환권조정	×××
사채상환할증금	×××		자 본 금 [1)]	×××
			주식발행초과금 [1)]	×××

(차) 전환권대가 2)	×××	(대) 주식발행초과금 2)	×××

1) 장부가액법에 따라 전환시에 전환사채의 장부가액(액면가액＋사채상환할증금－전환권조정)을 자본금(발행주식수×1주당액면가액)과 주식발행초과금(장부가액－자본금)으로 대체한다. 따라서 전환으로 인한 손익을 인식하지 않는다.
2) 전환시에 기타자본잉여금으로 분류된 전환권대가는 주식발행초과금으로 대체될 수 있다.

6. 신주인수권부사채

(1) 의　　의

회사의 유상증자시에 원칙적으로 기존 주주에게 유상신주를 구입할 수 있는 권리가 부여되는데 회사가 신주인수권부사채를 발행하게 되면 신주인수권부사채권자에게도 신주를 구입할 수 있는 권리가 부여된다. 즉, 신주인수권부사채란 채권자임에도 불구하고 신주를 구입할 수 있는 권리가 부여된 사채를 말한다. 따라서 신주를 구입할 수 있는 권리가 부여되기 때문에 전환사채와 마찬가지로 일반사채보다 더 높게 발행된다. 신주인수권부사채의 발행가액과 신주인수권부사채의 미래현금흐름의 현재가치와의 차이를 신주인수권대가라 한다.

신주인수권대가＝신주인수권부사채의 발행가액－신주인수권부사채의 현재가치

(2) 신주인수권부사채의 발행

① 상환할증조건인 경우

상환할증금의 계산은 전환사채와 같다.

㉠ 발행시 회계처리

(차)	현　　　금	×××	(대) 신주인수권부사채	×××
	신주인수권조정 1)	×××	사채상환할증금	×××
			신주인수권대가	×××

1) 신주인수권조정＝사채상환할증금＋신주인수권대가

㉡ 결산일 회계처리

(차) 이자비용	×××	(대) 현　　　금	×××
		신주인수권조정	×××

② 상환할증조건이 아닌 경우

㉠ 발 행 시

(차)	현 금	×××	(대)	신주인수권부사채	×××
	신주인수권조정 2)	×××		신 주 인 수 권 대 가	×××

2) 신주인수권조정＝신주인수권대가

㉡ 결 산 일

(차)	이 자 비 용	×××	(대)	현 금	×××
				신 주 인 수 권 조 정	×××

신주인수권부사채

20×1년 1/1에 다음의 조건으로 신주인수권부사채를 발행하였다.

1. 발행가액 : ₩100,000(액면발행)
2. 표시이자율 : 연 9%(매년말 지급, 만기 3년)
3. 일반사채시장이자율 : 연 13%
4. 신주인수권의 내용 : 사채액면 ₩10,000당 보통주 1주(액면 ₩5,000)를 ₩10,000에 구입할 수 있다.
5. 20×2년 12/31일에 액면: ₩60,000의 신주인수권행사

위 자료에 의하여 물음에 답하시오.

(1) 신주인수권대가는 얼마인가?

(2) 상각표를 작성하시오.

(3) 회계처리를 하시오.

(4) 60% 행사시 자본증가액은 얼마인가?

풀이

(1) 신주인수권대가 계산

이자의 현재가치: ₩100,000×9%×2.3612＝ ₩21,250

액면가액의 현재가치: 100,000×0.6931＝ 69,310

미래현금흐름의 현재가치 ₩90,560

∴ 신주인수권대가＝₩100,000－90,560＝₩9,440

(2) 상각표 작성

일 자	유효이자(13%)	액면이자(9%)	상각액	기말장부
20×1 1/1				90,560
20×1 12/31	11,773	9,000	2,773	93,333
20×2 12/31	12,133	9,000	3,133	96,466
20×3 12/31	12,534	9,000	3,534	100,000
	36,440	27,000	9,440	

(3) 회계처리

① 20×1년 1/1 (발행시)

(차) 현 금	100,000	(대) 신주인수권부사채	100,000
신주인수권조정	9,440	신주인수권대가	9,440

② 20×1년 12/31

(차) 이자비용	11,773	(대) 현 금	9,000
		신주인수권조정	2,773

③ 20×2년 12/31 (이자지급 및 행사시)

㉠ 결 산 시

(차) 이자비용	12,133	(대) 현 금	9,000
		신주인수권조정	3,133

㉡ 행 사 시

(차) 신주인수권대가	5,664 1)	(대) 주식발행초과금	5,664
(차) 현 금	60,000 2)	(대) 자 본 금	30,000 3)
		주식발행초과금	30,000

1) ₩9,440×60%=₩5,664
신주인수권대가는 행사시에 행사비율만큼 주식발행초과금으로 대체될 수 있다. 그리고 미행사분에 해당되는 신주인수권대가는 기타자본잉여금으로 남게 된다.

2) 6주×₩10,000=₩60,000

3) 6주×₩5,000=₩30,000

④ 20×3년 12/31(이자지급 및 만기상환시)

㉠ 결 산 시

(차) 이자비용	12,534 4)	(대) 현 금	9,000
		신주인수권조정	3,534

4) 전환사채와는 달리 행사되어도 신주인수권부사채는 계속 남아있게 되므로 이자비용을 모두 인식하다.

(차) 신주인수권부사채	100,000	(대) 현 금	100,000

(4) 60% 행사시 자본증가액

자본증가액=발행주식수×1주당행사가격=6주×₩10,000=₩60,000*

* 현금유입액만큼 자본이 증가한다.

7. 자기사채

자기사채란 사채를 발행한 발행회사가 자기회사의 사채를 다시 취득한 경우의 사채를 말한다. 자기사채를 취득한 경우에는 엄밀한 의미에서 보면 사채의 상환에 해당되므로 소각목적이든 일시소유목적이든 보유목적에 관계없이 사채에서 직접 차감표시한다. 이 경우에 사채의 장부가액과 취득가액과의 차이를 사채상환손익으로 처리한다.

제4절 종업원급여(퇴직급여)

1. 의 의

퇴직급여란 퇴직 이후에 지급하는 종업원급여(해고급여 제외)를 말하며 퇴직급여는 다음 급여를 포함한다.

(1) 퇴직연금과 같은 퇴직급여

(2) 퇴직후 생명보험이나 퇴직후 의료급여 등과 같은 그 밖의 퇴직급여

기업이 퇴직급여를 지급하기로 하는 협약은 퇴직급여제도이다. 이 기준서는 이러한 모든 협약에 적용하며, 기여금을 출연받아 급여를 지급하는 실체가 별도로 설립되는지 여부는 관계가 없다.

2. 퇴직급여제도의 분류

퇴직급여제도는 제도의 주요 규약에서 도출되는 경제적 실질에 따라 확정기여제도 또는 확정급여제도로 분류된다.

확정기여제도

1. 확정기여제도의 의의 및 특성

(1) 의의

확정기여제도란 기업이 별개의 실체(기금)에 고정 기여금을 납부하여야 하고, 그 기금이 당기와 과거기간에 제공된 종업원 근무용역과 관련된 모든 종업원급여를 지급할 수 있을 정도로 충분한 자산을 보유하지 못하더라도 기업에게는 추가로 기여금을 납부해야 하는 법적의무나 의제의무가 없는 퇴직급여제도

(2) 특성

확정기여제도는 다음의 특성을 갖는다.

① 기업의 법적의무나 의제의무는 기업이 기금에 출연하기로 약정한 금액으로 한정된다. 종업원이 받을 퇴직급여액은 기업과 종업원이 퇴직급여제도나 보험회사에 출연하는 기여금과 그 기여금에서 발생하는 투자수익에 따라 결정된다.

② 따라서 보험수리적위험(실제급여액이 기대급여액에 미치지 못할 위험)과 투자위험(기여금을 재원으로 투자한 자산이 기대급여액을 지급하는 데 충분하지 못하게 될 위험)은 종업원이 부담한다.

2. 인식과 측정

(1) 회계처리

확정기여제도의 회계처리는 각 기간에 대한 보고기업이 부담하는 채무가 당해 기간의 기여금으로 결정되기 때문에 비교적 단순하다. 따라서 채무나 비용을 측정하기 위해 보험수리적 가정을 세울 필요가 없고 그 결과 보험수리적손익이 발생할 가능성도 없다.

(2) 기여금의 인식

일정기간 종업원이 근무용역을 제공하였을 때 기업은 그 근무용역과 교환하여 확정기여제도에 납부해야 할 기여금을 다음과 같이 인식한다.

이미 납부한 기여금을 차감한 후 부채(미지급비용)로 인식한다. 이미 납부한 기여금이 보고기간말 이전에 제공된 근무용역에 대해 납부하여야 하는 기여금을 초과하는 경

우에는 초과 기여금 때문에 미래 지급액이 감소하거나 현금이 환급되는 만큼을 자산(선급비용)으로 인식한다.

확정급여제도

1. 확정급여제도의 의의 및 특성

(1) 의 의

확정급여제도란 확정기여제도 이외의 모든 퇴직급여제도

(2) 특성

확정급여제도는 다음의 특성을 갖는다.

① 기업의 의무는 약정한 급여를 전 · 현직종업원에게 지급하는 것이다.

② 기업이 보험수리적위험(실제급여액이 기대급여액을 초과할 위험)과 투자위험을 실질적으로 부담한다. 보험수리적실적이나 투자실적이 예상보다 저조하다면 기업의 의무는 증가할 수 있다.

2. 인식과 측정

(1) 보험수리적 가정의 요구

확정급여제도의 회계처리는 채무와 비용의 측정에 보험수리적 가정이 요구되고 보험수리적손익이 발생할 가능성이 있기 때문에 복잡하다. 또한 채무는 종업원이 관련 근무용역을 제공한 후 오랜 기간이 지나서야 결제될 수 있으므로 할인된 금액으로 측정한다.

(2) 확정급여제도의 회계처리 절차

확정급여제도의 회계처리에는 다음과 같은 절차가 필요하다.

① 과소적립액과 초과적립액의 결정

다음과 같이 과소적립액과 초과적립액을 결정한다.

㉠ 종업원이 당기와 과거기간에 제공한 근무용역의 대가로 획득한 급여에 대한 기업의 궁극적인 원가를 보험수리적 기법(예측단위적립방식)을 사용하여 신뢰성 있게 추정한다. 이 경우 당기와 과거기간에 귀속되는 급여를 결정하고, 급여원가에 영향을 미치는 인구통계적 변수(예: 종업원의 이직률과 사망률)와 재무적 변수(예: 미래의 임금상승률

및 의료원가상승률)에 대해 추정(보험수리적 가정)을 한다

ⓛ 확정급여채무의 현재가치와 당기근무원가를 결정하기 위해 급여를 할인한다.

ⓒ 확정급여채무의 현재가치에서 사외적립자산의 공정가치를 차감한다.

② 순확정급여부채(자산)

순확정급여부채(자산)의 금액을 위 ①에서 결정된 과소적립액이나 자산인식상한을 한도로 하는 초과적립액으로 결정한다.

③ 확정급여원가중 당기손익으로 인식되는 금액

확정급여원가중 당기손익으로 인식되는 금액은 다음과 같다.

㉠ 당기근무원가

ⓛ 과거근무원가와 정산으로 인한 손익

ⓒ 순확정급여부채(자산)의 순이자

3. 확정급여채무의 현재가치와 당기근무원가

(1) 의 의

확정급여채무의 현재가치란 종업원이 당기와 과거기간에 근무용역을 제공하여 발생한 채무를 결제하는 데 필요한 예상 미래지급액의 현재가치(사외적립자산 차감 전)를 말한다. 당기근무원가란 당기에 종업원이 근무용역을 제공함에 따라 발생하는 확정급여채무의 현재가치 증가액을 말한다.

(2) 예측단위적립방식

확정급여채무의 현재가치와 당기근무원가를 결정하기 위해서는 예측단위적립방식을 사용하며, 적용가능하다면 과거근무원가를 결정할 때에도 이와 동일한 방식을 사용한다. 예측단위적립방식('근무기간에 비례하는 발생급여방식' 또는 '급여/근무연수방식'이라고도 한다)에서는 매 근무기간에 추가적인 급여수급권단위가 발생한다고 보며, 궁극적인 확정급여채무액을 결정하기 위하여 각 급여수급권단위를 별도로 측정한다.

예측단위적립방식에 의한 당기근무원가 계산

찬우기업은 종업원이 퇴직한 시점에 일시불급여를 지급하며, 일시불급여는 종업원의 퇴직전 최종임금의 1%에 근무연수를 곱하여 산정된다. 종업원의 연간임금은 1차년도에 10,000원이며 향후 매년 7%(복리)씩 상승하는 것으로 가정한다. 또 연간 할인율은 10%라고 가정한다. 아래 표에서는 보험수리적 가정에 변화가 없다고 할 때 5차년도말에 퇴직하는 종업원과 관련하여 확정급여채무가 결정되는 방식을 보여 주고 있다. 편의상 이 사례에서는 종업원이 당초 예상보다 일찍 또는 늦게 퇴직할 가능성을 반영하기 위해 필요한 추가적인 조정은 없다고 가정한다.

(1) 위 자료로 각 회계연도의 확정급여채무의 현재가치와 당기근무원가를 구하시오

(2) 각 회계연도의 회계처리를 하시오

풀이

(1) 각 회계연도의 확정급여채무의 현재가치 및 당기근무원가 계산

(단위: ₩)

연 도	1	2	3	4	5
귀속 급여					
과거연도	–	131	262	393	524
당해연도(퇴직전 최종임금의 1%)	131*	131	131	131	131
당해연도와 과거연도	131	262	393	524	655
기초 확정급여채무	–	89	196	324	476
이자원가(할인율=10%)	–	9	20	33	48
당기근무원가**	89	98	108	119	131
기말 확정급여채무	89	196	324	476	655

(주1) 기초 확정급여채무는 과거연도에 귀속되는 급여의 현재가치를 말한다.

(주2) 당기근무원가는 당해연도에 귀속되는 급여의 현재가치를 말한다.

(주3) 기말 확정급여채무는 당해연도와 과거연도에 귀속되는 급여의 현재가치를 말한다. 즉,

기말확정급여채무=기초확정급여채무+당기근무원가+이자원가

* $₩10,000 \times (1+0.07)^4 = ₩13,108 \quad \therefore ₩13,108 \times 1\% = ₩131$

** $\frac{₩131}{(1+0.1)^4} = ₩89, \ \frac{₩131}{(1+0.1)^3} = ₩98,$

$\frac{₩131}{(1+0.1)^2}$=₩108, $\frac{₩131}{(1+0.1)}$=₩119

(2) 각 회계연도의 회계처리

① 1년 말

차) 퇴직급여	89	대) 확정급여채무	89

② 2년 말

차) 퇴직급여	107[1)]	대) 확정급여채무	107

1) 퇴직급여=당기근무원가+이자원가*=₩98+9=₩107

* 이자원가란 확정급여의 결제일에 한 기간만큼 더 가까워짐에 따라 발생하는 한 기간 동안의 확정급여채무 현재가치의 증가액을 말한다.

∴ 이자원가=기초확정급여채무×할인율=₩89×10%=₩9

③ 3년 말

차) 퇴직급여	128[2)]	대) 확정급여채무	128

2) 퇴직급여=당기근무원가+이자원가=₩108+20=₩128

④ 4년 말

차) 퇴직급여	152[3)]	대) 확정급여채무	152

3) 퇴직급여=당기근무원가+이자원가=₩119+33=₩152

⑤ 5년 말

차) 퇴직급여	179[4)]	대) 확정급여채무	179

4) 퇴직급여=당기근무원가+이자원가=₩131+48=₩179

4. 사외적립자산

(1) 의 의

사외적립자산은 회사가 종업원 퇴직금 지급을 보장하기 위해서 사외기금에 출연한 자산을 말하며 다음의 자산을 말한다.

① 보고기업과 법적으로 별개이고, 오로지 종업원급여를 지급하기 위하여 또는 종업원급여 기금적립을 위해서만 존재하는 장기종업원급여기금이 보유하고 있는 자산

② 보고기업과 특수관계자가 아닌 보험자와의 보험계약으로서 보험금은 오직 확정급여제도상 종업원급여를 지급하기 위하여 또는 종업원급여 기금적립에만 사용될 수 있는 적격보험계약을 말한다.

(2) 사외적립자산의 측정

① 사외적립자산의 증감

사외적립자산은 기여금을 납부할 때 또는 이자수익이 발생할 때 증가하며 퇴직금을 지급할 때 감소시킨다.

② 사외적립자산의 공시

사외적립자산의 공정가치는 과소적립액이나 초과적립액을 결정할 때 확정급여채무의 현재가치에서 차감한다. 즉,

확정급여채무	×××
사외적립자산	△ ×××
순확정급여부채(자산)*	×××

* 확정급여채무가 사외적립자산보다 크면 과소적립액으로서 순확정급여부채로 표시하고, 반대인 경우에는 초과적립액으로서 순확정급여자산으로 표시된다.

(3) 재측정요소

① 사외적립자산의 기말장부금액과 기말공정가치의 차이는 재측정요소(기타포괄손익)로 처리한다.

② 사외적립자산에 대한 이자수익은 사외적립자산에 대한 수익의 구성요소로서 사외적립자산의 공정가치에 할인율을 곱하여 결정되며(사외적립자산과 할인율은 연차보고기간 초에 결정됨) 보고기간 동안의 기여금납부와 급여지급으로 인한 보유하고 있는 사외적립자산의 변동을 고려한다. 사외적립자산에 대한 이자수익과 사외적립자산의 수익(실제수익)의 차이는 사외적립부채(자산)의 재측정요소에 포함된다.

사외적립자산에서 발생한 재측정요소

(1) 재측정요소의 계산

재측정요소는 사외적립자산의 공정가치의 변동으로 발생한다. 계산식은 다음과 같다.

Ⓐ 기말 사외적립자산의 공정가치	×××
Ⓑ 기말 사외적립자산의 장부금액	△×××
재측정요소*	×××

여기서,

Ⓐ 〉Ⓑ 이면, 재측정요소 → 기타포괄이익

Ⓐ 〈 Ⓑ 이면, 재측정요소 → 기타포괄손실

* 사외적립자산의 기말공정가치와 기말장부금액의 차이는 곧 사외적립자산에서 발생한 이자수익(기초사외적립자산×기초할인율)과 실제수익의 차이가 된다.

(2) 사외적립자산의 기말장부금액 계산

기초사외적립자산의 공정가치	×××
기여금지급액	+ ×××
사외적립자산에서 발생한 이자수익	+ ×××
당기 퇴직금지급액	△ ×××
기말사외적립자산의 장부금액	×××

(4) 사외적립자산과 관련된 회계처리

사외적립자산과 관련된 회계처리를 요약하면 다음과 같다.

① 기여금 납부시

차) 사외적립자산 ××× 대) 현 금 ×××

② 사외적립자산의 이자수익 발생시

차) 사외적립자산 ××× 대) 퇴직급여 ×××

이자수익=기초 사외적립자산의 공정가치×할인율[1)]

1) 할인율은 확정급여채무에 적용된 할인율을 사용한다.

③ 퇴직금 지급시[2)]

차) 확정급여채무 ××× 대) 사외적립자산 ×××

2) 퇴직금지급시 확정급여채무와 사외적립자산을 동시에 감소시킨다.

④ 재측정요소(기타포괄손익)이 발생한 경우

㉠ 기타포괄이익이 발생한 경우

차) 사외적립자산 ××× 대) 재측정요소 ×××
(기타포괄이익)

㉡ 기타포괄손실이 발생한 경우

차) 재측정요소[3)] ××× 대) 사외적립자산 ×××
(기타포괄손실)

3) 재측정요소는 사외적립자산의 이자수익과 실제수익의 차이 때문에 발생한다. 이는 곧 사외적립자산의 기말장부금액(할인율 적용에 따른 이자수익이 반영된 금액)과 기말공정가치(실제수익이 반영된 금액)의 차이가 된다.

(1) 확정급여채무에서 이자원가를 구하기 위해 사용되는 할인율

확정급여채무에서 이자원가를 구하기 위해 사용되는 할인율은 보고기간말 현재 우량회사채의 시장수익률을 참조하여 결정한다. 만약 그러한 회사채에 대해 거래층이 두터운 시장이 없는 경우에는 보고기간말 현재 국공채의 시장수익률을 사용한다.

(2) 사외적립자산에서 이자수익을 구하기 위해 사용되는 할인율

확정급여채무에서 이자원가를 구하기 위해 사용되는 할인율을 똑같이 적용한다.

사외적립자산

(1) 다음은 20×1년도 (주)찬엽의 확정급여제도와 관련된 자료이다.

1. 20×1년 초 확정급여채무의 현재가치 ₩200,000 (연초 할인율 10%)
2. 20×1년 초 사외적립자산의 공정가치 ₩200,000
3. 20×1년 당기근무원가 ₩30,000
4. 20×1년 기여금 ₩12,000
5. 20×1년 퇴직금 지급액 ₩6,000
6. 20×1년 말 사외적립자산의 공정가치 ₩250,000
7. 보험수리적손익은 발생하지 않았다.

(2) 위 자료에 의하여 20×1년도 회계처리를 하시오

풀이

1. 당기근무원가

차) 퇴직급여	30,000	대) 확정급여채무	30,000

2. 이자원가

차) 퇴직급여	20,000[1]	대) 확정급여채무	20,000

1) 이자원가=기초확정급여채무×할인율=₩200,000×10%=₩20,000

3. 사외적립자산의 이자수익

차) 사외적립자산	20,000	대) 퇴직급여	20,000[2]

2) 기초사외적립자산×할인율=₩200,000×10%=₩20,000
확정급여채무에서 이자비용을 구하기 위해 적용된 할인율을 사용한다

4. 기여금 지급

차) 사외적립자산	12,000	대) 현 금	12,000

5. 퇴직금지급

차) 확정급여채무 6,000 대) 사외적립자산 6,000

6. 재측정요소

차) 사외적립자산 24,000 대) 재측정요소 24,000[3]
(기타포괄이익)

3) 기말 공정가치 ₩250,000
기말장부금액=₩200,000+20,000+12,000−6,000=226,000
재측정요소(기타포괄이익) ₩24,000

5. 과거근무원가

(1) 의 의

과거근무원가는 제도개정이나 축소로 인해 발생하는 확정급여채무 현재가치의 변동이다. 제도의 개정은 확정급여제도를 도입 또는 철회하거나, 기존의 확정급여제도하에서 지급될 급여를 변경할 때 일어난다.

(2) 과거근무원가로 인한 확정급여채무의 증감

과거근무원가는 정(+)의 금액(급여가 새로 생기거나 변동되어 확정급여채무의 현재가치가 증가하는 경우)이 될 수도 있고 부(−)의 금액(기존 급여가 철회되거나 변동되어 확정급여채무의 현재가치가 감소하는 경우)이 될 수도 있다.

(3) 과거근무원가의 회계처리

제도의 개정 등으로 확정급여채무가 증가하는 경우에는 즉시 비용으로 인식한다. 회계처리는 다음과 같다.

차) 퇴직급여 ××× 대) 확정급여채무 ×××

6. 확정급여부채(자산)의 재측정요소

(1) 재측정요소의 종류

순확정급여부채(자산)의 재측정요소는 다음과 같은 요소로 구성된다.

① 보험수리적손익

② 순확정급여부채(자산)의 순이자에 포함된 금액을 제외한 사외적립자산의 수익

(2) 보험수리적손익

① 보험수리적손익의 발생

보험수리적손익은 보험수리적 가정의 변동과 경험조정으로 인하여 확정급여채무의 현재가치의 증감이 있을 때 발생한다. 보험수리적손익이 발생하는 원인의 예는 다음과 같다.

㉠ 종업원의 이직률, 조기퇴직률, 사망률, 임금상승률 등

㉡ 할인율의 변경에 따른 효과

② 보험수리적손익의 가정

보험수리적 가정은 편의가 없어야 하며 서로 양립가능해야 한다. 보험수리적 가정은 지나치게 낙관적이지 않으면서 지나치게 보수적이지도 않을 때 편의가 없는 것으로 본다.

보험수리적 가정은 다음으로 구성된다.

㉠ 인구통계적 가정

급여를 수령할 권리를 갖는 전 · 현직 종업원(그 피부양자 포함)의 미래 특성에 관한 다음의 가정을 말한다.

ⓐ 사망률

ⓑ 이직률, 신체장애율 및 조기퇴직률 등

㉡ 재무적 가정

ⓐ 할인율

퇴직급여채무(기금이 적립되는 경우와 적립되지 않는 경우 모두 포함)를 할인하기 위해 사용하는 할인율은 보고기간말 현재 우량회사채의 시장수익률을 참조하여 결정한다. 만약 그러한 회사채에 대해 거래층이 두터운 시장이 없는 경우에는 보고기간말 현재 국공채의 시장수익률을 사용한다. 그러한 회사채나 국공채의 통화 및 만기는 퇴직급여채무의 통화 및 예상지급시기와 일관성이 있어야 한다.

ⓑ 급여 수준과 미래의 임금 등

확정급여채무에서 발생한 보험수리적손익

(1) 보험수리적손익 계산

보험수리적손익은 재측정요소로서 확정급여채무의 현재가치 증감에서 발생한다. 계산식은 다음과 같다.

Ⓐ 기말확정급여채무의 현재가치	×××
Ⓑ 기말확정급여채무의 장부금액	△×××
보험수리적손익	×××

여기서,

Ⓐ 〉Ⓑ 이면, 보험수리적손실 → 재측정요소(기타포괄손실)

Ⓐ 〈 Ⓑ 이면, 보험수리적이익 → 재측정요소(기타포괄이익)

(2) 기말확정급여채무의 장부금액 계산

기초확정급여채무의 현재가치	×××
당기근무원가	+ ×××
과거근무원가	+ ×××
이자원가	+ ×××
당기퇴직금지급	△×××
기말확정급여채무의 장부금액	×××

(3) 보험수리적손익의 회계처리

① 현재가치 증가 → 보험수리적손실(재측정요소)

차) 재측정요소 (기타포괄손실)	×××	대) 확정급여채무	×××

② 현재가치 감소 → 보험수리적이익(재측정요소)

차) 확정급여채무	×××	대) 재측정요소 (기타포괄이익)	×××

재측정요소 계산

다음은 (주)찬우의 20×1년도 확정급여제도와 관련된 자료이다. 아래 물음에 답하시오.

1. 20×1년 초 확정급여채무의 현재가치	₩100,000(연초 할인율 10%)
2. 20×1년 초 사외적립자산의 공정가치	₩100,000
3. 당기근무원가	₩30,000
4. 과거근무원가	₩20,000(당기말 제도 개정)
5. 기여금 납부	₩15,000
6. 퇴직금 지급	₩10,000
7. 20×1년 말 확정급여채무의 현재가치	₩160,000
8. 20×1년 말 사외적립자산의 공정가치	₩130,000

(1) 당기에 인식할 재측정요소를 구하시오.
(2) 관련된 회계처리를 하시오.

풀이

(1) 재측정요소 계산

① 확정급여채무의 현재가치의 증감

기말확정급여채무의 현재가치	₩160,000
기말확정급여채무의 장부금액	△150,000[1]
재측정요소(기타포괄손실)	₩10,000

1) 장부금액=기초확정급여채무의 현재가치+당기근무원가+과거근무원가+이자원가−퇴직금 지급
=₩100,000+30,000+20,000+100,000×10%−10,000=₩150,000

② 사외적립자산의 공정가치의 증감

기말사외적립자산의 공정가치	₩130,000
기말사외적립자산의 장부금액	△115,000[2]
재측정요소(기타포괄이익)	₩15,000

2) 장부금액=기초사외적립자산의 공정가치+기여금+사외적립자산의 이자수익−퇴직금지급
=₩100,000+15,000+100,000×10%−10,000=₩115,000

(2) 회계처리

① 당기근무원가

차) 퇴직급여	30,000	대) 확정급여채무	30,000

② 과거근무원가

차) 퇴직급여	20,000	대) 확정급여채무	20,000

③ 이자원가

차) 퇴직급여	10,000[3]	대) 확정급여채무	10,000

3) 이자원가=기초확정급여채무×할인율=₩100,000×10%=₩10,000

④ 기여금 지급

차) 사외적립자산	15,000	대) 현 금	15,000

⑤ 사외적립자산의 이자수익

차) 사외적립자산	10,000	대) 퇴직급여	10,000[4]

4) 기초사외적립자산의 공정가치×할인율=₩100,000×10%=₩10,000

⑥ 퇴직금 지급

차) 확정급여채무	10,000	대) 사외적립자산	10,000

⑦ 재측정요소의 인식

㉠ 확정급여채무에서 발생

차) 재측정요소 (기타포괄손실)	10,000	대) 확정급여채무	10,000

㉡ 사외적립자산에서 발생

차) 사외적립자산	15,000	대) 재측정요소 (기타포괄이익)	15,000

7. 포괄손익계산서에 인식할 확정급여원가

(1) 확정급여원가의 구성요소의 종류 및 인식

다른 한국채택국제회계기준서에 따라 자산의 원가에 포함하는 경우를 제외하고는 확정급여원가는 포괄손익계산서상에 다음과 같이 인식한다.

① 당기근무원가 ~ 당기손익으로 인식

② 과거근무원가 및 정산으로 인한 손익 ~ 당기손익으로 인식

③ 순확정급여부채(자산)의 순이자 ~ 당기손익으로 인식

④ 순확정급여부채(자산)의 재측정요소 ~ 기타포괄손익으로 인식

(2) 재측정요소의 재분류

기타포괄손익에 인식되는 순확정급여부채(자산)의 재측정요소는 후속기간에 당기손익으로 재분류되지 아니한다. 그러나 기타포괄손익에 인식된 금액을 자본내에서 대체할 수 있다.

표 8-4 확정급여원가의 구성요소 및 인식

확정급여원가의 구성요소	포괄손익계산서상의 인식
(1) 당기근무원가	당기손익으로 인식
(2) 과거근무원가 및 정산으로 인한 손익	당기손익으로 인식
(3) 순확정급여부채(자산)의 순이자	당기손익으로 인식
(4) 순확정급여부채(자산)의 재측정요소	기타포괄손익으로 인식

8. 재무상태표

(1) 재무상태표상의 공시

재무상태표에 과소적립액인 경우에는 대변에 순확정급여부채를 인식하며, 초과적립액인 경우에는 차변에 순확정급여자산을 인식한다.

① 과소적립액인 경우

대변에 순확정급여부채로 표시된다.

확정급여채무	×××
사외적립자산	△×××
순확정급여부채	×××

② 초과적립액인 경우

차변에 순확정급여자산으로 보고된다.

사외적립자산	×××
확정급여채무	△×××
순확정급여자산	×××

(2) 초과적립액이 발생한 경우

확정급여제도에 초과적립액이 있는 경우 순확정급여자산은 다음의 ①과 ②중 작은 금액으로 측정한다.

① 확정급여제도에서의 초과적립액

② 자산인식상한

표 8-5 순확정급여부채(자산)

Ⓐ 확정급여채무의 현재가치	×××
Ⓑ 사외적립자산의 공정가치	×××
순확정급여부채(자산)	×××

Ⓐ − Ⓑ 〉0 이면, 과소적립액 → 순확정급여부채

Ⓐ − Ⓑ 〈0 이면, 초과적립액 → 순확정급여자산

순확정급여부채(자산), 당기비용 및 재측정요소

다음은 (주)찬엽의 20×1년도 확정급여제도와 관련된 자료이다. 아래 물음에 답하시오.

1. 20×1년 초 확정급여채무의 현재가치	₩200,000 (연초 할인율 10%)
2. 20×1년 초 사외적립자산의 공정가치	₩100,000
3. 당기근무원가	₩20,000
4. 과거근무원가	₩10,000 (당기말 제도개정)
5. 기여금 납부액	₩15,000
6. 퇴직금 지급액	₩5,000
7. 20×1년 말 확정급여채무의 현재가치	₩260,000
8. 20×1년 말 사외적립자산의 공정가치	₩130,000

(1) 기말 순확정급여부채(자산)을 구하시오.
(2) 포괄손익계산서에 기타포괄손익으로 인식할 재측정요소를 구하시오.
(3) 포괄손익계산서에 인식할 당기비용을 구하시오.
(4) 관련된 회계처리를 하시오.

풀이

(1) 기말 순확정급여부채 계산

기말 확정급여채무의 현재가치	₩260,000
기말 사외적립자산의 공정가치	△130,000
기말순확정급여부채	₩130,000

(2) 포괄손익계산서에 기타포괄손익으로 인식할 재측정요소 계산

① 확정급여채무의 현재가치 증감

기말확정급여채무의 현재가치	₩260,000
기말확정급여채무의 장부금액	△ 245,000[1)]
재측정요소(기타포괄손실)	₩15,000

1) 장부금액=기초확정급여채무+당기근무원가+과거근무원가+이자원가−퇴직급여지급
=₩200,000+20,000+10,000+200,000×10%−5,000=₩245,000

② 사외적립자산의 공정가치의 증감

기말사외적립자산의 공정가치	₩130,000
기말사외적립자산의 장부금액	△ 120,000[2)]
재측정요소(기타포괄이익)	₩10,000

2) 장부금액=기초사외적립자산+기여금+이자수익−퇴직금 지급액
=₩100,000+15,000+100,000×10%−5,000=₩120,000

(3) **포괄손익계산서에 인식할 당기비용 계산**

당기근무원가	₩20,000
과거근무원가	10,000
순확정급여부채의 순이자	10,000 [3)]
당기비용	₩40,000

3) 순이자=확정급여채무에서 발생한 이자원가-사외적립자산에서 발생한 이자수익
=(기초확정급여채무-기초사외적립자산)×할인율
=(₩200,000-100,000)×10%=₩10,000

(4) **회계처리**

① 당기근무원가

차) 퇴직급여	20,000	대) 확정급여채무	20,000

② 과거근무원가

차) 퇴직급여	10,000	대) 확정급여채무	10,000

③ 이자원가

차) 퇴직급여	20,000[5)]	대) 확정급여채무	20,000

5) 이자원가=기초확정급여채무×할인율=₩200,000×10%=₩20,000

④ 기여금 납부액

차) 사외적립자산	15,000	대) 현　　　금	15,000

⑤ 사외적립자산의 기대수익

차) 사외적립자산	10,000	대) 퇴직급여	10,000 [6)]

6) 이자수익=기초사외적립자산×할인율=₩100,000×10%=₩10,000

⑥ 퇴직금 지급

차) 확정급여채무	5,000	대) 사외적립자산	5,000

⑦ 확정급여채무에서 발생한 재측정요소

차) 재측정요소 (기타포괄손실)	15,000	대) 확정급여채무	15,000

⑧ 사외적립자산에서 발생한 재측정요소

차) 사외적립자산	10,000	대) 재측정요소 (기타포괄이익)	10,000

예제 1 | 충당부채

㈜찬엽은 20×1년 초에 한정 생산판매한 제품에 대하여 3년 동안 품질을 보증하기로 하였다. 20×1년 중 실제 발생한 품질보증비는 ₩210이다. ㈜찬엽은 기대가치를 계산하는 방식으로 최선의 추정치 개념을 사용하여 충당부채를 인식한다. ㈜찬엽은 이 제품의 품질보증과 관련하여 20×1년 말에 20×2년 및 20×3년에 발생할 것으로 예상되는 품질보증비 및 예상 확률을 다음과 같이 추정하였다.

20×2년		20×3년	
품질보증비	예상확률	품질보증비	예상확률
₩144	10%	₩220	40%
₩296	60%	₩300	50%
₩640	30%	₩500	10%

㈜찬엽은 20×2년 및 20×3년에 발생할 것으로 예상되는 품질보증비에 대해 설정하는 충당부채를 20%의 할인율을 적용하여 현재가치로 측정하기로 하였다. ㈜찬엽의 20×1년말 재무상태표에 보고될 제품보증충당부채는 얼마인가? 단, 20×2년과 20×3년에 발생할 것으로 예상되는 품질보증비는 각 회계연도 말에 발생한다고 가정한다. 【'12. CPA】

① ₩310　　② ₩320　　③ ₩520
④ ₩560　　⑤ ₩730

풀이 (1) 20×1년도 말 각 회계연도의 품질보증비 계산

20×2년도에 예상되는 품질보증비 = ₩144 × 10% + 296 × 60% + 640 × 30% = ₩384

20×3년도에 예상되는 품질보증비 = ₩220 × 40% + 300 × 50% + 500 × 10% = ₩288

(2) 20×1년도 말 충당부채의 최선의 추정치 $= \frac{384}{(1+20\%)^1} + \frac{288}{(1+20\%)^2} =$ ₩520

(3) 20×1년도의 회계처리

① 기중 발생시

차) 품질보증비	210	대) 현　　금	210

② 기말 결산시

차) 품질보증비	520	대) 품질보증충당부채	520*

* 20×1년도 말에 예상되는 품질보증비이므로 기중에 발생한 ₩210은 차감하지 않는다.

해답: ③

예제 2 | 사채발행비가 있는 경우

다음 자료에 의할 때 (주)찬우가 20×2년도 포괄손익계산서상 이자비용으로 인식할 금액은 얼마인가?

(1) (주)찬우는 20×1년 1월 1일 액면금액 ₩1,000,000, 액면이자율 연 5%(매년 말 이자지급), 3년 만기인 회사채를 발행하였다.

(2) 사채발행당시 시장이자율은 연 8%이었으며, 사채할인발행차금에 대하여 유효이자율법으로 상각한다.

(3) 한편, (주)찬우가 동 사채를 발행하는 과정에서 직접적인 사채발행비 ₩47,015이 발생하였으며, (주)찬우는 동 사채와 관련하여 20×1년도 포괄손익계산서상 이자비용으로 ₩87,564를 인식하였다.

(4) 현가계수 자료

① 8%, 3기간 기간 말 단일금액 ₩1의 현가계수; 0.7938

② 8%, 3기간 정상연금 ₩1의 현가계수 ; 2.5771

(단, 계산금액은 소수점 첫째자리에서 반올림하며, 법인세 효과는 고려하지 않는다.)

【'11. CPA】

① ₩91,320　② ₩92,076　③ ₩93,560
④ ₩94,070　⑤ ₩95,783

풀이 (1) 20×1년 초 발행가액 계산

₩1,000,000×0.7938+1,000,000×5%×2.5771=₩922,655

∴ 20×1년 초 발행가액=₩922,655−47,015*=₩875,640

* 사채발행비는 사채발행가액에서 차감한다.

(2) 유효이자율계산

일 자	유효이자(10%)	상각표 액면이자(5%)	상각액	기말장부
20X1년 초				875,640
20X1년 말	87,564	50,000	37,564	913,204
20X2년 말	91,320	50,000	41,320	954,524
20X3년 말	95,476	50,000	45,476	1,000,000
	274,360	150,000	124,360	

∴ 유효이자율= $\frac{87,564}{875,640}$ =10%

(3) 20×2년도 이자비용

유효이자=전기말장부금액×유효이자율

∴ 20×2년도 이자비용=₩913,204×10%*=₩91,320

해답: ①

예제 3 | 사채권면에 표시된 발행일과 실제발행일이 다른 경우

다음의 자료에 의하여 아래 물음에 답하시오.

1. (주)대한은 다음의 사채를 사채권면에 표시된 발행일(20×1년 1월 1일)이 아닌 20×1년 4월 1일에 실제 발행하였다.

   (1) 만 기 일: 20×3년 12월 31일
   (2) 액면금액: ₩100,000
   (3) 표시이자율: 연 10%
   (4) 이자는 매년 말에 지급한다.

2. 20×1년 4월 1일 (주)대한의 시장이자율이 연 12%이다.
3. 현가계수는 아래의 표를 이용하며, 단수차이로 인한 오차가 있으면 가장 근사치를 선택한다. (단, 이자는 월할계산한다.)

(3년 기준)	10%	12%
단일금액 ₩1의 현가계수	0.7513	0.7118
정상연금 ₩1의 현가계수	2.4868	2.4018

20×1년 4월 1일의 사채발행이 동 시점의 (주)대한의 부채총액에 미치는 영향은?

【'12. 관세사, '14, '13. 감평사】

① ₩95,555　② ₩97,698　③ ₩98,054
④ ₩100,000　⑤ ₩102,500

풀이 (1) 4월 1일 사채발행시 사채의 장부금액 계산

액면금액; ₩100,000×0.7118 =₩71,180
이 자 ; 100,000×10%×2.4018 = 24,018
1월 1일 현재가치 ₩95,198

따라서,

발행당시(4/1) 사채장부금액=₩95,198+$(95,198\times12\%\times\frac{3}{12}-100,000\times10\%\times\frac{3}{12})$=₩95,554

(2) 4월 1일 사채발행시 현금수취액

현금수취액=장부금액+경과이자(액면이자)=₩95,554+$100,000\times10\%\times\frac{3}{12}$*=₩98,054

* 발행회사는 이자지급일에 사채보유자에게 1년분 이자를 모두 지급하므로 경과된 이자분(1/1~4/1)을 미리 받고 사채를 발행하게 된다. 그래야만 발행회사는 9개월분(4/1~12/31)대한 이자만 인식하게 된다.

또는, 현금수취액=1/1일 현재가치+유효이자=₩95,198+$95,198\times12\%\times\frac{3}{12}$=₩98,054

즉 기초 발행가액에서 유효이자 증가분만큼을 더 받고 발행하게 된다.

(3) 4월 1일의 사채발행시 부채총액에 미치는 영향

현금수취액만큼 부채가 증가하게 된다.

∴ 부채총액에 미치는 영향=발행당시 장부금액+미지급이자=₩95,554+2,500=₩98,054

(4) 발행시 및 결산일의 회계처리

① 4월 1일 발행시 회계처리

(차)	현　　금	95,554	(대)	사　　채	100,000
	사채할인발행차금	4,446			
	현　　금	2,500		미지급이자	2,500

* 부채증가=현금수취액=(₩100,000−4,446)+2,500=95,554+2,500=₩98,054

② 12월 31일 결산일 회계처리

(차)	미지급이자	2,500	(대)	현　　금	10,000
	이자비용	7,500*			
	이자비용	1,068*		사채할인차금	1,068*

* 유효이자=액면이자+사채할인발행차금상각액=₩7,500+1,068=₩8,568

③ 상각표 작성

일　자	유효이자(12%)	액면이자(10%)	상각액	기말장부금액
1/1				95,198
4/1(1/1~4/1)	2,856*	2,500	356	95,554
12/31(4/1~12/31)	8,568	7,500	1,068	96,622
계	11,424	10,000	1,424	96,622

* $₩11,424 \times \frac{3}{12} = ₩2,856$

해답: ③

예제 4 | 전환사채의 전환

다음 자료에 의하여 아래 물음에 답하시오.

(1) (주)찬우는 만기 3년, 액면가액이 ₩300,000인 전환사채를 20×1년 1월 1일에 액면발행하였다.

(2) 전환사채의 액면이자율은 연 8%, 유효이자율은 연 10%이고, 이자지급일은 매년 12월 31일이다.

(3) 동 전환사채는 20×2년 1월 1일부터 사채액면 ₩10,000당 보통주 1주(주당 액면가액 ₩5,000)로 전환이 가능하다.

(4) 20×3년 1월 1일 전환사채의 50%가 전환되었으며 나머지는 만기에 상환하였다.

동 전환사채의 회계처리에 대한 다음 설명 중 옳지 않은 것은?

(단, 사채발행과 관련한 거래비용은 없으며, 현가계수는 아래 표를 이용한다. 또한 계산금액은 소수점 첫째 자리에서 반올림하며, 이 경우 단수차이로 인해 약간의 오차가 있

으면 가장 근사치를 선택한다.) 【'10. 세무사】

현가계수표

기간 \ 할인율	기간 말 ₩1의 현재가치		정상연금 ₩1의 현재가치	
	8%	10%	8%	10%
3년	0.7938	0.7513	2.5771	2.4868

① 20×1년 1월 1일 전환사채와 관련하여 (주)찬우가 부채로 인식할 금액은 ₩285,073이다.

② (주)찬우가 전환사채와 관련하여 20×2년도에 인식할 이자비용은 ₩28,958이다.

③ 20×2년 12월 31일 (주)찬우의 재무상태표상 자본계정(전환권대가)은 ₩5,462이다.

④ 20×3년 1월 1일 전환사채의 전환으로 인해 (주)찬우의 자본증가액은 ₩147,269이다.

⑤ (주)찬우가 전환사채와 관련하여 20×3년도에 인식할 이자비용은 ₩14,731이다.

풀이 (1) 미래현금흐름의 현재가치 계산

액면가액; ₩300,000×0.7513=₩225,390

이자; ₩300,000×8%×2.4868= 59,683

미래현금흐름의 현재가치 ₩285,073

∴ 전환권대가=₩300,000−285,073=₩14,927

상각표

일자	유효이자(10%)	액면이자(8%)	상 각	기말장부
1차 초				285,073
1차 말	28,527	24,000	4,507	289,580
2차 말	28,958	24,000	4,958	294,538
3차 말	29,462	24,000	5,462	300,000
	86,927	72,000	14,927	

(2) 전환시(2차 말) 자본증가액 계산

전환당시의 장부금액에서 전환비율만큼 자본으로 대체된다.

전환시 자본증가액=전환시 장부금액×전환비율

=₩294,538×50%=₩147,269

(3) 20×3년도에 인식할 이자비용

50%가 전환청구되어 자본으로 대체되었으므로 전환청구되지 않은 50%에 대해서만 이자를 인식한다.

∴ 20×3년도 이자비용=₩29,462×50%=₩14,731

따라서, ①, ②, ③, ④은 모두 옳다.
③의 경우에는 20×2년 12월 31일에는 아직 전환청구되지 않았으므로 전환권대가 전액이 재무상태표에 나타난다. ∴ ₩5,462 → ₩14,927
20×3년 1월 1일 전환청구시에는 전환비율만큼 주식발행초과금으로 대체될 수 있다. **해답: ③**

예제 5 | 신주인수권부사채의 행사

(주)찬엽은 20×1년 1월 1일 신주인수권부사채를 발행하였으며, 이와 관련된 사항은 다음과 같다.

(1) 액 면 금 액: ₩2,000,000
(2) 발 행 금 액: ₩2,000,000
(3) 액면이자율: 연 8%(매년 말 이자지급)
(4) 원 금 상 환: 20×3. 12. 31에 일시상환
(5) 행 사 기 간: 20×1. 3. 1 ~ 20×3. 9. 30
(6) 행 사 금 액: ₩10,000(행사비율은 100%로 사채액면 ₩10,000당 주당 액면금액이 ₩5,000인 보통주 1주 인수 가능)
(7) 납 입 방 법: 주금납입은 현금으로만 가능하며 대용납입은 인정되지 않음
(8) 기　　　타: 신주인수권부사채 발행시 동일조건을 가진 일반사채의 유효이자율은 연 12%이고, 동 사채와 관련하여 상기 사항을 제외한 약정사항은 없음

20×2년 1월 1일에 신주인수권부사채 액면 ₩500,000에 대하여 신주인수권이 행사되었다. 동 신주인수권부사채와 관련하여 (주)찬엽이 20×2년도 포괄손익계산서에 인식할 이자비용과 20×2년 말 재무상태표에 인식할 신주인수권대가는 얼마인가? (단, 신주인수권대가는 행사시 주식발행초과금으로 대체하며, 현가계수는 아래 표를 이용하라. 또한 계산금액은 소수점 첫째자리에서 반올림하며, 단수차이로 인해 약간의 오차가 있으면 가장 근사치를 선택한다.) 【'11. 감평사, '11. CPA】

현가계수표

할인율 / 기 간	기간 말 단일금액 ₩1의 현재가치			정상연금 ₩1의 현재가치		
	8%	10%	12%	8%	10%	12%
3	0.7938	0.7513	0.7118	2.5771	2.4868	2.4018

	이자비용	신주인수권대가
①	₩167,835	₩144,084
②	₩167,835	₩192,112
③	₩223,780	₩144,084
④	₩223,780	₩192,112
⑤	₩223,780	₩48,028

풀이 (1) 신주인수권대가 계산

발행가액	₩2,000,000
미래현금흐름의 현재가치	1,807,888*
∴ 신주인수권대가	₩192,112

* ₩2,000,000×0.7118+2,000,000×8%×2.4018=₩1,807,888

(2) 20×2년도 이자비용 계산

상각표

일 자	유효이자(12%)	액면이자(8%)	상각액	기말장부금액
20×1년 초				1,807,888
20×1년 말	216,947	160,000	56,947	1,864,835
20×2년 말	223,780*	160,000	63,780	1,928,615

전환사채는 전환시 전환비율만큼 자본으로 대체되지만, 신주인수권부사채는 행사되어도 그대로 부채로 남고 만기에 상환한다. ∴ 20×2년도 이자비용=₩223,780

(3) 20×2년 1월 1일 행사시 회계처리

차) 현 금	500,000	대) 자본금	250,000
		주식발행초과금	250,000
차) 신주인수권대가	48,028*	대) 주식발행초과금	48,028

* ₩192,112×25%=₩48,028

∴ 신주인수권대가 잔액=₩192,112−48,028=₩144,084

해답: ③

예제 6 | 전환사채 및 신주인수권부사채의 만기상환액 계산

(주)찬우는 20×1년 1월 1일 신주인수권부사채를 액면발행하였으며, 신주인수권을 행사하지 않을 경우 만기에 110%로 할증상환한다

(1) 액면금액은 ₩100,000이며 만기는 3년이다.
(2) 액면이자율은 연 5%이며 이자는 매년 말에 후급된다.
(3) 발행당시 신주인수권이 없는 일반사채의 시장이자율은 연 10%이다.
(4) 20×2년 1월 1일 신주인수권부사채의 60%(액면금액 기준)에 해당하는 신주인수권이 행사되었다.

위 자료에 의하여 다음 물음에 답하시오

(1) (주)찬우가 20×3년 12월 31일 만기일에 사채권자에게 지급해야 할 총금액(액면이자를 제외)은 얼마인가? 단, 만기 전에 상환된 신주인수권부사채는 없다.

① ₩44,000　② ₩66,000　③ ₩104,000

④ ₩109,000　⑤ ₩110,000

(2) (주)찬우가 20×3년 12월 31일 만기일에 액면이자를 포함하여 사채권자에게 지급해야 할 총금액은 얼마인가? 단, 만기 전에 상환된 신주인수권부사채는 없다.

【'15. CPA】

① ₩44,000　② ₩46,000　③ ₩104,000

④ ₩109,000　⑤ ₩115,000

풀이 (1) 60%행사하고, 액면이자 제외시

만기상환액=₩100,000×60%×100%*+100,000×40%×110%*=₩104,000

* 상환하지 않은 40%는 할증상환하고, 행사한 부분 60%는 액면상환한다. **해답: ③**

(2) 60%행사하고, 액면이자 포함시

만기상환액=₩100,000×60%+100,000×40%×110%+100,000×5%*=₩109,000

* 행사여부와 상관없이 신주인수권부사채에 대한 액면이자는 100%지급한다. **해답: ④**

참고로, 전환사채와 비교하면 다음과 같다.

(1) 만기상환시(액면이자 제외시)

경우	전환사채	신주인수권부사채
100% 미전환시, 미행사시	₩100,000×110%=₩110,000	₩100,000×110%=₩110,000
100% 전환시, 행사시	₩0	₩100,000×100%=₩100,000
60% 전환시, 행사시	₩100,000×40%×110% =₩44,000	₩100,000×60%×100%+100,000 ×40%×110%=₩104,000

(2) 만기상환액(액면이자 포함시)

경우	전환사채	신주인수권부사채
100% 미전환시, 미행사시	₩100,000×110%+ 100,000 ×5%=₩115,000	₩100,000×110%+ 100,000 ×5%=₩115,000
100% 전환시, 행사시	₩0	₩100,000×100%+ 100,000 ×5%=₩105,000
60% 전환시, 행사시	₩100,000×40%×110%+ 40,000×5%=₩46,000	₩100,000×60%×100%+ 100,000×40%×110%+ 100,000×5%=₩109,000

>>> 객·관·식·문·제

1 충당부채, 우발부채 및 우발자산에 관한 설명으로 옳은 것은?

【'06. 감평사, '15. 세무사】

① 우발자산은 경제적효익의 유입가능성이 높아지더라도 공시하지 않는다.

② 손실부담계약을 체결하고 있는 경우에는 관련된 현재의무를 충당부채로 인식하지 않는다.

③ 충당부채를 현재가치로 평가하는 경우 적용될 할인율은 부채의 특유위험과 화폐의 시간가치에 대한 현행 시장의 평가를 반영한 세후 이율이다.

④ 충당부채와 관련하여 포괄손익계산서에 인식된 비용은 제3자와의 변제와 관련하여 인식한 금액과 상계하여 표시할 수 있다.

⑤ 화폐의 시간가치 효과가 중요한 경우에도 충당부채는 현재가치로 평가하지 않는다.

풀이 ① 우발자산은 경제적효익의 유입가능성이 높은 경우에는 공시한다.
② 손실부담계약을 체결하고 있는 경우에는 충당부채로 인식한다.
③ 세후 이율 → 세전이율
⑤ 화폐의 시간가치 효과가 중요한 경우 충당부채는 현재가치로 평가한다.

2 충당부채 및 우발부채에 관한 설명으로 옳지 않은 것은? 【'15. 관세사】

① 현재의무의 존재여부가 불분명한 경우에는 이용할 수 있는 모든 증거를 고려하여 보고기간말 기준으로 충당부채의 인식여부를 판단해야 한다.

② 충당부채로 인식되기 위해서는 과거사건으로 인한 의무가 기업의 미래행위(즉, 미래 사업행위)와 독립적이어야 한다.

③ 충당부채로 인식하기 위해서는 현재의무가 존재하여야 할 뿐만 아니라 당해 의무의 이행을 위하여 경제적 효익을 갖는 자원의 유출가능성이 높아야 한다.

④ 충당부채의 성격상 다른 재무상태표 항목에 비하여 불확실성이 더 크므로 그에 대한 추정치의 사용은 특히 필수적이다.

⑤ 과거에 우발부채로 처리하였다면 미래경제적효익의 유출가능성이 높아진 경우에도 충당 부채로 인식할 수 없다.

풀이 ① 유출가능성이 높아진 경우에는 충당부채로 인식한다.

해답 1. ④ 2. ⑤

3 충당부채, 우발부채 및 우발자산에 관한 설명으로 옳지 않은 것은?

【'12. 감평사】

① 소송이 진행 중인 경우는 보고기간 말에 현재의무가 존재하지 아니할 가능성이 높더라도 경제적 효익에 내재된 자원의 유출가능성이 아주 낮지 않는 한 충당부채로 공시한다.

② 우발부채는 경제적 효익이 내재된 자원의 유출을 초래할 현재의무가 있는지의 여부가 아직 확인되지 아니한 잠재적 의무이다.

③ 충당부채는 현재의무이고 이를 이행하기 위하여 경제적 효익이 내재된 자원이 유출될 가능성이 높고 당해 금액을 신뢰성 있게 추정할 수 있으므로 부채로 인식한다.

④ 충당부채로 인식하는 금액은 현재의무를 보고기간 말에 이행하기 위하여 소요되는 지출에 대한 최선의 추정치이어야 한다.

⑤ 미래에 전혀 실현되지 아니할 수도 있는 수익을 인식하는 결과를 초래할 수 있기 때문에 우발자산은 재무제표에 인식하지 아니한다.

풀이 우발부채로 공시한다.

4 다음 중 충당부채, 우발부채 및 우발자산에 대한 설명으로 옳지 않은 것은 어느 것인가?

【'11. CPA】

① 충당부채로 인식되기 위해서는 과거사건으로 인한 의무가 기업의 미래행위와 독립적이어야 한다. 따라서 불법적인 환경오염으로 인한 범칙금이나 환경정화비용의 경우에는 충당부채로 인식한다.

② 충당부채는 부채로 인식하는 반면, 우발부채와 우발자산은 부채와 자산으로 인식하지 않는다.

③ 당초에 다른 목적으로 인식된 충당부채를 어떤 지출에 대하여 사용하게 되면 다른 두 사건의 영향이 적절하게 표시되지 않으므로 당초 충당부채에 관련된 지출에 대해서만 그 충당부채를 사용한다.

④ 의무발생사건이 되기 위해서는 당해 사건으로부터 발생된 의무를 이행하는 것 외에는 실질적인 대안이 없어야 한다. 이러한 경우는 의무의 이행을 법적으로 강제할 수 있거나 기업이 당해 의무를 이행할 것이라는 정당한 기대를 상대방이 가지는 경우에만 해당한다.

해답 3. ① 4. ⑤

⑤ 재무제표는 재무제표이용자들의 현재 및 미래 의사결정에 유용한 정보를 제공하는 데에 그 목적이 있다. 따라서 미래영업을 위하여 발생하게 될 원가에 대해서 충당부채로 인식한다.

풀이 미래영업을 위하여 발생하게 될 원가에 대해서 과거사건의 결과로 인한 현재의무가 아니기 때문에 충당부채로 인식하지 아니한다.

5 다음 중 충당부채 및 우발부채에 대한 회계처리 내용으로 옳지 않은 것은?

【'12. 관세사】

① 충당부채로 인식되기 위해서는 과거사건으로 인한 의무가 기업의 미래행위와 관련되어야 한다.

② 충당부채에 대한 화폐의 시간가치가 중요한 경우에는 현재가치로 평가하고, 장부금액을 기간 경과에 따라 증가시키고 해당 증가금액은 차입원가로 인식한다.

③ 어떤 의무에 대하여 제3자와 연대하여 의무를 지는 경우에 이행하여야 하는 전체 의무 중에서 제3자가 이행할 것으로 기대되는 부분에 한하여 우발부채로 처리한다.

④ 손실부담계약을 체결하고 있는 경우에는 관련된 현재의무를 충당부채로 인식하고 측정한다.

⑤ 충당부채를 결제하기 위하여 필요한 지출액의 일부 또는 전부를 제3자가 변제할 것이 예상되는 경우 기업이 의무를 이행한다면 변제를 받을 것이 거의 확실하게 되는 때에 한하여 변제금액을 인식하고 별도의 자산으로 회계처리한다.

풀이 미래행위와 독립적이어야 한다.

6 충당부채에 관한 설명으로 옳지 않은 것은? 【'13. 관세사】

① 손실부담계약을 체결하고 있는 경우에는 관련된 현재의무를 충당부채로 인식하고 측정한다.

② 충당부채로 인식하는 금액은 현재의무를 보고기간 말에 이행하기 위하여 소요되는 지출에 대한 최선의 추정치여야 한다.

③ 충당부채의 예로 제품보증충당부채, 복구충당부채 등이 있다.

④ 충당부채는 우발부채와 동일하게 주석으로 공시한다.

⑤ 충당부채는 지출의 시기 또는 금액이 불확실한 부채이다.

해답 5. ① 6. ④

풀이 충당부채는 본문에 표시한다.

7 미래의 예상 영업손실과 손실부담계약에 대한 설명으로 옳지 않은 것은?【'13. 세무사】

① 미래의 예상 영업손실은 충당부채로 인식하지 아니한다.

② 손실부담계약은 계약상의 의무에 따라 발생하는 회피 불가능한 원가가 당해 계약에 의하여 얻을 것으로 기대되는 경제적효익을 초과하는 계약이다.

③ 손실부담계약을 체결하고 있는 경우에는 관련된 현재의무를 충당부채로 인식하고 측정한다.

④ 손실부담계약에 대한 충당부채를 인식하기 전에 당해 손실부담계약을 이행하기 위하여 사용하는 자산에서 발생한 손상차손을 먼저 인식한다.

⑤ 손실부담계약의 경우 계약상의 의무에 따른 회피 불가능한 원가는 계약을 해지하기 위한 최소순원가로서 계약을 이행하기 위하여 소요되는 원가와 계약을 이행하지 못하였을 때 지급하여야 할 보상금(또는 위약금) 중에서 큰 금액을 말한다.

풀이 큰 금액 → 작은 금액

8 충당부채 및 우발부채와 관련된 다음의 회계처리 중 옳은 것은? 【'10, '13. CPA】

① ㈜민국은 ㈜나라와 공동으로 사용하는 토지의 환경정화에 대하여 연대하여 의무를 부담한다. 이에 ㈜민국은 ㈜나라가 이행할 것으로 기대되는 ₩1,000,000을 우발부채로 처리하였다.

② ㈜한국은 토지의 환경정화와 관련하여 3년후 지급하게 될 미래현금흐름을 ₩1,000,000으로 추정하고, 동 미래현금흐름 추정시 고려한 위험을 반영한 할인율을 적용하여 계산한 현재가치를 충당부채로 인식하였다.

③ ㈜대한은 토지의 환경정화 원가를 ₩2,000,000으로 추정하고, 법인세율 20%를 고려한 ₩1,600,000을 충당부채로 인식하였다.

④ ㈜충청은 예상되는 토지의 환경정화원가 ₩2,000,000을 위하여 ㈜경상보험에 보험을 가입하였다. 동 보험약정에 의해 ㈜경상보험은 ㈜충청이 환경정화를 실시하면 ₩1,000,000을 보전해주기로 하여 ㈜충청은 토지의 환경정화와 관련된 충당부채로 ₩1,000,000을 인식하였다.

⑤ ㈜전라는 토지환경정화와 유전복구를 위해 각각 충당부채를 인식하였으나 토

해답 7. ⑤ 8. ①

지환경정화에 대한 지출은 ₩500,000이 과소 발생하였고, 유전복구에 대한 지출은 ₩500,000이 과다 발생하였다. 이에 ㈜전라는 토지환경정화와 관련된 충당부채를 유전복구지출에 사용하였다.

풀이 ② 미래현금흐름추정시 위험을 고려했기 때문에 할인율 적용시에는 위험을 고려하지 아니한다.
③ 충당부채는 세전금액을 인식한다. 즉, ₩2,000,000을 충당부채로 인식한다.
④ 보전금액은 별도의 자산으로 인식한다. 충당부채는 ₩2,000,000이다.
⑤ 충당부채는 최초인식과 관련있는 지출에만 사용한다.

9 다음 중 충당부채 및 우발부채에 대한 회계처리의 내용으로 옳지 않은 것은?

【'09. 감평사】

① 충당부채를 발생시킨 사건과 밀접하게 관련된 자산의 처분차익이 예상되는 경우에 당해 처분차익을 차감한 순액으로 충당부채를 인식한다.
② 불법적인 환경오염으로 인해 기업이 지출해야 할 환경정화비용은 기업의 미래행위에 관계없이 의무 이행에 자원의 유출이 수반되므로 충당부채를 인식한다.
③ 어떤 의무에 대하여 제 3 자와 연대하여 의무를 지는 경우 이행할 의무 중 제 3 자가 이행 할 것으로 기대되는 부분은 우발부채로 처리한다.
④ 과거사건의 결과로 발표된 경영방침 등을 통하여 기업의 의무를 이행할 것이라는 정당한 기대를 상대방이 가지게 된 때 발생하는 의제의무도 충당부채 인식대상이 될 수 있다.
⑤ 과거에 우발부채로 처리하였더라도 그 이후 상황변화로 인하여 자원의 유출가능성이 높아지고 금액을 신뢰성 있게 추정할 수 있는 경우에는 그러한 가능성의 변화가 발행한 기간에 충당부채로 인식한다.

풀이 충당부채를 발생시킨 사건과 밀접하게 관련되었더라도 당해 자산의 예상처분이익은 충당부채를 측정하는데 고려하지 아니한다.

10 다음 중 충당부채 및 우발부채에 대한 기업회계기준서의 설명으로 옳지 않은 것은?

【'06. 세무사】

① 충당부채를 인식하기 위해서는 과거에 사건이나 거래가 발생하여 현재 의무가 존재하여야 한다.
② 충당부채를 설정하는 의무에는 명시적인 법규 또는 계약 의무는 아니지만 특별한 상황 또는 오랜 관행에 의해 기업이 이행해온 의무도 포함된 다.

해답 9. ① 10. ⑤

③ 충당부채는 재무제표에 계상하는 부채인 반면, 우발부채는 재무제표에 계상할 수 없으며 주석으로만 기재할 수 있다는 점에서 차이가 있다.
④ 회사가 소유하고 있는 기계장치에 대해서 수년에 한 번씩 대규모 지출을 수반하는 수선이 필요한데, 이러한 대수선에 대한 법적의무의 존재 여부와 관계없이 회사는 대수선에 소요될 비용에 대해서 충당부채를 인식할 수 없다.
⑤ 환경관련 법에서 정하는 환경기준을 충족하기 위해서 공장건물에 정화장치를 설치해야 할 경우 당해 설치에 소요될 비용을 충당부채로 인식하여야 한다.

풀이 ⑤ 과거사건에 의하여 충당부채를 인식하기 위해서는 그 사건이 기업의 미래 행위와 독립적이어야 한다.
예를 들면, 불법적인 환경오염으로 인한 범칙금이나 환경정화비용의 경우에는 기업의 미래행위에 관계없이 그 의무의 이행에 자원의 유출이 수반되므로 충당부채를 인식한다. 반면, 법에서 정하는 환경기준을 충족시키기 위해서 또는 상업적 압력 때문에 공장에 특정 정화장치를 설치하기 위한 비용지출을 계획하고 있는 경우에는 충당부채를 인식하지 아니한다. 공장운영방식을 바꾸어 그 지출을 회피할 수 있다면 그러한 지출은 현재의무가 아니다.

11 다음 중 충당부채 기업회계기준서의 적용에 대한 설명으로 옳지 않은 것은?
【'05. CPA】

① 충당부채의 인식요건 중 자원유출의 발생가능성이 높다는 것은 발생확률이 80% 이상을 의미한다.
② 보증판매에 따라 보증청구가 있을 가능성이 매우 높고, 그 금액에 따른 하자 보상비를 충당부채로 인식한다.
③ 제품에 대해 만족하지 못하는 고객에게 법적 의무가 없음에도 불구하고 환불해주는 정책을 펴고 있으며, 고객에게 이 사실이 널리 알려져 있는 경우 환불비용을 충당부채로 계상한다.
④ 대수선의 경우 법적으로 강제되어 있다 하더라도 충당부채로 인식하지 아니한다.
⑤ 화재, 폭발 등의 재해에 의한 재산상의 손실에 대비한 보험에 가입하고 있지 않을 때 보험 미가입으로 인하여 인식하여야 할 부채는 없다.

풀이 ① 자원의 유출가능성이 높다는 것은 발생확률이 50%를 초과하는 것을 의미한다.

12 사채의 할증발행에 관한 설명으로 옳은 것은? 【'13. 관세사】

① 표시이자율보다 시장에서 요구하는 수익률이 높은 경제 상황에서 발생한다.
② 유효이자율법에 의해 상각할 경우 기간경과에 따라 할증발행차금 상각액은 매

해답 11. ① 12. ④

기 감소한다.

③ 기간경과에 따른 이자비용은 매기 증가한다.

④ 매기 현금이자 지급액보다 낮은 이자비용이 인식된다.

⑤ 사채의 장부금액은 매기 할증발행차금의 상각액만큼 증가한다.

풀이 ① 할증발행; 시장이자율 < 표시이자율
② 할증발행차금상각액은 매기 증가한다.
③ 이자비용은 매기 감소한다
⑤ 장부금액은 할증발행차금의 상각액만큼 감소한다.

13 기업회계기준서는 사채의 회계처리에 대하여 유효이자율법을 적용할 것을 규정하고 있다. 사채의 회계처리와 관련한 다음 설명 중 맞는 것은? 【'02. 세무사】

① 유효이자율법 적용시 할증발행차금 상각액은 매기 감소한다.

② 유효이자율법 적용시 할인발행차금 상각액은 매기 감소한다.

③ 할증발행된 경우 이자비용은 매기 증가한다.

④ 할인발행된 경우 이자비용은 매기 감소한다.

⑤ 사채발행 시점에서 사채발행비가 지출된 경우 발행당시의 유효이자율은 발행당시의 시장이자율보다 높다.

풀이 ① 매기 감소 → 매기 증가 ② 매기 감소 → 매기 증가
③ 매기 증가 → 매기 감소 ④ 매기 감소 → 매기 증가
⑤ 옳다.
그리고, 사채발행비가 없으면 시장이자율과 유효이자율은 같다.

14 사채발행차금과 사채발행비에 대한 다음 설명 중 올바르게 설명한 것은? 【'00. CPA】

① 사채발행차금을 유효이자율법으로 상각(환입)하는 경우, 할인발행되면 이자비용은 매년 감소하고, 할증발행되면 매년 증가한다.

② 사채발행차금을 정액법으로 상각(환입)하는 경우, 장부가액에 대한 이자비용의 비율은 매년 동일하다.

③ 사채발행차금을 유효이자율법으로 상각하는 경우, 할인발행 또는 할증발행에 따른 사채발행차금의 상각(환입)액은 매년 증가한다.

④ 기업회계기준에서는 사채발행차금을 사채기간에 걸쳐 정액법으로 상각(환입)한다.

해답 13. ⑤ 14. ③

⑤ 기업회계기준에서는 사채발행비를 사채기간에 걸쳐 정액법으로 상각한다.

풀이 ① 할인발행이면 이자비용이 증가하고 할증발행이면 감소한다.
② 할인발행이면 감소하고 할증발행이면 증가한다.
유효이자율법인 경우에는 어느 경우이든 일정하다. 즉,

유형	유효이자율법	정액법
할인발행	이자비용↑ / 장부금액↑ =유효이자율(일정)	이자비용(일정) / 장부금액↑ =감소
할증발행	이자비용↓ / 장부금액↓ =유효이자율(일정)	이자비용(일정) / 장부금액↓ =증가

③ 옳다.
④ 유효이자율법
⑤ 사채발행비는 사채의 발행가액에서 차감한다. 결국 유효이자율법에 따라서 이자비용으로 인식하게 된다.

15 사채할인(할증)발행과 관련한 회계처리에 대한 다음의 설명 중 틀린 것은?

【'90, '05. 감평사】

① 기업회계기준서에서는 사채할인(할증)발행차금의 상각은 유효이자율법을 적용하도록 하고 있다.
② 할인발행의 경우 사채의 장부가액은 매년 증가한다.
③ 할증발행의 경우 사채의 장부가액은 매년 감소한다.
④ 할인, 할증발행의 경우 모두 발행차금상각액은 매년 증가한다.
⑤ 할인, 할증발행의 경우 모두 이자비용은 매년 감소한다.

풀이 할인발행～이자비용 증가
할증발행～이자비용 감소

– 충당부채 –

16 ㈜감평은 제품 구입 후 1년 이내에 발생하는 제품의 결함에 대하여 제품보증을 실시하고 있다. 20×3년에 판매된 제품에 대하여 중요하지 않은 결함이 발생한다면 ₩50,000의 수리비용이 발생하고, 치명적인 결함이 발생하면 ₩200,000의 수리비용이 발생한다. 과거경험률에 따르면 70%는 결함이 없으며, 20%는 중요하지 않은 결함이

해답 15. ⑤　16. ③

발생하며, 10%는 치명적인 결함이 발생한다고 할 때 20×3년 말에 제품보증충당부채로 인식할 금액은? (단, 20×3년 말까지 발생한 수리비용은 없다.) 【'15. 감평사】

① ₩10,000 ② ₩20,000 ③ ₩30,000
④ ₩200,000 ⑤ ₩250,000

풀이 ₩50,000×20%+200,000×10%=₩30,000

17 ㈜한국은 제품 판매를 촉진하기 위하여 제품을 구입하는 고객에게 판매액 ₩1,000마다 1장씩의 경품권을 교부하고 있으며, 경품권 1장과 현금 ₩100을 가져오는 고객에게 경품용 제품 1개를 제공하고 있다. ㈜한국은 경품용 제품을 개당 ₩300에 구입하고 있으며, 교부한 경품권 중 60%가 회수될 것으로 추정하고 있다. 경품과 관련된 다음 자료를 이용하여 계산한 ㈜한국의 20×2년 말 경품부채 잔액은?
【'06. CPA, '92, '12. 감평사】

(1) 20×1년 말 경품부채	₩120,000
(2) 20×2년 제품 매출액	₩2,400,000
(3) 20×2년 회수된 경품권	1,000장

① ₩108,000 ② ₩160,000
③ ₩208,000 ④ ₩288,000
⑤ ₩408,000

풀이

전기이월	₩120,000
당기 충당부채증가; $₩2,400,000 \times \frac{1}{1,000} \times 60\% \times (300-100) =$	288,000
계	408,000
경품용 제품 지급 ; $1,000 \times (300-100) =$	△200,000
20×2년 말 충당부채 잔액	₩208,000

18 (주)자양은 판매제품에 대하여 3년간 제품보증을 하고 있다. 과거 제품보증자료에 따라서 보증비용은 판매시점에서 매출액의 5%로 추정하여 인식하고 있다. 지난 3년동안의 매출액과 실제 제품보증수리와 관련한 비용은 다음과 같다.

	매출액	실제제품보증수리비
20×7	₩4,000,000	₩180,000
20×8	₩6,000,000	₩250,000
20×9	₩10,000,000	₩600,000

20×6년 12월 31일 재무상태표 상의 판매보증충당부채 잔액은 ₩0이었다. 20×9년말 포괄손익계산서 상의 판매보증비는 얼마인가? 【'91, '94, '96, '99. 감평사】

① ₩500,000 ② ₩600,000

③ ₩530,000 ④ ₩570,000

⑤ 위의 ① 또는 ②

풀이 분개하면 다음과 같다.

(1) 20×7년

(차) 판 매 보 증 비	200,000 1)	(대) 판매보증충당부채	200,000
1) ₩4,000,000×5%=₩200,000			
(차) 판매보증충당부채	180,000	(대) 현 금	180,000

(2) 20×8년

(차) 판 매 보 증 비	300,000 2)	(대) 판매보증충당부채	300,000
2) ₩6,000,000×5%=₩300,000			
(차) 판매보증충당부채	250,000	(대) 현 금	250,000

(3) 20×9년

(차) 판 매 보 증 비	500,000	(대) 판매보증충당부채	500,000
3) ₩10,000,000×5%=₩500,000			
(차) 판매보증충당부채	570,000 4)	(대) 현 금	600,000
판 매 보 증 비	30,000		

4) ₩200,000−180,000+300,000−250,000+500,000=₩570,000

따라서 20×9년도 비용=₩500,000+30,000=₩530,000

− 일반사채 −

19 (주)이리는 12월말 결산법인이며 20×4년 1월 1일에 사채(액면가액: ₩1,000,000, 액면이자율: 연 8%, 만기: 20×6년 12월 31일)를 발행하였다. (주)이리가 발행하는 사채에 대해 발행일 현재 적용되는 유효이자율은 연 10%이고 이자는 매년말 지급한다. (주)이리가 발행후 2차년도인 20×5년 인식할 이자비용은 얼마인가? 다음은 ₩1의 이자율 10%에 대한 현가계수와 연금현가계수 자료이다. 【'07, '08, '09. 감평사】

해답 19. ③

기간	현가계수	연금현가계수
3	0.751	2.487

① ₩94,996 ② ₩80,000 ③ ₩96,496
④ ₩100,000 ⑤ ₩14,996

풀이 발행가액 계산; 액면가액; ₩1,000,000×0.751＝ ₩751,000
이자비용; 1,000,000×8%×2.487＝ 198,960
발행가액 ₩949,960

상각표

날 짜	유효이자(10%)	액면이자(8%)	상 각	기말장부가액
20×4. 1/1				949,960
20×4. 12/31	94,996	80,000	14,996	964,956
20×5. 12/31	96,496	80,000	16,496	981,452

20 CY사는 20×1년 1월 1일에 다음과 같은 사채를 발행하고 현금 ₩690,000을 조달하였다.

(1) 액면가액: ₩500,000
(2) 만기: 5년(20×5년 12월 31일)
(3) 표시이자율연: 20%
(4) 이자지급일: 매년 6월 30일과 12월 31일

이 날짜의 시장이자율은 연 10%였다. CY사는 사채발행차금의 상각에 유효이자율법을 사용한다. 이 사채의 발행으로 인하여 CY사가 앞으로 5년간의 포괄손익계산서에 기록하게 되는 사채이자합계액은 총 얼마인가? 【'92. 감평사】

① ₩190,000 ② ₩250,000 ③ ₩310,000
④ ₩500,000 ⑤ 자료부족으로 알 수 없다.

풀이 할인발행: 총사채이자＝현금이자＋사채할인발행차금
할증발행: 총사채이자＝현금이자－사채할증발행차금
＝₩500,000×20%×5년－190,000＝₩310,000

21 1999년 1월 1일에 갑회사는 만기 3년, 액면이자율 10%(매년말 연 1회 이자지급), 액면가액 ₩10,000,000의 상환가능사채(callable bond)를 발행하였다. 당시 투자가들은 시

해답 20. ③ 21. ①

장이자율 12%보다 높은 15%의 수익률을 보장할 것을 요구하였으며, 자금위기가 심각했던 갑회사는 이러한 투자가의 요구수익률에 맞는 가격으로 사채를 발행하였다. 이 사채의 발행을 통해 자금위기를 모면한 갑회사는 2000년 1월 1일에 시장이자율이 20%로 상승하였을 때 사채의 시장가격을 지불하고 이 사채를 상환하였다. 이 사채상환거래에서 갑회사가 인식해야 할 사채상환이익은 얼마인가? (단, 사채차금의 상각은 유효이자율법에 따르며, 미래 현금 1원의 현재가치는 다음과 같다.) 【'99. 감평사】

	만기 1년	만기 2년	만기 3년
이자율 15%	0.8696	0.7561	0.6575
이자율 20%	0.8333	0.6944	0.5787

① ₩715,230 ② ₩1,293,530
③ ₩386,500 ④ ₩1,190,588
⑤ 정답 없음

풀이 장부금액 ₩9,186,930 1)
상환가액 8,471,700 2)
상환이익 ₩715,230

1) 발행가액: ₩10,000,000 × 0.6575 + 1,000,000 × 2.2832 = ₩8,858,200
1년분상각: ₩8,858,200 × 15% − 10,000,000 × 10% = ₩328,730
∴ 장부금액 = ₩8,858,200 + 328,730 = ₩9,186,930
또는 간단히 구하면 만기 3년에서 1년이 경과하였으므로 2년 기준, 15%를 기준으로 현재가치를 구하면 1년말 장부금액과 일치한다. 즉,
₩10,000,000 × 0.7561 + 1,000,000 × (0.8696 + 0.7561)
= ₩9,186,700(차이는 단수차이)
2) ₩10,000,000 × 0.6944 + 1,000,000 × (0.8333 + 0.6944) = ₩8,471,700

다음과 같이 일괄해서 구할 수도 있다.
₩10,000,000 × (0.7561 − 0.6944) = ₩617,000
10,000,000 × 10% × (1.6257 − 1.5277) = 98,000
상환이익 ₩715,000

22 찬우회사는 1991년 1월 1일 액면이자율 10%, 만기 3년, 액면 ₩100,000의 사채를 ₩95,083에 할인발행하였다. 시장이자율은 12%이고, 이 사채의 이자지급일은 매년 1월 1일과 7월 1일이다. 1991년 12월 31일에 액면 ₩20,000에 해당하는 금액을 ₩19,800(이자는 별도 계산)에 상환할 경우 사채상환손익을 계산하면 얼마인가?(단, 사채할인발행차금상각은 유효이자율법으로 함) 【'90, '10, '11. 감평사, '97. 세무사, '93. CPA】

해답 22. ①

① 사채상환손실 ₩493
② 사채상환손실 ₩501
③ 사채상환이익 ₩501
④ 사채상환이익 ₩3,266
⑤사채상환손실 ₩511

풀이 (1) 사채상환 당시의 장부가액 계산
상각표를 작성하면 다음과 같다.

일자	유효이자(6%)	액면이자(5%)	상각	기말장부
91.1/1				95,083
6/30	5,704	5,000	704	95,787
12/31	5,747	5,000	747	96,534
⋮	⋮	⋮	⋮	⋮

따라서 장부가액은 $₩96,534 \times \frac{20,000}{100,000} = ₩19,307$

(2) 사채상환손익 계산
장부가액: ₩19,307
상환가액: 19,800
상환손실 ₩493

(3) 분개

(차)		(대)	
사 채	20,000	사채할인발행차금	693
사채상환손실	493	현 금	19,800

23 (주)날개는 20×1년 1월 1일 시장이자율이 연 9%일 때 액면금액이 ₩10,000이고, 만기가 3년인 회사채를 ₩9,241에 할인발행하였다. 이 회사채는 매년 말 이자를 지급한다. 이 회사채의 20×2년 1월 1일 장부금액이 ₩9,473이라면, 이 회사채의 표시이자율은 얼마인가?(단, 풀이과정에서 계산되는 모든 화폐금액은 소수점 이하에서 반올림하시오.)
【'94. CPA, '02. 세무사】

① 5.8%
② 6%
③ 6.2%
④ 6.5%
⑤ 7%

풀이

일 자	유효이자(9%)	액면이자(6%)	상각액	기말장부
20×1. 1/1				9,241
20×1. 12/31	832	600 2)	232 1)	9,473
	⋮	⋮	⋮	⋮

1) ₩9,473－9,241＝₩232
2) ₩9,241×9%－232＝₩600

해답 23. ②

∴ 액면이자율 = 600 ÷ 10,000 = 6%

– 전환사채 –

24 전환증권에 관한 기업회계기준서의 내용으로 옳지 않은 것은? 【'09. 세무사】

① 전환사채를 발행하는 경우에는 발행가액을 일반사채에 해당하는 부채부분과 전환권에 해당하는 자본부분으로 분리하여 자본부분의 가치를 전환권대가로 인식한다.

② 전환권대가는 당해 전환사채의 발행가액에서 전환권이 없는 일반사채의 공정가액을 차감하여 계산한다.

③ 전환권조정은 당해 전환사채의 액면가액에서 차감하고, 사채상환할증금은 당해 전환사채의 액면가액에 부가한다.

④ 전환권대가는 기타자본잉여금으로 분류한 후에 전환권이 행사되어 추가로 주식을 발행하는 시점에서 주식발행초과금으로 대체될 수 있다.

⑤ 전환권 행사시 주식의 발행가액은 전환사채 또는 발행주식의 시가로 하고 전환사채의 장부가액과의 차액은 전환손익으로 인식한다.

풀이 전환시 회계처리는 장부금액법에 따르므로 전환시 전환손익을 인식하지 않는다.

25 (주)충무로는 20×1년 1월 1일에 다음과 같은 조건의 전환사채를 액면발행하였다.

(1) 액면금액 : ₩1,000,000
(2) 만기 : 20×5년 12월 31일
(3) 이자 : 매년 12월 31일에 액면금액의 8%를 현금으로 지급
(4) 조건 : ① 사채발행시점부터 1개월 경과 후 만기시점까지 전환청구 가능
　② 전환가격은 사채 액면금액 ₩5,000당 보통주 (액면금액 ₩5,000) 1주로 전환 가능
　③ 만기까지 전환권이 행사되지 않은 부분에 대해서는 액면금액의 105%를 지급함
(5) 사채발행시점의 유효이자율 : 10%

(주)충무로가 발행시점에 인식해야할 전환권대가는 얼마인가? (단, 다음의 현가계수를 이용하며 단수차이로 인한 오차가 있으면 가장 근사치를 선택한다.)

【'12. CPA, '03, '10, '14. 감평사, '12, '13. 관세사】

해답 24. ⑤　25. ②

기간 \ 할인율	기간 말 ₩1의 현재가치		정상연금 ₩1의 현재가치	
	8%	10%	8%	10%
5	0.6806	0.6209	3.9927	3.7908

① 0　　② 44,791
③ 50,000　　④ 75,720
⑤ 94, 791

풀이 액면가액; ₩1,000,000×0.6209 =₩620,900
이　　자; 1,000,000×8%×3.7908 = 303,264
상환할증금; 50,000×0.6209 = 31,045
₩955,209
∴ 전환권대가=₩1,000,000−955,209=₩44,791

참고로, 전환권조정=전환권대가+상환할증금=₩44,971+50,000=₩94,971

26 (주)대한은 20×6년 1월 1일에 전환사채(액면가액: ₩10,000,000, 연이자율: 7%, 이자지급일: 12월 31일)를 액면발행하였다. 전환사채 발행시 일반사채 시장수익률은 연 15%이다. 동 전환사채의 만기일인 20×8년 12월 31일에 액면가액의 110%를 지급하는 조건일 경우, (주)대한이 전환사채 발행일에 인식해야 할 전환권조정은 얼마인가? 단, ₩1의 현가계수(3년, 15%)와 ₩1의 정상연금 현가계수(3년, 15%)는 각각 0.657과 2.283이다. 【'07. 감평사, '08. CPA, '09.세무사】

① ₩2,174,900　　② ₩2,000,000
③ ₩1,831,900　　④ ₩1,598,100
⑤ ₩1,174,900

풀이 액면가액; ₩11,000,000×0.657 =₩7,227,000
이자비용; 10,000,000×7%×2.283 = 1,598,100
미래현금흐름의 현재가치 ₩8,825,100
∴ 전환권대가=₩10,000,000−8,825,100=₩1,174,900
전환권조정=전환권대가+상환할증금=₩1,174,900+1,000,000=₩2,174,900

27 (주)한국은 20×1년 1월 1일 만기 3년, 액면 ₩10,000의 전환사채를 액면발행하였다. 전환사채의 표시이자율은 연 7%이고, 이자는 매년 말에 지급한다. 전환조건은 다음과 같다.

해답 26. ① 27. ⑤

(1) 사채액면 ₩10당 1주의 보통주(액면가액 ₩5)로 전환
(2) 전환권이 행사되지 않은 부분에 대해서는 액면금액의 110%를 일시 상환

발행시점에 전환권이 부여되지 않은 동일한 조건의 일반사채 시장이자율은 연 11% 였다. 20×2년 1월 1일 사채 액면금액의 35%가 전환되었을 경우, 전환권 행사가 20×2년 1월 1일 (주)한국의 재무상태표 상 자본총계에 미치는 영향은? (단, 이자율 11%의 3년에 대한 단일금액 ₩1의 현가계수와 정상연금 ₩1의 현가계수는 각각 0.7312와 2.4437이며, 단수차이로 인한 오차가 있으면 가장 근사치를 선택한다.)

【'10. CPA, '09, '13. 감평사】

① ₩86 증가 ② ₩1,750 증가
③ ₩1,794 증가 ④ ₩1,880 증가
⑤ ₩3,544 증가

풀이

액면가액=₩10,000×0.7312	=	₩7,312
상환할증금=₩1,000×0.7312	=	731
이자=₩10,000×7%×2.4437	=	1,711
미래현금흐름의 현재가치		₩9,754

1차 말 장부금액=₩9,754×1.11−700=₩10,127
∴ 1차 말 전환시 자본증가액=₩10,127×35%=₩3,544

28 (주)제주는 액면 ₩1,000,000의 전환사채를 20×1년 1월 1일에 발행하였다. 전환사채의 표시이자율 연 5%이고, 이자는 매년 말에 지급되며, 만기일은 20×3년 12월 31일이다. 이 전환사채는 20×2년 1월 1일부터 주식으로의 전환이 가능하며, 전환사채의 전환권을 행사하지 않을 경우에는 만기에 상환할증금이 지급된다. 보장수익률은 10%이며, 20×3년 1월 1일에 전체의 60%에 해당하는 전환사채 ₩600,000의 전환청구를 받아 전환이 이루어졌고 나머지는 만기에 상환하게 되었다. 만기에 지급하게 되는 총금액(표시이자 지급액은 제외)은 얼마인가?(단, 원미만은 절사한다.)

이자율에 따른 현가계수(기간 3년)는 다음과 같다. 【2000. CPA】

이자율	5%	8%	10%
현가계수	0.8638	0.7938	0.7513
연금 현가계수	2.7232	2.5771	2.4872

해답 28. ⑤

① ₩400,000　　② ₩426,490　　③ ₩438,974
④ ₩439,720　　⑤ ₩466,200

풀이 (1) 상환할증률 계산

$$₩1,000,000=\frac{50,000}{(1+10\%)^1}+\frac{50,000}{(1+10\%)^2}+\frac{50,000}{(1+10\%)^3}+\frac{1,000,000}{(1+10\%)^3}+\frac{\text{상환할증금}}{(1+10\%)^3}\text{에서}$$

₩1,000,000 = 50,000 × 2.4872 + 1,000,000 × 0.7513 + 상환할증금 × 0.7513

∴ 상환할증금 = ₩165,500

또는 상환할증금 = ₩1,000,000 × (10% − 5%) × 3.31 = ₩165,500

$$\text{따라서 상환할증률}=\frac{165,500}{1,000,000}\times100\%=16.55\%$$

(2) 만기상환금액 계산

₩400,000 × 116.55% = ₩466,200

29 (주)감평은 20×1년 1월 1일에 다음과 같은 전환사채를 액면발행하였다.

(1) 액면금액 : ₩500,000
(2) 표시이자율 : 연 8%
(3) 일반사채의 시장수익률 : 연 10%
(4) 이자지급방법 : 매 연도 말 후급
(5) 상환기일(만기) : 20×3년 12월 31일
(6) 원금상환방법 : 상환할증금은 없으며, 상환기일에 액면금액을 일시에 상환함

현가계수표는 다음과 같다.

구분	단일금액 ₩1의 현재가치		정상연금 ₩1의 현재가치	
	8%	10%	8%	10%
3년	0.7938	0.7513	2.5771	2.4868

20×1년 1월 1일 전환사채 발행시 부채요소와 자본요소로 계상될 금액은 각각 얼마인가? 【'15. 감평사】

	부채요소	자본요소		부채요소	자본요소
①	₩500,000	₩0	②	₩24,878	₩475,122
③	₩4,976	₩495,024	④	₩475,122	₩24,878
⑤	₩495,747	₩4,253			

해답 29. ④

풀이 (1) 미래현금흐름의 현재가치(부채요소)

액면가액; ₩500,000×0.7513 =₩375,650

이자 ; ₩500,000×8%×2.4868 = 99,472

계 ₩475,122

(2) 전환권대가(자본요소)

전환권대가=발행가액-미래현금흐름의 현재가치

∴ 전환권대가=₩500,000-475,122=₩24,878

30 (주)국세는 20×1년 1월 1일에 다음과 같은 조건의 전환사채를 액면발행하였다.

(1) 액면금액: ₩1,000,000
(2) 만 기: 20×5년 12월 31일
(3) 이 자: 매년 12월 31일에 액면금액의 8%를 현금으로 지급
(4) 전환조건: 전환사채발행시점부터 1개월 경과 후 만기시점까지 전환청구 가능
전환가격은 전환사채 액면금액 ₩5,000당 보통주(주당액면 ₩5,000) 1주로 전환가능
(5) 전환사채를 중도에 전환하지 않고 만기까지 보유한 경우 전환사채 액면금액의 105%를 지급함
(6) 전환사채발행시점의 유효이자율은 연 10%임

동 전환사채 발행 직전 (주)국세의 자산총액은 ₩10,000,000, 부채총액은 ₩6,000,000 이었다. 동 전환사채 발행 직후 (주)국세의 부채비율(부채÷자본)은 얼마인가? (단, 현가계수는 아래의 표를 이용한다. 부채비율은 소수점 셋째 자리에서 반올림하며, 단수차이로 인한 오차가 있으면 가장 근사치를 선택한다.) 【'12. 세무사】

현가계수표

기간 \ 할인율	기간 말 단일금액 ₩1의 현재가치		정상연금 ₩1의 현재가치	
	8%	10%	8%	10%
5	0.68058	0.62092	3.99271	3.79079

① 1.22 ② 1.48
③ 1.50 ④ 1.64
⑤ 1.72

풀이 (1) 미래현금흐름의 현재가치

액면금액의 현재가치; ₩1,000,000×0.62092 =₩620,920

해답 30. ⑤

상환할증금 ; 50,000×0.62092 = 31,046
액면이자 ; 1,000,000×8%×3.79079 = 303,263
미래현금흐름의 현재가치; ₩955,229

(2) 전환권대가

₩1,000,000−955,229=₩44,771

(3) 부채비율

전환사채발행후 부채=₩6,000,000+955,229=₩6,955,229

전환사채발행후 자본=₩10,000,000−6,000,000+44,771=₩4,044,771

$\therefore$ 부채비율$=\frac{\text{부채}}{\text{자본}}=\frac{6,955,229}{4,044,771}=1.72$

– 신주인수권부사채 –

※ 다음 자료는 31번~32번에 관한 것이다. 단 31번과 32번은 독립된 문제이다. (주)제주는 20×1년 1월 1일에 다음과 같은 조건의 신주인수권부사채를 액면발행하였다.

- 액면가액: ₩10,000,000
- 표시이자율: 연 5%(매년 말 후급)
- 일반사채 시장수익률: 연 10%
- 만기상환일: 20×3년 12월 31일
- 상환할증금: 신주인수권을 행사하지 않을 경우 상환일에 액면가액의 110%로 일시에 상환함

단일금액 ₩1의 현가계수(3년, 10%)와 정상연금 ₩1의 현가계수(3년, 10%)는 각각 0.751과 2.486이다. 【'07. CPA】

31 동 신주인수권부사채의 액면가액 중 75%의 신주인수권이 사채 만기일 전에 행사되었다면 만기상환시 (주)제주가 지급해야할 현금총액(이자 지급액 제외)은 얼마인가?

① ₩2,750,000 ② ₩2,500,000
③ ₩10,150,000 ④ ₩10,250,000
⑤ ₩10,800,000

풀이 만기상환시 지급할 총액=₩7,500,000+2,500,000×1.1=₩10,250,000
또는 ₩10,000,000+2,500,000×0.1=₩10,250,000

32 동 신주인수권부사채의 사채발행시 인식해야 할 신주인수권조정은 얼마인가?

해답 31. ④ 32. ①

① ₩1,496,000　② ₩2,496,000
③ ₩2,000,000　④ ₩496,000
⑤ ₩1,000,000

풀이 ₩11,000,000 × 0.751 = ₩8,261,000
10,000,000 × 5% × 2.486 = 1,243,000
미래현금흐름의 현재가치 ₩9,504,000
∴ 신주인수권대가 = ₩10,000,000 − 9,504,000 = ₩496,000
신주인수권조정 = 상환할증금 + 신주인수권대가
= ₩1,000,000 + 496,000 = ₩1,496,000

33 (주)대한은 20×1년 1월 1일에 만기 3년, 액면이자율 5% (이자는 매년 말 지급), 액면금액 ₩1,000,000의 비분리형 신주인수권부사채를 액면발행하였다. 신주인수권의 행사기간은 발행일로부터 1개월이 경과한 날부터 상환기일 30일 전까지 이다. 신주인수권부사채는 상환할증 조건이 없으며, 신주인수권의 행사조건은 사채 액면금액 ₩20,000당 보통주(주당 액면 ₩5,000) 1주를 인수(행사가격 ₩20,000) 할 수 있다. 20×3년 1월 1일 신주인수권의 60%가 행사되었다. 이러한 신주인수권 행사로 인한 (주)대한의 자본증가액은? (단, (주)대한은 신주인수권부사채 발행시점에서의 신용등급으로 만기 3년, 액면이자율 10%, 액면금액 ₩1,000,000의 일반사채를 액면발행할 수 있다. 또한 기간 3, 1원의 현재가치 및 연금현재가치는 0.7513, 2.4868이다.) 【'13. 세무사】

① ₩500,000　② ₩512,180
③ ₩562,180　④ ₩600,000
⑤ ₩674,616

풀이 신주인수권부사채를 행사하는 것도 유상증자이므로 현금유입액만큼 자본이 증가한다.
유상증자(현금유입액)=50주* × 60% × ₩20,000=₩600,000

* 행사가능주식수= $\frac{1,000,000}{20,000}$ =50주

– 종업원 급여 –

34 확정기여제도와 확정급여제도에 관한 설명으로 옳지 않은 것은? 【'10. 감평사】

① 확정기여제도에서는 기업이 별개의 실체에 고정기여금을 납부한다.
② 확정급여제도에서 기업의 의무는 약정한 퇴직급여를 종업원에게 지급하는 것

해답 33. ④　34. ⑤

이다.

③ 확정기여제도보다 확정급여제도의 회계처리가 비교적 복잡하다.

④ 확정급여제도에서는 채무와 비용의 측정에 보험수리적 가정이 요구된다.

⑤ 확정기여제도에서는 기업이 적립금의 투자위험을 부담한다.

풀이 ⑤ 확정기여제도에서는 종업원이 적립금의 투자위험을 부담한다.

35 다음 자료를 기초로 (주)서울의 확정급여원가 중 포괄손익계산서에 계상될 당기비용을 계산하면? 【'11. 감평사 수정】

- 기초 확정급여채무 현재가치 ₩1,500,000 (할인율 연 10%)
- 기초사외적립자산의 공정가치 ₩1,200,000
- 당기근무원가 ₩450,000
- 과거 근무원가 ₩80,000 (당기말 제도 개정)
- 재측정요소는 발생하지 않음

① ₩450,000 ② ₩480,000 ③ ₩530,000
④ ₩560,000 ⑤ ₩680,000

풀이 당기비용=당기근무원가+순이자비용+과거근무원가
=₩450,000+(1,500,000−1,200,000)×10%+80,000=₩560,000

회계처리하면 다음과 같다.

(1) 당기근무원가

차) 퇴직급여	450,000	대) 확정급여채무	450,000

(2) 과거근무원가

차) 퇴직급여	80,000	대) 확정급여채무	80,000

(3) 이자원가

차) 퇴직급여	150,000	대) 확정급여채무	150,000

(4) 사외적립자산의 이자수익

차) 사외적립자산	120,000	대) 퇴직급여	120,000

36 20×1년 1월 1일에 설립된 (주)감평은 20×1년 말에 확정급여제도를 도입하였다. 확정급여채무 계산 시 적용한 할인율은 연 10%이며, 20×1년 이후 할인율의 변동은 없다. 다음 자료를 이용하여 계산된 20×2년 순확정급여부채는? 【'15. 감평사】

해답 35. ④ 36. ①

(1) 20×1년 말 확정급여채무의 장부금액은 ₩30,000이다.
(2) 20×1년 말 사외적립자산에 ₩20,000을 현금으로 출연하였다.
(3) 20×2년 말 퇴직한 종업원에게 ₩1,000의 현금이 사외적립자산에서 지급되었다. 당기근무원가는 ₩40,000이다.
(4) 20×2년 말 사외적립자산에 ₩30,000을 현금으로 출연하였다.
(5) 20×2년 말 현재 사외적립자산의 공정가치는 ₩65,000이다.
(6) 20×2년 말 보험수리적 가정의 변동을 반영한 확정급여채무의 현재가치는 ₩80,000이다.

① ₩15,000 ② ₩20,000 ③ ₩25,000
④ ₩65,000 ⑤ ₩80,000

풀이

기말확정급여채무의 현재가치	₩80,000
기말사외적립자산의 공정가치	65,000
순확정급여부채	₩15,000

37 다음은 20×1년 말 (주)서울의 퇴직급여제도에 관한 자료이다.

(1) 기말 확정급여채무의 현재가치	₩10,000,000
(2) 기말 사외적립자산의 공정가치	9,000,000
(3) 기말 확정급여채무의 장부금액	₩8,000,000
(4) 기말 사외적립자산의 장부금액	8,500,000

기타포괄손실로 인식할 재측정요소는 얼마인가? 【'11. 감평사 수정】

① ₩500,000 ② ₩1,000,000 ③ ₩1,500,000
④ ₩2,000,000 ⑤ ₩2,500,000

풀이 (1) 확정급여채무

기말 확정급여채무의 현재가치	₩10,000,000
기말 확정급여채무의 장부금액	△8,000,000
재측정요소(기타포괄손실)	₩2,000,000

(2) 사외적립자산

기말 사외적립자산의 공정가치	₩9,000,000
기말 사외적립자산의 장부금액	△8,500,000
재측정요소(기타포괄이익)	₩500,000

∴ 재측정요소(기타포괄손실)=₩2,000,000−500,000=₩1,500,000

해답 37. ③

※ 다음의 자료를 이용하여 문제 38번과 문제 39번에 답하시오. 【'15. 세무사, '12. CPA】

㈜갑의 20×1년 확정급여제도와 관련된 자료는 다음과 같다.

	20×1년 초	20×1년 말
사외적립자산의 공정가치	5,000,000	5,500,000
확정급여채무의 현재가치	6,000,000	7,000,000
당기근무원가		400,000
과거근무원가(당기말 제도개정)		30,000
확정급여채무에 대한 이자율	연 10%	

㈜갑이 20×1년말에 사외적립자산에서 지급한 퇴직금은 ₩60,000이고 사외적립자산에 대한 기여금으로 납부한 금액은 ₩40,000이다.

38 당기비용으로 인식할 금액은 얼마인가?

① ₩400,000　② ₩430,000
③ ₩530,000　④ ₩1,000,000
⑤ ₩1,030,000

39 기타포괄손실(재측정요소)로 인식할 금액은 얼마인가?

① ₩10,000　② ₩20,000
③ ₩30,000　④ ₩40,000
⑤ ₩50,000

풀이 (1) 당기비용

당기근무원가	₩400,000
과거근무원가	30,000
순이자비용	100,000[1)]
당기비용	₩530,000

1) 순이자비용=(기초확정급여채무−기초사외적립자산)×10%
=(₩6,000,000−5,000,000)×10%=₩100,000

(2) 재측정요소(기타포괄손익)

① 확정급여채무

확정급여채무의 현재가치	₩7,000,000
확정급여채무의 장부금액	△6,970,000[2)]
재측정요소(기타포괄손실)	₩ 30,000

해답 38. ③ 39. ①

2) ₩6,000,000+400,000+30,000+600,000−60,000=₩6,970,000

② 사외적립자산

사외적립자산의 공정가치	₩5,500,000
사외적립자산의 장부금액	△5,480,000[3)]
재측정요소(기타포괄이익)	₩ 20,000

3) ₩5,000,000+40,000+500,000−60,000=₩5,480,000

∴ 재측정요소(기타포괄손실)=₩30,000−20,000=₩10,000

(3) 회계처리하면 다음과 같다.

① 당기근무원가

차) 퇴직급여	400,000	대) 확정급여채무	400,000

② 과거근무원가

차) 퇴직급여	30,000	대) 확정급여채무	30,000

③ 이자원가

차) 퇴직급여	600,000*	대) 확정급여채무	600,000

* ₩6,000,000×10%=₩600,000

④ 기여금

차) 사외적립자산	40,000	대) 현　금	40,000

⑤ 이자수익

차) 사외적립자산	500,000*	대) 퇴직급여	500,000

* ₩5,000,000×10%=₩500,000

⑥ 퇴직금 지급

차) 확정급여채무	60,000	대) 사외적립자산	60,000

⑦ 확정급여채무의 재측정요소 인식

차) 재측정요소 (기타포괄손실)	30,000	대) 확정급여채무	30,000

⑧ 사외적립자산의 재측정요소 인식

차) 사외적립자산	20,000	대) 재측정요소 (기타포괄이익)	20,000

40 확정급여제도를 시행하고 있는 (주)송림의 20×1년 관련자료는 다음과 같다.

(1) 20×1년 초 사외적립자산의 장부금액은 ₩3,000,000이다.
(2) 사외적립자산의 기대수익은 사외적립자산 장부금액의 연 5%이다.
(3) 20×1년 말 사외적립자산의 공정가치는 ₩3,200,000
(4) 20×1년 말에 기여금 ₩150,000을 납부하였다.
(5) 20×1년 말에 퇴직금 ₩200,000을 지급하였다.

위 자료를 이용할 때 20×1년 사외적립자산의 실제수익은? 【'14. 감평사】

해답 40. ②

① ₩200,000　② ₩250,000　③ ₩300,000
④ ₩350,000　⑤ ₩400,000

풀이 (1) 재측정요소 계산

20×1년 말 사외적립자산의 공정가치=	₩3,200,000
20×1년 말 사외적립자산의 장부금액=	3,100,000*
재측정요소(기타포괄이익)	₩100,000

* ₩3,000,000+3000,000×5%+150,000−200,000=₩3,100,000

(2) 당기 실제수익 계산

기말 사외적립자산의 공정가치와 기말 사외적립자산의 장부금액의 차이(즉, 재측정요소)는 곧, 기초 사외적립자산에서 발생한 당기 실제수익과 당기 기대수익의 차이가 된다. 따라서,

"당기 실제수익−당기 기대수익=재측정요소(기타포괄이익)"에서

당기실제수익−₩3,000,000×5%=₩100,000

∴ 당기실제수익=₩250,000

41 (주)한국은 퇴직급여제도로 확정급여제도를 채택하고 있다. 다음은 확정급여제도와 관련된 (주)한국의 20×1년 자료이다. 퇴직금의 지급과 사외적립자산의 추가납입은 20×1년말에 발생하였으며, 20×1년초 현재 우량회사채의 시장이자율은 연 5%로 20×1년 중 변동이 없었다.

20×1년초 확정급여채무 장부금액	₩500,000
20×1년초 사외적립자산 공정가치	400,000
당기근무원가	20,000
퇴직금지급액(사외적립자산에서 지급함)	30,000
사외적립자산 추가납입액	25,000
확정급여채무의 보험수리적손실	8,000
사외적립자산의 실제수익	25,000

20×1년말 (주)한국의 재무상태표에 계상될 순확정급여부채는 얼마인가? 【'15. CPA】

① ₩65,000　② ₩73,000　③ ₩95,000
④ ₩100,000　⑤ ₩103,000

풀이 (1) 확정급여채무의 현재가치 계산

20×1년 말 확정급여채무의 장부금액=₩500,000+20,000+500,000×5%−30,000=	₩515,000
20×1년 말 확정급여채무의 현재가치	x
보험수리적손실	₩8,000

해답 40. ⑤

∴ x(확정급여채무의 현재가치)=₩523,000

(2) **사외적립자산의 공정가치 계산**

20×1년 말 사외적립자산의 공정가치	y
20×1년 말 사외적립자산의 장부금액=₩400,000+400,000×5%+25,000−30,000=	₩415,000
재측정요소(기타포괄이익)	₩ 5,000[1]

1) 재측정요소(기타포괄이익)=실제수익−기대수익=₩25,000−400,000×5%=₩5,000

∴ y(사외적립자산의 공정가치)=₩420,000

(3) **순확정급여부채 계산**

기말 확정급여채무의 현재가치	₩523,000
기말 사외적립자산의 공정가치	420,000
순확정급여부채	₩103,000

CHAPTER

09 자 본

제1절 자본의 의의

1. 자본의 의의 및 평가

자본은 일반적으로 순자산, 소유주지분 또는 주주지분을 의미하며, 자산에서 부채를 차감하여 산출되므로 잔여지분이라고도 한다. 또한 자본은 종속적으로 산출되는 잔여지분의 성격으로서 자본은 직접적으로 평가하는 평가의 대상이 아니며 자산평가액에서 부채평가액을 차감하여 평가한다.

2. 자본의 분류

(1) 법률적 개념

법률적 의미로서 자본은 상법상 채권자를 보호하기 위하여 회사가 최소한도로 보유해야 할 담보재산을 의미하는 법정자본금과 법정자본금을 초과하는 잉여금으로 구성된다.

① 법정자본금　　자본금

② 잉여금
- 자본잉여금
- 이익잉여금

(2) 한국채택국제회계기준

한국채택국제회계기준에서는 자본에 대해 구체적인 회계처리 규정이 없다. 따라서 우리나라 일반기업회계기준과 상법 등에 따르면 자본을 자본금, 자본잉여금, 자본조정, 기타포괄손익누계액 및 이익잉여금으로 분류하고 있다.

일반기업회계기준상 자본의 분류

(1) 자본금

(2) 자본잉여금

㉠ 주식발행초과금

㉡ 기타자본잉여금 : ⓐ 자기주식처분이익
ⓑ 감자차익
ⓒ 전환권대가
ⓓ 신주인수권대가 등

(3) 자본조정

㉠ 가산항목 : ⓐ 미교주주식배당금
ⓑ 주식선택권
ⓒ 신주청약증거금

㉡ 차감항목 : ⓐ 자기주식
ⓑ 주식할인발행차금
ⓒ 자기주식처분손실
ⓓ 감자차손

(4) 기타포괄손익누계액

㉠ 재평가잉여금

㉡ 매도가능금융자산평가손익

㉢ 해외사업환산손익

㉣ 현금흐름위험회피 파생상품평가손익

㉤ 확정급여제도의 재측정요소 등

(5) 이익잉여금

㉠ 이익준비금

㉡ 기타법정적립금

㉢ 임의적립금 : ⓐ 감채적립금
ⓑ 신축적립금
ⓒ 사업확장적립금
ⓓ 결손보전적립금
ⓔ 배당평균적립금
ⓕ 자가보험적립금
ⓖ 별도적립금 등

㉣ 미처분이익잉여금

제2절 자 본 금

1. 자본금의 종류

주식회사의 자본금이란 발행한 주식의 액면가액을 의미하며 채권자 보호를 위하여 회사가 보유해야 할 최소한도의 담보자산을 의미하며, 다음과 같이 계산된다.

자본금＝발행주식수×1주당 액면가액

우선권 부여 여부에 따라 보통주와 우선주로 분류된다.

(1) 우 선 주

우선주란 보통주보다 이익배당우선권, 잔여재산분배우선권, 보통주로의 전환권 등이 부여된 주식으로서 일반적으로 의결권이 제한된다. 이익배당우선주에는 누적적 또는 비누적적 우선주와 참가적 또는 비참가적 우선주가 있다.

① 누적적 우선주

회사가 결손이 발생하여 약정에 의한 배당률을 지급하지 못했을 때는 다음 연도에 누적하여 배당을 받을 수 있는 권리가 있는 우선주를 말한다. 비누적적 우선주는 한번 약정에 의한 배당을 받지 못하면 다음 연도에 이월하여 받을 수 없는 우선주를 말한다.

② 참가적 우선주

참가적 우선주는 우선 일정한 배당을 받을 뿐만 아니라 보통주에게 배당을 하고도 잔여액이 있으면 보통주와 동일하게 잔여배당에 참여하여 자본금에 비례해서 추가적으로 배당을 받을 수 있는 권리가 있는 우선주이다. 비참가적 우선주는 약정된 배당금을 받고 나면 나머지는 모두 보통주에게 귀속되는 우선주이다.

그리고 참가적 우선주에는 참여정도에 따라 완전참가적 우선주와 부분참가적 우선주가 있다. 완전참가적 우선주는 잔여배당분에 대해 보통주와 동일하게 자본금에 비례해서 추가로 받을 수 있는 우선주를 말하며, 부분참가적 우선주는 일정한 한도까지만 추가로 더 참여할 수 있는 우선주를 말한다.

(2) 보 통 주

보통주란 여러 종류의 주식 중 상대적인 의미에서의 표준이 되는 주식을 말한다. 즉,

보통주보다 여러 가지 사항에 대해 유리한 지위에 있는 우선주와 불리한 지위에 있는 후배주가 있을 때 이 양자의 표준이 되는 주식을 보통주라 한다.

우선주배당금 계산

다음은 20×2년도 배당에 대한 자료이다. 각각의 물음에 답하시오

(1) 20×2년 12월 31일 현재 자본금

보통주자본금; 액면가액 ₩5,000, 발행주식수 1,600주

우선주자본금; 액면가액 ₩5,000(배당률 5%), 발행주식수 400주

(2) 배당에 대한 자료

20×1년도에 우선주에 대한 배당은 없었다. 주주총회에서 ₩1,000,000의 배당을 결의하였다.

1. 비누적적 · 비참가적 우선주일 때 배당금은 얼마인가?
2. 누적적 · 비참가적 우선주일 때 배당금은 얼마인가?
3. 누적적 · 완전참가적 우선주일 때 배당금은 얼마인가?
4. 누적적 · 부분참가적 우선주(8%까지)일 때 배당금은 얼마인가?

풀이

1. 비누적적 · 비참가적우선주일 때

(1) 우선주배당금; 당기분=400×₩5,000×5%=₩100,000

(2) 보통주배당금; 당기분=₩1,000,000−100,000=₩900,000

∴ 우선주 배당금=₩100,000
 보통주 배당금=₩900,000

2. 누적적. 비참가적 우선주일 때

(1) 우선주; 전기분=400×₩5,000×5%=₩100,000 [1)]
 당기분=400×₩5,000×5%=₩100,000
 1) 누적적우선주는 당기 이전에 배당받지 못한 부분에 대해서 배당이 가능할 때 소급하여 배당을 받는다.

(2) 보통주; 당기분=₩1,000,000−200,000=₩800,000

∴ 우선주 배당금=₩100,000+100,000=₩200,000
 보통주 배당금=₩800,000

3. 누적적 · 완전참가적 우선주일 때 배당금은 얼마인가?

(1) 우선주; 전기분=400×5,000×5%=₩100,000
 당기분=400×5,000×5%=₩100,000
 잔여배당분=₩400,000 [2)] $\times \dfrac{2,000,000}{(2,000,000+8,000,000)}$=₩80,000 [3)]

2) 잔여배당분=₩1,000,000−(100,000+100,000+400,000)=₩400,000

3) 완전참가적우선주는 보통주에게도 배당을 하고 남은 잔액이 있을 때 자본금에 비례해서 또 참여하여 배당을 받을 수 있는 우선주이다.

(2) 보통주; 당기분=1,600×₩5,000×5%=₩400,000

잔여배당분=₩400,000×$\frac{8,000,000}{(2,000,000+8,000,000)}$=₩320,000

∴ 우선주 배당금=₩100,000+100,000+80,000=₩280,000

보통주 배당금=₩400,000+320,000=₩720,000

4. 비누적적 · 부분참가적 우선주(8%까지)일 때

(1) 우선주; 전기분=400×₩5,000×5%=₩100,000

당기분=400×₩5,000×5%=₩100,000

잔여배당분=₩400,000×$\frac{2,000,000}{(2,000,000+8,000,000)}$=₩80,000

(한도; 2,000,000×(8%−5%)=60,000 [4])

4) 잔여배당분은 ₩80,000이 계산되었으나 8%까지만 추가로 더 받을 수 있기 때문에 추가로 받을 우선주배당금은 ₩60,000을 초과할 수 없다. 따라서 배당금은 ₩60,000이 된다.

(2) 보통주; 당기분=1,600×₩5,000×5%=₩400,000

잔여배당분=₩1,000,000−100,000−100,000−60,000−400,000=₩340,000 [5]

5) 총우선주배당금과 당기보통주 배당금을 제외한 나머지는 모두 보통주에게 배당한다.

∴ 우선주 배당금=₩100,000+100,000+60,000=₩260,000

보통주 배당금=₩400,000+340,000=₩740,000

2. 주식의 발행

(1) 주식발행의 유형

액면주식의 발행의 경우에 액면가액을 기준으로 하여 액면발행, 할증발행, 할인발행으로 구분할 수 있다. 주식발행시에 발생하는 신주발행비는 주식의 발행가액에서 차감한다.

신주발행비와 사채발행비

신주발행비 ~ 신주발행비는 주식발행가액에서 차감한다. 이 경우 액면초과발행일 때는 신주발행비만큼 주식발행초과금이 작아지며, 액면미달발행일 때는 주식할인발행차금이 커진다.

사채발행비 ~ 사채발행비는 사채발행가액에서 차감한다. 이 경우 할증발행일 때는 사채할증발행차금이 사채발행비만큼 작아지며, 할인발행일 때는 사채할인발행차금이 그만큼 커진다. 결국 사채발행비는 사채발행차금에 가감되므로 유효이자율법에 따라 이자비용으로 처리된다.

주식의 발행

액면가액이 ₩5,000인 액면주식을 ₩6,000에 발행한 경우 및 ₩4,000에 발행한 경우에 발행유형별 회계처리는? 단, 신주발행비 ₩100이 발생하였다.

<table>
<tr><th>구 분</th><th colspan="4">분 개</th></tr>
<tr><td rowspan="2">할증발행</td><td>(차) 현 금(발행가액)</td><td>5,900 [1]</td><td>(대) 자본금(액면가액)
주식발행초과금
(자본잉여금)</td><td>5,000
900</td></tr>
<tr><td colspan="4">1) 신주발행비는 주식발행가액에서 차감한다.</td></tr>
<tr><td>할인발행</td><td>(차) 현 금(발행가액)
주식할인발행차금
(자본조정 △항목)</td><td>3,900
1,100 [2]</td><td>(대) 자본금(액면가액)</td><td>5,000</td></tr>
</table>

2) 주식할인발행차금은 발생할 당시에 장부상 주식발행초과금이 존재하는 경우 주식발행초과금의 범위내에서 주식할인발행차금을 상계처리하고 잔액은 자본조정(△항목)으로 분류한다. 주주총회에의 결의에 의해 상각시에는 이익잉여금처분으로 한다. 상각시의 회계처리는 다음과 같다.

(차) 미처분이익잉여금 ××× (대) 주식할인발행차금 ×××

3. 증자 및 감자

(1) 증 자

우리나라에서는 주식의 발행방법으로서 수권자본제도를 채택하고 있다. 즉, 주주총회의 결의에 의하여 회사가 발행할 주식의 총수(수권주식수는 정관 기재사항이다)를 결정하고, 그 주식의 일정부분을 회사설립시에 발행하고, 미발행주식은 추후에 이사회의 결의에 의하여 발행하도록 하고 있다. 이러한 제도를 수권자본제도라 한다.

따라서, 증자는 일반적으로 수권주식 중 미발행주식을 추가로 발행하여 주식수를 늘려 회사의 자본금을 증가시키는 것을 말한다.

증자의 형태는 실질적 증자와 형식적 증자로 구분된다.

① **실질적 증자**(유상증자) 실질적 증자란 자본의 불입이 있는 증자를 말한다. 즉, 차변에는 자산이 증가하고 대변은 자본이 증가하는 경우이다. 실질적 증자의 경우에는 유상증자(할인발행, 액면발행, 할증발행)나 신주인수권부 사채의 행사가 있다. 예를 들면, 액면가액 ₩5,000의 주식 1주를 ₩4,000으로 할인발행한 경우의 분개를 보면 다음과 같다.

(차)	현 금	4,000	(대) 자 본 금	5,000
	주식할인발행차금	1,000		

② **형식적 증자**(무상증자) 형식적 증자란 자본의 불입이 없는 증자를 말한다. 차변에는 자산은 증가하지 않고 부채의 감소 또는 자본의 감소가 나타나며 대변에는 자본이 증가하는 경우이다. 형식적 증자의 형태는 배당불능잉여금의 자본전입(무상주), 주식배당, 전환사채의 전환, 전환우선주의 전환이 있다.

여기서 잉여금의 자본전입과 주식배당은 다음과 같은 차이가 있다. 잉여금의 자본전입이란 배당으로 처분할 수 없는 배당불능잉여금을 이사회의 결의로 자본으로 대체하는 것을 말하며, 주식배당이란 배당으로 처분가능한 잉여금을 주주총회의 결의에 의하여 주식으로 배당하는 것을 말한다. 이 두 가지는 이론적으로 보면 투자자입장에서는 수익이 아니며, 잉여금의 자본금의 대체란 점에서 동일하다.

또한, 전환사채의 전환은 전환으로 자본금은 증가했으나 납입은 전환사채를 발행할 때 이미 이루어졌기 때문에 형식적 증자로 분류한다. 분개로 표시하면 다음과 같다.

(차) 전환사채(부채의 감소) ××× (대) 자본금(자본의 증가) ×××

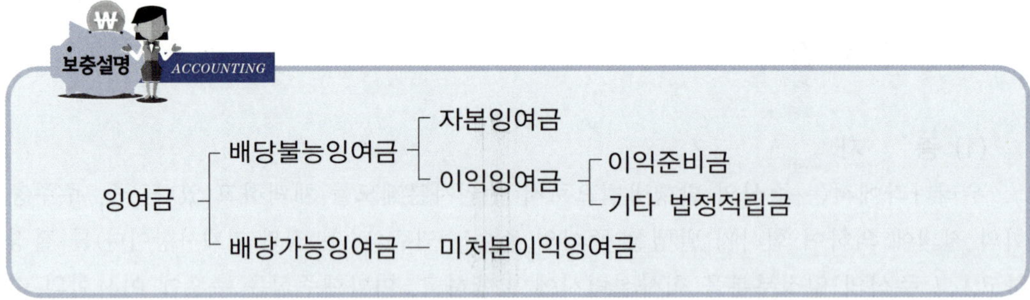

증자시 회계처리

다음 각각의 거래를 회계처리 하시오.

(1) (주)찬우는 액면가액 ₩5,000인 주식을 ₩6,000에 100주를 발행하였다.

(2) (주)찬엽은 감자차익 ₩100,000을 이사회의 결의로 자본전입하였다.

(3) (주)주봉은 전환사채 ₩200,000을 전환청구하였기에 주식을 발행해 주다.

(4) (주)미희는 자금이 부족하여 현금배당을 할 수 없으므로 ₩300,000의 주식배당을 하기로 주주총회에서 의결하였다.

풀이

(1) 실질적 증자

(차)		(대)	
현 금	600,000	자 본 금	500,000
(자산의 증가)		주식발행초과금	100,000
		(자본의 증가)	

(2) 형식적 증자

(차)		(대)	
감 차 차 익	100,000	자 본 금	100,000
(자본의 감소)		(자본의 증가)	

(3) 형식적 증자

(차)		(대)	
전 환 사 채	200,000	자 본 금	200,000
(부채의 감소)		(자본의 증가)	

(4) 형식적 증자

(차)		(대)	
미처분이익잉여금	300,000	자 본 금	300,000
(자본의 감소)		(자본의 증가)	

(2) 감 자

감자란 결손보전, 사업축소 등의 사유로 발행주식주(자본금)을 감소시키는 것을 말하며, 감자의 형태도 실질적 감자와 형식적 감자가 있다.

① **실질적 감자**(유상감자) 실질적 감자란 자본금의 감소와 동시에 회사의 자산이 감소하는 것이다. 실질적 감자는 기업의 규모를 축소하거나 합병의 경우에 당사회사의 재산상태를 조정할 때에 행해지는데, 다음의 두 가지 방법이 있다.

㉠ 주금액의 환급 … 주주에게 주식금액의 일부를 반환함으로써 실질적으로 자본금을 감소하는 방법

㉡ 주식의 소각 … 회사가 주식의 일부를 매입소각하는 방법, 액면가액보다 낮은 가격으로 주식을 매입소각하면 감자차익이 발생하고 높은 가격으로 매입소각하면 감자차손이 발생한다.

② **형식적 감자**(무상감자) 형식적 감자란 자본금이 감소는 하였지만 회사의 자산은 감소하지 않고 자본금만 명목적으로 감소하는 것이다. 형식적 감자는 거액의 결손이 발생하여 장기간 이익배당을 할 수 없거나 주가가 하락될 우려가 있어 신주를 발행할 수 없을 경우에 이루어진다. 주금액의 절사 등이 있다. 주금액의 절사는 주주가 이미 납입한 주금액의 일부를 이월결손금과 상계처리하고 나머지 납입액을 자본잉여금으로 하는 것이다.

감자시 회계처리

다음 거래를 분개하시오.

(1) 미희주식회사는 주주총회의 승인을 얻어 보통주 2,000주(액면 ₩5,000)를 1주당 ₩4,000씩으로 매입소각하고, 대금은 수표발행하여 지급하다.

(2) 이월결손금 ₩16,000,000을 보전하기 위하여 액면 ₩10,000의 주식 10,000주를 주당 액면 ₩8,000으로 변경하기로 의결하다.

풀이

(1) 실질적 감자(주식의 매입소각)

(차) 자본금	10,000,000	(대)	당좌예금	8,000,000
			감자차익	2,000,000

(2) 형식적 감자(주금액의 절사)

(차) 자본금	20,000,000	(대)	이월결손금	16,000,000
			감자차익	4,000,000

4. 자기주식

자기주식(금고주: treasury stock)이란 자기회사가 이미 발행한 주식을 유상 또는 무상으로 재취득한 것을 말한다. 자기주식은 주주가 납입한 자본을 다시 환급하는 것을 의미하므로 상법상 자본충실의 원칙에 위배되며, 또한 회사가 내부정보를 이용하여 주식을 사고 팔게 되면 주식시장이 문란해지므로 원칙적으로 자기주식의 취득은 금지되어 있다. 예외적으로 주식을 소각하기 위한 경우 등 몇 가지의 경우에만 상법상 취득이 허용된다.

(1) 자기주식의 매입소각

매입소각할 목적으로 취득한 자기주식은 바로 실질적인 감자에 해당하는 것으로서, 자본의 감소로 처리하면 된다. 이 경우에 감자차익이나 감자차손이 발생한다.

(2) 자기주식의 회계처리 방법

자기주식의 회계처리 방법은 원가법과 액면가액법으로 구분할 수 있으며, 원가법은 처분을 전제로 자기주식을 취득한다고 가정하는 방법으로서, 이는 취득과 처분을 하나의 연속된 단일거래로 보는 회계처리방법이다. 한국채택국제회계기준에서는 원가법의 입장에 있다.

① 취득 및 처분

취득시에 취득원가를 자기주식계정에 기입하고 처분할 때도 자기주식의 취득원가와 처분가액을 비교하여 처분손익을 인식한다.

② 소각시

소각시에는 자기주식의 취득원가와 액면가액을 비교하여 감자차손익을 인식하게 된다.

③ 공시

재무상태표에 공시할 때는 자기주식의 취득원가를 자본에서 차감하는 형식(자본조정 △항목)으로 보고한다.

자기주식의 회계처리

CW회사는 보통주 10주를 주당 ₩5,000(액면가액 ₩5,000)에 발행하고 회사를 설립하였다. 그 후에 다음과 같은 거래가 발생하였다.

① 보통주 2주를 주당 ₩7,000에 재취득하였다.
② 보통주 2주를 주당 ₩4,500에 재취득하였다.
③ ₩7,000에 취득한 자기주식 1주를 ₩8,000에 처분하였다.
④ ₩4,500에 취득한 자기주식 1주를 ₩3,000에 처분하였다.
⑤ ₩4,500에 취득한 자기주식을 소각하였다.
⑥ ₩7,000에 취득한 자기주식을 소각하였다.

위 거래를 각 상황에 따라 분개하시오.

풀이

위 거래를 회계처리하면 다음과 같다.

① 취득시 ② 취득시	(차) 자기주식 14,000 (대) 현금 14,000 (차) 자기주식 9,000 (대) 현금 9,000
③ 재발행시 ④ 재발행시	(차) 현금 8,000 (대) 자기주식 7,000 / 자기주식처분이익 1,000 (차) 현금 3,000 / 자기주식처분이익 1,000 / 자기주식처분손실 500 (대) 자기주식 4,500 재발행가액이 자기주식의 취득원가를 초과하면 "자기주식처분이익"으로 처리하고, 부족하면 "자기주식처분손실"로 하되 "자기주식처분이익"으로 우선 상계처리하고 잔액은 자본조정으로 계상한 후, 이익잉여금으로 처분한다.
⑤ 소각시 ⑥ 소각시	(차) 자본금 5,000 (대) 자기주식 4,500 / 감자차익 500 (차) 자본금 5,000 / 감자차익 500 / 감자차손 1,500 (대) 자기주식 7,000 액면가액이 자기주식의 취득원가보다 부족하면 "감자차손"으로 처리하고 "감자차익"과 우선 상계처리하고 잔액은 자본조정으로 계상한 후, 이익잉여금으로 처분한다.

제3절 자본잉여금

자본잉여금(capital surplus)이란 주주가 납입한 자본이 자본금을 초과한 부분 또는 자본거래에 의하여 나타난 잉여금이다. 자본잉여금은 결손보전이나 자본전입의 경우에만 사용할 수 있다. 자본잉여금에는 주식발행초과금, 기타자본잉여금이 있다.

1. 종 류

(1) 주식발행초과금

액면을 초과하여 주식을 발행한 때에 그 액면을 초과한 금액으로 한다. 한편, 액면에 미달하게 발행한 때에 발생한 주식할인발행차금은 자본조정항목으로서 자본의 차감항목이다.

(2) 기타자본잉여금

① 감자차익

감자의 경우에 그 감소액이 주식의 소각 또는 결손의 보전에 충당한 금액을 초과한 때에 그 초과금액을 감자차익이라 한다. 감자차손이 발생하면 이와 상계처리한다.

② 자기주식처분이익

자기주식처분이익은 자기주식의 취득원가를 초과하여 처분한 경우에 이를 자기주식처분이익이라 한다. 자기주식처분손실이 발생하면 이와 상계처리한다.

③ 기타

전환권대가, 신주인수권대가 등이 있다.

제4절 이익잉여금

1. 이익잉여금의 종류 및 내용

이익잉여금이란 손익활동을 통하여 발생한 당기순이익 중에서 자본전입(이익준비금의 자본전입 등)되거나 사외유출(현금배당 등)되지 않고 사내에 유보된 잉여금을 말한다. 유보이익이라고도 한다. 이익잉여금에는 법정적립금, 임의적립금, 미처분이익잉여금으로 구분하여 표시한다. 그 종류와 내용은 다음과 같다.

(1) 법정적립금

① 이익준비금

상법의 규정에 의하여 적립된 금액으로서 상법에 의하면 이익준비금은 자본금의 $\frac{1}{2}$에 달할 때까지 매결산기에 금전에 의한 이익배당액의 $\frac{1}{10}$ 이상을 적립하여야 한다. 따라서 자본금의 $\frac{1}{2}$을 초과하여 설정할 수 없다(초과하여 적립하는 경우에는 임의적립금으로 분류된다).

② 기타법정적립금

상법 이외의 법령의 규정에 의하여 적립된 적립금을 말한다. 선물거래책임준비금 등이 있다.

(2) 임의적립금

회사가 특정한 목적을 위하여 정관의 규정이나 주주총회의 결의에 의하여 적립한 금액을 말한다. 종류는 다음과 같다.

예) 사업확장적립금, 감채적립금, 신축적립금, 배당평균적립금, 결손보전적립금, 자가보험적립금, 별도적립금 등

(3) 미처분이익잉여금

미처분이익잉여금은 전기이월미처분이익잉여금에 회계정책의 변경효과, 중요한 전기오류손익, 중간배당을 가감조정하고 당기순이익을 가산하여 산출한다.

2. 이익잉여금처분계산서(또는 결손금처리계산서)

(1) 이익잉여금처분계산서의 목적

이익잉여금처분계산서(또는 결손금처리계산서)는 이익잉여금의 처분사항(또는 결손금의 처리사항)을 명확히 보고하기 위한 재무보고서이다.

(2) 이익잉여금처분계산서의 기본구조

① 이익잉여금처분계산서에는 미처분이익잉여금, 임의적립금등의 이입액, 이익잉여금처분액, 차기이월미처분이익잉여금으로 구분하여 표시한다.

② 미처분이익잉여금은 전기이월미처분이익잉여금(또는 전기이월미처리결손금)에 회계정책의 변경으로 인한 누적효과, 중대한 전기오류수정손익, 중간배당액 및 당기순이익(또는 당기순손실)을 가감하여 산출한다.

(3) 이익잉여금의 주요 처분 내용

① 법정적립금 적립 ~ 이익준비금, 기타법정적립금

② 임의적립금 적립 ~ 배당평균적립금, 결손보전적립금 등

③ 자본조정항목의 상각 ~ 주식할인발행차금, 감자차손, 자기주식처분손실

④ 배당금 ~ 현금배당, 주식배당

이익잉여금의 처분내용을 분개로 표시하면 다음과 같다.

(차) 미처분이익잉여금	×××	(대) 이 익 준 비 금	×××
		기타법정적립금	×××
		주식할인발행차금	×××
		미 지 급 배 당 금	×××
		임 의 적 립 금	×××

(4) 공시

한국채택국제회계기준에서는 상법 등 관련법규에서 작성을 요구하는 경우에는 이익잉여금처분계산서를 주석으로 공시하도록 규정하고 있다.

이익잉여금처분계산서

제 7 기: 20×7년 1월 1일부터 20×7년 12월 31일까지

찬우주식회사 처분예정일: 20×8년 2월 25일 (단위: 원)

과 목	제 7 (당)기	
	금	액
I. 미처분이익잉여금		
1. 전기이월미처분이익잉여금	20,000 [1)]	
2. 회계정책의 변경의 누적효과	10,000 [2)]	
3. 전기오류수정이익(중요한 오류인 경우)	30,000 [3)]	
4. 중간배당액[4)]	–	
5. 당기순이익	140,000	200,000[9)]
II. 임의적립금 이입액[5)]		
1. 배당평균적립금	50,000	
2. 별도적립금	30,000	80,000
합 계		280,000
III. 이익잉여금처분액		
1. 이익준비금[6)]	12,000	
2. 감자차손 ⎤[7)]	15,000	
3. 자기주식처분손실 ⎦	5,000	
4. 배당금[8)]		
가. 현금배당	120,000	
나. 주식배당	80,000	
5. 감채적립금	10,000	242,000
IV. 차기이월미처분이익잉여금		38,000

1) 전기말 이익잉여금처분계산서상 차기이월미처분이익잉여금이다.
2) 회계정책의 변경의 경우에는 이익잉여금(소급법)에서 수정한다.
3) 전기 이전에 발생한 중요한 오류를 당기에 수정하는 경우에는 이익잉여금에서 수정한다.
4) 상법상 연 1회에 한하여 정관의 규정에 의하여 이사회 결의로 금전에 의한 중간배당을 실시할 수 있다. 그리고 중간배당은 직전회계연도말 배당가능잉여금에서 실시한다.
5) 미처분이익잉여금으로 처분하기에 부족한 경우에는 주주총회의 결의로 미리 적립한 임의적립금으로 보충해서 사용한다.
6) 상법상 금전에 의한 이익배당액의 $\frac{1}{10}$ 이상을 적립해야 하므로 최소한 $120{,}000 \times \frac{1}{10} = 12{,}000$을 이익준비금으로 적립해야 한다. 이익준비금은 결손보전이나 자본전입 목적 이외는 사용할 수 없다. 중간배당이 있는 경우에는 현금배당만 가능하므로 $\frac{1}{10}$ 이상을 이익준비금으로 설정해야 한다.
7) 감자차손과 자기주식처분손실은 자본조정항목으로서 이익잉여금처분으로 한다.
8) 배당은 재무상태표상에 부채로 표시하지 않으며, 당기 재무상태표는 잉여금처분전(즉, 미처분이익잉여금)의 재무상태를 보고한다.
9) 당기말 재무상태표상 잔액이 된다.

분개로 표시하면 다음과 같다.

① (20×7, 12/31 분개)

㉠ 당기순이익과 전기오류수정손익 등을 미처분이익잉여금에 대체

(차)	회계변경의누적효과	10,000	(대)	미처분이익잉여금	180,000
	전기오류수정이익	30,000			
	손 익	140,000			

② 20×8, 2/25(주주총회승인일)

㉠ 임의적립금이입액

(차)	배당평균적립금	50,000	(대)	미처분이익잉여금	80,000
	별 도 적 립 금	30,000			

㉡ 이익잉여금처분액

(차)	미처분이익잉여금	242,000	(대)	이 익 준 비 금	12,000
				감 자 차 손	15,000
				자기주식처분손실	5,000
				미 지 급 배 당 금[10)]	120,000
				미교부주식배당금[11)]	80,000
				감 채 적 립 금	10,000

10) 미지급배당금은 유동부채로서 배당금지급시에 상계처리된다.
11) 미교부주식배당금은 자본조정항목으로서 주식교부시에 자본금으로 대체된다.

③ 현금지급시(현금배당), 주식교부시(주식배당) 분개

(차)	미 지 급 배 당 금	120,000	(대)	현 금	120,000
(차)	미교부주식배당금	80,000	(대)	자 본 금	80,000

3. 배당회계

(1) 배당회계처리기준일 및 현금배당

① 배당기준일 배당기준일이란 배당받을 권리가 있는 주주를 확정짓는 날로서,

일반적으로 결산일을 기준으로 한다. 이 시점에서는 아무런 회계처리를 하지 않는다.

② 배당결의일 배당결의일이란 배당의무의 발생일로서, 주주총회의 결의에 의하여 배당의무가 발생하며, 이 시점에서 발행회사의 회계처리가 이뤄진다.

③ 배당지급일 배당금지급일이란 배당의무의 이행일로서, 이행내역을 거래로 기록하여야 한다.

현금배당의 회계처리

찬우회사는 액면가 ₩5,000의 주식에 대하여 10%의 배당금을 지급하다(즉, 배당률은 10%). 찬우회사의 배당기준일, 배당결의일 및 배당금지급일의 분개를 하여라.

풀이

(1) 배당기준일

분개없음

(2) 배당결의일

(차) 미처분이익잉여금	500	(대) 미지급배당금	500

(3) 배당지급일

(차) 미지급배당금	500	(대) 현 금	500

(2) 주식배당

① 의 의 주식배당이란 기업이 자금이 부족할 경우에 배당가능한 미처분이익잉여금을 영구히 자본화시킬 목적으로 수권주식수의 범위내에서 현금대신 주식으로 배당하는 것을 말한다. 주식배당에는 시가법과 액면가액법이 있으며, 상법상 액면가액법에 의하도록 규정하고 있다.

② 주식배당의 회계처리 주식을 발행한 회사의 회계처리에는 액면가액법과 시가법이 있다. 액면가액법은 배당결의 및 지급일에 발행한 주식의 액면금액을 미처분이익잉여금에서 자본금으로 대체하는 방법이며, 시가법은 배당결의 및 지급일에 발행한 주식의 시가를 미처분이익잉여금에서 자본금과 주식발행초과금으로 대체하는 방법이다.

주식배당

CW회사의 총발행주식수는 1,000주이며, 1주당 액면가액은 ₩5,000이다. 1주당 시가가 ₩8,000일 때, 10%의 주식배당을 실시하였다면 액면가액법과 시가법에 의한 회계처리는?

풀이

(1) 액면가액법

㉠ 배당결의일

(차) 미처분이익잉여금 500,000 [1] (대) 미교부주식배당금 500,000
(자본조정)

㉡ 배당지급일

(차) 미교부주식배당금 500,000 (대) 자 본 금 500,000

1) 1,000주×10%×@5,000=500,000

(2) 시가법

㉠ 배당결의일

(차) 미처분이익잉여금 800,000 [2] (대) 미교부주식배당금 800,000

㉡ 배당지급일

(차) 미교부주식배당금 800,000 (대) 자 본 금 500,000
주식발행초과금 300,000 [3]

2) 1,000주×10%×@8,000=800,000

3) 1,000주×10%×(8,000−5,000)=300,000

각 경우의 자본의 증감에 대한 내용은 다음과 같다.

(1) 자기주식의 경우

① 자기주식 취득시 → 자기주식 취득액만큼 자본감소

② 보유한 자기주식 처분시 → 자기주식 처분액만큼 자본증가

③ 보유한 자기주식 소각시 → 자본불변

(2) 증자의 경우

① 형식적 증자의 경우

㉠ 주식배당, 무상주 교부 → 자본불변

㉡ 전환우선주의 전환 → 자본불변

㉢ 전환사채의 전환 → "장부금액×전환비율"만큼 자본증가

② 실질적 증자(즉, 유상증자의 경우)의 경우 → 발행가액만큼 자본증가

③ 신주인수권부사채 및 주식선택권 행사 → 현금유입액만큼 자본증가
(발행주식수×1주당행사가격)

(3) 감자의 경우

① 형식적 감자의 경우 → 자본불변

② 실질적 감자의 경우 → 현금유출액만큼 자본감소

(4) 이익잉여금 처분

① 법정적립금 및 임의 적립금 적립 → 자본불변
② 주식배당 → 자본불변
③ 현금배당 → 배당액만큼 자본감소
④ 자본조정상각(주식할인발행차금상각, 자기주식처분손실, 감자차손) → 자본불변

(5) 기타포괄손익

① 기타포괄이익 증가(감소) → 자본증가(감소)
② 기타포괄손실 증가(감소) → 자본감소(증가)

(6) 전기이월미처분이익잉여금 수정

① 전기오류수정이익(손실) → 자본증가(감소)
② 회계정책의 변경 누적효과이익(손실) → 자본증가(감소)

(7) 당기순이익(손실) 증가 → 자본증가(감소)

제5절 자본조정항목

자본조정이란 자본거래에서 발생한 것으로서 자본에 속하는 항목이지만 자본금, 자본잉여금, 이익잉여금으로 구분하기가 어려운 것들을 그 내용이 확실해질 때까지 임시적으로 유보한 성격의 항목들이다. 자본조정항목에는 자본에 부가하는 항목(미교부주식배당금, 신주청약증거금, 주식선택권)과 자본에서 차감하는 항목(주식할인발행차금, 자기주식, 감자차손, 자기주식처분손실)이 있다.

(1) 주식할인발행차금

주식할인발행차금은 주식발행시 액면가액 이하로 발행되는 경우 액면가액에 미달하는 금액을 말하는 것으로 동상각액은 손익계산서상의 비용이 아닌 이익잉여금처분항목으로서 발생할 당시에 장부상 주식발행초과금이 존재하는 경우 주식발행초과금의 범위내에서 주식할인발행차금을 상계처리하고 잔액은 자본조정(△항목)으로 분류한다. 주주총회의 결의에 의해 상각시에는 이익잉여금으로 처분한다.

(2) 자기주식

자기주식은 장부금액(취득가액)을 자본의 차감항목(△항목)으로 보고한다.

(3) 감자차손

감자차손은 자기주식소각시 액면가액보다 자기주식장부금액(취득가액)이 더 큰 경우에 발생되는 것으로서 자본의 차감항목이다. 감자차손은 우선 감자차익과 상계처리하고 남은 잔액은 자본조정(△항목)으로 계상한 후, 이익잉여금으로 처분한다.

(4) 자기주식처분손실

자기주식처분손실은 자기주식을 처분한 경우에 취득원가가 처분가액보다 더 큰 경우에 발생하며 우선 자기주식처분이익과 상계하고 남은 잔액은 자본조정(△항목)으로 계상한 후, 이익잉여금으로 처분한다.

(5) 미교부주식배당금

이익잉여금처분계산서의 주식배당액으로 하며 자본의 가산항목이다. 이 경우에 주식교부시에 관련 자본계정에 대체한다.

(6) 신주청약증거금

청약기일이 경과된 신주청약증거금 중 신주납입금으로 충당될 금액

(7) 주식선택권

주식선택권은 주식결제형 주식기준보상거래에서 보유자에게 특정기간 고정가격 또는 결정가능한 가격으로 회사의 주식을 매수할 수 있는 권리를 부여하는 계약을 말한다. 자세한 내용은 별도의 장에서 설명한다.

제6절 자본변동표

자본변동표는 손익계산서를 거치지 않고 재무상태표의 자본에 직접 가감되는 항목에 대한 정보를 제공한다. 이러한 항목에는 매도가능증권평가손익이나 해외사업환산손익 등과 같은 미실현손익이 포함되는데, 자본변동표에는 이러한 미실현손익의 변동내

용을 나타냄으로써 손익계산서로는 전부 나타낼 수 없는 포괄적인 경영성과에 대한 정보를 직접적 또는 간접적으로 제공하게 된다.

1. 자본변동표의 목적

자본변동표는 자본의 크기와 그 변동에 관한 정보를 제공하는 재무보고서로서, 자본을 구성하고 있는 자본금, 자본잉여금, 자본조정, 기타포괄손익누계액, 이익잉여금(또는 결손금)의 변동에 대한 포괄적인 정보를 제공한다.

2. 자본변동표의 기본구조

자본변동표에는 자본금, 자본잉여금, 자본조정, 기타포괄손익누계액, 이익잉여금(또는 결손금)의 각 항목별로 기초잔액, 변동사항, 기말잔액을 표시한다.

자본변동표의 작성

1. OK주식회사의 20×1년 초 현재의 자본의 내용은 다음과 같다.

(1) 자본금	
보통주자본금 (1,000주×₩5,000)	₩5,000,000
(2) 자본잉여금	
주식발행초과금	1,000,000
(3) 자본조정	
자기주식 (100주×₩8,000)	(800,000)
(4) 기타포괄손익누계액	
매도가능금융자산평가이익	2,000
(5) 이익잉여금	
법정적립금	100,000
임의적립금	60,000
미처분이익잉여금	200,000
자본총계	₩5,562,000

2. 20×1년 중 거래는 다음과 같다.

(1) 2월 20일 주주총회에서 2%의 현금배당을 결의하였다. 이익준비금은

상법상 최소한도인 10%를 적립하기로 하였다.

(2) 2월 28일에 배당금을 지급하였다.

(3) 10월 1일에 200주를 ₩6,500에 유상증자 하였다.

(4) 11월 30일에 자기주식 50주를 ₩7,000에 취득하였다.

(5) 12월 31일 결산일에 매도가능금융자산평가이익 ₩1,000이 추가로 발생하였으며, 전기오류수정이익(중요한 오류)이 ₩3,000 발생하였다.

(6) 20×1년도 당기순이익은 ₩300,000이다.

풀이

자본변동표

제 ××기 20×1년 1월 1일부터 20×1년 12월 31일까지

OK주식회사

구 분	자 본 금	자본잉여금	자본조정	기타포괄손익누계액	이익잉여금	총 계
20×1. 1.1	5,000,000	1,000,000	(800,000)	2,000	360,000	5,562,000
전기오류수정					3,000	3,000
회계정책변경누적효과					–	–
수정후 이익잉여금					363,000	5,565,000
연차배당					(90,000)*	(90,000)
처분후 이익잉여금					273,000	5,475,000
중간배당					–	–
유상증자	1,000,000	300,000				1,300,000
당기순이익					300,000	300,000
자기주식취득			(350,000)			(350,000)
매도가능금융자산평가이익				1,000		1,000
20×1. 12.31	6,000,000	1,300,000	1,150,000	3,000	573,000	6,726,000

* 연차배당 = (1,000 − 100) × ₩5,000 × 2% = ₩90,000

제7절 보고기간후 사건

보고기간후 사건이란 보고기간 말과 재무제표 발행승인일 사이에 발생한 유리하거나 불리한 사건을 말한다. 재무제표를 발행하기 위한 승인과정은 경영조직, 법적 요구사항, 재무제표를 작성하고 완성하기 위한 절차 등 여러 가지 요건에 따라 다르다. 일반적

으로 재무제표 발행승인일은 이사회에서 최종 승인한 날이 된다. 보고기간후 사건은 다음 두 가지 유형으로 구분한다.

(1) 보고기간 말에 존재하였던 상황에 대해 증거를 제공하는 사건(수정을 요하는 보고기간후 사건)

(2) 보고기간 후에 발생한 상황을 나타내는 사건(수정을 요하지 않는 보고기간후 사건)

재무제표 발행승인일

경영진은 20×2년 2월 28일에 20×1년 12월 31일로 종료되는 회계연도의 재무제표 초안을 완성하였다. 이사회는 20×2년 3월 18일에 동 재무제표를 검토하고 발행하도록 승인하였다. 20×2년 3월 19일에 기업의 이익과 선별된 다른 재무정보를 발표하였다. 주주와 그 밖의 이용자는 20×2년 4월 1일부터 재무제표를 이용할 수 있게 되었다. 20×2년 5월 15일에 정기 주주총회에서 해당 재무제표를 승인하였고 20×2년 5월 17일에 감독기관에 제출하였다. 재무제표 발행승인일은 언제인가?

재무제표 발행승인일은 20×2년 3월 18일(이사회가 발행 승인한 날)이다.

1. 수정을 요하는 보고기간후 사건

(1) 수정을 요하는 보고기간후 사건은 재무상태표일 현재 존재하였던 상황에 대한 추가적증거를 제공하는 사건으로서 그 사건을 반영하기 위하여 재무제표에 인식된 금액을 수정한다.

(2) 수정을 요하는 보고기간후 사건의 예는 다음과 같다. 이러한 사건의 영향으로 재무제표에 이미 인식한 금액은 수정하고, 재무제표에 인식하지 아니한 항목은 새로 인식하여야 한다.

① 보고기간 말에 존재하였던 현재의무가 보고기간 후에 소송사건의 확정에 의해 확인되는 경우. 소송사건과 관련하여 '충당부채, 우발부채 및 우발자산'에 따라 이전에 인식하였던 충당부채를 수정하거나 새로운 충당부채를 인식한다. 소송사건의 확정은 고려하여야 할 추가적인 증거를 제공하므로 단순히 우발부채로 공시하는 것은 적절하지 아

니하다.

② 보고기간 말에 이미 자산손상이 발생되었음을 나타내는 정보를 보고기간 후에 입수하는 경우나 이미 손상차손을 인식한 자산에 대하여 손상차손금액의 수정이 필요한 정보를 보고기간 후에 입수하는 경우. 다음과 같은 예를 들 수 있다.

㉠ 보고기간 후의 매출처 파산은 일반적으로 보고기간말의 매출채권에 손실이 발생하였음을 확인하는 추가적인 정보이므로 매출채권의 장부금액을 수정할 필요가 있다.

㉡ 보고기간 후의 재고자산 판매는 보고기간말의 순실현가능가치에 대한 증거를 제공할 수 있다.

③ 보고기간말 이전에 구입한 자산의 취득원가나 매각한 자산의 대가를 보고기간 후에 결정하는 경우

④ 보고기간말 이전 사건의 결과로서 보고기간 말에 종업원에게 지급하여야 할 법적 의무나 의제의무가 있는 이익분배나 상여금지급 금액을 보고기간 후에 확정하는 경우

⑤ 재무제표가 부정확하다는 것을 보여주는 부정이나 오류를 발견한 경우

2. 수정을 요하지 않는 보고기간후 사건

(1) 수정을 요하지 않는 보고기간후 사건을 반영하기 위하여 재무제표에 인식된 금액을 수정하지 아니한다.

(2) 수정을 요하지 않는 보고기간후 사건의 예로는 보고기간말과 재무제표 발행승인일 사이에 투자자산의 시장가치 하락을 들 수 있다. 시장가치의 하락은 일반적으로 보고기간 말의 상황과 관련된 것이 아니라 보고기간 후에 발생한 상황이 반영된 것이다. 따라서 그 투자자산에 대해서 재무제표에 인식된 금액을 수정하지 아니한다. 마찬가지로, 추가로 공시해야 할 필요성이 있더라도 보고기간말의 투자자산에 대한 공시 금액을 수정하지는 아니한다.

3. 배당금

보고기간 후부터 재무제표 발행승인일 전 사이에 배당을 선언한 경우(즉, 적절히 승인되어 더 이상 기업의 재량이 없는 경우), 배당금은 부채의 인식기준인 현재의무 기준을 충족하지 못하므로 보고기간 말에 부채로 인식하지 아니한다.

4. 계속기업

보고기간 후에 영업성과와 재무상태가 악화된다는 사실은 계속기업가정이 여전히 적절한가를 고려할 필요가 있다는 것을 나타낼 수 있다. 만약 계속기업의 가정이 더 이상 적절하지 않다면 그 효과가 광범위하게 미치므로, 단순히 원래의 회계처리방법 내에서 이미 인식한 금액을 조정하는 정도가 아니라 회계처리방법을 근본적으로 변경해야 한다.

보고기간후 사건

다음 중 당기말 수정을 요하는 보고기간 후 사건이 아닌 것을 있는대로 고르면?

① 재무상태표일 이전에 존재하였던 소송사건의 결과가 재무상태표일 후에 확정되어 이미 인식한 손실금액을 수정하여야 하는 경우
② 유가증권의 시장가격이 재무상태표일과 재무제표가 사실상 확정된 날 사이에 하락한 경우
③ 재무상태표일 현재 지급하여야 할 의무가 있는 종업원에 대한 이익분배금액이 재무상태표일 후에 확정되는 경우
④ 이미 손상차손을 인식한 자산에 대하여 계상한 손상차손 금액의 수정을 요하는 정보를 재무상태표일 후에 입수하는 경우
⑤ 전기 또는 그 이전 기간에 발생한 회계적 오류를 재무상태표일 후에 발견하는 경우
⑥ 재무상태표일 이전에 구입한 자산의 취득원가 또는 매각한 자산의 금액을 재무상태표일 후에 결정하는 경우
⑦ 당기 결산일에 보유중인 원가 ₩1,000,000의 재고자산을 진부화로 인해 가치가 ₩600,000인 것으로 저가평가하였다. 그러나 차기 1월 20일 동 재고자산은 실제로 ₩700,000에 처분되었다.

풀이

보고기간후 사건
②는 재무상태표일 현재 존재하지 않았던 사실이므로 수정을 요하지 않는다.
①, ③, ④, ⑤, ⑥, ⑦은 재무상태표일 현재 이미 존재하였던 사실이므로 재무제표를 수정한다.
⑦의 경우는 ④의 경우와 같은 내용으로 당기말 재고자산평가손실 ₩400,000을 ₩300,000으로 수정보고하여야 한다.

>>> 예 · 제 · 문 · 제 · 정 · 해

예제 1 | 자본총액 계산

(주)찬우의 20×1년 1월 1일의 자산과 부채의 총계는 각각 ₩3,500,000과 ₩1,300,000이었으며, (주)찬우의 20×1년 중 발생한 모든 자본거래는 다음과 같다.

- 3월 8일: 20×0년도분 정기주주총회(2월 28일 개최)에서 결의한 배당을 지급하였다. 구체적으로 현금배당으로 ₩130,000을 지급하였으며, 주식배당으로 보통 100주(주당 액면금액 ₩500, 주당 공정가치 ₩550)를 발행하였다. (주)찬우는 현금배당액의 10%를 상법상의 이익준비금으로 적립하였다.
- 5월 8일: 보통주 200주(주당 액면금액 ₩500)를 주당 ₩600에 발행하였으며, 이와 관련하여 직접적인 주식발행비용 ₩30,000이 발생하였다.
- 10월 9일: 20×0년에 취득한 자기주식(취득원가 ₩70,000)을 ₩80,000에 재발행하였다.

(주)찬우가 20×1년도 포괄손익계산서상 당기순이익과 총포괄이익으로 ₩130,000과 ₩40,000을 보고하였다면, (주)찬우가 20×1년 말 현재 재무상태표상 자본의 총계로 보고할 금액은 얼마인가? (단, 법인세 효과는 고려하지 않는다.) 【'11. CPA】

① ₩2,280,000 ② ₩2,283,000
③ ₩2,293,000 ④ ₩2,390,000
⑤ ₩2,410,000

풀이

기초자본 (₩3,500,000−1,300,000)=	₩2,200,000
현금배당	△130,000
유상증자 (200 × ₩600−30,000)	= 90,000
자기주식처분	80,000
총포괄이익	40,000*
기말자본	₩2,280,000

* 1. 주식배당과 이익준비금적립은 자본불변이므로 고려하지 않는다.
2. 당기순이익은 총포괄이익에 포함되어 있으므로 또 고려하지 않는다.
여기서 총포괄이익이 당기순이익보다 더 적은 이유는 기타포괄손실이 ₩90,000 발생했기 때문이다.

해답 : ①

예제 2 | 자기주식

CY회사의 20×1년 초 자본의 내용은 다음과 같다.

자본금(600주×@1,000)	₩600,000
주식발행초과금	120,000
이익잉여금	200,000
계	₩920,000

20×1년중 다음과 같은 거래가 있었다.

① 5/1일에 자기주식 10주를 주당 ₩1,400에 취득하였다.

② 6/30일에 4주를 주당 ₩1,600에 재발행하였다.

③ 9/1일에 자기주식 6주를 주당 ₩1,200에 재발행하였다.

이 거래후 자본총액은 얼마인가?

① ₩906,000
② ₩919,600
③ ₩920,400
④ ₩923,600
⑤ ₩933,600

풀이 회계처리하면 다음과 같다.

① 5/ 1일	(차) 자기주식	14,000	(대) 현금		14,000
② 6/30일	(차) 현금	6,400	(대) 자기주식		5,600
			자기주식처분이익		800
③ 9/ 1일	(차) 현금	7,200	(대) 자기주식		8,400
	자기주식처분이익	800			
	자기주식처분손실 (이익잉여금)	400[1]			

∴ 기초자본 ₩920,000
자기주식취득 △ 14,000
자기주식처분 + 6,400
자기주식처분 + 7,200
기말자본총액 ₩ 919,600

해답: ②

예제 3 | 우선주배당금 계산

배당(주)는 2000년 1월 1일에 영업을 시작하였으며, 2002년 12월 31일 현재 자본금계정은 다음과 같다. 【'03. 감평사】

(1) 보통주(주당액면 ₩5,000)
₩800,000
(2) 우선주(8%, 비누적적, 비참가적: 주당액면 ₩5,000)
₩200,000
(3) 우선주(4%, 누적적, 부분참가적(12%까지)): 주당액면 ₩5,000)
₩400,000

배당(주)는 모든 주식을 영업개시와 동시에 발행하였으며, 2003년초 영업개시 후 처음으로 ₩200,000의 배당을 선언하였다. 보통주배당금은 모두 얼마인가?

① ₩48,000
② ₩80,000
③ ₩104,000
④ ₩128,000
⑤ ₩144,000

풀이

	비누적적 · 비참가적	누적적 · 부분참가적	보 통 주
누적분 ('00~'01)	–	₩400,000×4%×2년 =32,000	–
당기분	₩200,000×8%=16,000	400,000×4%=16,000	₩800,000×4%=32,000
잔여배당분	–	400,000×(12%−4%)= 32,000*	200,000−(16,000 +80,000+32,000) =72,000
계	₩16,000	₩80,000	₩104,000

* $\{₩200,000-(16,000+32,000+16,000+32,000\}\times\frac{400,000}{(800,000+400,000)}=₩34,667$

부분참가적 우선주는 잔여배당분에 대해 자본금에 비례해서 ₩34,667을 추가로 더 받을 수 있으나 12%를 초과할 수 없으므로 한도액인 ₩32,000까지만 더 받는다. **해답: ③**

예제 4 | 기타포괄손익누계액 계산

다음 자료에 의하여 기타포괄이익누계액 잔액은 얼마인가?

(1) 매도가능금융자산평가이익	₩500,000	(2) 해외사업환산이익	₩200,000
(3) 감자차손	₩100,000	(4) 주식선택권	₩400,000
(5) 자기주식처분이익	₩150,000	(6) 주식할인발행차금	₩250,000
(7) 자기주식	₩350,000	(8) 재평가잉여금	₩120,000

① ₩120,000　　② ₩320,000
③ ₩720,000　　④ ₩820,000
⑤ ₩970,000

풀이

(1)	₩500,000
(2)	₩200,000
(8)	₩120,000
기타포괄이익누계액	₩820,000

(3), (4), (6) 및 (7)은 자본조정 항목이다.
(5)은 자본잉여금에 해당된다.

해답: ④

예제 5 | 이익잉여금처분계산서

20×2년 2월 개최된 주주총회 결의일 직후 작성된 ㈜대경의 20×1년 말 재무상태표상 자본은 다음과 같다.

• 보통주 자본금	₩30,000,000
• 이익준비금	1,000,000
• 사업확장적립금	500,000
• 감채기금적립금	600,000
• 미처분이익잉여금	800,000

㈜대경의 20×2년도 당기순이익은 ₩1,200,000이고, 당기 이익잉여금 처분 예정은 다음과 같다.

• 감채기금적립금 이입	₩300,000
• 현금배당	400,000
• 주식배당	100,000
• 사업확장적립금 적립	250,000
• 이익준비금 적립	법정최소금액 적립

위 사항들이 20×3년 2월 개최된 주주총회에서 원안대로 승인되었다. 한국채택국제회계기준에 따라 20×2년도 이익잉여금처분계산서를 작성할 때 차기이월미처분이익잉여금은 얼마인가? 【'14. CPA】

① ₩1,510,000　　② ₩1,550,000
③ ₩1,610,000　　④ ₩1,650,000
⑤ ₩1,800,000

풀이

이익잉여금처분계산서

Ⅰ. 미처분이익잉여금		
1. 전기이월미처분이익잉여금	800,000	
2. 당기순이익	1,200,000	2,000,000
Ⅱ. 임의적립금이입액		
1. 감채적립금이입액		300,000
계		2,300,000
Ⅲ. 이익잉여금 처분액		
1. 현금배당	400,000	
2. 주식배당	100,000	
3. 사업확장적립금 적립	250,000	
4. 이익준비금 적립	40,000 *	△790,000
Ⅳ. 차이이월미처분이익잉여금		1,510,000

* ₩400,000 $\times \frac{1}{10}$ = ₩40,000

해답: ①

>>> 객·관·식·문·제

1 다음 중 각 거래결과로 인한 자본변동의 방향이 다른 하나는 어느 것인가? 단, 각 사건들은 서로 독립적이라고 가정한다. 【'03. CPA】

① 보유하고 있던 자기주식(취득원가 ₩450) 15주를 ₩500에 처분하였다.

② 지분율 25%인 피투자회사로부터 당기순이익 ₩220,000이 발생했음을 보고 받았고, 동시에 현금배당액 ₩55,000을 받았다.

③ 주주총회 결과, 기존 주주들에게 12%의 주식배당을 실시하기로 하고 즉시 신주를 발행하여 교부하였다. 주식배당 직전시점의 자본금은 ₩10,000,000이며, 이익잉여금도 충분하다.

④ 수정전 시산표상 ₩21,000으로 기록되어 있는 매도가능금융자산의 기말현재 공정가치는 ₩21,500이다.

⑤ 액면가액이 주당 ₩10,000인 주식 300주를 주당 ₩8,000에 할인발행하였다.

풀이 ① 자기주식을 취득하면 자본은 감소한다. 보유중인 자기주식을 처분하면 자본은 증가한다. 보유중인 자기주식을 소각하면 자본은 불변이다.

② 지분법적용시 피투자회사가 순이익을 보고하면 "순이익×지분율" 만큼 지분법이익(당기이익)을 인식하므로 그만큼 자본은 증가한다. 현금배당수령시에는 순이익의 변동이 없으므로 자본은 불변이다. 따라서 전체적으로 자본은 증가한다.

③ 주식배당은 자본불변이다.

④ 매도가능금융자산평가이익은 자본항목(기타포괄손익)이므로 (₩21,500－21,000)＝₩500만큼 자본증가한다.

⑤ 유상증자인 경우에는 발행가액만큼 자본증가한다.

(차)	현 금	2,400,000	(대) 자본금	3,000,000
	주식할인발행차금	600,000		

따라서, ₩2,400,000만큼 자본증가한다.

2 다음 거래 중 자본총계에 영향을 미치지 않는 것은? 【'01. 감평사】

① 전기의 법인세액이 계상오류로 인하여 과대납부되었다. 과대납입세액을 환급받았다.

② 전환사채 소지자의 사채전환 요구에 따라 약정된 주식을 발행하고, 회사는 발행가액을 기준으로 전환처리하였다.

해답 1. ③ 2. ⑤

③ 회사가 발행한 자기주식을 최초발행가액보다 낮은 가격으로 재취득하고, 현재 재판매목적으로 보유중이다.

④ 자기주식을 취득하였다.

⑤ 주주들에게 주식배당의 대가로 주식을 발행하고, 주식의 발행가액은 액면가액보다 20% 높았다.

풀이 ①,② 항은 자본총계는 증가하고
③,④ 항은 감소한다.
⑤ 주식배당은 자본총계에 영향을 미치지 않는다.

3 다음의 기술 중 올바르지 못한 것은? 【'04. CPA】

① 주식배당의 재원은 미처분이익잉여금인 반면 무상증자의 재원은 법정적립금과 자본잉여금이다.

② 무상증자를 실시함에 따라 지분증권을 추가로 취득한 경우, 당해 지분증권을 자산으로 인식한다.

③ 주식배당, 무상증자, 주식분할, 그리고 주식병합은 모두 공통적으로 자본총액을 변화시키지 못한다.

④ 이익잉여금처분계산서상의 차기이월미처분이익잉여금은 당년도의 중간배당과 당년도의 연말배당 모두를 차감한 후의 금액이다. 그러나 재무상태표상의 미처분이익잉여금은 당년도의 중간배당은 차감한 후이나 당년도의 연말배당은 차감하기 전의 금액이다.

⑤ 보유하고 있는 자기주식을 소각하면 부채비율이 변하지 않으나, 자기주식을 재발행하면 부채비율이 낮아진다.

풀이 ② 무상주을 취득한 경우 자산의 증가로 인식하지 않는다.
⑤ 보유하고 있는 자기주식을 소각하면 자본이 불변이므로 부채비율도 불변이고, 자기주식을 재발행하면 자본이 증가하므로 부채비율은 낮아진다. 따라서 옳다.

4 (주)홍익은 그동안 누적된 이월 결손금 ₩10,000,000을 전보시키기 위하여 현재 발행주식을 2주당 1주의 비율로 감소시키기로 의결하였다. 감자 전 총발행주식수는 5,000주이며 주당 액면가액은 ₩5,000이다. 이의 분개를 위해 보통주자본금 ₩12,500,000을 차기하고 이월이익잉여금(이월결손금) ₩10,000,000을 대기하였다. 차액 ₩2,500,000에 대해 추가로 대기하여야 할 계정은? 【'98, '03. 감평사】

해답 3. ② 4. ④

① 이월이익잉여금 ② 주식발행초과금
③ 이익준비금 ④ 감자차익
⑤ 자기주식처분이익

풀이 분개하면 다음과 같다.

(차) 자 본 금	12,500,000	(대) 이월결손금	10,000,000
		감 자 차 익	2,500,000

5 (주)서천은 유상증자를 실시하고, 주식발행비용으로 ₩1,000,000을 사용하였다. 증자 시 주식발행비에 대한 회계처리로 맞는 것은? 【'00. 감평사】

① 창업비로 계상하고 5년 이내 균등 상각한다.
② 신주발행비로 이연자산에 계상하고 3년 이내에 균등 상각한다.
③ 무형자산으로 계상하고 5년 이내 균등 상각한다.
④ 창업비로 계상하고 20년 이내 정액법으로 상각한다.
⑤ 주식발행비를 발행가액에서 차감한다.

풀이 주식발행비용은 주식발행가액에서 차감한다.
사채발행비는 사채발행가액에서 차감한다.

6 20×1년 초 (주)대한의 납입자본의 내역은 다음과 같다.

(1) 자본금	
보통주(주당 액면가액 ₩5,000)	₩10,000,000
우선주(주당 액면가액 ₩5,000)	₩2,000,000
계	₩12,000,000
(2) 자본잉여금	
보통주주식발행초과금	₩4,000,000
우선주주식발행초과금	₩1,000,000
계	₩5,000,000

(주)대한은 20×1년 3월 1일에 보통주 400주와 우선주 100주를 ₩5,000,000에 현금 발행하였으며, 발행 당시 보통주와 우선주의 주당 공정가치는 각각 ₩10,000으로 동일하였다. 한편, (주)대한은 20×1년 12월 1일에 주당 공정가치가 ₩12,000인 보통주 1,000주를 발행하고 토지를 출자받았다. 20×1년 말 (주)대한의 보통주주식발행초과금은? 【'13. 감평사 수정】

해답 5. ⑤ 6. ⑤

① ₩7,500,000 ② ₩8,000,000
③ ₩9,000,000 ④ ₩9,500,000
⑤ ₩13,000,000

풀이 3월 1일 유상증자시; 보통주 주식발행초과금= 400×(₩10,000－5,000)=₩2,000,000
12월 1일 현물출자시; 보통주 주식발행초과금=1,000×(₩12,000－5,000)= 7,000,000
당기 주식발행초과금 증가 9,000,000
기초 주식발행초과금 4,000,000
20×1년 말 (주)대한의 보통주주식발행초과금 ₩13,000,000

7 ㈜한국의 20×1년 초 재무상태표에 보고된 자본은 다음과 같이 구성되어 있다.

	20×1년 초
자본금	₩10,000,000
주식발행초과금	4,000,000
자기주식처분이익	25,000
자기주식	(300,000)
이익준비금	2,000,000
미처분이익잉여금	6,000,000
자본총계	₩21,725,000

㈜한국은 20×1년 6월 7일 보유하고 있던 자기주식 전부를 ₩260,000에 처분하였다. ㈜한국의 20×1년도 당기순이익과 총포괄이익이 각각 ₩800,000, ₩920,000일 때 20×1년 말 재무상태표에 보고할 자본총계는 얼마인가? (단, 자기주식은 원가법으로 회계처리하였다.) 【'00. 감평사, '12. 관세사】

① ₩22,605,000 ② ₩22,880,000
③ ₩22,905,000 ④ ₩22,920,000
⑤ ₩23,220,000

풀이

기초자본	₩21,725,000
자기주식 처분	260,000 [1]
총포괄이익	920,000 [2]
기말자본	₩22,905,000

1) 자기주식을 처분하면 회계처리방법에 상관없이 처분액만큼 자본이 증가한다.
2) 총포괄이익에는 당기순이익이 포함되어 있으므로 당기순이익은 별도로 고려하지 않는다.
즉, 총포괄이익=당기순이익+기타포괄이익=₩800,000+120,000=₩920,000

해답 7. ③

8 다음은 (주)OK의 2007년 12월 31일 재무제표에서 추출한 자료이다.【'08, '07. 감평사】

• 지분법자동변동(증가)	₩150,000	• 자기주식	₩250,000
• 자본금	₩2,000,000	• 감자차손	₩500,000
• 자기주식처분이익	₩400,000	• 신주청약증거금	₩2,000,000
• 주식할인발행차금	₩500,000	• 해외사업환산이익	₩500,000
• 정부보조금(현금)	₩1,000,000	• 이연법인세부채	₩700,000
• 매도가능금융자산평가이익	₩1,200,000		

재무상태표상 기타포괄손익누계액은 얼마인가?

① ₩400,000　　② ₩1,700,000

③ ₩1,850,000　　④ ₩2,850,000

⑤ ₩3,850,000

풀이 • 기타포괄손익누계액＝지분법자본변동＋매도가능금융자산평가이익＋해외사업환산이익
＝₩150,000＋1,200,000＋500,000＝₩1,850,000

9 1998년 샛강회사의 배당금 처리 전 자본은 자본금 ₩2,000,000, 자본잉여금 ₩200,000, 이익준비금 ₩80,000, 전기이월미처분이익잉여금 ₩90,000, 당기순이익 ₩240,000이다. 한편, 상법상의 이익준비금 이외에는 법정적립금전입액과 주식배당은 없다. 샛강회사가 상법규정에 따라 최대로 지불할 수 있는 금전배당가능 금액은?

【'96, '07. 감평사, '99. CPA】

① ₩240,000　　② ₩297,000

③ ₩300,000　　④ ₩330,000

⑤ ₩369,000

풀이 상법상 현금배당을 실시하면 현금배당액의 $\frac{1}{10}$ 이상을 자본금의 $\frac{1}{2}$이 될 때까지 이익준비금으로 적립해야 한다. 따라서 현금배당을 x라 하면 다른 처분이 없으므로 다음과 같다.

₩90,000＋240,000＝$x+0.1x$

∴ x＝₩300,000

10 20×1년 1월 1일에 주식을 발행하고 영업을 개시한 (주)국세의 20×3년 12월 31일 현재 재무상태표상 보통주자본금과 우선주자본금은 각각 ₩5,000,000과 ₩3,000,000이고, 그 동안 자본금의 변동은 없었다. 보통주 및 우선주의 주당 액면금액은 ₩5,000으로 동일

해답 8. ③　9. ③　10. ②

하며, 우선주는 배당률 3%의 누적적 · 부분참가적(6%까지)주식이다. 영업을 개시한 이래 한번도 배당을 실시하지 않은 (주)국세가 20×4년 1월에 총 ₩600,000의 현금배당을 실시하였다. 보통주와 우선주에 배분될 배당금은 각각 얼마인가? 【'11. 세무사】

	보통주	우선주
①	₩240,000	₩240,000
②	₩262,500	₩337,500
③	₩284,300	₩315,700
④	₩306,400	₩293,600
⑤	₩420,000	₩180,000

풀이

	우선주	보통주
20×1~20×2년;	₩3,000,000×3%×2=₩180,000	–
20×3년;	3,000,000×3%×1= 90,000	₩5,000,000×3%×1=₩150,000
부분참가적;	$180,000^{1)}\times\frac{3,000,000}{8,000,000}=67,500^{2)}$	$180,000\times\frac{5,000,000}{8,000,000}=112,500$
계	₩337,500	₩262,500

∴ 우선주배당금=₩180,000+90,000+67,500=₩337,500
　보통주배당금=₩150,000+112,500=₩262,500

1) 잔여배당분=₩600,000−(180,000+90,000+150,000)=₩180,000
따라서, 잔여배당분을 자본금에 비례해서 우선주와 보통주에 배분한다.

2) 6%까지 참여할 수 있는 부분참가적 우선주이므로 자본금에 비례해서 배분된 우선주배당금이 한도인 ₩3,000,000×(6%−3%)=₩90,000을 초과해서 배당받을 수 없다. 따라서 이 경우에는 배분된 금액 ₩67,500이 한도인 ₩90,000을 초과하지 않으므로 ₩67,500이 우선주 잔여배당금이 된다.

11 다음은 20×1년 초에 설립한 ㈜감평의 20×2년 말 현재 자본금과 관련한 정보이다. 설립 이후 20×2년 말까지 자본금과 관련한 변동은 없었다.

> 보통주 자본금: ₩100,000(액면금액 ₩500, 발행주식수 200주)
> 우선주 자본금; ₩50,000(액면금액 ₩500, 발행주식수 100주)

㈜감평은 20×1년도에 현금배당이나 주식배당을 하지 않았으며, 20×2년에 ₩13,000의 현금배당금 지급을 결의하였다. 우선주의 배당률은 5%이며 우선주가 누적적, 완전참가적이라면 우선주와 보통주에 대한 배당금은? 【'97. '14. 감평사】

해답 11. ③

	우선주	보통주		우선주	보통주
①	₩3,000	₩10,000	②	₩5,000	₩8,000
③	₩6,000	₩7,000	④	₩6,500	₩6,500
⑤	₩8,000	₩5,000			

풀이

연 도	우선주	보통주
20×1년(전기)	₩50,000×5%= ₩2,500	–
20×2년(당기)	₩50,000×5%= 2,500	₩100,000×5%= ₩5,000
잔여배당분	$₩3,000\times\frac{50,000}{150,000}=1,000$	$₩3,000\times\frac{100,000}{150,000}=2,000$
합 계	₩6,000	₩7,000

12 보통주(주당 액면가액 ₩1,000)만을 발행하고 있는 (주)국세의 20×1년도 회계기간중 자본과 관련된 거래내역은 다음과 같다.

일 자	거래내역
20×1년 3월 3일	자기주식 취득(100주, ₩1,300)
20×1년 8월 7일	자기주식 재발행(60주, ₩1,500) 자기주식 소각(40주)
20×1년 8월 9일	A매도가능금융자산 취득(150주, ₩1,000)
20×1년 12월 31일	A매도가능금융자산 공정가치(150주, ₩1,300)

20×1년도 당기순이익이 ₩1,500,000이라면 (주)국세의 20×1년 회계기간의 자본증가액은 얼마인가? (단, 위 자료 이외의 자본과 관련된 일체의 거래는 없었다. 또한 직전연도까지 자기주식 및 매도가능금융자산의 취득은 없었으며, 자기주식 취득은 정당한 것으로 가정한다.) 【'03, '10. 세무사】

① ₩1,000,000 ② ₩1,057,000
③ ₩1,415,000 ④ ₩1,505,000
⑤ ₩1,557,000

풀이

당기순이익;	₩1,500,000
자기주식 취득; 100×₩1,300=	△ 130,000
자기주식 재발행; 60×₩1,500=	+ 90,000
자기주식 소각;	–
매도가능금융자산 취득;	–

해답 12. ④

매도가능금융자산 평가이익; 150×(₩1,300−1,000)=	45,000
자본 증가액	₩1,505,000

13 (주)한국은 임직원의 성과급으로 지급하기 위하여 5,000주의 자기주식을 주당 ₩40에 현금으로 시장에서 취득하였다. (주)한국이 자기주식 취득으로 인한 재무상태표의 변화(현금 ₩200,000 감소는 제외)로 옳은 것은? 【'07, '10. 감평사】

① 기타포괄이익누계액 ₩200,000 감소

② 투자주식 ₩200,000 증가

③ 금융자산 ₩200,000 증가

④ 장기부채 ₩200,000 증가

⑤ 자본 ₩200,000 감소

풀이 자기주식을 취득한 경우는 취득액만큼 자본이 감소한다. 즉,
5,000주×₩40=₩200,000 자본감소

14 다음 중에서 이익잉여금처분계산서상에서 미처분이익잉여금 계산에 고려되지 않는 것은? 【'03. 감평사】

① 전기이월미처분이익잉여금 ② 중간배당액

③ 당기순이익 ④ 임의적립금이입액

⑤ 중요한 오류인 전기오류수정이익

풀이 미처분이익잉여금 계산은 다음과 같다.

① 전기이월미처분이익잉여금	×××
② 중요한 오류인 전기오류수정손익	(±)×××
③ 회계정책의 변경	(±)×××
④ 중간배당	(−)×××
⑤ 당기순이익	+ ×××
미처분이익잉여금	×××

15 (주)관세의 자본에 관한 다음 자료에서 현금배당 용도로 사용할 수 없는 항목의 합계액은 얼마인가? 【'15. 관세사】

해답 13. ⑤ 14. ④ 15. ③

(1) 결손보전적립금	₩100	(2) 재해손실적립금	₩150
(3) 주식발행초과금	₩200	(4) 사업확장적립금	₩450
(5) 이익준비금	₩500	(6) 감채적립금	₩600

① ₩500
② ₩550
③ ₩700
④ ₩800
⑤ ₩850

풀이 미처분이익잉여금과 임의적립금은 배당이 가능한 잉여금이며 법정적립금과 자본잉여금은 배당할 수 없으며 자본보전(결손보전 또는 자본전입)목적으로만 사용할 수 있다.
따라서, 배당불능잉여금 = 주식발행초과금 + 이익준비금 = ₩200 + 500 = ₩700

16 다음은 CW회사의 이익잉여금처분계산서의 내용을 순서없이 열거한 것이다. CW회사의 자본금은 10억원이다.

(1) 당기순이익	₩272,400,000
(2) 차기이월미처분이익잉여금	₩146,510,000
(3) 이익잉여금처분내역	
① 이익준비금	금전배당의 25%
② 자기주식처분손실잔액	?
③ 배당금(금전배당 5%)	?
(주식배당 3%)	?
④ 기타법정적립금	당기순이익의 15%
⑤ 사업확장적립금	₩45,000,000
(4) 전기이월미처분이익잉여금	₩65,890,000

이익잉여금으로 처분된 자기주식처분손실 잔액은 얼마인가? 【'00. 감평사】

① ₩13,420,000
② ₩28,150,000
③ ₩94,040,000
④ ₩31,850,000
⑤ ₩97,740,000

풀이 미처분이익잉여금 − 이익잉여금처분액 = 차기이월미처분이익잉여금에서
₩338,290,000[1)] − (178,360,000 + x)[2)] = ₩146,510,000
∴ x(자기주식처분손실) = ₩13,420,000
1) ₩272,400,000 + 65,890,000 = ₩338,290,000
2) ① 이익준비금 = ₩50,000,000 × 25 = ₩12,500,000
② 현금배당 = 10억 × 5% = 50,000,000

③ 주식배당	=10억×3%	=30,000,000
④ 기타법정적립금	=272,400,000×15%	=40,860,000
⑤ 사업확장적립금		=45,000,000
⑥ 자기주식처분손실		$=x$
이익잉여금처분액		₩178,360,000+x

17 다음 중 틀린 것은? 【'98. 세무사】

	주식배당		무상증자	주식분할	주식병합
	시가법	액면가액법			
① 자 본 금	증가	증가	증가	불변	불변
② 자본잉여금	증가	증가	감소가능	불변	불변
③ 이익잉여금	감소	감소	감소가능	불변	불변
④ 총 자 본	불변	불변	불변	불변	불변
⑤ 발행주식수	증가	증가	증가	증가	감소

풀이 주식배당을 액면가액법으로 하게 되면 자본잉여금은 불변이다. 나머지는 모두 옳다.

18 자본회계에 대한 다음 설명 중 옳지 않은 것은? 【'03. 감평사】

① 유상증자시 발행되는 주식은 반드시 액면가액으로 발행할 필요는 없다.

② 액면분할을 하면 자본금이 증가한다.

③ 무상증자를 하더라도 기존 주주의 부에는 변동이 없다.

④ 무상증자는 자본금의 증가를 가져온다.

⑤ 자기주식을 취득하면 자본이 감소한다.

풀이 ② 액면분할의 경우에는 발행주식수만 증가하며 자본금 및 자본총액에 아무런 영향을 미치지 않는다. 따라서 회계처리하지 않는다.

19 다음 중 수정을 요하는 보고기간 후 사건이 아닌 것은? 【'03. CPA, 감평사, '06. CPA】

① 재무상태표일 이전에 존재하였던 소송사건의 결과가 재무상태표일 후에 확정되어 이미 인식한 손실금액을 수정하여야 하는 경우

② 단기매매금융자산의 시장가격이 재무상태표일과 재무제표가 사실상 확정된 날 사이에 하락한 경우

③ 재무상태표일 현재 지급하여야 할 의무가 있는 종업원에 대한 이익분배 금액이

해답 17. ② 18. ② 19. ②

재무상태표일 후에 확정되는 경우

④ 이미 감액손실을 인식한 자산에 대하여 계상한 감액손실 금액의 수정을 요하는 정보를 재무상태표일 후에 입수하는 경우

⑤ 전기 또는 그 이전 기간에 발생한 회계적 오류를 재무상태표 후에 발견하는 경우

풀이 ② 단기매매금융자산의 시장가격의 하락은 재무상태표일 현재의 상황과 관련된 것이 아니라 재무상태표일 이후의 시장상황을 반영하는 것이므로 수정을 요하지 않는다.

20 다음 항목들은 재무제표 확정 전 보고기간 후 사건의 사례이다. 이 중 재무제표를 수정할 필요가 없는 것은? 【'08. 감평사】

① 재무상태표일 현재 이미 자산의 가치가 하락되었음을 나타내는 정보를 재무상태표일 후에 입수하는 경우

② 건설 중인 교량이 천재지변으로 인하여 재무상태표일과 재무제표가 사실상 확정된 날 사이에 붕괴된 경우

③ 재무상태표일 이전에 구입한 자산의 취득원가 또는 매각한 자산의 금액을 재무상태표일 후에 결정하는 경우

④ 전기 또는 그 이전기간에 발생한 회계적 오류를 재무상태표일 후에 발견하는 경우

⑤ 재무상태표일 이전에 존재하였던 소송사건의 결과가 재무상태표일 후에 확정되어 이미 인식한 손실금액을 수정해야 하는 경우

풀이 ②항의 경우에는 재무상태표일 현재 원인이 존재하였던 것이 아니기 때문에 수정사항에 해당되지 않는다.

해답 20. ②

CHAPTER 10

주당이익과 주식기준보상거래

제1절 주당이익

1. 유용성과 한계점

(1) 유용성

① 기업의 1주당 수익력을 나타내기 때문에 자본의 규모에 관계없이 경영자의 경영성과를 판단하는 데 유용한 정보를 제공한다.

② 기업의 배당정책에 대한 기초자료로써 배당성향을 알 수 있게 해준다.

③ 주가이익비율(PER: Price Earnings Ratio)을 계산하여 현재 또는 미래의 주가수준을 판단할 수 있게 해준다.

(2) 한계점

① 과거의 수치로 계산된 주당순이익에 대한 정보를 가지고 기업의 미래수익력이나 주가변동을 예측한다는 데 한계점이 있다.

② 주당이익은 기업의 업종특성이나 위험 등 질적 정보를 제공하지 못한다.

2. 기본주당이익 계산

기본주당이익 정보의 목적은 회계기간의 경영성과에 대한 지배기업의 보통주 1주당 지분의 측정치를 제공하는 것이다. 기본주당이익에는 기본주당계속영업이익과 기본주당순이익이 있으며 본 교재에서는 기본주당순이익에 대해서만 설명한다.

(1) 산정방법

기본주당순이익은 보통주에 귀속되는 특정 회계기간의 당기순이익을 그 기간의 가

중평균유통보통주식수로 나누어 산출한다. 즉,

$$기본주당순이익 = \frac{보통주에\ 귀속될\ 이익 = 당기순이익 - 우선주배당금\ 등}{가중평균유통보통주식수}$$

(2) 보통주에 귀속될 이익계산

① 기본주당순이익을 계산하기 위한 당기순이익은 포괄손익계산서상의 당기순이익에서 세후 우선주배당금 등을 차감하여 산출한다.

② 포괄손익계산서의 당기순이익에서 차감할 우선주 배당금은 다음과 같다.

㉠ 그 회계기간과 관련하여 결의된 비누적적 우선주에 대한 세후 배당금

㉡ 배당결의 여부와 관계없이 당 회계기간과 관련한 누적적 우선주에 대한 세후배당금(따라서 전기 이전의 기간과 관련하여 당기에 지급되거나 결의된 누적적 우선주 배당금은 제외한다.)

우선주가 있는 경우

다음의 자료로 기본주당순이익을 계산하라. 결산기간은 1/1~12/31일이다.

(1) 당기순이익 ₩1,000,000

(2) 자본금 내역

① 우선주자본금(100주×₩5,000) 500,000 (우선주배당률 연 10%)

② 보통주자본금(1,000주×₩5,000) 5,000,000

풀이

(1) 보통주귀속당기순이익 = ₩1,000,000 − (500,000 × 10%)1) = ₩950,000

(2) $기본주당\ 순이익 = \frac{보통주귀속당기순이익}{가중평균유통보통주식수} = \frac{950,000}{1,000주^{2)}} = ₩950$

1) 당기순이익 ₩1,000,000 속에는 보통주 지분과 우선주 지분이 포함되어 있으므로 우선주에 해당되는 몫을 차감해 준다.

2) 가중평균 유통보통주식수: $1,000 \times 365 \times \frac{1}{365} = 1,000주$

(3) 가중평균유통보통주식수 계산

① 기본주당이익을 계산하기 위한 보통주식수는 그 기간에 유통된 보통주식수를 가중평균한 주식수(이하 '가중평균유통보통주식수' 라 한다)로 한다.

② 특정회계기간의 가중평균유통보통주식수는 그 기간 중 각 시점의 유통주식수의

변동에 따라 자본금액이 변동할 가능성을 반영한다. 가중평균유통보통주식수는 기초의 유통보통주식수에 회계기간 중 취득된 자기주식수 또는 신규 발행된 보통주식수를 각각의 유통기간에 따른 가중치를 고려하여 조정한 보통주식수이다. 이 경우 유통기간에 따른 가중치는 그 회계기간의 총일수에 대한 특정 보통주의 유통일수의 비율로 산정하며, 가중평균에 대한 합리적 근사치도 사용될 수 있다.

③ 보통주 유통일수 계산의 기산일

가중평균유통보통주식수를 산정하기 위한 보통주유통일수 계산의 기산일은 통상 주식발행의 대가를 받을 권리가 발생하는 시점(일반적으로 주식발행일)이다. 보통주유통일수를 계산하는 기산일의 예를 들면 다음과 같다.

㉠ 현금납입의 경우 현금을 받을 권리가 발생하는 날

㉡ 채무상품의 전환으로 인하여 보통주를 발행하는 경우 최종이자발생일의 다음

㉢ 채무를 변제하기 위하여 보통주를 발행하는 경우 채무변제일

㉣ 현금 이외의 자산을 취득하기 위하여 보통주를 발행하는 경우 그 자산의 취득을 인식한 날

㉤ 용역의 대가로 보통주를 발행하는 경우 용역제공일

④ 자원의 실질적인 변동을 유발하지 않은 보통주식수 증감의 경우

자원의 실질적인 변동을 유발하지 않으면서 보통주가 새로 발행될 수도 있고 유통보통주식수가 감소할 수도 있다. 다음과 같은 예가 이에 해당한다.

㉠ 자본금전입이나 무상증자('주식배당' 이라고도 한다).

㉡ 그 밖의 증자에서의 무상증자 요소(예: 기존 주주에 대한 주주우선배정 신주발행의 무상증자 요소)

㉢ 주식분할

㉣ 주식병합

⑤ 자원의 실질적인 변동을 유발하지 않은 보통주식수의 유통보통주식수 계산

자본금전입, 무상증자, 주식분할의 경우에는 추가로 대가를 받지 않고 기존 주주에게 보통주를 발행하므로 자원은 증가하지 않고 유통보통주식수만 증가한다. 이 경우 당해 사건이 있기 전의 유통보통주식수를 비교표시되는 최초기간의 개시일에 그 사건이 일어난 것처럼 비례적으로 조정한다. 예를 들어, 1주당 2주의 신주를 발행하는 무상증자의 경우 무상증자 전의 유통보통주식수에 3을 곱하여 새로운 총보통주식수를 구하거나 2를 곱하여 추가로 발행한 보통주식수를 구한다.

자기주식이 있는 경우

다음의 자료로 기본주당순이익을 계산하라. 결산기간은 1/1~12/31일이다.

(1) 당기순이익	₩1,000,000
(2) 보통주자본금(1,000주×₩5,000)	5,000,000
(3) 12월 1일 자기주식취득	200주

풀이

(1) 보통주귀속당기순이익＝₩1,000,000

(2) 가중평균유통보통주식수

$(800주 \times 365일 + 200주 \times 334일^{*}) \times \frac{1}{365} = 983주$ 또는

$(1{,}000주 \times 365일 - 200주 \times 31일) \times \frac{1}{365} = 983주$

* 자기주식은 유통되고 있는 주식이 아니므로 200주에 대해서는(12/1~12/31)까지의 기간은 제외한다. 따라서, 800주는 365일 동안 유통되었으며 200주는 31일을 제외하므로 365－31＝334일 동안 유통되었다.

(3) $기본주당순이익 = \frac{보통주귀속당기순이익}{가중평균유통보통주식수} = \frac{₩1{,}000{,}000}{983} = ₩1{,}017$

유상증자 및 무상증자가 있는 경우

다음 자료로 기본주당순이익을 계산하라.

(1) 당기순이익	₩1,000,000
(2) 보통주자본금(1,000주×₩5,000)	5,000,000
(3) 9월 1일에 시가에 의한 유상증자(100주×₩8,000)	800,000
(4) 10월 1일에 10%의 무상증자를 실시하였다.(110주×₩5,000)	550,000

풀이

(1) 보통주귀속당기순이익 ₩1,000,000

(2) 가중평균유통보통주식수

$(1{,}000 \times 1.1^{1)} \times 365 + 100 \times 1.1 \times 122^{2)}) \times \frac{1}{365} = 1{,}138주$

1) 무상증자가 실시된 경우에는 기초에 실시된 것으로 간주하여 가중평균하며 당기유상증자분에 대해서는 납입일 기준으로 소급하여 가중평균계산한다.

2) 유상증자는 납입일 기준으로 가중평균한다.(9/1~12/31)

(3) $기본주당순이익 = \frac{₩1{,}000{,}000}{1{,}138} = ₩879$

주식배당과 무상증자가 있는 경우

(1) 당기순이익	₩1,000,000
(2) 보통주자본금(1,000주 × ₩5,000)	5,000,000
(3) 3월 2일에 주식배당을 하였다.(200주 × ₩5,000)	1,000,000
(4) 10월 1일에 무상증자를 실시하였다.(300주 × ₩5,000)	1,500,000

풀이

(1) 보통주귀속당기순이익 = ₩1,000,000

(2) 가중평균유통보통주식수

$$(1{,}000주 \times 365 + 200주 \times 365^* + 300주 \times 365^*) \times \frac{1}{365} = 1{,}500주$$

* 주식배당이나 무상주는 기초에 실시된 것으로 간주되므로 모두 365일 동안 유통된 것으로 본다.

(3) 기본주당순이익 $= \frac{₩1{,}000{,}000}{1{,}500주} = ₩667$

⑥ 주주우선배정 신주발행

의제무상주를 구하여 다음과 같이 가중평균유통보통주식수를 구한다.

㉠ 유상증자로 유입된 현금을 권리행사일 전의 공정가치로 나누어 공정가치로 유상증자하는 경우 발행할 수 있는 주식수(의제무상주)를 계산한다.

㉡ 실제 유상증자주식수에서 공정가치로 유상증자하는 경우 발행할 수 있는 주식수를 차감하여 무상증자에 해당하는 주식수를 계산한다.

㉢ 무상증자에 해당하는 주식수(㉡)를 권리발행 전의 유통보통주식수와 공정가치로 유상 증자하는 경우 발행할 수 있는 주식수(㉠)의 합으로 나누어 무상증자 비율을 계산한다. 즉,

$$무상증자비율 = \frac{㉡}{권리발행\ 전의\ 유통보통주식수 + ㉠}$$

주주우선배정 신주발행 (시가이하로 유상증자한 경우)

다음 자료로 기본주당순이익을 계산하시오.

(1) 당기순이익 ₩2,000,000

(2) 보통주자본금(1,000주×₩5,000) ₩5,000,000

(3) 자본금의 변동

10월 1일에 유상증자실시(500주×₩5,000) ₩2,500,000

단, 유상신주의 배당기산일은 납입한 때이고, 유상증자시 발행가액은 주당 ₩10,000이고 유상증자 전일의 보통주식의 종가는 ₩20,000이다.

풀이

(1) 보통주귀속당기순이익＝₩2,000,000

(2) 가중평균유통보통주식수계산

$$(1{,}000주 \times 365 + 1{,}000주 \times 20\% \times 365 + 250주 \times 92 + 250주 \times 20\%^{*} \times 92) \times \frac{1}{365} = 1{,}276주$$

* 주주들에게 시가 이하로 유상증자를 실시한 경우에는 무상증자와 시가유상증자가 혼합된 것으로 보아 무상증자비율을 구한 후 가중평균주식수를 구한다. 즉,

유상증자주식수－시가유상증자가능주식수＝의제무상증자주식수

{500－(500×10,000)÷20,000}＝250주

∴ 무상증자비율＝의제무상증자주식수÷(기초유통주식수+시가유상증자가능주식수)

＝250÷(1,000＋250)＝20%

(3) 기본주당순이익＝₩2,000,000÷1,276주＝₩1,567

3. 희석주당이익의 계산

(1) 산정방법

① 희석주당이익을 계산하기 위해서는 모든 희석효과가 있는 잠재적보통주(이하 '희석성 잠재적보통주'라 한다)의 영향을 고려하여 지배기업의 보통주에 귀속되는 당기순손익 및 가중평균유통보통주식수를 조정한다.

② 희석주당이익의 목적은 기본주당이익의 목적(경영성과에 대한 보통주 1주당 지분의 측정치를 제공하는 것)과 같다. 희석주당이익은 특정 회계기간에 유통된 모든 희석성 잠재적보통주의 영향을 고려하여 다음과 같이 계산한다.

㉠ 지배기업의 보통주에 귀속되는 당기순손익에 희석성 잠재적보통주와 관련하여 그 회계기간에 인식된 배당과 이자비용에서 법인세효과를 차감한 금액을 가산하고, 그

밖의 희석성 잠재적보통주가 보통주로 전환되었다면 변동되었을 수익 또는 비용을 조정한다.

㉡ 가중평균유통보통주식수에 모든 희석성 잠재적보통주가 보통주로 전환되었다고 가정할 경우 추가적으로 유통되었을 가중평균유통보통주식수를 가산한다.

③ 계산식

$$\text{희석주당순이익} = \frac{\text{조정후 당기순이익}^{1)}}{\text{희석주당순이익을 계산하기 위한 보통주식수}^{2)}}$$

1) 조정후 당기순이익＝기본주당순이익에서 계산한 당기순이익＋전환우선주배당금＋전환사채이자비용×(1－세율)+주식보상비용×(1－세율)

2) 희석주당순이익을 계산하기 위한 보통주식수＝기본주당순이익을 계산하기 위한 보통주식수＋희석성 잠재적 보통주의 가산할 증분 주식수

(2) 전환금융상품의 희석성 잠재적보통주(전환가정법)

① 전환가정일

희석주당이익을 계산하기 위한 보통주식수는 기본주당순이익 계산을 위해 계산한 가중평균유통보통주식수에 희석성 잠재적보통주가 모두 전환될 경우에 발행되는 보통주의 가중평균유통보통주식수를 가산하여 산출한다. 희석성 잠재적보통주는 회계기간의 기초에 전환된 것으로 보되 당기에 발행된 것은 그 발행일에 전환된 것으로 본다.

② 전환가정법에 의한 증분주식수 계산

잠재적보통주는 유통기간을 가중치로 하여 가중평균한다. 당기에 전환청구되지 않은 잠재적보통주는 기초부터 말일까지 희석주당순이익 계산에 포함하며, 당기에 보통주로 전환된 잠재적보통주는 기초부터 전환일의 전일까지 희석주당이익의 계산에 포함한다. 전환으로 발행되는 보통주는 전환일부터 기본 및 희석주당이익의 계산에 포함한다. 즉,

• 당기에 전환청구되지 않은 경우 ~ 기초부터 말일까지 가중평균한다.

• 당기에 전환청구된 경우 ~ 기초부터 전환일의 전일까지 가중평균한다.

희석주당순이익(전환우선주)

다음의 자료에 의하여 아래의 질문에 답하시오.

(1) 당기순이익	₩1,000,000
(2) 자본금의 내역	
① 보통주자본금(1,000주×₩5,000)	5,000,000
② 전환우선주자본금(300주×₩5,000)	1,500,000

(3) 당기에 전환청구하지 않았으며, 모두 전환시에는 보통주 300주를 발행교부한다.

(질문) 전환우선주(비누적적, 비참가적)의 배당률이 아래와 같을 때 기본주당순이익과 희석주당순이익을 계산하시오.(단, 적수는 월할계산한다.)

1. 10%일 때 (희석화 되는 경우)
2. 20%일 때 (희석화가 안되는 경우)

풀이

1. 배당률이 10%일 때(희석화 되는 경우)

(1) 기본주당순이익

① 보통주귀속당기순이익 = ₩1,000,000 − 1,500,000 × 10% = ₩850,000

② 가중평균유통보통주식수 계산

$1{,}000 \times 12 \times \frac{1}{12} = 1{,}000$주

③ 기본주당순이익 = $\frac{₩850{,}000}{1{,}000주} = ₩850$

(2) 희석주당순이익

① 조정후당기순이익 = ₩850,000 + 1,500,000 × 10%[1] = ₩1,000,000

1) 희석주당순이익 계산시에는 희석증권이 기초에 전환되었다고 가정하므로 당기분 전환우선주배당금은 지급하지 않게 된다. 따라서 보통주귀속당기순이익에 전환우선주배당금을 다시 가산해야 한다.

② 희석주당순이익을 계산하기 위한 보통주식수

$(1{,}000 \times 12 + 300 \times 12^{2)}) \times \frac{1}{12} = 1{,}300$주

2) 전환우선주가 기초에 전환되었다고 가정하므로 가중치는 12개월이 된다.

③ 희석주당순이익 = $\frac{₩1{,}000{,}000}{1{,}300주} = ₩769$[3]

3) 기본주당순이익 ₩850보다 작으므로 희석화된다.
따라서 ₩769이 희석주당순이익이 된다.

2. 배당률이 20%일 때(희석화가 안되는 경우)

(1) 기본주당순이익

① 보통주귀속당기순이익 = ₩1,000,000 − 1,500,000 × 20% = ₩700,000

② 가중평균유통보통주식수 계산

$(1{,}000 \times 12 + 300 \times 0) \times \frac{1}{12} = 1{,}000$주

③ 기본주당순이익 = $\frac{₩700{,}000}{1{,}000} = ₩700$

(2) 희석주당순이익

① 조정후 당기순이익 = ₩700,000 + 1,500,000 × 20% = ₩1,000,000

② 희석주당순이익을 계산하기 위한 보통주식수

(1,000 × 12+300 × 12) × 112 = 1,300주

③ 희석주당순이익 = $\frac{₩1{,}000{,}000}{1{,}300주} = ₩769$[4]

4) 기본주당순이익 ₩700보다 크므로 희석화되지 않는다.
따라서, 희석주당순이익은 기본주당순이익인 ₩700이 된다.

기본예제 7 희석주당순이익(전환사채)

다음의 자료에 의하여 아래의 질문에 답하시오.

(1) 당기순이익	₩1,000,000
(2) 자본금의 내역(1,000주 × ₩5,000)	5,000,000
(3) 전환사채	2,000,000

(4) 한계세율은 30%이다.

(질문) 당기에 전환청구된 사채는 없으며 100% 전환시에는 보통주 200주를 발행 교부하여야 한다. 포괄손익계산서상 전환사채와 관련된 이자비용은 ₩100,000이다. 기본주당순이익과 희석주당순이익을 계산하시오.(단, 적수는 월할계산한다)

풀이

(1) 기본주당순이익

① 보통주귀속당기순이익 = ₩1,000,000

② 유통보통주식수계산

$(1,000 \times 12 + 200 \times 0) \times \frac{1}{12} = 1,000$주

③ 기본주당순이익 $= \frac{₩1,000,000}{1,000주} = ₩1,000$

(2) 희석주당순이익

① 조정후당기순이익 = ₩1,000,000 + 100,000 × (1 − 30%)[1] = ₩1,070,000

1) 희석주당순이익계산시에는 전환사채가 기초에 전환되었다고 가정하므로 당기에 지급된 이자비용 ₩100,000은 지급을 하지 않게 된다. 따라서 당기순이익 ₩1,000,000에는 이자비용 ₩100,000이 차감되어 있으므로 다시 가산해야 한다.

② 희석주당순이익을 계산하기 위한 보통주식수

$(1,000 \times 12 + 200 \times 12) \times \frac{1}{12} = 1,200$주

③ 희석주당순이익 $= \frac{₩1,070,000}{1,200주} = ₩891$[2]

2) 기본주당순이익 ₩1,000보다 작으므로 희석화된다.
따라서 희석주당순이익은 ₩891이 된다.

희석증권 중 전환우선주 및 전환사채의 경우

다음의 자료로 기본주당순이익과 희석주당순이익을 구하시오.(단, 적수 계산은 월할계산한다)

(1) 당기순이익 ₩2,000,000

(2) 자본금의 내역

① 보통주자본금(1,000주×₩5,000) ₩5,000,000

② 전환우선주자본금(500주×₩5,000, 배당률 연 10%) ₩2,500,000

(3) 자본금의 변동사항

① 당기에 전환청구된 우선주는 없으며 100%전환시에는 500주를 발행교부하여야 한다.

② 당기에 전환청구된 전환사채는 없으며 100% 전환청구시에는 보통주 200주를 발행교부한다.

단, 당기의 전환사채이자는 ₩200,000이며 한계세율은 30%이다.

③ 전환우선주 및 전환사채는 전기 이전에 발행한 것이다.

풀이

(1) 기본주당순이익

① 보통주귀속당기순이익

₩2,000,000－2,500,000×10%＝₩1,750,000

② 가중평균유통보통주식수 계산

1,000×12÷12＝1,000주

③ 기본주당순이익 $=\dfrac{₩1,750,000}{1,000}=₩1,750$

(2) 희석주당순이익 계산

① 조정후 당기순이익

₩1,750,000＋2,500,000×10%＋200,000×(1－30%)＝₩2,140,000

희석주당순이익은 기초에 전환되는 경우로 간주하고 순이익을 조정하므로 기본주당순이익계산시의 당기순이익에 전환우선주배당금과 전환사채이자×(1－한계세율)을 가산해 준다.

② 희석주당순이익을 계산하기 위한 보통주식수

$(1,000\times12+500\times12+200\times12)\times\dfrac{1}{12}=1,700$주

③ 희석화판단

전환우선주 $=\dfrac{₩2,500,000\times10\%}{500}=₩500$

전환사채 $=\dfrac{₩200,000\times(1-0.3)}{200}=₩700$

첫째, 전환우선주에서 구한 ₩500이 전환사채에서 구한 ₩700보다 더 작으므로 전환우선

주가 더 많이 희석화 된다. 따라서 전환우선주를 먼저 고려하여 희석주당순이익을 구한다.

$$희석주당순이익 = \frac{₩1,750,000 + 2,500,000 \times 10\%}{1,000 + 500} = ₩1,333$$

둘째, 전환우선주를 고려한 희석주당순이익 ₩1,333과 전환사채에서 구한 ₩700을 비교하여 희석화를 판단한다. 전환사채가 더 작으므로 희석화 된다.

$$따라서,\ 희석주당이익 = \frac{₩1,750,000 + 2,500,000 \times 10\% + 200,000 \times (1 - 0.3)}{1,000 + 500 + 200} = \frac{₩2,140,000}{1,700}$$

$$= ₩1,259$$

④ 희석주당순이익 = ₩2,140,000 ÷ 1,700주 = ₩1,259

전환우선주의 전환(당기발행분)

다음의 자료로 기본주당순이익과 희석주당순이익을 구하시오.(단, 적수계산은 월할계산한다)

(1) 당기순이익 ₩2,000,000

(2) 자본금의 내역

① 보통주자본금(1,000주×₩5,000) ₩5,000,000

② 전환우선주자본금(500주×₩5,000, 배당률 연 10%) ₩2,500,000

(3) 자본금의 변동 내용

당기 7월 1일에 전환우선주가 발행되었으며, 당기에 전환청구된 우선주는 없다.

전환청구시에 보통주 500주를 발행 교부한다.

풀이

(1) 기본주당순이익 계산

① 보통주귀속당기순이익

$$₩2,000,000 - 500주 \times 5,000 \times 10\% \times \frac{6}{12} = ₩1,875,000$$

② 가중평균유통보통주식수 계산

$$(1,000 \times 12) \times \frac{1}{12} = 1,000주$$

③ 기본주당순이익 $= \frac{₩1,875,000}{1,000} = ₩1,875$

(2) 희석주당순이익 계산

① 조정후 당기순이익 ₩1,875,000 + 125,000 = ₩2,000,000

희석주당순이익 계산시에는 기초에 전환되는 것으로 간주하므로 기본주당순이익 계산시에 차감했던 전환우선주배당금을 다시 가산한다.

② 희석주당순이익을 계산하기 위한 보통주식수

$(1,000 \times 12 + 500 \times 6) \div 12 = 1,250$

③ 희석화판단

$$전환우선주 = \frac{500주 \times ₩5,000 \times 10\% \times \frac{6}{12}}{500 \times \frac{6}{12}} = ₩500$$

기본주당순이익(₩1,875)을 감소시키므로 희석주당순이익 계산시에 포함하여 구한다.

④ $희석주당순이익 = \frac{₩1,875,000 + 125,000}{1,000 + 250} = \frac{₩2,000,000}{1,250} = ₩1,600$

당기에 전환청구한 경우

찬우회사의 다음의 자료를 이용하여 기본주당순이익과 희석주당순이익을 계산하시오.

(1) 20×1년의 기초유통주식수는 5,000,000주이다.

(2) 20×1년의 당기순이익은 ₩16,080,000이다.

(3) 20×0년 4/4분기에 ₩12,000,000의 전환사채(만기 20년, 단위당 액면 ₩1,000, 이자율 연 5%)를 액면으로 발행(전환권대가와 상환할증금은 없다고 가정한다)하였다. 이자는 매년 11월 1일과 5월 1일에 지급하고, 전환사채 발행금액 ₩1,000당 보통주 40주로 전환할 수 있다. 이자는 전환청구시점까지 기간계산하여 지급하며, 전환의 효력은 전환청구 즉시 발생한다. 20×0년에는 전환청구가 없었으며, 20×1년 4월 1일에 전환이 청구되어 모두 보통주로 전환되었다. (가중평균주식수 계산은 월단위로 한다. 단, 세율 40%)

풀이

(1) 기본주당순이익 계산

$$기본주당순이익 = \frac{₩16,080,000}{(5,000,000 + 480,000^{1)} \times 9 \times \frac{1}{12})} = \frac{₩16,080,000}{5,360,000} = ₩3$$

1) $₩12,000,000 \times \frac{1}{1,000} \times 40주 = 480,000주$

(2) 희석주당순이익 계산

① 희석화판단 $= \dfrac{\text{이익의 증분}}{\text{보통주식의 증분}} = \dfrac{₩12,000,000 \times 5\% \times \frac{3}{12} \times (1-40\%)}{(480,000 \times 3 \times \frac{1}{12})^{2)}} = \dfrac{₩90,000}{120,000}$

$= ₩0.75$(희석화 됨)

2) 4/1일부터 전환청구의 효력이 발생하므로 (4/1~12/31)까지의 기간은 기본주당순이익을 계산하기 위한 보통주식수계산에서 고려하였으며, (1/1~3/31)까지의 기간은 희석주당순이익을 계산하기 위한 보통주식수 계산에서 고려한다.

② 희석주당순이익 $= \dfrac{₩16,080,000 + 90,000}{5,360,000 + 120,000} = \dfrac{₩16,170,000}{5,480,000} = ₩2.95$

(3) 옵션과 주식매입권 등의 희석성 잠재적보통주 계산(자기주식법)

① 자기주식법의 의의

희석주당이익을 계산할 때 희석효과가 있는 옵션이나 주식매입권은 행사된 것으로 가정한다. 이 경우 권리행사에서 예상되는 현금유입액은 보통주를 회계기간의 평균시장가격으로 발행하여 유입된 것으로 가정한다. 그 결과 권리를 행사할 때 발행하여야 할 보통주식수와 회계기간의 평균시장가격으로 발행한 것으로 가정하여 환산한 보통주식수의 차이는 무상으로 발행한 것으로 보아 희석주당순이익을 계산하기 위한 보통주식수에 포함한다. 이를 자기주식법이라 한다.

② 희석효과의 판단

옵션과 주식매입권은 그 회계기간의 보통주의 평균시장가격이 옵션과 주식매입권의 행사가격을 초과하는 경우에만 희석효과가 있다.

㉠ 희석효과가 있는 경우(즉, 보통주 평균시장가격 > 행사가격)

예를들어, 신주인수권을 모두 행사할 경우 1,000주를 발행교부한다. 행사가격은 ₩6,000이고 보통주평균시장가격이 ₩10,000 일 때, 희석주당순이익을 구하기 위해 분모에 가산할 희석성 잠재적보통주식수는 $1,000-(1,000 \times 6,000 \div 10,000)=400$주가 된다.

㉡ 희석효과가 없는 경우(즉, 행사가격 > 보통주 평균시장가격)

예를들어, 신주인수권을 모두 행사할 경우 1,000주를 발행교부한다. 행사가격은 ₩6,000이고 보통주평균시장가격이 ₩4,000일 때, 희석주당순이익을 구하기 위해 가산할 희석성 잠재적보통주식수는 $1,000-(1,000 \times 6,000 \div 4,000)=(-)500$주가 된다. 따라서 이 경우에는 분모에서 차감하게 되어 희석효과가 생기지 않으므로 고려하지 않는다.

③ 주식기준보상거래가 적용되는 경우의 행사가격 계산

'주식기준보상'이 적용되는 주식선택권의 경우, 행사가격에는 주식선택권이나 그 밖의 주식기준보상약정에 따라 미래에 유입될 재화나 용역의 공정가치가 포함된다. 예를 들어, 주식기준보상거래에서 주식선택권을 행사할 때의 행사가격은 ₩5,000이고 잔여가득기간동안 추가로 용역을 제공했을 때의 주식선택권의 1개당 용역의 공정가치는 500이라면 주식보상거래에서의 행사가격은 다음과 같다.

∴ 행사가격＝주식선택권행사시 행사가격＋추가로 제공해야할 용역의 개당공정가치*

＝₩5,000+500=₩5,500

* '주식기준보상'이 적용되는 주식선택권의 경우에는 잔여 가득기간동안에 추가적인 용역을 제공해야 하므로 그 용역에 대한 비용이 발생한다. 따라서 추가로 발생한 그 용역의 공정가치를 행사가격에 포함해야 한다.

④ 자기주식법에 의한 증분주식수 계산

자기주식법은 옵션이나 신주인수권이 행사되어 주식이 발행된 것으로 가정할 뿐만 아니라 주식발행으로 유입되는 현금이 자기주식의 매입에 사용된다고 가정함으로써 결과적으로 옵션이나 신주인수권의 행사가 실제로 발행될 주식수만큼 유통주식수를 증가시키지 않은 것으로 가정한다. 즉,

가산할 증분주식수＝옵션 등의 행사로 인한 발행예정주식수－취득가능주식수*

* 취득가능주식수＝옵션 등의 행사에 따른 현금유입액÷당기중 보통주평균시장가격

예를 들면, 신주인수권행사로 발행할 보통주식수는 1,000주이고 행사가격은 ₩6,000이며 당기중 보통주 시장가격이 ₩10,000이라면 취득가능주식수는 (1,000×₩6,000 ÷ ₩10,000)＝600주이고 희석주당이익을 계산하기 위한 보통주식수에 가산할 주식수는 1,000－600＝400주이다.

희석주당순이익 계산시 기본주당순이익의 분모 · 분자에 조정할 내용

조정항목	전환우선주	전환사채	신주인수권부사채	주식선택권
조정후 당기순이익 (분자)	전환우선주 배당금	사채이자[4] × (1−세율)	0[3]	주식보상비용 × (1−세율)
가산할 증분주식수 (분모)	증분주식수[1]	증분주식수[1]	증분주식수[2]	증분주식수[2]

1) 전환가정법에 따라 기초에 전환청구했다고 가정을 할 경우에 발행해야할 유통보통주식수
당기에 전환청구한 경우 ~ 기초부터 전환청구일 전일까지 가중평균계산한다.
당기에 전환청구하지 않은 경우 ~ 기초부터 기말까지 가중평균계산한다.

2) 자기주식법에 따라 기초에 행사했다고 가정을 할 경우에 무상주에 해당하는 발행주식수
당기에 행사한 경우 ~ 기초부터 행사전일까지 가중평균 계산한다
당기에 행사하지 않은 경우 ~ 기초부터 말일까지 가중평균계산한다.

3) 신주인수권부사채의 경우에는 행사를 하여도 사채는 그대로 남고 만기에 상환하게 된다. 따라서 가산할 이익은 없다. 다만, 상환할증조건인 경우에는 행사시에 상환할증금을 지급하지 않기 때문에 상환할증금에 해당하는 이자비용을 세 효과를 고려하여 가산해준다.

4) 사채이자는 유효이자(현금이자+차금상각+전환권조정상각)를 의미한다.

(4) 희석성 잠재적보통주가 여러 종류일 경우의 희석효과 판단

여러 종류의 잠재적보통주를 발행한 경우에는 잠재적보통주가 희석효과를 가지는지 반희석효과를 가지는지에 대하여 판단할 때 여러 종류의 잠재적보통주를 모두 통합해서 고려하는 것이 아니라 개별적으로 고려한다. 이때 잠재적보통주를 고려하는 순서가 각각의 잠재적보통주가 희석효과를 가지는지 반희석효과를 가지는지에 대하여 판단하는데 영향을 미칠 수 있다. 따라서 기본주당이익을 최대한 희석할 수 있도록 희석효과가 가장 큰 잠재적보통주부터 순차적으로 고려한다. 즉, '증분주식 1주당 이익'이 가장 작은 희석성 잠재적보통주를 증분주식 1주당 이익이 상대적으로 큰 희석성 잠재적보통주보다 먼저 희석주당이익의 계산에 포함시킨다.

신주인수권부사채의 행사

다음 자료로 기본주당순이익과 희석주당순이익을 계산하시오. (단, 적수계산은 월할계산한다)

(1) 당기순이익 ₩2,000,000

(2) 보통주자본금(1,000주 × @5,000) 5,000,000

(3) 자본금의 변동 내용

① 전기에 발행한 신주인수권부사채의 총액면 ₩5,000,000 중에서 40%가 10월 1일에 신주인수권을 행사하여 보통주 200주를 교부하였다.

② 행사가격은 주당 ₩6,000이며 동기간 동안의 보통주시가평균은 ₩10,000이다.

풀이

(1) 기본주당순이익

① 보통주귀속당기순이익 = ₩2,000,000

② 가중평균유통보통주식수계산

$(1,000 \times 12 + 200 \times 3) \times \frac{1}{12} = 1,050$

신주인수권을 행사하여 보통주를 교부한 경우에는 납입일을 기준으로 가중평균계산한다.

③ 기본주당순이익 = $\frac{₩2,000,000}{1,050}$ = ₩1,905

(2) 희석주당순이익

① 조정후당기순이익 = ₩2,000,000

신주인수권을 행사하여 보통주를 교부한 경우에는 조정할 순이익이 없다.

② 희석주당순이익을 계산하기 위한 보통주식수 계산

㉠ 기본주당순이익을 계산하기 위한 보통주식수에 가산할 주식수

= (80주 × 9 + 120주 × 12) × $\frac{1}{12}$ = 180주

당기행사분은 자기주식법에 의해 구한 가산할 주식수를 기초부터 행사전일까지 가중평균계산하며, 당기미행사분은 자기주식법에 의해 구한 가산할 주식수를 기초부터 기말까지 가중평균계산한다.

즉, 자기주식법에 의한 가산할 주식수는 다음과 같다.

행사분; 의제무상주 = 200주 − {(200주 × ₩6,000) ÷ ₩10,000} = 80주

미행사분; 의제무상주 = 300주 − {(300주 × ₩6,000) ÷ ₩10,000} = 120주

㉡ 희석주당순이익을 계산하기 위한 보통주식수 = 1,050 + 180 = 1,230주

㉢ 희석화 판단

신주인수권을 행사하는 경우에는 가산할 주식수는 있지만 가산할 당기순이익이 없기 때문에 항상 희석화된다.

③ 희석주당순이익 = $\frac{₩2,000,000}{1,230}$ = ₩1,626

주식기준보상거래(주식선택권)의 경우

다음 자료로 기본주당순이익과 희석주당순이익을 계산하시오. (단, 적수는 월할 계산한다.)

(1) 당기순이익 ₩2,000,000

(2) 보통주자본금(1,000주×₩5,000) ₩5,000,000

(3) 주식선택권에 대한 내용

① 당기 초에 종업원에게 주식선택권 200개를 부여하였다. 종업원은 3년 후부터 행사할 수 있으며 개당 행사가격은 ₩5,500이고, 종업원이 주식선택권 1개당 제공해야할 용역의 공정가치는 ₩500이다.

② 당기에 인식한 주식보상비용은 ₩50,000이며 세율은 30%이다.

③ 보통주 평균시장가격은 ₩10,000이다.

풀이

1. 기본주당순이익

$$기본주당순이익 = \frac{₩2,000,000}{1,000} = ₩2,000$$

2. 희석주당이익

조정후 당기순이익 = ₩2,000,000 + 50,000 × (1 − 30%) = ₩2,035,000

가산할 희석성 잠재적보통주 = 200 − (200 × ₩6,000 * ÷ ₩10,000) = 80주

* '주식기준보상' 이 적용되는 주식선택권의 경우에는 잔여 가득기간동안에 추가적인 용역을 제공해야 하므로 그 용역에 대한 비용이 발생한다. 따라서 추가로 발생한 그 용역의 공정가치를 행사가격에 포함해야 한다. 즉 ₩5,500 + 500 = ₩6,000

$$따라서,\ 희석주당순이익 = \frac{₩2,035,000}{(1,000+80)} = ₩1,884(희석화\ 된다)$$

제2절 주식기준보상거래

1. 주식기준보상거래의 종류와 인식

(1) 종　류

주식결제형 주식기준보상거래: 회사가 재화나 용역을 제공받는 대가로 회사의 지분상품(주식 또는 주식선택권 등)을 부여하는 거래

현금결제형 주식기준보상거래: 회사가 재화나 용역을 제공받는 대가로 회사의 주식이나 다른 지분상품의 가치에 기초하여 현금이나 기타자산으로 결제하는 거래

선택형 주식기준보상거래: 회사가 재화나 용역을 제공받는 대가로 회사 또는 재화나 용역의 공급자가 결제방식을 선택할 수 있는 권리를 부여하는 거래

(2) 인　식

주식기준보상거래에서 제공받는 재화나 용역은 그 재화나 용역을 제공받는 날에 인식한다. 주식결제형 주식기준보상거래로 재화나 용역을 제공받는 경우에는 보상원가만큼 자본(자본조정)을 인식하고, 현금결제형 주식기준보상거래로 재화나 용역을 제공받는 경우에는 보상원가만큼 부채를 인식한다.

2. 주식결제형 주식기준보상거래

(1) 보상원가의 측정과 인식

주식결제형 주식기준보상거래의 경우에 제공받는 재화나 용역의 공정가치를 측정하여 그 금액을 보상원가와 자본(자본조정)으로 회계처리한다. 그러나 제공받는 재화나 용역의 공정가치를 신뢰성있게 측정할 수 없다면 부여한 지분상품의 공정가치에 기초하여 재화나 용역의 공정가치를 간접 측정하고 그 금액을 보상원가와 자본(자본조정)으로 회계처리한다.

① 종업원에게서 용역을 제공받는 경우

종업원 및 유사용역제공자(이하 종업원)에게서 제공받는 용역의 공정가치는 일반적

으로 신뢰성있게 측정할 수 없기 때문에 부여한 지분상품의 공정가치에 기초하여 측정한다. 부여한 지분상품의 공정가치는 부여일기준으로 측정한다.

② 종업원이 아닌 거래상대방에게서 재화나 용역을 제공받는 경우

종업원이 아닌 거래상대방에게서 제공받는 재화나 용역의 공정가치는 신뢰성있게 측정할 수 있다고 본다. 제공받는 재화나 용역의 공정가치는 재화나 용역을 제공받는 날을 기준으로 측정한다. 제공받는 재화나 용역의 공정가치를 신뢰성있게 측정할 수 없는 경우에는 지분상품의 공정가치에 기초하여 간접 측정한다. 이 경우에도 측정기준일은 재화나 용역을 제공받는 날로 한다.

(2) 용역이 제공되는 거래

① 부여한 지분상품이 즉시 가득된 경우

부여한 지분상품이 즉시 가득된다면 거래상대방은 지분상품에 대하여 무조건부 권리를 얻기 위해 특정기간에 용역을 제공해야 할 의무가 없다. 이러한 경우, 반증이 없는 한 회사는 거래상대방에게서 지분상품의 대가에 해당하는 용역을 이미 제공받은 것으로 본다. 따라서 제공받은 용역의 공정가치를 지분상품의 부여일에 전부 보상원가로 인식하고 동일한 금액을 자본(자본조정)으로 회계처리한다.

② 거래상대방이 명시된 기간에 용역을 제공하여야 부여된 지분상품이 가득된 경우

거래상대방이 명시된 기간에 용역을 제공하여야 부여된 지분상품이 가득된다면 지분상품의 대가에 해당하는 용역은 미래 가득기간에 제공받는 것으로 본다. 해당 용역은 다음의 조건에 따라 가득기간에 배분하여 인식하며, 동일한 금액을 자본(자본조정)으로 회계처리한다. 가득기간에 인식할 각 회계연도의 보상원가는 다음과 같이 구한다.

당기보상원가 = 종업원수 × (1 − 퇴사추정비율) × 부여수량 × 단위당공정가치
× 용역제공비율* − 전기까지의 누적보상원가

*용역제공비율 = 부여일로부터 당기말까지의 누적근무기간 ÷ 용역제공기간(가득기간)

용역제공조건이 부과된 주식선택권(수량의 변동이 없는 경우)

다음의 자료에 따라 물음에 답하시오.

(1) 찬엽회사는 20×1년 1월 1일에 종업원 500명에게 각각 주식선택권 100개를 부여하고 3년의 용역제공조건을 부과하였다. 부여일 현재 주식선택권의 단위당 공정가치는 ₩150으로 추정하였다.

(2) 찬엽회사는 종업원 중 20%가 부여일로부터 3년 이내에 퇴사하여 주식선

택권을 상실할 것으로 추정하였다.
실제결과가 추정과 일치한다면 회사가 가득기간에 인식할 보상원가는 얼마인가?

풀이

1. 각 회계연도의 보상원가 계산

20×1 : 500명×80%×100개×₩150×$\frac{1}{3}$=₩2,000,000

20×2 : 500명×80%×100개×₩150×$\frac{2}{3}$−2,000,000=₩2,000,000

20×3 : 500명×80%×100개×₩150×$\frac{3}{3}$−4,000,000=₩2,000,000

2. 각 회계연도의 회계처리

20×1 : (차) 주식보상비용[1] 2,000,000 (대) 주식선택권[2] 2,000,000
20×2 : (차) 주식보상비용 2,000,000 (대) 주식선택권 2,000,000
20×3 : (차) 주식보상비용 2,000,000 (대) 주식선택권 2,000,000

1) 보상원가는 주식보상비용의 과목으로 하여 그 성격에 따라 제조원가, 판매비와 관리비 또는 개발비 등으로 처리한다.
2) 주식선택권은 자본조정으로 분류한다.

만약, 종업원이 20×4년 1월 1일에 주식선택권을 행사한다면 회계처리는 다음과 같다.
단, 찬엽회사의 단위당 액면금액과 주식선택권의 행사가격은 각각 ₩500과 ₩600이다.

20×4 : (차) 현 금 24,000,000[3] (대) 자 본 금 20,000,000[4]
주식선택권 6,000,000 주식발행초과금 10,000,000

3) 40,000개×₩600=₩24,000,000
4) 40,000개×₩500=₩20,000,000

용역제공조건이 부과된 주식선택권(수량의 변동이 있는 경우)

1. [기본예제 13]의 내용 이외에 다음과 같은 추가정보가 있을 때 물음에 답하시오.
2. (추가정보)
   ① 20×1년 중에 20명이 퇴사하였고, 회사는 가득기간(3년)에 퇴사할 것으로 기대되는 종업원의 추정비율을 20%(100명)에서 15%(75명)로 변경하였다.
   ② 20×2년에 실제로 22명이 퇴사하였고, 회사는 가득기간(3년) 전체에 걸쳐 퇴사할 것으로 기대되는 종업원의 추정비율을 다시 12%(60명)로 변경하였다.
   ③ 20×3년에는 실제로 15명이 퇴사하였다. 결국, 20×3년 12월 31일 현재

총 57명이 퇴사하여 주식선택권을 상실하였고 총 44,300개(443명×100)의 주식선택권이 가득되었다.

(물음)

(1) 각 회계연도의 보상원가와 회계처리를 하시오.

(2) 종업원이 20×4년 1월 1일에 주식선택권 전부를 행사했을 때의 회계처리를 하시오. 단, 찬엽회사 주식의 단위당 액면금액과 주식선택권의 행사가격은 각각 ₩500과 ₩600이다.

풀이

(1) 보상원가 계산과 회계처리

① 실제퇴사인원과 퇴사추정비율

연도	누적퇴사인원	추가퇴사예정인원	계(추정비율)	행사가능종업원
20×1	20명	55명	75명(15%)	425명
20×2	42명	18명	60명(12%)	440명
20×3	57명	–	57명	443명

② 각 회계연도의 보상원가 계산

20×1 : $500명 \times (1-15\%) \times 100개 \times ₩150 \times \frac{1}{3} = ₩2,125,000$

20×2 : $500명 \times (1-12\%) \times 100개 \times ₩150 \times \frac{2}{3} - 2,125,000 = ₩2,275,000$

20×3 : $44,300개^{1)} \times ₩150 \times \frac{3}{3} - (2,125,000 + 2,275,000) = ₩2,245,000$

1) 443명×100개=44,300개

③ 각 회계연도의 회계처리

20×1 : (차) 주식보상비용 2,125,000 (대) 주식선택권 2,125,000

20×2 : (차) 주식보상비용 2,275,000 (대) 주식선택권 2,275,000

20×3 : (차) 주식보상비용 2,245,000 (대) 주식선택권 2,245,000

(2) 20×4년 1월 1일 행사시 회계처리

(차)			(대)		
	현금	26,580,000 [2]		자본금	22,150,000 [3]
	주식선택권	6,645,000 [4]		주식발행초과금	11,075,000

2) 44,300개×₩600=₩26,580,000

3) 44,300개×₩500=₩22,150,000

4) 주식선택권=44,300개×₩150=₩6,645,000
또는 ₩2,125,000+2,275,000+2,245,000=₩6,645,000

3. 현금결제형 주식기준보상거래

(1) 의 의

회사가 재화나 용역을 제공받는 대가로 회사의 주식이나 다른 지분상품의 가치에 기초하여 현금이나 기타자산으로 결제하는 주식기준보상거래를 말한다. 이 경우 회사는 주가차액보상권을 부여하는데 주가차액보상권이란 일정기간 회사의 주가가 지정된 가격을 초과하는 경우 그 보유자에게 초과지급액을 보상받을 수 있는 권리를 부여하는 계약을 말한다. 주가차액보상권에는 다음과 같이 두 가지 경우가 있다.

① **현금결제형 주식기준보상거래** 회사가 초과금액을 지불하는 수단으로 현금을 사용하는 경우이며 현금으로 결제되므로 부채(장기미지급비용)를 인식한다.

② **주식결제형 주식기준보상거래** 회사가 초과금액을 회사의 주식을 사용하는 경우이며 주식결제형 주식기준보상거래에서는 제공받은 재화나 용역의 대가로 현금이 지급되지 않고 자본(자본조정)이 증가하게 된다. 또 인식된 자본은 나중에 재평가하지 않는다.

(2) 측 정

현금결제형 주식기준보상거래의 경우에 제공받는 재화나 용역과 그 대가로 부담하는 부채를 부채의 공정가치로 측정한다. 또 부채가 결제될 때까지 매 재무상태표일과 최종결제일에 부채의 공정가치를 재 측정하고 공정가치의 변동액은 보상원가로 처리한다. 제공받은 재화나 용역의 대가로 궁극적으로 현금(또는 기타자산)이 지급되므로 부채(장기 미지급비용)로 회계처리하며 지급할 현금액은 행사일의 내재가치에 의해 지급된다. 만약 최종결제일의 현금지급액과 부채의 장부금액에 차이가 있다면 이러한 차이는 실제 현금지급액에 맞춰 조정하여야 한다. 결국 최종적인 보상원가의 측정은 결제일에 이루어진다. 보상원가는 주식보상비용의 과목으로 하여 그 내용에 따라 제조원가, 판매비와 관리비 및 개발비 등으로 회계처리한다.

(3) 인 식

종업원에게서 제공받는 근무용역과 그 대가로 부담하는 부채는 근무용역을 제공받는 기간에 인식한다.

① 주가차액보상권이 즉시 가득된 경우

부여된 즉시 가득되는 주가차액보상권을 부여받아 종업원이 용역제공조건을 충족할 필요가 없는 경우에는 반증이 없는 한 종업원에게서 이미 용역을 제공받은 것으로 본다. 따라서 보상원가와 부채를 즉시 인식한다.

② 용역제공조건이 충족되어야만 주가차액보상권이 가득되는 경우

용역제공조건이 충족되어야만 주가차액보상권이 가득된다면 보상원가와 부채는 가득기간에 배분하여 인식한다. 가득일 이후에 발생하는 부채의 공정가치변동액은 당기보상원가에 가감하여 인식한다. 주가차액보상권을 부여함에 따라 인식하는 부채는 부여일로부터 부채의 결제가 이루어질 때까지 매 재무상태표일과 최종결제일에 주가차액보상권의 공정가치로 측정한다. 공정가치를 측정할 때에는 옵션가격결정모형을 사용하며 주가차액 보상권의 부여조건, 그리고 측정기준일까지 종업원에게서 근무용역을 제공받은 정도를 고려한다.

현금결제형 주가차액보상권

아래의 자료에 의해 물음에 답하시오.

1. 20×1년 초에 2명에게 각각 1주의 현금결제형 주가차액보상권을 부여하였다.
2. 용역제공기간은 2년이며 20×2년 말부터 행사가능하다.
3. 각 회계연도 말의 공정가치와 내재가치(현금지급액)는 아래와 같다.

	공정가치	내재가치
20×1년	₩1,000	–
20×2년	1,300	₩1,100
20×3년	1,400	1,350

(질문)

(1) 20×2년 말까지 모두 미행사시 회계처리를 하시오.

(2) 20×2년 말까지 1명이 주식선택권을 행사하였다. 회계처리를 하시오.

(3) 20×3년 말에 2주 모두를 행사하였다. 주식보상비용은 얼마인가?

풀이

(1) 20×2년 말까지 모두 미행사시

① 20×1년 말

(차) 주식보상비용	1,000 [1]	(대) 장기미지급비용	1,000

1) $2주 \times ₩1,000 \times \frac{1}{2} = ₩1,000$

② 20×2년 말

(차) 주식보상비용	1,600 [2]	(대) 장기미지급비용	1,600

2) $2주 \times ₩1,300 \times \frac{2}{2} - 1,000 = ₩1,600$

(2) 20×2년 말까지 1명 행사시

① 20×1년 말

(차) 주식보상비용	1,000 [1]	(대) 장기미지급비용	1,000

1) $2주 \times ₩1,000 \times \frac{1}{2} = ₩1,000$

② 20×2년 말

(차) 주식보상비용	1,400	(대) 장기미지급비용	300 3)
		현 금	1,100

3) 당기 말에 남아야 할 장기미지급비용; 1주×₩1,300=₩1,300
전기에 이월된 장기미지급비용; 1,000
추가로 계상할 장기미지급비용 ₩300

(3) 20×3년 모두 행사시

(차) 장기미지급비용	2,600	(대) 현 금	2,700 4)
주식보상비용	100		

4) 2주×₩1,350=₩2,700

가득조건: 주식기준보상약정에 따라 거래상대방이 현금, 기타자산이나 회사의 지분상품을 받을 무조건부 권리를 얻기 위하여 충족해야 하는 조건을 말한다. 가득조건에는 용역제공조건과 성과조건이 있다.

용역제공조건: 주식기준보상거래약정에 따라 거래상대방이 일정기간의 용역을 제공하여야 하는 조건을 말한다. 예를 들어 주식선택권을 부여받은 종업원이 주식선택권에 대한 무조건부권리를 얻기 위해서는 2년을 근무하여야 하는 조건을 말한다.

주식선택권: 보유자에게 특정기간 고정가격 또는 결정가능한 가격으로 회사의 주식을 매수할 수 있는 권리(의무는 아님)를 부여하는 계약을 말한다.

내재가치: 주식기준보상거래가 있을 때 다음 (1)과 (2)의 차이금액을 말한다.

(1) 주식의 공정가치 또는 거래상대방에게 지급할 금액을 산정하기 위한 기초가액으로 지정된 보상기준가격

(2) 거래상대방이 주식에 대해 지불하여야 하는 가격 또는 보상기준가격에서 차감하는 가격

예를 들어, 주식선택권의 행사가격이 15원이고 기초주식의 공정가치가 20원이라면 내재가치는 5원(20−15)이 된다.

예제 1 | 가중평균유통보통주식수계산

찬엽회사의 20×1회계연도 당기순이익과 자본금 변동상황은 다음과 같다. 20×1년도 중 자본금 변동상황을 참고하여 기본주당순이익을 산출할 때 사용되는 가중평균유통보통주식수를 구하시오. 유상신주의 배당기산일은 납입한 때이며, 무상신주의 배당기산일은 원구주에 따른다. 단, 가중평균 계산시 가중치는 월수(月數)를 기준으로 한다. 【'03. 세무사】

(1) 자본금 변동사항(액면 ₩5,000)

구 분	보통주자본금	
• 기 초	90,000주	₩450,000,000
• 기 중		
7. 1 유상증자(납입)	20,000	100,000,000
8.31 무상증자 10%	11,000	55,000,000
10. 1 자기주식(구주)구입	(3,000)	(15,000,000)

(2) 유상증자 전일의 보통주식 종가 : ₩20,000

(3) 유상증자 발행가액 : ₩10,000

① 114,200주 ② 115,700주
③ 114,900주 ④ 132,029주
⑤ 131,238주

풀이 (1) 의제무상증자비율 계산

의제무상주 = 유상증자주식수 − 시가유상증자가능주식수
= 20,000주 − (20,000 × 10,000 ÷ 20,000)
= 20,000주 − 10,000주 = 10,000주

$$\text{의제무상증자비율} = \frac{\text{의제무상주}}{\text{기초유통주식수} + \text{시가유상증자가능주식수}} = \frac{10,000}{(90,000+10,000)} = 10\%$$

(2) 가중평균유통보통주식수

$$(90,000 \times 1.1 \times 1.1 \times 12 + 10,000 \times 1.1 \times 1.1 \times 6 - 3,000 \times 3) \times \frac{1}{12} = 114,200\text{주}$$

해답: ①

예제 2 | 희석주당순이익(전환사채)

(주)찬우의 20×1년도 주당이익산출과 관련된 자료는 다음과 같다. 【'11. CPA수정】

(1) 20×1년 1월 1일 현재 유통보통주식수는 15,000주(주당 액면금액 ₩1,000)이며, 우선주는 없다.

(2) 20×1년 7월 1일에 자기주식 1,800주를 취득하여 20×1년 12월 31일 현재 보유하고 있다.

(3) 20×1년 1월 1일에 전환사채(액면금액 ₩500,000, 3년 후 일시상환)를 액면발행하였다. 동 사채의 액면이자율은 연 8%(매년 말 이자지급)이며, 전환사채 발행시 동일조건을 가진 일반사채의 유효이자율은 연 10%이다. 동 전환사채는 만기까지 언제든지 사채액면 ₩1,000당 보통주 1주로 전환가능하다. 20×1년 12월 31일까지 동 전환사채에 대하여 전환청구는 없었다.(단, 20×1년도 전환사채이자는 ₩47,512이다.)

(4) 가중평균은 월할로 계산한다.

20×1년도 (주)찬우의 기본주당순이익이 ₩328이라면 희석주당순이익은 얼마인가? (단, 법인세율은 20%로 가정한다. 단수차이로 인해 약간의 오차가 있으면 가장 근사치를 선택한다.)

① ₩313　　② ₩316
③ ₩319　　④ ₩322
⑤ ₩325

풀이 (1) 보통주당기순이익계산

$$\text{기본주당순이익} = \frac{\text{보통주당기순이익}}{14{,}100^{1)}} = ₩328$$

1) 가중평균유통보통주식수 $= (15{,}000 \times \frac{12}{12} - 1{,}800 \times \frac{6}{12}) = 14{,}100$주

∴ 보통주당기순이익 = ₩4,624,800

(2) 희석주당순이익 계산

$$\text{희석주당순이익} = \frac{₩4{,}624{,}800 + 47{,}512 \times (1-20\%)}{14{,}100 + 500^{2)}} = ₩319$$

2) 전환사채 전환시 발행할 주식수 $= \frac{₩500{,}000}{1{,}000} = 500$주

해답: ③

예제 3 | 자기주식법

(주)OK의 희석성 잠재적보통주에 대한 내용이 다음과 같을 때 2005년말 (주)OK의 희석주당순이익을 계산하기 위한 보통주식수에 추가로 포함해야 할 증분주식수는?

【'07. 감평사, '05. CPA 수정】

(1) 2004년 10월 1일 액면 ₩3,000,000의 신주인수권부사채를 액면발행하였다. 만기는 2007년 9월 30일이며, 연 이자율은 7%, 이자지급일은 매년말이다. 신주인수권의 행사비율은 사채액면가액의 100%이고, 행사가격은 사채액면가액 ₩30,000당 1주이며, 납입은 현금이다. 신주인수권의 행사기간은 사채발행 후 1개월부터 상환기일 1개월 전까지이다. 2005년중 신주인수권이 행사된 것은 없다.

(2) 2003년 1월 1일 종업원에게 주식선택권(stock option) 1,000주를 부여하였다. 주식선택권은 2007년 12월말까지 권리를 행사할 수 있으며, 행사가액은 ₩20,000(*단, 주식선택권 1개당 제공해야 할 용역의 공정가치 ₩5,000포함)이다. 2005년 중 주식선택권이 행사된 것은 없다.

(3) (주)OK의 2005년 보통주식의 평균시가는 ₩25,000이었다.

① 180주　　② 200주
③ 220주　　④ 800주
⑤ 900주

풀이 신주인수권부사채

(1) 신주인수권부사채는 행사가격이 보통주시가평균보다 크므로 추가로 포함해야 할 증분주식수는 없다.

(2) 주식선택권

미행사; 의제무상주 $=1{,}000-(1{,}000\times 20{,}000\div 25{,}000)=200$주

∴ 가산할 증분주식수 $=200\times 12\times \frac{1}{12}=200$주

해답: ②

예제 4 | 주식기준보상거래(주식선택권)

㈜한국은 20×1년 1월 1일 현재 근무하고 있는 임직원 10명에게 20×3년 12월 31일까지 의무적으로 근무하는 것을 조건으로 각각 주식선택권 10개씩을 부여하였다. 20×1년 1월 1일 현재 ㈜한국이 부여한 주식선택권의 단위당 공정가치는 ₩1,000이다. 부여된 주식선택권의 행사가격은 단위당 ₩15,000이고, 동 주식의 주당 액면금액은 ₩10,000이다. 각 연도말 주식선택권의 단위당 공정가치는 다음과 같다.

20×1년말	20×2년말	20×3년말
₩1,000	₩1,200	₩1,500

주식선택권 부여일 현재 임직원 중 10%가 3년 이내에 퇴사하여 주식선택권을 상실할 것으로 추정하였으나, 각 연도말의 임직원 추정 퇴사비율 및 실제 퇴사비율은 다음과 같다.

20×1년말	20×2년말	20×3년말
16%(추정)	16%(추정)	13%(실제)

가득기간 종료 후인 20×3년 말에 주식선택권 50개의 권리가 행사되어 ㈜한국은 보유하고 있던 자기주식(취득원가 ₩700,000)을 교부하였다. 주식선택권의 회계처리가 ㈜한국의 20×3년 당기순이익과 자본총계에 미치는 영향은 각각 얼마인가? 【'15. CPA】

	당기순이익	자본총계
①	₩31,000 감소	₩750,000 증가
②	₩31,000 감소	₩781,000 증가
③	₩31,000 감소	₩850,000 증가
④	₩63,300 감소	₩750,000 증가
⑤	₩63,300 감소	₩813,300 증가

풀이 (1) 20×1년도 회계처리

차) 주식보상비용 28,000[1] 대) 주식선택권 28,000

1) 지분상품의 공정가치는 부여일 기준으로 측정한다. 즉,

$$10명 \times (1-16\%) \times 10개 \times ₩1,000 \times \frac{1}{3} = ₩28,000$$

(2) 20×2년도 회계처리

차) 주식보상비용 28,000[2] 대) 주식선택권 28,000

2) $10명 \times (1-16\%) \times 10개 \times ₩1,000 \times \frac{2}{3} - 28,000 = ₩28,000$

(3) 20×3년도 회계처리

차) 주식보상비용 31,000[3)] 대) 주식선택권 31,000

3) $10명 \times (1 - 13\%) \times 10개 \times ₩1,000 \times \frac{3}{3} - (28,000 + 28,000) = ₩31,000$

차)	현 금	750,000[4)]	대)	자기주식	700,000
				자기주식처분이익	50,000

차) 주식선택권 50,000[5)] 대) 주식발행초과금 50,000

4) 주식선택권의 행사로 인한 유상증자이므로 자본은 현금유입액만큼 증가한다.
현금유입액 = 50주 × ₩15,000 = ₩750,000

5) $₩87,000 \times \frac{50}{87} = ₩50,000$

해답: ①

>>> 객 · 관 · 식 · 문 · 제

– 주당순이익 –

1 현 주가와 최근 재무제표상의 주당순이익간의 비율로 측정한 주가이익비율(PER)은 자본시장에서 흔히 이용하는 기업가치의 평가지표이다. 주가이익비율에 영향을 미치는 요인에 대한 다음의 기술 중 적절하지 <u>않은</u> 것은? (단, 각각의 기술에서 다른 요인은 일정하다고 가정한다.) 【'04. CPA】

① 현 당기순이익 중 일시적인 이익의 비중이 클수록 주가이익비율은 높아진다.
② 기업위험(risk)이 낮을수록 주가이익비율은 높아진다.
③ 시장에서 현재의 이익 대비 미래의 이익창출능력을 과대평가하고 있다면 주가이익비율은 높게 나타난다.
④ 이익의 성장성이 높을수록 주가이익비율은 높아진다.
⑤ 미래 효익의 잠재력이 높은 분야에 상당한 연구개발비 투자를 하고 있는데 이에 대한 지출을 모두 비용 처리한다면 주가이익비율은 높게 나타난다.

풀이 ① 주가이익비율 $= \frac{\text{주가}}{\text{주당순이익}}$ 에서 당기순이익중 일시적인 이익이 크면 당기 주당순이익은 커지므로 주가이익비율은 낮아진다.

2 주당순이익의 계산시 발행주식의 가중평균주식수(유통보통주식수)를 계산할 경우에 기초에 발생한 것으로 간주되는 경우는 무엇인가? 【'03. 감평사】

① 주식분할
② 자기주식의 취득
③ 보통주의 발행
④ 주식선택권의 행사
⑤ 신주인수권의 행사

풀이 ① 당기중에 무상증자, 주식배당, 주식분할 및 주식병합 등이 실시된 경우에는 기초에 실시된 것으로 간주하여 유통보통주식수를 산정한다.
② 자기주식은 취득시점 이후부터 매각시점 직전일까지의 기간동안 유통보통주식수에서 제외한다.
③, ④, ⑤은 주식발행일기준으로 유통보통주식수를 산정한다.

3 주당이익 계산에 있어서 당해 기간 및 비교 표시되는 모든 기간의 가중평균유통보통주식수는 잠재적보통주의 전환을 제외하고, 상응하는 자원의 변동 없이 유통보통주식

해답 1. ① 2. ① 3. ⑤

수를 변동시키는 사건을 반영하여 조정한다. 다음 중 상응하는 자원의 변동 없이 유통보통주식수를 변동시키는 사례가 아닌 것은? 【'10. 감평사】

① 다른 거래 없이 1주당 액면 ₩100인 주식 5주를 액면 ₩500인 주식 1주로 병합하였다.

② 다른 거래 없이 1주당 액면 ₩5,000인 주식 1주를 액면 ₩500인 주식 10주로 분할하였다.

③ 이익준비금을 자본금으로 전입하였다.

④ 주식발행초과금을 자본금으로 전입하였다.

⑤ 기존 주주로부터의 차입금을 자본으로 전환하였다.

풀이 자원의 실질적인 변동을 유발하지 않으면서 보통주가 새로 발행될 수도 있고 유통보통주식수가 감소할 수도 있다. 다음과 같은 예가 이에 해당한다.

㉠ 무상증자 및 주식배당
㉡ 그밖의 증자에서의 무상증자 요소(의제무상주)
㉢ 주식분할
㉣ 주식병합

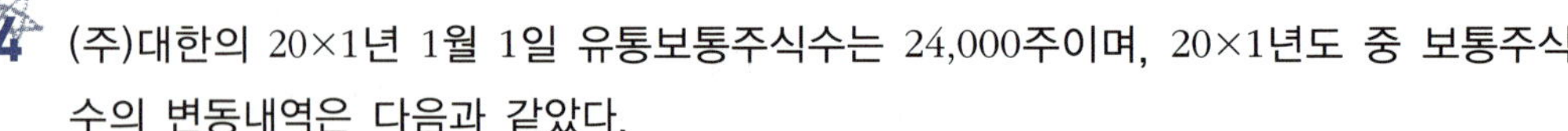

4 (주)대한의 20×1년 1월 1일 유통보통주식수는 24,000주이며, 20×1년도 중 보통주식수의 변동내역은 다음과 같았다.

일자	보통주식수 변동내역
3월 1일	유상증자를 통해 12,000주 발행
5월 1일	자기주식 6,000주 취득
9월 1일	자기주식 3,000주 재발행
10월 1일	자기주식 1,000주 재발행

한편, 20×1년 3월 1일 유상증자시 주당 발행가격은 ₩1,000으로서 권리락 직전일의 종가인 주당 ₩1,500보다 현저히 낮았다. (주)대한의 20×1년도 기본주당순이익 계산을 위한 가중평균유통보통주식수는? (단, 가중평균유통보통주식수는 월할계산한다.)

【'06. 감평사, '13. 세무사】

① 31,250주 ② 31,750주 ③ 32,250주
④ 32,750주 ⑤ 33,250주

풀이 가중평균유통주식수

$= (24{,}000 \times 1.125^{*} \times 12 + 8{,}000 \times 1.125^{*} \times 10 - 6{,}000 \times 8 + 3{,}000 \times 4 + 1{,}000 \times 3) \times \frac{1}{12} = 31{,}750$주

해답 4. ②

* 의제무상주 = 12,000 − (12,000 × 1,000 ÷ 1,500) = 4,000주

의제무상증자비율 = $\frac{4,000}{(24,000+8,000)}$ = 0.125

5 다음은 ㈜관세의 20×1년도 보통주 변동내역이다.

구 분	보통주 주식수
기 초	8,000주
4월 1일 무상증자 12.5%	1,000주
7월 1일 유상증자	2,000주

7월 1일 유상증자 시 주당 발행금액 ₩10,000이고, 유상증자 직전 주당 공정가치는 ₩20,000이다. ㈜관세의 20×1년도 기본주당순이익 계산을 위한 가중평균유통보통주식수는? (단, 가중평균유통보통주식수는 월할계산한다.) 【'14. 관세사】

① 9,750주 ② 10,000주 ③ 10,175주
④ 10,450주 ⑤ 12,000주

풀이 가중평균유통보통주식수 = (9,000 × 1.1* × 12 + 1,000 × 1.1 × 6) × $\frac{1}{12}$ = 10,450주

* 의제무상주 = 2,000 − (2,000 × 10,000 ÷ 20,000) = 1,000주

의제무상증자비율 = $\frac{1,000}{(9,000+1,000)}$ = 10%

6 20×8년 1월 1일 (주)한국의 자본금은 ₩2,000,000(보통주 2,000주, ₩1,000)이며, (주)한국은 다음과 같이 유상증자와 무상증자를 실시하였다. 이 주식 각각은 모두 시장에서 유통되고 있었다. 【'09. 감평사】

(1) 유상증자
① 기준일: 20×8년 3월 30일
② 배정비율 및 발행가액 : 유통보통주식 1주당 0.3주의 비율로 보통주를 공정가치로 발행
③ 납입완료일: 20×8년 3월 31일

(2) 무상증자
① 기준일: 20×8년 7월 31일
② 배정비율: 유통보통주식 1주당 0.4주의 비율로 보통주를 배정

해답 5. ④ 6. ④

20×8년 말 가중평균유통보통주식수는? (단, 월수로 가중평균하고, 답은 최근사치를 구하라.)

① 2,787주 ② 3,045주

③ 3,383주 ④ 3,430주

⑤ 3,640주

풀이 가중평균유통보통주식수 = (2,000 × 1.4 × 12 + 600 × 1.4 × 9) ÷ 12 = 3,430주

7 다음은 (주)금강산의 2001회계연도 (2001. 1. 1∼2001. 12. 31)의 회계 및 재무자료이다. (주)금강산의 2001회계연도 기본주당순이익은 얼마인가? 【'11. 세무사, '02. 감평사】

(1) 2001년 12월 31일로 종료되는 회계연도의 당기순이익은 ₩850,000,000이다.

(2) 자본금(액면가액 ₩5,000)의 변동사항은 다음과 같다.

구 분	보통주자본금	우선주자본금
2001년 1월 1일	100,000주 ₩500,000,000	20,000주 ₩100,000,000
2001년 7월 1 유상증자	21,000주 ₩105,000,000	5,000주 ₩25,000,000
2001년 10월 1일 무상증자(10%)	12,100주 ₩60,000,000	2,500주 ₩12,500,000
2001년 11월 1일 자기주식(구주) 구입	(3,000주) (₩15,000,000)	–
2001년 12월 31일	130,100주 ₩650,000,000	27,500주 ₩137,500,000

(3) 유상증자 전일의 보통주식의 종가는 ₩25,200이며 유상증자시 발행가액은 ₩12,000이다.

(4) 2001회계연도 이익에 대한 우선주배당은 현금배당으로 10%이며 동우선주는 비누적적 · 비참가적 우선주이다.

(5) 유상신주의 배당기산일은 납입한 때(상법의 규정에 의하여 배당기산일을 사업년도 초일로 한 경우에는 원구주에 따름)이며, 무상신주의 배당기산일은 원구주에 따른다.

(6) 1년을 365일로 가정한다.

해답 7. ②

① ₩6,484 ② ₩6,616 ③ ₩6,735
④ ₩6,821 ⑤ ₩6,889

풀이 (1) 보통주귀속당기순이익 = ₩850,000,000 − 20,000 × ₩5,000 × 1.1 × 10%

$$-5,000\times ₩5,000\times 1.1\times 10\%\times \frac{184}{365}$$

= ₩837,613,699

(2) 가중평균유통보통주식수

$$(100,000\times 1.1^{*}\times 1.1\times 365+10,000\times 1.1^{*}\times 1.1\times 184-3,000\times 61)\times \frac{1}{365}=126,598주$$

* 의제무상주 = 유상증자주식수 − 시가유상증자가능주식수
= 21,000 − {(21,000 × 12,000) ÷ 25,200}
= 21,000 − 10,000 = 11,000주

$$무상증자비율=\frac{11,000}{100,000+10,000}=10\%$$

$$(3)\ 기본주당순이익=\frac{₩837,613,699}{126,598}=₩6,616$$

8 OK(주)의 2005년 주당순이익은 ₩400이며 2005년초 보통주 발행주식수는 1,200주이다. 우선주 자본금은 없다. 2005년 4월초 주식발행초과금을 자본전입하여 100주를 발행하고 7월초 유상증자에 의해 300주를 발행하였다.(유상증자는 시가에 의한다) OK(주)의 2005년 당기순이익은 얼마인가? (단, 무상신주의 배당기산일은 기초로 소급하고 유상신주의 배당기산일은 납입한 때로 한다.) 【'05. 감평사】

① ₩480,000 ② ₩500,000 ③ ₩520,000
④ ₩540,000 ⑤ ₩580,000

풀이

$$기본주당순이익=\frac{x}{(1,200\times 12+100\times 12+300\times 6)\times \frac{1}{12}}=₩400$$

∴ 당기순이익(x) = ₩580,000

9 20×1년 1월 1일 (주)국세의 유통보통주식수는 10,000주(주당액면 ₩5,000), 유통우선주식수는 7,000주(주당액면 ₩5,000, 비누적적 · 비참가적)이었다. 20×1년 중 우선주의 변동은 없었으며, 보통주는 20×1년 4월 1일 유상증자로 4,000주가 증가하였고, 7월 1일 10%무상증자로 1,400주가 추가 발행되었다. 20×1년도 당기순이익은 ₩29,880,000이었으며, 우선주의 배당률은 20%이다. (주)국세의 기본주당순이익은 얼마인가? (단, 가중평균유통주식수는 월할계산한다. 또한 유상증자는 20×1년 4월 1일에

해답 8. ⑤ 9. ④

전액 납입완료되었으며, 무상신주의 배당기산일은 원구주에 따른다.)

【'10, '11. 감평사, '12. 세무사】

① ₩1,334 ② ₩1,443 ③ ₩1,486
④ ₩1,600 ⑤ ₩1,670

풀이 기본주당순이익 $= \dfrac{₩22,880,000^{1)}}{14,300^{2)}} = ₩1,600$

1) ₩29,880,000−7,000×5,000×20%=₩22,880,000
2) (10,000×1.1×12+4,000×1.1×9)÷12=14,300주

10 (주)한국은 사업결합과 관련하여 새로 개점되는 영업점 1개당 보통주 5주를 발행하는 조건에 따라 보통주를 추가로 발행하기로 하였다. (주)한국의 20×1년 1월 1일 유통보통주식수는 1,000주이고, 이 외 유통되고 있는 희석증권 및 우선주는 없다. (주)한국은 20×1년 4월 1일과 10월 1일에 각각 새로운 영업점을 개점하였으며, 20×1년 당기순이익은 ₩290,000이다. 20×1년 기본주당순이익은?(단, 계산금액은 소수점 첫째자리에서 반올림한다.) 【'12. 감평사】

① ₩278 ② ₩281 ③ ₩287
④ ₩289 ⑤ ₩290

풀이 기본주당순이익 $= \dfrac{₩290,000}{(1,000\times12+5\times9+5\times3)\times\frac{1}{12}} = ₩289$

11 (주)감평의 보통주에 귀속되는 당기순이익이 20×2년과 20×3년에 각각 ₩450,000과 ₩1,080,000이다. 20×3년 8월 31일까지 보통주의 발행주식수는 400주이다. (주)감평은 20×2년 1월 2일에 자기주식 100주를 취득하여 20×3년 9월 1일까지 보유하고 있다. (주)감평은 20×3년 9월 1일에 유통보통주 1주당 2주의 보통주를 지급하는 무상증자를 실시하였다. 20×3년 포괄손익계산서에 비교표시되는 20×2년과 20×3년의 기본주당순이익은 각각 얼마인가? 【'15. 감평사】

	20×2년	20×3년
①	₩500	₩1,080
②	₩500	₩1,200
③	₩1,125	₩1,080
④	₩1,500	₩1,080
⑤	₩1,500	₩1,200

풀이 (1) 20×2년 기본수당순이익 $= \dfrac{₩450,000}{900^{1)}} = ₩500$

해답 10. ④ 11. ②

1) 가중평균유통보통주식수 $=400-100+300\times 2^{2)}=900$주

2) 무상주는 20×3년 9월 1일에 실시하였고, 이 경우에 비교표시되는 최초기간 개시일에 그 사건이 일어난 것처럼 비례적으로 조정하므로 비교표시되는 20×2년 초에 실시된 것으로 보고 가중평균유통보통주식수를 조정한다. 그리고 자기주식에 대해서는 무상주를 교부하지 않는다.

(2) 20×3년 기본주당순이익 $=\dfrac{₩1,080,000}{900^{3)}}=₩1,200$

3) 주식의 변동이 없으므로 20×2년도와 같다.

12 주식시장에서 PER가 낮은 주식으로 알려진 (주)청담에 관한 자료이다.

> (1) 20×0년 1월 1일 유통보통주(액면가 ₩5,000)는 100,000주이고 예상 당기순이익과 한계세율은 각각 ₩200,000,000과 30%이다.
> (2) 20×0년 7월 1일 대주주에게 전환사채를 인수시킴.
> ① 액면가 ₩1,000,000,000에 액면발행.
> ② 6개월간 전환사채이자비용은 ₩10,000,000으로 예상됨(표시이자율 연 2%)
> ③ 전환사채 액면가액 ₩5,000당 보통주 1주로 전환이 가능하나 실제로 주식으로 전환된 전환사채는 없었음.

모든 것이 예상대로 진행되었으며 주가는 연중 ₩10,000으로 유지된 것으로 가정한다. 기업회계기준서에 따라 기본주당순이익과 희석주당순이익을 계산하면 (주)청담의 PER는 각각 얼마가 되는가? 단, 유통월수를 가중치로 사용하여 가중평균주식수를 계산한다. 【'01. CPA】

	기본주당순이익 기준 PER	희석주당순이익 기준 PER
①	5.00	9.66
②	5.00	10.00
③	7.14	10.00
④	7.14	13.61
⑤	7.14	14.29

풀이 (1) 기본주당순이익 $=\dfrac{₩200,000,000}{100,000\times 12\times \frac{1}{12}}=₩2,000$ $\therefore$ PER $=\dfrac{10,000}{2,000}=5$

(2) 희석주당순이익 $=\dfrac{₩200,000,000+10,000,000\times(1-30\%)}{(100,000\times 12+200,000\times 6)\times \frac{1}{12}}=₩1,035$

$\therefore$ PER $=\dfrac{10,000}{1,035}=9.66$

해답 12. ①

13 (주)한국의 20×7년 당기순이익은 ₩5,000,000이며, 가중평균유통보통주식수는 5,000주이다. (주)한국은 20×6년도에 액면이자율 연 4%, 만기 3년, 전환청구는 발행일 이후부터 상환기일 30일 전까지 가능한 전환사채를 액면가액인 ₩25,000,000에 발행하였다. 이 전환사채는 모두 5,000주의 보통주로 전환할 수 있다. (주)한국은 우선주를 발행하지 않았으며, 20×7년 동안 이상의 전환사채 외에 다른 희석성 잠재적보통주를 가지고 있지 않다. 또한 20×7년 동안 20×6년에 발행한 전환사채의 전환청구는 없었다. (주)한국의 법인세율이 20%일 경우 20×7년 (주)한국의 희석주당순이익은 얼마인가? (단, 당기전환사채이자는 ₩1,250,000이다.) 【'08. 감평사】

① ₩500 ② ₩600
③ ₩700 ④ ₩1,000
⑤ ₩1,200

풀이 기본주당순이익 $= \dfrac{₩5{,}000{,}000}{5{,}000} = ₩1{,}000$

희석주당순이익 $= \dfrac{₩5{,}000{,}000 + 1{,}250{,}000^{*} \times (1 - 20\%)}{(5{,}000 + 5{,}000)} = ₩600$

* ₩25,000,000 × 5% = ₩1,250,000

14 (주)태양(결산일 12월 31일)의 2005년 기초유통보통주식수는 2,000주이며, 당기 중에 주식수의 변동은 없었다. (주)태양은 다음과 같은 희석성 잠재적보통주를 가지고 있다.

> (1) 신주인수권 : 2005년 7월 1일에 신주인수권 2,000매를 발행하였으며, 신주인수권 1매당 보통주 1주를 인수할 수 있다. 신주인수권의 주당 행사가격은 ₩6,000이며, (주)태양의 보통주의 당기 시가평균은 ₩10,000이다.
> (2) 전환사채 : 2005년 4월 1일에 전환사채를 발행하였으며, 전환사채 전부를 보통주로 전환한다면 600주의 보통주를 발행하여야 한다. 2005년도 전환사채 이자비용은 ₩300,000이다.

2005년도 (주)태양의 당기순이익은 ₩1,200,000이고, 한계세율은 20%이며, 기중에 신주인수권 행사 및 전환사채 전환은 없었다. (주)태양의 2005년도 희석주당순이익은 얼마인가? (단, 주식수의 가중평균은 월수로 한다.) 【'05. 세무사】

① ₩505 ② ₩500 ③ ₩480
④ ₩429 ⑤ ₩424

해답 13. ② 14. ②

풀이 기본주당순이익 $= \dfrac{₩1,200,000}{2,000 \times 12 \times \frac{1}{12}} = ₩600$

희석주당순이익 $= \dfrac{₩1,200,000 + 0}{(2,000 \times 12 + 800^{*} \times 6) \times \frac{1}{12}} = ₩500$

* 신주인수권부사채의 증분주식수 $= 2,000 - (2,000 \times 6,000 \div 10,000) = 800$주

그리고 전환사채의 경우에는 희석화되지 않으므로 고려하지 않는다. 즉,

희석화 판단 $= \dfrac{₩300,000 \times (1 - 20\%)}{600 \times 9 \times \frac{1}{12}} = ₩533$ (희석화되지 않음)

15 ㈜한국의 20×1년 기초 유통보통주식수는 1,000주이며, 보통주 계속영업이익은 ₩840,000이다. 20×1년 변동내역은 다음과 같다. ㈜한국의 20×1년 희석주당계속영업이익은? (단, 가중평균주식수는 월할계산한다.) 【'15. 세무사】

(1) 4월 1일 유상증자를 실시하여 보통주 200주를 발행하였으며, 주당 발행금액은 시장가치와 동일하다.
(2) 10월 1일 신주인수권부사채의 신주인수권이 모두 행사되어 보통주 120주를 발행교부하였다. 신주인수권부사채는 당기 4월 1일 액면상환조건으로 발행되었으며, 행사가격은 주당 ₩6,000이다.
(3) 보통주 평균시장가격은 주당 ₩9,000이다.

① ₩662 ② ₩672 ③ ₩690
④ ₩700 ⑤ ₩712

풀이 (1) 기본주당순이익 $= \dfrac{₩840,000}{1,180^{1)}} = ₩712$

1) 가중평균유통보통주식수 $= (1,000 \times 12 + 200 \times 9 + 120 \times 3) \div 12 = 1,180$

(2) 희석주당순이익 $= \dfrac{₩840,000}{1,180 + 20^{2)}} = ₩700$

2) 가산할 증분주식수 $= 120 - (120 \times 6,000 \div 9,000) = 40$주

$\therefore\ 40 \times \dfrac{6}{12} = 20$주(4/1~9/30)

16 ㈜대경의 20×2년 1월 1일 현재 보통주자본금은 ₩50,000,000(주당 액면금액은 ₩5,000)이고 자기주식과 우선주자본금은 없다. ㈜대경의 20×2년 당기 희석주당이익 계산을 위한 자료는 다음과 같다.

해답 15. ④ 16. ③

(1) 기초미행사 신주인수권 : 1,000개(신주인수권 1개당 보통주 1주 인수)
(2) 신주인수권 행사가격 : 주당 ₩6,000
(3) 기중 보통주 평균시가 : 주당 ₩10,000

20×2년 10월 1일에 신주인수권 800개가 행사되었다. 가중평균주식수를 월할계산했을 때 20×2년 당기 희석주당이익이 ₩620이라고 하면, 20×2년 ㈜대경의 당기순이익은 얼마인가? (단, 법인세 효과는 고려하지 않는다.) 【'14. CPA】

① ₩6,398,400 ② ₩6,423,200
③ ₩6,522,400 ④ ₩6,572,000
⑤ ₩6,671,200

풀이 $\text{희석주당순이익} = \dfrac{\text{당기순이익}}{10{,}200^{1)} + 320^{2)}} = ₩620$

∴당기순이익 = ₩6,522,400

1) 가중평균유통보통주식수 = (10,000 × 12 + 800 × 3) ÷ 12 = 10,200주

2) 행사분 = 800 − (800 × 6,000 ÷ 10,000) = 320주

미행사분 = 200 − (200 × 6,000 ÷ 10,000) = 80주

∴ 가산할 증분주식수 = (320 × 9 + 80 × 12) ÷ 12 = 320주

17 ㈜한국의 20×1년 1월 1일 현재 보통주자본금은 ₩5,000,000(주당 액면금액 ₩5,000)이고, 자기주식과 우선주자본금은 없다. 20×1년도 주당이익을 계산하기 위한 자료는 다음과 같다.

(1) ㈜한국은 20×1년도 당기순이익으로 ₩7,200,000을 보고하였다.
(2) ㈜한국은 20×1년 4월 1일 20% 무상증자를 실시하였다.
(3) ㈜한국은 20×0년 1월 1일에 액면금액이 ₩10,000(만기 3년, 이자 연말 후급, 행사가액 주당 ₩2,000)인 상환할증조건이 없는 신주인수권부사채를 100매 액면발행하였다. 20×1년 말 현재까지 신주인수권의 행사는 없었으나, 만기전까지 언제든지 사채 1매당 보통주 1주를 행사가액에 매입할 수 있는 신주인수권을 행사할 수 있다.

㈜한국의 20×1년도 희석주당이익이 ₩5,760이라면, ㈜한국 보통주 1주의 20×1년도 평균시가는 얼마인가? (단, ㈜한국이 동 신주인수권부사채와 관련하여 20×1년도 포괄손익계산서에 인식한 이자비용은 ₩180,000이고, 법인세율은 20%로 가정한다. 또한 가중평균주식수는 월할계산한다.) 【'13. CPA】

해답 17. ②

① ₩2,000 ② ₩4,000 ③ ₩6,000
④ ₩8,000 ⑤ ₩10,000

풀이 희석주당순이익 $= \dfrac{₩7,200,000 + 0}{1,000 \times 1.2 + A} = ₩5,760$

∴ A(가산할 증분주식수) = 50주

따라서,

가산할 증분주식수 = 100 − (100 × ₩2,000 ÷ P) = 50주

∴ P(평균시가) = ₩4,000

– 주식기준보상거래 –

18 주식기준보상에 관한 설명으로 옳지 않은 것은? 【'13. 감평사】

① 현금결제형 주식기준보상거래의 경우, 제공받는 재화나 용역과 그 대가로 부담하는 부채를 부채의 공정가치로 측정한다.

② 현금결제형 주식기준 보상거래의 경우, 부채가 결제될 때까지 매 보고기간말과 결제일에 부채의 공정가치를 재측정하고, 공정가치의 변동액은 기타포괄손익으로 인식한다.

③ 주식결제형 주식기준보상거래의 경우, 제공받는 용역의 공정가치를 신뢰성있게 추정할 수 없다면, 제공받는 용역과 그에 상응하는 자본의 증가는 부여된 지분상품의 공정가치에 기초하여 간접 측정 한다.

④ 주식결제형 주식기준보상거래의 경우, 부여한 지분상품의 공정가치에 기초하여 거래를 측정하는 경우에는 지분상품의 부여조건을 고려하여 측정기준일 현재 공정가치를 측정한다.

⑤ 기업이 거래대상에게 주식기준보상거래를 현금이나 지분상품발행으로 결제받을 수 있는 선택권을 부여한 경우에는, 부채요소와 자본요소가 포함된 복합금융상품을 부여한 것이다.

풀이 기타포괄손익 → 보상원가(당기손익)

④ 옳다.

참고로, 측정기준일이란 다음의 날이 측정기준일이 된다.

㉠ 종업원인 경우~부여일

㉡ 종업원이 아닌 거래 상대방인 경우~재화나 용역을 제공받는 날

⑤ 옳다.

해답 18. ②

19 (주)감평은 20×1년 7월 1일 임직원 40명에게 다음과 같은 조건으로 1인당 100개의 주식선택권을 부여하였다. 20×1년 말 현재 2명이 퇴사하였으며, 가득기간 종료시점(20×4년 6월 30일) 이전까지 2명이 추가 퇴사할 것으로 예상된다. 20×1년에 인식할 주식보상비용은?(단, 주식보상비용은 월할계산한다.) 【'15. 감평사】

(1) 가득조건: 20×4년 6월 30일까지 근무
(2) 행사가격: ₩6,000
(3) 주식선택권의 1개당 공정가치: ₩5,000
(4) 기대행사기간: 5년

① ₩1,800,000 ② ₩2,160,000
③ ₩2,400,000 ④ ₩3,000,000
⑤ ₩3,600,000

풀이 20×1년 주식보상비용 $=36\times100\times₩5,000\times\frac{1}{3}\times\frac{6}{12}=₩3,000,000$

20 (주)서울은 20×1년 1월 1일에 영업사원 200명에게 각각 주식선택권 100개를 부여하였다. 각 주식선택권은 종업원이 앞으로 4년간 근무할 것을 조건으로 한다. 부여일 현재 주식선택권의 단위당 공정가치는 ₩5,000으로 추정되었다. (주)서울은 종업원 중 30%가 4년 이내에 퇴사하여 주식선택권을 상실할 것으로 추정하였고, 실제로 20×1년과 20×2년에 각각 15명이 퇴사하였다. 동 주식선택권과 관련하여 (주)서울의 20×2년 포괄손익계산서상 당기손익에 반영될 주식보상비용은? 【'11. 감평사】

① ₩12,500,000 ② ₩15,500,000
③ ₩17,500,000 ④ ₩19,500,000
⑤ ₩21,500,000

풀이 20×1년 주식보상비용 $=200\times70\%\times100\times₩5,000\times\frac{1}{4}=₩17,500,000$

20×2년 주식보상비용 $=200\times70\%\times100\times₩5,000\times\frac{2}{4}-17,500,000$
$=₩17,500,000$

21 ㈜대한은 20×1년 1월 1일 종업원 100명에게 각각 1,000개의 주식선택권을 부여하였다. 동 주식선택권은 종업원이 앞으로 3년 동안 회사에 근무해야 가득된다. 20×1년

해답 19. ④ 20. ③ 21. ③

1월 1일 현재 ㈜대한이 부여한 주식선택권의 단위당 공정가치는 ₩360이며, 각 연도 말 퇴직 종업원 수는 다음과 같다.

연 도	실제 퇴직자수	추가퇴직 예상자 수
20×1년 말	10명	20명
20×2년 말	15명	13명
20×3년 말	8명	-

주식선택권 부여일 이후 주가가 지속적으로 하락하여 ㈜대한의 20×2년 12월 31일 주식선택권의 공정가치는 단위당 ₩250이 되었다. 동 주식기준보상과 관련하여 ㈜대한이 인식할 20×2년 포괄손익계산서상 주식보상비용은 얼마인가? (단, 계산방식에 따라 단수차이로 인해 오차가 있는 경우, 가장 근사치를 선택한다.) 【'14. CPA】

① ₩1,933,333 ② ₩5,166,667
③ ₩6,480,000 ④ ₩6,672,000
⑤ ₩8,400,000

풀이 '01년도 주식보상비용 $= (100-30) \times 1{,}000$개 $\times$ ₩360 $\times \frac{1}{3} =$ ₩8,400,000

'02년도 주식보상비용 $= (100-38) \times 1{,}000$개 $\times$ ₩360 $\times \frac{2}{3} - 8{,}400{,}000 =$ ₩6,480,000

'03년도 주식보상비용 $= (100-33) \times 1{,}000$개 $\times$ ₩360 $\times \frac{3}{3} - (8{,}400{,}000 + 6{,}480{,}000) =$ ₩9,240,000

※ 지분상품의 공정가치는 부여일 기준으로 측정한다.

22 ㈜한국은 20×1년 초 50명의 종업원에게 2년 용역제공조건의 주식선택권을 각각 200개씩 부여하였다. 부여일 현재 주식선택권의 단위당 공정가치는 ₩2,000으로 추정되었으며, 10%의 종업원이 2년 이내에 퇴사하여 주식선택권을 상실할 것으로 예상하였다. 20×1년 중 4명이 퇴사하였으며, 20×1년 말에 ㈜한국은 20×2년 말까지 추가로 퇴사할 것으로 추정되는 종업원의 수를 2명으로 변경하였다. 20×2년 중 실제로 3명이 퇴사하였다. 따라서 20×2년 말 현재 주식선택권을 상실한 종업원은 총 7명이 되었으며, 총 43명의 종업원에 대한 주식선택권(8,600개)이 가득되었다. 동 주식선택권과 관련하여 20×1년도와 20×2년 도에 인식할 당기비용은? (단, 주식기준보상거래에서 종업원으로부터 제공받은 용역은 자산의 인식요건을 충족하지 못하였다.)

【'15. 세무사】

해답 22. ③

	20×1년	20×2년
①	₩8,600,000	₩8,800,000
②	₩8,600,000	₩9,900,000
③	₩8,800,000	₩8,400,000
④	₩8,800,000	₩8,600,000
⑤	₩9,000,000	₩8,400,000

풀이 20×1년도 주식보상비용 $=(50-6)\times 200$개 $\times$ ₩2,000 $\times \frac{1}{2}=$ ₩8,800,000

20×2년도 주식보상비용 $=(50-7)\times 200$개 $\times$ ₩2,000 $\times \frac{2}{2}-$ ₩8,800,000
$=$ ₩8,400,000

23 OK주식회사는 2007년 1월 1일에 임직원에게 현금결제형 주가차액보상권을 21명에게 100개씩 부여하였다. 임직원들은 2009년까지 의무적으로 근무해야 하며, 행사기간은 2010년 1월 1일부터 3년간이다. 2009년 말까지 퇴직한 임직원은 없었다. 매기말 주가차액보상권의 공정가치가 다음과 같을 때 2007년말 회사가 계상해야 할 주식보상비용은 얼마인가? 【'05. 감평사 수정】

2007	2008	2009
₩5,000	₩7,000	₩9,000

① ₩3,500,000
② ₩6,300,000
③ ₩9,100,000
④ ₩12,800,000
⑤ ₩18,900,000

풀이 '07; 주식보상비용 $=21$명 $\times 100$개 $\times$ ₩5,000 $\times \frac{1}{3}=$ ₩3,500,000

'08; 주식보상비용 $=21$명 $\times 100$개 $\times$ ₩7,000 $\times \frac{2}{3}-3{,}500{,}000=$ ₩6,300,000

'09; 주식보상비용 $=21$명 $\times 100$개 $\times$ ₩9,000 $\times \frac{3}{3}-(3{,}500{,}000+6{,}300{,}000)=$ ₩9,100,000

해답 23. ①

CHAPTER

11 수 익

제1절 수익의 인식과 측정

1. 의 의

① 수익

수익이란 자본참여자의 출자관련 증가분을 제외한 자본의 증가를 수반하는 것으로서 회계기간의 정상적인 활동에서 발생하는 경제적 효익의 총유입을 말한다.

수익은 기업이 받았거나 받을 경제적효익의 총유입만을 포함한다.

② 수익에서 제외되는 경우

㉠ 판매세, 특정재화나 용역과 관련된 세금, 부가가치세와 같이 제3자를 대신하여 받는 금액은, 기업에 유입되어 자본의 증가를 수반하는 경제적 효익이 아니다. 그러므로 수익에서 제외한다.

㉡ 이와 마찬가지로 대리관계에서 본인을 대신하여 대리인인 기업이 받는 금액은 경제적효익의 총유입에 해당하지만 대리인인 기업의 자본을 증가시키지 않으므로 수익이 아니다. 대신에 이 경우 수익은 수수료 금액이다.

2. 수익의 측정

(1) 공정가치 측정

수익은 받았거나 받을 대가의 공정가치로 측정한다.

(2) 매매할인 등이 있는 경우

수익금액은 일반적으로 판매자와 구매자 또는 자산의 사용자 간의 합의에 따라 결정되며, 판매자에 의해 제공된 매매할인 및 수량리베이트를 고려하여 받았거나 받을 대가의 공정가치로 측정한다.

(3) 판매대가가 이연되는 경우

대부분의 경우 판매대가는 현금이나 현금성자산의 형태가 된다. 따라서 수익금액은 받았거나 받을 현금이나 현금성자산의 금액이 된다. 그러나 현금이나 현금성자산의 유입이 이연되는 경우, 대가의 공정가치는 받았거나 받을 현금의 명목금액보다 작을 수 있다. 예를 들면, 무이자로 신용판매하거나 표면이자율이 시장이자율보다 낮은 어음을 판매대가로 받는 경우이다. 대금지불약정이 실질적으로 자금대여거래에 해당하는 경우, 그 대가의 공정가치는 미래 총수취액을 내재이자율로 할인하여 결정한다. 그 판매대가의 공정가치와 명목금액의 차이는 유효이자율법에 따라 이자수익으로 인식한다.

(4) 재화나 용역의 교환이나 스왑거래

① 성격과 가치가 유사한 스왑거래

성격과 가치가 유사한 재화나 용역의 교환이나 스왑거래는 수익이 발생하는 거래로 보지 아니한다. 예를 들어, 원유나 우유와 같은 일반 상품의 경우, 공급기업들이 특정지역의 수요를 적시에 충족시키기 위하여 여러 지역에 있는 재고자산을 서로 교환하거나 스왑거래를 하는 경우가 있다.

② 성격이나 가치가 상이한 스왑거래

성격이나 가치가 상이한 재화나 용역의 교환은 수익이 발생하는 거래로 본다. 이때 수익은 교환으로 수취한 재화나 용역의 공정가치로 측정하되 현금이나 현금성자산이 이전되면 이를 반영하여 조정한다. 만일 수취한 재화나 용역의 공정가치를 신뢰성 있게 측정할 수 없는 경우에는, 수익은 제공한 재화나 용역의 공정가치로 측정하되 현금이나 현금성자산이 이전되면 이를 반영하여 조정한다

3. 거래의 식별

(1) 일반적인 경우

이 기준서의 수익인식기준은 일반적으로 각 거래별로 적용한다. 그러나 거래의 실질을 반영하기 위해서 하나의 거래를 개별적으로 식별할 수 있는 부분으로 나누어 수익인식기준을 각각 적용해야 할 경우도 있다. 예를 들어, 제품판매가격에 제품판매 후 제공할 용역에 대한 식별가능한 대가가 포함되어 있는 경우에는, 그 금액을 이연하여 용역수행기간에 걸쳐 수익으로 인식한다.

(2) 재화와 용역을 함께 제공하는 경우

한 거래에서 판매자가 재화와 용역을 함께 제공하는 경우에는 적합한 회계처리를 위해서 먼저 거래의 주목적을 식별하여야 한다. 거래의 주목적을 식별하기 위한 기준은 다음과 같다.

① 재화판매거래로 보는 경우

용역의 제공여부가 총거래가격에 영향을 미치지 않고 재화판매에 부수적으로 수반된다는 내용이 계약상 명시되어 있다면 이를 재화판매거래로 분류한다. 예를 들면, 품질보증조건으로 재화를 판매하는 거래는 재화판매거래로 분류한다.

② 용역제공거래로 보는 경우

재화의 제공여부가 총거래가격에 영향을 미치지 않고, 용역제공에 부수적으로 수반된다는 내용이 계약상 명시되어 있다면, 이를 용역제공거래로 분류한다. 예를 들면, 부품공급을 포함한 설비유지보수계약이 확정가격으로 체결되는 거래는 용역제공거래로 분류한다.

③ 별개로 보는 경우

재화와 용역이 별개로 취급되어 재화 또는 용역의 제공이 각각 총거래가격에 영향을 미치면, 이를 재화판매거래와 용역제공거래로 구분하여 별도로 회계처리한다.

제2절 재화의 판매

1. 일반적인 수익인식기준

(1) 재화의 판매로 인한 수익은 다음 조건이 모두 충족될 때 인식한다.

① 재화의 소유에 따른 유의적인 위험과 보상이 구매자에게 이전된다.

② 판매자는 판매된 재화의 소유권과 결부된 통상적 수준의 관리상 지속적 관여를 하지 않을 뿐만 아니라 효과적인 통제를 하지도 아니한다.

③ 수익금액을 신뢰성 있게 측정할 수 있다.

④ 거래와 관련된 경제적효익의 유입가능성이 높다.

⑤ 거래와 관련하여 발생했거나 발생할 원가를 신뢰성 있게 측정할 수 있다.

(2) 소유에 따른 위험과 보상의 이전

소유에 따른 유의적인 위험과 보상이 구매자에게 이전되는 시점을 결정하기 위해서는 거래상황을 분석하여야 한다. 대부분의 경우, 소유에 따른 위험과 보상의 이전은 일반적으로 법적 소유권의 이전이나 재화의 물리적 이전과 동시에 이루어진다. 대부분의 소매판매가 그러한 경우이다. 그러나 경우에 따라서는 소유에 따른 위험과 보상의 이전시점이 법적 소유권의 이전시점이나 재화의 물리적 이전시점과 다를 수 있다.

(3) 수익으로 인식할 수 없는 경우

판매자가 소유에 따른 유의적인 위험을 부담하는 경우에는 당해 거래를 판매로 보지 아니하며, 수익을 인식하지 아니한다. 판매자는 여러 가지 방식으로 소유에 따른 유의적인 위험을 부담할 수 있다. 판매자가 소유에 따른 유의적인 위험을 부담하는 예는 다음과 같다.

① 인도된 재화의 결함에 대하여 정상적인 품질보증범위를 초과하여 책임을 지는 경우
② 판매대금의 회수가 구매자의 재판매에 의해 결정되는 경우
③ 설치조건부 판매에서 계약의 중요한 부분을 차지하는 설치가 아직 완료되지 않은 경우
④ 구매자가 판매계약서에 명시된 사유에 따라 구매를 취소할 권리가 있고, 해당 재화의 반품가능성을 예측하기 어려운 경우

(4) 소유에 따른 위험이 중요하지 않은 경우

판매자가 부담하는 소유에 따른 위험이 중요하지 않은 경우에는 해당 거래를 판매로 보아 수익을 인식한다. 예를 들면, 판매자가 판매대금의 회수를 확실히 할 목적만으로 해당 재화의 법적 소유권을 계속 가지고 있더라도 소유에 따른 중요한 위험과 보상이 이전되었다면 해당 거래를 판매로 보아 수익을 인식한다. 또 다른 예로 고객이 만족하지 않는 경우에 판매대금을 반환하는 소매판매를 들 수 있는데, 그 경우 과거의 경험과 기타 관련 요인에 기초하여 미래의 반환금액을 신뢰성 있게 추정할 수 있다면, 판매시점에 수익을 인식하고 추정반환금액은 부채로 인식한다.

(5) 경제적효익의 유입가능성

수익은 거래와 관련된 경제적효익의 유입가능성이 높은 경우에만 인식한다. 판매대가를 수취하거나 불확실성이 해소되기 전까지 거래와 관련된 경제적효익의 유입가능성이 높지 않을 수도 있다. 예를 들면, 해외 판매시 판매대금의 송금에 대한 외국 정부의 허가여부가 불확실한 경우에는 송금이 허가되어 불확실성이 제거된 때에 수익을 인식한

다. 그러나 이미 수익으로 인식한 금액에 대해서는, 추후에 회수가능성이 불확실해지는 경우에도 이미 인식한 수익금액을 조정하지 아니하고, 회수불가능한 금액이나 더 이상 회수가능성이 높다고 볼 수 없는 금액을 비용으로 인식한다.

(6) 수익과 비용의 대응

동일한 거래나 사건에 관련된 수익과 비용은 동시에 인식한다. 이러한 과정을 보통 수익과 비용의 대응이라고 한다. 일반적으로 재화의 인도 이후 예상되는 품질보증비와 기타 비용은 다른 수익요건들이 충족되는 시점에 신뢰성 있게 측정할 수 있다. 그러나 관련된 비용을 신뢰성 있게 측정할 수 없다면 수익을 인식할 수 없다. 이 경우에 재화의 판매로 이미 받은 대가는 부채로 인식한다.

2. 업종별 수익기준

(1) '미인도청구' 판매('Bill and hold' sales)

재화의 인도가 구매자의 요청에 따라 지연되고 있으나, 구매자가 소유권을 가지며 대금청구를 수락하는 판매

다음을 충족하면 구매자가 소유권을 가지는 시점에 수익을 인식한다.

① 재화가 인도될 가능성이 높다.

② 판매를 인식하는 시점에 판매자가 해당 재화를 보유하고 있고, 재화가 식별되며, 구매자에게 인도될 준비가 되어 있다.

③ 재화의 인도 연기에 대하여 구매자의 구체적인 확인이 있다.

④ 통상적인 대금지급 조건을 적용한다.

그러나 인도시점에 맞추어 재화를 취득하거나 생산하겠다는 의도만 있는 경우에는 수익을 인식하지 않는다.

(2) 조건부로 선적된 재화

① 설치 및 검사 조건부 판매

보통 구매자가 재화의 인도를 수락하고 설치와 검사가 완료된 때 수익을 인식한다. 그러나 다음 각각의 경우에는 구매자가 재화의 인도를 수락한 시점에 즉시 수익을 인식한다.

㉠ 설치과정이 성격상 단순한 경우

예를 들어, 공장에서 이미 검사가 완료된 텔레비전 수상기의 설치와 같이 포장의 개봉과 전원 및 안테나의 연결만이 필요한 경우

㉡ 이미 결정된 계약가액을 최종적으로 확정하기 위한 목적만으로 검사가 수행되는 경우

예를 들어, 무연탄이나 곡물 등을 인도하는 경우

② 제한적인 반품권이 부여된 판매

반품가능성을 예측하기 어렵다면 구매자가 공식적으로 재화의 선적을 수락한 시점이나 재화를 인도 받은 후 반품기간이 종료된 시점에 수익을 인식한다.

③ 수탁자(구매자)가 위탁자(판매자)를 대신해 재화를 판매하는 위탁판매

위탁자는 수탁자가 제3자에게 재화를 판매한 시점에 수익을 인식한다.

④ 인도결제판매(cash on delivery sales)

인도가 완료되고 판매자나 판매자의 대리인이 현금을 수취할 때 수익을 인식한다.

(3) 완납인도 예약판매(Lay away sales)

구매자가 최종 할부금을 지급한 경우에만 재화가 인도되는 판매

이러한 판매는 재화를 인도하는 시점에만 수익을 인식한다. 그러나 경험상 대부분의 그러한 판매가 성사되었다고 보이는 경우, 재화를 보유하고 있고, 재화가 식별되며, 구매자에게 인도할 준비가 되어 있다면 유의적인 금액의 예치금이 수령되었을 때 수익을 인식할 수 있다.

(4) 현재 재고가 없는 재화

현재 재고가 없는 재화를 인도하기 전에 미리 판매대금의 전부 또는 일부를 수취하는 주문으로 예를 들어, 생산중인 재화나 제 3 자가 고객에게 직접 인도하는 재화의 경우 고객에게 재화를 인도한 시점에 수익을 인식한다.

(5) 판매 후 재매입 약정

판매자가 판매와 동시에 해당 재화를 나중에 재매입할 것에 동의하거나 재매입할 수 있는 콜옵션을 보유하거나 구매자가 판매자에게 재매입을 요구할 수 있는 풋옵션이 있는 약정을 말한다.

금융자산을 제외한 자산에 대한 판매 후 재매입 약정의 경우, 소유에 따른 위험과 보상이 구매자에게 실질적으로 이전되고 이에 따라 수익이 인식되는지를 확인하기 위해서는 계약조건을 분석할 필요가 있다. 법적 소유권이 이전되었더라도 판매자가 소유에 따른 위험과 보상을 보유하고 있다면 이러한 거래는 금융약정이며 수익을 발생시키는 거래가 아니다.

(6) 유통업자, 판매자 또는 재판매를 목적으로 하는 상인 등과 같은 중간상에 대한 판매

이러한 판매에 따른 수익은 소유에 따른 위험과 보상이 구매자에게 이전되는 시점에 인식한다. 그러나 구매자가 실질적으로 대리인 역할만을 한다면 이러한 거래를 위탁판매로 처리한다.

(7) 출판물 및 이와 유사한 품목의 구독

해당 품목의 가액이 매기 비슷한 경우에는 발송기간에 걸쳐 정액기준으로 수익을 인식한다. 그러나 품목의 가액이 기간별로 다른 경우에는 발송된 품목의 판매가액이 구독신청을 받은 모든 품목의 추정 총판매가액에서 차지하는 비율에 따라 수익을 인식한다.

(8) 대가가 분할되어 수취되는 할부판매

이자부분을 제외한 판매가격에 해당하는 수익을 판매시점에 인식한다. 판매가격은 대가의 현재가치로서 수취할 할부금액을 내재이자율로 할인한 금액이다. 이자부분은 유효이자율법을 사용하여 가득하는 시점에 수익으로 인식한다.

(9) 타인의 대리인 역할을 수행하여 재화를 판매하는 경우

기업이 재화의 소유에 따른 위험과 효익을 가지지 않고 타인의 대리인 역할을 수행하여 재화를 판매하는 경우에는 판매가액 총액을 수익으로 계상할 수 없으며 판매수수료만을 수익으로 인식해야 한다. 다음과 같은 예가 이에 해당한다.

① 임대업을 영위하는 회사는 임대매장에서 발생하는 매출과는 무관하므로 임차인으로부터 수취하는 임대료만을 수익으로 인식해야 한다.

② 수출업무를 대행하는 종합상사는 판매를 위탁하는 회사를 대신하여 재화를 수출하는 것이므로 판매수수료만을 수익으로 계상해야 한다.

③ 제품공급자로부터 받은 제품을 인터넷 상에서 중개판매하거나 경매하고 수수료만을 수취하는 전자쇼핑몰 운영회사는 관련 수수료만을 수익으로 인식해야 한다.

제3절 용역의 제공

1. 일반적인 수익인식기준

(1) 조건 충족시 진행률에 따라 수익인식

용역의 제공으로 인한 수익은 용역제공거래의 결과를 신뢰성 있게 추정할 수 있을 때 보고기간 말에 그 거래의 진행률에 따라 인식한다. 다음 조건이 모두 충족되는 경우 용역제공거래의 결과를 신뢰성 있게 추정할 수 있다.

① 수익금액을 신뢰성 있게 측정할 수 있다.

② 거래와 관련된 경제적효익의 유입가능성이 높다.

③ 보고기간말에 그 거래의 진행률을 신뢰성 있게 측정할 수 있다.

④ 이미 발생한 원가 및 거래의 완료를 위한 원가를 신뢰성 있게 측정할 수 있다.

(2) '건설계약'의 기준서 적용

거래의 진행률에 따라 수익을 인식하는 방법을 진행기준이라 한다. 진행기준에 따르면 수익은 용역이 제공되는 회계기간에 인식하게 된다. 진행기준으로 인식한 수익은 특정 회계기간의 용역활동과 성과의 정도에 대한 유용한 정보를 제공한다. 기업회계기준서 제1011호 '건설계약'에서도 수익을 진행기준으로 인식한다. 이 규정은 용역제공과 관련된 거래의 수익과 관련 비용의 인식에 일반적으로 적용할 수 있다.

(3) 용역제공의 성과를 신뢰성 있게 추정할 수 없는 경우

① 용역제공거래의 성과를 신뢰성 있게 추정할 수 없는 경우에는 인식된 비용의 회수가능한 범위 내에서의 금액만을 수익으로 인식한다. 즉 용역제공거래의 성과를 신뢰성 있게 추정할 수 없기 때문에 이익은 인식하지 아니한다.

② 용역제공거래의 성과를 신뢰성 있게 추정할 수 없고 발생한 원가의 회수가능성이 높지 않은 경우에는 수익은 인식하지 아니하고 발생한 원가를 비용으로 인식한다.

2. 업종별 수익인식기준

(1) 설치수수료

설치수수료는 재화가 판매되는 시점에 수익을 인식하는 재화의 판매에 부수되는 설치의 경우를 제외하고는 설치의 진행률에 따라 수익으로 인식한다.

(2) 제품판매가격에 포함된 용역수수료

제품판매가격에 판매 후 제공할 용역(소프트웨어 판매의 경우 판매 후 지원 및 제품개선 용역)에 대한 식별가능한 금액이 포함되어 있는 경우에는, 그 금액을 이연하여 용역수행기간에 걸쳐 수익으로 인식한다. 이연되는 금액은 약정에 따라 제공될 용역의 예상원가에 이러한 용역에 대한 합리적인 이윤을 가산한 금액이다.

(3) 광고수수료

광고매체수수료는 광고 또는 상업방송이 대중에게 전달될 때 인식하고, 광고제작수수료는 광고 제작의 진행률에 따라 인식한다.

(4) 보험대리수수료

보험대리인이 추가로 용역을 제공할 필요가 없는 경우에 보험대리인은 대리인이 받았거나 받을 수수료를 해당 보험의 효과적인 개시일 또는 갱신일에 수익으로 인식한다. 그러나 대리인이 보험계약기간에 추가로 용역을 제공할 가능성이 높은 경우에는 수수료의 일부 또는 전부를 이연하여 보험계약기간에 걸쳐 수익으로 인식한다.

(5) 입장료

예술공연, 축하연, 기타 특별공연 등에서 발생하는 수익은 행사가 개최되는 시점에 인식한다. 하나의 입장권으로 여러 행사에 참여할 수 있는 경우의 입장료수익은 각각의 행사를 위한 용역의 수행된 정도가 반영된 기준에 따라 각 행사에 배분하여 인식한다.

(6) 수강료

강의기간에 걸쳐 수익으로 인식한다.

(7) 입회비, 입장료 및 회원가입비

제공되는 용역의 성격에 따라 수익인식이 결정된다. 만일 회비가 회원가입만 위한 것이고 기타 모든 용역이나 제품의 제공대가가 별도로 수취되거나 별도의 연회비가 있다면, 이러한 회비는 회수에 유의적인 불확실성이 없는 시점에 수익으로 인식한다. 만일 회비를 납부하고 회원가입기간 동안 무상으로 용역이나 간행물을 제공받거나 재화나 용역을 비회원보다 저렴한 가격으로 구매할 수 있는 경우에는 이러한 효익이 제공되는 시기, 성격 및 가치를 반영하는 기준으로 수익을 인식한다.

(8) 프랜차이즈 수수료

프랜차이즈 수수료는 창업지원용역과 운영지원용역, 설비와 기타 유형자산 및 노하우 제공에 대한 대가를 포함할 수 있다. 따라서 프랜차이즈 수수료는 부과되는 목적을 반영하는 기준에 따라 수익으로 인식한다. 프랜차이즈 수수료의 적정한 인식방법은 다음과 같다.

① 설비와 기타 유형자산의 제공

해당 자산을 인도하거나 소유권을 이전할 때 제공하는 자산의 공정가치에 기초한 금액을 수익으로 인식한다.

② 창업지원용역과 운영지원용역의 제공

㉠ 운영지원용역의 제공에 대한 수수료는 창업지원용역 수수료의 일부이거나 별도의 수수료임에 상관없이 용역이 제공됨에 따라 수익으로 인식한다. 별도의 수수료가 운영지원용역의 원가를 회수하고 합리적인 이윤을 제공하는 데 불충분하고, 창업지원용역 수수료의 일부가 이러한 운영지원용역의 원가를 회수하고 합리적인 이윤을 제공한다면, 창업지원수수료의 일부를 이연하여 운영지원용역이 제공됨에 따라 수익으로 인식한다.

㉡ 계약에 따라 프랜차이즈 본사는 제 3 자에게 판매하는 가격보다 저렴한 가격 또는 적정이윤이 보장되지 않는 가격으로 설비, 재고자산, 또는 기타 유형자산을 가맹점에 제공할 수 있다. 이 경우 추정원가를 회수하고 적정이윤을 보장할 수 있도록 창업지원용역 수수료의 일부를 이연한 후, 설비 등을 가맹점에 판매할 것으로 기대되는 기간에 걸쳐 수익으로 인식한다.

㉢ 나머지 창업지원용역 수수료는 프랜차이즈 본사가 모든 창업지원용역과 그 밖의 의무(예: 가맹점입지선정, 종업원교육, 자금조달, 광고에 대한 지원)를 실질적으로 이행한 시점에 수익으로 인식한다.

㉣ 일정지역에 대한 프랜차이즈계약에 따른 창업지원용역과 그 밖의 의무는 그 지역에 설립되는 가맹점수에 따라 달라진다. 이러한 경우에 창업지원용역에 관련되는 수수료는 실질적으로 창업지원용역이 완료된 가맹점 수에 비례하여 수익으로 인식한다.

㉤ 만일 창업지원용역 수수료가 장기간에 걸쳐 회수되고 모두 회수하는 데 유의적인 불확실성이 존재하는 경우에는 할부금을 현금으로 수취하는 시점에 수익으로 인식한다.

③ 프랜차이즈 운영지원 수수료

계약에 의한 권리의 계속적인 사용에 부과되는 수수료나 계약기간 동안 제공하는 기타 용역에 대한 수수료는 권리를 사용하는 시점이나 용역을 제공하는 시점에 수익으로 인식한다.

④ 대리거래

프랜차이즈 본사와 가맹점 간의 거래에서 본사가 실제로는 가맹점의 대리인으로 거래하는 경우가 있을 수 있다. 예를 들어 프랜차이즈 본사가 가맹점에게 공급할 재화를 대신 주문하고 원가로 인도하는 거래가 있을 수 있다. 이러한 거래에서는 수익이 발생하지 않는다.

(9) 주문형 소프트웨어의 개발 수수료

주문개발하는 소프트웨어의 대가로 수취하는 수수료는 진행기준에 따라 수익을 인식한다. 이 때 진행률은 소프트웨어의 개발과 소프트웨어 인도 후 제공하는 지원용역을 모두 포함하여 결정한다.

제4절 이자수익, 로열티 수익, 배당수익

1. 일반적인 인식기준

자산을 타인에게 사용하게 함으로써 창출되는 이자수익, 로열티수익 및 배당수익은 다음 조건을 모두 충족하는 경우에 인식한다.

(1) 거래와 관련된 경제적효익의 유입가능성이 높다.
(2) 수익금액을 신뢰성 있게 측정할 수 있다.

2. 구체적인 인식기준

수익은 다음의 기준에 따라 인식한다.

(1) 이자수익은 유효이자율법으로 인식한다.
(2) 로열티수익은 관련된 약정의 실질을 반영하여 발생기준에 따라 인식한다.

(3) 배당수익은 주주로서 배당을 받을 권리가 확정되는 시점에 인식한다.

(4) 이자부 투자자산을 취득하기 전에 지급받지 아니한 이자가 발생한 경우

이자부 투자자산을 취득하기 전에 지급받지 아니한 이자가 발생한 경우, 취득 후 처음 받은 이자에 대해서는 취득 이전 기간과 취득 이후 기간으로 배분하여 취득 이후 기간에 해당하는 이자만을 수익으로 인식한다.

(5) 추후에 회수가능성이 불확실해지는 경우

수익은 거래와 관련된 경제적효익의 유입가능성이 높은 경우에만 인식한다. 그러나 이미 수익으로 인식한 금액에 대해서는 추후에 회수가능성이 불확실해지는 경우에도 이미 인식한 수익금액을 조정하지 아니하고 회수불가능한 금액이나 더 이상 회수가능성이 높다고 볼 수 없는 금액을 비용으로 인식한다.

(6) 라이선스 수수료 및 로열티수익

① 계약의 실질에 따라 인식

수수료와 로열티수익은 기업의 자산(예: 상표권, 특허권, 소프트웨어, 음악저작권, 녹화권, 영화필름)을 사용하는 대가로 지급되는데, 보통 계약의 실질에 따라 인식한다. 실무적으로는 정액기준으로 인식할 수 있다. 예를 들어, 라이선스 사용자가 특정기간 동안 특정기술을 사용할 권리를 갖는 경우에는 약정기간 동안 정액기준으로 수익을 인식한다

② 실질적인 판매인 경우

라이선스 제공자가 라이선스 제공 이후에 수행할 추가적인 의무가 없으며 사용자에게 라이선스를 자유롭게 사용하도록 허용하는 해지불능계약에 따라 일정한 사용료나 환급불능 보증금을 받는 대가로 권리를 양도하는 것은 실질적인 판매이다. 예를 들어 라이선스 제공자가 소프트웨어 인도 후 후속 의무가 없는 경우의 소프트웨어 사용에 대한 라이선스 계약이 이에 해당된다. 또 다른 예로는 라이선스 제공자가 배급업자를 통제할 수 없고 흥행수익으로부터 추가적인 수익을 수취할 것으로 기대하지 않는 시장에서 영화를 상영할 권리를 부여하는 경우를 들 수 있다. 이러한 경우에는 판매시점에 수익을 인식한다.

제5절 업종별 구체적 회계처리

1. 할부매출의 수익인식

할부매출의 경우에는 인도기준에 따라 회계처리하며, 장기인 경우에는 이자상당액은 기간에 따라 수익으로 인식한다. 따라서 장기할부 판매의 경우에 매출총이익은 재화가 인도되는 시점에서 인식하고 이자상당액은 기간의 경과에 따라 유효이자율법을 적용하여 이자수익으로 인식한다. 즉

매출채권의 명목상 금액	×××	이자상당액: 기간의 경과에 따라 인식
매출채권의 현재가치	×××	매출총이익: 인도시점에서 인식
상품의 원가	×××	

장기할부매출(경과기간에 따라 이자를 인식하는 경우)

찬우주식회사는 20×1년 1월 1일에 매년 말 ₩100,000씩 3년 동안 수취조건으로 할부판매하였다. 당기에 매입한 상품의 원가는 ₩200,000이고 기초와 기말재고는 없다. 이자율 10%, 기간 3년의 연금현가계수는 2.4868이다.

(1) 상각표를 작성하시오.

(2) 20×1년도의 매출총이익과 당기순이익을 구하고, 연도별 회계처리와 포괄손익계산서를 작성하시오(단, 법인세는 무시한다).

풀이

(1) 상각표

일 자	① 현금수취액	② 이 자 (④×이자율)	③ 원금상환액 (①-②)	④ 기말잔액 (④-③)
20×1년 1/1				248,680
20×1년 12/31	100,000	24,870	75,130	173,550
20×2년 12/31	100,000	17,360	82,640	90,910
20×3년 12/31	100,000	9,090	90,910	0
계	300,000	51,320	248,680	

(2) 매출총이익과 당기순이익

매출총이익=₩248,680−200,000=₩48,680

당기순이익=매출총이익+이자수익

₩48,680+248,680×10%=₩73,550

(3) 각 연도별로 회계처리를 하면 다음과 같다.

① 20×1. 1/1(매출시)

(차) 장기외상매출금	300,000	(대)	할부매출	248,680
			현재가치할인차금	51,320
(차) 매출원가	200,000	(대)	재고자산	200,000

② 20×1. 12/31(회수 및 상각시)

(차)	현금	100,000	(대) 장기외상매출금	100,000
	현재가치할인차금	24,870	이자수익	24,870

③ 20×2. 12/31(회수 및 상각시)

(차)	현금	100,000	(대) 장기외상매출금	100,000
	현재가치할인차금	17,360	이자수익	17,360

④ 20×3. 12/31(회수 및 상각시)

(차)	현금	100,000	(대) 장기외상매출금	100,000
	현재가치할인차금	9,090	이자수익	9,090

(4) 20×1년도 포괄손익계산서

Ⅰ. 매출		248,680	← 인도시점에서 인식
Ⅱ. 매출원가			
기초재고액	0		
당기매입액	200,000		
기말재고액	△ 0	200,000	
Ⅲ. 매출총이익		48,680	
Ⅳ. 이자수익		24,870	← 기간의 경과에 따라 인식
Ⅴ. 당기순이익		73,550	(유효이자율법 적용)

2. 위탁판매

위탁판매란 자기의 상품을 타인에게 위탁하여 판매하는 것을 말한다. 수익은 수탁자가 위탁품(적송품)을 판매한 날에 인식한다.

① **상품적송시:** 상품을 수탁자에게 적송할 때 일반재고상품과 구별하기 위하여 적송품원가를 적송품계정에 차기한다.

(차) 적송품	×××	(대) 매입	×××

② 위탁품을 수탁자가 판매시: 수탁자가 적송품을 판매한 시점에서 수익을 인식하고

판매한 적송품에 대한 원가를 적송품계정에서 매입계정으로 다시 대체시킨다.

(차) 외상매출금	×××	(대) 적 송 품 매 출	×××
매 입 (매출원가)	×××	적 송 품	×××

③ **결산시**: 기말까지 아직 판매되지 않은 적송품은 창고에는 없으나 위탁자 소유이므로 기말재고액에 포함시켜야 된다. 이 때에는 분개 없이 당기매입액과 기말재고액에 가산하는데, 그 이유는 적송시에 적송품원가만큼 매입을 감소시켰기 때문에 당기 매입액에는 기말까지 아직 판매되지 않은 적송품원가가 포함되어 있지 않으며 또한 자기창고에 없기 때문에 기말실사시에 누락되어 기말재고액에도 포함되어 있지 않기 때문이다.

위탁판매

다음의 거래를 분개하시오.

(1) 서울상점은 순천상점에 상품 ₩100,000을 적송하고, 그 판매를 위탁하다.

(2) 순천상점은 아래와 같은 매출계산서를 작성하여 서울상점에 보내는 한편 실수금을 수표발행하여 송금하다.

(3) 서울상점은 실수금을 당좌예입하다.

매출계산서

매출액		₩150,000
제비용		
운 임	500	
보관료	1,500	
잡 비	2,000	
수수료	10,000	14,000
순천상점 실수금		₩136,000

풀이

(1) **적송시**

(차) 적 송 품	100,000	(대) 매 입	100,000

(2) **적송품판매시**

(차) 당좌예금	136,000	(대) 적송품매출	150,000
운 임	500		
보 관 료	1,500		
잡 비	2,000		
지급수수료	10,000		
(차) 매 입	100,000	(대) 적 송 품	100,000

3. 시용판매

시용판매란 주문을 받지 않고 상품 등을 거래처에 인도하여 고객이 시험적으로 사용해보고 매입하겠다는 의사표시를 함으로써 판매가 성립되는 것으로 수익은 매입자가 매입의사를 표시한 날에 인식한다.

① **시송품 발송시:** 시송품 인도시에 시용매출에 대하여 매가로 대조계정에 의한 비망기록을 한다. 분개를 생략할 수도 있다.

(차) 시 송 품	×××	(대) 시용가매출	×××

② **매입의사를 표시한 날:** 매입자가 매입의사를 표시한 날에 수익을 인식하고 같은 금액만큼 비망기록을 상계시킨다.

(차) 외상매출금	×××	(대) 매 출	×××
시용가매출	×××	시 송 품	×××

③ **결산시:** 기말까지 아직 매입의사표시가 없는 시송품은 창고에 없다고 할지라도 그에 대한 소유권이 판매자에게 있으므로 그 원가를 기말재고액에 포함시켜야 된다.

(차) 이월상품	×××	(대) 매 입	×××

4. 미착상품

미착상품(goods in transit)이란 상품을 주문하였으나 화물상환증(해상운송인 경우는 선화증권)만 먼저 도착되고 상품은 운송중에 있어 아직 도착하지 않은 상품을 말한다.

미착상품을 기말결산시에 재고자산에 포함시켜야 하는지의 여부는 법적 소유권의 이전여부에 따라 판단하여야 한다. 즉, F · O · B 선적지조건(F · O · B · Shipping point)은 상품이 선적되는 시점에서 상품의 소유권이 판매자로부터 구매자에게 이전되는 계약으로, 이러한 경우의 미착상품은 구매자의 재고자산에 포함되어야 한다. F · O · B 목적지조건(F · O · B · destination)은 상품이 계약상의 목적지에 도착하였을 때 상품의 소유권이 구매자에게 이전되는 계약으로, 이 경우에는 미착상품이 판매자의 재고자산에 포함되어야 한다. 즉,

미착상품
- F · O · B 선적지조건: 구매자의 재고자산
- F · O · B 목적지조건: 판매자의 재고자산

제6절 고객충성제도

1. 의 의

고객충성제도는 재화나 용역을 구매하는 고객에게 인센티브를 제공하기 위하여 사용된다. 고객이 재화나 용역을 구매하면, 기업은 고객보상점수(흔히 '포인트'라고 한다)를 부여한다. 고객은 보상점수를 사용하여 재화나 용역을 무상 또는 할인 구매하는 방법으로 보상을 받을 수 있다.

2. 보상점수의 수익인식

보상점수는 보상점수를 부여한 매출거래('최초매출') 중 별도의 식별가능한 부분으로 회계처리한다. 최초매출과 관련하여 받았거나 받을 대가의 공정가치는 보상점수와 매출의 나머지 부분에 배분한다. 보상점수에 배분할 대가는 보상점수의 공정가치에 기초하여 측정한다. 기업이 직접보상을 하는 경우와 제 3 자가 보상을 제공하는 경우에 따라 다음과 같이 수익을 인식한다.

(1) 기업이 직접보상을 하는 경우

만일 기업이 직접 보상을 제공한다면 보상점수가 회수되고 보상을 제공할 의무를 이행한 때 보상점수에 배분된 대가를 수익으로 인식한다. 수익으로 인식할 금액은 회수될 것으로 기대되는 총 보상점수에서 보상과 교환되어 회수된 보상점수의 상대적 크기에 기초하여야 한다.

(2) 제 3 자가 보상을 제공하는 경우

만일 제 3 자가 보상을 제공한다면 보상점수에 배분되는 대가를 기업이 자기의 계산으로(즉, 해당거래의 본인으로서) 회수하고 있는지 아니면 제 3 자를 대신하여(즉, 제 3 자의 대리인으로서) 회수하고 있는지를 판단하여야 한다.

① 기업이 제 3 자를 대신하여 대가를 회수하는 경우

기업이 제 3 자를 대신하여 대가를 회수하는 경우에는 수익을 다음과 같이 측정하고 인식한다.

㉠ 수익은 자기의 계산으로 보유하는 순액 즉, 보상점수에 배분되는 대가와 제 3 자가 제공한 보상에 대해 기업이 지급할 금액 간의 차액으로 측정한다

㉡ 제 3 자가 보상을 제공할 의무를 지고 그것에 대한 대가를 받을 권리를 가지게 될 때 그 순액을 수익으로 인식한다.

② 기업이 자기의 계산으로 대가를 회수하는 경우

기업이 자기의 계산으로 대가를 회수하는 경우에는 보상점수에 배분되는 총 대가로 수익을 측정하고 보상과 관련하여 의무를 이행한 때 수익을 인식한다.

기업이 보상을 제공하는 경우

다음 자료에 의하여 연도별 회계처리를 하시오.

(1) OK식료품소매상이 고객충성제도를 운영하고 있다. 제도회원이 일정한 금액을 식료품 구입에 사용하면 소매상은 제도회원에게 충성포인트를 부여한다. 제도회원은 포인트를 사용하여 식료품을 더 구입할 수 있다. 포인트의 유효기한은 없다. 20×1년에 OK기업이 매출 ₩100,000을 현금 판매하고 100포인트(매출 ₩1,000당 1포인트 부여)를 부여하였다. 또한, 경영진은 이 가운데 80포인트만이 회수될 것이라고 기대한다. 1포인트 공정가치는 1원이다.

(2) 20×1년도 말에 회수될 것으로 기대되는 포인트의 절반인 40포인트가 회수되어 식료품으로 교환되었다.

(3) 20×2년도에 경영진은 시장참여자들의 기대에 대한 추정치를 수정하였다. 이제 경영진은 총 90포인트가 회수될 것으로 기대한다. 20×2년도 중에 41포인트가 회수되어 총 회수 포인트 점수는 40+41=81포인트가 되었다.

(4) 20×3년도에, 9포인트가 추가로 회수되어 총 회수 포인트 점수는 81+9=90이다. 경영진은 여전히 90포인트만이 회수될 것으로 예상한다. 즉, 20×3년도 이후에는 더이상 포인트가 회수되지 않을 것으로 기대한다.

풀이

(1) 20×1년도

① 매출시;

차) 현 금	100,000	대)	매 출	99,900
			선수수익	100[1)]

1) ₩100,000 $\frac{1}{1,000}$ × ₩1=₩100

② 회수시

차) 선수수익	50[2)]	대) 매 출	50

2) ₩100 × $\frac{40포인트}{80포인트}$ =₩50이다.

(2) 20×2년도

차) 선수수익	40[3)]	대) 매 출	40

3) 기업이 인식하는 누적수익은 $\frac{81포인트}{90포인트}$ × ₩100=₩90이다. 1차연도에 ₩50을 수익으로 인식하였으므로 2차 연도에는 ₩40을 수익으로 인식한다.

∴ 당기 수익인식= ₩100 × $\frac{81포인트}{90포인트}$ −50=₩40

(3) 20×3년도

차) 선수수익	10[4)]	대) 매 출	10

4) 당일까지의 누적수익은 $\frac{90포인트}{90포인트}$ × ₩100=₩100이다. 기업은 이미 ₩90을 수익으로 인식하였다(1차 연도 ₩50, 2차 연도 ₩40). 그러므로 3차 연도에는 나머지 ₩10을 수익으로 인식한다. 이렇게 해서 초기에 이연한 수익을 모두 인식하게 된다.

∴ 당기 수익인식= ₩100 × $\frac{90포인트}{90포인트}$ −90 = ₩10

제 3 자가 보상을 제공하는 경우

(1) 한 전기제품 소매상 OK회사는 다른 항공사가 운영하는 고객충성제도에 참여하였다. 제도회원에게 전기제품 구입에 사용한 ₩1,000에 1항공여행 포인트를 부여한다. 제도회원은 포인트를 사용하여 이용가능한 상황에서 항공여행권을 받을 수 있다. OK회사는 포인트마다 공정가치를 ₩10으로 추정하고 있다. OK회사는 항공사에 각 포인트마다 ₩9을 지급한다.

(2) 20×1년에 OK회사는 전기제품을 총 ₩1,000,000의 대가를 받고 현금판매하였다. OK회사는 총 1,000포인트를 부여하였다. 이에 따라 OK회사는 항공사에 포인트당 ₩9을 지급하였다.

위 자료에 따라 다음 각각의 회계처리를 하시오.

1. OK회사가 자기계산으로 대가를 회수하는 경우
2. OK회사가 항공사를 대신하여 대가를 회수하는 경우

풀이

(1) OK회사가 자기의 계산으로 회수하는 경우

OK회사가 포인트에 배분된 대가를 자기의 계산으로 회수한다면 OK회사는 포인트에 배분된 총

₩10,000으로 수익을 측정한다. OK회사는 항공사에 지급하였거나 지급할 ₩9,000을 비용으로 별도로 인식한다.
회계처리하면 다음과 같다.

차) 현 금	1,000,000	대)	매 출	990,000
			고객충성제도수익	10,000 [1]
차) 고객충성제도비용	9,000	대)	현 금	9,000

1) 1,000포인트[2] × ₩10=₩10,000을 여행포인트에 배분한다
2) ₩1,000,000 × $\frac{1}{1,000}$=1,000포인트

(2) OK회사가 항공사를 대신하여 대가를 회수하는 경우
OK회사가 항공사를 대신하여 즉, 대리인으로서 대가를 회수한다면 OK회사는 자기의 계산으로 보유하는 순액으로 수익을 측정한다. 수익금액은 포인트에 배분된 대가 ₩10,000과 항공사에 전달하는 ₩9,000의 차액인 ₩1,000이 된다.
회계처리하면 다음과 같다.

차) 현금	1,000,000	대)	매 출	990,000
			고객충성제도수익	1,000 [3]
			현 금	9,000

3) ₩10,000−9,000=₩1,000

제7절 농림어업

1. 의 의

농림어업활동은 예를 들어, 목축, 조림, 일년생이나 다년생 곡물 등의 재배, 과수재배와 농원경작, 화훼원예, 양식(양어 포함)과 같은 다양한 활동을 포함한다.

2. 적 용

다음 사항이 농림어업활동과 관련되는 경우의 회계처리에 적용한다.

(1) 생물자산
(2) 수확시점의 수확물
(3) 정부보조금

따라서 생물자산에서 수확된 수확물에 대해서 수확시점에만 적용하며, 수확시점 후에는 '재고자산' 이나 적용가능한 다른 한국채택국제회계기준서를 적용한다.

3. 생물자산, 수확물 및 수확 후 가공품의 예

아래의 표에서는 생물자산, 수확물 및 수확 후 가공품의 예를 제시하고 있다.

표 11-1

생물자산	수확물	수확 후 가공품
양	양모	모사, 양탄자
조림지의 나무	벌목된 나무	원목, 목재
식물	면화	실, 의류
	수확한 사탕수수	설탕
젖소	우유	치즈
돼지	돈육	소시지, 햄
관목	잎	차, 담배
포도나무	포도	포도주
과수	수확한 과일	과일 가공품

4. 인 식

다음의 조건이 모두 충족되는 경우에 한하여 생물자산이나 수확물을 인식한다.

(1) 과거 사건의 결과로 자산을 통제한다.
(2) 자산과 관련된 미래경제적효익의 유입가능성이 높다.
(3) 자산의 공정가치나 원가를 신뢰성 있게 측정할 수 있다.

5. 측 정

(1) 생물자산

생물자산은 최초 인식시점과 매 보고기간말에 공정가치에서 추정 매각부대원가를 차감한 금액(이하 '순공정가치' 라 한다)으로 측정하여야 한다. 다만, 공정가치를 신뢰성 있게 측정할 수 없는 경우는 제외한다.

(2) 생물자산에서 수확된 수확물

생물자산에서 수확된 수확물은 수확시점에 순공정가치로 측정하여야 한다.

(3) 공정가치를 신뢰성 있게 측정할 수 없는 경우

생물자산의 공정가치는 신뢰성 있게 측정할 수 있다고 추정한다. 그러나 생물자산을 최초로 인식하는 시점에 시장 공시가격을 구할 수 없고, 대체적인 공정가치측정치가 명백히 신뢰성 없게 결정되는 경우에는 최초 인식 시점에 한해 그러한 추정에 반론이 제기될 수 있다. 그러한 경우 생물자산은 원가에서 감가상각누계액과 손상차손누계액을 차감한 금액으로 측정한다. 이후 그러한 생물자산의 공정가치를 신뢰성 있게 측정할 수 있게 되면 순공정가치로 측정한다.

6. 평가손익

(1) 생물자산을 최초 인식시점에 순공정가치로 인식하여 발생하는 평가손익과 생물자산의 순공정가치 변동으로 발생하는 평가손익은 발생한 기간의 당기손익에 반영한다.

(2) 생물자산의 순공정가치를 산정할 때에 추정 매각부대원가를 차감하기 때문에 생물자산의 최초 인식시점에 손실이 발생할 수 있다. 송아지가 태어나는 경우와 같이 생물자산의 최초 인식시점에 이익이 발생할 수도 있다.

(3) 수확물을 최초 인식시점에 순공정가치로 인식하여 발생하는 평가손익은 발생한

표 11-2 계정과목별 평가

과 목	최초인식 시	매 보고기간 말(후속측정)
재고자산	원가로 측정	저가법
유형자산	원가로 측정	원가모형 또는 재평가모형
무형자산	원가로 측정	원가모형 또는 재평가모형
투자부동산	원가로 측정	원가모형 또는 공정가치모형
단기매매금융자산 매도가능금융자산 만기보유금융자산	공정가치로 측정 공정가치로 측정 공정가치로 측정	공정가치법 공정가치법 또는 원가법 상각후원가
생물자산 수확물	순공정가치로 측정 순공정가치로 측정	순공정가치법 순공정가치법

기간의 당기손익에 반영한다.

(4) 수확의 결과로 수확물의 최초 인식시점에 평가손익이 발생할 수 있다.

7. 정부보조금

순공정가치로 측정하는 생물자산과 관련된 정부보조금에 다른 조건이 없는 경우에는 이를 수취할 수 있게 되는 시점에만 당기손익으로 인식한다.

농림어업의 수익인식

(주)찬우는 우유 생산을 위하여 20×1년 1월 1일에 어미 젖소 5마리를 마리당 ₩1,500,000에 취득하였으며, 관련 자료는 다음과 같다.

(1) 20×1년 10월 말에 처음으로 우유를 생산하였으며, 동 일자에 생산된 우유 전체의 순공정가치는 ₩1,000,000이다.

(2) 20×1년 11월 초 전월에 생산된 우유 전체를 유제품 생산업체에 ₩1,200,000에 납품하였다.

(3) 20×1년 11월 말에 젖소 새끼 2마리가 태어났다. 이 시점의 새끼 젖소의 순공정가치는 마리당 ₩300,000이다.

(4) 20×1년 12월 말에 2차로 우유를 생산하였으며, 동 일자에 생산된 우유 전체의 순공정가치는 ₩1,100,000이다. 또한 20×1년 12월 말에도 어미 젖소와 새끼 젖소의 수량변화는 없으며, 기말 현재 어미 젖소의 순공정가치는 마리당 ₩1,550,000, 새끼 젖소의 순공정가치는 마리당 ₩280,000이다.

위 거래가 (주)찬우의 20×1년도 포괄손익계산서상 당기순이익에 미치는 영향은 얼마인가? 【'11. 세무사】

풀이

회계처리하면 다음과 같다.

(1) 20×1년 1월 1일;

차) 생물자산	7,500,000[1]	대) 현　금	7,500,000

1) 5마리×₩1,500,000=₩7,500,000

(2) 20×1. 10월 말;

차) 수확물 (우유)	1,000,000	대) 수확물평가이익	1,000,000

(3) 20×1. 11월 초;

차) 현 금	1,200,000	대) 수확물(우유)	1,000,000
		수확물판매이익	200,000

(4) 20×1. 11월 말;

차) 생물자산 (젖소)	600,000	대) 생물자산평가이익	600,000[2]

2) 2마리×₩300,000=₩600,000

(5) 20×1. 12월 말;

차) 수확물 (우유)	1,100,000	대) 수확물평가이익	1,100,000
차) 생물자산 (젖소)	210,000	대) 생물자산평가이익	210,000[3]

3) 5마리×(₩1,550,000−1,500,000)−2마리×(300,000−280,000)=₩210,000

∴ 당기이익=₩1,000,000+200,000+600,000+1,100,000+210,000=₩3,110,000

제8절 건설계약

1. 의 의

(1) 건설계약은 단일 자산의 건설이나 설계, 기술 및 기능 또는 그 최종 목적이나 용도에 있어서 밀접하게 상호연관되거나 상호의존적인 복수 자산의 건설을 위해 구체적으로 협의된 계약을 말한다.

(2) 건설계약에는 정액계약과 원가보상계약이 있다.

① 정액계약은 계약금액을 정액으로 하거나 산출물 단위당 가격을 정액으로 하는 건설계약을 말한다. 경우에 따라서는 물가연동조항을 포함한다.

② 원가보상계약은 원가의 일정비율이나 정액의 수수료를 원가에 가산하여 보상받는 건설계약을 말한다. 이 경우 원가는 당사자 간에 인정되거나 계약서에 정의된 원가를 말한다.

(3) 건설계약은 교량, 건물, 댐, 파이프라인, 도로, 선박 또는 터널과 같은 단일 자산을 건설하기 위하여 체결할 수 있다. 또한 설계, 기술 및 기능 또는 그 최종 목적이나 용도에 있어서 밀접하게 상호 연관되거나 상호의존적인 복수자산을 대상으로 할 수도 있으며, 이러한 계약의 예로 정제시설과 기타 복합생산설비나 기계장치의 건설이 있다.

2. 계약수익

(1) 계약수익은 다음 항목으로 구성된다.

① 최초에 합의한 계약금액

② 공사변경, 보상금 및 장려금에 따라 추가되는 금액으로서 다음을 모두 충족하는 것

㉠ 수익으로 귀결될 가능성이 높다.

㉡ 금액을 신뢰성 있게 측정할 수 있다.

(2) 계약수익은 수령하였거나 수령할 대가의 공정가치로 측정한다. 이러한 계약수익의 측정은 미래사건의 결과와 관련된 다양한 불확실성에 의해 영향을 받는다. 계약수익의 추정치는 후속 사건이 발생하거나 불확실성이 해소됨에 따라 자주 수정될 필요가 있다. 따라서, 계약수익은 기간별로 증가하거나 감소할 수 있다.

(3) 공사변경은 계약상 수행하는 공사의 범위를 발주자의 지시에 따라 변경하는 것을 말한다. 공사변경에 따라 계약수익은 증가하거나 감소할 수 있다. 공사변경의 예로 건설대상 자산의 사양이나 설계를 변경하거나 계약기간을 변경하는 것을 들 수 있다. 다음을 모두 충족하는 경우에는 공사변경을 계약수익에 포함한다.

① 발주자가 공사변경과 변경에 따른 수익금액을 승인할 가능성이 높다.

② 수익금액을 신뢰성 있게 측정할 수 있다.

(4) 보상금은 건설사업자가 계약금액에 포함되어 있지 않은 원가를 발주자나 다른 당사자에게서 보상받으려는 금액이다. 예를 들어 발주자에 의하여 공사가 지체되거나, 제시한 사양이나 설계에 오류가 있거나, 공사변경과 관련하여 분쟁이 있는 경우 보상금이 발생할 수 있다. 보상금에 따른 수익금액은 측정하는 데 불확실성이 높으며 자주 협상의 결과에 따라 달라진다. 따라서 보상금은 다음을 모두 충족하는 경우에만 계약수익에 포함한다.

① 협상이 상당히 진전되어 발주자가 보상금의 청구를 수락할 가능성이 높다.

② 발주자가 수락할 가능성이 높은 금액을 신뢰성 있게 측정할 수 있다.

(5) 장려금은 특정 성과기준을 충족하거나 초과하는 경우 건설사업자에게 지급되는 추가금액이다. 예를 들어 공사계약의 조기 완료에 대하여 건설사업자에게 계약상 정해진 장려금이 지급될 수 있다. 장려금은 다음을 모두 충족하는 경우에 계약수익에 포함한다.

① 계약이 충분히 진행되어 특정 성과기준을 충족하거나 초과할 가능성이 높다.

② 장려금을 신뢰성 있게 측정할 수 있다.

3. 계약원가

(1) 계약원가의 구성

계약원가는 다음의 항목으로 구성된다.

① 특정계약에 직접 관련된 원가

② 계약활동 전반에 귀속될 수 있는 공통원가로서 특정 계약에 배분할 수 있는 원가

③ 계약조건에 따라 발주자에게 청구할 수 있는 기타 원가

(2) 특정계약에 직접 관련된 원가

특정계약에 직접 관련된 원가의 예는 다음과 같다.

① 현장감독을 포함한 현장인력의 노무원가

② 건설에 사용된 재료원가

③ 계약에 사용된 생산설비와 건설장비의 감가상각비

④ 생산설비, 건설장비 및 재료를 현장으로 운반하거나 현장에서 운반하는 데 소요되는 원가

⑤ 생산설비와 건설장비의 임차원가

⑥ 계약과 직접 관련된 설계와 기술지원원가

⑦ 예상하자보수원가를 포함한 복구 및 보증공사의 추정원가

⑧ 제 3 자의 보상금 청구

이러한 원가는 계약수익에 포함되지 않은 부수적 이익만큼 차감될 수 있다. 이러한 부수적 이익의 예로 잉여자재를 판매하거나 계약종료시점에 생산설비와 건설장비를 처분하여 발생하는 이익을 들 수 있다.

(3) 특정계약에 배분할 수 있는 공통원가

계약활동 전반에 귀속될 수 있는 공통원가로서 특정 계약에 배분할 수 있는 원가의 예는 다음과 같다.

① 보험료

② 특정 계약에 직접 관련되지 않은 설계와 기술지원원가

③ 건설간접원가

이러한 원가는 체계적이고 합리적인 방법에 따라 배분하며, 유사한 성격의 모든 원가에 일관되게 적용한다. 원가배분은 건설활동의 정상조업도 수준에 기초한다. 건설간접원가에는 건설인력의 급여지급에 대한 사무처리원가를 포함한다. 계약활동 전반에 귀속될 수 있는 공통원가로서 특정 계약에 배분할 수 있는 원가에는 차입원가도 포함한다.

(4) 건설계약원가에서 제외되는 경우

계약활동에 귀속될 수 없거나 특정 계약에 배분할 수 없는 원가는 건설계약의 원가에서 제외한다. 이러한 원가에는 다음이 포함된다.

① 계약에 보상이 명시되어 있지 않은 일반관리원가

② 판매원가

③ 계약에 보상이 명시되어 있지 않은 연구개발원가

④ 특정 계약에 사용하지 않는 유휴 생산설비나 건설장비의 감가상각비

(5) 수주비가 계약원가에 포함되는 경우

계약원가는 계약체결일로부터 계약의 최종완료일까지의 기간에 당해 계약에 귀속될 수 있는 원가를 포함한다. 그러나 계약에 직접 관련되며 계약을 체결하는 과정에서 공사계약체결 전에 발생한 원가(수주비)는, 개별적으로 식별이 가능하며 신뢰성 있게 측정할 수 있고 계약의 체결가능성이 높은 경우 계약원가의 일부로 포함한다.

4. 계약수익과 비용의 인식

(1) 건설계약의 결과를 신뢰성있게 추정할 수 있는 경우

건설계약의 결과를 신뢰성 있게 추정할 수 있는 경우, 건설계약과 관련한 계약수익과 계약원가는 보고기간말 현재 계약활동의 진행률을 기준으로 각각 수익과 비용으로 인식한다. 건설계약에 손실이 예상되는 경우에는 관련 손실을 즉시 비용으로 인식한다.

(2) 정액계약

정액계약의 경우에 다음의 조건이 모두 충족된다면 건설계약의 결과를 신뢰성 있게 추정할 수 있다.

① 총계약수익을 신뢰성 있게 측정할 수 있다.

② 계약과 관련된 경제적효익이 건설사업자에게 유입될 가능성이 높다.

③ 계약을 완료하는 데 필요한 계약원가와 보고기간말 현재의 계약진행률을 신뢰성 있게 측정할 수 있다.

④ 특정 계약에 귀속될 수 있는 계약원가를 명확히 식별할 수 있고 신뢰성 있게 측정할 수 있어 실제 발생한 계약원가를 이전 추정치와 비교할 수 있다.

(3) 원가보상계약

원가보상계약의 경우에 다음의 조건이 모두 충족된다면 건설계약의 결과를 신뢰성 있게 추정할 수 있다.

① 계약과 관련된 경제적효익이 건설사업자에게 유입될 가능성이 높다.

② 특정 계약에 귀속될 수 있는 계약원가(보상이 특정되어 있는지에 관계없이)를 명확히 식별할 수 있고 신뢰성 있게 측정할 수 있다.

(4) 진행기준

계약의 진행률을 기준으로 수익과 비용을 인식하는 방법을 진행기준이라고 한다. 이 방법에 따르면 계약수익은 특정 진행률에 도달하기까지 발생한 계약원가에 대응되며, 그 결과로 공사진행률에 비례하여 수익, 비용 및 이익이 보고된다. 이 방법은 특정 기간의 계약활동과 성과에 대하여 유용한 정보를 제공한다.

(5) 진행률을 구하는 방법

계약의 진행률은 다양한 방식으로 결정될 수 있다. 건설사업자는 수행한 공사를 신뢰성 있게 측정하는 방법을 사용한다. 계약의 성격에 따라 다음과 같은 방법 등으로 측정할 수 있다.

① 수행한 공사에 대하여 발생한 누적계약원가를 추정총계약원가로 나눈 비율

② 수행한 공사의 측량

③ 계약 공사의 물리적 완성비율

발주자에게서 수령한 기성금과 선수금은 흔히 수행한 공사의 정도를 반영하지 못한다.

(6) 진행기준에 의한 계약수익과 계약원가의 구체적인 계산방법

진행률을 누적발생계약원가 기준으로 결정하는 경우에는 수행한 공사를 반영하는 계약원가만 누적발생원가에 포함한다. 따라서 하도급계약에 따라 수행될 공사에 대해 하도급자에게 선급한 금액은 진행률 산정을 위한 누적발생원가에서 제외된다.

누적발생계약원가기준으로 당기계약수익(공사수익)과 당기계약원가(공사원가)를 구하면 다음과 같다.

① 당기계약수익 = 총계약수익 × 진행률 1) − 전기까지의 누적계약수익

1) $진행률 = \frac{당기까지\ 발생한\ 누적계약원가}{추정총계약원가}$

② 당기계약원가 2) = 추정총계약원가 × 진행률 − 전기까지의 누적계약원가

2) 누적발생계약원가를 기준으로 진행률을 구할 때는 당기계약원가는 곧 당기발생계약원가와 같게 된다

(7) 건설계약의 결과를 신뢰성 있게 추정할 수 없는 경우

건설계약의 결과를 신뢰성 있게 추정할 수 없는 경우에는 다음과 같이 회계처리한다.

① 수익은 회수가능성이 높은 발생한 계약원가의 범위 내에서만 인식한다.

② 계약원가는 발생한 기간의 비용으로 인식한다.

즉, 계약의 결과를 신뢰성 있게 추정할 수 없으므로 이익은 인식하지 않는다.

(8) 발생한 원가의 회수가능성이 높지 않은 경우

회수가능성이 높지 않은 계약원가는 즉시 비용으로 인식한다.

5. 예상손실의 인식

총계약원가가 총계약수익을 초과할 가능성이 높은 경우, 예상되는 손실을 즉시 비용으로 인식한다.

(1) 손실을 예상한 회계연도의 회계처리

(차) 공사원가 * (계약원가)	×××	(대) 미성공사 *	×××

* 손실이 예상되는 경우에는 예상한 손실을 당기공사(계약)원가에 포함하고 미성공사계정에서 차감한다.

(2) 실제로 손실이 발생한 경우의 회계처리

(차) 미성공사	×××	(대) 공사원가 (계약원가)	×××

* 예상한 손실이 실제로 발생한 경우에는 손실을 예상하여 회계처리했던 분개를 다시 반대분개한다.

6. 추정의 변경

진행기준은 매 회계기간마다 누적기준으로 계약수익과 계약원가의 현행 추정치에 적용한다. 따라서 계약수익이나 계약원가의 추정치 변경의 효과나 계약결과의 추정치 변경의 효과는 회계추정의 변경으로 회계처리한다. 변경된 추정치는 변경이 이루어진 회계기간과 그 후 기간의 당기손익으로 인식되는 수익과 비용의 금액 결정에 사용한다.

7. 재무제표 공시

(1) 재무제표에는 다음을 표시한다.

① 미청구공사 총액은 자산으로 표시한다.

② 초과청구공사 총액은 부채로 표시한다.

(2) '미청구공사 총액은 누적발생원가에 인식한 이익을 가산(인식한 손실을 차감)한 금액이 진행청구액을 초과하는 모든 진행 중인 계약에 대해 다음 ①에서 ②를 차감한 금액으로 계산한다.

① 누적발생원가와 인식한 이익의 합계금액

② 인식한 손실과 진행청구액의 합계금액

재무상태표

차변			대변
유 동 자 산			
미청구공사			
미 성 공 사	×××		
진행청구액	△×××	×××	

(3) 초과청구공사 총액은 진행청구액이 누적발생원가에 인식한 이익을 가산(인식한 손실을 차감)한 금액을 초과하는 모든 진행 중인 계약에 대해 다음 ②에서 ①를 차감한 금액으로 계산한다.

① 누적발생원가와 인식한 이익의 합계금액

② 인식한 손실과 진행청구액의 합계금액

재무상태표

차변	대변		
	유 동 부 채		
	초과청구공사		
	진행청구액	×××	
	미 성 공 사	△×××	×××

8. 건설계약의 회계처리

(1) 공사원가 발생시

(차) 미성공사 * ××× (대) 현 금 등 ×××

* 공사원가가 발생하면 미성공사계정으로 회계처리하며 미성공사계정은 재고자산으로 분류된다.

(2) 공사대금 청구시

(차) 공사미수금 ××× (대) 진행청구액 * ×××

* 공사대금을 청구할 때 차변에는 채권(공사미수금계정)을 발생시키는 회계처리를 하고 동시에 대변에는 임시계정인 진행청구액계정을 기록한다. 이 경우 진행청구액계정은 재무상태표에서 미성공사계정의 차감항목으로 표시한다. 미성공사계정이 진행청구액보다 크면 유동자산으로 분류하고, 반대인 경우에는 유동부채로 분류한다.

(3) 공사대금 회수시

(차) 현 금 ××× (대) 공사미수금 * ×××

* 공사대금을 회수할 때 채권을 회수하였으므로 공사미수금계정을 감소시킨다.

(4) 결산시

① 회계처리

(차) 공사원가 (계약원가) ××× (대) 공사수익 (계약수익) ×××
미성공사 * ×××

* 기말 결산시에 공사수익과 공사원가와의 차이인 당기손익을 미성공사계정으로 처리한다.
따라서, 미성공사 = 당기발생원가 + 당기손익

② 재무상태표 공시

㉠ 미성공사 > 진행청구액 인 경우

재무상태표

유 동 자 산			
미청구공사			
미 성 공 사	×××		
진행청구액	△×××	×××	

ⓛ 진행청구액 > 미성공사 인 경우

재무상태표

	유동부채
	초과청구공사
	진행청구액 ×××
	미성공사 △××× ×××

(5) 공사완성시

(차) 진행청구액 * ××× (대) 미성공사 * ×××

* 공사완성시에는 진행청구액계정 총액과 미성공사계정 총액을 서로 상계처리한다. 결국 공사완성시에는 "총미성공사 = 총공사원가 + 총손익 = 총공사수익 = 총진행청구액"이 된다.

건설계약

20×1년 초에 (주)찬엽건설은 순천시와 건물을 건설하는 계약을 체결하였다. 총공사계약금액은 ₩1,000,000이다. 건설과 관련된 자료는 다음과 같다.

	20×1	20×2	20×3
공사원가실제발생액(누적액)	₩200,000	₩574,000	₩830,000
추가로 소요될 원가추정액	600,000	246,000	–
총공사원가추정액	800,000	820,000	830,000
공사대금 청구	180,000	380,000	440,000
순천시로부터 회수한 금액	150,000	400,000	450,000

1. 위 자료로 각 회계연도의 회계처리를 하시오. (단, 진행률은 누적계약원가를 기준으로 구한다.)
2. 20×2년도 미청구공사 또는 초과청구공사는 얼마인가?

풀이

1. 각 회계연도의 회계처리

(1) 20×1년

① 공사원가 발생시

(차) 미성공사 200,000 (대) 현 금 200,000

② 공사대금 청구시

(차) 공사미수금 [1] 180,000 (대) 진행청구액 [1] 180,000

1) 공사대금청구시에 차변에는 채권(공사미수금)을 발생시키고 대변에는 진행청구액계정을 기록한다. 진행청구액계정은 미성공사계정의 차감계정으로 처리하고 공사완성시에는 미성공사계정과 상계처리되면서 없어진다.

③ 공사대금 회수시

(차) 현　　금 150,000 (대) 공사미수금 150,000

④ 결산시

(차) ┌ 공 사 원 가 (계약원가) 200,000 (대) 공 사 수 익 (계약수익) 250,000 [2]
　　 └ 미 성 공 사 50,000 [3]

2) 당기공사수익=공사계약금액×진행률－전기까지의 누적수익
=₩1,000,000×(200,000÷800,000)－0=₩250,000

3) 공사수익과 공사원가의 차이인 당기손익을 미성공사계정에 포함시킨다.
즉, 미성공사=공사원가+당기손익

20×1년 12월 31일　　　　재무상태표

현　금		150,000*	
공사미수금		30,000 [4]	
미청구공사			
미 성 공 사	250,000		
진행청구액	△180,000	70,000	

4) 180,000－150,000=30,000

(2) 20×2년

① 공사원가 발생시

(차) 미 성 공 사 374,000 (대) 현　　금 374,000

② 공사대금 청구시

(차) 공사미수금 380,000 (대) 진행청구액 380,000

③ 공사대금 회수시

(차) 현　　금 400,000 (대) 공사미수금 400,000

④ 결산시

(차) ┌ 공 사 원 가 (계약원가) 374,000 (대) 공 사 수 익 (계약수익) 450,000 [5]
　　 └ 미 성 공 사 76,000

5) 당기공사수익=공사계약금액×진행률－전기까지의 누적수익
=₩1,000,000×(574,000÷820,000)－250,000=₩450,000

20×2년 12월 31일 재무상태표

현 금		550,000*	
공사미수금		10,000 6)	
미청구공사			
미 성 공 사	700,000 7)		
진행청구액	△560,000 8)	140,000	

6) ₩30,000+380,000−400,000=₩10,000

7) ₩250,000+374,000+76,000=₩700,000

8) ₩180,000+380,000=₩560,000

* 원가발생액은 무시하고 대금회수액만을 고려하였음

(3) 20×3년

① 공사원가 발생시

(차) 미 성 공 사	256,000	(대) 현 금	256,000

② 공사대금 청구시

(차) 공사미수금	440,000	(대) 진행청구액	440,000

③ 공사대금 회수시

(차) 현 금	450,000	(대) 공사미수금	450,000

④ 결산시

(차) 공 사 원 가 (계약원가)	256,000	(대) 공 사 수 익 (계약수익)	300,000 9)
미 성 공 사	44,000		
(차) 진행청구액 10)	1,000,000	(대) 미 성 공 사	1,000,000 10)

9) 당기공사수익=공사계약금액×진행률−전기까지의 누적수익
=₩1,000,000−700,000=₩300,000

10) 공사완성시에는 미성공사계정과 진행청구액계정을 서로 상계처리한다.
따라서 공사완성시에는 미성공사계정과 진행청구액계정잔액은 "0"이 된다.

2. 20×2년도 미청구공사 또는 초과청구공사

(1) 미성공사=누적원가+누적이익=누적수익
=₩574,000+126,000=₩700,000

(2) 진행청구액=₩180,000+380,000=₩560,000

(3) 미청구공사=₩700,000−560,000=₩140,000

건설계약(공사손실이 예상되는 경우)

20×1년 초에 찬우주식회사는 건물공사계약을 다음과 같이 체결하였다. 총공사계약금액은 ₩100,000이며 원가자료는 다음과 같다.

	20×1	20×2	20×3
공사원가실제발생액(누적액)	₩20,000	₩66,000	₩114,000
추가로 소요될 원가추정액	60,000	44,000	–
총공사원가추정액	80,000	110,000	114,000
공사대금청구액	22,000	33,000	45,000
순천시로부터 회수한 금액	20,000	30,000	50,000

위 자료에 의하여 각 회계연도의 공사손익을 구하시오. (단, 진행률은 누적계약원가를 기준으로 구한다.)

풀이

(1) 각 회계연도의 손익계산

① 20×1년

당기공사수익 $\left(₩100,000 \times \frac{20,000}{80,000}\right) = ₩25,000$

당기공사원가 20,000

당기공사이익 ₩5,000

② 20×2년

당기공사수익 $\left(₩100,000 \times \frac{66,000}{110,000} - 25,000\right) = ₩35,000$

당기공사원가(₩66,000 − 20,000 + 4,000 [1)]) = 50,000

당기공사손실 ₩15,000

1) 공사손실이 예상되면 당기에 즉시 인식한다. 즉,

20×3년도의 예상수익(₩100,000 − 60,000) = ₩40,000

20×3년도의 예상원가 44,000

20×3년도의 예상손실 ₩4,000

예상손실에 대한 분개는 다음과 같다.

(차) 공사원가 4,000 (대) 미성공사 4,000

③ 20×3년

당기공사수익(₩100,000 − 60,000) = ₩40,000

당기공사원가(114,000 − 66,000 − 4,000 [2)]) △44,000

당기공사손실 ₩4,000

2) 공사손실을 예상했을 경우의 분개를 반대분개한다. 즉 미성공사계정을 증가시키고 공사원가에서 차감한다. 분개하면,

(차) 미성공사 4,000 (대) 공사원가 4,000

(2) 회계처리

① 20×1년

㉠ 공사원가 발생시

(차) 미 성 공 사	20,000	(대) 현 금	20,000

㉡ 공사대금 청구시

(차) 공사미수금	22,000	(대) 진행청구액	22,000

㉢ 공사대금 회수시

(차) 현 금	20,000	(대) 공사미수금	20,000

㉣ 결산시

(차) 공 사 원 가	20,000	(대) 공 사 수 익	25,000 [1]
미 성 공 사	5,000		

1) 당기공사수익 = 공사계약금액 × 진행률 − 전기까지의 누적수익
= ₩100,000 × (20,000 ÷ 80,000) − 0 = ₩25,000

20×1년 12월 31일 재무상태표

공사미수금		2,000 [2]	
미청구공사			
미 성 공 사	25,000 [3]		
진행청구액	△22,000	3,000	

2) ₩22,000 − 20,000 = ₩2,000

3) ₩20,000 + 5,000 = ₩25,000

② 20×2년

㉠ 공사원가 발생시

(차) 미 성 공 사	46,000	(대) 현 금	46,000

㉡ 공사대금 청구시

(차) 공사미수금	33,000	(대) 진행청구액	33,000

㉢ 공사대금 회수시

(차) 현 금	30,000	(대) 공사미수금	30,000

㉣ 결산시

(차) 공 사 원 가	46,000	(대) 공 사 수 익	35,000 [4]
		미 성 공 사	11,000 [5]
(차) 공 사 원 가	4,000 [6]	(대) 미 성 공 사	4,000 [6]

4) 당기공사수익 = 공사계약금액 × 진행률 − 전기까지의 누적수익
= ₩100,000 × (66,000 ÷ 110,000) − 25,000 = ₩35,000

5) 당기공사손실을 미성공사계정에서 차감한다.

6) 예상손실을 공사원가계정에 포함시키고 미성공사계정에서 차감한다.

20×2년 12월 31일 재무상태표

공사미수금		5,000 [7]	
미청구공사			
미 성 공 사	56,000 [8]		
진행청구액	△55,000 [9]	1,000	

7) ₩2,000+33,000−30,000=₩5,000

8) ₩25,000+46,000−11,000−4,000=₩56,000

9) ₩22,000+33,000=₩55,000

③ 20×3년

㉠ 공사원가 발생시

(차) 미 성 공 사	48,000	(대) 현 금	48,000

㉡ 공사대금 청구시

(차) 공사미수금	45,000	(대) 진행청구액	45,000

㉢ 공사대금 회수시

(차) 현 금	50,000	(대) 공사미수금	50,000

㉣ 결산시

(차) 공 사 원 가	48,000	(대) 공 사 수 익	40,000 [10]
		미 성 공 사	8,000
(차) 미 성 공 사	4,000 [11]	(대) 공 사 원 가	4,000 [11]
(차) 진행청구액 [12]	100,000	(대) 미 성 공 사 [12]	100,000

10) ₩100,000−(25,000+35,000)=₩40,000

11) 과거에 예상한 손실이 당기에 실제로 발생한 경우에는 손실을 예상한 회계연도에 행했던 회계처리를 다시 반대 분개한다. 즉 공사원가에서 차감하고 미성공사계정을 증가시킨다.

12) 공사완성시에는 미성공사 총액과 진행청구액 총액을 서로 상계처리한다. 따라서, 공사완성시에는 미성공사계정과 진행청구액계정은 잔액이 "0"이 된다.

>>> 예·제·문·제·정·해

예제 1 | 장기할부매출

(주)대한은 20×1년 1월 1일에 원가가 ₩4,500,000인 상품을 판매하면서 그 대금은 매년 말 ₩2,000,000씩 3회에 걸쳐 현금을 수취하기로 하였다. 동 거래로 20×1년도와 20×2년도의 포괄손익계산서상 당기순이익은 각각 얼마나 증가되는가? (단, 유효이자율은 10%이며, 현가계수는 아래 표를 이용한다. 계산금액은 소수점 첫째자리에서 반올림하며, 이 경우 단수차이로 인해 약간의 오차가 있으면 가장 근사치를 선택한다.)

현가계수표 【'11. 세무사】

	10%, ₩1의 현재가치	10%, 정상연금 ₩1의 현재가치
1 년	0.90909	0.90909
2 년	0.82645	1.73554
3 년	0.75131	2.48685

	20×1년	20×2년
①	₩497,370	₩347,107
②	₩497,370	₩500,000
③	₩971,070	₩347,107
④	₩971,070	₩500,000
⑤	₩1,500,000	₩0

풀이 (1) 20×1년

매출	₩2,000,000 × 2.48685	=₩4,973,700
매출원가		4,500,000
매출총이익		473,700
이자수익	₩4,973,700 × 10%	= 497,370
당기순이익		₩971,070

(2) 20×2년

이자수익=1차말 장부금액 × 이자율

=(₩4,973,700 × 1.1 − 2,000,000) × 10%=₩347,107

해답: ③

예제 2 | 프랜차이즈 수익

20×1년 초에 CW회사는 프랜차이즈 수수료를 받기로 하고 독점으로 자기회사 상표의 제과를 판매하도록 허가하였다. 창업지원용역 수수료를 계약시점에서 현금 ₩1,000,000을 받았다. 이에 대한 용역의 제공은 모두 완료하였다. 또한 별도로 운영지원용역을 제공하기로 하였는데 원가를 회수하고 적정이익을 보장하기 위해서는 ₩400,000을 받아야 하지만 ₩300,000만 받기로 하였다. 운영지원용역은 다음 연도에 모두 제공될 예정이다. 계약시 프랜차이즈 수익은 얼마인가?

① ₩700,000　② ₩900,000　③ ₩1,000,000
④ ₩1,300,000　⑤ ₩1,400,000

풀이 회계처리하면 다음과 같다.

(1) 20×1년 창업지원용역 제공시

(차) 현　　금	1,000,000	(대)	프랜차이즈수익	900,000 [1]
			이연프랜차이즈수익	100,000 [2]

1) 창업지원용역 수수료　₩1,000,000
이연프랜차이즈수익　△ 100,000
프랜차이즈수익　₩900,000

2) 운영지원용역 수수료가 운용지원용역의 원가를 회수하고 적정이익을 보장하는데 충분하지 못한 경우에는 창업지원용역 수수료의 일부를 이연하여 운영용역제공시점에 수익으로 인식한다.

∴ 이연프렌차이즈 수익＝₩400,000−300,000＝₩100,000

(2) 20×2년도 운영지원용역 제공시

(차) 현　　금	300,000	(대) 프랜차이즈수익	400,000 [4]
이연프랜차이즈수익	100,000 [3]		

3) ₩400,000－300,000＝₩100,000

4) 이연된 창업지원용역 수수료의 일부를 포함하여 운영지원용역 수수료를 용역이 제공된 시점에 수익으로 인식한다.

해답: ②

예제 3 | 상품권의 회계처리

(주)곡천제화는 2001년 초에 ₩100,000권 상품권 5매를 1매당 ₩95,000에 할인 판매하였다. 이 상품권은 9/30일 상품과의 교환으로 모두 회수하였다.

상품권 판매시와 상품권 회수시의 회계처리를 하시오.

풀이 (1) 상품권 판매시

(차) 현　　금	475,000	(대) (상품권)선수금 [1]	500,000
상품권할인액 [2]	25,000		

1) 상품권을 판매시에는 (상품권)선수금으로 처리한다.

2) 상품권을 할인판매한 경우에는 액면가액 전액을 선수금으로 계상하고 할인액은 상품권할인액 계정으로 하여 동선수금계정에서 차감하는 형식으로 표시하며 상품을 판매한 때에 매출에누리로 대체한다.

재무상태표에 표시하면 다음과 같다.

재무상태표

	상품권선수금	500,000	
	상품권할인액	△25,000	475,000

(2) 상품권 회수시(상품을 판매한 때)

(차)	선 수 금	500,000	(대)	매 출	500,000 [3]
	매출에누리	25,000		상품권할인액	25,000

3) 수익은 상품과의 교환으로 상품권을 회수할 때 인식한다. 또는 상품권의 유효기간이 경과한 때(이 경우에는 명시된 비율)와 상법상 소멸시효가 완성되었을 때(이 경우에는 잔액)에 수익으로 인식한다.

참고로, 상품권 5매중 1매가 유효기간이 경과하였다면 그 때의 회계처리는(단, 유효기간 경과시 반환비율은 액면가액의 20%이다.)

(차)	선 수 금	100,000	(대)	상품권할인액	5,000
				현 금	20,000 *
				상품권기한경과이익 (당기이익)	75,000

* ₩100,000 × 20% = ₩20,000

예제 4 | 고객충성제도

(1) ㈜찬엽은 제품판매시 판매가격 ₩100당 1포인트의 고객보상점수를 고객에게 부여하여 이후 고객이 자사제품을 구입할 때 사용할 수 있는 고객충성제도를 시행하고 있다.

(2) ㈜찬엽은 20×1년도에 ₩1,500,000의 제품을 판매하였다. 고객보상점수 1포인트의 공정가치를 ₩0.5으로 추정하고 있으며, 부여한 고객보상점수 중 90%가 장래에 회수될 것으로 기대하고 있다.

(3) 20×1년도에 고객에게 부여한 고객보상점수의 60%가 당기 말까지 회수되어 자사제품으로 교환되었다면, ㈜찬엽이 20×1년도 포괄손익계산서에 당기 분 고객보상점수 회수와 관련하여 인식할 수익은 얼마인가?(단, 고객보상점수 사용에 대한 유효기간의 제한은 없다.) 【'12. 관세사】

① ₩4,500
② ₩5,000
③ ₩6,750
④ ₩7,500
⑤ ₩10,000

풀이 (1) 20×1년도

① 매출시;

차) 현　금	1,500,000	대) 매　출	1,492,500
		선수수익	7,500 1)

1) $₩1,500,000 \times \frac{1}{₩100} \times ₩0.5 = ₩7,500$

② 당기말 회수시

차) 선수수익	5,000 2)	대) 매　출	5,000

2) $₩7,500 \times \frac{60}{90} = ₩5,000$이다.

해답: ②

예제 5 | 누적계약원가를 기준으로 진행률를 구하지 않은 경우

다음에 의할 때 진행기준을 적용하는 경우 20×1년의 계약손익은 얼마인가?

(1) (주)찬우는 20×0년 초 광주시로부터 돔구장 건설공사를 수주하였다. 총계약금액은 ₩3,000,000이고, 20×2년 12월에 완공할 예정이다.

(2) 단, 진행률은 수행한 공사의 측량으로 산정하며, 그 누적진행률은 20×0년 20%, 20×1년 70%, 20×2년 100%라고 가정한다.

(3) 공사와 관련된 자료는 다음과 같다.

	20×0년	20×1년	20×2년
당기계약원가	₩560,000	₩1,740,000	₩500,000
누적계약원가	560,000	2,300,000	2,800,000
추정총계약원가	2,800,000	2,800,000	2,800,000
계약대금회수	1,000,000	1,000,000	1,000,000

【'10. 감평사】

① 계약이익 ₩40,000
② 계약이익 ₩100,000
③ 계약이익 ₩120,000
④ 계약손실 ₩120,000
⑤ 계약손실 ₩240,000

풀이 당기계약수익=총계약수익 진행률−전기까지 인식한 누적계약수익

당기계약원가=추정총계약원가 진행률−전기까지 인식한 누적계약원가

따라서,

20×0년 계약수익; ₩3,000,000×20%=₩600,000

계약원가; ₩2,800,000×20%= 560,000

계약이익; ₩40,000

20×1년 계약수익; ₩3,000,000×70%−700,000=₩1,500,000

계약원가; ₩2,800,000×70%−560,000=₩1,400,000

계약이익; ₩100,000

해답: ②

예제 6 | 미청구공사 또는 초과청구공사

㈜한국건설은 20¡ ¿1년 1월 1일 ㈜대한그룹의 전자관과 기계관 건설을 위하여 각 건물당 도급금액 ₩1,000,000씩의 건설계약을 체결하였다. 총 공사기간은 계약일로부터 2년이며, 동 건설계약과 관련된 연도별 자료는 다음과 같다.

	전자관		기계관	
	20×1년	20×2년	20×1년	20×2년
실제계약원가 발생액	₩300,000	₩600,000	₩330,000	₩870,000
연도말 예상추가 계약원가	600,000	–	870,000	–
계약대금청구액	500,000	500,000	500,000	500,000
계약대금회수액	500,000	500,000	500,000	500,000

동 복수계약의 실질이 단일계약이라고 가정할 때, 동 계약과 관련하여 ㈜한국건설이 20×1년말 재무상태표상 인식할 미청구공사(초과청구공사)금액과 20×1년도 포괄손익계산서의 당기순이익에 미치는 영향은 얼마인가? ㈜한국건설은 진행률을 원가에 기초하여 계산한다. 단, 법인세효과는 고려하지 않는다.

【'12. 세무사, 13. CPA】

	미청구공사(초과청구공사)		당기순이익에 미치는 영향
①	미청구공사	₩207,667	₩21,667 증가
②	미청구공사	₩391,667	₩166,667 감소
③	초과청구공사	₩391,667	₩166,667 감소
④	미청구공사	₩470,000	₩100,000 감소
⑤	초과청구공사	₩470,000	₩100,000 감소

풀이 (1) '01년도 당기순이익 계산

	'01	'02
누적원가	630,000	2,100,000
추가예정원가	1,470,000	–
총예정원가	2,100,000	2,100,000

'01년도 계약수익 = ₩2,000,000 × 30% = ₩600,000	
'01년도 계약원가	630,000
'01년도 계약손실	₩30,000

'02년도 예상수익 = ₩2,000,000 − 600,000 = ₩1,400,000	
'02년도 예상원가	1,470,000
'02년도 예상손실	₩70,000

∴ '01년도 당기순이익 감소 = ₩30,000 + 70,000 = ₩100,000

(2) '01년도 미청구공사(또는 초과청구공사) 계산

누적미성공사 = 누적수익 - 예상손실

= ₩600,000 - 70,000 = ₩530,000

누적대금청구액 =	1,000,000
초과청구공사	₩470,000

'01년도의 거래를 회계처리하면 다음과 같다.

차) 미성공사	630,000	대) 현 금	630,000
차) 공사미수금	1,000,000	대) 진행청구액	1,000,000
차) 현 금	1,000,000	대) 공사미수금	1,000,000
차) 공사원가	630,000	대) 공사수익	600,000
		미성공사	30,000
차) 공사원가	70,000	대) 미성공사	70,000

해답: ⑤

>>> 객·관·식·문·제

1 수익에 관한 설명으로 옳지 않은 것은? 【'15. 감평사】

① 수익은 자본참여자의 출자관련 증가분을 제외한 자본의 증가를 수반하는 것으로서 회계기간의 정상적인 활동에서 발생하는 경제적 효익의 총유입을 의미한다.

② 판매자가 판매대금의 회수를 확실히 할 목적만으로 해당 재화의 법적 소유권을 계속 가지고 있더라도 소유에 따른 중요한 위험과 보상이 이전되었다면 해당 거래를 판매로 보아 수익을 인식한다.

③ 수익금액은 일반적으로 판매자와 구매자 또는 자산의 사용자 간의 합의에 따라 결정되며, 판매자에 의해 제공된 매매할인 및 수량리베이트를 고려하여 받았거나 받을 대가의 공정가치로 측정한다.

④ 이미 수익으로 인식한 금액에 대해서는, 추후에 회수가능성이 불확실해지는 경우에도 이미 인식한 수익금액을 조정하지 아니하고, 회수불가능한 금액이나 더 이상 회수가능성이 높다고 볼 수 없는 금액을 비용으로 인식한다.

⑤ 대리관계에서 본인을 대신하여 대리인인 기업이 받는 금액은 경제적 효익의 총유입에 해당하므로 대리인인 기업의 수익에 해당한다.

풀이 대리관계에서 본인을 대신하여 대리인인 기업이 받는 금액은 경제적 효익의 총유입에 해당하지만 대리인인 기업의 자본을 증가시키지 않으므로 수익이 아니다. 대신에 이 경우 수익은 수수료 금액이다.

2 수익에 관한 설명으로 옳지 않은 것은? 【'14. 감평사】

① 인도된 재화의 결함에 대하여 정상적인 품질보증범위를 초과하여 책임을 지는 경우에는 수익을 인식하지 않는다.

② 판매대금의 회수가 구매자의 재판매에 의해 결정되는 경우에는 수익을 인식하지 않는다.

③ 설치조건부 판매에서 계약의 중요한 부분을 차지하는 설치가 아직 완료되지 않은 경우에는 수익으로 인식하지 않는다.

④ 판매자가 판매대금의 회수를 확실히 할 목적만으로 해당 재화의 법적소유권을 계속 가지고 있더라도 소유에 따른 중요한 위험과 보상이 이전되었다면 해당 거래를 판매로 보아 수익을 인식한다.

해답 1. ⑤ 2. ⑤

⑤ 수익은 받았거나 받을 경제적 효익의 총유입을 포함하므로, 판매세, 특정재화나 용역과 관련된 세금, 부가가치세와 같이 제3자를 대신하여 받는 금액도 기업에 유입된 경제적효익이므로 기타수익에 포함한다.

풀이 판매세, 특정재화나 용역과 관련된 세금, 부가가치세와 같이 제3자를 대신하여 받는 금액은 기업에 유입되어 자본의 증가를 수반하는 경제적 효익이 아니다. 그러므로 수익에서 제외한다.

3 수익인식에 관한 설명으로 옳지 않은 것은? 【'13. 감평사】

① 공장에서 이미 검사가 완료된 TV수상기의 설치와 같이 설치과정이 성격상 단순한 경우에는 구매자가 재화의 인도를 수락한 시점에 즉시 수익을 인식한다.

② 인도결제판매(cash on delivery sales)의 경우에는 인도가 완료되고 판매자가 현금을 수취할 때 수익을 인식한다.

③ 프랜차이즈 수수료 중 계약에 의한 권리의 계속적인 사용에 부과되는 수수료나 계약기간동안 제공하는 기타 용역에 대한 수수료는 권리를 사용하는 시점이나 용역을 제공하는 시점에 수익으로 인식한다.

④ 하나의 입장권으로 여러 행사에 참여할 수 있는 경우의 입장료 수익은 각각의 행사를 위한 용역의 수행된 정도가 반영된 기준에 따라 각 행사에 배분하여 인식한다.

⑤ 광고매체수수료는 광고 또는 상업방송이 대중에게 전달될 때 인식하고, 광고제작수수료는 제작이 완성되었을 때 인식한다.

풀이 제작이 완성되었을 때 인식한다 → 광고제작의 진행률에 따라 인식한다.

4 용역의 제공에 따른 수익인식기준에 관한 설명으로 옳지 않은 것은? 【'11. 감평사】

① 광고제작수수료는 진행기준에 따라 수익을 인식한다.

② 하나의 공연입장권으로 여러 행사에 참여할 수 있는 경우에는 각각 행사를 위한 용역 수행정도에 따라 각 행사에 배분하여 수익을 인식한다.

③ 학원수강료는 강의기간에 걸쳐 수익으로 인식한다.

④ 창업지원용역의 제공에 대한 수수료는 수취시점에서 수익으로 인식한다.

⑤ 회원이 회비를 납부하고 회원가입기간 동안 재화나 용역을 비회원보다 저렴한 가격으로 구매할 수 있는 경우에는 이 효익이 제공되는 시기, 성격 및 가치를 반영하는 기준으로 수익을 인식한다.

해답 3. ⑤ 4. ④

풀이 창업지원용역수수료는 프랜차이즈본사가 제공해야 하는 모든 창업지원용역과 그 밖의 의무 (예: 가맹점입지선정 등)를 실질적으로 이행된 시점에 수익으로 인식한다.

5 다음 중 수익인식 방법이 옳은 것은? 【'07. 감평사】

① 설비자산의 제공에 따른 수수료는 해당 자산을 인도하거나 소유권을 이전하는 시점에 제공된 자산의 장부가액을 기초로 산정한 금액을 수익으로 인식한다.

② 설치 및 검사조건부 판매의 경우 설치과정의 성격이 단순하다면 설치검사가 완료되었을 때 수익을 인식한다.

③ 누적발생원가와 추가발생원가 추정액의 합계가 용역거래 총수익을 초과하면 수익을 인식하지 않고 발생원가만 당기비용으로 처리한다.

④ 반품조건부판매시 반품가능성이 불확실하여 추정이 어려운 경우에는 인도시점에서 인식한다.

⑤ 판매자가 판매한 재화에 대한 소유에 따른 위험을 일부 부담하더라도 그 위험이 별로 중요하지 않다면 해당 거래를 판매로 보고 수익을 인식한다.

풀이 ① 장부가액 → 공정가치
② 설치검사가 완료되었을 때 → 구매자가 재화를 인수한 시점
③ 초과액과 이미 인식한 이익의 합계액을 전액 당기손실로 처리한다.
④ 구매자가 재화의 인수를 공식적으로 수락한 시점 또는 재화가 인도된 후 반품기간이 종료된 시점에 수익으로 인식한다.
⑤ 옳다.

6 재화의 판매로 인한 수익의 인식요건으로 옳지 않은 것은? 【'13. 관세사】

① 거래와 관련하여 발생했거나 발생할 원가를 신뢰성 있게 측정할 수 있다.

② 재화의 소유에 따른 유의적인 위험과 보상이 구매자에게 이전된다.

③ 거래와 관련된 경제적효익의 유입가능성이 높다.

④ 수익금액을 신뢰성 있게 측정할 수 있다.

⑤ 재화의 통제권이 거래대금 수령조건으로 구매자에게 이전된다.

풀이 판매자는 판매된 재화의 소유권과 결부된 통상적 수준의 관리상 지속적 관여를 하지 않을 뿐만 아니라 효과적인 통제를 하지도 아니한다.

7 수익인식과 관련된 다음의 설명 중 옳지 않은 것은? 【'14. CPA】

① 수익금액은 일반적으로 판매자와 구매자 또는 자산의 사용자 간의 합의에 따라

해답 5. ⑤ 6. ⑤ 7. ⑤

결정되며, 판매자에 의해 제공된 매매할인 및 수량리베이트를 고려하여 받았거나 받을 대가의 공정가치로 측정한다.

② 보험대리인이 추가로 용역을 제공할 필요가 없는 경우에 보험대리인은 대리인이 받았거나 받을 수수료를 해당 보험의 효과적인 개시일 또는 갱신일에 수익으로 인식한다.

③ 제품판매가격에 제품판매 후 제공할 용역에 대한 식별가능한 대가가 포함되어 있는 경우에는, 그 금액을 이연하여 용역수행기간에 걸쳐 수익으로 인식한다.

④ 용역제공거래의 성과를 신뢰성 있게 추정할 수 없고, 발생한 원가의 회수가능성이 높지 않은 경우에는 수익은 인식하지 아니하고, 발생한 원가를 비용으로 인식한다.

⑤ 성격과 가치가 유사한 재화나 용역의 교환이나 스왑거래는 제공한 재화나 용역의 공정가치로 수익을 인식한다.

풀이 성격과 가치가 유사한 재화나 용역의 교환이나 스왑거래는 수익으로 보지 아니한다. 그러나 성격이나 가치가 상이한 재화나 용역의 교환은 수익이 발생하는 거래로 본다.

8 수익에 관한 설명으로 옳지 않은 것은? 【'15. 세무사】

① 용역제공거래의 성과를 신뢰성 있게 추정할 수 없고 발생한 원가의 회수가능성이 높지 않은 경우에는 수익은 인식하지 아니하고 발생한 원가를 비용으로 인식한다.

② 수익금액은 일반적으로 판매자와 구매자 또는 자산의 사용자 간의 합의에 따라 결정되며, 판매자에 의해 제공된 매매할인 및 수량리베이트를 고려하여 받았거나 받을 대가의 공정가치로 측정한다.

③ 성격과 가치가 유사한 재화나 용역의 교환이나 스왑거래는 수익이 발생하는 거래로 보지 아니한다.

④ 판매자가 부담하는 소유에 따른 위험이 중요하지 않은 경우 해당 거래를 판매로 보지 않아 수익을 인식하지 않는다.

⑤ 용역제공거래의 성과를 신뢰성 있게 추정할 수 없는 경우에는 인식된 비용의 회수가능한 범위 내에서의 금액만을 수익으로 인식한다.

풀이 판매자가 부담하는 소유에 따른 위험이 중요하지 않은 경우에는 해당 거래를 판매로 보아 수익을 인식한다.

해답 8. ④

9 다음 중 수익의 인식에 대한 회계처리의 내용으로 옳지 않은 것은? 【'09. 감평사】

① 설치 및 검사 조건부 판매의 경우에는 재화가 구매자에게 인도되어 설치와 검사가 완료되었을 때 인식한다.

② 방송사 등의 광고수익은 해당 광고를 대중에게 전달하는 시점에 수익으로 인식하고, 광고제작사 등의 광고제작용수익은 진행기준에 따라 수익으로 인식한다.

③ 거래 이후에 판매자가 소유에 따른 위험을 일부 부담하더라도 그 위험이 별로 중요하지 않은 경우에는 해당 거래를 판매로 보아 수익을 인식한다.

④ 할부판매의 경우에는 이자수익에 해당하는 부분을 제외한 판매가액을 재화가 인도되는 시점에 수익으로 인식한다.

⑤ 상품권의 발행과 관련된 수익은 상품권을 판매한 시점에 수익을 인식하고, 회수하지 못할 것으로 예상되는 부분에 대해서는 충당금을 설정한다.

풀이 상품권의 발행과 관련된 수익은 상품권을 회수한 시점, 즉 재화를 인도하거나 판매한 시점에 인식한다.

10 용역의 제공으로 인한 수익은 용역제공거래의 성과를 신뢰성 있게 추정할 수 있을 때 진행기준에 따라 인식한다. 다음의 조건 중 어떠한 조건이 충족되면 용역제공거래의 성과를 신뢰성 있게 추정할 수 있는가? 【'05. CPA】

> ㈎ 거래 전체의 수익금을 신뢰성 있게 측정할 수 있다.
> ㈏ 경제적 효익의 유입 가능성이 높다.
> ㈐ 진행률을 신뢰성 있게 측정할 수 있다.
> ㈑ 이미 발생한 원가 및 거래의 완료를 위하여 투입하여야 할 원가를 신뢰성 있게 측정할 수 있다.

① ㈎, ㈏, ㈐, ㈑
② ㈎, ㈏, ㈐
③ ㈎, ㈏, ㈑
④ ㈎, ㈐, ㈑
⑤ ㈎, ㈏

풀이 모두 옳다.

11 다음 중 수익의 인식과 관련된 설명으로 옳은 것은? 【'05. 세무사】

① 제품판매가격에 제품판매 후 제공할 용역에 대한 대가가 포함되어 있고 그 대가를 식별할 수 있는 경우에는 그 금액을 분리하여 제품판매시점에서 용역매출

해답 9. ⑤ 10. ① 11. ③

로 인식한다.

② 구매자가 판매계약에 따라 구매를 취소할 권리가 있고 해당 재화의 반품가능성을 예측하기 어려운 경우에는 보수주의 관점에서 전체 매출액 중 가장 최소한의 금액만을 판매시점에 수익으로 인식한다.

③ 거래 이후에 판매자가 소유에 따른 위험을 일부 부담하더라도 그 위험이 별로 중요하지 않은 경우에는 해당 거래를 판매로 보아 수익을 인식한다.

④ 용역제공거래에서 이미 발생한 원가와 그 거래를 완료하기 위해 추가로 발생할 것으로 추정되는 원가의 합계액이 해당 용역거래의 총수익을 초과하는 경우에는 그 초과액을 향후 용역제공이 완료되는 시점까지의 기간 동안에 배분하여 비용으로 인식한다.

⑤ 부품공급을 포함한 설비유지보수계약이 확정가액으로 체결되는 거래의 경우 이를 재화판매거래와 용역제공거래로 구분하여 회계처리한다.

풀이 ① 용역제공시점에서 용역매출로 인식한다.
② 수익으로 인식하지 않는다.
③ 옳다.
④ 그 초과액과 이미 인식한 이익의 합계액을 전액 당기손실로 인식한다.
⑤ 용역제공거래로 본다.

12 재화의 판매는 일반적으로 판매시점 이후에도 판매자가 관련 재화의 소유에 따른 위험의 대부분을 부담하는 경우에는 그 거래를 아직 판매로 보지 아니하며 이에 따라 수익을 인식하지 않는다. 다음 중 이러한 예로서 적절하지 않은 것은? 【'03. 세무사】

① 구매자에게 인도된 재화의 결함에 대하여 정상적인 품질보증범위를 초과하여 책임을 지는 경우

② 판매대금의 회수가 구매자의 재판매에 의해 결정되는 경우

③ 설치조건부 판매에서 계약의 중요한 부분을 차지하는 설치가 아직 완료되지 않은 경우

④ 구매자가 판매계약에 따라 구매를 취소할 권리가 있고, 해당 재화에 반품가능성을 예측하기 어려운 경우

⑤ 소유에 따른 위험과 효익의 상당 부분이 실질적으로 구매자에게 이전되었지만 판매자가 판매대금의 회수를 확실히 할 목적으로 해당 재화의 법적소유권을 계속 가지고 있는 경우

해답 12. ⑤

풀이 ⑤ 소유에 따른 위험과 효익의 상당 부분이 실질적으로 구매자에게 이전되었다면 법적소유권을 계속가지고 있는 경우에도 판매로 보아 수익으로 인식한다.

13 다음 중 용역제공과 관련된 수익인식의 내용으로 적절하지 않은 것은? 【'03. 세무사】

① 거래 전체의 수입금액을 신뢰성 있게 측정할 수 있어야 하고, 경제적 효익의 유입가능성이 높아야 한다.

② 진행률을 신뢰성 있게 측정할 수 있어야 한다.

③ 이미 발생한 원가 및 거래의 완료를 위하여 투입하여야 할 원가를 신뢰성 있게 측정할 수 있어야 한다.

④ 이미 발생한 원가와 그 거래를 완료하기 위해 추가로 발생할 것으로 추정되는 원가의 합계액이 해당 용역거래의 총수익을 초과하는 경우에는 그 초과액을 전액 당기손실로 처리한다. 이때 전기에 인식한 이익은 이미 전기손익으로 인식되었으므로 당기손실에 가산할 수 없다.

⑤ 용역제공거래의 성과를 신뢰성 있게 추정할 수 없고 발생한 원가의 회수가능성이 낮은 경우에는 수익을 인식하지 않고 발생한 원가를 비용으로 인식한다.

풀이 ④ 당기손실에 가산할 수 없다 → 전기에 인식한 이익은 전액 당기손실로 인식한다.

14 수익의 인식과 관련된 다음 설명 중 옳지 않은 것은? 【'06. 세무사】

① 기업이 재화의 소유에 따른 위험과 효익을 가지지 않고 타인의 대리인 역할을 수행하여 재화를 판매하는 경우에는 판매가액 총액을 수익으로 계상할 수 없으며 판매수수료만을 수익으로 인식해야 한다.

② 임대업을 영위하는 회사는 임대매장에서 발생하는 매출과는 무관하므로 임차인으로부터 수취하는 임대료만을 수익으로 인식해야 한다.

③ 수출업무를 대행하는 종합상사는 판매를 위탁하는 회사를 대신하여 재화를 수출하는 것이므로 판매수수료만을 수익으로 계상해야 한다.

④ 제품공급자로부터 받은 제품을 인터넷 상에서 중개판매하거나 경매하고 수수료만을 수취하는 전자쇼핑몰 운영회사는 관련 수수료만을 수익으로 인식해야 한다.

⑤ 기계장치 등의 설치와 관련하여 수취하는 설치용역 수수료는 재화판매가 주목적이고 설치용역이 재화판매에 부수적으로 제공되는 경우에는 진행기준에 따라 수익으로 인식한다.

해답 13. ④ 14. ⑤

풀이 ⑤ 재화판매거래로 보며, 재화의 경우 일반적으로 인도기준에 따라 인식한다.

15 수익인식에 관한 다음 사례 중 타당하지 않은 것은? 【'10. CPA】

① 제과프랜차이즈사업을 하는 ㈜파로베이커리는 가맹점 운영과 관련하여 계속적인 용역(continuing service)을 제공한다. ㈜파로베이커리는 운영지원용역에 대한 수수료를 가맹점으로부터 수령하는 시점에 수익으로 인식한다.

② 소프트웨어 개발회사인 ㈜일진소프트는 ㈜대성으로부터 급여처리시스템에 대한 소프트웨어 개발을 주문받았다. ㈜일진소프트는 소프트웨어 개발대가로 수취하는 수수료를 진행기준에 따라 수익으로 인식한다.

③ 구두를 제조하는 ㈜금동제화는 매출향상을 위하여 상품권을 현금으로 판매하지만 수익은 고객이 상품권으로 구두를 구입하는 시점에 인식한다.

④ 영화를 제작하는 ㈜대박필름은 제작 완료한 영화 '고시탈출'을 20×1년 6월 배급사인 ㈜일성시네마에 1년간 상영할 수 있는 권리를 판매함과 동시에 수익을 인식했다. ㈜대박필름은 상영권 판매 후 동 권리의 판매와 관련하여 추가의무가 없고 ㈜일성시네마를 통제할 수 없으며 흥행수익으로부터 추가적인 수익을 수취하지 않는다.

⑤ ㈜일산신문사는 의류회사인 ㈜대일통상과 지면광고계약을 맺고 광고수수료를 받았다. ㈜일산신문사는 동 광고수수료를 신문에 광고가 게재되어 독자에게 전달될 때 수익으로 인식했다.

풀이 ①; 용역제공시점에 인식한다.
④; 옳다. 라이센스 제공자가 배급업자를 통제할 수 없고 흥행수익으로부터 추가적인 수익을 수취할 것으로 기대하지 않는 시장에서 영화를 상영할 권리를 부여하는 경우에는 판매기준에 따라 수익을 인식한다.

16 20×1년도 수익인식과 관련한 다음의 사례 중 옳지 않은 것은? 【'13. CPA】

① 보험대리업을 영위하고 있는 ㈜우리는 20×1년 10월 1일 ㈜나라보험의 보험상품 중 하나에 대하여 ㈜평창과 계약을 체결하였다. 보험기간은 20×1년 10월 1일부터 1년이며, ㈜우리가 보험계약기간에 추가로 용역을 제공할 가능성은 높다. ㈜우리는 20×1년 12월 1일 ㈜나라보험으로부터 동 보험계약에 대한 대리수수료 ₩1,000,000을 수령하고 전액 20×1년도 수익으로 인식하였다.

② ㈜한국은 20×1년 12월 1일에 설치에 대한 용역이 재화의 판매에 부수되지 않

해답 15. ① 16. ①

는 섬유기계장치를 판매하고, 별도의 설치수수료 ₩500,000을 수령하였다. ㈜한국은 일정상 20×1년 말까지 동 기계장치에 대한 설치를 시작하지 못하여, 수령한 설치수수료를 20×1년도 수익으로 인식하지 않았다.

③ 20×1년 11월 1일 ㈜대한휘트니스에 연회원으로 50명이 가입하였다. 연회원가입비(환급되지 않음)는 1인당 ₩45,000이며, 연회원은 가입후 1년 동안만 휘트니스 이용료를 할인받을 수 있다. ㈜대한휘트니스는 20×1년 11월 1일에 가입한 회원으로부터 수령한 연회원가입비 중 ₩375,000(=50명×₩45,000×2/12)을 20×1년도 수익으로 인식하였다.

④ 광고제작사인 ㈜소백기획은 20×1년 9월 1일에 ㈜섬진으로부터 총금액 ₩6,000,000의 광고제작을 의뢰받고, 이를 6개월 안에 완성하기로 하였다. 20×1년말 현재 광고제작이 50% 완성되어 ㈜소백기획은 ₩3,000,000을 20×1년도 수익으로 인식하였다.

⑤ ㈜팔공은 20×1년 12월 1일에 ₩5,000,000의 상품을 판매하였다. 판매계약에 명시된 이유를 들어 구매자는 구매취소를 할 수 있다. 20×1년말 현재 반품가능성을 예측하기 힘들어 ㈜팔공은 20×1년도에 수익을 인식하지 않았다.

풀이 ①; 보험대리인이 추가로 용역을 제공할 필요가 없는 경우에 보험대리인은 대리인이 받았거나 받을 수수료를 해당 보험의 효과적인 개시일 또는 갱신일에 수익으로 인식한다. 그러나 대리인이 보험계약기간에 추가로 용역을 제공할 가능성이 높은 경우에는 수수료의 일부 또는 전부를 이연하여 보험계약기간에 걸쳐 수익으로 인식한다.

②; 옳다. 즉, 별도의 설치수수료는 진행기준에 따라 인식한다.

③; 옳다. 즉, 이러한 효익이 제공되는 시기를 기준으로 수익을 인식한다.

④; 옳다. 즉, 광고제작수수료는 광고제작의 진행률에 따라 인식한다.

⑤; 옳다. 즉, 반품가능성을 예측하기 어려운 경우에는 수익으로 인식하지 않는다.

17 프랜차이즈 수수료에 관한 내용으로 옳지 않은 것은? 【'13. 세무사】

① 프랜차이즈 수수료는 창업지원용역과 운영지원용역, 설비와 기타 유형자산 및 노하우 제공에 대한 대가를 포함할 수 있다.

② 계약에 의한 권리의 계속적인 사용에 부과되는 수수료나 계약기간 동안 제공하는 기타 용역에 대한 수수료는 권리를 사용하는 시점이나 용역을 제공하는 시점에 수익으로 인식한다.

③ 창업지원용역 수수료가 장기간에 걸쳐 회수되고 모두 회수하는데 유의적인 불확실성이 존재하는 경우에는 할부금을 현금으로 수취하는 시점에 수익으로 인

해답 17. ⑤

식한다.

④ 설비와 기타 유형자산을 제공하는 경우 해당 자산을 인도하거나 소유권을 이전할 때 제공하는 자산의 공정가치에 기초한 금액을 수익으로 인식한다.

⑤ 프랜차이즈 본사가 가맹점에게 공급할 재화를 대신 주문하고 원가로 인도하는 대리거래는 인도시점에 수익을 인식한다.

풀이 대리거래는 수익으로 인식하지 않는다.

18 "농림어업"에 관한 회계처리로 옳지 않은 것은? 【'15. 감평사】

① 생물자산은 최초 인식시점과 매 보고기간말 공정가치에서 추정 매각부대원가를 차감한 금액(순공정가치)으로 측정하여야 한다. 다만, 공정가치를 신뢰성 있게 측정할 수 없는 경우에는 제외한다.

② 생물자산에서 수확된 수확물은 수확시점에 순공정가치로 측정하여야 한다.

③ 생물자산을 최초 인식시점에 순공정가치로 인식하여 발생하는 평가손익과 생물자산의 공정가치 변동으로 발생하는 평가손익은 발생한 기간의 당기손익에 반영한다.

④ 수확물을 최초 인식시점에 순공정가치로 인식하여 발생하는 평가손익은 발생한 기간의 기타포괄손익에 반영한다.

⑤ 순공정가치로 측정하는 생물자산과 관련된 정부보조금에 다른 조건이 없는 경우에는 이를 수취할 수 있게 되는 시점에만 당기손익으로 인식한다.

풀이 수확물을 최초 인식시점에 순공정가치로 인식하여 발생하는 평가손익은 발생한 기간의 당기손익에 반영한다.

19 농림어업 기준서의 내용으로 옳지 않은 것은? 【'13. 세무사】

① 생물자산은 공정가치를 신뢰성 있게 측정할 수 없는 경우를 제외하고는 최초인식시점과 매 보고기간말에 순공정가치로 측정한다.

② 최초로 인식하는 생물자산을 공정가치로 신뢰성 있게 측정할 수 없는 경우에는 원가에서 감가상각누계액을 차감한 금액으로 측정한다.

③ 생물자산을 최초인식시점에 순공정가치로 인식하여 발생하는 평가손익과 생물자산의 순공정가치 변동으로 발생하는 평가손익은 발생한 기간의 당기손익에 반영한다.

④ 수확물을 최초인식시점에 순공정가치로 인식하여 발생하는 평가손익은 발생한

해답 18. ④ 19. ⑤

기간의 당기손익에 반영한다.

⑤ 순공정가치로 측정하는 생물자산과 관련된 정부보조금에 부수되는 조건이 있는 경우에는 이를 수취할 수 있게 되는 시점에만 당기손익으로 인식한다.

풀이 순공정가치로 측정하는 생물자산과 관련된 정부보조금에 부수되는 조건이 없는 경우에는 이를 수취할 수 있게 되는 시점에만 당기손익으로 인식한다.

20 생물자산, 수확물 및 가공품 등 농림어업에 관한 설명으로 옳지 않은 것은?

【'12. 관세사】

① 생물자산, 수확물 및 수확 후 가공품의 예시로 포도나무–포도–포도주를 들 수 있다.

② 수확물은 생물자산에서 수확한 생산물로 과거사건의 결과로 통제되며, 관련된 미래경제적효익의 유입가능성이 높고 공정가치나 원가를 신뢰성 있게 측정할 수 있는 경우에 한하여 자산으로 인식된다.

③ 생물자산을 최초로 인식하는 시점에 시장공시가격을 구할 수 없고, 대체적인 공정가치측정치가 명백히 신뢰성 없게 된 경우, 생물자산은 원가에서 감가상각누계액과 손상차손누계액을 차감한 금액으로 측정한다.

④ 수확물은 최초인식시점에 순공정가치로 인식하여 발생하는 평가손익은 발생한 기간의 기타포괄손익에 반영한다.

⑤ 순공정가치로 측정하는 생물자산과 관련된 정부보조금에 다른 조건이 없는 경우에는 이를 수취할 수 있게 되는 시점에만 당기손익으로 인식한다.

풀이 기타포괄손익 → 당기손익

21 기업회계기준서에 따른 상품권의 회계처리에 관한 설명 중 틀린 것은? 【'02. 세무사】

① 매출수익은 상품권을 회수할 때, 즉 물품 등을 제공하거나 판매한 때 인식하며 상품권판매시에는 선수금(상품권선수금계정등)으로 처리한다.

② 장기미회수상품권의 경우 상품권의 유효기간이 경과하였으나 상법상의 소멸시효가 완성되지 않은 경우에는 유효기간이 경과한 시점에서 상품권에 명시된 비율에 따라 영업외수익으로 인식함을 원칙으로 한다.

③ 장기미회수상품권이 상법상 소멸시효가 완성될 경우에는 완성된 시점에서 잔액을 전부 영업외수익으로 인식하여야 한다.

해답 20. ④ 21. ④

④ 상품권을 할인판매한 경우 액면가액에서 할인액을 차감한 잔액을 선수금 계정에 계상한다.

⑤ 물품 또는 용역이 제공 불가능하거나 지체됨으로 인하여 현금상환하거나 물품판매 후 잔액을 환급하여 주는 경우에는 상환시점이나 환급시점에서 선수금과 상계한다.

풀이 상품권할인액은 액면가액에서 차감하는 형식으로 보고한다.

22 전국백화점주식회사는 상품권을 발행하고 있다. 회사는 액면 ₩1,000,000인 상품을 2001년 9월 1일 5% 할인하여 ₩950,000에 판매하였다. 기업회계기준서에 따라 가장 옳은 재무제표상의 표시는? 【'02. 감평사】

① 선수금 ₩950,000

② 선수금 ₩1,000,000
　상품권할인액 (₩50,000)

③ 예수금 ₩950,000

④ 예수금 ₩1,000,000
　예수금할인액 (₩50,000)

⑤ 고객예탁금 ₩950,000

풀이 상품권할인액은 (상품권)선수금에서 차감하는 형식으로 보고한다.

23 (주)서울은 20×1년 7월 1일에 액면금액이 ₩100,000인 상품권 1,000매를 한매당 ₩95,000에 발행하였다. 고객은 상품권 금액의 80%이상을 사용하면 잔액을 현금으로 돌려받을 수 있다. 상품권의 만기는 발행일로부터 5년이다. 20×1년 12월 31일까지 상품권 사용에 의한 매출로 200매가 회수되었으며, 그 매출 과정에서 ₩2,500,000이 거스름돈으로 지급되었다. 20×1년에 (주)서울이 상품권과 관련하여 수익(순매출액)으로 인식할 금액은? 【'14. 세무사, '11. 감평사】

① ₩16,500,000　② ₩17,500,000
③ ₩19,000,000　④ ₩20,000,000
⑤ ₩95,000,000

풀이 회계처리하면 다음과 같다.

(1) 200매 발행시

차)	현　금	19,000,000	대) 선수금	20,000,000
	상품권할인액	1,000,000 [1]		

1) 200 × ₩5,000=₩1,000,000

해답 22. ② 23. ①

참고로, 상품권을 200매만 회수하여 매출이 발행한 경우이므로 매출 발생과 관련없는 나머지 800매에 대한 분개는 여기서 생략하였다.

(2) 200매 상품권 회수시

차) 선수금	20,000,000	대)	매 출	17,500,000
			현 금	2,500,000
차) 매출에누리	1,000,000	대)	상품권할인액	1,000,000

∴ 순매출액=매출−매출에누리=₩17,500,000−1,000,000=₩16,500,000

24 다음은 (주)관세와 관련한 당기 거래 자료이다. (주)관세의 당기수익은? 【'12. 관세사】

- (주)관세는 (주)대한에 제품을 판매하고 그 대가로 기계장치를 받았다. 판매한 제품의 공정가치는 ₩100,000이며, 대가로 받은 기계장치의 공정가치는 ₩98,000이다.
- (주)관세는 ₩200,000의 제품을 외상판매하였다. 이 가운데 매출에누리 ₩5,000이 발생하였다.
- (주)관세는 1년 후에 ₩52,000에 재매입하기로 약정하고 (주)중앙에 제품을 ₩50,000에 판매하였다.
- 수탁판매업자 (주)수탁은 (주)관세가 위탁한 제품을 판매하고 수수료 ₩30,000을 제외한 ₩470,000을 (주)관세에 송금하였다.

① ₩733,000
② ₩763,000
③ ₩793,000
④ ₩813,000
⑤ ₩843,000

풀이 매출(당기수익)=₩98,000[1)]+195,000[2)]+500,000[3)]=₩793,000

1) 수익은 받았거나 받을 대가의 공정가치로 측정한다.
2) 순매출=매출−매출에누리 및 환입−매출할인
∴ 순매출=(₩200,000−5,000)=₩195,000
3) 위탁판매의 경우에는 수탁자가 판매한 총액을 수익으로 인식하며 이중 지급한 판매수수료는 비용으로 처리한다. 따라서 수익은 ₩470,000+30,000=₩500,000이 되며 이중 ₩30,000은 비용으로 처리한다.

참고로, 재매입약정이 있는 경우에는 수익으로 인식하지 않는다.

25 (주)광림중공업은 선박용 엔진을 제작하여 조선회사에 장기할부판매를 하고 있다. (주)광림중공업은 20×1년 7월 1일 (주)동원조선에 엔진 1대를 ₩1,200,000에 할부로 판매하고, 판매 시 현금 ₩200,000을 받고 잔액은 향후 2년간에 걸쳐 매년 7월 1일에 ₩500,000씩 받기로 하였다. 장기매출채권에 대한 할인율은 연 10%이고, 장기매출채

해답 24. ③ 25. ①

권의 회수가능성이 매우 높다. 장기매출채권의 명목가액과 장부금액간의 차이가 중요하다고 가정할 경우 (주)광림중공업이 판매시점에 계상할 장기매출채권의 장부금액은 얼마인가? (단, 할인율 10%에 대한 기간 2년의 단일금액현가계수와 연금현가계수는 각각 0.8264와 1.7355이다. 【'03. CPA, '08. 감평사】

① ₩867,750 ② ₩1,000,000
③ ₩1,200,000 ④ ₩1,735,500
⑤ ₩2,082,600

풀이 판매당시 매출채권 = ₩500,000 × 1.7355 = ₩867,750
참고로, 매출액 = ₩200,000 + 867,750 = ₩1,067,750

26 주권상장법인인 (주)개벽은 20×7년 1월 1일 대금회수가 확실한 ₩3,500,000의 할부매출을 하면서 인도금으로 ₩500,000을 수령하고, 잔금 ₩3,000,000은 매년 말에 ₩1,000,000씩 3년에 걸쳐 받기로 하였다. 상기 매출거래와 관련하여 유효이자율은 10%이다. 기업회계기준서에 의하면, 당해 매출거래가 20×7년도 매출액과 20×8년도 이익에 미치는 영향은 얼마인가? 단, 법인세효과는 고려하지 않는다. 또한 모든 계산금액은 소수점 첫째 자리에서 반올림하며 이 경우 약간의 반올림 오차가 나타날 수 있다. 【'09. CPA】

(이자율 10% 기준)	1년	2년	3년
단일금액 ₩1의 현가계수	0.9091	0.8264	0.7513
정상연금 ₩1의 현가계수	0.9091	1.7355	2.4868

	20×7년도 매출액	20×8년도 이익 영향
①	₩1,500,000	₩1,000,000 증가
②	₩1,500,000	₩1,171,067 증가
③	₩2,486,800	₩1,173,548 증가
④	₩2,986,800	₩248,680 증가
⑤	₩2,986,800	₩173,548 증가

풀이 매출 = ₩500,000 + 1,000,000 × 2.4868 = ₩2,986,800
매출채권 = ₩1,000,000 × 2.4868 = ₩2,486,800
당기순이익(= 이자수익) = ₩173,548

상각표

날 짜	지급액	유효이자	원금상환	기말장부가액
'07. 1/1				2,486,800
'07. 12/31	1,000,000	248,680	751,320	1,735,480
'08. 12/31	1,000,000	173,548	826,452	909,028
'09. 12/31	1,000,000	90,972	909,028	0

27 기계판매업인 (주)대한은 20×1년 1월 1일 원가 ₩100,000의 기계장치를 매각하고 계약금으로 현금 ₩50,000을 받고 매 6개월마다 ₩20,000씩 6번(3년간 매 6월 30일과 12월 31일)을 받기로 하였다. 현재 시장이자율은 연 10%이다. 기업회계기준서에 따라서 처리할 경우 20×1년에 이 거래를 통하여 발생되는 매출총이익은 얼마인가? (단, 명목가액과 현재가치의 차이가 중요하다.) 연금 현가계수는 다음과 같다.
【'95. 세무사, '99. 감평사, 2000. CPA】

PVA(6, 5%) = 5.0757
PVA(6, 10%) = 4.3553

① ₩51,514　② ₩49,738
③ ₩70,000　④ ₩60,919
⑤ ₩101,514

풀이 매출: ₩50,000 + 20,000 × 5.0757 = ₩151,514
매출원가: 100,000
매출총이익: ₩51,514

분개하면 다음과 같다.

① 매출시

(차)	현 금	50,000	(대)	매 출	151,514
	장 기 매 출 채 권	120,000		현재가치할인차금	18,486

② 6/30 이자지급시

(차)	현 금	20,000	(대)	장 기 매 출 채 권	20,000
	현재가치할인차금	5,076 *		이 자 수 익	5,076

* ₩101,514 × 5% = ₩5,076

참고로 1차년도 말까지 상각표를 작성하면 다음과 같다.

일 자	현금회수	유효이자(5%)	원금상환	기말장부
01. 1/ 1				101,514
01. 6/30	20,000	5,076	14,924	86,590
01. 12/31	20,000	4,330	15,670	70,920
	⋮	⋮	⋮	⋮
계	120,000	18,486	101,514	

해답 27. ①

28 1991년 7월 31일 CW사는 ₩60,000의 프랜차이즈 수수료를 받기로 하고 JB사가 독점으로 자사상표의 제과를 판매하도록 허가하였다. 이 금액 중 ₩30,000은 계약체결시 받고 잔액은 1992년 7월 31일부터 매년 ₩10,000씩 3년 동안 받기로 하고 어음을 수취하였다. 1991년 7월 31일 기준으로 할인된 어음의 현재가치는 ₩25,000이다. 계약에 의하여 이미 지불한 ₩30,000은 취소불능이며 동액은 CW사가 이미 제공한 서비스의 공정가치를 나타낸다. 한편 CW사는 앞으로도 계속 용역을 제공해야 할 것으로 추정된다. 받을어음의 회수가능성은 매우 확실하다. 1991년 7월 31일 CW사는 이연프랜차이즈수익으로 얼마를 보고해야 하는가? 【'91, '95. 감평사】

① ₩0 ② ₩25,000
③ ₩30,000 ④ ₩40,000
⑤ ₩60,000

풀이 분개하면 다음과 같다.

(1) (차) 현 금	30,000	(대) 프랜차이즈수익	30,000
(2) (차) 장기매출채권	30,000	(대) 이연프랜차이즈수수료	25,000 *
		현재가치할인차금	5,000

* 아직 용역을 제공하지 않고 앞으로도 계속 용역을 제공해야 하므로 이연프랜차이즈수수료로 처리한다.

29 (주)감평은 20×0년 12월 10일 제철설비를 (주)한국에 ₩1,410,000에 판매하고, 동 설비를 사용가능한 상태로 설치해 주기로 하였다. 설치수수료의 총계약금액은 ₩450,000이다. 설치는 설비판매에 부수적으로 제공되는 것은 아니며, 20×0년도에 진행된 설치율은 20%이다. (주)감평이 20×0년도의 수익으로 인식할 설치수수료는 얼마인가? 【'10. 감평사】

① ₩90,000 ② ₩300,000
③ ₩450,000 ④ ₩1,500,000
⑤ ₩1,860,000

풀이 설치수수료 수익=계약금액×진행률=₩450,000×20%*=₩90,000

* 기계장치 등의 설치와 관련하여 수취하는 설치용역수수료는, 재화판매가 주목적이고 설치용역이 재화판매 부수적으로 제공되는 경우가 아니라면 진행기준에 따라 수익으로 인식한다.

30 ㈜한국은 다른 항공사가 운영하는 포인트 제도에 참여하였다. 포인트 제도에 가입한

해답 28. ② 29. ① 30. ②

회원은 ㈜한국의 제품을 구입한 금액의 10%를 항공포인트로 부여받아 항공여행권을 받을 수 있으며, 항공포인트는 해당 항공사에만 청구할 수 있다. ㈜한국은 포인트 제도에 가입한 회원의 포인트 사용여부와 상관없이 포인트를 부여하는 시점에 1 포인트당 ₩1을 항공사에 지급할 의무가 있다. ㈜한국은 20×1년에 제품을 ₩2,000,000 판매하였다. ㈜한국은 포인트의 공정가치를 1 포인트당 ₩2으로 추정하고 있다. ㈜한국이 항공사를 대신하여 대가를 회수하는 경우 20×1년 포인트 매출수익은? 【'15. 세무사】

① ₩160,000 ② ₩200,000 ③ ₩260,000
④ ₩320,000 ⑤ ₩400,000

풀이 항공사를 대신하여 대가를 회수하는 경우이므로 포인트당 공정가치와 지급할 금액과의 차이가 포인트매출수익이 된다.
∴ ₩2,000,000 × 10% × (2−1) = ₩200,000

31 (주)국세는 Wings Air에서 운영하는 고객충성제도에 참여하고 있다. ㈜국세는 자사제품을 구매하는 회원에게 판매가격 ₩1당 1마일리지를 제공한다. 고객충성제도회원은 마일리지를 사용하여 항공권을 구입할 수 있다. (주)국세는 Wings Air에 1마일리지당 ₩0.012을 지급한다. 20×2년 (주)국세는 원가가 ₩800,000인 제품을 ₩1,200,000에 판매하고, 마일리지를 부여하였다. (주)국세는 1마일리지의 공정가치를 ₩0.02으로 추정한다. (주)국세가 마일리지에 배분될 대가를 자기의 계산으로 회수하는 경우, 20×2년 제품 판매와 관련하여 인식할 마일리지와 관련된 수익(고객충성제도수익)과 비용(고객충성제도비용)은 각각 얼마인가? 【'12. 세무사】

	고객충성제도수익	고객충성제도비용
①	₩ 7,200	₩12,000
②	₩14,400	₩24,000
③	₩24,000	₩12,000
④	₩24,000	₩14,400
⑤	₩28,000	₩48,000

풀이 제 3 자가 보상을 제공하는 경우에는 자기의 계산으로 대가를 회수하는지 제 3 자를 대신하여 대가를 회수하는지에 따라 다음과 같이 회계처리가 달라진다.

(1) 자기의 계산으로 대가를 회수하는 경우

차) 현 금	1,200,000	대)	매 출	1,176,000
			고객충성제도수익	24,000 [1)]
차) 고객충성제도비용	14,400	대)	미지급비용	14,400

해답 31. ④

1) 기업이 자기의 계산으로 대가를 회수하는 경우에는 보상점수에 배분되는 총대가로 수익을 측정하고 보상과 관련하여 의무를 이행한때 수익을 인식한다. 그리고 항공사에게 지급할 금액은 비용으로 인식한다.

∴ 고객충성제도수익=₩1,200,000×0.02=₩24,000

고객충성제도비용=₩1,200,000×0.012=₩14,400

(2) 제 3 자(항공사)를 대신하여 대가를 회수하는 경우

차) 현 금	1,200,000	대) 매 출	1,176,000
		고객충성제도수익	9,600[2)]
		미지급비용	14,400

2) 제 3 자가 보상을 제공할 의무를 지고 그것에 대한 대가를 받을 권리를 가지게 될 때 그 순액을 수익으로 인식한다.

∴ ₩24,000−14,400=₩9,600

32 ㈜신성축산은 20×1년 1월 초에 수익용으로 젖소를 ₩1,500,000에 매입하였는데, 그 젖소는 농림어업자산의 인식요건을 충족한다. 20×1년 12월 31일 젖소의 공정가치는 ₩2,250,000이며 사육에 소요된 비용은 ₩450,000이다. 20×1년 12월 말에 젖소로부터 원유를 생산하기 시작하였으며, 생산된 원유를 공정가치 ₩300,000에 판매하였다. 판매를 위해 ₩50,000의 비용이 발생되었다면, 20×1년도 ㈜신성축산의 당기순이익은? 【'14. 감평사】

① ₩300,000　② ₩550,000　③ ₩600,000
④ ₩1,000,000　⑤ ₩1,050,000

풀이 당기순이익＝(₩2,250,000－1,500,000)－450,000＋300,000－50,000＝₩550,000

33 (주)서울농장은 20×1년 1월 1일에 1년된 돼지 10마리를 보유하고 있다. (주)서울농장은 20×1년 7월 1일에 1.5년된 돼지 5마리를 한 마리당 ₩100,000에 매입하였고, 20×1년 7월 1일에 돼지 6마리가 태어났다. 돼지의 일자별 한 마리당 순공정가치가 다음과 같을 때 (주)서울농장이 동 생물자산과 관련하여 20×1년도 포괄손익계산서의 당기손익에 반영할 평가이익은? (단, 20×1년 중 매각되거나 폐사된 돼지는 없다고 가정함) 【'11. 감평사】

일 자	내 용	한 마리당 순공정가치
20×1. 1. 1	1년된 돼지	₩80,000
20×1. 7. 1	1.5년된 돼지	100,000
20×1. 7. 1	새로 태어난 돼지	50,000

해답 32. ② 33. ③

20×1. 12. 31	0.5년된 돼지	70,000
20×1. 12. 31	2년된 돼지	130,000

① ₩300,000 ② ₩650,000 ③ ₩1,070,000
④ ₩1,430,000 ⑤ ₩1,950,000

풀이 2년 된 돼지 ; (₩130,000−80,000)×10=₩500,000
(130,000−100,000)×5 = 150,000
0.5년 된 돼지; ₩50,000×6 = 300,000
(₩70,000−50,000)×6 = 120,000
생물자산평가이익(당기순이익) ₩1,070,000

34 (주)일산은 20×1년도에 (주)분당으로부터 컨설팅용역을 수주하고 진행기준을 적용하여 회계처리를 하고 있다. 컨설팅용역은 20×3년도 말까지 계속 제공될 예정이며, 계약금액은 총 ₩50,000이다. 진행기준을 적용함에 있어서 진행률은 발생 누적원가를 총 추정원가로 나눈 비율을 사용하며, 3개년 동안 발생한 컨설팅용역과 관련된 자료는 다음과 같다. 20×2년도에 ㈜일산의 용역손익은 얼마인가? 【'09. CPA, '13. 관세사】

	20×1년도	20×2년도	20×3년도
당기 발생 용역원가	₩10,000	₩15,000	₩20,000
용역 완료시까지 추가소요원가	₩30,000	₩25,000	

① ₩5,000 손실 ② ₩2,500 손실 ③ ₩2,500 이익
④ ₩5,000 이익 ⑤ ₩10,000 이익

풀이 (1) 20×1년도
용역수익; $₩50,000 \times \frac{10,000}{40,000} = ₩12,500$
용역원가; 10,000
용역이익 ₩2,500

(2) 20×2년도
용역수익; $₩50,000 \times \frac{25,000}{50,000} - 12,500 = ₩12,500$
용역원가; 15,000
용역손실 ₩2,500

35 ㈜대한방송은 20×1년도에 ㈜갑과 광고제작(계약금액 ₩6,000) 및 이에 대한 광고방송

해답 34. ② 35. ①

(계약금액 ₩1,000) 계약을 체결하였다. 이와 관련된 자료는 다음과 같다.

〈광고제작〉

구 분	20×1년	20×2년	20×3년	계
해당연도에 발생한 관련 원가	₩500	₩1,500	₩1,500	₩3,500
추가 발생이 예상되는 원가	₩2,500	₩1,000	–	

〈광고방송〉

구 분	20×1년	20×2년	20×3년	계
해당연도에 발생한 관련 원가	₩200	₩200	₩400	₩800
추가 발생이 예상되는 원가	₩600	₩400	–	

㈜대한방송은 ㈜갑이 의뢰한 광고제작을 20×3년에 완성하여 20×3년 말에 광고방송을 실행하였다. ㈜대한방송이 각 연도에 인식할 수익은 얼마인가? (단, 수익을 진행기준에 따라 인식하는 경우, 진행률은 추정 총소요원가 대비 발생한 누적원가의 비율로 측정하며, 광고방송 계약은 1회 단발성 광고방송 계약으로 가정한다.) 【'15. CPA】

	20×1년도	20×2년도	20×3년도
①	₩1,000	₩3,000	₩3,000
②	₩250	₩250	₩6,500
③	₩0	₩0	₩7,000
④	₩1,250	₩3,250	₩2,500
⑤	₩1,000	₩2,000	₩4,000

풀이 (1) 광고제작수익; 진행기준에 따라 수익을 인식한다.

20×1년도 수익; $₩6,000 \times \frac{500}{3,000} = ₩1,000$

비용 500

이익 ₩500

20×2년도 수익; $₩6,000 \times \frac{2,000}{3,000} - 1,000 = ₩3,000$

비용 1,500

이익 ₩1,500

20×3년도 수익; ₩6,000 − 4,000 = ₩2,000

비용 1,500

이익 ₩500

(2) 방송사 광고수익; 광고를 전달한 시점에 수익을 인식한다.

20×3년도 수익; ₩1,000

비용 800

이익 ₩200

(3) 각 회계연도 수익

20×1년도 수익＝₩1,000
20×2년도 수익＝₩3,000
20×3년도 수익＝₩2,000＋1,000＝₩3,000

36 ㈜서울은 20×1년 2월 1일에 총계약금액 ₩6,000의 공장건설계약을 수주하였다. 이 공장은 20×1년 말에 완공될 예정이며, 건설에 소요될 원가는 ₩4,000으로 추정되었으며 관련 자료는 다음과 같다.

	20×1년	20×2년	20×3년
누적건설원가	₩1,500	₩2,640	₩4,600
남은 건설원가	2,500	1,760	0
누적계약대금 회수액	2,000	4,000	6,000

㈜서울은 이 계약에 대해 진행기준에 따라 수익을 인식한다면, 20×2년의 건설계약이익은? 【'03, '05, '09, '14. 감평사】

① ₩210 ② ₩628 ③ ₩750
④ ₩960 ⑤ ₩1,350

풀이 20×2년 계약수익; $₩6,000\times\frac{2,640}{4,400}-2,250^{*}=₩1,350$
20×2년 계약원가; 2,640－1,500 ＝ 1,140
20×2년 계약이익 ₩210
* 20×1년 계약수익＝$₩6,000\times\frac{1,500}{4,000}=₩2,250$

37 건설업체 (주)감평은 20×1년 5월 1일 (주)대한과 도급계약을 체결하였다. (주)감평은 진행기준에 의해 수익과 비용을 인식하며 진행률은 발생한 누적계약원가를 추정총계약원가로 나눈 비율로 측정한다. 공사기간은 20×4년 12월 31일 까지이다. 최초계약금액은 ₩100,000이었으며, 계약금액의 변동내역, 원가 등에 관한 자료가 다음과 같을 때, 20×3년 말 미청구공사 잔액은? 【'09. 세무사, '13. 감평사】

(단위: 원)

연도	20×1	20×2	20×3	20×4
당기계약금액의 증가분 (공사변경, 보상금, 장려금)	₩0	₩0	₩20,000	₩10,000
누적발생계약원가	20,000	45,000	68,000	86,000
각 연도말에 추정한 예상추가원가	60,000	45,000	17,000	

해답 36. ① 37. ④

대금청구액	30,000	40,000	20,000	40,000
대금회수액	20,000	30,000	20,000	60,000

① ₩3,000 ② ₩4,000 ③ ₩5,000
④ ₩6,000 ⑤ ₩7,000

풀이 20×3년 말 미성공사잔액(=누적수익) = ₩120,000* × $\frac{68,000}{85,000}$ = ₩96,000
총대금청구액 = 30,000 + 40,000 + 20,000 = △90,000
미청구공사 ₩6,000
* ₩100,000+20,000 = ₩120,000

38 (주)대한은 20×1년 초 총계약금액이 ₩600,000인 교량 신축공사를 수주하였다. 공사기간은 20×1년 초부터 3년이며, 20×1년에 이 교량의 총계약원가는 ₩500,000으로 추정되었으나 완공후 실제 총원가는 ₩540,000이 소요되었다. 다음 자료를 이용하여 (주)대한이 진행기준에 따라 인식할 20×2년 계약이익은? 【'12. 관세사, '11, '12. 감평사】

	20×1년	20×2년	20×3년
실제발생누적계약원가	₩200,000	₩390,000	₩540,000
완성시까지 잔여계약원가 예상액	300,000	130,000	–

① ₩10,000 ② ₩20,000
③ ₩30,000 ④ ₩40,000
⑤ ₩50,000

풀이 20×2년 계약수익=₩600,000 × $\frac{390,000}{520,000}$ −600,000 × 40%=₩210,000
20×2년 계약원가=(₩390,000−200,000) =190,000
20×2년 계약이익 ₩ 20,000

39 12월말 결산법인인 (주)대한건설은 완공하는데 3년이 소요되는 공사를 20×4년 1월 초에 수주하였다. 공사계약액(도급금액)은 ₩10,000이며 각 회계연도에 발생된 공사비용과 각 회계연도말에 공사비를 추정한 결과는 다음과 같다. 다만, 건설공사를 수주한 20×4년도 당시에는 20×5년도에 건축자재의 품귀, 노임 등의 급격한 상승으로 인하여 공사비가 많이 발생할 것을 예상하지 못하였다.

해답 38. ② 39. ③

구 분	연중 실제발생 공사비	완공까지 추가로 소요될 공사비추정액
20×4년	₩2,200	₩3,300
20×5년	₩3,800	₩2,000
20×6년	₩2,000	

공사진행기준에 의해 수익을 인식하는 경우, 20×4년도와 20×5년도에 인식하여야 할 공사손익은 각각 얼마인가? (단, 진행률은 누적계약원가를 기준으로 구한다.)

【'06. 세무사】

	20×4년도		20×5년도	
①	계약이익	₩1,800	계약이익	₩1,500
②	계약이익	300	계약이익	1,200
③	계약이익	1,800	계약손실	300
④	계약이익	1,200	계약이익	300
⑤	계약이익	1,500	계약이익	0

풀이 (1) 20×4년도 계약수익; $₩10,000 \times \frac{2,200}{5,500} = ₩4,000$

계약원가; 2,200

계약이익 1,800

(2) 20×5년도 계약수익; $₩10,000 \times \frac{6,000}{8,000} - 4,000 = ₩3,500$

계약원가; 3,800

계약손실 ₩300

참고로, 공사기간 전체를 통해서 볼 때는 계약이익이 발생하므로 예상손실이 발생하지 않는다.

40 (주)대한은 20×1년 1월 1일에 댐건설을 위하여 정부와 건설계약(공사기간 3년, 도급금액 ₩12,000,000)을 체결하고, 계약금 ₩600,000을 수취하였다. (주)대한은 동 건설계약의 수익을 진행기준으로 인식하며, 발생한 누적계약 원가를 기준으로 진행률을 계산한다. 동 건설계약과 관련된 연도별 자료가 다음과 같을 때 옳지 않은 것은?

【'13. 세무사】

	20×1년	20×2년	20×3년
당기 실제 발생 계약 원가	₩4,000,000	₩2,600,000	₩4,400,000
연도 말 예상 추가계약원가	6,000,000	4,400,000	
공사대금 청구액(계약금 포함)	2,800,000	3,200,000	6,000,000
공사대금 회수액(계약금 포함)	2,600,000	3,000,000	6,400,000

해답 40. ⑤

① 20×2년도 공사손실은 ₩200,000이다.
② 20×3년도 계약수익은 ₩4,800,000이다.
③ 20×1년 말 미청구공사 금액은 ₩2,000,000이다.
④ 20×2년 말 미성공사 금액은 ₩7,200,000이다.
⑤ 20×1년 말 공사미수금 금액은 ₩800,000이다.

풀이 (1) 원가자료

	20×1년	20×2년	20×3년
누적원가	₩4,000,000	₩6,600,000	₩11,000,000
추가예정원가	6,000,000	4,400,000	–
총예정원가	₩10,000,000	₩11,000,000	₩11,000,000

(2) '01년도 계약손익 계산
'01년도 계약수익 = ₩12,000,000 × 40% = ₩4,800,000
'01년도 계약원가 = 4,000,000
계약이익 ₩800,000

(3) '02년도 계약손익 계산
'02년도 계약수익 = ₩12,000,000 × 60% − 4,800,000 = ₩2,400,000
'02년도 계약원가 2,600,000
계약손실 ₩200,000

따라서,
② 옳다. '03년도 계약수익 = ₩12,000,000 − 7,200,000 = ₩4,800,000
③ 옳다. '01년 말 미청구공사 = ₩4,800,000 − 2,800,000 = ₩2,000,000
④ 옳다. '02년 말 미성공사 = 원가 + 손익 = ₩4,000,000 + 800,000 + 2,600,000 − 200,000 = ₩7,200,000
⑤ 틀리다. '01년 말 공사미수금 = ₩2,800,000 − 2,600,000 = ₩200,000

41 ㈜대구건설은 20×1년 1월 1일에 교량건설을 위하여 ㈜경상과 총도급금액 ₩6,000,000에 계약을 체결하였다. 동 건설공사계약의 수익인식은 진행기준을 사용하며, 계약의 진행율은 누적발생계약원가를 기준으로 한다. 동 건설공사계약과 관련된 연도별 자료는 다음과 같다.

	20×1년	20×2년	20×3년
실제계약원가발생액	₩2,000,000	₩1,300,000	₩2,200,000
연도 말 예상추가계약원가	3,000,000	2,200,000	–
계약대금 청구액	1,400,000	1,600,000	3,000,000
계약대금 회수액	1,000,000	1,800,000	3,200,000

해답 41. ①

이 건설공사계약과 관련하여, 20×2년 12월 31일 현재 ㈜대구건설의 미청구공사계정 잔액과 이 건설공사계약이 ㈜대구건설의 20×2년도 당기순이익에 미치는 영향은?

【'10. CPA】

	미청구공사계정 잔액	당기순이익에 미치는 영향
①	₩600,000	₩100,000 감소
②	₩700,000	₩100,000 감소
③	₩600,000	₩100,000 증가
④	₩600,000	₩100,000 증가
⑤	₩700,000	₩100,000 감소

풀이 (1) 공사이익 계산

20×1년도 공사수익: $₩6,000,000 \times \frac{2,000}{5,000} = ₩2,400,000$

공사원가	2,000,000
공사이익	₩400,000

20×2년도 공사수익 $₩6,000,000 \times \frac{3,300}{5,500} - 2,400,000 = ₩1,200,000$

공사원가	1,300,000
공사손실	₩100,000

(2) 20×2년도 미청구공사계정 잔액 계산

미성공사계정 잔액	₩3,600,000[1)]
공사대금청구액	3,000,000[2)]
미청구공사계정잔액	₩600,000

1) 미성공사계정 잔액=누적 공사원가+누적 공사이익=누적 공사수익
(단, 공사손실이 예상되는 경우에는 예상손실 인식액만큼 미성공사계정잔액이 적게 계상된다.)
∴ '02년도 공사누적수익=$₩6,000,000 \times \frac{3,300}{5,500} = ₩3,600,000$

2) 20×1년~20×2년의 공사대금청구누적액=₩1,400,000+1,600,000=₩3,000,000

42 ㈜한국건설은 20×1년 초에 ㈜대한과 교량건설을 위한 건설계약을 발주금액 ₩10,000,000에 체결하였다. 총 공사기간은 계약일로부터 3년인데, 20×2년도에 공사내용의 일부 변경에 따른 계약원가 추가 발생으로 건설계약금액을 ₩2,000,000 증가시키는 것으로 합의하였다. 동 건설계약과 관련된 연도별 자료는 다음과 같다.

구 분	20×1년	20×2년	20×3년
실제 계약원가 발생액	₩2,400,000	₩4,950,000	₩3,150,000
연도말 예상 추가계약원가	5,600,000	3,150,000	

해답 42. ②

계약대금 청구액	2,500,000	5,500,000	4,000,000
계약대금 회수액	2,500,000	5,500,000	4,000,000

㈜한국건설이 진행률을 누적발생계약원가에 기초하여 계산한다고 할 때, 동 건설계약과 관련하여 ㈜한국건설이 20×2년말 재무상태표상 인식할 미청구공사(초과청구공사) 금액은 얼마인가? 【'14. CPA】

① 미청구공사 ₩100,000
② 미청구공사 ₩400,000
③ 미청구공사 ₩500,000
④ 초과청구공사 ₩100,000
⑤ 초과청구공사 ₩400,000

풀이 20×2년까지 누적수익 = ₩12,000,000 × $\frac{7,350,000}{10,500,000}$ = ₩8,400,000
대금청구액 = (2,500,000 + 5,500,000) △8,000,000
미청구공사 ₩400,000

43 다음은 CW건설이 20×9년 중 종로로부터 수주한 종로역 신관과 별관의 건설과 관련된 자료이다.

(1) 총공사금액(신관 및 별관)	₩16,000,000
(2) 완성된 신관의 원가발생액	₩3,200,000
(3) 미완성된 별관의 원가발생액	₩5,760,000
(미완성된 별관의 공사진행도는 60%임)	
(4) 완성공사에 대한 청구액	₩4,000,000
(5) 미완성공사에 대한 청구액	₩2,400,000
(6) 종로로부터 회수한 금액	₩4,800,000
(7) 신관과 별관에 대한 공사의 총이익률은 동일하다.	

20×9년 CW건설회사가 인식하여야 하는 총공사이익은 얼마인가? 【'90. 감평사】

① ₩2,240,000
② ₩2,560,000
③ ₩2,714,000
④ ₩2,872,000
⑤ ₩2,880,000

풀이 (1) 공사계약금액 배분
신관과 별관의 공사총이익률이 동일하므로 공사계약금액을 예상원가 비율로 배분한다.
① 신관계약 금액: ₩16,000,000 × $\frac{3,200,000}{(9,600,000^{1)} + 3,200,000)}$ = ₩4,000,000

해답 43. ①

② 별관계약 금액: $₩16,000,000 \times \frac{9,600,000^{1)}}{(9,600,000^{1)} + 3,200,000)} = ₩12,000,000$

1) ₩5,760,000 ÷ 0.6 = ₩9,600,000

(2) 공사이익 계산

① 신관공사이익 = ₩4,000,000 − 3,200,000 = ₩800,000

② 별관공사이익 = ₩12,000,000 × 0.6 − 5,760,000 = 1,440,000

총공사이익 ₩2,240,000

44 (주)판교건설은 아파트와 상가를 건설하기로 (주)경기와 총도급금액 ₩1,125,000에 계약을 체결하였다. (주)판교건설은 아파트와 상가의 공사진행에 따라 공사수익을 인식하기로 하였고, 아파트의 공사이익률은 30%, 상가의 공사이익률은 20%로 예상하였다. (주)판교건설은 공사원가를 기초로 공사진행률을 산정하며, 아파트와 상가의 공사원가 자료 및 진행률은 다음과 같다. 계약분할로 공사진행률$\left(= \frac{\text{누적계약원가}}{\text{추정총계약원가}}\right)$을 적용하면 2차년도 공사이익은 얼마인가? 【'05. CPA】

구 분	아파트	상 가	총 계
추정총공사원가	₩700,000	₩100,000	₩800,000
1차년도 실제발생원가	₩420,000	₩40,000	₩460,000
1차년도 진행률	60%	40%	57.50%
2차년도 실제발생원가	₩280,000	₩60,000	₩340,000
2차년도 진행률(누적)	100%	100%	100%

① ₩135,000
② ₩186,875
③ ₩190,000
④ ₩306,875
⑤ ₩646,875

풀이 (1) 계약금액의 분할

아파트 계약액을 a, 상가계약액을 b라 하면,

아파트: $\frac{a - 700,000}{a} = 30\%$ ∴ $a = ₩1,000,000$

상 가: $\frac{b - 100,000}{b} = 20\%$ ∴ $b = ₩125,000$

② 아파트 공사이익

'02 공사수익: ₩1,000,000 × 100% − 1,000,000 × 60% = ₩400,000

공사원가: 280,000

공사이익 ₩120,000

③ 상가 공사이익

'02 공사수익: ₩125,000×100% − 125,000×40% = ₩75,000
공사원가: 60,000
공사이익 ₩15,000

∴ 2002년도 총 공사이익 = ₩120,000 + 15,000 = 135,000

45 (주)감평은 20×3년 초 건설공사를 수주하였다. 공사기간은 20×5년 말까지이며, 총공사계약금액은 ₩1,000,000이다. 20×3년 공사진행 과정에서 발생한 비용은 ₩500,000이다. 전체 공사에서 손실이 발생하지 않을 것으로 예상되었으나, 총공사예정원가와 진행률을 신뢰성 있게 추정할 수 없다. 이 때 (주)감평이 20×3년에 공사계약에서 인식할 손익은? (단, 발생원가의 회수가능성은 높다고 판단된다.) 【'99. 세무사, '15. 감평사】

① ₩1,000,000 이익 ② ₩500,000 이익
③ ₩0 ④ ₩500,000 손실
⑤ ₩1,000,000 손실

풀이 건설계약의 결과를 신뢰성 있게 추정할 수 없는 경우에는 수익은 회수가능성이 높은 발생한 계약원가의 범위내에서만 인식한다. 그리고 계약원가는 발생한 기간의 비용으로 인식한다.

따라서, 계약수익 ₩500,000
계약원가 500,000
계약손익 ₩0

46~47 JB건설은 20×2년 1월 아파트 건설을 위한 도급공사를 총도급금액 ₩4,500,000에 수주하였다. 아파트공사와 관련하여 3년의 공사기간중 발생한 실제원가 및 매년말 시점의 잔여기간 추가예정 원가자료는 다음과 같았다. 【'94. 감평사】

구 분	20×2년	20×3년	20×4년
당기실제발생원가	₩400,000	₩2,000,000	₩2,480,000
추가공사예정원가	3,600,000	2,600,000	0

JB건설은 진행기준을 적용하여 공사수익을 인식한다. (단, 진행률 $= \frac{\text{누적계약원가}}{\text{추정총계약원가}}$)

46 JB건설이 20×3년 말에 공사원가에 포함해야 할 예상손실은?

① ₩200,000 ② ₩260,000 ③ ₩380,000
④ ₩500,000 ⑤ ₩550,000

해답 45. ③ 46. ②

풀이 (1) 20×2년도 공사이익

공사수익: ₩4,500,000 × $\frac{400,000}{4,000,000}$ = ₩450,000

공사원가: 400,000

공사이익: ₩50,000

(2) 20×3년 공사손익

공사수익: ₩4,500,000 × $\frac{2,400,000}{(2,400,000+2,600,000)}$ − 450,000('02년분) = ₩1,710,000

공사원가: △2,000,000

예상손실 △ 260,000 *

공사손실 ₩550,000

* 20×4년 예상수익: ₩4,500,000 − (450,000 + 1,710,000) = ₩2,340,000

20×4년 예상원가: 2,600,000

20×4년 예상손실: ₩260,000

분개하면,

(차) 공사원가 260,000 (대) 미성공사 260,000

(공사원가에 가산)

(3) 20×4년도 공사이익

공사수익: ₩4,500,000 − (450,000 + 1,710,000) = ₩2,340,000

공사원가 (2,480,000 − 260,000) 2,220,000

공사이익 ₩120,000

간단히 구하면 다음과 같이 구한다.

① 20×3년도에 예상한 20×4년 예상원가 ₩2,600,000

② 20×4년도 실제발생원가 2,480,000

공사이익 ₩120,000 *

* 20×3년도에 20×4년도에 발생하리라고 예상한 원가보다 ₩120,000 덜 발생했으므로 그만큼 이익이 된다.

즉 ①>②이면 그 차이만큼 이익이 된다.

①<②이면 그 차이만큼 손실이 크다.

47 JB건설이 공사완성년도인 20×4년에 인식하여야 할 공사이익(손실)은?

① ₩0 ② ₩120,000 이익 ③ ₩193,115 손실

④ ₩260,000 손실 ⑤ ₩380,000 손실

풀이 (문제 46) 풀이 참조.

48 다음은 K건설회사가 20×8년도에 시작하여 20×9년 말 현재 진행중인 M회사 사옥 신

해답 47. ② 48. ②

축공사와 관련된 자료이다. K회사와 M회사가 계약한 공사계약금액은 총 10,000,000원이며, 2010년 말에 완공될 예정이다. 공사진행기준에 의하여 공사수익을 인식할 때, K회사가 20×9년도와 2010년도에 공사손익으로 인식해야 할 금액은 각각 얼마인가?(단, 진행률 = $\frac{\text{누적계약원가}}{\text{추정총계약원가}}$) 【'10. 세무사, '07, '99. 감평사】

	20×8	20×9	2010
실제발생 누적원가	3,000,000	7,000,000	10,700,000
추가발생원가 추정치	6,000,000	3,700,000	0
추정총계약원가	9,000,000	10,700,000	10,700,000

	20×9년도 공사이익(손실)	2010년도 공사이익(손실)
①	(666,666)	(366,667)
②	(833,333)	(200,000)
③	(1,033,333)	0
④	(190,476)	(842,857)
⑤	(3,000,000)	(3,700,000)

풀이 (1) 20×8년도 순이익 계산

공사수익 ₩10,000,000 × $\frac{3,000,000}{9,000,000}$ = ₩3,333,333
공사원가 3,000,000
공사이익 ₩333,333

(2) 20×9년도 순이익 계산

공사수익 ₩10,000,000 × $\frac{7,000,000}{10,700,000}$ − 3,333,333 = ₩3,208,667
공사원가 (4,000,000 + 242,000) 4,242,000
공사손실 ₩1,033,333
2010년 예상수익: ₩10,000,000 − 6,542,000 = ₩3,458,000
2010년 예상원가 3,700,000
예상손실 ₩242,000

참고로

20×9년 이익을 간단히 구하면 다음과 같다.

20×8	20×9	계
+333,333	△1,033,333	△700,000

(3) 2010년 순이익 계산

공사수익: ₩3,458,000
공사원가: (3,700,000 − 242,000) 3,458,000
공사이익 ₩0

2010년 이익을 간단히 구하면 다음과 같다.

20×9년도에 예상한 '10년도의 예상원가 ₩3,700,000
2010년도의 실제원가 3,700,000
2010년도의 순이익 ₩0

CHAPTER

12 회계변경과 오류수정

제1절 회계변경

1. 회계정책의 변경

(1) 의의

회계정책이란 기업이 재무제표를 작성 · 표시하기위하여 적용하는 구체적인 원칙, 근거, 관습, 규칙 및 관행을 말한다.

(2) 회계정책의 선택과 적용

① 한국채택국제회계기준의 구체적 적용

거래, 기타 사건 또는 상황에 한국채택국제회계기준을 구체적으로 적용하는 경우, 그 항목에 적용되는 회계정책은 한국채택국제회계기준을 적용하여 결정될 것이다.

② 회계정책의 적용효과가 중요하지 않은 경우

한국채택국제회계기준은 회계정책의 적용대상인 거래, 기타 사건 및 상황에 관한 정보가 목적적합하고 신뢰성 있게 재무제표에 반영될 수 있도록 한다. 이러한 회계정책의 적용효과가 중요하지 않은 경우에는 그 회계정책을 적용하지 않을 수 있다. 그러나 기업의 재무상태, 재무성과 또는 현금흐름을 특정한 의도대로 표시하기 위하여 한국채택국제회계기준에 위배된 회계정책을 적용하는 것은 그것이 중요하지 않더라도 적절하다고 할 수 없다

③ 적용할 수 있는 한국채택국제회계기준이 없는 경우

거래, 기타 사건 또는 상황에 대하여 구체적으로 적용할 수 있는 한국채택국제회계기준이 없는 경우, 경영진은 판단에 따라 회계정책을 개발 및 적용하여 회계정보를 작성할 수있으며, 이 때 회계정보는 다음과 같은 특성을 모두 보유하여야 한다.

㉠ 이용자의 경제적 의사결정 요구에 목적적합하다.

㉡ 신뢰할 수 있다.

(3) 회계정책의 일관성

한국채택국제회계기준에서 특정 범주별로 서로 다른 회계정책을 적용하도록 규정하거나 허용하는 경우를 제외하고는 유사한 거래, 기타 사건 및 상황에는 동일한 회계정책을 선택하여 일관성 있게 적용한다. 만약 한국채택국제회계기준에서 범주별로 서로 다른 회계정책을 적용하도록 규정하거나 허용하는 경우, 각 범주에 대하여 선택한 회계정책을 일관성 있게 적용한다.

(4) 회계정책의 변경

① 회계정책의 변경이 가능한 경우

재무제표이용자는 기업의 재무상태, 재무성과 및 현금흐름의 추이를 알기 위하여 기간별 재무제표를 비교할 수 있어야 한다. 그러므로 회계정책의 변경이 ㉠과 ㉡중 어느 하나를 충족하는 경우가 아니라면, 동일 기간 내에 그리고 기간 간에 동일한 회계정책을 적용하여야 한다.

기업은 다음 중 하나의 경우에 회계정책을 변경할 수 있다.

㉠ 한국채택국제회계기준에서 회계정책의 변경을 요구하는 경우

㉡ 회계정책의 변경을 반영한 재무제표가 거래, 기타 사건 또는 상황이 재무상태, 재무성과 또는 현금흐름에 미치는 영향에 대하여 신뢰성 있고 더 목적적합한 정보를 제공하는 경우

② 다음의 경우는 회계정책의 변경에 해당하지 아니한다.

㉠ 과거에 발생한 거래와 실질이 다른 거래, 기타 사건 또는 상황에 대하여 다른 회계정책을 적용하는 경우

㉡ 과거에 발생하지 않았거나 발생하였어도 중요하지 않았던 거래, 기타 사건 또는 상황에 대하여 새로운 회계정책을 적용하는 경우

(5) 회계정책 변경의 회계처리

회계정책의 변경은 특정기간에 미치는 영향이나 누적효과를 실무적으로 결정할 수 없는 경우를 제외하고는, 회계정책의 변경은 다음과 같이 회계처리한다.

① 경과규정이 있는 한국채택국제회계기준을 최초 적용하는 경우에 발생하는 회계정책의 변경은 해당 경과규정에 따라 회계처리한다.

② 경과규정이 없는 한국채택국제회계기준을 최초 적용하는 경우에 발생하는 회계정책의 변경이나 자발적인 회계정책의 변경은 소급적용한다.

(6) 소급적용

회계정책의 변경을 소급적용하는 경우, 비교표시되는 가장 이른 과거기간의 영향 받는 자본의 각 구성요소의 기초 금액과 비교 공시되는 각 과거기간의 기타 대응금액을 새로운 회계정책이 처음부터 적용된 것처럼 조정한다.

(7) 소급적용의 한계

① 특정기간에 미치는 회계정책 변경의 영향을 실무적으로 결정할 수 없는 경우

비교표시되는 하나 이상의 과거기간의 비교정보에 대해 특정기간에 미치는 회계정책 변경의 영향을 실무적으로 결정할 수 없는 경우, 실무적으로 소급적용할 수 있는 가장 이른 회계기간의 자산 및 부채의 기초장부금액에 새로운 회계정책을 적용하고, 그에 따라 변동하는 자본 구성요소의 기초금액을 조정한다. 실무적으로 적용할 수 있는 가장 이른 회계기간은 당기일 수도 있다.

② 과거기간 전체에 대한 누적효과를 실무적으로 결정할 수 없는 경우

당기 기초시점에 과거기간 전체에 대한 새로운 회계정책 적용의 누적효과를 실무적으로 결정할 수 없는 경우, 실무적으로 적용할 수 있는 가장 이른 날부터 새로운 회계정책을 전진적용하여 비교정보를 재작성한다. 따라서 적용시점 이전 기간의 자산, 부채 및 자본에 미치는 누적효과의 조정은 고려하지 아니한다. 변경된 회계정책을 과거의 회계기간부터 실무적으로 전진적용할 수 없는 경우에도 회계정책은 변경할 수 있다.

③ 소급적용하는 경우의 회계처리

새로운 회계정책을 소급적용하는 경우, 새로운 회계정책을 실무적으로 적용할 수 있는 최대한 앞선 과거기간의 비교정보부터 적용한다.

2. 회계추정의 변경

(1) 의 의

① 회계추정의 변경이란 자산과 부채의 현재 상태를 평가하거나 자산과 부채와 관련된 예상되는 미래효익과 의무를 평가한 결과에 따라 자산이나 부채의 장부금액 또는 기간별 자산의 소비액을 조정하는 것을 말한다. 회계추정의 변경은 새로운 정보의 획득, 새로운 상황의 전개 등에 따라 지금까지 사용해오던 회계적 추정치를 바꾸는 것이며, 따라서 이는 오류수정에 해당하지 아니한다.

② 합리적 추정을 사용하는 것은 재무제표 작성의 필수적인 과정이며 재무제표의 신뢰성을 손상시키지 않는다.

③ 추정의 근거가 되었던 상황의 변화, 새로운 정보의 획득, 추가적인 경험의 축적이

있는 경우 추정의 수정이 필요할 수 있다. 성격상 추정의 수정은 과거기간과 연관되지 않으며 오류수정으로 보지 아니한다.

(2) 회계정책의 변경과 회계추정의 변경을 구분하기 어려운 경우

측정기준의 변경은 회계추정의 변경이 아니라 회계정책의 변경에 해당한다. 회계정책의 변경과 회계추정의 변경을 구분하는 것이 어려운 경우에는 이를 회계추정의 변경으로 본다.

(3) 회계추정이 필요한 경우

사업활동에 내재된 불확실성으로 인하여 재무제표의 많은 항목이 정확히 측정될 수 없고 추정될 수 밖에 없다. 추정은 최근의 이용가능하고 신뢰성 있는 정보에 기초한 판단을 수반한다. 추정이 필요할 수 있는 항목의 예는 다음과 같다.

① 대손

② 재고자산 진부화

③ 금융자산이나 금융부채의 공정가치

④ 감가상각자산의 내용연수 또는 감가상각자산에 내재된 미래경제적효익의 기대소비행태

⑤ 품질보증의무

(4) 회계처리

① 포괄손익계산서의 손익과 관련된 경우

회계추정의 변경효과를 전진적으로 인식하는 것은 추정의 변경을 그것이 발생한 시점 이후부터 거래, 기타 사건 및 상황에 적용하는 것을 말한다. 회계추정의 변경은 당기손익에만 영향을 미치는 경우와 당기손익과 미래기간의 손익에 모두 영향을 미치는 경우가 있다. 예를 들면, 대손에 대한 추정의 변경은 당기손익에만 영향을 미치므로 변경의 효과가 당기에 인식된다. 그러나 감가상각자산의 추정내용연수의 변경 또는 감가상각자산에 내재된 미래경제적효익의 기대소비 형태의 변경(감가상각방법의 변경)은 당기의 감가상각비뿐만 아니라 그 자산의 잔존 내용연수동안 미래기간의 감가상각비에 영향을 미친다. 위의 두 경우 모두 당기에 미치는 변경의 효과는 당기손익으로 인식하며, 미래기간에 영향을 미치는 변경의 효과는 해당 미래기간의 손익으로 인식한다.

② 재무상태표 계정과 관련된 경우

회계추정의 변경이 자산 및 부채의 장부금액을 변경하거나 자본의 구성요소에 관련되는 경우, 회계추정을 변경한 기간에 관련 자산, 부채 또는 자본 구성요소의 장부금액

을 조정하여 회계추정의 변경효과를 인식한다.

제2절 오류수정

1. 의 의

전기오류란 과거기간 동안에 재무제표를 작성할 때 신뢰할 만한 정보를 이용하지 못했거나 잘못 이용하여 발생한 재무제표에의 누락이나 왜곡표시를 말한다.

오류는 재무제표 구성요소의 인식, 측정, 표시 또는 공시와 관련하여 발생할 수 있다. 기업의 재무상태, 재무성과 또는 현금흐름을 특정한 의도대로 표시하기 위하여 중요하거나 중요하지 않은 오류를 포함하여 작성된 재무제표는 한국채택국제회계기준에 따라 작성되었다고 할 수 없다. 당기 중에 발견한 당기의 잠재적 오류는 재무제표의 발행승인일 전에 수정한다. 그러나 중요한 오류를 후속기간에 발견하는 경우, 이러한 전기오류는 해당 후속기간의 재무제표에 비교표시된 재무정보를 재작성하여 수정한다.

2. 회계처리

(1) 소급수정

전기오류는 특정기간에 미치는 오류의 영향이나 오류의 누적효과를 실무적으로 결정할 수 없는 경우를 제외하고는 소급재작성에 의하여 수정한다. 중요한 전기오류가 발견된 이후 최초로 발행을 승인하는 재무제표에 다음의 방법으로 전기오류를 소급하여 수정한다.

① 오류가 발생한 과거기간의 재무제표가 비교표시되는 경우에는 그 재무정보를 재작성한다.

② 오류가 비교표시되는 가장 이른 과거기간 이전에 발생한 경우에는 비교표시되는 가장 이른 과거기간의 자산, 부채 및 자본의 기초금액을 재작성한다.

(2) 소급재작성의 한계

① 특정기간에 미치는 오류의 영향을 실무적으로 결정할 수 없는 경우

비교표시되는 하나 이상의 과거기간의 비교정보에 대해 특정기간에 미치는 오류의

영향을 실무적으로 결정할 수 없는 경우, 실무적으로 소급재작성할 수 있는 가장 이른 회계기간의 자산, 부채 및 자본의 기초금액을 재작성한다(실무적으로 소급재작성할 수 있는 가장 이른 회계기간은 당기일 수도 있음).

② 과거기간 전체에 대한 오류의 누적효과를 실무적으로 결정할 수 없는 경우

당기 기초시점에 과거기간 전체에 대한 오류의 누적효과를 실무적으로 결정할 수 없는 경우(예: 회계정책 적용 오류 등), 실무적으로 적용할 수 있는 가장 이른 날부터 전진적으로 오류를 수정하여 비교정보를 재작성한다. 따라서 적용시점 이전 기간의 자산, 부채 및 자본에 대한 누적효과의 조정은 고려하지 아니한다.

③ 전기오류의 수정

전기오류의 수정은 오류가 발견된 기간의 당기손익으로 보고하지 않는다. 따라서 과거 재무자료의 요약을 포함한 과거기간의 정보는 실무적으로 적용할 수 있는 최대한 앞선 기간까지 소급재작성한다.

④ 회계추정의 변경과 구별

오류의 수정은 회계추정의 변경과 구별된다. 회계적 추정치는 성격상 추가 정보가 알려지는 경우 수정이 필요할 수도 있는 근사치의 개념이다. 예를 들어, 우발상황의 결과에 따라 인식되는 손익은 오류의 수정에 해당하지 아니한다.

3. 오류의 유형

오류의 유형은 오류로 인한 효과가 손익에 영향을 미치는 경우와 손익에 영향을 미치지 않는 경우로 대별된다.

(1) 손익에 영향이 없는 오류

손익에 영향이 없는 오류는 재무상태표오류와 포괄손익계산서오류가 있다.

① 재무상태표오류

㉠ 의 의 … 재무상태표계정과목을 잘못 분류하여 거래를 기록한 오류

㉡ 사 례 … 대여금을 받을어음으로 분류한 경우

② 포괄손익계산서오류

㉠ 의 의 … 손익계정과목을 잘못 분류하여 기록한 오류

㉡ 사 례 … 사채상환손실을 이자비용으로 잘못 기록한 경우

(2) 손익에 영향이 있는 오류

손익에 영향이 있는 오류는 포괄손익계산서와 재무상태표의 혼합오류로서 자동조정

적 오류와 비자동조정적 오류가 있다.

① **자동조정적 오류**(상쇄적 오류)

㉠ 자동조정적 오류의 의의 … 자동조정적 오류란 오류가 발생한 연도에 발견되지 않았을 경우에 다음 연도에는 정반대의 영향을 미쳐 두 회계기간 전체로 보면 재무제표에 미치는 영향이 없는 오류를 말한다.

㉡ 자동조정적 오류의 대표적 사례

ⓐ 미수수익, 선급비용의 계산 오류

ⓑ 선수수익, 미지급비용의 계산 오류

ⓒ 재고자산 관련 오류 등

② **비자동조정적 오류**(비상쇄적 오류, 영구적 오류)

㉠ 비자동조정적 오류의 의의 … 비자동조정적 오류란 잘못된 오류가 2개년도에 걸쳐서 자동적으로 수정되지 않는 오류를 말한다.

㉡ 대표적 사례

ⓐ 감가상각비를 잘못 계산한 경우 등

ⓑ 수익적 지출과 자본적 지출을 잘못 구분하여 처리한 경우 등

표 12-1 회계변경과 오류수정의 회계처리

(1) 회계변경

① 회계추정의 변경~전진법 적용

여기서 전진적용이란 회계추정의 변경효과를 당기 및 그 후의 회계기간에 인식하는 것을 말한다. 감가상각방법의 변경은 회계추정의 변경에 해당한다.

② 회계정책의 변경~소급법 적용

소급적용이란 새로운 회계정책을 처음부터 적용한 것처럼 거래, 기타 사건 및 상황에 적용하는 것을 말한다. 이 경우에 당기이전분에 대해 손익에 영향이 있을 때 이익잉여금에서 수정한다.

(2)오류수정

① 중요한 오류~소급법 적용

② 중요하지 않은 오류~K-IFRS에서 언급하고 있지 않음

비자동조정적 오류

20×1년 초에 비품 ₩100,000을 구입하였는데 이것을 잘못하여 소모품비(비용)로 처리하였다. 내용연수는 5년이고 잔존가치는 없다. 중요한 오류에 해당한다.

20×2년 말에 이를 발견하였을 때의 수정분개는?

풀이

(1) 회사가 행한 분개(잘못된 분개)

(20×1년)	(차) 소 모 품 비	100,000	(대) 현 금	100,000

(2) 올바른 분개

(20×1년)	(차) 비 품	100,000	(대) 현 금	100,000
	감가상각비	20,000 [1]	감가상각누계액	20,000

1) $(₩100,000-0)\times\frac{1}{5}=₩20,000$

(20×2년)	(차) 감가상각비	20,000	(대) 감가상각누계액	20,000

(3) 수정분개(회사가 행한 분개를 올바른 분개로 수정한다.)

(차) 비 품	100,000	(대) 감가상각누계액	40,000
감가상각비	20,000 [3]	이익잉여금	80,000 [2]

2) 중요한 오류인 경우에 소급법(전기이월이익잉여금)으로 수정한다.
3) 당기분(20×2년 말) 감가상각비이다.

자동조정적 오류

CW회사는 20×6년도 말 재고자산을 ₩10,000 과대평가하였다. 중요한 오류로 인한 영향이 20×6년도, 20×7년도, 20×8년도의 당기순이익에 미치는 영향은?

풀이

(1) 만약 과대평가되지 않았을 때의 각 회계연도의 당기순이익은 다음과 같다고 가정한다.

	20×6	20×7	20×8
매 출 액 매 출 원 가	100,000	100,000	100,000

기 초	20,000		10,000 *		30,000 *	
매 입	60,000		80,000		70,000	
계	80,000		90,000		100,000	
기 말	10,000	70,000	30,000	60,000	40,000	60,000
매출총이익		30,000		40,000		40,000

* 전기말 기말재고액은 당기의 기초재고액이 된다.

(2) 20×6년도의 기말재고액이 ₩10,000 과대평가되었을 때의 손익계산서는 다음과 같다.

	20×6		20×7		20×8	
매 출 액		100,000		100,000		100,000
매 출 원 가						
기 초	20,000		20,000 2)		30,000 2)	
매 입	60,000		80,000		70,000	
계	80,000		100,000		100,000	
기 말	20,000 1)	60,000	30,000	70,000	40,000	60,000
매출총이익		40,000		30,000		40,000

1) ₩10,000을 ₩20,000으로 과대평가하였다.
2) 전기말 재고는 당기의 기초재고액이 된다.

(3) 각 회계연도의 당기순이익에 미치는 영향
① 20×6년도 ₩10,000 당기순이익 과대계상
② 20×7년도 ₩10,000 당기순이익 과소계상
③ 20×8년도의 당기순이익에 미치는 영향 없음
따라서, 3개년도의 당기순이익의 합계는 ₩110,000으로 20×6년도에 기말재고자산을 과대평가한 경우나 과대평가하지 않은 경우나 똑같다.

자동조정적 오류는 이처럼 수정하지 않아도 2개년도에 걸쳐서 자동적으로 조정된다. 즉, 20×6년도에 당기순이익이 ₩10,000이 크게 계상되면 20×7년도에 당기순이익이 ₩10,000이 적게 계상됨으로써 효과가 상쇄된다.

자동조정적 오류

20×8년도에 발견된 중요한 오류이다. 다음의 자료에 의하여 아래 물음에 답하시오.

	회사가 보고한 당기순이익	기말재고자산
20×6년도	₩110,000	₩10,000 과대계상
20×7년도	60,000	30,000 과소계상
20×8년도	150,000	20,000 과대계상

(1) 각 회계연도의 당기순이익이 미치는 영향은?
(2) 오류수정 후 각 연도의 당기순이익은?

풀이

(1) 각 회계연도의 당기순이익에 미치는 영향

도표로 설명하면 다음과 같다.

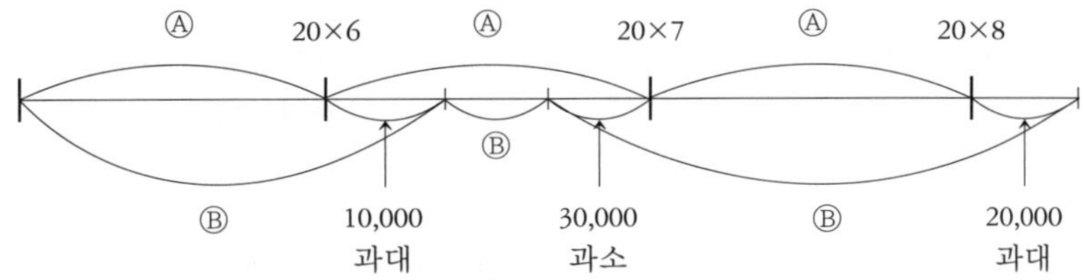

Ⓐ: 정확한 당기순이익　　Ⓑ: 보고한 당기순이익

따라서 각 회계연도의 당기순이익에 미치는 영향은
20×6년에는 도표상 당기순이익 ₩10,000 과대계상되어 있고,
20×7년에는 도표상 당기순이익 ₩40,000 과소계상되어 있으며,
20×8년에는 도표상 당기순이익 ₩50,000 과대계상되어 있다.

(2) 중요한 오류인 경우의 오류수정후 당기순이익

	20×6	20×7	20×8
수정전순이익	₩110,000	₩60,000	₩150,000
20×6분 오류수정	△ 10,000		
20×7분 오류수정		+40,000	
20×8분 오류수정			△ 50,000
수정후 순이익	₩100,000	₩100,000	₩100,000

또는,

	20×6	20×7	20×8
보고한 당기순이익	₩110,000	₩60,000	₩150,000
재고자산오류			
20×6년 10,000과대	(10,000)	10,000	
20×7년 30,000과소		30,000	(30,000)
20×8년 20,000과대			(20,000)
오류수정후 당기순 이익	₩100,000	₩100,000	₩100,000

* 참고로, 중요한 오류인 경우의 수정 후 순이익은 곧 당초에 오류가 없었을 경우의 각 회계연도의 정확한 순이익을 의미한다.

>>> 예 · 제 · 문 · 제 · 정 · 해

예제 1 | 유형자산의 회계변경

(주)찬엽은 20×1. 1. 1에 기계 1대를 구입하였는데 관련자료는 다음과 같다.

취득원가: ₩100,000	잔존가치: ₩16,810
내용년수: 5년	정률법 상각률: 30%
상각방법: 정률법	

(주)찬엽은 20×3. 1. 1에 감가상각방법을 정액법으로, 내용연수는 4년으로 회계변경을 하였다. 20×3년의 감가상각비는 기업회계기준서에 의할 경우 얼마인가?

① ₩24,500 ② ₩15,850
③ ₩16,840 ④ ₩24,957
⑤ ₩16,095

풀이 (1) 회계변경전 장부가액계산

1차년도 감가상각비: ₩100,000×0.3 =₩30,000
2차년도 감가상각비: (₩100,000−30,000)×0.3=21,000
2차년도 감가상각누계 ₩51,000
∴ 2차말 장부가액=₩100,000−51,000=₩49,000

(2) 회계처리

감가상각방법과 내용연수의 변경은 회계추정의 변경에 해당되므로 전진법으로 처리한다.

(차) 감가상각비 16,095 * (대) 감가상각누계액 16,095

$* (₩49,000-16,810)\times\frac{1}{(4-2)}=₩16,095$

해답: ⑤

예제 2 | 재고자산의 오류수정

다음 3개년도의 중요한 오류를 수정하기 전의 CW회사의 20×3년도 장부마감 후 기말이익잉여금은 ₩870,000이다. 20×3년도 오류수정 후 기말이익잉여금을 계산하면?

연도별	당기순이익	기말재고
20×1	₩85,000	₩500 과소평가
20×2	93,000	1,300 과대평가
20×3	98,000	700 과소평가

① ₩868,000 ② ₩870,700
③ ₩869,400 ④ ₩867,500
⑤ ₩869,300

풀이 (1) 각 연도의 수정후 당기순이익 계산

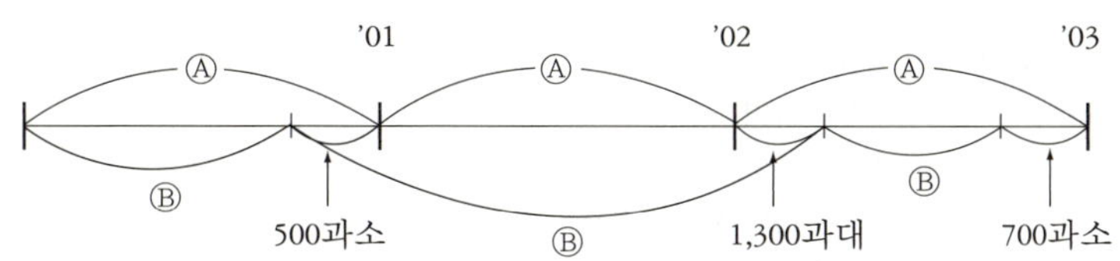

Ⓐ: 정확한 당기순이익
Ⓑ: 보고된 당기순이익
따라서,

연 도	당기순이익	수정하면	수정후 당기순이익
'01	₩500 과소계상	500 증가	₩85,500
'02	1,800 과대계상	1,800 감소	₩91,200
'03	2,000 과소계상	2,000 증가	₩100,000

(2) 20×3년도의 수정후 기말이익잉여금 계산

각 회계연도의 당기순이익은 결국 이익잉여금에 포함되므로 자동조정적 오류인 경우에는 오류 발생후, 2개년도가 지나면 자동적으로 수정하게 된다. 즉, 각 회계연도의 순이익은 다르더라도 이익잉여금에 미치는 영향은 없다. 따라서, 마지막 연도의 기말재고액의 과소나 과대평가액만 고려해주면 된다.

계산하면, 마지막 연도(20×3년도) 기말재고액이 ₩700이 과소평가되어 있으므로 기말이익잉여금도 ₩700 과소계상되어 있다. 수정하면 ₩700 증가한다. 수정 후 기말이익잉여금= ₩870,000+700=₩870,700

해답: ②

예제 3 | 재고자산과 감가상각비의 오류

회사는 다음과 같은 중요한 오류가 발생하였는데 아무런 수정도 하지 않았다. 20×3년도 12월 31일 현재의 기말이익잉여금은 얼마나 과대 혹은 과소계상되었는가?

	20×1	20×2
기말재고자산	₩2,000 과대계상	₩3,000 과대계상
감가상각비	500 과소계상	1,500 과대계상

① ₩4,500 과대계상 ② ₩1,000 과대계상
③ ₩1,000 과소계상 ④ ₩4,000 과대계상
⑤ ₩2,000 과대계상

풀이 (1) **재고자산**(자동조정적 오류)

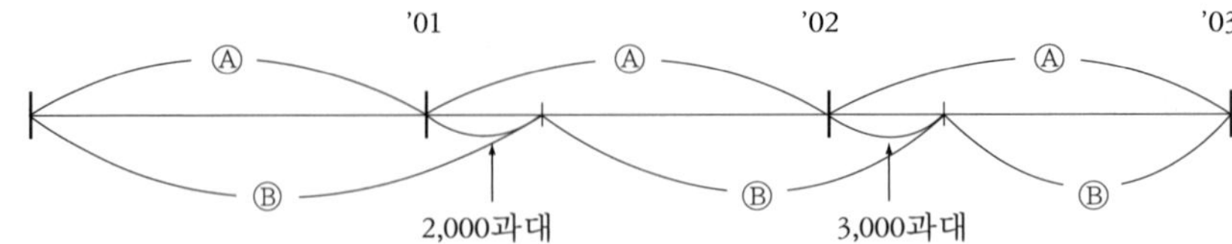

Ⓐ: 정확한 당기순이익

Ⓑ: 보고된 당기순이익

따라서 '01년도 당기순이익 ₩2,000 과대계상
'02년도 당기순이익 ₩1,000 과대계상
'03년도 당기순이익 ₩3,000 과소계상

그러나 '03년도 기말이익잉여금은 3개년도의 당기순이익을 합한 금액이므로 기말이익잉여금은 변동이 없다.

문제에서 기말이익잉여금을 물어볼 때는 각 기간의 당기순이익은 고려할 필요없이 마지막 연도의 과대(과소)만 고려하면 된다. 즉, '03년도의 기말재고액은 과대(과소)평가된 것이 없으므로 기말이익잉여금에 미치는 영향은 없다.

(2) **감가상각비**(비자동조정적 오류)

이것은 수정하지 않으면 오류가 그대로 존속하기 때문에 각 회계연도의 오류를 개별적으로 고려해야 한다.

따라서, '01년도에는 당기순이익 ₩500 과대계상
'02년도에는 당기순이익 ₩1,500 과소계상되었으므로

결국 (1,500－500)＝₩1,000만큼 '03년도 기말이익잉여금이 과소계상되어 있다.

그러므로 '03년도의 기말이익잉여금에 미치는 영향은 재고자산은 없으며 감가상각비와 관련해서는 ₩1,000 과소계상되어 있다. **해답: ③**

>>> 객·관·식·문·제

1 회계변경과 오류수정에 관한 설명으로 옳지 않은 것은? 【'15. 관세사】

① 거래, 기타 사건 또는 상황에 대하여 구체적으로 적용할 수 있는 한국채택국제회계기준이 없는 경우, 경영진은 판단에 따라 회계정책을 개발 및 적용하여 회계정보를 작성할 수 있다.

② 한국채택국제회계기준에서 특정 범주별로 서로 다른 회계정책을 적용하도록 규정하거나 허용하는 경우를 제외하고는 유사한 거래, 기타 사건 및 상황에는 동일한 회계정책을 선택하여 일관성 있게 적용한다.

③ 기업은 한국채택국제회계기준에서 회계정책의 변경을 요구하는 경우에 회계정책을 변경할 수 있다.

④ 과거에 발생한 거래와 실질이 다른 거래, 기타 사건 또는 상황에 대하여 다른 회계정책을 적용하는 경우는 회계정책의 변경에 해당하지 아니한다.

⑤ 측정기준의 변경은 회계정책의 변경이 아니라 회계추정의 변경에 해당한다.

풀이 측정기준의 변경은 회계정책의 변경에 해당한다.

2 회계변경과 오류수정에 관한 설명으로 옳지 않은 것은? 【'12. 감평사】

① 기업은 회계정책의 변경을 반영한 재무제표가 거래, 기타사건 또는 상황이 재무상태, 경영성과 또는 현금흐름에 미치는 영향에 대하여 신뢰성 있고 더 목적적합한 정보를 제공하는 경우 회계정책을 변경할 수 있다.

② 특정 범주별로 서로 다른 회계정책을 적용하도록 규정하거나 허용하는 경우를 제외하고는 유사한 거래, 기타 사건 및 상황에는 동일한 회계정책을 선택하여 일관성 있게 적용한다.

③ 과거에 발생한 거래와 실질이 다른 거래에 대하여 다른 회계정책을 적용하는 경우는 회계정책의 변경에 해당하지 않는다.

④ 당기 기초시점에 과거기간 전체에 대한 새로운 회계정책 적용의 누적효과를 실무적으로 결정할 수 없는 경우, 실무적으로 적용할 수 있는 가장 이른 날부터 새로운 회계정책을 소급적용하여 비교정보를 재작성한다.

⑤ 전기오류는 특정기간에 미치는 오류의 영향이나 오류의 누적효과를 실무적으로 결정할 수 없는 경우를 제외하고는 소급재작성에 의하여 수정한다.

해답 1. ⑤ 2. ④

풀이 소급적용하는 것이 아니라 전진적용한다.

3 회계변경에 관한 설명으로 옳지 않은 것은? 【'11. 감평사】

① 기업이 하나의 일반적으로 인정된 회계원칙(GAAP)에서 다른 회계원칙(GAAP)으로 바꾸는 것을 회계정책의 변경이라 한다.

② 감가상각자산의 내용연수 또는 감가상각에 내재된 미래 경제적효익의 기대소비형태가 변하는 경우 회계정책의 변경으로 처리한다.

③ 회계정책의 변경을 반영한 재무제표가 특정 거래, 기타 사건 또는 상황이 재무상태, 경영성과 또는 현금흐름에 미치는 영향에 대해서 신뢰성 있고 더 목적적합한 정보를 제공하는 경우 회계정책의 변경이 가능하다.

④ 회계정책의 변경에 대해서는 소급법을 적용하여 재무제표를 작성한다.

⑤ 회계정책의 변경과 회계추정의 변경을 구분하는 것이 어려운 경우에는 이를 회계추정의 변경으로 본다.

풀이 회계정책의 변경 → 회계추정의 변경

4 "회계정책, 회계추정의 변경 및 오류"에 관한 설명으로 옳지 않은 것은?【'11. 세무사】

① 한국채택국제회계기준에서 특정 범주별로 서로 다른 회계정책을 적용하도록 규정하거나 허용하는 경우를 제외하고는 유사한 거래, 기타 사건 및 상황에는 동일한 회계정책을 선택하여 일관성 있게 적용한다.

② 종전에는 발생하지 않았거나 발생하더라도 금액이 중요하지 않았기 때문에 품질보증비용을 지출연도의 비용으로 처리하다가, 취급하는 품목에 변화가 생겨 품질보증비용의 금액이 커지고 중요하게 되었기 때문에 충당부채를 인식하는 회계처리를 적용하기로 한 경우, 이는 회계정책의 변경에 해당하지 아니한다.

③ 택배회사의 직원 출퇴근용버스를 구입하여 운영하기로 한 경우, 이 버스에 적용될 감가상각 방법을 택배회사가 이미 보유하고 있는 배달용트럭에 대한 감가상각방법과 달리 적용하는 경우는 이를 회계정책의 변경으로 본다.

④ 회계정책의 변경을 반영한 재무제표가 거래, 기타 사건 또는 상황이 재무상태, 재무성과 또는 현금흐름에 미치는 영향에 대하여 신뢰성있고 더 목적적합한 정보를 제공하는 경우에는 회계정책을 변경할 수 있다.

⑤ 중요한 전기오류는 특정기간에 미치는 오류의 영향이나 오류의 누적효과를 실

해답 3. ② 4. ③

무적으로 결정할 수 없는 경우를 제외하고는 소급재작성에 의하여 수정한다.

풀이 미래 경제적 효익의 예상되는 소비형태에 중요한 변동이 있다면 감가상각방법을 변경할 수 있다. 감가상각방법의 변경은 회계추정의 변경으로 본다.

5 다음 중 회계변경의 회계처리에 대한 내용으로 옳지 않은 것은? 【'09. 감평사 수정】

① 중요성의 판단에 따라 기업회계기준서와 다르게 회계처리하던 항목들의 중요성이 커지게 되어 기업회계기준서를 적용하는 경우는 회계정책의 변경으로 보고 회계처리한다.

② 단순히 세법의 규정을 따르기 위한 회계변경은 할 수 없다.

③ 비교표시되는 하나 이상의 과거기간의 비교정보에 대해 특정기간에 미치는 회계정책의 변경의 영향을 실무적으로 결정할 수 없는 경우 실무적으로 소급적용할 수 있는 가장 이른 회계기간의 자산 및 부채의 장부금액에 새로운 회계정책을 적용하고, 그에 따라 변동하는 자본구성요소의 기초금액을 조정한다.

④ 회계변경의 속성상 그 효과를 회계정책의 변경효과와 회계추정의 변경효과로 구분하기 불가능하다면 이를 회계추정의 변경으로 본다.

⑤ 당기 기초시점에 과거기간 전체에 대한 새로운 회계정책 적용의 누적효과를 실무적으로 결정할 수 없는 경우, 실무적으로 적용할 수 있는 가장 이른 날부터 새로운 회계정책을 전진적용하여 비교정보를 재작성한다.

풀이 중요성의 판단에 따라 기업회계기준서와 다르게 회계처리하던 항목들의 중요성이 커지게 되어 기업회계기준서를 적용하는 경우에는 회계변경에 해당되지 아니한다.

6 다음은 회계변경과 오류수정에 관한 설명들이다. 잘못된 것은? 【'06. 감평사 수정】

① 오류수정은 전기 또는 그 이전의 재무제표에 포함된 회계적 오류를 당기에 발견하여 이를 수정하는 것을 말한다.

② 추정의 근거가 되었던 상황의 변화, 새로운 정보의 획득 등으로 인하여 새로운 추정이 요구되는 경우에는 과거에 합리적이라고 판단했던 추정치라도 이를 변경할 수 있다.

③ 품질보증비용을 지출연도의 비용으로 처리하다가 중요성이 증대됨에 따라 충당부채설정법을 적용하는 경우는 회계변경의 예이다.

④ 회계정책의 변경을 소급적용하는 경우, 비교표시되는 가장 이른기간의 영향받는 자본의 각 구성요소의 기초금액과 비교 공시되는 각 과거기간의 기타 대응

해답 5. ① 6. ③

금액을 새로운 회계정책이 처음부터 적용된 것처럼 조정한다.

⑤ 과거에는 발생한 경우가 없는 새로운 사건이나 거래에 대하여 회계정책을 선택하는 것은 회계변경으로 보지 않는다.

풀이 ③ 회계변경으로 보지 아니한다.

7 다음 중 회계변경 및 오류수정의 회계에 관한 내용 중 틀린 것은 무엇인가?

【'02. 세무사 수정】

① 한국채택국제회계기준에서 회계정책의 변경을 요구하는 때에는 회계정책을 변경할 수 있다.

② 매출의 대부분이 현금매출이고 외상매출의 비중이 매우 낮아서 중요성의 판단에 따라 대손을 직접차감법으로 회계처리 해 오던 기업이 외상매출의 비중이 중요해짐에 따라 대손회계를 충당금설정법으로 변경하는 경우는 회계변경으로 보지 않는다.

③ 재고자산 회계처리방법을 선입선출법에서 평균법으로 변경한 경우는 회계변경에 따른 누적효과를 계산하여 소급적용한다.

④ 당기에 발견한 전기 또는 그 이전기간의 오류는 그 수정효과를 당기 손익계산서에 당기손익으로 보고하나, 그 오류가 중요한 오류라면 그 수정효과는 전기이월미처분이익잉여금에 반영한다.

⑤ 회계변경의 속성상 그 효과를 회계정책의 변경효과와 회계추정의 변경효과로 구분하기가 불가능한 경우에는 이를 회계추정의 변경으로 본다.

풀이 ④ 중요한 오류인 경우에는 소급적용한다. 그리고 중요하지 않은 오류에 대해서는 구체적인 규정이 없다.

8 다음은 회계변경과 오류수정에 관한 기업회계기준서의 내용이다. 틀리게 서술된 내용은?

【'01. 감평사】

① 변경된 새로운 회계정책은 소급적용하여 그 누적효과를 전기이월미처분이익잉여금에 반영하지만, 과거기간 전체에 대해 회계정책의 변경에 따른 누적효과를 합리적으로 결정하기 어려운 경우에는 실무적으로 적용할 수 있는 가장 이른 날부터 새로운 회계정책을 전진적용하여 비교정보를 재작성한다.

② 회계변경의 속성상 그 효과를 회계정책의 변경효과와 회계추정의 변경효과로

해답 7. ④ 8. ⑤

구분하기 불가능한 경우에는 이를 회계추정의 변경으로 본다.

③ 단순히 세법의 규정을 따르기 위한 회계변경이나 이익조정을 주된 목적으로 한 회계변경은 인정되지 않는다.

④ 충당부채로 인식했던 금액을 새로운 정보에 따라 보다 합리적으로 추정한 금액으로 수정하는 것은 오류수정이 아니라 회계추정의 변경에 해당된다.

⑤ 당기에 발견한 전기 또는 그 이전기간의 모든 오류는 당기손익계산서에 당기손익으로 보고한다.

풀이 ⑤ 중요한 오류인 경우에는 전기이월이익미처분잉여금(소급법)을 수정한다.

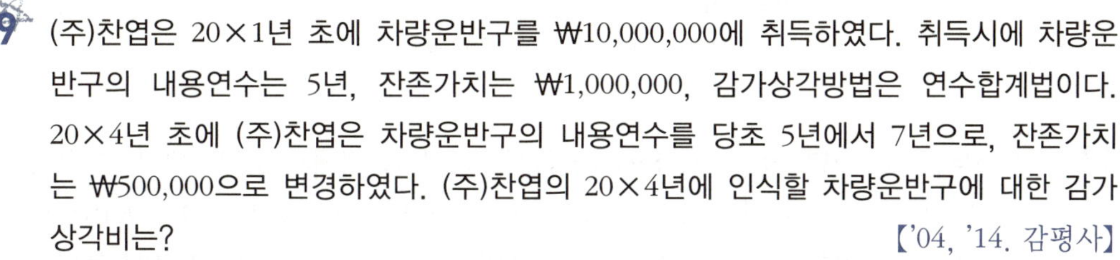

9 (주)찬엽은 20×1년 초에 차량운반구를 ₩10,000,000에 취득하였다. 취득시에 차량운반구의 내용연수는 5년, 잔존가치는 ₩1,000,000, 감가상각방법은 연수합계법이다. 20×4년 초에 (주)찬엽은 차량운반구의 내용연수를 당초 5년에서 7년으로, 잔존가치는 ₩500,000으로 변경하였다. (주)찬엽의 20×4년에 인식할 차량운반구에 대한 감가상각비는? 【'04, '14. 감평사】

① ₩575,000　② ₩700,000　③ ₩920,000

④ ₩990,000　⑤ ₩1,120,000

풀이

취득원가	₩10,000,000
20×1년 초부터~20×3년 말까지 감가상각누계액;	7,200,000 *
20×4년 초 장부금액	₩2,800,000

* $(₩10,000,000-1,000,000)\times\frac{5+4+3}{15}=₩7,200,000$

따라서,

20×4년 감가상각비 $=(₩2,800,000-500,000)\times\frac{4}{10}=₩920,000$

10 (주)원주는 20×4년 1월 1일에 잔존가치 ₩500,000 내용연수 10년인 기계장치를 ₩6,000,000에 취득하고 연수합계법으로 감가상각하고 있다. 회사는 회계정보의 유용성을 향상시키고 환경의 변화를 반영할 목적으로 20×7년 초에 감가상각방법을 정액법으로, 잔존 내용연수를 5년으로 변경하였다. 잔존가치는 변동이 없다고 가정할 경우, (주)원주가 20×7년도에 포괄손익계산서에 인식할 감가상각비와 재무상태표에 계상할 기계장치의 순장부가액은 각각 얼마인가? 【'09. CPA, '07. 감평사 수정】

	감가상각비	순장부가액
①	₩770,000	₩3,580,000

해답 9. ③　10. ⑤

②	₩550,000	₩3,480,000
③	₩770,000	₩2,600,000
④	₩550,00	₩3,580,000
⑤	₩560,000	₩2,740,000

풀이 (1) 회계변경전 장부가액

감가상각누계(20×4~20×6) = (₩6,000,000 − 500,000) × $\frac{(10+9+8)}{55}$ = ₩2,700,000

∴ 장부금액 = (₩6,000,000 − 2,700,000) = ₩3,300,000

(2) 20×7년 감가상각비

(₩3,300,000 − 500,000) × $\frac{1}{5}$ = ₩560,000

(3) 20×7년 말 장부가액

(₩6,000,000 − 2,700,000 − 560,000) = ₩2,740,000

11 (주)찬우는 20×4년도에 재고자산평가방법을 선입선출법에서 평균법으로 변경하였다. 그 결과 20×4년도의 기초재고자산과 기말재고자산이 각각 ₩22,000과 ₩18,000만큼 감소하였다. 이러한 회계정책변경은 한국채택국제회계기준에 의할 때 인정된다. 만일 회계정책변경을 하지 않았다면 (주)찬우의 20×4년 당기순이익은 ₩160,000이고, 20×4년 12월 31일 현재 이익잉여금은 ₩540,000이 된다. 회계정책변경 후 (주)찬우의 20×4년 당기순이익과 20×4년 12월 31일 현재 이익잉여금을 계산하면 각각 얼마인가? 단, 법인세 효과는 고려하지 않는다. 【'14. CPA】

	당기순이익	이익잉여금
①	₩120,000	₩522,000
②	₩156,000	₩558,000
③	₩156,000	₩602,000
④	₩164,000	₩522,000
⑤	₩200,000	₩602,000

풀이 회계변경후 '03년도 순이익은 ₩22,000감소

회계변경후 '04년도 순이익은 ₩22,000 − 18,000 = ₩4,000증가

회계변경후 '04년도 기말이익잉여금은 ₩18,000감소

따라서,

변경후 '04년도 순이익 = ₩160,000 + 4,000 = ₩164,000

변경후 '04년 12월 31일 이익잉여금 = ₩540,000 − 18,000 = ₩522,000

해답 11. ④

12 (주)하연은 20×1년도 기말재고를 과대계상 하였다. 동 오류는 20×2년 중 발견되지 않았으며, 20×2년 말 재고조사에서는 오류가 없었다. 20×1년도 기말재고자산 오류가 (주)하연의 재무제표에 미치는 영향에 대한 설명으로 옳은 것은? 【'13. 관세사】

① 20×2년도 기초재고자산이 과대계상된다.
② 20×2년도 매출총이익이 과대계상된다.
③ 20×2년도 기말이익잉여금이 과소계상된다.
④ 20×1년도 당기순이익이 과소계상된다.
⑤ 20×1년도 매출원가가 과대계상된다.

풀이 ② 20×2년도 매출총이익이 과소계상된다.
③ 20×2년도 기말이익잉여금은 불변이다.
④ 20×1년도 당기순이익이 과대계상된다.
⑤ 20×1년도 매출원가가 과소계상된다.

13 JB사의 과거 2년간의 재고자산과 관련된 중요한 오류의 내용은 다음과 같다.

20×0년말	900,000과대
20×1년말	400,000과소

JB사는 재고자산을 선입선출법으로 평가한다. 이러한 오류는 20×2년 6월 1일에 발견되었다. 이러한 오류가 20×2년 초 이익잉여금에 미친 영향은 얼마인가?

【'92. 감평사】

① 1,300,000 과대 ② 1,300,000 과소 ③ 500,000 과소
④ 400,000 과대 ⑤ 400,000 과소

풀이

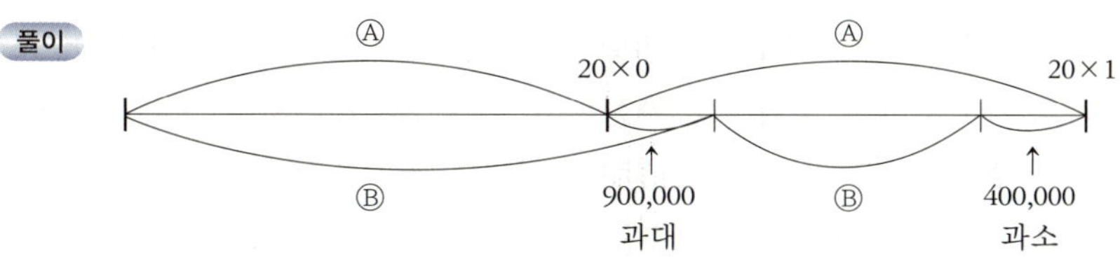

Ⓐ: 정확한 순이익
Ⓑ: 보고된 순이익
따라서 20×1년도에는 당기순이익을 ₩1,300,000 과소계상하고 있으며 20×1말(20×2초) 기말이익잉여금은 ₩400,000 과소계상하고 있다.

14 CW상사의 장부상의 연도별 당기순이익과 재고자산 기말재고액의 중요한 오류는 아래

해답 12. ① 13. ⑤ 14. ①

와 같다.

회계연도	장부상 순이익	기말재고액의 오류
20×0	₩82,000,000	과대계상 ₩6,000,000
20×1	88,000,000	과대계상 12,000,000
20×2	81,000,000	과대계상 20,000,000
20×3	89,200,000	오류없음
20×4	87,600,000	과소계상 4,000,000
20×5	90,000,000	과대계상 18,000,000

상기 자료에 따라 20×5년 말에 있어서 수정된 당기순이익은 얼마로 계산되는가?

【'86. CPA】

① ₩68,000,000　② ₩69,200,000　③ ₩72,000,000

④ ₩78,000,000　⑤ ₩94,500,000

풀이

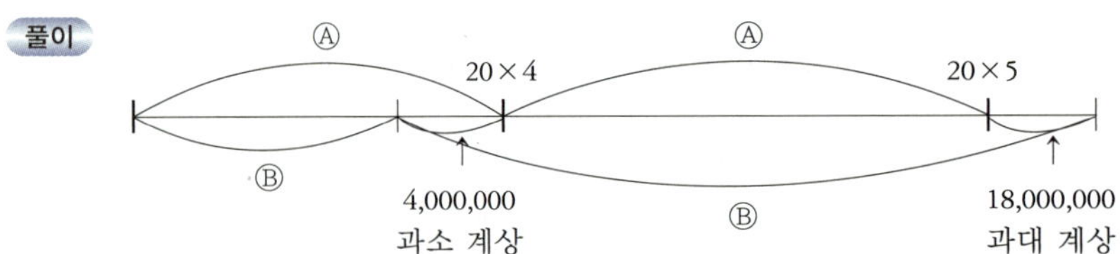

Ⓐ: 올바른 순이익

Ⓑ: 보고된 순이익

따라서,

20×5년도 당기순이익은 ₩22,000,000 과대표시되어 있다.

∴ 20×5년 수정후 순이익 = 90,000,000 − 22,000,000 = 68,000,000

15 (주)다나의 20×1년도 재무제표에는 기말 재고자산이 ₩750 과소계상 되어있으나, 20×2년도 기말 재고자산은 정확하게 계상되어 있다. 동 재고자산 오류가 수정되지 않은 (주)다나의 20×1년도 20×2년도 당기순이익은 각각 ₩3,800과 ₩2,700이다. (주)다나는 오류를 수정하여 비교재무제표를 재작성하고자 한다. 20×1년 초 이익잉여금이 ₩11,500인 경우, 20×2년 말 이익잉여금은? 【'03. '13. 감평사】

① ₩14,200　② ₩15,200　③ ₩15,950

④ ₩18,000　⑤ ₩18,750

풀이 20×2년 말 이익잉여금 = ₩11,500 + 3,800 + 2,700 = ₩18,000

참고로, 20×1년도 순이익은 ₩750 과소계상 되었고 20×2년도 순이익은 ₩750 과대계

해답 15. ④

상 되었으나, 결국 20×2년 말 이익잉여금에 미치는 영향은 없다.

16 2004년에 재고(주)의 회계담당자는 과거 재무상태표에 기록된 재고자산 금액에 대해 다음과 같은 중요한 오류를 발견하였다. 【'07. 세무사】

2002년 말	₩1,200,000 과소평가
2003년 말	1,500,000 과대평가

재고(주)는 재고관리에 실지재고조사법을 사용하고 있고, 원가배분방법으로는 FIFO를 사용한다. 2004년 1월 1일에 현재 재고(주)의 오류수정전 이익잉여금은? 단, 법인세 효과는 고려하지 않기로 한다.

① 정확하다. ② ₩2,700,000 과대계상되어 있다.
③ ₩2,700,000 과소계상되어 있다. ④ ₩1,500,000 과대계상되어 있다.
⑤ ₩300,000 과대계상되어 있다.

풀이 ④ 2003년도 말 기말재고잔산이 1,500,000과대평가되었으므로 2003년도말 기말이익잉여금(즉, 2004년도 기초이익잉여금)도 과대계상되어 있다.

17 (주)서울의 20×1년과 20×2년 결산 마감 후 매출원가는 다음과 같다.

	20×1년	20×2년
매출원가	₩1,000,000	₩1,500,000

20×3년에 (주)서울의 회계담당자는 20×0년 말 재고자산이 ₩200,000 과소계상 되었고, 20×1년 말 재고자산이 ₩100,000 과소계상 되었음을 알게 되었으며, 동 오류에 대해서 어떠한 수정도 없었음을 확인하였다. 동 오류가 재무제표에 미치는 영향으로 옳지 않은 것은? 【'11. 감평사】

① (주)서울의 20×1년 말 재무상태표상 이익잉여금은 ₩100,000만큼 과소계상되어 있다.
② (주)서울 20×2년 포괄손익계산서상 당기순이익이 ₩3,000,000이었다면, 20×2년의 정확한 당기순이익은 ₩2,900,000이다.
③ (주)서울의 20×1년의 오류수정 후 매출원가는 ₩900,000이다.
④ (주)서울의 20×2년 말 재무상태표상 이익잉여금은 적정하게 계상되어 있다.

해답 16. ④ 17. ③

⑤ (주)서울의 20×2년의 오류수정 후 매출원가는 ₩1,600,000이다.

풀이 ₩900,000 → ₩1,100,000
즉, 20×0년 말에 재고자산이 ₩200,000 과소계상되고 20×1년 말에 재고자산 ₩100,000 과소계상되었으므로 20×1년도 당기순이익은 ₩100,000 과대계상되고, 매출원가는 ₩100,000과소계상되었다. 따라서 20×1년도 오류수정후 매출원가는 ₩1,000,000＋₩100,000＝₩1,100,000 이다.

18 (주)국세는 설립일 이후 재고자산 단위원가 결정방법으로 가중평균법을 사용하여 왔다. 그러나 실제 재고자산의 흐름을 살펴보았을 때 선입선출법이 보다 신뢰성 있고 더 목적적합한 정보를 제공하는 것으로 판단되어 20×2년 초에 단위원가 결정방법으로 선입선출법으로 변경하였다. 각 방법하에서의 20×1년 초와 20×1년 말의 재고자산가액은 다음과 같으며 가중평균법으로 인식한 20×1년도의 포괄손익계산서상 매출원가는 ₩400,000이다.

	20×1년 초	20×1년 말
가중평균법	₩20,000	₩35,000
선입선출법	25,000	38,000

(주)국세가 20×2년도에 선입선출법을 소급적용하는 경우, 20×2년도 포괄손익계산서에 비교정보로 공시되는 20×1년도 매출원가는 얼마인가? 【'10. 세무사】

① ₩401,000 ② ₩402,000
③ ₩403,000 ④ ₩404,000
⑤ ₩405,000

풀이 20×1년 말 기말재고액이 기초재고액보다 크므로 그 차이만큼 매출원가가 작아지고 순이익이 커진다. 즉,
가중평균법; 35,000－20,000＝₩15,000
선입선출법; 38,000－25,000＝ 13,000
순이익의 차이 ₩2,000
따라서 선입선출법이 가중평균법보다 매출원가가 ₩2,000 더 크고 그 만큼 순이익은 더 작아진다.
∴ 20×1년도 선입선출법 매출원가＝₩400,000＋2,000＝₩402,000

19 CY회사는 20×9년 회계연도 중 다음과 같은 중요한 오류를 발견하였다.

해답 18. ② 19. ①

연도	기말 재고자산	감가상각비
20×7	₩15,000 과대계상	₩12,500 과대계상
20×8	₩ 5,000 과소계상	₩ 4,000 과소계상

위의 사항을 제외한 오류 및 수정사항이 없다면 위 오류가 회사의 20×9년 1월 1일 현재의 이익잉여금 계정에 미치는 영향은? 【'00. 감평사】

① ₩13,500 과소계상
② ₩3,500 과대계상
③ ₩1,500 과대계상
④ ₩1,000 과소계상
⑤ ₩18,500 과대계상

풀이 (1) 재고자산의 경우

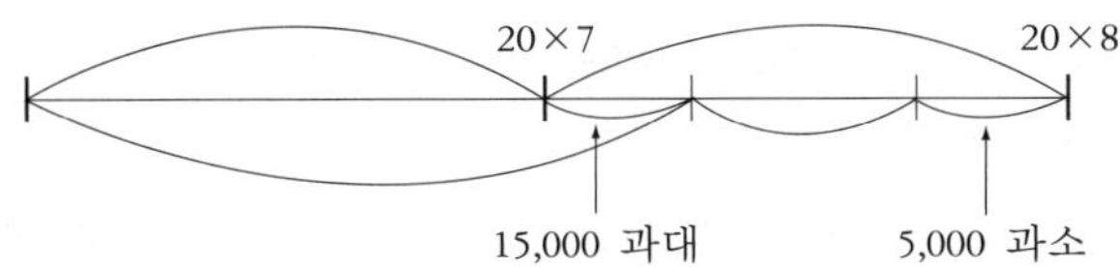

도표에서
20×8년말(20×9년기초) 기말이익잉여금은 ₩5,000 과소계상

(2) 감가상각비
감가상각비는 비자동조정적 오류에 해당되므로 개별적으로 분석한다.
즉 20×7년도에는 당기순이익 ₩12,500 과소계상하고
20×8년도에는 당기순이익 ₩4,000 과대계상하였다.
그러므로 20×8년기말이익잉여금은 (₩12,500 − 4,000) = ₩8,500 과소계상하였다.
따라서, 20×9년 초 이익잉여금은 ₩5,000 + 8,500 = ₩13,500 과소계상.

20 A회계사는 (주)충남의 회계기록을 검토하던 중 다음과 같은 중요한 오류가 있음을 발견하였다.

> 2003년 감가상각비 ₩100,000 과소계상
> 2003년 ₩200,000의 외상매출을 2004년 현금회수시 매출로 계상

상기 오류수정 전 2004년 당기순이익이 ₩400,000이고 2004년말 이익잉여금이 ₩600,000이라고 할 때, 이 회사의 오류가 없었을 경우의 2004년도의 정확한 당기순이익과 기말 이익잉여금은 각각 얼마인가? 【'05. 감평사】

	당기순이익	이익잉여금
①	₩200,000	₩400,000

해답 20. ②

② ₩200,000 ₩500,000

③ ₩200,000 ₩600,000

④ ₩400,000 ₩400,000

⑤ ₩300,000 ₩600,000

풀이

	'03 순이익	'04 순이익	'04 기말이익잉여금
보고된 순이익	?	400,000	600,000
수정사항			
감가상각비	△100,000	–	△100,000
매 출	+200,000	△200,000	0
정확한 순이익	?	200,000	500,000

21 (주)대명은 관계기업투자주식에 대하여 지분법을 사용하고 있다. 연중 종속회사와 관련된 분개는 모두 오류없이 완료되었으나, 종속회사로부터 받은 현금배당은 배당금수익계정에 오기되었다. 이 중요한 오류가 (주)대명의 관계기업투자주식계정과 당기순이익, 이익잉여금에 미치는 영향은 각각 어떠한가? 【'99. 감평사】

	관계기업투자주식	당기순이익	이익잉여금
①	과소계상	과소계상	과소계상
②	과대계상	과대계상	과대계상
③	과소계상	과대계상	과대계상
④	과대계상	과소계상	과소계상
⑤	과대계상	과대계상	과소계상

풀이 (1) 옳은 분개

(차) 현 금 ××× (대) 관계기업투자주식 ×××

(2) 회사가 행한 분개

(차) 현 금 ××× (대) 배당금수익 ×××

따라서, 회사는 관계기업투자주식과 순이익을 과대표시하고 있으며, 순이익을 과대표시하므로 이익잉여금도 과대표시한다.

해답 21. ②

CHAPTER

13 현금흐름표

제1절 현금흐름표의 의의 및 효익

1. 의 의

현금흐름표란 일정기간 동안의 현금유입과 유출의 변동을 나타내는 표를 말한다.

재무제표이용자는 경제적 의사결정을 하기 위하여 현금및현금성자산의 창출능력 및 현금흐름의 시기와 확실성을 평가해야 하는데 기업의 현금흐름정보는 재무제표이용자에게 현금및현금성자산의 창출능력과 현금흐름의 사용 용도를 평가하는 데 유용한 기초를 제공한다.

2. 현금흐름정보의 효익

현금흐름표는 다른 재무제표와 같이 사용되는 경우 순자산의 변화, 재무구조(유동성과 지급능력 포함), 그리고 변화하는 상황과 기회에 적응하기 위하여 현금흐름의 금액과 시기를 조절하는 능력을 평가하는 데 유용한 정보를 제공한다.

현금흐름정보는 현금및현금성자산의 창출능력을 평가하는 데 유용할 뿐만 아니라, 서로 다른 기업의 미래현금흐름의 현재가치를 비교 · 평가하는 모형을 개발할 수 있도록 한다. 또한 현금흐름정보는 동일한 거래와 사건에 대하여 서로 다른 회계처리를 적용함에 따라 발생하는 영향을 제거하기 때문에 영업성과에 대한 기업간의 비교가능성을 제고한다.

3. 현금및현금성자산

(1) 현금성자산은 투자나 다른 목적이 아닌 단기의 현금수요를 충족하기 위한 목적으로 보유한다. 투자자산이 현금성자산으로 분류되기 위해서는 확정된 금액의 현금으로

전환이 용이하고, 가치변동의 위험이 경미해야 한다. 따라서 투자자산은 일반적으로 만기일이 단기에 도래하는 경우(예를 들어, 취득일로부터 만기일이 3개월 이내인 경우)에만 현금성자산으로 분류된다. 지분상품은 현금성자산에서 제외한다. 다만, 상환일이 정해져 있고 취득일로부터 상환일까지의 기간이 단기인 우선주와 같이 실질적인 현금성자산인 경우에는 예외로 한다.

(2) 은행 차입은 일반적으로 재무활동으로 간주된다. 금융회사의 요구에 따라 즉시 상환하여야 하는 당좌차월은 기업의 현금관리의 일부를 구성한다. 이 때 당좌차월은 현금및현금성자산의 구성요소에 포함된다. 이 경우에는 재무상태표에는 단기차입금으로 표시해야 하며, 현금흐름표상의 현금및현금성자산과 차이가 난다.

(3) 현금및현금성자산을 구성하는 항목 간 이동은 영업활동, 투자활동 및 재무활동의 일부가 아닌 현금관리의 일부이므로 이러한 항목 간의 변동은 현금흐름에서 제외한다. 즉, 현금흐름표상에 나타나지 않는다.

제2절 현금흐름표의 표시

현금흐름표는 회계기간 동안 발생한 현금흐름을 영업활동, 투자활동 및 재무활동으로 분류하여 보고한다. 하나의 거래에는 서로 다른 활동으로 분류되는 현금흐름이 포함될 수 있다. 예를 들어 이자와 차입금을 함께 상환하는 경우, 이자지급은 영업활동으로 분류될 수 있고 원금상환은 재무활동으로 분류된다.

1. 영업활동

(1) 영업활동의 개념 및 분류내용

① 영업활동이란 기업의 주요 수익창출활동, 그리고 투자활동이나 재무활동이 아닌 기타의 활동을 말한다.

② 영업활동 현금흐름은 주로 기업의 주요 수익창출활동에서 발생한다. 따라서 영업활동 현금흐름은 일반적으로 당기순손익의 결정에 영향을 미치는 거래나 그 밖의 사건의 결과로 발생한다. 영업활동 현금흐름의 예는 다음과 같다.

㉠ 재화의 판매와 용역 제공에 따른 현금유입

㉡ 로열티, 수수료, 중개료 및 기타수익에 따른 현금유입

㉢ 재화와 용역의 구입에 따른 현금유출

㉣ 종업원과 관련하여 직 · 간접으로 발생하는 현금유출

㉤ 보험회사의 경우 수입보험료, 보험금, 연금 및 기타 급부금과 관련된 현금유입과 현금유출

㉥ 법인세의 납부 또는 환급. 다만, 재무활동과 투자활동에 명백히 관련되는 것은 제외한다.

㉦ 단기매매목적으로 보유하는 계약에서 발생하는 현금유입과 현금유출

③ 설비 매각과 같은 일부 거래에서도 당기순손익의 결정에 포함되는 처분손익이 발생할 수 있다. 그러한 거래와 관련된 현금흐름은 투자활동 현금흐름이다. 그러나 타인에게 임대할 목적으로 보유하다가 후속적으로 판매목적으로 보유하는 자산을 제조하거나 취득하기 위한 현금 지급액은 영업활동 현금흐름이다. 이러한 자산의 임대 및 후속적인 판매로 수취하는 현금도 영업활동 현금흐름이다.

④ 기업은 단기매매목적으로 유가증권이나 대출채권을 보유할 수 있으며, 이 때 유가증권이나 대출채권은 판매를 목적으로 취득한 재고자산과 유사하다. 따라서 단기매매목적으로 보유하는 유가증권의 취득과 판매에 따른 현금흐름은 영업활동으로 분류한다. 마찬가지로 금융회사의 현금 선지급이나 대출채권은 주요 수익창출활동과 관련되어 있으므로 일반적으로 영업활동으로 분류한다.

(2) 이자 및 배당금

① 이자와 배당금의 수취 및 지급에 따른 현금흐름은 각각 별도로 공시한다. 각 현금흐름은 매 기간 일관성 있게 영업활동, 투자활동 또는 재무활동으로 분류한다.

② 회계기간 동안 지급한 이자금액은 당기손익의 비용항목으로 인식하는지 또는 자본화하는지(차입원가)에 관계없이 현금흐름표에 총지급액을 공시한다.

③ 금융회사의 경우 이자지급, 이자수입 및 배당금수입은 일반적으로 영업활동 현금흐름으로 분류한다. 그러나 다른 업종의 경우 이러한 현금흐름의 분류방법에 대하여 합의가 이루어지지 않았다. 이자지급, 이자수입 및 배당금수입은 당기순손익의 결정에 영향을 미치므로 영업활동 현금흐름으로 분류할 수 있다. 대체적인 방법으로 이자지급, 이자수입 및 배당금수입은 재무자원을 획득하는 원가나 투자자산에 대한 수익이므로 각각 재무활동 현금흐름과 투자활동 현금흐름으로 분류할 수도 있다.

④ 배당금의 지급은 재무자원을 획득하는 원가이므로 재무활동 현금흐름으로 분류할 수 있다. 대체적인 방법으로, 재무제표이용자가 영업활동 현금흐름에서 배당금을 지

급할 수 있는 기업의 능력을 판단하는 데 도움을 주기 위하여 영업활동 현금흐름의 구성요소로 분류할 수도 있다.

(3) 법 인 세

① 법인세로 인한 현금흐름은 별도로 공시하며, 재무활동과 투자활동에 명백히 관련되지 않는 한 영업활동 현금흐름으로 분류한다.

② 그러나 투자활동이나 재무활동으로 분류한 현금흐름을 유발하는 개별거래와 관련된 법인세 현금흐름을 실무적으로 식별할 수 있다면, 그 법인세 현금흐름은 투자활동이나 재무활동으로 적절히 분류한다.

(4) 영업활동 현금흐름의 보고 방법

영업활동 현금흐름은 직접법과 간접법을 사용하여 보고한다.

① 직접법

영업활동 현금흐름을 보고하는 경우에는 직접법을 사용할 것을 권장한다. 직접법을 적용하여 표시한 현금흐름은 간접법에 의한 현금흐름에서는 파악할 수 없는 정보를 제공하며, 미래현금흐름을 추정하는 데 보다 유용한 정보를 제공한다. 직접법이란 총현금유입과 총현금유출을 주요 항목별로 구분하여 표시하는 방법을 말한다. 직접법에 의한 현금흐름표 양식은 다음과 같다.

현금흐름표

회사명 20××년 1월 1일부터 20××년 12월 31일까지

Ⅰ. 영업활동으로 인한 현금흐름	×××
가. 매출 등 수익활동으로부터의 유입액	
나. 매입 및 종업원에 대한 유출액	
다. 이자수익 유입액	
라. 배당금수익 유입액	
마. 이자비용 유출액	
바. 법인세 등 유출액	
사. ……	
Ⅱ. 투자활동으로 인한 현금흐름	×××
1. 투자활동으로 인한 현금유입액	
가. 유형자산, 무형자산 및 기타장기성 자산의 처분에 따른 현금유입	
나. 다른 기업의 지분상품이나 채무상품의 처분에 따른 현금유입	

다. 제 3 자에 대한 선급금 및 대여금의 회수에 따른 현금유입
라. ……
2. 투자활동으로 인한 현금유출액
가. 유형자산, 무형자산 및 기타장기성자산의 취득에 따른 현금유출
나. 다른 기업의 지분상품이나 채무상품의 취득에 따른 현금유출
다. 제 3 자에 대한 선급금 및 대여금
라. ……

Ⅲ. 재무활동으로 인한 현금흐름	×××
1. 재무활동으로 인한 현금유입액	
가. 주식이나 기타지분상품의 발행에 따른 현금유입	
나. 사채 및 어음발행과 기타 장 · 단기차입에 따른 현금유입	
다. ……	
2. 재무활동으로 인한 현금유출액	
가. 주식의 취득이나 상환에 따른 소유주에 대한 현금유출	
나. 차입금의 상환에 따른 현금유출	
다. 사채의 상환	
라. ……	
Ⅳ. 현금의 증가(감소)(Ⅰ+Ⅱ+Ⅲ)	×××
Ⅴ. 기초의 현금	×××
Ⅵ. 기말의 현금	×××

② 간접법

간접법은 당기순손익에 현금을 수반하지 않는 거래, 과거 또는 미래의 영업활동 현금유입이나 현금유출의 이연 또는 발생, 투자활동이나 재무활동 현금흐름과 관련된 손익항목의 영향을 조정하여 표시하는 방법을 말한다. 간접법에 의한 현금흐름표 양식은 다음과 같다.

Ⅰ. 영업활동으로 인한 현금흐름		×××
1. 법인세비용차감전순이익 [7)]	×××	
2. 현금유출이 없는 비용 등의 가산	×××	
① 이자비용 [8)]		
② 감가상각비		
③ 무형자산상각비		
④ 외화환산손실 [1)]		
⑤ 장기금융상품손상차손 [6)]		
⑥ 유형(무형)자산손상차손		
⑦ 투자부동산평가손실		
⑧ 투자부동산처분손실		
⑨ 유형자산처분손실		
⑩ 사채상환손실		
⑪ 외환차손 [1)]		
3. 현금유입이 없는 수익 등의 차감	(×××)	
① 이자수익 [8)]		
② 배당금수익 [8)]		
③ 외화환산이익 [1)]		
④ 장기금융상품손상차손환입		
⑤ 유형(무형)자산손상차손환입		
⑥ 투자부동산평가이익		
⑦ 투자부동산처분이익		
⑧ 유형자산처분이익		
⑨ 사채상환이익		
⑩ 외환차익 [1)]		
4. 영업활동으로 인한 자산 · 부채의 변동		
① 재고자산 감소(증가) [3)]	×××(×××)	
② 순외상매출금 감소(증가) [4)]	×××(×××)	
③ 순받을어음 감소(증가) [4)]	×××(×××)	
④ 선급비용 감소(증가)	×××(×××)	
⑤ 미수수익 감소(증가)	×××(×××)	
⑥ 당기손익인식금융자산감소(증가) [5)]	×××(×××)	

⑦ 장기매출채권의 감소(증가) [2]	×××(×××)	
⑧ 외상매입금 증가(감소)	×××(×××)	
⑨ 지급어음 증가(감소)	×××(×××)	
⑩ 미지급비용 증가(감소)	×××(×××)	
⑪ 선수수익 증가(감소)	×××(×××)	
⑫ 장기매입채무증가(감소) [2]	×××(×××)	
5. 별도공시 [8]		
① 이자수취액	×××	
② 배당금수익	×××	
③ 이자지급액	(×××)	
④ 법인세지급액	(×××)	
Ⅱ. 투자활동으로 인한 현금흐름		××× ┐직접법의
Ⅲ. 재무활동으로 인한 현금흐름		××× ┘경우와 같다.
Ⅳ. 현금의 증가(감소)		×××

1) 외화환산손익, 외환차손익은 영업활동에서 조성하고 있는 매출채권과 매입채무에서 발생한 경우에는 비용 등에 가산하거나 수익 등에서 차감하지 않는다. 즉 조정하지 않는다. 예를들면, 외화외상매출금에서 외화환산이익이 발생하였다면 현금흐름표 작성시 매출채권의 증가로 당기순이익에서 차감표시하는데 또 그 금액만큼 순이익에서 차감하게 되면 이중으로 차감하게 되므로 외화환산이익은 차감하지 않는다.
2) 장기채권 · 채무라 하더라도 매출, 매입활동과 관련된 채권이므로 영업활동으로 분류한다.
3) 재고자산과 관련된 재고자산감모손실이나 재고자산평가손실은 별도로 당기순이익에서 조정하지 않는다. 재고자산의 증가(감소)와 재고자산평가충당금 증가(감소)로 모두 반영되기 때문이다.
4) 매출채권과 관련된 대손상각비는 별도로 당기순이익에서 조정하지 않는다. 순매출채권(매출채권-대손충당금)의 증가(감소)로 모두 반영되기 때문이다.
5) 당기손익인식금융자산은 영업활동으로 분류한다.
6) 장기투자증권손상차손은 당기손실로 처리되기 때문에 당기순이익을 감소시켰지만 현금지출이 없기 때문에 당기순이익에 가산한다. 참고로 매도가능금융자산평가이익과 매도가능금융자산평가손실은 자본항목(기타포괄손익)으로서 당기순이익에 영향을 미치지 않았기 때문에 현금유출이 없는 비용가산(평가손실의 경우)항목과 현금수입이 없는 수익차감(평가이익의 경우) 항목에서 고려하지 않는다.
7) 법인세를 별도로 공시해야 하므로 법인세비용차감전순이익에서 가감조정한다.
8) 이자와 배당금 및 법인세는 별도로 공시한다. 따라서 발생주의로 계상된 손익계산서상의 손익을 먼저 가감조정한 후 실제지급액(현금주의 비용)을 별도로 공시한다.

2. 투자활동

투자활동이란 장기성 자산 및 현금성자산에 속하지 않는 기타 투자자산의 취득과 처분과 관련된 활동을 말하며 투자활동 현금흐름은 미래수익과 미래현금흐름을 창출할 자원의 확보를 위하여 지출된 정도를 나타내기 때문에 현금흐름을 별도로 구분 공시하는 것이 중요하다. 투자활동과 재무활동 현금흐름은 총현금유입과 총현금유출을 주요 항목별로 구분하여 총액으로 표시하는 것을 원칙으로 한다. 투자활동 현금흐름의 예는 다음과 같다.

(1) 유형자산, 무형자산 및 기타 장기성 자산의 취득에 따른 현금유출. 이 경우 현금유출에는 자본화된 개발원가와 자가건설 유형자산에 관련된 지출이 포함된다.

(2) 유형자산, 무형자산 및 기타 장기성 자산의 처분에 따른 현금유입

(3) 다른 기업의 지분상품이나 채무상품 및 조인트벤처 투자지분의 취득에 따른 현금유출(현금성자산으로 간주되는 상품이나 단기매매목적으로 보유하는 상품의 취득에 따른 유출액은 제외)

(4) 다른 기업의 지분상품이나 채무상품 및 조인트벤처 투자지분의 처분에 따른 현금유입(현금성자산으로 간주되는 상품이나 단기매매목적으로 보유하는 상품의 처분에 따른 유입액은 제외)

(5) 제 3 자에 대한 선급금 및 대여금(금융회사의 현금 선지급과 대출채권은 제외)

(6) 제 3 자에 대한 선급금 및 대여금의 회수에 따른 현금유입(금융회사의 현금 선지급과 대출채권은 제외)

3. 재무활동

재무활동이란 기업의 납입자본과 차입금의 크기 및 구성내용에 변동을 가져오는 활동을 말하며 재무활동 현금흐름은 미래현금흐름에 대한 자본 제공자의 청구권을 예측하는데 유용하기 때문에 현금흐름을 별도로 구분 공시하는 것이 중요하다. 재무활동 현금흐름의 예는 다음과 같다.

(1) 주식이나 기타 지분상품의 발행에 따른 현금유입

(2) 주식의 취득이나 상환에 따른 소유주에 대한 현금유출

(3) 담보 · 무담보부사채 및 어음의 발행과 기타 장 · 단기차입에 따른 현금유입

(4) 차입금의 상환에 따른 현금유출
(5) 리스이용자의 금융리스부채 상환에 따른 현금유출

4. 순증감액에 의한 현금흐름의 보고

다음의 영업활동, 투자활동 또는 재무활동에서 발생하는 현금흐름은 순증감액으로 보고할 수 있다.

(1) 현금흐름이 기업의 활동이 아닌 고객의 활동을 반영하는 경우로서 고객을 대리함에 따라 발생하는 현금유입과 현금유출은 순증감액으로 보고할 수 있다.

이와 관련된 현금유입과 현금유출의 예는 다음과 같다.

① 은행의 요구불예금 수신 및 인출
② 투자기업이 보유하고 있는 고객예탁금
③ 부동산 소유주를 대신하여 회수한 임대료와 소유주에게 지급한 임대료

(2) 회전율이 높고 금액이 크며 만기가 짧은 항목과 관련된 현금유입과 현금유출은 순증감액으로 보고할 수 있다.

이와 관련된 현금유입과 현금유출의 예는 다음과 같다.

① 신용카드 고객에 대한 대출과 회수
② 투자자산의 구입과 처분
③ 기타 단기차입금(예를 들어, 차입 당시 만기일이 3개월 이내인 경우)

표 13-1 이자와 배당금의 분류

계정과목	한국채택국제회계기준(K-IFRS)	일반회계기준(K-GAAP)
이자수익	영업활동 또는 투자활동	영업활동
배당금수익	영업활동 또는 투자활동	영업활동
이자비용	영업활동 또는 재무활동	영업활동
배당금지급	영업활동 또는 재무활동	재무활동

5. 비현금거래

(1) 비현금거래의 현금흐름표 표시

현금및현금성자산의 사용을 수반하지 않는 투자활동과 재무활동 거래는 현금흐름표

에서 제외한다. 그러한 거래는 투자활동과 재무활동에 대하여 모든 목적적합한 정보를 제공할 수 있도록 재무제표의 다른 부분에 공시한다.

(2) 비현금거래의 예

많은 투자활동과 재무활동은 자본과 자산 구조에 영향을 미치지만, 당기의 현금흐름에는 직접적인 영향을 미치지 않는다. 비현금거래의 경우 당기에 현금흐름을 수반하지 않으므로 그 항목을 현금흐름표에서 제외하는 것은 현금흐름표의 목적에 부합한다. 비현금거래의 예를 들면 다음과 같다.

① 자산 취득시 직접 관련된 부채를 인수하거나 금융리스를 통하여 자산을 취득하는 경우

② 주식 발행을 통한 기업의 인수

③ 채무의 지분전환

직접법과 간접법의 비교

(주)찬엽의 다음의 자료(포괄손익계산서)를 가지고 직접법과 간접법에 의한 영업활동으로 인한 현금흐름을 작성하시오.

포괄손익계산서

Ⅰ. 현금매출		100,000
Ⅱ. 현금매출원가		80,000
Ⅲ. 매출총이익		20,000
Ⅳ. 판관비		
급여(현금)	5,000	
감가상각비	3,000	
무형자산상각비	1,000	9,000
Ⅴ. 영업이익		11,000
Ⅵ. 기타수익		
1. 손상차손환입	2,000	
2. 임대료수익	1,400	3,400
Ⅶ. 기타비용		
1. 기부금	2,800	
2. 무형자산손상차손	1,200	4,000
Ⅷ. 당기순이익		10,400

풀이

(1) 직접법에 의한 영업활동으로 인한 현금흐름 계산

가. 매출 등 수익활동으로부터의 유입액	100,000
나. 매입 및 종업원에 대한 유출액	△85,000 [1]
다. 임대료수익 유입액	1,400
라. 기부금 유출액	△ 2,800
영업활동으로 인한 현금흐름	13,600

1) ₩80,000+5,000=₩85,000

(2) 간접법에 의한 영업활동으로 인한 현금흐름 계산

1. 법인세비용차감전순이익		10,400
2. 현금유출이 없는 비용등가산		
① 감가상각비	3,000	
② 무형자산상각비	1,000	
③ 무형자산손상차손	1,200	5,200
3. 현금유입이 없는 수익등 차감		
① 손상차손환입	2,000	△ 2,000
영업활동으로 인한 현금흐름		13,600

영업활동으로 인한 현금흐름 계산(간접법)

(주)다나의 다음 자료에 의할 때 영업활동으로 인한 현금증가액은 얼마인가?

(1) 손익계산서상 당기순이익	₩200,000
(2) 감가상각비	55,000
(3) 기계처분(장부가액: ₩100,000)	140,000
(4) 재고자산평가손실	15,000
(5) 대손상각비	18,000
(6) 자기주식처분손실	30,000
(7) 순재고자산 감소	35,000
(8) 순외상매출금 증가	45,000
(9) 매도가능금융자산평가이익	48,000
(10) 유형자산손상차손환입	53,000
(11) 지분법이익	13,000

⑿ 사채상환(장부가액: ₩50,000) 70,000

⒀ 배당금지급* 60,000

* 단, 배당금지급은 재무활동으로 분류한다.

풀이

영업활동으로 인한 현금흐름 계산

1. 당기순이익	200,000	현금주의 순이익	159,000
감가상각비	55,000	유형자산손상차손환입 4)	53,000
사채상환손실 1)	20,000	지분법이익 5)	13,000
재고자산감소 2)	35,000	유형자산처분이익 3)	40,000
		순외상매출금증가 6)	45,000
	310,000		310,000

1) 사채상환액 ₩70,000은, 재무활동으로 인한 현금유출액에서 고려되는데 사채상환손실 ₩20,000이 또 당기순이익에서 차감되어 있으므로 이를 다시 가산해준다.
2) 순재고자산(재고자산-재고자산평가충당금) 증감액으로 영업활동에서 조정하기 때문에 이와 관련된 재고자산 감모손실이나 재고자산평가손실을 또 고려하지 않는다.
3) 기계처분액 ₩140,000은 투자활동으로 현금유입액에서 고려하는데 이와 관련된 유형자산처분이익 ₩40,000이 당기순이익에 또 포함되어 있으므로 이를 다시 차감해준다.
4) 유형자산손상차손환입은 당기순이익을 증가시켰으나 현금유입이 없는 수익이므로 차감표시한다.
5) 지분법이익은 당기순이익을 증가시켰으나 현금유입이 없는 수익이므로 차감표시한다.
6) 순외상매출금(외상매출금-대손충당금)의 증감으로서 영업활동에서 조정하기 때문에 이와 관련된 대손상각비를 별도로 고려하지 않는다.
7) 자기주식처분손실과 매도가능금융자산평가손익은 자본항목으로서 당기순이익에 영향을 미치지 않았으므로 별도로 조정할 필요가 없다.
8) 배당금지급은 영업활동이나 재무활동으로 분류할 수 있으나 문제에서 재무활동으로 분류한다고 하였으므로 영업활동으로 인한 현금흐름과 무관하다.

참고로, 현금지출이 없는 비용 등 가산과 현금유입이 없는 수익 등 차감을 표로 작성하면 다음과 같다.

당기순이익(발생주의 순이익)	×××	현금주의 당기순이익	×××
현금지출이 없는 비용 등 가산		현금유입이 없는 수익 등 차감	
감가상각비	×××	사채할증발행차금환입(이자수익)	×××
무형자산상각비	×××	현재가치할인차금환입(이자수익)	×××
사채할인발행차금상각	×××	유형자산손상차손환입	×××
전환권조정상각	×××	무형자산손상차손환입	×××
신주인수권조정상각	×××	투자부동산평가이익	×××
현재가치할인차금상각	×××	지분법이익	×××
유형자산손상차손	×××	외화환산이익	×××
무형자산손상차손	×××	유형자산처분이익	×××
투자부동산평가손실	×××	매도가능금융자산처분이익	×××

지분법손실	×××	만기보유금융자산처분이익	×××
외화환산손실	×××	투자부동산처분이익	×××
유형자산처분손실	×××	사채상환이익	×××
매도가능금융자산처분손실	×××	외환차익	×××
만기보유금융자산처분손실	×××		
투자부동산처분손실	×××		
사채상환손실	×××		
외환차손	×××		
계	×××	계	×××

일치

현금주의와 발생주의

CW회사는 고객으로부터 ₩100,000을 수금하고 ₩40,000의 영업비를 지출하여 ₩60,000의 현금주의 순이익을 보고하였다. 다음의 자료에 의하여 발생주의 순이익을 계산하면 얼마인가?

계정과목	기 초	기 말
외상매출금	₩22,000	₩15,000
선 수 금	0	2,000
미지급비용	4,800	7,800
선 급 비 용	3,000	4,000

풀이

현금주의 순이익과 발생주의 순이익은 다음과 같은 T계정을 사용하면 쉽게 구할 수 있다.

발생주의 순이익 (I/S상 당기순이익)	×××	현금주의 순이익	×××
현금지출이 없는 비용 등	×××	현금수입이 없는 수익 등	×××
외상매출금의 감소	×××	외상매출금의 증가	×××
받을어음의 감소	×××	받을어음의 증가	×××
재고자산의 감소	×××	재고자산의 증가	×××
재고자산평가충당금 증가	×××	재고자산평가충당금 감소	×××
선급비용의 감소	×××	선급비용의 증가	×××
미수수익의 감소	×××	미수수익의 증가	×××
선급금의 감소	×××	선급금의 증가	×××
당기손익인식금융자산 감소	×××	당기손익인식금융자산 증가	×××

대손충당금의 증가	×××	대손충당금의 감소	×××
외상매입금의 증가	×××	외상매입금의 감소	×××
지급어음의 증가	×××	지급어음의 감소	×××
미지급비용의 증가	×××	미지급비용의 감소	×××
선수수익의 증가	×××	선수금의 감소	×××
선수금의 증가	×××	선수수익의 감소	×××
미지급법인세 증가	×××	미지급법인세 감소	×××
이연법인세부채 증가	×××	이연법인세부채 감소	×××
이연법인세자산 감소	×××	이연법인세자산 증가	×××
충당부채 증가	×××	충당부채 감소	×××
장기매입채무 증가	×××	장기매출채권 증가	×××
	×××		×××

일치

따라서,

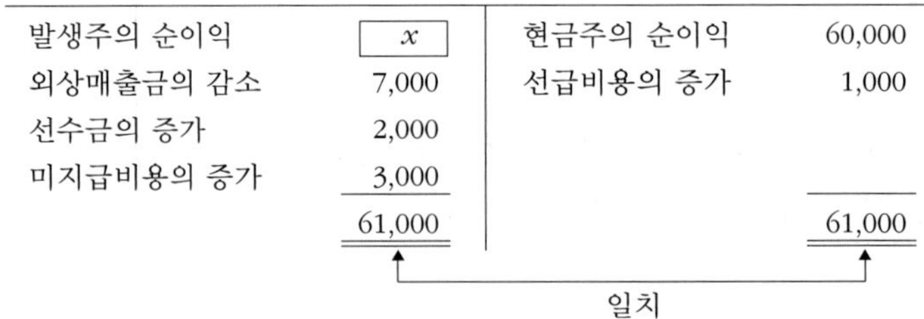

발생주의 순이익	x	현금주의 순이익	60,000
외상매출금의 감소	7,000	선급비용의 증가	1,000
선수금의 증가	2,000		
미지급비용의 증가	3,000		
	61,000		61,000

일치

따라서, $x+7,000+2,000+3,000=$₩61,000

∴ x(발생주의 순이익)=₩49,000

>>> 예·제·문·제·정·해

예제 1 | 영업활동순현금흐름(현금주의 순이익)

다음은 (주)찬엽의 20×1년도 간접법에 의한 현금흐름표를 작성하기 위한 자료이다.

(1) 20×1년도 포괄손익계산서 자료
① 당기순이익 : ₩500
② 법인세비용 : ₩100
③ 재고자산평가손실 : ₩10
④ 대손상각비 : ₩90(매출채권에서 발생)
⑤ 외화환산이익 : ₩40(매출채권에서 발생)
⑥ 외화환산손실 : ₩50(매입채무에서 발생)
⑦ 단기매매금융자산처분이익 : ₩80
⑧ 단기매매금융자산평가손실 : ₩60

(2) 20×1년말 재무상태표 자료
20×1년 기초금액 대비 기말금액의 증감은 다음과 같다.

자 산		부채와 자본	
계정과목	증가(감소)	계정과목	증가(감소)
현금및현금성자산	₩30	단기차입금	₩(70)
단기매매금융자산	120	매입채무	(330)
매출채권(순액)	650	미지급법인세	(20)
재고자산(순액)	(480)	이연법인세부채	30
유형자산(순액)	(230)	자본	480

(3) 20×1년도 유형자산 취득금액은 ₩70이고 처분은 없으며, 20×1년도 감가상각비는 ₩300이다.

(4) 이자와 배당금의 수취, 이자지급 및 법인세납부 또는 환급은 영업활동으로 분류하고, 배당금의 지급은 재무활동으로 분류한다.

(주)찬엽의 20×1년도 현금흐름표상 영업활동순현금흐름은 얼마인가? 【'13. CPA】

① ₩190 ② ₩200 ③ ₩210
④ ₩310 ⑤ ₩1,410

풀이

당기순이익	500	현금주의 순이익	190
감가상각비	300	단기매매금융자산 증가	120
재고자산 감소	480	순매출채권 증가	650
이연법인세부채 증가	30	매입채무 감소	330
		미지급법인세 감소	20
	1,310		1,310

해답: ①

예제 2 | 영업활동으로 인한 현금흐름(간접법)

찬우회사의 19×1년 12월 31일로 종료되는 회계연도의 포괄손익계산서상 당기순이익은 ₩500,000이다. 다음 자료에 의하여 동회계연도의 영업활동으로 인한 현금의 증가액을 구하면 얼마나 되겠는가? (단, 법인세는 무시한다.)

(1) 무형자산상각비	₩100,000
(2) 매도가능금융자산평가손실	150,000
(3) 이자비용(사채할증발행차금환입분 ₩30,000)	60,000
(4) 사채상환(장부가액 ₩100,000)	80,000
(5) 임대료수익	40,000
(6) 만기보유금융자산손상차손	20,000
(7) 주식할인발행자금상각	15,000
(8) 배당금수익	35,000
(9) 배당금지급	45,000
(10) 유상증자	30,000
(11) 감가상각비	10,000

(단, 배당금수익은 영업활동, 배당금지급은 재무활동으로 분류한다.)

① ₩580,000 ② ₩550,000 ③ ₩540,000
④ ₩535,000 ⑤ ₩730,000

풀이

1. 당기순이익		₩500,000
2. 현금유출이 없는 비용 등 가산		
(1) 무형자산상각비	100,000	
(3) 이자비용	60,000 [1]	
(6) 장기투자증권손상차손	20,000	
(11) 감가상각비	10,000	190,000
3. 현금유입이 없는 수익 등 차감		
(4) 사채상환이익	20,000 [2]	△20,000
4. 이자지급액		△90,000 [1]
영업활동으로 인한 현금증가		₩580,000

1) I/S상 이자비용 ₩60,000은 당기순이익에 가산하고, 실제 현금 ₩90,000은 당기순이익에서

차감해준다. 이자지급시 분개는 다음과 같다.

(차) 이 자 비 용 60,000 (대) 현 금 90,000
사채할증발행차금 30,000

또는 바로 사채할증발행차금환입 ₩30,000을 당기순이익에서 차감해서 구해도 결과는 마찬가지이다.

2) 사채상환액 ₩80,000은 재무활동에서 고려되는데 사채상환이익 ₩20,000이 당기순이익에 포함되어 있으므로 이를 차감한다.

(2)는 자본항목으로서 당기순이익에 영향을 미치지 않았으므로 조정할 필요가 없다.

(5)는 당기수익으로서 당기순이익을 증가시키고 현금유입이 있는 경우이므로 조정할 필요가 없다.

(7)은 당기순이익에 영향을 미치지 않았고 또한 현금지출이 없기 때문에 조정할 필요가 없다.

(8)은 당기수익으로서 당기순이익을 증가시키고 현금유입이 있으므로 조정할 필요가 없다.

(9)는 재무활동으로 인한 현금유출에 해당된다.

(10)은 재무활동으로 인한 현금유입에 해당된다. **해답: ①**

예제 3 | 영업활동으로 인한 현금흐름(직접법)

(주)다나의 다음 자료에 의하여 영업활동으로 인한 현금흐름을 구하시오.(단, 배당금수익과 이자는 영업활동으로 분류하고, 배당금지급은 재무활동으로 분류한다.) 【'98. CPA】

유 입		유 출	
매 출 (외상매출) 배당금수익	₩1,000,000 (200,000) 25,000	이자비용 (사채할인발행차금상각) 급 여 사채발행비발생액 배당금지급 법인세비용	₩220,000 (120,000) 500,000 50,000 20,000 130,000

① ₩95,000 ② ₩120,000 ③ ₩100,000
④ ₩110,000 ⑤ ₩87,000

풀이 영업활동으로 인한 현금흐름 계산

(1) 유입액 계산

① 매출(1,000,000－200,000)	800,000	
② 배당금수익	25,000	825,000

(2) 유출액 계산

① 이자비용(220,000－120,000)	100,000	
② 급 여	500,000	
③ 법인세비용	130,000	730,000

(3) 영업활동으로 인한 현금증가 95,000

그리고 사채발행비는 사채발행가액에서 차감하며 그만큼 발행가액이 감소하게 된다. 배당금지급액은 재무활동으로 인한 현금유출액에 해당되므로 영업활동에서 고려하지 않는다.

해답: ①

>>> 객 · 관 · 식 · 문 · 제

1 현금흐름표에 관한 설명으로 옳지 않은 것은? 【'13. 관세사】

① 현금흐름표는 회계기간 동안 발생한 현금흐름을 영업활동, 투자활동 및 재무활동으로 분류하여 보고한다.

② 영업활동은 기업의 주요 수익창출활동, 그리고 투자활동이나 재무활동이 아닌 기타의 활동을 말한다.

③ 투자활동은 유,무형자산, 다른 기업의 지분상품이나 채무상품 등의 취득과 처분활동, 제3자에 대한 대여 및 회수활동 등을 포함한다.

④ 재무활동은 기업의 납입자본과 차입금의 크기 및 구성내용에 변동을 가져오는 활동을 말한다.

⑤ 간접법을 적용하여 표시한 영업활동 현금흐름은 직접법에 의한 영업활동 현금흐름에서는 파악할 수 없는 정보를 제공하기 때문에 미래현금흐름을 추정하는데 보다 유용한 정보를 제공한다.

풀이 직접법과 간접법을 반대로 설명하고 있다.

2 현금흐름표에 관한 설명으로 옳지 않은 것은? 【'12. 세무사】

① 이자와 차입금을 함께 상환하는 경우, 이자지급은 영업활동으로 분류될 수 있고 원금상환은 재무활동으로 분류된다.

② 회전율이 높고 금액이 크며 만기가 짧은 항목과 관련된 재무활동에서 발생하는 현금흐름은 순증감액으로 보고할 수 있다.

③ 타인에게 임대할 목적으로 보유하다가 후속적으로 판매목적으로 보유하는 자산을 제조하거나 취득하기 위한 현금 지급액은 영업활동 현금흐름이다.

④ 지분상품은 현금성자산에서 제외하므로 상환일이 정해져 있고 취득일로부터 상환일까지의 기간이 3개월 이내인 우선주의 경우에도 현금성자산에서 제외한다.

⑤ 간접법보다 직접법을 적용하는 것이 미래현금흐름을 추정하는 데 보다 유용한 정보를 제공하므로 영업활동 현금흐름을 보고하는 경우에는 직접법을 사용할 것을 권장한다.

풀이 상환일이 정해져 있고 취득일로부터 상환일까지의 기간이 3개월 이내인 상환우선주의 경우에는 현금성자산에 포함한다.

해답 1. ⑤ 2. ④

3 현금흐름표는 회계기간 동안 발생한 현금흐름을 영업활동, 투자활동 및 재무활동으로 분류하여 보고한다. 다음 중 현금흐름의 분류가 다른 것은? 【'10. 세무사】

① 리스이용자의 금융리스부채 상환에 따른 현금유출
② 판매목적으로 보유하는 재고자산을 제조하거나 취득하기 위한 현금유출
③ 보험회사의 경우 보험금과 관련된 현금유출
④ 기업이 보유한 특허권을 일정기간 사용하도록 하고 받은 수수료 관련 현금유입
⑤ 단기매매목적으로 보유하는 계약에서 발생한 현금유입

풀이 ① 재무활동
②, ③, ④, ⑤; 영업활동

4 성곡(주)는 20×4년 12월 1일 환매채를 ₩1,000,000에 취득하였다. 이 환매채는 만기가 20×5년 1월 15일이고, 확정된 금액의 현금으로 전환가능하고, 이자율의 변동이 거의 없다. 이 환매채의 취득은 현금흐름표의 영업활동, 투자활동, 재무활동 중에서 어디에 공시되는가? 【'07. 세무사】

① 영업활동 ② 투자활동
③ 재무활동 ④ 영업활동과 투자활동
⑤ 어느 활동에도 공시되지 않는다.

풀이 현금및현금성자산간의 거래는 현금흐름표에 나타나지 않는다.
환매채는 현금성자산에 해당되므로 현금및현금성자산간의 거래에 해당된다.

5 현금흐름표 작성시 감가상각비를 당기순이익에 가산하는 이유는? 【'91. 감평사】

① 직접적인 자금의 원천이기 때문에
② 당기순이익을 감소시키고, 자금을 감소시키기 때문이다.
③ 노후자산의 대체를 위하여 적립한 자금이기 때문이다.
④ 미래의 용역잠재력을 수반하기 때문이다.
⑤ 자금의 지출을 수반하는 비용이 아니기 때문이다.

6 다음 중 현금흐름표를 간접법으로 작성하는 것과 관련하여 맞는 내용은? 【'01. 세무사】

① 영업활동으로 인한 현금흐름을 계산할 때에 매도가능금융자산평가손실은 당기

해답 3. ① 4. ⑤ 5. ⑤ 6. ②

순이익에 가산한다.

② 영업활동으로 인한 현금흐름을 계산할 때에 지분법손실은 당기순이익에 가산한다.

③ 영업활동으로 인한 현금흐름을 계산할 때에 감가상각비는 당기순이익에서 차감한다.

④ 영업활동으로 인한 현금흐름을 계산할 때에 매출채권의 감소는 당기순이익에서 차감한다.

⑤ 상기 모두 틀리다.

풀이 ① 매도가능금융자산평가손실은 자본항목이므로 가산하지 않는다.
② 옳다.
③ 가산한다.
④ 가산한다.

7 다음 중 현금흐름표상에서 재무활동으로 인한 현금흐름난에 보고되지 않는 것은?
【'99. 세무사, '02. 감평사】

① 단기차입금의 증가 ② 자기주식의 재발행
③ 자기사채의 취득 ④ 미지급금의 지급
⑤ 배당금의 수취

풀이 배당금 수취는 영업활동 또는 투자활동에 해당된다.

8 다음 중 현금흐름표상 재무활동으로 인한 현금흐름에 포함될 사항이 아닌 것은?
【'09. 세무사】

① 유형자산 취득에 따른 미지급금의 지급
② 장기차입금의 차입 및 상환
③ 장기대여금의 대여 및 회수
④ 전환사채의 발행
⑤ 주식의 발행 및 자기주식의 취득

풀이 장기대여금의 대여 및 회수는 투자활동으로 분류된다.

9 20×1년도 (주)다나의 다음 자료를 이용하여 계산된 20×1년도 당기순이익은? (단, 이자지급 및 법인세 납부는 영업활동으로 분류한다.) 【'13. 감평사】

해답 7. ⑤ 8. ③ 9. ②

(1) 현금흐름표상 영업활동순현금흐름은 ₩182,000이다.
(2) 포괄손익계산서상 사채상환손실, 이자비용 및 감가상각비는 각각 ₩15,000, ₩10,000 및 ₩5,000이다.
(3) 법인세 비용은 ₩8,000이다.
(4) 매출채권은 ₩20,000 증가하였다.
(5) 재고자산은 ₩10,000 감소하였다.
(6) 매입채무는 ₩15,000 증가하였다.

① ₩148,000　② ₩157,000
③ ₩163,000　④ ₩173,000
⑤ ₩178,000

풀이

발생주의 순이익	₩157,000	현금주의 순이익	₩182,000
감가상각비	5,000	매출채권 증가	20,000
사채상환손실	15,000		
재고자산 감소	10,000		
매입채무 증가	15,000		
	₩202,000		₩202,000

* 이자비용과 법인세비용은 당기순이익계산시 이미 고려되었으므로 간접법에서는 고려되지 않는다.

10 다음의 (주)대한 20×1년 재무제표 관련자료를 이용할 때 현금흐름표에 보고될 영업활동 현금흐름은 얼마인가? 【'06. 감평사, '12. 관세사】

(1) 당기순이익	₩20,000	(2) 감가상각비	₩4,600
(3) 매출채권의 증가	₩15,000	(4) 재고자산의 감소	₩2,500
(5) 매입채무의 증가	₩10,400		

① ₩20,200　② ₩21,000
③ ₩22,500　④ ₩33,200
⑤ ₩54,000

풀이 영업활동현금흐름 = ₩20,000 + 4,600 − 15,000 + 2,500 + 10,400 = ₩22,500

11 (주)서울의 20×9년 당기순이익은 ₩1,500,000이다. 다음 자료를 이용하여 (주)서울의

해답 10. ③　11. ①

20×9년 영업활동현금흐름을 계산하면? (단, 영업활동현금흐름은 간접법으로 계산할 것)
【'08, '11. 감평사】

(1) 감가상각비	₩150,000
(2) 사채의 발행	700,000
(3) 선급비용의 감소	20,000
(4) 미지급비용의 증가	30,000
(5) 현금배당	100,000
(6) 매출채권(순액)의 증가	120,000
(7) 유형자산처분손실	200,000

① ₩1,780,000 ② ₩1,820,000
③ ₩1,860,000 ④ ₩1,920,000
⑤ ₩1,960,000

풀이 영업활동현금흐름 = ₩1,500,000 + 150,000 + 20,000 + 30,000 − 120,000 + 200,000 = ₩1,780,000

12 (주)찬엽의 다음의 자료를 간접법으로 현금흐름표를 작성할 때, 영업활동으로 인한 현금흐름을 구하면 얼마인가? 【'03. '06. '07. '09. 감평사 수정】

(1) 당기순이익	₩500,000
(2) 감가상각비	30,000
(3) 단기매매금융자산 감소	5,000
(4) 유형자산처분이익	20,000
(5) 기초대비 기말재고자산의 증가	15,000
(6) 기초대비 기말미지급비용의 증가	10,000
(7) 토지구입	20,000
(8) 배당금지급	5,000
(단, 배당금지급은 재무활동으로 분류된다.)	

① ₩500,000 ② ₩510,000
③ ₩520,000 ④ ₩530,000
⑤ ₩540,000

풀이 ₩500,000 + 30,000 + 5,000 − 20,000 − 15,000 + 10,000 = ₩510,000
참고로, 단기매매금융자산은 영업활동으로 분류된다.

해답 12. ②

13 (주)다나의 다음 자료를 이용할 경우 20×1년도 현금흐름표에 계상될 영업활동순현금흐름은 얼마인가? 【'12. 세무사】

(1) 당기순이익		₩250,000
(2) 감가상각비		40,000
(3) 사채상환이익		35,000
(4) 매도가능금융자산처분손실		20,000
(5) 배당금지급		80,000
(6) 유상증자		110,000
(7) 자산 및 부채 계정잔액의 일부		

	20×1년 1월 1일	20×1년 12월 31일
매출채권(순액)	₩50,000	₩70,000
단기대여금	110,000	130,000
유형자산(순액)	135,000	95,000
매입채무	40,000	30,000
미지급비용	30,000	45,000

① ₩260,000 유입 ② ₩265,000 유입
③ ₩270,000 유입 ④ ₩275,000 유입
⑤ ₩290,000 유입

풀이

당기순이익	₩250,000	현금주의 순이익	₩260,000
감가상각비	40,000	사채상환이익	35,000
매도가능금융자산처분손실	20,000	순매출채권 증가	20,000
미지급비용 증가	15,000	매입채무 감소	10,000
	₩325,000		₩325,000

14 (주)대한의 포괄손익계산서상 당기순손실은 ₩100,000이다. 아래의 자료를 이용하여 영업활동으로 인한 현금흐름을 계산하면 얼마인가? 【'09. 세무사】

감가상각비	₩100,000	토지처분손실	200,000
재해손실(건물)	200,000	이자비용(사채할인발행차금상각액)	100,000
단기매매금융자산의 증가	300,000	매출에누리와환입	300,000
매출채권의 증가	300,000	매입채무의 증가	200,000

해답 13. ① 14. ②

재고자산의 감소	100,000	사채의 감소	300,000
현금및현금성자산의 증가	200,000		

① ₩100,000 유입　　② ₩200,000 유입
③ ₩200,000 유출　　④ ₩400,000 유입
⑤ ₩400,000 유출

풀이

현금흐름표(영업활동)

감가상각비	100,000	현금주의 순이익	200,000
토지처분손실	200,000	당기순손실	100,000
재해손실	200,000	단기매매금융자산 증가	300,000
사채할인발행차금상각	100,000	매출채권 증가	300,000
매입채무 증가	200,000		
재고자산 감소	100,000		
	900,000		900,000

15 다음은 (주)인천의 20×1년 12월 31일로 종료되는 회계연도의 자료이다. 다음 자료에 의하여 간접법으로 현금흐름표를 작성할 때 영업활동으로 인한 현금흐름을 구하면 얼마나 되겠는가? 【'02, '01. 감평사】

(1) 당기순이익	₩2,400,000
(2) 유형자산감가상각비 ─ 건물	₩220,000
└ 기계장치	₩100,000
(3) 매출채권당기증가액(순액기준)	₩280,000
(4) 매입채무당기증가액	₩350,000
(5) 사채이자 (사채할인발행차금상각분 ₩150,000)	₩300,000
(6) 단기매매금융자산 증가	₩400,000
(7) 선급비용 감소	₩150,000
(8) 사채상환이익	₩180,000
(9) 외화환산손실	₩200,000
(10) 배당금지급액(재무활동)	₩450,000
(11) 토지의 처분(장부가액 ₩600,000)	₩700,000
(12) 충당부채의 증가(순액기준)	₩240,000
(13) 재고자산의 감소(순액기준)	₩500,000

해답 15. ①

① ₩3,350,000 ② ₩3,500,000
③ ₩3,450,000 ④ ₩3,600,000
⑤ ₩3,750,000

풀이

당기순이익	2,400,000	현금주의순이익	3,350,000
(2)	320,000	(3)	280,000
(4)	350,000	(6)	400,000
(5)	150,000	(8)	180,000
(7)	150,000	(11)	100,000*
(9)	200,000		
(12)	240,000		
(13)	500,000		
	4,310,000		4,310,000

*토지처분이익 = ₩700,000 − 600,000 = ₩100,000

16 찬엽회사는 내부보고목적으로 현금주의에 의하여 재무제표를 작성하고 외부보고시 이를 발생주의에 의하여 수정한다. 20×1년도의 현금주의에 따른 당기순이익이 ₩1,500,000인 경우 발생주의 당기순이익을 계산하면? 【'95. 세무사】

계정과목	기초잔액	기말잔액
(1) 매출채권	₩4,000,000	₩3,500,000
(2) 재고자산	1,000,000	1,500,000
(3) 매입채무	600,000	800,000
(4) 미지급비용	480,000	600,000
(5) 선 수 금	700,000	900,000
(6) 미수임대료	550,000	350,000

① ₩1,080,000 ② ₩980,000
③ ₩800,000 ④ ₩785,000
⑤ ₩780,000

풀이

발생주의순이익	x	현금주의순이익	1,500,000
매출채권 감소	500,000	재고자산 증가	500,000
매입채무 증가	200,000		
미지급비용 증가	120,000		
선수금 증가	200,000		

해답 16. ⑤

미수임대료 감소	200,000		⁄
	2,000,000		2,000,000

∴ x=₩780,000

17 (주)청주는 현금주의에 의해 회계처리를 하고 있다. 20×1년도에 고객에게 판매한 대가로 ₩4,000,000을 수취하고 영업비로 ₩1,000,000을 지급하여 ₩3,000,000의 순이익을 보고하였다. 기타 계정과목의 기초잔액과 기말잔액은 다음과 같다.

【'90, '01. 감평사】

	20×1년 1월 1일(기초)	20×1년 12월 31일(기말)
매출채권	₩760,000	₩500,000
선수금	₩3,000	₩7,000
선급비용	₩8,700	₩9,700
미지급비용	₩15,800	₩13,800

위 자료에 의하여 20×1년도의 (주)청주의 순이익을 발생주의에 의해 계산하면 얼마가 되겠는가?

① ₩2,739,000 ② ₩2,747,000
③ ₩2,738,000 ④ ₩2,743,000
⑤ ₩2,742,000

풀이

발생주의순이익	2,739,000	현금주의 순이익	3,000,000
매출채권 감소	260,000	선급비용 증가	1,000
선수금 증가	4,000	미지급비용 감소	2,000
	3,003,000		3,003,000

18 창업지원컨설팅을 하는 (주)국세는 현금주의 회계제도를 채택하고 있으며, 20×1년에 용역수익 ₩400,000을 현금으로 수취하였다. 만약, 발생주의 회계제도를 채택하였다면 20×1년도 (주)국세의 용역수익은 얼마인가? (단, 추가자료는 다음과 같다.)

	20×1년 1월 1일	20×1년 12월 31일
미수용역수익	₩80,000	₩120,000
선수용역수익	₩0	₩10,000

해답 17. ① 18. ③

【'00. 감평사, '10. 세무사】

① ₩350,000 ② ₩370,000
③ ₩430,000 ④ ₩450,000
⑤ ₩470,000

풀이 발생주의 순이익＝현금주의 순이익＋당기 미수수익－전기미수수익－당기선수수익＋전기선수수익
＝₩400,000＋120,000－80,000－10,000＋0＝₩430,000

다음과 같이 구할 수도 있다.

발생주의 순이익	x	현금주의 순이익	400,000
선수수익 증가	10,000	미수수익 증가	40,000
	440,000		440,000

∴ x＝₩430,000

19 건물임대업을 영위하고 있는 갑회사의 20×9년도 발생주의 손익계산서에는 임대료수익 150,000,000원, 접대비 20,000,000원, 급여 70,000,000원이 발생하였으며, 20×9년도 비교 재무상태표에는 다음과 같은 발생주의 항목이 계상되어 있다. 20×9년도 갑회사의 현금주의 당기순이익(순현금흐름)은 얼마인가? 【'99. 감평사】

	20×9년초	20×9년말
선수임대료	0	3,000,000
미지급통신비	2,000,000	0
미지급급여	10,000,000	25,000,000

① ₩50,000,000 ② ₩44,000,000
③ ₩70,000,000 ④ ₩60,000,000
⑤ ₩76,000,000

풀이

발생주의순이익	60,000,000*	현금주의순이익	x
선수임대료 증가	3,000,000	미지급통신비 감소	2,000,000
미지급급여 증가	15,000,000		
	78,000,000		78,000,000

* ₩150,000,000－20,000,000－70,000,000＝₩60,000,000

∴ x＝₩76,000,000

해답 19. ⑤

20 JB회사의 20×2년도 손익계산서상 당기순이익은 ₩75,000이었다. 다음 자료를 참고로 하여 영업활동으로 인한 현금유입액을 계산하면 얼마인가? (단, 손익계산서상 현금의 지출이 없는 비용과 현금의 유입이 없는 수익은 없었다) 【'93. CPA】

계정과목	20×1년말	20×2년말
(1) 현금및현금성자산	₩2,800	₩3,500
(2) 대여금	4,900	4,500
(3) 외상매출금	13,000	14,700
(4) 재고자산	24,500	25,800
(5) 선급비용	3,200	2,800
(6) 외상매입금	14,500	17,000
(7) 미지급금	4,300	5,200

① ₩74,000　② ₩74,500　③ ₩74,900
④ ₩76,400　⑤ ₩75,300

풀이

발생주의순이익	75,000	현금주의순이익	x
선급비용감소	400	외상매출금증가	1,700
외상매입금증가	2,500	재고자산증가	1,300
	77,900		77,900

∴ x=₩74,900

그리고 (2)는 투자활동, (7)은 재무활동에 포함된다.

21 서비스 제공업체인 (주)OK는 발생주의 회계제도를 채택하고 있다. 20×5회계연도 중에 용역수익 ₩79,500, 급여 ₩27,300, 임차료 ₩20,000이 발생하였다. 급여 및 임차료 이외의 비용은 없으며, 20×4년 말과 20×5년 말의 발생 및 이연항목은 다음과 같다.

계정과목	20×4년 12월 31일	20×5년 12월 31일
미수용역수익	₩17,000	₩8,000
선수용역수익	500	2,000
미지급급여	3,600	7,400
선급임차료	1,700	3,200

현금주의에 의한 20×5년의 당기순이익은 얼마인가? 【'91. 감평사, '06. CPA】

① ₩27,600　② ₩38,200

해답 20. ③　21. ⑤

③ ₩42,700 ④ ₩43,500
⑤ ₩45,000

풀이

손익계산서상의 순이익	32,200 *	현금주의 순이익	45,000
미수수익감소	9,000	선급비용증가	1,500
선수수익증가	1,500		
미지급비용증가	3,800		
	46,500		46,500

* 순이익 = ₩79,500 − 27,300 − 20,000 = ₩32,200

22 20×1년 1월 설립 직후의 사업계획이 다음과 같다고 할 때 20×1년 12월 31일의 현금추정액은 얼마인가? 【'96. 세무사】

(1) 보통주의 발행으로 조달된 금액	₩200,000
(2) 외상매출액	440,000
(3) 차입금조달액	140,000
(4) 매출채권의 회수액	360,000
(5) 대손발생액	20,000
(6) 상품구입지급액	240,000
(7) 유형자산감가상각비	30,000
(8) 차입금상환액	16,000
(9) 법인세지급액	50,000
(10) 유형자산의 현금구입액	160,000
(11) 매출원가	280,000

① ₩214,000 ② ₩234,000 ③ ₩244,000
④ ₩274,000 ⑤ ₩364,000

풀이 직접법에 의해 구한다.

(1) 유상증자	₩200,000
(3) 차입금 조달	140,000
(4) 매출채권회수액	360,000
(6) 상품구입액	△240,000
(8) 차입금상환	△16,000
(9) 법인세지급액	△50,000
(10) 유형자산구입	△160,000
순현금유입액	₩234,000

해답 22. ②

23 (주)찬엽은 당기 중 다음과 같은 거래가 있었다.

(1) 전환사채 ₩60,000이 주식 10주로 전환
(2) 유상증자(발행가 ₩50,000)액면가 ₩20,000이며, 주주 100%가 유상증자에 참여하여 전액 현금수취)
(3) 무상증자(자본잉여금 ₩10,000을 자본전입)
(4) 전기에 ₩5,000에 취득하였던 자기주식을 당기에 현금 ₩3,000에 처분
(5) 외화차입금에 대한 외화환산이익 ₩10,000

위 자료를 이용할 때 당기 현금흐름표상 재무활동 순현금흐름(유입－유출)은?

【'14. 감평사】

① ₩53,000　　② ₩63,000
③ ₩73,000　　④ ₩80,000
⑤ ₩92,000

풀이 직접법으로 구한다.
재무활동 순현금흐름＝유상증자＋자기주식처분＝₩50,000＋3,000＝₩53,000
참고로,
전환사채의 전환은 자본은 증가하나 현금유입은 없으며
무상증자는 자본이 불변이며 현금유입도 없다.
외화환산이익은 현금유입이 없을 뿐만 아니라 간접법으로 구할 때 필요한 자료이다.

24 (주)다나의 현금흐름표에 표시될 투자활동으로 인한 현금유출액은? 【'96. 세무사】

(1) 재고자산의 증가	₩100,000
(2) 산업재산권의 취득	50,000
(3) 만기보유금융자산의 취득	180,000
(4) 개발비의 지출	200,000
(5) 장기금융상품의 가입	50,000
(6) 종업원에 대한 단기대여	70,000
(7) 자기주식의 취득	80,000

① ₩280,000　　② ₩300,000
③ ₩480,000　　④ ₩550,000
⑤ ₩630,000

풀이 직접법에 의해 구한다.

해답 23. ① 24. ④

(2) 산업재산권취득	₩50,000
(3) 만기보유금융자산의 취득	180,000
(4) 개발비지출	200,000
(5) 장기금융상품가입	50,000
(6) 종업원단기대여	70,000
투자활동으로 인한 현금유출액	₩550,000

(1)은 영업활동, (7) 재무활동에 포함된다.

25 다음은 갑상사의 20×9년도 현금흐름에 관한 정보이다. 20×9년도 갑상사의 현금흐름표에 표시될 영업활동으로 인한 현금흐름은 얼마인가? 【'99. 감평사】

(1) 상품판매대금 수령액	₩25,000,000	(2) 종업원 급여지급액	₩2,000,000
(3) 상품구입대금 지급액	12,000,000	(4) 토지매각대금 수령액	40,000,000
(5) 주식발행대금 수령액	30,000,000	(6) 이자비용 지급액	5,000,000
(7) 사채상환대금 지급액	15,000,000	(8) 광고비 지급액	3,000,000
(9) 기계구입대금 지급액	24,000,000	(10) 매도가능금융자산 처분액	8,000,000
(11) 기계처분이익	1,500,000	(12) 매도가능금융자산처분이익	800,000
(13) 사채상환손실	2,200,000		

① ₩3,000,000 ② ₩11,000,000 ③ ₩3,100,000
④ ₩2,900,000 ⑤ 답 없음

풀이 위 문제는 직접법으로 구해야 한다.

(1)	₩25,000,000
(2)	△2,000,000
(3)	△12,000,000
(6)	△5,000,000
(8)	△3,000,000
영업활동으로 인한 현금증가액	₩3,000,000

(4), (9), (10)은 투자활동, (5), (7)은 재무활동에 해당되며 (11), (12), (13)은 간접법으로 계산할 때 필요한 자료이다.

해답 25. ①

CHAPTER

14 리스회계 및 법인세회계

리스회계

제1절 용어의 정의 및 분류

1. 용어의 정의

이 기준서에서 사용하는 용어의 정의는 다음과 같다.

(1) **리스**: 리스제공자가 자산의 사용권을 합의된 기간 동안 리스이용자에게 이전하고 리스이용자는 그 대가로 사용료를 리스제공자에게 지급하는 계약

(2) **금융리스**: 리스자산의 소유에 따른 실질적으로 모든 위험과 보상이 리스이용자에게 이전되는 리스. 법적소유권은 이전될 수도 있고 이전되지 않을 수도 있다.

(3) **운용리스**: 금융리스 이외의 리스

(4) **해지불능리스**: 다음 각각의 경우를 제외하고는 해지할 수 없는 리스

① 발생할 가능성이 희박한 우발상황이 나타나는 경우

② 리스제공자가 허락하는 경우

③ 리스이용자가 동일한 리스제공자와 해당 자산이나 동등한 자산에 대하여 새로운 리스를 체결하는 경우

④ 리스약정일에 판단하였을 때, 당해 리스가 계속될 것이 거의 확실할 정도의 추가적인 금액을 리스이용자가 지급하는 경우

(5) **리스약정일**: 리스계약일과 리스의 주요사항에 대한 계약당사자들의 합의일 중 이른 날

① 리스는 리스약정일을 기준으로 운용리스나 금융리스로 분류한다.

② 금융리스의 경우 리스기간개시일에 인식할 금액은 리스약정일을 기준으로 결정한다.

(6) **리스기간개시일**: 리스이용자가 리스자산의 사용권을 행사할 수 있게 된 날. 리스기간개시일은 리스의 최초인식일(즉, 리스에 따른 자산, 부채, 수익 및 비용을 적절하게 인식하는 날)이 된다.

(7) **리스기간**: 리스이용자가 자산을 리스하기로 약정을 맺은 해지불능기간과 다음의 기간을 포함한다. 추가적인 대가의 지급여부에 관계없이 리스이용자가 그 자산에 대하여 리스를 연장할 수 있는 선택권을 가지고 있으며, 리스이용자가 그 선택권을 행사할 것이 리스약정일 현재 거의 확실한 경우 당해 추가기간

(8) **최소리스료**: 리스기간에 리스이용자가 리스제공자에게 지급해야 하는 금액을 말하며 다음 금액을 포함함. 다만, 조정리스료와 리스제공자가 지급하고 리스이용자에게 청구할 수 있는 용역원가와 세금 등은 제외함.

① 리스이용자의 경우: 리스이용자나 리스이용자의 특수관계자가 보증한 금액

② 리스제공자의 경우: 다음중 하나가 보증한 잔존가치

- 리스이용자
- 리스이용자의 특수관계자
- 리스제공자와 특수관계가 없고 재무적으로 이행할 능력이 있는 제 3 자

③ 리스이용자가 선택권을 행사할 수 있는 시점의 공정가치보다 충분하게 낮을 것으로 예상되는 가격으로 리스자산을 매수할 수 있는 선택권을 가지고 있으며 그 선택권이 행사될 것이 리스약정일 현재 거의 확실한 경우, 최소리스료는 매수선택권의 기대행사일까지의 리스기간에 지급될 최소지급액과 선택권의 행사가격으로 구성된다.

(9) **공정가치**: 합리적인 판단력과 거래의사가 있는 독립된 당사자 사이의 거래에서 자산이 교환되거나 부채가 결제될 수 있는 금액

(10) **경제적내용연수**: 다음의 경우 중 하나에 해당하는 것

① 하나 또는 그 이상의 사용자가 자산을 경제적으로 사용할 수 있는 예상 기간

② 하나 또는 그 이상의 사용자가 자산에서 획득할 수 있을 것으로 기대하는 생산량이나 유사단위의 수량

(11) **내용연수**: 리스기간에 한정되지 않고 리스기간개시일부터 자산에 내재된 경제적 효익을 기업이 소비할 것으로 예상되는 잔여기간

(12) **보증잔존가치**

① 리스이용자의 경우: 리스이용자나 리스이용자의 특수관계자가 보증한 잔존가치 부분(어떤 경우에나 보증금액은 지급될 수 있는 최대금액)

② 리스제공자의 경우: 리스 이용자가 보증한 잔존가치 부분 또는 리스제공자와 특

수관계가 없고 재무적으로 이행할 능력이 있는 제 3 자가 보증한 잔존가치 부분

⒀ **무보증잔존가치**: 리스제공자가 실현할 수 있을지 확실하지 않거나 리스제공자의 특수관계자만이 보증한 리스자산의 잔존가치 부분

⒁ **리스개설직접원가**: 리스의 협상 및 계약에 직접 관련하여 발생하는 증분원가. 다만, 제조자나 판매자인 리스제공자에 의하여 발생하는 원가는 제외함.

⒂ **리스총투자**: 금융리스에서 리스제공자가 수령할 최소리스료와 무보증잔존가치의 합계액

⒃ **리스순투자**: 리스총투자를 내재이자율로 할인한 금액

⒄ **미실현이자수익**: 리스총투자와 리스순투자의 차이

⒅ **내재이자율**: 리스약정일 현재 최소리스료와 무보증잔존가치의 현재가치 합계액을, 리스자산의 공정가치와 리스제공자의 리스개설직접원가의 합계액과 일치시키는 할인율

⒆ **리스이용자의 증분차입이자율**: 리스이용자가 유사한 리스에 대해 부담해야 할 이자율. 만약 그러한 이자율을 결정할 수 없는 경우에는 리스약정일에 리스이용자가 유사한 조건과 담보로 리스자산의 구입에 필요한 자금을 차입할 경우의 이자율

⒇ **조정리스료**: 금액이 확정되지는 않았지만 기간경과 이외의 변동요소(예: 매출액의 일정비율, 사용량, 물가지수 및 시장이자율)의 미래발생분을 기초로 결정되는 리스료 부분

2. 리스의 분류

(1) 위험과 보상에 따른 리스의 분류

리스의 분류는 리스자산의 소유에 따른 위험과 보상이 리스제공자와 리스이용자에게 귀속되는 정도에 따라 결정된다. 위험은 자산의 운휴나 기술적 진부화로 인한 손실 및 경제여건의 변화에 따른 이익의 변동가능성을 포함한다. 그리고 보상이라 함은 경제적내용연수 동안 자산의 수익성 있는 운용에 대한 기대 및 가치증대나 잔존가치의 실현에서 발생하는 이익 등에 대한 기대를 말한다.

(2) 소유에 따른 위험과 보상의 대부분이 이전되는 리스

리스자산의 소유에 따른 위험과 보상의 대부분을 이전하는 리스는 금융리스로 분류한다. 리스자산의 소유에 따른 위험과 보상의 대부분을 이전하지 않는 리스는 운용리스로 분류한다.

(3) 일관된 정의

리스제공자와 리스이용자 사이의 거래는 리스계약을 바탕으로 이루어지므로 양자가 일관된 정의를 사용하는 것이 타당하다. 그런데 이러한 정의를 양자의 서로 다른 상황에 적용함으로써 하나의 리스가 리스제공자와 리스이용자의 입장에서 각각 다르게 분류될 수도 있다. 예를 들어, 리스제공자가 리스이용자와 특수관계가 없는 제 3 자로부터 잔존가치의 보증을 받는 경우가 이에 해당할 수 있다.

(4) 일반적으로 금융리스로 분류하는 경우

리스는 계약의 형식보다는 거래의 실질에 따라 금융리스나 운용리스로 분류한다. 다음에 예시한 경우 중 하나 또는 그 이상에 해당하면 일반적으로 금융리스로 분류한다.

① 리스기간 종료시점까지 리스자산의 소유권이 리스이용자에게 이전되는 경우

② 리스이용자가 선택권을 행사할 수 있는 시점의 공정가치보다 충분하게 낮을 것으로 예상되는 가격으로 리스자산을 매수할 수 있는 선택권을 가지고 있으며, 그 선택권을 행사할 것이 리스약정일 현재 거의 확실한 경우

③ 리스자산의 소유권이 이전되지 않더라도 리스기간이 리스자산의 경제적내용연수의 상당부분을 차지하는 경우

④ 리스약정일 현재 최소리스료의 현재가치가 적어도 리스자산 공정가치의 대부분에 상당하는 경우

⑤ 리스이용자만이 중요한 변경 없이 사용할 수 있는 특수한 성격의 리스자산인 경우

(5) 운용리스로 분류되는 경우

문단 (4)와 (5)에서 열거한 경우에 해당하더라도 항상 금융리스로 분류하는 것은 아니다. 계약의 다른 특성들을 고려할 때 리스자산의 소유에 따른 위험과 보상의 대부분을 이전하지 않는다는 사실이 명백하다면 그 리스는 운용리스로 분류한다. 예를 들어, 리스기간 종료시점에 리스자산의 소유권을 그 시점의 공정가치로 이전하거나 조정리스료가 있어서, 결과적으로 리스이용자가 리스자산의 소유에 따른 대부분의 위험과 보상을 가지고 있지 않은 경우가 있다.

제2절 운용리스

1. 리스이용자의 회계처리

운용리스에서 리스료(보험이나 수선과 같은 용역에 대한 대가 지급액은 제외)는 리스이용자의 효익의 기간적 형태를 더 잘 나타내는 다른 체계적인 인식기준이 없다면, 비록 리스료가 매기 정액기준으로 지급되지 않더라도, 매기 정액기준으로 비용을 인식한다.

2. 리스제공자의 회계처리

(1) 수익의 인식

운용리스에서 리스료수익은 리스자산의 사용효익이 감소되는 기간적 형태를 더 잘 나타내는 다른 체계적인 인식기준이 없다면 비록 리스료가 매기 정액으로 수취되지 않더라도 리스료수익(보험료나 수선비와 같은 용역제공에 대한 대가 수령액은 제외)은 리스기간에 걸쳐 정액기준으로 인식한다.

(2) 리스개설직접원가

운용리스의 협상 및 계약단계에서 발생한 리스개설직접원가는 운용리스자산의 장부금액에 추가하고 리스료수익에 대응하여 리스기간 동안 비용으로 인식한다.

(3) 감가상각

운용리스자산의 감가상각 정책은 리스제공자가 소유한 다른 유사자산의 일반 감가상각 정책과 일관되어야 한다.

(4) 자산손상

리스자산의 손상여부를 결정하기 위하여 '자산손상' 의 규정을 적용한다.

운용리스

리스제공자는 리스이용자와 다음과 같이 운용리스계약을 체결하였다. 구체적 내용은 다음과 같으며, 리스제공자와 리스이용자의 입장에서 회계처리를 하시오.

(1) 리스제공자는 설비자산을 2×00년 12월 초에 ₩900,000에 취득하였고, 2×01년 초 리스기간개시일까지 리스개설직접원가가 ₩100,000 발생하였다.

(2) 리스기간은 2년이고, 최소리스료는 1차 말에 ₩50,000, 2차 말에 ₩150,000 수취하기로 하였다.

(3) 감가상각방법은 정액법이며, 설비자산의 내용연수는 10년이고 잔존가치는 없다.

(4) 결산일은 12월 31일이다.

풀이

	리스이용자	리스제공자
2×00년 12월 초	분개 없음	(차) 선급리스자산 900,000 (대) 현 금 900,000
2×01년 1월 1일	분개 없음	(차) 운용리스자산 900,000 (대) 선급리스자산 900,000 (차) 운용리스자산[1)] 100,000 (대) 현 금 100,000 1) 리스개설직접원가는 운용리스 자산의 장부금액에 추가하고 리스료수익에 대응하여 리스기간동안 상각한다.
2×01년 12월 31일	(차) 운용리스료 100,000[2)] (대) 현 금 50,000 (대) 미지급리스료 50,000 2) (₩50,000+150,000)÷2=₩100,000 리스료는 매기 정액기준으로 비용 또는 수익으로 인식한다.	(차) 현 금 50,000 (차) 미수리스료 50,000 (대) 운용리스료수익 100,000 (차) 감가상각비 90,000[3)] (대) 감가상각누계액 90,000 (차) 감가상각비 50,000 (대) 감가상각누계액 50,000[4)] 3) (₩900,000−0)÷10=₩90,000 4) (₩100,000÷2)=₩50,000 리스개설직접원가는 리스기간동안 비용으로 한다.

2×02년 12월 31일	(차) ┌ 운용리스료 100,000 └ 미지급리스료 50,000 (대) 현 금 150,000	(차) 현 금 150,000 (대) ┌ 운용리스료수익 100,000 └ 미수리스료 50,000 (차) 감가상각비 90,000 (대) 감가상각누계액 90,000 (차) 감가상각비 50,000 (대) 감가상각누계액 50,000
2×03년~ 2×10년 12월 31일	분개 없음	(차) 감가상각비 90,000 (대) 감가상각누계액 90,000

제3절 금융리스

1. 리스이용자의 회계처리

(1) 최초 인식

① 금융리스자산과 부채 인식

리스이용자는 리스약정일에 측정된 최소리스료의 현재가치와 리스자산의 공정가치 중 작은 금액을 리스기간개시일에 금융리스자산과 금융리스부채로 각각 인식한다. 이 경우 최소리스료의 현재가치를 계산할 때 적용해야 할 할인율은 내재이자율이며, 만약 이를 알 수 없다면 리스이용자의 증분차입이자율을 적용한다. 리스이용자의 리스개설직접원가는 금융리스자산으로 인식하는 금액에 포함한다. 리스기간개시일의 회계처리를 하면 다음과 같다.

(차) 금융리스자산 ××× (대) ┌ 금융리스부채 ×××
└ 현 금 ×××
(리스개설직접원가)

② 리스개설직접원가

리스기간개시일에 금융리스자산과 금융리스부채는 재무상태표에 동일한 금액으로 인식한다. 다만, 리스이용자에게 리스개설직접원가가 발생한 경우에는(금융리스자산으로 인식하는 금액에 가산함) 동일한 금액으로 인식되지 아니한다.

③ 공시

금융리스부채는 금융리스자산에서 차감하는 형식으로 표시하지 않는다. 재무상태표에서 부채를 유동과 비유동으로 구분하여 표시하고 있다면 금융리스부채도 동일하게 구분하여 표시한다.

(2) 후속 측정

① 유효이자율법 적용

매기 지급되는 최소리스료는 금융원가와 리스부채의 상환액으로 나눈다. 금융원가는 매기 부채의 잔액에 대하여 일정한 기간이자율이 산출되도록 리스기간의 각 회계기간에 배분한다. 조정리스료는 발생한 기간의 비용으로 회계처리한다.

② 감가상각

금융리스자산의 감가상각대상금액은 리스이용자가 소유한 다른 감가상각대상자산에 대하여 채택한 감가상각정책과 일관된 체계적인 기준으로 해당자산의 기대사용기간에 걸쳐 매 회계기간에 배분한다. 만약 리스이용자가 리스기간 종료시점까지 자산의 소유권을 획득할 것이 확실시 된다면 기대사용기간이 자산의 내용연수가 되며, 그러하지 않은 경우에는 리스기간과 자산의 내용연수 중 짧은 기간에 걸쳐 감가상각한다.

③ 자산손상

리스자산의 손상여부를 결정하기 위하여 '자산손상' 의 규정을 적용한다.

정액법을 가정했을 때 매년 감가상각비는 다음과 같다.

(1) 내용연수동안 상각하는 경우; (금융리스자산의 취득원가－추정잔존가치)÷내용연수

(2) 리스기간동안 상각하는 경우; (금융리스자산의 취득원가－보증잔존가치)÷리스기간

2. 리스제공자의 회계처리

(1) 최초 인식

① 금융리스채권 인식

리스제공자는 금융리스의 리스순투자와 동일한 금액을 금융리스채권으로 인식한다.

② 원금과 이자의 구분

금융리스에서는 리스자산의 법적소유에 따른 위험과 보상의 대부분이 이전되므로, 리스료는 리스제공자의 투자와 용역에 대한 회수와 보상으로서 채권의 원금회수액과 이자수익으로 구분하여 회계처리한다.

③ 리스개설직접원가

리스개설직접원가는 금융리스채권의 최초인식액에 포함되고 리스기간에 인식되는 수익을 감소시킨다. 리스기간개시일의 회계처리를 하면 다음과 같다.

(차) 금융리스채권	×××	(대) 선급리스자산	×××
		현 금 (리스개설직접원가)	×××

(2) 후속 측정

① 이자수익의 인식

이자수익은 리스제공자의 금융리스 순투자 금액에 대하여 일정한 기간이자율이 산출되는 방식을 적용하여 인식한다.

② 유효이자율법 적용

리스제공자는 체계적이고 합리적인 방법으로 리스기간에 이자수익을 배분한다. 이 경우 이자수익은 리스제공자의 금융리스 순투자 금액에 대하여 일정한 기간이자율이 산출되는 방식을 적용하여 인식한다. 매 기간별 리스료(용역에 대한 대가는 제외)는 금융리스채권 회수액과 이자수익으로 구분하여 회계처리한다.

소유권이전 조건인 경우

리스제공자는 20×1년 1월 1일에 리스이용자와 다음과 같은 조건으로 리스계약을 체결하였다. 아래의 자료에 의하여 회계처리 하시오.

(1) 리스자산은 기계장치로서 기계의 공정가치는 ₩248,685이다.
(2) 리스기간은 3년이며, 리스료는 매년 말 ₩100,000씩 지급한다.
(3) 기계의 내용연수는 5년이고, 정액법으로 상각하며, 잔존가치는 없다.
(4) 리스기간 종료 시에 소유권은 무상으로 이전한다.
(5) 리스제공자의 내재이자율은 10%이다.

풀이

(1) 리스상각표

일 자	리스료	이자수익(비용) (10%)	금융리스채권회수(부채상환)	리스채권(부채) 잔액
20×1년 초				248,685
20×1년 말	100,000	24,869	75,131	173,554
20×2년 말	100,000	17,355	82,645	90,909
20×3년 말	100,000	9,091	90,909	0
계	300,000	51,315	248,685	

(2) 회계처리

	리스제공자	리스이용자
20×1년 초	(차) 금융리스채권 248,685 (대) 선급리스자산 248,685	(차) 금융리스자산 248,685 (대) 금융리스부채 248,685
20×1년 말	(차) 현 금 100,000 (대) 금융리스채권 75,131 이자수익 24,869	(차) 금융리스부채 75,131 이 자 비 용 24,869 (대) 현 금 100,000 (차) 감가상각비 49,737[1)] (대) 감가상각누계액 49,737 1) 소유권이전조건이므로 내용연수동안 감가상각한다. 즉, (금융리스자산의 취득원가－추정잔존가치)÷내용연수＝(248,685－0)÷5＝49,737
20×2년 말	(차) 현 금 100,000 (대) 금융리스채권 82,645 이자수익 17,355	(차) 리 스 부 채 82,645 이 자 비 용 17,355 (대) 현 금 100,000 (차) 감가상각비 49,737 (대)감가상각누계액 49,737
20×3년 말	(차) 현 금 100,000 (대) 금융리스채권 90,909 이자수익 9,091	(차) 리 스 부 채 90,909 이 자 비 용 9,091 (대) 현 금 100,000 (차) 감가상각비 49,737 (대)감가상각누계액 49,737
20×4년~5년 말	분개 없음	(차) 감가상각비 49,737 (대) 감가상각누계액 49,737

보증잔존가액이 있는 경우

리스제공자는 20×1년 1월 1일에 리스이용자와 다음과 같은 조건으로 리스계약을 체결하였다. 아래의 자료에 의하여 관련된 회계처리를 하시오.

(1) 리스자산: 취득원가 ₩300,000(내용연수 5년, 잔존가치 없음, 정액법 상각)

(2) 정기리스료: 매년 말 ₩100,000이며, 리스제공자의 내재이자율은 10%이다.

(3) 리스기간: 3년

(4) 특약사항: 리스기간종료시의 잔존가치는 ₩68,300이며, 리스이용자는 이를 전액 보증하였다.

(5) 리스기간 종료시의 리스자산의 공정가액은 ₩28,300이다.

풀이

(1) 최소리스료의 현재가치

정 기 리 스 료 : ₩100,000×2.48685=₩248,685
보증잔존가액 : 68,300×0.75131= 51,315
계 ₩300,000

최소리스료의 현재가치가 리스자산의 공정가치의 대부분에 상당하므로 금융리스로 분류한다.

(2) 리스상각표

일 자	리스료	이자수익(비용)	금융리스채권 (부채상환)	금융리스채권(부채) 잔액
20×1년 초				300,000
20×1년 말	100,000	30,000	70,000	230,000
20×2년 말	100,000	23,000	77,000	153,000
20×3년 말	100,000	15,300	84,700	68,300
계	300,000	68,300	231,700	

(3) 회계처리

	리스제공자	리스이용자
20×1년 초	(차) 금융리스채권 300,000 (대) 선급리스자산 300,000	(차) 금융리스자산 300,000 (대) 금융리스부채 300,000

20×1년 말	(차) 현 금 100,000 (대) 금융리스채권 70,000 이자수익 30,000	(차) 금융리스부채 70,000 이 자 비 용 30,000 (대) 현 금 100,000 (차) 감가상각비 77,233 [1] (대) 감가상각누계액 77,233 1) 리스자산을 반환해야 하므로 리스기간과 내용연수중 짧은 기간 동안 상각한다. 리스기간이 짧으므로 리스기간동안 상각한다. 즉, (금융리스자산의 취득원가 − 보증잔존가치) ÷ 리스기간 = (₩300,000 − 68,300) ÷ 3 = ₩77,233
20×2년 말	(차) 현 금 100,000 (대) 금융리스채권 77,000 이자수익 23,000	(차) 금융리스부채 77,000 이 자 비 용 23,000 (대) 현 금 100,000 (차) 감가상각비 77,233 (대)감가상각누계액 77,233
20×3년 말	(차) 현 금 100,000 (대) 금융리스채권 84,700 이자수익 15,300	(차) 리 스 부 채 84,700 이 자 비 용 15,300 (대) 현 금 100,000 (차) 감가상각비 77,234 (대)감가상각누계액 77,234
20×3년 말 반환시	(차) 리 스 자 산 28,300 리스자산손상차손 40,000 (대) 금융리스채권 68,300 (차) 현 금 40,000 (대) 리스보증이익 40,000 [3] 3) 리스기간 말 리스자산의 공정가액이 보증잔존가액보다 큰 경우에는 보증잔존가액에 대한 회계처리만 한다. 즉, (차) 리스자산 68,300 (대)금융리스채권 68,300	(차) 금융리스부채 68,300 감가상각누계액 231,700 (대) 금융리스자산 300,000 (차) 리스보증손실 40,000[2] (대)현 금 40,000 2) 리스기간 말 리스자산의 공정가액이 보증잔존가액(₩68,300)보다 많은 경우에는 보증잔존가액에 대한 회계처리만 하면 된다. 즉, (차) 금융리스부채 68,300 감가상각누계액 231,700 (대) 금융리스자산 300,000

무보증잔존가액이 있는 경우

리스이용자는 20×1년 1월 1일에 리스제공자와 다음과 같은 조건으로 리스계약을 체결하였다. 아래 자료에 의하여 관련된 회계처리를 하시오.

(1) 리스자산: 취득원가 ₩256,198(내용연수 5년, 잔존가치 없음, 정액법)
(2) 리스기간: 리스기간은 3년이며, 리스제공자의 내재이자율은 10%이다.
(3) 리스료: 정기리스료는 매년 말 ₩100,000이다.
(4) 특약사항: 리스기간 종료시에 반환해야 하며 잔존가액은 ₩10,000이다. 그러나 리스이용자는 전액을 보증하지 않았다.

풀이

관련된 회계처리는 다음과 같다.

1. 리스제공자의 회계처리

(1) 금융리스채권의 평가

정 기 리 스 료 : ₩100,000×2.48685(기간 3년, 10%)=₩248,685
잔 존 가 액 : 10,000×0.75131(기간 3년, 10%)= 7,513
계 ₩256,198

(2) 리스상각표

일 자	리스료	이자수익	금융리스채권	기말잔액
20×1년 초				256,198
20×1년 말	100,000	25,620	74,380	181,818
20×2년 말	100,000	18,182	81,818	100,000
20×3년 말	100,000	10,000	90,000	10,000
계	300,000	53,802	246,198	

(3) 회계처리

① 20×1년 1월 1일

(차) 금융리스채권 256,198[1)] (대) 선급리스자산 256,198

1) 리스제공자는 금융리스의 리스순투자와 동일한 금액을 금융리스채권으로 인식한다. 리스순투자는 리스총투자(최소리스료와 무보증잔존가치의 합계액)를 리스내재이자율로 할인한 현재가치이다. 이 경우에 리스개설직접원가가 있는 경우에는 금융리스채권에 포함한다.

② 20×1년 12월 31일

(차) 현 금 100,000 (대) 금융리스채권 74,380
이 자 수 익 25,620

③ 20×2년 12월 31일

(차) 현 금 100,000 (대) 금융리스채권 81,818
이 자 수 익 18,182

④ 20×3년 12월 31일

(차) 현　　금	100,000	(대) 금융리스채권	90,000
		이 자 수 익	10,000
(차) 리 스 자 산	10,000	(대) 금융리스채권	10,000

2. 리스이용자의 회계처리

(1) 최소리스료의 현재가치

정 기 리 스 료 : ₩100,000×2.48685=₩248,685

보증잔존가액 : 　　　　　　　　=　　　　0

　계　　　　　　　　　　　　₩248,685

최소리스료가 리스자산의 공정가치의 대부분에 상당하므로 금융리스로 분류된다.

(2) 상각표

일 자	리스료	이자수익	금융리스채권	기말잔액
20×1년 초				248,685
20×1년 말	100,000	24,689	75,131	173,554
20×2년 말	100,000	17,355	82,645	90,909
20×3년 말	100,000	9,091	90,909	0
계	300,000	51,315	248,685	

(3) 회계처리

① 20×1년 1월 1일

(차) 금융리스자산	248,685[2)]	(대) 금융리스부채	248,685

2) 리스이용자는 리스자산의 공정가액과 최소리스료의 현재가치 중 낮은 금액을 금융리스자산과 금융리스부채로 각각 인식한다. 이 경우에 리스개설직접원가가 있는 경우에는 금융리스자산에 포함한다.

② 20×1년 12월 31일

(차) 리스부채	75,131	(대) 현　　금	100,000
이자비용	24,869		
(차) 감가상각비	82,895[3)]	(대) 감가상각누계액	82,895

3) 반환조건이므로 리스기간과 내용연수 중 짧은 기간 동안 상각한다. 즉, (금융리스자산의 취득원가－보증잔존가치)÷리스기간=(₩248,685－0)÷3=₩82,895

③ 20×2년 12월 31일

(차) 금융리스부채	82,645	(대) 현　　금	100,000
이 자 비 용	17,355		
(차) 감가상각비	82,895	(대) 감가상각누계액	82,895

④ 20×3년 12월 31일

(차) 금융리스부채	90,909	(대) 현　　금	100,000
이 자 비 용	9,091		
(차) 감가상각비	82,895	(대) 감가상각누계액	82,895
(차) 감가상각누계액	248,685	(대) 금융리스자산	248,685

염가매수선택권이 있는 경우

리스이용자는 20×1년 초에 리스제공자와 다음과 같은 조건으로 리스계약을 체결하였다. 아래 자료를 이용하여 관련된 회계처리를 하시오.

(1) 리스자산: 공정가치 ₩256,198(내용연수 5년, 잔존가치 없음, 정액법)
(2) 리스기간: 리스기간은 3년이며, 리스제공자의 내재이자율은 10%이다.
(3) 리스료: 정기리스료는 매년 말 ₩100,000이다.
(4) 염가매수선택권: 리스기간 말에 행사가격 ₩10,000에 리스자산을 취득할 수 있으며 리스기간 말에 행사하였다.

풀이

(1) 최소리스료의 현재가치

정 기 리 스 료: ₩100,000 × 2.48685 = ₩248,685
염가구매약정액: 10,000 × 0.75131 = 7,513
계 ₩256,198

(2) 리스상각표

일 자	리스료	이자수익(비용)	리스채권(부채)	기말잔액
20×1년 초				256,198
20×1년 말	100,000	25,620	74,380	181,818
20×2년 말	100,000	18,182	81,818	100,000
20×3년 말	100,000	10,000	90,000	10,000
계	300,000	53,802	246,198	

(3) 회계처리

	리스제공자	리스이용자
20×1년 초	(차) 금융리스채권 256,198 (대) 선급리스자산 256,198	(차) 금융리스자산 256,198 (대) 금융리스부채 256,198
20×1년 말	(차) 현 금 100,000 (대) 금융리스채권 74,380 이 자 수 익 25,620	(차) 금융리스부채 74,380 이 자 비 용 25,620 (대) 현 금 100,000 (차) 감가상각비 51,240 1) (대) 감가상각누계액 51,240 1) 염가매수선택권이 주어져 소유권이전이 확실시 되므로(금융리스자산의 취득원가 − 추정잔존가치)를 내용연수동안 상각한다. 즉, (₩256,198 − 0) ÷ 5 = ₩51,240

20×2년 말	(차) 현 금 100,000 (대) 금융리스채권 81,818 이 자 수 익 18,182	(차) 금융리스부채 81,818 이 자 비 용 18,182 (대) 현 금 100,000 (차) 감가상각비 51,240 (대)감가상각누계액 51,240
20×3년 말	(차) 현 금 100,000 (대) 금융리스채권 90,000 이 자 수 익 10,000 (차) 현 금 10,000 (대) 금융리스채권 10,000	(차) 금융리스부채 90,000 이 자 비 용 10,000 (대) 현 금 100,000 (차) 감가상각비 51,240 (대)감가상각누계액 51,240 (차) 금융리스부채 10,000 (대) 현 금 10,000
20×4년~5년 말		(차) 감가상각비 51,239* (대) 감가상각누계액 51,239 * 단수조정

리스이용자의 금융리스자산과 부채 인식

다음 자료에 의하여 물음에 답하시오. 【'12. 감평사】

1. ㈜찬엽은 ㈜대한으로부터 공정가치 ₩6,500,000의 기계장치를 리스하였다.
2. 리스기간은 20×1년 초부터 20×4년 말까지이고, 리스료는 매년 말 ₩2,000,000씩 후급하기로 하였으며, 추정잔존가치 ₩120,000중 ₩100,000을 ㈜찬엽이 보증하기로 하였다.
3. 이 리스는 금융리스에 해당되고, 내재이자율은 10%이며, 동 리스자산은 정액법으로 감가상각한다.
4. 기간말 1₩의 현가계수(4기간, 10%)는 0.6830, 정상연금의 현가계수는 3.1670이다.

(1) ㈜찬엽이 인식할 20×1년 초 금융리스자산과 부채를 구하시오.
(2) ㈜찬엽이 인식할 20×1년 말 감가상각비를 구하시오.
(3) ㈜찬엽이 리스와 관련하여 20×1년에 계상할 총비용을 구하시오.
(4) ㈜찬엽의 20×1년도 회계처리를 하시오.

풀이

(1) 금융라스자산과 금융리스부채 인식

₩2,000,000×3.167 =₩6,334,000
₩100,000×0.683 = 68,300
최소리스료의 현재가치 ₩6,402,300

따라서, 공정가치 ₩6,500,000과 최소리스료의 현재가치 ₩6,402,300중 작은 금액을 금융리스자산과 금융리스부채로 각각 인식한다.

(2) 감가상각비 계산

반환을 조건으로 하는 경우에는 리스기간과 내용연수중 짧은 기간동안 상각한다. 문제에서 내용연수가 주어져 있지 않으므로 리스기간동안 상각한다. 즉,

감가상각비=(취득원가−보증잔존가치)÷리스기간

∴ 20×1년 말 감가상각비=(₩6,402,300−100,000)× $\frac{1}{4}$ =₩1,575,575

(3) 총비용 계산

감가상각비= ₩1,575,575
이자비용=6,402,300×10%= 640,230
총비용 ₩2,215,805

(4) 20×1년도 회계처리

① 20×1. 1. 1
차) 금융리스자산 6,402,300 대) 금융리스부채 6,402,300

② 20×1. 12. 31
차) 금융리스부채 1,359,770 대) 현 금 2,000,000
이자비용 640,230
차) 감가상각비 1,575,575 대) 감가상각누계액 1,575,575

상각표

일자	리스료	이자(10%)	원금상환	기말장부
20×1. 1. 1				6,402,300
20×1. 12. 31	2,000,000	640,230	1,359,770	5,042,530
20×2. 12. 31	2,000,000	504,253	1,495,747	3,546,783
20×3. 12. 31	2,000,000	354,678	1,645,322	1,901,461
20×4. 12. 31	2,000,000	198,539	1,801,461	100,000
	8,000,000	1,697,700	6,302,300	

제4절 기 타

1. 부동산 리스

(1) 토지 또는 건물의 리스도 다른 자산의 리스와 동일한 방법으로 금융리스나 운용리스로 분류한다. 그런데 토지는 그 특성상 일반적으로 경제적내용연수가 한정되지 않는다. 따라서 리스기간 종료시점까지 토지 소유권의 이전이 기대되지 않는다면, 일반적으로 자산의 소유에 따른 위험과 보상의 대부분이 리스이용자에게 이전되는 경우로 볼 수 없으며, 이 경우 토지의 리스는 운용리스가 될 것이다.

(2) 토지와 건물을 함께 리스하는 경우 각각 분리하여 리스를 분류한다. 만약 토지와 건물 모두에 대한 소유권이 리스기간 종료시점까지 리스이용자에게 이전된다면, 토지와 건물은 단일계약으로 분석하든 두 개의 계약으로 분석하든 하나의 금융리스로 분류한다.

2. 판매후 리스거래

(1) 판매후 리스거래란 리스이용자가 리스제공자에게 자산을 판매하고 다시 그 자산을 리스하는 거래를 말한다.

(2) 판매후 리스거래가 금융리스에 해당하는 경우에는 리스이용자인 판매자의 판매에 따른 이익을 즉시 인식하지 아니하고 해당 리스자산의 리스기간에 이연하여 환입한다.

(3) 판매후 리스거래가 운용리스에 해당하는 경우 리스료와 판매가격이 공정가치에 따라 결정된 것이 확실하다면 판매에 따른 손익은 즉시 인식한다.

법인세 회계

1. 의 의

이해관계자의 경제적 의사결정에 유용한 정보를 제공하기 위하여 계산한 회계이익과 과세형평 및 재정수요의 충족을 위하여 산출한 과세소득과의 차이가 발생한다.

따라서 법인세 배분회계란 회계이익과 과세소득의 차이 중 일시적 차이에서 발생한 법인세효과를 차기 이후의 기간에 배분하기 위한 회계를 말한다.

2. 회계이익과 과세소득의 차이

(1) 일시적 차이

① 의의

수익비용대응의 원칙에 따라 산정한 회계이익과 권리 · 의무확정주의에 따라 산정한 과세소득과 차이가 발생하는데 일시적 차이란 당기에 발생한 차이가 일정 기간이 경과되면 그 차이가 소멸되는 차이를 말한다. 즉, 장기적으로 회계이익의 총액과 과세소득의 총액은 같게 된다. 이 경우에 법인세 효과를 기간배분하게 된다. 일시적 차이에는 가산할 일시적 차이와 차감할 일시적 차이가 있다.

② 가산할 일시적 차이

가산할 일시적 차이는 자산 · 부채가 회수 · 상환되는 미래의 기간의 과세소득을 증가시키는 효과를 가져오는 일시적 차이를 말하며 이에 대하여 이연법인세부채를 인식하여야 한다.

③ 차감할 일시적 차이

차감할 일시적 차이는 자산 · 부채가 회수 · 상환되는 미래 기간의 과세소득을 감소시키는 효과를 가져오는 일시적 차이를 말하며 이에 대하여 이연법인세자산을 인식하여야 한다.

(2) 일시적 차이가 아닌 경우

접대비 등과 같이 당기에 발생한 차이가 차기 이후의 기간에 소멸되지 않는 차이를 말한다. 따라서 장기적으로 회계이익총액과 과세소득의 총액은 일치하지 않는다.

이 경우에는 법인세 기간배분의 대상이 되지 않는다.

3. 이연법인세자산(부채)

(1) 이연법인세자산

이연법인세자산은 일시적 차이로 인한 과세소득이 회계이익보다 큰 경우에 나타난다. 이 경우에 과세소득을 기준으로 산출한 미지급법인세가 회계이익을 기준으로 산출한 법인세비용보다 크게 되므로 그 차이를 이연법인세자산으로 한다. 즉,

(차) 법인세비용[1] ××× (대) 미지급법인세[2] ×××
이연법인세자산[3] ×××

1) 회계이익을 기준으로 산출한 손익계산서상의 비용
2) 과세소득을 기준으로 산출한 세액으로서 법인이 납부해야 할 세금
3) 미래의 과세소득을 감소시키는 일시적 차이를 말한다.

그리고 차기 이후에 반대의 효과가 나타나 상쇄하게 된다면 다음과 같이 회계처리 한다.

(차) 법인세비용 ××× (대) 미지급법인세 ×××
이연법인세자산 ×××

이 경우에는 회계이익이 과세소득보다 크게 되므로 법인세비용이 미지급법인세 보다 크게 되며 그 차이를 이연법인세자산으로 상쇄한다.

이연법인세자산

다음은 CW회사의 회계상 이익과 과세소득의 일시적 차이에 대한 자료이다.

	20×1	20×2	20×3	계
법인세비용차감전순이익	₩100,000	₩100,000	₩100,000	₩300,000
차 이	20,000	△15,000	△5,000	0
과세소득	₩120,000	₩85,000	₩95,000	₩300,000

위 자료에 의하여 관련된 회계처리를 하시오. 매년 세율은 30%이다.

풀이

(1) 20×1년

(차) 법인세비용 30,000[1] (대) 미지급법인세 36,000[2]
이연법인세자산 6,000

1) ₩100,000×0.3=₩30,000
2) ₩120,000×0.3=₩36,000

(2) 20×2년

(차) 법인세비용 30,000[3] (대) 미지급법인세 25,500[4]
이연법인세자산 4,500

3) ₩100,000×0.3=₩30,000
4) ₩85,000×0.3=₩25,500

(3) 20×3년

(차) 법인세비용 30,000 (대) 미지급법인세 28,500[5]
이연법인세자산 1,500

5) ₩95,000×0.3=₩28,500

따라서 20×1년에 일시적 차이를 발생한 ₩20,000의 차이는 차기 이후에 반대효과가 발생하여 상쇄하게 되는데 이연법인세자산은 차기 이후의 미지급법인세(법령에 의하여 납부하여야 할 세금)를 감소시키게 된다.

(2) 이연법인세부채

이연법인세부채는 일시적 차이로 인한 과세소득이 회계이익보다 작은 경우에 나타난다. 이 경우에 과세소득을 기준으로 한 미지급법인세가 회계이익을 기준으로 산출한 법인세비용보다 작게 되므로 그 차이를 이연법인세부채로 한다. 즉,

(차) 법인세비용	×××	(대)	미지급법인세	×××
			이연법인세부채*	×××

* 이연법인세부채는 미래의 과세소득을 증가시키는 일시적 차이를 말한다.

그리고 차기 이후에 반대의 효과가 나타나 상쇄하게 된다면 다음과 같이 회계처리한다.

(차)	법인세비용	×××	(대) 미지급법인세	×××
	이연법인세부채	×××		

이연법인세부채

다음은 CY회사의 회계상 이익과 과세소득의 일시적 차이에 대한 자료이다.

	20×1	20×2	20×3	계
법인세비용차감전순이익	₩100,000	₩100,000	₩100,000	₩300,000
차 이	△15,000	10,000	5,000	0
과세소득	₩85,000	₩110,000	₩105,000	₩300,000

위 자료에 의하여 관련된 회계처리를 하시오. 매년 세율은 30%이다.

풀이

(1) 20×1년

(차) 법인세비용	30,000 [1)]	(대)	미지급법인세	25,500 [2)]
			이연법인세부채	4,500

1) ₩100,000×0.3=₩30,000

2) ₩85,000×0.3=₩25,500

(2) 20×2년

(차)	법인세비용	30,000	(대) 미지급법인세	33,000 [3)]
	이연법인세부채	3,000		

3) ₩110,000 × 0.3 = ₩33,000

(3) 20×3년

(차) 법인세비용	30,000	(대) 미지급법인세	31,500[4]
이연법인세부채	1,500		

4) ₩105,000 × 0.3 = ₩31,500

4. 세율의 변화에 대한 회계처리방법

미래에 법인세율이 변할 때 당기에 발생한 일시적 차이에 대하여 계상할 이연법인세자산(부채)를 당기 법인세율을 적용하여 구할 것인가 당기에 확정된 미래의 법인세율을 적용하여 구할 것인가에 따라 자산부채법과 이연법이 있다. 한국채택국제회계기준에서는 자산부채법에 따른다.

자산부채법은 재무상태표상의 자산과 부채의 적절한 표시를 강조하는 방법으로, 이연법인세자산과 부채는 당해 자산과 부채가 회수되거나 상환될 기간에 적용될 것으로 예상되는 세율(즉, 재무상태표일 현재까지 확정된 미래의 예상세율)을 적용하여 측정하는 방법이다.

자산부채법

다음은 JB회사의 회계이익과 과세소득의 일시적 차이에 대한 자료이다.

	20×1년	20×2년	계
법인세비용차감전순이익	₩100,000	₩100,000	₩200,000
차 이	20,000	△20,000	0
과세소득	₩120,000	₩80,000	₩200,000

20×1년의 법인세율은 30%이고 20×2년의 법인세율은 20%이다. 자산부채법에 따라 회계처리하시오.

풀이

(1) 20×1년

(차) 법인세비용	32,000[3]	(대) 미지급법인세	36,000[1]
이연법인세자산	4,000[2]		

1) ₩120,000 × 0.3 = ₩36,000

2) ₩20,000×0.2=₩4,000(일시적 차이가 소멸될 예상세율을 적용하여 이연법인세자산을 구한다.)

3) 미지급법인세와 이연법인세자산을 먼저 확정한 다음 그 차이를 법인세비용으로 인식한다.

(2) 20×2년

(차) 법인세비용	20,000	(대) 미지급법인세	16,000 [4]
		이연법인세자산	4,000

4) ₩80,000×0.2=₩16,000

자산부채법(예상세율의 변동이 있는 경우)

다음은 CY회사의 회계이익과 과세소득의 일시적 차이에 대한 자료이다.

	20×1	20×2	20×3	20×4
법인세비용차감전순이익	100,000	100,000	100,000	100,000
차 이	△30,000	15,000	10,000	5,000
과세소득	70,000	115,000	110,000	105,000

20×2년까지의 세율은 30%였으며, 20×3년 이후의 세율은 20%인데 20×2년 이전에는 20×3년 이후에 세율을 예측할 수 없었다. 일시적 차이 ₩30,000은 20×2년에 ₩15,000, 20×3년에 ₩10,000, 20×4년 ₩5,000이 소멸된다.

관련된 회계처리하시오.

풀이

① 20×1년

(차) 법인세비용	30,000	(대) 미지급법인세	21,000 [1]
		이연법인세부채	9,000 [2]

1) ₩70,000×30%=₩21,000

2) ₩30,000×30%=₩ 9,000

② 20×2년

(차) 법인세비용	28,500	(대) 미지급법인세	34,500 [3]
이연법인세부채	6,000 [4]		

3) ₩115,000×30%=₩34,500

4) 20×2년 일시적 차이 잔액 : ₩15,000(30,000−15,000)

소멸될 회계연도 세율 ×20%

20×2년말 이연법인세부채잔액 ₩3,000

∴ 상계처리할 이연법인세부채=₩9,000−3,000=₩6,000

③ 20×3년

(차)	법인세비용	20,000	(대) 미지급법인세	22,000 5)
	이연법인세부채	2,000 6)		

5) ₩110,000×20%=₩22,000

6) 20×3년말 일시적 차이 잔액 : ₩5,000(30,000−15,000−10,000)

20×3년말 일시적 차이 잔액 :	₩5,000(30,000−15,000−10,000)
세율	×20%
20×3년말 이연법인세부채잔액	₩1,000

∴ 상계처리할 이연법인세부채=(₩9,000−6,000)−1,000=₩2,000

④ 20×4년

(차)	법인세비용	20,000	(대) 미지급법인세	21,000 7)
	이연법인세부채	1,000		

7) ₩105,000×20%=₩21,000

>>> 예 · 제 · 문 · 제 · 정 · 해

예제 1 | 리스제공자의 운용리스

(주)상만리스는 20×0년 초 (주)인형과 운용리스계약을 체결하였다. 리스계약과 관련된 주요 내용은 다음과 같다. 아래 리스계약의 회계처리가 (주)상만리스의 20×0년도 당기순이익을 얼마나 증가시키는가? (단, 리스자산의 사용효익이 감소하는 기간별 형태를 잘 나타내는 별도의 체계적 방법은 없음) 【'10. 감평사】

(1) (주)상만리스는 리스자산인 기계장치를 20×0년 초에 ₩200,000에 취득함과 동시에 (주)인형에 제공하였다.
(2) 동 리스자산의 내용연수와 잔존가치는 각각 10년과 ₩20,000으로 추정되며, 정액법으로 감가상각한다.
(3) 리스기간은 20×0년 초부터 3년간이며, 리스료는 20×0년 말에 ₩45,000, 20×1년 말에 ₩40,000, 20×2년 말에 ₩32,000을 수령하기로 하였다.
(4) (주)상만리스의 리스개설직접원가는 ₩6,000이고, 동 금액을 20×0년 초에 현금으로 지급하였다.

① ₩15,000 ② ₩19,000
③ ₩21,000 ④ ₩27,000
⑤ ₩30,000

풀이

리스료수익; (₩45,000+40,000+32,000)÷3	=₩39,000 [1]
감가상각비; (200,000−20,000)÷10	=18,000
리스개설직접원가; 6,000÷3	= 2,000 [2]
20×0년도 당기순이익 증가	₩19,000

1) 운용리스에서 리스료수익은 리스자산의 사용효익이 감소되는 기간적 형태를 더 잘 나타내는 다른 체계적인 인식기준이 없다면 비록 리스료가 매기 정액으로 수취되지 않더라도 리스료수익(보험료나 수선비와 같은 용역제공에 대한 대가 수령액은 제외)은 리스기간에 걸쳐 정액기준으로 인식한다.
2) 운용리스의 협상 및 계약단계에서 발생한 리스개설직접원가는 운용리스자산의 장부금액에 추가하고 리스료수익에 대응하여 리스기간동안 비용으로 인식한다.

해답: ②

예제 2 | 금융리스(리스이용자)

(1) (주)찬우리스는 20×1년 1월 1일에 자동차를 ₩1,247,690(내용연수 5년, 예상 잔존가치 ₩500,000)에 구입하여, 구입 즉시 (주)주봉에 5년간 임대하는 금융리스계약(매년 말에 ₩300,000씩 5회 리스료 지급)을 체결하였다.

(2) 이 리스계약을 체결하기 위한 (주)찬우리스의 리스개설직접원가는 ₩200,000이고, (주)주봉의 리스개설직접원가는 ₩300,000이다.

(3) (주)주봉은 리스기간 종료 후 자동차를 (주)찬우리스에게 반환하며 예상 잔존가치의 20%를 보증한다.

(4) 감가상각은 정액법을 적용한다. (주)주봉은 (주)찬우리스의 내재이자율 10%를 알고 있으며, 할인율 10%의 5년 단일금액 현가계수는 0.6209이고, 5년 정상연금 현가계수는 3.7908이다. (단, 단수차이로 인한 오차가 있으면 가장 근사치를 선택한다.)

(주)주봉이 리스와 관련하여 20×1년도에 인식할 이자비용과 감가상각비의 합계는?

【'13. 세무사】

① ₩262,694 ② ₩319,635
③ ₩324,673 ④ ₩399,799
⑤ ₩404,635

풀이 (1) 금융리스자산 및 금융리스부채 계산

정기리스료 ₩300,000×3.7908＝	₩1,137,240
보증잔존가액 500,000×20%×0.6209＝	62,090
금융리스부채*	1,199,330
리스개설직접원가*	300,000
금융리스자산	₩1,499,330

*리스자산의 공정가치와 최소리스료의 현재가치중 작은 금액을 금융리스자산과 금융리수부채로 각각 인식한다. 이 경우에 리스개설직접원가는 금융리스자산에 포함한다.

(2) 감가상각비 및 이자비용

감가상각비＝(₩1,499,330－100,000*)÷5＝	₩279,866
이자비용＝1,199,330×10%＝	119,933
합 계	₩399,799

*보증잔존가치＝예상잔존가치×20%＝₩500,000×20%＝₩100,000

해답: ④

예제 3 | 이연법인세자산

다음은 CW회사의 포괄손익계산서상 법인세비용차감전 순이익과 과세소득과의 차이에 대한 내용이다. 각 회계연도의 법인세율은 20×1년에 30%, 20×2년 이후에는 20%이다.

	20×1	20×2	20×3	계
법인세비용차감전순이익	₩100,000	₩100,000	₩100,000	₩300,000
과세소득과의 감가상각비차이*	30,000	△20,000	△10,000	0
과세소득	₩130,000	₩80,000	₩90,000	₩300,000

*회사는 20×1년에 세법상 감가상각비보다 30,000 크게 계상하였다. 기업회계기준서에 따라 회계처리한다.

1. 20×1년도의 이연법인세자산(부채)는?

① ₩(9,000) ② ₩9,000 ③ ₩6,000
④ ₩33,000 ⑤ ₩(6,000)

2. 20×1년도의 법인세비용은?

① ₩39,000 ② ₩9,000 ③ ₩6,000
④ ₩33,000 ⑤ ₩30,000

풀이 차감할 일시적 차이이므로 일시적 차이가 소멸되는 회계연도의 법인세율을 적용하여 이연법인세자산을 인식한다. 분개하면 다음과 같다.

(차)	법인세비용	33,000[3)]	(대) 미지급법인세	39,000[1)]
	이연법인세자산	6,000[2)]		

1) ₩130,000×0.3=₩39,000
2) ₩30,000×0.2= ₩6,000
3) 이연법인세자산을 먼저 확정하고 그 차이를 법인세비용으로 인식한다.

해답: 1. ③ 2. ④

예제 4 | 이연법인세부채

CY회사의 20×1년에 대한 과세소득에 대한 자료는 다음과 같다.

	20×1	20×2	20×3
법인세비용차감전순이익	₩100,000	₩100,000	₩100,000
일시적 차이	△ 20,000	+20,000	−
		+30,000	△ 30,000
일시적 차이 아님	△ 10,000	−	−
과세소득	₩70,000	₩150,000	₩70,000

일시적 차이는 20×3년까지 모두 소멸된다. 20×1년의 법인세율은 30%이고 20×2년의 법인세율은 20%이다. 20×2년의 법인세비용은?

① ₩20,000 ② ₩24,000 ③ ₩26,000
④ ₩30,000 ⑤ ₩34,000

풀이 (1) 20×1년도

(차) 법인세비용	25,000[3]	(대) 미지급법인세	21,000[1]
		이연법인세부채	4,000[2]

1) ₩70,000×0.3=₩21,000

2) ₩20,000×0.2=₩ 4,000

가산할 일시적 차이이므로 소멸되는 회계연도의 세율을 적용하여 이연법인세부채를 계상한다.

3) 이연법세부채를 먼저 결정한 다음 그 차이를 법인세 비용으로 인식한다.

(2) 20×2년도

(차) 법인세비용	20,000	(대) 미지급법인세	30,000[4]
이연법인세부채	4,000[3]		
이연법인세자산	6,000[3]		

3) 당기에 남아야 이연법인세자산 ₩6,000(30,000×20%)
전기에 이월된 이연법인세부채 4,000
추가로 설정할 이연법인세자산 ₩6,000
따라서 전기에 이월된 이연법인세부채는 상계하고 새로 이연법인세자산을 설정한다.

4) ₩150,000×20%=₩30,000

해답: ①

예제 5 | 이연법인세

다음은 12월 말 결산법인인 (주)찬엽물산의 20×3년도 법인세 계산관련 자료이다.

(1) 세무회계상 손금한도를 초과한 접대비는 ₩55,000이다.
(2) 취득원가 ₩240,000, 내용연수 4년, 잔존가액 ₩0인 기계장치를 20×3년 초에 취득하여 연수합계법으로 감가상각하고 있으나, 세법상 정액법을 사용해야 한다.

한편, (주)찬엽물산은 수년 전부터 과세소득을 실현하고 있으며, 법인세비용차감전순이익은 20×3년도에 ₩600,000이고, 20×4년도 이후에는 매년 ₩650,000씩 실현될 것이 확실하다. 이연법인세자산(부채)의 실현가능성은 충분하다. (주)찬엽물산의 연도별 과세소득에 적용될 법인세율은 20×3년 25%, 20×4년 28%이며, 20×5년도부터 그 이후는 계속 30%가 적용될 것으로 확정되었다. 20×3년도 초 현재 (주)찬엽물산의 장부상 이연법인세자산(부채)는 없었다. 위 내용에 의할 경우 20×3년도 포괄손익계산서에 인식될 법인세비용은 얼마인가? 【'03. CPA】

① ₩160,550 ② ₩150,000 ③ ₩163,750
④ ₩172,750 ⑤ ₩161,950

풀이 (1) 도표를 작성하면 다음과 같다.

	'03년도	'04년도	'05년도	'06년도
회계이익	₩600,000	₩650,000	₩650,000	₩650,000
일시적 차이	+36,000	+12,000	△12,000	△36,000
일시적 차이 아님	+55,000	–	–	–
과세소득	₩691,000	₩662,000	₩638,000	₩614,000
세율	25%	28%	30%	30%

(2) 20×3년도의 회계처리

(차)	법인세비용	161,950	(대) 미지급법인세	172,750 [1]
	이연법인세자산	10,800 [2]		

1) ₩691,000×25%=₩172,750

2) ₩36,000×30%=₩10,800

일시적 차이 ₩36,000은 소멸될 회계연도의 세율을 적용하므로 30%를 적용하여 이연법인세자산을 구한다.

(3) 20×4년도 회계처리

(차)	법인세비용	181,760	(대) 미지급법인세	185,360 [4]
	이연법인세자산	3,600 [3]		

3) 당기에 남아야 할 이연법인세자산 ₩14,400

전기에 이월된 이연법인세자산 10,800

당기에 추가설정할 이연법인세자산 ₩3,600

4) ₩662,000×28%=₩185,360

(4) 20×5년도 회계처리

(차)	법인세비용	195,000	(대) 미지급법인세	191,400 [6]
			이연법인세자산	3,600 [5]

5) 당기에 남아야 할 이연법인세자산 ₩10,800

전기에 이월된 이연법인세자산 14,400

당기에 상계할 이연법인세자산 ₩3,600

6) ₩638,000×30%=₩191,400

(5) 20×6년도 회계처리

(차)	법인세비용	195,000	(대) 미지급법인세	184,200 [8]
			이연법인세자산	10,800 [7]

7) 당기에 남아야 할 이연법인세자산 ₩0

전기에 이월된 이연법인세자산 10,800

당기에 상계할 이연법인세자산 ₩10,800

8) ₩614,000×30%=₩184,200

해답: ⑤

>>> 객·관·식·문·제

1 리스회계처리에 관한 설명으로 옳지 않은 것은? 【'11. 감평사】

① 리스약정일은 리스계약일과 리스의 주요사항에 대한 계약당사자들의 합의일 중 이른 날이다.

② 리스기간개시일은 리스이용자가 리스자산의 사용권을 행사할 수 있게 된 날로 리스자산의 최초인식일이 된다.

③ 리스기간 중에 리스자산의 소유권이 리스이용자에게 이전되는 경우에는 금융리스로 분류한다.

④ 리스의 분류는 리스기간개시일을 기준으로 결정한다.

⑤ 리스기간은 리스이용자가 자산을 리스하기로 약정을 맺은 해지불능기간과 리스이용자가 리스를 연장할 수 있는 선택권을 가지고 있으며, 리스이용자가 그 선택권을 행사할 것이 리스약정일 현재 거의 확실한 경우 그 추가기간을 포함한다.

풀이 리스기간개시일 → 리스약정일

2 다음은 기업회계기준서의 내용이다. 틀린 것은? 【'99. 감평사 수정】

① 리스약정일은 리스계약일과 리스의 주요사항에 대한 계약당사자들의 합의일 중 이른날을 말한다.

② 리스이용자의 증분차입이자율은 리스이용자가 유사한 리스에 대해 부담해야 할 이자율을 말한다.

③ 금융리스는 리스자산의 소유에 따른 대부분의 위험과 효익이 리스이용자에게 이전되는 리스를 말한다. 법적소유권은 이전될 수도 있고 이전되지 않을 수도 있다.

④ 리스는 리스약정일을 기준으로 운용리스나 금융리스로 분류한다.

⑤ 리스계약이 금융리스에 해당하는 경우에 리스제공자는 최소리스료의 현재 가치를 금융리스채권으로 인식한다.

풀이 ⑤ 리스제공자는 금융리스의 리스순투자와 동일한 금액을 금융리스채권으로 인식한다.

해답 1. ④ 2. ⑤

3 리스에 관한 기업회계기준서의 다음 설명 중 옳지 않은 것은? 【'05. 감평사 수정】

① 미실현이자수익은 리스총투자와 리스순투자의 차이를 말한다.

② 리스자산의 소유에 따른 위험과 효익이 리스이용자에게 이전되는 경우 금융리스에 해당한다.

③ 리스기간이란 리스실행일로부터 리스계약상 명시된 종료시점까지의 기간을 말한다.

④ 리스총투자는 금융리스에서 리스제공자가 수령하는 최소리스료와 무보증잔존가액의 합계액을 말한다.

⑤ 염가매수선택권이 리스이용자에게 주어진 경우에 그 행사가격은 최소리스료에 해당한다.

풀이 ③ 리스기간이란 리스이용자가 특정자산을 리스하기로 약정을 맺은 해지 불가능한 기간을 말한다.

4 다음은 리스의 분류에 대한 설명이다. 틀린 것은?

① 리스는 리스자산의 소유에 따른 위험과 효익이 리스이용자에게 이전되는 정도에 따라 금융리스와 운용리스로 분류한다.

② 리스는 리스약정일에 분류된다.

③ 리스제공자와 리스이용자간의 거래는 리스계약을 바탕으로 이루어지므로 양자가 일관된 정의를 사용하는 것이 타당하다.

④ 하나의 리스거래가 리스제공자와 리스이용자의 입장에서 각각 다르게 분류 될 수는 없다.

⑤ 리스는 계약의 형식보다는 거래의 실질에 따라 분류한다. 따라서 일반적으로 금융리스로 분류하는 경우에도 리스자산의 소유에 따른 위험과 효익의 대부분을 이전하지 않는다는 사실이 명백하다면(예를 들어, 리스기간 종료시점에 리스자산의 소유권을 그 시점의 공정가치로 이전하는 경우 등) 그 리스는 운용리스로 분류한다.

풀이 ④ 리스제공자와 리스이용자간의 거래는 리스계약을 바탕으로 이루어지므로 양자가 일관된 정의를 사용하는 것이 타당하다. 그러나 이러한 정의를 양자의 서로 다른 상황에 적용함으로써 하나의 리스가 리스제공자와 리스이용자의 입장에서 각각 다르게 분류될 수 있다. 예를 들어 리스제공자가 리스이용자와 특수관계가 없는 제3자로부터 잔존가치의 보증을 받는 경우가 이에 해당한다.

해답 3. ③ 4. ④

5 다음은 리스에 관한 기업회계기준서에 의하여 일반적으로 금융리스로 분류되는 경우를 제시한 것이다. 금융리스로 볼 수 없는 것은 어느 것인가? 【'06. 감평사】

① 리스이용자만이 중요한 변경없이 사용할 수 있는 특수한 용도의 리스자산인 경우
② 리스기간 종료시점에 리스자산의 소유권을 해당 시점의 공정가치로 이전하기로 한 경우
③ 리스실행일 현재 리스이용자가 염가매수선택권을 가지고 있고, 이를 행사할 것이 확실시 되는 경우
④ 리스자산의 소유권이 이전되지 않을지라도 리스기간이 리스자산 내용연수의 상당부분을 차지한 경우
⑤ 리스실행일 현재 최소리스료를 내재이자율로 할인한 현재가치가 적어도 리스자산 공정가치의 대부분에 상당한 경우

풀이 ② 리스기간 종료시점에 리스자산의 소유권을 그 시점의 공정가치로 이전하는 경우에는 리스자산의 소유에 따른 위험과 효익이 이전되었다고 볼 수 없으므로 금융리스로 분류되지 않는다.

6 리스제공자는 리스이용자에게 다음과 같은 조건의 리스를 제공하였다.

(1) 리스계약 및 리스기간: 운용리스이며, 기간은 3년이다.
(2) 매년도 연초에 선급한다.

20×1년 1.1	₩1,000,000
20×2년 1.1	1,000,000
20×3년 1.1	700,000
계	₩2,700,000

기업회계기준서에 따라 회계처리할 때 20×2년 12월 31일(회계기간은 1년)에 계상되어야 할 포괄손익계산서상의 운용리스료수익과 재무상태표의 선수리스료의 금액은 각각 얼마인가? 【'92. 세무사】

	운용리스료수익	선수리스료
①	₩1,000,000	₩0
②	900,000	200,000
③	1,000,000	200,000
④	900,000	0
⑤	0	0

해답 5. ② 6. ②

풀이 매년 운용리스료수익은 기간적 효익의 형태를 보다 잘 나타내는 다른 체계적인 인식기준이 없다면 리스기간에 걸쳐 균등하게 배분된 금액을 손익계산서에 수익으로 인식한다.
매년 운용리스료수익 = ₩2,700,000 ÷ 3 = ₩900,000
따라서, 선수리스료 = ₩2,000,000 − 900,000 × 2 = ₩200,000

7 (주)다나는 20×1년 초 다음과 같은 금융리스계약에 의해 기계장치를 사용하기로 하였다.

(1) 리스기간: 3년(리스기간 종료 후 리스자산 반환조건)
(2) 매년 말 정기 리스료: ₩150,000
(3) 보증잔존가치: ₩30,000
(4) 추정 무보증잔존가치: ₩20,000
(5) 리스제공자의 리스개설직접원가: ₩50,000
(6) 리스제공자의 내재이자율: 10%

위의 자료에 근거할 때 20×1년 초 동 기계장치의 공정가치는? (단, 이자율 10%의 3년에 대한 단일 금액 ₩1의 현가계수와 정상연금 ₩1의 현가계수는 각각 0.7513과 2.4868이며, 단수차이로 인한 오차가 있으면 가장 근사치를 선택한다.) 【'13. 감평사】

① ₩345,559 ② ₩360,585 ③ ₩388,086
④ ₩395,559 ⑤ ₩410,585

풀이 최소리스료와 무보증잔존가치의 현재가치 = 리스자산의 공정가치 + 리스개설직접원가
₩150,000 × 2.4868 + 50,000 × 0.7513 = 리스자산의 공정가치 + ₩50,000
∴ 리스자산의 공정가치 = ₩360,585
분개하면,

(차)금융리스채권	410,585	(대) 선급리스자산	360,585
		리스개설직접원가	50,000

8 리스이용자인 (주)한국은 20×9년 1월 1일에 금융리스계약을 통하여 기계장치를 리스하였다. 리스기간은 5년이며, 리스기간 종료 후 기계장치는 리스제공자에게 반환하는 조건이다. 다음은 동 리스계약과 관련된 자료이다.

- 기계장치의 공정가치 ₩550,000(내용연수 6년)
- 최소리스료의 현재가치 ₩530,000(리스이용자가 보증한 잔존가치 ₩40,000의 현재가치 ₩30,000이 포함되어 있음)

(주)한국이 금융리스자산에 대해서 20×9년도에 인식할 감가상각비(정액법 상각)는 얼마인가? 【'07, '09. 감평사】

① ₩81,667 ② ₩98,000 ③ ₩100,000
④ ₩102,000 ⑤ ₩106,000

풀이 감가상각비 = (₩530,000* − 40,000) ÷ 5 = ₩98,000
* 최소리스료와 리스자산의 공정가치 중 작은 금액을 리스기간 개시일에 금융리스자산과 금융리스부채로 각각 인식한다.

9 (주)태양은 20×7년 1월 1일(리스기간개시일) (주)동방리스로부터 다음의 조건으로 기계 1대를 리스하였다.

(1) 리스한 기계의 공정가치는 ₩420,000이고, 내재이자율은 연 10%이다.
(2) 리스한 기계의 최소리스료의 현재가치는 공정가치와 일치한다.
(3) 리스기간은 5년이고, 리스기간 종료후 반환시 리스한 기계의 보증잔존가치는 없는 것으로 한다.
(4) 리스한 기계의 내용연수는 6년이고, 잔존가치는 없으며 감가상각은 정액법으로 한다.

(주)태양이 이상의 리스계약에 대하여 적절한 회계처리를 한다면, 이 리스계약에 따라 20×7년 인식한 비용은 얼마인가? (단, 법인세효과는 무시한다.) 【'08. 감평사】

① ₩42,000 ② ₩70,000 ③ ₩84,000
④ ₩112,000 ⑤ ₩126,000

풀이 리스자산이 공정가치와 최소리스료의 현재가치 중 적은 금액을 금융리스자산과 금융리스부채로 인식하며, 그 금액(₩420,000)이 동일하다.

∴ 감가상각비	= (₩420,000 − 0) × (1/5) =	₩84,000
이자비용	= 420,000 × 10% =	42,000
총비용		₩126,000

10 리스제공자는 리스이용자와 다음과 같은 리스계약을 체결하였다. 기업회계기준서에 따라 회계처리할 때 리스이용자가 리스기간개시일 현재 금융리스자산으로 계상해야 할 금액은 얼마인가? 【'01. CPA】

(1) 리스실행일: 20×1년 1월 1일
(2) 리스기간: 3년(내용연수 4년)

해답 9. ⑤ 10. ③

(3) 리스물건의 공정가치: ₩35,101,900
(리스기간 종료시 리스물건의 잔존가액은 ₩7,000,000으로 추정되며, 리스이용자는 ₩1,000,000을 보증함)
(4) 정기리스료: ₩12,000,000(20×1년부터 매년 말 지급)
(5) 리스제공자의 내재이자율은 연 10%이며, 리스이용자가 알고 있음
(6) 기간 3년, 이자율 10%일 때 ₩1의 연금현재가치는 2.4869, 현재가치는 0.7513임.
(7) 소유권이전 약정이나 염가매수선택권은 없음.

① ₩36,000,000　② ₩35,101,900
③ ₩30,594,100　④ ₩29,842,800
⑤ 0

풀이 리스이용자는 최소리스료의 현재가치와 리스자산의 공정가치 중 작은 금액을 리스기간개시일에 금융리스자산과 금융리스부채로 각각 인식한다.

(1) 최소리스료: ₩12,000,000×2.4868 = ₩29,842,800
보증잔존가액: 1,000,000×0.7513 = 751,300
₩30,594,100
(2) 리스자산의 공정가치: ₩35,101,900

따라서, 최소리스료의 현재가치가 리스자산의 공정가치보다 더 작으므로 이 금액을 금융리스자산과 금융리스부채로 각각 계상한다.
참고로, 리스제공자는 금융리스의 리스순투자(최소리스료와 무보증잔존가액의 합계액의 현재가치)와 동일한 금액 즉, ₩35,101,900을 금융리스채권으로 인식한다.

11 (주)찬엽은 20×5년 초 기계장치를 공정가치 ₩296,894에 구입하여, (주)다나에 5년간 임대해주는 금융리스계약을 체결하였다. (주)다나는 리스료를 매년 말 ₩80,000씩 지급한다. 리스기간 종료시 동 기계장치의 잔존가치는 ₩15,000이며, 이 가운데 보증잔존가치는 ₩8,000이다. 리스계약 체결시 (주)다나가 지출한 리스개설직접원가는 ₩5,000이다. 리스종료일에 리스자산은 반환되며, (주)찬엽의 내재이자율은 12%이다. (주)다나가 20×5년 초 인식할 금융리스자산의 금액은? (단, 12%, 5년의 정상연금의 현재가치는 3.60478, 단일금액의 현재가치는 0.56743이다. 단수차이로 인한 오차가 있으면 가장 근사치를 선택한다.) 【'15. 감평사】

① ₩292,894　② ₩292,922
③ ₩296,894　④ ₩297,922
⑤ ₩301,894

해답 11. ④

풀이 정기리스료; ₩80,000×3.60478＝₩288,383

정기리스료;	₩80,000×3.60478＝	₩288,383
보증잔존가치;	8,000×0.56743＝	4,539
금융리스부채		292,922
리스개설직접원가		5,000
금융리스자산		₩297,922

12 리스업을 영위하는 A회사는 B회사와 다음과 같은 조건하에 리스계약을 체결하였다. 당해 리스는 금융리스로 분류된다. 이때 리스기간개시일에 A회사가 인식할 금융리스채권과 B회사가 인식할 금융리스부채는 각각 얼마인가? (단, 소수점이하는 반올림 할 것) 【'05. 세무사】

(1) B회사가 A회사에게 계약상 매 연도말(12월 31일)에 지급하기로 명시한 연간리스료: ₩2,000,000
(2) 리스실행일 현재 리스자산의 예상잔존가액: ₩300,000
(3) 리스계약 종료시 보증잔존가액: ₩200,000
(4) 리스기간: 2002년 1월 1일부터 3년간
(5) 내재이자율: 연간 10%
(6) 기간 3년, 10%일 경우의 ₩1의 현재가치는 0.75131, 연금현재가치는 2.48685이다.

	A회사가 인식할 금융리스채권	B회사가 인식할 금융리스부채
①	₩5,199,093	₩5,199,093
②	₩5,199,093	₩5,123,962
③	₩5,123,962	₩5,123,962
④	₩5,123,962	₩5,199,093
⑤	₩5,123,962	₩4,973,704

풀이 (1) 리스제공자는 금융리스의 리스순투자와 동일한 금액을 금융리스채권으로 인식한다.

정리리스료:	₩2,000,000×2.48685＝	₩4,973,700
잔존가액 :	300,000×0.75131＝	225,393
리스순투자*		₩5,199,093

* 리스순투자는 최소리스료와 무보증잔존가액의 합계액을 내재이자율로 할인한 현재가치이다.

(2) 리스이용자는 최소리스료의 현재가치와 리스자산의 공정가치 중 작은 금액을 금융리스자산과 금융리스부채로 각각 인식한다.

해답 12 ②

정기리스료 : ₩2,000,000 × 2.48685 = ₩4,973,700
보증잔존가액: 200,000 × 0.75131 = 150,262
최소리스료의 현재가치 ₩5,123,962

13 ㈜다나는 20×1년 1월 1일 ㈜찬엽리스로부터 기계장치를 리스하기로 하고, 동 일자에 개시하여 20×3년 12월 31일에 종료하는 금융리스계약을 체결하였다. 연간 정기리스료는 매년 말 ₩1,000,000을 후급하며, 내재이자율은 연 10%이다. 리스기간 종료시 예상 잔존가치는 ₩1,000,000이다. 리스개설과 관련한 법률비용으로 ㈜다나는 ₩100,000을 지급하였다. 리스기간 종료시점에 ㈜다나는 염가매수선택권을 ₩500,000에 행사할 것이 리스약정일 현재 거의 확실하다. 기계장치의 내용연수는 5년이고, 내용연수 종료시점의 잔존가치는 없으며, 기계장치는 정액법으로 감가상각한다. ㈜다나가 동 리스거래와 관련하여 20×1년도에 인식할 이자비용과 감가상각비의 합계는 얼마인가? (단, 계산방식에 따라 단수차이로 인해 오차가 있는 경우, 가장 근사치를 선택한다.) 【'02. 세무사, '14. CPA】

기간	단일금액 ₩1의 현재가치 (할인율=10%)	정상연금 ₩1의 현재가치 (할인율=10%)
1	0.9091	0.9091
2	0.8265	1.7355
3	0.7513	2.4869
4	0.6830	3.1699
5	0.6209	3.7908

① ₩746,070 ② ₩766,070 ③ ₩858,765
④ ₩878,765 ⑤ ₩888,765

풀이 기본리스료의 현재가치 계산

₩1,000,000 × 2.4869 = ₩2,486,900
500,000 × 0.7513 = 375,650
기본리스료의 현재가치 2,862,550
리스개설직접원가 100,000
금융리스자산 ₩2,962,550

따라서,

1차년도 감가상각비 = (₩2,962,550 − 0) × $\frac{1}{5}$ = ₩592,510
1차년도 이자비용 = 2,862,550 × 10% = 286,255
비용총계 ₩878,765

해답 13 ④

※ 소유권이전조건(염가매수선택권)이므로 내용연수동안 상각하고 잔존가치는 없다.
만약 반환조건이라면 리스기간동안 감가상각하고 보증잔존가치를 차감한 금액을 기준으로 감가상각한다.

>>> 법인세회계 | 객 · 관 · 식 · 문 · 제

1 ㈜찬엽의 20×5년 법인세와 관련된 자료가 다음과 같을 때, 법인세비용, 이연법인세자산, 이연법인세부채는 각각 얼마인가? 【'15. 감평사】

> (1) ㈜찬엽은 20×5년 2월 5일에 설립되었다.
> (2) 20×5년 법인세비용차감전순이익은 ₩10,000,000이며, 여기에는 단기매매금융자산평가손실(차감할 일시적 차이) ₩100,000이 포함되어 있다.
> (3) 법인세율은 20% 단일세율이며, 그 외 세무조정사항은 없다. (단, 법인세율은 일정하고 법인세비용차감전순이익은 미래에도 지속되는 것으로 가정한다.)

	법인세비용	이연법인세자산	이연법인세부채
①	₩2,000,000	₩20,000	₩0
②	₩2,000,000	₩0	₩20,000
③	₩2,020,000	₩20,000	₩20,000
④	₩2,020,000	₩20,000	₩0
⑤	₩2,020,000	₩0	₩20,000

풀이

	'05	'06
법인세비용차감전순이익	₩10,000,000	?
일시적 차이	100,000	△100,000
과세소득	₩10,100,000	?
세율	20%	20%

분개하면,

차) 법인세비용	2,000,000	대) 미지급법인세	2,020,000 [1]
이연법인세자산	20,000 [2]		

1) 미지급법인세 ₩10,100,000×20%=₩2,020,000
2) 이연법인세자산=₩100,000×20%=₩20,000

2 ㈜다나는 영업 첫해인 20×1년 법인세비용차감전 순이익은 ₩800,000이고 과세소득은 ₩1,200,000이며, 이 차이는 일시적 차이로서 향후 2년간 매년 ₩200,000씩 소멸될 것이다. 20×1년과 20×2년의 법인세율은 40%이고 20×1년에 개정된 세법에 따라 20×3년부터 적용될 법인세율은 35%이다. ㈜다나가 이 차이에 관하여 20×1년 말 재

해답 1 ① 2 ③

무상태표 상에 기록하여야 하는 이연법인세자산 또는 이연법인세부채의 금액은? (단, 이연법인세자산 또는 이연법인세부채는 각각 자산과 부채의 인식요건을 충족한다.)

【'14. 감평사】

① 이연법인세자산 ₩140,000 ② 이연법인세부채 ₩140,000
③ 이연법인세자산 ₩150,000 ④ 이연법인세부채 ₩150,000
⑤ 이연법인세자산 ₩160,000

풀이

	20×1년	20×2년	20×3년
법인세비용차감전순이익	₩800,000	?	?
일시적 차이	400,000	△200,000	△200,000
과세소득	1,200,000	?	?
세율	40%	40%	35%

회계처리하면,

차) 법인세비용 330,000 대) 미지급법인세 480,000*
　　이연법인세자산 150,000*

* 이연법인세자산 = ₩200,000 × 40% + 200,000 × 35% = ₩150,000
　미지급법인세 = ₩1,200,000 × 40% = ₩480,000

3 (주)형설은 20×2년 초에 설립되었다. (주)형설에 대해 20×2년 손금산입 ₩40,000의 일시적차이가 발생하였으며 이는 20×3년부터 매년 1/4씩 익금산입되어 소멸한다. 20×2년 법인세율은 30%이나, 20×3년 말 세법개정에 의해 법인세율은 20×4년부터 25%로 인하되었다. 20×2년과 20×3년의 법인세차감전순이익은 각각 ₩300,000이다. (주)형설은 이 이외의 세무조정사항이 없다. 기업회계기준에서 사용하고 있는 자산부채법을 적용하여 계산한 20×3년도의 법인세비용은 얼마인가? 【'02, '07. 감평사】

① ₩88,000 ② ₩88,500 ③ ₩93,000
④ ₩90,000 ⑤ ₩92,000

풀이

	'02	'03	'04	'05	'06
순이익	₩300,000	₩300,000	?	?	?
일지적차이	△40,000	+10,000	+10,000	+10,000	+10,000
과세소득	₩260,000	₩310,000	?	?	?
세율	30%	30%	25%	25%	25%

(1) '02년도 분개

차) 법인세비용 90,000 대) 미지급법인세 78,000 1)
　　　　　　　　　　　　이연법인세부채 12,000 2)

해답 3. ②

1) ₩260,000 × 30% = ₩78,000
2) ₩40,000 × 30% = ₩12,000

(2) '03년도 분개

차)		대)	
법인세비용	88,500	미지급법인세	93,000 [3]
이연법인세부채	4,500 [4]		

3) ₩310,000 × 30% = 93,000

4) 당기에 남아야 할 이연부채(₩30,000 × 25%) ₩7,500
전기에 이월된 이연부채 12,000
상계할 이연부채 ₩4,500

4 (주)다나의 포괄손익계산서상 법인세비용차감전 순이익은 ₩2,000,000이고, 세법상 납부하여야 할 세액이 ₩750,000이다. 법인세율은 30%이고 전기 이월된 이연법인세부채가 ₩100,000인 경우 재무상태표상 계상하여야 할 이연법인세는 얼마인가? 【'00. 감평사】

① ₩150,000(부채) ② ₩50,000(부채)
③ ₩150,000(자산) ④ ₩50,000(자산)
⑤ ₩155,000(자산)

풀이 분개하면 다음과 같다.

(차)		(대)	
법인세비용	600,000*	미지급법인세	750,000
이연법인세부채	100,000		
이연법인세자산	50,000		

* ₩2,000,000 × 30% = ₩600,000

5 슬기(주)의 20×3년의 법인세비용차감전순이익은 ₩200,000이고 20×4년 후의 법인세비용차감전순이익(과세소득과 동일함)은 매년 ₩400,000으로 예상된다. 슬기(주)의 법인세율은 20%이며 다음과 같은 법인세기간배분 문제가 있다. 20×3년의 이연법인세자산(부채)의 변동액을 구하면 얼마인가? 【'03. 감평사】

(1) 슬기(주)가 법인세법상 한도액을 초과하여 지출한 접대비가 20×3년에 ₩200,000이었고, 20×4년에 ₩300,000으로 예상된다.
(2) 20×3년 11월에 감가상각이 완료되어 장부가액이 없는 건물을 ₩480,000에 판매하였다. 판매시에 ₩120,000을 수취하고 ₩360,000은 20×4년부터 매 2개월마다 ₩60,000씩 회수하기로 하였다. 재무보고목적으로는 판매기준으로 수익을 인식하고 세무신고목적으로는 회수기준으로 익금을 인식한다.

해답 4. ④ 5 ②

① ₩18,000　② ₩72,000　③ ₩54,000
④ ₩48,000　⑤ ₩118,000

풀이 (1) 도표를 작성하면 다음과 같다.

	'03년도	'04년도
회계이익	₩200,000	₩400,000
일시적 차이 아님	+200,000	+300,000
일시적 차이	△360,000	+360,000
과세소득	₩40,000	₩1,060,000
세　율	20%	20%

(2) 20×3년도의 회계처리

(차)법인세비용	80,000	(대)	미지급법인세	8,000 [1]
			이연법인세부채	72,000 [2]

1) ₩40,000×20%=₩8,000
2) ₩360,000×20%=₩72,000

6 다나상사는 20×3년 12월 31일 결산시 법인세비용차감전순이익 ₩600,000을 보고하였다. 법인세 관련 자료는 다음과 같다. 【'01, '03. 감평사】

법인세비용차감전순이익	₩600,000
일시적 차이 아님(접대비한도초과액)	30,000
일시적 차이(감가상각비 상각부인액)	60,000
일시적 차이(준비금전입액)	(120,000)
과세표준	₩570,000
법인세율	30%
산출세액	₩171,000

20×2년도말 현재 누적된 일시적 차이는 없으며, 20×4년도 이후의 법인세율은 25%이다. 20×3년도의 법인세 비용 및 20×3년도 말 이연법인세자산(부채)의 잔액은 얼마인가?

① 법인세비용 ₩142,500　이연세법인세부채 ₩28,500
② 법인세비용 ₩150,000　이연세법인세부채 ₩21,000
③ 법인세비용 ₩171,000　이연세법인세부채 ₩21,000
④ 법인세비용 ₩189,000　이연세법인세부채 ₩18,000
⑤ 법인세비용 ₩186,000　이연세법인세부채 ₩15,000

풀이 (1) 도표를 작성하면 다음과 같다.

해답 6. ⑤

	'03년도	'04년도
회계이익	₩600,000	?
일시적 차이 아님	+30,000	
일시적 차이	△60,000	+60,000
과세소득	₩570,000	?
세율	30%	25%

(2) 20×3년도의 회계처리

(차)법인세비용	186,000	(대) 미지급법인세	171,000 [1]
		이연법인세부채	15,000 [2]

1) ₩570,000×30%=₩171,000

2) ₩60,000×25%=₩15,000

7 20×2년 초에 창업한 (주)다나의 20×2년도 법인세비용차감전순이익은 ₩200,000이었으며, 이에 대한 세무조정 사항과 그 이유는 다음과 같다.

		손익(금)의 인식기준	
세무조정 사항	금 액	재무보고목적	세무신고목적
단기매매금융자산평가손실	₩40,000	발생주의	현금주의
미수이자	₩20,000	발생주의	현금주의
벌금과 과태료	₩5,000	발생시 인식	손금 불인정

위에 언급한 단기매매금융자산은 20×3년도에 처분되었으며, 위 미수이자 중 50%가 20×3년도에 회수되었다. 20×3년도에 새로 발생한 차이는 없었다. 모든 연도의 법인세율은 20%이다. 법인세는 회계기말 후 3개월이내에 납부된다.

(주)다나가 20×3년도 말 현재로 재무상태표에 보고할 이연법인세자산 혹은 이연법인세부채의 잔액은 얼마인가? 【'04. CPA】

① 이연법인세자산 ₩6,000　② 이연법인세부채 ₩6,000

③ 이연법인세자산 ₩2,000　④ 이연법인세부채 ₩2,000

⑤ ₩0

풀이 (1) 도표로 작성하면 다음과 같다.

	'02년도	'03년도	'04년도
회계이익	₩200,000	?	?
일시적 차이			
평가손실	+40,000	△40,000	
미수이자	△20,000	+10,000	+10,000

해답 7 ④

일시적 차이 아님	+5,000		
과세소득	₩225,000	?	?
세율	20%	20%	20%

(2) '02년도 회계처리

(차) 법인세비용 41,000 / 이연법인세자산 4,000 2) (대) 미지급법인세 45,000 1)

1) ₩225,000 × 20% = ₩45,000

2) (₩40,000 − 20,000) × 20% = ₩4,000

(3) '03년도 회계처리

(차) 법인세비용 ××× (대) 미지급법인세 ××× / 이연법인세자산 4,000 / 이연법인세부채 2,000 3)

3) 당기에 남아 있어야 할 이연법인세부채는 ₩10,000 × 20% = ₩2,000인데 전기이월된 이연법인세자산이 ₩4,000 남아 있으므로 ₩4,000을 상계처리하고 이연법인세부채 ₩2,000을 추가로 설정한다.

8 (주)찬엽은 사업개시연도인 20×5년도에 법인세비용차감전순이익으로 ₩200,000을 보고하였다. 세무상 과세소득은 일시적 차이(손금항목) ₩50,000과 접대비로 인해 재무회계와 세무회계간에 영구적으로 나타나는 차이(익금항목) ₩20,000으로 인하여 ₩170,000이며, 당기 및 차기의 법인세율은 30%이다. 이 경우에 나타나는 이연법인세 금액으로 옳은 것은? 【'05. 감평사】

① 이연법인세자산 ₩9,000 ② 이연법인세자산 ₩15,000

③ 이연법인세자산 ₩21,000 ④ 이연법인세부채 ₩15,000

⑤ 이연법인세부채 ₩21,000

풀이

	'05년도	'06년도
회계상 이익	₩200,000	?
일시적 차이	△50,000	+50,000
접대비	+20,000	
과세소득	₩170,000	?
세율	30%	30%

분개하면,

(차) 법인세비용 66,000 (대) 미지급법인세 51,000 1) / 이연법인세부채 15,000 2)

1) ₩170,000 × 30% = ₩51,000

2) ₩50,000 × 30% = ₩15,000

해답 8. ④

9 다음은 (주)다나산업의 제10기 결산과 관련된 자료들이다.

법인세비용차감전순이익	:	₩300,000
당기순이익	:	₩230,000
기초시점의 이연법인세부채 잔액	:	₩20,000
기말시점의 이연법인세자산 잔액	:	₩30,000

만일 세무조정의 결과 과세표준이 ₩480,000으로 계산되었다면 회사가 제10기 중 부담한 법인세율은 얼마인가? 【'06. 감평사】

① 25.00%　② 20.83%　③ 18.75%

④ 16.67%　⑤ 14.58%

풀이 분개하면,

(차)			(대)	
법인세비용	70,000*		미지급법인세	120,000
이연법인세부채	20,000			
이연법인세자산	30,000			

* 포괄손익계산서

	⋮
법인세비용차감전순이익	300,000
법인세비용	70,000
당기순이익	230,000

∴ ₩480,000 × 세율 = ₩120,000이므로
　세율 = 25%

– 기타 –

10 20×1년 12월 1일 원화가 기능통화인 ㈜찬엽은 해외 거래처에 US $5,000의 상품을 판매하고 판매대금은 2개월 후인 20×2년 1월 31일에 회수하였다. 이 기간 중 US $ 대비 원화의 환율은 아래와 같으며, 회사는 회계기준에 준거하여 외화거래 관련 회계처리를 적절하게 수행하였다.

20×1년 12월 1일: US $1 = ₩1,030
20×1년 12월 31일: US $1 = ₩1,060
20×2년 1월 31일: US $1 = ₩1,050

대금결제일인 20×2년 1월 31일에 ㈜찬엽이 인식할 외환차익 혹은 외환차손은? 【'14. 감평사】

해답 9. ① 10. ①

① 외환차손 ₩50,000　　② 외환차손 ₩100,000
③ 외환차익 ₩100,000　　④ 외환차익 ₩150,000
⑤ 외환차손 ₩150,000

풀이 (1) 상품 판매시(20×1년 12월 1일)

차) 외화외상매출금 5,150,000[1)]　　대) 매출 5,150,000

1) $5,000×₩1,030=₩5,150,000

(2) 결산시(20×1년 12월 31일)

차) 외화외상매출금 150,000　　대) 외화환산이익 150,000[2)]

2) 외화환산이익(평가이익)=$5,000×(₩1,060−1,030)=₩150,000

(3) 대금결제시(20×2년 1월 31일)

차) 현 금 5,250,000　　대) 외화외상매출금 5,300,000
　　외환차손 50,000[3)]

3) 외환차손=$5,000×(₩1,060−1,050)=₩50,000

제2부 원가회계

CHAPTER

15 원가계산의 기초, 원가추정 및 학습곡선

제1절 원가회계의 의의와 목적

1. 원가회계의 의의

원가회계란 외부정보이용자 및 내부정보이용자의 의사결정에 유용한 원가에 관한 정보를 제공하기 위한 회계분야이다. 따라서 원가회계는 제품원가계산과 같이 재화나 용역의 원가와 관련된 정보를 제공하는 재무회계적 요소와 경영자의 관리적 의사결정과 성과평가 등에 관한 정보를 제공하는 관리회계적 요소를 모두 포함한 개념이다.

2. 원가회계의 목적

(1) 제품원가계산 목적

제품생산에 투입된 원가요소를 집계하여 단위당원가를 측정하며, 궁극적으로는 기말재고자산의 금액과 매출원가를 결정하는 것을 말한다.

(2) 관리적 의사결정에 필요한 정보의 제공

경영자가 계획을 수립하고 통제하는데 필요한 정보를 제공한다.

(3) 경영자의 성과평가에 필요한 정보의 제공

경영자의 업적평가를 하는데 필요한 유용한 정보를 제공한다.

원가계산은 다음과 같이 여러 가지 관점에서 분류할 수 있다.

제2절 원가계산의 종류

1. 제조형태에 따른 분류

(1) 개별원가계산

개별원가계산은 제품별 원가계산을 말하며 발생원가를 직접원가와 간접원가로 구분하여 직접원가는 제품별로 직접 부과하며, 간접원가는 합리적인 배부기준에 따라 제품별로 배부하는 계산방식이다. 다품종 소량생산에 적합하며 조선업, 건설업, 기계제작업 등에서 주로 사용된다. 개별원가계산의 핵심은 제조간접원가의 배부이다.

(2) 종합원가계산

종합원가계산(process cost system)은 동일 종류의 제품을 연속생산형태의 경영에서 채용하는 원가계산방식으로, 일정한 원가계산기간별로 발생된 당기 총제조원가에 기초재공품원가를 가산한 합계액을 완제품과 기말재공품에 합리적으로 배분하는 계산방식을 말한다. 소품종 대량생산형태에 적합한 계산방식이며 종합원가계산의 핵심은 기말재공품평가이다. 화학공업, 제분업, 제당업, 제지업 등에서 주로 사용된다.

2. 원가의 측정방법에 따른 분류

(1) 실제원가계산

직접재료원가, 직접노무원가 및 제조간접원가를 실제 발생액을 기준으로 원가계산을 하는 방식을 말한다.

(2) 정상원가계산

직접재료원가와 직접노무원가는 실제 발생액을 기준으로 제조간접원가는 예정배부액을 기준으로 원가계산을 하는 방식을 말한다.

(3) 표준원가계산

직접재료원가, 직접노무원가 및 제조간접원가를 모두 표준원가를 기준으로 원가계산을 하는 방식을 말한다.

측정방법에 따른 분류를 도표로 작성하면 다음과 같다.

표 14-1 원가측정방법에 따른 분류

원가요소	실제원가계산	정상원가계산	표준원가계산
직접재료원가	실제수량×실제단가	실제수량×실제단가	표준수량×표준가격
직접노무원가	실제시간×실제임률	실제시간×실제임률	표준시간×표준임률
제조간접원가	실제배부기준×실제배부율	실제배부기준×예정배부율	표준시간×표준배부율

3. 원가계산의 범위에 따른 분류

제품원가계산은 고정제조간접원가를 제품원가로 처리하느냐 아니면 기간비용으로 처리하느냐에 따라 전부원가계산과 변동원가계산으로 구분해 볼 수 있다.

(1) 전부원가계산(흡수원가계산)

전부원가계산(absorption costing)이란 직접재료원가, 직접노무원가, 변동제조간접원가 및 고정제조간접원가 모두를 제품의 원가에 포함시키는 원가계산방법이다.

(2) 직접원가계산(변동원가계산)

직접원가계산(direct costing)이란 직접재료원가, 직접노무원가 및 변동제조간접원가의 변동제조원가만을 제품원가에 포함시키고, 고정제조간접원가는 기간비용으로 처리하는 원가계산방법이다. 변동원가만을 제품원가계산에 포함시킨다는 의미에서 변동원가계산(variable costing)이라고도 한다.

4. 원가회계시스템의 결합

원가계산방법을 결합하면 다음과 같이 여러 가지 조합의 원가계산시스템을 만들 수 있다.

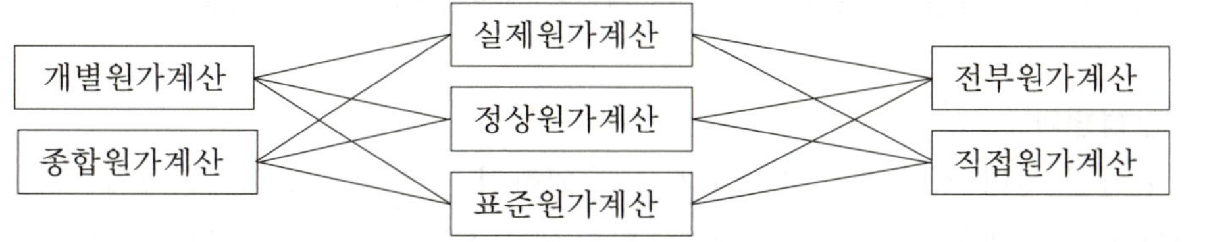

제3절 원가의 분류

1. 제조활동과의 관련성에 따른 분류

제조원가란 완성품을 만드는데 투입된 원가로서 원재료와 제품을 완성시키는데 투입된 공장노동자와 기계 등 기타 제조와 관련된 생산원가를 말한다.

(1) 재료비

제품생산에 투입된 원재료의 소비액을 말한다.

(2) 노무비

제품생산에 투입된 사람의 노동력의 소비로 인하여 발생하는 원가로서 임금 등을 말한다.

(3) 경 비

제품생산을 위해서 투입된 재료비와 노무비 이외의 기타의 원가로서 감가상각비, 수도광열비, 전력비, 수선유지비 등을 말한다.

2. 추적가능성에 따른 분류

제품을 생산할 때 발생한 원가를 제품별로 원가를 직접 집계할 수 있느냐 없느냐에 따라 직접원가와 간접원가로 분류할 수 있다.

(1) 직접원가

직접원가란 특정 제품의 제조를 위해서만 소비되어 직접 그 특정 제품에 부과할 수 있는 원가요소로서 직접재료원가, 직접노무원가, 직접경비가 이에 해당된다.

(2) 간접원가

간접원가란 여러 가지 종류의 제품제조를 위하여 공통적으로 소비되었기 때문에 특정 제품에 직접 부과할 수 없는 원가이다. 따라서 간접원가는 일정한 원가계산기간 동안의 총액을 집계하고 그 총액을 합리적인 배부기준에 의해서 각 특정 제품에 배부하게 된다. 여기서의 간접원가를 통상 제조간접원가라 한다. 제품단위별로 원가를 추적하여 원가계산을 하게 되는 경우 제조원가는 다음과 같이 분류된다.

- 직접재료원가
- 직접노무원가
- 제조간접원가(간접재료원가＋간접노무원가＋제조경비)

3. 원가형태에 따른 분류

조업도가 변할 때 원가가 어떻게 변화하느냐에 따라 변동원가와 고정원가로 분류한다. 조업도의 고유의미는 설비의 이용 정도를 말하며 생산량, 기계시간, 직접노동시간, 판매량 등이 조업도의 측정기준으로 이용된다.

(1) 변동원가

변동원가(variable cost)란 조업도 수준이 변동함에 따라 직접적으로 비례하여 변동하는 원가로서 조업이 중단되었을 경우에는 전혀 발생하지 않는 원가이다.

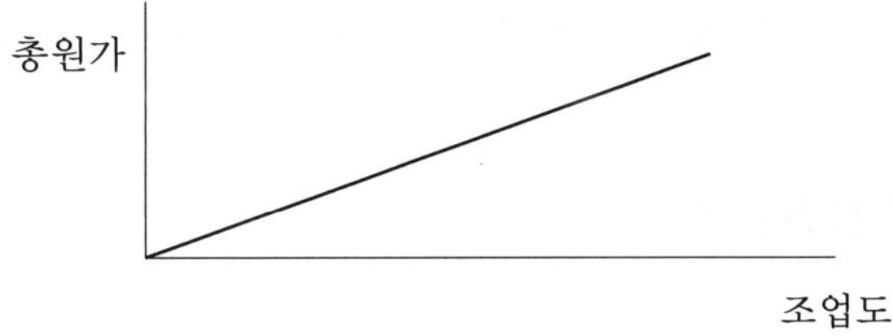

(2) 준변동원가

조업도의 변화에 따라 비례해서 발생하는 변동원가와 조업도의 변화에 관계없이 일정하게 발생하는 고정원가의 두 부분으로 구성된 원가이다.

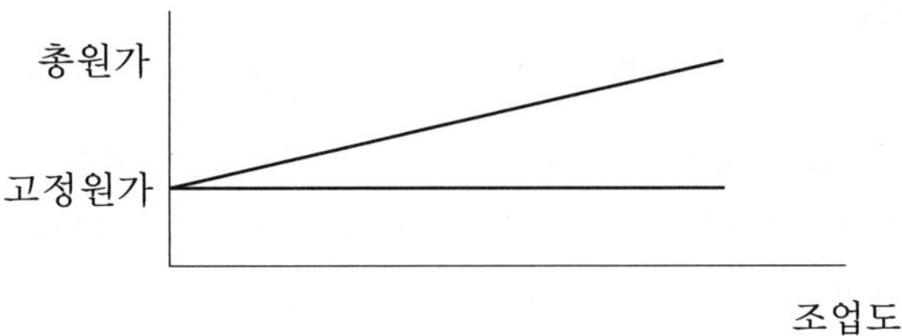

(3) 고정원가

고정원가(fixed cost)란 조업도의 변화에 관계없이 원가총액이 일정하게 발생하는 원가이다. 조업이 중단되어도 계속 발생하는 원가이다.

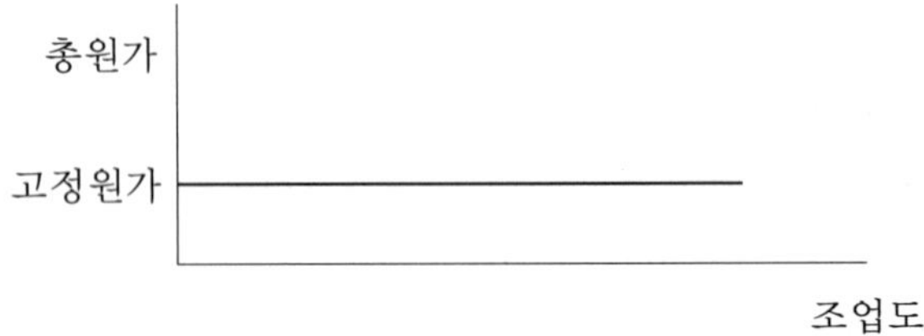

(4) 준고정원가

준고정원가란 관련범위 내에서는 발생원가가 고정되지만 일정 조업도 수준을 초과하게 되면 고정원가가 추가로 발생하는 경우의 원가를 말한다. 따라서 조업도 수준에 따라서 각각 다른 고정원가가 발생하게 된다.

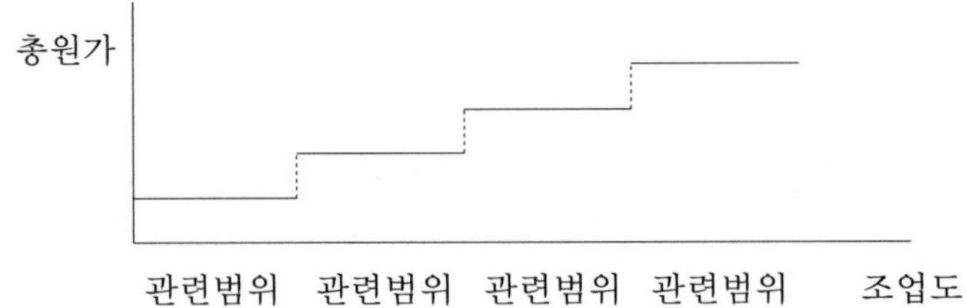

4. 기초원가와 전환원가

(1) 기초원가

기초원가(prime cost)란 직접재료원가와 직접노무원가를 합한 금액을 말하며 기본원가라고도 한다.

(2) 전환원가(가공원가)

전환원가(conversion cost)란 제품을 제조하는 과정에서 발생하는 직접노무원가와 제조간접원가를 합한 금액을 말한다. 직접재료를 가공하여 완제품을 생산하는 과정에서의 가공에 소요되는 원가라는 의미에서 가공원가라고도 한다. 직접재료를 완제품으로 전환시키는 데 소비된 원가라는 의미에서 전환원가라 한다.

기초원가 ┌ 직접재료원가
　　　　 └ 직접노무원가 ┐
　　　　　 제조간접원가 ┘ 전환원가(가공원가)

제4절 원가의 흐름

1. 원가흐름의 의의

제조업의 경영활동은 원재료, 노동력 및 생산시설 등을 구입하는 구매활동과 원재료 등을 투입하여 제품을 생산하는 제조활동 및 완성된 제품을 외부에 판매하는 판매활동이라는 일련의 과정을 거치게 되는데 이를 원가의 흐름이라고 한다.

2. 원가의 흐름과 집계

(1) 원재료계정

원재료계정은 외부로부터 매입한 재료를 처리하는 계정이므로 자산계정이다. 그러므로 재료계정 차변에는 기초재료와 당기매입액이 기입되고, 재료계정 대변에는 재료소비액이 기입되며 잔액은 재료의 기말재고액을 표시한다. 재료와 관련된 회계처리를 예시하면 아래와 같다.

① 원재료 구입시

(차)	원 재 료	×××	(대) 외상매입금	×××

② 원재료 소비시

(차)	직접재료원가(재공품)	×××	(대) 원 재 료	×××
	간접재료원가	×××		

③ T계정 표시

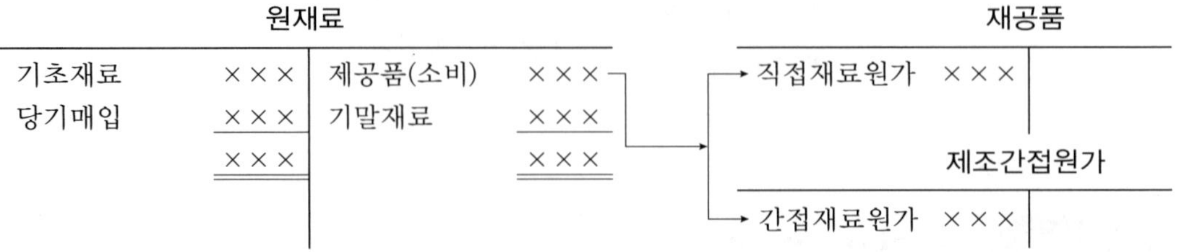

(2) 노무원가계정

노무원가계정은 노동력의 소비로 인한 노무원가를 처리하는 계정으로서 소비된 노무원가는 당기지급액에 미지급액과 선급액을 가감하여 계산한다.

즉, 노무원가소비액=당기현금지급액+당기미지급액−전기미지급액−당기선급액+전기선급액

① 노무원가 발생시

(차)	노무원가	×××	(대)	현　금	×××
				미지급노무원가	×××

② 노무원가 소비시

(차)	직접노무원가(재공품)	×××	(대)	노무원가	×××
	간접노무원가	×××			

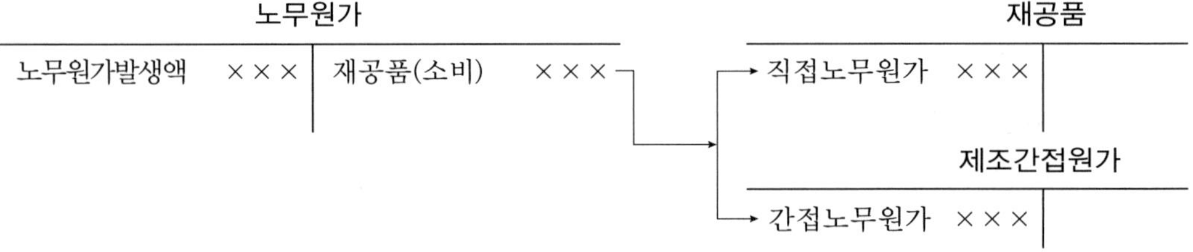

③ T계정 표시

(3) 경비계정

경비계정은 각종 경비항목을 처리하는 계정으로서 경비계정은 복리후생비 · 감가상각비 · 임차료 · 보험료 · 수선비 · 전력료 · 가스수도료 · 운임 · 교통비 · 잡비계정 등이 있다. 경비소비액은 당기지급액에 미지급액과 선급액을 가감하여 계산한다.

당기경비소비액 = 당기현금지급액 + 당기미지급액 − 전기미지급액 − 당기선급액 + 전기선급액

① 경비발생시

(차)	전 력 비	×××	(대)	현 금	×××
	수도광열비	×××		감가상각누계액	×××
	감가상각비	×××			

② 제조간접원가집계

(차)	제조간접원가	×××	(대)	간접재료원가	×××
				간접노무원가	×××
				전 력 비	×××
				수도광열비	×××
				감가상각비	×××

③ T계정 표시

경 비			
경비발생액	×××	재공품(소비)	×××

→

제조간접원가			
경 비	×××		

(4) 재공품계정

재공품계정은 제조과정중에 있는 미완성품의 제조원가를 집계하는 계정으로서 재공품계정 차변에는 직접재료원가 · 직접노무원가 및 제조간접원가의 대체액이 기입되고, 재공품계정 대변에는 완성된 제품의 제조원가인 당기제품제조원가가 기입된다. 재공품계정의 잔액은 기말재공품으로서 재무상태표상에 재고자산으로 표시된다. 재공품과 관련된 회계처리를 예시하면 다음과 같다.

① 원가요소의 집계시

(차)	재 공 품	×××	(대)	직접재료원가	×××
				직접노무원가	×××
				제조간접원가	×××

② 완제품을 재공품계정에서 제품계정으로 대체시

(차)	제 품	×××	(대)	재 공 품	×××

③ T계정 표시

재공품

	기초재공품	×××	제　　품	×××	→ 당기제품제조원가
당기총제조원가 ←	직접재료원가	×××			
	직접노무원가	×××			
	제조간접원가	×××	기말재공품	×××	
		×××		×××	

(5) 제품계정

제품계정은 완성된 제품을 처리하는 계정으로 제품계정의 차변에는 완성된 제품의 제조원가가 기입되고, 제품계정의 대변에는 판매된 제품의 제조원가인 매출원가가 기입된다. 판매되지 않은 제품은 기말제품으로 재무상태표상에 재고자산으로 표시된다. 제품과 관련된 회계처리를 예시하면 아래와 같다.

① 제품 매출시

(차) 매출원가　　　×××　　　(대) 제　　품　　　×××

② T계정 표시

제　　품

기초제품	×××	매출원가	×××
재 공 품	×××	기말제품	×××
	×××		×××

3. 원가흐름표

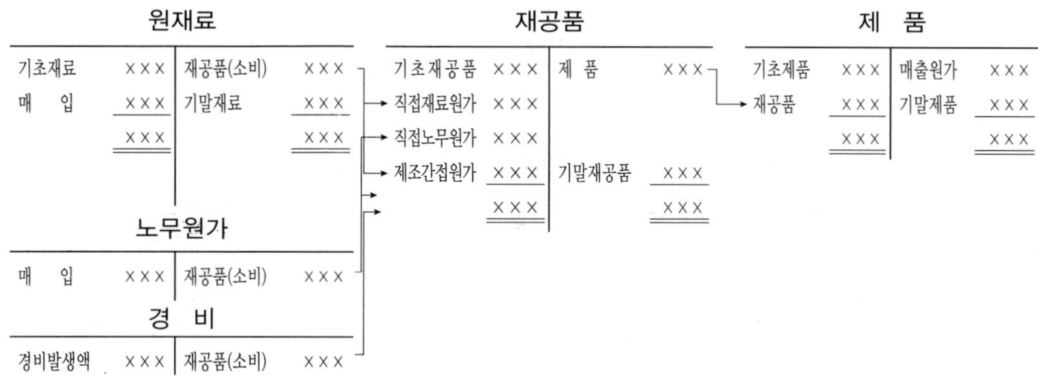

4. 제조원가 명세서

원가요소를 투입하여 제품으로 전환되는 과정까지의 원가흐름은 모두 재공품계정에 집계되며, 당기에 완성된 제품은 당기제품 제조원가로서 제품계정에 대체된다. 이를 보고식으로 작성한 명세표를 제조원가명세서라 한다.

제조원가명세서

Ⅰ. 직접재료원가		
1. 기초원재료	×××	
2. 당기매입액	×××	
계	×××	
3. 기말원재료 (−)	(−)×××	×××
Ⅱ. 직접노무원가		×××
Ⅲ. 제조간접원가		×××
Ⅳ. 당기총제조원가		×××
Ⅴ. 기초재공품		+ ×××
Ⅵ. 합 계		×××
Ⅶ. 기말재공품		(−)×××
Ⅷ. 당기제품제조원가		×××

제조원가 명세서

다음 CW회사의 자료를 이용하여 물음에 답하라.

1. 기초 및 기말재고자산

	20×1. 1/1	20×1. 12/31
원재료	25,000	30,000
재공품	15,000	18,000
제 품	23,000	28,000

2. 20×1년 중 거래는 다음과 같다.

① 원재료 구입액	₩100,000
② 노무원가 발생액	
㉠ 직접노무원가	80,000
㉡ 간접노무원가	20,000
③ 경비발생액	
㉠ 공장감가상각비	70,000
㉡ 소모품비	8,000
㉢ 기타 경비	12,000

(1) CW회사의 20×1년 제조원가명세서를 작성하라.
(2) 제품생산량이 100개일 때 제품단위당원가는?
(3) 기초원가와 가공원가는 얼마인가?
(4) 당기총제조원가는?
(5) 당기제품제조원가는?
(6) 당기매출원가는?
(7) 원가흐름도를 작성하라.

풀이

(1) 제조원가 명세서

Ⅰ. 직접재료원가		
1. 기초원재료	25,000	
2. 당기매입액	100,000	
계	125,000	
3. 기말원재료	△ 30,000	95,000
Ⅱ. 직접노무원가		80,000
Ⅲ. 제조간접원가		

1. 공장감가상각비	70,000	
2. 소모품비	8,000	
3. 기타 경비	12,000	
4. 간접노무비	20,000	110,000
Ⅳ. 당기총제조원가		285,000
Ⅴ. 기초재공품		15,000
Ⅵ. 합 계		300,000
Ⅶ. 기말재공품		△ 18,000
Ⅷ. 당기제품제조원가		282,000

(2) (당기제품 제조원가÷생산량)=282,000÷100개 = ₩2,820

(3) ① 기초원가=직접재료원가+직접노무원가
=₩95,000+80,000=₩175,000

② 가공원가(전환원가)=직접노무원가+제조간접원가
=₩80,000+110,000=₩190,000

(4) 당기총제조원가=직접재료원가+직접노무원가+제조간접원가
=₩95,000+80,000+110,000=₩285,000

(5) 당기제품 제조원가=기초재공품+당기총제조원가-기말재공품
=₩15,000+285,000-18,000=₩282,000

(6) 당기매출원가=기초제품+당기제품 제조원가-기말제품
=₩23,000+282,000-28,000=₩277,000

(7) 원가흐름표

원재료

기초	25,000	소비	95,000
매입	100,000	기말	30,000
	125,000		125,000

재공품

기 초	15,000	제품	282,000
직접재료원가	95,000		
직접노무원가	80,000		
제조간접원가	110,000	기말	18,000
	300,000		300,000

제 품

기 초	23,000	매출원가	277,000
재공품	282,000	기 말	28,000
	305,000		305,000

노무원가

발생	100,000	소비	100,000

경 비

발생	90,000	소비	90,000

원가계산분개를 하면 다음과 같다.

① (차) 재 공 품	95,000	(대) 직접재료원가	95,000
② (차) 재 공 품	80,000	(대) 직접노무원가	80,000
③ (차) 재 공 품	110,000	(대) 제조간접원가	110,000
④ (차) 제 품	282,000	(대) 재 공 품	282,000
⑤ (차) 매출원가	277,000	(대) 제 품	277,000

포괄손익계산서 작성

본사와 생산공장이 동일 건물에 소재하는 (주)찬우의 3월 중 발생한 비용과 재고자산자료는 다음과 같다. 3월 중 직접재료 매입액은 ₩1,200,000이며, 매출액은 ₩7,400,000이다. 【'09. 세무사】

〈3월 중 발생비용〉

직접노무원가	₩3,000,000
공장감독자급여	100,000
기타 제조간접원가	200,000
전기료(본사에 40%, 공장에 60% 배부)	200,000
감가상각비(본사에 20%, 공장에 80% 배부)	500,000
본사의 기타 판매관리비	400,000
합 계	₩4,400,000

〈재고자산〉

	3월초	3월말
재공품재고	₩1,000,000	₩800,000
직접재료재고	300,000	100,000
제품재고	700,000	400,000

위의 자료를 토대로 (주)찬우의 3월 1일부터 3월 31일까지의 영업이익을 구하면 얼마인가?

풀이

원재료

차변	금액	대변	금액
기 초	300,000	소 비	1,400,000
매 입	1,200,000	기 말	100,000
	1,500,000		1,500,000

재공품

차변	금액	대변	금액
기 초	1,000,000	제 품	5,420,000
직접재료원가	1,400,000	기 말	800,000
직접노무원가	3,000,000		
제조간접원가	820,000*		
	6,220,000		6,220,000

* ₩100,000 + 200,000 + 200,000 × 60% + 500,000 × 80% = ₩820,000

제 품

기 초	700,000	매 출 원 가	5,720,000
제 품	5,420,000	기 말	400,000
	6,120,000		6,120,000

포괄손익계산서

매출		₩7,400,000
매출원가		5,720,000
매출총이익		1,680,000
판매비와 관리비		
전기료	₩80,000 [1)]	
감가상각비	100,000 [2)]	
기타판매관리비	400,000	580,000
영업이익		₩1,100,000

1) ₩200,000 × 40% = ₩80,000

2) ₩500,000 × 20% = ₩100,000

제5절 원가 추정 및 학습곡선

1. 고저점법(원가추정)

조업도의 변화에 따라 원가가 어떻게 변동하는가를 파악하기 위한 방법이다. 이에는 회귀분석법, 고저점법 등이 있다.

고저점법은 관련범위 내의 독립변수(조업도) 중에서 가장 높은 조업도와 가장 낮은 조업도만을 가지고 원가함수($y=vx+F$, v : 단위당변동원가, F : 총고정원가)를 추정하는 방법이다. 단위당변동원가와 총고정원가는 다음과 같이 추정한다.

단위당변동원가(v)

$$= \frac{(\text{가장 높은 조업도에서의 총원가} - \text{가장 낮은 조업도에서의 총원가})}{(\text{가장 높은 조업도} - \text{가장 낮은 조업도})}$$

총고정원가(F) = 총원가 − 총변동원가

= 가장 높은 조업도에서의 총원가 − (가장 높은 조업도 × 단위당 변동원가)

= 가장 낮은 조업도에서의 총원가 − (가장 낮은 조업도 × 단위당 변동원가)

고저점법

곡천공업사의 20×1년 7월~12월 동안의 생산량과 총제조간접원가에 대한 자료는 다음과 같다. 요구사항에 답하라.

월 별	생 산 량	총제조간접비
7월	10,000	₩128,300
8월	12,000	160,000
9월	16,000	184,800
10월	14,500	178,200
11월	8,000	118,400
12월	13,500	141,200

(1) 고저점법을 사용하여 총제조간접원가에 대한 원가방정식을 추정하라.

(2) 생산량이 13,000단위라면 총제조간접원가의 추정액은 얼마인가?

풀이

(1) 원가추정방정식

원가추정방정식을 $y=ax+b$(단, a : 변동원가율, b : 고정원가)라 할 때,

$$a=\frac{184,800-118,400}{16,000-8,000}=₩8.3$$

$b=118,400-8,000\times 8.3=52,000$ 또는,

$b=184,800-16,000\times 8.3=52,000$

따라서, $y=8.3x+52,000$(x : 생산량)

(2) 총제조간접원가의 추정액

$y=13,000\times ₩8.3+52,000=₩159,900$

2. 학습곡선

학습곡선은 생산량이 증가할 때 경험이 축적되어 직접노동시간이 일정 비율로 감소하는 형태를 말한다. 즉, 누적생산량이 2배로 증가할 때 제품단위당 직접노동시간이 일정 비율만큼 감소하는 원가함수이다. 예를 들면 학습률 80%라고 할 때, 1단위 생산하는데 직접노동시간이 10시간이 소요된다면 2단위 생산할 때는 단위당 8시간(총 2×8=16시

간)이 소요되고 4단위 생산할 때는 단위당 6.4시간(총 4×6.4=25.6시간)이 소요된다는 의미이다.

따라서 제품생산과 관련하여 학습효과가 있을 때는 학습효과를 고려하여 의사결정을 하여야 한다. 학습곡선 모형에는 증분단위시간학습곡선모형과 누적평균시간학습곡선모형이 있으며, 본 교재에서는 누적평균시간학습곡선모형에 대해서만 설명한다.

학습곡선(제작 경험이 없는 경우)

제품 100단위를 새로 생산하는 데 드는 원가는 다음과 같이 예상된다.

직접재료원가	₩40,000
직접노무원가	50,000(총 500시간×@100)
변동제조간접원가	75,000(직접노무원가의 150%)

현재의 필요량이 800개이며 현재의 구매단가가 단위당 ₩1,200이라면 자가제조가 유리한가 구매가 유리한가? (단, 80%의 학습곡선에 따른다)

풀이

	누적생산량	단위당 평균시간		총시간	총노무원가
	100	5		500	50,000
2배	200	4	0.8	800	80,000
2배	400	3.2	0.8	1,280	128,000
2배	800	2.56	0.8	2,048	204,800

따라서, 800단위를 생산하는 데 드는 원가는 다음과 같다.

	800개 생산시 원가
직접재료원가(800×₩400)	₩320,000
직접노무원가	204,800
변동제조간접원가(204,800×150%)	307,200
총원가	832,000
생산량	÷ 800개
단위당 원가	₩1,040

∴ 자가제조하는 것이 단위당 ₩1,200−1,040=₩160 유리하다.

예제 1 | 당기제품제조원가와 매출원가

도빌회사의 기초와 기말재고는 다음과 같다.

	기 초	기 말
원재료	₩25,000	₩50,000
재공품	18,000	30,000
제 품	10,000	20,000

당기에 다음과 같은 원가가 발생하였다.

원재료 구입액	₩300,000
직접노무원가	250,000
제조간접원가	200,000

이상의 자료로 제품제조원가와 매출원가를 계산하라.

	제품제조원가	매출원가
①	₩713,000	₩723,000
②	713,000	703,000
③	725,000	703,000
④	713,000	723,000
⑤	725,000	713,000

풀이 원가의 흐름을 T계정을 사용해서 설명하면 다음과 같다.

원재료

기초재고	25,000	소 비	275,000
당기매입	300,000	기말재고	50,000
	325,000		325,000

재공품

기 초 재 고	18,000	제 품	713,000
직접재료원가	275,000	기말재고	30,000
직접노무원가	250,000		
제조간접원가	200,000		
	743,000		743,000

분개하면 다음과 같다.

제 품

기초재고	10,000	매출원가	703,000
재 공 품	713,000	기말재고	20,000
	723,0000		723,000

(1) (차) 재 공 품	275,000	(대) 직접재료원가	275,000
(2) (차) 재 공 품	250,000	(대) 직접노무원가	250,000
(3) (차) 재 공 품	200,000	(대) 제조간접원가	200,000
(4) (차) 제 품	713,000	(대) 재 공 품	713,000
(5) (차) 매출원가	703,000	(대) 제 품	703,000

그리고, 매출원가를 구할 때는 통합 T계정을 사용하면 쉽게 구할 수 있다.

원재료+재공품+제품

기 초 원 재 료	25,000	매출원가	703,000
기 초 재 공 품	18,000	기말원재료	50,000
기 초 제 품	10,000	기말재공품	30,000
원재료구입액	300,000	기말제품	20,000
직접노무원가	250,000		
제조간접원가	200,000		
	803,000		803,000

해답: ②

예제 2 | 당기제품 제조원가와 매출원가

도조회사의 20×1년도의 원가자료는 다음과 같다.

(1) 기초 및 기말재고자산

	20×1.1/1	20×1.12/31
원재료	₩50,000	₩30,000
재공품	120,000	160,000
제 품	100,000	50,000

(2) 20×1년 중의 거래는 다음과 같다.

㉠ 당기 원재료 매입액 ₩400,000

㉡ 당기노무비 현금지급액 350,000
㉢ 당기노무비 미지급액 80,000
㉣ 당기 공장감가상각비 100,000
㉤ 당기 기타경비지급액 210,000
㉥ 당기 기타경비선급액 10,000

1. 당기제품제조원가는 얼마인가?

① ₩1,110,000 ② ₩1,120,000
③ ₩1,130,000 ④ ₩1,140,000
⑤ ₩1,150,000

2. 당기매출원가는 얼마인가?

① ₩1,160,000 ② ₩1,170,000
③ ₩1,180,000 ④ ₩1,190,000
⑤ ₩1,200,000

풀이

원재료

차변	금액	대변	금액
기초재고	50,000	소 비	420,000
당기매입	400,000	기말재고	30,000
	450,000		450,000

재공품

차변	금액	대변	금액
기 초 재 고	120,000	제 품	1,110,000
직접재료원가	420,000		
직접노무원가	430,000 1)		
제조간접원가	300,000 2)	기말재고	160,000
	1,270,000		1,270,000

제 품

차변	금액	대변	금액
기초재고	100,000	매출원가	1,160,000
재 공 품	1,110,000	기말재고	50,000
	1,210,000		1,210,000

1) 직접노무원가 소비액=노무원가지급액+당기미지급액−전기미지급액−당기선급액+전기선급액
=350,000+80,000=430,000

2) 경비소비액=경비지급액+당기미지급액−전기미지급액−당기선급액+전기선급액
=₩100,000+210,000−10,000=₩300,000

해답: 1. ① 2. ①

예제 3 | 원가의 흐름 추정

(주)찬엽의 4월 매출액은 ₩20,000이며, 매출총이익률은 30%이다. (주)찬엽의 공장에서 4월에 발생한 원가관련 자료는 다음과 같다.

(1) 재고자산 현황

일 자	직접재료	재공품	제 품
4월 1일	₩1,000	?	₩3,000
4월 30일	₩2,000	₩3,000	₩4,000

(2) 4월에 매입한 직접재료금액은 ₩4,500이다.
(3) 4월 1일 미지급임금은 ₩2,000이며, 4월 30일 미지급임금은 ₩4,000이다.
(4) 4월에 지급한 임금은 ₩6,000이다.
(5) (주)찬엽의 공장에서 발생한 임금의 50%는 생산직 종업원의 임금이다.
(6) 4월에 발생한 제조간접원가 중 임금을 제외한 나머지 부분은 ₩1,500이다.

(주)찬엽의 4월 1일 제공품 금액은 얼마인가? 【'11. 세무사】

① ₩2,500 ② ₩3,000 ③ ₩3,500
④ ₩4,000 ④ ₩5,000

풀이

재공품

기초	5,000	제품	15,000 [1]
직접재료원가	3,500		
직접노무원가	4,000 [2]		
제조간접원가	5,500	기말	3,000
	18,000		18,000

1) 기초제품 + 당기제품제조원가 − 기말제품 = 매출원가
₩3,000 + 당기제품제조원가 − 4,000 = 20,000 × 70%
∴ 당기제품제조원가 = ₩15,000
2) 임금 = ₩6,000 + 4,000 − 2,000 = ₩8,000
∴ 생산직종업원(직접노무원가) = ₩8,000 × 50% = ₩4,000

해답: ⑤

예제 4 | 포괄손익계산서

다음에 주어진 ㈜한국제조의 손익계산서는 회계지식이 부족한 인턴직원이 작성한 것이다.

〈손익계산서〉

㈜한국제조 20×1. 1. 1 ~ 20×1. 12. 31 (단위 : ₩)

Ⅰ. 매출액		900,000
Ⅱ. 영업비용 :		
간접노무원가	24,000	

수도광열비	30,000	
직접노무원가	140,000	
감가상각비(공장설비)	42,000	
감가상각비(본사건물)	36,000	
당기 원재료 매입액	330,000	
보험료	8,000	
임차료	100,000	
판매 및 관리부서의 직원급여	64,000	
광고선전비	150,000	924,000
Ⅲ. 영업이익		(24,000)

그러나 위의 손익계산서에 표시된 매출액 및 영업비용 내역은 모두 올바른 자료이다. 만약 당신이 (주)한국제조의 20×1년도 손익계산서를 정확하게 작성하고자 하는 경우 필요한 추가 자료는 다음과 같다.

(1) 수도광열비의 60%, 보험료의 75%와 임차료의 80%는 공장설비와 관련된 것이며, 나머지는 판매 및 일반관리활동과 관련하여 발생한 것이다.

(2) 20×1년도 재고자산의 기초 및 기말잔액은 다음과 같다.

구 분	기 초	기 말
원재료	₩16,000	₩26,000
재공품	₩32,000	₩42,000
제 품	₩80,000	₩120,000

20×1년도 (주)한국제조의 정확한 당기제품제조원가와 영업이익은 각각 얼마인가? 【'15. CPA】

	당기제품제조원가	영업이익
①	₩620,000	₩12,000
②	₩620,000	₩24,000
③	₩620,000	₩36,000
④	₩630,000	₩12,000
⑤	₩630,000	₩24,000

풀이 (1) 제품제조원가 계산

재공품

기초재공품	32,000	제품	620,000
직접재료원가	320,000[1)]		
직접노무원가	140,000		
제조간접원가	170,000[2)]	기말재공품	42,000
	662,000		662,000

1) ₩16,000+330,000−26,000=₩320,000

2) 제조간접원가=₩24,000+30,000×60%+42,000+8,000×75%+100,000×80%=₩170,000

(2) 매출원가계산

제 품

기초제품	80,000	매출원가	580,000
제품	620,000	기말제품	120,000
	700,000		700,000

(3) 영업이익 계산

포괄손익계산서 (단위: ₩)

매출액		900,000
매출원가		580,000
매출총이익		320,000
판매비와관리비		
수도광열비 30,000×40%=	12,000	
감가상각비	36,000	
보험료 8,000×25%=	2,000	
임차료 100,000×20%=	20,000	
급여	64,000	
광고선전비	150,000	284,000
영업이익		36,000

해답: ③

예제 5 | 고저점법

국진공업회사는 다음과 같은 과거 6개월의 원가자료를 사용하여 고저점법에 따라 제조간접원가에 대한 변동예산공식을 설정하여 이용하려 한다.

월	생산량	총제조간접원가
1	6,000단위	₩325,000
2	5,000단위	275,000
3	9,000단위	400,000
4	12,000단위	450,000

5	13,000단위	475,000
6	8,000단위	350,000

7월 한 달간의 예정생산량이 10,000단위라면 7월의 제조간접원가 예산은 얼마이겠는가?

① ₩400,000　② ₩405,000
② ₩410,000　④ ₩425,000
⑤ 정답이 없음

풀이 (1) 원가추정방정식

원가추정방정식을 $y=ax+b$(단, a : 변동원가율, b : 고정원가)라 할 때

$$a=\frac{475,000-275,000}{13,000-5,000}=₩25$$

그리고,

b=₩475,000−13,000×25=₩150,000

또는 b=₩275,000−5,000×25=₩150,000

따라서 원가추정방정식은

y=₩25x+150,000이 된다.

(2) 7월의 제조간접원가 예산액은 얼마인가?

y=₩25×10,000단위+150,000=₩400,000

해답: ①

예제 6 | 학습곡선(제작경험이 있는 경우)

CW회사는 선박 10척을 생산한 바 있으며 70척을 수주받기 위해 공개입찰에 응하려고 한다. 10척의 생산과 관련된 자료는 다음과 같다.

직접재료원가	₩500,000
직접노무원가(100시간×₩6,000)	600,000
변동제조간접원가	720,000

변동제조간접원가는 직접노무원가에 비례해서 발생하며 입찰가격은 제조원가에 20%를 가산하여 결정한다. 입찰가격은 얼마인가? (단, 80%의 학습곡선에 따른다)

① ₩10,688,064　② ₩9,104,064
③ ₩7,586,720　④ ₩8,264,064
⑤ ₩9,787,264

풀이 (1) 직접노무원가추정(70척)

누적생산량	단위당 노무원가	총노무원가
10	60,000	600,000
20	48,000	960,000
40	38,400	1,536,000
80	30,720	2,457,600

따라서, 70척 생산을 위한 추가노무원가=₩2,457,600−600,000=₩1,857,600

(2) 70척 생산과 관련된 입찰가격

	70척 생산원가
직접재료원가(70×₩50,000)	₩3,500,000
직접노무원가	1,857,600
변동제조간접원가(₩1,857,600×120%)	2,229,120
제조원가	₩7,586,720

그러므로,

입찰가격=₩7,586,720×1.2=₩9,104,064 **해답: ②**

>>> 객 · 관 · 식 · 문 · 제

- 원가계산의 기초 -

1 제품생산에 사용한 기계의 감가상각비를 기간비용으로 처리한 결과로 옳은 것은? (단, 선입선출법이 적용된 기말재공품재고가 존재한다.) 【'12. 관세사】

① 매출총이익이 과소계산된다.
② 판매관리비가 과소계산된다.
③ 당기총제조원가가 과대계산된다.
④ 기말재공품재고 금액이 과소계산된다.
⑤ 매출원가가 과대계산된다.

풀이 제품생산에 사용한 기계의 감가상각비는 제조원가에 포함해야 하며, 제조원가는 완성품과 기말재공품에 배분된다. 따라서 기말재공품에 배분될 감가상각비만큼 기말재공품이 과소평가된다.

2 다음 중 기업회계기준서에 의한 제조원가명세서에 표시되지 않는 것은? 【'96. CPA】

① 재료비 ② 당기제품제조원가
③ 당기총제조원가 ④ 제조경비
⑤ 매출원가

풀이 매출원가는 포괄손익계산서에 표시된다.

3 20×1년도 변동예산을 세우고 있는 SY회사의 최대조업도에 관한 정보는 다음과 같다.

- 직접노동시간 : 100,000시간
- 변동제조간접원가 : ₩400,000
- 고정제조간접원가 : ₩300,000

SY회사의 정상조업도는 최대조업도의 80%라 할 때 정상조업도하에서의 직접노동시간당 제조간접원가는 얼마인가? 【'90. 감평사】

① ₩5.60 ② ₩6.40
③ ₩7.00 ④ ₩7.75
⑤ ₩8.75

해답 1. ④ 2. ⑤ 3. ④

풀이 (1) 제조간접원가예산식

$y=₩4^{*}x+300{,}000$(x : 직접노동시간)

* 단위당변동원가 $=\frac{₩400{,}000}{100{,}000}=₩4$

(2) 정상조업도(100,000×80%=80,000시간)일 때의 총제조간접원가예산

총제조간접원가=₩4×80,000+300,000=₩620,000

∴ 직접노동시간당 제조간접원가 $=\frac{₩620{,}000}{80{,}000\text{시간}}=₩7.75$

4 ㈜원가는 기계장치를 생산, 판매하는 기업으로 사업 첫 해에 다음과 같은 원가가 발생했다. 이 자료를 바탕으로 원가계산을 했을 경우 (가)부터 (마)까지의 설명 중 타당하지 않은 것을 모두 고르면? (단, 기초재공품재고액은 없고, 기말재공품재고액이 ₩10 존재한다.) 【'10. CPA】

직접재료원가	₩110	간접재료원가	₩30	판매직급여	₩30
직접노무원가	120	간접노무원가	60	관리직급여	70
간접경비	200	광고선전비	20	이자비용	10

(가) 당기제품제조원가는 ₩510이다.
(나) 기본원가(기초원가, prime costs)는 ₩230이다.
(다) 제조간접원가에는 어떤 재료원가도 포함되지 않으므로 간접노무원가와 간접경비를 합한 ₩260이다.
(라) 당기총제조원가는 ₩520으로, 기본원가에 가공원가를 합한 금액이다.
(마) 기간원가는 ₩130으로, 재고가능원가라고 부르기도 한다.

① (가), (나) ② (다), (라)
③ (라), (마) ④ (나), (다), (마)
⑤ (다), (라), (마)

풀이 (다) 제조간접원가=₩30+60+200=₩290
(라) 당기총제조원가=기본원가+제조간접원가=₩110+120+290=₩520
(마) 기간원가는 재고불능원가라 한다.

5 다음 자료를 참고로 하여 20×1년도 당기제품제조원가와 매출원가를 계산하면? 【'93. CPA, '04. 감평사】

해답 4. ⑤ 5. ④

구 분	20×1. 1. 1 재고	20×1년 중 매입(투입)액	20×1. 12. 31 재고
원재료	₩ 90,000	₩720,000	₩120,000
재공품	120,000	–	140,000
직접노무원가	–	400,000	–
제조간접원가	–	510,000	–
제품	150,000	–	180,000

	당기제품제조원가	매출원가
①	₩1,550,000	₩1,580,000
②	₩1,600,000	₩1,580,000
③	₩1,610,000	₩1,580,000
④	₩1,580,000	₩1,550,000
⑤	₩1,580,000	₩1,580,000

풀이

원재료

차변		대변	
기 초	90,000	재공품	690,000
매 입	720,000	기 말	120,000
	810,000		810,000

재공품

차변		대변	
기 초	120,000	제 품	1,580,000
직접재료원가	690,000		
직접노무원가	400,000		
제조간접원가	510,000	기 말	140,000
	1,720,000		1,720,000

제 품

차변		대변	
기 초	150,000	매출원가	1,550,000
재공품	1,580,000	기 말	180,000
	1,730,000		1,730,000

6 (주)세무는 실제원가계산을 사용하고 있으며, 20×1년 원가자료는 다음과 같다. 20×1년 직접재료매입액은 ₩21,000이었고, 매출원가는 ₩90,000이었다. 가공원가의 40%가 직접노무원가라면 기초원가(prime cost)는? 【'07, '12, '13. 세무사】

	기초잔액	기말잔액
직접재료	₩3,000	₩4,000
재 공 품	50,000	45,000
제 품	70,000	60,000

해답 6. ①

① ₩42,000 ② ₩44,000
③ ₩50,000 ④ ₩53,000
⑤ ₩55,000

풀이 (1) 직접재료원가 계산

직접재료원가 = 기초원재료 + 당기매입액 − 기말원재료
= ₩3,000 + 21,000 − 4,000 = ₩20,000

(2) 직접노무원가 계산

원+재+제

		금액			금액
기초	원재료	3,000	매출원가		90,000
	재공품	50,000			
	제 품	70,000			
			기말	원재료	4,000
	매 입	21,000		재공품	45,000
	가공원가	x		제 품	60,000
		199,000			199,000

위 T계정에서 x(가공원가) = ₩55,000

∴ 직접노무원가 = ₩55,000 × 40% = ₩22,000

(3) 기초원가 계산

기초원가 = 직접재료원가 + 직접노무원가 = ₩20,000 + 22,000 = ₩42,000

7 (주)감평의 20×5년 1월 1일 재공품 재고액은 ₩50,000이고, 1월 31일 재공품 재고액은 ₩100,000이다. 1월에 발생한 원가자료가 다음과 같을 경우, (주)감평의 20×5년 1월 당기제품제조원가는? 【'90, '15. 감평사】

(1) 직접재료 사용액	₩300,000
(2) 공장건물 감가상각비	100,000
(3) 공장기계 수선유지비	150,000
(4) 본사건물 감가상각비	200,000
(5) 영업직원 급여	300,000
(6) 공장감독자 급여	400,000
(7) 공장근로자 급여	500,000
(8) 판매수수료	100,000

① ₩1,000,000 ② ₩1,400,000 ③ ₩1,450,000
④ ₩1,600,000 ⑤ ₩1,900,000

해답 7. ②

풀이

재공품

차변		대변	
기초재공품	50,000	제 품	1,400,000
직접재료원가	300,000		
직접노무원가	500,000		
제조간접원가	650,000*	기 말	100,000
	1,500,000		1,500,000

* 제조간접원가=₩100,000+150,000+400,000=₩650,000

8 (주)한국은 실제원가계산을 적용하고 있으며, 20×9년 1월의 월초 몇 월말 재고자산 금액은 다음과 같다.

	직접재료	재공품	제 품
1월초	₩25,000	₩30,000	₩40,000
1월말	₩15,000	₩20,000	₩25,000

1월 중에 가공원가는 ₩230,000이 발생하였으며, 재공품계정의 차변합계 금액은 ₩330,000이었다. 20×9년 1월의 직접재료 구입액과 매출원가는 각각 얼마인가?

【'05, '07, '09. 감평사】

	직접재료 구입액	매출원가
①	₩70,000	₩325,000
②	₩70,000	₩350,000
③	₩65,000	₩325,000
④	₩60,000	₩325,000
⑤	₩60,000	₩350,000

풀이

원재료

차변		대변	
기 초	25,000	소 비	70,000
매 입	60,000	기 말	15,000
	85,000		85,000

제공품

차변		대변	
기 초	30,000	제 품	310,000
직접재료원가	70,000*		
가공원가	230,000	기 말	20,000
	330,000		330,000

* ₩30,000+직접재료원가+230,000=₩330,000 ∴ 직접재료원가=₩70,000

해답 8. ④

제 품

기 초	40,000	매출원가	325,000
재 공 품	310,000	기 말	25,000
	350,000		350,000

9 (주)신궁의 2004년 기초 재고자산은 다음과 같다.

직접재료	재공품	제 품
₩39,000	₩52,000	₩40,000

2004년 중 직접재료매입액은 ₩150,000, 직접노무원가 발생액은 실제가공원가의 60%이며 제조간접원가 실제발생액은 ₩50,000이다. 기중 매출액은 ₩500,000이며 실제 매출총이익률은 25%이다. 2004년 기말재고자산(직접재료+재공품+제품)의 총합계는 얼마인가? 【'04. 감평사】

① ₩31,000 ② ₩39,000 ③ ₩50,000
④ ₩75,000 ⑤ ₩92,000

풀이

원재료+재공품+제품

기초 원재료	39,000	매출원가	375,000 2)
기초 재공품	52,000		
기초 제 품	40,000		
매 입	150,000		
직접노무원가	75,000 1)		
제조간접원가	50,000	기 말	31,000 3)
	406,000		406,000

1) 직접노무원가를 x라 하면
$x=(x+50,000)\times 60\%$
$\therefore$ $x=$₩75,000
2) ₩500,000×(1−25%)=₩375,000
3) 기말원재료+기말재공품+기말제품=₩31,000

10 (주)한국의 20×0년 기초 및 기말 재고자산은 다음과 같다.

	20×0년 초	20×0년 말
원재료	₩300,000	₩400,000
재공품	200,000	400,000
제 품	500,000	?

해답 9. ① 10. ④

20×0년 중 (주)한국의 원재료 매입액은 ₩1,500,000이었으며, 제조간접원가는 가공원가의 50%인 ₩2,500,000이 발생하였다. (주)한국의 20×0년도 매출액이 ₩7,200,000이고, 이는 매출원가의 120%에 해당한다. 20×0년 말 제품재고액은 얼마인가? 【'10. 감평사】

① ₩400,000
② ₩500,000
③ ₩600,000
④ ₩700,000
⑤ ₩800,000

풀이

원재료

기초	300,000	재공품	1,400,000
매입	1,500,000	기　말	400,000
	1,800,000		1,800,000

재공품

기　초	200,000	제품	6,200,000
직접재료원가	1,400,000		
직접노무원가	2,500,000[1)]		
제조간접원가	2,500,000	기말	400,000
	6,600,000		6,600,000

1) 가공원가 = 직접노무원가 + 제조간접원가
제조간접원가 = 가공원가 × 50% = ₩2,500,000 이므로
∴ 직접노무원가 = ₩2,500,000

제 품

기　초	500,000	매출원가	6,000,000[2)]
재공품	6,200,000	기　말	700,000
	6,700,000		6,700,000

2) ₩7,200,000 ÷ 1.2 = ₩6,000,000

11 화장품을 제조하는 (주)한국의 20×1년 직접재료예산과 관련된 자료를 이용하여 계산한 3분기의 재료구입 예산액은? 【'12. 감평사】

(1) 매출계획 및 재고계획에 따른 각 분기별 화장품 추정 생산량

20×1년

1분기	2분기	3분기	4분기
1,400단위	3,200단위	3,600단위	1,900단위

(2) 화장품 1단위를 생산하는데 필요한 재료는 15kg이다.
(3) 분기말 목표재료재고량은 다음 분기 생산량에 필요한 재료의 10%로 한다.
(4) 재료구입단가는 kg당 ₩2이다.

해답 11. ①

① ₩102,900 ② ₩103,200
③ ₩104,100 ④ ₩105,300
⑤ ₩106,400

풀이 3분기 원재료

기 초	10,800[1)]	소 비	108,000[2)]
매 입	102,900	기 말	5,700[3)]
	113,700		113,700

1) 3,600 × 15 × 10% × ₩2 = ₩10,800
2) 3,600 × 15 × ₩2 = ₩108,000
3) 1,900 × 15 × 10% × ₩2 = ₩5,700

12 (주)대한은 단일제품을 생산 · 판매하고 있다. 제품 1단위를 생산하기 위해서는 직접재료 0.5kg이 필요하고, 직접재료의 kg당 구입가격은 ₩10이다. 1분기 말과 2분기 말의 재고자산은 다음과 같이 예상된다.

	재고자산	
	1분기 말	2분기 말
직접재료	100kg	120kg
제 품	50단위	80단위

2분기의 제품 판매량이 900단위로 예상될 경우, 2분기의 직접재료 구입예산은? (단, 각 분기말 재공품 재고는 무시한다.) 【'12. 관세사, '99, '06, '12, '14. 감평사】

① ₩4,510 ② ₩4,600
③ ₩4,850 ④ ₩4,900
⑤ ₩4,960

풀이 2분기 제품 (단위: 수량)

기 초	50	판매량	900
생산량	930	기 말	80
	980		980

2분기 직접재료 (단위: ₩)

기 초	1,000[3)]	소 비	4,650[1)]
구입액	4,850	기 말	1,200[2)]
	200,000		200,000

해답 12. ③

1) 직접재료원가 = 930개 × 0.5kg × ₩10 = ₩4,650
   * 생산량 930개는 제품계정에서 구함
2) 120kg × ₩10 = ₩1,200
3) 100kg × ₩10 = ₩1,000

따라서, 직접재료 구입예산 = ₩4,650+1,200−1,000 = ₩4,850

13 다음은 (주)세무의 20×1년 분기별 생산량예산의 일부 자료이다. 제품생산을 위하여 단위당 2g의 재료가 균일하게 사용되며, 2분기의 재료구입량은 820g으로 추정된다.

	2분기	3분기
생산량예산	400단위	500단위

(주)세무가 다음 분기 예산 재료사용량의 일정 비율만큼을 분기 말 재고로 유지하는 정책을 사용하고 있다면 그 비율은? 【'13. 세무사】

① 9% ② 10%
③ 11% ④ 12%
⑤ 13%

풀이 2분기 원재료 (단위: g)

기 초	$800 \times r$	소비량	800*
구입량	820	기 말	$1{,}000 \times r$
	$800 \times r + 820$		$800 + 1{,}000 \times r$

*400 × 2g = 800g

따라서, $800 \times r + 820 = 800 + 1{,}000 \times r$

$\therefore\ r = 10\%$

14 1997년 1월 5일에 영업을 시작한 먹구름회사는 1997년 12월 31일에 직접재료재고 ₩5,000, 재공품 재고 ₩10,000, 제품재고를 ₩20,000 가지고 있었다. 1998년에 영업실적이 부진하자 이 회사는 동년 6월에 재료와 재공품 재고를 남겨두지 않고 제품으로 생산한 뒤 싼 가격으로 처분하고 공장을 폐쇄하였다. 이 회사의 1998년의 원가를 큰 순서대로 정리하면? 【'99. CPA. 감평사】

① 매출원가, 제품제조원가, 총 제조원가
② 매출원가, 총 제조원가, 제품제조원가
③ 총 제조원가, 제품제조원가, 매출원가

해답 13. ② 14. ①

④ 모두 금액이 같다.

⑤ 매출원가만 높고, 제품제조원가와 총 제조원가는 같다.

풀이

원재료				재공품				제 품			
기초	5,000	소비	×××┐	기 초	10,000	제품제조원가	×××┐	기 초	20,000	매출원가	×××
매입	×××	기말	0	└→총제조원가	×××	기 말	0	└→재공품	×××	기 말	0
	×××		×××		×××		×××		×××		×××

기말재고 없이 모두 소비하고 모두 완성하고 모두 판매되었으므로 기초재고액만큼 다음 순서대로 크게 표시된다.
총제조원가 < 제품제조원가 < 매출원가

15 제품원가와 기간비용을 구분하는 목적은 무엇인가? 【'99. 감평사】

① 고정원가와 변동원가를 분리하기 위해서

② 비제조원가와 제조원가를 분리하기 위해서

③ 어떤 원가가 통제 가능한 원가인지 결정하기 위해서

④ 어떤 원가가 재고 가능한 원가인지 결정하기 위해서

⑤ 위의 모든 것들을 결정하기 위해서

풀이 제품원가와 기간비용을 구분하는 이유는 원가배분의 문제로서 기간비용은 당기수익에 대응해서 비용처리 하기 위해서이며 재고가능원가는 당기에 비용으로 인식하지 않고 재고자산으로 계상하였다가 차기 이후에 판매시점에서 비용으로 인식하기 위해서이다.

16 다음 자료는 CY회사의 6월중 발생한 제조경비의 내용이다.

(1) 전력비	당월 지급액 전월 미지급액 당월 미지급액	₩4,588,960 1,270,800 1,530,000
(2) 세금과 공과	당월 지급액	920,690
(3) 임차료	당월 지급액 전월 미지급액 당월 미지급액	6,720,000 2,400,000 1,950,000
(4) 보험료	당월 지급액 7월분 선급액	8,720,060 3,651,800

해답 15. ④ 16. ⑤

CY회사의 6월중 제조경비의 발생액은 얼마인가? 【2000. 감평사】

① ₩20,949,710 ② ₩24,429,710 ③ ₩21,140,510
④ ₩17,488,710 ⑤ ₩17,107,110

풀이

(1) 전력비＝4,588,960－1,270,800＋1,530,000	＝	4,848,160
(2) 세금과 공과	＝	920,690
(3) 임차료＝6,720,000－2,400,000＋1,950,000	＝	6,270,000
(4) 보험료＝8,720,060－3,651,800	＝	5,068,260
계		17,107,110

17 다음은 강호회사의 20×1년 12월 31일로 종료되는 회계연도의 회계자료의 일부분이다. 【2000. 감평사】

(1) 직접재료재고액의 증가	₩15,000
(2) 제품재고액의 감소	35,000
(3) 직접재료 구입액	430,000
(4) 직접노무원가	200,000
(5) 제조간접원가	300,000
(6) 판매비	45,000

연초 및 연말의 재공품은 없었다. 강호회사의 20×1년도의 매출원가는 얼마인가?

① ₩950,000 ② ₩965,000 ③ ₩975,000
④ ₩985,000 ⑤ ₩995,000

풀이

원＋재＋제

기초 원	0	매출원가	950,000
기초 재	0		
기초 제	35,000		
재료구입액	430,000	기말 원	15,000
직접노무원가	200,000	기말 재	0
제조간접원가	300,000	기말 제	0
	965,000		965,000

18 아래 정보를 사용하여 당기제품제조원가를 계산하시오. 【'08, '02. 감평사】

해답 17. ① 18. ①

(1) 직접재료원가는 ₩50,000이며 당기총제조원가의 25%이다.
(2) 제조간접원가는 가공원가의 30%를 차지한다.
(3) 기초재공품은 당기총제조원가의 20%이고 기말재공품은 기초재공품의 1.2배이다.

① ₩192,000 ② ₩105,000
③ ₩125,000 ④ ₩288,000
⑤ ₩240,000

풀이

재공품

기 초	40,000 [1)]	제 품	192,000 [3)]
직접재료원가	50,000		
직접노무원가	105,000		
제조간접원가	45,000	기 말	48,000 [2)]
	240,000		240,000

1) 당기총제조원가 = ₩50,000 ÷ 25% = ₩200,000
기초제공품 = ₩200,000 × 20% = ₩40,000
2) 기말재공품 = ₩40,000 × 1.2 = ₩48,000
3) 당기제품제조원가 = (기초재공품 + 당기총제조원가) − 기말재공품
= ₩40,000 + 200,000 − 48,000
= ₩192,000

참고로, 직접노무원가와 제조간접원가를 구해보면
제조간접원가 = 가공비 × 30% = (₩200,000 − 50,000) × 30%
= ₩45,000
직접노무원가 = ₩200,000 − (50,000 + 45,000) = ₩105,000

– 원가추정 –

19 (주)국세는 단일제품을 생산 · 판매하고 있으며, 7월에 30단위의 제품을 단위당 ₩500에 판매할 계획이다. (주)국세는 제품 1단위를 생산하는데 10시간의 직접노무시간을 사용하고 있으며, 제품 단위당 변동판매비와관리비는 ₩30이다. (주)국세의 총제조원가에 대한 원가동인은 직접노무시간이며, 고저점법에 의하여 원가를 추정하고 있다. 제품의 총제조원가와 직접노무시간에 대한 자료는 다음과 같다. 【'12. 세무사】

해답 19. ②

월	총제조원가	직접노무시간
1	₩14,000	120시간
2	17,000	100
3	18,000	135
4	19,000	150
5	16,000	125
6	20,000	140

(주)국세가 7월에 30단위의 제품을 판매한다면 총공헌이익은 얼마인가?

① ₩1,700 ② ₩2,100 ③ ₩3,000
④ ₩12,900 ⑤ ₩13,800

풀이 직접노무시간당 변동제조원가 $= \frac{19,000-17,000}{(150-100)} =$ ₩40
제품단위당 변동제조원가 = 10시간 × ₩40 = ₩400
따라서, 총공헌이익 = 매가 − 변동원가 = 30개 × (500 − 430*) = ₩2,100
* 단위당 변동원가 = ₩400+30 = ₩430

20 혜화(주)는 단위당 ₩3,400으로 판매될 신제품을 새로 생산할 것을 계획하고 있다. 다음은 첫 해에 생산될 5,000 단위에 대한 제조원가 추정치이다. 【'03. 감평사】

직접재료원가 : ₩6,000,000
직접노무원가 : ₩2,000,000(노무비 임률은 시간당 ₩200이다.)

신제품에 대한 제조간접원가는 단순선형회귀등식을 이용하여 분석된 결과 Y = ₩300,000 + 400X(Y: 총제조간접원가, X: 직접노동시간)로 도출되었다. 신제품에 대한 단위당 예상공헌이익은 얼마인가?

① ₩1,000 ② ₩900
③ ₩800 ④ ₩700
⑤ ₩600

풀이 (1) 제품단위당 변동원가 계산

직접재료원가	₩1,200[1)]
직접노무원가	400[2)]
변동제조간접원가	800[3)]
계	₩2,400

1) ₩6,000,000 ÷ 5,000개 = ₩1,200

해답 20. ①

2) ₩2,000,000 ÷ 5,000개 = ₩400
3) 제품단위당 400 ÷ 200 = 2시간 소요
∴ 변동제조간접원가=2 × ₩400 = ₩800

(2) 제품단위당 예상공헌이익
₩3,400 − 2,400 = ₩1,000

21 (주)세종의 2월부터 6월까지의 원가관련 자료는 다음과 같다.

월	생산단위	제조원가
2	10개	₩70,000
3	20개	₩150,000
4	40개	₩200,000
5	50개	₩230,000
6	30개	₩180,000

위 자료에 의하여 7월 예상 생산량이 60단위인 경우 제조원가를 추정하면 얼마인가? (단, 고저점법을 이용할 것) 【'00, '02, '05. 감평사】

① ₩240,000 ② ₩250,000 ③ ₩260,000
④ ₩270,000 ⑤ ₩280,000

풀이 단위당 변동제조원가 = $\frac{₩230,000-70,000}{50-10}$ = ₩4,000
고정제조간접원가 = ₩230,000 − 50 × 4,000 = ₩30,000
또는 ₩70,000 − 10 × 4,000 = ₩30,000
∴ y= ₩4,000x + 30,000
따라서 y= ₩4,000 × 60 + 30,000 = ₩270,000

22 다음은 강릉(주)의 조업도수준에 따른 자료이다.

	조업도수준	
	낮음	높음
생산수량	25,000 단위	30,000 단위
총제조원가	₩575,000	₩680,000
단위당 직접재료원가	₩5	₩5
단위당 직접노무원가	₩6	₩6

고저점법을 사용하여 제조간접원가의 원가행태를 분석할 경우 다음 중에서 옳은 것

해답 21 ④ 22. ①

은? 【'07. 세무사】

① 기간 당 ₩50,000, 단위 당 ₩10

② 기간 당 ₩50,000, 단위 당 ₩21

③ 기간 당 ₩50,000, 단위 당 ₩22

④ 기간 당 ₩50,000, 단위 당 ₩23

⑤ 기간 당 ₩347,000, 단위 당 ₩0.1

풀이 단위당 변동제조원가 $= \frac{(₩680,000 - 575,000)}{(30,000 - 25,000)} = ₩21$

∴ 단위당 변동제조간접원가 = ₩21 − 11 = ₩10

고정제조간접원가 = ₩575,000 − 25,000 × 21 = ₩50,000

∴ 제조간접원가예산식; $Y = ₩10X + 50,000$(X; 생산량)

– 학습곡선 –

23 다음 자료를 기초로 하여 300단위 추가시의 선박 단위당 원가를 구하시오.

【'91. 세무사】

· 선박 100척을 제조하는 데 발생한 원가

직접재료원가	₩1,000,000
직접노무원가	₩2,000,000(200시간)
제조간접원가	₩1,000,000(직접노무원가에 비례)

· 학습률 80%

① ₩25,600 ② ₩26,800 ③ ₩27,500

④ ₩7,680,000 ⑤ ₩7,960,000

풀이

누적생산량	단위당노무원가	총노무원가
100	20,000	2,000,000
200	16,000	3,200,000
400	12,800	5,120,000

따라서, 300단위를 생산할 경우의 총제조원가 및 단위당원가는 다음과 같다.

직접재료원가(300 × ₩10,000)	₩3,000,000
직접노무원가(₩5,120,000 − 2,000,000)	3,120,000
제조간접원가(₩3,120,000 × 50%)	1,560,000

해답 23. ①

총제조원가	₩7,680,000
총생산량	÷ 300단위
선박단위당원가	₩25,600

24 (주)감평은 20×1년 초에 신제품을 개발하여 최초 10단위를 생산하였으며, 최초 10단위의 신제품 생산과 관련된 제조원가는 다음과 같다.

직접재료원가	₩8,000
직접노무원가(시간당 ₩10)	3,000
변동제조원가(직접노무시간에 비례하여 발생)	9,000
고정제조간접원가 배부액	2,000

신제품 생산에는 90% 누적평균시간 학습효과가 있는 것으로 분석되었다. 추가로 30단위를 생산하여 총 40단위를 생산할 경우, 총 40단위에 대해 예상되는 변동원가는? (단, ㈜감평은 신제품을 생산할 수 있는 충분한 여유설비를 확보하고 있다.)

【'13. 관세사, '14. 감평사】

① ₩70,880 ② ₩72,880
③ ₩76,680 ④ ₩78,680
⑤ ₩80,880

풀이

누적생산량	단위당노무원가	총노무원가
10	300	3,000
20	270	5,400
40	243	9,720

	40개 생산
직접재료원가(40×₩800)	₩32,000
직접노무원가	9,720
변동제조간접원가(₩9,720×300%)	29,160
변동제조원가	₩70,880

25 (주)백양은 매달 엔진모터를 800단위씩 단위당 ₩10,000에 외부 구입하였다. 그러나, 최근 경기하락으로 인상요구를 지속적으로 받아왔다. 따라서, 기획실에서는 (주)백양이 자가제조하는 것을 검토하기 위해 다음과 같이 100단위 생산시의 원가자료를 추정

해답 24. ① 25. ⑤

하게 되었다.(이에 따르면 100단위에 대한 총원가는 ₩1,840,000, 즉 단위당 ₩18,400이다.) 자가제조의 경우 시간급 생산근로자를 추가 고용해야 할 것이나, 그 밖의 기계, 작업공간 또는 감독인원 등은 추가적으로 필요하지 않다.

· 직접재료원가	₩40,000
· 직접노무원가(1단위당 1시간)	₩400,000
· 변동제조간접원가	₩800,000
· 고정제조간접원가(배부액)	₩600,000

※ 변동제조간접원가는 직접노동시간에 비례하여 발생하며, 직접노무비의 200%에 해당하는 금액이다.

※ 생산이 90%의 누적평균시간학습곡선에 따라 노무비 절감의 개선을 가져오며, 100단위의 제조작업이 측정목적상 최초의 롯트(lot) 또는 배치(batch)라고 하자.

이와 같은 상황에서 (주)백양은 800단위의 외부구매 또는 자가제조 중 어느쪽이 얼마만큼 원가절감을 할 수 있는지 구하시오. 【'01. 감평사】

① 외부구매시 단위당 ₩8,400 절감

② 외부구매시 단위당 ₩1,316 절감

③ 자가제조시 단위당 ₩204 절감

④ 외부구매시 단위당 ₩2,400 절감

⑤ 자가제조시 단위당 ₩852 절감

풀이 (1) 총노무비 계산

누적생산량	단위당노무원가	총노무원가
100	4,000	400,000
200	3,600	
400	3,240	
800	2,916	2,332,800

(2) 총제조원가(800개)

직접재료원가 (800×₩400)	₩ 320,000
직접노무원가	2,332,800
변동제조간접원가(₩2,332,800×200%)	4,665,600
총제조원가	₩7,318,400
생 산 량	÷ 800개
단위당제조원가	₩9,148

∴ 자가제조가 단위당 ₩10,000－9,148＝₩852 유리하다.

26 (주)감평은 제품B 800단위에 대한 계약의 입찰에 참여할 것을 고려하고 있다. 약 일주일 전에 제품A를 생산하였으며 고정제조간접원가 ₩5,000은 제품A에 전부 배분하여 보상받았다. 제품B 800단위를 생산하여도 고정제조간접원가는 변동이 없다. 제품B의 200단위의 생산에 소요되는 변동제조원가는 다음과 같다.

직접재료원가	₩10,000
직접노무원가(1,000시간×₩30)	30,000
변동제조간접원가	8,000
기 타	6,000
합 계	₩54,000

변동제조간접원가는 직접노무원가에 비례하여 발생하고, 기타 원가는 일반관리비 및 이윤보상 목적으로 직접노무원가의 20%를 일정하게 설정한다.

(주)감평은 제품B의 생산과 관련하여 200단위 묶음으로 80%의 누적평균시간 학습곡선을 사용하고 있다. 총제조원가의 120%를 입찰가격으로 제시한다고 할 때, 800단위의 계약에 입찰하기 위해 제시할 예상금액은 얼마인가? 【'02. 세무사, '07. 감평사】

① ₩147,360 ② ₩152,640

③ ₩159,264 ④ ₩183,168

⑤ ₩194,400

풀이 (1) 노무원가 계산

누적생산량	단위당 노무원가	총노무원가
200	150	30,000
400	120	48,000
800	96	76,800

(2) 입찰가격

	800개
직접재료원가 (800×₩50)	₩40,000
직접노무원가	76,800
변동제조간접원가	20,480*
기 타	15,360*
계	₩152,640

* $₩76,800 \times \frac{8,000}{30,000} = ₩20,480$

$₩76,800 \times 20\% = ₩15,360$

∴ 입찰가격 = ₩152,640 × 1.2 = ₩183,168

해답 26. ④

27 (주)국세는 1로트(lot)의 크기를 10대로 하는 로트생산방식에 의해 요트를 생산 · 판매하고 있다. (주)국세는 최근 무인잠수함을 개발하고 5대를 생산 · 판매하였으며, 관련 원가자료는 다음과 같다.

직접재료원가 (₩2,000,000/대)	₩10,000,000
직접노무원가 (₩30,000/시간)	30,000,000
변동제조간접원가 (₩5,000/직접노무시간)	5,000,000

무인잠수함도 로트생산방식에 의해 생산하되, 1로트의 크기는 5대이다. 무인잠수함의 직접노무시간은 요트 생산과 같이 로트당 누적평균시간 학습곡선모형을 따르며, 학습률도 동일하다. 요트 생산의 누적생산량과 로트당 평균 직접노무시간은 다음과 같다.

누적생산량	누적로트 수	로트당 평균직접노무시간
10	1	1,300
20	2	1,170
40	4	1,053

(주)국세는 무인잠수함 35대에 대한 납품 제의를 받았다. 이 납품과 관련된 무인잠수함 1대의 평균 변동제조원가는? 【'15. 세무사】

① ₩5,451,000　② ₩6,080,000
③ ₩6,165,000　④ ₩6,544,000
⑤ ₩6,832,000

풀이 (1) 학습률 계산

요트 생산과 무인잠수함 생산의 학습률은 동일하다.

∴ 1,170÷1,300=0.9

(2) 35대 생산시 직접노무원가 계산

누적생산량	단위당노무원가	총노무원가
5	6,000,000	30,000,000
10	5,400,000	54,000,000
20	4,860,000	97,200,000
40	4,374,000	174,960,000

∴ 35대 생산시 직접노무원가=₩174,960,000−30,000,000=₩144,960,000

(3) 단위당 변동제조원가 계산

	35대 생산시 변동제조원가
직접재료원가(35×₩2,000,000)	₩70,000,000

해답 27. ⑤

직접노무원가	144,960,000
변동제조간접원가(₩144,960,000 × $\frac{1}{6}$)	24,160,000
변동제조원가	239,120,000
생산량	÷ 35대
단위당 변동제조원가	₩6,832,000

28 (주)OK는 자동차 부품 A를 생산하고 있다. 최초 1,000단위의 A를 생산하는데 250시간의 직접노동시간이 투입되었고, 추가 1,000단위 생산시에는 200시간이 투입되었다고 한다. (주)OK의 제조공정에 누적평균시간학습곡선모형이 적용된다면 몇 %의 학습곡선이 적용되는가? 【'15. 관세사, '06. 감평사】

① 70% ② 75% ③ 80%
④ 85% ⑤ 90%

풀이

누적생산량	단위당 평균시간	총시간
1,000	0.25	250
2,000	0.225*	450

* (250 + 200) ÷ 2,000 = 0.225

∴ 학습률 = $\frac{0.225}{0.25}$ = 90%

29 항공기 제조회사인 (주)한라는 대형 항공기 생산에 착수하여 직접노동시간 800시간이 소요되어 시제품 1대를 완성하였다. 항공기 3대를 추가로 생산하는데 소요되는 추가 직접노동시간은 얼마인가? (단, 학습곡선상의 누적평균시간모형을 따르고 학습률은 85%로 가정한다.) 【'08. 감평사, '10. 세무사,】

① 1,512시간 ② 1,734시간 ③ 2,040시간
④ 2,312시간 ⑤ 2,720시간

풀이

누적생산량	단위당시간	총시간
1	800	800
2	680	1,360
4	578	2,312

∴ 3대추가 생산시 소요되는 시간 = 2,312 − 800 = 1,512시간

해답 28. ⑤ 29. ①

CHAPTER

16 원가의 배분 및 개별원가계산

제1절 원가의 배분

1. 의의

원가의 배분이란 여러 가지 대상에서 공통적으로 발생한 간접원가(제조간접원가)를 각 원가의 대상(제품별, 부문별 또는 활동별 등)에 합리적인 배분기준에 따라 배부하는 절차를 원가의 배분이라고 한다. 개별원가계산에 있어서는 원가를 직접원가와 간접원가로 구분하며 직접원가는 직접 제품에 부과하고 여러 종류의 원가의 대상(제품 등)에서 공통적으로 소비된 제조간접원가는 합리적인 배분기준에 의하여 최종적으로 각 제품(작업)에 배부되는 과정을 거치게 된다.

2. 목적

원가의배분의 목적은 최종적으로 정확한 제품원가를 계산하는 것이며, 그래야만 재고자산과 매출원가를 정확히 산출하게 되고 정확한 당기순이익을 보고하여 정보이용자에게 유용한 정보를 제공하게 된다. 또한 적절한 제품가격을 결정하거나 부문 책임자나 종업원의 성과평가를 위해서도 필요하다.

3. 원가배분기준

(1) 인과관계기준

원가의 대상과 원가의 발생사이에 인과관계가 존재할 경우에 인과관계에 따라 배분하는 것을 말하며 가장 합리적인 원가배분기준이라 할 수 있다.

예들 들면, 사용한 전력량을 기준으로 전력비를 배분하는 경우

(2) 수혜기준

원가의 대상에서 경제적 효익이 발생하고 이를 측정할 수 있는 경우에 제공받은 효익의 크기에 비례해서 배분하는 것을 말한다.

예를 들면, 광고비가 지출되었을 때 광고효과에 의해서 매출액의 크기에 달라졌을 때 그 효익의 크기에 따라 광고비를 배분하는 경우

(3) 부담능력기준

원가를 부담할 수 있는 능력에 따라 원가대상에 배분하는 것을 말한다.

예를 들면, 자산이나 매출액이 큰 사업부에 공통비를 더 많이 부담시키는 경우

(4) 공정성과 공평성 기준

원가를 배분할 때에는 각 원가의 대상에 공정하고 공평하게 배분해야 한다는 것이다.

제2절 부문별 원가계산

1. 부문별 원가계산의 의의

부문별 원가계산이란 제조간접원가를 처음부터 각 제품에 배부하는 것이 아니라 먼저 발생장소마다 집계하고 그것을 그 발생장소를 통과한 제품에 합리적으로 부담시키기 위한 방법을 말한다. 이 경우에 제조간접원가가 발생한 장소를 원가부문이라 하며, 발생장소별로 계산하는 것을 부문별 원가계산이라 한다.

일반적으로 부문은 제조부문과 보조부문으로 구분한다.

표 16-1 부문별 원가계산

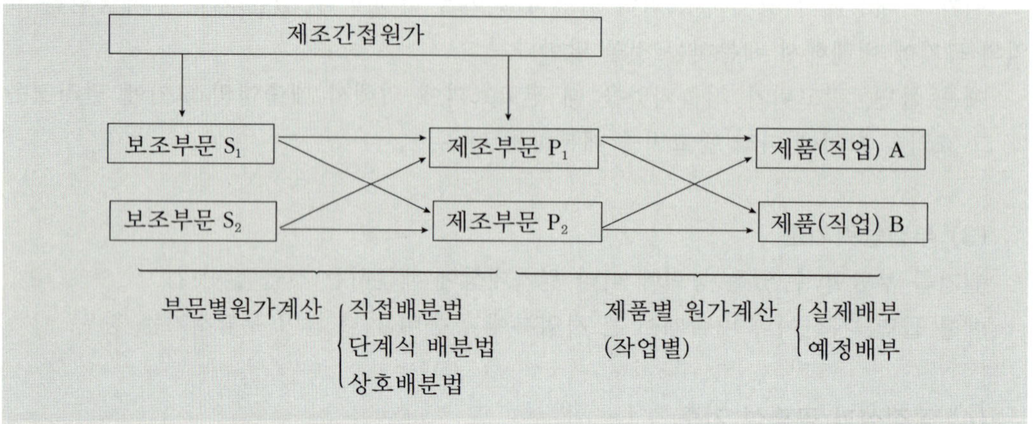

1) 제조간접원가를 부문별로(보조부문과 제조부문) 집계한 다음 보조부문원가를 합리적인 배분방법(직접배분법, 단계식배분법 또는 상호배분법)에 따라 제조부문에 배분한다.
2) 제조부문에 집계된 제조간접원가를 각 제품(작업)에 최종적으로 배부(실제배부 또는 예정배부)한다. 이 경우 직접재료원가와 직접노무원가는 각 제품(작업)별로 직접 추적하여 구한다.

2. 보조부문비의 제조부문에의 배분

각 부분에 배분된 제조간접원가는 각 부문별로 각 제품에의 배부계산이 행해지는데, 이 경우에 보조부문에서는 직접 제품을 제조하는 부문이 아니므로 이 보조부문원가를 그대로 각 제품에 부담시킬 수가 없다. 따라서 보조부문원가를 일정한 배부기준에 의하여 제조부문에 배분한 후에 그 제조부문을 통과한 제품에 합리적으로 배부하기 위해서 보조부문원가를 제조부문에 배분하게 되는 것이다.

보조부문원가를 제조부문에 배분함에 있어서 고려하여야 할 사항은 보조부문이 용역을 제공하고 있는 것은 제조부문에만 국한되어 있지 않고 보조부문 상호간에도 용역의 수수를 행하고 있다는 점이다.

(1) 보조부문원가의 배분방법

이 보조부문간의 용역의 수수를 어느 정도 고려하느냐에 따라 보조부문원가의 배분방법은 직접배부법, 계단식 배부법, 상호배부법이 있다.

① **직접배분법** 직접배분법이란 보조부문원가를 직접 각 제조 부문에 배분하는 방법으로서 보조부문 상호간에 행해지는 용역의 수수를 무시하는 방법이다.

② **계단식 배분법** 계단식 배분법이란 보조부문간의 용역의 수수 정도를 비교하

여 가장 다수의 부문에 용역을 제공하는 보조부문으로부터 용역을 제공하는 상대가 적은 보조부문으로 순서를 정하여 순위가 높은 것으로부터 순차적으로 배분하는 방법이다. 계제식배분법 또는 단계식배분법이라고도 한다.

③ **상호배분법**　상호배분법이란 보조부문간에 서로 주고받은 용역수수관계를 모두 고려하는 방법이다. 즉 각 보조부문 사이에 용역수수관계가 존재할 때 각 보조부문원가는 다른 부문비에 의해 많은 영향을 받게 되는데, 상호배분법에서는 이와 같은 보조부문간의 상호관련성을 완전히 인식하는 방법이다.

이 방법은 연립방정식을 이용하면 쉽게 계산할 수 있다.

(2) 보조부문원가의 형태별 배분

① **단일배분율법**　단일배분율법이란 보조부문에서 발생한 제조간접원가를 변동원가와 고정원가로 구분하지 않고 하나의 배분기준을 적용하여 배분하는 방법이다.

② **이중배분율법**　이중배분율법이란 보조부문에서 발생한 제조간접원가를 변동원가와 고정원가로 구분하여 각각 다른 배분기준을 적용하여 배분하는 방법이다. 이 경우에 변동원가는 일반적으로 실제사용량에 비례하여 발생하므로 실제사용량을 기준으로 배분하는 것이 합리적이며, 고정원가는 실제 사용량 기준이 아니라 최대 사용량기준으로 배분하는 것이 합리적이다.

보조부문원가의 배분

도푼회사의 홍성공장은 성형 · 완성부로 구성된 2개의 제조부문과 보조부문인 동력 · 수선부로 운영되고 있다. 당기중 발생한 부문별 제조간접원가와 부문 상호간의 용역 수수관계는 다음과 같다.
다음의 방법으로 보조부문원가를 제조부문에 배분하라.

사용부문 / 제공부문	보조부문		제조부문		합계(%)
	동력부문	수선부문	성형부문	완성부문	
동력부문	–	36%	34%	30%	100%
수선부문	20%	–	50%	30%	100%

부문별 발생원가:

동력부문	₩80,000
수선부문	100,000

성형부문	150,000
완성부문	200,000
계	530,000

(1) 직접배분법
(2) 단계식 배분법(단, 동력부문을 먼저 배분할 것)
(3) 상호배분법

풀이

(1) 직접배분법

직접배분법은 보조부문 상호간의 용역 수수를 완전히 무시하는 방법이다.

	성형부문	완성부문	수선부문	동력부문
배분전부문원가	150,000	200,000	100,000	80,000
보조부문원가배부				
수선부문(50 : 30)	62,500	37,500	(100,000)	
동력부문(34 : 30)	42,500	37,500		(80,000)
배분후 부문원가	255,000	275,000	0	0

(2) 단계식 배분법(계제식 배분법)

단계식 배분법은 보조부문간의 배분순서를 먼저 결정하고 이 순서에 따라 순차적으로 배분하는 방법이다. 이 경우에 동력부문은 수선부문에 배분하지만 수선부문은 동력부문에 배분하지 않고 제조부문에만 배분하게 된다.

	성형부문	완성부문	수선부문	동력부문
배분전부문원가	150,000	200,000	100,000	80,000
보조부문원가배분				
동력부문(34 : 30 : 36)	27,200	24,000	28,800	(80,000)
수선부문(50 : 30)	80,500	48,300	(128,800)	0
배분후 부문원가	257,700	272,300	0	

(3) 상호배분법

상호배분법은 보조부문 상호간의 용역수수를 모두 고려하는 방법으로, 연립방정식을 이용하는 것이 간편하다.

㉠ 동력부문의 총원가를 S_1이라고 하고, 수선부문의 총원가를 S_2라고 하면 보조부문 상호간에 다음의 연립방정식이 성립된다.

$S_1 = ₩80,000 + 0.2S_2$

$S_2 = ₩100,000 + 0.36S_1$

연립으로 풀면

$S_1 = 107,758$

$S_2 = 138,792$

㉡ 보조부문 원가의 배분

	성형부문	완성부문	수선부문(S_2)	동력부문(S_1)
배분전부문원가	150,000	200,000	100,000	80,000
보조부문원가배부				
동력부문(34 : 30 : 36)	36,638	32,328	38,792	(107,758) 1)
수선부문(50 : 30 : 20)	69,396	41,638	(138,792) 2)	27,758
배분후 부문원가	256,034	273,966	0	0

1) 성형부문: 107,758×34%=36,638
완성부문: 107,758×30%=32,328
수선부문: 107,758×36%=38,792
2) 성형부문: 138,792×50%=69,396
완성부문: 138,792×30%=41,638
동력부문: 138,792×20%=27,758

단계식 배분법

(1) 제조부문 A, B와 보조부문 X, Y의 서비스 제공관계는 다음과 같다.

제공 \ 사용	보조부문		제조부문		합 계
	X	Y	A	B	
X	–	40단위	20단위	40단위	100단위
Y	80단위	–	60단위	60단위	200단위

(2) X, Y부문의 원가는 각각 ₩160,000, ₩200,000이다.

단계배분법에 의해 X부문을 먼저 배분하는 경우와 Y부문을 먼저 배분하는경우의 제조부문 A와 B에 배분되는 금액은 얼마인가? 【'12. 감평사】

풀이

(1) X부문을 먼저 배분하는 경우

	A	B	Y	X
배분전			200,000	160,000
X부문 배분	32,000	64,000	64,000	(160,000)
Y부문 배분	132,000	132,000	(264,000)	0
배분후	164,000	196,000	0	

(2) Y부문을 먼저 배분하는 경우

	A	B	X	Y
배분전			160,000	200,000
X부문 배부	60,000	60,000	80,000	(200,000)
Y부문 배부	80,000	160,000	(240,000)	0
배분후	140,000	220,000	0	

상호배분법

(1) (주)찬엽은 아래 표와 같이 제조부문과 보조부문을 각각 두 개씩 운영하고 있다. 동력부와 관리부에 집계된 제조간접원가는 각각 ₩200,000과 ₩370,000이다.

(2) 각 부문간의 용역수수비율은 아래 표와 같다.

제공처 \ 사용처	제조부문		보조부문	
	제과부	제빵부	동력부	관리부
동력부	0.2	0.4	–	0.4
관리부	0.4	0.35	0.25	–

보조부문의 제조간접원가를 상호배분법으로 배분할 때, 제과부에 배분되는 제조간접원가를 구하시오. 【'10. 감평사】

풀이

10. ①

제과부를 A, 제빵부를 B, 동력부를 S_1, 관리부를 S_2라 하면,

$S_1 = ₩200,000 + 0.25 \times S_2$

$S_2 = ₩370,000 + 0.4 \times S_1$

위 두식을 연립방정식을 풀면,

$\therefore S_1 = ₩325,000,\ S_2 = ₩500,000$

따라서,

A(제과부) $= 0.2 \times S_1 + 0.4 \times S_2$

$= 0.2 \times ₩325,000 + 0.4 \times ₩500,000$

$= ₩65,000 + 200,000 = ₩265,000$

B(제빵부) $= 0.4 \times S_1 + 0.35 \times S_2$

$= 0.4 \times ₩325,000 + 0.35 \times ₩500,000$

$= ₩130,000 + 175,000 = ₩305,000$

표를 작성하면 다음과 같다.

	A	B	S_1	S_2
배분전	–	–	200,000	370,000
S_1	65,000	130,000	(325,000)	130,000
S_2	200,000	175,00	125,000	(500,000)
배분후	265,000	305,000	0	0

제3절 개별원가계산

1. 개별원가계산의 의의 및 절차

(1) 개별원가계산의 의의

개별원가계산이란 여러 종류의 제품을 개별적으로 생산하는 다품종 소량시스템 주문생산방식을 말한다. 이 경우에 여러 종류의 제품이란 하나의 제품(예: 선박 등)으로 구성될 수도 있고, 묶음생산방식에 의해 생산되는 경우에는 동종의 여러 제품(예: 100개의 책상 등)으로 구성될 수도 있다. 기업이 고객으로부터 주문을 받으면 공장에 주문받을 제품을 생산할 것을 지시하게 되는데 이 서식을 작업지시서(제조지령서)라고 하고, 이때 개별 작업(제품)별로 제조원가를 집계하는 것을 작업원가표 또는 개별원가계산표라고 한다.

(2) 개별원가계산의 절차

① 원가를 재료비, 노무비 및 경비로 구분하여 요소별로 원가계산을 한다.

② 직접 제품별로 집계가 가능한 제조직접원가와 여러 제품에 공통적으로 발생하여 제품별로 집계가 불가능한 제조간접원가로 구분한다.

③ 규모가 작은 경우에는 제조간접원가를 가장 합리적인 배부기준에 따라 직접제품별로 배부한다.

④ 규모가 큰 경우에는 제조부문과 보조부문으로 나누어 보조부문에 집계된 보조부문비를 합리적인 배부기준에 따라 각 제조부문에 배분한다.

그리고 제조부분에 집계된 제조간접원가를 합리적인 배부기준에 의해 각 제품에 배부(실제배부 또는 예정배부)한다.

표 16-2 종합원가계산과의 비교

	개별원가계산	종합원가계산
생산형태 및 적용업종	다품종 소량 주문생산형태 인쇄 · 건설 · 조선 등	동종제품 대량생산형태 제지 · 제분 · 유리 · 시멘트 등 제조업
원가계산방법	작업지시서(제조지령서)별 원가계산 작업지시서 → 제품원가	기간별 · 공정별 평균화과정 공정 → 평균화 → 제품원가
핵심과제	제조간접원가의 배분	기말재공품 평가
원가의 분류	원가대상에 대한 추적가능성 중시 ① 직접재료원가 ② 직접노무원가 ③ 제조간접원가	원가의 변형과정 중시 ① 직접재료원가 ② 가공원가(직접노무원가+제조간접원가)
기말재공품의 평가	미완성 작업지시서에 집계된 모든 원가	공정에 걸쳐 있는 기말재공품 (환산량×환산량 단위당 원가)

2. 실제개별원가계산

(1) 의의

실제개별원가계산은 직접재료원가, 직접노무원가, 제조간접원가 모두 실제발생액을 각 제품(작업)에 집계하여 원가계산을 하는 방법이다.

(2)원가계산의 절차

직접재료원가와 직접노무원가는 개별 제품(작업)별로 실제발생액을 직접추적하여 집계하고, 개별 제품(작업)에 직접 추적할 수 없는 제조간접원가는 실제배부율을 이용하여 개별 제품(작업)에 배부하는 방법이다.

$$\text{실제배부율} = \frac{\text{실제제조간접원가}}{\text{실제배부기준 합계}}$$

각 제품(작업)의 제조간접원가배부액=실제배부기준×실제배부율

개별원가계산(제조간접비 실제배부)

1. 기초재공품 원가

제품 A(제조지령서 #1)	₩50,000
제품 B(제조지령서 #2)	₩40,000

2. 당기재료 소비액

① 직접재료원가 소비액 :	제품A(제조지령서 #1)	₩300,000
	제품B(제조지령서 #2)	₩200,000
	제품C(제조지령서 #3)	₩100,000
② 간접재료원가 소비액 :		₩100,000

3. 당기임금 소비액

① 직접노무원가 소비액 :	제품A(제조지령서 #1)	₩200,000
	제품B(제조지령서 #2)	₩150,000
	제품C(제조지령서 #3)	₩50,000
② 간접노무원가 소비액 :		₩150,000

4. 당기제조경비 소비액은 ₩300,000인데 전부 간접경비에 해당된다.
5. 당기중에 제품 A 600개와 제품 B 500개가 완성되었다.
6. 제조간접원가는 직접노무원가를 기준으로 배부한다.
7. 제품 C는 당기미완성이다.

(1) 각 제품별 제조간접원가를 배부하라(실제배부).

(2) 각 제품별로 원가계산표를 작성하라.

풀이

(1) 제품별 제조간접원가 배부액

① 제조간접원가 배부율 계산

$$\text{제조간접원가 배부율} = \frac{\text{제조간접원가 총액}}{\text{직접노무원가 총액}} = \frac{(100,000+150,000+300,000)}{(200,000+150,000+50,000)}$$

= ₩550,000/400,000 = ₩1.375/직접노무원가 1원당

② 제조간접원가 각 제품별 배부액

제품 A:	₩200,000 × 1.375 =	₩275,000
제품 B:	150,000 × 1.375 =	206,250
제품 C:	50,000 × 1.375 =	68,750
계		₩550,000

(2) 제품별 원가계산표

원가계산표

적 요	제품 A	제품 B	제품 C	계
기초재공품	₩50,000	₩40,000	₩ -	₩90,000
직접재료원가	300,000	200,000	100,000	600,000
직접노무원가	200,000	150,000	50,000	400,000
제조간접원가	275,000	206,250	68,750	550,000
제조원가	₩825,000	₩596,250	₩218,750	₩1,640,000
완성수량	÷600개	÷500개	미완성	
단위당원가	₩1,375	₩1,192.5		

(3) 재공품 계정

재공품

차변	금액	대변	금액
기초재공품	90,000	제 품	1,421,250
직접재료원가	600,000	(제품 A,B)	
직접노무원가	400,000	기말재공품	218,750
제조간접원가	550,000	(제 품 C)	
	1,640,000		1,640,000

실제배부

아래 자료에 의하여 5월 중 제품 A와 제품 B에 배부될 제조간접원가를 구하시오

(1) (주)찬우는 제품 A와 제품 B를 생산하고 있는데 두 제품은 모두 제조부문 X와 제조부문 Y를 거쳐야 한다.

(2) 제조부문 X에서 발생한 제조간접원가는 각 제품이 소비한 기계시간을 기준으로 배부하고, 제조부문 Y에서 발생한 제조간접원가는 각 제품이 소비한 노무시간을 기준으로 배부한다. 또한 각 제조부문의 제조간접원가는 월별로 실제배부한다.

(3) 5월 중 제조부문 X에서 발생한 제조간접원가는 ₩600,000, 제조부문 Y에서 발생한 제조간접원가는 ₩1,200,000이다.

(4) 다음은 5월 중 제품 A와 제품 B를 생산하는 데 각각 소비한 기계시간과 노무시간에 대한 자료이다.

구분	제품 A	제품 B	합계
기계시간(X부문)	10시간	30시간	40시간
노무시간(Y부문)	90시간	60시간	150시간

풀이

(1) 각 제조부문의 실제배부율 계산

제조부문 X의 기계시간당 제조간접원가 배부율 $= \dfrac{₩600,000}{40} =$ ₩15,000

제조부문 Y의 노무시간당 제조간접원가 배부율 $= \dfrac{₩1,200,000}{150} =$ ₩8,000

(2) 제품별 제조간접비 배부액 계산

제품 A에 배부된 제조간접원가=기계시간×기계시간당 배부율+노무시간×노무시간당 배부율

∴ 제품 A에 배부된 제조간접원가=10시간×₩15,000+90시간×₩8,000=₩870,000

제품 B에 배부된 제조간접원가=기계시간×기계시간당 배부율+노무시간×노무시간당 배부율

∴ 제품 B에 배부된 제조간접원가=30시간×₩15,000+60시간×₩8,000=₩930,000

3. 정상개별원가계산

(1) 의의

정상개별원가계산은 제조간접원가에 대한 예정배부를 이용하여 배부하는 방법이며 실제개별원가계산의 문제점을 보완할 수 있다.

(2) 예정배부

지금까지 설명한 내용은 실제로 발생된 제조간접원가를 일정한 배부기준에 의하여 각 제품에 배부하는 과정이었다. 이는 실제 발생된 제조간접원가를 각 제품에 배부하는 것이므로 이를 제조간접원가의 실제배부라 한다.

그러나 실제배부기준을 적용하다 보면 원가계산기간 중에 제품이 완성되어 직접재료원가와 직접노무원가와 같은 직접원가는 집계가 되었다 하더라도 각 제품이 부담해야 할 제조간접원가가 얼마인지를 알 수 없기 때문에 제품의 제조원가를 계산할 수 없다.

제조간접원가의 예정배부란 연초에 미리 그 해의 생산량을 고려하여 제조간접원가 총액을 추산하고 그것을 각 제품에 배부하는 방법을 말한다. 이처럼 직접재료원가와 직접노무원가는 실제액으로 계산하는데 비해서 제조간접원가는 예정배부액을 사용하여 원가를 계산하는 방법을 정상원가계산 또는 평준화원가계산이라고 한다. 제조간접원가를 실제 배부하지 않고 예정배부하는 주요한 이유는 다음과 같다.

① 제품원가를 신속히 계산하기 위함이다. 제조원가 중 제조직접원가는 각 제품별로 소비와 동시에 집계되나, 제조간접원가는 원가계산기말에 가야만 각 제품의 제조간접원가 부담액이 계산된다. 그러므로 원가계산기간 중에 완성된 제품의 원가를 신속히 계산하기 위하여 제조간접원가를 예정배부하게 된다.

② **제품원가의 안정성을 유지하기 위함이다.** 제조간접원가 중 고정제조간접원가는 생산량에 따라 제품단위당 원가가 다르게 산출된다. 그러므로 연초에 미리 그 해의 생산량을 예상하고 제조간접원가총액을 추산하여 그것을 각 제품에 배부하게 되면 제품단위당 제조간접원가 부담액이 균등해지기 때문에 제품가격의 안정을 기할 수 있다.

③ **배부차이의 원인분석을 통한 원가관리를 하기 위함이다.**

(3) 제조간접원가의 예정배부율

제조간접원가를 예정배부하는 경우의 계산방법은 실제조업도를 적용하여 배부하는 것은 실제배부와 같으나 실제배부율 대신에 연초에 미리 예상한 예정배부율을 사용하여 산출한다는 점이 다르다. 제조간접원가를 예정배부하는 경우의 제조간접원가예정배부율과 각 제품의 제조간접원가예정배부액은 다음과 같이 계산된다.

$$\text{제조간접원가예정배부율} = \frac{\text{일정기간의 제조간접원가 예정총액}}{\text{예정배부기준총액}}$$

각 제품의 제조간접원가예정배부액 = 각 제품의 실제조업도 × 예정배부율

제조간접비 예정배부

다음 자료로 A, B, C 3종의 제품이 부담할 배부 제조간접원가와 배부차이를 계산하라.

(1) 1년 동안의 제조간접원가 예정총액 ₩500,000
(2) 1년 동안의 직접노무원가 예정총액 ₩250,000
(3) 각 제품별 실제 발생액

	A제품	B제품	C제품	계
직접재료원가	₩80,000	₩100,000	₩120,000	₩300,000
직접노무원가	100,000	90,000	70,000	260,000
제조간접원가				500,000

(4) 제조간접원가는 직접노무원가를 기준으로 예정배부한다.

풀이

(1) 제조간접원가 예정배부율
₩500,000 ÷ 250,000 = ₩2(직접노무원가 1원당)

(2) 각 제품의 제조간접원가 예정배부액

A제품 : ₩100,000 × 2 = ₩200,000
B제품 : 90,000 × 2 = 180,000
C제품 : 70,000 × 2 = 140,000

(3) 예정배부에 의한 제품별 원가계산

	A	B	C	계
직접재료원가	₩80,000	₩100,000	₩120,000	₩300,000
직접노무원가	100,000	90,000	70,000	260,000
배부제조간접원가	200,000	180,000	140,000	520,000
제조원가	₩380,000	₩370,000	₩330,000	₩1,080,000

(4) 배부차이 계산

실제제조간접원가	₩500,000
배부제조간접원가	520,000
초과배부	₩20,000

(4) 제조간접원가 배부차이의 처리

제조간접원가를 예정배부하게 되면 한 회계기간 동안에 배부된 제조간접원가가 그 기간 동안에 실제 발생한 제조간접원가와 일치하지 않는 경우가 대부분이다.

그런데 외부보고를 위해서는 실제발생액을 기준으로 원가계산을 해야 하므로 예정배부하는 경우에는 실제제조간접원가와의 차이를 조정해야 한다. 배부차이를 조정하는 방법에는 매출원가조정법, 비례배부법(보충률법)이 있으며 비례배부법에는 총원가기준법과 원가요소기준법이 있다.

① **매출원가조정법** 매출원가조정법이란 제조간접원가 배부차이 전액을 매출원가계정에서 가감하는 방법이다. 즉 제조간접원가를 과대 배부한 경우에는 매출원가에서 차감하고, 제조간접원가를 과소배부한 경우에는 매출원가에 가산해 줌으로써 매출원가를 조정하는 방법이다.

이 경우에 제조간접원가 과대배부액이란 배부된 제조간접원가가 실제로 발생된 제조간접원가보다 많은 경우이고, 제조간접원가 과소배부액이란 배부된 제조간접원가가 실제로 발생된 제조간접원가보다 적은 경우이다.

② **비례배부법**

㉠ 총원가기준법

총원가기준법은 제조간접원가배부차이를 매출원가와 제품 및 재공품의 기말잔액에 비례해서 배부하는 방법이다.

배부차이조정(매출원가 조정법)

곡천(주)의 20×1년 12월말 현재의 각 계정의 기말잔액에 대한 정보는 다음과 같으며, 20×1년의 실제발생한 제조간접원가는 ₩80,000이다.

구성 요소	재공품	제 품	매출원가	계
직접재료원가	₩40,000	₩70,000	₩180,000	₩290,000
직접노무원가	60,000	100,000	250,000	410,000
제조간접원가예정배부액	20,000	30,000	50,000	100,000
기말잔액	₩120,000	₩200,000	₩480,000	₩800,000

(1) 제조간접원가 과대 또는 과소배부액은 얼마인가?

(2) 매출원가조정법을 사용할 경우에 제조간접원가 배부 후 각 계정의 기말잔액은 얼마인가?

풀이

(1) 제조간접원가 배부차이 계산

제조간접원가 예정배부	₩100,000
실제 제조간접원가	80,000
과대배부액	₩20,000

(2) 제조간접원가 배부차이 조정후 각계정의 기말잔액

	재공품	제 품	매출원가	계
조정전금액	₩120,000	₩200,000	₩480,000	₩800,000
과대배부액			△ 20,000	△ 20,000
조정후잔액	₩120,000	₩200,000	₩460,000	₩780,000

분개로 표시하면 다음과 같다.

(예정배부시)

(차) 재 공 품	100,000	(대) 제 조 간 접 원 가	100,000

(실제발생액)

(차) 제 조 간 접 원 가	80,000	(대) 원가제요소(간접재료원가등)	80,000

(배부차이)

(차) 제 조 간 접 원 가	20,000	(대) 제 조 간 접 원 가 배 부 차 이	20,000

(매출원가조정)

(차) 제조간접원가배부차이	20,000	(대) 매 출 원 가	20,000

㉡ 원가요소기준법

원가요소기준법은 제조간접원가배부차이를 매출원가와 기말제품 및 기말재공품에 포함되어 있는 제조간접원가를 기준으로 배부하는 방법이다.

배부차이조정(총원가기준법)

[기본예제 7]의 자료를 참고하여 총원가기준법에 의하여 물음에 답하라.

(1) 재공품, 제품 및 매출원가계정에서 조정되어야 할 금액은 얼마인가?

(2) 제조간접원가 배부차이 조정후 각 계정의 기말잔액은 얼마인가?

풀이

(1) 재공품, 제품 및 매출원가계정에서 조정되어야 할 금액

재 공 품 : $₩20,000 \times \frac{120,000}{(120,000+200,000+480,000)} = ₩3,000$

제 품 : $₩20,000 \times \frac{200,000}{(120,000+200,000+480,000)} = ₩5,000$

매출원가 : $₩20,000 \times \frac{480,000}{(120,000+200,000+480,000)} = ₩12,000$

(2) 제조간접원가 배부차이 조정후 각 계정의 기말금액

	재공품	제 품	매출원가	계
조정전금액	₩120,000	₩200,000	₩480,000	₩800,000
(−)과대배부액	3,000	5,000	12,000	20,000
조정후금액	₩117,000	₩195,000	₩468,000	₩780,000

제조간접원가 배부차이를 비례배부할 경우의 분개는 다음과 같다.

(차) 제조간접원가 배부차이	20,000	(대) 재 공 품	3,000
		제 품	5,000
		매출원가	12,000

참고로, 원가요소기준법에 의하여 배부한다면 다음과 같다.

재 공 품 : $₩20,000 \times \frac{20,000}{(20,000+30,000+50,000)} = ₩4,000$

제 품 : $₩20,000 \times \frac{30,000}{(20,000+30,000+50,000)} = ₩6,000$

매출원가 : $₩20,000 \times \frac{50,000}{(20,000+30,000+50,000)} = ₩10,000$

계 ₩20,000

제4절 활동기준원가계산(Activity-based costing:ABC)

1. 의 의

제조간접원가를 정확히 배부하기 위해서 전통적인 배부기준인 조업도(직접노동시간 등) 대신에 제조간접원가의 발생원인인 활동을 기준으로 제조간접원가를 배부하는 원가계산시스템을 활동기준원가계산이라고 한다.

여기서 활동이란 제품의 제조과정에서 제조간접원가를 발생시키는 원인을 말하는데 원가동인이란 작업준비, 직접노동지원, 자재관리 등의 다양한 활동을 말한다. 따라서 활동기준원가계산은 제조간접원가의 발생을 초래하는 다양한 활동을 원가동인으로 포착하여 종전의 조업도 중심의 배부기준보다 활동기준의 다양한 배부기준을 사용함으로써 정확한 배부를 할 수 있으며 원가동인인 활동에 대한 정보를 아울러 제공해 준다. 또한 "활동은 자원을 소비하고, 제품은 활동을 소비한다"는 사고에 근거하여 제품원가를 더 정확하게 계산하려는 원가계산시스템이며 제조업뿐만 아니라 서비스업체에서도 이용될 수 있다.

표 16-3 전통적 원가계산과 활동기준원가계산 비교

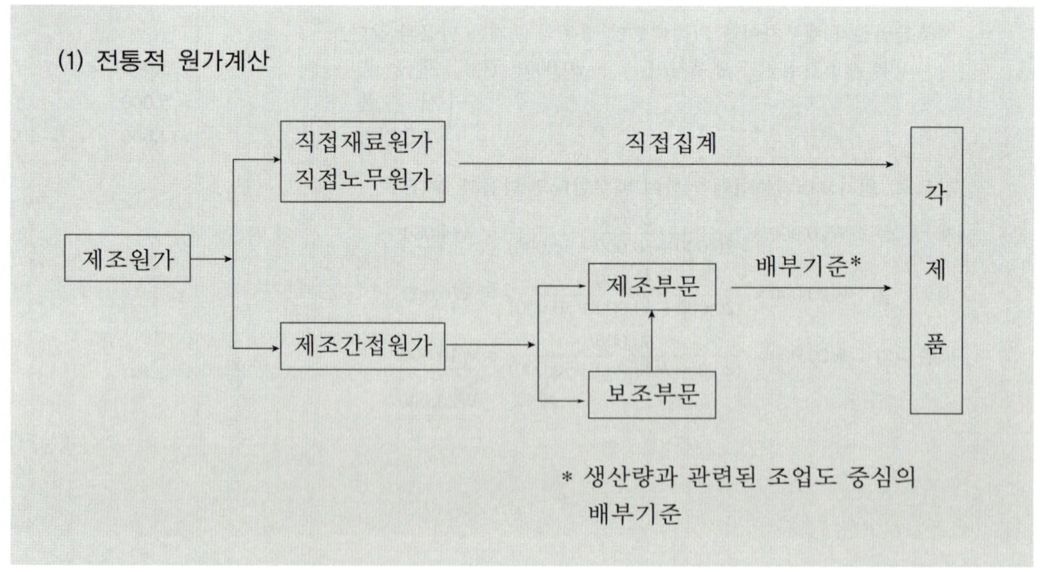

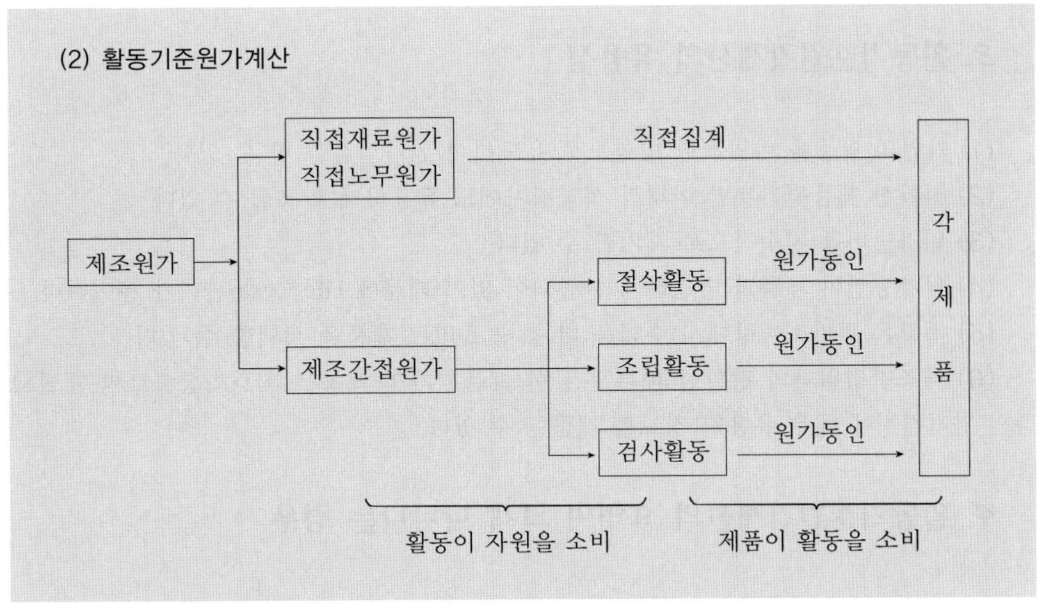

2. 전통적 원가계산의 문제점

(1) 전통적 원가계산은 제조간접원가가 생산량에 비례한다는 가정하에 생산량과 비례관계가 있는 조업도 즉, 직접재료원가, 직접노동시간, 기계시간 등 단일 배부기준을 사용하여 제조간접원가를 배부하였다. 그러나 생산량과 관계없이 발생하는 제조간접원가가 점점 증가하는 추세이므로 단일 배부기준만으로는 정확한 제품원가계산을 할 수 없다.

(2) 정확한 제품원가계산이 산출되지 않으므로 제품의 수익성분석을 왜곡시킬 수 있다. 다양한 제품을 많이 생산할수록 더 크게 왜곡된다.

(3) 수익성분석이 왜곡되므로 성과평가가 왜곡될 수 있다.

(4) 제조간접원가 증가와 별로 관련이 없는 대량생산제품에는 제조간접원가가 더 많이 배부되어 제품원가가 과대평가되고, 제조간접원가 증가와 관련이 많은 소량생산제품에는 제조간접원가가 더 적게 배부되어 제품원가가 과소평가된다.

(5) 재무적자료만을 가지고 원가배부를 하므로 비재무적측정치에 대한 정보를 제공하지 못한다. 따라서, 원가절감이나 품질향상 등과 같은 경영자의 정책수립에 대한 기여도가 적다.

(6) 제품의 Life Cycle Cost에 대한 정보를 제공하지 못한다.

3. 활동기준원가계산의 유용성

(1) 기업의 활동을 바람직한 방향으로 유도하여 원가절감을 할 수 있다.

(2) 정확한 제품원가뿐만 아니라 성과평가에도 유용하게 활용될 수 있다.

(3) 원가낭비를 지속적으로 제거할 수 있다.

(4) 원가동인이 제품과 밀접하게 관련되어 있기 때문에 Life Cycle관리가 용이하다.

(5) 똑같은 원가소비량에서 수익을 더 높게 올리는 제품을 선택할 수 있다.

(6) 제조간접원가의 정확한 배부를 통한 제품원가의 왜곡을 최소화함으로써 개별제품의 가격결정에 매우 유용한 정보를 제공할 수 있다.

4. 활동기준원가계산의 효익이 크게 나타나는 경우

(1) 생산과정에 거액의 제조간접원가가 발생하는데 배부기준은 단순한 경우

(2) 생산량, 제품크기 및 생산공정이 매우 복잡하고 다양한 경우

(3) 원가계산의 정확성이 의심되는 경우

① 생산과 판매에 자신이 있는 제품의 이익은 낮게, 생산과 판매에 자신이 없는 제품의 이익은 높은 경우

② 제조과정이 복잡한 제품의 수익성은 높게, 제조과정이 단순한 제품의 수익성은 낮게 나타나는 경우

③ 생산관리자와 마케팅담당자 사이에 제품의 제조원가와 마케팅원가에 대해 심각한 견해차이가 있는 경우

(4) 회사가 치열한 가격경쟁에 직면하고 있는 경우

5. 활동의 4가지 유형

활동기준에는 다음의 4가지 유형의 활동이 있다.

(1) 단위수준활동(unit－activity)

생산량에 비례하는 활동으로서 조립활동(노동시간), 절삭활동(기계시간), 품질검사활동(생산량) 등이 있다.

(2) 배치수준활동(batch－activity)

생산량과 관계없이 제품의 묶음별로 수행되는 활동으로서 구매주문활동(주문횟수), 재료처리활동(재료처리횟수), 작업준비활동(준비횟수), 첫제품 품질검사활동(첫제품검사

횟수), 선적활동(선적횟수) 등이 있다.

(3) 제품수준활동(product sustain activity)

특정제품을 회사의 제품라인에 추가하거나 생산품목으로 유지하기 위한 활동으로서 제품설계(제품설계시간), 제품테스트(제품테스트횟수), 제품설계변경(설계변경횟수) 등이 있다.

(4) 설비수준활동(capacity sustain activity)

여러 가지 제품생산을 위하여 설비전체를 유지, 관리하는 활동으로서 공장관리활동(노동시간 등), 건물관리활동(점유면적) 등이 있다.

6. 활동기준원가계산의 절차

(1) 활동분석

원가집계단위로 사용될 활동에는 어떠한 것들이 있는가를 분석한 다음에 그 활동을 결정한다.

(2) 활동별 원가집계

활동분석에서 결정된 활동별로 발생된 총원가를 집계한다.

(3) 활동별 원가동인의 결정

활동별로 집계된 원가를 제품에 배부하기 위한 배부기준인 원가동인을 결정해야 한다. 원가동인은 활동별 원가와 상관관계가 많은 비재무적 측정치(작업준비횟수, 주문건수, 검사횟수 등)가 많이 사용된다.

(4) 활동별원가배부율(＝원가동인율)

활동별로 집계된 원가를 원가동인으로 나누어 활동별원가배부율을 구한다. 즉,

$$\text{활동별원가배부율(＝원가동인율)} = \frac{\text{활동별집계원가}}{\text{원가동인수}}$$

(5) 제품별 원가동인수 측정

각 제품이 사용한 원가동인수를 측정한다.

(6) 제품별 제조간접원가 배부

각 제품이 사용한 원가동인수에 활동별원가배부율(=원가동인율)을 곱하여 각 제품에 제조간접원가를 배부한다.

활동기준

CW회사는 A제품과 B제품을 생산하였다. 관련자료는 다음과 같다.

(1) 제품별 단위당 원가자료

	A제품	B제품
직접재료원가	₩500	₩700
직접노무원가	₩600	₩900
직접작업시간	2시간	3시간
제품생산량	100개	200개

(2) 제조간접원가는 연간 ₩200,000이며 활동별 원가자료는 다음과 같다.

활 동	원 가	원가동인	원가동인별 건수		
			A제품	B제품	계
기계작업준비	₩100,000	기계시간	400	600	1,000
조 립	60,000	부품수	100	200	300
품질검사	40,000	검사횟수	100	150	250

1. 제조간접원가를 직접작업시간을 기준으로 배부할 때 제품단위당 원가는 얼마인가?
2. 제조간접원가를 활동기준(ABC기준)에 의해 배부할 때 제품단위당 원가는 얼마인가?

풀이

1. 직접작업시간 기준

(1) 제조간접원가배부율 $= \frac{₩200,000}{(100개 \times 2시간 + 200개 \times 3시간)} = ₩250$

(2) A제품 제조간접원가 배부액 = 200시간 × ₩250 = ₩50,000

B제품 제조간접원가 배부액 = 600시간 × ₩250 = ₩150,000

(3) 제품단위당 원가계산

	A제품	B제품
직접재료원가	₩500	₩700
직접노무원가	600	900
제조간접원가	500 1)	750 2)
계	₩1,600	₩2,350

1) ₩50,000÷100개=₩500

2) ₩150,000÷200개=₩750

2. ABC기준

(1) 원가동인율

기계작업준비=₩100,000÷1,000시간=₩100/기계시간당

조　　　립=₩60,000÷300개=₩200/부품수당

품 질 검 사=₩40,000÷250회=₩160/횟수당

(2) 제조간접원가 제품별 배부

활 동	A제품	B제품	계
기계작업준비	400시간×₩100=₩40,000	600시간×₩100=₩60,000	₩100,000
조　　립	100개×₩200=　20,000	200개×₩200=　40,000	60,000
품 질 검 사	100회×₩160=　16,000	150회×₩160=　24,000	40,000
계	₩76,000	₩124,000	₩200,000

(3) 제품단위당 원가계산

	A제품	B제품
직접재료원가	₩500	₩700
직접노무원가	600	900
제조간접원가	760 3)	620 4)
계	₩1,860	₩2,220

3) ₩76,000÷100개=₩760

4) ₩124,000÷200개=₩620

활동기준

다음 자료에 의할 때, 활동기준원가계산방법을 적용하여 계산한 제품 A의 단위당 제조간접원가는 얼마인가? 【'12. 감평사】

(1) (주)찬우는 제품 A와 제품 B를 거래처에 납품하는 업체이다. 제품은 생산과 동시에 전량 납품된다.

(2) (주)찬우는 합리적인 가격설정목적으로 주요활동을 분석하여 다음과 같은 자료를 수집하였다.

활 동	활동별 제조간접원가	원가동인	총원가 동인 수
제품설계	₩450,000	설계제품 부품수	100단위
생산준비	325,000	준비횟수	650회
생산운영	637,500	기계작업시간	12,750시간
선적준비	80,000	선적횟수	200회
배 달	300,000	배달제품 중량	60,000kg

(3) 제품 A의 생산량은 1,000단위이고, 제품 A의 원가동인이 설계제품 부품수 70단위, 준비횟수 286회, 기계작업시간 3,060시간, 선적횟수 100회, 배달제품중량 21,000kg이다.

풀이

(1) 원가동인율

제품설계: $\frac{₩450,000}{100단위}$ = ₩4,500

생산준비: $\frac{₩325,000}{650회}$ = ₩500

생산운영: $\frac{₩637,500}{12,750시간}$ = ₩50

선적준비: $\frac{₩80,000}{200회}$ = ₩400

배 달: $\frac{₩300,000}{60,000kg}$ = ₩5

(2) 제품A의 단위당 제조간접원가

제품설계: 70단위 × ₩4,500	= ₩315,000
생산준비: 286회 × ₩500	= 143,000
생산운영: 3,060시간 × ₩50	= 153,000
선적준비: 100회 × ₩400	= 40,000
배 달: 21,000kg × ₩5	= 105,000
총제조간접원가	₩756,000
생산량	÷ 1,000
단위당제조간접원가	₩756

>>> 예 · 제 · 문 · 제 · 정 · 해

예제 1 | 보조부문원가의 배분(상호배분법)

CW회사는 두 개의 제조부문 A, B와 보조부문 S_1, S_2를 두고 있다. 각 보조부문에서 생산된 용역과 용역수수비율은 다음과 같다.
부문S_1과 부문S_2의 당기변동원가는 ₩200,000과 ₩380,000이었다.

제공 \ 사용	S_1	S_2	A	B	용역생산량
S_1	0	0.4	0.2	0.4	8,000
S_2	0.2	0	0.4	0.4	10,000

(1) 상호배분법에 의하여 보조부문의 변동원가를 배분한다면, 제조부문 B에 배분해야 하는 보조부문 총변동원가는?

① ₩256,667 ② ₩323,333
③ ₩320,000 ④ ₩260,000
⑤ ₩333,333

(2) 부문 S_2의 용역을 CW회사가 자가제조하는 대신에 외부로부터 구입한다면 몇 단위의 S_2의 용역을 구입해야 하는가?

① ₩10,000 ② ₩8,000
③ ₩9,000 ④ ₩9,200
⑤ ₩8,800

(3) 부문S_2의 용역을 자가제조하는 대신에 외부로부터 구입한다면 절감되는 변동원가는 얼마인가?

① ₩460,000 ② ₩380,000
③ ₩400,000 ④ ₩420,000
⑤ ₩580,00

풀이 (1) S_1 = ₩200,000 + $0.2S_2$
S_2 = ₩380,000 + $0.4S_1$
연립으로 풀면
S_1 = ₩300,000

S_2 = ₩500,000

따라서, 제조부분에 배분될 보조부문변동원가는 다음과 같다.

제조A = $0.2S_1 + 0.4S_2$ = 0.2 × ₩300,000 + 0.4 × ₩500,000 = ₩260,000

제조B = $0.4S_1 + 0.4S_2$ = 0.4 × ₩300,000 + 0.4 × ₩500,000 = ₩320,000

(2)

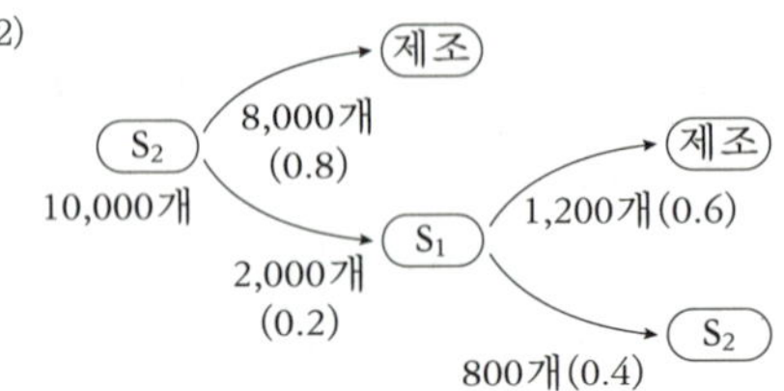

따라서, 제조부문에서 필요로 하는 용역량 = 8,000 + 1,200 = 9,200개 또는 10,000 − 800 = 9,200개

(3) S_2부문 폐쇄시 절감되는 변동원가 계산

S_2부문의 변동원가	₩380,000
S_1부문의 변동원가(₩200,000 × 0.4)	₩80,000
절감되는 변동원가	₩460,000

해답: (1) ③ (2) ④ (3) ①

예제 2 | 실제배부

다음은 개별원가계산제도를 이용하고 있는 (주)찬엽의 원가계산 자료이다. 제조간접원가는 기본원가(prime costs)를 기준으로 배부한다.

원가항목	작업 #1	작업 #2	작업 #3	합 계
기초재공품	₩2,000	₩4,000	−	₩6,000
직접재료원가	2,800	3,000	₩2,200	8,000
직접노무원가	4,000	5,000	3,000	12,000
제조간접원가	( )	( )	( )	6,000

작업 #1과 작업 #3는 완성되었고, 작업 #2는 미완성되었다. (주)찬엽이 기말재공품으로 계상할 금액은? 【'12. 감평사】

① ₩9,600 ② ₩10,200 ③ ₩12,500
④ ₩13,600 ⑤ ₩14,400

풀이 (1) 작업지시별 원가계산표

작업지시별 원가계산표

	작업 #1	작업 #2	작업 #3	계
기초재공품	₩2,000	₩4,000	−	₩6,000
직접재료원가	2,800	3,000	2,200	8,000

직접노무원가	4,000	5,000	3,000	12,000
제조간접원가[1]	2,040	2,400	1,560	6,000
계	₩10,840	₩14,400	₩6,760	₩32,000
	완성	미완성	완성	

2) 기본원가 = 8,000 + 12,000 = 20,000

따라서, 작업#1에 배부될 제조간접원가 = ₩6,000 × $\frac{6,800}{20,000}$ = ₩2,040

작업#2에 배부될 제조간접원가 = ₩6,000 × $\frac{8,000}{20,000}$ = ₩2,400

작업#3에 배부될 제조간접원가 = ₩6,000 × $\frac{5,200}{20,000}$ = ₩1,560

계 ₩6,000

∴ 기말재공품(작업#2) = ₩4,000 + 3,000 + 5,000 + 2,400 = ₩14,400

재공품

차변		대변		
기초재공품	6,000	완성		17,600
직접재료원가	8,000	기말	기초	4,000
직접노무원가	12,000		직접재료원가	3,000
제조간접원가	6,000		직접노무원가	5,000
			제조간접원가	2,400
	32,000			32,000

해답: ⑤

예제 3 | 예정배부

(1) 선박을 제조하여 판매하는 (주)감평은 20×5년 초에 영업을 개시하였으며, 제조와 관련된 원가 및 활동에 관한 자료는 다음과 같다.

	화물선	유람선	여객선
직접재료원가	₩60,000	₩140,000	₩200,000
직접노무원가	240,000	460,000	500,000
실제직접작업시간	1,500시간	1,500시간	2,000시간
완성도	60%	100%	100%

(2) (주)감평은 직접작업시간을 제조간접원가 배부기준으로 사용하는 정상원가계산제도를 채택하고 있다. 20×5년 제조간접원가예산은 ₩480,000이고 예정 직접작업시간은 6,000시간이다.

(3) 20×5년에 발생한 실제 제조간접원가는 ₩500,000이고, 완성된 제품 중 여객선은 고객에게 인도되었다.

제조간접원가 배부차이를 총원가(총원가비례배분법)를 기준으로 조정할 경우 제품원가는? 【'10, '15. 감평사】

① ₩450,000　② ₩750,000　③ ₩756,000
④ ₩903,000　⑤ ₩1,659,000

풀이 (1) 배부차이 계산

제조간접원가배부액 5,000×₩80*＝	₩400,000
실제제조간접원가	500,000
배부차이(과소배부)	₩100,000

* 예정배부율＝₩480,000÷6,000＝₩80

(2) 배부차이조정전 원가

	화물선	유람선	여객선	계
직접재료원가	₩60,000	₩140,000	₩200,000	₩400,000
직접노무원가	240,000	460,000	500,000	1,200,000
배부제조간접원가	120,000	120,000	160,000	400,000
계	₩420,000	₩720,000	₩860,000	₩2,000,000

(3) 배부차이조정후 원가

화물선(기말재공품)＝₩420,000+100,000×(420,000/2,000,000)＝₩441,000
유람선(기말제품)＝₩720,000+100,000×(720,000/2,000,000)＝₩756,000
여객선(매출원가)＝₩860,000+100,000×(860,000/2,000,000)＝₩903,000

해답: ③

예제 4 | 예정배부 2

(1) (주)찬우는 정상개별원가계산제도를 이용하여 제조원가를 계산하고 있다.

(2) 기계시간은 2,500시간, 직접노무시간은 3,000시간으로 예상하고 있으며, 연간 제조간접원가예산은 다음과 같다.

총제조간접원가＝₩500,000＋₩300×기계시간

(3) (주)찬우의 기초재고자산은 없으며 당기에 세 가지 작업(#1, #2, #3)을 시작하여 작업 #1, #2가 완성되었다. 이 세 가지 작업에 대한 당기 원가자료는 다음과 같다.

	#1	#2	#3	합계
직접재료원가	₩150,000	₩150,000	₩200,000	₩500,000
직접노무원가	250,000	150,000	100,000	500,000
기 계 시 간	1,000시간	600시간	400시간	2,000시간
직접노무시간	1,300시간	800시간	400시간	2,500시간

(4) 기말에 확인한 결과 당기에 발생한 실제제조간접원가는 ₩1,100,000이며, 당기에 작업 #2만 판매되었다.

(주)찬우가 제조간접원가 배부차이를 매출원가에서 전액 조정할 경우 재무제표에 인식될 매출원가는 얼마인가? 【'12. 세무사】

① ₩650,000　② ₩700,000
③ ₩800,000　④ ₩900,000
⑤ ₩1,080,000

풀이 (1) 배부차이 계산

배부제조간접원가 = 2,000시간 × ₩500[1)] =	₩1,000,000
실제제조간접원가	1,100,000
과소배부	₩100,000

1) 제조간접원가 예산 = ₩500,000 + ₩300 × 2,500시간 = ₩1,250,000

$\therefore$ 예정배부율 $= \frac{₩1,250,000}{2,500시간} =$ ₩500

(2) 배부차이

배부차이조정전 매출원가(#2) = ₩150,000 + 150,000 + 600 × 500 =	₩600,000
배부차이(과소배부)	100,000
배부차이 조정후 매출원가	₩700,000

해답: ②

예제 5 | 예정배부 3

찬업공업사는 개별원가계산을 하고 있다. 제조간접원가는 직접노무비의 150%의 예정배부율로 배부된다. 제조간접원가의 배부차이는 매년 말 매출원가계정에서 조정한다. 추가정보는 다음과 같다.

(1) 작업지시서 #11만이 20×1년 1월 1일에 작업중이며 원가는 다음과 같다.

직접재료원가	₩5,000
직접노무원가	4,000
제조간접비 배부액	6,000
	₩15,000

(2) 작업지시서 #12, #13, #14는 20×1년에 작업을 시작한 것이다.
(3) 20×1년중에 소비된 직접재료원가는 ₩40,000이다.
(4) 20×1년중에 발생한 직접노무원가는 ₩60,000이다.
(5) 20×1년중에 제조간접원가 실제발생액은 ₩84,000이다.
(6) 20×1년 12월 31일 현재 가동중인 작업지시서는 #14뿐이며 직접재료원가는 ₩3,000, 직접노무원가는 ₩2,400이다.

(1) 20×1년 중에 생산된 제품의 원가는 얼마인가?

① ₩196,000 ② ₩190,000 ③ ₩199,600

④ ₩193,600 ⑤ ₩194,000

(2) 제조간접원가 배부차이는 얼마인가?

① ₩12,000과대 ② ₩12,000과소

③ ₩6,000과대 ④ ₩6,000과소

⑤ ₩4,000과대

풀이 (1) 제품원가 계산

재공품

기 초 재 공 품	15,000	제 품	196,000
직접재료원가	40,000	기말재공품	9,000 2)
직접노무원가	60,000		
제조간접원가	90,000 1)		
	205,000		205,000

1)예정배부＝₩60,000×150%＝₩90,000

2)직접재료원가 ₩3,000

직접노무원가 2,400

제조간접원가 3,600(2,400×150%)

계 ₩9,000

따라서, 당기제품제조원가＝₩205,000－9,000＝₩196,000

(2) 제조간접원가 배부차이 계산

배부제조간접원가 ₩60,000×150%＝₩90,000

실제제조간접원가 84,000

과대배부 ₩6,000

해답: (1) ① (2) ③

예제 6 | 활동기준원가계산

(주)찬우는 두 종류의 제품(컴퓨터와 프린터)을 생산하고 있다. 회사의 제조활동은 다음 4가지로 구분되며, 활동별 제조간접원가와 관련된 자료는 다음과 같다.

활동	원가동인	연간원가동인 수	연간 활동별 제조간접원가
생산준비	생산준비시간	600시간	₩900,0000
재료이동	재료이동횟수	1,800회	1,080,000
기계사용	기계작업시간	400시간	1,200,000
수선유지	기계작업시간	400시간	800,000

컴퓨터에 대한 생산량 및 원가자료가 다음과 같을 때, 활동기준원가계산(ABC)에 의한 컴퓨터의 단위당 제조원가는? 【'11. 감평사】

생 산 량	2,000단위
생산준비시간	300시간
재료이동횟수	1,170회
기계작업시간	250시간
단위당 직접재료원가	₩3,000
단위당 직접노무원가	₩4,000

① ₩7,562 ② ₩8,201 ③ ₩8,932
④ ₩9,653 ⑤ ₩10,052

풀이 총제조간접원가 = 300 × ₩1,500[1)] + 1,170 × ₩600[2)] + 250 × ₩5,000[3)] = ₩2,402,000

1) $\frac{₩900,000}{600} = ₩1,500$

2) $\frac{₩1,080,000}{1,800} = ₩600$

3) $\frac{₩1,200,000}{400} + \frac{800,000}{400} = ₩5,000$

단위당 제조간접원가 = $\frac{₩2,402,000}{2,000} = ₩1,201$

∴ 단위당 제조원가 = ₩3,000 + 4,000 + 1,201 = ₩8,201

해답: ②

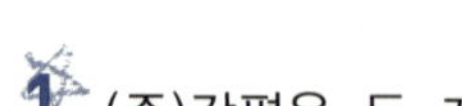

>>> 객·관·식·문·제

- 부문별원가계산 -

1 (주)감평은 두 개의 보조부문(X부문, Y부문)과 두 개의 제조부문(A부문, B부문)으로 구성되어 있다. 각각의 부문에서 발생한 부문원가는 A부문 ₩100,000, B부문 ₩200,000, X부문 ₩140,000, Y부문 ₩200,000이다. 각 보조부문이 다른 부문에 제공한 용역은 다음과 같다.

사용부문 / 제공부문	보조부문		제조부문	
	X부문	Y부문	A부문	B부문
X부문(kWh)	–	50,000	30,000	20,000
Y부문(기계시간)	200	–	300	500

(주)감평이 단계배부법을 이용하여 보조부문원가를 제조부문에 배부할 경우, A부문과 B부문 각각의 부문원가 합계는? (단, 배부 순서는 Y부문의 원가를 먼저 배부한다.)

【'13. 세무사, '07, '15. 감평사】

	A부문원가 합계	B부문원가 합계
①	₩168,000	₩172,000
②	₩202,000	₩328,000
③	₩214,000	₩336,000
④	₩244,000	₩356,000
⑤	₩268,000	₩372,000

풀이 단계배부법으로 배부하면 다음과 같다.

	A부문	B부문	X부문	Y부문
배부전	₩100,000	₩200,000	₩140,000	₩200,000
Y부문[1]	60,000	100,000	40,000	(200,000)
X부문[2]	108,000	72,000	(180,000)	₩0
배부후	₩268,000	₩372,000	₩0	

1) A부문 = ₩200,000 × 30% = ₩60,000
B부문 = ₩200,000 × 50% = ₩100,000
X부문 = ₩200,000 × 20% = ₩40,000

해답 1. ⑤

2) A부문=₩180,000×60%=₩108,000
B부문=₩180,000×40%=₩72,000

2 부문별 개별원가계산을 채택하고 있는 대한조선의 다음 원가계산자료를 이용하여 화물선에 배부될 제조간접원가를 구하시오. 【'03. 세무사】

(1) 제조간접원가에 대한 부문비내역 :

	제 조 부 분		보 조 부 문		
구 분	제 1 공장	제 2 공장	수선부	동력부	생산관리부
금 액	₩3,800,000	₩3,200,000	₩1,100,000	₩900,000	₩2,000,000

(2) 보조부문원가의 배부는 단계(계단식)배부법을 사용하며, 보조부문상호간의 배부순서는 생산관리, 동력, 수선부문의 순으로 하여 다음의 배부기준에 의한다.

구 분	제 1 공장	제 2 공장	수선부	동력부
생산관리부	40%	40%	15%	5%
동 력 부	50%	40%	10%	–
수 선 부	60%	40%	–	

(3) 제품별 제조간접원가 배부를 위한 공장별 작업시간집계표

구 분	화물선	유조선	군 함	합 계
제 1 공장	800시간	500시간	700시간	2,000시간
제 2 공장	400시간	300시간	300시간	1,000시간

① ₩4,686,000
② ₩4,595,000
③ ₩4,400,000
④ ₩4,690,000
⑤ ₩4,658,000

풀이 (1) 보조부문원가 배부

	제 조 부 분		보 조 부 문		
	제 1 공장	제 2 공장	수선부	동력부	생산관리부
배부전	₩3,800,000	₩3,200,000	₩1,100,000	₩900,000	₩2,000,000
생산관리부	800,000	800,000	300,000	100,000	(2,000,000)
동력부	500,000	400,000	100,000	(1,000,000)	₩0

해답 2. ③

수선부	900,000	600,000	(1,500,000)	₩0
	₩6,000,000	₩5,000,000	₩0	

(2) 제품별 제조간접원가 배부

	화 물	유조선	군 함
제 1 공장	800시간×₩3,000[1)] =₩2,400,000	500×₩3,000 =₩1,500,000	700×₩3,000 =₩2,100,000
제 2 공장	400시간×₩5,000[2)] =2,000,000	300×₩5,000 =1,500,000	300×₩5,000 =1,500,000
계	₩4,400,000	₩3,000,000	₩3,600,000

1) 제 1 공장배부율=₩6,000,000÷2,000시간=₩3,000
2) 제 2 공장배부율=₩5,000,000÷1,000시간=₩5,000

3 (주)감평은 두 개의 보조부문(수선부문과 동력부문)과 두 개의 제조부문(조립부문과 포장부문)으로 구성되어 있다. 수선부문에 집계된 부문원가는 노무시간을 기준으로 배부하며, 동력부문에 집계된 부문원가는 기계시간을 기준으로 배부한다. 보조부문원가를 제조부문에 배부하기 이전, 각 부문에 집계된 원가와 배부기준 내역은 다음과 같다.

구 분	보조부문		제조부문	
	수선부문	동력부문	조립부문	포장부문
노무시간	2,000시간	2,400시간	3,200시간	2,400시간
기계시간	5,000시간	5,000시간	10,000시간	10,000시간
부문원가	₩40,000	₩35,000	₩150,000	₩100,000

상호배부법을 사용하여 보조부문의 원가를 제조부문에 배부하면, 조립부문에 집계된 부문원가 합계액은? (단, 보조부문 용역의 자가소비분은 무시한다.)

【'90, '99, '03, '13. 감평사】

① ₩135,000
② ₩185,000
③ ₩190,000
④ ₩195,000
⑤ ₩200,000

풀이 수선부문을 S_1이라고 하고, 동력부문을 S_2라고 한다.

S_1=₩40,000+$0.2S_2$

S_2=₩35,000+$0.3S_1$

해답 3. ③

∴ S_1=₩50,000
　S_2=₩50,000

따라서,
조립부문=$0.4S_1+0.4S_2$=0.4×₩50,000+0.4×50,000=₩40,000
포장부문=$0.3S_1+0.4S_2$=0.3×₩50,000+0.4×50,000=₩35,000

∴ 조립부문 부문원가=₩150,000+40,000=₩190,000

4 (주)서연은 두 개의 보조부문 A와 B, 그리고 두 개의 생산부문 C와 D를 가지고 있다. 20×1년 3월의 각 부문에 대한 자료는 다음과 같다.

내용 \ 부문	보조부문		생산부문	
	A	B	C	D
기계시간	–	500시간	400시간	100시간
직접노무시간	400시간	–	200시간	400시간
각 부문의 제조간접원가	₩30,000	₩50,000	₩10,000	₩20,000
생산단위			50단위	100단위

C부문에서 생산하는 갑제품에 대한 단위당 기초원가(prime cost)는 ₩500이다. (주)서연은 갑제품의 제품제조원가에 20%를 가산해서 판매가격을 결정한다. 보조부문의 원가는 상호배분법을 사용하여 생산부문에 배분하며 A부문의 원가는 기계시간에 의하여 B부문의 원가는 직접노무시간에 의하여 배분한다. 갑제품에 대한 월초 및 월말재공품 잔액은 모두 ₩0이다. 갑제품의 단위당 판매가격은 얼마인가? 【2000. CPA】

① ₩1,830　② ₩1,525　③ ₩1,025
④ ₩825　⑤ ₩1,325

풀이 C부문에서 생산하는 갑제품의 단위당 원가=기초원가+제조간접원가
=₩500+1,025*=₩1,525

따라서 갑제품의 판매가격=₩1,525×1.2=₩1,830
*C부문 단위당 제조간접원가계산
A=₩30,000+0.4B
B=₩50,000+0.5A
∴ A=₩62,500
　B=₩81,250
C=0.4A+0.2B=0.4×₩62,500+0.2×81,250=₩41,250
따라서 갑제품 단위당 제조간접원가=(₩10,000+41,250)÷50개=₩1,025

해답 4. ①

다음은 문제 **5~7**에 관련된 자료이다. 【'85. CPA】

CW공업사는 두 개의 생산부문 A, B의 생산활동을 돕기 위해 두 개의 보조부문 S_1, S_2를 두고 있다. 각 보조부문에서 생산된 서비스의 사용비율은 다음과 같다.

공급부서 \ 사용부서	S_1	S_2	A	B	서비스생산량
S_1	0	4	2	4	10,000단위
S_2	3	0	4	3	20,000단위

S_1부문과 S_2부문의 변동원가는 각각 ₩160,000과 ₩200,000이었다. 당기중 생산부문 A, B의 생산량은 각각 1,000,000개와 1,200,000개이었다.

5 상호배부법에 의하여 보조부문의 변동원가를 배부한다면, 생산부문 A에 배부된 보조부문의 변동원가는 얼마인가?

① ₩112,000
② ₩254,762
③ ₩170,000
④ ₩300,000
⑤ ₩167,273

풀이 $S_1 = ₩160,000 + 0.3S_2$

$S_2 = ₩200,000 + 0.4S_1$

$\therefore S_1 = ₩250,000$

$S_2 = ₩300,000$

따라서 $A = 0.2S_1 + 0.4S_2 = 0.2 \times ₩250,000 + 0.4 \times 300,000 = ₩170,000$

$B = 0.4S_1 + 0.3S_2 = 0.4 \times ₩250,000 + 0.3 \times 300,000 = ₩190,000$

6 S_2 부문의 서비스를 CW공업사 내에서 생산하는 대신 외부로부터 구입한다면 몇 단위의 S_2 서비스를 구입하여야 하는가? 단, 생산부문의 생산량은 항상 일정하다고 가정한다.

① 6,000단위
② 20,000단위
③ 16,300단위
④ 14,000단위
⑤ 17,600단위

해답 5. ③ 6. ⑤

풀이

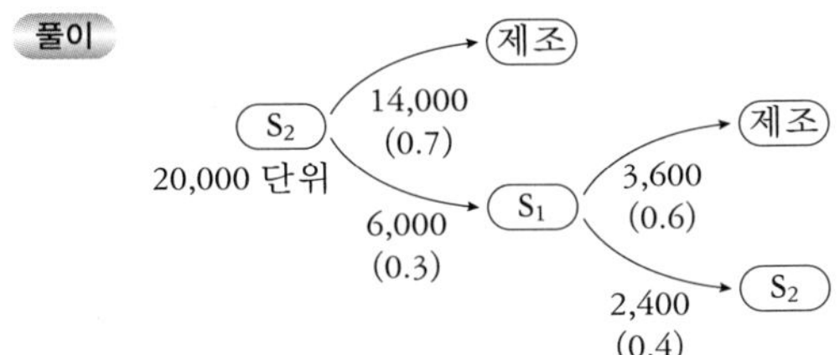

따라서, 제조부문에서 필요로 하는 서비스량은

14,000+3,600=17,600단위

또는 20,000−2,400=17,600단위

7 S_2 부문의 서비스를 생산하는 대신 외부로부터 구입할 때 절감되는 변동원가는 얼마인가? 단, 구입에 필요한 경비는 고려하지 않는다.

① ₩212,353.33　② ₩264,000
③ ₩160,000　④ ₩200,000
⑤ ₩140,000

풀이 S_2 부문 폐쇄시 절감되는 원가는 다음과 같다.

S_2 부문의 변동원가	₩200,000
S_1 부문의 변동원가(₩160,000×0.4)	64,000
계	₩264,000

8 (주)한강은 두 개의 제조부문(P_1, P_2)과 두 개의 보조부문(S_1, S_2)으로 운영된다. 회사는 상호배부법을 이용하여 보조부문원가를 제조부문에 배부하고 있으며, 각 보조부문의 용역제공비율은 다음과 같았다.

보조부문	제조부문		보조부문	
	P_1	P_2	S_1	S_2
S_1	50%	30%	−	20%
S_2	40%	40%	20%	−
부문비	?	?	X	?

두 개의 보조부문(S_1, S_2)으로부터 P_1에 배부된 금액은 ₩50,000이고, P_2에 배부된 금액은 ₩40,000이었다. 부문비 배부전 S_1 에 집계된 원가(X)는 얼마인가? 【'08. CPA】

① ₩37,500　② ₩38,200
③ ₩47,200　④ ₩52,500

해답 7. ② 8. ①

⑤ ₩57,200

풀이 $P_1 = 0.5S_1 + 0.4S_2 =$ ₩50,000

$P_2 = 0.3S_1 + 0.4S_2 =$ ₩40,000

∴ $S_1 =$ ₩50,000, $S_2 =$ ₩62,500

따라서, $S_1 = X + 0.2S_2$에서 ₩50,000 $= X + 0.2 \times 62,500$

∴ X(배부전 S_1에 집계된 원가) = ₩37,500

– 개별원가계산 –

9 MH회사는 개별원가시스템을 채택하고 있으며, 직접노무원가를 기준으로 제조간접원가를 배부한다. 20×1년도의 제조간접원가율은 A부문에 대해서는 200%, B부문에 대해서는 50%이다. 제조명령서 5호는 20×1년중에 시작되어 완성되었으며, 다음과 같이 원가가 발생하였다.

	A부문	B부문
직접재료원가	₩50,000	₩10,000
직접노무원가	?	₩40,000
제조간접원가	₩60,000	?

제조명령서 5호에 관련된 총제조원가는 얼마인가? 【'93. 감평사】

① ₩190,000 ② ₩210,000 ③ ₩265,000

④ ₩300,000 ⑤ ₩360,000

풀이

	A부문	B부문	계
직접재료원가	50,000	10,000	60,000
직접노무원가	30,000 [1)]	40,000	70,000
제조간접원가	60,000	20,000 [2)]	80,000
	140,000	70,000	210,000

1) 제조간접원가 = 직접노무원가 × 200%

∴ 직접노무원가 = $\frac{₩60,000}{2}$ = ₩30,000

2) 제조간접원가 = 직접노무원가 × 50%

= ₩40,000 × 50% = ₩20,000

10 CW공업사는 개별원가계산제도에 의하여 제품 A와 B를 제조판매하고 있다. 제품 A는 월말에 완성되었다. 다음 자료에 의하여 제품 A의 제조원가를 계산하면 얼마가 되

해답 9. ② 10. ①

겠는가? 【'84. CPA】

1. 재 료

	주요재료	보조재료
월초재고액	₩100,000	₩50,000
당월매입액	300,000	100,000
월말재고액	80,000	30,000
이 중 직접원가해당액		
제품A(지시서 #1)	150,000	40,000
제품B(지시서 #2)	140,000	

2. 노무원가

전월말미지급액	₩80,000
당월순지급액	500,000
당월소득세 등 공제	50,000
당월말미지급액	60,000

이 중 직접원가해당액: 제품 A ₩200,000, 제품 B ₩250,000

3. 경 비

당월소비액 ₩250,000(이 중 직접원가(제품 A)₩80,000)

4. 제조간접원가는 직접노무원가소비액에 비례하여 배부하고 월초제공품은 없는 것으로 한다.

① ₩630,000 ② ₩590,000

③ ₩500,000 ④ ₩670,000

⑤ ₩687,000

	제품 A	제품 B	계
기초재공품	0	0	0
직접재료원가	190,000	140,000	330,000
직접노무원가	200,000	250,000	450,000
직접경비	80,000	–	80,000
제조간접원가	160,000*	200,000*	360,000
	630,000	590,000	1,220,000

*(1) 총제조간접원가집계

① 재료원가

주요재료

기초	100,000	소비	320,000
매입	300,000	기말	80,000
	400,000		400,000

보조재료

기초	50,000	소비	120,000
매입	100,000	기말	30,000
	150,000		150,000

∴ 주요재료의 간접재료원가 = ₩320,000 − 290,000 = ₩30,000

보조재료의 간접재료원가 = ₩120,000 − 40,000 = ₩80,000

② 노무원가

노무원가소비액 = ₩500,000 + 50,000 − 80,000 + 60,000 = ₩530,000

∴ 간접노무원가 = 530,000 − 450,000 = ₩80,000

③ 경비

간접경비 = ₩250,000 − 80,000 = ₩170,000

따라서 총제조간접원가 = ₩30,000 + 80,000 + 80,000 + 170,000 = ₩360,000

(2) 제조간접원가배부

$$\text{제품 A} = ₩360,000 \times \frac{200,000}{(200,000 + 250,000)} = ₩160,000$$

$$\text{제품 B} = ₩360,000 \times \frac{250,000}{(200,000 + 250,000)} = ₩200,000$$

11 (주)찬우는 제품 A와 제품 B를 생산하고 있는데 두 제품은 모두 제조부문 X와 제조부문 Y를 거쳐야 한다. 제조부문 X에서 발생한 제조간접원가는 각 제품이 소비한 기계시간을 기준으로 배부하고, 제조부문 Y에서 발생한 제조간접원가는 각 제품이 소비한 노무시간을 기준으로 배부한다. 또한 각 제조부문의 제조간접원가는 월별로 실제 배부한다.

다음은 5월 중 제품 A와 제품 B를 생산하는 데 각각 소비한 기계시간과 노무시간 그리고 각 제품에 최종적으로 배부된 제조간접원가 자료이다.

구분	제품 A	제품 B	합계
기계시간	10시간	30시간	40시간
노무시간	90시간	60시간	150시간
제조간접원가배부액	₩870,000	₩930,000	₩1,800,000

제조부문 X에서 5월 중 발생한 제조간접원가는 얼마인가? 【'11. CPA】

① ₩600,000 ② ₩720,000 ③ ₩800,000

④ ₩960,000 ⑤ ₩1,080,000

풀이 (1) 배부율 계산

a; 기계시간 배부율, b; 노동시간 배부율 이라 하면,

10a + 90b = ₩870,000

30a + 60b = ₩930,000

위 식을 연립방정식으로 풀면,

∴ a = ₩15,000

b = ₩8,000

(2) 제조부문 제조간접원가 배부액

제조부문 X 제조간접원가 = 40 × ₩15,000 = ₩600,000

해답 11. ①

제조부문 Y 제조간접원가 = 150 × ₩8,000 = ₩1,200,000

12 UH회사는 정상원가방식에 의한 개별원가계산제도를 채택하고 있다. 아래 표는 6월에 수행된 3개 작업에 대한 자료이다. 【'98. 감평사】

	작업번호		
	#601	#602	#603
작업에서 생산한 량	4,000	3,600	3,000
직접노동시간	2,400	2,000	1,800
직접재료원가	₩9,000	₩7,400	₩2,800
직접노무원가	19,200	16,000	14,400

실제제조간접원가 발생액은 ₩60,000이었다. 제조간접원가 예정배부율은 직접노동시간당 ₩9이다. 작업 #601과 #602는 6월에 완성되었고, 작업 #603은 완성되지 않았다. 작업 #601에서 생산한 제품의 단위당 원가를 계산하시오.

① ₩12.86 ② ₩7.05
③ ₩24.30 ④ ₩12.45
⑤ 위의 어느 것도 아니다.

풀이

	#601	#602	#603	계
직접재료원가	₩9,000	₩7,400	₩2,800	₩19,200
직접노무원가	19,200	16,000	14,400	49,600
배부제조간접원가	21,600 [1)]	18,000 [2)]	16,200 [3)]	55,800
제품제조원가	₩49,800	₩41,400	₩33,400 (미완성)	₩124,600
생산량	÷4,000	÷3,600		
단위당원가	₩12.45	₩11.5		

1) ₩2,400 × 9 = ₩21,600
2) ₩2,000 × 9 = ₩18,000
3) ₩1,800 × 9 = ₩16,200

13 다음은 정상원가계산을 사용하는 (주)대한의 2009년 1년 동안의 제조간접원가 계정으로서 배부차이를 조정하기 직전 기록이다.

제조간접원가	
90,000	70,000

해답 12. ④ 13. ⑤

다음 물음에 대한 답을 올바르게 나열한 것은?

(A) 2009년의 제조간접원가 실제발생액은 얼마인가?

(B) 2009년의 제조간접원가 배부액은 얼마인가?

(C) 회사는 제조간접원가 배부차이를 매출원가에서 조정하고 있다. 배부차이를 조정하기 위해 필요한 분개는? 【'09. 세무사】

	(A)	(B)	(C)			
①	₩70,000	₩90,000	(차) 매출원가	20,000	(대) 제조간접원가	20,000
②	₩70,000	₩90,000	(차) 제조간접원가	20,000	(대) 매출원가	20,000
③	₩90,000	₩70,000	(차) 제조간접원가	20,000	(대) 매출원가	20,000
④	₩90,000	₩70,000	(차) 매출원가	20,000	(대) 재공품	20,000
⑤	₩90,000	₩70,000	(차) 매출원가	20,000	(대) 제조간접원가	20,000

풀이 예정배부시 분개

예정배부시	; (차) 재공품	70,000	(대) 제조간접원가	70,000
실제제조간접원가	; (차) 제조간접원가	90,000	(대) 원가제요소	90,000
과소배부 (매출원가조정)	; (차) 매출원가	20,000	(대) 제조간접원가	20,000

14 다음은 UH회사의 원가자료이다.

	재공품	완성품	매출원가
직접재료원가	₩20,000	₩7,000	₩140,000
직접노무원가	40,000	18,000	300,000
제조간접원가	60,000	21,000	375,000
계	₩120,000	₩46,000	₩815,000

기말제조간접원가 배부부족액 ₩50,000을 재공품에 배부할 때 배부되는 금액은 얼마인가? 단, 십원단위에서 반올림한다. 【96. 감평사, '95. CPA'】

① ₩5,590 ② ₩6,120 ③ ₩6,500

④ ₩6,650 ⑤ ₩7,120

풀이 비례배분하는 방법에는 총원가기준법과 원가요소기준법이 있는데 배부방법에 대한 언급이 없으므로 두 가지 방법에 의하여 모두 풀이한 다음 해답을 고른다.

(1) 총원가기준법

재 공 품 : $₩50,000 \times \frac{120,000}{(120,000+46,000+815,000)} = ₩6,120$

해답 14. ②

제　　품 : $₩50,000 \times \frac{46,000}{981,000}$ = ₩2,340

매출원가 : $₩50,000 \times \frac{815,000}{981,000}$ = ₩41,540

계 50,000

(2) 원가요소기준법

재 공 품 : $₩50,000 \times \frac{60,000}{(60,000+21,000+375,000)}$ = ₩6,580

제　　품 : $₩50,000 \times \frac{21,000}{456,000}$ = ₩2,300

매출원가 : $₩50,000 \times \frac{375,000}{456,000}$ = ₩41,120

계 50,000

따라서, 원가요소기준법에 의한 해답은 없으므로 총원가기준법에 의하여 답을 고른다.

15 (주)연촌은 직접 노무시간을 기준으로 제조간접원가를 배부하고 있다. 지난달의 제조간접원가 실제액은 ₩1,620,000이고 실제사용 직접노무시간은 6,300시간이다. 추정제조간접원가 총액은 ₩1,530,000이고 추정직접노무시간은 6,000이다. 이 기간 동안 제조간접원가 과소(대)배부는 얼마인가? 【'94. CPA, '03. 감평사】

① ₩13,500 과대배부　② ₩13,500 과소배부　③ ₩90,000 과대배부
④ ₩90,000 과소배부　⑤ ₩81,000 과소배부

풀이 (1) 예정배부율 = ₩1,530,000 ÷ 6,000시간 = ₩255

(2) 배부제조간접원가 = 6,300시간 × ₩255 = ₩1,606,500

(3) 배부차이

배부제조간접원가	₩1,606,500
실제제조간접원가	1,620,000
과소배부	₩13,500

16 다음은 정상개별원가계산제도를 채택하고 있는 (주)관세의 20×3년도 원가계산 자료이다. 제조지시서 #1은 완성되어 판매되었고 제조지시서 #2는 완성되었으나 판매되지 않았으며, 제조지시서 #3은 미완성되었다.

원가항목	제조지시서 #1	제조지시서 #2	제조지시서 #3
기초재공품	₩30,000	₩20,000	–
직접재료원가	22,000	12,000	₩6,000
직접노무원가	30,000	25,000	15,000

해답 15. ② 16. ②

제조간접원가는 직접노무원가의 200%를 예정배부하며, 20×3년도에 발생한 실제 총 제조간접원가는 ₩120,000이다. 제조간접원가의 배부차이를 매출원가에서 전액 조정한다고 할 때, 제조간접원가 배부차이를 조정한 후의 매출원가는 얼마인가?

【'12, '13. 관세사】

① ₩82,000　② ₩122,000
③ ₩132,000　④ ₩142,000
⑤ ₩202,000

풀이

조정전매출원가(#1)＝₩30,000+22,000+30,000+30,000×200%＝	₩142,000
배부차이(과대배부)	△20,000
조정후매출원가	₩122,000

제조간접원가배부액＝실제직접노무원가×예정배부율＝₩70,000×200%＝	₩140,000
실제제조간접원가	120,000
과대배부	₩20,000

17 (주)한라는 2007년초에 설립되었으며 정상원가계산(normal costing)을 적용하고 있다. 제조간접원가는 직접노무시간을 기준으로 예정 배부한다. 회사는 제조간접원가 배부차이를 기말 재고자산 및 매출원가에 포함된 제조간접원가 예정배부액에 비례하여 안분한다. 당기에 기말재공품, 기말제품 및 매출원가에는 1:3:4의 비율로 제조간접원가가 각각 예정배부되었고, 기말재공품에 차감하여 조정된 배부차이는 ₩2,500이었다. 당기의 실제 제조간접원가는 ₩180,000이고, 실제 직접노무시간은 총 1,250시간이었다면, 제조간접원가 예정배부율은 직접노무시간당 얼마인가?

【'08. CPA】

① ₩144　② ₩160　③ ₩168
④ ₩170　⑤ ₩178

풀이 (1) 배부차이 계산

재공품; 배부차이(X)$\times\frac{1}{(1+3+4)}$＝₩2,500

∴ X＝₩20,000(차감하여 조정된 배부차이이므로 과대배부에 해당)

따라서, 예정배부액＝₩180,000＋20,000＝₩200,000

(2) 예정배부율 계산

예정배부액＝실제조업도×예정배부율(r) 이므로

₩200,000＝1,250×r

∴ r＝₩160

해답 17. ②

18 (주)세무는 정상개별원가계산을 사용하며, 직접노무시간을 기준으로 제조간접원가를 배부하고 있다. 20×1년 연간 제조간접원가 예산은 ₩5,000,000이다. 20×1년 실제 발생한 제조간접원가는 ₩4,800,000이고, 실제노무시간은 22,000시간이다. 20×1년 중 제조간접원가 과소배부액이 ₩400,000이라고 할 때 연간 예산직접노무시간은?

【'13. 세무사】

① 22,000시간 ② 23,000시간 ③ 24,000시간
④ 25,000시간 ⑤ 26,000시간

풀이

배부액	22,000×r
실제제조간접원가	4,800,000
과소배부	₩400,000

따라서, 22,000×r=4,800,000−400,000
∴ r(예정배부율)=₩200
예정배부율=제조간접원가예산/예정시간=₩5,000,000/예정노무시간=₩200
∴ 예정노무시간=25,000시간

19 (주)수원은 제조간접원가 배부기준으로 기계작업시간을 사용하여 정상개별원가계산을 적용하고 있다. (주)수원의 20×1년 연간 고정제조간접원가 예산은 ₩690,000이고, 실제 발생한 제조간접원가는 ₩1,618,000이다. 20×1년 연간 예정조업도는 27,600기계작업시간이고, 실제 기계작업시간은 총 28,800시간이다. 20×1년의 제조간접원가 배부차이가 ₩110,000(과대배부)일 때 변동제조간접원가 예정배부율은 얼마인가? 【'10. 세무사】

① ₩27.4 ② ₩29.6 ③ ₩35.0
④ ₩36.4 ⑤ ₩37.6

풀이 제조간접원가 예정배부액=28,800×r=1,618,000+110,000
∴ r(제조간접원가 예정배부율)=₩60
따라서,
제조간접원가 예정배부율=변동원가예정배부율+고정원가예정배부율 이므로
∴ 변동원가예정배부율=₩60−25[1]=₩35

1) 고정원가예정배부율=$\frac{₩690,000}{27,600}$=₩25

20 (주)한국은 개별원가계산을 적용하고 있으며 직접작업시간을 기준으로 제조간접원가를 예정배부한다. 20×9년 제조간접원가 예정배부율은 직접작업시간당 ₩65이다. 20×9년

해답 18. ④ 19. ③ 20. ⑤

실제 발생한 제조간접원가는 ₩1,500,000이었고, 제조간접원가가 ₩200,000 과소배부된 것으로 나타났다. 20×9년의 실제조업도는 예정(예산)조업도의 80%였다. 20×9년 제조간접원가 예산 금액은 얼마인가? 【'09. 감평사】

① ₩1,250,000 ② ₩1,300,000
③ ₩1,460,000 ④ ₩1,520,000
⑤ ₩1,625,000

풀이 (1) 배부제조간접원가 계산

배부제조간접원가 = 실제제조간접원가 − 배부차이(과소배부)
= ₩1,500,000 − 200,000 = ₩1,300,000

(2) 실제시간 계산

배부제조간접원가 = 실제작업시간 × 예정배부율
∴ 실제작업시간 = ₩1,300,000 ÷ 65 = 20,000시간

(3) 제조간접원가예산

제조간접원가예산 = 예정조업도* × 예정배부율 = 25,000 × ₩65 = ₩1,625,000
* 예정조업도 = 실제조업도 ÷ 0.8 = 20,000 ÷ 0.8 = 25,000시간

21 (주)국세는 개별-정상원가계산제도를 채택하고 있다. (주)국세는 제조간접원가를 예정배부하며, 예정배부율은 직접노무원가의 60%이다. 제조간접원가의 배부차이는 매기말 매출원가에서 전액 조정한다. 당기에 실제 발생한 직접재료원가는 ₩24,000이며, 직접노무원가는 ₩16,000이다. 기초재공품은 ₩5,600이며, 기말재공품에는 직접재료원가 ₩1,200과 제조간접원가 배부액 ₩1,500이 포함되어 있다. 또한 기초제품은 ₩5,000이며, 기말제품은 ₩8,000이다. 제조간접원가 배부차이를 조정한 매출원가가 ₩49,400이라면, 당기에 발생한 실제 제조간접원가는 얼마인가? 【'11. 세무사】

① ₩7,200 ② ₩9,600 ③ ₩10,400
④ ₩12,000 ⑤ ₩13,200

풀이

재공품

차변	금액	대변	금액
기초	5,600	제품	50,000
직접재료원가	24,000	기말 직접재료원가	1,200
직접노무원가	16,000	기말 직접노무원가	2,500
배부제조간접원가	9,600	기말 배부제조간접원가	1,500
	55,200		55,200

해답 21. ④

제품

기초	5,000	매출원가	[47,000]
제공품	50,000	기말	8,000
	55,000		55,000

배부차이 조정후 매출원가	₩49,400
배부차이 조정전 매출원가	47,000
과소배부	₩ 2,400

따라서 실제보다 덜 배부했으므로

∴ 실제제조간접원가 = ₩9,600* + 2,400 = ₩12,000

* 배부제조간접원가 = 직접노무원가 × 60% = ₩16,000 × 60% = ₩9,600

22 개별원가계산방식을 사용하는 박하사탕공업사는 6월 중에 재공품 통제계정에 다음과 같은 사항이 기록되어 있다.

6월 1일	기초잔액	24,000(차변)
6월 30일	직접재료원가	80,000(차변)
	직접노무원가	60,000(차변)
	제조간접원가	54,000(차변)
	완제품계정으로 대체	200,000(대변)

박하사탕공업사는 직접노무원가의 90%를 제조간접원가로 배부하고 있다. 6월말 현재 아직 미완성 상태에 있는 작업지시서 #100에는 제조간접원가가 ₩4,500이 배부되어 있다. 작업지시서 #100에 부과된 직접재료원가는 얼마인가?

【'99, '04, '06. 감평사, '07. CPA】

① ₩4,500　② ₩5,000　③ ₩8,500
④ ₩10,500　⑤ ₩18,000

풀이

재공품

기초	24,000	제품			200,000
직접재료원가	80,000	기말	직접재료원가	[8,500]	
직접노무원가	60,000		직접노무원가	5,000	[18,000][2]
제조간접원가	54,000		제조간접원가	4,500[1]	
	218,000				218,000

1) ₩5,000 × 90% = ₩4,500

2) ₩218,000 − 200,000 = ₩18,000

해답 22. ③

23 (주)감평은 제조원가 항목을 직접재료원가, 직접노무원가 및 제조간접원가로 분류한 후, 개별-정상원가계산을 적용하고 있다. 기초재공품(작업 No.23)의 원가는 ₩22,500이며, 당기에 개별 작업별로 발생된 직접재료원가와 직접노무원가를 다음과 같이 집계하였다.

작업번호	직접재료원가	직접노무원가
No.23	₩2,000	₩6,000
No.24	9,000	10,000
No.25	14,000	8,000

제조간접원가는 직접노무원가에 비례하여 예정배부한다. 기초에 직접노무원가는 ₩20,000으로 예측 되었으며, 제조간접원가는 ₩30,000으로 예측되었다. 기말 현재 진행중인 작업은 No.25뿐이라고 할 때, 당기제품제조원가는? 【'13. 감평사】

① ₩34,000　② ₩39,500
③ ₩56,500　④ ₩62,000
⑤ ₩73,500

풀이

재공품

차변		대변	
기초(#23)	22,500	제품	73,500
직접재료원가	25,000	기말(#25) 직접재료원가	14,000
직접노무원가	24,000	직접노무원가	8,000
배부제조간접원가	36,000*	배부제조간접원가	12,000
	107,500		107,500

* 예정배부율＝₩30,000÷20,000＝150%　∴ ₩24,000×150%＝₩36,000

24~25 SY회사는 개별원가계산을 하고 있다. 제조간접원가는 직접노무원가의 150%의 예정배부율로 배부된다. 제조간접원가의 과부족은 매월말 매출원가계정에서 조정한다. 추가정보는 다음과 같다. 【'91. CPA】

(1) 작업지령서 #101만이 20×1년 1월 31일에 작업 중이며 원가는 다음과 같다.

직접재료원가	₩4,000
직접노무원가	2,000
제조간접원가배부액	3,000
	₩9,000

(2) 작업지령서 #102, #103, #104는 2월에 작업이 시작된 것이다.

해답 23. ⑤

(3) 2월중에 소비된 직접재료원가는 ₩26,000이다.
(4) 2월중에 발생한 직접노무원가는 ₩20,000이다.
(5) 2월중의 제조간접원가 실제발생액은 ₩32,000이다.
(6) 20×1년 2월 28일 현재 가동중인 작업지령서는 #104뿐이며 직접재료원가는 ₩2,800, 직접노무원가는 ₩1,800이다.

24 2월중에 생산된 제품의 원가는 얼마인가?

① ₩77,700 ② ₩78,000
③ ₩79,700 ④ ₩85,000
⑤ ₩81,300

풀이

재공품

기초재공품	9,000	제 품		77,700
직접재료원가	26,000	기말재공품	직접재료원가	2,800
직접노무원가	20,000		직접노무원가	1,800
제조간접원가	30,000 1)		제조간접원가	2,700 2)
	85,000			85,000

1) ₩20,000×150%=₩30,000
2) ₩1,800×150%=₩2,700

25 20×1년 2월 28일에 매출원가계정에 마감된 제조간접원가 과부족은 얼마인가?

① ₩700(과대) ② ₩1,000(과대)
③ ₩1,700(부족) ④ ₩2,000(부족)
⑤ ₩1,300(부족)

풀이 배부제조간접원가: ₩20,000×150%=₩30,000
실제제조간접원가 32,000
부족배부 ₩2,000

26 OK회사는 정상원가 시스템하에서 개별원가계산을 사용한다. 20×1년 4월 동안 이 회사의 재공품 계정의 내역은 다음과 같다.

기초잔액 : ₩4,000, 직접재료원가 : ₩24,000, 직접노무원가 : ₩16,000,
제조간접원가 : ₩12,800, 제품계정으로의 대체액 : ₩48,000

해답 24. ① 25. ④ 26. ②

OK회사는 제조간접원가를 제품에 배부할 때 예정 제조간접원가율을 사용하며 당기의 제조간접원가 예정배부율은 직접노무원가의 80%이다. 당기에 새로 시작한 작업 #5가 4월말 현재 유일하게 완성되지 않은 작업이며 작업 #5를 완성하는데 예정된 직접노무원가는 ₩3,000이지만 당기에 투입된 실제 직접노무원가는 ₩2,000이다. 작업 #5에 지금까지 투입된 직접재료원가는 얼마인가? 【'02. 세무사】

① ₩3,300 ② ₩5,200
③ ₩8,000 ④ ₩8,800
⑤ ₩16,000

풀이

재공품

차변	금액	대변		금액	
기초	4,000	제품		48,000	
직접재료원가	24,000	기말	직접재료원가	5,200	8,800[3]
직접노무원가	16,000		직접노무원가	2,000	
제조간접원가	12,800[1]		제조간접원가	1,600[2]	
	56,800			56,800	

1) ₩16,000×80%=₩12,800
2) ₩2,000×80%=₩1,600
3) ₩56,800−48,000=₩8,800

27 (주)우리는 개별원가계산제도를 채택하고 있는데, 지난 6월 중의 원가자료는 다음과 같다. 이를 참고하여 1단위당 제조원가를 구하시오. 【'01. 감평사】

재료 : 재료원가 중 제조간접원가는 ₩80,000임

항 목	금 액
월초 재고	₩80,000
당월 매입	₩1,250,000
월말 재고	₩50,000

노무비 : 노무원가 중 제조직접원가는 ₩2,500,000임

항 목	금 액
전월말 미지급	₩100,000
당월 지급	₩2,800,000
당월말 미지급	₩200,000

해답 27. ⑤

경비 : 경비는 모두 제조간접원가임

항 목	금 액
당월현금지급	₩400,000
전월말 미지급	₩200,000
당월말선급	₩100,000

· 제품원가계산에 있어 제조간접원가는 직접노무원가의 60%로 예정 배부한다.
· 재공품은 없음, 완성품 수량은 200개임

① ₩19,000 ② ₩7,500
③ ₩20,240 ④ ₩21,400
⑤ ₩26,000

풀이

재공품

기 초	0	제 품	5,200,000
직접재료원가	1,200,000 [1)]		
직접노무원가	2,500,000		
제조간접원가	1,500,000 [2)]	기 말	0
	5,200,000		5,200,000

∴ 단위당제조원가 = ₩5,200,000 ÷ 200개 = ₩26,000

1) 재료원가소액 = ₩80,000 + 1,250,000 − 50,000 = ₩1,280,000
∴직접재료원가 = 재료원가소비액 − 간접재료원가
= ₩1,280,000 − 80,000 = ₩1,200,000

2) 배부제조간접원가 = 직접노무원가 × 60%
= ₩2,500,000 × 60% = ₩1,500,000

– 활동기준 원가계산 –

28 다음 중 활동기준계획(Activity Based Costing)이 추구하는 목적과 가장 거리가 먼 것은?

① 다양한 원가유발요인(cost driver)을 인식하여 적정한 가격결정에 이용한다.
② 정확한 제품원가를 계산하고자 한다.
③ 제품별 또는 고객별로 보다 정확한 원가분석을 할 수 있다.
④ 직접재료원가 외에는 고정원가로 처리하고자 한다.
⑤ 제품별 또는 부문별 성과평가를 신뢰성있게 할 수 있다.

풀이 ④항은 초변동원가계산에 대한 내용으로서 조직의 성과가 제약자원에 의해 결정된다는 것으

해답 28. ④

로서 직접재료원가 외는 단기적으로 변화시킬 수 없는 고정비로 본다.

29 활동기준원가계산제도에 관한 설명으로 옳지 않은 것은? 【'13. 관세사】

① 제품조립활동, 기계작업활동, 전수검사 등은 제품단위수준활동이며 공장관리활동, 냉난방활동, 조경활동 등은 공장설비수준활동이다.

② 원가정보의 수집 및 처리기술이 발전하여 원가측정비용이 크게 감소되었다.

③ 다품종 소량생산의 제조업체가 활동기준원가계산을 적용할 경우 도움이 된다.

④ 활동기준원가계산은 활동을 원가계산의 중심으로 삼아 활동의 원가를 계산하고 이를 토대로 하여 다른 원가를 계산하는 것을 중점적으로 다루는 원가계산시스템이다.

⑤ 제품의 다양성이 증가되면서 개별제품이나 작업에 직접 추적이 어려운 원가의 비중이 감소되었다.

풀이 제조간접원가의 비중이 증가되었다.

30 활동기준원가계산에 관한 설명으로 옳지 않은 것은? 【'15. 세무사】

① 활동기준원가계산은 생산환경의 변화에 따라 증가되는 제조간접원가를 좀 더 정확하게 제품에 배부하고 효과적으로 관리하기 위한 새로운 원가계산방법이라 할 수 있다.

② 활동기준원가계산에서는 일반적으로 활동의 유형을 단위수준활동, 묶음수준활동(배치수준활동), 제품유지활동, 설비유지활동의 4가지로 구분한다.

③ 제품유지활동은 주로 제조공정이나 생산설비 등을 유지하고 관리하기 위하여 수행되는 활동으로서 공장시설관리, 환경관리, 안전유지관리, 제품별 생산설비관리 등의 활동이 여기에 속한다.

④ 묶음수준활동은 원재료 구매, 작업준비 등과 같이 묶음단위로 수행되는 활동을 의미하는데 품질검사의 경우 표본검사는 묶음수준활동으로 분류될 수 있지만, 전수조사에 의한 품질검사는 단위수준활동으로 분류된다.

⑤ 단위수준활동은 한 단위의 제품을 생산하는데 수반되어 이루어지는 활동으로서 주로 생산량에 비례적으로 발생하며, 주로 직접노무시간, 기계작업시간 등을 원가동인으로 한다.

풀이 설비수준활동에 대한 설명이다.

해답 29. ⑤ 30. ③

31 다음의 활동기준원가계산과 관련된 기술 중에서 적절하지 못한 것은? 【'98. 세무사】

① 활동기준원가계산은 활동을 원가대상의 중심으로 삼아 활동의 원가를 계산하고 이를 토대로 하여 다른 원가를 계산하는 것을 중심적으로 다루는 원가계산 시스템이다.

② 다품종소량생산의 제조업체가 이를 적용할 경우 도움이 된다.

③ 서비스업체에서는 활동기준원가계산을 적용하기 어렵다.

④ 활동기준원가계산은 원가 중에서 제조간접원가의 비중이 높은 기업에 적용할 경우 도움이 된다.

⑤ 활동기준원가계산은 R&D에서 고객서비스에 이르기까지 경영기능 전반에 걸친 원가계획 및 통제에 유용한 정보를 제공해 줄 수 있다.

풀이 ③ 서비스업체 등에서도 활동기준원가계산이 활용된다.

32 활동기준원가계산 시스템에 대한 설명 중 옳은 것을 모두 묶은 것은? 【'09. 세무사】

> 가. 제품과 고객이 매우 다양하고 생산공정이 복잡한 경우, 일반적으로 활동기준원가계산이 전통적 원가계산보다 정확한 제품원가 정보를 제공한다.
> 나. (가)설명의 주된 이유는 활동기준원가계산은 원가 발생형태보다 원가를 소모하는 활동에 초점을 맞추어 원가를 집계하여 배부하기 때문이다.
> 다. 생산과정에서 거액의 간접원가가 발생하는 경우 활동기준원가계산이 전통적 원가계산보다 원가관리에 효과적이다.

① 가 ② 가, 나 ③ 가, 다
④ 나, 다 ⑤ 가, 나, 다

풀이 모두 옳다.

33 활동기준원가계산(Activity-Based Costing)에 관한 설명으로 옳지 않은 것은? 【'12. 관세사】

① 단위수준활동(unit-level)은 제품 한 단위가 생산될 때마다 수행되는 활동을 말하며, 단위수준활동 원가는 조업도기준 원가동인에 의해 배분된다.

② 활동기준원가계산은 보조부문의 제조간접원가를 생산부문으로 배부한 후에, 생산부분에 배부된 원가를 조업도기준 원가동인에 의해 제품에 배부한다.

해답 31. ③ 32. ⑤ 33. ②

③ 묶음수준활동(batch-level activities)은 한 묶음에 포함되는 단위 수에 상관없이 묶음 단위로 처리 또는 가공하는 활동을 말한다.

④ 활동기준원가계산에서도 직접노무시간이나 직접노무원가가 원가동인으로 사용될 수 있다.

⑤ 활동기준원가계산은 제조원가뿐만 아니라 비제조원가도 원가동인에 의해 배부할 수 있다.

풀이 ②항은 보조부문의 제조간접원가를 생산부문에 배부하는 부문별원가계산에 대한 설명이다.

34 다음 중 활동기준원가계산제도가 생겨나게 된 배경으로 타당하지 않은 것은? 【'10. CPA】

① 수익성 높은 제품의 선별을 통한 기업역량 집중의 필요성

② 산업구조의 고도화 및 직접노동 투입량의 증가

③ 제품 및 생산공정의 다양화

④ 원가정보의 수집 및 처리기술의 발달

⑤ 개별제품이나 작업에 직접 추적이 어려운 원가의 증가

풀이 직접노동투입량은 감소하고 상대적으로 제조간접원가는 증가

35 최근 들어 활동기준원가계산(ABC)이 대기업을 중심으로 빠르게 확산되고 있다. 활동기준원가계산에서는 활동원가를 그 원가의 발생유형에 따라 크게 4가지로 나누고 있는데 이 네 가지 활동원가 유형에 포함되지 않는 것은? 【'03. 감평사】

① 설비수준원가 ② 제품수준원가

③ 뱃치수준원가 ④ 단위수준원가

⑤ 품질수준원가

풀이 활동기준원가계산은 그 원가의 발생유형에 따라 단위수준활동, 뱃치수준활동, 제품수준활동, 설비수준활동으로 분류된다.

36 활동기준원가계산에 관한 다음 설명 중에서 타당하지 <u>않은</u> 것은? 【'04. CPA】

① 활동이 자원을 소비하고 제품이 활동을 소비한다.

② 제조간접원가에는 생산량 이외의 다른 원가동인에 의하여 발생하는 원가가 많이 포함되어 있다.

해답 34. ② 35. ⑤ 36. ⑤

③ 배부기준의 수가 전통적인 원가계산에 비해 많다.
④ 제품별 또는 부문별 성과평가의 신뢰성이 높아진다.
⑤ 표준원가계산과 같이 일종의 사전원가계산 제도이다.

풀이 ⑤ 활동기준원가는 소비된 원가를 배부하므로 사후원가계산제도이다.

37 다음 중 〈활동원가계층구조(activity cost hierarchy) 분류 - 해당원가의 예 - 원가동인(cost driver)〉의 조합이 적절하지 않은 것은? 【'00. CPA】

① 단위수준 활동원가 - 기계동력원가 - 기계작동시간
② 뱃치(Batch) 수준 활동원가 - 전수(제품전량) 검사원가 - 검사횟수
③ 제품유지 활동원가 - 제품설계원가 - 제품의 종류 수
④ 뱃치수준 활동원가 - 기계작업준비원가 - 준비횟수
⑤ 단위수준 활동원가 - 소모품원가 - 제품의 생산량

풀이 ② 전수검사원가이므로 단위수준활동에 해당된다.

38 활동기준 원가계산(Activity Based Costing)시스템은 조업도기준 원가계산(Volume Based Costing)시스템에 비하여 보다 정확한 제품원가를 제공할 수 있다. 다음 중에서 활동기준 원가계산시스템을 도입함에 따라서 그 효과를 크게 볼 수 있는 기업의 일반적 특성에 해당되지 않는 것은? 【'02. CPA】

① 생산과정에 거액의 간접원가가 발생하는 경우
② 제품, 고객 및 생산공정이 매우 복잡하고 다양한 경우
③ 회사가 치열한 가격경쟁에 직면한 경우
④ 제품의 제조와 마케팅 원가에 대하여 생산작업자와 회계담당자 사이에 심각한 견해차이가 있는 경우
⑤ 생산과 판매에 자신있는 제품의 이익은 높고 생산과 판매에 자신없는 제품의 이익이 낮은 경우

풀이 ⑤ 개별제품의 수익성에 불확실성이 높은 경우에 활동기준원가계산을 적용하면 그 효과가 크다. 따라서 ⑤항의 경우에는 불확실성이 있는 경우가 아니므로 효과를 크게 볼 수 있는 경우에 해당되지 않는다.

39 활동기준원가계산(Activity - based costing)이란 각 활동의 대표적인 원가동인을 기준으

해답 37. ② 38. ⑤ 39. ②

로 원가를 배부하여 제품 원가를 계산하는 시스템이다. 활동기준원가계산의 순서로 가장 적합한 것은 무엇인가? 【'01. 세무사, '02. 감평사】

A. 활동별 원가동인의 결정
B. 제품별 원가동인의 수 측정
C. 발생된 원가의 활동별 집계
D. 활동의 구분 및 그 수량의 결정
E. 활동별 원가배부율의 계산
F. 제품별 제조간접원가의 배부

① A → B → C → D → E → F
② D → C → A → E → B → F
③ A → C → D → B → E → F
④ D → A → B → E → C → F
⑤ D → E → B → A → C → F

40 (주)감평의 20×5년 생산활동 및 제조간접원가에 관한 정보는 다음과 같다.

활동	원가	원가동인	원가동인총량
조립	₩450,000	기계시간	37,500시간
구매주문	₩32,000	주문횟수	1,000회
품질검사	₩120,000	검사시간	1,600시간

제품 #23의 생산 및 판매와 관련된 활동 및 원가정보는 다음과 같다.

단위당 판매가격	₩90.7
단위당 직접재료원가	₩15.5
단위당 직접노무원가	₩12.2
연간 생산 및 판매량	300단위
연간 기계시간	850시간
연간 주문횟수	90회
연간 검사시간	30시간

활동기준원가계산을 사용할 경우, 제품 #23의 매출총이익은? 【'15. 감평사】

① ₩3,570 ② ₩7,725 ③ ₩11,880
④ ₩15,330 ⑤ ₩18,900

해답 40. ①

풀이 (1) 원가동인율 계산

조립활동; $\frac{₩450,000}{37,500}$ = ₩12

구매주문활동; $\frac{₩32,000}{1,000}$ = ₩32

품질검사활동; $\frac{₩120,000}{1,600}$ = ₩75

(2) #23의 제품원가 및 매출원가

직접재료원가; 300개 × ₩15.5 = ₩4,650
직접노무원가; 300개 × ₩12.2 = 3,660
제조간접원가
조립활동; 850시간 × ₩12 = 10,200
구매주문활동; 90회 × ₩32 = 2,880
품질검사활동; 30시간 × ₩75 = 2,250
계 ₩23,640

(3) 매출총이익 계산

매출총이익 = 매출 − 매출원가 = 300개 × ₩90.7 − 23,640 = ₩3,570

41 두 종류의 제품을 생산하고 있는 OK회사의 자료이다.

	제품 A	제품 B
생산량	120개	60개
자재이동횟수	15회	45회
단위당 직접노무시간	2시간	6시간
예산자재이동원가 : 회사전체 ₩150,000		

자재이동횟수를 배부기준으로 자재이동원가를 배부하는 활동기준원가회계(ABC)를 이용할 때 제품 A의 단위당 자재이동원가는 얼마인가? 【'00, '05. 감평사】

① ₩2,500 ② ₩312.5
③ ₩833.33 ④ ₩625
⑤ ₩1,218

풀이 제품 A : ₩150,000 × $\frac{15}{60}$ = ₩37,500

∴ 단위당 자재이동원가 = $\frac{₩37,500}{120}$ = ₩312.5

제품 B : ₩150,000 × $\frac{45}{60}$ = ₩112,500

해답 41. ②

$$\therefore \text{단위당 자재이동원가} = \frac{₩112,500}{60} = ₩1,875$$

42 OK기업은 활동기준원가계산을 사용하며, 제조과정은 다음의 3가지 활동으로 구분된다. (단, 분쇄 활동의 원가 중 ₩504,000은 고정원가이다.)

활 동	원가동인	연간 원가동인 수	연간 가공원가 총액
세 척	재료부피	100,000리터	₩300,000
압 착	압착기계시간	45,000시간	₩900,000
분 쇄	분쇄기계시간	21,000시간	₩1,050,000

X제품 한 단위당 재료부피는 20리터, 압착기계시간은 30시간, 분쇄기계시간은 10시간이다. X제품의 단위당 판매가격과 단위당 재료원가는 각각 ₩2,000, ₩300이면 제품의 단위당 제조공헌이익은 얼마인가? 【'06, 세무사】

① ₩560
② ₩540
③ ₩700
④ ₩780
⑤ ₩800

풀이 원가동인율; 세척 ; $\frac{₩300,000}{100,000} = ₩3$

압착 ; $\frac{₩900,000}{45,000} = ₩20$

분쇄 ; $\frac{(₩1,050,000 - 504,000*)}{21,000} = ₩26$

* 제조공헌이익을 물어봤으므로 고정제조간접원가는 제외한다.

따라서, X제품 변동가공원가 $= 20 \times ₩3 + 30 \times ₩20 + 10 \times ₩26 = ₩920$

$\therefore$ 제조공헌이익 = 판매가격 − 변동제조원가 $= ₩2,000 - (300 + 920) = ₩780$

43 (주)미래는 각 작업에 대한 원가계산을 위하여 다음의 자료를 수집하였다.

활 동	원 가	원가범주	원가동인	최대활동량
생산준비	₩20,000	생산묶음	생산준비시간	1,000시간
재료처리	30,000	생산묶음	재료처리횟수	2,000회
기계사용	500,000	제품단위	기계작업시간	20,000시간
품질관리	100,000	생산묶음	품질관리횟수	12,500회
수선유지	40,000	제품단위	기계작업시간	20,000시간

해답 42. ④ 43. ⑤

활동기준원가계산을 이용하여 다음의 작업 A의 총원가는 얼마인가? 【'02. 세무사】

작업	기초원가	생산수량	생산준비	재료처리	기계작업	품질관리
A	₩300,000	12,000단위	30시간	56회	4,000시간	70회

① ₩610,000 ② ₩110,000
③ ₩482,000 ④ ₩420,000
⑤ ₩410,000

풀이 (1) 원가동인별 배부율 계산
생산준비 : ₩20,000 ÷ 1,000시간 = ₩20
재료처리 : ₩30,000 ÷ 2,000회 = ₩15
기계사용 : ₩500,000 ÷ 20,000시간 = ₩25
품질관리 : ₩100,000 ÷ 12,500회 = ₩8
수선유지 : ₩40,000 ÷ 20,000시간 = ₩2

(2) 작업 A의 총원가
기초원가 ₩300,000
생산준비 : 30시간 × 20 = 600
재료처리 : 56회 × 15 = 840
기계사용 : 4,000시간 × 25 = 100,000
수선유지 : 4,000시간 × 2 = 8,000
품질관리 : 70회 × 8 = 560
계 ₩410,000

44 (주)부영은 고급형과 표준형 두 가지 건축자재를 생산하고 있으며 2004년 회사는 2,400,000의 제조간접원가와 고급형 500단위, 표준형 4,000단위의 생산을 예측하고 있다. 고급형은 단위당 1.6직접노동시간, 표준형은 단위당 0.8직접노동시간을 필요로 한다. 단위당 재료원가와 노무원가는 다음과 같다.

	고급형	표준형
직접재료원가	₩9,000	₩6,720
직접노무원가	₩960	₩480

회사의 제조간접원가를 활동중심점별로 추적한 예측자료는 다음과 같다.

해답 44. ③

활동중심점	활동측정치	추적가능원가	활동수준		
			계	고급형	표준형
자재주문	주문횟수	₩100,800	1,200	400	800
재작업지시	작업지시횟수	₩259,200	900	300	600
제품검사	검사횟수	₩540,000	15,000	4,000	11,000
기계수리	기계가동시간	₩1,500,000	50,000	20,000	30,000
제조간접원가 합계		₩2,400,000			

제조간접원가를 직접노무시간을 기준으로 배부하였을 경우와 활동기준으로 배부하였을 경우에 고급형의 제조원가는 각각 얼마인가? 【'09, '04. 감평사】

	직접노무원가기준	활동기준
①	₩10,000	₩11,200
②	₩10,920	₩10,344
③	₩10,920	₩11,688
④	₩10,344	₩12,725
⑤	₩10,920	₩12,725

풀이 (1) 직접노무시간 기준

① 제조간접원가배부율

	고급형	표준형
생산량	500	4,000
단위당시간	×1.6	×0.8
총노무시간	800	3,200

∴ 제조간접원가 배부율 $= \frac{₩2,400,000}{(800+3,200)} = ₩600$

② 단위당제조간접원가

고급형 = 800시간 × ₩600 = ₩480,000

∴ 단위당 제조간접원가 $= \frac{₩480,000}{500개} = ₩960$

표준형 = 3,200 × ₩600 = 1,920,000

∴ 단위당 제조간접원가 $= \frac{₩1,920,000}{4,000} = ₩480$

③ 단위당 제품제조원가

	고급형	표준형
직접재료원가	₩9,000	₩6,720
직접노무원가	960	480
제조간접원가	960	480
계	₩10,920	₩7,680

(2) 활동기준

① 원가동인율

자재주문 = ₩100,800 ÷ 1,200 = ₩84

재작업지시 = ₩259,200 ÷ 900 = ₩288

제품검사 = ₩540,000 ÷ 15,000 = ₩36

기계수리 = ₩1,500,000 ÷ 50,000 = ₩30

② 단위당 제조간접원가

고급형 = 400 × ₩84 + 300 × ₩288 + 4,000 × ₩36 + 20,000 × ₩30 = ₩864,000

$\therefore$ 단위당 제조간접원가 = $\dfrac{₩864{,}000}{500개}$ = ₩1,728

표준형 = 800 × ₩84 + 600 × ₩288 + 11,000 × ₩36 + 30,000 × ₩30 = ₩1,536,000

$\therefore$ 단위당 제조간접원가 = $\dfrac{₩1{,}536{,}000}{4{,}000}$ = ₩384

③ 단위당 제품제조원가

	고급형	표준형
직접재료원가	₩9,000	₩6,720
직접노무원가	960	480
제조간접원가	1,728	384
계	₩11,688	₩7,584

45 (주)국세는 활동기준원가계산 방법에 의하여 제품의 가공원가를 계산하고 있다. ㈜국세의 각 활동과 활동별 원가배부율은 다음과 같다.

활동	원가동인	단위당배부율
재료처리	부 품 수	₩10
기계작업	기계시간	120
조립작업	조립시간	75
검 사	검사시간	100

제품 A 1단위를 제조하기 위해서는 부품 200개, 기계작업 10시간, 조립작업 20시간, 검사 5시간이 요구된다. (주)국세는 50단위의 제품 A를 단위당 ₩50,000에 판매하여 ₩1,500,000의 매출총이익을 달성하였다. 이 경우, 제품 A의 단위당 직접재료원가는 얼마인가? (단, 기초재고자산과 기말재고자산은 없다고 가정한다.) 【'12, 세무사】

① ₩5,200 ② ₩14,800

③ ₩15,250 ④ ₩20,000

⑤ ₩30,000

풀이 (1) 제품 단위당 가공원가 계산

재료처리; 200 × ₩10 = ₩2,000

해답 45. ②

기계작업; 10×₩120= 1,200
조 립; 20×₩75= 1,500
검 사; 5×₩100= 500
계 ₩5,200

(2) 단위당 직접재료원가 계산
매출−매출원가=매출총이익 에서
50개×₩50,000−50개×(직접재료원가+5,200)=₩1,500,000
∴ 직접재료원가=₩14,800

46 다음은 단일제품을 생산하여 판매하는 (주)국세의 연간 활동원가 예산자료와 4월의 활동원가 자료이다.

(1) 연간 활동원가 예산자료

활동	활동원가	원가동인	원가동인수량
재료이동	₩5,000,000	이동횟수	1,000회
성형	₩3,000,000	제품생산량	24,000단위
도색	₩1,500,000	직접노동시간	6,000시간
조립	₩2,000,000	기계작업시간	2,000시간

(2) 4월 중에 생산한 제품의 활동원가 자료

제품생산량: 2,000단위, 직접노동시간: 500시간, 기계작업시간: 200시간

활동기준원가계산에 의할 경우, (주)국세가 4월 중에 생산한 제품의 활동원가 금액은 ₩1,050,000으로 계산되었다. (주)국세가 4월 중 제품을 생산하는 과정에서 발생한 재료의 이동횟수는 얼마인가? 【'11, 세무사】

① 95회 ② 96회 ③ 97회
④ 98회 ⑤ 99회

풀이 재료이동; 이동횟수(a)×₩5,000=₩5,000×a
성형; 2,000×₩125 =250,000
도색; 500×₩250 =125,000
조립; 200×₩1,000 =200,000
계 ₩1,050,000

따라서 ₩575,000+5,000×a=1,050,000
∴ a(재료이동횟수)=95회

해답 46. ①

47 감평회계법인은 컨설팅과 회계감사서비스를 제공하고 있다. 지금까지 감평회계법인은 일반관리비 ₩270,000을 용역제공시간을 기준으로 컨설팅과 회계감사서비스에 각각 45%와 55%씩 배부해왔다. 앞으로 감평회계법인이 활동기준원가계산을 적용하기 위해, 활동별로 일반관리비와 원가동인을 파악한 결과는 다음과 같다.

활 동	일반관리비	원가동인
스탭지원	₩200,000	스탭수
컴퓨터지원	₩50,000	컴퓨터사용시간
고객지원	₩20,000	고객수
합계	₩270,000	

컨설팅은 스탭수 35%, 컴퓨터사용시간 30%, 그리고 고객수 20%를 소비하고 있다. 활동기준원가계산을 이용하여 컨설팅에 집계한 일반관리비는 이전 방법을 사용하는 경우보다 얼마만큼 증가 또는 감소하는가? 【'13, 감평사】

① ₩32,500 감소 ② ₩32,500 증가
③ ₩59,500 감소 ④ ₩59,500 증가
⑤ 변화없음

풀이 (1) 이전방법에 의한 일반관리비 배분액
① 컨설팅＝₩270,000×45%＝₩121,500
② 회계감사＝₩270,000×55%＝₩148,500

(2) 활동기준에 의한 일반관리비 배분액
① 컨설팅
스탭지원＝₩200,000×35%＝ ₩70,000
컴퓨터지원＝₩50,000×30%＝ 15,000
고객지원＝₩20,000×20%＝ 4,000
계 ₩89,000
② 회계감사
스탭지원＝₩200,000×65%＝₩130,000
컴퓨터지원＝₩50,000×70%＝ 35,000
고객지원＝₩20,000×80%＝ ₩16,000
계 ₩181,000
∴ 활동기준적용시 컨설팅에 집계한 일반관리비는 이전 방법보다 ₩121,500－89,000＝₩32,500 감소한다.

48 우편 및 전화주문 판매를 하는 (주)통판은 활동기준원가(Activity－Based Costing:

해답 47. ① 48. ①

ABC)시스템을 통해 주요 고객의 수익성을 파악하고자 한다. 주요 고객의 연간 자료는 다음과 같다.

	고객 '갑'	고객 '을'	고객 '병'
총매출	₩8,000	₩10,000	₩20,000
반품－수량	4개	0개	2개
반품－액수(판매가)	₩2,000	₩0	₩5,000
연간 총전화주문건수	0건	4건	8건
연간 총우편주문건수	4건	0건	2건
총 전화주문처리 시간	0시간	0.25시간	0.20시간

배송비용은 고객이 부담하며, 반품에 따른 배송비만 고객이 부담하면 반품은 항상 허용된다. 매출원가는 판매가의 75%이다. 활동 및 활동원가의 동인율(activity cost driver rate)이 다음과 같을 경우, ABC를 통해 계산한 고객 갑으로부터의 연간 이익은? 【'01. CPA】

활 동	활동원가동인율
우편주문처리	₩50/주문건수
전화주문처리	₩800/시간
반품처리	₩100/반품수량
고객유지	₩500/년

① ₩400　　② ₩900　　③ ₩1,500
④ ₩4,900　　⑤ ₩8,000

풀이 각 제품별 연간이익을 계산하면 다음과 같다.

	갑	을	병
순매출(총매출－반품)	6,000	10,000	15,000
매 출 원 가	4,500	7,500	11,250
매출총이익	1,500	2,500	3,750
반품처리비	△ 4×100	0	△ 2×100
우편주문비	△ 4×50	0	△ 2×50
전화주문비	–	△ 0.25×800	△ 0.2×800
고객유지비	△ 500	△ 500	△ 500
연 간 이 익	400	1,800	2,790

CHAPTER

17 종합원가계산

제1절 종합원가계산의 의의

종합원가계산이란 단일종류의 제품을 연속적으로 대량생산하는 업종에 적용되는 원가계산의 한 형태로서, 1원가계산기간에 발생한 원가를 동기간의 완성품수량으로 나누어서 평균원가인 제품의 단위당원가를 계산하는 방법이다. 그러므로 개별원가계산은 각각의 제품의 단위나 묶음이 특수하고 쉽게 구분할 수 있는 제품에 적용되는 반면 종합원가계산은 몇 개의 공정이 연속된 대량생산제품의 원가계산에 적용된다.

종합원가계산의 특징은

(1) 제품원가는 평균화과정에 기초하고 있다.

(2) 연속적 대량생산형태이므로 기간개념이 중요시된다.

(3) 원가의 분류가 직접재료원가와 가공원가(노무원가+제조간접원가)로 분류된다. 여기서 직접재료원가는 일반적으로 투입시점에서 100%가 소비되고 가공원가는 진척도에 비례해서 발생한다고 가정한다.

제2절 기말재공품의 평가

1. 재공품 평가의 의의

재공품이란 제품의 생산을 위하여 현재 가공중인 미완성품을 의미하며, 재공품의 평가란 특정 원가계산기말의 재공품이 완성품에 비하여 어느 정도 제조가 진척(완성 정도)되었는지를 추정하고, 그 완성도를 사용하여 재공품수량을 완성품수량으로 환산한 다음 특정 원가계산기간의 총원가를 완성품과 기말재공품에 배분하는 것을 말한다.

개별원가계산에서는 각 특정 제품(작업)마다 원가가 집계되므로 재공품의 제조원가는 그 제조지시서 번호의 개별원가계산표 또는 작업원가표를 집계하면 곧 알 수 있다.

2. 완성품환산량

종합원가계산은 기초재공품원가와 당기 총제조원가의 합계금액을 완성품원가와 기말재공품으로 배분하는 것이 주요 핵심과제이다. 예컨대 종합원가계산에 있어서 특정 원가계산기간중에 완성한 제품의 원가는 그 기간에 발생한 총원가에서 기말재공품의 원가를 차감하여 계산되므로 기말재공품을 정확하게 평가해야 당기완성품 원가도 정확하게 산출된다. 이 경우에 완성품 1단위와 재공품 1단위는 비록 단순한 물량으로는 동일하다할지라도 원가의 투입면에서는 같다고 할 수 없다. 그러므로 원가투입면에서 동일한 척도가 필요하게 되는데 이때 사용되는 개념이 완성품환산량의 개념이다.

완성품환산량은 재공품의 물량단위에다가 완성도를 곱하여 계산된다. 예를 들어 재공품이 물량으로는 100개이며 완성도가 40%라면 재공품의 완성품환산량은 100×40%는 40개가 된다. 이 완성품환산량 40개란 재공품이 단순한 수량으로는 100개라 할지라도 원가투입면에서 보면 완성품 40개에 해당된다는 의미이다.

완성품에 대한 완성품환산량=완성품수량×100%
=완성품수량(환산이 필요 없음)
기말재공품에 대한 완성품환산량=기말재공품수량×가공원가 진척도

3. 원가흐름에 대한 가정(기말재공품 평가방법)

(1) 선입선출법

선입선출법(FIFO)이란 기초재공품이 먼저 완성된 다음 당기착수분이 완성된다고 전제하고 기말재공품을 평가하는 방법이다. 이를 원가로 표현해 보면 당기완성품원가는 기초재공품원가와 당기제조원가의 일부로 구성되는 반면, 기말재공품 원가는 당기제조원가의 일부로만 구성된다. 따라서, 기말재공품 중에는 기초재공품은 포함되어 있지 않다고 전제하므로 기말재공품 평가시 기초재공품의 원가는 계산에서 제외하여야 한다.

이를 T계정을 이용하여 설명하면 아래와 같다.

재 공 품

기 초 재 공 품	×××	제 품	×××
당기총제조원가	×××	기말재공품	×××
계	×××	계	×××

선입선출법

구 분	수 량	완성도	직접재료원가	가공원가
기초재공품	5,000개	40%	₩100,000	₩50,000
당기투입량	50,000		500,000	400,000
당기완성량	40,000			
기말재공품	15,000	60%		

단, 재료는 공정 초에 투입된다.

이상의 자료에 의하여

(1) 물량의 흐름을 파악하라.

(2) 완성품환산량을 구하라.

(3) 총원가를 집계하라.

(4) 완성품환산량 단위당 원가를 구하라.

(5) 완성품원가와 기말재공품의 원가를 계산하라.

풀이

(1) 물량의 흐름파악: 제 1 단계

물량흐름은 기초재공품에다 당기착수량을 가산한 수량이 제조과정에 투입된 총수량이 되는데 이것은 평균법의 경우와 동일하다. 평균법과의 차이점은 당기완성품수량을 기초재공품완성량과 당기착수완성량으로 구분하여야 한다는 점이다. 선입선출법에 의한 물량흐름을 파악해 보면 다음과 같다.

	물량흐름
기초재공품	5,000(40%)
당기투입량	50,000
계	55,000
완성품	
{ 기초재공품완성	5,000
{ 당기투입완성	35,000
기말재공품	15,000(60%)
계	55,000

(2) 완성품환산량 계산: 제 2 단계

	물량흐름	완성품환산량 직접재료원가	완성품환산량 가공원가
기초재공품	5,000(40%)		
당기투입량	50,000		
계	55,000		

완성품			
기초재공품완성	5,000	–	3,000
당기투입완성	35,000	35,000	35,000
기말재공품	15,000(60%)	15,000	9,000
계	55,000	50,000	47,000

평균법에서는 당기완성품의 완성품환산량은 기초에 완성된 것과 당기에 완성된 수량이 모두 포함된 총완성품환산량을 의미하는 개념이기 때문에 전기의 작업분도 완성품환산총량에 포함되어 산출된다. 그러므로, 기초재공품이 전기에 몇 %나 완성되었느냐를 나타내는 기초재공품의 완성도는 고려되지 않는다. 그러나 선입선출법에서는 기말재공품이 당기투입분 중의 일부로만 구성되어 있다고 가정하기 때문에 전기의 작업과 당기의 작업을 구분하여 환산량을 계산하여야 한다.

따라서, 당기에 한 일의 개념인 당기만의 완성품환산량을 구해야 하기 때문에 당기완성품수량을 기초재공품중 당기에 완성된 수량과 당기착수분 중에서 완성된 수량으로 구분하여 환산하여야 한다. 이 점이 바로 평균법과의 차이점이다.

⑶ **총원가의 집계: 제 3 단계**

	직접재료원가	가공원가	총원가
기초재공품	–	–	₩150,000
당기투입원가	₩500,000	₩400,000	900,000
총원가	500,000	400,000	1,050,000

선입선출법에서의 완성품환산총량은 전기의 작업은 제외된 당기만의 환산량이기 때문에 제조비용 집계시에도 기초재공품의 투입원가는 고려하지 않고 당기의 총제조원가만 집계하여 완성품환산량 단위당원가를 계산하면 된다.

⑷ **완성품 환산량 단위당원가: 제 4 단계**

	직접재료원가	가공원가
기초재공품	–	–
당기투입원가	₩500,000	₩400,000
총원가	500,000	400,000
완성품환산량	÷50,000	÷47,000
단위당원가	₩10	₩8.51

완성품환산량 단위당원가는 원가요소별로 집계된 당기총제조원가를 완성품환산량으로 나누어 계산되는데, 평균법에서는 기초재공품원가와 당기총제조원가를 합한 총제조원가를 완성품환산총량으로 나누어서 계산되지만, 선입선출법에서는 당기총제조원가를 당기만의 완성품환산량으로 나누어서 계산된다. 그러므로 선입선출법에서의 완성품환산량 단위당원가는 평균법과는 달리 기초재공품원가를 제외한 당기투입원가에 대한 완성품환산량 단위당원가를 나타내게 된다.

⑸ **완성품원가와 기말재공품평가액 계산**

① 완성품 원가계산

기초재공품원가		
재료원가	₩100,000	
가공원가	50,000	₩150,000
당기투입분 중 당기완성품		

재료원가	35,000개×₩10=350,000	
가공원가	38,000개×₩8.51=323,405*	₩673,405
계		₩823,405

② 기말재공품 평가액

재료원가	15,000×₩10=	₩150,000
가공원가	9,000×₩8.51=	₩76,595*
계		₩226,595

* 단가계산시 반올림에 따른 단수차이

T계정을 그리면 다음과 같다.

재공품

기 초 재 공 품	150,000	제 품	823,405
당기총제조원가	900,000	기말재공품	226,595
계	1,050,000	계	1,050,000

(2) 평균법

평균법은 기초재공품의 제조를 당기 이전에 착수하였는데도 불구하고 마치 당기에 착수한 것으로 가정한다. 따라서 기초재공품원가를 당기에 발생한 당기총제조원가와 동일하게 취급하여 완성품과 기말재공품에 배분하는 방법이다. 그러므로 기말재공품원가는 기초재공품원가의 일부와 당기총제조원가의 일부로 계산되어 차기로 이월된다. 결국 평균법은 기초재공품의 완성도를 무시하는 방법이다.

이를 T계정을 이용하여 설명하면 아래와 같다.

재공품

기 초 재 공 품	×××	제 품	×××
당기총제조원가	×××	기말재공품	×××
계	×××	계	×××

평균법

[기본예제 1]을 참조하여 평균법에 의하여 제품원가와 기말재공품을 평가하시오.

풀이

(1) 물량의 흐름파악: 제 1 단계

(기본예제 1)의 자료에 의해 물량흐름을 파악하면 다음과 같다.

	물량흐름
기초재공품	5,000(40%)

당기투입량	50,000
계	55,000
완성품	40,000
기말재공품	15,000(60%)
계	55,000

(2) **완성품환산량 계산: 제 2 단계**

		완성품환산량	
	물량흐름	직접재료원가	가공원가
기초재공품	5,000(40%)		
당기투입량	50,000		
계	55,000		
완 성 품	40,000	40,000	40,000
기말재공품	15,000(60%)	15,000	9,000
계	55,000	55,000	49,000

평균법에서의 완성품환산량 계산시에는 기초재공품 수량과 당기투입수량이 똑같이 평균적으로 완성품과 기말재공품에 배분된다고 가정하므로 기초재공품 환산량도 합산하여 구한다. 즉, 완성품 계산시 기초분과 당기투입분을 구분 표시하지 않고 완성품량을 그대로 합산하면 쉽게 구해진다. 따라서 평균법을 적용할 때는 기초재공품의 진척도를 알 필요가 없다.

(3) **총원가의 집계: 제 3 단계**

	직접재료원가	가공원가	총원가
기초재공품	₩100,000	₩50,000	₩150,000
당기투입원가	500,000	400,000	900,000
총원가	₩600,000	₩450,000	₩1,050,000

평균법에서는 완성품환산량 계산시에 기초재공품 환산량이 포함되었으므로 총원가를 집계하여 환산량 단위당 원가를 계산할 때도 기초재공품 원가와 당기투입원가가 합산된 금액을 기준으로 계산해야 한다.

(4) **완성품환산량 단위당원가: 제 4 단계**

	직접재료원가	가공원가	총원가
기초재공품	₩100,000	₩50,000	₩150,000
당기투입원가	500,000	400,000	900,000
총원가	₩600,000	₩450,000	₩1,050,000
완성품환산량	÷55,000	÷49,000	
단위당 원가	₩10.91*	₩9.18*	₩20.09

완성품환산량 단위당원가는 원가요소별로 집계된 총제조원가를 완성품환산량으로 나누어 계산된다. 이 경우에 원가요소별로 완성도가 다르면 완성품환산량 단위당원가도 각각 구하여야 한다.

* 단위당원가는 2자리 아래에서 반올림하였음.

(5) **완성품원가와 기말재공품 평가액 계산**

① 완성품 원가

재료원가　　40,000 × ₩10.91 = ₩436,364*
가공원가　　40,000 × 9.18　=　367,347*
계　　　　　　　　　　　　₩803,711

② 기말재공품 평가액
재료원가　　15,000 × ₩10.91 = ₩163,636*
가공원가　　9,000 × 9.18　=　82,653*
계　　　　　　　　　　　　₩246,289

* 계산상 금액의 차이가 나는 것은 반올림하지 않은 금액으로 계산하였기 때문이다.

T계정을 그리면 다음과 같다.

재공품

기 초 재 공 품	150,000	제 품	803,711
당기총제조원가	900,000	기말재공품	246,289
계	1,050,000	계	1,050,000

기본예제 3 완성품 환산량계산(선입선출법)

다음 자료에 의하여 선입선출법에 의할 때 아래 물음에 답하시오.

기초재공품수량	1,000개(40%)
당기투입량	5,000개
당기완성량	4,000개
기말재공품수량	2,000개(60%)

(1) 직접재료원가가 공정 초에 투입될 때 완성품환산량은?
(2) 직접재료원가가 공정 50% 시점에서 투입될 때 완성품환산량은?
(3) 직접재료원가가 공정 말에 투입될 때 완성품환산량은?
(4) 위 문제에서 기초재공품진척도가 80%이고, 직접재료원가가 70% 시점에서 투입될 때 완성품환산량은?

풀이

1. 기본설명
(1) 직접재료원가 환산량 계산
① 기초재공품 환산량 계산

	환산량
㉠ 기초재공품진척도 ≥ 직접재료원가투입시점:	물량 × 0%
㉡ 기초재공품진척도 < 직접재료원가투입시점:	물량 × 100%

② 기말재공품 환산량 계산
㉠ 기말재공품진척도≥직접재료원가투입시점: 물량×100%
㉡ 기말재공품진척도<직접재료원가투입시점: 물량×0%

(2) 가공원가환산량계산
가공원가환산량계산은 직접재료원가투입시점과는 무관하며 다음과 같이 항상 계산한다.
① 기초재공품환산량물량×(1−진척도)
② 기말재공품환산량물량×진척도

2. 문제풀이

(1) 직접재료원가가 공정 초에 투입될 때

	물량흐름	완성품환산량: 직접재료원가	완성품환산량: 가공원가
기초재공품	1,000(40%)		
당기투입량	5,000		
계	6,000		
완성품			
기초분	1,000	− [1]	600 [3]
당기투입분	3,000	3,000	3,000
기말재공품	2,000(60%)	2,000 [2]	1,200 [4]
계	6,000	5,000	4,800

1) 기초재공품진척도〉직접재료원가투입시점: 1,000×0%=0
2) 기말재공품진척도〉직접재료원가투입시점: 2,000×100%=2,000
3) 1,000×(1−0.4)=600
4) 2,000×0.6=1,200

(2) 직접재료원가가 공정 50% 시점에서 투입될 때

	물량흐름	완성품환산량: 직접재료원가	완성품환산량: 가공원가
기초재공품	1,000(40%)		
당기투입량	5,000		
계	6,000		
완성품			
기초분	1,000	1,000 [5]	600
당기투입분	3,000	3,000	3,000
기말재공품	2,000(60%)	2,000 [6]	1,200
계	6,000	6,000	4,800

5) 기초재공품진척도<직접재료원가투입시점: 1,000×100%=1,000
6) 기말재공품진척도>직접재료원가투입시점: 2,000×100%=2,000

(3) 직접재료원가가 공정말에 투입될 때

	물량흐름	완성품환산량: 직접재료원가	완성품환산량: 가공원가
기초재공품	1,000(40%)		

	물량흐름	직접재료원가	가공원가
당기투입량	5,000		
계	6,000		
완성품			
기초분	1,000	1,000 [7]	600
당기투입분	3,000	3,000	3,000
기말재공품	2,000(60%)	– [8]	1,200
계	6,000	4,000	4,800

7) 기초재공품진척도 < 직접재료원가투입시점: 1,000 × 100% = 1,000

8) 기말재공품진척도 < 직접재료원가투입시점: 2,000 × 0% = 0

(4) 기초재공품진척도가 80%이고 직접재료가 70% 시점에서 투입될 때

		완성품환산량	
	물량흐름	직접재료원가	가공원가
기초재공품	1,000(80%)		
당기투입량	5,000		
계	6,000		
완성품			
기초분	1,000	– [9]	200
당기투입분	3,000	3,000	3,000
기말재공품	2,000(60%)	– [10]	1,200
계	6,000	3,000	4,400

9) 기초재공품진척도 > 직접재료원가투입시점: 1,000 × 0% = 0

10) 기말재공품진척도 < 직접재료원가투입시점: 2,000 × 0% = 0

참고로, 선입선출법에서의 직접재료원가환산량 계산은 다음과 같이 4가지 경우가 있다.

	(1)의 경우	(2)의 경우	(3)의 경우	(4)의 경우
기초재공품	물량×0%	물량×100%	물량×100%	물량×0%
기말재공품	물량×100%	물량×100%	물량×0%	물량×0%

3. 도표설명

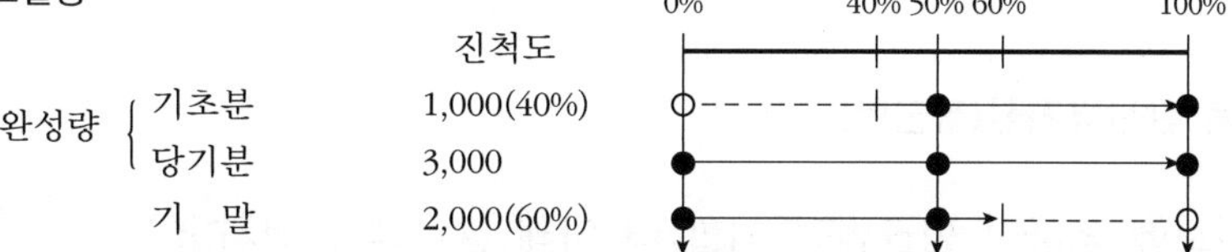

※ 점선; 기초재공품 ~ 전기에 작업한 부분

기말재공품 ~ 차기에 작업할 부분

실선; 당기에 작업한 부분

(1) 직접재료원가가 공정초에 투입되는 경우

① 기초재공품에 전기에 작업했기 때문에 전기에 직접 재료원가가 투입되었고 당기에 투입되지 않았다. 따라서 완성품 환산량은 "0"이다.

② 기말재공품은 당기에 투입해서 60%가 가공되었기 때문에 완성품환산량은 2,000 × 100% = 2,000개이다.

(2) 직접재료원가가 50%시점에 투입되는 경우

① 기초재공품은 전기에 40%가공하고 40%시점부터는 당기에 가공되었기 때문에 직접재료원가는 당기에 투입되었다. 따라서 완성품환산량은 1,000×100%=1,000개이다.

② 기말재공품은 공정초에 투입되는 경우와 같다.

(3) 직접재료원가가 공정말에 투입되는 경우

① 기초재공품은 공정 50%시점에서 투입되는 경우와 같다.

② 기말재공품은 당기에 60%까지만 가공되었고 직접재료원가는 공정말에 투입되므로 당기에 아직 투입되지 않았다. 따라서 완성품환산량은 "0"이다.

(4) 기초재공품 진척도 80%이고, 직접재료원가가 70%시점에서 투입되는 경우

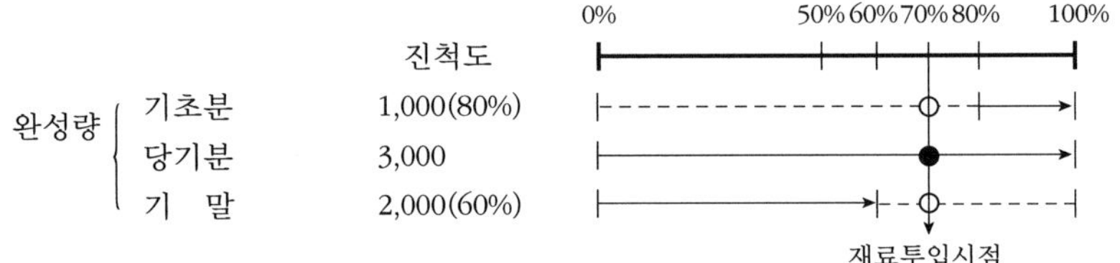

① 기초재공품은 전기에 80%까지 가공되었고 직접 재료원가는 70%시점에 투입되므로 전기에 투입되고 당기에 투입되지 않았다. 따라서 완성품환산량은 "0"이다.

② 기말재공품은 당기에 60%까지 가공되었고 직접재료원가는 70%시점에 투입되므로 아직 당기에 투입되지 않았다. 따라서 완성품환산량은 "0"이다.

투입시점에 따른 기초 및 기말재공품 완성품환산량 포함여부

물량 \ 투입시점	(1)의 경우	(2)의 경우	(3)의 경우	(4)의 경우
기초재공품	×	○	○	×
기말재공품	○	○	×	×

완성품 환산량계산(평균법)

다음 자료에 의하여 평균법에 의할 때 아래 물음에 답하시오.

기초재공품 수량	1,000개(40%)
당기투입량	5,000개
당기완성량	4,000개
기말재공품수량	2,000개(60%)

(1) 직접재료원가가 공정 초에 투입될 때 완성품환산량은?

(2) 직접재료원가가 공정 말에 투입될 때 완성품 환산량은?

풀이

1. 기본설명

(1) 직접재료원가 환산량계산

① 기초재공품환산량은 평균법에서는 전기기초재공품환산량을 완성량에 포함시키며 별도로 환산하지 않는다. 따라서 기초재공품진척도는 알 필요가 없다.

② 기말재공품환산량은 선입선출법 환산량계산방법과 같다. 즉,

㉠ 기말재공품진척도 ≥ 직접재료원가투입시점: 물량 × 100%

㉡ 기말재공품진척도 < 직접재료원가투입시점: 물량 × 0%

(2) 가공원가 환산량계산

① 기초재공품환산량은 평균법에서는 전기기초재공품 환산량을 완성량에 포함시키며 별도로 환산하지 않는다. 따라서 기초재공품진척도는 알 필요가 없다.

② 기말재공품환산량은 선입선출법 환산량계산과 같다. 즉,

기말재공품환산량: 물량 × 진척도

2. 문제풀이

(1) 직접재료가 공정 초에 투입될 때

	물량흐름	완성품환산량 직접재료원가	완성품환산량 가공원가
기초재공품	1,000(40%)		
당기투입량	5,000		
계	6,000		
완성품	4,000	4,000	4,000
기말재공품	2,000(60%)	2,000 [1)]	1,200 [2)]
계	6,000	6,000	5,200

1) 기말재공품진척도 > 직접재료원가투입시점: 2,000 × 100% = 2,000

2) 2,000 × 0.6 = 1,200개

(2) 직접재료가 공정말에 투입될 때

	물량흐름	완성품환산량 직접재료원가	완성품환산량 가공원가
기초재공품	1,000(40%)		
당기투입량	5,000		
계	6,000		
완성품	4,000	4,000	4,000
기말재공품	2,000(60%)	– [3)]	1,200
계	6,000	4,000	5,200

3) 기말재공품진척도 < 직접재료원가투입시점: 2,000 × 0% = 0

참고로 평균법에서의 직접재료원가환산량 계산은 다음 2가지 경우가 있다.

	(1)의 경우	(2)의 경우
기말재공품	물량 × 100%	물량 × 0%

종합원가계산(기말재공품 평가)

(주)찬엽은 종합원가계산제도에 의하여 제품을 생산하고 있다. 원재료는 공정 초기에 투입되고, 가공원가는 공정 전체를 통해 평균적으로 발생한다.

		직접재료원가	가공원가
기초재공품	10,000개(40%)	₩300,000	₩252,000
당기투입량	50,000	600,000	528,000
당기완성량	40,000		
기말재공품	20,000(60%)		

선입선출법과 평균법을 사용하여 완성품과 기말재공품의 원가를 계산하라.

풀이

(1) 선입선출법

① 물량흐름과 환산량 단위당 원가계산

		완성품환산량	
	물량흐름	직접재료원가	가공원가
기초재공품	10,000(40%)		
당기투입량	50,000		
계	60,000		
당기완성량			
기초재공품완성	10,000	–	6,000
당기투입완성	30,000	30,000	30,000
기말재공품	20,000(60%)	20,000	12,000
계	60,000	50,000	48,000

	총원가	직접재료원가	가공원가
기초재공품	₩552,000		
당기투입원가	1,128,000	₩600,000	₩528,000
계	1,680,000	÷50,000	÷48,000
단위당원가	₩23	₩12	₩11

② 완성품 원가계산

기초재공품 원가		₩552,000
직접재료원가	30,000×₩12=	360,000
가공원가	36,000×₩11=	396,000
계		₩1,308,000

③ 기말재공품평가액

직접재료원가	20,000×₩12=	₩240,000
가공원가	12,000×₩11=	132,000
계		₩372,000

(2) **평균법**

① 물량흐름과 환산량 단위당 원가계산

	물량흐름	완성품환산량	
		직접재료원가	가공원가
기초재공품	10,000(40%)		
당기투입량	50,000		
계	60,000		
당기완성품	40,000	40,000	40,000
기말재공품	20,000(60%)	20,000	12,000
계	60,000	60,000	52,000
	총원가	직접재료원가	가공원가
기초재공품	₩552,000	₩300,000	₩252,000
당기투입원가	1,128,000	600,000	528,000
계	₩1,680,000	₩900,000	₩780,000
		÷60,000	÷52,000
단위당원가	₩30	₩15	₩15

② 완성품 원가계산

직접재료원가	40,000×₩15=	₩600,000
가공원가	40,000×₩15=	600,000
계		₩1,200,000

③ 기말재공품평가액

직접재료원가	20,000×₩15=	₩300,000
가공원가	12,000×₩15=	180,000
계		₩480,000

제3절 공손품의 회계처리

공손품은 공정 중에 일부분이 파손되어 품질 또는 규격이 표준에 미달하는 불합격품을 말하며 가치가 거의 없는 것이 일반적이다. 공손품의 성격에 따라 제조원가의 일부가 될 수도 있고 당기비용으로 처리될 수도 있다.

1. 정상공손과 비정상공손

(1) 정상공손

정상공손은 효율적인 생산환경에서 양품을 생산하기 위해서 불가피하게 발생하는 공손을 말하며 반복적 · 경상적으로 발생하는 것이 일반적이다. 정상공손품 원가는 양품을 생산하기 위해 불가피하게 발생하는 원가이므로 제조원가의 일부가 되며, 경우에 따라 완성품원가에 포함시키거나 또는 완성품과 기말재공품에 배분하게 된다.

(2) 비정상공손

비정상공손은 효율적인 생산환경에서는 발생하지 않는 작업자의 부주의, 생산계획의 차질 등으로 인하여 발생하며, 효율적인 작업환경에서는 통제할 수 있는 공손으로서 비반복적 · 비경상적으로 발생하는 것이 일반적이다. 비정상공손품 원가는 양품(정상품)을 생산하기 위한 불가피한 원가가 아니므로 당기비용으로 처리한다.

2. 정상공손품원가의 회계처리

(1) 공손품 완성품환산량을 인식하는 방법

① 선입선출법

㉠ 기말재공품진척도 ≥ 공손품진척도

기말재공품이 당기에 검사를 받아 검사시점을 통과하였으므로 공손품발생과 관련이 있다. 따라서 정상공손품원가를 검사시점을 통과한 물량단위를 기준으로 배분한다. 즉, 완성품과 기말재공품에 배분한다.

이 경우에 기초재공품이 전기에 검사를 받았는지 당기에 검사를 받았는지에 따라 배부기준이 다음과 같이 달라진다.

ⓐ 기초재공품이 전기에 검사를 받은 경우(기초재공품진척도≥공손품진척도)

공손품원가를 당기투입 당기완성량(총완성량－기초재공품수량)과 기말재공품수량을 기준으로 완성품과 기말재공품에 배분한다. 즉,

$$\text{완성품} = \text{공손품원가}^{1)} \times \frac{\text{당기투입 당기완성량}^{2)}}{\text{당기투입 당기완성량} + \text{기말재공품수량}}$$

1) 공손품의 처분가치가 있는 경우에는 처분가치를 차감한 금액
2) 당기투입 당기완성량＝(총완성량－기초재공품수량)

$$\text{기말재공품} = \text{공손품원가} \times \frac{\text{기말재공품수량}}{\text{당기투입 당기완성량} + \text{기말재공품수량}}$$

ⓑ 기초재공품이 당기에 검사를 받은 경우(공손품진척도 〉 기초재공품진척도)

공손품원가를 총완성량과 기말재공품수량을 기준으로 완성품과 기말재공품에 배분한다. 즉,

$$완성품 = 공손품원가 \times \frac{총완성량}{총완성량 + 기말재공품수량}$$

$$기말재공품원가 = 공손품원가 \times \frac{기말재공품수량}{총완성량 + 기말재공품수량}$$

㉡ 기말재공품진척도 〈 공손품진척도

기말재공품이 당기에 아직 검사를 받지 않았기 때문에 공손품 발생과는 무관하다. 따라서 기말재공품에는 배분하지 않고 완성품에만 배분한다.

② 평균법

㉠ 기말재공품진척도 ≥ 공손품진척도

기말재공품이 당기에 검사를 받아 검사시점을 통과하였으므로 공손품발생과 관련이 있다. 따라서 정상공손품원가를 검사시점을 통과한 물량단위를 기준으로 배분한다. 즉, 완성품과 기말재공품에 배분한다.

평균법에서는 기초재공품과 당기투입량을 당기에 모두 새로 투입되었다는 가정하에 계산하기 때문에 선입선출법처럼 기초재공품의 검사시점을 고려할 필요가 없다.

따라서 공손품원가를 총완성량과 기말재공품수량을 기준으로 완성품과 기말재공품에 배분한다. 즉,

$$완성품 = 공손품원가 \times \frac{총완성량}{총완성량 + 기말재공품수량}$$

$$기말재공품 = 공손품원가 \times \frac{기말재공품수량}{총완성량 + 기말재공품수량}$$

㉡ 기말재공품진척도 〈 공손품진척도

기말재공품이 당기에 아직 검사를 받지 않았기 때문에 검사를 통과한 물량은 완성품밖에 없다. 따라서 기말재공품에는 배분하지 않고 완성품에만 배분한다.

(2) 공손품환산량을 인식하지 않는 방법

완성품환산량을 구할 때 공손품의 완성품환산량은 파악하지 않는 방법으로서 완성품환산량이 공손품의 완성품환산량만큼 감소하게 된다. 따라서 공손품에서 발생하는 원가는 공손품진척도에 관계없이 항상 완성품과 기말재공품에 완성품환산량기준으로 배분된다. 이 방법에 의하면 공손품진척도가 기말재공품보다 큰 경우에는 기말재공품에는 배분하지 않아야 함에도 불구하고 기말재공품에 배부되기 때문에 합리적인 방법이라 할 수 없고, 일반적으로 잘 사용하지 않는 방법이다.

표 17-1 공손품의 회계처리

공손품
- 1. 공손품환산량을 파악하지 않는 방법 : 공손품진척도에 관계없이 정상공손뿐만 아니라 비정상공손까지 완성품과 기말재공품에 환산량기준으로 배분된다.
- 2. 공손품환산량을 파악하는 방법
  - (1) 정상공손
    - ① 기말재공품진척도≥공손품진척도 : 완성품과 기말재공품에 배분*
      - *완성품과 기말재공품의 배분방법은 검사시점을 통과한 물량단위를 기준으로 하는데 평가방법에 따라 다음과 같다.
      - ㉠ 평균법을 적용하는 경우 : 총완성량과 기말재공품수량을 기준으로 배분한다.
      - ㉡ 선입선출법을 적용하는 경우
        - ⓐ 기초재공품이 전기에 검사를 받은 경우 : 당기투입당기완성량(즉, 총완성량−기초재공품수량)과 기말재공품수량을 기준으로 배분한다.
        - ⓑ 기초재공품이 당기에 검사를 받은 경우 : 총완성량과 기말재공품수량을 기준으로 배분한다.
    - ② 기말재공품진척도<공손품진척도 : 완성품에만 배분한다.
  - (2) 비정상공손 : 당기비용으로 처리한다.

공손품 수량 계산

㈜찬엽의 20×1년 8월 중 생산자료이다.

	수량	가공비 진척도
기초재공품	5,000개	50%
당기착수량	55,000개	
당기완성량	40,000개	
기말재공품	12,000개	70%

회사는 완성도가 일정한 시점에서 불량여부를 검사하며, 불량품은 재작업을 실시하지 않는다. 당기에 검사를 통과한 양품(합격품)의 10%를 정상공손으로 분류하고 있다. 재료는 공정초기에 전량 투입되며, 가공원가는 전공정에 균등하게 투입된다. 물음에 답하시오.

(1) 공손품의 검사시점이 60%일 때 정상공손품과 비정상공손품의 수량은 몇 개인가?

(2) 공손품의 검사시점이 40%일 때 정상공손품과 비정상공손품의 수량은 몇 개인가?

(3) 공손품의 검사시점이 80%일 때 정상공손품과 비정상공손품 수량은 몇 개인가?

(4) 추가질문

기초재공품진척도가 60%, 기말재공품진척도가 40%이고, 검사시점이 50%일때, 정상공손수량과 비정상공손수량은 몇개인가?

풀이

(1) 공손품의 검사시점이 60%일 때

			완성품환산량	
		물 량	직접재료원가	가공원가
완성량	기초분	5,000(50%)	–	2,500
	당기분	35,000	35,000	35,000
	정 상 공손	5,200(60%)	5,200	3,120
	비정상공손	2,800(60%)	2,800	1,680
	기 말	12,000(70%)	12,000	8,400
		60,000	55,000	50,700

도표로 설명하면 다음과 같다.

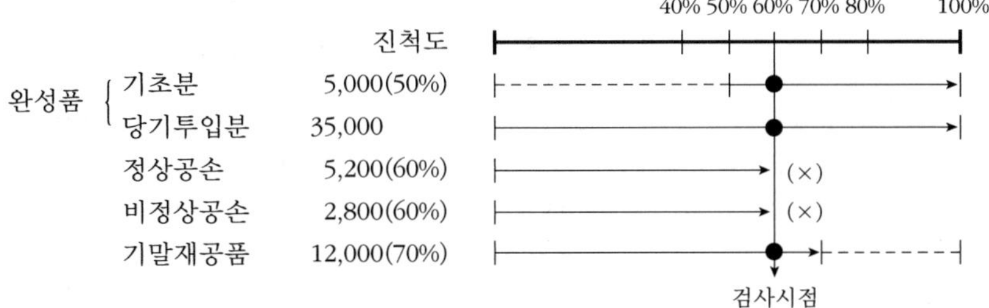

※ 점선; 기초재공품 ~ 전기에 작업한 부분
기말재공품 ~ 차기에 작업할 부분
실선; 당기에 작업한 부분
(×) ; 더 이상 추가가공하지 않음

따라서,

기초재공품과 기말재공품이 당기에 검사를 받았으므로 정상공손품 수량은 다음과 같다.

정상공손품 수량=검사를 통과한 양품×10%=(5,000+35,000+12,000)×10%=5,200

∴ 비정상공손품수량=60,000−(5,000+35,000+5,200+12,000)=2,800

(2) 공손품의 검사시점이 40%일 때

			완성품환산량	
		물 량	직접재료원가	가공원가
완성량	기초분	5,000(50%)	–	2,500
	당기분	35,000	35,000	35,000
	정상공손	4,700(40%)	4,700	1,880
	비정상공손	3,300(40%)	3,300	1,320
	기말	12,000(70%)	12,000	8,400
		60,000	55,000	49,100

도표로 설명하면 다음과 같다.

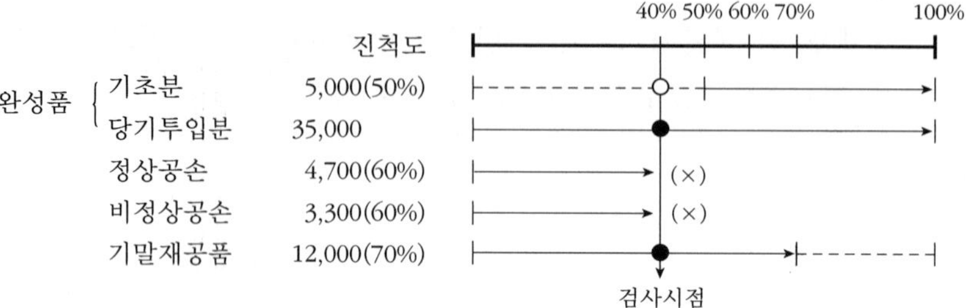

따라서,
기초재공품은 전기에 검사를 받고 기말재공품은 당기에 검사를 받았으므로 정상공손품 수량은 다음과 같다.

정상공손품 수량 = 검사를 통과한 양품 × 10% = (35,000 + 12,000) × 10% = 4,700
∴ 비정상공손품 수량 = 60,000 − (5,000 + 35,000 + 4,700 + 12,000) = 3,300

(3) 공손품의 검사시점이 80%일 때

		물 량	완성품환산량 직접재료원가	완성품환산량 가공원가
완성품	기초분	5,000(50%)	−	2,500
	당기분	35,000	35,000	35,000
	정상공손	4,000(80%)	4,000	3,200
	비정상공손	4,000(80%)	4,000	3,200
	기말	12,000(70%)	12,000	8,400
		60,000	60,000	54,800

도표로 설명하면 다음과 같다.

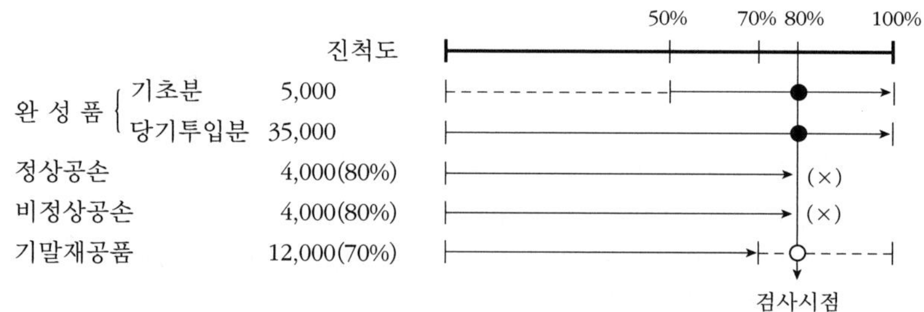

따라서,
검사를 통과한 양품은 기초재공품수량과 당기에 투입해서 당기에 완성한 수량이므로 완성품밖에 없으므로 정상공손품 수량은 다음과 같다.
정상공손품 수량 = 검사를 통과한 양품 × 10% = (5,000+35,000) × 10% = 4,000
∴ 비정상공손품수량 = 60,000 − (40,000 + 4,000 + 12,000) = 4,000

(4) 추가질문

		물 량	완성품환산량 직접재료원가	완성품환산량 가공원가
완성품	기초분	5,000(60%)	−	2,000
	당기투입분	35,000	35,000	35,000

정 상 공손	3,500(50%)	3,500	1,750
비정상공손	4,500(50%)	4,500	2,250
기말재공품	12,000(40%)	12,000	4,800
	60,000	55,000	45,800

도표로 설명하면 다음과 같다.

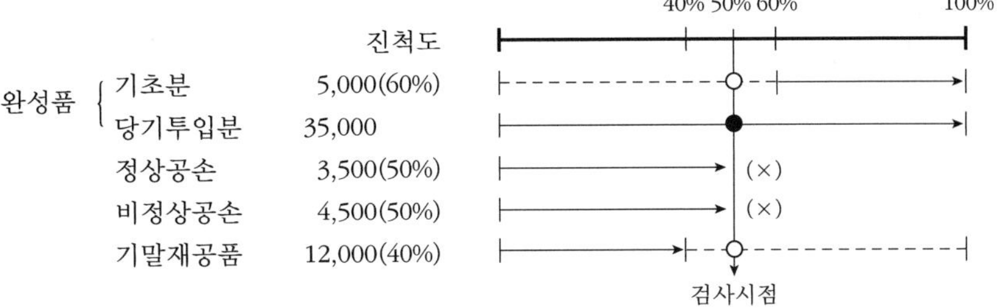

따라서,
기초재공품은 전기에 검사를 받고, 기말재공품은 당기에 검사를 아직 받지 않았으므로 정상공손은 다음과 같다.

정상공손수량 = 검사를 통과한 양품 × 10% = 35,000 × 10% = 3,500개
∴ 비정상공손수량 = 60,000 − (5,000 + 35,000 + 12,000 + 3,500) = 4,500개

공손품배부

CW회사는 단일제품 K를 대량생산하고 있다. 다음 자료에 의하여 물음에 답하시오.

(1)

기초재공품 : 5,000개(40%)	(직접재료원가 ₩300,000, 가공원가 ₩194,400)
당기투입량 : 35,000개	(당기직접재료원가 ₩3,500,000 당기가공원가 ₩2,112,000)
당기완성품 : 30,000개	
정상공손 : 4,000개	
기말재공품 : 6,000개(80%)	

(2) 재료는 공정 초에 투입된다.

(3) 공손품은 진척도 60% 시점에서 검사해서 분리하며 당기에 검사 시점을 통과한 물량단위를 기준으로 배부한다.

1. 선입선출법에 의하여 기말재공품 및 완성품을 구하시오.
2. 평균법에 의하여 기말재공품 및 완성품을 구하시오.

풀이

1. 선입선출법

(1) 물량의 흐름과 환산량계산

	물량흐름	완성품환산량 직접재료원가	완성품환산량 가공원가
기초재공품	5,000(40%)		
당기투입량	35,000		
계	40,000		
당기완성량			
기초분	5,000	–	3,000
당기투입분	25,000	25,000	25,000
공손품	4,000(60%)	4,000	2,400
기말재공품	6,000(80%)	6,000	4,800
계	40,000	35,000	35,200

(2) 환산량 단위당원가

	직접재료원가	가공원가	계
기초재공품	–	–	–
당기투입원가	₩3,500,000	₩2,112,000	₩5,612,000
환산량	÷35,000개	÷35,200개	
단위당원가	₩100	₩60	₩160

(3) 공손품 원가계산 및 배부

① 공손품 원가계산

직접재료원가 : 4,000개×₩100=₩400,000
가공원가 : 2,400개×₩ 60= 144,000
계 ₩544,000

② 공손품 원가의 배부

기말재공품배부액 : $₩544{,}000 \times \frac{6{,}000}{36{,}000^{1)}} = ₩\ 90{,}667$

완성품배부액 : $₩544{,}000 \times \frac{30{,}000}{36{,}000^{1)}} = ₩453{,}333$

계 ₩544,000

1) 기초재공품이 전기에 검사시점을 통과하지 않고 당기에 검사시점을 통과하였으므로 당기에 검사시점을 통과한 총완성량 30,000개와 기말재공품 6,000개를 기준으로 원가배부한다.
 만약에 기초재공품진척도가 40%가 아니고 90%였다면 전기에 검사시점을 통과하였으므로 당기 배부수량에서 제외하며 당기투입분 중 당기완성품 25,000개와 기말재공품 6,000개를 기준으로 배부해야 한다.

(4) 기말재공품 평가액계산

① 공손품 배부전 원가

직접재료원가 : 6,000개×₩100=₩600,000
가공원가 : 4,800개×₩ 60= 288,000
계 ₩888,000

② 공손품 배부후 원가=₩888,000+90,667=₩978,667

(5) 완성품 원가계산

① 공손품 배부전 원가

기초재공품 :		₩494,400
직접재료원가	: 25,000×₩100＝	2,500,000
가공원가	: 28,000×₩ 60＝	1,680,000
계		₩4,674,400

② 공손품 배부후 원가＝₩4,674,400＋453,333＝₩5,127,733

참고로, T계정을 작성하면 다음과 같다.

재공품

기 초 재 공 품	494,400	제 품	5,127,733
직접재료원가	3,500,000		
가 공 원 가	2,112,000	기말재공품	978,667
계	6,106,400		6,106,400

2. 평균법

(1) 물량의 흐름과 환산량계산

	물량흐름	완성품환산량	
		직접재료원가	가공원가
기초재공품	5,000(40%)		
당기투입량	35,000		
계	40,000		
완성량	30,000	30,000	30,000
공손품	4,000(60%)	4,000	2,400
기말재공품	6,000(80%)	6,000	4,800
계	40,000	40,000	37,200

(2) 환산량 단위당원가

	직접재료원가	가공원가
기초재공품	300,000	194,400
당기투입원가	3,500,000	2,112,000
계	3,800,000	2,306,400
환산량	÷40,000	÷37,200
단위당원가	₩95	₩62

(3) 공손품 원가계산 및 배부

① 공손품 원가계산

직접재료원가	: 4,000개×₩95＝	₩380,000
가공원가	: 2,400개×₩62＝	148,800
계		₩528,800

② 공손품 원가의 배부

기말재공품배부액 : $₩528,800 \times \frac{6,000}{36,000^{2)}}$ ＝₩ 88,133

완성품배부액 : $₩528,800 \times \frac{30,000}{36,000^{2)}}$ ＝₩440,667

계 ₩528,800

2) 평균법에서는 기초재공품이 전기에 검사시점을 통과하였는지의 여부에 관계없이 총완성량과 기말재공품수량을 기준으로 원가배부한다.

(4) 기말재공품 평가액계산

① 공손품 배부전 원가

직접재료원가	: 6,000개 × ₩95 =	₩570,000
가공원가	: 4,800개 × ₩62 =	297,600
계		₩867,600

② 공손품 배부후 원가 = ₩867,600 + 88,133 = ₩955,733

(5) 완성품 원가

① 공손품 배부전 원가

직접재료원가	: 30,000 × ₩95 =	₩2,850,000
가공원가	: 30,000 × ₩62 =	1,860,000
계		₩4,710,000

② 공손품 배부후 원가 = ₩4,710,000 + 440,667 = ₩5,150,667

참고로, T계정을 작성하면 다음과 같다.

재공품

기초재공품	494,400	제 품	5,150,667
직접재료원가	3,500,000		
가 공 원 가	2,112,000	기말재공품	955,733
계	6,106,400		6,106,400

제4절 전공정원가

1. 의 의

제품을 생산하는 공정이 단일 공정이 아니고 두 개 이상의 공정이 있는 경우에는 전공정에서 완성된 제조원가가 차기 공정으로 대체되어 추가로 가공하여 제품을 완성하게 되는데 이때 전공정에서 완성한 제조원가를 전공정원가라고 한다.

2. 전공정원가의 완성품환산량 계산

차공정에서는 전공정에서 대체된 전공정원가에 가공만 하여 제품을 완성할 수도 있으며 추가로 직접재료원가가 투입되어 제품을 완성할 수도 있다.

차공정에서 직접재료원가가 추가로 투입된다면 차공정 기말재공품 평가대상은 전공정원가, 직접재료원가 및 가공원가가 된다.

이 경우에 전공정원가의 완성품환산량계산은 공정초에 투입되는 직접재료원가와 똑같이 취급되고 직접재료원가와 가공원가는 단일공정의 평가방법과 똑같다.

3. 원가의 흐름

전공정 재공품

차변	금액	대변	금액
기 초	×××	제 품	×××
직접재료원가	×××		
직접노무원가	×××		
제조간접원가	×××	기말재공품	×××
	×××		×××

차공정 재공품

차변	금액	대변	금액
기 초	×××	제 품	×××
전공정원가	×××		
직접재료원가	×××		
직접노무원가	×××		
제조간접원가	×××	기말재공품	×××
	×××		×××

전공정에서 완성된 제품이 차공정으로 대체된 다음 차공정에서 추가로 가공하여 최종제품을 완성한다.

공정별 원가계산

CW회사는 부문A에서 시작하여 부문 B에서 완성되는 두 개의 공정을 이용하여 단일제품을 대량으로 생산하고 있다. 재료는 부문 A에서 공정 초에 투입되며 추가재료는 부문 B의 공정 말에 투입된다. 부문 B에 대한 자료는 다음과 같다.

(1) 물량에 대한 자료

기초재공품	2,000개(20%)
당기투입량	10,000개
당기완성량	8,000개
기말재공품	4,000개(75%)

(2) 원가에 대한 자료

	전공정원가	직접재료원가	가공원가
기초재공품	₩280,000	–	₩79,000
당기투입원가	₩800,000	₩400,000	₩636,000

1. 위 자료에 의할 때 선입선출법에 의한 기말재공품 평가액은?
2. 평균법에 의할 때 완성품 원가는?

풀이

1. 선입선출법

(1) 물량 및 환산량

	물량흐름	완성품환산량		
		전공정원가	직접재료원가	가공원가
기초재공품	2,000(20%)			
투입량	10,000			
계	12,000			
완성량				
기초분	2,000	– 1)	2,000 2)	1,600
당기투입분	6,000	6,000	6,000	6,000
기말재공품	4,000(75%)	4,000	–	3,000
계	12,000	10,000	8,000	10,600

1) 전공정원가 환산량계산은 공정 초에 투입되는 직접재료원가 환산량 계산과 똑같다. 따라서 기초재공품은 전기에 투입완료되었으므로 당기에 인식할 환산량은 없다.
즉, 기초재공품진척도 > 전공정원가투입시점: 2,000개×0%=0

2) 직접재료원가는 당기 공정 말에 투입되었으므로 당기에 인식한다.
즉, 기초재공품진척도 < 직접재료원가투입시점: 2,000개×100%=2,000

(2) 환산량 단위당 원가

	전공정원가	직접재료원가	가공원가
당기투입원가	₩800,000	₩400,000	₩636,000
환산량	÷10,000	÷8,000	÷10,600
단위당원가	₩80	₩50	₩60

(3) 기말재공품 평가액

전공정원가 : 4,000개 × ₩80 = ₩320,000
직접재료원가 : 0개 × ₩50 = 0
가공원가 : 3,000개 × ₩60 = 180,000
계 ₩500,000

(4) 완성품 원가

기초재공품 ₩359,000
전공정원가 : 6,000개 × ₩80 = 480,000
직접재료원가 : 8,000개 × ₩50 = 400,000
가공원가 : 7,600개 × ₩60 = 456,000
계 ₩1,695,000

T계정을 작성하면 다음과 같다.

재공품

차변	금액	대변	금액
기초재공품	359,000	제품	1,695,000
전공정원가	800,000	기말재공품	500,000
직접재료원가	400,000		
가공원가	636,000		
	2,195,000		2,195,000

2. 평균법

(1) 물량 및 환산량

	물량흐름	완성품환산량		
		전공정원가	직접재료원가	가공원가
기초재공품	2,000			
투입량	10,000			
계	12,000			
완성량	8,000	8,000	8,000	8,000
기말재공품	4,000(75%)	4,000	–	3,000
계	12,000	12,000	8,000	11,000

(2) 환산량 단위당 원가

	전공정원가	직접재료원가	가공원가
기초재공품	₩280,000	₩0	₩79,000
당기투입원가	800,000	400,000	636,000
계	₩1,080,000	₩400,000	₩715,000
환산량	÷12,000	÷8,000	÷11,000
단위당원가	₩90	₩50	₩65

(3) 기말재공품 평가액

전공정원가	: 4,000개 × ₩90 =	₩360,000
직접재료원가	: 0개 × ₩50 =	0
가공원가	: 3,000개 × ₩65 =	195,000
계		₩555,000

(4) 완성품 원가

전공정원가	: 8,000개 × ₩90 =	₩720,000
직접재료원가	: 8,000개 × ₩50 =	400,000
가공원가	: 8,000개 × ₩65 =	520,000
계		₩1,640,000

T계정을 작성하면 다음과 같다.

재공품

기초재공품	359,000	제품	1,640,000
전공정원가	800,000	기말재공품	555,000
직접재료원가	400,000		
가공원가	636,000		
	2,195,000		2,195,000

>>> 예 · 제 · 문 · 제 · 정 · 해

예제 1 | 종합원가계산(FIFO에 의한 기말재공품 평가)

다음 강호문화사의 자료에 의하여 물음에 답하시오.

기초재공품 : 10,000단위(70% 완성) ₩500,000 (직접재료원가 ₩300,000, 가공원가 200,000)

당기완성품 : 80,000단위

당기투입 : 90,000단위

직접재료원가 ₩2,700,000

가공원가 2,025,000

기말재공품 : 20,000단위(40% 완성)

재료는 공정 초기에 투입되며, 가공원가는 공정 전체를 통해 균등하게 발생한다. 기말재공품의 평가방법이 FIFO일 때 기말재공품은 얼마인가?

① ₩700,000 ② ₩800,000

③ ₩900,000 ④ ₩1,000,000

⑤ ₩1,250,000

풀이 (1) 물량파악 / (2) 완성품환산량

	(1) 물량파악	직접재료원가	가공원가
기초재공품	10,000(70%)		
당기투입	90,000		
계	100,000		
완성품			
기초재공품완성	10,000	0	3,000
당기투입분완성	70,000	70,000	70,000
기말재공품	20,000(40%)	20,000	8,000
계	100,000	90,000	81,000

(3) 총원가

	직접재료원가	가공원가
기초재공품	₩300,000	₩200,000
당기투입원가	2,700,000	2,025,000
계	₩3,000,000	₩2,225,000

(4) 완성품환산량 단위당 원가

$$직접재료원가 = \frac{₩2,700,000}{90,000} = ₩30$$

가 공 원 가 $= \frac{₩2,025,000}{81,000} =$ ₩25

(5) FIFO에서의 기말재공품

직접재료원가 = 20,000 × ₩30 = ₩600,000
가 공 원 가 = 8,000 × ₩25 = 200,000
₩800,000

(6) 완성품 원가

기초재공품 :		₩500,000
직접재료원가	: 70,000 × ₩30 =	2,100,000
가공원가	: 73,000 × ₩25 =	1,825,000
계		₩4,425,000

T계정을 작성하면 다음과 같다.

재공품

기초재공품	500,000	제 품	4,425,000
총제조원가	4,725,000	기말재공품	800,000
	5,225,000		5,225,000

해답: ②

예제 2 | 종합원가계산(평균법에 의한 기말재공품 평가)

다음은 강호문화사의 종합원가계산에 필요한 자료이다.

20×1년 1월 1일에 재공품은 5,000단위(40% 완성)이고 직접재료원가 ₩100,000, 가공원가 ₩80,000으로 구성되어 있다.

당기중 완성된 제품은 40,000단위, 기말재공품은 10,000단위(60% 완성)이다. 당기중 투입된 재료원가는 ₩1,000,000, 가공원가는 ₩1,300,000이다.

재료는 공정 초기에 전량투입, 가공원가는 공정 전체를 통하여 균등하게 발생한다.

평균법을 적용할 때 기말재공품은 얼마인가?

① ₩375,000 ② ₩380,000
③ ₩390,000 ④ ₩400,000
⑤ ₩420,000

풀이 (1) 물량파악 (2) 완성품환산량

	(1) 물량파악	(2) 완성품환산량 직접재료원가	가공원가
기초재공품	5,000		
당기투입	45,000		
계	50,000		
당기완성품	40,000	40,000	40,000
기말재공품	10,000(60%)	10,000	6,000
계	50,000	50,000	46,000

(3) 총원가

	직접재료원가	가공원가
기초재공품	₩100,000	₩80,000
당기투입원가	1,000,000	1,300,000
계	₩1,100,000	₩1,380,000

(4) 완성품 환산량 단위당 원가

직접재료원가 $= \frac{₩1,100,000}{50,000} = ₩22$

가 공 원 가 $= \frac{₩1,380,000}{46,000} = ₩30$

(5) 기말재공품

직접재료원가 = 10,000개 × ₩22 = ₩220,000
가 공 원 가 = 6,000개 × ₩30 = 180,000
계 ₩400,000

(6) 완성품 원가

직접재료원가 : 40,000개 × ₩22 = ₩880,000
가공원가 : 40,000개 × ₩30 = 1,200,000
계 ₩2,080,000

T계정을 작성하면 다음과 같다.

재공품

기 초 재 공 품	180,000	제 품	2,080,000
당기총제조원가	2,300,000	기말재공품	400,000
	2,480,000		2,480,000

해답: ④

예제 3 | 공손품 배부

CW회사는 단일제품을 대량생산하고 있는데 평균법에 의한 종합원가계산방식을 사용하고 있다.

(1) 물량 및 진척도

기초재공품	10,000개(40%)
당기투입량	90,000개
당기완성량	70,000개
기말재공품	10,000개(80%)
공손품수량	?

(2) 원가자료

	직접재료원가	가공원가
기초재공품	₩1,000,000	₩600,000
당기투입원가	5,000,000	3,000,000

(3) 직접재료원가는 공정 초에 투입된다.

(4) 공손품은 진척도 60%시점에서 검사해서 분리하며 정상공손은 검사시점을 통과한 물량단위를 기준으로 배분한다.

(5) 정상공손은 검사시점을 통과한 양품의 10%까지 허용되며 공손품의 처분가치는 개당 ₩9이다.

위 자료에 의할 때 정상공손 배부후 기말재공품 원가와 완성품 원가는 얼마인가?

	기말재공품	완성품 원가
①	₩924,000	₩7,525,000
②	1,007,000	7,585,000
③	920,000	7,000,000
④	995,000	7,000,000
⑤	995,000	7,525,000

풀이 1. 물량의 흐름과 환산량 계산

	물량흐름	완성품환산량	
		직접재료원가	가공원가
기초재공품	10,000(40%)		
투입량	90,000		
계	100,000		
완성량	70,000	70,000	70,000
정상공손[1]	8,000(60%)	8,000	4,800
비정상공손[2]	12,000(60%)	12,000	7,200
기말재공품	10,000(80%)	10,000	8,000
계	100,000	100,000	90,000

1) 정상공손량은 검사시점을 통과한 물량의 10%이므로 검사시점을 통과한 물량은 완성량 70,000(10,000+60,000)개와 기말재공품 10,000개이다.
∴ (70,000+10,000)×10%=8,000개

2) 비정상공손=100,000−(10,000+60,000+10,000+8,000)=12,000개

2. 환산량 단위당 원가

	직접재료원가	가공원가
기초재공품	₩1,000,000	₩600,000
당기투입원가	5,000,000	3,000,000
계	₩6,000,000	₩3,600,000
환산량	÷100,000개	÷90,000개
단위당원가	₩60	₩40

3. 공손품 원가계산

(1) 정상공손품 원가

직접재료원가	: 8,000개×₩60＝	480,000
가공원가	: 4,800개×₩40＝	192,000
계		₩672,000

∴ 배부대상공손품원가＝(₩672,000－8,000×₩9)＝₩600,000

(2) 정상공손품 원가의 배분

① 기말재공품 배부액 : ₩600,000 × $\frac{10,000}{80,000^{3)}}$ ＝₩75,000

② 완성품 배부액 : ₩600,000 × $\frac{70,000}{80,000^{3)}}$ ＝₩525,000

3) 평균법에서는 기초재공품이 전기에 검사시점을 통과하였는지의 여부에 관계없이 기말재공품진척도가 공손품진척도보다 크면 총완성량과 기말재공품수량을 기준으로 배부한다. 즉, 70,000＋10,000＝80,000개

(3) 비정상공손품 원가

직접재료원가	: 12,000개×₩60＝	₩720,000
가공원가	: 7,200개×₩40＝	288,000
계		₩1,008,000

∴ 당기비용＝비정상공손원가－처분가치＝₩1,008,000－12,000×@9
＝₩900,000

4. 기말재공품 평가액

(1) 정상공손품 배부전 원가

직접재료원가	: 10,000개×₩60＝	₩600,000
가공원가	: 8,000개×₩40＝	320,000
계		₩920,000

(2) 정상공손품 배부후 원가＝₩920,000＋75,000＝₩995,000

5. 완성품 원가계산

(1) 정상공손품 배부전 원가

직접재료원가	: 70,000개×₩60＝	₩4,200,000
가공원가	: 70,000개×₩40＝	2,800,000
계		₩7,000,000

(2) 정상공손품 배부후 원가＝₩7,000,000＋525,000＝₩7,525,000

참고로, T계정을 작성하면 다음과 같다.

재공품

차변	금액	대변	금액
기 초 재 공 품	1,600,000	제 품	7,525,000
직접재료원가	5,000,000	공 손 품	180,000 [4)]
가 공 원 가	3,000,000	당기비용(비정상)	900,000
		기 말	995,000
	9,600,000		9,600,000

4) 공손품물량(정상공손+비정상공손)×처분가치
=20,000개×₩9=₩180,000

해답: ⑤

예제 4 | 전공정원가

(주)찬엽은 부문 A에서 시작하여 부문 B에서 완성되는 두 개의 공정을 이용하여 단일 제품을 대량으로 생산하고 있다. 재료는 부문 A에서 공정 초기에 투입되며 추가재료는 부문 B의 공정 말기에 투입된다. 부문 B에 대한 자료는 다음과 같다. 【'01. 감평사】

물량에 관한 자료

기초재공품	8,000개(20% 완성)
당기투입량	40,000개
당기완성량	32,000개
기말재공품	16,000개(75% 완성)

원가에 관한 자료

	전공정원가	직접재료원가	가공원가
기초재공품	₩1,120,000	–	₩316,000
당기투입원가	₩3,200,000	₩1,600,000	₩2,544,000

선입선출법을 사용할 때 기말재공품의 평가액은?

① ₩1,920,000 ② ₩2,000,000 ③ ₩2,080,000
④ ₩2,160,000 ⑤ ₩2,240,000

풀이 (1) 환산량 계산

		물 량	완성품 환산량: 전공정원가 [1]	직접재료원가	가공원가
완성량	기초	8,000(20%)	–	8,000	6,400
	당기	24,000	24,000	24,000	24,000
	기말	16,000(75%)	16,000	–	12,000
	계	48,000	40,000	32,000	42,400

1) 전공정원가는 공정초에 투입되는 직접재료원가 완성품환산량 계산방법과 같다.

(2) 기말재공품평가

전 공 정 원 가=16,000×₩80 [1]=₩1,280,000
직접재료원가= 0
가 공 원 가=12,000×₩60 [2]= 720,000
계 ₩2,000,000

1) ₩3,200,000÷40,000=₩80
2) ₩2,544,000÷42,400=₩60

해답: ②

예제 5 | 직접재료원가 투입시점이 주어지지 않은 경우

새맛(주)는 식료품제조회사이다. 다음 자료를 보고 선입선출법을 적용하여 새맛(주)의 완성품 제조원가를 계산하면 얼마인가? (단, 단위당 원가는 소숫점 이하 셋째 자리에서 반올림 할 것.) 【'98, '03. 감평사】

(1) 생산량에 대한 자료

	물 량	완성도	
기초재공품	3,000개	직접재료	80%
		가공원가	50%
완성품량	9,000개		100%
기말재공품	4,000개	직접재료	80%
		가공원가	50%

(2) 원가에 대한 자료

	직접재료원가	가공원가	합 계
기초재공품	₩320,000	₩180,000	₩500,000
당기총제조원가	1,100,000	900,000	2,000,000

① ₩1,951,334 ② ₩1,512,399 ③ ₩1,318,519
④ ₩1,126,329 ⑤ ₩548,658

풀이 (1) 환산량

		물 량	완성품 환산량: 직접재료원가	완성품 환산량: 가공원가
완성량	기초	3,000	600 [1)]	1,500 [2)]
	당기	6,000	6,000	6,000
기말		4,000	3,200 [3)]	2,000 [4)]
		13,000	9,800	9,500

1) 3,000×(1−80%)=600, 2) 3,000×(1−50%)=1,500
3) 4,000×80%=3,200, 4) 4,000×50%=2,000

(2) 환산량 단위당 원가

직접재료원가=₩1,100,000÷9,800=₩112.$\underline{24}$
가 공 원 가= ₩900,000÷9,500=₩94.$\underline{74}$

(3) 완성품 원가

기초재공품=	₩500,000
직접재료원가=6,600×₩112.^{24}=	740,784
가 공 원 가=7,500×₩94.^{74} =	710,550
	₩1,951,334

해답: ①

참고로, 재료는 아무런 언급이 없으면 투입시 100%가 소비되는 원가이다. 따라서 진척도는 0%, 100%가 된다. 그러나 이 문제에서는 직접재료원가의 진척도가 80%(기초), 80%(기말)이므로 이는 직접재료원가가 가공원가처럼 진척도에 따라서 발생하는 것을 전제로 하는 문제이다.

직접재료원가가 소비되는 성격	문제의 특징	직접재료원가 완상품환산량 계산
직접재료원가가 투입시점에서 100%가 소비되는 경우	직접재료원가 투입시점이 주어진다. (예, 공정 초, 50%, 공정 말 등)	재료를 투입했으면 100%, 투입하지 않았으면 0%
직접재료원가가 진척도에 따라 소비되는 경우	진척도에 따라 소비되기 때문에 투입시점이 주어지지 않는다.	가공원가 완성품환산량 계산방법과 같다.

>>> 객·관·식·문·제

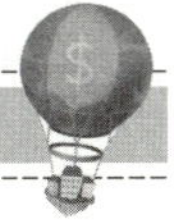

1 (주)나라는 연속적인 공정을 통해 단일의 제품을 대량으로 생산하고 있다. 당사는 제품원가의 정확한 계산과 효율적인 원가관리를 위해 가장 적합한 원가계산방법으로 종합원가계산방법을 선택하였다. 다음의 설명 가운데 그 특징을 모두 열거한 것은?

【'13. CPA】

(가) 모든 제품단위가 완성되는 시점을 별도로 파악하기가 어려우므로 인위적인 기간을 정해 원가를 산정한다.
(나) 원가계산에서 가장 중요한 서류는 작업된 단위, 부서에 할당된 원가, 작업된 단위원가, 부서에서 이전될 원가 및 기말재공품원가 등이 요약보고된 작업원가집계표이다.
(다) 각 공정별로 원가가 집계되므로 원가에 대한 책임소재가 명확해진다.
(라) 주어진 상황에 따라 직접재료원가, 직접노무원가 및 제조간접원가로 구분하여 원가를 계산하지만, 일반적으로는 원가를 재료원가와 가공원가로 구분하여 원가계산을 실시한다.

① (가), (나)　　② (다), (라)
③ (나), (다), (라)　　④ (가), (다), (라)
⑤ (가), (나), (다), (라)

풀이 (나): 작업(제품)원가집계표는 개별원가계산에서만 사용된다.

2 다음 중 기말재공품 평가시 사용되는 평균법과 선입선출법에 대한 설명으로 옳지 않은 것은?

【'05. CPA】

① 선입선출법을 이용하여 종합원가계산을 수행하는 회사가 기말재공품의 완성도를 실제보다 과대평가할 경우 완성품 환산량과 완성품원가는 과대평가된다.
② 기초재공품이 존재하지 않을 경우에는 평균법과 선입선출법에 의한 완성품환산량이 같지만, 기초재공품이 존재할 경우에는 평균법에 의한 완성품환산량이 선입선출법에 의한 완성품환산량보다 크다.
③ 선입선출법은 평균법에 비해 실제 물량흐름에 충실한 원가 흐름의 가정이며, 당기의 성과를 이전의 기간과 독립적으로 평가할 수 있어 계획과 통제목적에 유용한 방법이다.

해답 1. ④　2. ①

④ 정상공손원가는 공손품진척도가 기말재공품보다 크면 완성품원가에만 배부하며, 작으면 정상적인 공손원가는 완성품과 기말재공품원가에 배부된다. 비정상적인 공손원가는 영업외비용으로 처리한다.

⑤ 공손품에 대한 가공원가의 완성도를 검사시점으로 하며, 선입선출법을 사용할 경우 공손품은 모두 당기에 착수된 물량에서 발생한 것으로 가정한다.

풀이 ① 기말재공품진척도 과대평가 → 완성품환산량 과대평가 → 기말재공품 과대평가 → 완성품원가 과소평가 → 매출원가 과소평가 → 당기순이익 과대평가

3 다음 중에서 선입선출법에 의한 제조원가와 평균법에 의한 제조원가가 같은 경우는?

① 제품이 동질적인 경우

② 기초재고가 없는 경우

③ 기말재고가 없는 경우

④ 기말재고와 기초재고가 모두 50%씩 완성된 경우

⑤ 같은 경우는 존재치 않음.

풀이 FIFO과 평균법의 차이점은 기초재공품의 환산량을 완성품환산량에 포함시키는지의 여부이므로 기초재공품이 없으면 두 방법이 똑같다.

4 가중평균법(weighted average method)을 적용한 공정별 원가계산에 대한 설명으로 가장 부적절한 것은? 【'01. CPA】

① 가중평균법은 마치 기초재공품 모두를 당기에 착수, 완성한 듯이 가정한다.

② 적시재고관리(Just-In-Time: JIT)를 적용하고 원가요소의 기간별 가격차이가 크지 않다면 선입선출법과 거의 차이가 없다.

③ 가중평균법은 착수 및 원가발생 시점에 관계없이, 당기완성량의 평균적 원가를 계산한다.

④ 선입선출법에 비해 가중평균법은 당기의 성과를 이전의 기간과 독립적으로 평가할 수 있는 보다 적절한 기회를 제공한다.

⑤ 흐름생산의 경우, 선입선출법이 가중평균법에 비해 실제 물량흐름(physical flow)에 보다 충실한 원가흐름가정이라 볼 수 있다.

풀이 ④: 선입선출법에 대한 설명이다.

해답 3. ② 4. ④

5 YH회사는 단일공정으로 단일제품을 제조판매하는 제조업체이다. 이 회사는 공정별 원가계산제도를 채택하고 있다. 그런데 기말재공품에 대한 완성도가 실제보다 과대평가되고 있다면 이 오류는 각각 완성품 환산량, 완성품 환산량 단위당 원가, 그리고 완성품의 제조원가에 어떤 영향을 주었겠는가? 【'87. CPA, '05. 감평사】

	완성품환산량	환산량단위당원가	완성품 제조원가
①	과소평가	과대평가	과대평가
②	과소평가	과소평가	과소평가
③	과대평가	과대평가	과대평가
④	과대평가	과소평가	과소평가
⑤	과대평가	영향없음	영향없음

풀이 기말재공품 진척도 과대평가 → 완성품환산량 과대평가 → 환산량단위당원가 과소평가 → 기말재공품 과대평가 → 제품 과소평가 → 매출원가 과소평가 → 당기순이익 과대평가

6 인천주식회사는 단일의 생산공장에서 단일의 제품을 생산하고 있다. 결산시 원가계산을 실시함에 있어서 회계직원이 기말재공품에 대한 완성도를 실제 90%보다 낮은 70%로 평가하여 결산을 하였다. 당기에 생산된 제품은 모두 판매되어 기말에 제품재고액은 없으며, 당해 재공품과 관련되는 사항 이외에 다른 오류는 없다. 이러한 재공품의 환산 오류결과로 표시된 결산재무제표에 대하여 가장 옳지 않은 것은? 【'02. 감평사】

① 유동자산이 과소계상되어 있다.
② 매출원가가 과대계상되어 있다.
③ 영업이익이 과소계상되어 있다.
④ 재고자산이 과소계상되어 있다.
⑤ 이익잉여금이 과대계상되어 있다.

풀이 기말재공품 진척도 과소평가 → 기말재공품(재고자산) 과소평가 → 제품과대평가 → 매출원가 과대평가 → 영업이익(순이익) 과소평가 → 이익잉여금 과소평가
①의 경우에는 재고자산이 과소평가되므로 유동자산도 과소평가된다.

7 CY는 평균법에 의한 실제종합원가계산을 이용하여 재고자산을 평가하고 매출원가를 계산한다. 재공품잔액이 연초에 비해 연말에 증가하였다. 그러나 연초와 연말의 재공품의 물량은 동일하다. 이러한 현상을 설명하는 요소가 아닌 것은? 【'96. CPA】

① 전년도보다 고정제조간접원가가 증가하였다.

해답 5. ④ 6. ⑤ 7. ④

② 전년도보다 직접노무원가의 평균임률이 상승하였다.
③ 연초보다 연말의 재공품 재공완성도가 증가하였다.
④ 전년도보다 판매량이 감소하였다.
⑤ 전년도보다 생산량이 감소하였다.

풀이 기말재공품수량과 기초재공품 수량은 동일하고 기말재공품 평가액이 기초재공품 평가액보다 큰 경우는 다음과 같다.

①, ② 전년도에 비해서 당기투입원가가 증가한 경우~환산량 단위당 원가가 크게 표시되므로 기말재공품 평가액은 커진다.
③ 기초재공품보다 기말재공품의 진척도가 큰 경우
⑤ 전년도에 비해서 당기생산량이 감소한 경우~이 경우에는 고정제조간접원가의 경우 환산량 단위당 원가가 크게 표시되므로 기말재공품 평가액은 커진다.

따라서, ④의 판매량과는 무관하다.

8 선입선출법에 의한 당기완성품환산량 단위당원가계산에 대하여 올바르게 설명한 것은? 【'97. CPA, '05. 세무사】

① 선입선출법은 당기투입원가만을 고려하여 계산한다.
② 선입선출법은 당기투입원가에 기초재공품원가를 가산하여 계산한다.
③ 선입선출법은 당기투입원가에 기초재공품원가를 차감하여 계산한다.
④ 선입선출법은 당기투입원가에 기말재공품원가를 가산하여 계산한다.
⑤ 선입선출법은 당기투입원가에 기말재공품원가를 차감하여 계산한다.

9 고대산(주)는 완성도 65% 수준에서 검사하는 생산공정을 가지고 있다. 2000년 2월의 월초재고는 완성도가 40%이었으며, 월말재고는 완성도가 70%이었다. 고대산(주)이 선입선출법을 사용하고 있을 때, 생산품에 대한 정상적인 공손원가를 할당하는 것으로 옳은 것은? 【2000. 세무사】

	당월 착수·완성	월말재고	월초재고
①	아니오	아니오	아니오
②	아니오	예	예
③	예	예	아니오
④	예	아니오	예
⑤	예	예	예

풀이 월초재공품과 월말재공품이 당월에 검사를 받았기 때문에 모두 배부기준에 포함해야 한다.

해답 8. ① 9. ⑤

10 다음은 원가계산 및 원가배분과 관련된 문장들이다.

a. 종합원가계산의 경우, 기초재공품이 없을 때 선입선출법에 의한 제품제조원가나 평균법에 의한 제품제조원가는 동일하다.
b. 종합원가계산의 경우, 기초재공품과 기말재공품의 완성도(진척도)가 다 같이 50%일 때 선입선출법에 의한 제품제조원가나 평균법에 의한 제품제조원가는 동일하다.
c. 기말재공품 원가가 기초재공품원가에 비해 증가하였다면 당기발생제조원가가 당기제품제조원가보다 더 크다.
d. 보조부문 원가를 계제식 방법(step-down method)으로 배분할 경우, 어떤 부문을 먼저 배분하는가에 상관없이 배분결과는 동일하다.

위의 문장들 중 올바르거나 타당한 문장들만을 모은 것은? 【'03. CPA】

① a, b ② a, c ③ a, b, c
④ a, c, d ⑤ b, d

풀이 b. 기초재공품이 없다면 두 방법간의 제조원가는 동일하다. b의 경우는 기초재공품이 있으므로 서로 다르게 평가된다.
d. 배분순서를 어떻게 하는가에 따라 배분결과는 달라진다.

11 (주)감평은 종합원가계산을 채택하고 있다. 원재료는 공정초에 전량 투입되며, 가공원가(전환원가)는 공정 전반에 걸쳐 균등하게 발생한다. 공손 및 감손은 발생하지 않는다. 다음은 20×5년 6월의 생산활동과 관련된 자료이다.

(1) 기초재공품	10,000단위(완성도 20%)
(2) 당기투입량	80,000단위
(3) 당기완성량	85,000단위
(4) 기말재공품	? 단위(완성도 40%)

가중평균법과 선입선출법에 의하여 각각 완성품 환산량을 구하면, 가공원가(전환원가)의 완성품 환산량 차이는? 【'15. 감평사】

① 2,000단위 ② 4,000단위 ③ 6,000단위
④ 8,000단위 ⑤ 10,000단위

풀이

		물 량	가공원가 완성품환산량 FIFO	가공원가 완성품환산량 평균법
완성량	기초	10,000(20%)	8,000	10,000
	당기	75,000	75,000	75,000

기말	5,000(40%)	2,000	2,000
계	90,000	85,000	87,000

∴ 완성품 환산량차이=87,000−85,000=2,000단위

12 (주)대한은 실제원가계산에 의한 종합원가계산을 적용하고 있으며, 재공품 평가방법은 선입선출법이다. 다음은 5월의 생산활동과 가공원가에 관한 자료이다.

	물량(단위)	가공원가
월초재공품	2,500	₩52,500
5월 중 생산투입 및 발생원가	7,500	244,000
5월 중 완성품	6,000	?

월초재공품과 월말재공품의 가공원가 완성도는 각각 60%와 40%이고, 공손품이나 감손은 발생하지 않았다. 월말재공품에 포함된 가공원가는? 【'13. 관세사, '14. 감평사】

① ₩56,000 ② ₩60,000 ③ ₩64,000
④ ₩68,000 ⑤ ₩72,000

풀이

		물 량	완성품환산량 직접재료원가	가공원가
완성량	월초	2,500(60%)	−	1,000
	당월	3,500	3,500	3,500
월말재공품		4,000(40%)	4,000	1,600
		10,000	7,500	6,100

가공원가 완성품환산량 단위당 원가$=\frac{₩244,000}{6,100}=$₩40

∴ 월말재공품에 포함된 가공원가=1,600×₩40=₩64,000

13 KH회사의 2001년 3월 생산자료는 다음과 같다.

(1) 3/1 기초재공품	30,000개
(2) 3월 착수량	120,000개
(3) 완성 후 제품계정에 대체	99,000개
(4) 비정상적 공손	6,000개
(5) 3/31 기말재공품	45,000개

원재료는 공정 초에 투입되며, 가공원가의 경우 기초재공품은 70% 완성되고 기말재

해답 12. ③ 13. ⑤

공품은 40% 완성되었다. 공손은 공정의 마지막 단계에서 탐지되었다. KH회사의 평균법 사용시 가공원가의 완성품 환산량은 몇 개인가?

【'13. 관세사, '93. CPA, '99. 감평사】

① 125,000개 ② 117,000개 ③ 150,000개
④ 135,000개 ⑤ 123,000개

풀이

	물 량	환산량 직접재료원가	환산량 가공원가
기초	30,000		
투입	120,000		
계	150,000		
완성	99,000	99,000	99,000
비정상	6,000(100%)	6,000	6,000
기말	45,000(40%)	45,000	18,000
계	150,000	150,000	123,000

14 울산화학(주)는 공정별 원가계산방법을 사용하고 있으며 완성품환산량의 계산에 가중평균법을 사용하고 있다. 울산화학(주)는 4월 중 125,000단위의 제품을 판매하였다. 회사는 오직 하나의 가공부서를 보유하고 있다. 생산활동과 관련된 추가정보가 다음과 같다. 【'07. 세무사】

(1) 4월 1일:	
재공품	없음
완제품	37,500단위
(2) 4월 30일 재고:	
재공품(가공원가에 대한 진척도 75%)	8,000단위
완제품	30,000단위

울산화학(주)의 4월 중 가공원가에 대한 완성품환산량은 얼마인가?

① 126,500 ② 125,500
③ 123,500 ④ 117,500
⑤ 117,000

풀이

	물 량	가공원가환산량
완성량	117,500 *	117,500
기말	8,000(75%)	6,000
계	125,500	123,500

해답 14. ③

* 당기생산량(완성량) = 판매량 + 기말수량 − 기초수량
= 125,000 + 30,000 − 37,500 = 117,500

15 종합원가계산을 적용하고 있는 (주)한국의 당기원가자료는 다음과 같다.

구 분	물량	직접재료원가		가공원가	
		금액	완성도	금액	완성도
기초재공품	100개	₩ 5,000	100%	₩ 8,200	40%
당기생산착수	900개	₩46,000	–	₩70,000	–
기말재공품	200개	?	100%	?	60%
당기완성품	800개	?		?	

원가흐름 가정이 평균법이라면 당기완성품 제조원가는 얼마인가? 【'09. 감평사】

① ₩103,200 ② ₩103,360 ③ ₩105,400
④ ₩108,800 ⑤ ₩110,200

풀이

	물량	완성품환산량 직접재료원가	완성품환산량 가공원가
완성품	800	800	800
기말	200(60%)	200	120
계	1,000	1,000	920

따라서
완성품환산량단위당원가 계산
직접재료원가 = ₩51,000 ÷ 1,000 = ₩51
가공원가 = ₩78,200 ÷ 920 = ₩85
∴ 당기완성품제조원가 = 800 × (₩51 + 85) = ₩108,800

16 서울회사는 단일제품을 생산하고 있으며, 선입선출법에 의한 종합원가계산을 채택하고 있다. 제품의 제조과정에서 두 가지 재료가 투입되는데 재료 A는 공정의 25%시점에서, 재료 B는 75%시점에서 각각 투입되며 가공원가는 전공정을 통해 평균적으로 균일하게 발생한다. 20×3년 4월의 생산활동과 관련된 자료는 다음과 같다. 【'03. 세무사】

(1) 월초재공품 수량은 2,500단위, 완성도 40%, 원가는 ₩700,000이다.
(2) 월말재공품 수량은 2,000단위이며, 이 중 1,000단위는 완성도가 10%, 나머지 1,000단위는 80%이다.
(3) 당월 착수량은 3,500단위이고, 완성량은 4,000단위이다.

해답 15. ④ 16. ②

(4) 20×3년 4월 중에 발생한 원가는 다음과 같다.

재료 A의 원가 : ₩500,000
재료 B의 원가 : 600,000
가공원가 : 1,170,000

위 자료를 이용하여 당월 완성품원가를 구하시오.

① ₩2,270,000 ② ₩2,380,000 ③ ₩2,970,000
④ ₩1,870,000 ⑤ ₩1,680,000

풀이 (1) 환산량 계산

		물 량	완성품환산량 재료 A	재료 B	가공원가
완성량	기 초	2,500(40%)	–	2,500	1,500
	당 기	1,500	1,500	1,500	1,500
	기 말	1,000(10%)	–	–	100
		1,000(80%)	1,000	1,000	800
		6,000	2,500	5,000	3,900

(2) 환산량 단위당 원가

재료 A : ₩500,000÷2,500=₩200
재료 B : ₩600,000÷5,000=₩120
가공원가 : ₩1,170,000÷3,900=₩300

(3) 완성품 원가계산

기초재공품=₩700,000
재료 A =1,500×₩200= ₩300,000
재료 B =4,000×₩120= 480,000
가공원가 =3,000×₩300= 900,000
₩2,380,000

(4) 기말재공품 평가액

재료 A =1,000×₩200= ₩200,000
재료 B =1,000×₩120= 120,000
가공원가 = 900×₩300= 270,000
₩590,000

17 (주)세무는 평균법하의 종합원가계산을 적용하고 있으며, 당기 생산관련 자료는 다음과 같다.

해답 17. ③

	물량
기초재공품	500(완성도 80%)
당기착수량	2,100
당기완성량	2,100
기말재공품	400(완성도 60%)

품질검사는 완성도 40%시점에서 이루어지며, 당기 검사를 통과한 정상품의 2%를 정상공손으로 간주한다. 당기의 정상공손수량은? 【'13, 세무사】

① 32단위 ② 34단위 ③ 40단위
④ 50단위 ⑤ 52단위

풀이 기초재공품이 전기에 검사를 받았고, 기말재공품은 당기에 검사를 받았으므로 정상공손은 다음과 같다.

∴ 정상공손＝(1,600+400)×2%＝40단위

※ 공손품(정상공손 또는 비정상공손)물량 계산은 원가배분의 가정(즉, 선입선출법, 평균법)을 하기 전에 실제물량흐름에 따라 파악하는 것이므로 원가배분가정에 상관없이 결과는 같다.

18 (주)석파는 종합원가계산제도에 의하여 제품원가를 계산하고 있는데, 월말 재공품의 평가는 선입선출법에 의하여 행하고 있다. 20×0년 5월의 생산 및 원가자료는 다음과 같다.

	물량단위	가공원가완성도	직접재료원가	가공원가
월초재공품	12,000	50%	₩132,000	₩73,000
당월투입량	76,000		456,000	612,800
완성품수량	65,000			
월말재공품	(각자 계산)	80%		

원재료는 공정의 초기에 모두 투입되며 가공원가는 전공정을 통해 균등하게 발생된다. 공정의 70% 시점에서 검사를 실시하며, 그 이후의 공정에서는 공손이 발생하지 않는다. 당월에는 검사를 받은 합격품의 10%가 공손으로 판명되었으나, 모두 정상적인 것으로 간주된다.

정상공손원가에 포함된 직접재료원가는 얼마인가? 【2000. 세무사, '05. 감평사】

① ₩44,800 ② ₩48,000 ③ ₩72,000
④ ₩90,000 ⑤ ₩96,000

해답 18. ②

풀이 (1) 완성품환산량 계산

		물 량		완성품환산량 직접재료원가	가공원가
완성	월초	12,000	(50%)	–	6,000
	당월	53,000		53,000	53,000
	정상	8,000[2)]	(70%)	8,000	5,600
	월말	15,000[1)]	(80%)	15,000	12,000
		88,000		76,000	76,600

1) $(65{,}000+x)\times 10\% = 88{,}000-(12{,}000+53{,}000+x)$

∴ x(월말재공품) = 15,000개

2) $(65{,}000+15{,}000)\times 10\% = 8{,}000$

(2) 환산량 단위당 원가

직접재료원가 = ₩456,000 ÷ 76,000 = ₩6

가 공 원 가 = ₩612,800 ÷ 76,600 = ₩8

(3) 정상공손비 계산

직접재료원가 = 8,000 × ₩6 = ₩48,000

가 공 원 가 = 5,600 × ₩8 = ₩44,800

19 (주)한국은 종합원가계산시스템을 채택하고 있으며, 최초 공정은 A공정이며, 최종 공정은 B공정이다. 평균법을 적용한 20×1년 4월의 완성품환산량 단위당 원가는 다음과 같다.

직접재료원가	₩100/1개
가공원가	₩200/1개
전공정가공원가	₩500/1개

B공정에서 재료는 공정 50% 시점에서 일괄 투입되며, 가공원가는 B공정 전체에 걸쳐 균등하게 발생한다. 4월말 B공정의 재공품은 1,000개이며, 가공원가의 완성도는 40%이다. 이 때 B공정의 기말재공품원가는? 【'08. 감평사】

① ₩480,000 ② ₩580,000 ③ ₩680,000
④ ₩780,000 ⑤ ₩880,000

풀이

	물량	완성품환산량 전공정원가	직접재료원가	가공원가
완성량	?	?	?	?
기말	1,000(40%)	1,000	0	400
계	?	?	?	?

해답 19. ②

∴ 기말재공품평가액＝1,000×₩500＋0×₩100＋400×₩200＝₩580,000

20~21 선입선출법(FIFO)에 의하여 완성품환산량을 적절히 계산한 후, 환산량단위당 원가가 다음과 같이 결정되었다.

재료원가 : ₩10　　　가공원가 : ₩20　　　전공정원가 : ₩15

당기 중 생산현황은 다음과 같다.

기초재공품 : 1,000개(가공비완성도 60%)
기말재공품 : 2,000개(가공비완성도 60%)
당기완성품 : 5,000개
정상적 공손품 : 100개
비정상적 공손품 : 200개

재료는 40% 완성단계에서 전량 투입되며, 공손품은 50% 완성단계에서 검사·분리되고, 정상공손원가는 합격품에 배부된다. 기초재공품의 원가는 재료원가가 ₩8,700, 가공원가가 ₩18,000, 전공정원가가 ₩10,000, 정상공손원가가 ₩200으로 합계 ₩36,900이다. 모든 공손품은 ₩6.5씩에 판매된다. 【'85. CPA】

20 당기에 실제로 발생한 가공원가의 금액은?

① ₩115,000　② ₩139,000
③ ₩133,000　④ ₩160,000
⑤ ₩166,900

풀이 (1) 환산량 계산

물량			환산량		
			전공정원가	재료원가	가공원가
완성량	기초분	1,000(60%)			400
	당기분	4,000	4,000	4,000	4,000
정상공손		100(50%)	100	100	50
이상공손		200(50%)	200	200	100
기말수량		2,000(60%)	2,000	2,000	1,200
계		7,300	6,300	6,300	5,750

따라서 당기발생가공비는 5,750×₩20＝₩115,000이다.

해답 20. ①

(2) **정상공손원가**$=100\times₩15+100\times₩10+50\times₩20=₩3,500$

정상공손품판매가치(100개×₩6.5)	△650
배부대상정상공손원가	₩2,850

그리고, 정상공손원가는 합격품에 배부되므로 완성품과 기말재공품에 배부된다.

$$\text{완성품: } ₩2,850\times\frac{4,000}{(4,000+2,000)}=₩1,900$$

$$\text{재공품: } ₩2,850\times\frac{2,000}{(4,000+2,000)}=₩950$$

따라서, FIFO의 경우에는 기초재공품원가는 완성품에 포함되므로 완성품원가에 포함된 정상공손원가는 ₩1,900+200=₩2,100이 된다.

21 당기 완성품의 원가에 포함되어야 할 정상공손원가는 얼마인가?

① ₩2,400 ② ₩2,100
③ ₩2,600 ④ ₩1,600
⑤ ₩1,857.14

풀이 (문제 20) 해설 참조.

22 (주)경진의 20×4년 8월 중 생산자료이다. 회사는 선입선출법에 의한 종합원가계산을 한다.

	수 량	가공원가 완성도
기초재공품	8,000개	50%
당기착수량	50,000개	
당기완성량	35,000개	
기말재공품	10,000개	90%

회사는 완성도 60% 시점에서 불량여부를 검사하며, 불량품은 재작업을 실시하지 않는다. 당월 검사통과한 제품의 10%를 정상공손으로 분류하고 있다. 재료는 공정초기에 전량투입되며, 가공원가는 전공정에 균등하게 투입된다. 8월의 비정상공손의 가공원가 완성품 환산량은 얼마인가? 【'00. CPA, '04. 감평사】

① 8,500개 ② 4,500개
③ 2,700개 ④ 7,800개
⑤ 5,100개

해답 21. ② 22. ⑤

풀이

물량			완성품 환산량: 직접재료원가	완성품 환산량: 가공원가
완성량	기 초	8,000 (50%)	–	4,000
	당 기	27,000	27,000	27,000
정 상 공 손		4,500* (60%)	4,500	2,700
비정상공손		8,500 (60%)	8,500	5,100
기 말		10,000 (90%)	10,000	9,000
계		58,000	50,000	47,800

* (8,000+27,000+10,000)×10%=4,500

23 (주)한국은 단일제품을 대량으로 생산하고 있다. 직접재료는 공정 초기에 모두 투입되고 가공원가는 공정 중에 균등하게 발생한다. 생산 중에는 공손이 발생하는 데 품질검사를 통과한 수량의 10%에 해당하는 공손수량은 정상공손으로 간주한다. 공손여부는 공정의 50% 완성시의 검사시점에서 파악된다. 다음 자료를 이용하여 계산한 비정상공손수량은?(단, 물량흐름은 선입선출법을 가정한다.) 【'12. 감평사】

(1) 기초재공품수량	2,000단위(완성도 30%)
(2) 당기착수량	8,000단위
(3) 당기완성량	7,200단위
(4) 기말재공품수량	1,500단위(완성도 60%)

① 380단위
② 430단위
③ 450단위
④ 520단위
⑤ 540단위

풀이 (1) 물량의 흐름

투입량		산출량		
기초	2,000	완성량	기초분	2,000(30%)
			당기분	5,200
		정상공손		870 (50%)
		비정상		430 (50%)
당기투입량	8,000	기 말		1,500 (60%)
	10,000			10,000

(2) 비정상공손품의 계산

기초재공품이 당기에 검사를 받았기 때문에 당기에 검사를 받은 물량은 10,000개이고 이 중에서 검사를 하여 합격판정을 받은 물량은 2,000+5,200+1,500=8,700이다.

해답 23. ②

따라서 정상공손은 합격품의 10%이므로 정상공손=8,700×10%=870개이다.
∴ 비정상공손=10,000-(7,200+1,500+870)=430개

24 종로공업사는 종합원가시스템을 이용하고 있으며, 20×3년 7월중의 생산관련 자료는 다음과 같다. 【'02. 세무사, '03. 감평사】

월초재공품 수량	70단위	완성품 수량	300단위
월말재공품 수량	60	단위공손품 수량	50단위
월초재공품 완성도	30%	완성품 단위당 가공원가	₩60
월말재공품 완성도	70%		

공손품 중 완성품 수량의 10%는 정상적인 것으로 간주하며, 공손은 공정의 마지막 단계에서 발생된다. 기말 재공품은 평균법에 의하여 평가한다. 20×3년 7월중 완성품의 가공원가는 얼마인가?

① ₩15,000　② ₩18,000
③ ₩19,200　④ ₩19,800
⑤ ₩21,000

풀이

	물 량	환산량 재료원가	환산량 가공원가
완 성 량	300	300	300
정 상 공 손	30[1] (100%)	30	30
비정상공손	20 (100%)	20	20
기 말	60 (70%)	?[3]	42
계	410	?	392

∴ 완성품가공원가=(300+30[2])×₩60=₩19,800
1) 300×10%=30
2) 정상공손은 기말재공품진척도보다 크므로 완성품원가에만 부담시킨다.
3) 재료투입시점을 알 수 없으므로 재료원가환산량을 알 수 없다.

25 JB회사는 종합원가계산제도를 채택하고 있다. 기말재공품의 평가에는 평균법을 사용하며, 모든 원가는 공정 전체를 통하여 균등하게 발생한다. 당기의 제조활동에 관한 자료는 다음과 같다. 기말재공품의 원가는 얼마인가? 【'97. 감평사】

기초재공품	: 200단위,	원가 ₩409,250	완성도 60%
당기투입원가	: ₩2,500,000		

해답 24. ④ 25. ②

당기완성품수량 : 600단위
기말재공품수량 : 150단위, 완성도 50%

① ₩312,500　② ₩323,250　③ ₩303,047
④ ₩274,458　⑤ ₩229,678

풀이

	물량	가공원가환산량*
기초	200	
투입	550	
계	750	
완성	600	600
기말	150(50%)	75
계	750	675

* 재료원가와 가공원가환산량은 똑같다(∵ 모든 원가는 공정전체를 통해 균등하게 발생)

∴ 기말재공품평가액 $=(₩409,250+2,500,000)\times\frac{75}{675}=₩323,250$

26 (주)관세는 종합원가계산제도를 채택하고 있으며, 모든 제조원가는 공정전체를 통해 균등하게 발생한다. 다음 자료를 이용하여 평균법과 선입선출법에 의해 기말재공품원가를 계산할 경우 옳은 것은? 【'14. 관세사】

(1) 기초재공품수량 1,000단위(완성도 60%, 제조원가 ₩600,000)
(2) 당기착수량 2,600단위
(3) 당기완성품수량 2,400단위
(4) 기말재공품수량 1,200단위(완성도 50%)
(5) 당기투입제조원가 ₩1,800,000

① 평균법에 의한 기말재공품원가가 선입선출법에 의한 기말재공품원가보다 ₩30,000 더 크다
② 선입선출법에 의한 기말재공품원가가 평균법에 의한 기말재공품원가보다 ₩30,000 더 크다
③ 평균법에 의한 기말재공품원가가 선입선출법에 의한 기말재공품원가보다 ₩120,000 더 작다
④ 선입선출법에 의한 기말재공품원가가 평균법에 의한 기말재공품원가보다 ₩120,000 더 작다

해답 26. ①

⑤ 평균법에 의한 기말재공품원가가 선입선출법에 의한 기말재공품원가보다 ₩150,000 더 크다

풀이 (1) 완성품환산량 계산

물량		완성품 환산량 FIFO	완성품 환산량 평균법
완성량	기초 1,000(60%)	400	1,000
	당기 1,400	1,400	1,400
	기말 1,200(50%)	600	600
계	3,600	2,400	3,000

(2) 완성품환산량 단위당 원가계산

FIFO에 의한 완성품환산량 단위당 원가=₩1,800,000/2,400=₩750

평균법에 의한 완성품환산량 단위당 원가=₩2,400,000/3,000=₩800

(3) 기말재공품평가액

FIFO=600단위×₩750=₩450,000

평균법=600단위×₩800=₩480,000

따라서,

평균법에 의한 기말재공품원가가 선입선출법보다 ₩30,000 더 크다

27 (주)국세의 당기 중 생산 및 원가자료는 다음과 같다.

구분	항목	금액
기초재공품	직접재료원가 전환원가(가공원가)	₩1,000 ₩2,475
당기투입원가	직접재료원가 전환원가(가공원가)	₩5,600 ₩8,300
기말재공품	수량 직접재료원가 완성도 전환원가(가공원가) 완성도	500단위 20% 15%
공손품	수량 직접재료원가 완성도 전환원가(가공원가) 완성도	200단위 50% 40%

완성품 수량은 2,000단위이고, 공손품원가를 전액 별도로 인식하고 있다. 재고자산의 단위원가 결정방법이 가중평균법인 경우, 공손품원가는? 【'15. 세무사】

① ₩300 ② ₩420 ③ ₩540

④ ₩670 ⑤ ₩700

해답 27. ⑤

풀이 (1) 완성품환산량 단위당 원가계산

	물 량	완성품환산량	
		직접재료원가	가공원가
완성품	2,000	2,000	2,000
공손품	200(50%, 40%)	100	80
기말량	500(20%, 15%)	100	75
계	2,700	2,200	2,155

∴ 직접재료원가 환산량 단위당 원가$=\frac{₩1,000+5,600}{2,200}=₩3$

가공원가 환산량 단위당 원가$=\frac{₩2,475+8,300}{2,155}=₩5$

(2) 공손품원가계산

직접재료원가=100개×₩3=₩300
가공원가 = 80개×₩5= 400
계 ₩700

28 다음은 종합원가계산을 채택하고 있는 (주)국세의 당기 생산활동과 관련된 자료이다.

• 기초재공품 수량	없음
• 당기착수량	1,000단위
• 당기투입원가	
직접재료원가	₩100,000
직접노무원가	81,000
제조간접원가	60,500
• 기말재공품 수량	500단위

(주)국세는 단일공정을 통해 제품을 생산하며, 모든 제조원가는 공정 전반에 걸쳐 균등하게 발생한다. 완성품 단위당 제조원가가 ₩420이라면, 기말재공품의 완성도는 몇 %인가? (단, 공손 및 감손은 발생하지 않는 것으로 가정한다.) 【'12. 세무사】

① 10% ② 15% ③ 20%
④ 30% ⑤ 45%

풀이 제품단위당 원가$=\frac{(₩100,000+81,000+60,500)}{(500+500\times r\%)}=₩420$

∴ $r=15\%$

해답 28. ②

29 (주)OK는 종합원가계산제도를 채택하고 있으며, 원재료는 공정의 초기에 전량 투입되며, 가공원가는 공정 전반에 걸쳐서 진척도에 따라 균등하게 발생한다. 재료원가의 경우 평균법에 의한 완성품 환산량은 78,000단위이고, 선입선출법에 의한 완성품환산량은 66,000단위이다. 또한 가공원가의 경우 평균법에 의한 완성품환산량은 54,400단위이고, 선입선출법에 의한 완성품환산량은 52,000단위이다. 기초제공품의 진척도는 몇 %인가? 【'11, '05. CPA】

① 10% ② 20% ③ 30%
④ 50% ⑤ 70%

풀이 (1) 기초재공품 물량 계산

		물 량	직접재료원가 완성품 환산량 FIFO	직접재료원가 완성품 환산량 평균법
완성량	기초	12,000	–	12,000 2)
	당기	?	? 1)	? 1)
	기말	?	? 1)	? 1)
	계	78,000	66,000	78,000

1) FIFO과 평균법이 같다.
2) 직접재료원가완성품환산량 차이는 기초재공품 물량의 차이가 된다. 즉 78,000－66.000＝12,000

(2) 기초재공품 진척도 계산

		물 량	가공원가 완성품환산량 FIFO	가공원가 완성품환산량 평균법
완성량	기초	12,000(r%)	12,000×(1－r%) 3)	12,000 3)
	당기	?	? 1)	? 1)
	기말	?	? 1)	? 1)
	계	78,000	52,000	54,400

1) FIFO과 평균법이 같다.
3) 두 방법간의 가공원가 완성품환산량차이는(54,400－52,000＝2,400) 곧 기초재공품 완성품환산량차이가 된다. 즉. 12,000－12,000×(1－r%)＝2,400
∴기초재공품진척도(r%)＝20%

30 (주)감평은 가중평균법에 의한 종합원가계산시스템을 도입하고 있다. 직접재료는 공정의 초기에 전량 투입되고 가공원가는 공정 전반에 걸쳐 균등하게 발생된다. (주)감평은 원가계산을 위해 다음과 같은 자료를 수집하였다.

해답 29. ② 30. ②

직접재료원가의 완성품환산량	5,000단위
가공원가의 완성품환산량	4,400단위
당기완성품수량	3,500단위

위 자료를 이용하여 계산한 기말재공품의 가공원가 완성도는? 【'13. 감평사】

① 50% ② 60%

③ 70% ④ 80%

⑤ 90%

풀이 (1) 완성품환산량 단위당 원가계산

	물량	직접재료원가	가공원가
완성량	3,500	3,500	3,500
기말재공품	1,500(r%)	1,500	900
계	5,000	5,000	4,400

1,500×r%=4,400−3,500=900에서 ∴ r%=60%

31 (주)프로코는 설탕을 만드는 회사로 가공원가는 공정 전반에 걸쳐 발생한다. 3월 초 기초재공품(가공원가 완성도 60%) 100봉지에 포함된 가공원가는 ₩500이다. 생산공정의 중간시점에서 품질검사를 실시한 결과 공손품이 100봉지 발생하여 모두 비정상공손(가공원가 완성도 50%)으로 간주하였다. 그리고 3월 중 완성품은 250봉지이며, 기말재공품(가공원가 완성도 80%)도 250봉지 존재한다. 선입선출법과 가중평균법으로 기말재공품에 배부된 가공원가를 각각 산정한 금액이 동일하다면 3월 중 투입한 총가공원가는 얼마인가? (단, 소수점 이하 자릿수는 절사한다.) 【'10. CPA】

① ₩1,121 ② ₩2,548 ③ ₩3,666

④ ₩4,367 ⑤ ₩5,984

풀이 (1) FIFO에 의한 당기 가공비완성품환산량 계산

		물 량	완성품환산량(가공원가)
완성량	기초분	100(60%)	40
	당기분	150	150
	비정상	100(50%)	50
	기 말	250(80%)	200
	계	600개	440

(2) 당기에 투입한 총가공원가 계산

해답 31. ③

선입선출법과 가중평균법으로 기말재공품에 배부된 가공원가를 각각 산정한 금액이 동일하다고 하였으므로 기초재공품의 가공원가 완성품환산량단위당 원가와 당기 가공원가 완성품환산량단위당 원가가 같아야 동일하게 산정된다.

따라서 기초재공품환산량 단위당 원가 $= \frac{₩500}{(100 \times 60\%)} = ₩8.333$

∴ 당기투입가공원가 $= 440 \times ₩8.333 = ₩3,666$

32 (주)한국은 종합원가계산제도를 도입하고 있다. 20×0년 1분기 동안 생산관련 자료는 다음과 같다.

당기투입량	8,000톤
완성품	7,500톤
기말재공품	2,000톤
기초재공품	1,500톤

가공원가는 공정전반에 걸쳐 균등하게 발생한다. 기말재공품은 세 개의 완성도로 구성되어 있는데, 기말재공품의 1/4은 완성도가 80%이며, 1/2은 50%, 나머지 1/4은 20%이다. 선입선출법(FIFO)을 적용할 경우 가공원가의 완성품 환산량이 7,960톤이라면 20×0년 1분기 기초재공품의 완성도는 얼마인가? (단, 1분기 기초재공품은 한 개의 완성도로만 구성됨) 【'10. 감평사】

① 32% ② 36% ③ 40%

④ 44% ⑤ 48%

풀이

		물 량	완성품환산량(가공원가)
완성량	기초분	1,500(r%)	$1,500 \times (1-r)$
	당기분	6,000	6,000
기 말		500(80%)	400
		1,000(50%)	500
		500(20%)	100
계		9,500	$7,000 + 1,500 \times (1-r)$

가공원가완성품환산량 $= 7,000 + 1,500 \times (1-r) = 7,960$

∴ 기초재공품 진척도(r%) $= 36\%$

해답 32. ②

CHAPTER

18 결합원가계산

제1절 의 의

같은 공정을 거쳐서 동일한 재료로 여러 가지 제품을 생산할 때 이를 연산품이라 하며 이들 연산품을 생산하는 과정에서 발생한 모든 제조원가를 결합원가라 한다. 이 경우에 연산품이 일정한 생산단계에 도달하면 개별제품으로 식별될 수 있는데 그 식별될 수 있는 단계를 분리점이라 한다. 이 경우에 분리점에서 분리된 각 제품은 그 단계에서 중간제품으로 판매되기도 하고, 추가가공을 거친 후에 완제품으로 판매되기도 하는데 추가가공여부에 대한 의사결정문제와 공통적으로 발생한 결합원가를 합리적으로 배분하는 것이 결합원가계산의 주요 과제가 된다.

제2절 결합원가의 배분방법

1. 상대적 판매가치법

상대적 판매가치법이란 분리점에서의 개별제품의 상대적 판매가치를 기준으로 하여 결합원가를 배분하는 방법이다.

2. 순실현가치법

동일공정을 거쳐 생산된 연산품을 분리점 이후의 각 개별공정에서 추가가공을 할 경우에 최종판매가액에서 예상되는 추가가공비와 판매비를 차감한 금액, 즉 순실현가치를 기준으로 결합원가를 배분하는 것을 말한다. 일반적으로 가장 많이 사용되는 배분방법이다.

3. 물리적 기준법

분리점에서의 각 연산품의 중량, 부피 등을 기준으로 결합원가를 배분하는 방법이다.

상대적 판매가치법

(주)찬엽은 동일한 원재료를 사용하여 2종류의 결합제품인 A와 B를 가공한다. 20×1년중 발생한 재료원가는 ₩300,000이고, 가공원가는 ₩200,000이며, 분리점에서의 A와 B의 판매가치는 각각 ₩300,000과 ₩700,000이다. 분리점에서의 상대적 판매가치법을 사용하여 결합원가를 A와 B에 배분하라.

풀이

(1) 결합원가

결합원가는 연산품을 생산하기 위하여 분리점까지 발생된 재료비와 가공비의 합이다.

300,000 + 200,000 = ₩500,000

(2) 결합원가의 배분

A제품 : $₩500,000 \times \frac{300,000}{300,000+700,000} = ₩150,000$

B제품 : $₩500,000 \times \frac{700,000}{300,000+700,000} = \underline{₩350,000}$

$\underline{\underline{₩500,000}}$

순실현가치법

찬우회사는 제 1 공정에서 ₩198,000의 비용으로 원재료를 가공하여 연산품 A, B, C를 생산한다. 연산품 A는 추가가공 없이 판매되고 연산품 B는 제 2 공정에서 추가가공원가 ₩60,000으로 가공 후 판매되며 연산품 C는 제 3 공정에서 추가가공원가 ₩80,000으로 가공 후 판매된다.
당기 중 생산과 판매에 관련된 자료는 다음과 같다.

	생산수량	단위당 판매가격
A	10,000	₩10
B	20,000	15
C	20,000	20

(1) 연산품의 순실현가치를 계산하라.
(2) 결합원가의 배분액은 얼마인가
(3) 각 연산품의 단위당 원가는 얼마인가

풀이

(1) 연산품의 순실현가치 계산

	생산수량	최종판매가치	개별가공원가	순실현가치
A	10,000	₩100,000	₩0	₩100,000
B	20,000	300,000	60,000	240,000
C	20,000	400,000	80,000	320,000
				₩660,000

(2) 결합원가의 배분

A : $₩198,000 \times \frac{100,000}{660,000} = ₩30,000$

B : $₩198,000 \times \frac{240,000}{660,000} = 72,000$

C : $₩198,000 \times \frac{320,000}{660,000} = 96,000$

계 ₩198,000

(3) 단위당 원가계산

	배분된 결합원가	개별가공원가	제조원가	생산량	단위당 원가
A	₩30,000	0	₩30,000	10,000	₩3
B	72,000	₩60,000	132,000	20,000	6.6
C	96,000	80,000	176,000	20,000	8.8

도표를 작성하면 다음과 같다.

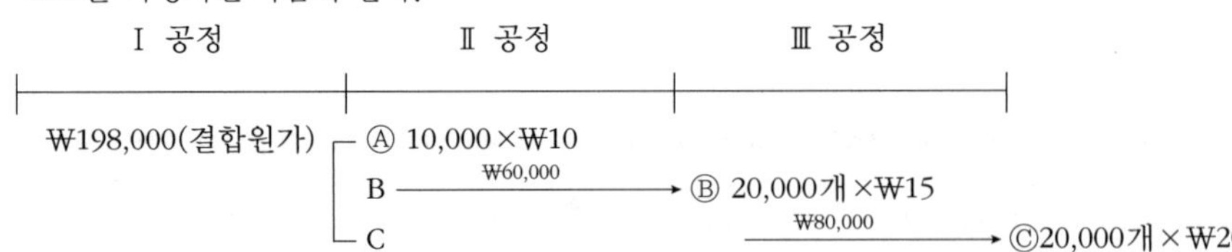

4. 균등이익률법

균등(매출총)이익률법이란 추가가공여부와는 상관없이 결합공정을 통해 생산된 모든 제품의 최종 매출총이익률이 똑같아지도록 결합원가를 배분하는 방법을 말한다. 다음과 같은 절차를 거쳐 결합원가를 배분한다.

첫째; 총매출액을 구한다.

둘째; 총원가를 구한다. 즉, 총원가=결합원가+각 제품의 개별가공원가

셋째; 매출총이익률을 구한다. 즉 매출총이익률= $\frac{(총매출액-총원가)}{총매출액}$

넷째; 매출총이익률이 균등하게 되도록 결합원가를 배분한다.

균등이익률법

(주)찬우는 동일 공정에서 세 가지 결합제품 A, B, C를 생산하고 있으며, A와 B는 추가가공을 거치지 않고 판매되며, C는 추가가공원가 ₩200,000을 투입하여 가공한 후 판매된다. 총결합원가는 총 ₩600,000이다. 결합제품의 생산량 및 단위당 최종 판매가격에 대한 자료는 다음과 같다.

제 품	생산량	단위당 최종 판매가격
A	2,000kg	₩200
B	2,000kg	₩100
C	2,500kg	₩160

균등이익률법을 사용하여 결합원가를 배분할 때 각 제품별 결합원가 배분액을 구하시오. (단, 공손 및 감손은 발생하지 않았고, 기초 및 기말재공품은 없는 것으로 가정한다.)

① ₩600,000 ② ₩620,000
③ ₩640,000 ④ ₩660,000
⑤ ₩680,000

풀이

(1) 총매출액 계산

총매출액=2,000×₩200+2,000×₩100+2,500×₩160=₩1,000,000

(2) 총원가 계산

총원가=결합원가+추가가공원가=₩600,000+200,000=₩800,000

(3) 매출총이익률 계산

$$매출총이익률=\frac{매출총이익}{총매출액}=\frac{(1,000,000-800,000)}{1,000,000}=20\%$$

(4) 결합원가배분액 계산

	총원가	-	개별가공원가	=	결합원가 배분액
제품 A;	₩320,000[1]	-	0	=	₩320,000
제품 B;	160,000[2]	-	0	=	160,000
제품 C;	320,000[3]	-	200,000	=	120,000
계	₩800,000		₩200,000		₩600,000

1) 제품 A; 매출액×매출원가율=2,000×₩200×(1-20%)=₩320,000
2) 제품 B; 매출액×매출원가율=2,000×₩100×(1-20%)=₩160,000
3) 제품 C; 매출액×매출원가율=2,500×₩160×(1-20%)=₩320,000

제3절 부산물회계처리

부산물은 주산품보다 상대적으로 판매가치가 적은 생산품을 부산물이라 하는데 이에 대한 회계처리는 생산시점에서 회계처리하는 방식과 판매시점에서 회계처리하는 방식이 있다.

1. 생산시점에서 회계처리하는 방법

부산물의 순실현가치가 중요성이 있을 때 적용할 수 있는 방법으로서 부산물이 생산되는 시점에서 부산물의 순실현가치를 재고자산으로 기록하며 동시에 결합원가(제조원가)에서 차감하는 회계처리방식이다. 이 방법에 의할 때는 판매되지 않은 부산물은 기말재고자산으로 남게 된다.

(1) 생산시점

(차) 부 산 물 (재고자산)	×××	(대) 결 합 원 가 (제조원가)	×××

(2) 판매시점

(차) 현 금	×××	(대) 부 산 물	×××

2. 판매시점에서 회계처리하는 방법

부산물의 순실현가치가 중요성이 없을 때 적용할 수 있는 방법으로서 부산물이 판매될 때까지는 아무런 회계처리는 하지 않고 판매될 때 순수익을 잡이익으로 처리하는 방식이다. 이 경우에 잡이익 대신에 기타 매출로 처리하거나 주산품의 매출원가에서 차감하는 방법으로 회계처리할 수 있다. 이 방법에서는 판매되지 않은 부산물이 기말재고자산에 포함되지 않는다.

(1) 생산시점

분개 없음

(2) 판매시점

(차) 현　　금　　×××　　(대) 잡 이 익　　×××

제4절 연산품의 추가가공여부 결정

동일한 공정을 거쳐 산출된 연산품을 분리점에서 그대로 판매할 것인가 아니면 각 개별공정에서 추가가공할 것인가에 대한 의사결정을 해야 한다. 이 경우에 결합원가는 의사결정에 전혀 영향을 미치지 않는 비관련원가이며 증분수익(최종판매가치－분리점에서의 판매가치)에서 증분비용(추가가공비 등)을 차감하여 증분이익이 발생하면 추가가공하며 증분손실이 발생하면 추가가공하지 않고 분리점에서 판매한다. 즉,

증분수익－증분비용>0 : 추가가공한다.

증분수익－증분비용<0 : 추가가공하지 않는다.

>>> 예 · 제 · 문 · 제 · 정 · 해

예제 1 | 결합원가 배부

미희화학은 10,000kg의 원료를 투입가공한 후 하나의 분리시점에서 A, B, C의 세 가지 제품을 분리한 후 추가가공하여 제품을 생산하고 있다. A, B, C 제품의 생산을 위해 투입되는 결합원가는 총 ₩10,000,000이다. 그 외에 A, B, C 제품의 생산과 관련된 자료는 다음과 같다.

제품	분리시점후 추가가공원가	kg당 판매가격	생산량(kg)
A	₩10,000,000	₩5,000	4,000
B	5,000,000	10,000	2,500
C	18,000,000	8,000	3,500

B제품의 kg당 단가는 얼마인가? 단, 결합원가의 배분은 순실현가치 기준으로 행한다. 【'90. 감평사, '92. 세무사】

① ₩2,000 ② ₩2,500
③ ₩3,000 ④ ₩4,000
⑤ ₩3,500

풀이 (1) 흐름도표

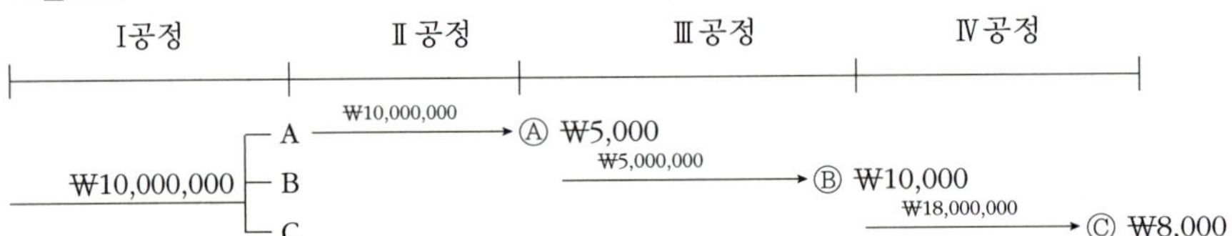

(2) 순실현가치

A 4,000kg × ₩ 5,000 − 10,000,000 = ₩10,000,000 (25%)
B 2,500kg × ₩10,000 − 5,000,000 = 20,000,000 (50%)
C 3,500kg × ₩ 8,000 − 18,000,000 = 10,000,000 (25%)
₩40,000,000

(3) 결합원가배분

A ₩10,000,000 × 0.25 = ₩2,500,000
B 10,000,000 × 0.5 = 5,000,000
C 10,000,000 × 0.25 = 2,500,000

(4)

제품	결합원가 배분액	추가가공원가	제조원가	생산량	단위당 원가
A제품	2,500,000	10,000,000	12,500,000	4,000kg	₩3,125

B제품	5,000,000	5,000,000	10,000,000	2,500kg	₩4,000
C제품	2,500,000	18,000,000	20,500,000	3,500kg	₩5,857

해답: ④

예제 2 | 균등이익률법

(주)찬엽은 동일 공정에서 세 가지 결합제품 A, B, C를 생산하고 있으며, 균등이익률법을 사용하여 결합원가를 배부한다. A와 B는 추가가공을 거치지 않고 판매되며, C는 추가가공원가 ₩200,000을 투입하여 가공한 후 판매된다. 결합제품의 생산량 및 단위당 최종 판매가격에 대한 자료는 다음과 같다.

제 품	생산량	단위당 최종 판매가격
A	2,000kg	₩200
B	2,000kg	₩100
C	2,500kg	₩160

C제품에 배부된 결합원가가 ₩120,000인 경우, 총결합원가는 얼마인가?(단, 공손 및 감손은 발생하지 않았고, 기초 및 기말재공품은 없는 것으로 가정한다.)

【'11. 세무사】

① ₩600,000 ② ₩620,000
③ ₩640,000 ④ ₩660,000
⑤ ₩680,000

풀이 (1) C제품 매출총이익률 $=\frac{(2,500\times160)-(120,000+200,000)}{(2,500\times160)}=20\%$

(2) 매출원가율 $=\frac{\text{매출원가}}{\text{매출액}}=\frac{(A+200,000)^{2)}}{1,000,000^{1)}}=(1-20\%)$

∴ 결합원가(A)=₩600,000

1) 매출액=2,000×₩200+2,000×₩100+2,500×₩160=₩1,000,000
2) 매출원가=총결합원가(A)+추가가공원가=A+200,000

해답: ①

예제 3 | 부산물 회계처리

CW회사는 동일공정에서 연산품 A와 B 그리고 부산물 S를 생산한다. 이에 대한 자료는 다음과 같다.

제품	생산량	판매량	판매단가	추가가공비
A	4,000	3,500	₩30	₩20,000
B	3,000	2,000	₩60	₩30,000
S	2,000	1,500	₩ 6	

결합원가는 ₩68,000이며 순실현가치에 의해서 연산품에 배분한다. 부산물 S를 판매하는데는 단위당 ₩2의 판매비가 발생한다.

1. 부산물의 순실현가치를 생산시점에서 제조(결합)원가에서 차감하는 방법을 사용할 때 기말재고자산은 얼마인가?

① ₩29,500 ② ₩28,500
③ ₩27,500 ④ ₩33,500
⑤ ₩31,500

2. 부산물의 순실현가치를 판매시점에서 연산품의 매출원가에서 차감하는 방식을 사용하는 경우 당기매출총이익은 얼마인가?

① ₩140,500 ② ₩136,500
③ ₩132,500 ④ ₩142,500
⑤ ₩152,500

풀이 1. 생산시 회계처리 하는 방법

(1) 부산물의 순실현가치 및 배분대상 결합원가계산

① 순실현가치 = 2,000 × (₩6 − 2) = ₩8,000

② 배분대상결합원가 = ₩68,000 − 8,000 = ₩60,000

(2) 결합원가 배분액

제품	순실현가치	결합원가 배분액
A	4,000 × 30 − 20,000 = 100,000(0.4)	60,000 × 0.4 = 24,000
B	3,000 × 60 − 30,000 = 150,000(0.6)	60,000 × 0.6 = 36,000
계	250,000	60,000

(3) 단위당 원가계산

제품	결합원가 배분액	추가가공원가	제조원가	생산량	단위당 원가
A	24,000	20,000	44,000	4,000	₩11
B	36,000	30,000	66,000	3,000	₩22
S	8,000	-	8,000	2,000	₩ 4

(4) 기말재고액 계산

제품	기말수량	단가	기말재고액
A	500	₩11	₩5,500
B	1,000	22	22,000
S	500	4	2,000
계			₩29,500

2. 판매시 회계처리 하는 방법

(1) 결합원가 배분액 계산

제품	순실현가치	결합원가 배분액
A	4,000×₩30−20,000=₩100,000(0.4)	₩68,000×0.4=₩27,200
B	3,000×₩60−30,000= 150,000(0.6)	68,000×0.6= 40,800
계	₩250,000	₩68,000

(2) 단위당 원가계산

제품	결합원가 배분액	추가가공원가	제조원가	생산량	단위당 원가
A	27,200	20,000	47,200	4,000	₩11.8
B	40,800	30,000	70,800	3,000	₩23.6

(3) 매출총이익 계산

매출액	A: 3,500×₩30 =	₩105,000	
	B: 2,000×₩60 =	120,000	₩225,000
매출원가	A: 3,500×₩11.8=	41,300	
	B: 2,000×₩23.6=	47,200	
	부산물*	△6,000	82,500
매출총이익			₩142,500

* 판매량의 순실현가치를 매출원가에서 차감표시한다.
순실현가치=1,500×(₩6−2)=₩6,000

해답: 1. ① 2. ④

예제 4 | 연산품의 추가가공여부

CW회사는 다음과 같이 동일한 공정에서 연산품을 생산하고 있다. 결합원가는 ₩100,000이다.

연산품	수 량	분리점에서의 판매단가	추가가공원가	최종판매단가
A	1,000개	₩100	₩150,000	₩300
B	2,000개	₩ 80	₩250,000	₩200
C	3,000개	₩200	₩700,000	₩500

위 자료에 의하여 연산품 A, B, C의 추가가공여부를 결정하시오.

① A, B, C 제품을 추가가공한다.

② A, B 제품을 추가가공한다.
③ A, C 제품을 추가가공한다.
④ B, C 제품을 추가가공한다.
⑤ B 제품을 추가가공한다.

풀이

	A	B	C
증분수익	1,000×(₩300－100)＝₩200,000	2,000×(₩200－80)＝₩240,000	3,000×(₩500－200)＝₩900,000
증분비용	150,000	250,000	700,000
증분이익(손실)	₩50,000	(₩10,000)	₩200,000

따라서 A, C는 추가가공하고 B는 분리점에서 그대로 판매한다.
결합원가는 추가가공여부를 결정할 때는 비관련원가이다.

해답: ③

>>> 객 · 관 · 식 · 문 · 제

1 (주)해정은 결합공정에 의해 제품 X와 Y를 제조한다. 총결합원가는 ₩120,000이다. 분리점에서의 판매가치는 제품 X가 8,000단위에 ₩150,000이며, 제품 Y는 2,000단위에 ₩50,000이다. 결합원가를 분리점에서의 상대적 판매가치를 사용하여 배분한다면, 제품 X에 배분될 결합원가는 얼마인가? 【2000. 감평사】

① ₩30,000 ② ₩60,000 ③ ₩90,000
④ ₩96,000 ⑤ ₩72,000

풀이

제품	상대적판매가치	배분액	
X	₩150,000(75%)	₩120,000×75%=	₩90,000
Y	50,000(25%)	120,000×25%=	30,000
계	₩200,000		₩120,000

2 20×1년에 설립된 (주)서울은 제1공정에서 원재료 1,000kg을 가공하여 중간제품 A와 제품 B를 생산한다. 제품 B는 분리점에서 즉시 판매될 수 있으나, 중간제품 A는 분리점에서 판매가치가 형성되어 있지 않기 때문에 제2공정에서 추가가공하여 제품 C로 판매한다. 제품별 생산 및 판매량과 kg당 판매가격은 다음과 같다.

제 품	생산 및 판매량	kg당 판매가격
중간제품 A	600kg	
제품 B	400kg	₩500
제품 C	600kg	₩450

제1공정에서 발생한 결합원가는 ₩1,200,000이었고, 중간제품 A를 제품 C로 가공하는데 추가된 원가는 ₩170,000이었다. 회사가 결합원가를 순실현가치에 비례하여 제품에 배부하는 경우, 제품 B와 제품 C에 배부되는 총제조원가는? 【'08, '11. 감평사】

	제품 B	제품 C
①	₩400,000	₩800,000
②	₩400,000	₩970,000
③	₩570,000	₩800,000
④	₩800,000	₩570,000

해답 1. ③ 2. ④

⑤ ₩870,000 ₩400,000

풀이

	순실현가치		결합원가 배부액
제품 C	600×₩450−170,000	=₩100,000	₩400,000
제품 B	400×₩500	=200,000	800,000
계		₩300,000	₩1,200,000

∴ 제품 C의 제조원가=₩400,000+170,000=₩570,000
제품 B의 제조원가=₩800,000

3 (주)한국은 단일의 원재료를 결합공정에 투입하여 세 가지 제품 A, B, C를 생산하고 있다. 제품 A와 B는 분리점에서 즉시 판매되나, 제품 C는 추가가공을 거쳐서 판매된다. 분리점에서 제품 C의 시장가격은 존재하지 않는다. (주)한국의 20×1년 2월 제품별 생산량, 월말제품재고량 및 판매가격은 다음과 같다.

제품	생산량	월말제품재고량	톤당 판매가격
A	60톤	36톤	₩300
B	80톤	12톤	₩200
C	100톤	5톤	₩140

20×1년 2월중 발생한 결합원가는 ₩16,000이고, 제품 C의 추가가공원가는 ₩8,000이며, 각 결합제품의 월초재고와 월말재공품은 없었다. ㈜한국은 순실현가치를 기준으로 결합원가를 배부하고 있다. ㈜한국의 20×1년 2월 매출원가와 월말제품은 각각 얼마인가? 【'14. CPA】

	매출원가	월말제품
①	₩18,500	₩5,500
②	₩18,200	₩5,800
③	₩17,900	₩6,100
④	₩17,600	₩6,400
⑤	₩17,300	₩6,700

풀이

순실현가치	배부액	추가가공비	제조원가	생산량	단위당원가
A: 60×300=18,000	7,200	−	7,200	60	₩120
B: 80×200=16,000	6,400	−	6,400	80	₩ 80
C: 100×140−8,000=6,000	2,400	8,000	10,400	100	₩104

∴ 기말재고액= 36×₩120+12×₩80+5×₩104=₩5,800
매출원가=(60−36)×₩120+(80−12)×₩80+(100−5)×₩104=₩18,200

해답 3. ②

4 두 연산품 P와 Q는 결합생산 된 후 각각 추가가공 되고 나서 판매된다. 결합원가는 분리점에서의 판매가치에 의해 배분된다. 다른 모든 수치가 일정할 때 연산품 P의 분리점에서의 판매가치가 증가하면 P와 Q의 매출총이익은 어떻게 변하는가? 【'05, 세무사】

	P	Q
①	증가	감소
②	증가	증가
③	감소	감소
④	감소	증가
⑤	감소	불변

풀이 다른 모든 수치가 일정할 때, P의 상대적 판매가치가 증가하면 P제품에 결합원가가 더 많이 배분되고 Q제품에 더 적게 배분된다.
따라서, P의 매출총이익은 감소하고 Q는 증가한다.

5 OK(주)는 원재료 알파를 이용해서 결합생산공정으로 부터 제품 A와 제품 B를 제조하고 있다.

제 품	생산량	분리점에서의 단위당 가격	단위당 추가가공원가	단위당 최종판매가격
제품 A	3,000개	₩40	–	₩40
제품 B	6,000개	₩30	₩10	₩70

순실현가액(net realizable value)방법을 이용하여 제품 A에 배부된 결합원가는 ₩100,000이다. 두 제품으로 배부되기 이전의 총 결합원가는 얼마인가? 【'05, 감평사】

① ₩400,000 ② ₩277,778 ③ ₩250,000
④ ₩180,000 ⑤ ₩175,438

풀이

제품	순실현가치	
제품 A :	3,000×₩40−0	=₩120,000
제품 B :	6,000×(₩70−10)	= 360,000
계		₩480,000

∴ 제품 A의 결합원가: $x \times \frac{₩120,000}{480,000} = ₩100,000$

따라서, 총결합원가(x)=₩400,000

6 다음 그림과 같이 제품 A는 공정 1, 공정 2, 공정 4를 거쳐서 생산되고 제품 B는 공정 1, 공정 2, 공정 5를 거쳐서 생산된다. 제품 C는 공정 1, 공정 3을 거쳐서 생산된다. 각 공정의 제조원가는 그림에서 주어진 수치와 같다. 결합원가가 순실현가치를 기준으로 배부되고, 제품 A, 제품 B, 제품 C의 판매가액이 각각 ₩500,000, ₩200,000, ₩300,000일 때, 제품 A의 총제조원가는 얼마인가? 【'09. 세무사】

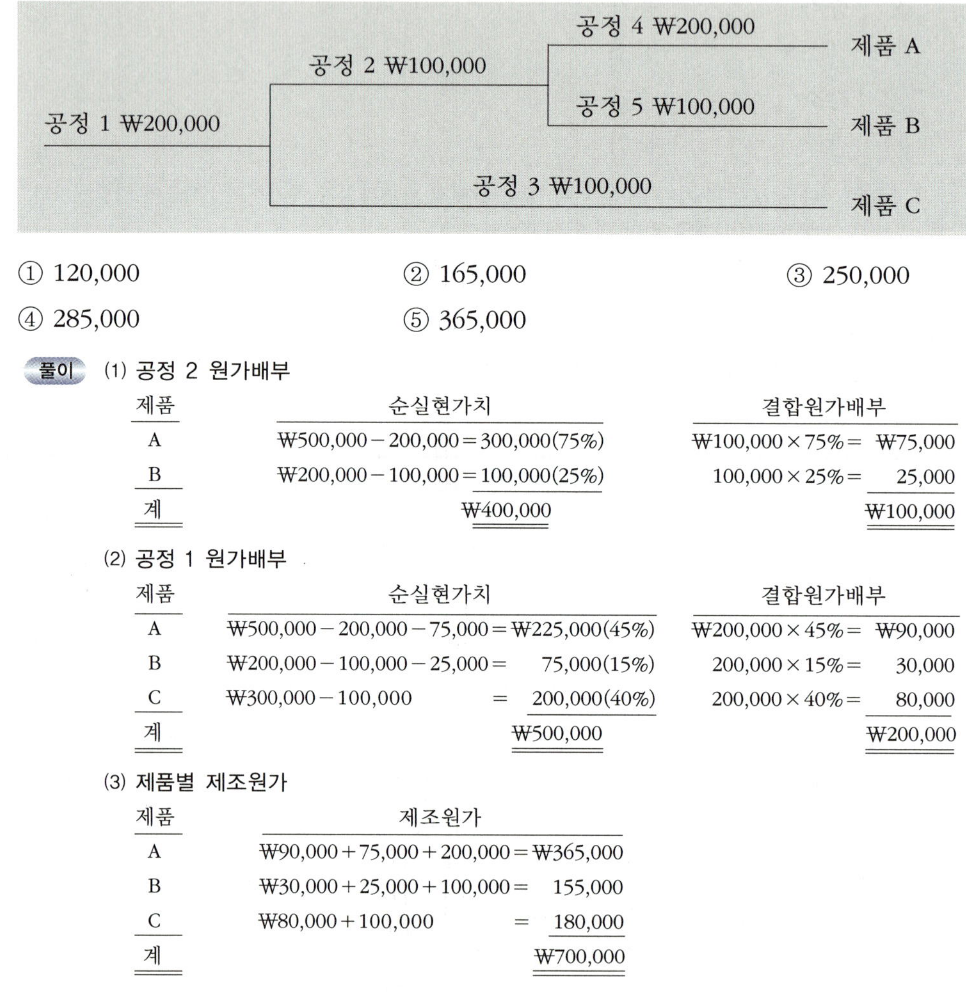

① 120,000 ② 165,000 ③ 250,000
④ 285,000 ⑤ 365,000

풀이 (1) 공정 2 원가배부

제품	순실현가치	결합원가배부
A	₩500,000 − 200,000 = 300,000(75%)	₩100,000 × 75% = ₩75,000
B	₩200,000 − 100,000 = 100,000(25%)	100,000 × 25% = 25,000
계	₩400,000	₩100,000

(2) 공정 1 원가배부

제품	순실현가치	결합원가배부
A	₩500,000 − 200,000 − 75,000 = ₩225,000(45%)	₩200,000 × 45% = ₩90,000
B	₩200,000 − 100,000 − 25,000 = 75,000(15%)	200,000 × 15% = 30,000
C	₩300,000 − 100,000 = 200,000(40%)	200,000 × 40% = 80,000
계	₩500,000	₩200,000

(3) 제품별 제조원가

제품	제조원가
A	₩90,000 + 75,000 + 200,000 = ₩365,000
B	₩30,000 + 25,000 + 100,000 = 155,000
C	₩80,000 + 100,000 = 180,000
계	₩700,000

7 (주)한국은 제품 A, B, C 세 가지 결합제품을 생산하고 있다. 관련 자료는 다음과 같다. 결합원가가 분리점에서의 상대적 판매가치에 의하여 배분된다면 제품 B에 배분되는 결합원가는 얼마인가? (단, 아래 표에서 세 가지 제품 모두 분리점에서의 판매가치를

해답 6. ⑤ 7. ①

알 수 있으며, 재공품은 없다고 가정함) 【'10. 감평사】

	제품 A	제품 B	제품 C	합 계
생산수량(개)	12,000	7,000	6,000	25,000
결합원가(원)	?	?	38,000	200,000
분리점에서의 판매가치(원)	120,000	?	?	500,000
추가가공시의 추가원가(원)	25,000	15,000	11,000	51,000
추가가공후의 판매가치(원)	230,000	200,000	180,000	610,000

① ₩114,000 ② ₩120,000 ③ ₩124,000
④ ₩128,000 ⑤ ₩130,000

풀이 (1) 제품 A의 결합원가

$₩200,000 \times \frac{120,000}{500,000} = ₩48,000$

(2) 제품 B의 결합원가

₩200,000−(48,000+38,000)=₩114,000

8 서울회사는 동일공정에서 3가지 제품 A, 제품 B, 제품 C를 생산하고 있다. 결합원가는 분리점에서의 상대적 판매가치를 기준으로 배분하고 있으며, 이와 관련된 자료는 다음과 같다. 【'03, '05. 세무사】

	제품 A	제품 B	제품 C	합 계
생 산 량	?	?	400개	2,000개
결합원가	₩180,000	?	?	₩360,000
분리점에서의 판매가치	?	₩320,000	?	₩800,000

분리점 이후에 제품 C 400개에 대하여 총 ₩20,000을 추가로 투입하여 최종제품으로 완성한 후 단위당 ₩500에 판매할 경우, 제품 C의 매출총이익을 구하시오.

① ₩118,000 ② ₩132,000 ③ ₩144,000
④ ₩160,000 ⑤ ₩174,000

풀이 (1) 제품 C의 결합원가 배부액계산

제품 B의 결합원가 $= ₩360,000 \times \frac{320,000}{800,000} = ₩144,000$

제품 C의 결합원가 = ₩360,000 − (180,000 + 144,000)

해답 8. ③

=₩36,000

(2) 제품 C의 매출총이익

매　　출	400×₩500	₩200,000
매출원가 : (₩36,000+20,000)=		56,000
매출총이익		₩144,000

9 (주)서울은 제1공정에서 제품 A와 B를 생산하고 있으며 20×1년 생산량 및 원가자료는 다음과 같다.

	제품 A	제품 B	계
결합원가	?	?	₩50,000
생 산 량	200단위	300단위	
판매단가	₩2,000	₩2,500	

제품 A는 제2공정에서 제품 C 200단위(판매단가 ₩3,000)로 추가 가공할 수 있다. 제품 A를 추가 가공하는데 소요된 원가는 ₩200,000이다. 제품 A의 판매비는 ₩150,000이고, 제품 C의 판매비는 ₩100,000이다. 제품 A를 모두 제품 C로 추가 가공하여 판매하는 경우 이익은 얼마나 증가하는가? 【'11. 감평사】

① ₩10,000　② ₩20,000　③ ₩30,000
④ ₩40,000　⑤ ₩50,000

풀이

증분수익=200×(₩3,000−2,000)=	200,000
추가가공원가	△200,000
판관비감소 ₩150,000−100,000	=50,000
증분이익	₩50,000

10 (주)국세는 동일한 원재료를 투입해서 하나의 공정을 거쳐 제품 A, 제품 B, 제품 C를 생산하며, 분리점까지 총 ₩40,000의 원가가 발생한다. (주)국세는 분리점까지 발생한 원가를 분리점에서의 상대적 판매가치를 기준으로 결합제품에 배분한다. 결합제품의 생산량, 분리점에서의 단위당 판매가격, 추가가공원가 및 추가가공 후 단위당 판매가격은 다음과 같다.

해답 9. ⑤　10. ②

제품	생산량 (단위)	분리점에서의 단위당 판매가격	추가가공원가	추가가공 후 단위당 판매가격
A	1,500	₩16	₩6,300	₩20
B	2,000	8	8,000	13
C	400	25	3,600	32

(주)국세가 위 결합제품을 전부 판매할 경우에 예상되는 최대 매출총이익은 얼마인가? (단, 결합공정 및 추가가공과정에서 재공품 및 공손은 없는 것으로 가정한다.)

【'99, '06, '12. 세무사】

① ₩10,900 ② ₩12,000 ③ ₩20,000
④ ₩50,900 ⑤ ₩60,000

풀이 (1) 추가가공여부 판단

	제품 A	제품 B	제품 C
증분수익	1,500×(₩20−16)=₩6,000	2,000×(₩13−8)=₩10,000	400×(₩32−25)=₩2,800
증분비용	6,300	8,000	3,600
증분이익(손실)	(₩300)	₩2,000	(₩800)

∴ 제품 B만 추가가공하고, 제품 A와 C는 추가가공하지 않는 것이 매출총이익이 가장 커진다.

(2) 최대매출총이익

매출= 1,500×₩16+2,000×₩13+400×₩25=₩60,000
매출원가=₩40,000+8,000 = 48,000
매출총이익 ₩12,000

11 (주)한국은 동일한 공정에서 A, B, C라는 3가지 결합제품은 생산하고 있다. 결합원가 ₩1,600은 제품별 순실현가치에 비례하여 배부한다. 제품별 자료가 다음과 같을 때, 제품 단위당 매출총이익이 높은 것부터 낮은 순으로 나열한 것은? 【'13. 감평사】

제품명	A	B	C
생산량 및 판매량	100단위	300단위	500단위
단위당 판매가격	₩13	₩10	₩15
단위당 추가가공원가	3	2	
단위당 판매비	1	1	5

해답 11. ④

① A > B > C ② A > C > B ③ C > B > A
④ C > A > B ⑤ B > C > A

풀이

	순실현가치	배부액	추가가공원가	제조원가	단위당원가
A;	100×〔₩13−(3+1)=₩900	₩180	₩300	₩480	₩4.8
B;	300×〔₩10−(2+1)=2,100	420	600	1,020	₩3.4
C;	500×(₩15−5) =5,000	1,000	0	1,000	₩2

	단위당 매가	단위당 원가	단위당 매출총이익
A;	₩13	₩4.8	₩8.2
B;	10	3.4	6.6
C;	15	2	13

∴ 단위당 매출총이익이 큰 순서; C > A > B

12 (주)대정은 화학물질 생산업체로서 A제품과 C제품을 최종판매하고 있다. 생산과정은 제 1 공정에서 A제품과 B중간재를 생산하고, B중간재는 제 2 공정에서 추가가공을 거쳐 C제품으로 완성된다. 제1공정에는 직접재료원가 ₩60,000, 가공원가 ₩40,000이 발생된다. A제품은 분리점에서 ₩80,000에 판매되고, B중간재는 제 2 공정에서 추가공정을 거친 후 C제품으로 완성되어 ₩70,000에 판매된다. 제 2 공정에서 발생하는 추가가공원가는 직접노무원가 ₩10,000, 제조간접원가 ₩15,000이다. A제품과 C제품의 원가를 구하시오. 【'01, '02. 감평사】

	A제품원가	C제품원가		A제품원가	C제품원가
①	₩64,000	₩61,000	②	₩62,500	₩62,500
③	₩56,667	₩58,333	④	₩80,000	₩45,000
⑤	₩85,600	₩39,400			

풀이 (1) 결합원가의 배분

제품	순실현가치	결합원가의 배분
A	80,000(64%)	100,000×64%=64,000
C	70,000−(10,000+15,000)=45,000(36%)	100,000×36%=36,000
계	₩125,000	₩100,000

(2) 제품원가 계산
A=₩64,000
C=₩36,000+25,000=₩61,000

해답 12. ①

13 (주)국세는 결합공정을 통하여 주산물 X, Y와 부산물 C를 생산하였으며, 결합원가는 ₩50,000이었다. 주산물 X는 추가가공없이 판매하지만, 주산물 Y와 부산물 C는 추가가공을 거쳐 판매한다. 20×1년의 생산 및 판매 자료는 다음과 같다.

	주산물 X	주산물 Y	부산물 C
추가가공원가	없음	₩13,400	₩600
생산량	900단위	900단위	200단위
단위당 판매가격	₩30	₩70	₩5

부산물은 생산시점에서 순실현가치로 인식한다. 균등매출총이익률법에 의해 각 주산물에 배분되는 결합원가는? 【'15. 세무사】

	주산물 X	주산물 Y
①	₩17,300	₩32,300
②	₩17,600	₩32,000
③	₩18,100	₩31,500
④	₩18,900	₩30,700
⑤	₩19,600	₩30,000

풀이 (1) 원가율 계산

배분할 결합원가=₩50,000−400*=₩49,600

*부산물 순실현가치=200단위×₩5−600=₩400

$$\therefore \text{ 원가율}=\frac{₩50,000-400+13,400}{900\times 30+900\times 70}=70\%$$

(2) 결합원가 배분

주산물	원 가	추가가공원가	결합원가배분
X	₩18,900[1)]	0	₩18,900
Y	44,100[2)]	13,400	30,700
계	₩63,000	13,400	₩49,600

1) 900단위×₩30×70%=₩18,900

2) 900단위×₩70×70%=₩44,100

14 (주)관세는 당월 중 결합생산공정을 통해 연산품 X와 Y를 생산한 후 각각 추가가공을 거쳐 최종제품 A와 B로 전환하여 모두 판매하였다. 연산품 X와 Y의 단위당 추가가공원가는 각각 ₩150과 ₩100이며, 최종제품과 관련된 당월 자료는 다음과 같다. (단,

해답 13. ④ 14. ④

각 연산품의 추가가공 전 · 후의 생산량 변화는 없다.)

구분	제품 A	제품 B
생산량	400단위	200단위
제품단위당 판매가격	₩450	₩250

이 공정의 당월 결합원가는 ₩81,000이며, 이를 균등매출총이익률법으로 배분한다면 당월 중 연산품 X에 배분될 금액은 얼마인가? 【'12, '15. 관세사】

① ₩62,000 ② ₩63,000 ③ ₩64,000
④ ₩66,000 ⑤ ₩68,000

풀이 (1) 원가율 계산

총원가 = ₩81,000 + 400 × 150 + 200 × 100 = ₩161,000

총매가 = 400 × ₩450 + 200 × 250 = ₩230,000

$\therefore$ 원가율 = $\frac{₩161,000}{230,000}$ = 70%

(2) 결합원가 배분

연산품	원가	추가가공원가	결합원가
X	₩126,000[1)]	₩60,000	₩66,000
Y	35,000[2)]	20,000	15,000
계	₩161,000	₩80,000	₩81,000

1) 400 × ₩450 × 70% = ₩126,000
2) 200 × ₩250 × 70% = ₩35,000

15 (주)한국은 결합원가 ₩420,000을 투입하여 연산품 A, B, C를 생산한다. 연산품 A와 C는 추가가공하여 판매하고 있다. 결합원가 배부방법은 순실현가치법이며, 당기에 생산된 수량은 모두 당기에 판매된다. 【'09. 감평사】

제품	생산수량	매출액	개별원가(추가가공원가)
A	10,000개	₩250,000	₩100,000
B	15,000개	200,000	
C	20,000개	300,000	₩150,000

(주)한국은 B제품을 추가 가공하면 B제품의 매출액은 ₩550,000이 될 것으로 판단하고 있다. 이 경우에 추가가공원가가 최대 얼마 미만일 때, B제품을 추가 가공하는 것이 더 유리한가?

해답 15. ②

① ₩300,000 ② ₩350,000
③ ₩400,000 ④ ₩450,000
⑤ ₩500,000

풀이 증분수익 = ₩550,000 − 200,000 = ₩350,000
∴ 증분비용(추가가공원가)이 ₩350,000미만일 때 증분이익이 생긴다.

16 (주)우리는 공통원재료에서 세 가지 제품을 제조하고 있다. 분리시점에서 결합생산원가는 총 ₩420,000이다. 회사는 분리시점에서의 총매출가격을 기준으로 결합원가를 연산품에 배부한다. 단위당 판매가격과 분리시점에서의 총생산량은 다음과 같다.

제 품	판매가격	총생산량
A	₩4,800/톤	15톤
B	₩9,600/톤	30톤
C	₩5,000/톤	4톤

각 제품은 분리시점 이후 추가가공이 가능하다. 추가가공원가와 가공 후 단위당 판매가격은 다음과 같다.

제 품	판매가격	추가가공원가
A	₩6,800/톤	₩37,800
B	₩14,000/톤	₩72,000
C	₩7,400/톤	₩21,600

추가가공 되어야 할 제품은 무엇이며, 추가가공에 따른 이익증가액은 얼마인가?

【'03, '04. 감평사】

	추가가공 제품	이익증가액
①	A, B	₩52,200
②	B, C	₩50,000
③	B	₩60,000
④	C	₩65,000
⑤	A, C	₩72,000

풀이

	A	B	C
증분수익	15×(₩6,800−4,800)=₩30,000	30×(₩14,000−9,600)=₩132,000	4×(₩7,400−5,000)=₩9,600
증분비용	△37,800	△72,000	△21,600
	₩△7,800	₩60,000	₩△12,000

해답 16. ③

17 SY회사는 생산과정에서 발생하는 부산물 X의 회계처리 방법으로 부산물의 판매가격에서 제조공정 중 부산물의 분리비용 및 판매비용을 차감한 순실현가치를 주제품의 매출원가에서 차감한다. 부산물 X의 단위당 판매가격은 ₩20 단위당 분리비용은 ₩7 변동판매비는 ₩5이며, 당기중 판매량은 20,000단위이었다. 만약 SY회사가 부산물의 순실현가치를 주제품의 매출액으로 가산하는 회계처리로 변경할 경우 당기의 매출총이익 증감액은? 【'94. 감평사, 2000. 세무사】

① ₩400,000 증가　　② ₩260,000 증가

③ ₩160,000 증가　　④ ₩160,000 감소

⑤ 변동 없음

풀이 부산물의 순실현가치를 매출액에 가산한 경우나 매출원가에서 차감한 경우나 매출총이익은 똑같다.

18 (주)세무는 단일 재료를 이용하여 세 가지 제품 A · B · C와 부산물 X를 생산하고 있으며, 결합원가계산을 적용하고 있다. 제품 A와 B는 분리점에서 즉시 판매되나, 제품 C는 분리점에서 시장이 존재하지 않아 추가가공을 거친 후 판매된다. (주)세무의 20×1년 생산 및 판매관련 자료는 다음과 같다.

구분	생산량	판매량	리터당 최종 판매가격
A	100리터	50리터	₩10
B	200리터	100리터	₩10
C	200리터	50리터	₩10
X	50리터	30리터	₩3

20×1년 동안 결합원가는 ₩2,100이고, 제품 C의 추가가공원가는 총 ₩1,000이다. 부산물 X의 단위당 판매비는 ₩1이며, 부산물 평가는 생산기준법(순실현가치법)을 적용한다. 순실현가치법으로 결합원가를 배부할 때 제품 C의 기말재고자산 금액은? (단, 기초재고가 기말재공품은 없다.) 【'09. 세무사】

① ₩850　　② ₩1,050　　③ ₩1,125

④ ₩1,250　　⑤ ₩1,325

풀이 (1) 배부할 결합원가 계산

배부할 결합원가=₩2,100−50×(3−1)=₩2,000

* 생산기준법이므로 부산물 순실현가치를 결합원가에 차감한다.

해답 17. ⑤　18. ③

(2) 결합원가 배부

제품	순실현가치	배분액	추가가공원가	제조원가	단위당 원가
A	100×₩10=₩1,000	₩500	–	₩500	₩5
B	200×₩10=2,000	1,000	–	1,000	₩5
C	100×₩10−1,000=1,000	500	1,000	1,500	₩7.5

(3) 기말재고액 계산

A제품=(100−50)×₩5= ₩250
B제품=(200−100)×5= 500
C제품=(200−50)×7.5= 1,125
부산물=(50−30)×2= 40
계 ₩1,915

19 (주)한국은 결합생산공정으로부터 두 종류의 주산품 A, B와 부산품 C를 생산하며, 부산품 C의 회계처리에는 생산기준법하에서의 원가차감법을 사용한다. 당기의 결합원가 발생액은 ₩54,000이며, 각 제품에 관한 자료는 다음과 같다. 단, 기초재고와 기말재공품은 없다.

제품	분리점 이후 추가가공원가	생산량	최종판매가치
A	₩10,000	1,000단위	₩70,000
B	₩15,000	1,500단위	₩55,000
C	₩2,000	500단위	₩6,000

(주)한국이 순실현가능가치(net realizable value)를 기준으로 결합원가를 배부한다면, 주산품 A에 배부되는 결합원가는 얼마인가? 【'15. CPA】

① ₩20,000 ② ₩25,000 ③ ₩30,000
④ ₩35,000 ⑤ ₩40,000

풀이 (1) 배부대상 결합원가

결합원가−부산물의 순실현가치=₩54,000−(6,000−2,000)=₩50,000

(2) 순실현가치

A=₩70,000−10,000=₩60,000
B=₩55,000−15,000=₩40,000

(3) 결합원가배부

$$A=₩50,000\times\frac{60,000}{100,000}=₩30,000$$

해답 19. ③

$$B = ₩50{,}000 \times \frac{40{,}000}{100{,}000} = ₩20{,}000$$

20 (주)영남은 동일한 원료를 결합공정에 투입하여 주산품 X, Y와 부산품 B를 생산한다. 결합원가는 순실현가치(net realizable value)를 기준으로 제품에 배부한다. 당기에 결합공정에 투입된 총원가는 ₩150,000이고, 주산품 X, Y 및 부산품 B의 분리점에서 순실현가치의 상대적 비율은 6 : 3 : 1이었다. 주산품 X에 배부된 결합원가가 ₩80,000이었다면, 부산품 B의 순실현가치는 얼마인가? 단, 부산품은 생산된 시점에서 순실현가치로 평가하여 재고자산으로 계상한다. 【'09. CPA】

① ₩15,000 ② ₩30,000
③ ₩35,000 ④ ₩43,333
⑤ ₩45,000

풀이 X : $(₩150{,}000 - B) \times \frac{6}{9} = ₩80{,}000$

∴ B(부산물) = ₩30,000

참고로, $Y = (₩150{,}000 - 30{,}000) \times \frac{3}{9} = ₩40{,}000$

21 ㈜갑은 종합원가계산과 결합원가계산을 혼합하여 사용한다. 결합공정을 완료하면 연산품 A와 연산품 B가 분리된다. 결합공정에서 발생한 직접재료원가는 ₩8,000이고 가공원가는 ₩2,220이다. 직접재료원가는 결합공정의 초기에 투입된다. 결합공정에서 기초재공품은 없고, 기말재공품은 100톤이며 가공원가 완성도는 40%이다. 공손과 감손은 없다. 연산품 A와 연산품 B의 관련자료는 아래와 같다.

	연산품 A	연산품 B
결합공정 완성량	300톤	400톤
톤당 예상판매가격	₩100	₩50
톤당 추가가공원가	₩60	₩0

순실현가치법 결합원가배분에 의한 연산품 A의 예상 톤당 영업이익은 얼마인가? 【'10. 세무사, '12. CPA】

① ₩23.755 ② ₩25.325 ③ ₩28.625
④ ₩31.495 ⑤ ₩34.235

해답 20. ② 21. ③

풀이 (1) 결합공정에서 발생한 결합원가계산

		완성품환산량	
	물량	직접재료원가	가공원가
완성품	700	700	700
기말	100(40%)	100	40
계	800	800	740

∴ 결합공정에서 발생한 완성품원가=$700 \times (\frac{₩8,000}{800} + \frac{₩2,220}{740})$=₩9,100

(2) 결합원가배부액 및 톤당 영업이익 계산

순실현가치		배부액
A제품; 300×(₩100−60)=₩12,000		$₩9,100 \times \frac{12,000}{32,000}$ =₩3,413
B제품; 400×₩50	=20,000	$9,100 \times \frac{20,000}{32,000}$ =5,687
계	₩32,000	₩9,100

∴ A제품 톤당 원가=(₩3,413+300×60)÷300톤=₩71.375

A제품 톤당 영업이익=매가−톤당원가=100−71.375=₩28.625

CHAPTER

19 CVP분석

제1절 CVP분석의 의의

원가－조업도－이익분석(cost－volume－profit analysis: CVP분석)이란 조업도의 단기적인 변동이 원가나 이익에 미치는 영향을 분석하는 기법으로서 기업의 단기적 의사결정에 널리 이용되고 있다.

이 분석기법은 제품가격결정, 자가제조 또는 외부구입과 관련된 의사결정 문제, 특별주문에 대한 수락여부결정 등과 관련된 의사결정에 유용하게 사용된다.

1. CVP도

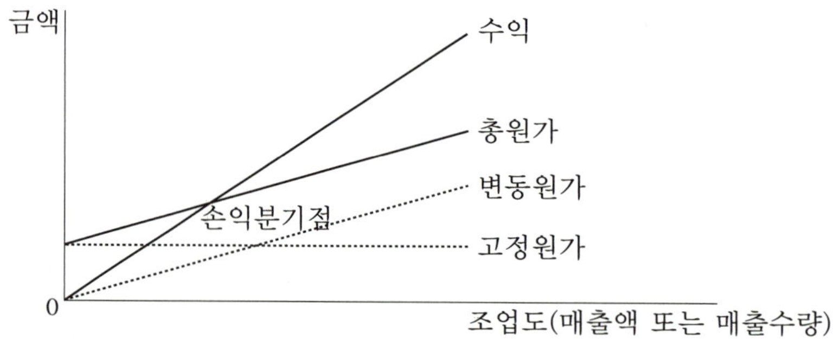

CVP도는 관련범위 내에서 조업도의 변화에 따른 수익, 원가 및 이익의 변화를 그래프로 나타낸 것으로 몇 가지 가정을 전제로 작성된 것이다.

CVP분석의 가정은 다음과 같다.

첫째, 모든 수익과 원가는 관련범위 내에서 선형이다.

둘째, 모든 원가는 고정원가와 변동원가로 구분된다.

셋째, 고정원가는 관련범위 내에서 일정하고, 변동원가는 조업도에 비례한다.

넷째, 제품의 판매단가는 일정하다.

다섯째, 생산능률 및 원가요소의 가격은 일정하다.

여섯째, 매출배합은 일정하다.
일곱째, 생산량과 판매량은 동일하다.

2. PV도(profit-Volume Chart: 이익-조업도 도표)

CVP도를 보다 간단히 만든 도표로서 조업도의 변화에 따른 이익의 변화를 나타낸다. 조업도가 수량(Q)일 때 기울기는 단위당 공헌이익을 나타낸다.

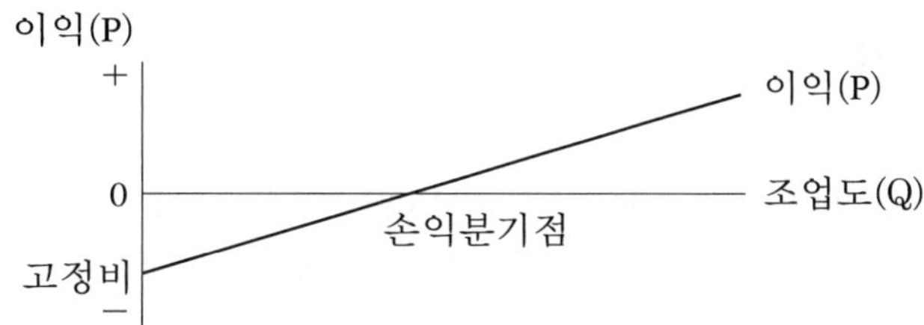

제2절 손익분기점분석

1. 손익분기점의 의의

손익분기점(break-even point: BEP)이란 매출액과 총비용이 일치하여 이익이 "0"이 되는 판매량이나 매출액을 말한다. 즉, 손익분기점이란 총공헌이익이 총고정비와 같아지는 판매량이나 매출액이다. 이 경우에 총비용이란 변동제조원가 및 변동판매비와관리비와 고정제조간접원가 및 고정판매비와관리비를 합한 금액을 의미한다.

2. 공헌이익

공헌이익(contribution margin: CM)이란 매출액에서 총변동비를 차감한 것을 말하는데, 매출액이란 판매량에다가 단위당 판매가격을 곱한 금액을 말하며, 총변동비란 변동제조원가와 변동판매비 및 관리비를 합한 금액을 의미한다. 이러한 공헌이익은 단위당으로 표시할 수도 있는데, 이렇게 표시한 것을 단위당 공헌이익이라 한다. 이를 식으로 표시하면 다음과 같다.

총공헌이익 = 매출액 − 총변동원가
= 단위당 판매가격 × 판매량 − 단위당 변동제조원가 × 판매량 − 단위당 변동판매비와 관리비 × 판매량
= (단위당 판매가격 − 단위당 변동원가) × 판매량
= 단위당 공헌이익* × 판매량

* 단위당 공헌이익 = 단위당 판매가격 − 단위당 변동원가(단위당 변동제조원가 + 단위당 변동판매비와 관리비)

3. 공헌이익률

공헌이익률(contribution margin ratio: CM ratio)이란 단위당 공헌이익을 단위당 판매가격으로 나누어서 계산하거나 총공헌이익을 매출액으로 나눈 값을 말한다.

예컨대,

매출액이 ₩100,000이고, 변동원가가 ₩80,000이면

공헌이익은 ₩100,000 − 80,000 = ₩20,000이 된다. 따라서

변동원가율 = $\frac{80,000}{100,000}$ = 0.8이고 공헌이익률은 = $\frac{20,000}{100,000}$ = 0.2가 되므로

변동원가율 + 공헌이익률 = 1이 성립한다.

이를 식으로 표시하면 다음과 같다.

$$\text{공헌이익률} = \frac{\text{단위당 공헌이익}}{\text{단위당 판매가격}} \text{ 또는 공헌이익률} = \frac{\text{총공헌이익}}{\text{매출액}} = \frac{\text{단위당 공헌이익} \times \text{판매량}}{\text{판매가격} \times \text{판매량}}$$

4. 손익분기점 판매량 및 매출액

(1) 공헌이익접근법(변동원가계산)에 의한 손익계산서의 기본 모형은 다음과 같다.

매　출
△변동원가
―――――
공헌이익
△고정원가
―――――
영업이익
=====

(2) 손익분기점 판매량 계산

손익분기점은 이익이 "0"이 되는 점이므로 다음의 식이 성립한다.

$$p \cdot Q - v \cdot Q - F = 0$$

(단, p: 단위당 판매가격, v: 단위당 변동원가, F: 총고정원가, Q: 판매수량)

$$\therefore Q = \frac{F}{p-v} = \frac{\text{총고정원가}}{\text{단위당 판매가격} - \text{단위당 변동원가}}$$

$$= \frac{\text{총고정원가}}{\text{단위당 공헌이익}}$$

(3) 손익분기점 매출액

$$S = \frac{\text{총고정원가}}{1 - \text{변동원가율}} = \frac{\text{총고정원가}}{\text{공헌이익률}} \quad \text{(단, S: 매출액)}$$

(4) 목표이익이 있는 경우의 판매량(Q) 및 매출액(S)

① 법인세가 없는 경우

㉠ $$Q = \frac{\text{총고정원가} + \text{목표이익}}{\text{단위당 판매가격} - \text{단위당 변동원가}} = \frac{\text{총고정원가} + \text{목표이익}}{\text{단위당 공헌이익}}$$

㉡ $$S = \frac{\text{총고정원가} + \text{목표이익}}{1 - \text{변동원가율}} = \frac{\text{총고정원가} + \text{목표이익}}{\text{공헌이익률}}$$

② 법인세가 있는 경우

㉠ $$Q = \frac{\text{총고정원가} + \dfrac{\text{목표이익}}{(1 - \text{법인세율})}}{(\text{단위당 판매가격} - \text{단위당 변동원가})} = \frac{\text{총고정원가} + \dfrac{\text{목표이익}}{(1 - \text{법인세율})}}{(\text{단위당 공헌이익})}$$

㉡ $$S = \frac{\text{총고정원가} + \dfrac{\text{목표이익}}{(1 - \text{법인세율})}}{1 - \text{변동원가율}} = \frac{\text{총고정원가} + \dfrac{\text{목표이익}}{(1 - \text{법인세율})}}{\text{공헌이익률}}$$

5. 안전한계율

안전한계(margin of safety: MS)란 실제 또는 예산매출액이 손익분기점의 매출액을 초과하는 금액을 만한다. 안전한계를 총매출액에 대한 비율로 표시한 것을 안전한계율(margin of safety ratio: M/S비율)이라 한다. 안전한계율을 구하는 이유는 불황에 대해서 얼마나 저항력이 있는지를 평가하기 위한 척도로 사용하기 위해서이다. 이를 식으로 표시하면 다음과 같다.

$$안전한계 = 매출액 - 손익분기점\ 매출액$$

$$안전한계율 = \frac{안전한계}{매출액} = \frac{매출액 - 손익분기점\ 매출액}{매출액}$$

예를 들면, 현재 매출액이 ₩100,000이고 손익분기점 매출액이 ₩75,000이라면 M/S 비율은 $\frac{(₩100,000 - 75,000)}{₩100,000} = 0.25$가 되고 손익분기점비율은 $\frac{₩75,000}{₩100,000} = 0.75$가 된다. 즉, 안전한계율(M/S비율) + 손익분기점비율 = 1이 된다.

CVP분석

주봉회사는 단위당 판매가격이 ₩100인 단일제품을 생산 · 판매하고 있다. 이와 관련된 원가자료는 다음과 같다.

	단위당 변동원가	연간 고정비
직접재료원가	₩18	
직접노무원가	15	
제조간접원가	12	₩140,000
판매비와관리비	15	60,000
	₩60	₩200,000

(1) 손익분기점 판매량과 매출액을 구하라.

(2) 목표이익 ₩50,000을 얻기 위한 판매량과 매출액은 얼마인가?

(3) 매출액의 10%의 이익을 얻기 위한 매출액은 얼마인가?

(4) 법인세차감후 순이익 ₩60,000을 얻기 위한 판매량은 얼마인가?
(단, 법인세율은 40%이다.)

(5) 주봉회사는 현재 ₩625,000의 매출액을 달성하고 있다. M/S비율은?

풀이

(1) $Q = \frac{총고정원가}{단위당\ 판매가격 - 단위당\ 변동원가} = \frac{₩200,000}{₩100 - 60} = 5,000개$

$S = \frac{총고정원가}{1 - 변동원가율} = \frac{₩200,000}{\left(1 - \frac{60}{100}\right)} = ₩500,000$

또는 판매량×판매가격 = 5,000개×₩100 = ₩500,000

(2) $Q = \dfrac{\text{총고정원가} + \text{목표이익}}{\text{단위당 판매가격} - \text{단위당 변동원가}} = \dfrac{₩200,000 + 50,000}{100 - 60} = 6,250\text{개}$

$S = \dfrac{\text{총고정원가} + \text{목표이익}}{1 - \text{변동원가율}} = \dfrac{₩200,000 + 50,000}{\left(1 - \dfrac{60}{100}\right)} = ₩625,000$

또는 6,250개 × ₩100 = ₩625,000

(3) $S = \dfrac{\text{총고정원가} + 0.1S}{1 - \text{변동원가율}} = \dfrac{₩200,000 + 0.1S}{\left(1 - \dfrac{60}{100}\right)}$

이 식을 정리하면,

$S = \dfrac{₩200,000 + 0.1S}{1 - 0.6}$

$\therefore\ S = ₩666,667$

(4) $Q = \dfrac{\text{총고정원가} + \dfrac{\text{법인세차감후 순이익}}{(1 - \text{법인세율})}}{\text{단위당 판매가격} - \text{단위당 변동원가}} = \dfrac{₩200,000 + \dfrac{₩60,000}{(1 - 0.4)}}{₩100 - 60} = 7,500\text{개}$

(5) $\text{M/S비율} = \dfrac{\text{매출액} - \text{손익분기점 매출액}}{\text{매출액}} = \dfrac{₩625,000 - 500,000}{₩625,000} = 0.2$

도표를 작성하면 다음과 같다.

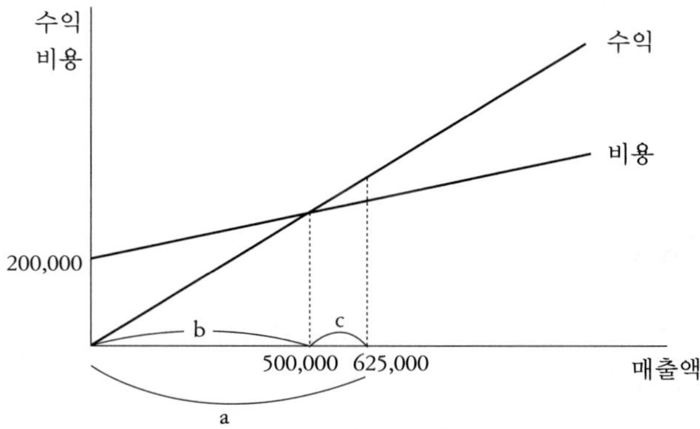

$\text{손익분기점비율} = \dfrac{b}{a} = \dfrac{\text{손익분기점매출액}}{\text{매출액}} = \dfrac{₩500,000}{₩625,000} = 0.8$

$\text{M/S비율} = \dfrac{c}{a} = \dfrac{(a-b)}{a} = \dfrac{\text{매출액} - \text{손익분기점매출액}}{\text{매출액}} = \dfrac{₩625,000 - 500,000}{₩625,000} = 0.2$

이익 –조업도 도표로 설명하면 다음과 같다.

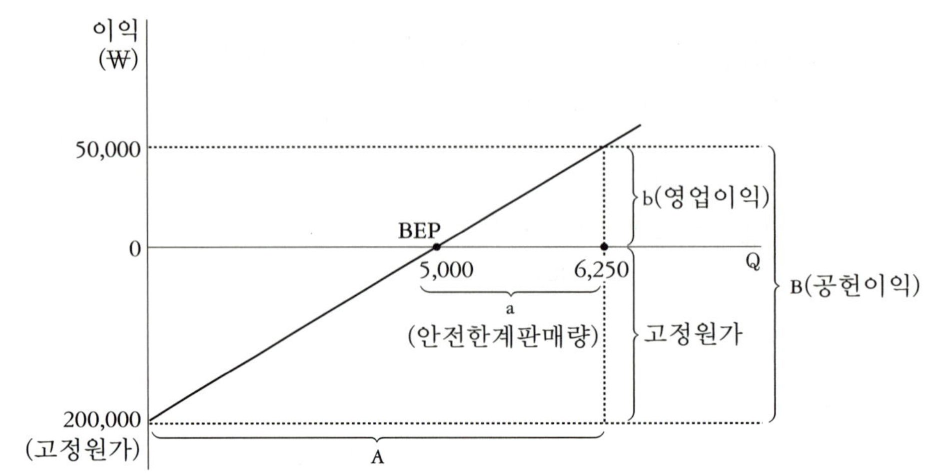

(1) 안전한계율(M/S비율) $= \dfrac{a}{A} = \dfrac{\text{안전한계판매량}}{\text{판매량}} = \dfrac{1{,}250}{6{,}250} = 0.2$

또는 $\dfrac{a}{A} = \dfrac{b}{B} = \dfrac{\text{영업이익}}{\text{공헌이익}} = \dfrac{₩50{,}000}{₩250{,}000} = 0.2$

(2) 영업레버리지도 $= \dfrac{\text{공헌이익}}{\text{영업이익}} = \dfrac{1}{\text{안전한계율}}$

따라서 영업레버리지도와 안전한계율은 서로 역수관계에 있다.

보충설명 ACCOUNTING

안전한계율과 공헌이익률을 곱하면 매출액이익률이 계산된다. 즉,

안전한계율×공헌이익률

$= \dfrac{(\text{매출} - \text{손익분기점매출})}{\text{매출}} \times \text{공헌이익률}$

$= \dfrac{(\text{매출} \times \text{공헌이익률} - \text{손익분기점매출} \times \text{공헌이익률})}{\text{매출}}$

$= \dfrac{(\text{공헌이익} - \text{고정원가})}{\text{매출}}$

$= \dfrac{\text{이익}}{\text{매출}} = \text{매출액이익률}$

6. 매출배합이 있는 경우

매출배합이 있는 경우란 여러 가지 제품을 생산하여 판매하는 경우에 복수제품을 묶

어서 판매하는 경우의 손익분기점분석을 말한다.

매출배합의 경우에는 매출수량배합이 주어지는 경우와 매출액배합이 주어지는 경우가 있다.

(1) 매출수량 배합비율이 주어지는 경우

① 가중평균 공헌이익법

첫째 : $Q_{BEP} = \frac{\text{고정원가}}{\text{가중평균공헌이익}^*}$

*가중평균공헌이익 = Σ(각 제품의 단위당 공헌이익 × 각 제품의 수량배합 비율)

둘째 : 각 제품별 손익분기점 = Q_{BEP} × 각 제품별 수량배합비율

② 꾸러미법

첫째 : 주어진 매출수량배합을 한꾸러미로 상정한다.

둘째 : 꾸러미당 총공헌이익을 구한다.

셋째 : 손익분기점 꾸러미 판매 수량을 구한다.

넷째 : 손익분기점 꾸러미 판매수량에 한 꾸러미에 속해 있는 각 제품별 수량을 곱하여 각 제품당 손익분기점 판매량을 구한다.

매출수량 배합비율이 주어진 경우

CW회사는 A, B, C 세 가지 제품을 생산판매하고 있다. 제품 A, 제품 B, 제품 C의 수량배합비율은 1 : 2 : 3이며 단위당 공헌이익은 A제품은 ₩15, B제품은 ₩6, C제품은 ₩8이다. 고정원가가 ₩51,000일 때 각 제품별 손익분기점 판매량은?

풀이

(1) 가중평균공헌이익법

$Q_{BEP} = \frac{₩51{,}000}{₩8.5^*} = 6{,}000$개

$^*\left(₩15 \times \frac{1}{6} + ₩6 \times \frac{2}{6} + ₩8 \times \frac{3}{6}\right) = ₩8.5$

따라서,

A제품 손익분기점 판매량 : $6{,}000 \times \frac{1}{6} = 1{,}000$개

B제품 손익분기점 판매량 : $6{,}000 \times \frac{2}{6} = 2{,}000$개

C제품 손익분기점 판매량 : $6{,}000 \times \frac{3}{6} = 3{,}000$개

(2) 꾸러미법

한꾸러미

A	:	B	:	C
1	:	2	:	3

꾸러미당 공헌이익 = 1 × ₩15 + 2 × ₩6 + 3 × ₩8 = ₩51

손익분기점 꾸러미수량 = $\frac{₩51,000}{₩51}$ = 1,000꾸러미

따라서,

A제품 손익분기점 판매량 : 1,000 × 1 = 1,000개

B제품 손익분기점 판매량 : 1,000 × 2 = 2,000개

C제품 손익분기점 판매량 : 1,000 × 3 = 3,000개

(2) 매출액 배합비율이 주어지는 경우

① 가중평균 공헌이익률법

첫째: 손익분기점 총매출액 = $\frac{\text{총고정원가}}{\text{가중평균 공헌이익률}^*}$

*Σ(각 제품의 공헌이익률 × 각 제품의 매출액 배합비율)

둘째: 손익분기점 총매출액 × 각 제품의 매출액 배합비율

② 매출액 배합비율을 매출수량 배합으로 전환하는 방법

첫째: 각 제품의 매출액 배합비율을 각 제품의 판매가격으로 나누어서 매출수량 배합비율로 전환한다.

둘째: 매출수량 배합비율로 꾸러미법 등을 적용하여 손익분기점 판매수량을 구한다.

매출액 배합비율이 주어진 경우

CW회사의 제품단위당 공헌이익은 다음과 같다.

	A	B	C
판매가격	₩100	₩200	₩400
변동원가	70	160	280
공헌이익	₩30	₩40	₩120

제품 A, B, C의 매출액 배합비율은 2 : 4 : 4이고 연간 총고정원가는 ₩260,000이다. 각 제품의 손익분기점 판매수량은?

풀이

(1) 가중평균 공헌이익률법

$$\text{손익분기점 총매출액} = \frac{\text{총고정원가}}{\text{가중평균 공헌이익률}} = \frac{₩260,000}{0.26^{*}} = ₩1,000,000$$

*Σ(각 제품별 공헌이익률×매출액비율)
=(0.3×0.2+0.2×0.4+0.3×0.4)=0.26

그러므로,

A제품 손익분기점 매출액 : ₩1,000,000×0.2=₩200,000
B제품 손익분기점 매출액 : ₩1,000,000×0.4=₩400,000
C제품 손익분기점 매출액 : ₩1,000,000×0.4=₩400,000

따라서, 각 제품별 손익분기점 판매수량은 다음과 같다.

A제품 : ₩200,000÷₩100=2,000개
B제품 : ₩400,000÷₩200=2,000개
C제품 : ₩400,000÷₩400=1,000개

(2) 매출수량 배합비율로 전환하여 구하는 방법

	A		B		C
매출액배합비율 ;	2	:	4	:	4
÷판매가격	÷100		÷200		÷400
매출수량배합비율 ;	$\left(\frac{2}{100}\right)$	:	$\left(\frac{4}{200}\right)$	:	$\left(\frac{4}{400}\right)$
정리하면(×100) ;	2	:	2	:	1

꾸러미당 공헌이익=2×₩30+2×₩40+1×₩120=₩260

$$\therefore \text{손익분기점 꾸러미 수량} = \frac{₩260,000}{₩260} = 1,000\text{꾸러미}$$

따라서,

A제품 손익분기점 판매수량: 1,000×2=2,000개
B제품 손익분기점 판매수량: 1,000×2=2,000개
C제품 손익분기점 판매수량: 1,000×1=1,000개

7. 현금흐름 손익분기점

(1) 법인세가 없는 경우

현금유입액과 현금유출액을 같게 하여 순현금유입액이 "0"이 되게 하는 판매량 또는 매출액을 말한다.

$$\text{현금흐름 손익분기점} = \frac{\text{현금지출고정원가}}{\text{단위당매가} - \text{단위당변동원가}}$$

$$= \frac{\text{고정원가} - \text{현금지출이 없는 고정원가}^{*}}{\text{단위당 공헌이익}}$$

*현금지출이 없는 고정원가는 대부분 감가상각비이므로 이 분석에서는 감가상각비만 고려해 준다.

(2) 법인세가 있는 경우

법인세가 있는 경우는 법인세가 추가로 현금지출되므로 법인세까지 고려한 현금흐름이 "0"이 되게 하는 판매량 또는 매출을 말한다.

∴ 매출−변동비−현금지출고정원가−법인세=0

또는 세후순이익+감가상각비=(매출−변동원가−고정원가)×(1−세율)+감가상각비=0

현금흐름 손익분기점

CW회사는 A제품을 판매하고 있다. 단위당 판매가격은 ₩200이고 단위당 변동원가는 ₩150이다. 이 회사의 총고정원가는 ₩500,000이나 감가상각비가 ₩100,000 포함되어 있다.

(1) 손익분기점판매량과 현금흐름 손익분기점판매량은?

(2) 법인세율이 20%일때 현금흐름 손익분기점 판매량은? (단, 손실이 발생한 경우 법인세가 환급된다고 가정한다.)

풀이

(1) 손익분기점판매량 $= \frac{₩500,000}{(₩200-150)} = 10,000$개

현금흐름 손익분기점판매량 $= \frac{₩500,000-100,000}{(₩200-150)} = 8,000$개

(2) 매출−변동원가−현금지출고정원가−법인세=0

Q×(₩200−150)−400,000−{Q×(200−150)−500,000}×20%=0

∴ Q=7,500개

또는 세후순이익+감가상각비=(매출−변동원가−고정원가)×(1−세율)+감가상각비=0

{Q×(₩200−150)−500,000}×(1−20%)+100,000=0

∴ Q=7,500개

8. 준고정비 하에서의 손익분기점 분석

고정원가는 관련범위 내에서는 일정하게 발생하지만 조업도가 증가함에 따라 증가

준고정비 하에서의 손익분기점 분석

CW회사의 관련범위와 고정원가는 다음과 같다.

관련범위	고정원가
0~10,000개	₩440,000
10,001~20,000개	₩810,000
20,001~40,000개	₩1,400,000
40,001~60,000개	₩1,560,000

단위당 판매가격이 ₩100이고 단위당 변동비가 ₩60일 때 손익분기점 판매수량은?

풀이

첫째, $\frac{₩440,000}{(₩100-60)}$ =11,000개(관련범위 밖)

둘째, $\frac{₩810,000}{(₩100-60)}$ =20,250개(관련범위 밖)

셋째, $\frac{₩1,400,000}{(₩100-60)}$ =35,000개(관련범위 내)

넷째, $\frac{₩1,560,000}{(₩100-60)}$ =39,000개(관련범위 밖)

따라서 관련범위 내에 있는 것은 고정원가가 ₩1,400,000일 때의 경우이므로 손익분기점 판매수량은 35,000개이다.

하게 된다. 이 경우 고정원가가 조업도가 증가함에 따라 계단식으로 증가하는 경우가 있는데 이러한 경우의 분석을 준고정원가 하에서의 CVP분석이라 한다. 이러한 경우에는 시행착오법을 이용하여 손익분기점을 구해야 한다.

9. 2단계 초과누진세율이 주어진 경우

첫째, 달성하고자 하는 법인세차감후 순이익을 얻기 위해서는 먼저 법인세차감전 순이익을 구해야 한다.

둘째, 법인세참감전 순이익을 목표이익으로 하고 손익분기전 판매량을 구한다.

2단계 초과누진세율이 주어진 경우

CW회사는 제품 A를 생산하고 있다. 제품의 단위당 매가는 ₩100이며 단위당 변동원가는 ₩60이고 총고정원가는 ₩200,000이다. 세차감후순이익 ₩82,000을 얻기 위해서는 몇 단위를 판매해야 하는가? (단, 세율은 ₩50,000 이하인 경우에는 20%이고 ₩50,000을 초과하는 경우에는 30%이다.)

풀이

"법인세차감전 순이익－법인세＝법인세차감후 순이익"에서 법인세차감전 순이익을 x라 하면

$$x-\{50,000\times 0.2+(x-50,000)\times 0.3\}=₩82,000$$

$$x=₩110,000$$

따라서,

$$\text{판매량}=\frac{₩200,000+110,000}{(100-60)}=7,750\text{개}$$

또는 다음과 같이 직접 구할 수도 있다.

$$\text{판매량}=\frac{\frac{₩40,000}{(1-0.2)}+\frac{₩42,000}{(1-0.3)}+₩200,000}{(₩100-60)}=7,750\text{개}$$

참고로, I/S를 작성하면 다음과 같다.

I/S	
매출액(7,750×₩100)	₩775,000
변동원가(7,750×₩60)	465,000
공헌이익	310,000
고정원가	200,000
법인세차감전 순이익	110,000
법인세	28,000*
법인세차감후 순이익	₩82,000

*법인세＝₩50,000×0.2＋(110,000－50,000)×0.3
＝₩28,000

제3절 영업레버리지

1. 의 의

영업레버리지란 영업활동에서 사용되고 있는 고정원가의 상대적인 크기를 나타내는 척도이다. 그 크기를 나타내는 지표를 영업레버리지도라 하며 손익분기점에 가까울수록 영업레버리지도는 크게 나타나며, 또한 고정원가 수준에 따라 영업레버리지도는 달라진다. 즉 고정원가가 클수록 영업레버리지도는 커지고 영업레버리지효과가 크게 나타난다. 고정원가가 작으면 그 효과는 반대로 나타난다. 만약 고정원가가 0이면 영업레버리지도는 1이 되고 영업레버리지효과는 발생하지 않는다. 그리고 영업레버리지도가 크다는 것은 매출액의 변화에 대한 영업이익의 변동폭이 크다는 것을 의미하며 영업레버리지도가 작다는 것은 매출액의 변화에 대한 이익의 변동폭이 작다는 것을 나타낸다. 만약에 영업레버리지도가 3일 때 매출액을 10% 증가시키면 영업이익은 10%×3=30%가 증가한다는 것을 의미한다.

2. 영업레버리지도의 계산식

$$\text{영업레버리지도} = \frac{\text{영업이익의 변화율}}{\text{매출액의 변화율}} = \frac{\text{총공헌이익}}{\text{영업이익}} = \frac{1}{\text{안전한계율}}$$

영업레버리지도

A, B회사의 영업에 관한 자료는 다음과 같다.

	A회사	B회사
매출액	₩100,000	₩100,000
변동원가	△60,000(60%)	△40,000(40%)
공헌이익	40,000	60,000
고정원가	20,000	40,000
영업이익	₩20,000	₩20,000

(1) 영업레버리지도를 구하시오.
(2) 매출액을 10% 증가시키면 영업이익의 증가율과 영업이익은 얼마인가?

풀이

(1)

	A회사	B회사
총공헌이익	₩40,000	₩60,000
영업이익	÷20,000	÷20,000
영업레버리지도	2	3

같은 영업이익이라 하더라도 B회사의 고정원가가 크므로 영업레버리지도가 크게 나타난다.

(2) 매출액을 10% 증가시키면 영업이익의 변동폭은 다음과 같다.
A회사의 영업이익의 증가율 = 10% × 2 = 20%
B회사의 영업이익의 증가율 = 10% × 3 = 30%

따라서, 각 회사의 영업이익은 다음과 같다.
A회사의 영업이익 = ₩20,000 × (1 + 0.2) = ₩24,000
B회사의 영업이익 = ₩20,000 × (1 + 0.3) = ₩26,000

손익계산서를 작성하면 다음과 같다.

	A회사	B회사
매출액*	₩110,000	₩110,000
변동원가	△66,000(60%)	△44,000(40%)
공헌이익	44,000	66,000
고정원가	20,000	40,000
영업이익	₩24,000	₩26,000

*₩100,000 × (1 + 0.1) = ₩110,000

>>> 예 · 제 · 문 · 제 · 정 · 해

예제 1 | 손익분기점 판매량 및 매출

다음 자료를 이용하여 계산한 (주)감평의 20×5년 손익분기점 매출액은?

【'15. 감평사】

(1) 단위당 판매가격	₩2,000
(2) 단위당 변동제조원가	700
(3) 단위당 변동판매비와관리비	300
(4) 연간 고정제조간접원가	1,350,000
(5) 연간 고정판매비와관리비	1,250,000

① ₩2,500,000 ② ₩2,700,000 ③ ₩4,000,000
④ ₩5,200,000 ⑤ ₩5,400,000

풀이

$$S_{BEP}=\frac{\text{고정원가}}{(1-\text{변동원가율})}=\frac{₩1,350,000+1,250,000}{\left(1-\frac{1,000}{2,000}\right)}=₩5,200,000$$

$$Q_{BEP}=\frac{\text{고정원가}}{(\text{매가}-\text{단위당변동원가})}=\frac{₩1,350,000+1,250,000}{(₩2,000-1,000)}=2,600\text{개}$$

해답: ④

예제 2 | M/S비율 및 목표이익이 있는 경우

CW회사는 K제품을 판매하고 있는데 현재 매출액은 ₩2,500,000이고 변동원가는 ₩1,500,000, 고정원가는 ₩600,000이다.

1. CW회사가 매출액의 10%의 이익을 얻기 위해서는 얼마의 매출액을 달성해야 하는가?
   ① ₩1,875,000 ② ₩2,000,000 ③ ₩2,250,000
   ④ ₩2,125,000 ⑤ ₩2,500,000
2. 안전한계율(M/S비율)은 얼마인가?
   ① 20% ② 25% ③ 30%
   ④ 33% ⑤ 40%

풀이 1. 달성하기 위한 매출액을 S라 하면

$$S=\frac{고정원가+목표이익}{1-변동원가율}=\frac{₩600,000+0.1S}{1-\left(\frac{1,500,000}{2,500,000}\right)}$$

$$0.4S=600,000+0.1S$$

$$S=₩2,000,000$$

2. $$M/S비율=\frac{매출액-손익분기점매출액^{*}}{매출액}=\frac{₩2,500,000-1,500,000}{₩2,500,000}=0.4$$

$$^{*}\ \frac{₩600,000}{\left(1-\frac{1,500,000}{2,500,000}\right)}=₩1,500,000$$

해답: 1. ② 2. ⑤

예제 3 | 매출액배합 비율인 경우

CW회사는 제품 A와 B를 생산판매하고 있다. 제품 A와 B의 매출액비율은 2 : 3이다. 관련정보는 다음과 같다.

	제품 A	제품 B
단위당 매가	₩200	₩100
단위당 변동원가	150	70
단위당 공헌이익	₩50	₩30

총고정원가 : ₩310,000
법인세율 : 20%

CW회사의 목표이익은 법인세차감후 순이익이 총매출액의 10%이다. 목표이익을 달성하기 위한 판매수량은 몇 개인가? :

	A	B
①	4,000개	12,000개
②	12,000개	4,000개
③	8,000개	10,000개
④	6,000개	9,000개
⑤	5,000개	11,000개

풀이 총매출액을 S라 하면

$$S=\frac{₩310,000+\frac{0.1S}{(1-0.2)}}{0.28^{1)}}$$

$\therefore$ S=2,000,000

1) 가중평균공헌이익률=0.25×0.4+0.3×0.6=0.28

따라서,

	제품 A	제품 B
매출액	₩800,000[2)]	₩1,200,000[3)]
판매단가	÷200	÷100
판매수량	4,000개	12,000개

2) ₩2,000,000 × 0.4 = ₩800,000
3) ₩2,000,000 × 0.6 = ₩1,200,000

해답: ①

예제 4 | 준고정비 하에서의 손익분기점 분석

CY회사의 관련범위와 고정원가는 다음과 같다.

관련범위	고정원가
0~10,000개	₩440,000
10,001~20,000	810,000
20,001~40,000	1,400,000
40,001~60,000	1,640,000

단위당 판매가격이 ₩100이고 단위당 변동원가가 ₩60일 때 물음에 답하시오.

1. 수요가 60,000개일 때 손익분기점은?

① 35,000개 ② 39,000개
③ 41,000개 ④ 42,000개
⑤ 60,000개

2. 수요가 42,000개일 때 손익분기점은?

① 35,000개 ② 39,000개
③ 41,000개 ④ 42,000개
⑤ 60,000개

풀이 아래와 같이 관련범위내가 두 개가 나오는 경우에는 이익이 큰 조업도하에서의 손익분기점을 선택한다.

셋째, ₩1,400,000 ÷ (100 − 60) = 35,000개 (관련범위내)
넷째, ₩1,640,000 ÷ (100 − 60) = 41,000개 (관련범위내)

1. 수요가 60,000개일 때는 네 번째 조업도에서 이익이 더 크게 나온다.
세번째; 40,000 × (₩100 − 60) − 1,400,000 = ₩200,000
네번째; 60,000 × (₩100 − 60) − 1,640,000 = ₩760,000
∴ 손익분기점은 41,000개가 된다.

2. 수요가 42,000개일 때는 세번째 조업도에서 이익이 더 크게 나온다.
세번째; 40,000 × (₩100 − 60) − 1,400,000 = ₩200,000

네번째; 42,000* × (₩100 − 60) − 1,640,000 = ₩40,000

∴ 손익분기점은 35,000개가 된다.

*60,000개까지 생산할 수 있지만 수요가 42,000개이므로 42,000개까지 생산하여 판매한다.

해답: 1 ③ 2 ①

예제 5 | 2단계 초과누진세율이 주어진 경우

(주)찬엽은 냉장고를 구입하여 판매하는 회사이다. 20×1년 냉장고의 단위당 판매가격은 ₩10,000이며, 변동원가율은 80%이다. 판매량이 5,000대 이하인 경우 고정판매비는 ₩8,500,000이며, 판매량이 5,000대 초과한 경우 고정판매비는 ₩11,000,000이다. ㈜찬엽은 세후순이익 ₩1,450,000을 달성하기 위해서는 몇 대의 냉장고를 판매해야 하는가? (단, (주)찬엽의 법인세율은 세전이익 ₩1,000,000이하까지는 25%이며, ₩1,000,000초과분에 대해서는 30%이다.) 【'98. CPA, '10. 세무사】

① 4,250대　　② 4,500대　　③ 4,750대

④ 5,250대　　⑤ 6,500대

풀이 (1) 세전순이익 계산

세전순이익을 x라 하면

x − {₩1,000,000 × 25% + (x − 1,000,000) × 30%} = ₩1,450,000

∴ x = ₩2,000,000

(2) 목표 판매량 계산

5,000대 이하; $Q = \dfrac{(₩8{,}500{,}000 + 2{,}000{,}000)}{(10{,}000 - 8{,}000)}$ = 5,250대(범위 밖)

5,000대 초과; $Q = \dfrac{(₩11{,}000{,}000 + 2{,}000{,}000)}{(10{,}000 - 8{,}000)}$ = 6,500대(범위 내)

또는

5,000대 이하; $Q = \dfrac{\dfrac{₩750{,}000}{(1-0.25)} + \dfrac{₩700{,}000}{(1-0.3)} + ₩8{,}500{,}000}{(₩10{,}000 - 8{,}000)}$ = 5,250대(범위 밖)

5,000대 초과; $Q = \dfrac{\dfrac{₩750{,}000}{(1-0.25)} + \dfrac{₩700{,}000}{(1-0.3)} + ₩11{,}000{,}000}{(₩10{,}000 - 8{,}000)}$ = 6,500대(범위 내)

해답: ⑤

>>> 객 · 관 · 식 · 문 · 제

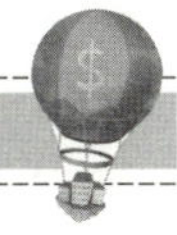

1 일반적으로 손익분기점분석에서 고려하지 않는 가정은? 【2000. 세무사】

① 수익과 원가형태는 관련범위 내에서 곡선형이다.

② 모든 원가는 고정원가와 변동원가로 나눌 수 있다.

③ 판매가격은 일정 범위 내에서 변동하지 않는다.

④ 원가요소, 능률, 생산성은 일정 범위 내에서 변동하지 않는다.

⑤ 생산량과 판매량이 동일하다.

풀이 수익 · 비용선은 관련범위 내에서 직선이다.

2 다음 중 원가-조업도-이익분석의 기본가정과 일치하지 않는 것은 어느 것인가? 【'94. 감평사】

① 원가와 수익의 형태는 이미 결정되어 있고 조업도의 관련범위 내에서는 직선으로 표시된다.

② 공장설비의 능률과 생산성은 일정하다.

③ 조업도의 변동에 따라 매출배합도 달라진다.

④ 수익과 원가는 매출수량 등 단일기준에 따라 비교된다.

⑤ 제품의 판매가격이 변동하여서는 안된다.

풀이 배합비율은 일정하다. 배합비율이 달라지면 손익분기점도 달라지게 된다.

3 손익분기점 분석의 기본가정과 한계에 관한 설명으로 옳지 않은 것은? 【'09. 세무사】

① 단위당 판매가격은 수요 · 공급의 원리에 따라 판매량을 증가시키기 위해서는 낮추어야 한다는 것을 가정한다.

② 모든 원가는 고정원가와 변동원가로 나누어질 수 있으며, 고정원가는 매출수량의 증가에 관계없이 관련범위 내에서 일정하고, 변동원가는 매출수량의 증가에 정비례하는 것을 가정한다.

③ 의사결정이 이루어지는 관련범위 내에서 조업도만이 원가에 영향을 미치는 유일한 요인이라고 가정한다.

④ 원가요소, 능률, 생산성은 일정범위 내에서 변동하지 않으며, 생산 · 관리 · 판

해답 1. ① 2. ③ 3. ①

매의 효율성에도 변동이 없다고 가정한다.

⑤ 대부분의 원가요소는 기간이 매우 길 경우에는 변동비가 되며, 기간이 매우 짧은 경우에는 고정원가가 될 것이므로 원가와 원가동인의 관계가 지속적으로 성립될 것으로 기대되는 예측가능한 범위를 정하여야 한다.

풀이 기본가정 중 수익과 비용이 선형이 되어야 하는데 수익이 선형이 되기 위해서는 판매가격이 일정해야만 수익선이 선형이 된다.

4 원가－조업도－이익(CVP) 분석에 대한 다음 설명 중에서 가장 타당하지 않은 것은?

【'02. CPA】

① 고정원가가 ₩300,000이고, 변동원가율이 80%인 회사가 납세후 순이익 (법인세율 20%) ₩112,000을 벌었다면, 매출액은 ₩2,200,000이었을 것이다.

② 장기적인 관점에서 비선형 손익분기도표에는 조업도수준이 0인 점을 포함하여 손익분기점이 3군데 나타날 수 있다.

③ 원가함수를 조업도에 대한 1차함수로 추정하는 것은 관련범위 내에서 원가함수가 선형이라는 가정에 따른 것이다.

④ 이익 규모가 비슷한 경우 고정원가의 비중이 큰 원가구조를 가지고 있는 기업일수록 레버리지효과가 커져서 불경기에도 큰 타격을 입지않을 것이다.

⑤ 이익－조업도 도표(profit－volume chart)에서 이익선의 기울기는 단위당 공헌이익에 의해서 결정된다.

풀이 고정원가가 크면 영업레버리지도가 커지며 이는 매출액 변화에 대한 이익의 변동폭이 크다는 것을 의미한다. 따라서 불경기에 매출액이 감소하면 그 만큼 큰 폭으로 이익이 감소한다.

5 원가와 조업도간에 선형관계를 가정하는 원가－조업도－이익(CVP) 분석모형에 있어서 판매수량이 증가하는 경우 타당한 설명을 고르시오. 【'02. 감평사】

① 공헌이익률이 증가한다. ② 손익분기점이 내려간다.

③ 고정원가가 증가한다. ④ 공헌이익이 증가한다.

⑤손익분기점이 올라간다.

풀이 총공헌이익＝판매수량×(매가－변동원가)이므로 판매수량이 증가하면 총공헌이익은 증가한다. 그러나 단위당매가, 단위당변동원가, 고정원가가 변하지 않으면 공헌이익률, 손익분기점은 변하지 않는다.

해답 4. ④ 5. ④

6 다음 중 원가구조에 관한 설명으로 적절하지 않은 것은? 【'03. 세무사】

① 원가구조란 조직내 고정원가와 변동원가의 상대적 비율을 의미한다.

② 원가구조는 영업레버리지에 영향을 미친다.

③ 고정원가 비율이 클수록 이익의 안정성이 커진다.

④ 고정원가 비율이 클수록 매출 증가시 유리하다.

⑤ 변동원가 비율이 클수록 매출 감소시 유리하다.

풀이 ③ 고정원가 비중이 클수록 영업레버리지도는 커지고 위험이 커진다.

7 영업레버리지도(Degree of Operating Leverage)에 대한 다음의 설명 중 옳지 않은 것은(단, 모든 경우에 영업이익은 0보다 크다고 가정한다.) 【'13. CPA】

① 단위당 변동원가가 증가하면 영업레버리지도는 높아진다.

② 고정원가가 감소하면 영업레버리지도는 낮아진다.

③ 안전한계율(margin of safety ratio)이 높아지면 영업레버리지도는 낮아진다.

④ 단위당 판매가격이 증가하면 영업레버리지도는 낮아진다.

⑤ 판매량이 증가하면 영업레버리지도는 높아진다.

풀이 판매량이 증가하면 안전한계율은 커지고 영업레버리지도는 낮아진다.

8 (주)세무는 단일 제품을 생산 · 판매하고 있으며, 단위당 변동원가는 ₩400이고, 손익분기매출액은 ₩100,000이고, 공헌이익률은 20%이다. 목표이익 ₩80,000을 달성하기 위한 제품의 생산 · 판매량은? 【'07, '13 세무사】

① 1,000단위 ② 1,1000단위 ③ 1,200단위

④ 1,300단위 ④ 1,400단위

풀이 고정원가 = ₩100,000 × 0.2 = ₩20,000

$$Q = \frac{₩20,000+80,000}{₩100^*} = 1,000\text{단위}$$

$$^* \text{ 단위당 공헌이익} = \frac{₩400}{(1-20\%)} \times 20\% = ₩100$$

9 (주)대한의 공헌이익률은 24%이며, 고정원가는 ₩84,000이다. 회사가 단위당 ₩250에 상품 3,360개를 판매하였다면, 회사의 순이익은 얼마인가? 【'12. 관세사】

① ₩108,440 ② ₩117,600 ③ ₩135,400

해답 6. ③ 7. ⑤ 8. ① 9. ②

④ ₩181,440 ⑤ ₩201,600

풀이 순이익=매출−변동원가−고정원가
=3,360×₩250−3,360×₩250×(1−24%)−₩84,000=₩117,600

10 400단위의 제품이 판매되었을 때 손익분기점에 도달하였으며, 이 때의 변동원가 및 고정원가는 각각 ₩40,000과 ₩20,000이었다. 만일 401번째의 제품이 판매되었을 경우의 순이익은 얼마인가? 【'99. 감평사】

① ₩0 ② ₩50
③ ₩100 ④ ₩150
⑤ ₩5

풀이 손익분기점에서는 총고정원가와 총공헌이익은 같다. 단위당공헌이익 $= \frac{₩20,000}{400개} =$ ₩50
∴ 순이익＝손익분기점초과수량×단위당공헌이익＝1단위×₩50＝₩50

11 단일제품을 생산하는 재일회사는 3월 중 제품 6,000단위를 판매하여 ₩4,000,000의 이익을 보고하였는데, 이때의 손익분기점은 5,000단위이었다. 만약, 다른 조건은 모두 동일하고 4월 중 판매가격을 단위당 ₩2,000씩 인하시키려 한다면, 4월 중의 손익분기점은? 【'82. CPA, '99. 세무사】

① 10,000단위 ② 8,667단위
③ 8,000단위 ④ 6,667단위
⑤ 5,000단위

풀이 $Q_{BEP} = \frac{₩20,000,000^{1)}}{2,000^{2)}} =$ 10,000단위

1) 단위당공헌이익 $= \frac{₩4,000,000}{₩6,000-5,000} =$ ₩4,000
∴ 고정원가＝5,000단위×₩4,000＝₩20,000,000
2) 가격인하후 단위당공헌이익＝₩4,000－2,000＝₩2,000

해답 10. ② 11. ①

12 다음은 (주)국세의 조업도 변화에 따른 총수익, 총변동비 및 총고정비를 그래프로 나타낸 것이다. 【'12. 세무사】

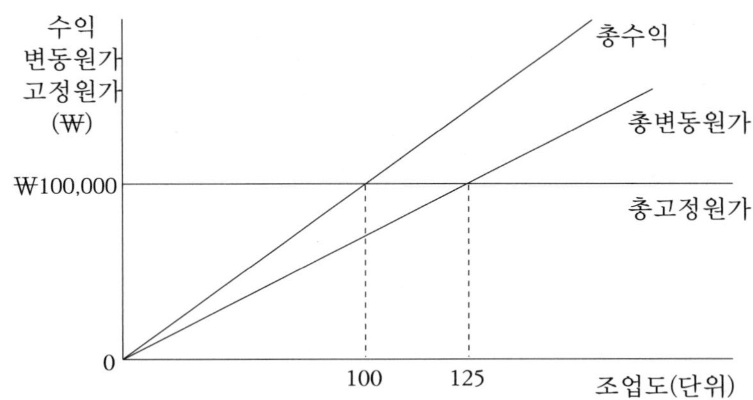

위 그래프를 이용할 경우, (주)국세가 안전한계율 37.5%를 달성하는데 필요한 목표 판매수량은 몇 단위인가?

① 600단위　② 700단위　③ 800단위
④ 900단위　⑤ 1,000단위

풀이 단위당 매가$=\frac{₩100,000}{100}=₩1,000$

단위당변동원가$=\frac{₩100,000}{125}=₩800$

총고정원가=₩100,000

따라서, 손익분기점$=\frac{₩100,000}{(₩1,000-800)}=500$단위

안전한계율$=\frac{(Q-500)}{Q}=0.375$

∴ Q=800단위

13 전년도에 (주)감평의 변동원가는 매출액의 60%였고, 고정원가는 매출액의 10%이었다. 당해연도에 경영자가 단위당 판매가격을 10% 인상하였을 경우, 전년대비 당해연도의 공헌이익 증가율은? (단, 판매량과 단위당 변동원가 및 고정원가는 변하지 않는다.) 【'15. 감평사】

① 5%　② 10%　③ 15%
④ 20%　⑤ 25%

해답 12. ③　13. ⑤

풀이

	인상전	인상후
매출	₩100	₩110
변동원가	60	60*
공헌이익	40	50
고정원가	10	10*
영업이익	₩30	₩40

* 단위당 변동원가와 고정원가는 변하지 않는다고 하였으므로 변동 없음

∴ 공헌이익 증가율 $= \frac{(₩50-40)}{₩40} = 25\%$

14 특별판촉계획을 고려하기 전의 예산은 다음과 같다.

판 매 량	20,000개
단 위 당 가 격	₩25
단위당 변동원가	15
고 정 원 가	(제조원가 ₩80,000, 기타 ₩70,000)

특별판촉활동을 수행하는 데 소요되는 비용이 ₩20,000이라고 할 때, 이 계획이 경제적 타당성을 가지기 위해서는 최소한 매출이 얼마나 증가하여야 하는가?

【'91, '93. 감평사】

① ₩10,000 ② ₩15,000 ③ ₩25,000
④ ₩30,000 ⑤ ₩50,000

풀이 경제적 타당성을 갖기 위해서는 고정원가 ₩20,000의 지출로 인한 공헌이익이 최소한 ₩20,000이 되어야 한다.

따라서, $S = \frac{₩20,000}{\left(1-\frac{15}{25}\right)} = ₩50,000$

15 (주)서울의 20×1년 단위당 변동원가는 ₩4.2, 공헌이익률은 30%, 매출액은 ₩1,200,000이다. (주)서울은 20×1년에 이익도 손실도 보지 않았다. (주)서울은 20×2년에 20×1년보다 100,000단위를 더 판매하려고 한다. (주)서울의 20×2년 단위당 판매가격과 단위당 변동원가는 20×1년과 동일하다. (주)서울이 20×2년에 ₩30,000의 목표이익을 달성하고자 한다면, 추가로 최대한 지출할 수 있는 고정원가는? 【'11. 감평사】

① ₩50,000 ② ₩75,000 ③ ₩100,000
④ ₩125,000 ⑤ ₩150,000

해답 14. ⑤ 15. ⑤

풀이 (1) 단위당 매가, 기존 판매량 및 고정원가 계산

① 단위당 매가$=\frac{₩4.2}{0.7}=₩6$ ∴ 기존 판매량$=\frac{₩1,200,000}{6}=200,000$단위

② 고정원가$=₩1,200,000\times0.3=₩360,000$

(2) 추가고정원가 계산

$\frac{₩360,000+F'+30,000}{(₩6-4.2)}=300,000$단위

∴ F′ (추가고정원가)=₩150,000

16 (주)호반의 다음 자료를 보고 세금을 차감한 후의 당기순이익이 ₩1,000,000이 되려면 몇 개를 판매해야 하는지 구하시오. 【'90, '92, '01. 감평사】

· 단위당 판매가격	₩600
· 단위당 변동제조원가	₩80
· 단위당 변동판매비 및 일반관리비	₩20
· 고정제조원가	₩2,000,000
· 고정판매비 및 일반관리비	₩1,000,000
· 법인세율	50%

① 10,000개
② 8,000개
③ 5,770개
④ 7,693개
⑤ 9,616개

풀이 $Q=\frac{₩3,000,000+\frac{₩1,000,000}{(1-50\%)}}{(₩600-100)}=10,000$개

17 다음은 (주)대한의 매출관련 예상 자료이다.

매출액	₩240,000
총변동원가	135,000
총고정원가	40,000
판매량	3,000단위

추가판촉행사에 ₩10,000을 투입한다면, 예상 판매량이 400단위 증가할 확률이 60%, 200단위 증가할 확률이 40%이다. 이 판촉행사를 실시하면 영업이익의 기대치가 어떻게 변하는가? 【'09. 세무사】

① ₩1,000감소
② ₩1,200감소

해답 16. ① 17. ④

③ ₩1,500감소 ④ ₩1,200증가
⑤ ₩1,500증가

풀이 기대이익＝320개* × (₩80* − 45*) − 10,000＝₩1,200 증가
* 기대수량＝400 × 60% + 200 × 40%＝320단위

$$판매가격 = \frac{₩240,000}{3,000} = ₩80$$

$$단위당변동원가 = \frac{₩135,000}{3,000} = ₩45$$

18 서울특허법률사무소는 특허출원에 대한 법률서비스를 제공하려고 한다. 이 서비스의 손익분기점 매출액은 ₩15,000,000, 공헌이익률은 40%이다. 서울특허법률사무소가 동 서비스로부터 ₩2,000,000의 이익을 획득하기 위한 매출액은? 【'92, '11. 감평사】

① ₩6,000,000 ② ₩8,000,000 ③ ₩9,000,000
④ ₩20,000,000 ⑤ ₩22,000,000

풀이 $손익분기점매출액 = \frac{F}{0.4} = ₩15,000,000$에서, F(고정원가)=₩6,000,000

$$\therefore S = \frac{(₩6,000,000+2,000,000)}{0.4} = ₩20,000,000$$

19 단위 제품을 생산 · 판매하는 (주)한국의 당해 연도 공헌이익 손익계산서는 다음과 같다.

매출액(1,000개 × ₩800)	₩800,000
변동원가	480,000
공헌이익	₩320,000
고정원가	200,000
영업이익	₩120,000

내년에는 당해 연도의 단위당 판매가격과 원가구조가 동일하게 유지되나 판매수량의 감소가 예상된다. 내년도에 영업손실이 발생되지 않으려면 판매수량이 최대 몇 개까지 감소하여도 되는가? 【'09. 감평사】

① 325개 ② 350개 ③ 375개
④ 400개 ⑤ 425개

풀이 $손익분기점 = \frac{₩200,000}{(800 - 480)} = 625개$

∴ 1,000 − 625＝375개

해답 18. ④ 19. ③

20 (주)관세의 전기 매출은 ₩1,000, 공헌이익은 ₩600, 영업레버리지도는 3이었다. 당기의 원가구조는 전기와 동일하다. 당기 총변동원가가 ₩500이라면 당기의 영업이익은 얼마인가? 【'15. 관세사】

① ₩320 ② ₩350 ③ ₩380
④ ₩400 ⑤ ₩420

풀이

	전기	당기
매출	₩1,000	₩1,250 [2)]
변동원가	400	500
공헌이익	600	750
고정원가	400	400
영업이익	₩200 [1)]	₩350

1) $영업레버리지도 = \frac{영업이익}{공헌이익} = \frac{₩600}{영업이익} = 3$ ∴ 영업이익=₩200

2) $매출 = \frac{변동원가}{변동원가율} = \frac{₩500}{(1-60\%)} = ₩1,250$

21 (주)세무의 20×1년 연간 실제 매출액은 ₩100,000이고 연간 실제 고정원가는 ₩30,000이며, 변동원가율은 60%, 법인세율은 20%이다. 다음 설명 중 옳은 것은? 【'03. 감평사, '13. 세무사】

① 영업레버리지도는 4이다.
② 당기순이익은 ₩10,000이다.
③ 판매량이 5% 증가하면 영업이익은 ₩1,600 증가한다.
③ 안전한계율(M/S비율)은 33.3%이다.
⑤ 손익분기매출액은 ₩70,000이다.

풀이 ①

매 출	₩100,000
변동원가	△60,000
공헌이익	40,000
고정원가	△30,000
영업이익	10,000
법인세(20%)	△2,000
당기순이익	₩8,000

∴ $영업레버리지도 = \frac{₩40,000}{10,000} = 4$

② ₩10,000 → ₩8,000
③ ₩1,600 → ₩2,000
영업레버리지도가 4이므로 매출액이 5%증가하면 영업이익은 20%증가한다.

해답 20. ② 21. ①

즉, 영업레버리지도 $= \frac{20\%}{5\%} = 4$

따라서 영업이익은 ₩10,000 × 20% = ₩2,000증가한다.

④ 33.3% → 25%

안전한계율 $= \frac{(₩100{,}000-75{,}000)}{100{,}000} = 25\%$

⑤ ₩70,000 → ₩75,000

손익분기점매출액 $= \frac{₩30{,}000}{(1-0.6)} = ₩75{,}000$

22 (주)한국의 20×0년 손익분기점 매출액은 ₩120,000이었다. 20×0년 실제 발생한 총변동원가가 ₩120,000이고, 총고정원가가 ₩90,000이었다면 영업이익은 얼마인가? (단, 동기간 동안 생산능력의 변동은 없음) 【'10. 감평사】

① ₩130,000 ② ₩150,000 ③ ₩190,000

④ ₩230,000 ⑤ ₩270,000

풀이 (1) 변동원가율 계산

손익분기점매출 $= \frac{\text{고정원가}}{\text{공헌이익률}}$ 이므로

$₩120{,}000 = \frac{90{,}000}{\text{공헌이익률}}$ ∴ 공헌이익률=0.75

따라서, 변동원가율=1−0.75=0.25

(2) 영업이익 계산

영업이익=매출−변동원가−고정원가

영업이익=₩480,000*−120,000−90,000=₩270,000

* 매출 $= \frac{\text{실제변동원가}}{\text{변동원가율}} = \frac{₩120{,}000}{0.25} = ₩480{,}000$

23 (주)국세는 다음과 같이 3가지 제품을 생산 · 판매할 계획이다.

	제품 A	제품 B	제품 C
단위당 판매가격	₩10	₩12	₩14
단위당 변동원가	₩6	₩4	₩8
예상판매량	100개	150개	250개

고정원가는 총 ₩2,480으로 전망된다. 예상판매량 배합비율이 유지된다면, 제품 C의 손익분기점 매출액은? 【'15. 세무사】

① ₩800 ② ₩1,200 ③ ₩1,440

④ ₩2,000 ⑤ ₩2,800

해답 22. ⑤ 23. ⑤

풀이 꾸러미당 공헌이익 = 2 × ₩4 + 3 × ₩8 + 5 × ₩6 = ₩62

손익분기점 꾸러미 $Q = \frac{₩2,480}{62} = 40$꾸러미

따라서 손익분기점 판매수량 및 매출액

A = 40 × 2 = 80개 ∴ A 손익분기점 매출 = 80 × ₩10 = ₩800

B = 40 × 3 = 120개 ∴ B 손익분기점 매출 = 120 × ₩12 = ₩1,440

C = 40 × 5 = 200개 ∴ C 손익분기점 매출 = 200 × ₩14 = ₩2,800

24 (주)관세가 생산하는 제품의 단위당 판매가격과 단위당 변동원가에 대한 자료는 다음과 같다.

	제품 A	제품 C
단위당 판매가격	₩200	₩350
단위당 변동원가	120	245

매출수량배합은 제품 A가 60%이며, 당기에 발생한 고정원가는 ₩450,000이다. 매출배합이 일정하다고 가정할 경우 ₩90,000의 목표이익을 실현하기 위한 제품 B의 매출액은 얼마인가? 【'14. 관세사】

① ₩600,000 ② ₩700,000 ③ ₩720,000

④ ₩840,000 ⑤ ₩940,000

풀이 (1) 목표이익을 얻기 위한 꾸러미(Q) 계산

꾸러미당 공헌이익 = 6 × ₩80 + 4 × ₩105 = ₩900

∴ 꾸러미 $Q = \frac{₩450,000 + 90.000}{900} = 600$꾸러미

(2) 목표이익을 얻기 위한 매출액 계산

손익분기점에서의 판매수량 A = 600꾸러미 × 6개 = 3,600개

손익분기점에서의 판매수량 B = 600꾸러미 × 4개 = 2,400개

∴ 제품 A의 매출 = 3,600 × ₩200 = ₩720,000

제품 B의 매출 = 2,400 × ₩350 = ₩840,000

25 CH상사는 A와 B 두 종류의 상품을 취급하고 있다. 현재 총매출수량 중에서 A상품이 차지하는 비중이 60%이고 B상품이 차지하는 비중은 40%이다. A상품의 단위당 공헌이익은 ₩10이고 B상품의 단위당 공헌이익은 ₩15이며, 손익분기점에서의 B상품 판매수량은 4,000개였다. 현재 공헌이익이 ₩5인 C라는 상품을 추가로 취급하려고 한다. 이 상품을 추가로 취급하더라도 A상품과 B상품의 공헌이익은 변화되지 않

해답 24. ④ 25. ④

으나 판매수량의 구성비는 A상품은 20%, B상품은 60%, C상품은 20%가 될 것으로 예상된다. C상품을 추가적으로 취급했을 때 손익분기점에서 B상품의 매출수량은?

【'89. CPA】

① 2,000개 ② 3,333개 ③ 4,000개
④ 6,000개 ⑤ 10,000개

풀이 꾸러미당 공헌이익 = 2 × ₩10 + 6 × ₩15 + 2 × ₩5 = ₩120

$Q_{BEP} = \dfrac{₩120,000^{*}}{120} = 1,000$꾸러미

*F = 6,000 × ₩10 + 4,000 × ₩15 = ₩120,000

∴ A수량 = 1,000 × 2 = 2,000개
B수량 = 1,000 × 6 = 6,000개
C수량 = 1,000 × 2 = 2,000개

26 (주)대한은 A, B 두 제품을 생산판매하고 있다. 두 제품에 대한 20×1년도 예산자료는 다음과 같다.

구 분	제품 A	제품 B	합 계
매출액	₩300,000	₩900,000	₩1,200,000
변동원가	120,000	450,000	570,000
공헌이익	₩180,000	₩450,000	₩630,000

회사 전체의 연간 고정원가 총액은 ₩262,500이다. A제품의 연간 손익분기점 매출액은? (단, 예산 매출액배합이 일정하게 유지된다고 가정한다.) 【'14. 감평사】

① ₩105,000 ② ₩110,000 ③ ₩115,000
④ ₩120,000 ⑤ ₩125,000

풀이 $S_{BEP} = \dfrac{₩262,500}{(0.25 \times 0.6 + 0.75 \times 0.5)} = ₩500,000$

A = ₩500,000 × 25% = ₩125,000
B = ₩500,000 × 75% = ₩375,000

27 DD회사는 제품 A와 B만을 생산하여 판매한다. 1993년중 법인세후순이익률은 15%이었으며, 동 연도의 법인세율은 40%이었다. 한편 제품 A와 B의 총매출액 기여도는 동일하였다. 각 제품의 단위당 판매가격 및 공헌이익은 다음과 같다.

구 분	제품 A	제품 B
판매가격	₩200	₩400
공헌이익	80	100

1993년의 DD회사 총고정원가가 ₩120,000이었다면, 1993년중의 A제품 판매량은 몇 단위이었는가? 【'87. CPA, '94. 감평사】

① 4,000 ② 3,000
③ 2,000 ④ 1,800
⑤ 1,000

풀이 $S = \dfrac{₩120,000 + \dfrac{0.15S}{(1-0.4)}}{(0.5\times0.4+0.5\times0.25)}$

$\therefore S = ₩1,600,000$

따라서, A제품 판매량 = (₩1,600,000 × 0.5) ÷ 200 = 4,000단위

28 (주)OK는 두 가지 제품 A와 B를 제조, 판매한다. 다음은 20×4년의 예산자료이며 매출배합은 예산과 같이 항상 유지된다.

	A제품	B제품
판매량	800개	1,200개
판매가격	₩100	₩150
단위당변동원가	₩60	₩100

고정원가는 조업도수준에 따라 다음과 같다.

고정원가	총판매량
₩53,000	0~4,000개
₩92,750	4,001~9,000개

매출액의 15%에 해당하는 목표이익을 얻기 위한 매출수량은 각각 얼마인가? 【'04. 감평사】

	제품 A	제품 B
①	750	1,125
②	800	1,200
③	1,000	1,500

해답 28. ②

④ 1,150 1,725

⑤ 1,400 2,100

풀이 (1) 고정원가가 ₩53,000일때

매출액비율 = 800 × 100 : 1,200 × 150 = 4 : 9

$$\therefore S = \frac{₩53,000 + 0.15S}{\left(\frac{4}{13} \times 0.4 + \frac{9}{13} \times 0.333\right)}$$

$$\therefore S = ₩260,000 \begin{cases} A : ₩260,000 \times \frac{4}{13} \div ₩100 = 800개 \\ B : ₩260,000 \times \frac{9}{13} \div ₩150 = \underline{1,200}개 \end{cases}$$

2,000개(관련범위 내)

또는 다음과 같이 구할 수 있다.

$$꾸러미\ Q = \frac{₩53,000 + 650^{1)} \times Q \times 0.15}{230^{2)}}$$

∴ 꾸러미 Q = 400개

따라서, A=400 × 2= 800개

B=400 × 3=1,200개

2,000개(관련범위 내)

1) 꾸러미당 매가=2 × ₩100+3 × ₩150=₩650

2) 꾸러미당 공헌이익=2 × ₩40+3 × ₩50=₩230

(2) 고정원가가 ₩92,750일 때

$$S = \frac{₩92,750 + 0.15S}{\left(\frac{4}{13} \times 0.4 + \frac{9}{13} \times 0.333\right)}$$

∴ S = ₩455,000

따라서, A수량 = $(₩455,000 \times \frac{4}{13}) \div 100 = 1,400$개

B수량 = $(₩455,000 \times \frac{9}{13}) \div 150 = \underline{2,100}$개

3,500개(관련범위 밖)

29 (주)애니컴전자는 20×1년 초에 설립된 MP3 제조회사이다. 제품의 판매가격은 ₩1,000이고, 단위당 변동원가는 ₩600이며, 연간 총고정원가는 ₩300,000이다. 회사가 20×1년 법인세차감후순이익으로 ₩155,000을 얻기 위해서는 몇 단위의 제품을 판매해야 하는가? (단, 법인세율은 세전이익 ₩100,000까지는 20%이고, ₩100,000을 초과하는 부분에 대해서는 25%이다.) 【'95. 세무사, '08. 감평사】

① 1,124단위 ② 1,160단위 ③ 1,250단위

④ 1,267단위 ⑤ 1,304단위

해답 29. ③

풀이 $Q = \dfrac{(₩300,000 + 200,000^*)}{(₩1,000 - 600)} = 1,250$단위

* X − {₩100,000 × 0.2 + (X − 100,000) × 0.25} = ₩155,000

∴ X(세전순이익) = ₩200,000

또는 다음과 같이 직접 구할 수도 있다.

$$\frac{₩3,000,000 + \dfrac{₩80,000}{(1-0.2)} + \dfrac{₩75,000}{(1-0.25)}}{(₩1,000 - 600)} = 1,250\text{단위}$$

30 (주)한국은 제품 K만을 생산 · 판매하고 있다. 20×0년 제품 K의 단위당 판매가격은 ₩5,000이고, 판매액은 ₩100,000,000이었다. 동 연도 총변동원가는 ₩20,000,000이며, 설비에 대한 감가상각비 ₩1,200,000을 포함하여 총고정원가가 ₩10,000,000 발생하였다. 법인세율이 40%라고 가정할 때 (주)한국의 현금흐름분기점 수량은 몇 단위인가? (단, 감가상각비를 제외한 모든 수익과 비용은 현금거래로 이루어진 것이며, 손실이 발생할 경우 법인세가 환급된다고 가정함) 【'10. 세무사, '10. 감평사】

① 1,500단위 ② 1,750단위 ③ 1,800단위
④ 2,000단위 ⑤ 2,200단위

풀이 현금흐름손익분기점=매출−변동원가−현금지출고정원가−법인세지급액=0

따라서,

Q × (₩5,000−1,000)−(10,000,000−1,200,000)− {Q × (5,000−1,000)−10,000,000} × 40%=0

∴ Q=2,000단위

또는 다음과 같이 구할 수 있다.

세후순이익+감가상각비=0

{Q × (₩5,000−1,000)−10,000,000} × (1−40%)+1,200,000=0

∴ Q=2,000단위

31 A사업부의 자료는 다음과 같다. A사업부가 16%의 총자산이익률을 달성하기 위해서는 제품가격을 얼마로 결정해야 하는가? 【'12. 관세사】

• 연간 총고정원가	₩490,000
• 제품단위당 변동원가	₩140
• 연간 예상판매량	15,000단위
• 평균총자산	₩2,000,000

① ₩186 ② ₩188 ③ ₩190
④ ₩192 ⑤ ₩194

해답 30. ④ 31. ⑤

풀이 $\text{총자산이익률} = \dfrac{\text{이익}}{\text{평균총자산}} = \dfrac{15{,}000 \times (P - 140) - 490{,}000}{2{,}000{,}000} = 16\%$

∴P(제품가격)=₩194

32 CY회사가 생산하고 있는 갑제품의 단위당 판매가격과 단위당 변동비는 각각 2,000원과 800원이다. 갑제품 생산을 위한 고정원가는 10,000개까지는 14,000,000원, 10,001개부터 30,000개까지는 35,000,000원, 30,001개부터 60,000개까지는 50,000,000원이다. CY회사는 3,000,000원의 법인세차감후순이익을 얻기 위해서 몇 개의 제품을 판매해야 하는가? (단, CY회사의 법인세율은 40%이다.) 【'92, '99. 감평사】

① 15,833개 ② 33,333개
③ 44,166개 ④ 31,666개
⑤ 45,833개

풀이 $Q = \dfrac{₩50{,}000{,}000 + \dfrac{₩3{,}000{,}000}{(1-0.4)}}{(₩2{,}000 - 800)}$ =45,833개(관련 범위 내)

33 맛나제과는 맛있는 제과를 대량으로 생산하여 판매하는 회사이다. 과자의 판매가격은 개당 ₩600이며, 변동원가는 개당 ₩200이다. 과자 제조에 필요한 총고정원가는 과자생산량이 15,000개부터 20,000개까지는 ₩10,000,000이며 20,000개를 초과하면 ₩12,000,000으로 증가한다. 그리고 생산량이 32,000개를 초과하면 생산량이 40,000개가 될 때까지 총고정원가 ₩14,000,000으로 증가한다. 그러나 이 과자의 최대수요는 34,000개이다. 맛나제과의 적정한 손익분기점은 얼마인가? 【'03. 감평사】

① 15,000개 ② 20,000개
③ 25,000개 ④ 30,000개
⑤ 35,000개

풀이 (1) 다음과 같이 관련범위 내는 두 가지 경우가 나타난다.

① 단계 : 20,000~32,000 : $\dfrac{₩12{,}000{,}000}{(₩600 - 200)}$ =30,000개(관련범위 내)

② 단계 : 32,001~40,000 : $\dfrac{₩14{,}000{,}000}{(₩600 - 200)}$ =35,000개(관련범위 내)

(2) 각 단계에서의 이익계산

① 단계 : 32,000×(₩600−200)−12,000,000=₩800,000

② 단계 : 34,000*×(₩600−200)−14,000,000=₩△400,000

해답 32. ⑤ 33. ④

* 수요가 34,000개이므로 34,000개까지 생산판매한다.

따라서, 이익이 더 크게 나오는 조업도를 선택할 것이므로 이익이 더 크게 나오는 ①단계에서의 손익분기점이 답이 된다.

34 (주)한국은 판매량이 증가함에 따라 할인된 가격을 구간별로 달리 적용하는 판매정책을 채택하였다. 판매량에 따른 단위당 가격은 다음과 같다.

판매량 구간	단위당 가격
(1) 5,000단위 이내	₩50
(2) 5,001단위~10,000단위	40
(3) 10,001단위~20,000단위	30

(예) 판매량이 6,000단위인 경우 매출액은 ₩290,000 (5,000단위×₩50+1,000단위×₩40)이다.

단위당 변동원가는 ₩20이며 고정원가는 ₩240,000이다. 회사의 생산설비의 능력상 20,000단위 이상의 생산판매는 불가능하다. 손익분기판매량은 몇 단위인가?

【'07. 감평사】

① 4,500단위 ② 8,000단위 ③ 9,000단위
④ 9,500단위 ⑤ 11,000단위

풀이 (1) 구간; $Q\times(50-20)-240,000=0$ $\therefore Q=8,000$단위(범위 밖)
(2) 구간; $5,000\times(50-20)+(Q-5,000)\times(40-20)-240,000=0$ $\therefore Q=9,500$단위(범위 내)
(3) 구간; $5,000\times(50-20)+(10,000-5,000)\times(40-20)+(Q-10,000)\times(30-20)-240,000=0$ $\therefore Q=9,000$단위(범위 밖)

35 다음은 제품 A의 판매가격과 원가구조에 대한 자료이다.

(1) 단위당 판매가격	₩10,000
(2) 고정원가; 생산량 20,000단위 미만	₩5,000,000
생산량 20,000단위 이상	₩8,000,000

제품 A의 공헌이익률이 10%이고 법인세율이 20%일 때 세후순이익 ₩2,000,000을 달성하기 위한 판매량은?

【'12. 감평사】

① 7,000단위 ② 7,500단위
③ 9,000단위 ④ 10,000단위

해답 34. ④ 35. ②

⑤ 10,500단위

풀이 20,000단위 미만; $\frac{\{₩5,000,000+2,000,000 \div (1-20\%)\}}{₩1,000^{*}}$ =7,500단위(관련범위 내)

* 단위당 공헌이익=₩10,000×10%=₩1,000

20,000단위 이상; $\frac{\{₩8,000,000+2,000,000 \div (1-20\%)\}}{₩1,000^{*}}$ =10,500단위(관련범위 밖)

36 OK회사는 제품 A를 현재의 생산라인에 추가하려고 한다. A제품의 판매가격은 ₩10으로 예측되며, 이 제품을 제조하는데 연간 총고정제조원가 ₩900,000이 들고, 단위당 변동제조원가는 ₩7이 들 것으로 추정된다. 과거 경험을 기초로 제품 A에 대한 수요와 그 확률분포는 다음과 같이 예측된다.

수요(수량)	제품 A의 확률
100,000이상 200,000미만	0.1
200,000이상 300,000미만	0.2
300,000이상 400,000미만	0.4
400,000이상 500,000미만	0.2
500,000이상	0.1

만일 이 회사가 제품 A를 추가하는 경우 제품 A로부터 손익분기점 이상의 매출을 달성할 확률은 얼마인가? 【'99, '02. 세무사】

① 0.1 ② 0.3 ③ 0.4
④ 0.7 ⑤ 0.9

풀이 손익분기점 = $\frac{₩900,000}{(₩10-7)}$ = 300,000개

∴손익분기점이상의 매출을 달성할 확률 = 0.4 + 0.2 + 0.1 = 0.7

37 (주)세무항공은 항공기 1대를 이용하여 김포와 제주간 노선을 주 5회 왕복운항하고 있으며, 이 항공기의 좌석수는 총 110석이다. 이 노선의 항공권은 1매당 편도요금은 ₩30,000이고, 항공권을 대행판매하는 여행사에 판매된 요금의 3%가 수수료로 지급되며, 항공권 1매당 예상되는 기내식사비용은 ₩1,100이다. 편도 운항당 연료비는 ₩700,000이 소요되며, 비행설비 임차료와 공항사용료는 매주 ₩4,800,000이며 승무원 급여와 복리후생비는 매주 ₩7,800,000이 발생한다. (주)세무항공이 손익분기점에 도달하기 위해 매주 최소 판매해야 할 항공권 수량은?(단, 항공권은 편도기준으로 여

해답 36. ④ 37. ④

행사를 통해서만 판매된다.) 【'14. 세무사】

① ₩475매 ② ₩575매 ③ ₩600매
④ ₩700매 ⑤ ₩775매

풀이 (1) 단위당 변동원가 = ₩30,000 × 3% + 1,100 = ₩2,000

(2) 주간 고정원가

연료비 = 10회 × ₩700,000 =	₩7,000,000
공항사용료	4,800,000
인건비	7,800,000
계	₩19,600,000

$\therefore$ Q = $\frac{₩19,600,000}{(₩30,000 - 2,000)}$ = 700매

38 우진산업은 甲과 乙, 두 제품 중 하나를 생산하려 한다. 각 제품의 관련 자료는 다음과 같다.

	甲	乙
단위당 예상 판매가격 범위	₩50~₩150	₩50~₩100
단위당 변동원가	₩20	₩30
총고정원가	₩16,000	₩24,000
예상 판매량(=생산량)	200	400

판매가격이 예상범위 내에서 균일분포(uniform distribution)로 발생한다면 어느 제품이 이익을 발생시킬 확률이 얼마나 더 큰가? 【'05. 세무사】

① 甲이 30% 더 크다. ② 甲이 20% 더 크다.
③ 甲이 10% 더 크다. ④ 乙이 10% 더 크다.
⑤ 乙이 30% 더 크다.

풀이 甲 : $Q_{BEP} = 200 \times (P - 20) - 16,000 = 0$ $\therefore P = 100$

$\therefore$ 이익을 발생시킬 확률 = $\frac{(150 - 100)}{(150 - 50)} = 50\%$

乙 : $Q_{BEP} = 400 \times (P - 30) - 24,000 = 0$ $\therefore P = 90$

$\therefore$ 이익을 발생시킬 확률 = $\frac{(100 - 90)}{(100 - 50)} = 20\%$

따라서, 甲이 30%(50% − 20%) 더 크다.

39 100실 규모의 호텔을 운영하는 영산호텔의 연간 고정원가는 ₩120,000,000이고, 객

실의 1일 임대료는 ₩50,000, 임대객실 1실 당 평균변동원가는 ₩10,000이다. 1년 365일 무휴인 영산호텔이 손익분기에 도달하기 위한 객실 임대율(점유율)은 얼마인가? 단, 객실임대는 1일 단위로 한다. 【'01. CPA】

① 2.50%　② 8.21%
③ 12.16%　④ 67.75%
⑤ 현재의 원가구조로는 손익분기를 달성할 수 없음

풀이 $Q=\frac{₩120,000,000}{(₩50,000-10,000)}=3,000실$

$\therefore$ 객실임대율(점유율) $=\frac{3,000실}{365\times 100실}=8.21\%$

40 A사는 소형 TV를 생산판매하고 있으며, 대당 판매가는 ₩180,000원이고 제조원가는 ₩150,000이다. 이 회사의 경영자는 향후 소형 TV시장에서 경쟁력을 가지기 위해서는 판매가격을 ₩150,000으로 인하해야 한다고 보고있다. 마케팅부서의 조사에 의하면 판매가격을 ₩150,000으로 인하할 경우 새로운 경쟁업체가 있다하더라도 판매량은 20%증가할 것으로 내다보고 있다. A사의 현재 판매량은 100,000대 이다. 마케팅부서의 조사가 맞다고 할 때 현재와 동일한 매출총이익을 얻기 위해서 달성해야 하는 목표원가는 얼마인가? 【'06. 감평사】

① ₩110,000　② ₩120,000
③ ₩125,000　④ ₩135,000
⑤ ₩140,000

풀이 (1) 기존의 이익 계산

100,000 × (₩180,000 − 150,000) = ₩3,000,000,000

(2) 동일한 이익을 얻기 위한 목표원가(x) 계산

100,000 × (1 + 20%) × (₩150,000 − x) = ₩3,000,000,000

$\therefore$ x = ₩125,000

해답 40. ③

CHAPTER

20 전부원가계산과 변동원가계산

제1절 전부원가계산과 변동원가계산의 의의

제품원가를 계산할 때 고정제조간접원가를 제품의 원가에 포함시키느냐의 여부에 따라 전부원가계산과 변동원가계산으로 구분된다. 전부(흡수)원가계산이란 직접재료원가, 직접노무원가, 변동제조간접원가 및 고정제조간접원가 전부를 제품의 원가에 포함시키는 원가계산방법인데 비해서, 변동(직접)원가계산이란 직접재료원가, 직접노무원가, 변동제조간접원가의 변동제조원가만을 제품원가에 포함시키고 고정제조간접원가는 제품원가에서 제외시켜 발생한 기간의 비용으로 처리하는 방법이다. 전부원가계산이 외부보고목적으로 타당하며 일반적으로 인정된 회계원칙(GAAP)이 된다. 두 방법에 의한 손익계산서 양식은 다음과 같다.

전부(흡수)원가계산 I/S			변동(직접)원가계산 I/S		
I. 매출액		×××	I. 매출액		×××
II. 매출원가			II. 변동매출원가		
1. 기초재고액	×××		1. 기초재고액	×××	
2. 당기제품제조원가	×××		2. 당기제품제조원가	×××	
계	×××		계	×××	
3. 기말재고액	△×××	×××	3. 기말재고액	△×××	×××
III. 매출총이익		×××	III. 제조공헌이익		×××
IV. 판관비		×××	IV. 변동판관비		△×××
V. 영업이익		×××	V. 공헌이익		×××
			VI. 고정원가		
			1. 고정제조간접원가	×××	
			2. 고정판관비	×××	×××
			VII. 영업이익		×××

제2절 전부원가계산과 변동원가계산의 차이

1. 순이익의 차이원인

전부원가계산의 경우 고정제조간접원가는 재고자산(제품과 재공품)에 포함되지만, 변동원가계산의 경우에는 재고자산에 포함되지 않고 발생시점에서 전액 기간비용으로 처리된다. 즉 전자의 경우에는 모든 제조원가를 제품에 부과한 후 제품을 판매하는 시점에서 비용으로 처리하나, 후자의 경우에는 고정제조간접원가는 발생시 모두 기간비용으로 처리한다.

이와 같이 고정제조간접원가에 대한 회계처리가 상이하기 때문에 각 회계기간의 재고량의 변화에 따라 두 방법 하에서 계산되는 순이익이 다르게 산출된다.

2. 순이익의 차이조정

(1) 전기와 당기의 단위당 고정제조간접원가가 동일한 경우

① 생산량과 판매량이 동일한 경우(또는 기말수량=기초수량)

생산량과 판매량이 동일한 경우에는 전부원가계산 하에서의 순이익과 변동원가계산 하에서의 순이익은 같다.

② 생산량이 판매량을 초과하는 경우(또는 기말수량>기초수량)

전부원가계산 하에서의 순이익이 변동원가계산 하의 순이익보다 크다. 왜냐하면 전부원가계산에서는 당기 고정제조간접원가의 일부를 기말재고에 포함시켜 미래기간으로 이연시키는 반면에, 변동원가계산에서는 당기 고정제조간접원가 전액을 기간비용으로 처리하기 때문이다. 즉

"(생산량－판매량)×단위당 고정제조간접원가 또는 (기말수량－기초수량)×단위당 고정제조간접원가"만큼 전부원가순이익이 변동원가순이익보다 크다.

③ 판매량이 생산량을 초과하는 경우(또는 기말수량<기초수량)

전부원가계산에서는 기초재고자산에 포함되어 있던 고정제조간접원가의 일부가 당기의 고정제조간접원가와 함께 매출원가에 포함된다. 그러나 변동원가계산에서는 당기에 발생한 고정제조간접원가는 당기의 비용으로 처리되는 반면, 기초재고자산에 포함되어 있던 고정제조간접원가는 전기에 이미 비용으로 처리되어 자산으로 이연되지 않았기

때문에 당기의 매출원가에 포함되지 않는다. 그러므로 이 경우에는 전부원가계산 하에서의 순이익이 변동원가계산 하의 순이익보다 적다. 즉

"(판매량－생산량)×단위당 고정제조간접원가 또는 (기초수량－기말수량)×단위당 고정제조간접원가"만큼 변동원가순이익이 전부원가순이익보다 더 크다.

(2) 전기와 당기의 단위당 고정제조간접원가가 다른 경우

전기와 당기의 단위당 고정제조간접원가가 다른 경우에는 일률적으로 설명할 수 없으며 다음과 같은 일반식으로 순이익의 차이를 조정할 수 있다.

전부원가계산에 의한 순이익－변동원가계산에 의한 순이익
＝기말재고자산에 포함된 고정제조간접원가－기초재고자산에 포함된 고정제조간접원가
＝기말수량(제품＋재공품)×당기단위당 고정제조간접원가－
기초수량(제품＋재공품)×전기단위당 고정제조간접원가

일반식은 전기와 당기의 단위당 고정제조간접원가가 동일하든 다른 경우이든 모두 적용할 수 있는 식이다.

전부원가계산과 변동원가계산과의 차이

다음은 주식회사 찬엽의 영업활동에 관한 자료이다. 물음에 답하시오.

생산량	300개	변동제조원가	₩100/개
판매량	250개	고정제조간접원가	₩30,000
기초제품	0	변동판매비	₩10/개
기말제품	50개		
판매단가	₩250	고정판매비와 관리비	₩2,000

(1) 전부원가 계산방법에 의한 기말재고액과 손익계산서를 작성하라.
(2) 변동원가계산 방법에 의한 기말재고액과 손익계산서를 작성하라.
(3) 순이익의 차이 조정

풀이

(1) 전부원가계산
① 기말제품재고액계산

변동제조원가(300개 × @100)	₩30,000
고정제조간접원가	30,000
계	60,000
생산량	÷300개
제품단위당원가	₩200

∴ 기말제품 = 50개 × ₩200 = ₩10,000

② 당기순이익

전부원가계산 손익계산서 (단위: ₩)

Ⅰ. 매출액		62,500
Ⅱ. 매출원가		
1. 기초제품재고액	0	
2. 당기제품제조원가	60,000	
3. 기말제품재고액	10,000	50,000
Ⅲ. 매출총이익		12,500
Ⅳ. 판매비와 관리비		
1. 변동판매비	2,500	
2. 고정판매비와 관리비	2,000	4,500
Ⅴ. 당기순이익		8,000

(2) 변동원가계산

① 기말제품재고액

변동제조원가(300개 × ₩100) = 30,000	
생산량	÷300
제품단위당원가	₩100

∴ 기말제품 = 50개 × ₩100 = ₩5,000

② 당기순이익

변동원가계산 손익계산서 (단위: ₩)

Ⅰ. 매출액		62,500
Ⅱ. 변동매출원가		
1. 기초제품재고액	0	
2. 당기변동제조원가	30,000	
3. 기말제품재고액	5,000	25,000
Ⅲ. 제조공헌이익		37,500
Ⅳ. 변동판매비		2,500
Ⅴ. 공헌이익		35,000
Ⅵ. 고정원가		
1. 고정제조간접원가	30,000	
2. 고정판매비와 관리비	2,000	32,000
Ⅶ. 당기순이익		3,000

(3) 순이익의 차이조정

생산량이 판매량보다 크므로

"(생산량 − 판매량) × 단위당 고정제조간접원가" 만큼 전부원가순이익이 더 크다. 즉,

(300－250)×₩100*＝₩5,000 또는
(기말수량－기초수량)×단위당 고정제조간접원가에서
(50－0)×₩100*＝₩5,000
*단위당 고정제조간접원가＝$\frac{₩30,000}{300}$＝₩100
이것을 일반식으로 정리하면 다음과 같다.
전부원가순이익－변동원가순이익
＝기말재고자산에 포함된 고정제조간접원가－기초재고자산에 포함된 고정제조간접원가
₩8,000－3,000＝기말수량×단위당 고정제조간접원가－기초수량×단위당 고정제조간접원가
＝50×₩100－0×₩100＝₩5,000

3. 단위당 고정제조간접원가의 계산

(1) 제조간접원가를 실제배부하는 경우

제조간접원가를 실제배부하는 경우에는 단위당 고정제조간접원가를 실제배부율을 사용하여 순이익의 차이를 조정한다.

$$\underset{(실제배부율)}{단위당\ 고정제조간접원가} = \frac{실제\ 고정제조간접원가}{실제생산량(실제조업도)}$$

이를 일반식으로 설명하면

전부원가순이익－변동원가순이익
＝기말수량×실제 배부율에 의한 당기단위당 고정제조간접원가
－기초수량×실제 배부율에 의한 전기단위당 고정제조간접원가

(2) 제조간접원가를 예정배부하는 경우

① 배부차이를 매출원가에서 수정하는 경우

이 경우에는 단위당 고정제조간접원가를 예정배부율을 사용하여 순이익의 차이를 조정한다.

$$\underset{(고정원가예정배부율)}{단위당\ 고정제조간접원가} = \frac{고정제조간접원가예산}{예산생산량(기준조업도)}$$

이를 일반식으로 설명하면

전부원가순이익－변동원가순이익
＝기말수량×예정배부율에 의한 당기단위당 고정제조간접원가
－기초수량×예정배부율에 의한 전기단위당 고정제조간접원가

② 배부차이를 비례배분법(보충률법)으로 하는 경우

이 경우에는 단위당 고정제조간접원가를 구해서 일률적으로 순이익의 차이를 조정하면 안되며 배부차이를 배분한 후에 기초재고자산과 기말재고자산에 포함된 고정제조간접원가를 구해서 순이익의 차이를 조정해야 한다.

4. 변동(직접)원가계산의 유용성과 한계

(1) 유용성

① CVP분석 모형에 적합한 원가계산 방식이며 관리적 의사결정에 유용하다.

② 고정제조간접원가를 모두 기간비용으로 처리하기 때문에 원가배분의 자의성을 배제할 수 있다.

③ 전부원가계산은 재고자산의 변동이 순이익에 영향을 미치지만 변동원가계산은 재고자산의 변동이 순이익에 영향을 미치지 않는다.

(2) 한계점

① 고정제조간접원가도 제품생산을 위해서 투입된 원가이므로 제품원가에 포함시켜야 타당하다.

② 고정제조간접원가가 재고자산에 포함되지 않으므로 재고자산이 과소평가된다.

③ GAAP으로 수용되지 않고 있으며 세무회계(과세소득 산출)에서도 받아 들여지지 않는 방법이다.

제3절 초변동원가계산

1. 초변동원가계산의 의의 및 손익계산서

(1) 의 의

초변동원가계산은 제약자원이론의 기본사고를 원가계산에 반영한 것으로서 기존의

변동원가계산을 좀 더 단순화시킨 원가계산방법이다.

초변동원가계산은 직접재료원가만을 변동원가로 보고 다른 모든 원가는 단기적으로 변화시킬 수 없는 고정원가로 간주하는 원가계산방법이다.

(2) 초변동원가계산의 손익계산서

초변동원가계산 손익계산서	
매출	×××
직접재료원가	△×××
재료처리량공헌이익[1] (=현금창출공헌이익)	×××
운영비[2]	△×××
영업이익	×××

1) 매출에서 직접재료원가를 차감한 금액을 재료처리량공헌이익 또는 현금창출공헌이익(throughput contribution)이라고도 한다.

2) 운영비는 직접재료원가를 제외한 모든 원가가 포함되며 이는 단기적으로 변화시킬 수 없는 고정원가로 본다.

(3) 제약자원이론

제약자원이론이란 조직의 성과는 제약자원에 의해 결정된다는 것이다. 따라서 제약자원이 조직의 성과를 제한하는 요소가 되므로 기업의 생산활동과 관련된 내부적 제약요인을 집중적으로 관리하고 개선하여 생산활동을 최적화하고자 한다. 생산최적화 과정은 제약요인을 찾아 개선한 후에 또 다른 제약요인을 찾아 지속적으로 개선하는 과정을 밟는다.

표 20-1 각 원가계산의 비교표

	전부원가계산	변동원가계산	초변동원가계산
직접재료원가	제품원가	제품원가	제품원가
직접노무원가	제품원가	제품원가	기간비용
변동제조간접원가	제품원가	제품원가	기간비용
고정제조간접원가	제품원가	기간비용	기간비용

2. 전부원가계산과 초변동원가계산의 순이익의 차이

(1) 순이익의 차이 원인

전부원가계산과 초변동원가계산의 차이는 직접재료원가는 똑같이 제품원가가 되지만 가공원가(직접노무원가+변동제조간접원가+고정제조간접원가)는 전부원가계산에서는 제품원가이지만 초변동원가계산에서는 기간비용으로 처리한다. 따라서 이것 때문에 두 방법간의 순이익의 차이가 발생한다.

(2) 순이익의 차이 조정

① 전기와 당기의 단위당 가공원가가 다른 경우

전부원가계산에 의한 순이익-초변동원가계산에 의한 순이익
=기말재고자산에 포함된 가공원가-기초재고자산에 포함된 가공원가
=기말수량×당기 단위당 가공원가-기초수량×전기 단위당 가공원가

② 전기와 당기의 단위당 가공원가가 같은 경우

전부원가계산에 의한 순이익-초변동원가계산에 의한 순이익
=기말재고자산에 포함된 가공원가-기초재고자산에 포함된 가공원가
=기말수량×단위당 가공원가-기초수량×단위당 가공원가
=(기말수량-기초수량)×단위당가공원가
=(생산량-판매량)×단위당 가공원가

3. 변동원가계산과 초변동원가계산의 순이익의 차이

(1) 순이익의 차이 원인

변동원가계산과 초변동원가계산의 차이는 직접재료원가는 똑같이 제품원가가 되고 고정제조간접원가는 똑같이 기간비용으로 처리하는데, 변동가공원가(직접노무원가+변동제조간접원가)는 변동원가계산에서는 제품원가이지만 초변동원가계산에서는 기간비용으로 처리한다. 따라서 이것 때문에 두 방법간의 순이익의 차이가 발생한다.

(2) 순이익의 차이 조정

① 전기와 당기의 단위당 변동가공원가가 다른 경우

변동원가계산에 의한 순이익-초변동원가계산에 의한 순이익
=기말재고자산에 포함된 변동가공원가-기초재고자산에 포함된 변동가공원가

=기말수량×당기 단위당 변동가공원가-기초수량×전기 단위당 변동가공원가

② 전기와 당기의 단위당 변동가공원가가 같은 경우

전부원가계산에 의한 순이익-초변동원가계산에 의한 순이익

=기말재고자산에 포함된 변동가공원가-기초재고자산에 포함된 변동가공원가

=기말수량×단위당 변동가공원가-기초수량×단위당 변동가공원가

=(기말수량-기초수량)×단위당 변동가공원가

=(생산량-판매량)×단위당 변동가공원가

각 방법간의 순이익의 차이분석

다음 자료를 이용하여 물음에 답하시오

1. 20×1년도 기초재고는 0, 생산량 1,000개, 판매량 800개이다.
2. 단위당 매가는 ₩100이다.
3. 원가자료는 다음과 같다.

	변동원가(단위당)	고정원가
직접재료원가	20	-
직접노무원가	20	-
변동제조간접원가	10	-
고정제조간접원가	-	₩10,000

(1) 20×1년도 전부원가계산과 변동원가계산의 순이익의 차이를 구하시오.
(2) 20×1년도 전부원가계산과 초변동원가계산의 순이익의 차이를 구하시오.
(3) 20×1년도 변동원가계산과 초변동원가계산의 순이익의 차이를 구하시오.

풀이

(1) 20×1년도 전부원가계산과 변동원가계산의 순이익의 차이

전부원가순이익-변동원가순이익

=기말수량×단위당 고정제조간접원가-기초수량×단위당 고정제조간접원가

=(기말수량-기초수량)×단위당 고정제조간접원가[1)]

=(200-0)×₩10[1)]=₩2,000

1) 당기 단위당 고정제조간접원가=총고정제조간접원가÷생산량=₩10,000÷1,000개=₩10

∴ 전부원가계산이 ₩2,000 더 크다.

(2) 20×1년도 전부원가계산과 초변동원가계산의 순이익의 차이

전부원가순이익-초변동원가순이익

=기말수량×단위당 가공원가-기초수량×단위당 가공원가

=(기말수량-기초수량)×단위당 가공원가[2)]
=(200-0)×₩40[2)]=₩8,000
2) 단위당 가공원가=직접노무원가+변동제조간접원가+고정제조간접원가=₩20+10+10=₩40
∴ 전부원가계산이 ₩8,000 더 크다.

(3) 20×1년도 변동원가계산과 초변동원가계산의 순이익의 차이
변동원가순이익-초변동원가순이익
=기말수량×단위당 변동가공원가-기초수량×단위당 변동가공원가
=(기말수량-기초수량)×단위당 변동가공원가[3)]
=(200-0)×₩30[3)]=₩6,000
3) 단위당 변동가공원가=직접노무원가+변동제조간접원가=₩20+10=₩30
∴ 변동원가계산이 ₩6,000 더 크다.

각 방법간의 순이익의 차이분석

(기본예제 2)와 연결된 내용이다. 물음에 답하시오
1. 20×2년도 기초재고는 200개, 생산량 1,000개, 판매량 1,100개이다.
2. 매가와 원가자료에 대한 내용은 (기본예제 2)와 같다.

(1) 20×2년도 전부원가계산과 변동원가계산의 순이익의 차이를 구하시오.
(2) 20×2년도 전부원가계산과 초변동원가계산의 순이익의 차이를 구하시오.
(3) 20×2년도 변동원가계산과 초변동원가계산의 순이익의 차이를 구하시오.

풀이

(1) 20×2년도 전부원가계산과 변동원가계산의 순이익의 차이
전부원가순이익-변동원가순이익
=기말수량×단위당 고정제조간접원가-기초수량×단위당 고정제조간접원가
=(기말수량-기초수량)×단위당 고정제조간접원가[4)]
=(100-200)×₩10[4)]=₩-1,000
4) 당기 단위당 고정제조간접원가=총고정제조간접원가÷생산량=₩10,000÷1,000개=₩10
∴ 변동원가계산이 ₩1,000 더 크다.

(2) 20×2년도 전부원가계산과 초변동원가계산의 순이익의 차이
전부원가순이익-초변동원가순이익
=기말수량×단위당가공원가-기초수량×단위당 가공원가
=(기말수량-기초수량)×단위당 가공원가
=(100-200)×₩40=₩-4,000
∴ 초변동원가계산이 ₩4,000 더 크다.

(3) 20×2년도 변동원가계산과 초변동원가계산의 순이익의 차이

변동원가순이익－초변동원가순이익
=기말수량×단위당 변동가공원가－기초수량×단위당 변동가공원가
=(기말수량－기초수량)×단위당 변동가공원가
=(100－200)×₩30=₩－3,000
∴ 초변동원가계산이 ₩3,000 더 크다.

생산량과 이익(π)과의 관계

원가계산방법	이익함수	생산량증가(감소)
전부원가계산	$\pi=f$(생산량, 판매량)	이익증가(감소)[1]
변동원가계산	$\pi=f$(판매량)	불변[2]
초변동원가계산	$\pi=f$(생산량, 판매량)	이익감소(증가)[3]

* 어느 원가계산방법이든 판매량이 증가(감소)하면 이익은 증가(감소)한다.

1) 판매량이 일정할 경우 생산량이 증가할수록 이익은 커진다. 생산량이 증가할수록 단위당 고정제조간접원가가 작아지고 매출원가(기간비용)에 포함되는 고정제조간접원가가 작아지기 때문에 당기순이익이 커진다. 매출원가(기간비용)에 포함되지 않은 고정제조간접원가는 기말재고액에 포함된다.
2) 변동원가계산에서는 생산량과 관계없이 고정제조간접원가가 모두 기간비용으로 처리되기 때문에 생산량 증감과 순이익과는 아무런 관계가 없다.
3) 판매량이 일정할 경우 생산량이 증가할수록 이익은 작아진다. 초변동원가계산에서는 변동가공원가(직접노무원가+제조간접원가)가 기간비용으로 처리되기 때문에 생산량이 증가하면 기간비용으로 처리되는 변동가공원가가 증가하므로 순이익은 작아진다.

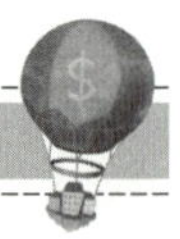

예제 1 | 순이익의 차이조정(전기와 당기의 단위당 고정제조간접원가가 동일한 경우)

찬우공업사의 영업활동에 관한 자료는 다음과 같다.

생산수량	10,000개
판매수량	8,000개
기초제품	1,000개
단위당 매가	₩200
단위당 변동제조원가	₩80
단위당 변동판관비	₩10
고정제조간접원가	₩100,000
고정판관비	₩20,000

위 자료에 의할 때 순이익의 차이는?

① 전부원가순이익이 ₩24,000 더 많다.
② 직접원가순이익이 ₩24,000 더 많다.
③ 전부원가순이익이 ₩26,000 더 많다.
④ 전부원가순이익이 ₩20,000 더 많다.
⑤ 변동원가계산 순이익이 ₩20,000 더 많다.

풀이 생산량>판매량 (또는, 기말수량>기초수량)이므로 전부원가순이익이 직접원가순이익보다 "(기말수량−기초수량)×단위당 고정제조간접원가"만큼 크다. 즉,

$(3,000-1,000)\times\left(\frac{₩100,000}{10,000개}\right)=₩20,000$만큼 전부원가순이익이 더 크다.

참고로, 손익계산서를 작성하면 다음과 같다.

① 전부원가계산 I/S (단위: ₩)

매출액(8,000×₩200)		1,600,000
매출원가		
기초재고액	90,000[1]	
당기제조원가	900,000[2]	
계	990,000	
기말재고액	△270,000[3]	720,000
매출총이익		880,000
판관비(8,000×₩10+20,000)		100,000
영업이익		780,000

1) 1,000×(₩80+10)=₩90,000

$$단위당\ 고정제조간접원가 = \frac{₩100,000}{10,000} = ₩10$$

2) 10,000 × (₩80 + 10) = ₩900,000

3) 3,000 × (₩80 + 10) = ₩270,000

②	변동원가계산 I/S	(단위: ₩)
매출액(8,000 × ₩200)		1,600,000
변동매출원가		
기초재고액(1,000 × ₩80)	80,000	
당기제조원가(10,000 × ₩80)	800,000	
계	880,000	
기말재고액(3,000 × ₩80)	240,000	640,000
제조공헌이익		960,000
변동판관비(8,000 × ₩10)		△80,000
공헌이익		880,000
고정원가		
제조간접원가	100,000	
판관비	20,000	120,000
영업이익		760,000

일반식으로 설명하면,

전부원가순이익 − 변동원가순이익 = 기말재고자산에 포함된 고정제조간접원가
− 기초재고자산에 포함된 고정제조간접원가
= 3,000개 × ₩10 − 1,000개 × ₩10 = ₩20,000

해답: ④

예제 2 | 순이익의 차이조정(전기와 당기의 단위당 고정제조간접원가가 다른 경우)

2006년 초에 영업을 개시한 OK회사의 1월과 2월 중에 발생한 원가자료는 다음과 같다.

	2006년 1월	2006년 2월
생산능력	100개	100개
생산량	90개	100개
판매량	70개	90개
고정제조간접원가	₩1,350	₩1,400

2월 중 변동원가계산에 의한 매출총이익이 ₩210이었다면, 전부원가계산에 의한 2월 중 매출총이익은 얼마인가? (단, 한 회사는 실제원가계산을 적용하고 있으며, 재고자산의 원가흐름은 선입선출법을 가정한다.) 【'03, '06. 세무사】

① ₩300 ② ₩330 ③ ₩360

④ ₩400 ⑤ ₩420

풀이 부원가순이익 − 변동원가순이익 = 30 × ₩14[1] − 20 × ₩15[2]
전부원가순이익 − ₩210 = 30 × ₩14 − 20 × ₩15
∴ 전부원가순이익 = ₩330
1) 2월 단위당 고정제조간접원가 = ₩1,400 ÷ 100 = ₩14
2) 1월 단위당 고정제조간접원가 = ₩1,350 ÷ 90 = ₩15

해답 ②

예제 3 | 전기와 당기의 단위당 고정제조간접원가가 다른 경우 2

20×1년 초에 설립된 (주)찬우는 노트북을 제조하여 판매하고 있다. (주)찬우는 재고자산의 원가흐름 가정으로 선입선출법을 적용하며, 실제원가계산으로 제품원가를 산출한다. (주)찬우의 매월 최대 제품생산능력은 1,000대이며, 20×1년 1월과 2월의 원가자료는 다음과 같다.

구분	1월	2월
생산량	900대	800대
판매량	800대	?
고정제조간접원가	₩180,000	₩200,000

2월의 전부원가계산하의 영업이익이 변동원가계산하의 영업이익보다 ₩20,000만큼 큰 경우, (주)찬우의 2월 말 제품재고수량은 얼마인가? (단, 매월 말 재공품은 없는 것으로 가정한다.) 【'11. 세무사】

① 160대 ② 170대 ③ 180대
④ 190대 ⑤ 200대

풀이 전부원가순이익−변동원가순이익=기말수량×당기 단위당 고정제조간접원가[1]
−기초수량×전기 단위당 고정제조간접원가[2]

따라서,
전부원가순이익−변동원가순이익=기말수량×₩250[1] − 100×₩200[2] =₩20,000
∴ 기말수량=160대

1) 당기 단위당 고정제조간접원가= $\frac{₩200,000}{800}$ =₩250

2) 전기 단위당 고정제조간접원가= $\frac{₩180,000}{900}$ =₩200

해답: ①

예제 4 | 순이익차이조정(예정배부율을 사용하는 경우)

CW회사는 기준조업도를 기준으로 제조간접원가를 예정배부하고 있다. 제조간접원가 실제 발생액과 제조간접원가예산은 일치하였고 제조간접원가 배부차이는 매출원가에서 수정한다. 전기와 당기의 단위당 고정제조간접원가 배부율은 동일하다.

기초제품	2,000개
생산량	8,000개
판매량	7,000개
기말제품	3,000개
단위당 변동제조원가	₩100
단위당 매가	₩200
고정제조간접원가예산	₩120,000
기준조업도	10,000개

위 자료에 의할 때 순이익의 차이는?

① 전부원가순이익이 ₩12,000 더 크다.
② 변동원가순이익이 ₩12,000 더 크다.
③ 전부원가순이익이 ₩15,000 더 크다.
④ 변동원가순이익이 ₩15,000 더 크다.
⑤ 서로 같다.

풀이 전부원가순이익 − 변동원가순이익
= 기말재고자산에 포함된 고정제조간접원가 − 기초재고자산에 포함된 고정제조간접원가
= 기말수량 × 예정배부율에 의한 단위당 고정제조간접원가*
− 기초수량 × 예정배부율에 의한 단위당 고정제조간접원가*
= 3,000 × ₩12 − 2,000 × ₩12 = 12,000
따라서 전부원가순이익이 ₩12,000 더 크다.

*배부차이를 매출원가에서 수정하기 때문에 재고자산에는 예정배부율에 의한 고정제조간접원가만 포함되어 있다.

$$\text{예정배부율} = \frac{\text{고정제조간접원가예산}}{\text{기준조업도}} = \frac{₩120{,}000}{10{,}000} = ₩12$$

해답 ①

참고로 손익계산서를 작성하면 다음과 같다.

전부원가계산 손익계산서 (단위: ₩)

Ⅰ. 매출액(7,000개 × ₩200)		1,400,000
Ⅱ. 매출원가		
1. 기초(2,000 × ₩112)	224,000	
2. 제조(8,000 × ₩112)	896,000	

3. 기말(3,000×₩112)	△336,000	
4. 수정전매출원가	784,000	
5. 제조간접원가배부차이(과소배부)	+ 24,000*	808,000
Ⅲ. 매출총이익(영업이익)		592,000

*제조간접원가배부차이 $= (10,000-8,000)\times\left(\frac{₩120,000}{10,000}\right)=$ ₩24,000(불리)

변동원가계산 손익계산서 (단위: ₩)

Ⅰ. 매출액		1,400,000
Ⅱ. 변동매출원가		
1. 기초(2,000×₩100)	200,000	
2. 제조(8,000×₩100)	800,000	
3. 기말(3,000×₩100)	△300,000	700,000
Ⅲ. 공헌이익		700,000
Ⅳ. 고정원가		120,000
Ⅴ. 영업이익		580,000

예제 5 | 판매수량 추정

CW 회사는 20×1년 1월 1일 영업을 개시하였으며 생산과 관련된 자료는 다음과 같다.

	변동원가	고정원가
직접재료원가	단위당 ₩40	
직접노무원가	단위당 35	
제조간접원가	단위당 25	₩100,000
판매비와 관리비	단위당 10	50,000

CW회사의 20×1년도 생산량이 5,000개일 때 전부원가계산 순이익이 변동원가계산 순이익보다 ₩30,000 많다고 한다. 판매량은 몇 개인가?

① 3,000개 ② 3,500개 ③ 4,000개
④ 4,500개 ⑤ 5,000개

풀이 전부원가계산 순이익이 변동원가계산 순이익보다 크므로 생산량이 판매량보다 많다. 판매량을 x라고 하면

"(생산량－판매량)×단위당 고정제조간접원가"에서

$(5,000-x)\times\left(\frac{₩100,000}{5,000}\right)=$ ₩30,000이다.

$\therefore\ x=3,500$개

해답 ②

>>> 객 · 관 · 식 · 문 · 제

1 전부원가계산과 변동원가계산에 관한 설명으로 옳지 않은 것은? 【'14. 세무사】

① 변동원가계산은 전부원가계산보다 손익분기점분석에 더 적합하다.

② 당기매출액이 손익분기점 매출액보다 작더라도 변동원가계산에서는 이익이 보고 될 수 있다.

③ 전부원가계산의 영업이익은 일반적으로 생산량과 판매량에 의해 영향을 받는다.

④ 변동원가계산에서는 변동제조원가만이 제품원가에 포함된다.

⑤ 변동원가계산은 고정제조간접원가를 기간비용으로 처리한다.

풀이 변동원가계산에서는 판매량이 이익을 결정하는 변수이기 때문에 이익이 보고될 수 없다. 그러나 전부원가계산에서는 생산량과 판매량이 이익을 결정하는 변수가 되기 때문에 생산량이 많아지면 당기매출액이 손익분기점매출액보다 작더라도 이익이 보고될 수 있다.

2 전부원가계산과 변동원가계산에 대한 설명으로 옳은 것은? 【'13. 세무사】

① 변동원가계산의 영업이익은 판매량뿐만 아니라 생산량에 따라서도 좌우된다.

② 전부원가계산 하에서는 생산과잉으로 인한 바람직하지 못한 재고의 누적을 막을 수 있다.

③ 전부원가계산에 의해 매출원가가 표시되는 손익계산서는 성격별 포괄손익계산서라고 한다.

④ 초변동원가계산은 직접재료원가와 직접노무원가만 재고가능원가로 처리한다.

⑤ 변동원가계산은 정상원가계산, 표준원가계산, 개별원가계산, 종합원가계산을 사용하는 기업에 적용할 수 있다.

풀이 ① 변동원가계산의 영업이익은 판매량에 따라 결정되며, 생산량과는 관계없다,

② 전부원가계산의 영업이익은 판매량뿐만 아니라 생산량과도 관계가 있으며, 생산량이 많으면 기말재고액이 누적되며 기말재고액의 누적이 많아지면 영업이익도 커진다. 따라서 경영자가 영업이익을 크게 표시하려고 하면 생산량을 늘릴 것이며, 이 때 재고누적을 막을 수 없다.

③ 매출원가가 표시되는 손익계산서를 기능별포괄손익계산서라고 한다.

④ 초변동원가계산은 직접재료원가를 재고가능원가로 처리하며, 기타원가는 기간비용으로 처리한다.

⑤ 옳다.

해답 1. ② 2. ⑤

3 다음은 생산량 및 판매량과 관련된 전부원가계산과 변동원가계산 및 초변동원가계산의 특징을 설명한 글이다. 타당하지 않은 것은? 【'10. CPA】

① 전부원가계산에서는 기초재고가 없을 때 판매량이 일정하다면 생산량이 증가할수록 매출총이익이 항상 커진다.

② 생산량이 판매량보다 많으면 전부원가계산의 영업이익이 변동원가계산의 영업이익보다 항상 크다.

③ 변동원가계산하의 영업이익은 판매량에 비례하지만, 전부원가계산하의 영업이익은 생산량과 판매량의 함수관계로 결정된다.

④ 전부원가계산에서는 원가를 제조원가와 판매관리비로 분류하므로 판매량 변화에 따른 원가와 이익의 변화를 파악하기 어려운 반면, 변동원가계산에서는 원가를 변동원가와 고정원가로 분류하여 공헌이익을 계산하므로 판매량 변화에 의한 이익의 변화를 알 수 있다.

⑤ 초변동원가계산에서는 기초재고가 없고 판매량이 일정할 때 생산량이 증가하더라도 재료처리량 공헌이익(throughput contribution)은 변하지 않는다.

풀이 일반적으로는 크지만 항상 크지는 않다. 즉, 전기 단위당 고정제조간접원가가 당기 단위당 고정제조간접원가보다 크면 변동원가순이익이 더 커질 수 있다.

4 전부원가계산, 변동원가계산 및 초변동원가계산에 관한 설명으로 옳지 않은 것은? 【'12. 세무사】

① 초변동원가계산에서는 직접노무원가와 변동제조간접원가를 기간비용으로 처리한다.

② 초변동원가계산에서는 매출액에서 직접재료원가를 차감하여 재료처리량 공헌이익(throughput contribution)을 산출한다.

③ 변동원가계산은 변동제조원가만을 재고가능원가로 간주한다. 따라서 직접재료원가, 변동가공원가를 제품원가에 포함시킨다.

④ 전부원가계산의 영업이익은 일반적으로 생산량과 판매량에 의해 영향을 받는다.

⑤ 변동원가계산에서는 원가를 기능에 따라 구분하여 변동원가와 고정원가로 분류한다.

풀이 변동원가계산; 원가를 원가형태(변동원가, 고정원가 등)에 따라 구분하여 분류한다.
전부원가계산; 원가를 기능(제조원가, 매출원가 등)에 따라 구분하여 분류한다.

해답 3. ② 4. ⑤

5 변동원가계산의 유용성에 대한 다음의 설명 중 옳지 <u>않은</u> 것은? 【'13. CPA】

① 변동원가계산 손익계산서에는 이익계획 및 의사결정 목적에 유용하도록 변동원가와 고정원가가 분리되고 공헌이익이 보고된다.

② 변동원가계산에서는 일반적으로 고정제조간접원가를 기간비용으로 처리한다.

③ 변동원가계산에서는 판매량과 생산량의 관계에 신경을 쓸 필요없이 판매량에 기초해서 공헌이익을 계산한다.

④ 변동원가계산에 의해 가격을 결정하더라도 장기적으로 고정원가를 회수하지 못할 위험은 없다.

⑤ 제품의 재고수준을 높이거나 낮춤으로써 이익을 조작할 수 있는 가능성은 없다.

풀이 손익분기점미만 판매량이면 고정원가는 회수하지 못할 수도 있다.

6 공헌이익접근법(contribution approach)이 전통적으로 사용되어온 전부원가계산접근법(full-costing approach)보다 유리한 점은? 【'82. CPA】

① 과세소득의 산출을 위한 유용한 자료를 보다 쉽게 얻을 수 있다.

② 원가-조업도-이익관계에 관련되므로 제품가격결정에 필요한 정보를 쉽게 도출할 수 있다.

③ 제품가격의 인하가 기업이익에 미치는 장기적 영향을 분석하는 데 유용하다.

④ 신뢰할 수 있고 객관적이며 검증가능한 원가를 얻을 수 있다.

7 2006년말 차기 예산을 준비하던 (주)대한은 2007년도 전부원가계산방법과 변동원가계산방법에 의한 예상이익을 각각 계산한 결과, 그 차이가 전부원가 계산방법에 의할 경우 ₩30,000이 더 많을 것으로 예상되었다. 그러나 2007년말 실제이익의 차이는 전부원가계산방법에 의할 경우 ₩50,000이 더 많았다. 실제이익의 차이가 예상이익의 차이와 다르게 나타난 이유로 타당한 것은? 단, (주)대한의 2007년 기초재고는 없었고, 재공품은 고려하지 않으며, 아래 각 항목의 평가시 항목에 주어진 차이의 영향 이외에는 예산과 실제가 일치하는 것으로 가정한다. 【'08. CPA】

① 완제품 단위당 변동제조원가의 실제발생액이 예상발생액보다 적었다.

② 총고정제조원가의 실제발생액이 예상발생액보다 적었다.

③ 실제매출수량이 예상매출수량보다 많았다.

④ 완제품 실제생산수량이 예상생산수량보다 많았다.

해답 5. ④ 6. ② 7. ④

⑤ 원재료의 실제구매수량이 예상구매수량보다 많았다.

풀이 ① 순이익의 차이가 없다.
② 이익이 감소한다.
③ 이익이 감소한다.
④ 옳다.
⑤ 순이익의 차이가 없다.
참고로, 전부원가순이익이 예상보다 큰 이유는 다음과 같다.

- 생산량이 더 증가한 경우
- 판매량이 더 감소한 경우
- 고정제조간접원가가 더 증가한 경우

8 다음은 직접원가계산과 전부원가계산에 대한 설명이다. 이들을 해당되는 사항들로 적절히 분류한 것은? 【2000. 세무사】

ⓐ 원가 형태별 원가분류가 필요하다.
ⓑ 기간손익이 재고수준의 변동에 영향을 받는다.
ⓒ 단기적인 계획과 통제에 유용하지 못하다.
ⓓ GAAP에서 인정하지 않는다.

	직접원가계산	전부원가계산
①	ⓐ, ⓒ	ⓑ, ⓓ
②	ⓑ, ⓒ	ⓐ, ⓓ
③	ⓒ, ⓓ	ⓐ, ⓑ
④	ⓐ, ⓑ	ⓒ, ⓓ
⑤	ⓐ, ⓓ	ⓑ, ⓒ

풀이 직접원가계산은 형태별 원가분류가 필요하며 외부보고 목적이 아니므로 GAAP으로서 인정되지 않는다. 전부원가계산은 이익이 판매량뿐만 아니라 생산량에 의해서도 영향을 받기 때문에 재고수준의 변동이 기간손익에 영향을 미친다. 또한 고정제조간접원가를 기간비용으로 처리하지 않고 배부하기 때문에 단기적인 계획과 통제에는 유용하지 못하다.

9 다른 조건이 같다면 다음의 어느 경우에 직접원가계산방법에 따라 계산된 당기순이익이 전부원가계산방법에 따라 계산된 당기순이익보다 크겠는가? 【'80. 감평사, '04. 감평사】

① 생산량이 판매량을 초과한 경우

해답 8. ⑤ 9. ③

② 고정제조원가가 증가한 경우
③ 판매량이 생산량을 초과한 경우
④ 변동제조원가가 증가한 경우
⑤ 판매량이 같을 경우

풀이 단위당 고정제조간접원가가 전기와 당기가 같다면 "판매량>생산량"일 때 전부원가 순이익보다 변동원가순이익이 더 크다.

10 (주)감평은 생활용품을 생산 · 판매하고 있다. 20×5년 생산량은 1,200단위이고 판매량은 1,000단위이다. 판매가격 및 원가 자료는 다음과 같다.

(1) 단위당 판매가격	₩8,000
(2) 단위당 변동제조원가	3,000
(3) 단위당 변동판매비와관리비	1,500
(4) 고정제조간접원가	2,400,000
(5) 고정판매비와관리비	1,000,000

전부원가계산방법으로 계산한 영업이익은 변동원가계산방법으로 계산한 영업이익에 비해 얼마만큼 증가 또는 감소하는가?(단, 기초재고자산과 기말재공품은 없다.)

【'15. 감평사】

① ₩400,000 증가 ② ₩400,000 감소
③ ₩600,000 증가 ④ ₩600,000 감소
⑤ ₩500,000 감소

풀이 전부원가순이익−변동원가순이익$=(1,200-1,000)\times\frac{₩2,400,000}{1,200}=$₩400,000 증가

11 (주)감평은 선입선출법에 의해 실제원가계산을 사용하고 있다. (주)감평은 전부원가계산에 의해 20×1년 영업이익을 ₩65,000으로 보고하였다. (주)감평의 기초제품수량은 1,000단위이며, 20×1년 제품 20,000단위를 생산하고 18,000단위를 단위당 ₩20에 판매하였다. (주)감평의 20×1년 고정제조간접원가가 ₩100,000이고 기초제품의 단위당 고정제조간접원가가 20×1년과 동일하다고 가정할 때, 변동원가계산에 의한 20×1년 영업이익은?(단, 재공품은 고려하지 않는다.) 【'01, '02, '11, '13. 감평사】

① ₩35,000 ② ₩40,000
③ ₩55,000 ④ ₩65,000

해답 10. ① 11. ③

⑤ ₩80,000

풀이 전부원가순이익−변동원가순이익=(3,000−1,000)×₩5*=₩10,000 전부원가순이익이 더 크다.

* 단위당고정제조간접원가=$\frac{₩100,000}{20,000}$=₩5

∴ 변동원가순이익=₩65,000−10,000=₩55,000

12 다음은 단일제품을 생산하는 (주)태양에 대한 20×6년 자료이다.

기초재고	0개
당기중생산량	20,000개
당기판매량	19,000개
단위당 판매가	₩100
단위당 변동원가 자료;	
직접재료원가	₩12
직접노무원가	₩25
제조간접원가	₩3
판매비와관리비	₩2
연간 고정원가자료;	
고정제조원가	₩500,000
고정판매관리비	₩600,000

(주)태양이 변동원가계산시스템을 사용한다고 할 때 위의 자료를 사용하여 계산한 20×6년 영업이익은? 【'07. 감평사】

① ₩12,000 ② ₩57,000

③ ₩2,000 ④ ₩27,000

⑤ ₩30,000

풀이

공헌이익	19,000×{₩100−(12+25+3+2)}	=₩1,102,000
고정원가	(₩500,000+600,000)	= 1,100,000
영업이익		₩2,000

13~14 다음 자료에 관련된 물음에 답하시오. 【'92. 세무사】

해답 12. ③

찬우회사는 1991년 1월 1일 영업을 시작하였다. 이 회사는 단위당 ₩10에 판매되는 한 제품을 생산하고 있다. 1991년 동안에 100,000단위가 생산되고 80,000단위가 판매되었다. 1991년 말 기말재공품은 없었다. 1991년중에 발생한 제조원가 및 판매비와 관리비는 다음과 같다.

구 분	고정원가	변동원가(단위당)
직접재료원가	–	₩2.00
직접노무원가	–	1.25
제조간접원가	₩120,000	0.75
판매관리비	70,000	1.00

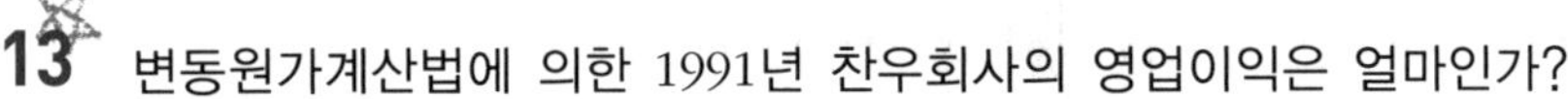

13 변동원가계산법에 의한 1991년 찬우회사의 영업이익은 얼마인가?

① ₩114,000　② ₩210,000
③ ₩234,000　④ ₩252,000
⑤ ₩330,000

풀이 총공헌이익 80,000 × (₩10 − 5) = ₩400,000
고정원가 190,000
순이익 ₩210,000

14 전부원가계산방법에 의한 1991년 12월 31일 현재의 제품재고 및 영업이익은 얼마인가?

	제 품	영업이익		제 품	영업이익
①	₩104,000	₩186,000	②	₩ 80,000	₩242,000
③	₩ 80,000	₩186,000	④	₩104,000	₩234,000
⑤	₩134,000	₩234,000			

풀이 전부원가에 의한 기말재고액 = 20,000개 × (₩4 + 1.2*) = ₩104,000

$$*단위당고정제조간접원가 = \frac{₩120,000}{100,000} = ₩1.2$$

전부원가순이익 − 직접원가순이익 = 기말수량 × 단위당고정제조간접원가 − 기초수량 × 단위당고정제조간접원가
= 20,000 × ₩1.2 − 0 = ₩24,000

따라서, 전부원가에 의한 순이익 = ₩210,000 + 24,000 = ₩234,000

15 다음의 자료를 이용하여 계산된 변동원가계산의 기말재고액과 전부원가계산의 기말재고금액의 차이는 얼마인가? 【'94, '05. 감평사】

해답 13. ② 14. ④ 15. ①

기초재고수량	0개	
생산량	1,200개	
판매량	1,000개	
매출액		₩100,000
총 변동재료원가		12,000
총 변동가공원가		24,000
총 고정제조간접원가		18,000
총 고정마케팅비용		20,000

① ₩3,000 ② ₩2,000
③ ₩7,000 ④ ₩10,334
⑤ ₩5,600

풀이 $(1,200-1,000)\times\frac{₩18,000}{1,200개}=₩3,000$
∴ 전부원가기말재고액이 ₩3,000 더 크다.

16 단일제품을 생산 · 판매하고 있는 (주)관세의 당기순이익은 전부원가계산하에서 ₩12,000이고 변동원가계산하에서 ₩9,500이다. 단위당 제품원가는 전부원가계산하에서는 ₩40이고 변동원가계산하에서는 ₩35이며, 전기와 당기 각각에 대해 동일하다. 당기 기말제품재고 수량이 2,000단위일 경우 기초제품재고 수량은 몇 단위인가? (단, 기초재공품과 기말재공품은 없다.) 【'15. 관세사】

① 500단위 ② 800단위 ③ 1,000단위
④ 1,200단위 ⑤ 1,500단위

풀이 전부원가순이익-변동원가순이익=(기말수량-기초수량)×단위당고정제조간접원가
₩12,000-9,500=(2,000-기초수량)×₩5*
∴ 기초수량=1,500단위
* 단위당고정제조간접원가=₩40-35=₩5

17 찬우주식회사는 직접원가계산방법과 전부원가계산방법을 모두 사용한다. 다음은 찬우주식회사의 비용내역이다.

	수 량	변 동 비	고 정 비
기초재공품	150단위	₩100,000	₩240,000
기말재공품	300단위	200,000	480,000

해답 16. ⑤ 17. ④

기초 제품	750단위	600,000	800,000
기말 제품	600단위	480,000	640,000
매출원가	4,650단위	3,780,000	4,960,000

전부원가계산에 의한 당기 영업이익은 직접원가계산에 의한 당기 영업이익과 비교하여 어떤 차이가 있는가? 【'12. 세무사, '98. 감평사】

① ₩4,960,000 만큼 작다. ② ₩80,000 만큼 작다.
③ ₩160,000 만큼 작다. ④ ₩80,000 만큼 크다.
⑤ ₩160,000 만큼 크다.

풀이 전부원가순이익 − 직접원가순이익 = 기말재고자산에 포함된 고정제조간접원가
− 기초재고자산에 포함된 고정제조간접원가
= (₩480,000 + 640,000) − (240,000 + 800,000) = ₩80,000

따라서, 전부원가순이익이 ₩80,000 더 크다.

18 (주)광주는 실제원가로 제품원가를 계산하고 있다. (주)광주는 20×1년 1월초에 개업하였으며, 20×1년과 20×2년의 제품 생산량과 판매량, 원가자료는 다음과 같다.

구분	20×1년	20×2년
생산량	10,000개	14,000개
판매량	8,000개	15,000개
고정제조간접원가	₩240,000	?
고정판매관리비	₩180,000	₩230,000

20×2년의 전부원가계산에 의한 이익은 ₩500,000이고, 변동원가계산에 의한 이익은 ₩528,000이었다. 20×2년에 발생된 고정제조간접원가는 얼마인가? (단, 20×1년과 20×2년의 기초재공품 및 기말재공품은 없으며, 물량 및 원가흐름은 선입선출법을 가정한다.)

【'10. 세무사】

① ₩200,000 ② ₩220,000 ③ ₩240,000
④ ₩260,000 ⑤ ₩280,000

풀이 전부원가순이익−변동원가순이익=기말수량×당기 단위당 고정제조간접원가
− 기초수량×전기 단위당 고정제조간접원가

$$₩500,000-528,000=₩1,000개\times\frac{F}{14,000}-2,000개\times\frac{240,000}{10,000}$$

해답 18. ⑤

∴ F=₩280,000

19 20×1년 초에 설립된 (주)백제는 20×1년에 1,200개의 제품을 생산하여 800개를 판매하였다. 20×1년에 전부원가계산의 영업이익이 변동원가계산의 영업이익보다 ₩8,000만큼 크다면 총고정제조간접원가는 얼마인가? 【'12. 관세사】

① ₩24,000 ② ₩24,600 ③ ₩25,200
④ ₩25,600 ⑤ ₩26,000

풀이 전부원가순이익−변동원가순이익=(생산량−판매량)×단위당 고정제조간접원가
따라서, (1,200−800)×단위당 고정제조간접원가=₩8,000에서, 단위당 고정제조간접원가=₩20
∴ 총고정제조간접원가=1,200개×₩20=₩24,000

20 단일제품을 생산 · 판매하는 JW회사의 1993년 단위당 변동제조간접원가는 ₩2,000이었으며, 총고정제조간접원가는 ₩600,000이었다. 1993년 제품의 생산 및 판매량은 다음과 같다.

기초재고 25,000	생산량 140,000
판매량 160,000	기말재고 5,000

고정제조간접원가 배부율은 150,000단위를 기준으로 하였으며, 이 배부율은 기초재고와 당기제품에 동일하게 적용된다. 한편 과소 혹은 과대배부된 제조간접원가는 전액 매출원가에서 조정한다. 변동원가계산에 의한 당기순이익이 ₩800,000이었다면, 전부원가계산에 의한 JW회사의 1993년 당기순이익은? 【'94. 감평사】

① ₩ 80,000 ② ₩720,000
③ ₩740,000 ④ ₩780,000
⑤ ₩880,000

풀이 전부원가순이익 − 직접원가순이익 = $(5,000-25,000)\times\frac{₩600,000}{150,000}$ = ₩ − 80,000
∴ 전부원가순이익 = ₩800,000 − 80,000 = ₩720,000

21 다음은 (주)OK금속의 제조원가와 생산 및 판매량에 관한 자료이다. 【'00, '05. CPA】

(1) 제조간접원가
단위당 변동원가 : ₩1,000
고정원가 :₩3,000,000
(2) 생산 및 판매량
기초제품재고량 : 2,000개
생산량 : 18,000개
판매량 : 19,000개

고정제조간접원가 배부율을 계산하기 위한 기준조업도는 20,000개이며, 과대 또는 과소 배부된 제조간접원가는 전액 매출원가에서 조정된다. 변동원가계산에 의한 순이익이 ₩6,000,000일 때 전부원가계산에 의한 순이익은 얼마인가? (단, 고정제조간접원가 배부율은 기초제품과 당기제품에 동일하게 적용된다.)

① ₩5,850,000 ② ₩5,950,000
③ ₩6,050,000 ④ ₩6,150,000
⑤ ₩6,250,000

풀이 전부원가 순이익 − 변동원가 순이익 = 1,000 × ₩150 − 2,000 × ₩150
∴ 전부원가순이익 − ₩6,000,000 = 1,000 × 150 − 2,000 × 150
∴ 전부원가순이익 = ₩5,850,000

22 찬엽회사는 19×3년 1월 1일 영업을 개시하여 연간 총 3,000단위의 제품을 생산하였는데 원가에 관한 자료는 다음과 같다.

	고정원가	변동원가(단위당)
직접재료원가	−	₩400
직접노무원가	−	350
제조간접원가	₩600,000	250
기타비용	700,000	200

이 회사의 19×3년도 순이익은 전부원가계산에 의한 때가 직접원가계산에 의하는 경우에 비하여 ₩100,000이 많다고 한다. 당기의 판매량은 얼마인가? 【'93. 감평사】

① 2,300단위 ② 2,400단위 ③ 2,500단위
④ 2,600단위 ⑤ 2,700단위

풀이 판매량을 Q 라 하면

해답 22. ③

$$(3{,}000-Q)\times\frac{₩600{,}000}{3{,}000}=₩100{,}000$$

$\therefore\ Q=2{,}500$단위

23 20×2년 초에 설립된 (주)관세는 한 종류의 등산화를 제조하여 백화점에 납품하고 있다. 이 제품의 단위당 직접재료원가 ₩5, 단위당 직접노무원가 ₩3, 단위당 변동제조간접원가 ₩2이 발생하고, 연간 총고정제조간접원가는 ₩300,000이다. 연도별 생산량과 판매량 자료는 다음과 같으며 판매가격과 원가구조의 변동은 없다.

【'13. 관세사】

구분	20×2년	20×3년
생산량	50,000단위	60,000단위
판매량	30,000단위	50,000단위

(주)관세의 20×3년 말 변동원가계산하의 영업이익이 ₩100,000일 경우 전부원가계산하의 영업이익은 얼마인가? (단, 제공품은 없으며 원가흐름은 선입선출법을 가정한다.)

① ₩110,000　② ₩120,000　③ ₩130,000
④ ₩140,000　⑤ ₩150,000

풀이 전부원가순이익－변동원가순이익=기말수량×당기단위당고정제조간접원가
－기초수량×전기단위당고정제조간접원가

전부원가순이익－₩100,000=30,000×₩5* － 20,000×₩6

∴ 전부원가순이익=₩130,000

* 당기 단위당고정제조간접원가= $\frac{₩300{,}000}{60{,}000}$ =₩5

전기 단위당고정제조간접원가= $\frac{₩300{,}000}{50{,}000}$ =₩6

24 20×1년 초에 설립된 ㈜관세는 단일제품을 생산하여 단위당 ₩30에 판매하고 있다. 20×1년과 20×2년의 생산 및 판매에 관한 자료는 다음과 같다.

구분	20×1년	20×2년
생산량	25,000단위	30,000단위
판매량	22,000단위	28,000단위

변동제조원가	단위당 ₩8
고정제조원가	₩150,000
변동판매비와 관리비	단위당 ₩2
고정판매비와 관리비	₩100,000

20×2년도의 전부원가계산에 의한 영업이익은 얼마인가? (단, 재공품은 없으며 원가흐름은 선입선출법을 가정한다.) 【'09. 감평사, '14. 관세사】

① ₩300,000 ② ₩303,000 ③ ₩310,000

④ ₩317,000 ⑤ ₩320,000

풀이 공헌이익=28,000×(₩30−10)=₩560,000
고정원가 △250,000
변동원가이익 ₩310,000
전부원가순이익−변동원가순이익=5,000×₩5*−3,000×₩6*=₩7,000
∴ 전부원가순이익=₩317,000

* 전기 단위당 고정제조간접원가=$\frac{₩150,000}{25,000}$=₩6

당기 단위당 고정제조간접원가=$\frac{₩150,000}{30,000}$=₩5

25 (주)한국은 한 종류의 수출용 스웨터를 제조한다. 3년간에 걸친 이 제품과 관련된 원가와 영업상황의 자료는 다음과 같다.

(1) 단위당 변동제조원가 ₩10
(2) 단위당 변동판매비와관리비 1
(3) 연간 고정제조원가 300,000
(4) 연간 고정판매비와관리비 200,000
(5) 연도별 재고자산 자료

구분	20×1년	20×2년	20×3년
기초제품 재고량	−	20,000	10,000
당기 생산량	60,000	30,000	50,000
당기 판매량	40,000	40,000	40,000
기말제품 재고량	20,000	10,000	20,000

3년간 판매가격의 변동과 원가구조의 변동이 없다는 가정하에서 20×1년 변동원가계

해답 25. ④

산하의 영업이익이 ₩500,000일 경우 20×3년 전부원가계산하의 영업이익은? (단, 원가흐름은 선입선출법을 가정하고, 재공품은 없다.) 【'12. 감평사】

① ₩430,000 ② ₩480,000

③ ₩500,000 ④ ₩520,000

⑤ ₩540,000

풀이 (1) 변동원가순이익

변동원가계산의 이익은 판매량이 이익을 결정하는 변수이고, '01년도와 '03년도의 판매량이 같기 때문에 '01년도 변동원가순이익과 '03년도 변동원가순이익이 같다.

(2) 20×3년 전부원가계산하의 영업이익

전부원가순이익−변동원가순이익

=기말수량×당기 단위당 고정제조간접원가−기초수량×전기 단위당 고정제조간접원가

따라서,

전부원가순이익−₩500,000*=20,000×₩6*−10,000×₩10*

∴ 전부원가순이익=₩520,000

* 당기단위당 고정제조간접원가= $\frac{₩300,000}{50,000}$ =₩6

전기단위당 고정제조간접원가= $\frac{₩300,000}{30,000}$ =₩10

26 20×0년 초 설립된 (주)한국의 20×0년과 20×1년의 생산 및 판매와 관련된 자료는 다음과 같다. (주)한국의 20×1년도 전부원가계산에 의한 영업이익이 ₩3,000,000이라면, 초변동원가계산에 의한 영업이익은 얼마인가? (단, (주)한국은 선입선출법(FIFO)을 적용하고 있으며, 재공품은 존재하지 않음.) 【'10. 감평사】

	20×0년	20×1년
기초제품수량	0개	3,000개
당기생산량	10,000개	11,000개
판매량	7,000개	9,000개
기말제품수량	3,000개	5,000개
직접노무원가	₩300,000	₩330,000
변동제조간접원가	240,000	264,000
고정제조간접원가	500,000	506,000
변동판매비	35,000	45,000
고정판매비	20,000	20,000

해답 26. ③

① ₩2,730,000 ② ₩2,792,000
③ ₩2,812,000 ④ ₩2,870,000
⑤ ₩2,920,000

풀이 전부원가순이익−초변동원가순이익
=기말수량×당기 단위당 가공원가−기초수량×전기 단위당 가공원가
따라서,
₩3,000,000−초변동원가순이익=5,000×₩100*−3,000×₩104*
∴ 초변동원가순이익=₩2,812,000
* 당기 단위당가공원가=(₩330,000+264,000+506,000)÷11,000=₩100
전기 단위당가공원가=(₩300,000+240,000+500,000)÷10,000=₩104

CHAPTER 21

표준원가계산

제1절 표준원가계산의 의의와 표준원가

1. 의 의

표준원가계산은 실제원가계산의 문제점을 보완하고 원가관리를 효율적으로 하기 위하여 고안된 원가계산방법이다. 즉 사전에 합리적이고 과학적인 방법에 의하여 표준원가를 설정해두고 실제로 발생한 원가와 비교.분석하여 그 원인을 규명하여 여러 가지 목적에 활용하고자 하는 원가계산방식이다. 표준원가계산 제도는 계획을 수립하거나 원가를 통제하는데 또는 종업원의 성과평가에 유용한 원가계산제도이다.

2. 표준원가

표준원가란 사전에 합리적이고 과학적인 방법에 의하여 산정된 원가를 말한다.

표준원가를 설정하려면 제품 1단위당의 표준직접재료원가, 표준직접노무원가, 표준제조간접원가를 결정하여 이를 합계하여야 한다.

표준원가＝표준직접재료원가＋표준직접노무원가＋표준제조간접원가

(1) 표준직접재료원가는 제품 1단위를 제조하는 데 필요한 직접재료원가로 표준단가에 표준소비량을 곱하여 계산한다.

표준직접재료원가＝표준단가×표준수량

(2) 표준직접노무원가는 표준임률에 제품 1단위당의 표준직접작업시간을 곱하여 계산한다.

표준직접노무원가 = 표준임률 × 표준시간

(3) 표준제조간접원가는 표준배부율에 제품 1단위당의 표준작업시간을 곱하여 계산한다.

표준제조간접원가 = 표준제조간접원가배부율 × 표준시간

$$\text{표준제조간접원가 배부율} = \frac{\text{일정기간의 제조간접원가 예정액}}{\text{일정기간의 예정 조업도(직접 작업시간 등)}}$$

제2절 원가요소별 차이분석

1. 직접재료원가 차이분석

(1) 직접재료원가 차이의 의의

직접재료원가의 총차이는 실제 발생된 직접재료원가와 표준직접재료원가와의 차이를 말하며, 이는 직접재료원가 가격차이와 수량차이(또는 능률차이)로 구분한다. 직접재료원가 차이분석의 경우에는 가격차이를 구할 때 사용시점에서 분리하는 경우와 구입시점에서 분리하는 경우가 있다.

(2) 사용시점에서 분리하는 경우

직접재료원가의 가격차이를 사용시점에 분리하는 경우에는 직접재료원가 가격차이와 직접재료원가 수량차이는 생산에 실제 사용된 재료수량을 근거로 계산되며, 능률차이 역시 실제 사용된 재료수량으로 계산된다. 직접재료원가의 가격차이와 능률차이의 계산식은 다음과 같다.

- 가격차이 = 실제수량* × (실제가격 − 표준가격)
- 수량차이 = (실제수량* − 표준수량) × 표준가격

* 여기서의 실제수량은 실제 사용수량을 의미한다.

또는

①	②	③
AQ×AP (실제발생액)	AQ×SP	SQ×SP
가격차이=①−②	능률차이=②−③	
총차이 = ①−③		

단. AQ: 실제투입량

AP: 실제가격

SQ: 실제산출량에 허용된 표준수량

SP: 표준가격

(3) 구입시점에서 분리하는 경우

직접재료원가 가격차이가 구입시점에서 분리되는 경우에는 직접재료원가 가격차이는 구입수량을 기초로 계산되고, 직접재료원가 능률차이는 사용수량을 기초로 계산된다. 능률차이의 계산시에 사용수량을 적용하는 이유는 능률차이는 재료를 제품제조에 사용하여야 그 차이를 분석할 수 있는데, 구입시점에서는 재료의 실제사용량을 알 수 없기 때문이다.

- 가격차이 = 실제수량[1]×(실제가격−표준가격)
- 수량차이 = (실제수량[2]−표준수량)×표준가격

1) 실제구입수량을 의미한다.
2) 실제사용수량을 의미한다.

2. 직접노무원가 차이분석

실제 발생한 직접노무원가와 표준 직접노무원가와의 차이를 말한다. 계산식은 다음과 같다.

- 임률차이(가격차이)=실제시간×(실제임률−표준임률)
- 능률차이(시간차이)=(실제시간−표준시간)×표준임률

또는

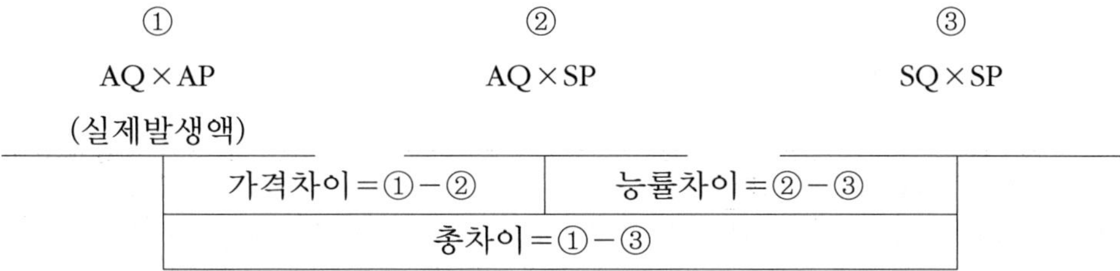

단. AQ: 실제시간

AP: 실제임률

SQ: 실제산출량에 허용된 표준시간

SP: 표준임률

3. 제조간접원가 차이분석

(1) 4분법에 의하는 경우

제조간접원가를 변동원가와 고정원가로 나누어서 차이분석을 하는 것을 4분법이라 한다.

그 내용은 다음과 같다.

① 변동제조간접원가 차이

변동제조간접원가의 총차이는 변동제조간접원가 예산차이라고도 하며, 실제 변동제조간접원가와 변동예산에서 허용된 표준변동제조간접원가의 차이로 계산된다. 이러한 총차이는 변동제조간접원가 소비차이와 변동제조간접원가 능률차이로 구분한다.

계산식은 다음과 같다.

- 소비차이=실제시간×(변동제조간접원가실제배부율－변동제조간접원가표준배부율)
- 능률차이=(실제시간－표준시간)×변동제조간접원가표준배부율

또는

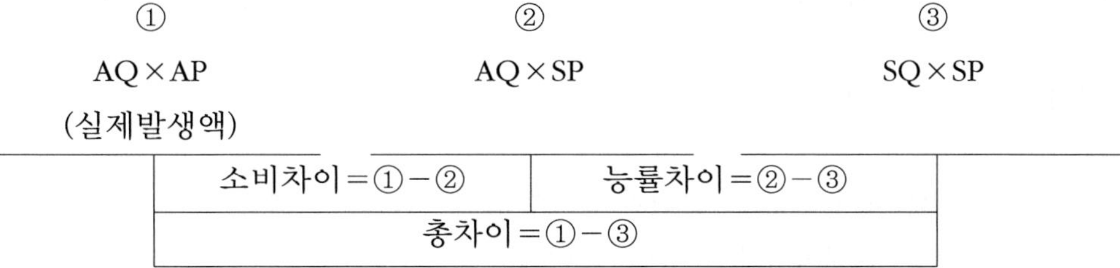

단. AQ: 실제시간

AP: 변동원가실제배부율

SQ: 실제산출량에 허용된 표준시간

SP: 변동원가표준배부율

② 고정제조간접원가 차이분석

실제 발생한 고정제조간접원가와 완성제품에 배부된 표준고정제조간접원가의 차이를 말하는데 예산(소비)차이와 조업도 차이로 나누어진다. 계산식은 다음과 같다.

- 예산차이(소비차이) = 실제발생액(실제시간 × 고정제조간접원가실제배부율)
  − 고정원가예산액(기준조업도 × 고정제조간접원가표준배부율)
- 조업도차이 = 고정원가예산액 − 표준허용시간 × 고정제조간접원가표준배부율*

$$* \text{ 고정제조간접원가표준배부율} = \frac{\text{고정제조간접원가예산액}}{\text{기준조업도}}$$

또는

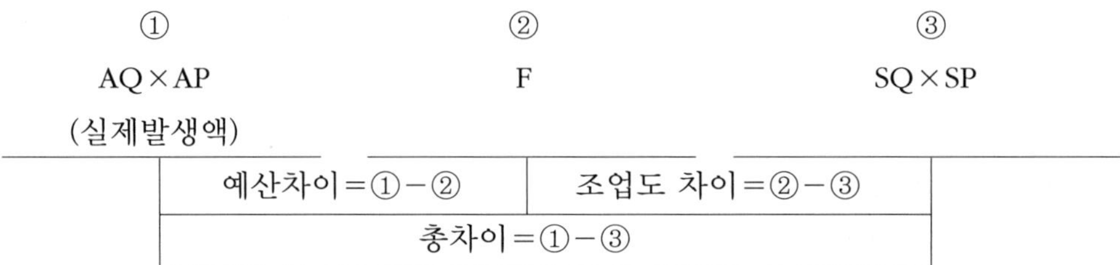

단. AQ: 실제시간

AP: 고정원가실제배부율

SQ: 고정원가예산(기준조업도 × 고정원가표준배부율)

SP: 고정원가표준배부율

(2) 3분법에 의하는 경우

3분법은 제조간접원가를 변동원가와 고정원가로 나누어서 차이분석을 하지 않고 통합해서 차이분석을 하는 것을 말한다. 이 경우에는 소비(예산)차이, 능률차이, 조업도 차이로 분류한다.

계산식은 다음과 같다.

- 소비(예산)차이 = 제조간접원가 실제발생액 − 실제시간예산 [1]
- 능률차이 = 실제시간예산 − 표준시간예산 [2]
- 조업도 차이 = 표준시간예산 − 표준시간 × 제조간접원가 표준배부율

1) 예산식 $y=vx+F$ (v: 단위당 변동원가, F: 고정원가, x: 직접작업시간)에서 x에 실제시간을 대입해서 구하는 예산액을 말한다.
2) 예산식 $y=vx+F$에서 x에 표준시간을 대입해서 구하는 예산액을 말한다.

또는

①	②	③	④
제조간접원가 실제발생액 (실제시간×제조간접원가 실제배부율)	실제시간에 의한 예산	표준시간에 의한 예산	표준시간×제조간접원가 표준배부율

소비(예산)차이＝①－②	능률차이＝②－③	조업도차이＝③－④
총차이＝①－④		

(3) 2분법에 의하는 경우

2분법은 제조간접원가예산차이(또는 통제가능차이)와 조업도차이로 구분하는 방법이며 여기서 통제가능차이는 3분법에서의 소비차이와 능률차이 또는 4분법에서의 변동원가소비차이와 능률차이 그리고 고정원가예산차이를 구분하지 않고 합산한 금액을 말한다.

계산식은 다음과 같다.

- 예산(통제가능)차이＝제조간접원가 실제발생액－표준시간예산
- 조업도차이＝표준시간예산－표준시간×제조간접원가 표준배부율

표 21-1 제조간접원가 차이분석

4분법	3분법	2분법
변동원가 소비차이	예산(소비)차이	예산(통제가능)차이
고정원가 예산(소비)차이		
변동원가 능률차이	능률차이	
고정원가 조업도차이	조업도차이	조업도차이

4. 재료수량차이의 분해

제품을 생산할 때 여러 가지의 재료가 투입되는 경우에는 재료수량차이를 다시 세분해서 재료배합차이와 수율차이로 분해한다.

배합차이는 실제배합비율과 표준배합비율의 차이가 직접재료원가에 미치는 영향을

나타내주는 것이며, 수율차이는 실제수율과 표준수율의 차이가 직접재료원가에 미치는 영향을 나타내 주는 것이다.

계산식은 다음과 같다.

- 배합차이 = ∑(실제투입량 × 실제배합비율 − 실제투입량 × 표준배합비율) × 표준원가
- 수율차이 = ∑(실제투입량 × 표준배합비율 − 표준투입량 × 표준배합비율) × 표준원가

유리한 차이와 불리한 차이

(1) 유리한 차이~실제발생한 원가가 예산상의 원가보다 더 적게 발생한 경우이며, 차이조정 후 순이익을 증가시키게 된다. 제조부문 원가차이분석 계산식에서는 (−)값이 나온다.

(2) 불리한 차이~실제발생한 원가가 예산상의 원가보다 더 많이 발생한 경우이며, 차이조정후 순이익을 감소시키게 된다. 제조부문 원가차이분석 계산식에서는 (+)값이 나온다.

제3절 표준원가의 유용성

1. 계획수립

(1) 예산편성을 하는 데 용이하다.
(2) 가격결정의 기초자료로 활용된다.

2. 통 제

(1) 성과평가의 기준이 된다.
(2) 차이분석을 통한 원가의 관리 및 통제

3. 제품원가 계산의 단순화

(1) 사전적 원가계산에 대한 정보를 얻을 수 있다.

(2) 원가흐름의 가정이 필요없으며, 기장을 신속히 할 수 있다.

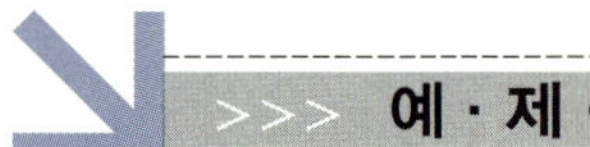

>>> 예 · 제 · 문 · 제 · 정 · 해

예제 1 | 재료원가 차이분석

CW회사는 K제품을 생산하여 단위당 ₩300에 판매하고 있다. 완제품 한 단위당 표준원가는 다음과 같다.

직접재료원가(3kg, ₩20): ₩60

당기 실제 결과는 다음과 같다.

K제품 실제생산량	10,000단위
직접재료 구입수량	32,000kg(₩22)
직접재료 사용량	31,000kg

이상의 자료에 의하여 다음 물음에 답하라.

1. 재료원가 가격차이를 구입시점에서 분리하는 경우

	가격차이	능률차이(수량차이)
①	₩64,000(유리)	₩20,000(불리)
②	64,000(불리)	20,000(불리)
③	64,000(불리)	20,000(유리)
④	64,000(유리)	20,000(유리)
⑤	20,000(불리)	64,000(불리)

2. 재료원가 가격차이를 사용시점에서 분리하는 경우

	가격차이	능률차이(수량차이)
①	₩62,000(불리)	₩20,000(불리)
②	64,000(불리)	20,000(불리)
③	62,000(유리)	20,000(유리)
④	64,000(유리)	20,000(유리)
⑤	20,000(불리)	62,000(불리)

풀이 (1) 재료원가 가격차이 = 실제구입수량×(실제가격 − 표준가격)
= 32,000×(₩22 − 20) = ₩64,000(불리)

재료원가 능률차이 = (실제사용량 − 표준수량)×표준가격

= (31,000 − 30,000*) × ₩20 = ₩20,000(불리)
*표준수량 = 실제생산량 × 표준투입수량
= 10,000개 × 3kg = 30,000

(2) 재료원가 가격차이 = 실제사용량 × (실제가격 − 표준가격)
= 31,000 × (₩22 − 20) = ₩62,000(불리)

재료원가 능률차이 = (실제사용량 − 표준수량) × 표준가격
= (31,000 − 30,000) × ₩20) = ₩20,000(불리)

해답: 1. ② 2. ①

참고로, 재료원가, 노무원가, 제조간접원가 차이분석시 ⊕값이 나오면 불리한 차이, ⊖값이 나오면 유리한 차이를 나타낸다.

예제 2 | 노무원가 차이분석

CW회사는 표준원가 계산제도를 채택하고 있다. 제품 한 단위당 직접노무원가 원가자료는 다음과 같다.

직접노무원가(2시간, ₩100): ₩200

당기실제결과는 다음과 같다.

실제생산량	5,000단위
실제시간	11,000시간(₩120)

이상의 자료에 의해서 노무원가 임률(가격)차이와 능률(시간)차이를 구하라.

	임률차이	능률차이
①	₩220,000(유리)	₩100,000(불리)
②	220,000(불리)	100,000(불리)
③	220,000(불리)	100,000(유리)
④	220,000(유리)	100,000(유리)
⑤	200,000(불리)	120,000(불리)

풀이 임률차이 = 실제시간 × (실제임률 − 표준임률)
= 11,000 × (₩120 − 100) = ₩220,000(불리)

능률차이 = (실제시간 − 표준시간) × 표준임률
= (11,000 − 10,000*) × ₩100 = ₩100,000(불리)
*표준시간 = 실제생산량 × 제품단위당표준투입시간
= 5,000단위 × 2시간 = 10,000시간

해답: ②

예제 3 | 변동제조간접원가 차이분석

CW회사는 표준원가계산제도를 채택하고 있다. K제품 한 단위를 생산하는 데

필요한 표준원가는 다음과 같다.

제품 한 단위당 표준시간: 3시간
변동제조간접원가(₩150): ₩450

변동제조간접원가 실제 발생액은 다음과 같다.

실제생산량	5,000개
실제시간	16,000시간(₩160)

이상의 자료에 의하여 변동제조간접원가 소비차이와 능률차이를 구하라.

	소비차이	능률차이
①	₩160,000(불리)	₩150,000(유리)
②	160,000(유리)	150,000(불리)
③	160,000(불리)	150,000(불리)
④	160,000(유리)	150,000(유리)
⑤	140,000(불리)	140,000(불리)

풀이 소비차이 = 실제시간 × (실제배부율 − 표준배부율)
= 16,000 × (₩160 − 150) = ₩160,000(불리)
능률차이 = (실제시간 − 표준허용시간) × 표준배부율
= (16,000 − 15,000*) × ₩150 = ₩150,000(불리)
*표준시간 = 실제생산량 × 제품단위당표준투입시간
= 5,000 × 3 = 15,000시간

해답: ③

예제 4 | 고정제조간접원가 차이분석

주봉공업사의 제조간접원가에 대한 표준원가 자료는 다음과 같다.

제조간접원가 예산식	₩4 × 작업시간 + ₩100,000
기준조업도	1,000시간
제품단위당 표준시간	2시간

당기 실제 결과는 다음과 같다.

실제 생산량	450개
고정제조간접원가 실제발생액	₩95,000

이상의 자료에 의할 때 고정제조간접원가의 예산(소비)차이와 조업도 차이는?

	예산차이	조업도차이
①	₩5,000(불리)	₩10,000(유리)
②	5,000(불리)	10,000(불리)
③	5,000(유리)	10,000(유리)
④	5,000(유리)	10,000(불리)
⑤	10,000(불리)	5,000(유리)

풀이 예산차이 = 고정원가 실제발생액 − 고정원가 예산액
= ₩95,000 − 100,000 = ₩5,000(유리)

조업도차이 = 예산액 − 표준시간 × 고정원가 표준배부율
= ₩100,000 − 900 [1)] × 100 [2)] = ₩10,000(불리)

1) 표준시간 = 실제생산량 × 제품단위당표준투입시간 = 450 × 2 = 900시간

2) 고정원가 표준배부율 = $\frac{\text{예산액}}{\text{기준조업도}} = \frac{₩100{,}000}{1{,}000}$ = ₩100

해답: ④

예제 5 | 제조간접원가 차이분석(3분법)

CW회사의 제조간접원가 표준원가 자료는 다음과 같다.

제조간접원가 예산식	₩5 × 작업시간 + ₩100,000
기준조업도	10,000시간
제품단위당 표준시간	3시간

당기 실제결과는 다음과 같다.

실제 생산량	3,000개
제조간접원가 실제발생액	11,000시간(₩16)

이상의 자료에 의할 때 3분법에 의한 예산차이, 능률차이, 조업도 차이를 구하라.

	예산차이	능률차이	조업도차이
①	₩21,000(불리)	₩10,000(유리)	₩10,000(유리)
②	21,000(불리)	10,000(불리)	10,000(불리)
③	21,000(유리)	10,000(불리)	10,000(불리)
④	21,000(유리)	10,000(유리)	10,000(불리)
⑤	21,000(유리)	10,000(유리)	10,000(유리)

풀이 예산차이 = 실제발생액 − 실제시간예산

= ₩11,000 × 16 − (5 × 11,000 + 100,000) = ₩21,000(불리)

능률차이 = 실제시간예산 − 표준시간예산

= (₩5 × 11,000 + ₩100,000) − (5 × 9,000 [1)] + 100,000) = ₩10,000(불리)

1) 표준시간 = 3,000개 × 3 = 9,000시간

조업도차이 = 표준시간예산 − 표준시간 × 제조간접원가 표준배부율

= (₩5 × 9,000 + ₩100,000) − 9,000 × 15 [2)] = ₩10,000(불리)

2) 제조간접원가 표준배부율 = 변동제조간접원가 배부율 + 고정제조간접원가 배부율

$= ₩5 + \frac{₩100,000}{10,000} = ₩15$

해답: ②

예제 6 | 제조간접원가 차이분석(4분법)

(주)찬우는 표준원가계산제도를 채택하고 있으며, 제품 5,000단위를 기준으로 제조간접원가에 대한 표준을 설정하고 있다. (주)찬우의 원가에 관한 자료는 다음과 같다. 【'12. 세무사】

제조간접원가예산	₩1,800,000+₩100 × 기계시간
제품단위당표준기계시간	5시간
실제변동제조간접원가발생액	₩5,000,000
실제고정제조간접원가발생액	₩2,000,000
실제기계시간	51,000시간
실제생산량	10,000단위

(주)찬우가 4분법을 이용하여 제조간접원가에 대한 차이분석을 수행할 경우에 유리한 차이가 발생하는 것으로만 나열된 것은?

① 소비차이, 능률차이
② 능률차이, 예산차이
③ 예산차이, 조업도차이
④ 소비차이, 예산차이
⑤ 소비차이, 조업도차이

풀이 (1) 변동원가

소비차이 = ₩5,000,000−51,000 × 100 = ₩−100,000(유리)

능률차이 = 51,000 × ₩100−10,000 × 5 × 100 = ₩100,000(불리)

(2) 고정원가

예산차이 = ₩2,000,000−1,800,000 = ₩200,000(불리)

조업도차이 = ₩1,800,000−10,000 × 5 × 72* = ₩−1,800,000(유리)

* 고정원가표준배부율 $= \frac{₩1,800,000}{(5,000 \times 5)} = ₩72$

해답: ⑤

예제 7 | 배합차이 · 수율차이

CW회사의 붕어빵생산을 위한 자료는 다음과 같다.

(1) 단위당 표준투입량과 표준가격

재료	표준투입량	표준가격	총가격
밀가루	5g	₩ 6	30
설탕	3g	₩12	36
팥	2g	₩22	44
	10g		₩110

(2) 붕어빵 100개를 생산하였으며 실제 결과는 다음과 같다.

재료	실제투입량	실제가격	총가격
밀가루	550g	₩ 4	₩ 2,200
설탕	290g	₩12	3,480
팥	180g	₩25	4,500
	1,020g		₩10,180

1. 재료 수율차이는?

① ₩220 불리 ② ₩220 유리 ③ ₩480 유리
④ ₩480 불리 ⑤ ₩260 유리

2. 재료 배합차이는?

① ₩220 불리 ② ₩220 유리 ③ ₩480 유리
④ ₩480 불리 ⑤ ₩260 유리

풀이 배합차이 = (실제투입량 × 실제배합비율 − 실제투입량 × 표준배합비율) × 표준가격

밀가루 = (550 − 1,020 × 50%) × ₩6 = ₩240
설탕 = (290 − 1,020 × 30%) × 12 = −192
팥 = (180 − 1,020 × 20%) × 22 = −528
계 ₩ −480(유리)

수율차이 = (실제투입량 × 표준배합비율 − 표준투입량 × 표준배합비율) × 표준가격

밀가루 = (1,020 × 50% − 1,000 × 50%) × ₩6 = ₩60
설탕 = (1,020 × 30% − 1,000 × 30%) × 12 = 72
팥 = (1,020 × 20% − 1,000 × 20%) × 22 = 88
계 ₩220(불리)

해답: 1. ① 2. ③

>>> 객·관·식·문·제

1 (주)국세는 표준원가계산제도를 채택하고 있다. 20×1년 직접재료의 표준원가와 실제원가가 다음과 같을 때, 직접재료원가 수량차이는? 【'15. 세무사】

표준원가	제품단위당 직접재료표준투입량 직접재료 표준가격	20kg ₩30/kg
실제원가	실제 생산량 직접재료원가 직접재료 구입가격	50개 ₩35,000 ₩28/kg

① ₩5,500 유리 ② ₩5,500 불리
③ ₩7,500 유리 ④ ₩7,500 불리
⑤ ₩0 차이 없음

풀이 가격차이＝₩35,000－1,250*×₩30＝₩2,500(유리)
 * 실제수량＝₩35,000÷28＝1,250Kg
수량차이＝1,250×₩30－50개×20×₩30＝₩7,500(불리)

2 표준원가시스템을 사용하고 있는 (주)한국의 직접재료원가의 제품단위당 표준사용량은 10kg이고, 표준가격은 kg당 ₩6이다. (주)한국은 6월에 직접재료 40,000kg을 ₩225,000에 구입하여 36,000kg을 사용하였다. (주)한국의 6월 중 제품생산량은 3,000단위이다. 직접재료 가격차이를 구입시점에 분리하는 경우, 6월의 직접재료원가에 대한 가격차이와 능률차이(수량차이)는? 【'04, '12. 감평사】

① 가격차이 ₩6,000불리, 능률차이 ₩32,000유리
② 가격차이 ₩9,000불리, 능률차이 ₩36,000불리
③ 가격차이 ₩15,000유리, 능률차이 ₩36,000불리
④ 가격차이 ₩15,000유리, 능률차이 ₩32,000불리
⑤ 가격차이 ₩9,000불리, 능률차이 ₩36,000유리

풀이 가격차이＝₩225,000－40,000×6＝₩－15,000(유리)
수량차이＝36,000×₩6－3,000×10×6＝₩36,000(불리)

해답 1. ④ 2. ③

3 (주)관세는 표준원가를 이용한 전부원가계산제도를 적용하며, 20×1년 3월 1일에 생산 및 영업을 개시하였다. 20×1년 3월 중 900단위를 생산에 착수하여 당월에 모두 완성하였으며, 이 중 800단위를 판매하였다. 20×1년 3월 중 직접재료 2,000kg을 ₩130,000에 구입하였으며, 직접재료의 당월말재고량은 100kg이다. 당월말 제품계정에 포함된 표준직접재료원가는 ₩10,000이며, 제품 단위당 표준직접재료소비량은 2kg이다. 20×1년 3월의 직접재료원가의 가격차이와 수량차이는 각각 얼마인가? (단, 직접재료원가의 가격차이는 구입시점에 계산하며, 월말재공품은 없다.) 【'15. 관세사】

	가격차이	수량차이		가격차이	수량차이
①	₩20,000 불리	₩3,000 불리	②	₩20,000 유리	₩3,000 유리
③	₩20,000 불리	₩3,000 유리	④	₩30,000 불리	₩5,000 불리
⑤	₩30,000 유리	₩5,000 유리			

풀이 가격차이=₩130,000−2,000×₩50[1)]=₩30,000(불리)
수량차이=1,900[2)]×₩50−900×2×₩50=₩5,000(불리)

1) 제품단위당 표준가격=$\frac{₩10,000}{100}$=₩100

∴ kg당 표준가격=$\frac{₩100}{2}$=₩50/kg

2) 사용수량=2,000−100=1,900kg

4 (주)한국은 표준원가계산을 월별로 적용하고 있다. 제품 1개를 생산하기 위한 표준직접 재료원가는 ₩600(4kg×₩150)이다. 당월초에 원재료 2,400kg을 매입하였으며, 원재료 가격차이는 구매시점에서 파악한다. 당월에 생산한 제품은 500개이며, 원재료 수량차이는 ₩30,000(불리)이다. 원재료 월초재고가 200kg일 때 원재료 월말재고는 몇 kg인가? 【'09. 감평사】

① 100kg ② 200kg ③ 300kg
④ 400kg ⑤ 500kg

풀이 수량차이＝(실제수량－500×4)×₩150＝₩30,000
∴ 실제수량＝2,200(사용수량)
따라서, 기말재고＝200＋(2,400－2,200)＝400kg

5 (주)세무는 표준원가제도를 채택하고 있다. 20×1년 직접재료원가와 관련된 표준 및 실제원가 자료가 다음과 같을 때, 20×1년의 실제 제품생산량은 몇 단위인가? 【'13. 세무사】

해답 3. ④ 4. ④ 5. ③

실제 발생 직접재료원가	₩28,000
직접재료단위당 실제구입원가	₩35
제품단위당 표준재료투입량	9개
직접재료원가 가격차이	₩4,000 불리
직접재료원가 수량차이	₩3,000 유리

① 90단위 ② 96단위 ③ 100단위
④ 106단위 ⑤ 110단위

풀이 가격차이＝₩28,000−800×표준가격＝₩4,000
∴ 표준가격＝₩30
수량차이＝(실제수량−표준수량)×표준가격＝(800−Q×9)×₩30＝₩−3,000
∴ Q(제품 생산량)＝100단위

6 다음은 LJB회사의 직접재료원가에 대한 자료이다.

예산 제품 생산량	4,000개
실제 제품 생산량	5,000개
직접재료 실제구입가격	₩400/kg
제품당 표준투입량	4kg
직접재료의 표준가격	₩300/kg
직접재료원가 가격차이	₩1,800,000 불리

직접재료원가 능률차이는 얼마인가? 【'98. 감평사】

① ₩600,000 유리 ② ₩600,000 불리
③ ₩1,200,000 유리 ④ ₩1,200,000 불리
⑤ ₩1,800,000 유리

풀이 능률차이＝(18,000 [1]) − 20,000 [2]))×₩300＝₩600,000(유리)
(수량차이)
1) 실제수량×(₩400 − 300)＝₩1,800,000 ∴ 실제수량＝18,000개
2) 표준수량＝5,000개×4kg＝20,000개

7 (주)대한은 표준원가계산시스템을 사용하고 있다. 다음은 제품 단위당 원가요소별 표준원가 자료이다.

해답 6. ① 7. ④

직접재료원가	₩100	직접노무원가	₩200
변동제조간접원가	₩50	고정제조간접원가	₩100

제조간접원가 배부기준은 직접노무시간이다. 2008년 6월에 기초재고는 없고, 총 500개의 제품을 생산하였다. 직접재료원가 가격차이는 ₩1,000(불리), 수량차이는 ₩2,000(유리)이고, 직접노무원가 임률차이는 ₩500(유리), 능률차이는 ₩1,500(불리)이었다. 6월 중 직접재료원가 실제발생액과 직접노무원가 실제발생액은 각각 얼마인가? 【'09. 세무사】

	직접재료원가	직접노무원가
①	₩46,000	₩99,000
②	48,000	101,000
③	48,000	101,500
④	49,000	101,000
⑤	49,000	101,500

풀이 (1) 직접재료원가

가격차이＝실제재료원가－실제수량×₩100＝₩1,000 …… ①

수량차이＝(실제수량－500)×₩100＝₩－2,000 …… ②

②식에서 실제수량＝480개

따라서, ①식에서 실제재료원가＝₩49,000

(2) 직접노무원가

임률차이＝실제노무원가－실제시간×₩200＝₩－500 …… ③

시간차이＝(실제시간－500)×₩200＝₩1,500 …… ④

④식에서 실제시간＝507.5

따라서, ③식에서 실제노무원가＝₩101,000

8 다음은 (주)동해의 회계자료이다

표준직접노동시간: 105,000시간
실제직접노동시간: 101,500시간
직접노무원가능률차이(유리): ₩14,000
직접노무원가임률차이(유리): ₩20,300
노무원가지급총액(＝실제발생액): ₩385,700

해답 8. ③

위의 자료에 의할 때 직접노무원가에 대한 실제임률(A)과 표준임률(B)은 각각 얼마인가? 【'96, '02. 감평사】

	(A) 실제임률	(B) 표준임률		(A) 실제임률	(B) 표준임률
①	₩3.8	₩3.9	②	₩3.9	₩4.0
③	₩3.8	₩4.0	④	₩3.9	₩4.1
⑤	₩3.9	₩4.2			

풀이 (1) 실제임률

실제노무원가＝실제직접노동시간×실제임률

＝101,500×실제임률＝₩385,700

∴ 실제임률＝₩3.8

(2) 표준임률

능률차이＝(실제직접노동시간－표준직접노동시간)×표준임률

＝(101,500－105,000)×표준임률＝₩－14,000

∴ 표준임률＝₩4

9 다음은 20×9년 (주)한국의 직접노무원가에 대한 표준원가 자료이다. 20×9년 중 생산 활동에 투입된 실제작업시간은 얼마인가? 【'10. 감평사】

실제생산량	3,000개
단위당 시간표준	10시간
직접노무원가 실제발생액	₩15,000,000
임률차이(불리)	₩5,000,000
능률차이(유리)	₩2,000,000

① 20,000시간 ② 22,000시간 ③ 25,000시간

④ 30,000시간 ⑤ 32,000시간

풀이 임률차이＝ 실제노무원가−실제시간×표준임률

＝ ₩15,000,000−실제시간×표준임률＝₩5,000,000 … ①

시간차이＝ 실제시간×표준임률−표준시간×표준임률

＝ 실제시간×표준임률−3,000×10×표준임률＝₩−2,000,000… ②

②식에서

₩10,000,000−30,000×표준임률＝₩−2,000,000 ∴ 표준임률＝₩400

①식에서

₩15,000,000−실제시간×₩400＝₩5,000,000 ∴ 실제시간＝25,000시간

해답 9. ③

10 (주)가야의 제품단위당 표준직접노무원가는 다음과 같다. 【'13, '07. 감평사】

> 직접노무원가 (₩10, 5시간) ₩50

7월의 실제자료는 다음과 같다.

제품생산량	800개
실제직접노무원가(₩12, 5,000시간)	₩60,000

위 자료로부터 직접노무원가 가격차이와 능률차이를 구하면 다음 중 어떤 것인가?

	직접노무원가 가격차이	직접노무원가 능률차이
①	₩10,000 유리	₩10,000 유리
②	₩10,000 유리	₩10,000 불리
③	₩10,000 불리	₩10,000 유리
④	₩10,000 불리	₩10,000 불리
⑤	정답 없음	

풀이 임률차이 = ₩60,000 − 5,000 × ₩10 = ₩10,000(불리)
시간차이 = (5,000 − 800 × 5) × ₩10 = ₩10,000(불리)

11 표준원가계산 제도를 채택하고 있는 OK회사의 6월 중 원가자료가 다음과 같을 때, 6월 중 직접노무원가 임률차이는 얼마인가? 【'05, '06. 감평사】

> 표준자료에 의하면 생산량 1톤당 직접노무시간 4시간이 소요된다.
> 6월 중 실제생산량은 1,250톤이다.
> 6월 중 실제노동시간은 5,550시간이다.
> 6월 중 실제 직접노무원가 발생액은 ₩15,262,500이다.
> 6월 중 직접노무원가 능률차이는 ₩1,650,000 불리하다.

① ₩1,250,000 유리
② ₩1,250,000 불리
③ ₩1,375,000 유리
④ ₩1,375,000 불리
⑤ ₩1,387,500 유리

풀이 임률차이 = 실제노무원가 − 실제시간 × 표준임률
= ₩15,262,500 − 5,550 × ₩3,000* = ₩ − 1,387,500(유리)
*능률차이 = (실제시간 − 표준허용시간) × 표준임률

해답 10. ④ 11. ⑤

=(5,550−1,250×4)×표준임률=₩1,650,000
∴ 표준임률=₩3,000

12 (주)서울은 단일 제품을 생산하고 있으며 20×1년 재공품에 관한 자료는 다음과 같다.

투입량		산출량	
기초재공품 수량	−	완성량	80개
당기착수량	130개	기말재공품 수량	50개
합계	130개	합계	130개

기말재공품의 가공원가 완성도는 40%이다. (주)서울은 당기에 직접노무시간 660시간을 투입하였다. 회사의 제품 단위당 표준직접노무시간은 6시간이고, 표준임률은 ₩3,000이다. 당기에 실제로 발생된 직접노무원가가 ₩2,100,000이었다면, 직접노무원가의 능률차이는? 【'11. 감평사】

① ₩120,000 불리
② ₩180,000 불리
③ ₩120,000 유리
④ ₩180,000 유리
⑤ ₩540,000 불리

풀이 임률차이=실제노무원가−실제시간×표준임률
=₩2,100,000−660×₩3,000=₩120,000(불리)
능률차이=실제시간×표준임률−표준시간×표준임률
=660×₩3,000−100*×6×₩3,000=₩180,000(불리)
* 당기 가공원가 완성품환산량=80+50×40%=100개

13 (주)한강의 당기 초 생산활동과 관련된 예산자료는 다음과 같다.

구 분	예 산
생산량(기준조업도)	1,000단위
고정제조간접원가 총액	₩200,000
단위당 변동제조간접원가	₩125

당기의 실제생산량은 1,100단위이었고 실제제조간접원가 총액은 ₩355,000이었다. 제조간접원가 총차이를 통제가능차이와 조업도차이로 나누어 2분법으로 분석할 때 다음 중 옳은 것은? 【'99. 세무사, '10. CPA】

해답 12. ② 13. ③

	통제가능차이	조업도차이
①	₩0	₩ 1,500(유리)
②	₩ 2,500(유리)	₩0
③	₩17,500(불리)	₩20,000(유리)
④	₩24,500(유리)	₩22,500(불리)
⑤	₩30,000(불리)	₩32,000(불리)

풀이 통제가능차이 = 실제제조간접원가 − 표준허용시간의 제조간접원가예산
조업도차이 = 표준허용시간의 제조간접원가예산 − 표준허용시간 × 제조간접원가표준배부율*
* 제조간접원가표준배부율 = 변동원가표준배부율 + 고정원가표준배부율
위 식에서,
통제가능차이 = ₩355,000 − (125 × 1,100 + 200,000) = ₩17,500(불리)
조업도차이 = (₩125 × 1,100 + ₩200,000) − 1,100 × (₩125 + $\frac{₩200,000}{1,000}$) = ₩−20,000(유리)

14 표준원가계산제도를 채택하고 있는 (주)감평의 20×5년 6월의 제조간접원가 예산과 실제발생액은 다음과 같다.

	예 산	실제발생액
변동제조간접원가:		
간접재료원가	₩4,480	₩4,310
간접노무원가	3,360	3,630
고정제조간접원가:		
공장임대료	10,640	10,630
감가상각비	14,280	14,260
총 제조간접원가	₩32,760	₩32,830

(주)감평은 고정제조간접원가의 예산을 월간 2,800기계시간을 기준으로 수립하였다. 20×5년 6월 실제 기계시간은 2,730시간이다. 만약 실제 생산량에 허용된 표준 기계시간이 2,860시간이라면, 6월의 고정제조간접원가 조업도차이는? 【'01, '15. 감평사】

① ₩534 불리 ② ₩623 불리 ③ ₩702 불리
④ ₩534 유리 ⑤ ₩623 유리

풀이 예산차이=(₩10,630+14,260)−(10,640+14,280)=₩−30(유리)
조업도차이=(₩10,640+14,280)−2,860×₩8.9*=₩−534(유리)
* 고정원가 표준배부율=(₩10,640+14,280)÷2,800=₩8.9

해답 14. ④

15 (주)남촌은 표준원가계산제도를 사용하고 있다. 표준노무시간은 제품 한 단위당 5시간이다. 제품의 실제생산량은 2,120단위이고 고정제조간접원가 발생액은 ₩24,920,000이다. 이 회사의 고정제조간접원가는 노무시간을 기준으로 배부되며 기준조업도는 10,000노무시간이다. 고정제조간접원가 예산차이가 ₩4,360,000 유리하다면 조업도차이는 얼마인가? 【'94. 세무사, '03. 감평사】

① ₩1,233,600(유리) ② ₩1,233,600(불리)
③ ₩1,756,800(유리) ④ ₩1,756,800(불리)
⑤ 정답 없음

풀이 예산차이 = ₩24,920,000 − 10,000 × 고정원가표준배부율 = ₩ − 4,360,000
∴ 고정원가표준배부율 = ₩2,928
조업도차이 = (10,000 − 2,120 × 5) × ₩2,928 = ₩ − 1,756,800(유리)

16 (주)대한은 표준원가계산제도를 채택하고 있으며, 기계작업시간을 기준으로 고정제조간접원가를 제품에 배부한다. 다음 자료에 의할 경우 기준조업도는? 【'14. 감평사】

(1) 기계작업시간당 고정제조간접원가 표준배부율	₩10
(2) 유리한 조업도 차이	₩10,000
(3) 실제생산량	1,000단위
(4) 제품 단위당 표준기계작업시간	2시간

① 500시간 ② 700시간
③ 800시간 ④ 1,000시간
⑤ 1,100시간

풀이 조업도차이 = (기준조업도 − 표준시간) × 기계시간당 고정제조간접원가 표준배부율
= (기준조업도 − 1,000단위 × 2시간) × ₩10 = ₩ − 10,000
∴ 기준조업도 = 1,000시간

17 (주)관세는 표준원가계산제도를 채택하고 있다. 고정제조간접원가는 기계시간을 기준으로 배부하고 있는데, 제품 단위당 5시간의 기계시간이 소요된다. 20×3년도에는 1,000개의 제품을 생산하였고 실제 고정제조간접원가 발생액은 ₩285,000이었다. 고정제조간접원가 예산차이가 ₩9,000(불리)이고 고정제조간접원가 조업도차이가 ₩46,000(불리)인 경우에 20×3년도 기준조업도(기계시간)는 몇 시간인가? 【'13. 관세사】

해답 15. ③ 16. ④ 17. ④

① 4,500시간　　② 5,000시간
③ 5,500시간　　④ 6,000시간
⑤ 6,500시간

풀이 예산차이＝₩285,000－고정원가예산＝₩9,000
∴ 고정원가예산＝₩276,000
조업도차이＝고정원가예산－표준시간×고정원가표준배부율
＝₩276,000－1,000×5×고정원가표준배부율＝₩46,000
∴ 고정원가표준배부율＝₩46
따라서,
$\frac{\text{고정원가예산}}{\text{기준조업도}}$＝고정원가표준배부율에서
$\frac{\text{₩276,000}}{\text{기준조업도}}$＝₩46
∴ 기준조업도＝6,000시간

18 OK(주)는 표준원가시스템을 사용하고 있으며 전년도의 실적은 다음과 같다.

실제 제조간접원가	₩112,400
	(이중 ₩35,000은 고정제조간접원가)
실제 직접노무시간	35,500시간
실제 직접노무원가	₩328,375
완제품 1단위의 표준 직접노무시간	3시간
완제품 실제 생산량	12,000개
15,000개의 완제품 생산예산: 변동제조간접원가	₩90,000
고정제조간접원가	₩33,750

이 회사의 고정제조간접원가는 직접노무시간을 배부기준으로 한 예정배부율에 따라 제품에 배부된다. 고정제조간접원가의 조업도 차이는 얼마인가? 【'05. 감평사】

① ₩6,750 불리한 차이　　② ₩3,750 불리한 차이
③ ₩1,250 불리한 차이　　④ ₩7,125 불리한 차이
⑤ ₩7,125 유리한 차이

풀이 예산차이＝₩35,000－33,750＝₩1,250(불리)
조업도차이＝₩33,750－12,000×3×₩0.75 [1)]＝₩6,750(불리)
1) 고정원가표준배부율＝$\frac{\text{고정원가예산}}{\text{기준조업도}}$＝$\frac{\text{₩33,750}}{15,000\times 3}$＝₩0.75/시간당
또는
조업도 차이＝₩33,750－12,000×₩2.[25 2)]＝₩6,750(불리)

해답 18. ①

2) $\frac{₩33,750}{15,000}$ = ₩2.25/제품단위당

19 (주)명랑은 직접노무시간을 기준으로 제조간접원가 예정배부율을 산정하고 있으며 20×4년 제조간접원가 변동예산은 다음과 같다.

기준조업도(직접노동시간)	1,000시간
변동제조간접원가	₩14,000
고정제조간접원가	₩35,400

제품단위당 표준노무시간은 2시간이다.
20×4년에 회사는 600단위를 생산하였으며 실제 발생원가는 다음과 같다.

직접노무시간	1,160시간
변동제조간접원가	₩17,700
고정제조간접원가	₩36,500

20×4년의 변동제조간접원가 능률차이와 고정제조간접원가 조업도차이는 각각 얼마인가? 【'04. 감평사】

	능률차이	조업도차이
①	₩ 560(불리)	₩1,100(불리)
②	₩ 560(유리)	₩7,080(유리)
③	₩ 560(유리)	₩7,080(불리)
④	₩1,460(유리)	₩7,080(유리)
⑤	₩1,460(불리)	₩1,100(유리)

풀이 (1) 변동원가
소비차이 = ₩17,700 − 1,160 × ₩14 [1)] = ₩1,460(불리)
능률차이 = ₩1,160 × 14 − 1,200 [2)] × 14 = ₩ − 560(유리)
1) 변동원가표준배부율 = 14,000 ÷ 1,000시간 = ₩14
2) 표준시간 = 600단위 × 2시간 = 1,200시간
(2) 고정원가
소비차이 = ₩36,500 − 35,400 = ₩1,100(불리)
조업도차이 = ₩35,400 − 1,200 × 35.4 [3)] = ₩ − 7,080(유리)
3) 고정원가표준배부율 = $\frac{₩35,400}{1,000}$ = ₩35.4

해답 19. ②

20 표준원가계산제도를 사용하는 ㈜국세는 직접노동시간을 기준으로 제조간접원가를 배부한다. 20×1년도 기준조업도는 20,000 직접노무시간이나, 실제 직접노무시간은 22,500시간이다. 변동제조간접원가의 표준배부율은 직접노무시간당 ₩6이다. 다음은 20×1년도의 제조간접원가와 관련된 자료이다.

> (1) 변동제조간접원가
> 실제발생액 : ₩110,000
> 배부액 : ₩138,000
> (2) 고정제조간접원가
> 소비차이 : ₩30,000(불리)
> 조업도차이 : ₩27,000(유리)

20×1년도의 고정제조간접원가 실제발생액은? 【'15. 세무사】

① ₩150,000 ② ₩170,000
③ ₩190,000 ④ ₩210,000
⑤ ₩246,000

풀이 예산차이 = 실제고정원가 − 20,000 × 고정원가표준배부율 = ₩30,000 → ①식
조업도차이 = (20,000 − 23,000*) × 고정원가표준배부율 = ₩−27,000 → ②식
*표준시간 = $\frac{₩138,000}{₩6}$ = 23,000시간
②식에서 고정원가표준배부율 = ₩9
따라서, ①식에서
예산차이 = 실제고정원가 − 20,000 × ₩9 = ₩30,000
∴ 실제고정원가 = ₩210,000

21 (주)진주는 제조간접원가를 직접노무시간에 따라 배부하며, 기준조업도(직접노무시간)는 30,000시간/월이다. 제품 1단위를 생산하는데 표준직접노무시간은 3시간이다. 20×1년 9월의 발생 자료는 다음과 같다.

(1) 실제 직접노무시간	28,000시간
(2) 변동제조간접원가 실제 발생액	₩37,800
(3) 소비차이	₩4,200(유리)
(4) 능률차이	₩3,000(유리)

(주)진주의 20×1년 9월 실제 제품생산량은 몇 단위인가? 【'10. 세무사】

해답 20. ④ 21. ④

① 8,500단위 ② 9,000단위 ③ 9,500단위
④ 10,000단위 ⑤ 10,500단위

풀이 소비차이 = 실제변동원가 − 실제시간 × 변동원가표준배부율
능률차이 = 실제시간 × 변동원가표준배부율 − 표준허용시간 × 변동원가표준배부율
= (실제시간 − 표준허용시간) × 변동원가표준배부율
위 식에서,
소비차이 = ₩37,800 − 28,000 × 변동원가표준배부율 = ₩−4,200
∴ 변동원가표준배부율 = ₩1.5
능률차이 = (28,000 − Q × 3) × 변동원가표준배부율 = ₩−3,000
= (28,000 − Q × 3) × ₩1.5 = ₩−3,000
∴ Q = 10,000개

22 KUH회사는 3가지 원재료 A, B, C로 제품 PP를 생산하고 있다. 완성품 7kg에 대한 표준은 아래와 같다.

원재료	소요량	표준단가	표준재료원가
A	3kg	₩15	₩ 45
B	6kg	₩10	60
C	1kg	₩20	20
	10kg		₩125

당월의 실제 생산량은 7,000kg이다. 표준수율은 70%이다. 실제 원재료 소비는 다음과 같다.

A	3,200kg	₩16	₩51,200
B	5,400kg	₩12	64,800
C	1,200kg	₩19	22,800
	9,800kg		₩138,800

이상의 자료로 원재료에 대한 가격차이, 수율차이, 배합차이는 각각 얼마인가?

	가격차이	수율차이	배합차이
①	₩12,800(불리)	₩2,500(유리)	₩3,500(불리)
②	12,800(불리)	2,500(불리)	3,500(불리)
③	13,800(불리)	3,500(불리)	2,500(유리)
④	13,800(불리)	1,500(유리)	1,000(유리)

해답 22. ①

⑤ 11,000(유리) 1,800(불리) 800(유리)

풀이 (1) 가격차이

A = 3,200 × (₩16 − 15) = ₩3,200
B = 5,400 × (₩12 − 10) = 10,800
C = 1,200 × (₩19 − 20) = −1,200
계 ₩12,800(불리)

(2) 배합차이

A = (3,200 − 9,800 × 30%) × ₩15 = ₩3,900
B = (5,400 − 9,800 × 60%) × ₩10 = −4,800
C = (1,200 − 9,800 × 10%) × ₩20 = 4,400
계 ₩3,500(불리)

(3) 수율차이

A = (9,800 × 30% − 10,000 × 30%) × ₩15 = ₩−900
B = (9,800 × 60% − 10,000 × 60%) × ₩10 = −1,200
C = (9,800 × 10% − 10,000 × 10%) × ₩20 = −400
계 ₩−2,500(유리)

23 (주)강남은 석유정제물 A와 B를 혼합하여 완성품 甲을 제조.판매하는데, 이를 제조하기 위한 표준원가는 다음과 같다.

50리터의 석유정제물(A)	(₩0.10) ₩5.00
50리터의 석유정제물(B)	(₩0.30) ₩15.00
100리터의 표준배합(甲)	(₩0.20) ₩20.00

투입량 100리터마다 완성품인 甲 80리터를 산출하여야 한다. 생산담당자는 최소원가로 최대량의 완성품을 생산하여야 할 의무가 있다. 그는 완성품이 규정된 품질을 충족시키는 한 어떤 일정한 범위내에서 원재료의 배합을 변경시킬 수 있는 권한을 가지고 있다. 지난주에 제품 甲 400,000리터가 실제로 생산되었다. 이와 같은 제조에 사용된 원재료는 A 280,000리터와 B 240,000리터이다. 이 기간동안에 가격변동은 없었다. 재료수율차이와 재료배합차이는 각각 얼마인가? 【'02. 감평사】

	재료수율차이	재료배합차이
①	A: ₩6,000 유리 B: ₩2,000 불리	₩3,000 유리 ₩1,000 유리

② A: ₩1,000 불리 / B: ₩3,000 불리 — ₩2,000 불리 / ₩6,000 유리

③ A: ₩6,000 불리 / B: ₩2,000 유리 — ₩3,000 유리 / ₩1,000 유리

④ A: ₩6,000 불리 / B: ₩2,000 불리 — ₩3,000 불리 / ₩1,000 불리

⑤ A: ₩6,000 불리 / B: ₩2,000 유리 — ₩3,000 불리 / ₩1,000 불리

풀이 배합차이＝(실제투입량×실제배합비율－실제투입량×예산배합비율)×표준원가

∴ A＝(280,000－520,000×50%)×₩0.1＝ ₩2,000(불리)

B＝(240,000－520,000×50%)×₩0.3＝ －6,000(유리)

계 ₩－4,000(유리)

수율차이＝(실제투입량×예산배합비율－표준투입량×예산배합비율)×표준원가

∴ A＝(520,000×50%－500,000×50%)×₩0.1＝₩1,000(불리)

B＝(520,000×50%－500,000×50%)×₩0.3＝ 3,000(불리)

계 ₩4,000(불리)

24 (주)관세는 표준원가계산제도를 채택하고 있으며, 원재료 A와 원재료 B를 투입하여 제품을 생산하고 있다. (주)관세는 20×1년에 300단위의 제품을 생산하였으며, 직접재료에 대한 원가자료는 다음과 같다. 직접재료원가의 수율차이는? 【'14. 관세사】

	표 준			실 제		
구분	단위당투입량	Kg당 가격	재료원가	투입량	Kg당 가격	재료원가
원재료 A	0.5Kg	₩200	₩100	160Kg	₩250	₩40,000
원재료 B	1.5Kg	120	180	464	170	78,880
계	2.0Kg		280	624		118,880

① ₩320 불리　② ₩320 유리　③ ₩3,360 불리

④ ₩3,360 유리　⑤ ₩3,680 불리

풀이 배합차이; A＝$(160-624\times\frac{1}{4})$×₩200＝₩800

B＝$(464-624\times\frac{3}{4})$×₩120＝－480

₩320(불리)

수율차이; $A=(624\times\frac{1}{4}-300\times0.5)\times₩200=₩1,200$

$B=(624\times\frac{3}{4}-300\times1.5)\times₩120=\underline{2,160}$

$\underline{\underline{₩3,360}}$(불리)

CHAPTER

22 자본예산

제1절 자본예산의 의의

자본예산이란 1년 이상 장기에 걸친 투자를 위한 총괄계획을 말한다.

즉 유형자산에 투자를 효율적으로 하기 위해서 투자안을 평가하고 선택하는 일련의 체계적인 분석과정을 말한다.

제2절 자본예산 모형

1. 회수기간법

최초에 소요된 투자액을 이 투자로 인하여 발생될 매년 순현금유입액으로 나누어서 회수하는 데 걸리는 기간을 계산하여 투자에 관한 의사결정을 하는 방법이다. 어떤 투자안의 회수기간이 기업이 미리 정해 놓은 회수기간보다 작으면 투자하고 크면 기각한다. 여러개의 투자안 중에서 선택하는 경우에는 회수기간이 가장 작은 투자안을 채택한다. 이 회계모형의 단점은 회수기간 이후의 현금흐름을 무시하고 있으며 화폐의 시간적 가치를 고려하지 않는다는 단점이 있다.

$$\text{회수기간} = \frac{\text{최초투자액}}{\text{연간순현금유입액}}$$

2. 회계적이익률법

이 회계모형은 발생주의 회계모델로서 현금흐름이 아닌 손익계산서상의 당기순이익을 기준으로 회계적 이익률을 구하여 투자의사결정하는 방법이다. 어떤 투자안의 회계적이익률이 기업이 미리 정해놓은 목표 회계적이익률보다 크면 투자하고 작으면 기각한다. 여러 개의 투자안 중에서 선택하는 경우에는 회계적이익률이 가장 큰 투자안을 채택한다. 최초투자액을 기준으로 하는 경우와 평균투자액을 기준으로 하는 경우 두 가지가 있다. 이 모형도 역시 화폐의 시간적 가치를 무시한다는 단점을 가지고 있다.

$$\text{회계적이익률} = \frac{\text{연평균순이익}}{\text{최초투자액}} = \frac{\text{매년현금유입액} - \text{감가상각비}}{\text{최초투자액}}$$

또는,

$$\text{회계적이익률} = \frac{\text{연평균순이익}}{\text{연평균투자액}^{*}} = \frac{\text{매년현금유입액} - \text{감가상각비}}{\text{연평균투자액}}$$

$$^{*}\text{연평균투자액} = \frac{(\text{최초투자액} + \text{잔존가치})}{2}$$

3. 순현재가치법

투자로 인해 발생된 모든 현금유입액의 현재가치에서 투자로 인해 지출될 모든 현금유출액의 현재가치를 차감하여 순현재가치를 구해서 투자의사결정하는 회계모형이다. 즉 순현재가치가 0보다 크면 투자안을 채택하고 0보다 작으면 투자안을 기각한다. 만약, 여러 개의 투자안 중에서 선택하는 경우에는 순현재가치가 가장 큰 투자안을 채택한다. 화폐의 시간적 가치를 고려하는 방법으로서 이론적으로 가장 우수한 방법이나 자본비용(할인율)의 결정이 어렵다.

$$\text{순현재가치} = \frac{F_1}{(1+r)^1} + \frac{F_2}{(1+r)^2} + \cdots + \frac{F_n}{(1+r)^n} - I_0$$

(F: 미래현금유입액, r: 자본비용(=할인율), I_0: 최초현금유출액)

4. 내부수익률법

투자로 인한 현금유입액의 현재가치와 현금유출액의 현재가치를 같게 하는 할인율,

즉 내부수익률을 구하여 투자의사결정하는 회계모형이다. 어떤 투자안의 내부수익률이 자본비용보다 크면 투자하고 작으면 기각한다. 여러 개의 투자안 중에서 선택하는 경우에는 내부수익률이 가장 큰 투자안을 채택한다. 화폐의 시간적 가치를 고려하는 회계모형이나 내부수익률의 계산절차가 복잡하다.

$$\text{순현재가치} = \frac{F_1}{(1+R)^1} + \frac{F_2}{(1+R)^2} + \cdots + \frac{F_n}{(1+R)^n} - I_0$$

(F: 미래현금유입액, I_0: 최초현금유출액, R: 내부수익률)

>>> 예 · 제 · 문 · 제 · 정 · 해

예제 1 | 회수기간법과 회계적이익률

CW회사는 다음과 같은 투자안을 고려하고 있다.

최초투자액: ₩100,000
내용연수: 8년
잔존가치: 0
매년순현금유입액: ₩25,000
감가상각방법: 정액법

1. 이 투자안의 회수기간과 회계적이익률은 얼마인가?

	회수기간	회계적이익률(평균투자액기준)
①	4년	12.5%
②	5년	25%
③	5년	12.5%
④	4년	25%
⑤	4년	50%

2. 법인세율이 40%일 때 회수기간과 회계적이익률은 얼마인가?

	회수기간	회계적이익률(최초투자액기준)
①	5년	7.5%
②	4년	12.5%
③	5년	12.5%
④	4년	7.5%
⑤	5년	25%

풀이 1. 법인세율이 없는 경우

(1) 회수기간 $= \dfrac{\text{최초투자액}}{\text{연간현금유입액}} = \dfrac{₩100,000}{₩25,000} = 4\text{년}$

(2) 회계적이익률 $= \dfrac{\text{연평균순이익}}{\text{평균투자액}} = \dfrac{\text{연간순현금유입액} - \text{감가상각비}}{(\text{최초투자액} + \text{잔존가치}) \div 2}$

$= \dfrac{₩25,000 - 12,500^{*}}{₩50,000} = 25\%$

$^{*}(₩100,000 - 0) \times \dfrac{1}{8} = ₩12,500$

2. 법인세율이 있는 경우

(1) 회수기간 계산

① 연간 순현금유입액 계산(세율 40%)

감가상각비차감전 현금유입액	₩25,000
감가상각비	12,500
세차감전 순이익	12,500
법인세(40%)	5,000
세차감후 순이익	₩7,500

세차감후 순현금유입액 = 세차감전 현금유입액 − 법인세

= ₩25,000 − 5,000

= ₩20,000

다음과 같이 구하면 쉽게 구할 수 있다.

세차감후 순현금유입액 = 순현금유입액 × (1 − 세율) + 감가상각비 × 세율

= ₩25,000 × (1 − 0.4) + 12,500 × 0.4

= ₩20,000

② 회수기간 $= \dfrac{₩100,000}{₩20,000} = 5$년

(2) 회계적이익률 $= \dfrac{₩7,500}{₩100,000} = 7.5\%$

해답: 1. ④ 2. ①

예제 2 | 순현재가치법

CW회사는 다음과 같은 투자안을 고려하고 있다.

최초투자액: ₩100,000

내용연수: 5년

잔존가치: 10%

연간현금유입액: ₩30,000

감가상각방법: 정액법

자본비용: 10% (5년, 10% 현가계수: 0.751
5년, 10% 연금현가: 3.791)

1. 이 투자안의 순현재가치는 얼마인가?

① ₩20,000 ② ₩21,240 ③ ₩13,730
④ ₩18,730 ⑤ ₩22,240

2. 법인세율이 40%일 때 이 투자안의 순현재가치는?

① ₩25,200 ② ₩21,240 ③ ₩13,730
④ ₩7,510 ⑤ ₩3,043

풀이 1. 법인세율이 없는 경우

매년 현금유입액의 현재가치: ₩30,000 × 3.791 =	₩113,730
잔존가치의 현재가치: ₩10,000 × 0.751 =	7,510
현금유입액의 현재가치: 합계	121,240
현금유출액의 현재가치	△100,000
순현재가치	₩21,240

2. 법인세율이 있는 경우

(1) 매년 현금유입액 계산

₩30,000 × (1 − 0.4) + 18,000 × 0.4 = ₩25,200

(2) 순현재가치 계산

매년 현금유입액의 현재가치: ₩25,200 × 3.791 =	₩95,533
잔존가치의 현재가치: ₩10,000 × 0.751 =	7,510
현금유입액의 현재가치합계	103,043
현금유출액의 현재가치	△100,000
순현재가치	₩3,043

해답: 1. ② 2. ⑤

>>> 객·관·식·문·제

1 자본예산의 분석기법과 관련하여 올바르지 않은 것은? 【'97. 감평사】

① 순현재가치가 "0"이 되게 하는 할인율을 내부수익률이라고 한다.

② 회수기간법에서 투자안의 회수기간이 목표회수기간을 초과하는 경우 투자안을 기각한다.

③ 내부수익률법은 복수의 내부수익률이 존재할 수 있다.

④ 순현재가치법이 가장 우수한 방법으로 인정된다.

⑤ 회계적이익률법은 현금주의 모델이다.

풀이 회계적이익률법은 발생주의 회계모델이다.

2 다음 중 자본예산기법에 대한 설명으로 적절하지 않은 것은? 【'03. 세무사】

① 순현재가치법에서 순현재가치란 투자안으로부터 생기는 현금수입의 현재가치에서 현금지출의 현재가치를 차감한 잔액이다.

② 내부수익률법에서 내부수익률이란 현금수입과 현금지출을 현재가치로 환산할 때 동일한 금액이 되게 하는 수익률을 의미한다.

③ 회수기간이란 투자안으로부터 유입되는 현금이 최초의 투자지출액을 회수하는데 소요되는 시간을 의미하는데 이 기법은 주로 위험이 적고 안정적인 투자안을 평가하는데 사용되는 것이 바람직하다.

④ 회계이익률법에서 회계이익률이란 손익계산서에서 계산된 이익과 투자액의 비율이다.

⑤ 회수기간의 역수는 투자안의 연간순현금유입액을 최초투자액으로 나눈 것으로, 투자안으로부터의 연간현금유입액이 일정하게 발생하고 투자안의 내용연수가 최소한 회수기간의 2배 이상인 상황에서 내부수익률의 근사한 추정치로 사용할 수 있다.

풀이 ③ 회수기간법은 주로 위험이 클 때 사용할 수 있는 방법이다.

3 도깡회사는 ₩900,000으로 새 기계를 구입할 것을 계획중이다. 새로운 기계는 잔존가치 없이 6년의 기간에 정액법으로 상각될 것이며, 취득년도에도 1년분의 상각을 할

해답 1. ⑤ 2. ③ 3. ②

것이다. 새로운 기계는 6년간 영업활동에 따른 매년 ₩258,000의 법인세차감 후 현금유입을 가져다 줄 것이다. 최초투자액에서 기대되는 회계적이익률은 얼마인가?

① 10%
② 12.0%
③ 8%
④ 15%
⑤ 20%

풀이 회계적이익률 $= \dfrac{₩258,000 - 150,000^{*}}{₩900,000} = 12\%$

$^{*}(₩900,000 - 0) \times \dfrac{1}{6} = ₩150,000$

4 한양회사는 1999년 1월 1일 새 기계를 구입하였다. 이 기계의 잔존가치는 없으며 정액법기준으로 10년에 걸쳐서 감가상각을 한다. 새 기계는 향후 10년간 영업활동과 관련하여 매년 법인세 비용차감전 ₩3,300,000의 현금유입을 창출할 수 있을 것으로 기대되고 있다. 투자자본에 대한 투자수익률(법인세비용차감전 기준)이 10%로 예상된다면, 새 기계의 원가는 얼마이었는가? 【'99. 세무사】

① ₩33,000,000
② ₩27,500,000
③ ₩12,500,000
④ ₩15,000,000
⑤ ₩16,500,000

풀이 $\dfrac{₩3,300,000 - (p - 0) \times \dfrac{1}{10}}{p} = 10\%$

$\therefore p$(새기계취득원가) $= ₩16,500,000$

5 (주)창촌에서는 신제품 개발을 위한 기계를 구입하고자 하는데, 아래 자료를 참고하여 매년의 순현금유입액을 구하시오. 【'01. 감평사】

• 신기계구입원가	₩4,000,000
• 추정내용년수	8년
• 추정 잔존가액 구입원가의	10%
• 매년 예상되는 증분수익	₩4,500,000
• 매년 예상되는 증분원가(감가상각비 제외)	₩2,650,000
• 감가상각방법은 정액법을 사용하고, 법인 세율은 40%임	
• 감가상각비 이외의 모든 수익과 비용은 현금으로 거래된다.	
• 할인율은 10%를 적용한다.	

해답 4. ⑤ 5. ④

① ₩840,000 ② ₩450,000
③ ₩1,850,000 ④ ₩1,290,000
⑤ ₩1,110,000

풀이 매년 순현금유입액 = (₩4,500,000 − 2,650,000) × 60%
+ (4,000,000 − 400,000) × $\frac{1}{8}$ × 40%
= ₩1,290,000

6 JB공업사는 3년 전에 구입하여 사용중인 기계의 대체여부를 검토하고 있다. 다음은 구기계와 신기계에 관한 자료이다.

	구기계	신기계
취득원가	₩1,200,000	₩1,500,000
장부가액	700,000	−
잔존내용연수	3년	3년
현재 매각가치	150,000	−
3년후의 잔존가치	₩0	₩0
연간 현금지출비용	₩800,000	₩250,000

투자기간 3년의 관련원가에 기초할 때 JB공업사가 신기계로 대체할 경우 대체하지 않는 것보다 얼마나 유리 또는 불리한가?

① ₩200,000 유리 ② ₩200,000 불리
③ ₩300,000 유리 ④ ₩300,000 불리
⑤ ₩100,000 불리

풀이

(1) 신기계 대체시 총비용	₩2,100,000*
(2) 구기계 유지시 총비용(800,000 × 3) =	2,400,000
(3) 신기계 대체시 이익증가	₩300,000

*3년간 총비용(250,000 × 3)	₩750,000
신기계 취득원가	1,500,000
구기계 처분가치	△150,000
계	₩2,100,000

7 (주)대명은 자신들이 가지고 있는 구형기계를 새로운 기계로 대체하고자 한다. 새로운 기계의 가격은 ₩90,000이며 내용연수는 5년, 잔존가치는 없는 것으로 추정된다.

해답 6. ③ 7. ④

신기계와 관련된 변동운전원가는 매년 ₩100,000씩 발생할 것으로 예상된다. 구형기계의 장부가치는 ₩50,000이며 잔여 내용연수는 5년이다. 구형기계의 현시점에서의 처분가치는 ₩5,000이며 내용연수가 끝나는 시점에서는 ₩0일 것이다. 구형기계와 관련하여 발생하는 변동운전원가는 ₩125,000이다. 현재가치 등을 무시했을 경우, 전체적으로 5년 동안 구형기계를 계속해서 보유하는 것과 비교했을 때 신기계를 구입하는 경우 기업의 이익은 어떻게 변하는가? 【'94, '99. 감평사】

① ₩10,000 증가 ② ₩15,000 감소
③ ₩35,000 증가 ④ ₩40,000 증가
⑤ ₩30,000 감소

풀이

	신기계대체시	구기계유지시
(1) 유지비용	₩100,000×5=₩500,000	₩125,000×5=₩625,000
(2) 구입비용	90,000	–
(3) 처 분 액	△5,000	–
계	₩585,000	₩625,000

∴신기계 대체시 ₩625,000−585,000=₩40,000유리하다.

CHAPTER

23 특수의사결정회계

제1절 관련원가

1. 특별주문의 수락여부결정

(1) 의 의

정가보다 낮은 가격으로 대량구입을 희망할 경우의 주문을 특별주문이라 하는데 경영자는 이런 비경상적인 주문을 수락할 것인가 기각할 것인가를 의사결정하여야 한다.

이 경우에 특별주문으로 증가되는 수익과 발생하는 변동원가만을 고려하여 수락여부를 결정하여야 한다. 특별주문시 고려해야할 질적 요소로는 할인판매함으로써 기존시장을 교란시키지 않았는지 유휴생산설비가 충분히 존재하는지의 여부 등이다.

증분수익－증분비용＞0: 특별주문을 수락한다.
증분수익－증분비용＜0: 특별주문을 거부한다.

(2) 특별주문의 수락여부를 결정할 때 고려해야할 요소

① 유휴시설의 유무

특별주문을 생산할 유휴시설이 있는 경우에는 기회비용이 발생하지 않지만 유휴시설이 없는 경우에는 외부에 판매하고 있는 제품을 포기하고 특별주문을 수락해야 하기 때문에 기회비용을 고려하여 의사결정한다.

㉠ 유휴시설 있는 경우~기회비용을 고려할 필요가 없다.

㉡ 유휴시설이 없는 경우~기회비용을 고려하여 의사결정한다.

② 특별주문시 변동판매비와관리비 발생여부

특별주문의 경우에는 정규판로를 통해 판매하는 것이 아니기 때문에 정규판매시 발생했던 변동판매비와관리비는 발생하지 않을 수 있으며, 또는 일부만 발생할 수도 있다. 따라서 특별주문시 기존에 발생했던 변동판매비와관리비의 발생여부를 고려하여 의사결정하여야 한다.

2. 자가제조 또는 외부구입

자가제조할 것인지 외부구입할 것인지에 대한 의사결정을 하는 경우에는 자가제조시의 단위당제조원가와 외부구입시의 단위당구입원가를 비교해서 결정하여야 한다. 자가제조시의 제조원가에 포함되는 관련원가는 유휴설비의 대체적인 용도가 없는 경우에는 변동제조원가가 되며, 유휴설비의 대체적인 용도가 있는 경우에는 변동제조원가뿐만 아니라 유휴설비를 대체적 용도에 사용함에 따른 이익 또는 원가절감도 포함된다.

	자가제조비용	외부구입비용
(1) 외부구입시 회피가능원가		
① 변동제조원가	×××	구입수량×구입단가=×××
② 고정원가[1]	×××	
(2) 유휴설비의 활용[2]	×××	
	Ⓐ ×××	Ⓑ×××

1) 고정원가는 원칙적으로 회피불능원가이나 회피가능한 경우에는 고려해준다.

2) 유휴설비를 활용하여 추가적인 이익을 내거나 원가를 절감시키는 경우

Ⓐ>Ⓑ인 경우 : 외부구입이 유리하다.

Ⓐ<Ⓑ인 경우 : 자가제조가 유리하다.

3. 생산요소의 제약이 있는 경우의 의사결정

(1) 생산요소의 제약이 없는 경우

수요가 있는 한 제품 단위당 공헌이익이 가장 큰 제품을 우선적으로 생산한다.

(2) 생산요소의 제약이 있는 경우

① 생산요소의 제약이 한 개인 경우　수요가 있는 한 제약요소 단위당공헌이익이 가장 큰 제품을 우선적으로 생산한다.

② 생산요소의 제약이 두 개인 경우　도해법 등을 이용하여 제품생산을 결정한다.

제2절 대체가격 결정

1. 의 의

분권화된 조직형태에서 어떤 사업부에서 다른 사업부로 재화나 용역이 이전될 때 이에 부여되는 가격을 말한다.

2. 대체가격의 선택기준

(1) 목표일치성

각 사업부의 목표뿐만 아니라 회사 전체의 목표도 극대화가 되도록 대체가격을 결정해야 한다.

(2) 성과평가

대체가격은 각 사업부나 그 경영자의 성과평가가 공정하게 되도록 대체가격을 결정해야 한다.

(3) 자율성

사업부의 경영자는 자기사업부의 이익을 위하여 의사결정을 자율적으로 할 수 있어야 한다.

3. 대체가격의 여러 가지 경우

(1) 시장가격기준

시장가격을 기준으로 대체가격을 결정하는 방법이다.

(2) 원가기준

시장이 존재하지 않은 경우에 원가를 기준으로 또는 원가에 일정한 이익을 가산하여 대체가격을 결정하는 방법이다.

① 변동원가기준~대체가격을 변동원가로 결정하는 방법

② 이익을 가산한 변동원가기준~대체가격을 변동원가에 일정한 이익을 가산하여 결정하는 방법

③ 전부원가기준~대체가격을 전부원가로 결정하는 방법

④ 이익을 가산한 전부원가기준~대체가격을 전부원가에 일정한 이익을 가산하여 결정하는 방법

(3) 협상가격기준~구매사업부와 공급사업부의 협상에 의해 대체가격을 결정하는 방법

4. 합리적인 대체가격의 범위

(1) 공급사업부의 입장

공급사업부는 대체가격이 클수록 유리하므로 최저대체가격의 개념만 존재한다. 최저대체가격이란 대체하지 않을 때와 대체할 때의 이익이 같도록 하는 가격을 의미한다.

① 외부에 판매할 시장이 없는 경우(외부수요가 없는 경우)

유휴시설이 있기 때문에 기회비용은 발생하지 않으며 대체시 추가로 발생하는 증분원가가 최저대체가격이 된다.

∴ 최저대체가격＝대체시 발생하는 단위당 증분원가*

*증분원가는 주로 변동원가가 되며 추가생산시 고정원가가 증가된다면 고정원가도 증분원가가 될 수 있다. 또한 사내대체시에는 변동판매비와 관리비 또는 주문비용 등이 발생하지 않을 수 있으므로 이러한 절감비용은 차감한 금액이다.

② 외부에 판매할 시장이 있는 경우(외부수요가 있는 경우)

유휴시설이 없기 때문에 기회비용을 고려하여 최저대체가격을 결정한다.

∴ 최저대체가격＝외부수요가 없는 경우의 최저대체가격＋단위당기회비용

(2) 구매사업부의 입장

구매사업부는 대체가격이 낮을수록 유리하므로 최고대체가격의 개념만 존재한다. 최고대체가격이란 대체받지 않을 때와 대체받을 때의 이익이 같도록 하는 가격을 의미한다.

최고대체가격＝Min ┌ ① 외부구입가격*
　　　　　　　　　　└ ② (최종제품의 단위당 판매가격－추가가공비－추가판매비)

*외부구입시 구매사업부에서 외부구입가격외에 원가가 추가로 발생하거나 감소한 경우

에는 외부구입가격에 가감해야 한다. 즉
원가가 증가한 경우 = 외부구입가격 + 원가증가액
원가가 감소한 경우 = 외부구입가격 − 원가감소액

(3) 대체여부의 의사결정과 대체가격의 결정범위

① "공급사업부의 최저대체가액 < 구매사업부의 최고대체가격"인 경우

대체는 이뤄지며 대체가격은 공급사업부의 최저대체가격과 구매사업부의 최고대체가격 사이에서 결정된다.

∴ 최저대체가격 < 대체가격 < 최고대체가격

② "공급사업부의 최저대체가격 > 구매사업부의 최고대체가격"인 경우

대체는 이뤄지지 않는다.

제3절 투자중심점의 성과평가

책임회계제도는 책임중심점별로 권한과 책임을 부여하고 그 결과를 성과평가하게 된다.

그 책임중심점별 내용을 보면 다음과 같다.

1. 책임중심점

(1) 원가중심점: 원가의 발생만을 책임지는 중심점

(2) 수익중심점: 수익의 발생만을 책임지는 중심점

(3) 이익중심점: 수익과 원가의 발생만을 책임지는 중심점

(4) 투자중심점: 이익과 투자액 모두를 책임지는 중심점

2. 투자중심점의 경우의 성과평가

(1) 투자수익률(=ROI: return on investment)기준

① 의의

투자수익률은 이익을 투자액으로 나눈 비율이다.

$$\therefore \text{투자수익률} = \frac{\text{영업이익}}{\text{투자액(영업자산)}^{*}}$$

* 평균자산을 의미한다. 즉 (기초가액 + 기말가액) ÷ 2

투자수익률은 매출액이익률과 자산회전율의 곱으로 나타낼 수도 있다.

$$\text{투자수익률} = \frac{\text{영업이익}}{\text{영업자산}} = \frac{\text{영업이익}}{\text{매출액}} \times \frac{\text{매출}}{\text{영업자산}} = \text{매출액이익률} \times \text{자산회전율}$$

② 평가기준

평가기준은 투자수익률이 높은 부서를 높게 평가한다.

③ 장 · 단점

㉠ 투자수익률기준은 비율로 표시되므로 다른 투자안의 수익률과 상호비교할 수 있으므로 잔여이익기준의 문제점인 비교가능성을 유지할 수 있다.

㉡ 그러나 준최적화의 문제점이 있다. 준최적화란 개별 투자중심점의 입장에서는 최적의 의사결정이지만 회사의 전체의 입장에서는 그 의사결정이 최적이 아닌 경우를 말한다. 즉 회사전체의 입장에서는 채택해야 하는 투자안을 개별투자중심점에서는 그 투자안을 기각하는 경우 등을 말한다. 준최적화의 문제점을 해결하기 위해 개발된 방법이 잔여이익기준이다.

(2) 잔여이익(residual income) 기준

① 의의

잔여이익은 영업이익에서 투자액에 대한 자본비용을 차감한 금액이다.

∴ 잔여이익 = 영업이익 − 투자중심점투자자산 × 최저필수수익률(자본비용)

② 평가기준

평가기준은 잔여이익이 큰 부서를 높게 평가한다.

③ 장 · 단점

㉠ 잔여이익기준은 최저필수수익률을 초과하는 투자안을 모두 채택하게 되므로 준최적화의 문제점을 해결할 수 있다. 즉 투자중심점과 회사전체의 목표가 일치한다.

㉡ 그러나 이 방법은 투자규모가 큰 투자중심점이 작은 투자중심점보다 잔여이익이 크게 나오므로 투자규모가 큰 투자중심점에 유리한 평가방법이다.

따라서 투자규모가 서로 다른 투자중심점의 성과를 비교하기가 곤란하다.

(3) 경제적 부가가치(EVA=economic value added)

① 의의 및 계산식

경제적 부가가치란 성과평가의 한 방법으로서 기업이 고유영업활동을 통해 창출한 순가치의 증가분으로서 세후영업이익이 투하된 자본의 자본비용을 초과해야만 경제적으로 새로운 가치가 창출된다는 것을 의미한다.

경제적 부가가치(EVA)＝영업이익×(1－t)－투자자본[1]×가중평균자본비용[2]

1) 투자자본＝비유동부채＋자기자본＝총자산－유동부채
2) 가중평균비용자본비용은 외부에서 차입한 타인자본비용과 자기자본에 대한 비용을 가중평균한 것을 의미하며 비유동부채와 자기자본의 시장가치를 기준으로 가중평균한다. 즉,
가중평균자본비용＝{이자율×(1－t)×비유동부채시장가치＋자기자본비용×자기자본시장가치}
÷(비유동부채시장가치＋자기자본시장가치)

① 장점

㉠ 경제적 부가가치는 당기순이익보다 영업이익을 더 중시한다. 영업이익이 기업의 경영성과를 판단하는데 더 유용하다.

㉡ 경제적 부가가치는 타인자본비용뿐만 아니라 자기자본비용도 고려하여 기업의 실질적인 부의 창출을 측정하는 지표로 사용될 수 있다.

㉢ 수익성이 낮은 사업부문은 구조조정하거나 처분하고, 수익성이 높은 사업부문에 투자를 유도하게 하여 기업가치를 향상시킬 수 있다.

㉣ 성과평가를 할 경우에 경제적 부가가치를 사용하면 경영자는 경제적 부가가치를 극대화하려고 할 것이며, 이는 곧 주주의 부의 증가를 가져오게 하여 결국 경영자는 주주의 입장에서 경영을 하게 하는 동기부여를 제공하게 된다.

② 단점

㉠ 일반적으로 인정된 회계원칙에서는 대체적인 회계처리 방법을 인정하므로 회계처리방법에 따라 영업이익이 달라질 수 있다.

㉡ 재무적성과만 고려하고 비재무적성과는 고려하지 않는다.

㉢ 자본비용의 산정이 어렵다.

제4절 불확실성하에서의 의사결정

1. 예측오차의 원가

예측오차의 원가란 의사결정에 이용되는 불확실한 변수에 대해서 예측을 잘못함으로써 정확한 예측 하에서의 결과와 차이가 발생하여 입게되는 손실액을 말한다.

(1) 정확한 예측 하에서의 결과치	×××
(2) 잘못된 예측 하에서의 결과치 (=실제의사결정의 결과치)	△×××
(3) 예측오차의 원가	×××

2. 완전정보의 기대값

완전정보의 기대값(Expected value of perfect information : EVPI)이란 완전한 정보를 가진 경우의 최적의사결정의 기대값과 기존정보 하에서의 기대값의 차이를 말한다. 즉, EVPI는 완전정보를 얻기 위해 지불할 수 있는 최대가격을 의미한다.

(1) 완전정보하의 기대값 (Expected value with perfect information)	×××
(2) 기존정보하의 기대값	△×××
(3) 완전정보의 기대값(EVPI)	×××

3. 재고자산 관리

(1) 경제적 주문량(Economic order quantity: EOQ)

일반적으로 재고자산과 관련한 비용은 주문비용과 유지비용인데 상품을 주문할 때 1회 주문량이 많으면 주문횟수가 적어지므로 주문비용은 감소하지만 평균재고수량이 많아지게 되므로 유지비용은 증가한다. 반대로 1회 주문수량이 적으면 주문횟수가 많아지게 되므로 주문비용은 증가하지만 평균재고수량이 적어지므로 유지비용은 감소한다.

따라서 주문비용과 유지비용을 합하여 총비용을 최소로 하는 주문량을 경제적 주문량(EOQ)이라 한다.

$$EOQ = \sqrt{\frac{2AP}{S}}$$

A: 연간수요량
P: 1회주문비용
S: 단위당 연간 재고유지비용
EOQ: 경제적 주문량

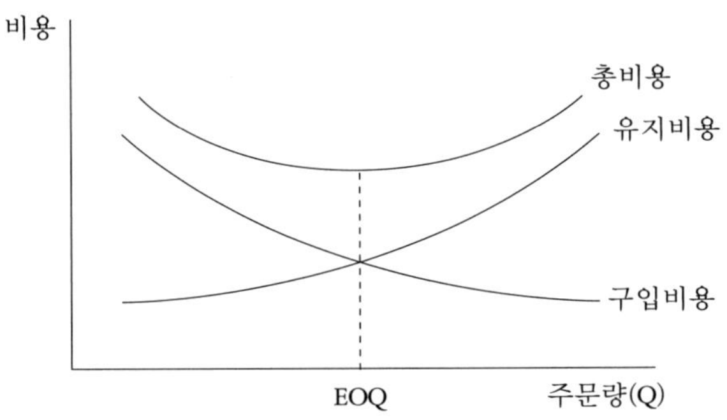

경제적 주문량일 때 총비용은 다음과 같다.

$$총비용 = \sqrt{2APS}$$

(2) 재고자산의 총비용

재고자산과 관련한 총비용의 일반식은 다음과 같다.

총비용 = 주문비용 + 유지비용
= 주문횟수 × 1회주문비용 + 평균재고 × 단위당 유지비용
$= \frac{A}{Q} \times P + \frac{Q}{2} \times S$ (Q: 1회주문량)

(3) 재주문점

상품을 주문하여 입고될 때까지의 기간 동안에 사용할 재고수량이 남아 있을 때 다시 주문을 해야하는데 이 때의 재고수량이 재주문점이 된다. 그러나 안전재고가 있는 경우에는 안전재고를 합산하여 구한다.

즉,

재주문점 = 조달기간 × 하루평균사용량 + 안전재고

제5절 최신원가관리회계

1. 적시생산시스템(Just in time system, JIT system)

(1) 의 의

적시생산시스템(JIT 시스템)이란 필요한 부품을 적시에 필요한 양만큼 구매하고 제품을 적시에 적량생산 조달함으로써 재고를 최소한 줄이고 작업자의 능률을 최대한 발휘하게 하는 재고관리시스템이다.

(2) 특 징

① 재고자산의 보유나 공손품의 보수 등은 비부가가치활동으로 취급하여 불필요한 것으로 본다. 따라서 원재료 및 공정에서 한 두가지 결점이 발견되면 전체공정이 정지되므로 종업원의 자율적 참여를 통한 전사적 품질관리가 필요하다.

② JIT 시스템은 생산소요시간(즉, 준비시간, 이동시간, 대기시간, 검사시간, 저장시간)을 단축시킨다. 공정시간(가공시간)만을 부가가치시간으로 간주한다.

③ 소수의 공급업자와의 신뢰성 유지

재고의 감소를 위하여 필요할 때마다 양질의 원재료를 구매해야 하는데 믿을만한 공급업자와 장기계약을 통하여 신뢰관계를 유지하는 것이 유리하다.

④ 설비배치의 변화

생산소요시간을 단축시키기 위해서는 특정제품의 제조에 필요한 모든 기계를 한 곳에 모으는 효율적인 배치가 필요하다.

⑤ 칸반 시스템(kanban system)

JIT 생산의 핵심을 이루는 정보시스템으로서 어떤 제품이 언제 얼마만큼 필요한지를 알려주는 정보전달시스템이다.

(3) JIT 시스템이 원가계산제도에 미친 영향

① 원가흐름의 가정의 불필요

JIT 시스템은 재고를 최소한 줄이는 것이므로 기말재고액을 평가하는 방법인 평균법, 선입선출법 등의 가정이 불필요하다. 따라서 재공품평가를 위한 노력이 절약된다.

② 원재료 및 재공품계정이 사라지고 대신 원재료와 재공품계정을 통합한 재공원료

(raw and in-process inventory)계정에 통합한다.

2. 가치사슬(Value chain)

가치사슬이란 연구개발부터 제조, 판매, 서비스에 이르기까지 모든 단계에서 서로 상호관련하여 제품이나 서비스에 가치를 부여해가는 일련의 가치창출활동을 말한다.

전통원가회계에서는 제조단계에서의 원가발생만을 중요시하였으나 최근에는 제조이전단계인 연구개발 및 설계활동 등에서 발생한 원가와 제조이후단계인 유통·판매서비스에서 발생한 원가의 중요성도 높아지고 있다. 따라서 제조원가뿐만 아니라 제품의 가치창출에 기여하는 모든 단계에서의 원가를 측정하고자 하는 것이 가치사슬원가이다.

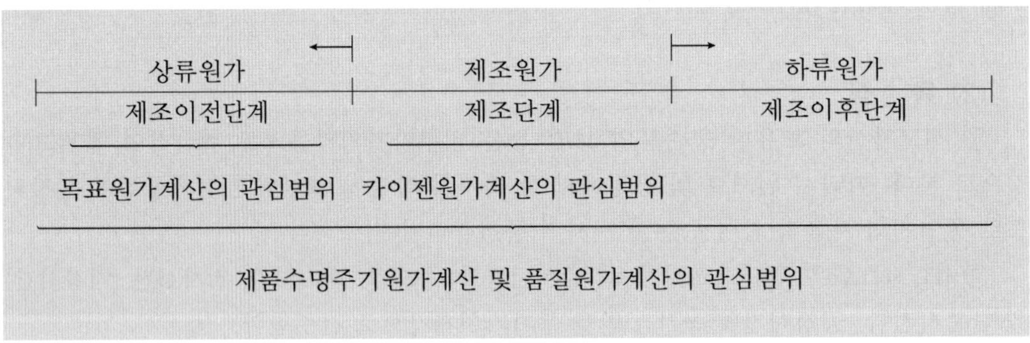

3. 목표원가계산(Target Costing)

(1) 의 의

목표원가계산은 제조이전단계에서의 원가절감에 초점을 둔 원가계산으로서 낮은 목표원가를 달성하기 위해서 가치공학(VE)기법이 이용된다. 여기서 가치공학이란 제품의 원가를 절감하면서 동시에 고객이 요구하는 제품의 품질과 성능을 달성시키려는 기법을 말한다.

(2) 접근방법

전통적 접근방법에서는 발생한 제조원가에 회사가 원하는 이익을 가산하여 판매가격을 결정하였다. 그러나 현재에는 가격경쟁이 치열하기 때문에 판매가격을 회사가 임의로 결정할 수가 없다. 따라서 목표원가에서는 시장에서 결정되는 판매가격에서 목표이익을 차감하여 회사가 달성해야 할 목표원가를 구한다.

전통적 접근방법; 원가＋목표이익＝판매가격
목표원가 접근방법; 판매가격－목표이익＝목표원가

4. 카이젠 원가계산(Kaizen costing)

생산공정에서 지속적인 개선(카이젠의 의미)을 통해서 조금씩 원가를 절감하려고 하는 것이 카이젠원가계산이다. 목표원가계산은 제조이전단계에서의 원가절감에 초점을 둔 원가계산이라면 카이젠원가계산은 제조단계에서 발생하는 원가를 절감시키려고 하는데 초점을 두고 있다.

5. 제품수명주기원가계산

(1) 의　의

제품수명주기원가계산이란 제품의 수명기간동안 발생하는 모든 원가를 말하는데, 제품의 연구개발에서부터 제조, 유통, 폐기에 이르기까지 발생하는 일체의 모든 원가를 집계하는 하는 것을 말한다.

(2) 유용성

① 제품수명주기에서 발생한 모든 단계에서의 원가를 파악할 수 있으므로 단계별 원가절감이나 적절한 판매가격을 가능하게 한다.

② 제품수명주기동안 걸쳐 발생하는 원가들의 상호관련성을 파악하는데 유용한 정보를 제공할 수 있다.

6. 품질원가계산

(1) 의　의

품질원가란 고객이 원하는 품질의 제품을 제공하기 위해서 여러 과정에서 발생하는 모든 원가를 말하며, 품질문제의 발생을 사전에 방지하기 위해서 발생하는 원가, 품질문제가 발생하였는가를 확인하는 과정에서 발생하는 원가, 회사 내부적으로 또는 외부적으로 품질문제를 해결하기 위해서 발생하는 모든 원가를 말한다.

(2) 품질원가의 유형

① 사전 품질원가

㉠ 예방원가

예방원가란 기업이 품질기준에 맞는 제품을 생산할 수 있도록 미리 조치하는데 따른 발생된 모든 원가를 말한다. 예방원가가 많이 발생할수록 제품의 불량품은 그 만큼 감소한다.

예) 품질관련 교육, 훈련원가 및 토의원가, 공급업체 선정을 위한 평가원가, 디자인 분석원가, 예방적 설비유지 · 보수원가, 설계엔지니어링원가, 품질엔지니어링원가 등

㉡ 평가원가

기업이 생산한 제품이 내부적으로 설계한 내용과 일치하는가 또는 외부적으로 고객의 요구에 적합한가를 검사하는 과정에서 발생하는 모든 원가를 말한다.

예) 구입한 부품 또는 원재료의 검사원가, 제품품질검사원가 등

② 사후 품질원가

㉠ 내부실패원가

제품이 고객에게 인도되기 이전에, 사전에 예방활동을 하였는데도 불구하고 하자가 발생하여 이를 해결하기 위해서 발생하는 원가를 말한다.

예) 원재료의 반품 및 재구입에 따른 원가, 폐기처리 및 재가공원가, 공손원가 등

㉡ 외부실패원가

제품이 고객에게 인도된 후, 고객에 의해서 발견된 제품결함을 해결하는데 발생하는 모든 원가를 말한다.

예) 제품수리 및 품질보증원가, 손해배상비용, 고객서비스센타운영비용, 판매기회의 상실 등

7. 균형잡힌 성과표(Balanced Scorecard)

(1) 의 의

균형성과표는 Kaplan과 Norton이 개발한 기법으로서 기업이 전략목표 및 주요 성공요인을 달성하는데 공헌할 수 있도록 전통적인 재무적지표와 비재무적지표들을 균형있게 반영하여 하나로 통합한 종합적인 측정관리시스템이다.

균형성과표는 재무적관점, 고객관점, 내부프로세스관점, 학습과 성장관점에 의하여 기업의 성과 및 가치를 평가하는 방법으로서 이들 관점들은 상호 독립적인 것이 아니고 인과관계의 사슬로 서로 연결되어 있다. 또한 균형성과표는 재무와 비재무, 단기와 장기, 선행지표와 후행지표, 내부와 외부, 조직과 개인 사이의 균형잡힌 성과지표를 관리

하도록 하여야 한다.

(2) 균형성과표의 구성요소

① 재무적 관점

기업이 기업의 성과를 정보이용자(주주, 채권자 등)에게 제공할 목적으로 작성된 기업의 종합적인 성과지표들이다.

예) 매출, 매출총이익률, 재고자산회전율, 부채비율, 현금흐름, ROI EVA(경제적부가가치) 등

② 고객 관점

기업이 고객에게 어떤 모습으로 비춰지고 있는지를 분석하는 것. 즉, 고객의 관심사가 무엇인지에 중점을 둔 고객의 관점에서의 측정지표들이다.

예) 품질, 가격, 고객만족도, 시장점유율, 주문처리시간 등

③ 내부프로세스 관점

조직의 재무적 성과를 달성하고 고객의 욕구를 충족시키기 위하여 기업이 내부적으로 어떤 것에 중점을 둘 것인가를 결정해야 하는데, 이에는 혁신프로세스, 운영프로세스, 사후프로세스 세가지로 구성되어 있다.

㉠ 혁신프로세스; 현재 및 잠재적 고객을 위하여 신제품 및 서비스를 만들어 내는 과정

예) 신제품 수, 생산능력 등

㉡ 운영프로세스; 제품 및 서비스를 고객에게 효율적으로 생산하여 신속,정확하게 인도하는 과정

예) 수율, 불량률, 배송시간, 주문처리시간 등

㉢ 사후프로세스; 판매된 제품에 대한 고객의 평가에 관심을 갖고 사후서비스를 통하여 고객을 만족시키는 과정

예) 불량건수, 불량품교체시간, 사후서비스비용 등

④ 학습과 성장 관점

기업이 장기적으로 성장하기 위해서는 학습과 성장 관점에서의 평가는 필수적이다. 이러한 관점에서의 측정지표들에는 종업원만족도 등이 있다.

예) 종업원만족도, 종업원 생산성, 종업원교육수준, 정보시스템활용도, 퇴직률 등

>>> 예·제·문·제·정·해

예제 1 | 특별주문

(1) 프린터를 생산 · 판매하는 (주)찬엽의 최대생산능력은 연 12,000대이고, 정규시장에서 연간 판매량은 10,000대이다. 단위당 판매가격은 ₩100,000이고, 단위당 변동제조원가는 ₩60,000이며, 단위당 변동판매비와 관리비는 ₩10,000이다.

(2) (주)찬엽은 (주)서울로부터 프린터 4,000대를 단위당 ₩70,000의 가격으로 구입하겠다는 1회성 특별주문을 받았다. (주)찬엽은 올해 생산능력을 변경할 계획이 없다.

(3) (주)찬엽의 판매비와 관리비는 모두 변동비인데, (주)서울의 주문을 받아들이는 경우 이 주문과 관련된 (주)찬엽의 판매비와 관리비는 75%가 감소할 것으로 추정된다.

(주)찬엽이 동 주문을 수락하기 위하여 기존시장의 판매를 일부 포기하기로 한다면 증분손익은 얼마인가? (단, 기초 · 기말재고는 없음) 【'10. 감평사】

① ₩7,500,000 감소 ② ₩30,000,000 감소
③ ₩7,500,000 증가 ④ ₩30,000,000 증가
⑤ ₩0

풀이

증분수익; 4,000×₩70,000=	₩280,000,000
증분비용;	310,000,000*
증분손실	₩30,000,000

* 증분비용; 변동원가	4,000×₩60,000	=₩240,000,000
	4,000×₩10,000×25%	=10,000,000
기회비용	2,000×(₩100,000−60,000−10,000)	=60,000,000
계		₩310,000,000

해답: ②

예제 2 | 자가제조 또는 외부구입

CW회사는 부품A를 자가제조하고 있는데 연간 10,000 단위를 생산하는데 그에 따른 제조원가는 다음과 같다.

	단위당 원가	총원가
직접재료원가	₩100	₩1,000,000
직접노무원가	150	1,500,000
변동제조간접원가	250	2,500,000
고정제조간접원가	200	2,000,000
계	₩700	₩7,000,000

CW회사는 외부공급업자로부터 부품 A를 단위당 ₩600에 안정적으로 공급하겠다는 제의를 받았다. 이 제의를 수락한다면 고정제조간접원가 중 30%는 회피가 능하다.

1. 기존설비의 대체적 용도가 없을 때 이 제안을 수락해야 하는가?
   ① 자가제조하는 것이 ₩1,000,000 유리하다.
   ② 외부구입하는 것이 ₩1,000,000 유리하다.
   ③ 자가제조하는 것이 ₩400,000 유리하다.
   ④ 외부구입하는 것이 ₩400,000 유리하다.
   ⑤ 자가제조하는 것이 ₩600,000 유리하다.

2. 기존설비를 대체적 용도에 사용했을 때 ₩500,000의 추가적 이익을 얻을 수 있다. 이 제안을 수락해야 하는가?
   ① 자가제조하는 것이 ₩100,000 유리하다.
   ② 외부구입하는 것이 ₩100,000 유리하다.
   ③ 자가제조하는 것이 ₩400,000 유리하다.
   ④ 외부구입하는 것이 ₩400,000 유리하다.
   ⑤ 외부구입하는 것이 ₩600,000 유리하다.

풀이 1. 기존설비의 대체적인 용도가 없을 때

자가제조비용		외부구입비용
(1) 외부구입시 회피가능원가		
① 변동제조원가	₩5,000,000	10,000개×₩600=₩6,000,000
② 고정제조간접원가	600,000[1]	
(2) 유휴설비의 활용	–	
계	₩5,600,000	₩6,000,000

따라서 자가제조하는 것이 ₩400,000 유리하다.

1) ₩2,000,000×30%=₩600,000

2. 기존설비의 대체적 용도가 있을 때

자가제조비용		외부구입비용
(1) 외부구입시 회피가능원가		
① 변동제조원가	₩5,000,000	10,000개×₩600=₩6,000,000
② 고정제조간접원가	600,000	
(2) 유휴설비의 활용	500,000	
계	₩6,100,000	₩6,000,000

따라서 외부구입하는 것이 ₩100,000 유리하다. **해답: 1. ③ 2. ②**

예제 3 | 자원의 제약이 한 개인 경우

㈜다나는 세 가지 제품인 A, B, C를 생산판매하고 있다. 세 가지 제품 각각에 대해 예상되는 월 생산 및 판매와 관련된 자료는 다음과 같다.

	제품 A	제품 B	제품 C
단위당 변동제조원가	₩40.80	₩45.10	₩45.00
단위당 고정제조원가	19.80	27.70	21.00
단위당 총제조원가	₩60.60	₩72.80	₩66.00
단위당 기계소요시간	1.25시간	2.50시간	1.80시간
단위당 판매가격	₩73.00	₩87.00	₩84.00
단위당 변동판매관리비	₩2.20	₩1.90	₩3.00
월 예상 시장수요량	1,000단위	3,000단위	3,000단위

세가지 제품에 대한 시장의 수요는 충분하여 월 예상 시장수요량을 생산하면 모두 판매가 가능하다고 가정한다. ㈜다나의 월 최대 사용가능한 기계시간은 13,650시간이다. ㈜다나의 영업이익을 극대화 할 수 있는 월 최적 제품 배합은?

【'14. 세무사】

	제품 A	제품 B	제품 C
①	600단위	3,000단위	3,000단위
②	1,000단위	3,000단위	2,720단위
③	1,000단위	2,800단위	3,000단위
④	1,000단위	3,000단위	3,000단위
⑤	800단위	2,900단위	3,000단위

풀이

	A	B	C
매 가	₩73	₩87	₩84
변동원가	43	47	48
제품단위당 공헌이익	₩30	₩40	₩36
기계시간	÷1.25	÷2.5	÷1.8
기계시간당 공헌이익	₩24	₩16	₩20

영업이익을 극대화할 수 있는 최적 제품배합

A=1,000개 생산

C=3,000개 생산

B＝[13,650－(1,250*＋5,400*)]÷2.5＝2,800개

* A제품 생산소요시간＝1,000개×1.25＝1,250시간

B제품 생산소요시간＝3,000개×1.8＝5,400시간

해답: ③

예제 4 | 자원의 제약이 한개인 경우 2

(주)찬우는 세 종류의 제품 A, B, C를 독점하여 생산 · 판매하고 있다. 제품생산을 위해 사용되는 공용설비의 연간 사용시간은 총 80,000시간으로 제한되어 있다. 20×1년도 예상 자료는 다음과 같다.

구 분	제품 A	제품 B	제품 C
단위당 판매가격	₩1,000	₩1,500	₩2,000
단위당 변동원가	₩300	₩600	₩1,200
단위당 공용설비사용시간	10시간	20시간	16시간
연간 최대시장수요량	2,000단위	3,000단위	2,000단위

위 자료에 근거한 설명으로 옳은 것은? 【'11. 세무사】

① 제품단위당 공헌이익이 가장 큰 제품은 A이다.

② 공용설비사용시간 단위당 공헌이익이 가장 큰 제품은 C이다.

③ (주)찬우가 20×1년에 획득할 수 있는 최대공헌이익은 ₩4,260,000이다.

④ (주)찬우가 20×1년 공헌이익을 최대화하는 경우, 생산된 총제품수량은 5,500개이다.

⑤ (주)찬우가 20×1년 공헌이익을 최대화하기 위해서는 제품 C, 제품 B, 제품 A의 순서로 생산한 후 판매해야 한다.

풀이

	제품 A	제품 B	제품 C
제품 단위당 공헌이익	₩700	₩900	₩800
제약요소	÷10	÷20	÷16
제약요소단위당 공헌이익	₩70	₩45	₩50

①항; 제품단위당 공헌이익이 가장 큰 제품은 B이다

②항; 제약요소단위당 공헌이익이 가장 큰 제품은 A이다.

③항; 옳다. 즉,

A제품; 2,000개×₩700=₩1,400,000 → 소요시간=2,000개×10시간=20,000시간

C제품; 2,000개×₩800= 1,600,000 → 소요시간=2,000개×16시간=32,000시간

B제품; 1,400개*×₩900= 1,260,000

최대공헌이익 ₩4,260,000

* B제품을 생산할 수 있는 시간=80,000−(20,000+32,000)=28,000시간

$\therefore$ B제품 생산량$=\dfrac{28,000}{20}=1,400$개

④항; 총생산량=2,000+2,000+1,400=5,400개

⑤항; A → C → B 순서로 생산 후 판매해야 한다.

해답: ③

예제 5 | 자원의 제약이 두 개인 경우

CW회사는 제품 x, y를 제조하여 판매하고 있다. 두 가지 제품과 관련된 자료는 다음과 같다.

	제품 x	제품 y
제품단위당:		
판매가격	₩20	₩30
변동원가	15	20
공헌이익	₩5	₩10
소요재료	2	6
소요기계시간	4	2
사용가능한 총재료	30	
사용가능한 총시간	20	

CW회사가 달성가능한 최대공헌이익은?

① ₩40　② ₩45　③ ₩50
④ ₩55　⑤ ₩60

풀이 도해법을 이용하여 구하면 다음과 같다.

1. 목적함수 및 제약조건식

목적함수: $Z=5x+10y$(Z: 총공헌이익, x: x의 생산량, y: y의 생산량)

제약조건:

원재료: $2x+6y\leq 30$

기계시간: $4x+2y\leq 20$

2. 그래프작성

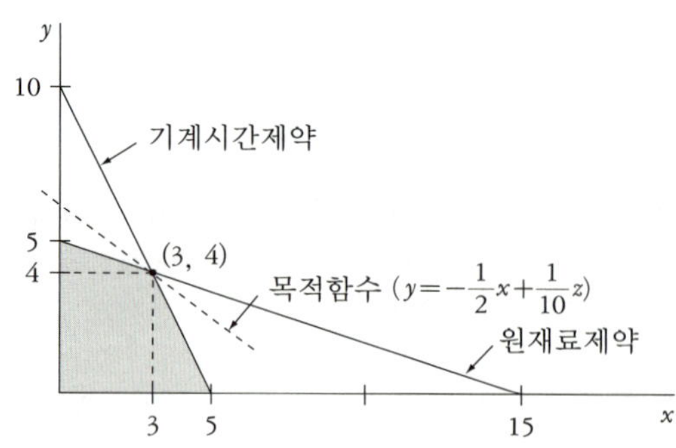

3. 최대공헌이익계산

두 가지 제약조건을 만족시키면서 공헌이익이 최대가 되게 하는 생산량은 제품 x는 3개, y는 4개를 생산할 때이다.

따라서,

Z = ₩5 × 3 + ₩10 × 4 = ₩55

해답: ④

예제 6 | 대체가격 결정

(주)한국은 A와 B 두 개의 사업부를 이익중심점으로 설정하여 운영하고 있다. A 사업부는 부품을 생산하여 B 사업부와 기업외부에 판매할 수 있다. 사업부 간의 대체가격은 단위당 변동제조원가에 기회원가를 가산하여 결정된다.

【'09. CPA, '92, '09. 감평사】

〈A 사업부의 생산 · 판매 자료〉

· 연간 최대조업도	11,000단위
· 연간 고정제조원가	₩4,500,000
· 단위당 변동제조원가	₩1,800
· 단위당 외부시장 판매가격	₩3,000

A 사업부가 연간 9,000단위를 생산하여 전량 기업외부에 판매하고 있는 상황에서 B 사업부가 연간 4,000단위의 부품을 대체해 줄 것을 요청하였다. 다음 중 A 사업부가 요구해야 할 최소한의 단위당 대체가격은 얼마인가? (단, 대체거래를 하더라도 A사업부가 생산하는 부품의 제조원가는 주어진 자료와 동일하며 판매비와관리비는 고려하지 않는다. 또한 B사업부가 동일한 부품을 외부에서 구입하는 경우에는 단위당 ₩3,000을 지급하고 4,000단위 전량을 구입해야 한다.)

① ₩2,150 ② ₩2,300 ③ ₩2,400
④ ₩2,700 ⑤ ₩2,750

풀이 유휴생산시설이 없는 2,000단위는 시장가격인 ₩3,000으로 대체하고 유휴생산시설이 있는 2,000단위는 변동제조원가인 ₩1,800으로 대체한다.

따라서,

$$\text{단위당 최저대체가격} = \frac{2{,}000 \times ₩3{,}000 + 2{,}000 \times ₩1{,}800}{4{,}000} = ₩2{,}400$$

해답: ③

예제 7 | 대체가격 결정 2

(주)찬엽은 분권화된 사업부 甲과 乙을 이익중심점으로 설정하고 있다. 사업부 甲에서 생산되는 제품 A는 사업부 乙에 대체하거나 외부시장에 판매할 수 있으며, 관련원가 자료가 다음과 같이 제시되어 있다. 사업부 乙은 제품 A를 주요

부품으로 사용하여 완제품을 생산하고 있으며, 공급처는 자유로이 선택할 수 있다. 현재 사업부 甲은 100,000단위의 제품 A를 생산하여 전부 외부시장에 판매하고 있으며, 사업부 乙에서는 연간 50,000단위의 제품 A를 단위당 ₩42의 가격으로 외부공급업자로부터 구입하고 있다.

단위당 외부 판매가격	₩45
단위당 변동원가	30(변동판매비와관리비 포함)
연간고정원가	₩1,000,000
연간최대생산능력	100,000단위

만일 사업부 甲이 제품 A를 사업부 乙에 사내대체한다면 단위당 ₩8의 판매비와관리비를 절감할 수 있다고 할 때, 제품 A의 사내대체가격은 어느 가격범위에서 결정되어야 하겠는가? 【'01. 세무사】

① ₩15과 ₩22사이
② ₩22과 ₩30사이
③ ₩30과 ₩37사이
④ ₩37과 ₩42사이
⑤ ₩42 ₩45사이

풀이 공급사업부의 입장에서는 유휴시설이 없기 때문에 기회비용을 고려하여 의사결정을 한다.
이 경우에 사내대체시에는 단위당 변동판매비와관리비가 절감되므로 이를 고려하여 최저대체가격을 결정한다.
구매사업부는 외부구입가격이 최고대체가격이 된다.
따라서,
공급사업부의 최저대체가격=변동원가+기회비용=(₩30−8)+(45−30)=₩37*
* 시장가격에서 절감되는 변동원가를 차감한 금액과 같다. 즉, ₩45−8=₩37
구매사업부의 최고대체가격=외부구입가격=₩42
그리고,
최고대체가격이 최저대체가격보다 클 때 대체가 이뤄지며, 그 때의 대체가격의 범위는
최저대체가격과 최고대체가격사이에서 결정된다.
∴ ₩37 〈 대체가격 〈 ₩42

해답: ④

예제 8 | 성과평가

(주)찬우는 다음과 같은 3개의 사업부(A, B, C)를 갖고 있다. 다음 자료를 이용하여 각 사업부를 잔여이익으로 평가했을 때 성과가 높은 사업부 순서대로 옳게 배열한 것은? 【'10. 세무사】

구분	A	B	C
투자액	₩1,300,000	₩1,200,000	₩1,500,000
영업이익	300,000	330,000	350,000
최저필수수익률	15%	19%	16%

① C 〉A 〉B ② C 〉B 〉A ③ B 〉A 〉C
④ A 〉C 〉B ⑤ A 〉B 〉C

풀이 (1) 잔여이익 기준

잔여이익기준으로 각 사업부를 평가하면 다음과 같다.

A사업부; 잔여이익=300,000 − 1,300,000×15%=105,000

B사업부; 잔여이익=330,000 − 1,200,000×19%=102,000

C사업부; 잔여이익=350,000 − 1,500,000×16%=110,000

(2) 투자수익률기준

투자수익률을 기준으로 각 사업부를 평가하면 다음과 같다.

A사업부; 투자수익률= $\frac{300,000}{1,300,000}$ =23.0%

B사업부; 투자수익률= $\frac{330,000}{1,200,000}$ =27.5%

C사업부; 투자수익률= $\frac{350,000}{1,500,000}$ =23.3%

해답: ①

예제 9 | 경제적 부가가치 계산

(1) 명우회사의 각 사업부와 관련된 자료

	A사업부	B사업부
① 영업이익	₩8,000	₩13,200
② 총자산	40,000	80,000
③ 유동부채	4,000	10,000

(2) 비유동부채의 장부가액; ₩80,000, 이자율: 10%

(3) 자기자본의 시장가치; ₩120,000, 자기자본비용; 15%

(4) 비유동부채의 시장가치는 장부가액과 동일

(5) 법인세율 40%

이상의 자료에 의할 때 각 사업부의 경제적 부가가치는 얼마인가?

	A사업부	B사업부
①	₩696	₩△60
②	696	696
③	△60	△60
④	960	690
⑤	690	960

풀이 1. EVA = 영업이익 × (1 − t) − 투자자본 × 가중평균자본비용

1) 투자자본 = 비유동부채 + 자기자본 = 총자산 − 유동부채

2) 가중평균자본비용 = 비유동부채의 이자율 × (1 − t) × $\frac{\text{비유동부채시장가치}}{(\text{비유동부채시장가치} + \text{자기자본시장가치})}$ + 자기자본비용 × $\frac{\text{자기자본시장가치}}{(\text{비유동부채시장가치} + \text{자기자본시장가치})}$

2. 각 사업부의 경제적 부가가치 계산

A사업부의 경제적 부가가치 = ₩8,000 × (1 − 40%) − (40,000 − 4,000) × 11.4%* = ₩696

B사업부의 경제적 부가가치 = ₩13,200 × (1 − 40%) − (80,000 − 10,000) × 11.4%* = ₩△60

*가중평균자본비용 = $10\% \times (1-0.4) \times \frac{80,000}{(120,000+80,000)} + 15\% \times \frac{120,000}{(120,000+80,000)}$

= 11.4%

해답: ①

예제 10 | 예측오차의 원가

벽파회사는 대학졸업식에 기념품을 판매할 것을 고려하고 있다. 이 기념품원가는 개당 ₩400원이며, ₩1,000에 판매할 수 있다. 이 기념품은 반품이 불가능하며 중고시장에 개당 ₩100에 처분할 수 있다. 그리고 학교 근처에 매점을 하루에 ₩500,000에 임차할 수 있다.

벽파회사는 3,000개를 팔 것으로 예상하고 구입하였으나 실제로는 2,000개만판매하였다. 예측오차의 원가는?

① ₩300,000 ② ₩400,000 ③ ₩700,000
④ ₩350,000 ⑤ ₩250,000

풀이 (1) 정확한 예측하에서의 이익(2,000개를 구입한 경우)

수익	2,000 × ₩1,000 =		₩2,000,000	
비용	구입비용: 2,000 × ₩400	= ₩800,000		
	임 차 료:	= 500,000	₩1,300,000	₩700,000

(2) 잘못된 예측하에서의 이익(3,000개를 구입한 경우)
(= 실제이익)

수익 ┌ 정규판매: 2,000 × ₩1,000 = ₩2,000,000
　　 └ 중고판매: 1,000 × ₩100 = 100,000 ₩2,100,000

비용 ┌ 구입비용: 3,000 × ₩400 = 1,200,000
　　 └ 임차료: = 500,000 ₩1,700,000 ₩400,000

(3) 예측오차의 원가 ₩300,000

간단히 구하면, (3,000 − 2,000) × (₩400 − 100) = ₩300,000

해답: ①

예제 11 | 완전정보의 기대값

반운회사는 낙후된 기계장치를 처분하고 첨단기계장치를 신규 구입하려 한다. 연간 4,000단위의 수요가 존재할 확률은 30%이며, 연간 8,000단위의 수요가 존재할 확률은 70%이다. 각 상황에 따른 기계구입시 기대수익은 다음과 같다.

상 황	기대수익
수요가 4,000단위일 경우	갑기계 구입시 ₩30,000
	을기계 구입시 ₩20,000
수요가 8,000단위일 경우	갑기계 구입시 ₩50,000
	을기계 구입시 ₩80,000

위 자료를 기초로 수요상황을 정확하게 알 수 있는 정보가 있다고 할 경우, 이 정보를 얻기 위하여 지출할 수 있는 최대금액은 얼마인가? 【'92. 세무사】

① ₩3,000
② ₩9,000
③ ₩11,000
④ ₩18,000
⑤ ₩21,000

풀이

기계 \ 수요 / 확률	4,000개	8,000개
	30%	70%
갑기계	30,000	50,000
을기계	20,000	80,000

E(갑) = ₩30,000 × 0.3 + 50,000 × 0.7 = ₩44,000
E(을) = ₩20,000 × 0.3 + 80,000 × 0.7 = ₩62,000
완전정보하의 기대값 = ₩30,000 × 0.3 + 80,000 × 0.7 = ₩65,000
기존정보하의 기대값 = 62,000
완전정보의 기대값(EVPI) ₩3,000

조건부손실표(기회손실표)를 작성하여 설명하면 다음과 같다.

기계 \ 확률 \ 수요	4,000개	8,000개
	30%	70%
갑기계	–	30,000
을기계	10,000	–

수요가 4,000개일 때,

갑기계를 구입했으면 기회손실은 없다.

을기계를 구입했으면 ₩30,000−20,000=₩10,000의 기회손실이 발생한다.

수요가 8,000개 일 때,

을기계를 구입했으면 기회손실은 없다.

갑기계를 구입했으면 ₩80,000−50,000=₩30,000의 기회손실이 발생한다.

이 자료에 따라 갑과 을의 기회손실의 기대값은 다음과 같다.

E(갑)=0+₩30,000×0.7=₩21,000

E(을)=₩10,000×0.3+0= ₩3,000

따라서,

최적대안은 기회손실이 최소인 을기계를 구입하는 것이고 을기계의 최소기회손실액 ₩3,000이 곧 완전정보의 기대값이 된다.

해답: ①

예제 12 | 경제적 주문량 및 재주문점

훈송회사의 연간 원재료 사용량은 180,000개이며 1회주문비용은 ₩1,000이고 재고단위당 유지비용은 ₩10이다.

1. 경제적 주문량은?

① 4,000개 ② 5,000개
③ 6,000개 ④ 7,000개
⑤ 8,000개

2. 경제적 주문량일 경우의 총비용은?

① ₩60,000 ② ₩65,000
③ ₩68,000 ④ ₩70,000
⑤ ₩72,000

3. 원재료 조달기간은 5일이고 하루사용량은 600개이다. 안전재고는 1,000개이다. 이 경우의 재주문점 재고는 몇 개인가?

① 2,500개 ② 2,800개
③ 3,000개 ④ 3,600개
⑤ 4,000개

풀이 1. 경제적 주문량(EOQ)

$$\text{EOQ} = \sqrt{\frac{2AP}{S}} = \sqrt{\frac{2 \times 180{,}000 \times 1{,}000}{10}} = 6{,}000\text{개}$$

2. 총비용계산

총비용 $= \sqrt{2APS} = \sqrt{2 \times 180{,}000 \times 1{,}000 \times 10} = ₩60{,}000$

일반식으로 구해보면 다음과 같다.

총비용 = 주문횟수 × 1회주문비용 + 평균재고 × 단위당 유지비용

$$= \frac{180{,}000}{6{,}000} \times ₩1{,}000 + \frac{6{,}000}{2} \times ₩10 = ₩60{,}000$$

3. 재주문점 계산

재주문점 = 조달기간 × 하루사용량 + 안전재고

$= 5 \times 600 + 1{,}000 = 4{,}000$개

해답: 1. ③ 2. ① 3. ⑤

>>> 객 · 관 · 식 · 문 · 제

– 특별주문 –

1 (주)찬엽은 제품 A를 단위당 ₩100에 판매하고 있는데, (주)다나로부터 제품 A 2,000단위를 ₩70에 구입하겠다는 제안을 받았다. 제품 A의 단위당 원가는 다음과 같다.

직접재료원가	₩20	직접노무원가	₩15
변동제조간접원가	10	고정제조간접원가	5

판매비와관리비는 모두 변동비로 매출액의 20%이다. (주)찬엽은 (주)다나의 제안을 수락할 수 있는 충분한 유휴생산능력을 보유하고 있다. (주)찬엽이 (주)다나의 제안을 수락하는 경우 영업이익 증가액은? 【'13. 감평사】

① ₩2,000 ② ₩12,000
③ ₩22,000 ④ ₩40,000
⑤ ₩50,000

풀이 증분수익; 2,000단위×₩70= ₩140,000
증분비용; 변동원가 2,000×₩45= △90,000
판관비 2,000×₩70×20%= △28,000
증분이익 ₩22,000

2 (주)한국은 제품 20,000단위를 판매하고 있다. 제품단위당 판매가격은 ₩600, 단위당 변동제조원가는 ₩280, 단위당 변동판매비와관리비는 ₩170이다. (주)한국은 (주)구포로부터 단위당 ₩500에 7,000단위의 특별주문을 받았다. 이때 소요되는 추가 판매비와관리비는 총 ₩1,200,000이다. 회사의 최대생산능력은 25,000단위이므로 이 특별주문을 받아들일 경우 기존 판매제품의 수량이 2,000단위 감소할 것이다. 이 특별주문을 수락하는 경우 이익에 미치는 영향은? 【'11, '12. 감평사】

① ₩40,000 증가 ② ₩206,000 증가
③ ₩240,000 감소 ④ ₩340,000 증가
⑤ ₩340,000 감소

풀이 증분수익; 7,000×₩500 =₩3,500,000
증분비용; 변동제조원가= 7,000×₩280 =△1,960,000

해답 1. ③ 2. ①

변동판관비 =△1,200,000
기회비용= 2,000×(₩600−450)=△300,000
증분이익 ₩40,000 증가

3 (주)서울은 20×1년에 제품 A를 연간 1,500단위 생산하여 단위당 ₩400에 판매하였다. 제품 A의 최대생산량은 2,000단위이며 단위당 원가는 다음과 같다.

(1) 직접재료원가	₩120
(2) 직접노무원가	80
(3) 변동제조간접원가	20
(4) 변동판매관리비	30
(5) 고정판매관리비	20
(6) 고정제조간접원가	30

20×2년 초에 회사는 (주)한국으로부터 제품 A 800단위를 단위당 ₩300에 구입하겠다는 특별주문을 받았다. (주)서울이 동 주문을 수락하면 단위당 변동판매관리비 중 ₩20이 발생하지 않으며, 기존시장에서의 판매량 300단위를 포기해야 한다. (주)서울이 특별주문 수량을 모두 수락할 경우 이익은 얼마나 증가하는가? (단, 재고는 없으며, 20×2년 원가구조는 20×1년과 동일함) 【'11. 감평사】

① ₩10,200 ② ₩10,400
③ ₩10,600 ④ ₩10,800
⑤ ₩11,000

풀이 증분수익=800×₩300 =₩240,000
증분비용; 변동비 800×₩230* =184,000
기회비용 300×(₩400−250)= 45,000 229,000
증분이익 ₩11,000
* 특별주문시 단위당 변동비=₩120+80+20+(30−20)=₩230

4 CY회사는 A제품을 생산하여 판매하고 있다. 1개월간의 생산능력과 원가에 관한 자료는 다음과 같다. 월간최대생산능력은 25,000단위이다. 월간실제생산량이 20,000단위일 경우 단위당 총원가는 ₩2,400이고, 월간실제생산량이 24,000단위일 경우에는 단위당 총원가가 ₩2,250이 된다. CY회사는 월평균 20,000단위를 생산하여 판매하고 있었다. 그런데 이번 달에 4,000단위(단위당 판매가격 ₩1,800)의 특별주문을 받았다. 이 특별주문의 수락이 기존의 생산 및 판매에 아무런 영향을 미치지 않을 경우, 특별주문의 수

해답 3. ⑤ 4. ⑤

락으로 인하여 얼마의 이익(또는 손실)이 증가하겠는가? 【'96. 감평사, '05. 세무사】

① 이익 ₩3,600,000　② 손실 ₩2,000,000
③ 손실 ₩1,800,000　④ 이익 ₩1,800,000
⑤ 이익 ₩1,200,000

풀이 단위당변동제조원가 = $\frac{24,000 \times ₩2,250 - 20,000 \times ₩2,400}{24,000 - 20,000}$ = ₩1,500

∴ 4,000단위 × (₩1,800 − 1,500) = ₩1,200,000 이익

5 다음은 (주)주봉의 손익계산서에서 발췌한 정보이다. (주)주봉이 판매하는 제품의 단위당 판매가격은 ₩200이다. 매출원가와 판매비와 관리비 각각에 대해서 30%는 변동원가이며, 70%는 회피불능고정원가이다. (주)주봉은 (주)찬우로부터 단위당 ₩150에 500단위의 제품을 사겠다고 제의를 받았다. 이에 대한 추가 주문을 받아들인다면 (주)주봉의 영업이익에 미치는 영향은 얼마인가? (단, (주)주봉은 유휴생산능력이 충분하다.)
【'93. 감평사, '13. 관세사】

매 출 액	₩3,000,000
매 출 원 가	(2,000,000)
매 출 총 이 익	1,000,000
판매비와관리비	(500,000)
영 업 이 익	₩500,000

① ₩51,000 감소　② ₩50,000 감소
③ ₩50,000 증가　④ ₩51,000 증가
⑤ ₩75,000 증가

풀이 단위당 변동제조원가 = ₩2,000,000 × 30% ÷ 15,000* = ₩40
단위당 변동판관비 = ₩500,000 × 30% ÷ 15,000 = 10
단위당 변동원가 ₩50
∴ 영업이익 = 500개 × (₩150 − 50) = ₩50,000 증가
* 판매량 = ₩3,000,000 ÷ 200 = 15,000개

6 (주)다나는 20×4년 초에 고객으로부터 축구공 500단위를 단위당 ₩320에 구입하겠다는 특별주문을 받았다. 특별주문을 수락하더라도 특별주문에 대한 변동판매비와관리비는 발생하지 않으며, (주)다나는 현재 충분한 여유생산설비를 보유하고 있다. 축

해답 5. ③ 6. ④

구공 1단위의 정상판매가격은 ₩500이다. (주)다나의 20×3년 1,000단위 판매에 따른 자료는 다음과 같다.

	단위당 원가	총원가
변동제조원가	₩240	240,000
고정제조원가	50	50,000
변동판매비와관리비	20	20,000
고정판매비와관리비	10	

(주)다나가 특별주문을 수락하는 경우 20×4년도의 영업이익에 미치는 영향은?

【'90, '01. 감평사, '13. 관세사】

① ₩30,000 감소
② ₩30,000 증가
③ ₩40,000 감소
④ ₩40,000 증가
⑤ 변화 없음

풀이 500단위×(₩320−240)=₩40,000 증가

7 (주)다나는 단일 종류의 제품을 생산 · 판매하고 있다. 20×1년도 단위당 판매가격은 ₩4,000, 단위당 변동원가는 ₩3,500, 연간 총고정원가는 ₩500,000으로 예상된다. 20×1년 중에 특정 고객으로부터 제품 100단위를 구입하겠다는 주문(이하, 특별주문)을 받았다. 특별주문을 수락할 경우 단위당 변동원가 중 ₩500을 절감할 수 있으며, 배송비용은 총 ₩10,000이 추가로 발생한다. 특별주문을 수락하더라도 여유설비가 충분하기 때문에 정상적인 영업활동이 가능하다. (주)다나가 특별주문을 수락하여 ₩30,000의 이익을 얻고자 한다면, 단위당 판매가격을 얼마로 책정해야 하는가?

【'14. 감평사】

① ₩3,100
② ₩3,300
③ ₩3,400
④ ₩3,500
⑤ ₩3,600

풀이

증분수익;		100단위×P
증분비용; 변동원가 100단위×(₩3,500−500)=₩300,000		
배송비용	10,000	△310,000
증분이익		₩30,000

따라서, 100×P−310,000=₩30,000

해답 7. ③

∴ P(단위당판매가격)=₩3,400

8 흰구름회사의 연간 제조능력은 30,000단위이다. 1999년 12월 31일로 종료한 회계연도의 영업결과는 다음과 같다.

매출액(18,000단위, @₩100)	₩1,800,000
변동제조 및 변동판매비	990,000
공헌이익	810,000
고정비	495,000
영업이익	₩315,000

2000년도에 외국의 한 업체가 회사의 제품을 단위당 ₩90에 15,000단위를 구매하겠다는 제안을 하였다. 2000년도의 회사의 모든 비용은 1999년도와 동일한 형태를 보일 것으로 기대된다. 만약 2000년도에 회사가 이 제안을 받아들여 회사의 제조능력인 30,000단위를 넘지 않기 위해서 기존의 정규판매량을 축소한다면 이때 영업이익은 얼마이겠는가? 【2000. 감평사】

① ₩390,000 ② ₩600,000
③ ₩705,000 ④ ₩840,000
⑤ ₩855,000

풀이

매출(15,000×₩100+15,000×₩90)=	₩2,850,000
변동원가(30,000×₩55) =	1,650,000
공헌이익	1,200,000
고정원가	495,000
영업이익	₩705,000

9 (주)다나의 정상판매량에 기초한 20×1년 예산손익계산서는 다음과 같다.

매출액(5,000단위 ₩60)	₩300,000
변 동 매 출 원 가	150,000
변 동 판 매 비	60,000
공 헌 이 익	₩90,000
고정제조간접원가	50,000
고 정 판 매 비	20,000
영 업 이 익	₩20,000

해답 8. ③ 9. ②

(주)다나의 연간 최대생산능력은 6,000단위이다. 새로운 고객이 20×1년 초 1,500단위를 단위당 ₩50에 구입하겠다고 제의하였으며, 이 제의는 부분 수락할 수 없다. 이 제의를 수락하고, 정상가격에 의한 기존의 거래를 감소시켜 영업이익을 극대화한다면 20×1년에 증가되는 영업이익은? 【'99, '13. 세무사】

① ₩1,000 ② ₩3,000 ③ ₩9,000

④ ₩14,000 ⑤ ₩17,000

풀이 증분수익 1,500×₩50= ₩75,000
증분비용
변동원가 ; 1,500×₩42*= △63,000
기회비용; 500×(₩60−42)= △9,000
증가되는 영업이익 ₩3,000
* (150,000+60,000)÷5,000개=₩42

– 사업부 운영(또는 제품생산) 여부 결정 –

10 (주)설악전자는 동부와 중부, 서부 세 개의 지역사업부를 가지고 있다. 20×1년 각 사업부의 수익과 비용관련 정보는 다음과 같다.

	동 부	중 부	서 부
매출	₩720,000	₩570,000	₩350,000
변동원가	370,000	290,000	240,000
공헌이익	350,000	280,000	110,000
추적고정원가	130,000	90,000	80,000
공통고정원가	120,000	70,000	50,000
영업이익(손실)	₩100,000	₩120,000	₩(20,000)

(주)설악전자의 경영진에서는 손실을 보고한 서부사업부 폐지를 검토하고 있다. 서부사업부가 폐지된다면 서부사업부의 추적고정원가는 발생하지 않을 것으로 조사되었다. 그러나 공통고정원가는 영향을 받지 않는다. 이러한 자료를 토대로 할 때 서부사업부를 폐지한다면 (주)설악전자의 영업이익은 얼마가 될 것인가? 【'08. 감평사】

① ₩170,000 ② ₩190,000

③ ₩200,000 ④ ₩220,000

⑤ ₩240,000

해답 10. ①

풀이 공헌이익 상실 ₩110,000
고정원가 절감 △ 80,000
폐업시 손실 ₩30,000

∴ 기존의 이익 = ₩100,000 + 120,000 − 20,000 = ₩200,000
폐지후 이익 = ₩200,000 − 30,000 = ₩170,000
또는 다음과 같이 구할 수 있다.
설악전자 영업이익 = 동부영업이익 + 중부영업이익 − 서부공통고정원가
= ₩100,000 + 120,000 − 50,000 = ₩170,000

11 (주)울산은 A, B, C 세 종류의 제품을 생산 · 판매하고 있다. 20×1년 (주)울산의 제품별 손익을 살펴본 결과 다음과 같이 나타났다.

항목	A제품	B제품	C제품	합계
매출액	₩1,000,000	₩2,000,000	₩1,000,000	₩4,000,000
변동원가	500,000	1,800,000	700,000	3,000,000
공헌이익	500,000	200,000	300,000	1,000,000
고정원가	200,000	400,000	200,000	800,000
이익	₩300,000	(₩200,000)	₩100,000	₩200,000

경영자는 손실을 보이고 있는 B제품의 생산중단을 고려하고 있으며, 이에 대한 자료를 다음과 같이 수집하였다. 총고정원가 ₩800,000은 각 제품의 매출액에 비례하여 배부한 것이며, B제품 생산중단시 총고정원가의 10%는 회피가능하고, 또한 C제품의 매출액이 20% 감소할 것으로 예상된다. (주)울산이 B제품의 생산을 중단할 경우 회사전체 이익은 얼마나 감소하는가? 【'10. 세무사】

① ₩120,000 ② ₩150,000
③ ₩170,000 ④ ₩180,000
⑤ ₩200,000

풀이

	B제품	C 제품
공헌이익 상실액;	₩200,000	1,000,000 × 20% × 30% = ₩60,000
고정원가 절감액;	₩800,000 × 10% = 80,000	
이익 감소액	₩120,000	₩60,000

∴ 이익 감소액 = ₩120,000 + 60,000 = ₩180,000

해답 11. ④

12 (주)주봉은 A제품과 B제품을 생산 · 판매하고 있으며, 다음 연도 예산손익계산서는 다음과 같다.

	A제품	B제품
매출액	₩4,000	₩2,000
변동원가	△1,500	△1,200
고정원가	△2,000	△1,400
영업이익(손실)	₩500	(₩600)
판매량	2,000단위	2,000단위

회사는 영업손실을 초래하고 있는 B제품의 생산을 중단하고자 한다. B제품의 생산을 중단하면, A제품의 연간 판매량이 1,000단위만큼 증가하고 연간 고정원가 총액은 변하지 않는다. 이 경우 회사 전체의 영업이익은 얼마나 증가(혹은 감소)하는가? (단, 기초 및 기말 재고자산은 없다.) 【'14. 감평사】

① ₩175 감소
② ₩450 증가
③ ₩650 감소
④ ₩1,250 증가
⑤ ₩1,425 증가

풀이

증분수익; 1,000단위×₩1.25*=	₩1,250
증분비용; 공헌이익 상실; ₩2,000−1,200=	△800
회사 전체의 영업이익 증가	₩450

* A제품 단위당 공헌이익=(₩4,000−1,500)÷2,000=₩1.25

- 자가제조 또는 외부구입 -

13 SSY회사는 제품생산에 소요되는 부분품을 자체생산하고 있다. 당기 필요한 10,000개의 제품을 생산하는 데 드는 원가는 다음과 같다.

	단위당원가	총원가
재료원가	₩4	₩40,000
노무원가	6	60,000
변동제조간접원가	4	40,000
고정제조간접원가	5	50,000
	₩19	₩190,000

부품을 생산하지 않으면 고정제조간접원가의 반을 절감할 수 있다. 부품을 생산하는 대

해답 12. ② 13. ④

신 외부회사로부터 구입할 때 지불할 수 있는 단위당 최대가격은 얼마인가?【'85. CPA】

① ₩19.5 ② ₩14
③ ₩10 ④ ₩16.50
⑤ ₩12.50

풀이

자가제조비용		외부구입비용
(1) 회피가능원가		
① 변동원가: 10,000개×₩14＝₩140,000		
② 고정원가: $50{,}000 \times \frac{1}{2}$ ＝	25,000	$10{,}000 \times p$
(2) 유휴시설의 활용 ＝	0	
계	₩165,000	₩$10{,}000p$

$\therefore 10{,}000p = 165{,}000 \quad \therefore p =$ ₩16.5

따라서, $p >$ ₩16.5 이면 자가제조가 유리하고
$p <$ ₩16.5 이면 외부구입이 유리하다.

14 KH사는 완제품 생산에 필요한 부품 A를 자가제조하고 있다. 부품 A의 연간 필요량 1,000단위를 생산하는 데 소요되는 단위당 원가는 다음과 같다.

직접재료원가	₩350
직접노무원가	120
변동제조간접원가	130
고정제조간접원가	300
합 계	₩900

KH사는 외부공급업자로부터 단위당 ₩700에 1,000단위의 부품 A를 공급하겠다는 제의를 받았다. KH사가 이 제의를 받아들이면 설비 중 일부를 부품 B의 생산에 사용할 수 있어 연간 ₩30,000의 원가를 절약할 수 있다. 또한 고정제조간접원가 중 ₩120,000은 부품 A를 외부에서 구입하면 더 이상 발생하지 않을 수 있다. 외부공급업자의 제의에 대하여 KH사가 내려야 할 결정을 바르게 설명한 것은?

【'92, '98, '05, '12. 감평사】

① 거부해야 한다. 자가제조가 ₩150,000의 원가절약효과를 갖기 때문이다.
② 거부해야 한다. 자가제조가 ₩450,000의 원가절약효과를 갖기 때문이다.
③ 수락해야 한다. 외부구입이 ₩50,000의 원가절약효과를 갖기 때문이다.

해답 14. ③

④ 수락해야 한다. 외부구입이 ₩200,000의 원가절약효과를 갖기 때문이다.
⑤ 거부하든 수락하든 KH사에 발생하는 원가는 동일하다.

풀이

자가제조비용		외부구입비용
(1) 회피가능원가		
① 변동원가: 1,000×₩600=₩600,000		1,000개×₩700=₩700,000
② 고정원가:	120,000	
(2) 유휴시설의 활용	30,000	
계	₩750,000	₩700,000

∴ 외부구입이 ₩50,000 유리하다.

15 (주)다나는 부품 A를 자가제조하며, 관련된 연간 생산 및 원가자료는 다음과 같다.

(1) 직접재료원가	₩10,000
(2) 직접노무원가	20,000
(3) 변동제조간접원가	10,000
(4) 고정제조간접원가	20,000
(4) 생산량	250단위

최근에 외부업체로부터 부품 A 250단위를 단위당 ₩200에 공급하겠다는 제안을 받았다. 부품 A를 전량 외부에서 구입하면 고정제조간접원가 중 ₩10,000이 절감되며, 기존 설비를 임대하여 연간 ₩15,000의 수익을 창출할 수 있다. 외부업체의 제안을 수용하면, 자가제조보다 연간 얼마나 유리(또는 불리) 한가? 【'11, '15. 세무사】

① ₩15,000 유리 ② ₩15,000 불리 ③ ₩25,000 유리
④ ₩25,000 불리 ⑤ ₩35,000 유리

풀이

자가제조비용		외부구입비용
(1) 회피가능원가		
① 변동원가 ;	₩40,000	250개×₩200
② 고정원가 ;	10,000	
(2) 유휴시설의 활용	15,000	
계	₩65,000	₩50,000

∴ 외부구입이 ₩65,000−50,000=₩15,000 유리하다.

해답 15. ①

16 (주)국세는 현재 제품 생산에 필요한 부품 10,000단위를 자가제조하여 사용하고 있는데, 최근에 외부의 제조업자가 이 부품을 전량 납품하겠다고 제의하였다. (주)국세가 이러한 제의에 대한 수락 여부를 검토하기 위하여 원가자료를 수집한 결과, 10,000단위의 부품을 제조하는데 발생하는 총제조원가는 다음과 같으며, 최대로 허용 가능한 부품의 단위당 구입가격은 ₩330으로 분석되었다.

직접재료원가	₩1,800,000
직접노무원가	700,000
변동제조간접원가	500,000
고정제조간접원가	500,000
총제조원가	₩3,500,000

이 경우, (주)국세가 회피가능한 고정제조간접원가로 추정한 최대 금액은 얼마인가?

【'12. 세무사】

① ₩150,000 ② ₩200,000

③ ₩250,000 ④ ₩300,000

⑤ ₩500,000

풀이

자가제조비용		외부구입비용
(1) 회피가능원가		
① 변동원가 ;	₩3,000,000	10,000×₩330
② 고정원가 ;	x	
(2) 유휴설비의 활용	0	
	₩3,000,000+x	₩3,300,000

따라서, ₩3,000,000+x = ₩3,300,000

∴ x(고정제조간접원가) = ₩300,000

17 (주)다나는 완제품 생산에 필요한 A부품을 매월 500단위씩 자가제조하고 있다. 그런데 타 회사에서 매월 A부품 500단위를 단위당 ₩100에 납품하겠다고 제의 하였다. A부품을 자가제조할 경우 변동제조원가는 단위당 ₩70이고, 월간 고정제조간접원가 총액은 ₩50,000이다. 만약 A부품을 외부구입한다면 변동제조원가는 발생하지 않으며, 월간 고정제조간접원가의 40%를 절감할 수 있다. 또한 A부품 생산에 사용되었던 설비는 여유설비가 되며 다른 회사에 임대할 수 있다. A부품을 외부 구입함으로써 매월 ₩10,000의 이익을 얻고자 한다면, 여유설비의 월 임대료를 얼마로 책정해야 하는가?

해답 16. ④ 17. ①

【'14. 감평사】

① ₩5,000　② ₩6,000　③ ₩7,000
④ ₩8,000　⑤ ₩10,000

풀이

자가제조비용		외부구입비용
(1) 절감원가		
① 변동비 500×₩70=	₩35,000	500×₩100
② 고정비 ₩50,000×40%=	20,000	
(2) 임대료수익	x	
	₩55,000+x	₩50,000

∴ (₩55,000+x)−50,000 =₩10,000
x(임대료수익)=₩5,000

– 자원의 제약이 있는 경우 –

18 CW회사는 5가지의 제품을 생산하고 있다. 이 회사는 다른 자원은 충분한데 기계의 가동시간(M)은 한정되어 제약조건이 되고 있다. 각 제품 1단위당 기계소요 시간을 Mi라고 하고, 각 제품의 판매가격은 Pi이고 변동원가는 Vi라고 하자. 이 회사의 최적 생산량을 결정하기 위해서는 다음 중 어느 것이 높은 제품을 먼저 생산할 것인가? 【'99. CPA】

① Pi−Vi(제품단위당 공헌이익)

② $\frac{Pi-Vi}{Pi}$(제품단위당 공헌이익률)

③ $\frac{Pi-Vi}{Mi}$(제품의 기계시간당 공헌이익)

④ $\frac{(Pi-Vi)/Pi}{Mi}$(제품의 기계시간당 공헌이익률)

⑤ $\frac{Mi}{Pi-Vi}$(제품의 공헌이익당 기계시간)

풀이 제약단위가 한개인 경우에는 제약단위당(Mi) 공헌이익이 가장 큰 제품을 생산하는 것이 가장 유리하다.

19 (주)다나는 제품 X와 제품 Y를 생산하여 판매할 계획이다. 제품 X와 제품 Y에 대한 단위당 판매가격과 단위당 변동원가에 대한 정보는 다음과 같다.

해답 18. ③ 19. ③

	X	Y
단위당 판매가격	₩1,500	₩1,000
단위당 변동원가	900	600

(주)다나의 연간 총고정원가는 ₩50,000이고, 회사가 이용가능한 연간 기계시간은 400시간이다. 제품 한 단위 생산하는 데 소요되는 기계시간은 제품 X의 경우 6시간, 제품 Y의 경우 2시간이다. 이익을 극대화하기 위한 각 제품의 생산량을 결정하여 생산 · 판매할 경우 (주)다나가 달성할 수 있는 최대 영업이익은 얼마인가? (단, 제품 X와 제품 Y의 수요는 무한하다고 가정한다.) 【'13. 관세사】

① ₩10,000　　② ₩20,000
③ ₩30,000　　④ ₩50,000
⑤ ₩80,000

풀이

	X	Y
단위당 판매가격	₩1,500	₩1,000
단위당 변동원가	900	600
단위당 공헌이익	600	400
기계시간	÷6	÷2
제약요소단위당 공헌이익	100	200

따라서 수요는 무한하므로 Y제품만을 생산한 것이 유리하다.

∴ 최대영업이익＝Y제품생산량×단위당공헌이익－고정원가
＝(400시간÷2)×₩400－₩50,000＝₩30,000

20 다음은 (주)한국의 제품별 예산자료의 일부이다.

	제품 A	제품 B
단위당 판매가격	₩400	₩500
단위당 변동원가	₩150	₩300
단위당 기계시간	4시간	2시간
최대 수요량(연간)	100단위	200단위

사용가능한 총 기계시간이 연간 500시간일 때, 이익을 극대화하기 위해서는 두 제품을 각각 몇 단위씩 생산 · 판매하여야 하는가? 【'09. 감평사】

	제품 A	제품 B
①	25단위	150단위

해답 20. ②

② 25단위 200단위
③ 50단위 150단위
④ 50단위 200단위
⑤ 100단위 50단위

풀이

	제품 A	제품 B
제품단위당 공헌이익	250	200
기계시간	÷4	÷2
제약요소단위당공헌이익	62.5	100

따라서 B제품 200개를 우선적으로 생산하고 생산시간은 200×2=400시간이 소요된다.
∴ A제품 생산량=(500－400)÷4시간=25개

21 (주)다나의 제품 생산과 관련된 자료는 다음과 같다.

	제품 A	제품 B
연간 최대 판매가능 수량	3,000단위	4,500단위
단위당 공헌이익	₩25	₩30
단위당 소요노무시간	1시간	1.5시간

연간 최대노무시간이 6,000시간일 때, 달성할 수 있는 최대공헌이익은?

【'08. CPA, '15. 세무사】

① ₩75,000 ② ₩95,000 ③ ₩105,000
④ ₩120,000 ⑤ ₩135,000

풀이

	제품 A	제품 B
단위당 공헌이익	₩25	₩30
단위당 소요시간	÷1	÷1.5
노무시간당 공헌이익	₩25	₩20

∴ 제품 A 생산=3,000개×₩25= ₩75,000
제품 B 생산=2,000개*×₩30= 60,000
달성가능한 최대공헌이익 ₩135,000
* (6,000−3,000)×1.5=2,000개

해답 21. ⑤

22 (주)한국은 판매가격과 단위당 변동원가가 각각 ₩500과 ₩300인 A제품과 ₩1,000과 ₩600인 B제품을 생산, 판매하고 있다. 월간 고정원가는 ₩5,000이 발생하며 제조에 관한 자료는 다음과 같다.

월간사용가능 기계시간	제품단위당 사용기계시간		월간사용가능 원재료	제품단위당 사용원재료	
	A제품	B제품		A제품	B제품
120기계시간	2	6	220단위	6	4

최적의 제품생산배합에 의해 얻을 수 있는 최대의 월간 영업이익은 얼마인가?

【'02. CPA】

① ₩2,333 ② ₩3,000
③ ₩5,000 ④ ₩7,333
⑤ ₩10,000

풀이 $Z = 200A + 400B$ — ①(Z : 공헌이익)
$2A + 6B \leqq 120$ — ②
$6A + 4B \leqq 220$ — ③

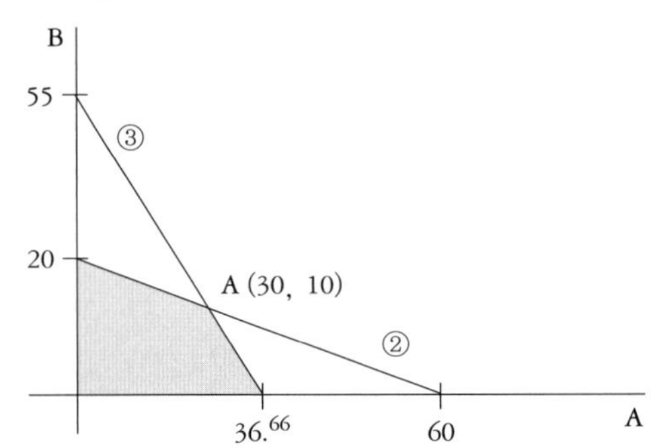

①식에서 $B = -\frac{1}{2}A + \frac{1}{400}Z$, 이 식은 A점에서 최대가 된다. 그 때의 공헌이익은 다음과 같다.

$Z = ₩200 \times 30 + ₩400 \times 10 = 6,000 + 4,000 = ₩10,000$

따라서 영업이익 = 공헌이익 − 고정원가
= ₩10,000 − 5,000 = ₩5,000

23 (주)서울은 두 가지 제품 A, B를 생산 · 판매하고 있다. A, B 제품의 단위당 판매가격은 각각 ₩600, ₩700이며, 단위당 변동원가는 각각 ₩400씩이다. 한편 이 제품들을 생산하기 위해서는 갑기계와 을기계를 이용해야 한다. A제품 한 단위를 생산하기 위해서는 갑기계와 을기계를 각각 1시간씩 가동해야 한다. 또한 B제품을 한 단위 생산

해답 22. ③ 23. ④

하기 위해서는 갑기계를 4시간, 을기계를 1시간 가동해야 한다. 갑, 을기계의 매월 가동가능시간은 각각 640시간, 400시간이며, 매월 감가상각비는 갑기계가 ₩40,000, 을기계가 ₩50,000이다. 이익(손실)을 최대화(최소화)하려면 제품 A와 B를 각각 매월 얼마나 생산 · 판매하여야 하는가? (단, 생산된 제품은 모두 판매되며, 기계에 대한 감가상각비는 회피불능원가이다). 【'06. 감평사】

	A	B
①	0개	0개
②	0개	160개
③	0개	400개
④	320개	80개
⑤	400개	160개

풀이 Z = ₩200[1]A + ₩300[1]B − 90,000

(Z: 이익, A: A제품 생산량, B: B제품 생산량)

1) A제품 공헌이익 = ₩600 − 400 = ₩200

B제품 공헌이익 = ₩700 − 400 = ₩300

甲기계: 1A + 4B = 640시간 — ①

乙기계: 1A + 1B = 400시간 — ②

①식과 ②식이 만나는 점에서 이익이 최대가 된다.

∴ A = 320개, B = 80개

– 대체가격 결정 –

24 다음 중 내부대체가격의 결정방법에 관한 설명으로 가장 타당하지 않은 것은 어느 것인가? 【'11. CPA】

① 내부대체가격은 공급부문과 구매부문의 성과평가에 영향을 미치며, 각 부문의 자율적인 내부대체가격의 결정은 기업전체의 이익을 최대화하지 못하는 결과를 초래할 수 있다.

② 전부원가를 기준으로 하는 경우에 공급부문의 이익을 보고할 수 있도록 하기 위해서는 전부원가에 제품의 단위당 공헌이익을 가산하여 내부대체가격을 결정하여야 한다.

③ 제품의 원가를 기준으로 내부대체가격을 결정하는 경우에는 제품원가의 계산방법과 공급부문의 유휴생산능력 등을 고려할 필요가 있다.

④ 공급부문에 유휴생산능력이 없고 외부시장이 완전경쟁적일 경우에는 제품의

해답 24. ②

시장가격이 기업 전체의 이익을 최대화할 수 있는 내부대체가격이 될 수 있다.

⑤ 공급부문에 충분한 유휴생산능력이 있는 경우에는 기업 전체의 이익을 최대화하기 위하여 제품의 표준변동원가를 내부대체가격으로 사용할 수 있다.

풀이 ② : 변동원가를 기준으로 한 대체가격에 대한 설명이다. 즉
변동원가를 기준으로 하는 경우에 공급부문의 이익을 보고할 수 있도록 하기 위해서는 변동원가에 제품의 단위당 공헌이익을 가산하여 내부대체가격을 결정하여야 한다.

③ : 시장이 없어 시장가격을 알 수 없는 경우에는 제품원가기준으로 대체가격을 결정할 수 있다.

- 전부원가기준
- 전부원가기준에 이익을 가산
- 변동원가기준
- 변동원가기준에 이익을 가산

⑤ : 공급사업부의 비능률적인 요소를 배제하기 위해서 표준변동원가를 사용한다.

25 (주)트랜스퍼는 서로 독립적으로 운영되는 중간사업부와 최종사업부로 이루어져 있다. 중간사업부는 중간제품을 생산해 이를 최종사업부에 공급하거나 경쟁적인 외부 시장에 판매한다. 최종사업부는 중간제품을 가공하여 이를 외부 시장에 판매한다. 회사의 최고경영자는 사업부의 자율경영을 촉진하기 위해 중간제품에 대한 내부 이전가격(transfer pricing) 제도의 도입을 검토 중이다. 이와 관련된 다음 설명 중 적절하지 <u>않은</u> 것은? 【'07. CPA】

① 회사가 중간사업부를 이익중심점 또는 투자중심점으로 설정하기 위해서는 내부이전가격제도의 도입이 필요하다.

② 중간제품에 대한 경쟁적인 외부 시장이 있을 경우에는 원칙적으로 외부 시장가격을 이전가격으로 채택하는 것이 장기적으로 회사의 이익 증대에 유리하다.

③ 이익중심점인 중간사업부로 하여금 공정개선 및 기술혁신을 통한 원가절감을 이루도록 하기 위해서는 시장가격보다 고정원가를 포함한 단위당 제품원가를 이전가격으로 채택하는 것이 효과적이다.

④ 회사 전체에 이익이 되도록 이전가격제도를 운영하기 위해서는 최종사업부가 중간제품을 외부로부터 구입하는 것을 허용해야 한다.

⑤ 이전가격제도를 도입하게 되면 각 사업부의 경영자는 회사 전체의 성과보다는 자신의 사업부의 성과를 극대화하고자 할 수 있다.

풀이 시장가격을 이전가격으로 채택하는 것이 효과적이다.

해답 25. ③

26 (주)대한은 무선비행기생산부문과 엔진생산부문으로 구성되어 있다. 엔진생산부문에서는 무선비행기 생산에 사용하는 엔진을 자체생산하며, 엔진 1개당 ₩100의 변동원가가 발생한다. 외부업체가 (주)대한의 무선비행기생산부문에 사용할 20,000개의 엔진을 1개당 ₩90에 납품하겠다고 제의했다. 이 외부납품 엔진을 사용하면 무선비행기생산부문에서는 연간 ₩100,000의 고정원가가 추가로 발생한다. 엔진생산부문은 자체 생산 엔진을 외부에 판매하지 못한다. 각 부문이 부문이익을 최대화하기 위하여 자율적으로 의사결정을 한다면 사내대체가격의 범위에 대한 설명으로 옳은 것은? 【'09. 세무사】

① 사내대체가격이 ₩85에서 ₩100사이에 존재한다.

② 사내대체가격이 ₩90에서 ₩100사이에 존재한다.

③ 사내대체가격이 ₩95에서 ₩100사이에 존재한다.

④ 사내대체가격의 범위는 존재하지 않는다.

⑤ 엔진생산부문 사내대체가격의 하한은 ₩95이다.

풀이 공급사업부(엔진생산부분)는 엔진을 외부에 판매할 수 없기 때문에 최저대체가격은 단위당 변동원가인 ₩100이 되며, 구매사업부(무선비행기생산부문)는 외부에서 구입하면 단위당 ₩90과 외부구입시에는 추가가공이 필요하여 단위당 추가원가 ₩5(₩100,000/20,000)이 더 발생하므로 최고대체가격은 ₩95이 된다.
따라서 최저대체가격이 최고대체가격보다 크므로 대체는 이뤄지지 않는다.

27 찬엽공업사는 사업부 S와 사업부 P를 운영하고 있다. 사업부 S에서 생산하는 중간제품은 시장에 판매하거나 사업부 P에 대체할 수 있다. 사업부 S의 중간제품 제조와 관련된 자료는 다음과 같다.

사업부 S의 생산능력	100,000단위
중간제품의 시장가격	₩30
단위당 변동원가	16
단위당 고정원가(100,000 단위기준)	9

사업부 P는 같은 제품을 외국에서 단위당 ₩29에 수입하고 있다. 사업부 S가 현재 100,000 단위를 생산하여 외부에 판매하고 있을 때 사업부 S의 최저대체가격은 얼마이어야 하며 그 때 중간제품의 대체가 원활히 이루어지겠는가? 【'90. 감평사】

	단위당 대체원가	대체여부
①	₩16	대체 이루어짐
②	16	대체 이루어지지 않음

해답 26. ④ 27. ④

③	25	대체 이루어짐
④	30	대체 이루어지지 않음
⑤	30	대체 이루어짐

풀이 유휴생산능력이 없으므로 S사업부의 최저대체가격은 ₩30이며, P사업부는 외부에서 ₩29에 구입할 수 있으므로 대체는 이루어지지 않는다.

28 (주)다나는 이익중심적인 A사업부와 B사업부를 운영하고 있다. A사업부가 생산하는 열연강판의 변동제조원가와 고정제조원가는 각각 톤당 ₩2,000과 톤당 ₩200이며, 외부 판매가격과 판매비는 각각 톤당 ₩3,000과 톤당 ₩100이다. 현재 B사업부가 열연강판을 외부에서 톤당 ₩2,600에 구입하여 사용하고 있는데, 이를 A사업부로부터 대체받을 것을 고려하고 있다. A사업부는 B사업부가 필요로 하는 열연강판 수요를 충족시킬 수 있는 유휴생산능력을 보유하고 있으며, 사내대체 하는 경우 판매비가 발생하지 않을 것이다. A사업부가 사내대체를 수락할 수 있는 최소사내대체가격은?

【'13. 감평사】

① ₩2,000 ② ₩2,100
③ ₩2,200 ④ ₩2,600
⑤ ₩3,000

풀이 문제에서 공급사업부(A사업부)의 최소대체가격을 물어보았으므로
공급사업부(A사업부)의 최저대체가격 = 변동비 + 기회비용 = ₩2,000 + 0 = ₩2,000
참고로, 대체가격은 공급사업의 최저대체가격과 구매사업부의 최고대체가격의 사이에서 결정되므로 대체가격은 ₩2,000과 ₩2,600사이에서 결정될 것이다.

29 (주)하나는 두 사업부 X와 Y를 운영하고 있다. 사업부 X는 부품을 생산하고, 사업부 Y는 그 부품을 조립하여 완제품을 생산하고 있다. 부품과 완제품은 모두 외부시장이 존재하여 각 사업부는 이익중심점으로 운영되고 있고, 그 동안 부품의 대체가격은 장기평균시장가격으로 결정하였다. 관련자료는 다음과 같다.

완제품의 단위당 추정판매가격	₩220
부품의 단위당 장기평균판매가격	₩150
사업부 X의 단위당 변동원가	₩100
사업부 Y의 단위당 추가가공원가	₩80

해답 28. ① 29. ③

현재 사업부 X에서는 다음의 두 대안을 고려하고 있다.

〈대안 1〉 외부판매가격을 단위당 ₩148으로 인하하고 10,000개의 부품을 시장판매한다.
〈대안 2〉 외부판매가격을 단위당 ₩150으로 하고 9,000개의 부품을 시장판매하며, 사업부 Y에 1,000개의 부품을 대체한다.

대안 2에서 사업부 X는 대체가격을 얼마로 결정해야 대안 1과 동일한 공헌이익을 얻을 수 있는가? 【'91, '05, '08. 감평사】

① ₩112　② ₩120
③ ₩130　④ ₩148
⑤ ₩150

풀이 대안 1; 10,000 × (₩148 − 100) = ₩480,000
대안 2; 9,000 × (₩150 − 100) + 1,000 × (X − 100) = ₩480,000
∴ X = ₩130

30 (주)강북의 남동부문 제품과 관련된 자료는 다음과 같다.

(1) 중간시장에서의 판매가격	₩50,000
(2) 단위당 변동원가	₩36,000
(3) 단위당 고정원가	₩6,000
(4) 생산능력	1,000개

남동부문은 생산가능한 제품을 모두 중간시장에서 외부고객에게 판매하고 있다. 한편 회사내 다른 부문인 동서부문은 동일한 제품을 외부공급업자로부터 매기 400개를 대량구매에 따른 가격할인을 받아 개당 ₩48,000에 구입하고 있다. 남동부문이 동서부문에 판매를 하게 되면 제품단위당 ₩6,500의 판매수수료 및 운송비용을 절감할 수 있다. 회사전체적 입장에서 가능한 대체가격의 하한선과 이러한 대체거래로 인한 매기 회사전체이익의 증가분은 얼마인가? 【'04. 감평사】

	대체가격하한선	이익증가분
①	₩36,000	₩1,800,000
②	₩43,500	₩1,800,000
③	₩43,500	₩2,600,000
④	₩48,000	₩1,800,000
⑤	₩48,000	₩2,600,000

해답 30. ②

풀이 대체가격은 공급부서의 최저대체가격인 ₩50,000－6,500＝₩43,500과 구매부서의 최고대체가격인 ₩48,000 사이에서 결정된다. 그리고, 대체거래로 인하여 회사전체의 이익은 400개×(₩48,000－43,500)＝₩1,800,000 증가한다.

31 (주)관세는 분권화된 사업부 A와 사업부 B를 이익중심점으로 운영하고 있다. 사업부 A에서 생산되는 표준형 밸브는 외부시장에 판매하거나 사업부 B에 대체할 수 있다. 사업부 A는 현재 최대생산능력을 이용하여 생산하는 표준형 밸브 전량을 단위당 판매가격 ₩50으로 외부시장에 판매하고 있고, 생산 및 판매와 관련된 자료는 다음과 같다.

연간 최대생산능력	180,000단위
단위당 변동제조원가	₩29
단위당 변동판매관리비	₩4
단위당 고정제조간접원가(연간 180,000단위 기준)	₩7
단위당 고정판매관리비(연간 180,000단위 기준)	₩5

사업부 A가 표준형 밸브를 사업부 B에 사내대체할 경우 단위당 변동제조원가를 ₩2만큼 절감할 수 있으며, 변동판매관리비는 발생하지 않는다. 사업부 A가 외부시장에 판매한 경우와 동일한 이익을 얻기 위한 표준형 밸브의 단위당 사내대체가격은 얼마인가? 【'15. 관세사】

① ₩29　② ₩34

③ ₩36　④ ₩40

⑤ ₩44

풀이 사내대체시에는 변동제조원가 ₩2과 변동판매관리비 ₩4이 절감되므로 외부시장에 판매한 경우와 동일한 이익을 얻기위한 사내대체가격은 다음과 같다.
사내대체가격=₩50−(2+4)=₩44

32 (주)백제에는 A, B 두 사업부가 있는데, B사업부는 신제품을 생산하기 위하여 필요한 부품 2,000개를 A사업부로부터 구입하려고 한다. A사업부가 이 부품을 생산하는데 단위당 변동원가 ₩22이 소요될 것으로 추정된다. 또한 A사업부는 이 부품 2,000개를 생산하기 위해 현재 생산판매중인 K제품 2,500개를 포기해야 한다. K제품의 판매단가는 ₩45이고, 단위당 변동원가는 ₩15이다. B사업부는 이 부품을 외부에서 단위당 ₩65에 구입할 수 있다. 다음 중 최적사내이전가격에 해당하는 것은? 【'12. 관세사】

① ₩45　② ₩47

해답 31. ⑤　32. ④

③ ₩55　　　　④ ₩60

⑤ ₩67

풀이 공급사업부의 최저대체가격=변동비+기회비용

∴ 최저대체가격=₩22+37.5*=₩59.5

* 총기회비용=2,500×(₩45−15)=₩75,000 ∴ 단위당 기회비용=$\frac{₩75,000}{2,000}$=₩37.5

구매사업부의 최고대체가격=외부구입가격

∴ 최고대체가격=₩65

따라서 대체가격은 최고대체가격과 최저대체가격의 범위에서 결정된다.

∴ ₩59.5 〈 대체가격 〈 ₩65

이 범위를 충족하는 대체가격은 ₩60뿐이다.

- 투자투심점의 성과평가 -

33 투자중심점(investment center)의 투자성과 평가지표에 관한 다음의 설명 중 가장 타당하지 않은 것은? 【'09. CPA】

① 투자수익률(return on investment: ROI)은 투하자본에 대한 투자이익의 비율을 나타내는 수익성 지표이며, 매출이익률에 자산회전율을 곱하여 계산할 수 있다.

② 투자수익률은 기업의 여러 투자중심점의 성과를 비교하는데 유용할 수 있지만, 투자수익률의 수준이 투자중심점 경영자의 성과평가기준으로 사용될 경우에는 목표불일치 문제를 야기할 수 있다.

③ 잔여이익에 의한 투자중심점 성과평가는 투자수익률에 의한 준최적화 문제를 해결할 수 있으며, 각기 다른 투자규모의 투자중심점들의 성과를 잔여이익에 의하여 직접적으로 비교평가 할 수 있는 장점이 있다.

④ 경제적부가가치(economic value added: EVA)는 세후영업이익에서 투하자본에 대한 자본비용을 차감하여 계산할 수 있다.

⑤ 경제적부가가치의 관점에서는 영업이익이 당기순이익보다 기업의 경영성과를 평가하는데 유용한 지표라고 본다.

풀이 잔여이익은 준최적화의 문제점을 해결할 수 있다는 것은 장점이지만, 비교가능성이 없다는 것은 단점이 된다.

34 잔여이익(Residual Income, RI)이란 투자중심점이 사용하는 영업자산으로부터 획득하여야 하는 최소한의 이익을 초과하는 영업이익을 말한다. 따라서 잔여이익은 투자중심점의 이익에서 투자중심점이 사용하는 자산에 대한 암묵적 이자를 차감하여 계산

해답 33. ③ 34. ③

한다. 예를 들어, 영업자산에 최저필수수익률을 곱한 금액만큼을 암묵적 이자로 생각할 수 있다. 이러한 잔여이익 개념을 이용하여 경영자의 성과를 평가하고자 할 때의 유용성으로 적절하지 않은 것은? 【'07. 감평사】

① 투자수익률만을 이용하는 경우에 발생할 수 있는 준최적화의 문제를 개선할 수 있다.

② 위험이 높은 산업에 속한 투자중심점에 대해서는 영업자산에 대한 최저필수수익률을 높여서 위험수준을 고려할 수 있다.

③ 투자규모가 서로 다른 투자중심점을 서로 비교할 수 있고, 기간별로 비교하는 것도 용이하다.

④ 투자수익률의 제고와 적극적인 투자를 통하여 기업가치를 제고할 수 있다는 함의를 제공한다.

⑤ 체계적이고 지속적인 기업정보의 투명성을 향상시켜 기업과 주주간 정보의 불균형을 완화한다면 잔여이익이 증가되어 기업가치를 제고할 수 있다.

풀이 잔여이익의 단점은 비교가능성이 없다는 것이다.

35 (주)주봉은 전자제품을 생산 · 판매하는 회사로서, 세 개의 사업부 A, B, C는 모두 투자중심점으로 설계 · 운영되고 있다. 회사 및 각 사업부의 최저필수수익률은 20%이며, 각 사업부의 20×1년도 매출액, 영업이익 및 영업자산에 관한 자료는 다음과 같다.

	사업부 A	사업부 B	사업부 C
매출액	₩400,000	₩500,000	₩300,000
영업이익	32,000	30,000	21,000
평균영업자산	100,000	50,000	50,000

현재 사업부 A는 ₩40,000을 투자하면 연간 ₩10,000의 영업이익을 추가로 얻을 수 있는 새로운 투자안을 고려하고 있다. 이 새로운 투자에 소요되는 예산은 현재의 자본비용 수준으로 조달할 수 있다. (주)주봉이 투자수익률 혹은 잔여이익으로 사업부를 평가하는 경우, 다음 설명 중 옳지 않은 것은? 【'14. 세무사】

① 투자수익률로 사업부를 평가하는 경우, 20×1년에는 사업부 B가 가장 우수하다.

② 잔여이익으로 사업부를 평가하는 경우, 20×1년에는 사업부 B가 가장 우수하다.

③ 잔여이익으로 사업부를 평가하는 경우, 사업부 A의 경영자는 동 사업부가 현재

해답 35. ④

고려중인 투자안을 채택할 것이다.

④ 투자수익률로 사업부를 평가하는 경우, 사업부 A의 경영자는 동 사업부가 현재 고려중인 투자안을 채택할 것이다.

⑤ 투자수익률 혹은 잔여이익 중 어느 것으로 사업부를 평가하는 경우라도, 회사 전체 관점에서는 사업부 A가 고려 중인 투자안을 채택하는 것이 유리하다.

풀이 ④; 채택할 것이다 → 기각한다.
① ② ③ 및 ⑤; 모두 옳다.

	사업부 A	사업부 B	사업부 C
투자수익률	$\frac{32,000}{100,000}$=32%	$\frac{30,000}{50,000}$=60%	$\frac{21,000}{50,000}$=42%
잔여이익	₩32,000−100,000×20% =₩12,000	₩30,000−50,000×20% =₩20,000	₩21,000−50,000×20% =₩11,000

새로운투자안; 투자수익률=$\frac{10,000}{40,000}$=25%
잔여이익=₩10,000−40,000×20%=₩2,000

36 (주)국세는 분권화된 세 개의 사업부(A, B, C)를 운영하고 있다. 이들은 모두 투자중심점으로 설계되어 있으며, (주)국세의 최저필수수익률은 20%이다. 각 사업부와 관련된 정보는 다음과 같다.

	A	B	C
자산회전율	4회	6회	5회
영업이익	₩400,000	₩200,000	₩210,000
매출액	₩4,000,000	₩2,000,000	₩3,000,000

투자수익률(ROI)이 높은 사업부 순서대로 옳게 배열한 것은? 【'12. 세무사】

① A〉B〉C ② A〉C〉B ③ B〉A〉C
④ B〉C〉A ⑤ C〉B〉A

풀이 (1) 각 사업부의 투자자산 계산

A사업부; 자산회전율=$\frac{매출}{투자자산}$=$\frac{₩4,000,000}{투자자산}$=4 ∴ 투자자산=₩1,000,000

B사업부; 자산회전율=$\frac{매출}{투자자산}$=$\frac{₩2,000,000}{투자자산}$=6 ∴ 투자자산=₩333,333

C사업부; 자산회전율=$\frac{매출}{투자자산}$=$\frac{₩3,000,000}{투자자산}$=5 ∴ 투자자산=₩600,000

해답 36. ③

(2) 투자수익률 계산

A사업부; 투자수익률$=\frac{\text{영업이익}}{\text{투자자산}}=\frac{₩400,000}{₩1,000,000}=40\%$

B사업부; 투자수익률$=\frac{\text{영업이익}}{\text{투자자산}}=\frac{₩200,000}{₩333,333}=60\%$

C사업부; 투자수익률$=\frac{\text{영업이익}}{\text{투자자산}}=\frac{₩210,000}{₩600,000}=35\%$

∴ 투자수익률이 높은 순서는 B 〉A 〉C 이다.

37 (주)다나는 다음과 같은 듀퐁식 수익성분석 방법을 사용하여 성과를 관리하고 있다.

$$\frac{₩1,200,000(\text{매출액})}{₩1,000,000(\text{총자산})}\times\frac{₩240,000(\text{영업이익})}{₩1,200,000(\text{매출액})}=24\%(\text{ROI})$$

다른 조건이 일정할 때 (주)다나가 투자수익률(ROI) 30%를 달성하기 위한 총자산 감소액은 얼마인가? 【'13. 관세사】

① ₩200,000 ② ₩220,000

③ ₩240,000 ④ ₩250,000

⑤ ₩260,000

풀이 ROI$=\frac{₩240,000}{1,000,000}=24\%$

총자산을 제외하고 다른 조건이 일정하므로 ROI가 30%가 되기 위해서는 총자산을 감소해야 한다. 즉

ROI$=\frac{₩240,000}{\text{총자산}}=30\%$에서 총자산이 ₩800,000이어야 하며

결국 자산은 ₩1,000,000−800,000=₩200,000 감소하여야 한다.

38 (주)서울에는 A와 B의 두 개의 사업부가 있는데 다음은 성과평가와 관련된 자료이다.

구 분	A부문	B부문
투자액	2,000억원	4,000억원
순이익	400억원	720억원

(주)서울의 자본비용은 10%이다. (주)서울이 사업부의 평가를 투자수익률, 잔여이익으로 평가하는 경우 어떠한 평가가 이루어지겠는가? 【2000. 세무사, '08. 감평사】

① 투자수익률로 평가하는 경우에는 A부문, 잔여이익으로 평가하는 경우에는 B부문이 각각 더 우수한 결과가 나온다.

해답 37. ① 38. ①

② 투자수익률로 평가하는 경우에는 B부문, 잔여이익으로 평가하는 경우에는 A부문이 각각 더 우수한 결과가 나온다.
③ A부문이 투자수익률이나 잔여이익 모두 더 우수하다는 결과가 나온다.
④ B부문의 투자수익률이나 잔여이익 모두 더 우수하다는 결과가 나온다.
⑤ A부문과 B부문 모두 성과의 차이가 없다.

풀이

구 분	A부문	B부문
투자수익률	400÷2,000=20%	720÷4,000=18%
잔여이익	400−2,000×10%=200	720−4,000×10%=320

따라서 투자수익률 기준으로는 A부문이, 잔여이익 기준으로는 B부문이 더 우수한 부문으로 평가된다.

39 당신은 OK회사의 P투자중심점의 경영자로 일하고 있으며, 현재 P투자중심점의 총투자액은 ₩1,000,000이고 회계이익은 연간 ₩150,000이다. 당신은 다음의 투자안을 고려하고 있다.

투자안	투자요구액	투자로부터 연간이익
A	₩200,000	₩40,000
B	300,000	42,000
C	400,000	50,000

OK회사의 요구수익률은 13%이며, 투자에 필요한 자금은 본사에서 조달해 준다. 당신의 경영성과가 투자수익률에 의해 결정되는 경우 OK회사에 유리한 투자안과 당신에게 유리한 투자안을 각각 옳게 지적한 것은? 【'07, '06. 감평사】

	회사에 유리한 투자안	당신에게 유리한 투자안
①	모든 투자안(A, B, C)	투자안 A
②	투자안 A와 B	투자안 A와 B
③	투자안 A	투자안 A
④	투자안 A와 B	투자안 A
⑤	투자안 A	투자안 A와 B

해답 39. ④

풀이

투자안	투자수익률
A투자안	$\frac{40,000}{200,000}=20\%$
B투자안	$\frac{42,000}{300,000}=14\%$
C투자안	$\frac{50,000}{400,000}=12.5\%$

P투자중심점의 투자수익률 $=\frac{150,000}{1,000,000}=15\%$

∴ 당신에게 유리한 투자중심점은 15%보다 큰 A투자안이고, OK회사에게 유리한 투자중심점은 13%보다 큰 A투자안과 B투자안이 된다.

40 분권화와 책임회계, 성과평가와 관련하여 다음의 설명 중에서 가장 적절한 것은?

【'02. 세무사】

① 분권화(decentralization)로부터 얻을 수 있는 효익으로 내부이전가격의 신속한 결정을 들 수 있다.

② 원가중심점은 특정 원가의 발생에만 통제책임을 지는 책임중심점으로 판매부문이 한 예가 될 수 있다.

③ 하부경영자가 자신의 성과측정치를 극대화할 때 기업의 목표도 동시에 극대화될 수 있도록 하부경영자의 성과측정치를 설정해야 하는데, 이를 목표일치성(goal congruence)이라고 한다.

④ 잔여이익(residual income)이 갖고 있는 준최적화(sub-optimization)의 문제점을 극복하기 위하여 투자수익률이라는 개념이 출현하였다.

⑤ 투자수익률법은 투자규모가 다른 투자중심점을 상호 비교하기가 어렵다는 문제점이 있는 반면에 잔여이익법에는 이런 문제점이 없다.

풀이 ① 신속한 결정 → 늦어진다.

② 판매부문 → 제조부문

③ 옳다.

④ 투자수익률법의 준최적화의 문제점을 극복하기 위하여 잔여이익법이 출현하였다.

⑤ 투자수익률법은 비교가능성은 있지만 준최적화의 문제점이 있고 잔여이익법은 준최적화의 문제점은 해결할 수 있지만 비교가능성이 없다.

해답 40. ③

41 최근 한 연구에 의하면 국내기업들은 ① 경영자의 성과평가, ② 성과급 및 보너스 산정, 그리고 ③ 투자재원의 효율적 배분과 ④ 작업효율의 개선을 위하여 경제적부가가치(Economic Value Added, EVA) 개념을 실무에 도입하는 것으로 나타났다. 이와 관련하여 EVA의 유용성이라고 볼 수 없는 것은? 【'07. 감평사】

① EVA는 기업회계상 대체적인 회계처리방법이 인정되므로 회계처리방법에 따라 세후영업이익을 다르게 나타낼 수 있다.

② EVA는 투자자의 기대수익까지 반영하여 기업의 실질적인 부의 창출을 직접 측정하는 지표로서 투자안의 경제성 평가기준으로 사용될 수 있다.

③ 저수익창출부문을 파악하여 치유하거나 처분하고 고수익부문에 대한 투자를 유도하는데 중요한 잣대로 활용함으로써 기업가치창출에 기여할 수 있다.

④ 자원의 무분별한 사용이 방지되므로 투자자의 경영활동에 대한 효과적인 감시가 가능하게 된다.

⑤ EVA를 경영자의 성과평가 및 보상체계와 연계시키면 경영자와 주주의 이해관계가 일치하게 되어 조직의 효율성을 제고할 수 있다.

풀이 ①의 경우에는 유용성이 아니라 단점에 해당된다. 즉, 다양한 회계처리방법에 따라 세후 영업이익이 달라질 수 있는데 그것을 기준으로 성과평가기준으로 삼기 때문에 문제가 있다.

42 다음 자료에 의해 계산된 종옥(주)의 경제적부가가치(EVA)는 얼마인가? 【'05. 감평사】

세전 영업이익	₩1,500,000
법인세율	35%
가중평균자본비용	12%
총자산(비영업자산 제외)	₩6,600,000
유동부채(이자발생 부채는 없음)	₩600,000
최소요구투자수익률	15%

① ₩255,000　② ₩510,000
③ ₩183,000　④ ₩708,000
⑤ ₩75,000

풀이 경제적 부가가치 = ₩1,500,000 × (1 − 35%) − (6,600,000 − 600,000) × 12%
= ₩255,000

해답 41. ① 42. ①

43 다음은 (주)OK의 남부사업부와 중부사업부의 재무상태표와 포괄손익계산서 자료의 일부이다.

	남부 사업부	중부 사업부
총자산	₩2,000,000	₩10,000,000
유동부채	500,000	3,000,000
세전영업이익	250,000	2,000,000

(주)OK의 가중평균자본비용 계산에 관련된 자료는 다음과 같다.

장기부채: 시장가치	₩7,000,000	이자율 10%
자기자본: 시장가치	7,000,000	자본비용 14%

법인세율은 40%이다. 남부사업부와 중부사업부의 경제적 부가가치(EVA)는 얼마인가? (단, 각 사업부에는 동일한 가중평균자본비용을 적용한다.) 【'06. CPA】

	남부 사업부	중부 사업부
①	₩100,000	₩130,000
②	₩50,000	₩130,000
③	₩0	₩500,000
④	₩50,000	₩200,000
⑤	₩100,000	₩200,000

풀이 (1) 가중평균자본비용 $= 10\% \times (1-40\%) \times \frac{7,000,000}{7,000,000+7,000,000} + 14\% \times \frac{7,000,000}{(7,000,000+7,000,000)} = 10\%$

(2) 남부 EVA = ₩250,000 × (1 − 40%) − (2,000,000 − 500,000) × 10% = ₩0

중부 EVA = ₩2,000,000 × (1 − 40%) − (10,000,000 − 3,000,000) × 10% = ₩500,000

– 불확실성하의 의사결정 –

44 (주)목포는 갑회사로부터 유휴설비를 1년간 임대해 달라는 요청을 받았다. (주)목포는 설비 임대료와 관련하여 다음과 같이 두 가지 대안을 제시받았다.

(1) 대안 1 : 갑회사의 연간 제품판매량 × ₩40 + ₩50,000
(2) 대안 2 : 갑회사의 연간 제품판매량 × ₩70

해답 43. ③ 44. ⑤

갑회사의 1년간 판매량이 1,000단위일 확률은 40%이며, 2,000단위일 확률은 60%라고 한다. (주)목포의 입장에서 기대이익을 극대화하려면 어느 대안을 선택해야 하며, 그 기대임대료는 얼마인가? 【'10. 세무사】

① 대안 2, ₩104,000 ② 대안 2, ₩130,000

③ 대안 2, ₩90,000 ④ 대안 1, ₩112,000

⑤ 대안 1, ₩114,000

풀이

대안	1,000(40%)	2,000(60%)
대안 1	90,000[1)]	130,000[2)]
대안 2	70,000[3)]	140,000[4)]

1) 1,000×₩40+50,000 = ₩90,000
2) 2,000×₩40+50,000 = ₩130,000
3) 1,000×₩70 = ₩70,000
4) 2,000×₩70 = ₩140,000

따라서,

E(대안 1)=₩90,000×0.4+130,000×0.6=₩114,000

E(대안 2)=₩70,000×0.4+140,000×0.6=₩112,000

45 (주)서울은 기계 A나 기계 B를 구입하여 신형자전거를 생산하려고 한다. 신형자전거가 생산되면 구매자의 선호에 따라 히트상품이 될 수도 있고 보통상품이 될 수도 있다. 각 상황에 따라 예상되는 이익은 다음과 같다.

구 분	미래상황	
	히트상품	보통상품
기계 A 구입	₩120,000	₩40,000
기계 B 구입	150,000	10,000

신형자전거가 히트상품이 될 확률이 40%이며 보통상품이 될 확률은 60%라고 한다. 다음 중 옳지 않은 것은? 【'99. CPA, '00. 세무사, '11. 감평사】

① 기계 A를 구입하는 대안의 기대이익은 ₩72,000이다.

② 기계 B를 구입하고 신형자전거가 보통상품이 될 경우 조건부 손실(conditional loss)은 ₩30,000이다.

③ 각 상황에 대해 80% 정확도를 가진 보고서가 있다면, 이 보고서는 정보로서의 가치가 있다.

④ 각 상황에 대해 100% 정확한 예측을 하는 보고서가 있을 때, 이 보고서의 최대

해답 45. ⑤

구입가격은 ₩12,000이다.

⑤ 조건부 손실의 기대값을 최소화하는 대안은 기계 B를 구입하는 것이다.

풀이 ① 옳다. E(A)= ₩120,000×0.4+40,000×0.6=₩72,000

② 옳다. 조건부손실=₩40,000−10,000=₩30,000

③ 옳다.

④ 옳다.

완전정보하의 기대값; ₩150,000×0.4+40,000×0.6=₩84,000

기존정보하의 기대값; 72,000

완정정보를 얻기 위해 지불할 수 있는 최대가격 ₩12,000

⑤ 조건부손실표를 작성하면 다음과 같다.

구 분	미래상황	
	히트상품(40%)	보통상품(60%)
기계 A 구입	₩30,000	₩0
기계 B 구입	0	₩30,000

기대기회손실은 다음과 같다.

E(A)= ₩30,000×0.4+0=₩12,000

E(B)= ₩0+30,000×0.6=₩18,000

두 개의 대안 중 최소기회손실인 ₩12,000이 완전정보의 기대값이 된다.

따라서

조건부손실의 기대값을 최소화 하는 것은 기계 A를 구입하는 것이다.

46 OK회사는 자사가 생산하는 제품의 정확한 원가를 모른다. 회계부서에 의하면 고정원가는 ₩100,000으로 확정지을 수 있으나, 단위당 변동제조원가는 불확실하며, 단위당 변동제조원가의 분포 및 확률은 다음과 같다.

단위당 변동제조원가	₩6	₩9	₩12	₩15
확 률	$\frac{1}{6}$	$\frac{1}{3}$	$\frac{1}{6}$	$\frac{1}{3}$

OK회사의 판매부서는 고객으로부터 단위당 ₩10에 100개의 제품을 구매하겠다는 특별주문을 받았다. 이 회사가 특별주문을 처리할 충분한 유휴 생산설비를 가지고 있으며, 위험중립형이라고 가정할 때 특별주문과 관련하여 단위당 변동제조원가에 대한 완전정보의 기대가치를 계산하면? 【'02. CPA, '06. 감평사】

① ₩0 ② ₩100 ③ ₩200

해답 46. ②

④ ₩300 ⑤ ₩150

풀이

행 동 \ 변동원가 (확률)	₩6($\frac{1}{6}$)	₩9($\frac{1}{3}$)	₩12($\frac{1}{6}$)	₩15($\frac{1}{3}$)
수락한다(Ⅰ)	400 1)	100 2)	−200 3)	−500 4)
기각한다(Ⅱ)	0	0	0	0

1) 기대이익 = 100 × (₩10 − 6) = ₩400
2) 기대이익 = 100 × (₩10 − 9) = ₩100
3) 기대이익 = 100 × (₩10 − 12) = ₩△200
4) 기대이익 = 100 × (₩10 − 15) = ₩△500

$\therefore E(I) = 400 \times \frac{1}{6} + 100 \times \frac{1}{3} - 200 \times \frac{1}{6} - 500 \times \frac{1}{3}$

= ₩ − 100

E(II) = ₩0

따라서, 완전정보하의 기대값: ₩400 × $\frac{1}{6}$ + ₩100 × $\frac{1}{3}$ + ₩0 × $\frac{1}{6}$ + ₩0 × $\frac{1}{3}$ = ₩100

기존정보하의 기대값 0

완전정보의 기대가치 ₩100

47 JB상사는 축제일에 기념품 판매계획을 수립하였다. JB상사는 이 기념품을 300원에 구입할 수 있으며, 500원에 판매할 수 있다. 판매하지 못한 기념품은 반품이 불가능하며 시중에 50원에 처분해야 한다. 또한 JB상사는 마을 야시장에 자리를 잡는 대가로 50,000원의 기부금을 선급하였다. 예측판매수량은 1,300개, 실제판매수량은 900개였다면 예측오차의 원가는 얼마인가? 【'92. 감평사】

① ₩30,000 ② ₩50,000
③ ₩80,000 ④ ₩100,000
⑤ ₩130,000

풀이 (1) 정확한 예측하의 이익(900개 구입시)

① 수익	900 × ₩500 =		₩450,000	
② 비용	원가: 900 × ₩300 =	₩270,000		
	기부금	50,000	₩320,000	₩130,000

(2) 실제이익(1,300개 구입시)

① 수익	900 × ₩500 =	450,000		
	400 × ₩50 =	20,000	₩470,000	
② 비용	원가: 1,300 × ₩300 =	₩390,000		
	기부금	50,000	₩440,000	₩30,000

(3) 예측오차의 원가 ₩100,000

해답 47. ④

간단히 구하면, (1,300－900)×(₩300－50)＝₩100,000

48 UH공업사의 연간 원재료 사용량은 2,000,000단위이며 1회 주문비용은 ₩45,000이고 단위당 연간 재고유지비는 ₩2이다. 주문 후 상품이 인도되는 기일은 3일이 걸린다. UH공업사의 1일 재고사용량은 6,000개이며 안전재고는 2,000개이다. 이 경우 경제적 주문량과 재주문점 재고는 각각 몇개인가? 【'90, '96. 감평사】

	경제적 주문량	재주문점 재고
①	430,000개	18,000개
②	400,000개	18,000개
③	400,000개	20,000개
④	300,000개	18,000개
⑤	300,000개	20,000개

풀이 재주문점＝하루사용량×조달기간＋안전재고
＝6,000×3＋2,000＝20,000개

$$EOQ = \sqrt{\frac{2AP}{S}} = \sqrt{\frac{2 \times 2{,}000{,}000 \times 45{,}000}{2}} = 300{,}000\text{개}$$

− 최신원가관리회계 −

49 다음은 적시재고시스템(just－in－time inventory system)에 관해 설명을 한 것들인데, 가장 적절히 설명하지 못한 것은? 【'01. 감평사】

① JIT는 재고유지비용을 가급적 최소화시키기 위해 재고수준이 거의 없도록 노력하는 재고관리기법의 일종이다.

② JIT는 납품을 하는 공급업자의 수 및 원재료의 품질검사비용 등을 상당히 줄일 수 있다.

③ JIT는 공장 내에 재고가 거의 없기 때문에 원재료계정을 별도로 철저하게 유지관리해야 할 것이다.

④ JIT는 kanban이라고도 하며, 제품품절이나, 납품업자의 사고 등의 위험이 있을 경우 생산에 곧바로 차질을 초래할 수 있다.

⑤ JIT는 일본에서 유래된 재고관리기법으로 팀웍에 의한 자율적 품질관리를 통해 불량률을 최소화시키려고 한다.

풀이 원재료와 재공품의 통합계정인 재공원료 a/c이 필요하다.

해답 48. ⑤ 49. ③

50 다음 중 적시재고시스템(just－in－time inventory system)의 장점에 해당하지 않는 것은? 【'94. 세무사】

① 제품품절에서 오는 위험의 회피
② 재고자산의 소요되는 자금의 절약
③ 생산준비시간의 단축
④ 재고저장공간의 절약
⑤ 재고유지비용의 절감

풀이 재고의 최소화를 추구하므로 제품품절에서 오는 위험을 회피할 수 없다.

51 제품이 생산되어 고객에게 발송되기 이전까지의 과정은 다음과 같이 시간의 개념으로 표현될 수 있다.

(1) 공정시간(processing time)제품의 가공에 소요되는 시간
(2) 저장시간(storage time)원재료 또는 제품의 재고로써 저장되어 있는 시간
(3) 대기시간(queue time)다음 작업으로 이동하기 전에 대기하는 시간
(4) 이동시간(moving time)다음 작업장으로 이동하는 시간
(5) 검사시간(inspection time)검사에 소요되는 시간

적시재고관리(Just－In－Time)시스템에서 제거 또는 최소화하고자 의도하는 것의 조합은? 【'01. CPA】

① 공정, 저장, 검사, 대기시간
② 공정, 저장, 대기, 이동시간
③ 공정, 대기, 이동, 검사기간
④ 검사, 대기, 이동, 저장시간
⑤ 공정, 저장, 이동, 검사기간

52 품질원가는 불량품 예방을 위해서나, 제품의 불량으로부터 초래되는 모든 원가를 의미한다. 품질원가와 관련된 다음의 설명 중 옳지 않은 것은? 【'12. 관세사】

① 예방원가(prevention costs)와 평가원가(appraisal costs)는 불량제품이 생산되어 고객에게 인도되는 것을 예방하는 활동에 의해 발생한다.
② 내부실패원가(internal failure costs)와 외부실패원가(external failure costs)는 불량품이 생산됨으로써 발생하는 원가이다.
③ 품질원가는 제조활동 뿐만 아니라, 초기 연구개발부터 고객 서비스까지의 모든 활동과 관련되어 있다.

해답 50. ① 51. ④ 52. ⑤

④ 일반적으로, 품질문제가 발생한 후에 이를 발견하고 해결하는 것보다 문제가 발생하기 전에 이를 예방하는 것이 총품질원가를 감소시킨다.

⑤ 예방 및 평가원가가 증가하면 내부실패원가는 감소하나 외부실패원가는 증가한다.

풀이 예방 및 평가원가가 증가하면 불량품이 생산되는 경우가 적어지므로 내부 및 외부실패원가는 감소한다.

53 품질원가에 관한 설명으로 옳지 않은 것은? 【'15. 세무사】

① 제품의 품질은 설계품질(quality of design)과 적합품질(quality of conformance)로 구분할 수 있는데, 품질원가는 생산자 품질이라 할 수 있는 설계품질과 관련된 것이다.

② 품질원가는 예방원가 및 평가원가로 구성되는 통제원가와 내부실패원가 및 외부실패원가로 구성되는 실패원가로 분류할 수 있다.

③ 품질원가에 대한 전통적인 관점에서 통제원가와 실패원가사이에 상충관계(trade-off)가 존재한다고 보고 있다.

④ 예방원가는 제품의 생산과정에서 불량품이 발생하지 않도록 예방하기 위하여 발생하는 원가로서 품질관리를 위한 종업원들에 대한 교육훈련비, 생산설비의 유지보수비 등이 여기에 속한다.

⑤ 품질원가는 제품에 불량이 발생하지 않도록 예방하거나 불량이 발생하는지를 검사하고, 불량이 발생한 경우 초래되는 모든 원가를 의미한다.

풀이 설계품질~제품이 고객의 욕구에 맞게 잘 설계되었는가를 의미한다.
적합품질~제품이 설계에 맞게 생산되었는가를 의미한다.
품질원가는 생산자 품질이라 할 수 있는 적합품질과 관련된 것이다.

54 (주)다나는 품질관련 활동원가를 예방원가, 평가원가, 내부실패원가 및 외부실패원가로 구분하고 있다. 다음에 제시한 자료 중 외부실패원가로 집계할 금액은?

【'13. 감평사】

(1) 제품보증수리활동	₩21,000
(2) 원재료 검사활동	11,000
(3) 직원품질교육활동	50,000
(4) 고객서비스센터활동	6,000

해답 53. ① 54. ③

(5) 불량품 재작업활동	8,000
(6) 설비보수 및 유지활동	5,000
(7) 판매기회 상실로 인한 기회비용	18,000
(8) 공정검사활동	7,000
(9) 설계개선활동	10,000

① ₩35,000 ② ₩43,000
③ ₩45,000 ④ ₩53,000
⑤ ₩57,000

풀이 예방원가=(3)+(6)+(9)=₩50,000+5,000+10,000=₩65,000
평가원가=(2)+(8)=₩11,000+7,000=₩18,000
내부실패원가=(5)=₩8,000
외부실패원가=(1)+(4)+(7)=₩21,000+6,000+18,000=₩45,000

55 (주)다나의 다음 품질원가 항목 중 예방원가에 해당하는 것을 모두 고른 것은?
【'13. 관세사】

ㄱ. 설계엔지니어링	ㄴ. 품질교육훈련	ㄷ. 재작업
ㄹ. 고객지원	ㅁ. 부품공급업체 평가	ㅂ. 작업폐물

① ㄱ, ㄴ, ㄷ ② ㄱ, ㄴ, ㅁ ③ ㄱ, ㅁ, ㅂ
④ ㄴ, ㄷ, ㄹ ⑤ ㄹ, ㅁ, ㅂ

풀이 예방원가 ; ㄱ, ㄴ, ㅁ
내부실패원가; ㄷ ㅂ
외부실패원가; ㄹ

56 균형잡힌 성과기록표(Balanced Scorecard)에 대한 내용 중 옳지 않은 것은? 【'00. CPA】

① 재무적 관점, 고객의 관점, 내부 프로세스 관점, 학습과 성장의 관점에서 성과를 측정한다.
② Kaplan과 Norton에 의해 개발된 개념이다.
③ 조직의 전략과 성과평가시스템을 연계하는 점이 강조된다.
④ 재무적관점은 경제적부가가치(EVA)로, 고객 관점은 시장점유율로, 내부프로세스 관점은 수율(yield rate)로 측정할 수 있다.

해답 55. ② 56. ⑤

⑤ 균형잡힌 성과기록표의 장점은 계량화된 객관적인 측정치만을 사용하는 것이다.

풀이 균형잡힌 성과기록표란 전통적인 재무적지표와 비재무적지표를 균형있게 반영하여 하나로 통합한 종합적인 측정관리시스템이다.

57 다음 중 다양한 원가계산방법에 대한 설명으로 올바른 것은? 【'04, '05. CPA】

① 목표원가계산(Target Costing)은 표준원가계산과 동일하게 제조단계의 원가절감을 강조한다.

② 개선원가계산(Kaizen Costing)은 점진적이고 지속적인 원가절감보다는 내부프로세스의 혁신적인 변화를 추구한다.

③ 가치사슬원가계산(Value Chain Costing)은 생산 전 활동과 관련된 원가와 생산 후 활동과 관련된 원가를 구분할 수 있다.

④ 활동기준원가계산(Activity Based Costing)은 비부가가치원가를 계산할 수 없다.

⑤ 제품수명주기원가계산(Life Cycle Costing)은 장기적 의사결정보다는 단기적 의사결정에 더욱 유용하다.

풀이 ① 제조단계 → 제조이전단계
② 제조단계에서 점진적이고 지속적인 원가를 절감하려고 하는 것이 개선원가계산이다.
③ 옳다.
④ 비부가가치원가를 계산할 수 있다.
⑤ 제품수명주기에서 발생한 모든 단계에서의 원가를 파악할 수 있으므로 장기적 의사결정에 유용하다.

58 전략적 원가관리에 관한 설명으로 옳지 않은 것은? 【'14. 세무사】

① 목표원가계산(target costing)은 제품개발 및 설계단계부터 원가절감을 위한 노력을 기울여 목표원가를 달성하고자 한다.

② 카이젠원가계산(kaizen costing)은 제조이전단계에서의 원가절감에 초점을 맞추고 있다.

③ 품질원가계산(quality costing)은 예방원가, 평가원가, 실패원가 간의 상충관계에 주목한다.

④ 제품수명주기원가(product life-cycle cost)는 제품의 기획 및 개발·설계에서 고객서비서와 제품폐기까지의 모든 단계에서 발생하는 원가를 의미한다.

⑤ 제약이론(theory of constraints)은 기업의 목표를 달성하는 과정에서 병목공정을

해답 57. ③ 58. ②

파악하여 이를 집중적으로 관리하고 개선해서 기업의 성과를 높이는 방법이다.

풀이 제조이전단계 → 제조단계
카이젠원가계산은 지속적인 개선을 통한 제조단계에서의 원가절감에 초점을 맞추고 있는 원가계산방법이다.

59 전략적 원가관리에 관한 설명으로 옳지 않은 것은? 【'15. 관세사】

① 목표원가계산은 제조이전 단계에서의 원가절감에 초점을 두고 있다.
② 가치사슬원가계산에서는 제품생산 이전에 발생한 활동과 관련된 원가는 물론 제품생산 이후에 발생한 활동과 관련된 원가도 분석한다.
③ 품질원가에서 예방원가는 대부분 제품이 내부고객과 외부고객의 요구사항을 충족하고 있는지 확실하게 하기 위해서 제품을 검사하는 것과 관련이 있다.
④ 제품수명주기원가계산에서는 특정 제품의 기획에서부터 폐기까지의 모든 비용을 식별 · 추적한다.
⑤ 카이젠원가계산은 제품의 수명주기상의 제조단계에서 원가를 절감시키려는 데 초점을 맞추고 있다.

풀이 ③; 평가원가와 관련된 설명이다.

60 제약이론(theory of constraints)에 대한 다음의 설명 중 가장 타당하지 않은 것은? 【'09. CPA】

① 제약이론에서는 기업의 생산활동과 관련된 내부적 제약요인을 집중적으로 관리하고 개선하여 생산활동을 최적화하고자 한다.
② 제약이론의 생산최적화 과정은 제약요인을 찾아 개선한 후에 또 다른 제약요인을 찾아 지속적으로 개선하는 과정을 밟는다.
③ 제약이론을 원가관리에 적용한 재료처리량공헌이익(throughput contribution)은 매출액에서 직접재료원가와 직접노무원가를 차감하여 계산한다.
④ 제약이론은 재료처리량공헌이익을 증가시키고, 투자 및 운영원가를 감소시키는 것을 목적으로 한다.
⑤ 제약이론에서는 운영원가를 단기적으로 변화시킬 수 없는 고정비로 본다.

풀이 재료처리량공헌이익(throughput contribution)은 매출액에서 직접재료원가만을 차감하여 계산한다. 직접재료원가외는 모두 고정원가성격으로 본다.

해답 59. ③ 60. ③

현가 및 미래가표

(1) 원금 1원의 현재가치

$P=\frac{1}{(1+i)^n}$ $i=$ 기간이자율, $n=$ 기간수

기간수 (n)	1%	2%	3%	4%	5%	6%	7%	8%	9%	10%
1	0.9901	0.9804	0.9709	0.9615	0.9524	0.9434	0.9346	0.9259	0.9174	0.9091
2	0.9803	0.9612	0.9426	0.9246	0.9070	0.8900	0.8734	0.8573	0.8417	0.8264
3	0.9706	0.9423	0.9151	0.8890	0.8638	0.8396	0.8163	0.7938	0.7722	0.7513
4	0.9610	0.9238	0.8885	0.8548	0.8227	0.7921	0.7629	0.7350	0.7084	0.6830
5	0.9515	0.9057	0.8626	0.8219	0.7835	0.7473	0.7130	0.6806	0.6499	0.6209
6	0.9420	0.8880	0.8375	0.7903	0.7462	0.7050	0.6663	0.6302	0.5963	0.5645
7	0.9327	0.8706	0.8131	0.7599	0.7107	0.6651	0.6227	0.5835	0.5470	0.5132
8	0.9235	0.8535	0.7894	0.7307	0.6768	0.6274	0.5820	0.5403	0.5019	0.4665
9	0.9143	0.8368	0.7664	0.7026	0.6446	0.5919	0.5439	0.5002	0.4604	0.4241
10	0.9053	0.8203	0.7441	0.6756	0.6139	0.5584	0.5083	0.4632	0.4224	0.3855
11	0.8963	0.8043	0.7224	0.6496	0.5847	0.5268	0.4751	0.4289	0.3875	0.3505
12	0.8874	0.7885	0.7014	0.6246	0.5568	0.4970	0.4440	0.3971	0.3555	0.3186
13	0.8787	0.7730	0.6810	0.6006	0.5303	0.4688	0.4150	0.3677	0.3262	0.2897
14	0.8700	0.7579	0.6611	0.5775	0.5051	0.4423	0.3878	0.3405	0.2992	0.2633
15	0.8613	0.7430	0.6419	0.5553	0.4810	0.4173	0.3624	0.3152	0.2745	0.2394
16	0.8528	0.7284	0.6232	0.5339	0.4581	0.3936	0.3387	0.2919	0.2519	0.2176
17	0.8444	0.7142	0.6052	0.5134	0.4363	0.3714	0.3166	0.2703	0.2311	0.1978
18	0.8360	0.7002	0.5874	0.4936	0.4155	0.3503	0.2959	0.2502	0.2120	0.1799
19	0.8277	0.6864	0.5703	0.4746	0.3957	0.3305	0.2765	0.2317	0.1945	0.1635
20	0.8195	0.6730	0.5537	0.4564	0.3769	0.3118	0.2584	0.2145	0.1784	0.1486
21	0.8144	0.6598	0.5375	0.4388	0.3589	0.2942	0.2415	0.1987	0.1637	0.1351
22	0.8034	0.6468	0.5219	0.4220	0.3418	0.2775	0.2257	0.1839	0.1502	0.1228
23	0.7954	0.6324	0.5067	0.4057	0.3256	0.2618	0.2109	0.1703	0.1378	0.1117
24	0.7876	0.6217	0.4919	0.3901	0.3101	0.2470	0.1971	0.1577	0.1264	0.1015
25	0.7798	0.6095	0.4776	0.3751	0.2953	0.2330	0.1842	0.1460	0.1160	0.0923
26	0.7720	0.5976	0.4637	0.3604	0.2812	0.2198	0.1722	0.1352	0.1064	0.0839
27	0.7644	0.5859	0.4502	0.3468	0.2678	0.2074	0.1609	0.1252	0.0976	0.0763
28	0.7568	0.5744	0.4371	0.3335	0.2551	0.1656	0.1504	0.1159	0.0895	0.0693
29	0.7493	0.5631	0.4243	0.3207	0.2429	0.1846	0.1406	0.1073	0.0822	0.0630
30	0.7419	0.5521	0.4120	0.3083	0.2314	0.1741	0.1314	0.0994	0.0754	0.0573
35	0.7059	0.5000	0.3554	0.2534	0.1813	0.1301	0.0937	0.0676	0.0490	0.0356
40	0.6717	0.4529	0.3066	0.2083	0.1420	0.0972	0.0668	0.0460	0.0318	0.0221
45	0.6391	0.4102	0.2644	0.1712	0.1113	0.0727	0.0476	0.0313	0.0207	0.0137
50	0.6080	0.3715	0.2281	0.1407	0.0872	0.0543	0.0339	0.0213	0.0134	0.0085
60	0.5504	0.3048	0.4697	0.0951	0.0535	0.0303	0.0173	0.0099	0.0057	0.0033

기간수 (*n*)	11%	12%	13%	14%	15%	16%	17%	18%	19%	20%
1	0.9009	0.8929	0.8850	0.8772	0.8696	0.8621	0.8547	0.8475	0.8403	0.8333
2	0.8116	0.7972	0.7831	0.7695	0.7561	0.7432	0.7305	0.7182	0.7062	0.6944
3	0.7312	0.7118	0.6931	0.6750	0.6575	0.6407	0.6244	0.6086	0.5934	0.5787
4	0.6587	0.6355	0.6133	0.5921	0.5718	0.5523	0.5337	0.5158	0.4987	0.4823
5	0.5935	0.5674	0.5428	0.5194	0.4972	0.4761	0.4561	0.4371	0.4190	0.4019
6	0.5346	0.5066	0.4803	0.4556	0.4323	0.4104	0.3898	0.3704	0.3521	0.3349
7	0.4817	0.4523	0.4251	0.3996	0.3759	0.3538	0.3332	0.3139	0.2959	0.2791
8	0.4339	0.4039	0.3762	0.3506	0.3269	0.3050	0.2848	0.2660	0.2487	0.2326
9	0.3909	0.3606	0.3329	0.3075	0.2843	0.2630	0.2434	0.2255	0.2090	0.1938
10	0.3522	0.3220	0.2946	0.2697	0.2472	0.2267	0.2080	0.1911	0.1756	0.1615
11	0.3173	0.2875	0.2607	0.2366	0.2149	0.1954	0.1773	0.1619	0.1476	0.1346
12	0.2858	0.2567	0.2307	0.2076	0.1869	0.1685	0.1520	0.1372	0.1240	0.1122
13	0.2575	0.2292	0.2042	0.1821	0.1625	0.1452	0.1299	0.1163	0.1042	0.0935
14	0.2320	0.2046	0.1807	0.1597	0.1413	0.1252	0.1110	0.0985	0.0876	0.0779
15	0.2090	0.1827	0.1599	0.1401	0.1229	0.1079	0.0949	0.0835	0.0736	0.0649
16	0.1883	0.1631	0.1415	0.1229	0.1069	0.0930	0.0811	0.0708	0.0618	0.0541
17	0.1696	0.1456	0.1252	0.1073	0.0929	0.0802	0.0693	0.0600	0.0520	0.0451
18	0.1523	0.1300	0.1103	0.0946	0.0803	0.0691	0.0592	0.0508	0.0437	0.0376
19	0.1377	0.1161	0.0981	0.0829	0.0703	0.0596	0.0506	0.0431	0.0367	0.0313
20	0.1240	0.1037	0.0863	0.0728	0.0611	0.0514	0.0433	0.0365	0.0303	0.0261
21	0.1117	0.0926	0.0768	0.0638	0.0531	0.0443	0.0370	0.0309	0.0259	0.0217
22	0.1007	0.0826	0.0680	0.0560	0.0462	0.0382	0.0316	0.0262	0.0218	0.0181
23	0.0907	0.0738	0.0601	0.0491	0.0402	0.0329	0.0270	0.0222	0.0183	0.0151
24	0.0817	0.0659	0.0532	0.0431	0.0349	0.0284	0.0231	0.0188	0.0154	0.0126
25	0.0736	0.0588	0.0471	0.0378	0.0304	0.0245	0.0197	0.0160	0.0129	0.0105
26	0.0663	0.0525	0.0417	0.0331	0.0264	0.0211	0.0169	0.0135	0.0109	0.0087
27	0.0597	0.0469	0.0339	0.0291	0.0230	0.0182	0.0144	0.0115	0.0091	0.0073
28	0.0538	0.0419	0.0325	0.0255	0.0200	0.0157	0.0123	0.0097	0.0077	0.0061
29	0.0485	0.0374	0.0289	0.0224	0.0174	0.0135	0.0105	0.0082	0.0064	0.0051
30	0.0437	0.0334	0.0256	0.0196	0.0151	0.0116	0.0090	0.0070	0.0054	0.0042
35	0.0259	0.0189	0.0139	0.0102	0.0075	0.0055	0.0041	0.0030	0.0023	0.0017
40	0.0154	0.0107	0.0075	0.0053	0.0037	0.0026	0.0019	0.0013	0.0010	0.0007
45	0.0091	0.0061	0.0041	0.0027	0.0019	0.0013	0.0009	0.0006	0.0004	0.0003
50	0.0054	0.0035	0.0022	0.0014	0.0009	0.0006	0.0004	0.0003	0.0002	0.0001
60	0.0019	0.0011	0.0007	0.0004	0.0002	0.0001	0.00008	0.00005	0.00003	0.00002

(2) 원금 1원의 미래가치

$F_n = (1+i)^n$ i= 기간이자율, n= 기간수

기간수 (n)	1%	2%	3%	4%	5%	6%	7%	8%	9%	10%
1	1.0100	1.0200	1.0300	1.0400	1.0500	1.0600	1.0700	1.0800	1.0900	1.1000
2	1.0201	1.0404	1.0609	1.0816	1.1025	1.1236	1.1449	1.1664	1.1881	1.2100
3	1.0303	1.0612	1.0927	1.1249	1.1576	1.1910	1.2250	1.2597	1.2950	1.3310
4	1.0406	1.0824	1.1255	1.1699	1.2155	1.2625	1.3108	1.3605	1.4116	1.4641
5	1.0510	1.1041	1.1593	1.2167	1.2763	1.3382	1.4026	1.4693	1.5386	1.6105
6	1.0615	1.1262	1.1941	1.2653	1.3401	1.4185	1.5007	1.5869	1.6771	1.7716
7	1.0721	1.1487	1.2299	1.3159	1.4071	1.5036	1.6058	1.7138	1.8280	1.9487
8	1.0829	1.1717	1.2668	1.3686	1.4775	1.5938	1.7182	1.8509	1.9926	2.1436
9	1.0937	1.1951	1.3048	1.4233	1.5513	1.6895	1.8385	1.9990	1.1719	2.3579
10	1.1046	1.2190	1.3439	1.4802	1.6289	1.7908	1.9672	2.1589	1.3674	2.5937
11	1.1157	1.2434	1.3842	1.5395	1.7103	1.8983	2.1049	2.3316	2.5804	2.8531
12	1.1268	1.2682	1.4258	1.6010	1.7959	2.0122	2.2522	2.5182	2.8127	3.1384
13	1.1381	1.2936	1.4685	1.6651	1.8856	2.1329	2.4098	2.7196	3.0658	3.4523
14	1.1495	1.3195	1.5126	1.7317	1.9799	2.2609	2.5785	2.9372	3.3417	3.7975
15	1.1610	1.3459	1.5580	1.8009	2.0789	2.3966	2.7590	3.1722	3.6425	4.1772
16	1.1726	1.3728	1.6047	1.8730	2.1829	2.5404	2.9522	3.4259	3.9703	4.5950
17	1.1843	1.4002	1.6528	1.9479	2.2920	2.6928	3.1588	3.7000	4.3276	5.0545
18	1.1961	1.4282	1.7024	2.0258	2.4066	2.8543	3.3799	3.9960	4.7171	5.5599
19	1.2081	1.4568	1.7535	2.1068	2.5270	3.0256	3.6165	4.3157	5.1417	6.1159
20	1.2202	1.4859	1.8061	2.1911	2.6533	3.2071	3.8697	4.6610	5.6044	6.7275
21	1.2324	1.5157	1.8603	2.2788	2.7860	3.3996	4.1406	5.0338	6.1088	7.4002
22	1.2447	1.5460	1.9161	2.3699	2.9253	3.6035	4.4304	5.4365	6.6586	8.1043
23	1.2572	1.5769	1.9736	2.4647	3.0715	3.8197	4.7405	5.8715	7.2579	8.9543
24	1.2697	1.6084	2.0328	2.5633	3.2251	4.0489	5.0724	6.3412	7.9111	9.8497
25	1.2824	1.6406	2.0938	2.6658	3.3864	4.2919	5.4274	6.8485	8.6231	10.835
26	1.2953	1.6734	2.1566	2.7725	3.5557	4.5494	5.8074	7.3964	9.3992	11.918
27	1.3082	1.7069	2.2213	2.8834	3.7335	4.8223	6.2139	7.9881	10.245	13.110
28	1.3213	1.7410	2.2879	2.9987	3.9201	5.1117	6.6488	8.6271	11.167	14.421
29	1.3345	1.7758	2.3566	3.1187	4.1161	5.4183	7.1143	9.3173	12.172	15.863
30	1.3478	1.8114	2.4273	3.2434	4.3219	5.7435	7.6123	10.063	13.268	17.449
35	1.4166	1.9999	2.8139	3.9461	5.5160	7.6861	10.676	14.785	20.414	28.102
40	1.4889	2.2080	3.2620	4.8010	7.0400	10.286	14.974	21.725	31.409	45.259
45	1.5648	2.4379	3.7816	5.8412	8.9850	13.765	21.002	31.920	48.327	72.891
50	1.6446	2.6916	4.3839	7.1067	11.467	18.420	29.457	46.902	74.358	117.39
60	1.8167	3.2810	5.8916	10.520	18.679	32.988	57.946	101.26	176.03	304.48

기간수 (n)	11%	12%	13%	14%	15%	16%	17%	18%	19%	20%
1	1.1100	1.1200	1.1300	1.1400	1.1500	1.1600	1.1700	1.1800	1.1900	1.2000
2	1.2321	1.2544	1.2769	1.2996	1.3225	1.3456	1.3689	1.3924	1.4161	1.4400
3	1.3676	1.4049	1.4429	1.4815	1.5209	1.5609	1.6016	1.6430	1.6852	1.7280
4	1.5180	1.5735	1.6305	1.6890	1.7490	1.8106	1.8739	1.9388	2.0053	2.0736
5	1.6851	1.7623	1.8424	1.9254	2.0114	2.1003	2.1924	2.2878	2.3864	2.4883
6	1.8704	1.9738	2.0820	2.1950	2.3131	2.4364	2.5652	2.6996	2.8398	2.9860
7	2.0762	2.2107	2.3526	2.5023	2.6600	2.8262	3.0012	3.1855	3.3793	3.5832
8	2.3045	2.4760	2.6584	2.8526	3.0590	3.2784	3.5115	3.7589	4.0214	4.2998
9	2.5580	2.7731	3.0040	3.2519	3.5179	3.8030	4.1084	4.4355	4.7854	5.1598
10	2.8394	3.1058	3.3946	3.7072	4.0456	4.4114	4.8068	5.2338	5.6947	6.1917
11	3.1518	3.4785	3.8359	4.2262	4.6524	5.1173	5.6240	6.1759	6.7767	7.4301
12	3.4985	3.8960	4.3345	4.8179	5.3503	5.9360	6.5801	7.2876	8.0642	8.9161
13	3.8833	4.3635	4.8980	5.4924	6.1528	6.8858	7.6987	8.5994	9.5964	10.699
14	4.3104	4.8871	5.5348	6.2613	7.0757	7.9875	9.0075	10.147	11.420	12.839
15	4.7846	5.4736	6.2543	7.1379	8.1371	9.2655	10.539	11.974	13.589	15.407
16	5.3109	6.1304	7.0673	8.1372	9.3576	10.748	12.330	14.129	16.172	18.488
17	5.8951	6.8660	7.9861	9.2765	10.761	12.468	14.427	16.672	19.244	22.186
18	6.5436	7.6900	9.0243	10.575	12.375	14.463	16.879	19.673	22.901	26.623
19	7.2633	8.6128	10.197	12.056	14.232	16.777	19.748	23.214	27.252	31.948
20	8.0623	9.6463	11.523	13.743	16.367	19.461	23.106	27.393	32.429	38.338
21	8.9492	10.804	13.021	15.668	18.822	22.574	27.034	32.324	38.591	46.005
22	9.9336	12.100	14.714	17.861	21.645	26.186	31.629	38.142	45.923	55.206
23	11.026	13.522	16.626	20.362	24.891	30.376	37.006	45.008	54.648	66.247
24	12.239	15.179	18.788	23.212	28.625	35.236	43.297	53.109	65.032	79.497
25	13.586	17.000	21.231	26.462	32.919	40.874	50.658	62.669	77.388	95.396
26	15.080	19.040	23.991	30.167	37.857	47.414	59.270	73.949	92.092	114.48
27	16.738	21.325	27.109	34.390	34.535	55.000	69.345	87.260	109.56	137.37
28	18.580	23.884	30.634	39.204	50.066	63.800	81.134	102.97	130.41	164.84
29	20.624	26.750	34.617	44.693	57.575	74.009	94.927	121.50	155.19	197.81
30	22.892	29.960	39.116	50.950	66.212	85.850	111.06	143.37	184.67	237.38
35	38.575	52.800	72.068	98.100	133.18	180.31	243.56	327.99	440.70	590.67
40	65.001	93.051	132.78	188.88	267.86	378.72	533.86	750.38	1051.6	1469.8
45	109.53	163.99	244.64	363.68	538.77	795.44	1170.5	1716.7	2509.6	3657.3
50	184.56	289.00	450.74	700.23	1083.7	1670.7	2566.2	3927.4	5988.9	9100.4
60	524.06	897.60	1530.1	2595.9	4384.0	7370.2	12335.	20555.	34105.	56348.

(3) 정상연금 1원의 현재가치

$\frac{1-(1+i)^{-n}}{i}$

i= 기간이자율, n= 기간수

기간수 (n)	1%	2%	3%	4%	5%	6%	7%	8%	9%	10%
1	0.9901	0.9804	0.9616	0.9615	0.9524	0.9434	0.9346	0.9259	0.9174	0.9091
2	1.9704	1.9416	1.9165	1.8861	1.8594	1.8334	1.8080	1.7833	1.7591	1.7355
3	2.9410	2.8839	2.8286	2.7751	2.7232	2.6730	2.6243	2.5771	2.5313	2.4868
4	3.9020	3.8077	3.7171	3.6299	3.5460	3.4651	3.3872	3.3121	3.2397	3.1699
5	4.8534	4.7135	4.5797	4.4518	4.3295	4.2124	4.1002	3.9927	3.8897	3.7908
6	5.7955	5.0614	5.4172	5.2451	5.0757	4.9173	4.7665	4.6229	4.4859	4.3553
7	6.7282	6.4720	6.2303	6.0021	5.7864	5.5824	5.3893	5.2064	5.0330	4.8684
8	7.6517	7.3255	7.0197	6.7327	6.4632	6.2098	5.9713	5.7466	5.5348	5.3349
9	8.5660	8.1622	7.7861	7.4353	7.1078	6.8017	6.5152	6.2469	5.9952	5.7590
10	9.4713	8.9826	8.5302	8.1109	7.7217	7.3601	7.0236	6.7101	6.4177	6.1446
11	10.368	9.7868	9.2526	8.7605	8.3064	7.8869	7.4987	7.1390	6.8052	6.4951
12	11.255	10.575	9.9540	9.3851	8.8633	8.3838	7.9427	7.5361	7.1607	6.8137
13	12.134	11.348	10.635	9.9856	9.3936	8.8527	8.3577	7.9038	7.4869	7.1034
14	13.004	12.106	11.296	10.563	9.8986	9.2950	8.7455	8.2442	7.7862	7.3667
15	13.865	12.849	11.938	11.118	10.380	9.7122	9.1079	8.5595	8.0607	7.6061
16	14.718	13.578	12.561	11.652	10.838	10.106	9.4466	8.8514	8.3136	7.8237
17	15.562	14.292	13.166	12.166	11.274	10.477	9.7632	9.1216	8.5436	8.0216
18	16.398	14.992	13.756	12.659	11.690	10.828	10.059	9.3719	8.7556	8.2014
19	17.226	15.679	14.324	13.134	12.085	11.158	10.336	9.6036	8.9501	8.3649
20	18.046	16.351	14.877	13.590	12.462	11.470	10.594	9.8181	9.1285	8.5136
21	18.857	17.011	15.415	14.029	12.821	11.764	10.835	10.017	9.2922	8.6487
22	19.660	17.658	15.937	14.451	13.163	12.042	11.061	10.201	9.4424	8.7715
23	20.456	18.292	16.444	14.857	13.489	12.303	11.272	10.371	9.5802	8.8832
24	21.243	18.914	16.935	15.247	13.799	12.550	11.469	10.529	9.7066	8.9847
25	22.023	19.524	17.413	15.622	14.094	12.783	11.654	10.675	9.8266	9.0770
26	22.795	20.121	17.877	15.983	14.375	13.003	11.826	10.810	9.9290	9.1609
27	23.560	20.707	18.327	16.330	14.643	13.210	11.987	10.935	10.027	9.2372
28	24.316	21.281	18.764	16.663	14.898	13.406	12.137	11.051	10.116	9.3066
29	25.066	21.844	19.188	16.984	15.141	13.591	12.278	11.158	10.198	9.3696
30	25.808	22.397	19.600	17.292	15.373	13.765	12.409	11.258	10.274	9.4269
35	29.409	24.999	21.487	18.665	16.374	14.498	12.948	11.655	10.567	9.6442
40	32.835	27.356	23.115	19.793	17.159	15.046	13.332	11.925	10.757	9.7791
45	36.095	29.490	24.519	20.720	17.774	15.456	13.605	12.108	10.881	9.8628
50	39.196	31.424	25.730	21.482	18.256	15.762	13.801	12.233	10.962	9.9148
60	44.955	34.761	27.676	22.623	18.929	16.161	14.039	12.376	11.048	9.9671

기간수 (*n*)	11%	12%	13%	14%	15%	16%	17%	18%	19%	20%
1	0.9009	0.8929	0.8850	0.8772	0.8696	0.8621	0.8547	0.8475	0.8403	0.8333
2	1.7125	1.6901	1.6681	1.6467	1.6257	1.6052	1.5852	1.5656	1.5465	1.5278
3	2.4437	2.4018	2.3612	2.3216	2.2832	2.2459	2.2096	2.1743	2.1399	2..1065
4	3.1024	3.0373	2.9745	2.9137	2.8550	2.7982	2.7432	2.6901	2.6386	2..5887
5	3.6959	3.6048	3.5172	3.4331	3.3522	3.2743	3.1993	3.1272	3.0576	2.9906
6	4.2305	4.1114	3.9975	3.8887	3.7845	3.6847	3.5892	3.4976	3.4098	3.3255
7	4.7122	4.5638	4.4226	4.2883	4.1604	4.0386	3.9224	3.8115	3.7057	3.6046
8	5.1461	4.9676	4.7988	4.6389	4.4873	4.3436	4.2072	4.0776	3.9544	3.8372
9	5.5370	5.3282	5.1317	4.9464	4.7716	4.6065	4.4506	4.3030	4.1633	4.0310
10	5.8892	5.6502	5.4262	5.2161	5.0188	4.8332	4.6586	4.4941	4.3389	4.1925
11	6.2065	5.9377	5.6869	5.4527	5.2337	5.0286	4.8364	4.6560	4.4865	4.3271
12	6.4924	6.1944	5.9176	5.6603	5.4206	5.1971	4.9884	4.7932	4.6105	4.4392
13	6.7499	6.4235	6.1218	5.8424	5.5831	5.3423	5.1183	4.9095	4.7147	4.5327
14	6.9819	6.6282	6.3025	6.0021	5.7245	5.4675	5.2293	5.0081	4.8023	4.6106
15	7.1909	6.8109	6.4624	6.1422	5.8474	5.5755	5.3242	5.0916	4.8759	4.6755
16	7.3792	6.9740	6.6039	6.2651	5.9542	5.6685	5.4053	5.1624	4.9377	4.7296
17	7.5488	7.1196	6.7291	6.3729	6.0472	5.7487	5.4746	5.2223	4.9897	4.7746
18	7.7016	7.2497	6.8399	6.4674	6.1280	5.8178	5.5339	5.2732	5.0333	4.8122
19	7.8393	7.3658	6.9380	6.5504	6.1982	5.8775	5.5845	5.3162	5.0700	4.8435
20	7.9633	7.4694	7.0248	6.6231	6.2593	5.9288	5.6278	5.3527	5.1009	4.8696
21	8.0751	7.5620	7.1015	6.6870	6.3125	5.9731	5.6648	5.3837	5.1263	4.8913
22	8.1757	7.6446	7.1695	6.7429	6.3587	6.0113	5.6964	5.4099	5.1486	4.9094
23	8.2664	7.7184	7.2297	6.7921	6.3988	6.0442	5.7234	5.4321	5.1668	4.9245
24	8.3481	7.7843	7.2829	6.8351	6.4338	6.0726	5.7465	5.4509	5.1822	4.9371
25	8.4217	7.8431	7.3300	6.8729	6.4641	6.0971	5.7662	5.4669	5.1951	4.9476
26	8.4881	7.8957	7.3717	6.9061	6.4906	6.1182	5.7831	5.4804	5.2060	4.9563
27	8.5478	7.9426	7.4086	6.9352	6.5135	6.1364	5.7975	5.4919	5.2151	4.9636
28	8.6016	7.9844	7.4412	6.9607	6.5335	6.1520	5.8099	5.5016	5.2223	4.9697
29	8.6501	8.0218	7.4701	6.9830	6.5509	6.1656	5.8204	5.5093	5.2292	4.9747
30	8.6938	8.0552	7.4957	7.0027	6.5660	6.1772	5.8294	5.5168	5.2347	4.9789
35	8.8552	8.1755	7.5856	7.0700	6.6166	6.2153	5.8582	5.5386	5.2512	4.9915
40	8.9511	8.2433	7.6344	7.1050	6.6418	6.2335	5.8713	5.5482	5.2582	4.9966
45	9.0079	8.2825	7.6609	7.1232	6.6543	6.2421	5.8773	5.5523	5.2611	4.9986
50	9.0417	8.3045	7.6572	7.1327	6.6605	6.2463	5.8801	5.5541	5.2623	4.9995
60	9.0736	8.2438	7.6873	7.1050	6.6418	6.2335	5.8819	5.5482	5.2630	4.9999

(4) 정상연금 1원의 미래가치

$\frac{(1+i)^n - 1}{i}$ 　　　　i= 기간이자율, n= 기간수

기간수 (n)	1%	2%	3%	4%	5%	6%	7%	8%	9%	10%
1	1.0000	1.0000	1.0000	1.0000	1.0000	1.0000	1.0000	1.0000	1.0000	1.0000
2	2.0100	2.0200	2.0300	2.0400	2.0500	2.0600	2.0700	2.0800	2.0900	2.1000
3	3.0301	3.0604	3.0909	3.1216	3.1525	3.1836	3.2149	3.2464	3.2781	3.3100
4	4.0604	4.1216	4.1836	4.2465	4.3101	4.3746	4.4399	4.5061	4.5731	4.6410
5	5.1010	5.2040	5.3091	5.4163	5.5256	5.6371	5.7507	5.8666	5.9847	6.1051
6	6.1520	6.3081	6.4684	6.6330	6.8019	6.9753	7.1533	7.3359	7.5233	7.7156
7	7.2135	7.4343	7.6625	7.8983	8.1420	8.3938	8.6540	8.9228	9.2004	9.4872
8	8.2857	8.5830	8.8932	9.2142	9.5491	9.8975	10.260	10.637	11.028	11.436
9	9.3685	9.7546	10.159	10.583	11.027	11.491	11.978	12.488	13.021	13.570
10	10.462	10.950	11.464	12.006	12.578	13.181	13.816	14.487	15.193	15.937
11	11.567	12.169	12.808	13.486	14.207	14.972	15.784	16.645	17.560	18.531
12	12.683	13.412	14.192	15.026	15.917	16.870	17.888	18.977	20.141	21.384
13	13.809	14.680	15.618	16.627	17.713	18.882	20.141	21.495	22.953	24.523
14	14.947	15.974	17.086	18.292	19.599	21.015	22.550	24.215	26.019	27.975
15	16.097	17.293	18.599	20.024	21.579	23.276	25.129	27.152	29.361	31.772
16	17.258	18.639	20.157	21.825	23.657	25.673	27.888	30.324	33.003	35.950
17	18.430	20.012	21.762	23.698	25.840	28.213	30.840	33.750	36.974	40.545
18	19.615	21.412	23.414	25.645	28.132	30.906	33.999	37.450	41.301	45.599
19	20.811	22.841	25.117	27.671	30.539	33.760	37.379	41.446	46.018	51.159
20	22.019	24.297	26.870	29.778	33.066	36.786	40.995	45.762	51.160	57.275
21	23.239	25.783	28.676	31.969	35.719	39.993	44.865	50.423	56.765	64.002
22	24.472	27.299	30.537	34.248	38.505	43.392	49.006	55.457	62.873	71.403
23	25.716	28.845	32.453	36.618	41.430	46.996	53.436	60.893	69.532	79.543
24	26.973	30.422	34.426	39.083	44.502	50.816	58.177	66.765	76.790	88.497
25	28.243	32.030	36.459	41.646	47.727	54.865	63.249	73.106	84.701	98.347
26	29.526	33.671	38.553	44.312	51.113	59.156	68.676	79.954	93.324	109.18
27	30.821	35.344	40.710	47.084	54.669	63.706	74.484	87.351	102.72	121.10
28	32.129	37.051	42.931	49.968	58.403	68.528	80.698	95.339	112.97	134.21
29	33.450	38.792	45.219	52.966	62.323	73.640	87.347	103.97	124.14	148.63
30	34.785	40.568	47.575	56.085	66.439	79.058	94.461	113.28	136.31	164.497
35	41.660	49.994	60.462	73.652	90.320	111.43	138.24	172.32	215.71	271.02
40	48.886	60.402	75.401	95.026	120.80	154.76	199.64	259.06	337.88	442.59
45	56.481	71.893	92.720	121.03	159.70	212.74	285.75	386.51	525.86	718.90
50	64.463	84.579	112.80	152.67	209.35	290.34	406.53	573.77	815.08	1163.9
60	81.670	114.05	163.05	237.99	353.58	533.13	813.52	1253.2	1944.8	3034.8

기간수 (n)	11%	12%	13%	14%	15%	16%	17%	18%	19%	20%
1	1.0000	1.0000	1.0000	1.0000	1.0000	1.0000	1.0000	1.0000	1.0000	1.0000
2	2.1100	2.1200	2.1300	2.1400	2.1500	2.1600	2.1700	2.1800	2.1900	2.2000
3	3.3421	3.3744	3.4069	3.4396	3.4725	3.5056	3.5389	3.5724	3.6061	3.6400
4	4.7097	4.7793	4.8498	4.9211	4.9934	5.0665	5.1405	5.2154	5.2913	5.3680
5	6.2278	6.3528	6.4803	6.6101	6.7424	6.8771	7.0144	7.1542	7.2966	7.4416
6	7.9130	8.1152	8.3230	8.5355	8.7537	8.9775	9.2068	9.4420	9.6830	9.9299
7	9.7830	10.089	10.405	10.730	11.067	11.414	11.772	12.142	12.523	12.916
8	11.859	12.300	12.757	13.233	13.727	14.240	14.773	15.327	15.902	16.499
9	14.163	14.776	15.416	16.085	16.786	17.519	18.285	19.086	19.923	20.799
10	16.722	17.549	18.419	19.337	20.304	21.321	22.393	23.521	24.709	25.959
11	19.561	20.655	21.814	23.045	24.349	25.733	27.199	28.755	30.404	32.150
12	22.713	24.133	25.650	27.271	29.002	30.850	32.823	34.931	37.180	39.581
13	26.211	28.029	29.984	32.089	34.352	36.786	39.404	42.219	45.244	48.497
14	30.095	32.393	34.883	37.581	40.505	43.672	47.103	50.818	54.841	58.196
15	34.405	37.280	40.418	32842	47.580	51.660	56.110	60.965	66.261	72.035
16	39.199	42.753	46.672	50.980	55.717	60.925	66.649	72.939	79.850	87.442
17	44.501	48.884	53.739	59.118	65.075	71.673	78.979	87.068	96.022	105.93
18	50.396	55.850	61.725	68.394	75.836	84.141	93.406	103.74	115.26	128.12
19	56.939	63.440	70.749	78.969	88.212	98.603	110.29	123.41	138.16	154.74
20	64.203	72.052	80.947	91.025	102.44	115.38	130.03	146.63	165.42	186.69
21	72.265	81.699	92.469	104.77	118.81	134.84	153.14	174.02	197.85	225.03
22	81.214	92.503	105.49	120.44	137.63	157.41	180.17	206.34	236.44	271.03
23	91.148	104.60	120.20	138.30	159.28	183.60	211.80	244.49	282.36	326.24
24	102.17	118.16	136.83	158.66	174.17	213.98	248.81	289.49	337.01	392.48
25	114.41	133.33	155.62	181.87	212.79	249.21	292.21	342.60	402.04	471.98
26	127.99	150.33	176.85	208.33	245.71	290.09	342.76	405.27	497.43	567.38
27	143.08	169.37	200.84	238.50	283.57	337.50	402.03	479.22	571.52	681.85
28	159.82	190.70	227.95	272.89	327.10	392.50	471.38	566.48	681.11	819.22
29	178.39	214.58	258.58	312.09	3.7717	456.30	552.51	669.45	811.52	984.07
30	199.02	241.33	293.19	356.79	434.75	530.31	647.44	790.95	966.71	1181.9
35	341.59	431.66	546.6	693.57	881.17	1120.7	1426.4	1816.7	2314.2	2948.3
40	581.83	76709	1013.7	1342.0	1779.1	2360.8	3134.5	4163.2	5529.8	7343.9
45	986.64	1358.3	1874.2	2590.6	3585.1	4965.3	6879.2	9531.6	13203.	18281.
50	1668.7	2400.0	3459.5	4994.5	7217.7	10436.	15089.	21813.	31515.	45497.
60	4755.1	7471.6	11762.	18535.	29220.	46057.	72555.	114189.	179494.	281737.

[저자 약력]

건국대학교 경영학과 졸업
건국대학교 행정대학원 세무행정학과 졸업
안건세화회계법인 근무
한국공업표준협회 첨삭위원
주식회사 향기원 감사
남서울회계학원 강사
대성회계학원 강사
보험경영아카데미학원 강사
현, 공인회계사 · 세무사
김영호세무회계사무소
서울법학원 강사

K-IFRS **회계학** [제8판] - 이론과 문제 -

1999년 3월 30일 초판 발행
2001년 1월 20일 제 2 판 발행
2002년 10월 30일 제 3 판 발행
2004년 11월 10일 제 4 판 발행
2006년 10월 25일 제 5 판 발행
2009년 10월 20일 제 6 판 발행
2012년 10월 20일 제 7 판 발행
2015년 8월 25일 제 8 판 발행

편저자 김 영 호
발행인 배 효 선
발행처 도서출판 法 文 社

413-120 경기도 파주시 회동길 37-29
등록 1957년 12월 12일 / 제2-76호(윤)
전화 (031)955-6500~6 Fax (031)955-6525
e-mail(영업): bms@bobmunsa.co.kr
(편집): edit66@bobmunsa.co.kr
홈페이지 http : //www.bobmunsa.co.kr
조 판 성 지 이 디 피

정가 46,000원 ISBN 978-89-18-12268-7